I0354721

www.ingramcontent.com/pod-product-compliance
Lightning Source LLC
Chambersburg PA
CBHW080036100526
44584CB00023BA/3193
9781917360005

كشف كنوز الكتاب المقدَّس
ج. دايڤيد پاوسون (ماجستير)
بالاشتراك مع
آندي پاك

ترجمة ندى صافي حدَّاد

الطبعة الإنجليزية © ٢٠٢٤ مؤسسة خدمة دايفيد باوسون الخيرية.
حقوق الطبع محفوظة لمؤلف هذا الكتاب، دايفيد باوسون وفقًا لقانون حقوق الطبع
والنشر والتصميمات والملكية الفكرية لعام ١٩٨٨.

نُشرت الطبعة الإنجليزية لأول مرة في بريطانيا بين عامي ١٩٩٩ و٢٠٠١ بواسطة دار نشر هاربر كولينز.
نُشرت هذه الطبعة في بريطانيا عام ٢٠٢٤ بواسطة دار نشر أنكور، الاسم التجاري لشركة
دايفيد باوسون للنشر
Synegis House, 21 Crockhamwell Road, Woodley, Reading RG5 3LE

لا يجوز إعادة إنتاج أو نقل أي جزء من هذا الكتاب بأي شكل أو وسيلة، إلكترونية أو ميكانيكية،
بما في ذلك النسخ أو التسجيل أو أي نظام لتخزين المعلومات واسترجاعها، دون إذن كتابي
مسبق من الناشر.
كما لايجوز توزيعه بأي شكل من الأشكال سواء التجليد أو وضع غلاف غير الذي نُشر به،
ودون فرض أي شروط مماثلة على المشتري اللاحق.

تم تسجيل هذا الكتاب في المكتبة البريطانية
في بيانات فهرسة النشر في المكتبة البريطانية.

ما لم يُنص على خلاف ذلك، فإن الاقتباسات الكتابية مأخوذة من النسخة الدولية الجديدة
للكتاب المقدس، طبعة © ١٩٧٣، ١٩٧٨، ١٩٨٤ بإذن من الجمعية الدولية للكتاب المقدس.
جميع الحقوق محفوظة.

للمزيد من تعاليم دايفيد باوسون، بما في ذلك أقراص الفيديو الرقمية
والأقراص المدمجة، تفضل بزيارة
www.davidpawson.com
للتنزيلات المجانية
www.davidpawson.org
لمزيد من المعلومات، راسلنا عبر البريد الإلكتروني
contact@davidpawsonpublishing.com
الترقيم الدولي ISBN: 978-1-917360-00-5
طباعة: إنجرام سبارك

لائحة المحتويات

المقدِّمة 9

العهد القديم - إرشادات الخالق 17

نظرة شاملة إلى العهد القديم 19

سفر التكوين 29

الخروج 79

اللاويين 99

سفر العدد 115

التثنية 133

أرض ومملكة 151

يشوع 153

سفرا القضاة وراعوث 173

سفرا صموئيل الأوَّل والثاني 193

سفرا الملوك الأوَّل والثاني 211

أشعار العبادة وكلمات الحكمة 231

مقدّمة عن الشعر العبراني 233

سفر المزامير 243

نشيد الأنشاد 261

سفر الأمثال 267

٥

283	سفر الجامعة
291	سفر أيوب

إنهيار إمبراطورية
303

305 مقدَّمة عن النبوَّات

309	يونان
317	يوئيل
327	عاموس وهوشع
345	سفر إشعياء
363	سفر ميخا
371	سفر ناحوم
375	سفر صفنيا
383	سفر حبقُّوق
393	سفرا إرميا ومراثي إرميا
405	سفر مراثي إرميا
413	سفر عوبديا

صراع البقاء
419

421	حزقيال
439	سفر دانيال
459	أستير
467	عزرا ونحميا
483	أخبار الأيَّام الأول والثاني
495	حجَّي
503	زكريَّا
521	ملاخي

531	**العهد الجديد**
533	**الأناجيل**
541	إنجيل مَرقُس
553	إنجيل متَّى
571	لوقا وأعمال الرسل
579	إنجيل لوقا
593	أعمال الرسل
611	إنجيل يوحنَّا
631	**التلميذ الثالث عشر**
633	بولس ورسائله
645	رسالتا تسالونيكي الأُولى والثانية
659	رسالتا كورنثوس الأُولى والثانية
675	الرسالة إلى أهل غلاطية
699	الرسالة إلى أهل رومية
713	الرسالة إلى أهل كولوسي
721	الرسالة إلى أهل أفسس
731	الرسالة إلى أهل فيلبِّي
743	رسالة بولس إلى فليمون
747	الرسائل إلى تيموثاوس الأُولى والثانية وإلى تيطس
765	**من قلب المعاناة إلى المجد**
767	الرسالة إلى العبرانيين
787	رسالة يعقوب
801	رسالتا بطرس الأُولى والثانية
821	رسالة يهوذا

833	رسائل يوحنَّا الأُولى والثانية والثالثة
835	رسالة يوحنَّا الأُولى
849	رسالتا يوحنَّا الثانية والثالثة
857	سفر رؤيا يوحنَّا اللاهوتي
919	المُلك الألفيُّ

المقدِّمة

بدأت قصَّتي في شبه الجزيرة العربية سنة 1957. كنت حينَذاك أخدم كقسِّيسٍ في القوَّات الجوِّية الملكية فأهتَّم بالوضع الروحيِّ للَّذين لا ينتمون إلى الكنيسة الأنغليكانية أو الكاثوليكيَّة، بل إلى الطوائف الأُخرى، كالمثوديست أو جمعية خلاص النفوس أو حتَّى البوذيِّين والملحدين. وكنت مسؤولاً عن عدَّة محطَّات تمتدّ من البحر الأحمر إلى الخليج العربيِّ. ولم يوجد في أيٍّ منها مبنى كنيسة ولا حتَّى رعيَّة.

كنت قبلاً في الحياة العادية قسِّيسًا مثوديًّا أعمل من جزر «الشتلاند» امتدادًا إلى وادي «التايمس». وكلّ ما كان مطلوبًا منِّي آنذاك هو إعداد بضع عظات كلّ ثلاثة أشهر، كنت أُعيد تكرارها في الكنائس المختلفة التي كنت مسؤولاً عنها. وغالبًا ما كنت أعتمد تفسير إحدى الآيات، أو معالجة موضوع ما أدعمه ببضع آيات من الكتاب المقدَّس. وقد أخطأت في كلتا الحالتين لأنِّي كنت أستشهد بالآيات خارج نطاق النصِّ. ولم أنتبه إلى أنَّ ترقيم الأصحاحات والآيات ليس من نتيجة الوحي الإلهي، بل سبَّبَ ضررًا كبيرًا للكتاب المقدِّس ليس أقلَّه اختصارُ معنى نصٍّ كامل في جملة واحدة. فأصبح وكأنَّه مجمَّع «إثبات نصوصٍ» تمَّ اختيارها عن قصد ليدعم الواعظ فكره.

وجدت نفسي في عملي الجديد أمام رجال من مختلف الخلفيَّات وليس في حوزتي إلاَّ مجموعة عظات تعتمد ذلك الأُسلوب المشكوك في أمره. وكنت قد اعتدت المجموعات المختلطة التي تتكوّن أغلبيتها من نساء وأولاد. وفجأة نَفِدَت مؤونتي الضئيلة من العظات القليلة، إذ كنت قد استخدمت بعضها في بعض الاستعراضات الإجبارية في إنكلترا قبل أن يتمَّ تعييني خارج البلاد.

وكان وقعها كوقع بالون فولاذيٍّ. وجدت نفسي في مدينة «آدن» أؤسِّس كنيسة جديدة لخدمة الموظَّفين الدائمين أو المؤقَّتين من قوَّات الجوِّ الملكيَّة. فوقعت في حَيْرة كيف عساني أجعل أُولئك الرجال يهتمّون بالإيمان المسيحي ويلتزمونَه.

ودفعني أمر ما (يجدر بي القول أحدهم) كي أُعلِن أنَّني سأقدِّم سلسلة عظات خلال بضعة أشهر تسير بنا عبر الكتاب المقدَّس (من البداية إلى النهاية!). فكانت رحلة اكتشاف لنا جميعًا. وبدا لنا كتابًا جديدًا متكاملاً. وكما يقول المثل الإنكليزي: «لقد فشلنا في رؤية أشجار الغابة (أي أخفقنا في فهم الصورة الكُبرى).»

ثُمَّ ظهرت خطَّة الربِّ وهدفه بطريقة جديدة. وكان الرجال يتلَّقون معلومات أدهشتهم. ففكرة كوننا

في مخطَّط الربّ الخلاصيِّ الكونيِّ كانت دافعًا كبيرًا للرجال، وأدركوا أنَّ قصَّة الكتاب المقدَّس حقيقيَّة وتنطبق عليهم.

بالطبع، كانت دراستي متواضعة وبسيطة. وشعرت كأنِّي سائح زار المتحف البريطاني في عشرين دقيقة ــ وكان بوِّده زيارته في عشر دقائق لو كان يلبس حذاء الرياضة!

مررنا بسرعة عبر الأسفار وأولينا بعضها شبه اهتمام. لكنَّ النتائج فاقت توَّقعاتي ووضعت أساسًا لحياتي وخدمتي. إذ أصبحت «معلِّمًا للكتاب المقدَّس» رغم طَراوةِ عُودي روحيًّا. وأصبح شغف قلبي مشاركة الآخرين في فرح معرفة الكتاب المقدَّس بالكامل.

عندما رجعت إلى حياتي المدنيَّة، صمَّمت على السير مع الرعيَّة التي أخدمها في رحلة عبر الكتاب المقدَّس خلال عقد (إن استطاعوا تحمّلي طوال تلك الفترة.) وقد عنى ذلك دراسة فصل واحد في كل اجتماع. صرفت وقتًا طويلا في التحضير (ساعة تحضير تساوي عشر دقائق على المنبر) والمشاركة (45-50 دقيقة).وتُشابِه هذه النسبة نسبة الوقت الذي نصرفه في الطبخ وتناول ما جهَّزناه.

وقد برهن هذا الأُسلوب على صحَّته، إذ تبيَّن جوع حقيقي إلى كلمة الرب. وبدأ الناس بالتوافد من قريب وبعيد «لشحن بطَّاريتهم» كما قال بعضهم. وتمَّ تجهيز تسجيلات للعظات لتُرسَل إلى المرضى في بيوتهم، ومن ثَمَّ وُزِّعت إلى قريب وبعيد لِتَشمل المئات بل الآلاف في مئة وعشرين بلدًا. وكنت أكثر المتفاجئين.

انتقلت من منطقة «باكينغهامشاير» إلى منطقة «سوراي» ووجدت نفسي مشاركًا في التصميم والبناء لِسَنتر «ملمايد» الذي احتوى على مدرَّج مثالي لإكمال تلك الخدمة التعليمية.وعندما افتتحناه، أردنا ربط سبب وجوده بالكتاب المقدَّس، فقرَّرنا قراءته كاملاً دون توَّقف. استغرق الأمر أربعًا وثمانين ساعة متتالية من يوم الأحد مساءً إلى صباح الخميس. فكان كلّ شخصٍ يقرأ مُدَّةَ خمس عشرة دقيقة قبل أن يعطي الكتاب للَّذي بعده. واستخدمنا الترجمة الإنكليزية المبسَّطة التي تسهُل قراءتها وسماعها فتدخل القلب والفكر.

لم نعلم ماذا نتوقَّع، لكنَّ الفكرة سحرت المجتمع. حتَّى رئيس البلدية أراد المشاركة، وبالصدفة (أو بالعناية الإلٰهية) وجد نفسه يقرأ عن الزوج «المعروف في الأبواب.» وأصرَّ على أخذ نسخة من الكتاب المقدَّس لزوجته. ودخلت امرأة بعدما كانت في زيارة استشارية لمحاميها في دعوى لفسخ زواجها، ووجدت نفسها تقرأ: «أكره الطلاق، يقول الربّ.» ولم ترجع إلى محاميها.

حضر ما يقارب الألفي شخص واشتروا ما يقارب نصف طن من الكتب المقدَّسة. وقد حضر بعضهم بهدف البقاء نِصفَ ساعة فبَقُوا ساعات متمتمين لأنفسهم: «حسنًا، سأبقى لسماع سفر آخر ومن ثَمَّ أنصرف.»

كانت هذه المرَّة الأُولى التي سمع فيها الموجودون، ومن بينهم مَن كانوا مواظبين على حضور الاجتماعات، قراءة سفر من الكتاب المقدَّس بالكامل. ففي معظم الكنائس تُقرأ بضع آيات في كلِّ أُسبوع ولا يُكمل الأصحاح لاحقًا. فأيُّ كتاب يجذب أو يُحمِّس إن استُخدِم بهذا الأسلوب؟

بدأنا في أيام الآحاد بدراسة الكتاب المقدس بالتتابع. فهو ليس كتابًا واحدًا، بل مجموعة كتب، أو بالأحرى مكتبة كاملة (والكلمة *biblia* في اللغتين اللاتينية واليونانية هي في الجمع وتعني «كتبًا»). لا يحتوي الكتاب المقدَّس على أيَّة كتب بل على عدَّة أنواع من الكتب: التاريخ والقانون والرسائل والأناشيد، إلخ. وعند البدء بكل سفر كنَّا نطرح أسئلة أساسيَّة:

ما هو نوع السِّفر؟ متى كُتِب؟ من كتبه؟ لمن كُتِب؟ وفوق الكل، لماذا كُتِب؟ وكانت إجابة السؤال الأخير بمثابة «حل» لغز الرسالة. وليس بالإمكان فهم أيِّ سفر بالتمام إلاَّ إذا اتخذناه كجزء من الكلِّ. ومعنى كلِّ «نصٍّ» ليس في المقطع أو الجزء بل هو بالأساس موجود في كلِّ الكتاب.

ذاع صيتي كمعلِّم للكتاب المقدَّس، وتمَّت دعوتي إلى التكلُّم في الكلِّيات والمؤتمرات والندوات، بداية في بلدي ثمَّ بالأكثر خارجَهُ حيث هيَّأت التسجيلات التي سبقتني لذلك. أُحب التقاءَ أُناس جدد، بينما تزول بهجة ركوب طائرة «جمبو» بعد عشر دقائق! وفي كلِّ مكان زرته وجدت الرغبة في معرفة كلمة الربّ. وشكرت الربّ على اختراع كاسيتات التسجيل التي تُستعمَل في كلِّ البلدان، والتي ساعدت في ملء فراغ حقيقيٍّ في أماكن عديدة. هناك خدمات تبشيرية عديدة لكن قلَّة هي الخدمات التعليمية التي تركِّز وتطوِّر وتنمي المؤمنين.

كنت سأُتابع بنمط الخدمة هذا حتى نهاية نشاطي، لكنَّ الربَّ كان قد حضَّر لي مفاجأة جديدة تمثَّلَت في نشر هذه التعاليم.

في بداية التسعينيَّات، دعاني صديقي «برنارد ثومبسون» راعي الكنيسة في «ولينغفورد» بالقرب من «أُكسفورد» لأعظ في سلسلة اجتماعات هدفها زيادة الرغبة في معرفة الكتاب المقدَّس. وكان هذا سببًا كافيًا لقبولي الدعوة! عرضت أن أذهب إلى هناك مرَّة في الشهر وأستعرض سفرًا واحدًا خلال ثلاث ساعات(تفصلها استراحة قهوة!). وبالمقابل طلبت من الحاضرين قراءة السفر قبل زيارتي ومن ثمَّ بعد زيارتي. وكان على الرعاة خلال الأُسبوع أن يبنوا عظاتهم ودراسة المجموعات البيتية على ذلك السفر. وكان هدف كل ذلك تعريف الناس به.

كان هدفي ثُنائيَّ الجوانب: أن أُوَلِّد رغبة في قلوب الناس لقراءة الكتاب، وأن أمدَّهم بالمعلومات والبصيرة اللتين تساعدانهم على فهم ما يقرأون فيستمتعون بقراءته. فاستخدمت لذلك الصور والبيانات والخرائط والأمثلة. ولاقى أُسلوبي نجاحًا، وبعد أربعة أشهر فقط طُلِب مني حجز مواعيد امتدت على مدى خمس سنوات، وذلك لتغطية الستة والستين سفرًا! رفضت ضاحكًا وقلت إنَّه يمكن أن أكون قد انتقلت إلى السماء قبل ذلك الحين بكثير. (لم أشأ أن أحجز المستقبل أو أدَّعي أنَّ باستطاعتي فعل ذلك، وكنت نادرًا ما أحجز مواعيد تمتدّ أكثر من ستَّة أشهر.) ولكن كان مخطَّط الربِّ عكس ذلك، وساعدني لإكمال ذلك الماراثون.

كانت شركة «آنكور ريكوردينغز» (وهي تقع في شارع 72، «كانينغتون» ـ «آشفورد»، «كنت» *TN24 9HS*) قد استلمت مهمَّة توزيع أشرطتي المسجَّلة على مدى عشرين سنة. وعندما سمع «جيم هاريس»، المدير آنذاك، تسجيلات تلك الاجتماعات، حثَّني على تسجيلها على أشرطة ڤيديو.وجهَّز طاقمًا

كاملا من المصوِّرين ليأتوا إلى سنتر «هاي لاي» للمؤتمرات. فحوَّلنا القاعة الرئيسية إلى استوديو وكنَّا نسجِّل ثمانية عشر برنامجًا أمام مجموعة من الحاضرين خلال ثلاثة أيام متتالية. وامتدَّ ذلك البرنامج فترةَ خمس سنين أُخرى ووُزِع تحت عنوان «اكتشاف الكتاب المقدَّس.»

انتشرت تلك التسجيلات عبر العالم، واستُخدمت في المجموعات البيتيَّة والكنائس والكلِّيات والقوَّات المسلَّحة، ومخيَّمات البدو والسجون وعلى محطَّات التلفاز الفضائية. وخلال رحلة مطوَّلة إلى ماليزيا كان يتم بيع ما يقارب الألف نسخة منها أُسبوعيًّا. وقد انتشرت في القارات الست بما في ذلك «أنتركتيكا»! وقد دعاها كثيرون «التراث الذي سأتركه للكنيسة.» فبالطبع كان ذلك ثمر تعب سنين عديدة. لقد دخلت عتبة السبعين سنة على هذه الأرض، ولا أظنّ أنَّ الربَّ قد انهى دوري هنا. إذِ اعتقدت أنَّ مشروع التعليم ذاك شارف على نهايته، لكنِّي كنت مخطئًا.

اتَّصلَت بي دار نشر *HarperCollins*، وطرحوا فكرة نشر هذه المواد على شكل مجلَّدات.كنت خلال السنين الماضية قد كتبت عدَّة كتب نشرتها دور نشر مختلفة، لذا كنت مقتنعًا أنَّها وسيلة جيِّدة لنشر كلمة الربِّ. لكن كان لديَّ تحفُّظان كبيران تجاه هذا العرض، الأمر الذي جعلني متردِّدًا بشدَّة. التحفُّظ الأوَّل كان بسبب طريقة تحضيري للمواضيع، والتحفُّظ الثاني كان بسبب طريقة تقديمها. دعوني أشرح ذلك:

أوَّلاً، لم أكتب أيَّة عظة أو محاضرة بالكامل من قبل، بل عادة أستخدم الملاحظات التي قد تملأ صفحات كاملة. فقد كنت مهتمًّا بأُسلوب التواصل كما بالمضمون، وعلمت تلقائيًا أنَّ كتابة الموضوع بالكامل يُفقِد الانسجام بين المتكلِّم والحضور. ولا يعود سَبَبُ هذا فقط إلي إزالة نظرك عن الحضور، بل إنَّ للكلام العفويّ تأثيرًا أكبر على ردَّة فعل السامعين. وكانت النتيجة أُسلوبين مختلفين لكتابتي وإلقائي العظات؛ كلٌّ له حاجته. تحرِّك عظاتي مشاعري وأستمتع بالاستماع إليها. وأتحمس بعد قراءة إحدى منشوراتي الجديدة فأقول لزوجتي غالبًا: «إنَّها **بالفعل** مادَّة جيِّدة!» لكن عندما أقرأ ملاحظاتي أخجل بل أفزع من كلماتي وعباراتي، إذ هناك الكثير من التكرار أو الجمل الناقصة! وهناك ارتباك بين صيغتَي الماضي والحاضر! هل أُهين لغتي الأم بفعلي ذلك؟ أردّ بالإيجاب دون جدل.

كنت واضحًا بقولي إنَّه ليس باستطاعتي مجرَّد التفكير في كتابة المادة كلِّها. فقد أخذ تحضيرها حياتي، ولا حياة أُخرى لي. كانت قد جُهِّزت نصوص المواضيع المصوَّرة على أفلام ڤيديو بهدف ترجمتها ودبلجتها بلُغات أُخرى كالاسبانيَّة والصينيَّة. لكن مجرَّد التفكير في طباعتها كما هي جعلني أهلع. ربما أتى ذلك الصراع بسبب كبريائي، لكن لم أحتمل ذلك خاصة بعد مقارنتها بِكُتبي المطبوعة والتي أغدقت عليها الكثير من الوقت والعناية.

كنت متأكِّدًا أنَّ المحرِّرين سوف يصحِّحون معظم الأخطاء اللغوية. لكن كان الحل بإيجاد «كاتب بديل» يتماشى مع أُسلوبي وخدمتي ليجهِّز المادة للطباعة. وعندما قابلت «آندي پاك» أظهر لي ثقة كبيرة بمقدرته على القيام بالعمل، رغم أنَّ النتيجة لن تكون كما لو أنِّي أنا كتبتُ المادَّة، أو حتى لو كان هو الكاتب الأصليّ.

أمددته بكلِّ الملاحظات وأشرطة التسجيل وأشرطة الڤيديو والنصوص، إلاَّ أنَّ هذا العمل هو عمله كما هو عملي. لقد انكبَّ على العمل بكلِّ قواه وإنِّي شديد الامتنان له، لمساعدتي على الوصول بالحقِّ الذي يحرِّر إلى أكبر عدد من الناس. وإن كان أحد ينال مكافأة كتلك التي يحصل عليها نبيٌّ (شخصٌ ما) بمجرَّد تقديم كأس ماء للنبيِّ فلا يمكنني إلاَّ أن أشكر الرب على المكافأة التي سيحصل عليها آندي بسبب تعب محبته العظيم.

ثانيًا، لم أحتفظ بسجلٍّ دقيق للمصادر التي استخدمتها. ويعود ذلك جزئيًّا إلى كون الربِّ قد وهبَني ذاكرة جيِّدة نوعًا ما لأسترجع الاقتباسات والتوضيحات، كذلك لأنِّي لم أستعن بمساعدة سكريتارية.

لقد أخذت الكتب حيِّزًا كبيرًا في عملي ـ ما يزيد على ثلاثة أطنان كما قال لنا ناقل الأثاث الذي استخدمناه. وقد ملأت غرفتين وقبوًا صغيرًا في الحديقة. وتنقسم كتبي إلى ثلاث فئات: تلك التي قرأتها، وأُخرى أنوي قراءتها وأُخرى لا أنوي قراءتها! إلاَّ أنَّها كانت سبب بركة لي وسبب انزعاج لزوجتي. أمَّا أكبر قسم فيحتوي على تفاسير للكتاب المقدَّس. فعندما أحضِّر درسًا ما أقرأ كتابات العديد من المفسِّرين بعد أن أضع ملاحظاتي الشخصيَّة أوَّلاً. فأزيد معلوماتي وأصحِّح مجهوداتي في ضوء كتابات تفسيرية وتأمّلية.

من المستحيل ذكر أسماء كلّ الذين أدين لهم. وككثيرين، انكببت على التهام تأملات وليم باركلي اليومية، ما إن تم نشرها في خمسينيَّات القرن الماضي. فمعلوماته عن خلفية العهد الجديد وعن معنى الكلمات لا تُضاهى، وأُسلوبه السهل والواضح نموذج يُحتذى، رغم أنِّي وضعت بعد ذلك بضع علامات استفهام حول تفاسيره الليبرالية. وكان جون أُسْتوت وميريل تني وغوردون في ووليم هاندريكسون بين الذين كشفوا لي العهد الجديد. بينما كشف أليك موتيه وج.ت. ونِهَام ودْرَيك العهد القديم. ولا يكفيني الوقت لأخبر عن دني ولايتفوت ونيغرين وروبنسون وآدم سميث وهاورد وأليسون ومولن ولاد وأتكنسون وغرين وبيزلي ـ موراي وسنايث ومارشال وموريس وآخرين كثر. ولا يجدر بي نسيان كتابين مميَّزين بقلم سيِّدتين: **فحوى الكتاب المقدّس** بقلم هنرييت ميرز وَ **المسيح في جميع الأسفار** بقلم أ. م. هودجكن. لقد كان الجلوس عند أقدام جميعهم امتيازًا لا يُقارن. ولطالما اعتبرت أنَّ إحدى الميزات الأساسية للمعلِّم هي الانفتاح على التعلُّم.

استوعبت كل هذه المصادر كالاسفنجة. وغالبًا ما كنت أتذكّر **ما قرأت**، لكنِّي لم أستطع أن أتذكَّر بسهولة **أين قرأته**.ولم أُعِر الأمر اهتمامًا كبيرًا عندما كنت أجمع المعلومات لتحضير عظاتي. فهدف هؤلاء الكتَّاب هو مساعدة الوعَّاظ، ولا يتوقَّعون أن تُذكر أسماؤهم في كلِّ مرَّة يُقتبس من كتاباتهم. ولا بدَّ أنَّ عظة مليئة بالاقتباسات وذكر الأسماء تكون مملَّة وفي أسوأ الأحوال كترويج لتلك الأسماء، أو حتَّى ممكن أن تظهر حذاقة مصطنعة. أرجو ألاَّ يكون هذا المقطع كذلك!

لكن النشر عكس الوعظ، يخضع لحقوق الطباعة والنشر. وخوفي من اختراق تلك الأنظمة جعلني أتردَّد في السماح بِطباعة عظاتي ونشرها. وكان من المستحيل تتبُّع أعمال أربعين سنة. حتَّى لو كان ذلك ممكنًا، فإنَّ كلمات الشكر والتقدير وإضافة الحواشي كانت ستُضيف حجمًا وكلفة كبيرين.

كان البديل أن أحرم الذين سيستفيدون من هذه المادة من الوصول إليها، لكن أقنعني الناشر أنَّ ذلك خطأ. على الأقلّ كنت أنا المسؤول عن الجمع، لكن أسمح لنفسي بأن أُومِن أنَّ في نشرها فائدةً كبيرة، ممَّا يبرِّر طباعتها.

كل ما أستطيع فعله هو تقديم الاعتذار والامتنان في آنٍ معًا للَّذين استخدمت كتاباتهم عبر السنين، آملاً أن يروا في ذلك محاولة لتقليدهم، وهو بذلك أصدق أنواع الاطراء.ودعوني أستشهد بقولٍ قرأته في مكان ما:»عندما يتكلّم بعض الكتَّاب عن كتبهم يقولون «كتابي»... الأجدر بهم هو قول «كتبنا»... لأنَّ كتاباتهم تتأثَّر بالآخرين أكثر ممَّا تتأثَّر بهم.» (المصدر هو پاسكال).

فإليكم «كتابنا»! وبكل امتنان أظنّ أنّني كما يقول الفرنسيون «*vulgarizer*» وهو من يقرأ كتب المفكِّرين ويحاول تبسيطها لمساعدة الناس «العاديِّين» على فهمها. وكما قالت لي إحدى السيِّدات المتقدِّمات في العمر بعد أن شرحت مقطعًا كتابيًّا عميقًا:»لقد قسَّمته إلى أجزاء صغيرة جدًّا يمكننا هضمها.» وبالفعل فإنَّ هدفي دائمًا أن أُعلِّم بأُسلوب مبسَّطٍ، فيمكن لصبيٍّ في الثانية عشرة من عمره استيعاب رسالتي وتذكُّرُها.

سيخيب ظنّ بعض القرَّاء، وربَّما يُحبطون، لندرة وجود الشواهد الكتابيَّة؛ خاصَّة إن كان في نيَّتهم امتحاني! لكن غياب الشواهد أتى متعمَّدًا، فقد أعطانا الربّ كتابه على شكل أسفار وليس مقسَّمًا إلى أصحاحات وأعداد. بل كان ذلك نتيجة عمل أُسقُفَين أحدهما فرنسي والآخر إيرلندي قاما به قبل بضعة قرون. فأصبح من السهل إيجاد «مقطع ما» وإهمال النص ككلّ. فكم من المؤمنين الذين يستشهدون بالآية الواردة في يوحنَّا 16:3 يمكنهم الاستشهاد معًا بالآيتين الخامسة عشرة والسادسة عشرة؟ وكثيرون لم يعودوا «يفتِّشون الكتب»، بل بالعودة إلى الأرقام يستطيعون إيجاد الآية التي يريدون. لذلك اتَّبعتُ نهج الرسل في تسمية الكتَّاب، مثلاً: «قال إشعياء أو داود أو صموئيل.» وعلى سبيل المثال، يقول الكتاب إنَّ الله يصْفِر. فأين نجد هذا القول؟ في سفر إشعياء. أين بالتحديد؟ فتِّش فتَعرِف أيضًا متى ولماذا فعل ذلك. فتفرح لأنَّك وجدت ذلك بنفسك.

كلمة أخيرة. أملي هو أن تكون هذه الدراسة سببًا لزيادة تعلُّقِك بتلك الأسفار ومحبَّتِك لها، وأملي الأكبر هو أن تعرف وتحب أكثر موضوع هذه الأسفار: الرب نفسه. وقد تأثَّرت جدًّا بردَّة فعل أحدهم بعد بضعة أيَّام لمشاهدته الڤيديوات: «أعرف الآن الكثير عن الكتاب المقدَّس، لكن الأعظم هو أنِّي شعرت بقلب الربّ كما لم أشعر به من قبل.»

ماذا يمكن لمعلِّم للكتاب المقدَّس أن يطلب أكثر من ذلك التعليق؟ ليتك تختبر الأمر نفسه فيما تقرأ صفحات هذا الكِّتاب وتشاركني في القول: مباركٌ الآب والابن والروح القدس.

ج. داڤيد پاوسون
شاربون، سان جون
1999

ظننتُ أنِّي أعرف كتابي المقدَّس بقراءتي مقتطفات منه،
جزءًا من يوحنا أو متى، ومن ثَمَّ نظرةٌ إلى التكوين،
بعضَ الأصحاحات من إشعياء والمزمور الثالث والعشرين،
الأوَّل من الأمثال والثاني عشر من رومية، وظننت أني أعرف كتابي،
لكنِّي اكتشفت أن القراءة الدقيقة أمر مختلف
وكان الأمر مختلفًا حين قرأت كتابي بتروٍّ.

وإلى كلَّ من يحبُّ أن يستَذِوقَ من كتابه مقتطفات
قبل أن يتلو صلاة السرعة والنعاس.

وإلى كلِّ من يعامل تاج الكتب باستخفاف
ملقيًا نظرة سريعة على نص صغير.

جرِّب أُسلوبا أفضل
جرِّب إلقاء نظرة واسعة وثابتة،

فتنحني إجلالاً عند قراءتك الكتاب بتمعّن

لمجهول

العهد القديم - إرشادات الخالق

الصفحة	الموضوع
19	نظرة شاملة إلى العهد القديم
29	سفر التكوين
79	الخروج
99	اللاويِّين
115	سفر العدد
133	الثنية

نظرة شاملة إلى العهد القديم

لقد أعطانا الرب مكتبة مؤلَّفة من ستَّة وستِّين كتابًا. وكلمة *biblia* اللاتينة التي تُرجمت إلى "*bible*" في اللغة الإنكليزية تعني حرفيًّا «كتبًا».

تغطِّي أسفارُ العهد القديم التِّسعة والثلاثون فترة زمنية تناهز الألفي سنة. وكتبها كتَّاب متنوِّعون وهي تحتوي على أنواع أدبيَّة مختلفة. لذلك لا يدهشنا عندما يقف الناس متعجِّبين من كيفية جمعها في كتاب واحد.

ولم يقسِّم الربّ الكتاب المقدَّس بحسب المواضيع فندرسها كُلًّا على حِدَة، بل قسَّمها بحيث نقرأ في كلِّ مرَّة كتابًا متكاملاً. فالكتاب المقدس يُظهر الحقَّ الإلهيّ في نصٍّ تاريخي من ناحية مَن هو الربّ وكيف نتقرَّب منه. ويخبرنا كيف أن الناس ــ وبالأخصِّ شعب اسرائيل قديمًا ــ اختبروا الربّ شخصيًّا وتجاوبوا مع كلمته. إنَّه أبعد ما يكون عن كونه كتابًا لاهوتيًّا جافًّا، بل هو قصَّة فداء الربّ النابضة بالحياة لكلِّ الناس.

يفشل كثيرون في فهم رسالة الكتاب المقدَّس لأنَّهم لا يمتلكون معرفة كافية لخلفيَّته. وهدف هذا الفصل هو تقديم نظرة شاملة للعهد القديم لكي نضع كلّ جزء منه في إطاره الصحيح.

جغرافيا

إن كنَّا نريد فهم العهد القديم فعلينا التعرُّف على خارطتين: خارطة أرض الآباء وخارطة الشرق الأوسط. المنطقة الأساسية في خارطة الشرق الأوسط هي ما يدعوه الجغرافيُّون «الهلال الخصيب.» إنَّها الأراضي الخصبة التي تمتدّ من نهر النيل في مصر غربًا وفلسطين في الشمال الشرقي، ثم تلتفّ نحو الجنوب والجنوب الشرقي حيث تقع سهول نهرَي دجلة والفرات؛ وكانت تلك المنطقة تُدعى بلاد ما بين النهرين حيث إنَّها تقع بين ذينك النهرين. وجذبت تلك الأرض الخصيبة قوى العالم القديم، حيث كانت مصر في الغرب والمملكة الأشورية (ومن بعدها البابلية) في الشرق.

وكانت إسرائيل (أرض فلسطين) في الوسط. وتدور خلفية معظم ما كُتِب في العهد القديم حول

الصراع القائم بين قوى العالم آنذاك. وكانت تلك الصراعات تهدِّد أحيانًا إسرائيل (أرض فلسطين) التي كانت نقطة تلاقٍ تجارية. وكانت الصحراء السوريَّة معبرًا للتجَّار والجيوش من ناحية الشرق نحو آسيا وأفريقيا وأوروبًّا. وكان المسافرون يمشون المسافة الممتدَّة بين يزرعيل ومجِّدو من الناحية الجنوبية الغربية والتي كانت عبارة عن طريق جبليٍّ وعر.

وامتدَّ طريق إلى فلسطين مرورًا بدمشق من خلال البوَّابة السورية ثم إلى جسر بنات يعقوب المؤدِّي إلى بحيرة الجليل. وامتدَّ ذلك الطريق عينه من الناحية الجنوبيَّة الغربية نحو سهول مجدِّو وصولاً إلى السهل الممتد نحو اللُّدِّ وغزَّة عندَ تُخوم مصر. كانت إسرائيل ممرًّا ضيِّقًا يُحيط بها وادٍ متصدِّع في الشرق وصولاً إلى البحر الميت الذي امتدَّ من الشمال إلى الجنوب. أمَّا في الناحية الغربية فقد أحاط بها البحر الأبيض المتوسِّط.

إذًا، كانت إسرائيل تقع على مفترق طرق العالم، حيث كان التجَّار يمرُّون من كلِّ النواحي. وكانت مجِّدو مكان الالتقاء. وكانت بلدة الناصرة تطلُّ على مفترق الطرق هذا، ومن دون شكٍّ أنَّ الربَّ يسوع كان يجلس على تلك التلَّة ويراقب العالم يتحرَّك.

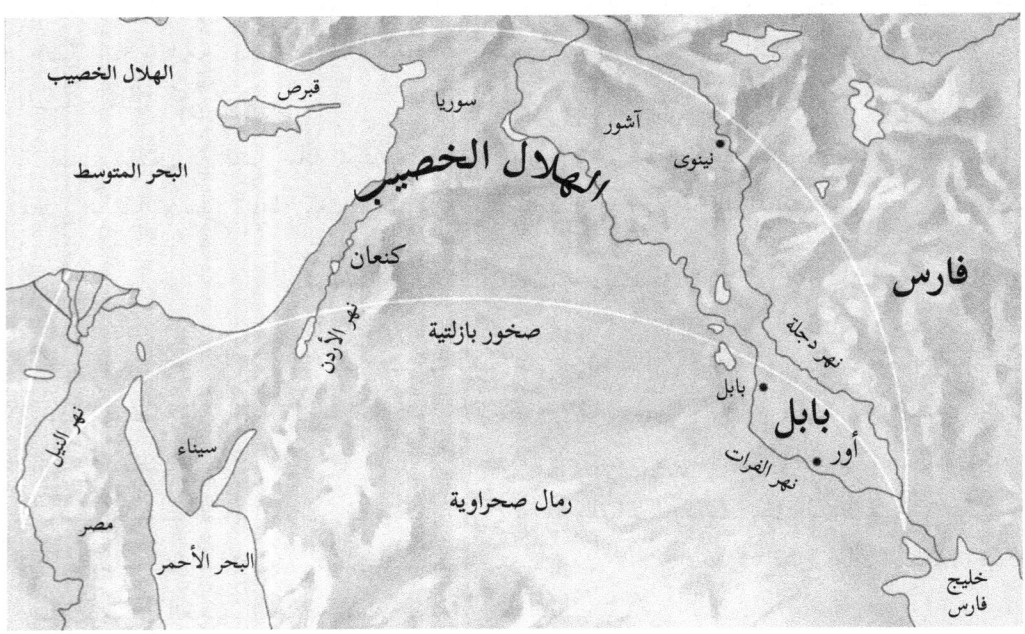

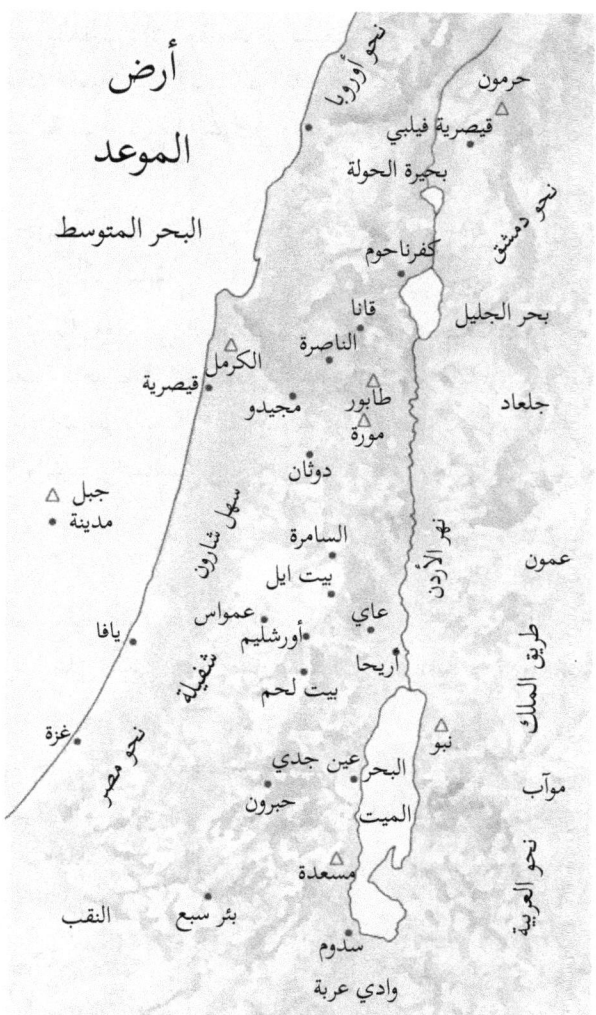

يحمل ذلك المكان أهميَّة روحيَّة. فقد كان الرب يؤسِّس شعبًا على مفترق الطرق ذاك ليقدِّموا أُنموذجًا عن ملكوت السماوات على الأرض.

فكان بإمكان العالم بأسره رؤية البركة التي يحصل عليها الشعب الذي يحيا تحت سلطة الرب ــ وبالمقابل اللعنة التي تأتي على الشعب الذي يعصي الربّ.

فلِم يكُن موقع شعب الرب هناك صدفة.

وبالنظر إلى الجغرافيا الداخلية لأرض الآباء نجد أن الجليل (أو ما كان يُسمَّى «جليل الأمم» نسبة إلى تعدُّد الجنسيَّات التي كانت تمرّ من هناك) كان نقطة تلاقٍ من الناحية الشماليَّة. أمَّا اليهوديَّة التي كانت تقع في الناحية الجنوبية فكانت منطقة جبليَّة بعيدة عن باقي العالم، الأمر الذي عزَّزَ تأثير الحضارة اليهودية صرفًا. وكانت أورشليم العاصمة تقع في وسطها. توازي مساحة أرض الآباء مقاطعة ويلز

البريطانية، إلاَّ أنَّها تتمتَّع بالفصول الأربعة ومناظر طبيعية متنوِّعة. ولا يهمّ من أيّ بلد أنت، فإنَّك تجد جزءًا مشابهًا لبلدك هناك. فمثلاً، تل أبيب التي تقع في الناحية الجنوبية تشبه إنكلترا. وتُعرف منطقة الكرمل في الجهة الشمالية بـِ «سويسرا الشرق». وعلى مسافة عشر دقائق من الكرمل يمكنك الجلوس تحت أشجار النخيل.

يشُكِّل نهر الأردنّ جزءًا أساسيًّا من أرض الآباء، وهو ينبع من جبل حرمون ويتجه من الشمال نحو الجنوب وسط الوادي الذي ذُكر سابقًا.

ثم يصبُّ في بحر الجليل ومنه إلى البحر الميت. وتحيط بمجراه منطقة خصيبة. وتتواجد في هذه الأرض كلّ أنواع النباتات والحيوانات الموجودة في أوروبَّا وأفريقيا وآسيا. فبإمكانك رؤية أشجار الصنوبر الاسكُتلاندية تنمو قرب أشجار النخيل الصحراويَّة. وفي زمن الكتاب المقدَّس، كانت الحيوانات المتوحِّشة تضمّ الأسود والدببة والتماسيح والجمال. فيبدو كأنَّ العالم كلَّه حُشِر في بلد واحد صغير.

تاريخيًّا

بعد أن أصبح لدينا فكرةٌ عامة عن جغرافية عالم العهد القديم، نلقي الآن نظرة شاملة على تاريخه.وتغطية فترة تزيد على ألفي سنة عمل شاقّ، لكن استخدام رسم بياني يساعد في فهم الأساسيَّات (جغرافيًّا).

يغطِّي العهد القديم حقبة تاريخية تزيد على الألفي سنة قبل مجيء المسيح. ويغطِّي سفر التكوين الأصحاحات 1-11 حقبة «ما قبل التاريخ» التي تشمل الخليقة وسقوط الإنسان في جنَّة عدن والطُّوفان وبرج بابل. والتركيز هنا هو على الجنس البشريّ عمومًا على الرغم من ذكر نسب «إلهيٍّ».

لكن يمكننا شرح تاريخ بني إسرائيل من السنة 2000 ق م عندما دعا الرب إبراهيم (إلاَّ أنَّه مرَّت عدَّة قرون قبل قيام الأمَّة اليهودية.)

تُقسم حقبة العهد القديم إلى أربعة أجزاء متساوية يمتدّ كلٌّ منها فترةً زمنية تقارب خمسَ مئة سنة. ويستَحوِذ على كلٍّ منها حدث أساسيّ وشخصيَّة أساسيَّة ونوع مختلف من القيادة.

500	1000	1500	2000
السبّي	الامبراطوريَّة	الخروج	الاختيار
إشعياء	داود	موسى	ابراهيم
الكهنة	الملوك	الأنبياء	الآباء

نظرة شاملة إلى العهد القديم

قاد الآباء ابراهيم وإسحق ويعقوب ويوسف الشعبَ القديم خلال الحقبة الأُولى. وقادهم الأنبياء من موسى إلى صموئيل في الحقبة الثانية.

وقادهم أُمَراء (ملوك) من شاول إلى صدقيًّا في الحقبة الثالثة. أمَّا في الحقبة الرابعة فنرى أنَّ الكهنة استلموا زمام الأُمور من يهوشع (كاهن رجع إلى اليهوديَّة من السبِّي في زمن حكم زرُّبابل) إلى قيافا في زمن المسيح.

لم يكن أيٌّ من أنماط القيادة مثاليًّا، وأضاف كلُّ قائد من ضعفاته إلى المهمَّة. وكانت الأمة بحاجة إلى قائدٍ نبيٍّ وكاهن وملك، فوجدوه في الربِّ يسوع.

إذًا، كل مرحلة كانت مقدِّمة لمجيء القائد المثالي.

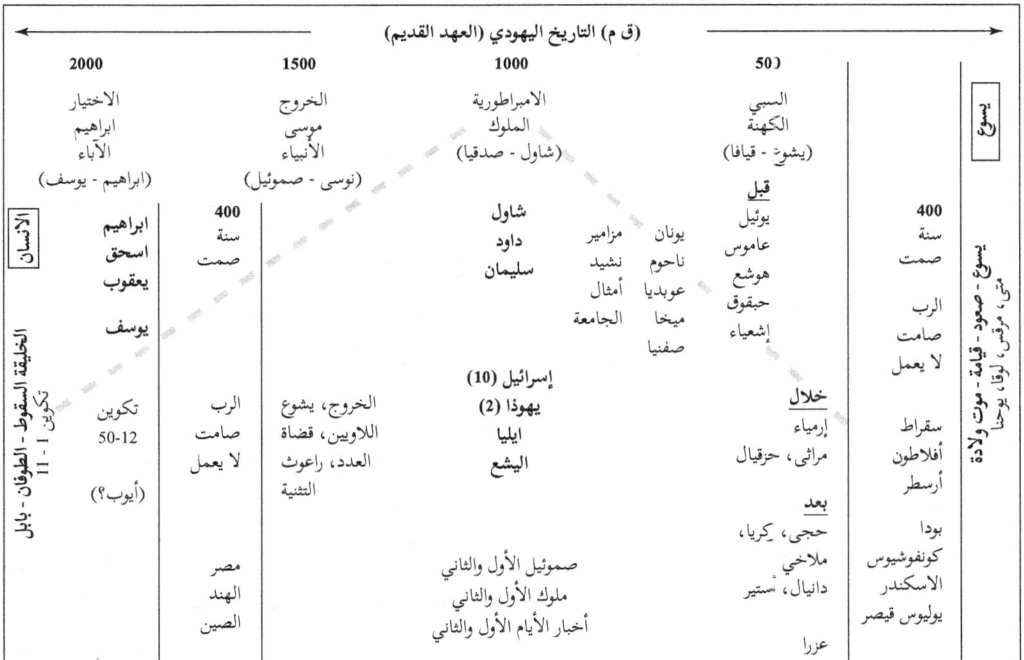

(ق م) التاريخ اليهودي (العهد القديم)
2000
1500
1000
500
الاختيار
ابراهيم
الآباء
(ابراهيم - يوسف)
الخروج
موسى
الأنبياء
(موسى - صموئيل)
الامبراطورية
الملوك
(شاول - صدقيا)
السبي
الكهنة
(يشوع - قيافا)
يسوع
الخليقة السقوط - الطوفان - بابل
تكوين 1 - 11
ابراهيم
اسحق
يعقوب
يوسف
تكوين
50-12
(أيوب؟)
400
سنة
صمت
الرب
صامت
لا يعمل
مصر
الهند
الصين
الخروج، يشوع
اللاويين، قضاة
العدد، راعوث
التثنية
شاول
داود
سليمان
إسرائيل (10)
يهوذا (2)
ايليا
اليشع
صموئيل الأول والثاني
ملوك الأول والثاني
أخبار الأيام الأول والثاني
مزامير
نشيد
أمثال
الجامعة
يونان
ناحوم
عوبديا
ميخا
صفنيا
قبل
يوئيل
عاموس
هوشع
حبقوق
إشعياء
خلال
إرمياء
مراثي، حزقيال
بعد
حجي، زكريا،
ملاخي
دانيال، استير
عزرا
نحميا
400
سنة
صمت
الرب
صامت
لا يعمل
سقراط
أفلاطون
كونفوشيوس
الاسكندر
يوليوس قيصر
يسوع - صعود - قيامة - موت ولادة
متى، مرقس، لوقا، يوحنا

يتخلّل ذلك التسلسلَ التاريخي حقبتا صمت مدّة كلٍّ منهما أربع مئة سنة. تأتي الأُولى بين زمَنَيِ الآباء والأنبياء حوالى السنة 1500 ق م.

وتأتي الثانية بعد فترة حكم الكهنة حوالى السنة 400 ق م. وخلال تَينِكَ الحقبتين لم يتكلّم الرب ولم يقم بأيِّ عمل منظور، فلا نقرأ عن أيِّ أحداث.

وكُتِبت بعض الكتب اليهوديَّة التي تُدعى الأپوكريفا خلال حقبة الصمت الثانية. لكنَّها ليست جزءًا من الكتاب المقدَّس، لأنَّها لا تغطِّي الزمن الذي فيه كان الرب يتكلَّم ويعمل. ولذلك، فإنَّ سفر ملاخي هو السفر الأخير في كتبنا المقدَّسة. ثمَّ تأتي فترة أربع مئة سنة من الصمت قبل إنجيل متّى.

ويجدر بنا ذكر الأحداث العالمية التي جرت خلال حقبتي الصمت. تطوَّرت الحضارات المصريَّة والهنديَّة والصينيَّة خلال الحقبة الأُولى، بينما تطوَّرت الفلسفة اليونانية على أيدي سقراط وأفلاطون وأرسطو خلال الحقبة الثانية. ومن الشخصيَّات التي برزت أيضًا في تلك الحقبة بوذا وكونفوشيوس والإسكندر الكبير ويوليوس قيصر. وقد جرت حينذاك أحداثٌ كثيرة يعتبرها المؤرِّخون مهمَّة، ولكنَّها لا تهمّ الرب كثيرًا.

ما يهمّه هو تاريخه **هو** وشعبه **هو**.

نظرة شاملة إلى كلِّ الأسفار

تغطِّي الأصحاحات 12-50 من سفر التكوين الفترة الزمنية الأُولى من تاريخ الشعب القديم عندما كانوا تحت قيادة الآباء (راجع الرسم البياني). ويُرجَّح أن يكون سفر أيّوب قد كُتِب حينئذٍ بسبب التَّشابُهات في نمط الحياة مع نمط حياة الآباء.

وتغطِّي الأسفار التالية الفترة الزمنية الثانية: الخروج واللاويين والعدد والتثنية، وقد كتبها موسى.

وتغطِّي أسفار يشوع والقضاة وراعوث تاريخ تلك الحقبة.

وترتبط أسفار عديدة بالحقبة الثالثة، وهي صموئيل والملوك وأخبار الأيَّام، بالاضافة إلى الأسفارالشعرية: المزامير والأمثال والجامعة ونشيد الأنشاد. وخلال تلك الحقبة التي تلت حكم الملك سليمان نشبت حرب أهليَّة بعدما انقسمت الأسباط الاثنا عشر إلى قسمين: عشرة أسباطٍ في الشمال أطلقوا على أنفسهم اسم أسباط إسرائيل، وسبطان في الجنوب دُعِيا سبطي يهوذا. وكانت هذه نهاية الأمَّة المتحدة. وظهر نبيَّان في ذلك الوقت ـ إيليَّا وأليشع ـ لكنهما لم يكتبا أسفارًا خاصة بهما. وأخيرًا، هناك مجموعة من الاسفار النبويَّة التي ترتبط بالسبِّي (سُبيت مملكة اسرائيل الشمالية على أيدي الأشوريِّين، ثم سُبيت مملكة يهوذا الجنوبية على أيدي البابليين.) ويحمل بعضٌ منها نبوّات ما قبل السبِّي، وبعضٌ خلال السبِّي، وبعضٌ ما بعد السبِّي. ويتخلَّل بعضَها الآخر مزيج من النبوّات تشمل حقبتين أو ثلاثًا، الأمر الذي يخبرنا عن مدى أهميَّة هذه الحادثة في التاريخ اليهودي. فقد عنت لهم خسارة الأرض التي وعدهم بها الربّ كثيرًا وطعنت في صميم هويَّتهم كأمَّة.

حذَّر بعض الأنبياء الشعب من أنَّهم سوف يخسرون الأرض وعزَّاهم آخرون عندما خسروها (وأحيانًا أدَّى هؤلاء الأنبياء الدورين).

وشجَّعهم بعض الأنبياء على إعادة بناء الهيكل عندما رجعوا إلى اليهوديَّة بعد سبعين سنة. وكُتب سفرا دانيال وأستير من وسط بابل. وساعد النبيَّان عزرا ونحميا في إعادة بناء أورشليم وتشديد الشعب عند رجوعهم.

يُظهر هذا الشرح البسيط أنَّ أسفار العهد القديم لم تُكتب بحسب التسلسل الزمني. «الكتب التاريخية» تقع بحسب التسلسل على وجه التقريب، لكن أسفار الأنبياء نُظِّمت بحسب الحجم وليس بالترتيب الزمني. ولذلك من الصعب معرفة الزمن بالتدقيق.

قيام امَّة وسقوطُها

نرى في الخارطة أعلاه بالإضافة إلى الجغرافيا ما هو لافتٌ للنظر إذ تظهر خطوط تشير إلى ثروة الأمَّة آنذاك، وقد ارتفعت إلى ذروتها في أيَّام حكم داود وسليمان. يصل الخط إلى ذروته ومن ثَمَّ ينحدر فجأة. وكلُّ يهوديٍّ ينظر إلى فترة الذُّروة الذهبيَّة تلك بحنين، راجيًا أن تعود. وكانوا يتوقَّعون مجيء ابن داود ليُعيد لهم الرخاء.

كان آخر سؤال طرحه التلاميذ على الربِّ يسوع قبل أن يصعد إلى السماء هو متى سيرُدّ المـُلك لإسرائيل. وها هم بعد ألفي سنة يسألون السؤال نفسه الذي طرحه أسلافهم. ويتابع الخطّ انحداره إلى أن سبى الأشوريّون شعب مملكة اسرائيل عام 721 ق م، ومن ثَمَّ سبى البابليون شعب مملكة اليهودية الأربع مئة عام 586 ق م.

ويظهر يوحنا المعمدان بعد مرور الأربعمائة سنة الصامتة، وهو النبيّ الأوَّل بعد فترة زمنية طويلة. ومن ثَمَّ تأتي حياة يسوع وخدمته. ويغطِّي العهد الجديد فترة مئة سنة مقارنةً بالعهد القديم الذي يغطِّي ما يزيد على الألفَي سنة.

ترتيب الأسفار

ذكرنا أنَّ التسلسل الزمنيّ لتاريخ العهد القديم يختلف عن الترتيب الذي تظهر فيه الأسفار. كما أنَّ تسلسل أسفار العهد القديم في الكتاب المقدَّس الذي بين أيدينا يختلف عن تسلسلها في التوراة العبريّة. إذ يتبع الكتاب الذي بين أيدينا الترتيب التالي:

- **الأسفار التاريخيَّة:** التكوين إلى أستير.
- **الشِعر:** أيُّوب إلى نشيد الأنشاد.

- **الأنبياء**: إشعياء إلى ملاخي. وينقسم الأنبياء إلى
- **الأنبياء الكبار**: إشعياء وإرميا وحزقيال ودانيال،
- **والأنبياء الصغار**: هوشع إلى ملاخي.

أمَّا صفة «الكبار» و«الصغار» فقد أُعطِيت بسبب حجم السفر ليس إلاَّ. نجد هذه التقسيمات في صفحة لائحة المحتويات أحيانًا، ولا يشعر معظم القرَّاء بأنَّهم انتقلوا إلى نوعٍ آخر من الأسفار حين يبدأون قراءة سفر جديد.

العهد القديم

النسخة التي بين أيدينا		النسخة العبرانية	
الأنبياء (المستقبل)	**التاريخ (الماضي)**	**الكتابات**	**الشريعة (التوراة، أسفار موسى الخمسة)**
الكبار (4): إشعياء،	التكوين	التسابيح (المزامير)	
إرمياء، مراثي	• الخروج		في البدء (التكوين)
إرمياء، حزقيال، دانيال	• اللاويين	• أيوب	وهذه أسماء (الخروج)
	• العدد	• أمثال	ودعا الربّ (اللاويين)
الصغار (12):	• التثنية	• راعوث	وكلَّم الربّ (العدد)
هوشع، يوئيل، عاموس،	• يشوع	• نشيد الأنشاد	هذا هو الكلام (التثنية)
عوبديا، يونان	• قضاة	• المبشير (الجامعة)	
ميخا، ناحوم، حبقوق،	• راعوث	• (كيف؟) مراثي إرميا	**الأنبياء السابقون:**
صفنيا، حجي	• صموئيل الأول والثاني	• أستير	
	• ملوك الأول والثاني	• دانيال	يشوع، قضاة، صموئيل، الملوك
زكريا، ملاخي	• أخبار الأيام الأول والثاني	• عزرا	
"اللعنة" (الكلمة الأخيرة)	• عزرا	• نحميا	**اللاحقون:**
	• نحميا	• 1 و 2 كلمات اليوم (أخبار الأيام)	إشعياء، إرميا، حزقيال،
	• أستير	• "اصعد" (الكلمات الأخيرة)	هوشع، يوئيل، عاموس،
	• **الشعر (الحاضر)**	• (لوقا 24: 27 و 44)	عوبديا، يونان، ميخا،
	• أيوب		ناحوم، حبقوق، صفنيا،
	• أمثال		حجي، زكريًّا، ملاخي
	• مزامير		

* تشير النجمة إلى أن السفر يرد في النسختين العبرية والنسخة التي بين أيدينا

أمَّا العهد القديم في الكتاب المقدَّس العبريّ فينقسم إلى ثلاثة أقسام. ولا تُعتبر الأسفار الخمسة كتب تاريخ بل شريعة (**ناموس**)، وهي تُعرف بحسب الكلمة الأُولى المذكورة في مخطوطة كلِّ سفر.

ويأتي القسم الثاني في خانة **الأنبياء**. واللافت للنظر أنَّ عددًا من هذه الأسفار مدرج في الكتاب الذي بين أيدينا في خانة الكتب التاريخية. وتُسمى أسفار يشوع والقضاة وصموئيل والملوك **الأنبياء السابقين**. أمَّا الأنبياء الكبار والأنبياء الصغار كما نعرفهم، فيُطلق عليهم اسم **الأنبياء اللاحقون**. ويعود سبب ذلك إلى أنَّ اليهود يعتبرون الكتب التاريخيَّة تاريخًا نبوِّيًا ـ أي كما رآه **الرب** بحسب أهميَّته.

فكلّ التاريخ مبنيٌّ على مبدإ الاختيار والعلاقة، أي ماذا كُتِب ولماذا كُتِب. وتاريخ الكتاب المقدَّس لا يُستثنى من ذلك، إلاَّ أنَّ الأنبياء بوحي من الرب يقومون بعملية الاختيار.

تندرج أسفار الملوك وراعوث في خانة الأسفار التاريخية في الكتاب المقدَّس الذي بين أيادينا، لكنَّها لا تُعدّ ضمن أسفار التاريخ النبوِّية في الكتاب المقدَّس العبريّ. ولا نجد الرب يعمل في سفر راعوث إلاَّ أنَّ الشخصيَّات المذكورة في القِصَّة يلتجئون إليه طلبًا للبركة وسواها. وتندرج تلك الأسفار تحت القسم الثالث والأخير من التقسيم العبري للاسفار: **الكتابات**. وما يدعو إلى الدهشة أنَّ الأسفار الشعرية وُضِعت ضِمنَ هذا القسم، بالإضافة إلى سفر دانيال الذي من المفترض أن يُوضع في قسم الأنبياء.

يبدو هذا التقسيم غريبًا، إلاَّ أنَّه هو نفسه الذي استشهد منه الربُّ يسوع عندما ظهر لتلميذي عمواس والتلاميذ العشرة بعد قيامته من بين الأموات. نقرأ كيف أنَّه أخذ التلميذين في رحلة عبر الناموس والأنبياء والكتابات، وأراهما كلَّ ما يتعلَّق به هو. لقد عرف الربُّ يسوع ذلك التقسيم للعهد القديم وقبِلَه، وأظنّ أنَّنا نستطيع نحن أيضًا أن نستفيد منه.

هناك أيضًا بعض كتب التاريخ اليهوديَّة، إلاَّ أنَّها ليست جزءًا من الكتاب المقدَّس. فكتب الأپوكريفا «تاريخية» على الأغلب؛ على الرغم من أنَّ بعضًا منها يحتوي على أنواع أدبية مختلفة. وتُذكر فيها قصص تلقي الضوء على حياة المكابيِّين في ثورتهم ضدّ الإغريق والرُّومان الذين احتلُّوا أرضهم في القرون التي سبقت مجيء المسيح. لكن هذه الكتب لم تُصنَّف ضِمنَ الكتب الموحى بها من الله ولم تُضمّ إلى أسفار العهد القديم عندما جُمِعت. لكنَّها موجودة في النسخة الكاثوليكية من الكتاب المقدَّس.

لقد تمَّ ترتيب الأسفار في هذا المجلَّد بحسب التسلسل الزمنِّي قدر المستطاع، لكي يستطيع القرَّاء سماع كلام الربّ في الترتيب كما قاله. وهكذا يكوِّنون فكرة عن تتابع الرؤيا الإلهيَّة.

خاتمة

لدى أوَّل انطباع يبدو العهد القديم مربكًا، لكن أرجو أن تساعدك هذه النظرة الشاملة على الابحار بنجاح وسط صفحاته. وبالطبع، لا بديل لقراءة النص الكتابي وإعادة قراءته. وعليك أن تعتبر ذلك تمرينًا أكاديميًّا. لقد كُتِب العهد القديم بوحيٍ من الربّ، وهو سيلقاك فيما تقرأ تلك الصفحات. وما عليك إلاَّ أن تطلب منه ذلك.

سفر التكوين

ليس الكتاب المقدَّس كتابًا واحدًا بل عدَّة كتب. والكلمة "Bible" في اللغة الإنكليزيَّة مشتقَّة من الكلمة biblia اللاتينية، وتعني المكتبة. يتألَّف الكتاب من ستة وستِّين سفرًا، وهو يختلف عن أيِّ كتابِ تاريخ بالفارق الزمنِّي الشاسع بين بدايته ونهايته. فالسفر الأوَّل «التكوين» يبدأ مع بداية الكون، والسفر الأخير «الرؤيا» يصف نهاية العالم وما بعد ذلك. والكتاب المقدَّس فريد في نوعه لكونه تاريخًا مكتوبًا من وجهة نظر الربّ.

فبينما يركِّز التاريخ اسياسي أو العالمي على وجهة نظر إنسانية، يختار الرب في الكتاب المقدَّس ما هو مهم في نظره.

الأفكار الرئيسية

تدور فكرتان رئيسيَّتان في الكتاب المقدَّس: الخلَل الذي حصل لعالمنا وكيفية إصلاحه. ويحدِّد لنا سفر التكوين المشكلة، بينما يدوِّن باقي الكتاب كيف مدّ الربّ يد العون للبشرية. وتشكِّل الأسفار الستَّة والستّون مسرحيَّة عظيمة يُمكن أن تُطلَق عليها التَّسمية «مسرحيَّة الفداء». ولسفر التكوين دور أساسي، إذ إنَّه يقدِّم لنا الخلفيَّة والحبكة والقصَّة في تلك المسرحيَّة العظيمة. ولولا الأصحاحات الأُولى من سفر التكوين، لما ستطعنا فهم باقي الكتاب المقدَّس.

في البدء

يُطلق على هذا السفر في التوراة العبرية العُنوانُ «في البدء» إذ كانت التوراة على شكل أدراج يُلفّ كلٌّ منها، وكان اسم السفر هو الكلمة أو العبارة الأولى التي تظهر في بدايته، ممَّا سهَّل التفتيش عن سفر معيَّن.

عندما تُرجِم العهد القديم من اللغة العبرية إلى اللغة اليونانية حوالى العام 250 ق م، غيَّر المترجمون اسم السفر إلى «التكوين»، ممَّا يعني حرفيًّا «الأصول» أو «البدايات». وهو عنوان مناسب جدًّا، إذ يحتوي على بدايات أُمور عدَّة، كالكون والشمس والقمر والنجوم وكوكب الأرض. كما نقرأ عن بداية عالم النبات والطيور والأسماك والبشر. كذلك، بدأت هُنا الحياة الجنسيَّة والزواج والحياة الأُسرية وأصل

الحضارات والدولة والثقافة (فنون وعلوم)، والخطيَّة والموت والقتل والحرب. ونقرأ هنا عن أوَّل ذبيحة. باختصار، لدينا تاريخ البشرية موضوعًا في وعاء. وبالإمكان إطلاق العُنوان «مقدِّمة الكتاب المقدَّس» على الأصحاحات الأحد عشر الأُولى من سفر التكوين.

الحاجة إلى رؤية

لا يعالج سفر التكوين موضوع البدايات فقط، بل يعالج أسئلة الحياة بالمطلق: من أين أتى الكون؟ لماذا نحن موجودون هنا؟ لماذا علينا أن نموت؟ ويتَّضح لنا تلقائيًّا أنَّه لا يمكن لبشريٍّ الإجابةُ عن هذه الأسئلة. فالمؤرِّخون يدوِّنون ما رآه الناس واختبروه في الماضي. والعلماء يدرسون ما تُمكن ملاحظته ويقترحون إمكانية بدء الأشياء. لكن كِلا الفريقين لا يستطيعان إخبارنا لماذا بدأ كل شيء وما إذا كان للكون معنًى كما هي حاله الآن. ويمكن للفلاسفة تكهُّن الإجابات. إذ يتأمَّلون في أصل الشرّ وسبب وجود الألم في العالم، لكن لا يمتلكون إجابات دقيقة. الشخص الوحيد الذي يستطيع إمدادنا بالإجابة الصحيحة عن كلِّ هذه الأسئلة هو الربّ نفسه.

الكاتب

يواجهنا سؤال ما إن نفتح سفر التكوين: هل نقرأ نِتاجَ مخيِّلة بشرية أم وحي إلٰهيّ؟

تُمكننا الإجابة عن هذا السؤال باتخاذ أُسلوب مشابه للبحث العلميّ. فالعلم يعتمد على خطوات إيمان: توضع فرضيَّة ما ثم تُفحص لإيجاد ما إذا كانت تتوافق مع الحقائق. والعلم يتقدَّم باتخاذ سلسة قفزات إيمان بينما تتكوَّن النظريَّات ويُقرَّر القيام بعمل ما بناء على هذه النظريات. وهكذا، فإنَّه في قراءتنا لسفر التكوين علينا أن نتخذ خطوة إيمان حتى قبل أن نفتحه. وعلينا أن نفترض أنَّه كُتِب بوحيٍ إلٰهيٍّ ونفتِّش إن كانت الإجابات التي يطرحها تناسب الحياة والكون اللذين نراهما.

تتَّضح لنا حقيقتان في الإجابات التي يطرحها سفر التكوين بكلِّ وضوح. الحقيقة الأُولى: نحن نعيش في عالم يملأُه متسع من الجمال والتنوّع. الحقيقة الثانية: لقد أفسده الذين يعيشون فيه. ونقرأ أنَّ مئة نوع من المخلوقات يتعرَّض للانقراض يوميًّا، ونرى بأُمِّ العين الفساد التي تسبِّبه المنتوجات العصرية في بيئتنا. ويبرهن سفر التكوين على صدق هاتين الحقيقتين كما سنرى لاحقًا.

مكانة سفر التكوين

إنَّه ليس مجرَّد السفر الأول بل هو السفر الأساسيّ لكلِّ الكتاب المقدَّس. فنجد فيه معظم إن لم نقلْ كُلَّ الحقائق الكتابية، ولو كانت في بداية تكوينها. وهذا السفر هو المفتاح لباقي الكتاب المقدَّس. فنتعلَّم أنَّ هناك إلٰهًا واحدًا، وهو خالق الكون. ونقرأ أنَّه من بين سائر الشعوب اختار الربّ بني اسرائيل ليباركهم. ويشير العلماء إلى ظاهرة اختيار هذا الشعب من بين سائر الشعوب باعتبارها «فضيحة الاختيار». وتتكرَّر هذه الفكرة خلال الكتاب إلى آخر صفحة منه.

ونؤكِّد أهميَّة سفر التكوين إن كنَّا نسأل أنفسنا السؤال التالي: ماذا لو بدأ الكتاب بسفر الخروج مثلاً؟ لو حصل ذلك لكنَّا تساءلنا لماذا عسانا نهتّم بمجموعة من اليهود العبيد الموجودين في مصر. ما يمكن أن يشدّنا للقراءة هو إن كان لدينا اهتمام بالمعرفة الأكاديمية ليس إلاَّ. فبقراءتنا لسفر التكوين نفهم أنَّ هؤلاء العبيد هم من نسل ابراهيم. وكان الرب قد أقام عهدًا معه قائلاً إنَّه بنسله تتبارك جميع قبائل الأرض. وفور معرفتنا لذلك نقدِّر ما معنى أن يحفظ الرب هؤلاء العبيد ويهتمّ بهم. ونرى الأحداث تتلاحق في ما بعد لتتميم مشيئة الرب.

النوع الأدبي لسفر التكوين

يدرك الكثير من قرَّاء سفر التكوين الجدل المتداول حول ما إذا كان فعلاً هو نتيجة وحي إلهيٍّ. وقد لمَّح آخرون إلى كونه مجرَّد كتاب خُرافات ذي خلفيَّة تاريخيَّة. وأوَّد المشاركة في ثلاث نقاط أساسيَّة بالنسبة إلى هذا الموضوع:

1. إنَّ أساس العهد القديم بجملته هو سفر التكوين. وغالبًا ما يُعاد ذكر شخصيَّات في العهد القديم كانت قد ظهرت في التكوين، أمثال آدم ونوح وإبراهيم ويعقوب (الذي دُعِي إسرائيل في ما بعد). كذلك فإنَّ العهد الجديد يُبنى على أساسات يقدِّمها سفر التكوين. ونجد فيه اقتباسات من التكوين أكثر ممَّا نجد في العهد القديم. وقد تمَّ الاستشهاد بالأصحاحات الستَّة الأولى منه بكل تفصيل في العهد الجديد. كما أنَّ الكتَّاب الثمانية الأساسيِّين للعهد الجديد استشهدوا به بطريقة أو أُخرى.

2. أكَّد الربُّ يسوع نفسه صدق تاريخيَّة السفر بالإشارة إلى أشخاصه وأحداثه على أنَّهم كانوا موجودين بالفعل. واعتبر أنَّ قصَّة نوح والطُّوفان حادثة تاريخيَّة. وأعلن أنَّه قابل ابراهيم شخصيًّا. إذ يدوِّن البشير يوحنَّا ما قاله الربُّ يسوع لليهود: «أَبُوكُمْ إِبْرَاهِيمُ تَهَلَّلَ بِأَنْ يَرَى يَوْمِي فَرَأَى وَفَرِحَ.» وقال بعد ذلك: «...قَبْلَ أَنْ يَكُونَ إِبْرَاهِيمُ أَنَا كَائِنٌ.» ويذكِّرنا يوحنَّا في إنجيله أنَّ الربَّ يسوع كان كائنًا قبل بدء الزمن. وعندما سُئِل المسيح في موضوع الطلاق والزواج من جديد، طلب من سائليه الرجوع إلى تكوين، الأصحاح الثاني، حيث يجدون الإجابة عن هذا السؤال. وإن كان الربُّ يسوع يؤمن بأنَّ سفر التكوين صحيح فحريٌّ بنا الاقتداء به.

3. تعتبر فلسفة بولس الرسول اللاهوتيَّة سفر التكوين تاريخيًّا صحيحًا. وفي رسالة رومية، الأصحاح الخامس، يقارن بين طاعة المسيح وعصيان آدم. ويشرح أنَّ الطاعة تؤدِّي بالمؤمن إلى الحياة. فلا يكون لهذه العبارة أيُّ معنى لو لم يكن آدم شخصيَّة تاريخيَّة.

إن كان سفر التكوين ليس صحيحًا، فالكتاب المقدَّس بأكمله ليس صحيحًا

لا تنطبق هذه العبارة على سفر التكوين فقط. وإن كنَّا لا نقبل بحقيقة سفر التكوين، فلا يمكننا

أن نصدِّق باقي الكتاب المقدَّس. وكما ذكرنا سابقًا، فإنَّ قسمًا كبيرًا من الكتاب المقدَّس مؤسَّس على الحقائق الأساسيَّة المذكورة في التكوين. وإن لم يكن صحيحًا يكون خالقنا «الصدفة» وأسلافنا الوحوش الكاسرة. ولا عجب أن يكون هذا السفر قد هوجِم أكثر من أيِّ سفر آخر.

لكنْ تتخلَّل الهجوم شائبتان، الأُولى علميَّة والثانية روحيَّة. وسوف نعالج الشق الروحيّ عندما ندرس سفر التكوين بالتفصيل لاحقًا. من المهم الملاحظة أنَّ معظم التفاصيل المدوَّنة في الأصحاحات الأُولى لا تتوافق مع العلم الحديث، وهي تشمل عمر الأرض وأصل الإنسان وقوَّة الطوفان ومعدَّل عمر الناس قبل الطُّوفان وبعده. ويمكننا تبيُّن هجومٍ شيطاني خلف الهجوم العلميّ، فهو يكره السفرين اللذين يذكِّران بالأكثر بدخوله إلى الصورة وخروجه المنهزم: التكوين والرؤيا. وهو يحاول أن يمنع الناس من تصديق الأصحاحات الأُولى من التكوين والأصحاحات الأخيرة من الرؤيا. وإن كان باستطاعته إقناعهم بأنَّ التكوين خرافة والرؤيا رواية غامضة، فهو يعلم أنَّه يستطيع إكمال مهمَّته بتدمير إيمان الكثيرين.

كتابة سفر التكوين

سفر التكوين هو واحد من خمسة أسفار تُشكِّل وحدة متكاملة في التوراة اليهوديَّة، تُدعى أسفار موسى الخمسة أو التوراة (بمعنى التعليمات.) ويؤمن اليهود بأنَّ تلك الأسفار تشكِّل «تعليمات الخالق» للعالم، ولهذا يقرأونها خلال السنة آخذين قسمًا لكلِّ أسبوع.

يشير التقليدان اليهودي والمسيحي، وحتى التاريخ الوثني، إلى أنَّ موسى هو كاتب الأسفار الخمسة، وليس هناك ما يدعو للشكِّ في ذلك. ففي زمن موسى كانت الأبجدية قد حلَّت مكان لغة الصور التي كانت منتشرة في مصر آنذاك وما زالت تُستَخدم في الصين واليابان. كان موسى حاملاً لشهادة جامعية، فكان لديه القدْرُ الكافي من العلم والمعرفة ليكتب تلك الأسفار الخمسة.

لكن إن اعتمدنا فكرة أنَّ موسى هو الكاتب فعلينا الأخذ بالاعتبار مشكلتين.

مشكلتا كَونِ موسى الكاتب

المشكلة الأُولى غير أساسيَّة، لكنَّنا نقرأ عن موت موسى في نهاية سفر التثنية. فلا يمكن أن يكون هو الذي كتب هذا الجزء! ولا بدَّ أن يشوع أضاف هذه الملاحظة في نهاية الأسفار الخمسة ليقدِّم نهاية القصَّة.

المشكلة الثانية والأساسيَّة تكمن في أنَّ سفر التكوين ينتهي قبل ولادة موسى بحوالى ثلاث مئة سنة. لم يكن من الصعب عليه كتابة أسفار الخروج واللاويِّين والعدد والتثنية لِكونهِ عايش الأحداث التي دوَّنها. لكن من أين حصل على المعلومات لكتابة سفر التكوين؟ يمكن حلّ هذه المعضلة بكلِّ سهولة. أظهرت الدراسات أنَّ لأهلِ حضاراتِ ما قبل الكتابة قدرةَ تذكُّرٍ خارقة. والقبائل التي لا تعرف الكتابة تتعلَّم عن تاريخها من خلال القصص التي يتم تداولها حول النار. هذا التقليد الشفويُّ قويّ جدًّا

في المجتمعات البدائية. ولا بدَّ أنَّه كان كذلك بين العبرانيين، خصوصًا عندما استُعبِدوا في أرض مصر، إذ أرادوا أن ينقلوا تاريخهم لأولادهم.

هناك نوعان من التاريخ يتمُّ تناقلهما بالاعتماد على الذاكرة. النوع الأوَّل هو النسب، فشجرة العائلة تمدّ الناس بالشعور بالهويَّة. ونقرأ في سفر التكوين عن العديد من تلك الأنساب وترد الجملة التالية أكثر من عشر مرَّات «هذه مواليد...» (هؤلاء هم أولاد...). والنوع الثاني هو الملحمة أو قصَّة بطولة تحكي عن أعمال عظيمة أنجزها الأسلاف. ويتألف سفر التكوين بالإجمال من ذينك النوعين من التاريخ: قصص بطولات تتخلَّلها أنساب للعائلات. وإن أخذنا هذا الأمر بعين الاعتبار، يصبح من السهل أن نفهم كيف أنَّ هذا السفر كُتِب استنادًا لذكريات العبيد في مصر.

لكن لا تفي هذه الأجوبة التساؤل حول كتابة موسى للأسفار. فلا يمكنه أن يكون قد تناقل معلومات الأصحاح الأوَّل (أو من الأصحاح الأوَّل والآية الأولى إلى الأصحاح الثاني والآية الثالثة؛ إذ ينقسم الأصحاحان في المكان الخطإ.)

كيف كتب موسى لأصحاح الذي يشرح تفاصيل حادثة الخلق؟

عند هذه النقطة، علينا التمسُّك بالإيمان. نقرأ في المزمور المئة والثالث أنَّ الربّ كشف عن طرقه من خلال موسى بما في ذلك قصَّة الخليقة. فلا بدَّ أنَّ ذلك المقطع هو من المقاطع القليلة التي أملاها الرب مباشرة على الإنسان. وهذا ما فعله تمامًا مع يوحنَّا في كتابته لسفر الرؤيا ووصفه لنهاية العالم. أوحى الرب عادةً إلى الكتَّاب باستخدام طباعهم وذاكراتهم وبصيرتهم ونظرتهم لكتابة كلمته (تمامًا كما فعل مع موسى في بقيَّة سفر التكوين). وكان تأثير روحه القدُّوس قويًّا فكانت النتيجة كما أرادها بالتمام. لكنَّه أملى قصَّة الخليقة مباشرةً.

ويؤكِّد تفصيل آخر ما سبق شرحه عندما نأخذ بعين الاعتبار أنَّه لم يكن مدوَّنًا قبل أيَّام موسى عن حفظ السبت. فلا نقرأ أنَّ أخذ يوم راحة أسبوعيًّا كان أسلوب حياة أيٍّ من الآباء. ولا نجد أثرًا لفكرة تقسيم الأُسبوع لسبعة أيَّام. وكلّ المراجع الزمنيَّة تشير إلى أشهر وسنين. وبما أنَّ الأصحاح الأوَّل من سفر التكوين يقع في بداية الكتاب المقدَّس، نخطئ إذ نظنُّ أنَّ آدم علم عن السبت ومارسه كمثال لكلِّ الذين سيأتون من بعده. لكن من الواضح أنَّه كان يهتم بجنَّة عدن **يوميًّا** ويقضي الوقت مع الرب في المساء. كذلك، لا نقرأ عن أيّة إشارة إلى أنَّ ابراهيم وإسحاق ويعقوب حفظوا السبت، أو أنَّ مهنتهم كرعاة سمحت لهم بأيِّ قسط من الراحة.

وكما ذكرنا سابقًا، لا يجدر أن تُفاجئَنا تلك المعلومات؛ فموسى تلقَّى الأصحاح الأوَّل من سفر التكوين بالإضافة إلى مفهوم حِفْظ السبت من الربّ نفسه. واستطاع بعد امتلاكه تلك المعلومات تقديم فكرة حِفْظ الست في حياة الشعب من خلال الوصايا العشر.

إذًا باختصار، سفر التكوين هو بكل وضوح موحىً من الربّ ويجب قراءته من هذا المنطلق. كما أنَّه كُتِب على يد موسى الذي استخدم علمه وموهبته للكتابة نتيجة إقامته في مصر، ليدوِّن أعمال الربّ غير الاعتيادية في قلبه، ونتائج السقوط، ودعوته ابراهيم.

تقسيم سفر التكوين

من المهمِّ معرفة تقسيم السفر بالإجمال. فالرُّبع الأوَّل (الأصحاحات 1-11) يشكِّل وحدة تغطِّي عدَّة قرون ونشأة الحضارات وانتشارها حول «الهلال الخصيب» (الأرض الممتدَّة من مصر إلى الخليج الفارسيِّ/ العربيِّ في الشرق الأوسط). وكانت نقطة التحوُّل حين دعا الربّ إبراهيم في الأصحاح الثاني عشر. وتُركِّز ثلاثة أرباع السفر على تدوين معاملات الربّ مع إبراهيم ونسله، إسحاق ويعقوب ويوسف.

وهناك تقسيمات مفصَّلة داخل هذا الهيكل العام. ففي الأصحاحين الأوَّل والثاني كان كلّ شيء حسنًا، بما في ذلك الجنس البشريّ. أمَّا في الأصحاحات من الثالث حتى الحادي عشر فنرى أصل الخطيَّة ونتائجها، حيث ينجرف الإنسان روحيًّا ومن ثَمَّ يُطرد خارج الجنَّة. ونتعرَّف بشخصيَّة الربّ من ناحية عدله في إنزال العقاب بالإنسان، ومن ناحية رحمته في تقديم المعونة حتى خلال العقاب.

نقرأ في الأصحاحات من الثاني عشر حتى السادس والثلاثين عن ستة رجال متناقضين: إبراهيم ولوط، إسحاق (ابن الموعد) وإسماعيل (ابن الجسد)، يعقوب وعيسو. فنتواجه مع نوعين من الناس، كأنَّه يُطلب منَّا أن نختار مع من نتشابه. ونجد أنَّ سمعة الربِّ مرتبطة بشخصيَّات إبراهيم وإسحاق ويعقوب الملتوية. وأخيرًا يركِّز السفر على شخصيَّة يوسف المختلفة تمامًا، فنكتشف بعد ذلك كيف ولماذا تميَّز عن أسلافه.

في البدء

نلقي الآن نظرة على السفر بحدِّ ذاته وعلى الأصحاح الأوَّل المميَّز الذي يستهلّ بعبارة: «في البدء.» التكوين مليء بالبدايات، لكن من الواضح أنَّ الربّ لم يبدأ هناك، بل كان موجودًا عندما أوجد الكون. ولا فائدة من طرح السؤال: «من أين أتى الربّ؟» كان لا بدَّ أن يكون هناك كائن أزليّ قبل تكوين العالم. والكتاب المقدَّس يوضح لنا أنَّ هذا الكائن هو الرب. ويضع لنا الفرضيَّة الأساسيَّة بأنَّ الربّ أزليّ ـ الكائن والذي يكون، وهو يهوه الذي يكون. فالاسم «يهوه» في اللغة العبريَّة مشتق من الفعل»أن يكون.» ويمكننا القول بتعبير أبسط إنَّه دائم الوجود وثابت كما هو.

لسنا بحاجة لأْن نشرح وجود الربّ، لكننا بحاجة لأنْ نشرح كيفيَّة وجود باقي الأشياء، الأمر الذي يُنافي التفكير العصريَّ الذي ينظر إلى ما هو موجود، ويفترض أنَّه علينا أن نثبت وجود الربّ. لكنَّ الكتاب المقدَّس يتناول الموضوع من الجهة المقابلة حيث يقول إنَّ الربَّ أزلي وعلينا أن نشرح سبب وجود كل شيء آخر.

وحين كتب موسى السفر، لا بدَّ أنَّ كلَّ عبرانيٍّ كان يعلم أنَّ الربّ كائن. لقد خلَّصهم من أرض مصر وشقَّ البحر الأحمر وأغرق الجيش المصريَّ. فلذا يعلمون من خبرتهم أنَّ الربّ موجود، ولا ضرورة لأيِّ «برهان» إضافيّ.

الحاجة إلى الإيمان

يقترح العهد الجديد أُسلوبًا مفيدًا ننتهجه في نظرتنا إلى الربِّ حين نقرأ سفر التكوين. ففي الأصحاح الحادي عشر من رسالة العبرانيين نقرأ عن أمرين يخصّان الخليقة. أوّلاً، «بِالإِيمَانِ نَفْهَمُ أَنَّ الْعَالَمِينَ أُتْقِنَتْ بِكَلِمَةِ اللهِ، حَتَّى لَمْ يَتَكَوَّنْ مَا يُرَى مِمَّا هُوَ ظَاهِرٌ.» ثم نقرأ بعد آياتٍ قليلة: «لأَنَّهُ يَجِبُ أَنَّ الَّذِي يَأْتِي إِلَى اللهِ يُؤْمِنُ بِأَنَّهُ مَوْجُودٌ، وَأَنَّهُ يُجَازِي الَّذِينَ يَطْلُبُونَهُ.» إذًا، في ما يتعلّق بالكتاب المقدّس ـ ويتضّمن ذلك سفر التكوين ـ علينا أن نؤمن بأنَّ الربَّ كائن وهو يريد لنا أن نفتِّش عنه ونعرفه ونحبّه ونخدمه. ويكون بإمكاننا بعد ذلك أن نرى ما سيحصل بناء على ثقتنا. فلا يمكننا **إثبات** وجود الربّ، ولكنَّ علينا أن نتمسَّك بأساس الإيمان وهو أنَّ الربّ يريد لنا أن نعرفه ونؤمن به.

صورة عن الخالق

بعد الانتقال من أوَّل كلمتين في سفر التكوين ربما نفاجأ بالتالي: فموضوع الأصحاح الأوَّل ليس **الخليقة** بل **الخالق**. فمن غير الأساسيّ أن نعرف **كيف** أتى عالمنا إلى الوجود بل **مَن** أوجده. وما يؤكِّد ذلك هو تكرار كلمة «الله» خمسًا وثلاثين مرَّة في واحدةٍ وثلاثين آية فقط، وكأنَّه يريد لنا أن نتنبَّه إلى أنَّ الأمر متعلِّق به هو. وما نقرأه ليس مجرَّد قصَّة الخليقة بل هو صورة عنه. إذًا، ماذا تخبرنا هذه الصورة؟

1. الربّ شخص

يُظهر لنا الأصحاح الأوّل إلهًا شخصيًّا يشعر ويفكِّر ويعبِّر عن أفكاره. إنَّه صاحب إرادة ويتَّخذ قرارات ويثبت عليها. كل هذه الأمور تشكِّل الشخصيَّة، والربّ ليس «شيئًا» بل «كائن» كامل ذو أحاسيس وأفكار ونيَّات مثلنا.

2. الربُّ جبّار

لا بدَّ أن يكون الربُّ جبَّارًا إذ إنَّه أوجد الكون بكلمة مِن فيه. وقد أصدر عشرة «أوامر» فقط في الأصحاح الأوَّل، وكان كلّ شيء حسنًا.

3. الربُّ غير مخلوق

لقد ناقشنا هذا الأمر، فالله أزليّ. إنَّه كان وما يزال الخالق على الدوام وليس مخلوقًا البتّة.

4. الربُّ خلاّق

ما أعظم مخيِّلته! يا له من فنَّان! فالخنفساء وحدها ستّة آلاف نوع. ولا توجد ورقتا عشب أو رُقاقتا ثلج أو غيمتان أو ذرَّتا رمل أو نجمتان متشابهتان. تنوُّع مدهش لكن محبوك بانسجام تام. إنَّه كون موحَّد!

5. الربُّ منظِّم

سنرى أنَّ هنالك تناظُرًا في الخليقة. فحقيقة أنَّ الخليقة عمليَّة حسابية جعلت من العلم أمرًا ممكنًا.

6. **الربُّ في صيغة المفرد**

صيغة الفعل «خلق» في الأصحاح الأوّل هي في المفرد.

7. **الربُّ في صيغة الجمع**

لا تأتي كلمة الله «إيل» في صيغة المفرد بل «إلوهيم» في ضيغة الجمع، ما يعني ثلاثة «آلهة» أو أكثر. إذًا تَستخدم الجملة الأولى في الكتاب المقدَّس فعلاً في صيغة المفرد قبلَ في صيغة الجمع، وهو خطأ لغويّ في العِبريَّة، ولكنَّه حقيقة لاهوتيَّة، تلميحًا إلى إله هو «ثلاثة في واحد.»

8. **الربُّ صالح**

إذًا، كلُّ ما عمله كان «حسنًا». وأعلن أنَّ الجنس البشريّ «حسن جدًّا» أي تحفته الفنيَّة. وهو يريد أن يكون صالحًا مع مخلوقاته وأن «يباركها.» فصلاحه يضع المعيار لكلِّ صلاح آخر.

9. **الربُّ حيٌّ**

إنَّه يعمل في عالم الزمان والمكان.

10. **الربُّ يحبُّ التواصل**

فهو يتكلَّم مع الخليقة والمخلوقات الموجودة فيها. وهو يريد التواصل بالأخصّ مع الجنس البشريّ.

11. **الربُّ يُشبهنا**

نحن مخلوقون على صورته، فبطريقة أو بأُخرى لا بدَّ أن نتشابه معه، وهو معنا.

12. **الربُّ لا يُشبهنا**

يستطيع أن «يخلق» أشياء من العدم، أمَّا نحن فكلُّ ما نستطيع «فعله» هو شيء ما من شيء ما آخر. إنَّه الخالق الوحيد.

13. **الربُّ مستقلٌّ في ذاته**

لا يستمدُّ الربّ شخصيته من مخلوقاته، إذ يوجَدُ فرق بين الخالق والمخلوق منذ البداية. وتُخطىء حركة العصر الجديد (New age) في الإيحاء بأنّ «الإله» جزء منَّا. لكن الخالق منفصل عن المخلوقات، وبإمكانه التوقُّف يومًا عن العمل والانفصال كلِّيًّا عمَّا صنع. ويجبُ علينا عدَمُ التعرُّف به من خلال ما صنع، إذ عبادة المخلوق هي ضرب من الوثنية. فالعبادة الحقيقيَّة هي عبادة الخالق.

تحدي الفلسفات

عندما نصدِّق ما جاء في تكوين، الأصحاح الأوَّل، فإنَّ النظريات المضادة للرب الخالق تسقط بطبيعة الحال. وتُدعى هذه النظريات فلسفات (تعني الكلمة «فلسفة» في الأصل اليوناني «محبَّة الحكمة»). ولكلٍّ منَّا نظرته الخاصَّة لهذا العالم، سواءٌ أدرك ذلك أو لم يدرك.

إن كنت تؤمن بما جاء في سفر التكوين فالفلسفات التالية لن تصمد:

1. **الإلحاد**: يؤمن لملحدون أنّه لا يوجد إله. أمّا الأصحاح الأوّل من السفر فيؤكّد عكسَ ذلك.
2. **اللاأدريّة**: لا يعرف اللاأدريُّون ما إذا كان يوجد إله أم لا. أمّا الأصحاح الأوّل من سفر التكوين فيقول إنّه علينا أن نقبل حقيقة وجود الربّ.
3. **الروحانيّة**: هي الاعتقاد بأنّ أرواحًا عديدة تسيطر على العالم ـ أرواح الأنهار وأرواح الجبال، ألخ. أمّا الأصحاح الأوّل من سفر التكوين فيؤكّد أنّ الربّ خلق العالم وهو مسيطر عليه.
4. **الشِّرك**: هو الاعتقاد بتعدُّد الآلهة، وتقع الهندوسيّة ضمنَ هذه الخانة. أمّا الأصحاح الأوّل من سفر التكوين فيعلن أنّه يوجد إله واحد.
5. **الثُّنائيّة**: هي الاعتقاد بوجود إلهيَن، إله الخير المسؤول عن الخير الذي يحصل في هذا العالم، وإله الشرّ المسؤول عن الشرّ. أمّا الأصحاح الأوّل من سفر التكوين فيؤكّد أنّه يوجد إله واحد، وهو إله صالح.
6. **التوحيد**: إنّه إيمان اليهوديّة والإسلام بأنّه يوجد إله واحد في شخص واحد رافِضَين بذلك فكرة الثالوث. إنّما باستخدام كلمة «إلوهيم» لوصف الربّ، يُفيدنا الأصحاح الأوّل من سفر التكوين أنّه يوجد إله واحد في ثلاثة أقانيم.
7. **الربوبيّة**: يدَّعي أصحابُ هذه الفلسفة بأنّ الربّ هو الخالق، لكنّهم يفترضون أنّه لا يستطيع الآن السيطرة على العالم الذي خلقه. فيشبِّهونه بصانع الساعات الذي ضبط العالم وجعله يدور بحسب قوانينه هو. إن كان الوضع كذلك، فالربُّ لا يستطيع التدخُّل في شأن العالم ولا يمكن للمعجزات أن تحصل. وهناك العديد من المؤمنين الذين -ولأسباب عدّة- يصنِّفون تحت هذه الخانة.
8. **الإيمان بالربّ**: هو الإيمان بأنّ الربّ لم يخلق العالم فحسب بل هو مسيطر على كلِّ ما خلق من أشياء ومخلوقات. وهذه الفلسفة هي الأقرب إلى الكتاب المقدّس، لكنّها لا تدخل إلى الأعماق كما يجب.
9. **الوجوديّة**: إنّها فلسفة ذات شعبيّة واسعة اليوم، حيث الخبرة هي الإله. و«الدِّين» الذي يجب أن نتبعه هو خبراتنا وقبولنا لذواتنا. وليس هناك خالق يحاسبنا، كما هو مذكور في سفر التكوين.
10. **الإنسانيّة**: يرفض أتباع هذا الفكر وجود إله خارج العالم المخلوق. وعلى الرغم من أنّ الأصحاح الأوّل من سفر التكوين يخبرنا أنّ الربّ خلق الإنسان، فهُم يؤمنون أنّ الإنسان هو الإله.
11. **العقلانيّة**: يؤمن أتباع هذا الفكر بأنّ منطقنا هو الاله، ويرفضون ما ذُكر في سفر التكوين عن أنّ الربّ أعطانا قوّة الإدراك العقلاني عندما خلقنا على صورته.
12. **المادِّيّة**: يؤمن أتباع هذا الفكر بأنّ كلّ ما يهم هو المادة التي تُمكن رؤيتها، ويرفضون فكرة أيّ أحد أو شيء لا يمكنهم رؤيته.

13. **الصُّوفيَّة**: بخلاف الفكر الماديِّ، ما يهمُّ الصوفيّون هو الروح فقط.

14. **الوحدانيَّة**: تدعم هذه الفلسفة حركة «العصر الجديد» بقولها إنَّ المادَّة والروح هما واحد، وهما في الأساس الشيء نفسه. ولذلك فإنَّ فكرة أنَّ الربَّ هو روح مستقل في ذاته، وهو الذي خلق العالم، مرفوضة بالتمام.

15. **وحدة الوجود**: تُشابه هذه الفكرة الفلسفة الوحدانيَّة بقولها إنَّ كلَّ الأشياء هي الربّ. وتدَّعي هذه الفسلفة في نسختها العصريَّة «البانثِيَزم» بما معناه أنَّ الربَّ موجود في كلِّ الأشياء. وبالمقابل، فإنَّ نظرة الكتاب المقدَّس ممكن أن تُدعى «تريوثِيَزم» بما معناه الثلاثي الوجود: الربُّ هو ثلاثة أقانيم في شخص واحد وهو الخالق والمسيطر على هذا العالم. وتبدأ هذه الفكرة الكتابيّة مباشرة في الأصحاح الأوّل من سفر التكوين لتصل إلى آخر أصحاح من سفر الرؤيا.

الأُسلوب

نستنج عند دراستنا الدقيقة للأصحاح الأوَّل أنَّه لم يُكتب بأُسلوب علمي. ويقرأه الكثيرون متوَقِّعين تفصيلاً علميًّا. لكنَّه مكتوب بسهولة تساعد كلَّ الأجيال على فهمه مهما كان مستوى معرفتهم العلميَّة.

يستخدم سردُ حدَثِ الخلق تصنيفات مبسَّطة. فيَقسم الخضار إلى ثلاث فئات: العشب والنباتات والأشجار. وتُقسم الحيوانات إلى ثلاث فئات: الدَّواجن والطرائد والحيوانات البرِّية. فهذه التقسيمات يفهمها الجميع في كلِّ مكان.

الكلمات

يظهر الأُسلوب البسيط في أنواع الكلمات المستخدمة. فنجد ستَّة وسبعين جذرًا لكلمات (الجذر هو الأصل) فقط في كامل الأصحاح الأوَّل. وكل هذه الجذور موجودة في كلِّ لغات العالم، ممَّا يعني أنَّ هذا الأصحاح هو بينَ الأسهل في الكتاب المقدَّس من ناحية الترجمة.

عند الكتابة على كلِّ كاتب أن يتوقَّع نوع قرَّائه. وقد أراد الربُّ أن تصِلَ قصَّة الخلق إلى الجميع في كلِّ مكان وزمان، ولذلك جعلها مبسَّطة. حتَّى إنَّه يمكن لولد أن يقرأها ويفهم رسالتها. وكانت النتيجة أنَّها من أسهل النصوص التي تُمكن ترجمتها.

والأفعال المستخدمة بسيطة أيضًا. ويهمُّنا أحد الأفعال المستخدمة التي تساعدنا على ما حدث فعلاً عند الخلق. فالأصحاح الأوَّل يميِّز بين الكلمتين «خلق» و«عمل». والكلمة المستخدمة لفعل الخلق في اللُّغة العبرية هي bara وتعني أن يعمل شيئًا من العدم، وهي ترد ثلاث مرَّات في كلِّ الأصحاح لتصف خلق المادَّة والحياة والإنسان. أمَّا في أماكن أُخرى فتُستخدم الكلمة «عمل» لتشير إلى أنَّ أمرًا ما مصنوع من أمر آخر، كما نشير عادة إلى عملية التصنيع.

وشَرحُ عمل الربِّ في الخلق خلال ستة أيَّام أتى مبسَّطًا للغاية. فكلّ جملة تحوي فعلاً وفاعلاً ومفعولاً به. وقواعد اللغة بسيطة وواضحة وممكن لأيِّ قارىء أن يفهمها. وكلّ الجمل موصولة بكلمات بسيطة مثل «لكن» و«وَ» و«ف». فأتى النتاج رائعًا.

التركيب

الأصحاح الأوَّل من سفر التكوين مركَّب بأُسلوب جميل ومرتَّب. فينقسم السرد على مدى ستَّة أيَّام، وتنقسم الأيَّام الستَّة إلى جُزأين يحتوي كلٌّ منهما على ستَّة أجزاء.

نقرأ في تكوين 1:2 ما يلي: «وَكَانَتِ الأَرْضُ خَرِبَةً وَخَالِيَةً.» وتبدأ عمليَّة الخلق في العدد الثالث، ونجد انسجامًا رائعًا بين الأيَّام الثلاثة الأُولى والأيَّام الثلاثة الأخيرة. ففي الأيَّام الثلاثة الأُولى يخلق الربُّ بيئة متباينة تحوي أضدادًا متميِّزة: نور من ظلمة، وسماء ومحيط، ويابسة وبحر. ويشكِّل هذا التباين تنوّعًا. ثم يبدأ في اليوم الثلث بملء اليابسة بالنباتات. فتبدأ الأرض بأخذ «شكل».

وينطلق في الأيَّام الرابع والخامس والسادس ليملأ البيئة التي خلقها في الأيَّام الثلاثة الأُولى. في اليوم الرابع تشكِّل الشمس والقمر والنجوم تكملة لليوم الأوَّل الذي خلق فيه النور والظلمة. في اليوم الخامس تملأ الطيور والأسماك السماء والبحر اللذين خُلِقا في اليوم الثاني. في اليوم السادس يخلق الحيوانات وآدم ليملأ اليابسة التي خُلقت في اليوم الثالث. فالربُّ خلق الأشياء بطريقة منظَّمة ودقيقة. وهو بذلك يكون قد نظَّم الفوضى و« متلأت» الأرض بالحياة.

خصائص حسابية

من اللافت للنظر أنَّ الأصحاح الأوَّل من التكوين يحتوي على خصائص من الرِّياضيَّات. ففي حادثة الخلق تُطالعنا الأرقام 3و7و10 أكثر من مرَّة، وهي لها دلالتها في كامل الكتاب المقدَّس. فالرقم 3 يشير إلى الثالوث، والرقم 7 يشير إلى الكمال، والرقم 10 يشير إلى التتمَّة. وإن كنَّا ندرس تلك الأرقام بحسب ورودها، نجد أنَّها تؤدِّي بنا إلى روابط مدهشة.

فالربُّ في حالات ثلاث فقط خلق شيئًا من العدم. وفي ثلاث حالات أطلق اسمًا على شيء ما، وصنع أشياء في ثلاث مرَّات، وبارك أشياء أُخرى في ثلاث مرَّات.

نقرأ أنَّ الربَّ «رأى كلّ ما عمله فإذا هو حسن.» وبالطَّبع أنَّه توجد سبعة أيَّام، وأوَّل جملة في النص العبري للأصحاح الأوَّل مس سفر التكوين مؤلَّفة من سبع كلمات. كذلك، فإنَّ آخر ثلاث جمل لنصِّ حدَثِ الخَلق في النص العبري مؤلَّفة من سبع كلمات. وأيضًا أعطى الربُّ عشر وصايا.

بساطة القصّة

بالمقارنة مع أيِّ سرد «لقصص الخَلق»، يتميَّز هذا الأصحاح ببساطته. فمثلاً، تمتاز ملحمة الخَلق في بلاد ما بين النهرين بالغرابة والتعقيد ولا تمتّ إلى الحقيقة بصِلة. لكن بساطة السرد في سفر

التكوين لم تجد ترحيبًا من قِبل الجميع، بل إنَّ هُناكَ مَنِ ادَّعى أنَّها لا يمكن أن تؤخذ على محمل الجدِّ في الزمن المعاصر. ولكنْ يمكن قول الكثير دفاعًا عن بساطة السرد.

تخيَّل أنَّك تريد وصف بناء منزل في أحد كتب الأطفال. لا بدَّ أنَّك تريد أن يكون الوصف دقيقًا لكنْ مبسَّطًا بحيث يكون بإمكان القرَّاء استيعابُ الشرح. فيُمكن أن تصف عمل البنَّاء الذي وضع الطُّوب، والنجَّار الذي صنع النوافذ والأبواب، والسبَّاك الذي مدَّ أنابيب صرف المياه، والكهربائي الذي شغَّل الإنارة والدهَّان الذي طلى المنزل، والمهندس الذي اختار الألوان. يشير أُسلوب السرد هذا إلى ستِّ مراحل أساسيَّة. ولكنَّ بناء منزلٍ أمر معقَّد أكثر من ذلك، وهو يتطلَّب التنسيق بين عدَّة عمَّال يعملون في آنٍ معًا. ولا يمكن لأحد القول إنَّ الوصف المذكور في كتاب الأطفال غير دقيق أو خطأ، بل إنَّ الأمر معقَّدٌ أكثر في الحقيقة. وهكذا، فإنَّ حادثة الخلق في سفر التكوين هي مبسَّطة من دون شكٍّ، وباستطاعة العلم أن يمدَّنا بتفاصيل أكثر. لكن لم يكن هدف الربِّ أن يقدِّم لنا تفاصيل دقيقة علميَّة، بل بالحريِّ شرحًا منظَّمًا يمكن أن يفهمه ويقبله الجميع، وهو يدلّ على إدراكه الكامل لما فعله هو.

أسئلة علميَّة

استيعابنا لبساطة السرد لا يجيب عن كلِّ الأسئلة الَّتي تلي قراءتنا للقصَّة. فمثلاً، يلفت انتباهنا عنصران منفصلان لكن متداخلان بعضُهما ببعض، وهما السرعة التي تمَّ بها الخَلْق وعُمرُ الأرض. يقول الجيولوجيُّون إنَّ الأرض تكوَّنت خلال فترة زمنيَّة قاربت أربعة مليارات وربع مليار سنة، بينما نقرأ في سفر التكوين أنَّ ذلك كُلَّه جرى في ستَّة أيَّام فقط. فأيُّهما صحيح؟

وتتفق الأبحاث العلمية وسفر التكوين على الترتيب المدرج للخلق ما عدا استثناءً واحدًا: فلا تظهر الشمس والقمر والنجوم في الترتيب العلمي حتَّى اليوم الرابع. يبدو هذا تناقضًا إلى أن نتنبَّه إلى أنَّ الأرض كانت مغطَّاة بالظلمة أو الضباب، الأمر الذي يؤكِّده العلم. فعندما ظهر النور ربما بدا كغيمة خفيفة، بينما عندما ظهرت النباتات وبدأت بتحويل ثاني أوكسيد الكربون إلى أوكسجين انقشع الضباب، وظهرت الشمس والقمر والنجوم أوَّلَ مرَّة. إذًا، ظهور الشمس والقمر والنجوم كان نتيجة انقشاع الضباب الذي كان يغلِّف الأرض. ولذلك فإنَّ العلم يوافق تمامًا الترتيب المذكور في تكوين 1. وقد ظهرت المخلوقات البحريَّة قبل المخلوقات البرِّية، ومن ثَمَّ ظهر الإنسان.

يوافق العلماء بالمجمل الكتابَ المقدَّس بالنسبة إلى حدَثِ الخَلق. إلاَّ أنَّه تبقى بعض الاختلافات التي تشمل أصل الحيوانات والإنسان، ومجموعةُ أسئلة تتعلّق بهذا الموضوع، ومنها معدَّل عمر الإنسان قبل الطوفان وبعدَه والفترة الزمنية التي بقي فيها، بالإضافة إلى نظريَّة التطوّر مقابل الخَلْق.

وقبل الخوض في تفاصيل تلك الأسئلة، لا بدَّ من ذكر أنَّ هنالك ثلاثة طرق للتعامل مع موضوع العلم مقابل الكتاب المقدَّس. ومن المهمِّ أن تقرِّر كيف ستتعامل مع هذه المعضلة قبل البدء بذلك، بالاختيار بين عدم الاعتراف أو الفصل أو الدمج.

عدم الاعتراف

تنطوي هذه النزعة على خيارين: فإمَّا أن يكون الكتاب المقدَّس صحيحًا وإمَّا أن يكون العلم صحيحًا. ولا بدَّ من اختيار واحد من الاثنين، إذ لا يمكن قبول الاثنين. ومن البديهي أن يصدِّق غير المؤمنين العلم ويصدِّق المؤمنون الكتاب المقدَّس. وكلٌّ منهما يتجاهل وجود الآخر.

وإن كنتَ كمؤمن ترفض العلم فإنَّك ستواجه مشكلة أنَّه في أحايين كثيرة كان على حقٍّ. فمثلاً، نحن مديونون للعلم بسبب التطوُّر في التواصل الذي ننعم به الآن. فالعلم ليس العدوَّ الذي يظنُّه بعض المؤمنين.

وتدعم حادثة اكتشاف «إنسان پلتداون» هذه الفكرة. ففي العام 1912، تمَّ في بلدة «پلتدوان» بِمُقاطعة «إسكس» اكتشافُ جمجمة مخلوق بدا على أغلب الظنِّ بشكل نصف قرد ونصف انسان. فظنَّ كثيرون أنَّ ذلك برهان على نظريَّة التطوُّر. لكن عندما تبرهن أنَّ تلك الجمجمة كانت مزوَّرة سخر المؤمنون من العلم ناسين أنَّ العلم هو الذي أظهر أنَّها مزوَّرة!

إذًا، الاختيار بين الكتاب المقدَّس والعلم بهذه الطريقة له ضعفاته. فيجب ألَّا نقبل الحقائق العلميَّة دون جدل، لكن في المقابل يجب ألَّا نشجِّع الناس على وضع الفكر جانبًا ليؤمنوا بالكتاب المقدَّس. فهذا الأمر ليس ضروريًّا.

الفصل

يدعم هذا الأُسلوب منطق الفصل بين العلم والكتاب المقدَّس على قدر الامكان. فلِلكتاب المقدَّس اهتماماته بحقائق محدَّدة، والعلم مهتم بحقائق أُخرى. العلم يعالج الأمور الحسِّيَّة والماديَّة؛ أمَّا الكتاب المقدَّس فيعالج الحقائق الأخلاقيَّة والفوطبيعيَّة. ما يعني أنَّ الاثنين يعالجان أمورًا منفصلة. العلم يخبرنا كيف ومتى ظهر الكون، أمَّا الكتاب المقدَّس فيخبرنا مَن صنعه ولماذا صنعه. لذا علينا أن نُبقيَ الاثنين منفصلين، فلا قاسم مشتركًا بينهما. العلم يبحث عن الحقائق، بينما الكتاب المقدَّس يدلّ على القيم. إذًا لكلٍّ منهما عمله.

انتشرت هذه النزعة حتَّى في الكنائس. ويعود أصلها إلى طريقة تفكير اليونانيِّين، حيث إنَّهم قسَّموا كلاًّ من الأُمور الماديَّة والأُمور الروحيَّة في مستوعبين منفصلين. إلاَّ أنَّ هذا الأُسلوب مستهجن في التفكير اليهوديِّ، إذ إنَّ الربَّ هو المسيطر على الأُمور المادِّيَّة والروحيَّة، وهو الخالق والمخلِّص.

وإن كنَّا نتخذ أُسلوب الفصل هذا في قراءتنا للتكوين، فلا بدَّ أن ننظر إلى قصَّة الخَلْق كمجرّد خرافة لا غير. ويمكننا وضع عنوان لتكوين 3 «الحيَّة تخسر أرجلها»، ويصبح آدم «أيَّ رجُل.» ويصبح السفر كتاب قصص خرافيَّة تعلِّمنا قيمًا عن الربِّ وعن أنفسنا، وتُرينا كيف يجب أن نفكِّر بشأن الربِّ وبشأن أنفسنا. لكنْ يجب ألَّا نتخذ تلك القصص كحقائق تاريخيَّة.

تعتبر هذه النظريَّة أنَّ سفر التكوين يحتوي قصصًا ذات مغزًى أخلاقيّ دون أيَّة خلفيَّة تاريخيَّة، تمامًا كما كتب «هانس كريستيان آندرسون» قصصًا للأطفال فيها دروس أخلاقيَّة. فآدم وحوَّاء هما خُرافة،

كما أنَّ نوح والطُّوفان خُرافة. وبالطبع، يشمل ذلك باقي الكتاب المقدَّس، لأنَّه حين يشكُّ أحدهم في جزء منه يصبح سهلاً عليه أن يشكَّ في الأجزاء الباقية. وهذه النظرية تجعل الكتاب المقدَّس كتاب قِيَمٍ والقليلَ من الحقائق دون خلفيَّة تاريخيَّة.

وكما في أُسلوب الرفض أو عدم القبول، فإنَّ أُسلوب الفصل له فجواته. فالكتاب المقدَّس والعلم هُما مثل دائرتين متداخلتين إذ يعالجان بعض الأُمور نفسها، ولذا علينا أن نواجه التناقُضات الواضحة. ونحن نقلِّل من قيمة الكتاب المقدَّس إن كنَّا ندَّعي أنَّ قيمته كبيرة على الرُّغم من احتوائه على بعض الحقائق غير الصحيحة. إذًا، كيف لنا أن نحلَّ هذه المعضلة؟ هل يستطيع الأُسلوب الثالث مساعدتنا على التقارب بين العلم والكتاب المقدَّس؟

الدمج

في محاولتنا لفهم كيفيَّة الدمج بين العلم والكتاب المقدِّس علينا أن نأخذ بعين الاعتبار أمرين لا يقلّ أحدهما أهميَّةً عن الآخر. الأمر الأوَّل هو الطبيعة الانتقاليَّة للبحث العلمي، والأمر الثاني هو تغيير أُسلوبنا في تفسير الكتاب المقدَّس.

1. العلم يغيِّر نظرته

كان العلماء يعتقدون أنَّ الذرَّة هي أصغر شيء في الكون. لكننا نعرف الآن أنَّ كلَّ ذرَّة هي عالَم بحدِّ ذاته. ولفترة ليست بعيدة كان يُعتقَد أنَّ الكروموسومَين X و Y هما المسؤولان عن تحديد جنس الجنين. ثُمَّ تغيَّرت هذه النظريَّة بعد اكتشاف الحمض النووي. فنعرف الآن أنَّ بداية الحياة تحتوي على مجموعة من الحمض النووي المعقَّد الذي هو اللُّغة المتناقلة بين الأجيال. ولا بدَّ أن يكون **أحدٌ** موجودًا خلف كل هذه الأشياء.

قبل جيلٍ من الآن، كان معظم الناس يظنُّون أنَّ الطبيعة تعمل بموجب قوانين ثابتة. أمَّا العلم الحديث فيؤكِّد أنَّ هناك عشوائيَّة أكثر ممَّا نظن. ففيزياء «الكوانتوم» أي الكميَّة أكثر مرونة.

وعِلم الجيولوجيا هو في طور التغيُّر والتطوُّر أيضًا. فتُطالعنا أساليب عدَّة لمعرفة عمر الأرض. وتؤكِّد أحدثُها أنَّ عمر الأرض بين تسعة آلاف سنة ومئة وخمسة وسبعين ألف سنة أي أصغر بكثير من الرقم أربعة مليارات وربع مليار سنة، ذاك عرفناه في السابق.

كذلك أيضًا الأنثروبولوجيا أو علم الإنسان هو في حالة عدم استقرار. فمثلاً، يُنظر إلى «أُناس ما قبل التاريخ» أُولئك الذين يُعتبرون أسلافنا قد ظهروا وتلاشَوا دون أن تكون لهُم أيَّة صلة بنا. وعلم الأحياء قد تغيَّر أيضًا، إذ إنَّ عدد الناس الذين يؤمنون بنظرية التطوُّر الداروينيَّة يتضائل.

كلُّ ما تمَّ ذكره يعني أنَّه يجب علينا ألَّا نغضَّ الطرف عن التناقض بين الاكتشافات العلميَّة وما جاء في الكتاب المقدَّس. ومن الجهل أن نربط تفسيراتنا الكتابيَّة لعصر علميٍّ مُعيَّن، علمًا بأنَّ المعرفة العلميَّة هي في طور التوسُّع دائمًا.

2. تفسير الكتاب المقدَّس يتغيَّر

كما تحدث التطوُّرات في المعرفة العلميَّة، كذلك التفسيرُ التقليديُّ للكتاب المقدَّس ممكن أن يتغيَّر. صحيح أنَّ الكتاب موحًى به من الله، ولكن تفسيراتنا ليست كذلك في كلِّ الأوقات. وعلينا أن نفصل بين النصّ الكتابي وكيفيَّة تفسيرنا له. فعلى سبيل المثال، يفسِّر بعض الناس ذِكرَ الكتاب أربع زوايا الأرض أنَّ الأرض مكعَّبة أو مربَّعة. لكنَّ الكتاب يستخدم لغة المجاز. فهو يتكلَّم عن الشمس التي تشرق من الشرق وتغيب في الغرب وتدور حول السماء. لكن هذا لا يعني أنَّ الشمس تدور حول الأرض.

حين ندرك أن التفسيرات العلميَّة دائمة التغيُّر وأنَّ تفسيراتنا للكتاب المقدَّس ممكن أن تتغيَّر، نستطيع حينئذٍ أن نحاول دمج العلم والكتاب المقدَّس ونخرج بأحكام متوازنة على الرُّغم من التناقضات.

«اليوم» في تكوين 1

إنَّ الأحكام المبنيَّة على فكرة «الدمج» هي أكثر ما نحتاج إليه عندما ننظر إلى الحجج المتعلِّقة بأيَّام تكوين 1 التي تُعتبر صراعًا تقليديًّا في العلاقة بين العلم والكتاب المقدَّس.

ما زاد الطِّين بِلَّة في موضوع الأيَّام المذكورة في تكوين 1 وعمر الأرض، هو أنَّ بعض الكتب المقدَّسة تذكر في الهامش تواريخ مثل ذكر سنة 4004 ق م في هامش تكوين 1. وقد تم حساب هذا التاريخ من قِبَل أُسقف إيرلاندي يُدعى «جايمس آشور» (وقد ادعى أحد المفسِّرين أن آدم وُلِد عند الساعة التاسعة صباحًا في الرابع والعشرين من تشرين الأوَّل). مع الإشارة إلى أنَّه لم يُذكر أيُّ تاريخ في النصِّ الأصلي حتى الأصحاح الخامس.

ركَّز «آشور» حساباته على الأجيال المذكورة في السفر دون التنبه إلى أنَّ السلالات اليهوديَّة لا تذكر كل جيل بالتحديد. والكلمة «أبناء» ممكن أن تعني أحفادًا أو أولاد الأحفاد. فمن السهل تجاهل التاريخ الذي قدَّمه «آشور»، لكن ما زالت تواجهنا عقبة تأكيد الكتاب أنَّ عمليَّة الخلق جرت في ستَّة أيَّام، وبالمقابل تأكيد العلم أنَّها دامت فترةً زمنيَّة أطول.

ما المعنيّ بكلمة «يوم» في اللغة الأصليَّة؟ من الممكن أن تشير الكلمة «يوم» في اللغة العبريَّة إمَّا إلى يوم من أربع وعشرين ساعة وإمَّا إلى اثنتي عشرة ساعة من ضوء النهار كأن يُقال: «الحصان موجود اليوم وليس العربة.»

دعونا نُلقِ نظرة على امكانية معاني الكلمة «يوم» في تكوين 1، آخذين بعين الاعتبار الشرحين الآنف ذِكرُهما.

الأيَّام الأرضيَّة

يفسِّر بعضُهم الكلمة «يوم» حرفيًّا كاليوم الذي نعرفه والمؤلَّف من أربع وعشرين ساعة. وهذا يتعارض مع تفسير العلماء للوقت الجيولوجي اللازم لخلق الأرض، آخذين بعين الاعتبار عمرها.

فجوة زمنية

يقترح بعضٌ وجود فجوة زمنيَّة بين الآيتَين الأُولى والثانية، وحُجَّتهم أنَّه قبل الآية الثانية التي تُفيد أنَّ «الأرض كانت خربة» حصلت فجوة زمنية طويلة قبل أن يخلق الله الكلّ. إذًا، كانت الأرض موجودة قبل أن يبدأ الربُّ عمله خلال الأيَّام الستَّة. إنَّها نظرية متداولة ونجدها في الكتاب المقدَّس بطبعة «سكوفيلد» وبعض الطبعات الأُخرى.

ويأتي تفسير آخر بشأن المدَّة الزمنيَّة من خلال الرجوع إلى حادثة الطوفان. وقد ذكر كتَّاب كُثُرٌ ومنهم «ويتكوم» و«موريس» أنَّ المعلومات الجيولوجيَّة التي لدينا تنطلق من حادثة الطوفان التي تشير إلى العمر «الواضح» للصخور نتيجةً لذلك الغمر.

وهْم الوقت

يشير آخَرون إلى أنَّ الربَّ جعل الأشياء تظهر عن قصد وكأنَّها قديمة. فكما أنَّ آدم وُلد كرجُل وليس طفلاً، هكذا فإنَّ بعضًا يعتقد أنَّ الربَّ جعل الأرض تبدو أكبر عمرًا ممَّا هي حقيقةً. فالربّ يخلق تُحَفًا أصيلة! وباستطاعته أن يخلق شجرة بكلِّ العقد التي تحتاج إليها لتبدو في عمر مئتَي سنة، ويخلق جبلاً يبدو كأنَّ عمره ألف سنة. إنَّها نظرية ممكنة، فباستطاعة الربّ فعل ذلك كلِّه.

إنَّ نظريَّتي «الفجوة الزمنيَّة» و«الوهم» تفترضان أنَّ «اليوم» هو يوم حرفيّ، ولذا علينا أن نأخذ بعين الاعتبار الوقت الضائع لِنُضفيَ منطقًا على السجِّل الجيولوجي.

العصور الجيولوجيَّة

تقترح هذه النظريَّة اعتبار «اليوم» على أنَّه «عصر جيولوجيّ». ففي هذه الحالة لا نتكلَّم عن ستَّة أيَّام بل ستَّة عصور جيولوجيَّة، أيّ أن الأيَّام الثلاثة الأُولى لم تكن أيَّامًا شمسيَّة كما نعرفها (على كلِّ حالٍ، لم تكن الشمس قد خُلقت بعد!). وتجذب هذه النظريَّة الكثيرين، لكنَّها لا تفسِّر العِبارة «وكان صباح وكان مساء» وقد تكرَّرت عدَّة مرَّات منذ اليوم الأوَّل. وهي لا تفسِّر أيضًا فكرة أن ستَّة أيَّام لا يمكن أن تعادل ستَّة عصور.

أيام أُسطوريَّة

تبيَّن لنا أنَّ بعض العلماء لا يجدون مشكلة في مدى طول الأيَّام لأنَّ الرِّواية في نظرهم كلُّها خُرافة. فبالنسبة إليهم، الأيَّام هي خُرافيَّة وهي مجرَّد إطار شعريّ للقصَّة ويمكن تجاهلها. فالمهمُّ هو استنتاج الدرس الذي وراء القصَّة ونسيان كل ما تبقَّى.

أيَّام مدرسية

من أفضل النظريَّات ما تقدَّم بهِ الأُستاذ «ويزمان» من جامعة لندن. فباعتقاده أنَّ الأيَّام كانت أيَّامًا

«تعليميَّة». وقد أظهر الربّ مراحل الخليقة لموسى على فترة زمنيَّة امتدت سبعة أيَّام. ولذلك فإنَّ السرد الذي بين أيدينا هو ما تعلَّمه موسى عن الخليقة في أُسبوعٍ دراسيّ. يوافق بعضُهم على هذا الفكر، إلاَّ أنَّهم يقترحون أنَّ التعليم أتى على شكل رؤى، تمامًا كما حصل مع يوحنا في كتابته لسفر الرؤيا.

أيَّام الربّ

التفسير الأخير هو أنَّ الأيَّام المذكورة هي «أيَّام الربّ». فالوقت نسبيّ بالنسبة إليه وألف سنة هي كيوم واحد. لذلك يمكننا القول إنَّ الربَّ يُشير إلى أنَّ عمليَّة الخَلْق كانت كلُّها بمثابة «أُسبوعِ عمل» بالنسبة إليه.

كل هذا يؤكِّد أهميَّة الإنسان بالنسبة إلى الله في مخطَّط الخليقة. فالحياة البشريَّة تفقد قيمتها ومعناها إن كنَّا نقيسها بحسب الترقيم الجيولوجي فقط. فمثلاً، تخيَّل أن ارتفاع مجسَّم كليوباترا الموجود على ضفاف نهر التايمس في إنكلترا يرمز إلى عمر المسكونة. وتخيَّل أنَّك وضعت عملة معدنيَّة على ذلك المجسَّم بعدما ألصقت عليه طابعًا بريديًّا. ترمز العملة المعدنيَّة إلى عمر الجنس البشريِّ، في حين يرمز الطابع إلى الإنسان الحضاريِّ. فتكون النتيجة أنْ لا معنى لحياة الإنسان من منطلقٍ زمنيٍّ.

ربمَّا أراد الربُّ أن نفكِّر في الخليقة كأنَّها نتيجة عمل أُسبوعٍ لأنَّه أراد منَّا أن نركِّز على الأمر الأهمّ، وهو وجودنا على هذه الأرض. فمن بين كل المخلوقات، نحن الأهمُّ في نظره. وهو يعطي جزءًا بسيطًا من سفر التكوين للتكلُّم عن سائر المخلوقات، بينما يخصِّص جزءًا كبيرًا عن الجنس البشريِّ.

ويمكننا أن نُضيف إلى هذه النظريَّة فنقول إنَّه لا نهاية لليوم السابع في النصّ إذ مرَّت عليه قرون عديدة. وقد امتدَّ خلال الكتاب المقدَّس كلِّه حتى يوم القيامة حين أقام الله ابنه من بين الأموات. ولا نجد في كامل العهد القديم ما خُلِق من جديد، لأنَّ الربّ كان قد أنهى عمليَّة الخلق. وبالفعل، فإنَّ الكلمة «جديد»نادرًا ما تُذكر، وحتى حينما تُذكر فهي تأتي في الصيغة السلبيَّة فنقرأ مثلاً في سفر الجامعة: «لا جديد تحت الشمس.» إذًا لقد استراح الربّ خلال كامل العهد القديم.

إذًا، الحجَّة مقنعة في أنَّ علينا أن ننظر إلى الأيَّام في تكوين 1 على أنَّها أيَّام الربّ ـــ وقد أرادنا الرب أن ننظر إليها على أنَّها نتيجة عمل أُسبوعٍ.

الإنسان في الواجهة

يختلف الأصحاح الثاني عن الأصحاح الأوَّل من حيث الأُسلوب والمضمون ووجهة النظر. ففي الأصحاح الأوَّل نرى الربّ في الواجهة وقصَّة الخليقة تُعرض من وجهة نظره هو. أمَّا في الأصحاح الثاني فيُعطى الدور الأساسي للإنسان، إذ نرى أنَّه أُعطي اسم علم «آدم وحوَّاء» بدل صفة المذكَّر والمؤنَّث.

كذلك، فإنَّ الربَّ أُشير إليه باسْم إلوهيم في الأصحاح الأوَّل، أمَّا في الأصحاح الثاني فهو «الربُّ الإله.» ونجد في الأصحاح الثاني شرحًا للعلاقة بين الإنسان والربّ. فبينما يشير الأصحاح الأوَّل إلى الإنسان بكونه مخلوقًا على صورة الله وشبهه، نجد الربَّ في الأصحاح الثاني يتفاعل مع الإنسان بأُسلوب فريد عن باقي المخلوقات. فهناك أُلفة بينهما نفتقدها في أيّ جزء آخر من الخليقة. فليس باستطاعة الحيوانات تكوين علاقة روحيَّة بالله كما باستطاعة البشر الذين هم على شبه خالقهم.

لكنَّنا نقرأ أيضًا الاختلافات بين الربِّ والإنسان. فعلى الرُّغم من أنَّ الإنسان مخلوق على صورة الله وشبهه، فهو يختلف عنه أيضًا. ومن الضروري أن نعرف ذلك إن كنَّا نودّ أن تكونَ لنا علاقةٌ بالله. فحقيقة كوننا على شبهه تُسهِّل علينا تكوين علاقة حميمة معه. ولكنَّ حقيقة كونه مختلفًا عنَّا تُضفي على العلاقة مهابة، وعلى عبادتنا لياقة. فمن ناحية، ممكنٌ أن تطغى الأُلفة على علاقتنا به؛ ومن ناحية أُخرى ممكنٌ أن يسيطر الرعب على علاقتنا به.

أهميَّة الأسماء

أطلق الرب على الرَّجُل اسْم آدم الذي معناه «تُرابيّ». وأُعطيت المرأة اسم حوّاء الذي يعني «أُمّ كلِّ حيّ.»

كانت العادة أن تحمل الأسماء معنًى أو حتَّى كان من الممكن أن تصف صوتًا (مثل «مواء» الهرَّة). وعندما أطلق آدم أسماءً على الحيوانات، ابتدأ أوَّلاً بوصفها وأصبحت الصفة هي الاسْم. والأسماء في الكتاب المقدَّس ليست فقط وصفيَّة، بل تحمل سُلطة. فمُطلِقُ الاسْم له سلطة على الذي يُطلِق الاسم عليه، سواءٌ كان إنسانًا أو حيوانًا أو شيئًا. لذا، بإطلاق آدم أسماءً على الحيوانات يُظهِرُ سلطته عليها. كذلك فهو أطلق اسمًا على زوجته وهي عادةٌ ما تزال قائمة إلى الآن، حيث تحمل المرأة كنية زوجها بعد الزواج.

وتُذكر في هذا الأصحاح أسماء أماكن، ما يدلُّ على أنَّ الأرض لم تعد «جرداء». فنقرأ عن أرض الحويلة وكوش وأشُّور وجنَّة عدن. حتَّى الأنهار يُطلق عليها أسماءٌ ذُكر منها أربعة ما يزال اثنان منها معروفين إلى يومنا، وهما دجلة والفرات. ولا بدَّ أن تكون جنَّة عدن في ناحية ما بالقرب من شمال شرقي تركيَّا أو أرمينيا حيث يقع جبل أراراط، حيث يعتقد بعضٌ أنَّ فُلك نوح موجود.

العلاقات الإنسانيَّة

نجد الإنسان في الأصحاح الثاني في طور بناء شبكة علاقات تُضفي معنى على الحياة. وللعلاقات أبعاد ثلاثة: علاقة إمَّا بالذين دوننا، وإمّا بالذين أعلى مستوًى منَّا، أو الذين في مستوانا. بكلام آخر، نكوِّن علاقة بالطبيعة دوننا، وعلاقة عموديَّة بالربِّ فوقنا، وعلاقة أفقيَّة بأنفسنا وبالآخرين. فدعونا نُلقِ نظرة على الأبعاد الثلاثة:

علاقتنا بالطبيعة: يتمثَّل البعد الأوَّل في علاقتنا بالمخلوقات الأُخرى. وهي علاقة خضوع إذ قد أُوجِدت الحيوانات لخدمة الجنس البشري. لكن هذا لا يعني أنَّ بإمكاننا استخدام القسوة عليها أو تركها تنقرض، بل أنَّ قيمتها في أدنى السُّلَّم بالنسبة إلى البشر.

ومن الجدير ذكر هذا الأمر في عصر تُعطى صغار الفقمة أهميَّةً أكثر من الحفاظ على قدسيَّة الأجنَّة البشريَّة. وقد كان الربُّ يسوع على استعداد للتَّضحية بألفين من الخنازير لِيُعيد الصحَّة العقلية لرجُل ويرجعه إلى عائلته. ونقرأ في الأصحاح التاسع من التكوين أنَّ سبب وجود الحيوانات هو تأمين مصدر غذاء للإنسان. إذًا، علاقتنا بالطبيعة التي هي دوننا مُستوًى يجب أن تنطلق من سلطاننا عليها فنهتم بها ونسيطر عليها.

ومن اللافت للنظر أنَّ ابشر بحاجة إلى علاقة مساواة وجمال وذات معنى. فالرب لم يخلق الإنسان في البرِّية، بل أقام جنَّة له فيها الجميل من الورود والمفيد من الأطعمة.

علاقتنا بالله: يتمثَّل البعد الثاني في العلاقة التي نُكوِّنها مع الرب فوق. وتظهر طبيعة هذه العلاقة جزئيًّا في وصيَّة الربّ للإنسان بالنسبة إلى شجرتين موجودتين في جنَّة عدن: شجرة معرفة الخير والشرّ، وشجرة الحياة. الأُولى تجعل الحياة قصيرة، والثانية تجعل الحياة طويلة. وهاتان الشجرتان ليستا سحريَّتين، بل يمكن القول إنَّهما مقدّستان. ففي الكتاب المقدَّس يضع الرب قنوات حسِّيَّة تؤدِّي إمَّا إلى بركات روحيَّة وإمَّا إلى لعنات. فمثلاً، تناول الخبز والخمر في عشاء الربّ هو سبب بركة لنا. أمَّا تناول الخبز والخمر بكثرة فيُمكِنُ أن يقودنا إلى المرض أو حتَّى إلى الموت. فالربّ قد أعدَّ قنوات حسِّيَّة للنعمة وكذلك للدينونة.

لا يشير وجود شجرة الحياة إلى أنَّ آدم وحواء كانا خالدَين، لكنه يشير إلى أنَّه كان باستطاعتهما أن يصبحا خالدَين. وما كان باستطاعتهما العيش إلى الأبد بسبب تكوينهما، بل كانا بحاجة إلى شجرة الحياة للوصول إلى ذلك الهدف.

لم يكتشف العلماء بعد لماذا نموت. لقد اكتشفوا أسبابًا عديدة للموت، لكن لا أحد يعلم لماذا يبدأ جهازنا بالإقفال. فالجسد هو مجرَّد آلة مميَّزة تتجدَّد نظريًّا عند مدِّها بالطعام والهواء النقيّ والحركة. لكن حركة التجدّد تلك لا تستمر، ولا أحد يعرف سبب ذلك. السرّ يكمن في شجرة معرفة الخير والشر: فالرب كان يُسهِّل على الإنسان موضوع العيش إلى الأبد بوضعه تلك الشجرة في وسط الجنَّة. لم يُخلق الإنسان خالدًا، لكنَّه أُعطي الفرصة لذلك بواسطة تلقِّي الحياة المستمرِّ من الربّ.

تحمل شجرة معرفة الخير والشرّ معنًى أساسيًّا. فعندما نقرأ الكلمة «معرفة» علينا أن نستبدلَ بها الكلمة «خبرة». إذ مبدأ المعرفة في الكتاب المقدَّس يتضمَّن «الخبرة الشخصيَّة.» فنقرأ مثلاً أنَّ «آدم عرف حوّاء وحبلت وولدت ابنًا.» إذًا، تشمل «المعرفة» هنا اختبارًا شخصيًّا لأحد أو لشيء. وقد أمرهما الرب بعدم لمس تلك الشجرة لأنَّه لم يُرِد لهُما أن يعرفا (يختبرا) الخير والشرّ وبالتالي يحافظان على براءتهما. وينطبق علينا الأمر كذلك إذ حين نقترف خطيَّة لا يمكن أن نبقى كما نحن. فمن الممكن أن يسامحنا الربُّ لكن نكون قد فقدنا براءتنا.

لماذا إذًا وضع الربّ الشجرة في متناول أيديهما؟ أراد بذلك أن يُظهِر لهما أنَّه يحتفظ بسلطته الأخلاقيَّة عليهما، ولا يجدر بهما أخذ قرار بما هو صحيح أو خطأ بل عليهما وضع ثقتهما به بالنسبة إلى ذلك. كذلك أيضًا كان يوضح لهما أنَّهما ليسا ملاَّكَي الأرض بل مجرَّد مستأجِرَين. والمستأجرون لا ينصُّون القوانين، بل الملاَّكون يفعلون ذلك.

ويشدِّد النصّ على أهميَّة العلاقات الأُفقيَّة التي سندرسها لاحقًا. فالإنسان ليس بحاجة لأنْ يكوِّن علاقة بالربِّ الذي هو فوقه وبالأشياء التي هي أدنى منه، بل عليه أن يبني علاقة بالذين هم على مستوى واحد معه. فلا نكون بشريِّين بالكامل إن كنَّا نتعامل مع الربّ فقط دون التعامُل مع الناس الآخرين. إنَّما نحن بحاجة لشبكة علاقات. والكلمة «شالوم» في العبريَّة تصف هذا «الانسجام» بين الذات والربّ والآخرين والطبيعة.

يقدِّم لنا الأصحاح الثاني صورة عن هذا الانسجام، ويحذِّر الربُّ آدم من أنَّه إن كسر هذا الانسجام فموتًا يموت. ربَّما لن يكون ذلك موتًا مباشرًا بل ستبدأ «ساعة عمره» بالتراجع.

وتساءل بعضُهم أيجدر أن تستحق خطيَّة صغيرة كهذه قصاصًا صعبًا كهذا؟ لكنّ رأي الربّ أنَّه حين يختبر الإنسان الشرّ فلا بُدَّ من أن يقلِّص عمره على هذه الأرض، وإلاَّ فالشرّ يخلد. وإن سَمَحَ للمتمرِّدين بأن يعيشوا إلى الأبد يعيثون خرابًا في الكون إلى الأبد. لذلك، حدَّد وقت وجودهم على الأرض لأنَّهم عصَوا سيادته على حياتهم الأخلاقيَّة.

علاقتنا بعضنا ببعض: احتاج آدم إلى شريك مماثل، فمهما كان الحيوان الأليف مميَّزًا لا يستطيع أن يأخذ مكان علاقة شخصيَّة بإنسان آخر. لذلك، خلق الرب حواء معينًا لآدم نظيره. ونقرأ في الأصحاح الأوَّل أنَّ الذكر والأنثى متساويان في الكرامة، كما سنرى لاحقًا أنَّهما متساويان في الفساد والمصير الأبديّ.

نقرأ في الأصحاح الثاني أنَّ دور كلٍّ من الرجل والمرأة مختلف. فالكتاب يشرح أنَّ مسؤولية الرجل هي تلبية الاحتياجات والحماية، ودور المرأة هو المساعدة والقبول. ويذكر العهد الجديد ثلاث نقاط لافتة للنظر:

1. المرأة خُلِقت من الرجل: لذا فهي تستمدّ وجودها منه. وكما رأينا، فإنَّ الرجل أطلق عليها اسمًا، كما فعل بالنسبة إلى جميع المخلوقات.
2. المرأة خُلِقت بعد الرجل: لذا فهو يؤدِّي دور الابن البكر في تحمُّل المسؤولية. ونقرأ عن ذلك في الأصحاح الثالث حيث أُلقيَ اللوم على آدم لارتكاب حوّاء الخطيَّة لأنَّه المسؤول عنها.
3. المرأة خُلِقت لأجل الرجل: كان لدى آدم عمل قبل أن تكون لديه حوّاء؛ فالرجل خُلق في الأساس ليعمل والمرأة خُلِقت في الأساس لأجل تكوين العلاقات الاجتماعيَّة. لا يعني هذا أنَّه لا يجدر بالرجل إقامة العلاقات الاجتماعيَّة، أو أنَّه لا يجدر بالمرأة ممارسة العمل. فكلّ ما في الأمر هو أنَّ الهدف الأساسي في وجود كلٍّ منهما. وبما أنَّ الرجل أطلق اسمًا على المرأة،

فهذا يُظهر ديناميَّةَ العلاقة. فهي ليست علاقة ديمقراطيَّة بل إنَّ القيادة تقع على عاتق الرجل. والتشديد هو على التعاون، وليس التنافس.

يعالج الأصحاح الثاني موضوعًا أساسيًّا في العلاقات الإنسانيَّة. فمن الواضح أنَّ الجنس جيِّد، وهو ليس خطيَّة. إنَّه أمر جميل، وبالفعل فإنَّ الربَّ قال إنَّه «حسن جدًّا.» وقد وُجِد الجنس لتمكين العلاقة، وليس لمجرَّد التكاثر (وهذه الفكرة تشجِّع على فكرة استخدام وسائل منع الحمل التي لا تحرم الشريكين من العلاقة وتحدِّد النسل). ونقرأ آيتَين، إحداهُما في الأصحاح الأوَّل والثانية في الأصحاح الثاني، حيث يتحدَّث الربُّ بأُسلوب شعريّ عن الجنس وعن كيفيَّة خلقه ذكرًا وأُنثى على شبهه. ثم يتكلَّم آدم بأُسلوب شعريٍّ حين يستيقظ من السُّبات بعد العملية الجراحية الأُولى التي تُقام. والترجمة التي بين أيدينا لا تُعطي المعنى الأصليَّ في اللُّغة العبريَّة حقّه. إذ يهتف آدم حرفيًّا: «آه! إنَّها هي!» فالربُّ والإنسان ينطقان بشعرَين أُحاديَّي العبارة للتعبير عن بهجتهما بالعلاقة الجنسيَّة.

ومن الواضح أيضًا أنَّ التمتُّع في العلاقة الجنسيَّة يجب أن يكون من خلال الزواج الأُحاديّ. فالزواج يتضمَّن الانفصال والالتصاق، ولذا فهناك الناحيتان الجسديَّة والاجتماعيَّة اللتان تكوِّنان الاتحّاد. فالواحدة من دون الأُخرى لا تكوِّن زواجًا. والعلاقة الجنسيَّة من دون الاعتراف الاجتماعي لا تكوِّن زواجًا، بل هي زنى. والاعتراف الاجتماعي دون علاقة جنسيَّة ليس زواجًا، وبالتالي يمكن حلُّه.

يجب أن تتفوَّق العلاقة الزوجيَّة على سائر العلاقات. ولو تبع الناس هذا القانون، لم تكن هناك نكات عن الحموات! فعلى الشريك أن يكون الأساس بالنسبة إلى الآخر دون سائر العلاقات، حتى قبل الأولاد. وعلى الزوج والزوجة أن يضعا أحدهما الآخر في الطليعة. فنجد في الأصحاح الثاني الصورة المثاليَّة لزوجين منفتحين أحدهما على الآخر وغير خَجِلين وليس لديهما ما يخبِّئانه. إنَّها صورة رائعة وقد أشار إليها الربُّ يسوع بعد عدَّة قرون.

ويُظِهر الأصحاح الثاني الانسجام الذي يجب أن يكون في العلاقات بين البشر أنفسهم والمخلوقات والرب. لكنْ تُواجِهنا بعض التساؤلات العلميَّة بالنسبة إلى أصل الإنسان، ولا بُدَّ من معالجتها.

أين نجد إنسان ما قبل التاريخ؟

تشير نظريَّة التطوّر إلى أنَّ أصل الإنسان يعود إلى القِرَدة. وتُظِهر الأبحاث الجيولوجيَّة بقايا إنسان ما قبل التاريخ والذي يشبه الإنسان المعاصر. وقد اكتشف الباحث «ليكيز» وابنه بقايا إنسانيَّة في منطقة «أوردوفي غورج» في كينيا. ويُقال إنَّ الحياة البشريَّة بدأت في أفريقيا، وليس في الشرق الأوسط كما يشير الكتاب المقدَّس.

ماذا يجب أن يكون موقفنا تجاه هذا الاختلاف؟ وكيف نستطيع فهم علاقة الإنسان المعاصر بإنسان ما قبل التاريخ؟ أيمكن أن نوَفِّق بين ما قاله الكتاب المقدس وما قاله العلم عن أصل الإنسان؟

أصل الإنسان

دعونا نُلقِ نظرة أوّلاً على ماذا يقول الكتاب المقدَّس. يخبرنا سفر التكوين أنَّ الإنسان والحيوانات مخلوقون من المادَّة نفسها. فالربُّ خلق الحيوانات من تراب الأرض. وكذلك نحن مكوَّنون من الأملاح الموجودة في الحيوان بعينها. وتُشير إحدى الدراسات الحديثة إلى أنَّ قيمة الأملاح الموجودة في أجسامنا لا تتعدَّى الخمسة والثمانين سنتًا! لكنْ بخلاف الحيوانات، نفخ الربُّ في الإنسان ليجعلَهُ «نفسًا حيَّة» كما نقرأ في الأصحاح الثاني.

النفس

يُساء فهم الكلمة «النفس». فالكلمة نفسها تُستخدم عن الحيوانات في الأصحاح الأوَّل. وقد أُطلقت عليها عبارة «الأنفس الحيَّة» لأنَّ الكلمة «نفس» في اللغة العبريَّة تعني بكلٍّ بساطة جسدًا يتنفَّس. وبما أنَّ العبارة «نفس حيَّة» تُطلق على الحيوانات والإنسان، إذًا هم من الفصيلة نفسها. وعندما نُواجَه بالغرق في البحر فإنَّنا نطلق صرخة استغاثة ليس فقط لأجسادنا بل لأنَّنا بحاجة إلى التنفّس.

سُئلَ اللورد «سوبر» في إحدى الندوات في «هايد بارك»: «أين يمكننا إيجاد الروح في الجسد؟» أجاب: «حيث تجد الموسيقى في الأُرغن!» يمكنك أن تفكَّ أُرغنًا أو بيانو إلى قطع صغيرة، ولكنَّك لن تجد الموسيقى هناك. إنَّما نجدها عندما يجعلها أحدهم أمرًا حيًّا.

خليقة مميَّزة

ضلَّلت الكلمة «نفس»، المذكورة في الأصحاح الثاني، الكثيرين فظنُّوا بأنَّ ما يجعل الجنس البشريّ مميَّزًا هو النفس. لكنَّنا مميَّزون لسبب آخر. ومجرَّد التفكير في أنَّ الإنسان والقرد أتيا من المصدر نفسه مُنافٍ لما قاله الكتاب المقدَّس. فالإنسان من دون شكٍّ مخلوق مميَّز على صورة الله وشبهه، وقد خُلِق مباشرة من التُّراب وليس من أيِّ حيوان بطريقة غير مباشرة. والكلمة bara العبريَّة (أي خَلَق) مستخدمة ثلاث مرَّات للمادَّة والحياة والإنسان، ممَّا يدلّ على أنَّ الإنسان مميَّز.

والكتاب المقدَّس يؤكِّد وحدةَ الجنس البشري. وقد قال الرسول بولس للأثينيِّين إنَّ الله خلقنا من «دم واحد». وكلّ ما في التاريخ يشير إلى وحدة الجنس البشري في الحاضر.

لقد درستُ بعضًا من علم الآثار الزراعي، ومن اللافت للنظر أنَّ هذا العلم يحدِّد جنَّة عدن التي يذكرها الكتاب المقدَّس، والتي تقع في شمال شرق تركيًا، بوصفها المكان الأصليّ لزراعة الذُّرَة وتدجين الحيوانات.

توقّعات علميَّة

ماذا يقول العلم بالنسبة لهذا الأمر؟ فكثيرون يحبِّذون قبول فكرة ورفض الأُخرى: فإمَّا أن يكون العلم

قد قام بالتحقيقات الخاطئة بالنسبة إلى إنسان ما قبل التاريخ، وإمَّا أنَّ يكون الكتاب المقدَّس مخطئًا في تقديم المعلومات.

وممَّا لا شكَّ فيه أنَّ لعلم قد اكتشف بقايا لمخلوقات تُشبِهنا. وقد أُطلق عليها تسميات مختلفة، مثل الإنسان البدائي وإنسان بكِّين وإنسان جاوة وإنسان أوستراليا. ويدَّعي الأب والابن «ليكيز» بأنَّهما اكتشفا بقايا إنسان يعود عمره إلى أربعة ملايين سنة. ويتحدّ معظم علماء الآثار حول فكرة أنَّ أصل الجنس البشري يعود إلى أفريقيا وليس الشرق الأوسط.

يعود أصل «الإنسان العاقل» إلى ثلاثين ألف سنة، والإنسان البدائي ما بين الأربعين ألفًا والمئة والخمسين ألفًا، و«الإنسان المنتصب» (الصين وإنسان جاوة) إلى ثلاث مئة ألف سنة، وإنسان أوستراليا إلى خمس مئة ألف سنة، والآن نرى أنَّ أصل إنسان أفريقيا يعود إلى أربعة ملايين سنة. فماذا عسانا نقول بهذا الشأن؟

النُّقطة الأُولى التي يجب توضيحها هي أنَّه لم يتمّ اكتشاف أيِّ مخلوق على شكل نصف قرد ونصف إنسان. فهناك بقايا بشريَّة بدائية، لكن لا يوجد مطلقًا ما هو نِصفٌ نِصفٌ.

والنُّقطة الثانية التي يجب أخذها بعين الاعتبار هي أنَّ كلَّ هذه المجموعات لا تشكِّل أسلافنا المباشرين. وهذا ما يعترف به العلماء، إذ إنَّ علم التاريخ البشري في حالة تجدُّد مستمرَّة.

والنُّقطة الثالثة المهمَّة هي أنَّ البقايا لا تتبع ترتيبًا تقدُّميًا. وقد رُسِمت بيانات تُظهِر تطوّر الجنس البشري ابتداءً من القرد على يمين الرسم، وصولاً إلى «الإنسان العاقل» الذي مرَّ في تطوُّرات عديدة. لكن هذه البيانات ليست دقيقة، إذ إنَّ بعض البقايا البشريَّة لديها أدمغة أكبر من أدمغتنا، وقاماتها أكثر استقامة من بعض البقايا الأكثر حداثة. وتتَّحد الآراء الآن في أنَّ هذه المجموعات لا تمتّ إلينا بصِلة.

يمكن حلّ هذه المعضلة بثلاثة أساليب مختلفة نضعها على شكل خطوط عريضة مقتضبة:

1. إنسان ما قبل التاريخ هو إنسان الكتاب المقدَّس: إنَّه آدم المخلوق على صورة الله. ويقترح بعضُهم أنَّ تكوين 1 يتكلَّم عن «إنسان العصر الحجري الصيَّاد» وأنَّ تكوين 2 يتكلَّم عن «إنسان العصر الحجري الحديث المزارع».

2. تحوَّل إنسان ما قبل التاريخ عند نقطة ما إلى إنسان الكتاب المقدَّس: ففي مرحلة ما من التاريخ، تحوَّل ذلك الحيوان الذي على شكل إنسان، أو ذلك الإنسان الذي على شكل حيوان، ليصبح على صورة الله. وتبقى فكرة ما إذا واحد فقط تحوَّل، أو بعض منهم، أو كلّهم، قابلةً للنقاش.

3. إنسان ما قبل التاريخ ليس إنسان الكتاب المقدَّس: كان لإنسان ما قبل التاريخ الشكل الجسديُّ نفسه، وقد استخدم الأدوات، إلاَّ أنَّه لا أثر للدِّين أو الصلاة في حياته. كان مخلوقًا مختلفًا ولم يكن على صورة الله.

ليس باستطاعتنا في هذه المرحلة تقديم واحد من هذه التفاسير على التفسيرَين الآخرَين. فعِلمُ الإنسان ما يزال في طور التغيُّر والتطوُّر، ومن المحتمل أن تقوم نظريَّات جديدة في المستقبل. ويكفي أن نكون على إدراكٍ للتفاسير المطروحة وأنَّ أيَّة استنتاجات نقوِّم بها ما هي إلاَّ استنتاجات وقتيَّة.

نظريَّة التطوُّر

دعونا نُلقِ نظرة على هذه النظريَّة بالإجمال. يعتقد معظم الناس أنَّ هذه النظريَّة تعود إلى تشارلز داروين. لكن الواقع ليس كذلك، فقد أطلقها أوَّلاً أرسطو (384-322 ق م). وطرحها «إيراسموس داروين» جدّ تشارلز في العصور الحديثة. أمَّا تشارلز فقد التقطها من جدِّه الملحد وأطلقها في العلن.

ولا بدَّ لنا من فهم بعض المصطلحات إن كنَّا نريد أن نفهم أساسيَّات هذه النظريَّة.

الاختلاف: هو الاعتقاد أنَّه جرت تغيُّرات صغيرة تدريجيَّة لكلِّ الأجيال المتتابعة. فكلّ جيل كان يتغيّر تدريجيًّا وينقل ذلك التغيير إلى الجيل المقبل.

وعلى أثر تلك الاختلافات جرى الانتقاء الطبيعي والذي يعني بكلِّ بساطة بقاء الأفضل المناسب للبيئة المجاورة. فنتخذ مثالاً الفراشة المرقَّطة التي تأقلمت مع بيئة شمال شرق إنكلترا، تلك الممتلئة بمناجم الفحم، أكثر من الفراشة البيضاء. فكان بإمكان العصافير التهام الفراشات البيض أكثر من الفراشات المرقَّطة التي اندمجت في البيئة المغطَّاة بغبار المناجم. وبعد أن توقّف عمل المناجم في تلك المنطقة، نجد أنَّ الفراشات البيض تعود والفراشات المرَّقطة تعود. فالانتقاء الطبيعي هو عمليَّة تأقلم المخلوقات مع البيئة لِتَستمرَّ على قيد الحياة. وهو عمليَّة «طبيعيَّة» لأنَّها تحصل بطريقة أوتوماتيَّة في الطبيعة دون أيَّة مساعدة خارجيَّة.

لكن تغيَّر الفكر القائل بأنَّ هناك فقط الاختلاف والانتقاء الطبيعي المتدرِّجَين. فقد قام رجل فرنسيّ يُدعى «لامارك» وقال إنَّه بدل التغيُّرات التدريجيَّة حصلت تغيُّرات كبيرة مفاجئة، وأطلق عليها اسم «التَّغيار الأحيائي» أو التغيُّر الجيني المفاجىء. وفي هذه الحالة يبدو التقدُّم على شكل دَرجٍ بدَلَ مِصَعد.

وتدَّعي نظريَّة التطوُّر الجزئي أنَّه حصلت تغيُّرات محدودة في بعض مجموعات الحيوانات، مثل الأحصنة والكلاب. وقد برهن العلم أنَّ التطوُّر الجزئي قد حصل بالفعل.

بالمقابل، تدَّعي نظرية التطوُّر العام أنَّ أصل كلِّ الحيوانات يعود إلى مصدر واحد وأنَّها جميعًا متقاربة. وتعود جميع الحيوانات إلى ذلك الجزء البسيط من الحياة. ولا يعني ذلك تغيُّرًا داخل أصناف الحيوانات المنفردة، بل بالحريِّ هو الاعتقاد أنَّ كلَّ فصائل الحيوانات تطوَّرت بعضُها من بعض.

والعبارة الأخيرة التي يجب أخذها بعين الاعتبار هي «صراع البقاء». ويُشار إليها في نظريَّة التطوّر باعتبارها «بقاء الأقوى».

لن أُجادل في صحة نظريَّة التطوّر أو عدمها، إنَّما أُشير إلى أنَّهاَ ما تزال مجرَّد نظريَّة. فهي لم تُبرهن بعد، وفي الواقع أنَّه كلَّما حصلنا على دلائل من الحفريَّات نقص احتمال كونها نظريَّة مناسبة لافتراض وجود الأنواع المختلفة من المخلوقات الحيَّة.

1. إنَّ المجموعات المصنَّفة تحت نظريَّة التطوُّر، والتي وُجدت في دلائل الحفريات، تظهر في الوقت نفسه في العصر الكَمْبَري الذي هو أقدم أزمان الدهر القديم. وهي لا تظهر تدريجيًّا عبر العصور المختلفة بل تظهر في التوقيت نفسه تقريبًا.
2. إنَّ أشكال الحياة البسيطة والمعقَّدة تظهر في الوقت نفسه. فليس هنالك تدرُّج بين البسيط والمعقَّد.
3. توجد قلَّة قليلة من الحفريات «الجسر» تصل صنفًا بآخر.
4. إنَّ كلّ أصناف المخلوقات الحيَّة معقَّدة وجميعها تحتوي على الحمض النووي.
5. «التَّغيار الأحيائي»، أو التغيُّر الجيني المفاجيء من صنف إلى آخر، غالبًا ما يؤدِّي إلى تشوُّهات ويسبِّب موت المخلوقات.
6. التهجين أو التزاوج بين صنفين مختلفين ينتج عُقمًا.
7. وفوق الكل، عندما يتمّ تحليل كلّ الإمكانيَّات الاحصائيَّة خارج حدود أيِّ اعتراضات، لا يكفي الوقت لكلِّ أشكال الحياة لأجل التطوُّر.

طبعًا، نظريَّة التطوُّر لا تجذب اهتمام الأكاديميِّين فقط. ففهمنا لأصولنا البشريَّة يؤثِّر في نظرتنا إلى الجنس البشريِّ عمومًا. وكان للقادة المتأثِّرين بنظريَّة التطوُّر أثَرٌ ملحوظ. ومبدأ بقاء الأقوى هو أساس نظريَّة التطوُّر والصراع الذي تواجهه أصناف المخلوقات للاستمرار على قيد الحياة.

وللأسف، فإنَّ هذه النظريَّة موجودة في بعض الفلسفات التي شكَّلت مجتمعنا المتمدِّن، والتي سبَّبت آلامًا لا توصف. وقد قال أحد الرأسماليِّين الأميركيِّين جون د. روكفلر: «العمل هو بقاء الأقوى.» ونجد نظرة مشابهة في الفاشيَّة، حيث أطلق أدولف هتلر عنوانًا على كتابه هو «كِفاحي». لقد آمن بنظريَّة بقاء الأقوى. أمَّا الأقوى بالنسبة إليه فكان الشعب الألماني الذي يتحدَّر من العرق الآري. ونجد تلك النظريَّة أيضًا في الشيوعيَّة، إذ كتَبَ كارل ماركس عن «الصراع» بين الطبقتين البورجوازيَّة والبروليتاريَّة ذاك الذي في نظره كان يجب أن يُحدِث ثورة. وتُمكن كتابة الكلمة «صراع» عبر الأيَّام الأُولى للمستعمرين، حيث كان يُمحى ذكر الناس باسْمِ التقدُّم.

وباختصار، فإنَّ فكرة بقاء الأقوى في الجنس البشريِّ قد سبَّبت آلامًا أكثر من أيَّة فكرة أُخرى ظهرت في العصور الحديثة. وقد واجهتنا بخيارين كبيرين بالنسبة إلى أينَ نضع ثقتنا.

خيار عقليّ

الأمر الأوَّل الذي يواجهنا هو الخيار العقلي. فإن كنت تؤمن بالخَلْق، فأنت تؤمن بالله الآب. وإن كنت تؤمن بنظريَّة التطوُّر، فإنَّك تميل إلى الإيمان بوجود الطبيعة الأم (وهي امرأة ليست موجودة). وإن كنت تؤمن بالخَلْق، فإنَّك تؤمن بأنَّ الكون هو نتيجة خيارٍ شخصيّ. أمَّا إذا كنت تؤمن بالتطوُّر فإنَّ جدلك سيتمحور حول الحظ العشوائي غير الشخصيِّ. فالخليقة صُمِّمت لهدف معيَّن؛ أمَّا نظريَّة

التطوُّر فهي تتبع نمطًا عشوائيًّا. في الخَلْق، الكون نتاج قِوًى خارقة؛ أمَّا في نظريَّة التطوُّر فهو عمليَّة طبيعيَّة. في الخَلْق، الكون بكامله منفتحٌ لمعاملات الربّ والإنسان. أمَّا في نظريَّة التطوُّر، فالطبيعة نظام مغلق يعمل بحدِّ ذاته. في الخَلْق، هناك مبدأ العناية الإلهيَّة وأنَّ الرب يهتم بأمر مخلوقاته ويُلبِّي احتياجاتهم. أمَّا في نظريَّة التطوُّر فلدينا مجرَّدُ الصِّدفة. فإن حصل أمر جيِّد، فإنَّ ذلك مجرَّد حظٍّ. وفي الخَلْق، لدينا إيمان مبنيٌّ على حقائق؛ أمَّا في نظريَّة التطوُّر فلدينا إيمان مبنيٌّ على المخيِّلة (إذ هي مجرَّد نظريَّة). وإن كنَّا نقبل الخَلْق، فإننا نقبل حقيقة أنَّ الربّ حرٌّ بأن يخلق الأشياء وأن يعمل الإنسان على صورته. أمَّا إذا كنَّا نقبل نظريَّة التطوُّر، فتبقى لدينا الفكرة القائلة بأنَّ للإنسان الحرِّيَّة بِصُنع إله من مخيِّلته. ولذلك فإنَّ اختيار فكرة واحدة من الاثنتين له تداعياتُه.

خيار أخلاقيّ

يتضمَّن الاختيار بين الخَلْق ونظرية التطوُّر خيارًا أخلاقيًّا. لماذا قد يتمسَّك الناس بشِّدَّة بنظريَّة التطوُّر؟ الجواب هو أنَّها البديل الوحيد إن كانوا لا يُريدون الإيمان بوجود الله. في الخَلْق، الخالقُ هو الربّ، أمَّا في نظريّة التطوُّر فالإنسان هو الربّ. في الخَلْق، نحن تحت سُلطة إلهيَّة؛ أمَّا إن كان لا يوجد إله فإنَّنا كبشر مستقلّون ويمكننا اتخاذ القرارات كما نشاء. وإن كنَّا نقبل أنَّ الله هو الخالق، فإننا نقبل وجود معايير مطلقة لما هو خطأ أو صواب. لكنْ بعدم وجود الله في نظريَّة التطوُّر كلُّ ما لدينا هو أوضاع نسبيَّة. في عالم الله نحن نتكلَّم عن واجبات ومسؤوليَّات؛ أمَّا في نظريَّة التطوُّر فإنَّنا نتكلَّم عن مطالب وحقوق. تحت سلطة الله، لدَينا اعتماد عليه لامتناهٍ، حيث نُصبح كالأولاد الصِّغار ونتكلَّم مع أبينا السماويّ. أمَّا في نظريَّة التطوُّر، فإنَّنا نفتخر باستقلاليَّتنا، فنتكلَّم عن الوصول إلى عمر البلوغ وبلوغ مرحلة «عدم الاحتياج» إلى الله. وبالنسبة إلى الكتاب المقدَّس الإنسان مخلوق ساقط. أمَّا بالنسبة إلى نظريَّة التطوُّر، فهو دائم الارتقاء والتطوُّر. والكتاب المقدَّس يقدِّم الخلاص للضعيف؛ أمَّا فلسفة التطوُّر فتشجِّع على بقاء الأقوى.

قال نيتشه، الفيلسوف الذي أثَّر في فكر هتلر، إنَّه يكره المسيحيَّة لأنَّها تساعد الضعيف وتهتمّ بالمريض والمُحتضَر. والكتاب المقدَّس يعلِّم أنَّك قويّ حينما تفعل ما هو حقّ؛ أمَّا نظريَّة التطوُّر فتؤدِّي إلى نظرةِ «القوَّةُ هي الحقّ». الأوَّل يقود إلى الحياة، بينما الثانية تقود إلى الحرب. وفي حين تشجِّع نظريَّة التطوُّر على الانغماس في الذات والوصول إلى المرتبة الأُولى، فإنَّ الكتاب المقدَّس يقول إنَّ الإيمان والرجاء والمحبَّة هي الفضائل الثلاث المهمَّة في الحياة. وفي النهاية، الكتاب المقدَّس يقود إلى السماء، بينما تقدِّم نظريَّة التطوُّر وعودًا قليلة من القَدَريَّة والعجز والحظّ، وفي النهاية الجحيم.

السقوط

عندما انتهى الربُّ من خلق العالم قال إنَّ كلَّ شيء كان حسنًا. لكنْ بإمكان القليلين اليوم القولُ بأنَّ العالم حسن، فقد حصل خطأ ما. ويصف لنا تكوين 3 كيف حدثت المشكلة.

نجد ثلاث حقائق لا يمكن نكرانها في وجودنا اليوم:

1. الولادة مؤلمة
2. الحياة صعبة
3. الموت حتميٌّ

لمَ كلُّ هذا؟ لماذا لولادة مؤلمة؟ لماذا الحياة صعبة؟ لماذا الموت حتميٌّ؟

تقدِّم لنا الفلسفة أجوبة مختلفة، فبعض الفلاسفة يقولون بأنَّه لا بدّ لوجود إله جيِّد وإله سيِّئ أيضًا. وفي معظم الأحيان يقولون إنَّ إلهًا صالحًا قام بعمل خاطئ، وينسبون إلى ذلك أصلَ الشرّ.

يقدِّم لنا تكوين 3 أربعة مبادئ أساسيَّة عن المشكلة:

1. لم يكن الشرّ موجودًا في العالم منذ البدء.
2. لم يبدأ الشرّ بوجود الجنس البشريّ.
3. الشرّ ليس أمرًا مادِّيًّا بل، هو أمر أخلاقي. وقد قال بعض الفلاسفة إنَّ الجزء المادِّيَّ هو مصدر الشرّ. وبكلام أكثر خصوصيَّة، فإنَّ جسدك هو مصدر التجربة.
4. لا يوجد الشرّ بحدِّ ذاته، فهو صِفةٌ أكثر من كونه اسمَ علَم. فالأشخاص هم الذين يصبحون أشرارًا أو يكونون أشرارًا.

إذًا، ماذا يعلِّم تكوين 3 عن هذا الموضوع؟ لا بدَّ من تذكير أنفسنا أنَّ ما جرى في ذلك الأصحاح هو حادثة تاريخيَّة حقيقيَّة، ونقرأ عن مكان حدوثها وزمانه. ففي فجر التاريخ البشريّ، وقعت كارثة أخلاقيَّة هائلة.

تبدأ المشكلة مع واحدٍ من الزواحف يستطيع التكلُّم (إنَّه أقرب إلى السحلية من الحيَّة لأنّ لديه أرجُلاً على الرغم من المتعارف عليه؛ وكان أنَّ الربّ جعل الحيَّة تزحف على بطنها بعد الحادثة). كيف لنا أن نستوعب تلك القصَّة غير الاعتياديَّة، حيث تتكلَّم الحيَّة مع حوَّاء؟ هناك ثلاث احتمالات:

1. كان الشيطان متنكِّرًا في شكل حيَّة، فهو باستطاعته الظهور على شكل ملاك نور أو حيوان.
2. أعطى الربُّ الحيوانَ قُدرةً على التكلُّم، كما فعل مع حمار بلعام.
3. كان الحيوان مسكونًا بروح شرِّير. فكما أرسل الربُّ يسوع الأرواح التي كانت تعذِّب الرجل في كورة الجدَريِّين إلى الألفي خنزير، بإمكان الشيطان أن يدخل في حيوان. وكان بإمكان هذا الأمر خداع آدم وحوَّاء، إذ وضع نفسه في مرتبة أخفض منهما. وبالفعل، فإنَّ الشيطان هو ملاك ساقط موجود كالبشر، وهو أذكى وأقوى منَّا.

من اللافت للنظر أنْ يذهب الشيطان إلى حوَّاء. ففي الإجمال تميل النساء إلى وضع الثقة في الآخرين أكثر من الرجال المشهورين بارتيابهم. فارتكز إبليس على ذلك وأفسد أوامر الربّ وتعامل مع حوَّاء كأنَّها ربَّة المنزل. ومن الواضح أنَّ آدم كان موجودًا مع حوَّاء، إلاَّ أنَّه لم يتفوَّه بكلمة. كان يجب عليه أن يقوم بحماية حوَّاء ويواجه الشيطان. فهو كان قد سمع أوامر الحَظْر من الربّ.

هناك ثلاثة أساليب لإساءة اقتباس كلمة الله. أوّلاً، الإضافة إليها؛ وثانيًا، الحذف منها؛ وثالثًا، التغيير فيها. وإن كنت تقرأ النصّ بتروٍّ تجد أنَّ إبليس استخدم الأساليب الثلاثة. فهو يعرف الكتاب المقدَّس، لكن باستطاعته أن يسيء اقتباسه ويتلاعب به. أمَّا آدم الذي عَلِم تمامًا ما قاله الربّ فَبقي صامتًا في حينَ كان يجب أن يتكلَّم. وقد وُجِّه اللَّوم إليه في العهد الجديد لكونه سمح بدخول الخطيَّة إلى العالم.

من المهمّ ملاحظة الأُسلوب الذي استخدمه إبليس في حديثه مع حوَّاء. فأوَّلاً، شجَّع العقل على الشك؛ وثانيًا، القلبَ على الاشتهاء؛ وثالثًا، الإرادةَ على عدم الطاعة. وهذه هي خطَّته الدائمة في معاملاته مع البشر. فهو يُشجِّع على التفكير بأُسلوب خاطىء وعادةً من خلال إساءة تفسير كلمة الله. ثمَّ يغرينا لنشتهي الشرَّ في قلوبنا. وأخيرًا، تصبح الظروف جاهزة لنعصي بإراداتنا.

ما هي نتيجة الخطيَّة؟ عندما سأل الربُّ آدم، حاول آدم أن يضع اللوم على حوَّاء وعلى الربّ. فتكلَّم عن «المرأة التي أعطيتَني» ، أو «المرأة التي وضعتَها معي». لقد توقَّف عن القيام بواجباته كرجُل بالتخلِّي عن مسؤوليَّته بحماية زوجته.

كانت ردَّة فعل الربّ هي الدينونة. ونرى ذلك الجانب من شخصيَّته أوَّل مرَّة، فهو يكره الخطيَّة ولا بدَّ له من الاقتصاص منها. فإن كان إلهًا صالحًا بالفعل، فلا يمكنه ترك الناس يُفلِتون بأخطائهم. هذه هي رسالة تكوين 3. وقد صِيغَ القصاص بأُسلوب شعريٍّ. فعندما يستخدم الربُّ الأُسلوب النثريّ، فإنَّه يتواصل معنا بأفكاره: من فكره إلى فكرك. ولكنْ عندما يستخدم الأُسلوب الشعريّ، فإنَّه يتواصل معنا بمشاعره: من قلبه إلى قلبك.

وفي تكوين 3 تُظهر الأشعار غضب الربّ (وبتعابير لاهوتية نقول: سخط الربّ). فقد حزن بشِّدة لخراب عدن وعلم إلى ما يؤدِّي كلّ ذلك. وإعادة صياغة النص لأصحاحات التكوين 1-3 تلقي ضوء جديدًا على القصَّة:

منذ زمن بعيد، وحين لم يكن أيُّ شيء موجودًا، أوجد الربُّ الإله الموجودُ منذ الأزل الكونَ وسائر الكواكب والأرض.

وكانت الأرض في البداية خربة وغير مهيَّئة للسكن فيها. إذ كان الظلام والمياه يلفَّانها، ولكن كان روح الله يرفُّ فوق الغمر.

ثمَّ أمر الله قائلاً: «ليكن نور!» وهكذا كان. وأُعجِب الله بما رأى، إلاَّ أنَّه قرَّر أن يفصل بين الظُّلمة والنور مُطلِقًا عليهما اسمَي «الليل» و«النهار». وكان صباحٌ وكان مساءٌ اليومَ الأوَّل من خَلْقِ الله.

ثمَّ تكلَّم الربّ من جديد قائلاً: «ليكن هناك مستوعبان للمياه بينهما فاصل.» فقسم بين المياه على وجه الأرض والرطوبة في الفضاء. وهكذا ظهر «الجَلَد» كما أسماه الله. وهكذا انتهى يوم العمل الثاني.

ثمّ قال الله: «لتجتمَع المياه في مكان واحد، فيصبح ما تبقَّى أرضًا جافَّة.» وهكذا صار. ومنذ تلك اللحظة أطلق الربّ اسمَي «البحر» و«اليابسة» ليصبحا وحدتين منفصلتين. وأعجبه ما رأى فقال: «لتُنبِتِ الأرضُ الخضارَ والنباتات المبذرة وأشجار الفاكهة، وجميعها تتكاثر من تلقاء ذاتها.» وهكذا ظهرت النباتات والأشجار بأنواعها وكلّ منها يتكاثر بحسب جنسه. وكان كلّ شيء موافقًا لخطَّة الله. وانتهى يوم العمل الثالث.

ثم أعلن الله: «لتظهرْ أنوار مختلفة في السماء، يكون عملها تفرقة الليل من النهار وقياس الفصول والأيَّام والسنين المميَّزة، على الرغم من أنَّ عملها الأساسي هو الإنارة.» وهكذا صار تمامًا كما قال. والنوران الأساسيان هما النور الأكبر أي «الشمس» التي تضيء في النهار، والنور الأصغر «القمر» الذي يضيء في الليل محاطًا بالنجوم المتلألئة. وقد وضعها الله جميعها من لأجل الأرض: لإنارتها وضبطها والحفاظ على التبادل بين النور والظلمة. ورأى الله أنَّ ما عمله في اليوم الرابع كان جيِّدًا.

ثمَّ أعطى الله أمرًا آخر: «ليعجَّ البحر والسماء بالكائنات الحيَّة وبأنواع متعدِّدة من الأسماك وأسراب الطيور.» فأوجد الله كلَّ الحيوانات التي تسكن المحيطات من الوحوش الضخمة إلى الكائنات الصغيرة، وكلَّ أنواع الطيور والحشرات التي تطير في الفضاء. ورأى الله أنَّ ما عمله كان حسنًا وشجَّعَ الجميعَ على التكاثر لكي يمتلىء كلّ جزء من السماء والبحر بالحياة. وهكذا انتهى اليوم الخامس.

ثمَّ أعلن الربّ: «لتعجَّ الآن الأرض بالمخلوقات الحيَّة من الزواحف والثَّديَّيات والوحوش على أنواعها.» وهكذا صار! فخلق الحياة البرِّية بأنواعها من ثديَّيات وزواحف، كلاًّ حسب أنواعها. وكانت كلُّها سبب بهجة له.

عند هذا الحدّ اتخذ الله قرارًا خطيرًا: «لنصنع الآن مخلوقات من نوع آخر يشبهوننا. فنسلِّطهم على الأسماك في البحار والطيور في السماء والحيوانات على الأرض.

وخلق الله الإنسان في شبهه،

مبتغيًا انعكاسًا لقلبه وإرادته وفكره،

ولكي يتواصلا، جعلهما ذكرًا وأنثى في الجنس.

ثمَّ أكَّد لهما تميُّزهما بكلمات مشجِّعة: «تكاثروا لأنَّكما ستملآن الأرضَ وتسيطران عليها. الأسماك في البحر والطيور في السماء والحيوانات على الأرض جميعها تحت سيطرتكما. وها أنا أعطيكما الأثمار المبذرة والأشجار المثمرة لتؤمِّنا طعامكما. ويمكن للطيور والوحوش أن تقتات من عشب الأرض.» وهكذا كان.

ثمَّ نظر الله إلى كلِّ ما صنع وشعر بالرِّضى، إذ كان كلّ شيء حسنًا وجميلاً... فكان نتاجُ عمل الأيَّام السِّتَّة جيِّدًا جدًّا.

اكتمل الفضاء الخارجي وكوكب الأرض. وبما أنَّه لم يكن هناك حاجة لأيِّ شيء آخر، أخذ الله يوم إجازة. ولذلك عيَّن اليوم السابع منفردًا دون باقي الأيَّام، ليكون مكرَّسًا له، لأنَّه في ذلك اليوم لم يكن مُشتَغِلاً بالخَلْق.

هكذا وُلد الكون الذي نحن موجودون فيه، وهكذا أُوجِدت كل المخلوقات وكلّ الأشياء التي فيه. وعندما خلق الربُّ الذي اسمه «الدائم الوجود» الفضاء الخارجي وكوكب الأرض لم يكن على الأرض أيُّ نباتات. حتى لو كانت هنالك نباتات لم تكن السماء تمطر ولا الأنهار موجودة ولم يكن الإنسان قد وُجِد ليهتمَّ بها. فجبل الربُّ الإله «الدائم الوجود» إنسانًا من التراب ونفخ فيه الحياة، وانضمَّ الإنسان إلى باقي المخلوقات. وكان الإله «الدائم الوجود» قد أعدَّ فسحة ناحية الشرق تدعى «عدن» بمعنى «البهجة». ووضع الإنسان الأوَّل ليعيش هناك. وكان الإله «الدائم الوجود» قد زرع مجموعة من الأشجار الخضراء والمثمرة. وكانت في الوسط شجرتان متميِّزتان. وكان ثمر إحداهمُا يهب الحياة الأبديَّة، أمَّا ثمر الثانية فيهب معرفة الخير والشرّ.

وكان نهر واحد يُروي المنطقة كلِّها، إلاَّ أنَّه كان يتفرّع منه أربعة فروع خارج الجنَّة. كان الفرع الأوَّل يُدعى «فيشون»، وهو المحيط بجميع أرض الحويلة، حيث الذهب والمُقْل وحجَر الجزع. وكان اسم الثاني جيحون، وهو المحيط بجميع أرض كوش. والثالث هو ما يُدعى اليوم دجلة، وهو الجاري شرق مدينة أشور. والنهر الرابع هو الفُرات.

إذًا، وضع الإله «الدائم الوجود» الإنسان في «جنَّة البهجة» ليرعاها ويحفظها. وأعطاه أوامر واضحة: «لديك الحرِّيَّة بأن تأكل من كلّ أشجار الجنَّة ما عدا شجرة معرفة الخير والشر. فيوم تأكل منها موتًا تموت.»

ثمّ قال الإله «الدائم الوجود» لنفسه: «ليس حسنًا أن يكون الرجل وحده. سأُعطيه مُعينًا نظيره.»

وكان الإله «الدائم الوجود» قد صمَّم كل أنواع الطيور والوحوش من التُّراب وقدَّمها للإنسان حتَّى يصفها. وكانت الصفة التي أطلقها الرجل على الحيوان هي الاسمَ الذي التصق به. فكان أنّ الرجل أطلق اسمًا على كلّ المخلوقات، إلاَّ إنَّ لم يجد من بينها شريكًا مناسبًا له.

فأوقع الإله «الدائم الوجود» سُباتًا على آدم، وبينما هو في الغيبوبة اقتطع الربُّ جزءًا من داخل جنبه وأغلق الفتحة. ومن ذلك الجزء كوَّن أُنثى وقدَّمها للرجل الذي هتف مبتهجًا:

«وأخيرًا تحقَّقت أُمنيتي،

شريكة من لحمي ودمي،

"امرأة" أدعوها،

أُخِذَت منّي ولي أخطُبها.»

وهذا يُفسِّر لماذا يترك الرجل أباه وأمَّه ويلتصق بامرأته، فيُصبح الاثنان جسدًا واحدًا. وكان الرجل الأوَّل وزوجته يمشيان في الجنَّة عريانين ولم يشعرا بالخجل.

وكان هناك ثُعبانٌ مُميت، وهو أكثر الحيوانات احتيالاً بين كلّ الوحوش التي خلقها الإله «الدائم الوجود». فتكلَّم مع المرأة يومًا وقال لها: «إنَّكِ لا تقصدين القول إنَّ الربَّ منعكما أن تأكُلا من كلّ أشجار الجنَّة؟» أجابت: «كلَّا، الأمر ليس كذلك. فبإمكاننا تناول ثمار شجر الجنّة ما عدا ثمار الشجرة التي في الوسط. وقد حذّرنا الربّ أنَّه إذا لمسناها نموت.»

قال الثعبان للمرأة: «بالطبع لن يفعل ذلك،» إنَّه يحاول إخافتكما لأنَّه يعرف أنَّه حين تتناولان منها ستنظران إلى الأُمور بطريقة مختلفة. وفي الواقع، ستُصبِحان معه على المستوى نفسه، وسيُصبِح بإمكانكما التفرقة بين الخير والشرّ.»

فنظرت المرأة الشجرة عن كثَب ولاحظت أنَّها شهيَّة. كذلك بدا اتخاذ القرار بين الشرّ والخير امتيازًا. فتناولت جزءًا من الثمرة وأعطت زوجها الذي كان معها فأكل منها أيضًا. وبالفعل فإنَّهما بدأا ينظران إلى الأُمور بطريقة مختلفة! وأوَّلَ مرَّة تنبَّها إلى كونهما عريانيين. فخاطا أوراق التين لِسَتر جسديهما.

في تلك الأُمسية لاحظا قدوم الإله «الدائم الوجود» فاختبأا. لكنّ الإله «الدائم الوجود» نادى آدم قائلاً: «ماذا فعلت بنفسك؟» أجاب: «سمعتك قادمًا فخفت لأنّي عريان. وها أنا مختبىء خلف الشُّجيرات.» فسأله الربُّ: «كيف علمت أنَّك عريان؟ هل أكلت من الشجرة التي أمرتُك ألاَّ تمسَّها.» فحاول الرجل الدفاع عن نفسه بقوله: «إنَّه بسبب تلك المرأة التي أعطيتني. لقد جلبَت لي تلك الثمرة، وبطبيعة الحال أكلتُها دون أن أسأل.»

فواجَهَ الربُّ المرأة وسألها: «ماذا فعلتِ؟» أجابت المرأة: «إنَّه الثُّعبان المُميت! لقد أغواني ووقعت في الشَّرَك.»

فقال الإله «الدائم الوجود» للثعبان: قِصاصُك سيكون على الشكل التالي:

«يكون نصيبُك الأسوأ
بين كلّ حيوانات البرِّية،
على بطنك تنزلق وتزحف،
وفمُك ممرَّغ بتراب البرِّية؛
وباقيَ أيَّام حياتك،
يكون نِزاعٌ وعداوة وصراع
بينك وبين المرأة بسبب فعلتك،
وتُنقل تلك المشاعر إلى ذُرِّيتها وذرِّيتك.
لكنَّك ستشعر بوطأةِ سَيلِ المرأة على جمجمتك،
بينما تصفع أسفل قدميه.»

ثم قال للمرأة:

«آلام حبلك تتضاعف،

وولادتك يملأُها العذاب والألم.

يكون اشتياقك لرجلكِ،

وتشتهين السيطرة عليه،

إلاَّ أنَّه يسود عليكِ.»

أمَّا آدم فقال له: «لأنَّك سمعت من لِزَوجتك بدل أن تسمع لي وكسرت وصيَّتي بألاّ تأكل من الشجرة المحرَّمة:

تُرافِق اللعنة الأرض،

تَشقى كلَّ أيَّامك،

فتُنبِت لك شوكًا وحسكًا.

من عرق جبينك تأكل خبزك،

ومن ثَمَّ تعود إلى التراب،

من التراب وإلى التراب تعود،

جُبِلت من الطِّين

وإلى التُّراب تعود.»

وأطلق آدم على زوجته الاسم «حوَّاء» (بمعنى "واهبة الحياة") لأنَّه أدرك أنَّها ستكون أُمَّ كلّ حيٍّ.

وخاط الإله «الدائم الوجود» بعض الثياب لآدم وامرأته من جلد الحيوانات وألبسهما. ثم فكَّر ذاتيًّا: «أصبح الإنسان مدركًا للخير والشرّ كما نحن، فكيف نحدُّ من الضَّرر، خُصوصًا أنَّ بمقدوره التناوُلَ من ثمر الشجرة الأُخرى فيحيا إلى الأبد مثلنا؟» ولكي يمنع ذلك، طرد الإله الإنسان من الجنَّة وأرسله ليعمل في التُّراب الذي صُنِع منه!

ووضع الربّ ملاكين حاملين سيوفًا محرقة شرقيَّ عدن ليحرسا الباب ويمنعا أيًّا كان من الدخول والتناول من شجرة الحياة.

نتائج السقوط

يُشار عادة إلى الأصحاح الثالث من سفر التكوين على أنَّه أصحاح «السقوط». فقد سقط حينئذٍ الإنسان من الحالة الجميلة المذكورة في الأصحاح الثاني. وكان الأمر سيكون مختلفًا بالكامل لو لم

يُلقِ آدم باللوم على حوَّاء، أو حتَّى على الربّ نفسه، بل تاب عن فعلته. كان الربُّ سيُسامحه على الفور، وكان التاريخ سيكون مختلفًا. لكن كلّ ما لدينا هو محاولة آدم الفاشلة لتغطية غلطته.

وتجدر ملاحظة القصاص الذي أوقعه الربّ عليهما. فكان قصاص آدم من ناحية العمل، وقصاص حوَّاء من ناحية العائلة، وقصاص الحيوان بأن يتحوَّل إلى حيَّة تزحف على بطنها (يمكنك رؤية أرجل صغيرة تتدلَّى من بطن الحيَّة).

تدمَّرت علاقتهما السابقة بالربِّ، وتأثَّرت أيضًا علاقتهما أحدهما بالآخر. اختبأ بعضُهما من بعض، وأطلق الربُّ لعنته عليهما. ونقرأ في الأصحاح الرابع عن أوَّل جريمة قتلٍ وقعت، وكانت داخل أسرة. فقد أدَّى الحسد إلى التمرُّد على تحذيرات الربّ.

دعونا نركِّز الآن على نواحٍ ثلاث في القصَّة التالية ونلاحظ ردَّات فعل الربِّ الواضحة.

1. قايين

ذكر أحدهم أنَّ الخطيَّة التي ارتكبها الرجل الأوَّل أدَّت بالرجل الثاني ليقتل الرجل الثالث. فلدينا هنا عائلة آدم حيث قتل ابنُه البكر الابنَ الأوسط للسبب عينه الذي قُتِلَ المسيح من أجله بعد عدَّة قرون، وهو الحسد. فالحسد كان السبب للجريمة الأُولى والسُّوأى في التاريخ.

يعني اسم قايين "مقتنًى"، وقد أسمته حوَّاء أُمّه ذلك قائلة: «اقتنيته من الربّ.» ويعني اسم هابيل "النفَس" أو "البخار". وجد هابيل أصغرُ الوالدَين نعمة في عيني الربِّ لأنَّ الربَّ لا يُريد لأحَدٍ أن يشعر أن لديه الحقَّ الطبيعيَّ لأيّ امتيازات. وغالبًا ما نقرأ في الكتاب المقدَّس عن اختيار الربّ للأصغر بدل الأكبر (مثلاً: إسحاق بدل إسماعيل، ويعقوب بدل عيسو).

كانت المشكلة أنَّ الربَّ قبل ذبيحة هابيل ورفض ذبيحة قايين. وكان هابيل قد تعلَّم من أهله أنَّ الذبيحة الوحيدة المقبولة لدى الربِّ هي ذبيحة الدم، أي نتيجة سَلْبِ حياة. فقد كان الربُّ قد غطَّى عارَ أبوَيهما وخطيَّتَها بقتلِ حيوان وتقديم كِساءٍ جلديٍّ لهما. وقد وُضع مبدأ منذ تلك اللحظة: سُفِك الدم ليُغطِّي عارهُما (ابتداءً هناك، وصولاً إلى الجلجثة). لذا، عندما تقدَّم هابيل ليعبد الربَّ جلب معه حيوانًا ليقدِّمه كذبيحة. أمَّا قايين فقدَّم بكلِّ بساطة الخضار والفاكهة.

قبِل الربُّ ذبيحة هابيل، ولم يرضَ عن ذبيحة قايين. فغضب قايين. وعلى الرغم من تحذير الربّ له بأنْ يقوى على الخطيَّة، قاد أخاه إلى مكانٍ بعيد عن البيت مختلقًا كذبة، ثم قتله ودفنه وتخلَّى عنه (سأل: "أحارس أنا لأخي؟").

ويظهر نمط واضح هنا: يكره الأشرارُ الأبرارَ ويحسدونهم. ويستمر هذا الانقسام في كامل التاريخ البشري.

فالعالم الذي أراد له الربُّ أن يكون كاملاً، أصبح الصلاحُ مكروهًا فيه. وغالبًا ما يبرِّر الأشرار شرَّهم، وكلُّ من يمثّل تحدِّيًا لضمائرهم هو مكروه في نظرهم. ويمكننا القول إنَّ هابيل كان أوَّل شهيدٍ للبرّ. وقد قال الربُّ يسوع نفسه إنَّ: «دماء الأبرار قد أُريقت بدءًا من هابيل حتَّى زكريَّا.»

ويُكمل السرد بذكر نسل قايين الذي يتضمَّن عناصرَ لافتة. إذ تُذكر بجانب أسمائهم مهاراتُهم من تطوير فن الموسيقى، والبراعة في علم المعادن الذي أدَّى إلى اختراع أولى الأسلحة. وقد أتت المدنيَّة أيضًا من جانب نسل قايين. فهم مَن بدأوا ببناء المدن، حيث تجمَّع الخطاة وازدادت الخطيَّة. ويُمكن القول إنَّ الشرَّ ازداد في المدن أكثر من القرى بسبب تلك التجمُّعات.

ما نراه "تقدُّمًا" بشريًّا ما هو إلاَّ صورة مشوَّهة. و"علامة قايين" التي نقرأ عنها ما هي إلاَّ تلك "التطوُّرات"، التي هي تفسير الكتاب المقدَّس للمدنيَّة، حيث يكمن الشرُّ. وانتشر تعدُّد الزوجات بين نسل قايين. فحتَّى تلك المرحلة، لم نقرأ عن سِوى زوجَين بقيا متزوِّجَين مدى الحياة، لكنِ اتخذ نسل قايين العديد من الزوجات. ونعلم أنَّه حتَّى إبراهيم ويعقوب وداود تزوَّجوا بأكثر من امرأة.

كان لآدم وحوَّاء ابن ثالث يُدعى شيثًا وقد بدأ من خلاله نسلٌ تقيٌّ فنقرأ أنَّه من نسله: "بدأ يُدعى باسْم الربّ."

ينتشر هذان النسلان بين البشر، وسيبقى الأمر على هذه الحال إلى النهاية، حيث سينفصلان إلى الأبد. فنحن نعيش في عالم من نسل قايين ونسل شيث، وباستطاعتنا الاختيار مع أيِّ فريق نريد أن نحيا.

2. نوح

الحادثة الأساسيَّة الثانية هي الطُّوفان وبناء نوح للفلك. وهي قصّة معروفة من خارج الكتاب المقدَّس وداخلِه. إذ يذكر كثير من الشعوب قصصًا في تراثهم عن طُوفانٍ ما قد حدث. وتساءل الكثيرون عمَّا إذا كان حدث فعلاً وغطَّى الأرض بالكامل. فلا يشير النصُّ إن كان الطُّوفان قد حدث في كامل الكرة الأرضيَّة، أم فقط في العالم المعروف آنذاك. لكن من المؤكَّد أنَّ حوض الشرق الأوسط، ذاك الذي دُعي فيما بعد بلاد ما بين النهرين، حيث يتدفَّق نهرا دجلة والفرات، هو مكان أحداث قصص التكوين، وتلك بالتالي هي المنطقة التي تضرَّرت بالطوفان.

إنَّ تركيز الكتاب المقدَّس ليس على النواحي المادّيَّة فقط بل على الجانب الأخلاقيّ أيضًا. لماذا حصل ذلك. الجواب مذهل. فقد ندم الربُّ لأنَّه عمل الإنسان و«حزن قلبه.» وهذه أكثر الآيات حُزنًا في كامل الكتاب المقدَّس، وهي تُعبِّر عن مشاعر الربّ بوضوح، ممَّا جعله يقرِّر محو الجنس البشري.

ما الذي حصل ليحدث هذا التغيير في مشاعر الربّ؟ لنحصل على الجواب علينا أن نأخذ بعين الاعتبار السرد في التكوين وبعض الأجزاء من العهد الجديد كالاقتباسات الموجودة في رسالَتي يهوذا وبطرس.

نقرأ أنَّ ما يقارب مئتين أو ثلاث مئة ملاك كانوا قد أُرسلوا للاطمئنان على شعب الربِّ المتواجدين في محيط جبل حرمون. فرأوا أنَّ بنات الناس حسناوات فأغروهنَّ وعرفوهنَّ. فأتى نسل مهجَّن مريع خليط بين الملائكة والبشر، مخلوقات ليست من تصميم الربّ. هؤلاء هم «الطغاة» المذكورون في التكوين الأصحاح السادس، وهم نسل «أبناء الله» و«بنات الناس». وقد تُرجمت الكلمة إلى «الجبابرة» ولا نعرف

ما المقصود بذلك، إنَّما المرجَّح هو أنَّهم مخلوقات من نوع جديد. وكان هذا التزاوج المُروِّع سببًا لبداية ممارسة السحر والتنجيم، إذ إنَّ الملائكة علَّموا النساء ممارسة السحر. ولم يكن هناك تاريخ لممارسة السحر والتنجيم قبل ذلك.

وكانت النتيجة المباشرة لتلك الممارسات الجنسيَّة المنحرفة سيادة العنف في الأرض. فالتصرّف الأوَّل يؤدِّي إلى الثاني عندما يُعامل البشر كأشياء وليس كأشخاص. ونقرأ في الأصحاح السادس أنَّ الربَّ رأى «أنَّ كلَّ تصوّر قلب "الإنسان" إنَّما هو شرِّير كلّ يوم.» فطفح كيله منه.

إلاَّ أنَّ الربَّ لم يَدِنهم فورًا، بل ترأَّف بهم وأرسل إليهم تنبيهًا بواسطة أخنوخ، نبيِّه الذي قال للناس إنَّ الربَّ مزمع أن يدين الشرّ. وعاش أخنوخ خمسًا وستِّين سنة ووَلد صبيًّا أعطاه الربُّ اسم متوشالح، وتفسيره "يتمّ الأمر حين يموت" فعلم أخنوخ وابنه متوشالح أنَّه بعد موت الابن متوشالح سيدين الربّ العالم.

وكان الربُّ طويل الأناة معهم، إذ عاش متوشالح تسع مئة وتسعًا وستِّين سنة أي أكثر ممَّا عاش أيُّ إنسان آخر. وعندما مات متوشالح انهمر المطر بغزارة. وكان لمتوشالح حفيد يُدعى نوحًا. وكان لنوح ثلاثة بنين ساعدوه خلال مئة سنة على بناء سفينة ضخمة بحسب تعليمات الربّ. فالذين خلَصُوا من الطوفان هم عائلة واحدة مؤلَّفة من مبشِّر وزوجته وثلاثة أبناء وزوجاتهم.

بعد الطوفان وعد الربُّ أن لا يعود يفعل ذلك مدَّة كل أيَّام الأرض. وقطع وعدًا مقدَّسًا مع الجنس البشريّ بأنَّه ليس فقط لن يمحيه مجدَّدًا بل أيضًا سيؤمِّن لهم الطعام. وسيتأكَّد من تتابع الفصول الأربعة من صيف وشتاء وربيع وحصاد. لكن إذ نرى المجاعة المتفشِّيَّة في أنحاء عديدة من العالم، نظنّ أنَّ الربَّ تخلَّف عن وعده. لكن توجد في العالم كميَّات من الذُّرَة تفوق حاجتنا، إلاَّ أنَّ المشكلة تكمن في سوء التوزيع. فلو اجتمعت الإرادات السياسية لكان الكلّ سيشبعون.

ثُمَّ وضع الربّ قوس القزح في السماء كعلامة ميثاق بينه وبين البشر. فلاكتمال الحياة على الأرض، نحن بحاجة إلى نور الشمس والمياه. وعندما يجتمعان تظهر قوس القزح.

عندما قطع الربُّ هذا العهد مع البشر طلب منهم أمرًا في المقابل. فقد أمر أن تُعامل الحياة بقدسيَّة وأن يُعاقَب القتل بالقتل. فعندما تُلغي أمَّة ما عقوبة الإعدام، تكون بذلك مُظهِرةً نظرتها بالنسبة إلى الحياة البشريَّة.

3. بابل

الحادثة الأُخرى التي تأثَّرَ الربُّ بها جدًّا هي بناء برج بابل. فقد أراد الناس أن يبنوا برجًا يبلغ السماء، مكان سكنى الربّ. وكانوا بذلك "يتحدَّون السماء". ويقول النصّ إنَّهم أرادوا أن يصنعوا اسمًا لهم. ونعلم أنَّ البرج كان سيكون على شكل "الزقورة" أي مجسَّمًا ضخمًا من الحجارة له سلالم تتجه نحو السماء. وكانت توجد في العادة علامات فلكيَّة في نهاية برج كهذا. ولم تكن لمجرَّد عبادة نمرود ملك بابل الذي بنى البرج، بل للتعبير عن جبروته وعظمته.

اغتاظ الربُّ جدًّا من فكرة بناء برج بابل. وفكَّر في أنَّه لو يدعهم يكملون بناءه لن يمتنع عليهم كلّ ما ينوون أن يعملوه. وأوَّلَ مرَّة أعطى الربُّ موهبة الألسنة ليُربِكهم. فلم يستطيعوا أن يفهموا ما يقوله الآخرون. ومنذ تلك اللحظة، انقسمت البشريّة وتشتَّت وأصبح الجميع يتكلَّمون لغات مختلفة.

نجد ملاحظة هامة في قصّة برج بابل. فمن الذين تشتَّتوا تسلَّق بعض منهم الجبال نحو الشرق واستقرُّوا عند الشاطىء. هؤلاء هم مؤسّسو الأُمَّة الصِّينيَّة التي يعود تاريخها إلى تلك الحقبة. فقد تركوا منطقة بابل قبل أن تأخذ الأبجدية المسماريَّة مكان اللُّغة المصريّة القديمة. فكلّ اللغات كانت تصويريَّة حتَّى حادثة برج بابل. واللُّغة التي أخذوها معهم إلى الصين وضعوها على شكل صُوَرٍ. ومن المدهش أنَّه بالإمكان تركيب الحوادث المذكورة في التكوين من الأصحاح الأوَّل إلى الأصحاح الحادي عشر بالنظر إلى الصور التي وضعها الصِّينيُّون لوصف الكلمات المختلفة.

فالكلمة "يخلق" في اللُّغة الصِّينيَّة مؤلَّفة من صورة طين وحياة وشخص يمشي. والكلمة "الشيطان" مؤلَّفة من صورة رجل وحديقة والصورة التي تشير إلى سرٍّ. فالشيطان هو شخص سرِّيٌّ في الحديقة. أمَّا الكلمة "المغري" فمؤلَّفة من كلمة "الشيطان" بالإضافة إلى شجرتين وصورة غطاء. وتتألَّف الكلمة "سفينة" من صورة وعاء وفم والرقم ثمانية. إذًا السفينة بالنسبة إلى الشعب الصِّيني هي مستوعب يسع ثمانية أشخاص، تمامًا كما كان فلك نوح.

إذًا، تُمكننا صياغة سفر التكوين من الأصحاح الأوَّل إلى الأصحاح الحادي عشر من الصور الموجودة في اللُّغة الصِّينيَّة. فعندما وصلت تلك المجموعة إلى الصِّين كانوا يؤمنون بالإله الواحد خالق السماوات والأرض. ولم ينغمسوا في الوثنيَّة إلاَّ بعد مجيء كونفوشيوس وبوذا. واللُّغة الصِّينيَّة هي برهان مستقل من خارج الكتاب المقدَّس على حدوث تلك الأُمور وقد استقرت في ذاكرات الناس الذين تشتَّتوا من بابل واستقرُّوا في الصِّين.

العدل والرحمة

تطالعنا فكرتان أساسيَّتان في تلك الأصحاحات؛ فمنذ سقوط آدم حتَّى الآن نرى الكبرياء الإنسانيَّة وردَّة فعل اللّه التي تملؤها الدينونة والرحمة. فقد دانَ اللّه آدم وحوَّاء بأن طردهما من الجنَّة وقال لهما إنَّهما سيموتان يومًا ما. ولكن أظهر رحمة إذ قدَّم لهما الأغطية.

وأظهر العدل إذ دان قايين بأن يكون متجوِّلاً في بقاع الأرض. لكنَّه أظهر رحمة إذ وضع علامة على جبينه حتى لا يقتله أحدٌ ما. وقد عاقب نسل أخنوخ (لكنَّه لم يعاقب أخنوخ)، لكنَّنا نرى رحمته في خلاصه لنوح ولعائلته وفي طول أناته في الانتظار طوال فترة حياة متوشالح الطويلة.

ماذا يخبرنا باقي سفر التكوين عن الربّ؟ دعونا نُلْقِ نظرة لنرى ما نوع العلاقة التي كانت بينه وبين شعبه خلال الأجيال والأحداث التي تلت.

الربُّ السيِّد

نلاقي خطًّا مزدوجًا في تصوير شخصيَّة الربّ خلال العهد القديم، الأمر الذي يتطلَّب بعض التوضيح. ويتَّضح هذا التقارب كلَّما أكملنا قراءتنا للسفر.

إله الكون بأكمله

يُفيد جزء من العهد القديم أنَّ إله اليهود هو إله الكون بأكمله. ففي تلك الأيَّام، كان لكلِّ أُمَّة إلهٌ خاصٌّ بها، مثل البعل أو إيزيس أو مولك. وكان الدِّين أمرًا قوميًّا. وكانت كلّ الحروب تُشنّ باسم الدِّين بين الأمم الذين يعبدون آلهة مختلفة. فإله بني إسرائيل (يهوه) اعتُبِر بالنسبة إلى باقي الشعوب الإله القوميّ للشعب. لكن كانت الأُمَّة اليهوديَّة تعلن أنَّ الربّ هو "إله الآلهة". وقد خَطَوا خطوة أكبر بأن قالوا إنَّ إلههم هو الإله الوحيد الموجود، وهو الذي خلق الكون بأسره؛ أمَّا باقي الآلهة فهي ثمرة المخيِّلة البشريَّة. وبالطبع، كانت تلك الإعلانات تغيظ سائر الشعوب. ونقرأ عن هذا الأمر في الأصحاح الأربعين من سفر إشعياء وفي سفر أيُّوب وفي العديد من المزامير.

إله اليهود

الصورة الثانية التي نراها في العهد القديم هي أنَّ إله الكون هو إله اليهود. فكانوا يقولون إنَّ للإله الذي خلق كلّ الأشياء علاقةً شخصيَّة ومميَّزة بهم، على الرغم من كونهم شعبًا قليل العدد على هذه الأرض. وفي الواقع أنَّهم قالوا إنَّه يعرِّف نفسه بتسمية عائلة واحدة مؤلَّفة من جدٍّ وأب وابن. فبالنسبة إليهم، أطلق إله الكون بأكمله اسمًا على نفسه هو "إله إبراهيم وإسحاق ويعقوب." ولم يكن بالإمكان تصديق هذا الإعلان.

خطَّة الرب

تُفسِّر في سفر التكوين الحقيقة الثُّنائيَّة الجانب بأنَّ إله الشعب اليهودي هو إله الكون، وبأنَّ إله الكون هو الإله الخاص بالشعب اليهودي. وبالفعل، فلا قاعدة لتلك المعلومات يمكن تصديقها من دون هذا السفر.

يشمل سفر التكوين فترة زمنيَّة أطول من كلِّ أسفار الكتاب المقدَّس مجتمعة. فالفترة الممتدَّة من سفر الخروج حتى آخر الأصحاح الثالث من سفر الرؤيا تغطِّي ما يقارب الألف والخمس مئة سنة، أي ألفيَّة ونصف الألفيَّة. أمَّا سفر التكوين بمفرده فيشمل تاريخ البشريَّة بأكمله من البداية حتى أيَّام يوسف. فعندما نقرأ الكتاب المقدَّس، علينا أن ندرك أنَّ الوقت قد ضُغِط، وأنَّ التكوين يشنل قرونًا عديدة بالمقارنة مع باقي الأسفار.

وينطبق ضغط الفترة الزمنيَّة على التكوين أيضًا. لقد أشرنا سابقًا إلى أنَّ الأصحاحات 1-11 تشكِّل رُبع السفر، لكنَّها تشمل فترة زمنيَّة طويلة ومُتَّسعًا من الشعوب والأمم. أمَّا "الجزء" الثاني للسفر، أي

الأصحاحات 12-50، فهو الأطول ويشمل ثلاثةَ أرباع من كامل السفر. لكنَّه يشمل نسبيًّا عددًا أقلَّ من السنين والشخصيَّات. فهو يتكلَّم عن أربعة أجيالٍ فقط من عائلة واحدة. ويُشكِّل هذا تفاوتًا في المساحة، خصوصًا حين نقول إنَّ السفر يشمل تاريخ العالم كلِّه.

لكن من الواضح أنَّ هذا التفاوت متعمَّد. فالإشاحة عن العالم بالمجمل والتركيز على عائلة واحدة وكأنَّها الأهمُّ كانا عن عمد. فمن ناحية، كان أعضاؤها مهمِّين إذ هم نسل شيث الذي دعا باسْم الربّ. ومن ناحية أُخرى، بالنسبة إلى الربّ الذين يدعون باسمه هم أهمّ من الجميع لأنَّه يستطيع من خلالهم أن يحقِّق خططه ومقاصده.

تساعد هذه النظرة بتذكيرنا أنَّ الكتاب المقدَّس ليس أجوبة الربِّ لمشكلاتنا، بل هو أجوبة الربّ لمسألتِهِ هو. ويمكننا طرح هذه المسألة على الشكل التالي: «ماذا تفعل بشعب لا يريد أن يعرفك أو يحبّك أو يُطيعك؟» كان أحد الحلول أن يمحوَهُم ويبدأ من جديد. لقد حاول ذلك، لكن حتَّى نوح الذي هو أبو الأبرار الذين أُنقِذوا من الطوفان سكِر وتعرَّى. وقد أظهر بذلك أنَّ الطبيعة البشريَّة لم تتغيَّر. لكنَّ الربّ لم يفقد الأمل لأنَّه يهتم بالجنس البشري الذي خلقه. وبما أنَّ لديه ابنًا واحدًا يتمتَّع بالشركة معه، فقد أراد عائلة أكبر، ولذلك لم يفقد الأمل بشأن حلِّ مشكلة الجنس البشريّ.

ابتدأ الربّ بتطبيق الحلّ مع إبراهيم. ويطلق الفلاسفة على هذا الأمر "فضيحة التخصُّصيَّة"، بمعنى أنَّ الربّ كان غير عادل باختياره أن يتعامل مع الشعب اليهودي فقط. فلماذا لا يخلِّص الصِّينيِّن من خلال الصِّينيِّن؟ أو الأمريكيين من خلال الأمريكيين؟ أو البريطانيِّين من خلال البريطانيِّين؟ فخطة الربّ لخلاصنا مُهينة وقد لخَّصها الشاعر "وليم نورمان إوَر" بالتالي:

من الغريب

أن يختار

الربُّ

الشعبَ اليهوديّ

وأضاف "سيسيل براون" بيتًا ثانيًا قائلاً:

لكنَّ الأغرب

هو من يختار

إله الشعب اليهودي

ويرفضهم كشعب.

يمكننا شرح نظرة الرب باعتبارِ مثلٍ منزلي. إن كان والد يريد شراء الحلوى لأولاده الثلاثة، فبإمكانه أن يشتري ثلاثة ألواح من الشوكولا ويعطي واحدًا لكلّ ولد. أو بإمكانه شراء كيس كبير من الحلوى وإعطائه لأحد الأولاد، ثم الطلب منه أن يتشارك فيه مع أخوَيه. الخيار الأوَّل هو الخيار الأكثر سلامة،

لكنَّه يجعل من الأولاد أفرادًا منفصلين بعضهم عن بعض. وإن كان يريد إنشاء أسرة، فالأسلوب الثاني يعلِّمهم المشاركة أكثر.

إذًا، كان هدف الله منذ البداية أن يتجسَّد ابنُه من خلال الشعب اليهوديّ. وقد طلب من اليهود مشاركة البركة التي يهبها لهم مع الجميع، بدل أن يتعامل مع كلّ أُمَّة على انفراد. لقد اختار الشعب اليهوديّ حتَّى يعرف كلُّ العالم بركاته من خلالهم.

ولهذا دعا نفسه في العهد القديم إله إبراهيم وإسحاق ويعقوب. فنقرأ في الأصحاحات 12-50 قصص أربعة رجال. وتَصنَّف القصص الثلاث الأُولى بعضُها مع بعض، بينما تحتلّ قصَّة يوسف حيِّزًا انفراديًّا. وتتَّضح لنا الأسباب لاحقًا عندما نركِّز على قصَّته بأكثر دقَّة.

تتداخل في قصص الرجال الثلاثة شخصيَّة مضادَّة لكلِّ شخصيَّة. فنقيض إبراهيم هو ابن أخيه لوط، ونقيض إسحاق هو أخوه غير الشقيق إسماعيل، ونقيض يعقوب هو توأمُه عيسو. وتصبح العلاقات أكثر اقترابًا من ابن الأخ إلى الأخ غير الشقيق وإلى التوأم. وكأنَّ الربَّ يظهر لنا أنَّه ما يزال هناك خطَّان مُتَضادَّان بشدَّة يمشيان وسط الجنس البشريّ. وتدعونا القصَّة لاتخاذ موقف مع أحد الطرفين. هل أنت مثل يعقوب أو مثل عيسو؟ هل أنت مثل إسحاق أو مثل إسماعيل؟ هل أنت مثل إبراهيم أو مثل لوط؟

هل تلك القصص حقيقيَّة؟

يطرح بعضُ الجدليَّة بأن تلك القصص هي مجرّد أساطير أو خُرافات. ويقولون إنَّه على الرغم من وجود ذرَّة من الحقيقة فيها، فلا يمكن التأكيد أنَّها تتمتَّع بالدقَّة التاريخيَّة. فما ينساه هؤلاء الناس هو أنَّ «أسلوب القصَّة الخُرافيَّة» هو نوع أدبي حديث. والروايات لم تكن منتشرة في أيَّام إبراهيم. فلم يكن من جدوى في كتابة القصص الخُرافيَّة. وإن كنت تودّ تأليف قصَّة عن بطل ما، فإنَّك من دون شكٍّ تنسب إليه معجزات قام بها. إلاَّ أنَّ السرد المذكور في سفر التكوين لا يتضمَّن هذه الميزة البتَّة. ويمكننا إيجاد ذلك في سفر الخروج، وليس في التكوين الذي إن تضمَّن شيئًا منها فهو القليل القليل. لكنَّ الأُسطورة تتمحور حول المعجزات أو الأحداث السحريَّة.

أضف إلى كلِّ ما تمَّ شرحه أنَّه لم يجد أحد في تلك القصص أيَّة مفارقة تاريخية (والمفارقة التاريخية هي ذكر أمر لم يكن بالإمكان حدوثه في تلك الحقبة). وقد بيَّن علم الآثار أنَّ التفاصيل الحضاريَّة التي ظهرت في تلك القصص هي حقيقيَّة بالتمام.

إنَّما الظاهرة الوحيدة التي لا تفسيرَ طبيعيًّا لها هي الدور الذي أدَّته الملائكة، لكنَّ لديهم دورًا في كامل الكتاب المقدّس. وإن كانت لديك مشكلة مع الملائكة فلديك مشكلة مع الكتاب المقدّس بأسره. عدا ذلك، فإنَّ تلك القصص اعتياديَّة جدًّا عن رجال ونساء اعتياديِّين وُلدوا ووقعوا في الحبّ وولدوا أولادًا وماتوا. واعتنَوا بالغنم والماعز والأبقار وزرعوا بعض المحاصيل. واختلفوا في آرائهم وتخاصموا وتعاركوا. وبنَوا خيامًا وبنَوا مذابح وعبدوا الربّ. وكلّ هذه الأُمور تقع ضمن نطاق التجربة الإنسانيَّة الطبيعيَّة.

لماذا اختار الربُّ الشعب اليهوديّ؟

الأمر المختلف في هذه القصص هو أنَّ الربّ تكلّم مع شخصيّاتها، وتكلّموا هم معه. فنجد إله الكون كلّه يجعل إبراهيم صديقه المفضَّل. وبالفعل، فإنّنا نقرأ أنّ الربَّ دعاه: "إبراهيم خليل الله". وهذا ما دعاه بعضُهم فضيحة الخصوصيَّة. فالناس لا يستطيعون أن يتعاملوا مع إله يتّخذ له أصدقاء مقرَّبين. فيشعرون بأنَّ ذلك أمرٌ غير لائق، وهذا ما نجده بالفعل يحدث هنا.

والسؤال الأكبر هو: لماذا يصف الربّ نفسه بإله إبراهيم وإسحاق ويعقوب؟ ما المميَّز بشأنهم؟ لطالما طرحت الأُمم والشعوب الأُخرى هذا السؤال عبر العصور. ما الذي يتميَّز به الشعب اليهوديّ؟ لماذا هم الشعب المختار قديمًا وليس نحن؟

تكمن الإجابة في اختيار الرب السيادي. فلم يكن لدى هؤلاء الرجال الحقُّ الطبيعيُّ لطلب ذلك منه. بدأ هو تلك العلاقة بهم، ولم يكن بمقدورهم الادعاء بأنَّ العلاقة تكوَّنت بسببهم. وبالفعل، فمن اللافت للنظر كيف أنَّه في كلِّ جيل انقلبت أحقيَّة الوراثة. فكان في العادة أن يرث الابن الأكبر من الأب ثروة العائلة، ولكن في كلِّ جيل اختار الربّ الصغير بدل الكبير. اختار إسحاق وليس إسماعيل، واختار يعقوب وليس عيسو. وكان بذلك يضع الأساس لفكرة أنَّه لا حقَّ طبيعيًّا لأيٍّ كان في الحصول على محبَّة الربّ، بل هو يعطي محبَّته كما يشاء. لذلك، لم تكن مسألة رابط توارثي مستقيم من خلال الابن الأكبر. ولم يكن إسحاق أو يعقوب البكرين، بل ورثا عطيَّة مجّانيَّة.

واللافت للنظر بالأكثر هو أنّه لم يكن لأحد من هؤلاء الرجال الحقُّ تجاه الربّ بالادّعاء الأخلاقيّ. فلم يكن باستطاعة أحدهم الادّعاء بأنّه أفضل من الآخرين. وفي الواقع أنَّ الكتاب المقدَّس ذكر كيف كذب كلٌّ من الرجال الثلاثة ليخلِّص نفسه من مأزق ما. فإبراهيم وإسحاق كذبا بسبب زوجتَيهما ليخلِّصا نفسيهما، وكان يعقوب الأسوأ بين الرجال الثلاثة. ولم يكن هؤلاء الرجال كذبة فقط، بل اتخذ كلّ منهم عدَّة زوجات. فما نراه هو صورة رجال عاديِّين مثلنا لهم ضعفاتهم.

إنَّما الأمر الوحيد الذي ميَّزهم هو إيمانهم. فقد آمنوا بالربّ. وبإمكان الربّ فعل العجائب عندما يؤمن الإنسان به. وهو يفضِّل أن يكون الإنسان مؤمنًا على أن يكون صالحًا ـ وقد قال لإبراهيم إنَّ إيمانه حُسِب له "برًّا". والربُّ لا يحسب الأعمال الصالحة التي من دون إيمان.

اشترك إسحاق ويعقوب في ذلك الإيمان على الرغم من كونهما مختلِفَي الشخصيَّة والطباع. وكان القاسم المشترك بين الرجال الثلاثة هو الإيمان.

إيمان الآباء

ظهر إيمان إبراهيم بوضوح عندما ترك أُور الكلدانيِّين. فالمدينة كانت مثيرة للإعجاب ومتحضِّرة ومن أكثر الأماكن تطوُّرًا في العالم. لكنَّ الربَّ أراد منه أن يعيش في خيمة طيلة أيّام حياته. لا يحبِّذ الكثيرون منّا فكرة ترك مدينة مريحة والعيش في الجبال العالية حيث الصقيع والثلج، خصوصًا في سن

الخامسة والسبعين. وقد طلب الربّ من إبراهيم ترك أرضٍ لن يراها من جديد، والتَّوجُّهَ إلى أرض لم يرَها من قبل. وكان عليه أن يترك عائلته وأصدقاءه. (ما حدث هو أنَّه أخذ معه أباه وبعض أعضاء من عائلته حتَّى حاران. ومن ثَمَّ انطلق هو ولوط ابن أخيه في باقي الرحلة). أطاع إبراهيم، حتَّى إنَّه آمن حين قال له الربُّ إنَّه سيُرزَق ابنًا على الرُّغم من بلوغ سارة زوجته عمر التسعين. (عندما وُلد الصبيّ سمَّياهُ "نكتة". ومعنى إسحاق في اللُّغة العبريَّة "يضحك"، إذ عندما علمت سارة أنَّها ستحبل في ذلك العمر انفجرت بالضحك.)

امتُحِن إيمان إبراهيم عدَّة مرَّات عبر السنين. فقد مرَّت إحدى عشرة سنة بعد وعد الربّ له، ولم يولد له ولد. فسعى، وبحسب اقتراح سارة، إلى الحصول على نسل من جاريتها هاجر. لكنَّ الكتاب المقدس يوضح أنَّ إسماعيل ليس "ابن الإيمان" بل "ابن الجسد" ولم يختَرْه الربّ (على الرغم من أنَّ الربَّ باركه بنسلٍ كبير يشكِّل حاليًّا الشعوب العربيَّة).

عندما وُلد إسحاق بعد طول انتظار، أظهر إبراهيم إيمانه حين كان جاهزًا لتقديم ابنه على المذبح بناء لطلب الربّ. ويخبرنا الكتاب المقدَّس إنَّه كان مستعدًّا أن يقدِّم ابنه ذبيحة لأنَّه آمن بأنَّ الربَّ قادر على أن يقيمه من الموت. يبدو هذا إيمانًا كبيرًا بالنظر إلى أنَّ الربَّ لم يكن قد قام بذلك من قبل! لقد حلَّل بطريقة عقلانيَّة: فإن كان قادرًا أن يقيم له نسلاً (ولادة إسحاق) من جسده الشيخ، فلا بدّ أنَّه يستطيع أن يُقيم إسحاق من الموت إن أراد ذلك.

تُظهِر معظم الرسوم التوضيحيَّة لتقديم إسحاق ولدًا بعمر الاثنتي عشرة سنة. لكن عند دراستنا النص بأكثر دقَّة نجد أنَّه بعد تلك الحادثة فارقت سارة الحياة عن عمر مئة وسبع وعشرين سنة، ممَّا يوضح أن إسحاق كان في السابعة والثلاثين. إذًا، كان إسحاق في بداية الثلاثينيَّات من عمره عند تقديمه كذبيحة. وكان بإمكانه أن يُقاوم بكل سهولة، لكنَّه أذعن بالإيمان لأبيه الشيخ. (مكان التقدمة مميَّز إذ كان يُدعى جبل المُريَّا، وقد أصبح في ما بعد الجمجمة أو الجلجثة.) وقد أظهر إسحاق إيمانه لاحقًا في ثقته بجعل عبد إبراهيم ينتقي له زوجة.

وكان ليعقوب إيمان أيضًا، إلاَّ أنَّ ذلك الإيمان كان في شخصه هو. ويخبرنا السرد أنَّه تلاعب على أبيه بالاحتيال والمكيدة ليأخذ منه البركة بدل أن يعطيها لعيسو. لكنه على الأقل كان مهتمًّا بالحصول على البركة، عكس عيسو الذي استخف بها. ولاحقًا كان لا بُدَّ أن يكسر الربُّ "يعقوب". وقضى طوال عمره يعرج بعد أن تصارع مع الربّ طوال الليل. لكن كانت هذه نقطة تحوُّل في إيمانه بالربّ. ومنذ تلك اللحظة صدَّق وعودَ الربِّ بأنَّ أبناءه الاثني عشر سيصبحون اثنتي عشرة قبيلة.

يتميَّز هؤلاء الرجال الثلاثة بإيمانهم بالربّ على الرغم من ضعفاتهم وسقطاتهم. تمسَّكوا بإيمانهم بعكس أقربائهم الذين كانوا أولاد الجسد بدل أولاد الإيمان.

ويظهر لوط كالرجل الماديّ الذي اختار أن يذهب إلى وادي الأُردنَّ الخصيب بدل أن يعيش في الهضاب القاحلة. فقد وثق بما رأته عيناه، بينما علم إبراهيم بعينَي الإيمان أنَّ الربَّ سيكون معه هناك. وقد فضَّل عيسو طبق "حساء سريع التحضير" بدل بركة أبيه. فنقرأ في رسالة العبرانيين أن لا نكون مثل

عيسو الذي ندم لاحقًا وطلب البركة بدموع غير أنَّه لم يتب توبةً حقيقيَّة. إذًا، هناك مقارنة واضحة بين رجال الإيمان وأقربائهم رجال الجسد تمامًا كما نجدها في الكثير من العائلات اليوم.

ونشهد مفارقة أيضًا بين زوجات الرِّجال. فسارة ورفقة وراحيل تميَّزن بجمالهنَّ الخارجيّ وبجمال الشخصيَّة الداخليّ، وكُنَّ جميعهنَّ خاضعات لأزواجهنَّ. بالمقابل، كانت زوجات الرجال الآخرين عكس ذلك. فزوجة لوط مثلاً نظرت خلفها إلى الحياة المريحة التي كان عليهم تركها لأنَّها لم تكن بحسب مشيئة الربِّ، فحوَّلها الربّ إلى عمود ملح لأنَّها عصت أوامره.

إبراهيم

دعونا نُلقِ نظرة مفصَّلة على حياة هؤلاء الرجال. قطع الربُّ عهدًا مع إبراهيم يتمسَّك به المؤمنون إلى الآن. وكما بدأ الخليقة بإنسان واحد، بدأ الفداء بإنسان واحد. نقرأ أنَّه قطع عهدًا مع إبراهيم، وتستمر هذه الفكرة الأساسيَّة خلال الكتاب المقدَّس حتَّى الربِّ يسوع نفسه الذي أسَّس عهدًا جديدًا أحياه بعشاء الربّ.

من المهمِّ فهم معنى الكلمة "عهد" بوضوح إذ يخلط بعضُهم بينها وبين الكلمة "عقد". فالعهد ليس صفقة تقام بين فريقين متساويين في القوَّة والسُّلطة، بل هو موجَّه من فريق واحد لمباركة الفريق الآخر. فيبقى للفريق الآخر خياران: إمَّا أن يقبله وإمَّا أن يرفضه، ولا يمكنه تغييره. وعندما يقيم الربُّ عهودًا فهو يُبقي عليها ويحلف بها. فبينما يمكن للإنسان أن "يحلف بالرب على القيام بوعد ما"، يحلف الربّ "بنفسه" لأنَّه ما من أحدٍ أعلى منه شأنًا يمكنه القَسَمُ باسمه. إذًا، هو يحلف بنفسه ولا يقول سوى الحقيقة ولا شيء غير الحقيقة.

نقرأ في تكوين، الأصحاح الثاني عشر، أنَّ الربّ استخدم ستَّة أفعال توكيديَّة (أي أكَّد أنَّه سيقوم بها) تمامًا كما يتعهَّد العريس للعروس. فالواقع أنَّ إله الكون اقترن بتلك العائلة وكان أوَّل وعدٍ قطعه لهم هو تأمين مكان يسكنون فيه (كان عبارة عن أرضٍ حيث تلتقي القارَّات ــ وقد أصبحت أورشليم في ما بعد نقطة التقاء بين أفريقيا وشبه الجزيرة العربيَّة وأوروبا وسُمِّيت في العبرية هرمجدُّون أي مركز التقاء العالم.) وكان الرب يعني بذلك: «هذا هو المكان الذي سوف أُعطيكم إلى الأبد.» وقد أعطى الربّ الصكوك لإبراهيم ولنسله إلى الأبد.

وكان عهده الثاني أن يعطي إبراهيم وسارة نسلاً على هذه الأرض على الرغم من تقدُّمهما في الأيَّام. وكان عهده الثالث أنَّ يكون نسلهما سبب بركة أو لعنة للشعوب. فدعوة الشعب اليهوديّ هي أن يشهدوا للربِّ لدى الجميع. وهذا سيف ذو حدَّين، إذ قال الربُّ لإبراهيم: «ملعونًا يكون لاعنك، ومباركًا يكون مُبارِكك.» وفي المقابل، طلب الربّ أن يُختن كلّ ذكر من الشعب اليهوديّ كعلامة لهذا العهد. وطلب من ابراهيم أن يطيعه في كلِّ شيء تمامًا كما أمره به.

هذا العهد هو قلب الكتاب المقدَّس، وعلى أساسه قال الربُّ هذه العبارة التي كثيرًا ما تتردّد في الكتاب وصولاً إلى سفر الرؤيا: «سأكون إلهكم وتكونون لي شعبًا.» ما يعني أنَّ الربَّ يُريد أن يلتصق بنا. ونقرأ في آخر الكتاب أنَّه سينزل من السماء وسيسكن معنا في الأرض الجديدة إلى الأبد.

إسحاق

نعرف عنه أقلّ ممّا نعرف عن أبيه إبراهيم أو عن ابنه يعقوب، لكنّه الرابط الأساسيّ بينهما. وقد ظهر إيمانه في قبول اختيار الربّ زوجته له، وفي بقائه في أرض كنعان عندما ضرب جوع الأرض، ومن ثَمَّ في إعطائه الأرض لابنه على الرغم من أنّه لم يمتلكها، بل كانت مجرَّد وعد له. وللأسف، فَقَد نظره عندما شاخ فاستغل أفراد عائلته الأمر، واحتالوا عليه.

يعقوب

ربَّما هو الأكثر شهرة بين الرجال الثلاثة. وعندما وُلد كان ماسكًا بعَقِب أخيه التوأم عيسو، فكان منذ البداية «نشَّالاً». مضى عيسو للعيش في ما يُدعى اليوم البتراء، حيث ما زالت المعابد الجميلة محفورة في الجبال الرمليَّة الحمراء. وهناك أسَّس شعب أدوم. وقد توارث الشعبان العربي واليهودي الموجودان في الشرق الأوسط كراهية إسماعيل وإسحاق بعضهما لبعض. أمَّا آخر أدوميٍّ فكان هيرودوس الذي هو من نسل عيسو والذي كان ملكًا على اليهود عند ولادة يسوع. وقد حاول قتل كلّ الأطفال في بيت لحم ليتخلّص من المولود ملكًا من نسل يعقوب.

الإرث

أظهر كلٌّ من إبراهيم وإسحاق ويعقوب إيمانهم بأُسلوب مميَّز في نهاية الطريق. فكلٌّ ترك لأولاده ما لا يمتلكه بالفعل. وقد قال إبراهيم لإسحاق إنَّه تاركٌ له كلّ الأرض المجاورة. وكذلك فإنَّ إسحاق قال ليعقوب إنَّه تارك له الأرض المحيطة به. وقال يعقوب لأبنائه الاثني عشر إنَّه تارك لهم أرض كنعان بكاملها. لكنْ لم يمتلك أيّ منهم ما وزّعه. وإبراهيم امتلك فقط مغارة في حبرون حيث دُفِنت سارة. فكلّ منهم آمن بأنَّ الربّ أعطاهم ما قدَّموه لأولادهم، وأنَّه يومًا ما ستصبح تلك الأرض ملكًا لهم.

عندما نقرأ عن هؤلاء الرجال في رسالة العبرانيين، الأصحاح الحادي عشر، نكتشف أنَّ "جميعهم ماتوا في الإيمان." وجميعهم مُدحوا بسبب إيمانهم، إلاَّ أنَّهم: "لَمْ يَنَالُوا الْمَوْعِدَ، إِذْ سَبَقَ اللهُ فَنَظَرَ لَنَا شَيْئًا أَفْضَلَ، لِكَيْ لاَ يُكْمَلُوا بِدُونِنَا."

إنَّ إبراهيم وإسحاق ويعقوب ليسوا أمواتًا. يمكننا رؤية قبورهم في منطقة حبرون، لكنَّهم ليسوا أمواتًا. فقد قال الربُّ يسوع إنَّ الله هو إله إبراهيم وإسحاق ويعقوب، وقد قال ذلك في صيغة الحاضر وليس المستقبل. وهو ليس إله أموات، بل إله أحياء.

يوسف

يتضمَّن آخر جزء من التكوين قصَّة يوسف المعروفة لدى كثيرين والتي يحبُّها الصغار والكبار على السَّواء. وهي ذات مغزًى جميل بتغلُّب الخير على الشرّ. وقد كُتِبت على شكل مسرحيَّات غنائية، على

الرغم من أنَّ الإشارة إلى ثوب متعدِّد الألوان غير دقيقة. فالمرجَّح أنَّه كان على شكل معطف طويل الكمَّين وليس متعدِّد الألوان. النقطة الأساسيَّة هي أن يوسف عُيِّن ناظرًا على الآخرين، ولبسه هذا الثوب أكَّد أنَّه ليس عليه أن يعمل يدويًّا. وكان هذا التمييز غريبًا إذ إنَّ يوسف لم يكن البكر، وقد أدَّى إلى كراهِيَةِ إخوته له بشدّة.

يأتي يوسف في الجيل الرابع، أي أنَّه ابن حفيد إبراهيم، ومجدَّدًا هو ليس البكر. لكن نعود إلى النمط الواضح، فالوارث الطبيعي لا يحصل على البركة، بل يختار الربُّ بحسب نعمته من يحصل عليها. وقد كان النمط بأن يأخذ البركة الصغير بين الإخوة.

ولكنْ لا يكمل النمط لسبب أو لآخر. كنتُ قد ذكرت في السابق أنَّه يوجد فرق بين يوسف والأجيال الثلاثة السابقة. فالربُّ لم يدعُ نفسَه "إله يوسف". لم تظهر الملائكة له، ولم يُرفض إخوته كباقي إخوة الآباء الثلاثة. ويشمل نسل شيث التقيّ أسماء إخوته. لذا، هناك مفارقة بين المجموعتين. أضف إلى ذلك أنَّ الربَّ لم يخاطب يوسف مباشرة. إذ حلم أحلامًا وأُعطي تفاسير لأحلام، لكن لم يتواصل الربُّ معه بواسطة الكلام، كما فعل مع الآباء.

إذًا، يبدو كأنَّ يوسف يقف وحيدًا. لماذا هو مختلف، ولماذا ذُكرت قصَّته؟

يبدو السبب واضحًا جزئيًّا، إذ إنَّ قصَّته تتَّصل مباشرةً بالسفر التالي. ففي سفر الخروج، نجد عائلته تحت وطأة العبوديَّة في مصر، ولا بدَّ من وجود سبب يفسِّر كيف وصلوا إلى هناك. لذا أتت قصَّة يوسف كالرابط الأساسي لتشرح كيف أنَّ يعقوب نزل مع عائلته إلى مصر للسبب عينه الذي جعل إبراهيم وإسحاق ينزلان من قبله، ألا وهو الجوع. (لا تعتمد مصر على مياه الأمطار، إذ إنَّ نهر النيل ينبع من مرتفعات أثيوبيا، بينما تعتمد أرض فلسطين على الأمطار التي تدفعها الرياح الجنوبيَّة من البحر المتوسِّط لريِّ المزروعات.) ففي أضعف الإيمان قصَّةُ يوسف موجودة لتربطنا بالجزء التالي من الكتاب المقدَّس. وتنسدل الستارة بعد يوسف نحوَ أربع مئة سنة لا نعرف عنها شيئًا. وعندما ترتفع من جديد، نجد أنَّ تلك العائلة أصبحت شعبًا يتعدَّى مئات الآلاف في العدد ــ ولكنَّهم كانوا عبيدًا في مصر.

إن كان هذا هو السبب الوحيد لذكر تلك القصَّة، فهذا لا يبرِّر القسم الكبير الذي خُصِّص لها. فنقرأ كميَّة تفاصيل كما قرأنا عن إبراهيم وأكثر بكثير ممَّا عرفنا عن إسحاق أو يعقوب. لماذا دُوِّنت تلك التفاصيل عن يوسف؟ إنَّها ببساطة مثالٌ على قصَّة رجل صالح، ومغزاها أنَّ الخير يغلب في النهاية. ولا بدَّ أن يكون هذا كلَّ ما في الأمر.

ومن ثَمَّ نستطيع قراءة قصَّة يوسف على أربعة مستويات:

1. المستوى البشريّ

المستوى الأوَّل هو بكلِّ بساطة المستوى البشريّ. فهي قصّة رائعة كُتِبت بأُسلوب مميَّز عن

شخصيّات حقيقيّة. وهي مغامرة عظيمة وأغرب من الخيال، إذ نجد فيها مصادفات غير اعتياديّة. وبإمكاننا تلخيص قصّة يوسف في الأصحاحين الأوّل والثاني (تك37 و39) حيث سقط في الأوّل ثمّ ارتفع في الثاني. سقط من كونه الابن المدلّل لأبيه ليصبح عبدًا في أحد البيوت. ثم ارتفع من كونه سجينًا منسيًّا ليصبح رئيسًا للوزراء. لقد كان حسد إخوته السبب في بلوغه نقطة الصفر، ولكنِ انتشلته أحلامه لتنتهي قصّته بنجاح. إذًا، تصلُحُ هذه القصّة أن تصير مسرحيّةً غنائيّة تُعرض في أهمِّ المسارح فيتمتّع الآلاف بمشاهدتها.

2. المستوى الإلهيّ

نستطيع قراءة القصّة من منظار الربّ. فعلى الرُّغم من أنَّه لا يتكلّم مباشرة إلى يوسف، فهو موجود خلف الأحداث. فكان ذلك الإله غير المرئيّ الذي يهيِّئ الظروف لتتمّ مقاصده وأهدافه، وقد أظهرها من خلال الأحلام. ونقرأ في الكتاب المقدّس بكلِّ وضوح أنَّ الربَّ تكلّم مع شعبه بهذه الطريقة، لكن بشرط أن تُفسَّر. وقد قال يوسف إنَّ تلك الأحلام هي من الربّ وإنّ التفاسير تأتي من الربّ. وفي وقت لاحق نجد دانيال وقد تميَّز بهذه الموهبة. آمن يوسف بأنَّ ظروفه هي تحت سيطرة الربّ الذي هو خلف ما كان يحدث له.

الآية المِفتاح لقصّة يوسف موجودة في الآية السابعة من الأصحاح الخامس والأربعين، حين أظهر لإخوته مَن هو بعد أن أحرجهم وأذلّهم بقوّة. وقال لهم بعد أن غفر لهم فِعْلتهم: «فَقَدْ أَرْسَلَنِي اللهُ قُدَّامَكُمْ لِيَجْعَلَ لَكُمْ بَقِيَّةً فِي الأَرْضِ وَلِيَسْتَبْقِيَ لَكُمْ نَجَاةً عَظِيمَةً.»

كان إخوة يوسف قد ظنّوا أنَّ بإمكانهم التخلُّص منه من خلال بيعه كعبد لقافلة من التجّار كانوا مسافرين إلى مصر. ومن ثَمَّ لطّخوا ثوبه المميَّز بدم شاة ليخدعوا أباهم بأنَّ ابنه المفضّل قد مات. لكنِ استطاع يوسف أن يرى يد الربّ في كلِّ ذلك. استطاع أن يتطلّع إلى عمله في مصر في الماضي وقد رُقِّي إلى مرتبة عالية بعد أن فسّر حلم فرعون (محصول جيِّد لسبع سنين ثم جوع لسبع سنين.) فبسبب نصيحته بأن يُخزَّن الطعام خلال السنين الجيِّدة، استطاع أن يخلِّص الأُمَّة المصريّة بأكملها من الجوع ويخلّص أهل بيته عندما شملتهم المجاعة. وأصبح بذلك مخلِّصهم.

نرى عناية الربِّ في نزول عائلة يوسف إلى مصر. فعلى الرغم من أنَّ الربَّ كان قد وعدهم بالأرض، فقد أبلغ ابراهيم بأنّه سوف يُبقي نسلَهُ في مصر أربع مئة سنة "حتّى يكتمل شرُّ الأموريِّين". وهو لم يكن لِيَدع سُلالةَ إبراهيم تأخذ أرضَ الآباء من أيدي الساكنين فيها إلاّ عندما يرتفع شرُّهم ويخسرون الحقّ في العيش وامتلاك الأرض. فالربُّ إله رفيعُ السَّجايا لا يطرد شعبًا ليُدخِل شعبه. ويشير علم الآثار إلى شرِّ ذلك الشعب. فالأمراض الجنسيّة انتشرت في أرض كنعان بسبب ممارساتهم الجنسيّة الشائنة. ووصلوا في النهاية إلى نقطة اللارجوع. عندئذٍ فقط قرَّر الربُّ أنّه آن الآوان لشعبه أن يمتلكوا الأرض. ويخطىء الّذين يتذمَّرون بأنَّ الربَّ غير عادل بإعطاء الأرض لشعبه القديم.

لكن كانت هناك أسباب أُخرى أيضًا. فالربّ أراد أن يُستعبد شعبُ اختياره.وكان جزءًا من خطَّته أن ينقذهم من العبوديَّة فيُبادِلوه الامتنان ويعيشوا له، ويصبحوا بذلك مثالاً ليرى العالم كم تتبارك الشعوب حين تعيش تحت سلطة السماء. لقد سمح بأن يُعانوا شرّ العبوديَّة فيشتغلوا سبعة أيَّام في الأُسبوع من دون أجر، ودون امتلاك أرضٍ أو أيِّ شيء آخر. وعندما صرخوا إليه نزل وخلَّصهم بيده القوِّيَّة. وسمح الربّ بحُصول كل ذلك لأجل تتميم مشيئته. لقد أراد لهم أن يعرفوا أنَّه هو الذي حرَّرهم وأعطاهم أرضهم.

3. شخصيَّة يوسف

يمكننا أيضًا التعامل مع القصَّة كدراسة لشخصيَّة يوسف. واللافت للنظر أنَّه لم يُذكر أيُّ أمر سيِّىءٍ عنه. وقد ذكرنا سابقًا أنَّ الكتاب المقدَّس يُعلِن الحقيقة كاملة عن إبراهيم وإسحاق ويعقوب الَّذين كانت لديهم ضعفات وخطايا دون شكٍّ. ولكنْ لا تُذكر كلمة انتقاد واحدة عن يوسف. فأسوأ ما قام به هو عدم نباهته بإخبار إخوته عن أحلامه بوصوله إلى العظمة في المستقبل. لكن لا نرى أثرًا لنيَّة سيِّئة أو ردَّة فعل خاطئة في شخصيَّته. وحين انخفض في السُّلَّم الاجتماعي إلى أدنى المستويات، جاءت ردَّات فعله من الطراز الأوَّل: فلا أثر للكراهِيَة، ولا تذمُّر، ولا مساءلة للربّ، ولا تعبير عن عدم العدالة في انتهاء الأمر به في سجن فرعون محكومًا عليه بالإعدام. أضف إلى ذلك أنَّه على الرُّغم من كونهِ بعيدًا عن البيت ولم يعرفه أحد في تلك البلاد الجديدة، حافظ على استقامته حين حاولت زوجة فوطيفار إغواءه. حتَّى عندما وصل إلى الحضيض، كان اهتمامه الأوَّل، وهو قابع في السجن، مساعدة الآخرين وتقديم العزاء لهم، كما فعل مع ساقي فرعون وخبَّازه. يبدو أنَّ يوسف لم يهتَمَّ لنفسه بل كان اهتمامه منصبًّا بعمق على الآخرين.

وبقيت شخصيَّته خالية من الأخطاء حتى عندما رُقِّي ليصبح ثانيَ رجل بعد فرعون. لاحظ مثلاً ردَّة فعله تجاه إخوته الَّذين باعوه كعبدٍ. قدَّم لهم طعامًا ورفض أن يتقاضى أجره، وأعاد المال إلى أكياسهم. سامحهم بدموعٍ، وتوسَّط لهم أمام فرعون، واشترى لهم أفضل أرض في دلتا النيل ليعيشوا فيها. كانوا قد رمَوه خارجًا وقالوا لأبيه إنَّه مات، وها هو يؤمِّن كلَّ احتياج لهم.

لم تتأثَّر شخصيَّة يوسف حين مرَّ في حياة الإهانة أو حين ارتفع إلى مكانة الشرف. إنَّه رجل مستقيم بكلِّ ما للكلمة من معنى، وهو الفريد في ذلك في كامل العهد القديم. فجميع الشخصيَّات المذكورة هناك معروضة بضعفاتها بالإضافة إلى قوَّتها، لكنْ هاك رجُلاً لا يملك إلاَّ صفات القوَّة. ويوجد رجل واحد فقط مثله في الكتاب المقدَّس.

وفي وسط قصَّة يوسف تُذكر قصة يأتي وقعها كالصاعقة. إنَّها قصَّة أخيه يهوذا. ونجد تناقضًا لامعًا بين الأخوَين. يزور يهوذا امرأة على أساس كونها زانية، لكنَّها في الواقع كانت كنَّته المتنكِّرة في زيِّ زانية. ويقترف يهوذا ما يُسمَّى بسفاح القربى، وتُذكر الحادثة خلال سرد قصَّة يوسف. لماذا تُذكر هناك؟ لتضيء بالمقارنة على استقامة يوسف. فكما تفارَقَ إبراهيم مع لوط، وإسحاق مع إسماعيل، ويعقوب مع عيسو، هكذا تفارَقَ يوسف مع يهوذا.

4. صورة للربِّ يسوع

ناقشنا هذه القصَّة على مستويات ثلاثة حتَّى الآن: القصَّة الإنسانيَّة لرجل اقتيد إلى الأسفل، ومن ثَمَّ رُفِّع إلى الأعلى ليصبح مخلِّص شعبه والحاكم على مصر. ثمَّ كقصَّة رجل اختار الربُّ حياته ليخلِّص شعبه. وأخيرًا، كقصَّة رجل مستقيم بالكامل حافظ على أمانته وصلاحه حين كان في الأسفل، وحين ارتقى إلى الأعلى.

وكلّ مستوى من هذه القصّة يذكِّرنا بآخر؛ ألا وهو الربُّ يسوع نفسه. وقد أصبح يوسف رمزًا للمسيح. ونعني بالكلمة "رمز" ' الذي يأتي قبل، أو معدّ الطريق". وكأنَّ بالربِّ أراد أن يُرينا من خلال حياة يوسف ما كان مزمعًا أن يفعله في ابنه. فابنه رفَضَهُ إخوتهُ كيوسف، وأذاقوه كلَّ أنواع الذلِّ، ثمّ رُفِّع ليصبح "المخلِّص" و"الربّ".

وحين نأخذ بعين الإعتبار الكلمة "رمز" تصبح المقارنة منطقيَّة. وكلَّما أنعمنا النَّظر في قصَّة يوسف نرى صورة الربِّ يسوع، وكأنَّ الربَّ كان عارفًا طوال الوقت ما كان مزمعًا أن يفعله. وكان يرسل إشارات إلى شعبه. وقد شجَّع الربُّ يسوع نفسه اليهود أن "فتِّشوا الكتب لأنَّها تشهد لي"، وهو عنى بالكتبِ العهدَ القديم. وكلَّما قرأنا العهد القديم، علينا أن نفتِّش عن الربِّ يسوع وعن شبهه ورمزه. إنَّ الربَّ يسوع نفسه هو الأساس، لكنْ يترامى ظلّه على صفحات العهد القديم كلِّه وخاصّة سفر التكوين.

الربُّ يسوع في سفر التكوين

الآن وقد رأينا يوسف كصورة للربِّ يسوع، تُمكننا رؤيته في أماكن أُخرى من التكوين. فيوسف هو مثال لكيفيَّة تعامُلِ المسيح مع من يؤمن به. وتُظهر قصَّته كيف أنَّ الربّ يستخدم إنسانًا ليعتق شعبه، ويرفعه ليصبح مخلِّصًا وربًّا.

الأنساب

إنَّ الأنساب في التكوين هي في الواقع نسَبُ الربِّ يسوع المسيح. فعند قراءتك الأصحاح الأوَّل من متَّى والأصحاح الثالث من لوقا تجد في الأنساب ثلاثة أسماء من سفر التكوين. فيسوع هو من نسل شيث الذي يمتدُّ إلى ابن مريم. وكلّ من هو في المسيح فإنَّه يقرأ نسَبَه أيضًا. وهؤلاء هم أهمُّ أسلافِنا إذ إنَّنا أصبحنا بالإيمان أولادًا لإبراهيم.

إسحاق

عندما ندرس شخصيَّات سفر التكوين نجد تشابُهات مع الربِّ يسوع. لقد لاحظنا هذا الأمر في يوسف، لكن دعونا نرجع في الزمن إلى الوراء حين طلب الربُّ من إبراهيم أن يقدِّم إسحاق كذبيحة. وطلب منه أن يذهب إلى جبل المرُيَّا، الذي أصبح يُعرف في ما بعد بجبل الجلجثة، حيث قدَّم الله

ابنه الوحيد. ونقرأ في تكوين 22 أنَّ إسحاق كان ابن إبراهيم الوحيد. وقد رأينا كيف أنَّ إسحاق كان حينذاك في أوائل الثلاثينيّات من عمره، وكان قويًّا كفاية حتّى يُقاوم أباه، ولكنّه أطاع وقبِل أن يُربط ويُقدَّم على المذبح.

أوقف الربُّ إبراهيم في اللحظة الحرجة، وهيَّأ ذبيحة أُخرى من كبش علق رأسه بين الشوك. وبعد عدَّة قرون قال يوحنّا المعمدان عن الربِّ يسوع: «هوذا "كبش" الله الذي يرفع خطيَّة العالم.» غالبًا ما تُستخدم الكلمة "حمل" للإشارة إلى يسوع، ولكن الحملان الصغيرة اليانعة لم تكن تُقدَّم كذبيحة، بل كانت تُقدَّم الكباش ذاتُ القرون والتي تكون قد بلغت السنة من العمر. ويُصوَّر الربُّ يسوع في سفر الرؤيا ككبش بسبعة قرون، ما يدلّ على القوَّة ــ "كبش الله". هيَّأ الربّ كبشًا كان قد علق رأسه في الشوك لإبراهيم ليقدِّمه بدل ابنه، وأعطى لنفسه اسمًا جديدًا: «أنا معيلك.» وفي ذلك المكان نفسه، قُدِّم شابٌّ في بداية ثلاثينيّاته كذبيحة وعُلِّق الشّوكُ على رأسه. هل ترى هناك صورة للربِّ يسوع؟

ملكي صادق

من الجدير النظرُ بعين الاعتبار إلى المقابلة الغريبة التي حصلت لإبراهيم مع رجل كان ملكًا وكاهنًا. (كان ملكًا على مدينة ساليم التي أصبحت أُورشليم في ما بعد.) فعندما كان إبراهيم راجعًا من إنقاذ عائلته بعد سبيهم، وصل ومعه غنائم العدوّ بالقرب من مدينة ساليم. وكانت ساليم مدينة وثنيَّة لا صلة لها بإله إبراهيم. فقابله ملكي صادق صاحب الشخصيَّة المميَّزة، وقد كان ملكًا وكاهنًا في آنٍ معًا، الأمرُ الذي لم يكن يحصل في إسرائيل. فقدَّم "الكاهن الملك" خبزًا وخمرًا لإبراهيم وجيشه. وبالمقابل، قدَّم لهم إبراهيم العُشْر من غنائم المعركة أي العُشْر من كنزه. ونقرأ في العهد الجديد أنَّ الربَّ يسوع هو كاهن إلى الأبد على رتبة ملكي صادق.

سُلَّم يعقوب

ماذا عن سُلَّم يعقوب؟ عندما هرب يعقوب من بيته نام في الهواء الطلق مسندًا رأسه على حجارة، وحلم بسُلَّم (هي في الواقع أكثر شبهًا بالمصعد). وتشير الترجمة العبريَّة إلى أنَّ السُلَّم كانت تتحرّك، وأنَّه كان هناك سُلَّمٌ تتحرّك صعودًا وأُخرى تتحرّك نزولاً والملائكة على كِلتَيهما. وعرف يعقوب أنَّ السماء في أعلى السلّم حيث مسكن الربّ.

عندما استيقظ يعقوب وعد الربَّ بتقديم عُشْر له من كلّ ما يجنيه. ولم يكن تقديم العشور جزءًا من الناموس إلى أن أتى موسى. (كان تقديم يعقوب العُشر من ممتلكاته في نظره نوعًا من الصفقة عقَدَهُ مع الربّ: أُعطيك العُشْر إن كنت تقودني إلى بيتي آمنًا. لكن لا يمكن عقد الصفقات مع الربّ، فهو الذي يُقيم العهد وليس العكس. وكان على يعقوب أن يتعلَّم ذلك الدرس الصعب).

بعد عدَّة قرون، قابل الربُّ يسوع رجلاً يُدعى نثنائيل فقال عنه: «هُوَذَا إِسْرَائِيلِيٌّ حَقًّا لاَ غِشَّ فِيهِ.» وعندما سألَ نثنائيل الربَّ يسوع كيف عرف ذلك، أجابه بما معناه: «تظنُّ من الغريب أن أعرف تفاصيل

حياتك. ماذا ستظنّ إن كنت ترى الملائكة يطلعون وينزلون على ابن الإنسان؟» وكان يعني بذلك: «أنا سُلَّم يعقوب، وأنا هو الرابط بين الأرض والسماء. أنا هو السُّلَّم الجديدة.»

آدم وحوّاء

كان الربّ قد قطع وعدًا فيما كان يتلو قصاصه على آدم وحوّاء، في الأصحاح الثالث من التكوين. فقال للحيَّة إنَّ بذرة لمرأة أو نَسلَها (سَليلَها) (تأتي الكلمة بذرة في اللّغة العبرية في صيغة المذكَّر) سيسحق رأسك وأنتِ تسحقين عقبه. وسحق العقب ليس مميتًا، لكنَّ سحق الرأس مميت. وكان هذا وعد الربِّ الأوَّل أنَّه يومًا ما سوف يُسدِّدُ إلى الشيطان ضربة قاضية. والآن نعرف مَن هو الذي ربط القويّ وسلب أمتعته.

وكتب بولس في رسالة رومية، الأصحاح الخامس، أنَّه كما أنّ رجلا واحدًا جلب الموت بعصيانه، هكذا فإنَّ طاعة رجل واحد أعطت الحياة؛ إشارة إلى أنَّ الربَّ يسوع هو آدم الأخير. ففي جنَّة عدن قال آدم: «لا أريد»، وفي بُستان جثسيماني قال الربُّ يسوع: «لتكن لا إرادتي بل إرادتك.» يا للمفارقة! وقد بدأ كلاهما جنسًا بشريًّا: آدم كان أوَّل رجل في الجنس البشريّ الجسديّ، أمَّا الربُّ يسوع فكان الأوّل على رأس الخليقة الجديدة.

نولد جميعنا كجنس بشريّ جسديّ، وبواسطة الربّ يسوع يمكننا أن نصبح خليقة جديدة. ويتكلَّم الكتاب المقدَّس عن الإنسان الجديد أو الخليقة الجديدة. فَهُناك نوعان من الأعراق البشريّة على الأرض اليوم: فإمَّا أن تكون في آدم، وإمَّا أن تكون في المسيح. ومَن في المسيح هم الجنس البشريّ الجديد الذي سيسكن في أرض جديدة، وبالأحرى في كون جديد كامل.

الخَلْق

من أفضل ما قيل عن الربِّ يسوع في العهد الجديد هو أنَّه خالق العالم. وقد تنبَّه التلاميذ الأوّلون إلى أنَّه كان له دور في أحداث الخَلق المذكورة في الأصحاح الأوّل من التكوين. وكما كتب يوحنّا في بداية إنجيله فإنَّه: «بِغَيْرِهِ لَمْ يَكُنْ شَيْءٌ مِمَّا كَانَ.»

إذًا، عندما نقرأ الأصحاح الأوّل من التكوين نجد الربَّ يسوع هناك. وعندما قال الله: «نَعْمَلُ الإِنْسَانَ عَلَى صُورَتِنَا كَشَبَهِنَا»، كان الربُّ يسوع مشمولاً بصيغة الجمع هذه.

اكتشف العلماء منذ عدَّة قرون أنَّ وجه الأرض يقع على مجسَّمات مسطَّحة من الصخور الحامية؛ وهي دائمة الحركة وتحتك بعضُها ببعض لتسبِّب هزّات أرضية. وعندما تمّ اكتشاف أنَّ هذه المجسَّمات تشكِّل الأراضي التي من حولنا، كان لا بدَّ للعلماء من إطلاق اسم عليها. فأُطلق عليها اسم الصفائح المعدنيَّة والكلمة tectone في اللُّغة اليونانيَّة تعني "النجّار". فالكرة الأرضيَّة التي نعيش عليها هي من صنع نجّار من الناصرة يُدعى الربَّ يسوع المسيح!

إذًا، ننهي دراستنا لسفر التكوين بالخَلْق، حيث بدأنا. فالله بالفعل يحلّ المشكلة التي نشأت عندما تمرَّد البشر. والحلّ هو الربُّ يسوع المسيح الذي من خلاله ومن أجله كان العالم، والذي بواسطته نكتشف الأجوبة لكل أسئلتنا.

الخروج

المقدِّمة

يحكي سفر الخروج أكبر قصَّة هروب في التاريخ. فقد هرب ما يفوق المليون عبدٍ من أقوى دول العالم المنيعة. وهي قصَّة غير قابلة للتصديق من النظرة البشريَّة، وتتضمَّن سلسلة من العجائب، ومنها الأكثر شهرة في الكتاب المقدَّس. كان قائد الشعب اليهوديّ آنذاك رجلاً يدعى موسى. وقد عاين عدد معجزات فاق ما شاهده إبراهيم وإسحاق ويعقوب مجتمعين. وحدث أن تتالت المعجزات الواحدة تلو الأُخرى، إذ كان الربّ يتدخَّل لأجل شعبه. تبدو بعض هذه المعجزات كالسحر، مثلاً حين تحوَّلت عصا موسى إلى حيَّة. أمَّا معظمها فهو عبارة عن تصرُّفٍ بقوى الطبيعة، حيث أشار الربّ إلى سلطته على كلِّ مخلوقاته وإلى أنَّه يهتَمُّ بصالح شعبه.

كان العنوان الأساسي في اللُّغة العبرية لسفر الخروج "وهذه أسماء".وقد أطلق الكهنة عليه هذا الاسم لأنَّها العبارة التي يبدأ بها السفر في المخطوطات. أمَّا الاسم "الخروج" فيحمل معناه بوضوح في اللُّغة العربية. أمَّا الكلمة الإنكليزيَّة *"Exodus"*، فمشتقَّة من الكلمتين اليونانيَّتين *ex-hodos* وتعني الكلمة *ex-* حرفيًّا "خارج" وكلمة *hodos* "الطريق". تمامًا ككلمة "مخرج" في اللُّغة اللاتينيَّة إذ تعني "الطريق إلى الخارج".

ولحادثة الخروج معنيان أساسيَّان من وجهتين:

1. المعنى القوميّ

أوَّلا، كان لها معنًى من الناحية القوميَّة للشعب اليهوديّ، فقد أسَّست لبداية تاريخهم الوطنيّ. استقلُّوا سياسيًّا، وأصبحوا أمَّة مستقلَّة بحقّ تُدعى "الأمَّة الإسرائيليَّة"، على الرُّغم من أنَّهم لم يكونوا قد امتلكوا أرضًا بعد. وتشكِّل هذه الحادثة محورًا أساسيًّا في تاريخهم بحيث إنَّها أُضيفت كعيد رسميّ إلى تقويمهم السنويّ. فكما يحتفل كلُّ شعبٍ تقريبًا باستقلال الوطن في تاريخ محدَّد، يحتفل العبريُّون بالخروج من مصر في كلّ سنة بين شهري آذار ونيسان (مارس وأپريل). يأكلون الفطير ويتذكَّرون معاملات الربّ العظيمة معهم.

2. المعنى الروحيّ

ثانيًا، كان لها معنًى روحيّ. فقد اكتشف بنو إسرائيل أنَّ إلهَهم هو الإله الذي خلق الكون، وهو يستطيع أن يسيطر عليه لأجلهم. وصدَّقوا أنَّ إلهَهم أقوى من كلِّ آلهة المصريِّين مجتمعين. وآمنوا لاحقًا بأنَّ إلهَهم هو الإله الوحيد ولا آخر غيره (نرى ذلك خصوصًا في نبوَّات إشعياء).

اتَّضحت فكرة أنَّ الربَّ أعظم من كل الآلهة الأُخرى من خلال الاسم الذي أطلقه على نفسه. وكان لقبه "الرسميّ" "إيل شدّاي" أي الإله الجبّار، لكن عرف الشعب اسمه الشخصيّ في سفر الخروج. ومعرفة اسم شخص ما يقرِّب العلاقة به. وعندما اكتشف الشعب اسم الربِّ أصبح بإمكانهم عندئذ الدخول في علاقة قريبة به.

إنَّ اسم الربِّ في العهد القديم هو "يهوه" المشتّق من صيغة الفعل "أن يكون". وقد رأينا في دراستنا لسفر التكوين أنَّ "الدائم" هي الصفة التي فهم الشعب من خلالها من هو الربّ. فالربّ أزليّ أبديّ، لا بداية ولا نهاية له، أي "الدائم". هذا هو اسمه الأوَّل، لكن لديه أسماء أُخرى أيضًا: "المعطي الدائم" و"المعين الدائم"و"الحافظ الدائم" و"الشافي الدائم".

تطالعنا في سفر الخروج الحقيقة العجيبة بأنَّ خالق الكلّ يصبح فاديَ بعض الناس. وتتضمَّن كلمة "الفداء" فكرة إطلاق سراح الأسرى مقابل فدية. فكان على الشعب أن يدركوا أنَّ الربّ هو خالق الكون وهو فاديَ شعبه. والمعنيان اللَّذان تمَّ شرحهما مهمَّان لنعلم كيف ظهر الربُّ في الكتاب المقدَّس.

السِّفر

سفر الخروج هو أحد الأسفار الخمسة التي كتبها موسى. وبينما يتناول التكوين أحداثًا جرت قبل ولادته، تتناول أسفار الخروج واللاويين والعدد والتثنية أحداثًا جرت في أثناء حياته. وهي أسفار أساسيَّة في التاريخ العبريِّ لأنَّها تسطِّر كيفيَّة بناء الأمَّة. كذلك فإنَّها تشكِّل أساسًا لكامل العهد الجديد. فهؤلاء العبيد كانوا بحاجة لأنْ يعرفوا هوِّيتهم كأمَّة.

ورأينا في سفر التكوين كيف أنَّ موسى جمع الأنساب والقصص عن الأسلاف من ذاكرات الشعب. فسفر التكوين مؤلَّف بالكامل من تلك الذكريات. لكن تختلف أسفار الخروج واللاويين والعدد والتثنية، إذ إنَّها تشكِّل مزيجًا من السرد القصصي والقوانين. فالسرد يخبر عن خروج الشعب من مصر وتيهانه في البرِّية، ومن ثَمَّ دخوله إلى أرض كنعان. أمَّا القوانين فتظهر كيف طلب الربّ منهم أن يعيشوا. فذلك المزيج الفريد يميِّز كلاً من أسفار موسى الأربعة المتبقيَّة.

يتألَّف سفر الخروج نفسه من مزيج السرد القصصي والقوانين. فيعالج الجزء الأوَّل معاملات الربّ مع الشعب إذ أخرجهم من أرض العبوديَّة. ويعالج الجزء الثاني تعليمات الربّ لهم كيف يجب أن يعيشوا بعدما أصبحوا أحرارًا. وتجدر الإشارة إلى أهميَّة الجزء الثاني، إذ يعتقد بعضٌ أنَّ شريعة موسى تُظهر كيف يمكن أن يصبحوا مقبولين بنظر الربّ. لكن هذا خطأ. فالربّ كان قد خلَّص الشعب ومن

ثَمَّ أعطاهم الشريعة ليطبِّقوها كدليل على الامتنان له. وينطبق هذا الأمر على العهد الجديد أيضًا، إذ إنَّه بعد أن يفدي الربُّ المؤمنين يقدِّم لهم التعليمات ليعيشوا حياة مقدَّسة. وإن كنَّا نريد أن نصوغَ الموضوع بأسلوب لاهوتيّ نقول: التبرير يأتي قبل التقديس. فنحن لا نخلص بمجرَّد أن نحيا الحياة الصالحة، لكن يجب أوَّلاً أن يتمَّ فداؤنا وتحريرنا. فالتحرير يأتي قبل التشريع.

جرت عمليَّة تحرير الشعب في مصر، ونُصَّ التشريع في جبل سيناء فيما كانوا مسافرين باتِّجاه أرض كنعان. ونراهم في سفر الخروج يتجاوبون مع عهد الربّ معهم، وقد أتى على شكل عهد زواج. يقول الربّ: "سأكون لكم إلهًا إن كنتم تطيعونَني." فيجيب الشعب: "سنكون لك شعبًا وسنطيعك."

بنية السفر

ينقسم سفر الخروج إلى قسمين ينقسمان إلى عشرة أجزاء: ستَّة أجزاء في الأصحاحات من الأوَّل إلى الثامن عشر، وأربعة أجزاء في الأصحاحات من التاسع عشر إلى الأربعين.

وتُقسَّم الأجزاء على الشكل التالي:

الأصحاحات من الأوَّل إلى الثامن عشر	الأصحاحات التاسع عشر إلى الأربعين
الأفكار الرئيسيَّة	الأفكار الرئيسيَّة
(الشعب يتحرَّك)	(الشعب مستقرّ)
أعمال إلهيَّة	كلمات إلهيَّة
النعمة	الامتنان
التحرير	التشريع
من مصر	إلى سيناء
العبوديَّة (الناس)	الخدمة (الربّ)
الفداء	التبرير

الأجزاء

1. التكاثر والقتل (1) (إسرائيل)

2. العلّيقة المشتعلة (2-4) (موسى)

3. الأوبئة والطاعون (5-11) (فرعون)

4. العيد والابن البكر (12-13: 16) (الفصح)

5. الإعتاق والغرق (13: 17-15: 21) البحر الأحمر

الأجزاء

6. الوصايا والعهد (19-24) (سيناء)

7. اختصاصات وتعليمات (25-31) (الهيكل)

8. الاستهتار والشفاعة (32-34) (العجل الذهبيّ)

9. البناء والتكريس (35-40) (خيمة الاجتماع).

يدوِّن الجزء الأوَّل (الأصحاحات 1-18) بإسهاب أحداث ما قبل هروبهم من مصر وما بعده. ويحتوي على أشهر العجائب، مثل نجاة أبكار بني إسرائيل حين قُتِل أبكار المصريِّين، وعبورهم وسط البحر الأحمر. كما يحتوي على العجائب الأقل شهرةً، لكنَّها لا تقلّ أهميَّة في إظهار عناية الربّ بهم إذ تركوا مصر باتِّجاه سيناء. فخلال حرب أكتوبر سنة 1973 لم يستطع الجيش المصري البقاء في الصحراء أكثرَ من ثلاثة أيَّام، لكن بقي هناك مليونان ونصف المليون إنسان أحياءً أكثرَ من أربعين سنة.

يركِّز الجزء الثاني على التشريع، فنرى الوصايا العشر في البداية. لكن هناك قوانين تخصّ سُكنى الربّ وسط شعبه. فقد أراد أن يعيش معهم في المحلَّة تمامًا كما عاشوا هم. وكانت خيمته ستكون بعيدة ومنفصلة عن خيامهم. ولم يكن هؤلاء الناس قد عملوا إلاَّ في الحجارة، إلاَّ أنَّ الربَّ أعطاهم المهارات ليعملوا في الذهب والفضَّة والخشب.

ويتضَّمن هذا الجزء بعض السرد أيضًا. فنقرأ عن الحادثة الأشدّ حزنًا في كامل الكتاب المقدَّس حيث استهتر الشعب بشأن المتعة وانتهى بهم الأمر إلى صنع عجل ذهبيٍّ ليعبدوه. ثُمَّ ينتهي السفر ببناء خيمة الاجتماع حيث سكن الربّ وحلّ مجده على الخيمة.

الأصحاحات من الأول إلى الثامن عشر

ينظر بعضٌ إلى هذا الجزء على أنَّه مليء بالمشاكل لأنَّه يحكي قصَّة غير اعتياديَّة. فالنصّ يتضمَّن أحداثًا غريبة ويقترح بعضُهم تسميتها سلسلة من الأساطير وليست حقائق. فهل جزء من الأحداث المذكورة خرافات والجزء الآخر معجزات؟

خرافة أم معجزة؟

1. لا سجلَّ علميًّا

لا تكمن المشكلة في طبيعة الأحداث بحدّ ذاتها، لكنها تكمن في عدم وجود أيّ سجلّ علمي تاريخي يدعمها. فكلّ ما لدينا هو ذكر لشعب "العبيرو" في أرض جاسان ذاك الذي يمكن أن يكون إشارة إلى "العبرانيين" كما عُرف بنو إسرائيل" آنذاك. لكن يجب ألَّا يفاجئنا غياب السجّلات العلمية، إذ إنَّ خروج الشعب من مصر كان من أشدِّ الأحداث عارًا في التاريخ المصريّ. فقد عانى المصريُّون بسببه أوبئةً مختلفة بالإضافة إلى موت أبكارهم. وقد غرقت أفضل مركباتهم في البحر الأحمر. فلم تكن تلك التجربة من النوع الذي يريد أحدهم تدوينه.

2. الأعداد الكبيرة

يصعب على بعضهم تصديق تلك القصَّة بسبب الأعداد الكبيرة من الناس المَعنيِّين بها. إذ نقرأ أنَّ مليونين ونصف المليون من العبيد غادروا مصر، وهذا دون شك رقم كبير. فلو مشى خمسة أشخاص في

كلِّ صفّ أفقي لامتدّ طول الصفوف عموديًّا بما يقارب المئة والعشرة أميال (نحو 180 كلمً)، وذلك دون ذِكر المواشي. وكان التحرّك من مكان إلى آخر يتطلّب أشهرًا. أضف إلى ذلك أنّه يصعب توفير الطعام والماء لهذا المقدار الكبير من البشر طيلةَ أربعين سنة في البرِّيَّة.

3. التوقيت

يوجد تساؤل عن توقيت الأحداث أيضًا. فبما أنّنا لا نملك سجّلاً خارج الكتاب المقدّس، لا يمكننا تأريخ الأحداث بكلِّ دقّة. ولا نعرف بالتحديد من هو الفرعون المتورِّط في القصّة ومتى حدثت تلك الأُمور. يقع الخيار على رمسيس الثاني الذي امتلك جيشًا قوِّيًّا والذي بنى لنفسه تماثيل ضخمة، وقد اكتُشف قبر أبنائه حديثًا بين "ديوديمور" كما شرح دايڤيد م. روهل في كتابه "التقويم الحديث".[1]

4. الطريق

تختلف الآراء أيضًا حول الطريق التي سلكها الشعب عندما تركوا مصر، إذ هناك ثلاثة احتمالات: إمّا نحو الشمال، وإمّا نحو الغرب، أو في الوسط. وسنناقش هذا الأمر لاحقًا.

5. إسم الربّ

يواجه بعض المفكِّرين مشكلة حِيالَ كلمات الربّ إلى موسى في خروج 6:3 حيث يقول له: "ثُمَّ كَلَّمَ اللهُ مُوسَى وَقَالَ لَهُ: «أَنَا الرَّبُّ. وَأَنَا ظَهَرْتُ لإِبْرَاهِيمَ وَإِسْحَاقَ وَيَعْقُوبَ بِأَنِّي الإِلهُ الْقَادِرُ عَلَى كُلِّ شَيْءٍ. وَأَمَّا بِاسْمِي «يَهْوَهْ» فَلَمْ أُعْرَفْ عِنْدَهُمْ." وتحمل العبارة:"لَمْ أُعْرَفْ عِنْدَهُمْ" احتمالين. فإمّا أنّ إبراهيم عرف أنّه "الربّ الإله" دون أن يعرف اسمه الشخصيّ الذي يفرِّقه عن بقيّة الآلهة. وإمّا أنّ الربّ يطرح العبارة على شكل سؤال: "ألم أُعرف عندهم؟" أي أنَّ إبراهيم وموسى عرفاه باسمه. لكن لا تميل الدَّفَّة إلى الاحتمال الثاني.

6. الحقائق

أدَّت كلّ هذه التساؤلات بالمفكِّرين إلى حالة من الشكّ في ما إذا كانوا يقرأون قصّة حقيقيَّة أم خياليَّة، أم على الأرجح يقرأون خليطا من الاثنتَين. ويجدر بالَّذين لا يصدِّقون تلك الأحداث أن يسألوا أنفسهم عن السبب. هل هو بسبب تحيُّزهم أم بسبب ما يُسمَّى بالنظرة العلميَّة إلى الكون؟ وفي الوقت نفسه يمكننا التفتيش عن الشروح غير القابلة للجدل:

1. لا يمكن لأحد رفض وجود الأُمَّة الإسرائيليَّة اليوم. إذًا، من أين أتَوا؟ أين بدأوا؟ كيف وُلدت

---

1. راجع *A Test of Time* (BCA, 1996), and *Legend* (BCA, 1988) إذ تُظهر تلك المراجع براهين عن زمن يوسف في مصر وتحرير موسى للشعب وتعود حتّى إلى مكان وجود جنّة عدن!

تلك الأُمَّة بعد أن كان شعبها مستعبدين؟ تشير السجِّلات العلميَّة إلى أنّهم كانوا مجموعة من العبيد. فلا بدَّ من وجود سبب جوهريّ يشرح وجود الشعب الإسرائيلي.

2. تحتفل الأُسَر اليهوديَّة في كلِّ سنة بعيد الفصح. لماذا يفعلون ذلك؟ لقد استمرَّ هذا التقليد آلافَ السنين، ولذا علينا إيجاد شرح له.

يقدِّم سفر الخروج شرحًا للنقطتين المذكورتين آنِفًا. فدعونا نُلقِ نظرة على كلِّ قسم كما شرحنا الأجزاء سابقًا، ونسأل بعض الأسئلة حول النص.

1. التكاثُر والقتل

نقرأ في بداية هذا الجزء أنَّ عدد العبيد العبرانيين كان قد قارب المليونين ونصف المليون عبدٍ عند بداية سرد سفر الخروج. ويبدو هذا الرقم كبيرًا بالنسبة إلى أنَّه في البداية أتى أولاد يعقوب الاثنا عشر مع عائلاتهم. لكن إن كانت كل عائلة قد أنجبت أربعة أولاد فقط (لم يكن ذلك رقمًا كبيرًا في تلك الأيَّام)، أصبح الوصول إلى هذا العدد الكبير منطقيًّا خلال فترة ثلاثين جيلاً.

لكن لماذا بَقُوا في مصر أربعَ مئة سنة مع العلم أنَّهم كانوا قد ذهبوا أصلاً لِيَبقَوا سبع سنين؟ فقد وصلوا إلى هناك في عهد يوسف ويعقوب بسبب الجوع الذي أصاب أرض كنعان. (كانت مصر مصدر الخبز للشرق الأوسط بسبب حكمة يوسف بتخزين كميَّات من القمح تكفي لسبع سنين). وكانوا قد ذهبوا إلى مصر من تلقاء أنفسهم واستقبلتهم الدولة كضيوف لها وقدَّمت لهم أرض جاسان الخصيبة التي تقع في دلتا النيل ليسكنوا فيها. فبَقُوا كأُمَّة موَّحدَّة خلال سنوات الجوع السبع تلك. فلماذا لم يرجعوا إلى أرضهم بعد انتهاء الجوع؟ إنَّه سؤال أساسيّ بالنظر إلى كونهم أُجبروا على أن يُستعبدوا للمصريِّين.

السبب من المنظار البشريّ هو أنَّهم كانوا مرتاحين. فقد كانت الحياة أسهل في دلتا النيل ممَّا كانت عليه في هضاب اليهوديَّة. فالأرض خصبة والطقس دافئ دون أيِّ ثلوج تهطل في الشتاء كما في هضاب اليهوديَّة. وكان الطعام جيِّدًا، إذ كان بإمكانهم اصطياد السمك من النيل والاعتناء بأنفسهم. إذًا، بَقُوا هناك لأنَّهم شعروا بالراحة. ولم يذكروا الربَّ إلاَّ عندما إستُعبدوا فبدأوا بالصراخ إليه.

أمَّا السبب الإلهي فهو أنَّ الربّ لم يشجِّعهم طوال فترة الأربع مئة سنة على العودة إلى أرضهم. فلو رجعوا بعد انتهاء الجوع لكانوا قلَّة قليلة وليس عددًا كافيًا لإتمام مقاصد الربّ. وقد كان قصد الربّ أن يُفنيَ شعب كنعان لكنَّه شرح لإبراهيم أنَّ نسله سيبقى في أرض مصر حتَّى يكتمل شرُّ الكنعانيِّين. وقد شاء الربُّ أن ينتظر ليكمل شرّهم فيصبح من العدل أن يدينهم ويطردهم خارج أرض الآباء ويدع العبرانيين العبيد يدخلونها. نقرأ في سفر التثنية أنَّ الربّ لم يخترْ الشعب القديم بسبب فضائلهم. وكان الشرط أنَّهم إن تصرَّفوا كالذين كانوا قبلهم فسوف يطردهم أيضًا. فلكي يكونوا أدوات عدل، كان عليهم أن يعيشوا حياة البرّ. ولكن كان كل هذا سيحدث بعد فترة، إلاَّ أنَّهم واجهوا كعبيد ثلاثة مراسيم قمعيَّة:

- العمل الإجباري: قرَّر الفرعون أن يستخدم العبرانيِّين كأيدٍ عاملة لمشاريع البناء التي كان سيقوم بها.
- الظروف القاسية: كان عليهم أن يصنعوا اللِّبن من دون قشّ (ما يعني أنَّ وزنه كان ثقيلاً). وقد اكتشفت حفريات الآثار في مصر أبنية مصنوعة من ثلاثة أنواع من اللِّبن: احتوت القاعدة على القشّ، والوسط على القُمامة (في محاولة من العبرانيين لتخفيف وزن اللِّبن بعد أن كفَّ المصريُّون عن إعطائهم القشّ) والقِمَّة على اللِّبن الخام. والفكرة من وراء جعل اللِّبن أثقل هو إرهاق العبرانيين ليكُفُّوا عن إثارة الفتن وعن العلاقة الزوجيَّة فينخفض نسلهم. وكان المصريُّون بذلك يمارسون عليهم أُسلوب تحديد النسل. لكنْ لم تنجح هذه الخطَّة، فكان عليهم استحداث مرسوم ثالث.
- الموت: قضى المرسوم الثالث برمي المولودين الذكور للتماسيح في نهر النيل.

2. العلّيقة المشتعلة

يعرف معظم الناس هذه القصَّة. كان نهر النيل مليئًا بالتماسيح، وكان أُسلوب القتل الجماعي ضروريًّا بالنسبة إلى المصريِّين في سعيهم وراء تخفيض عدد الإسرائيليِّين. وكان على الطفل موسى أن يلاقي حتفه بهذه الطريقة. لكنْ لاحِظ أن موسى ترعرع بعناية إلٰهيَّة في البلاط الملكي، تمامًا كيوسف، وتلقَّى أفضل التعليم في جامعة المصريِّين. وقد أصبح نتيجة لذلك مثقَّفًا أكثر من أيِّ عبدٍ عبراني، ممَّا أهَّله لكتابة الأسفار الخمسة. فبالنسبة إلى اليهود، كان موسى أعظم رجل في العهد القديم من بعد إبراهيم. لكنِ قضى على مركزه كأمير مصري عندما غضب على أحد رؤساء العبيد المصريِّين وقتله. فما كان عليه إلاَّ أن يهرب لِيُنقِذَ حياته.

إذ ننظر إلى حياة موسى، نجدها مقسَّمة حسابيًّا بطريقة لافتة للنظر. ففي عمر الأربعين هرب إلى البرِّيَّة ليقضي أربعين سنة هناك، ومن ثَمَّ رجع ليذهب مع بني إسرائيل ويُمضي أربعين سنة أُخرى في البرِّيَّة أيضًا! ومن الواضح أنَّ يد الربّ كانت وراء كلِّ ذلك.

وكان لقاء موسى مع الربّ عند العلّيقة المشتعلة لافتًا أيضًا؛ ليس بسبب العلّيقة فقط بل بسبب الأعذار التي قدَّمها موسى. طلب منه الربُّ أوَّلاً أن يخلع نعليه لأنَّه واقف على أرض مقدَّسة. ثمّ قال له إنَّه سيكون هو الرجل الذي سيخرج شعب الربّ من مصر. فقدَّم موسى خمسة أعذار تُبرِّرُ أنَّه يجب ألَّا يكون هو الرجل:

أوَّلاً، قال إنَّه نكرة. فقال له الربّ إنَّه سيكون معه لأنَّه هو (أي الربّ) المهُمّ. ثانيًا، قال إنَّه جاهل وليس عنده ما يقوله. فقال له الربُّ إنَّه سيضع الكلام في فمه. ثالثًا، قال إنَّه عاجز عن أن يُقنع الناس بأنَّ الربّ قابله وطلب منه أن يقودهم. فقال له الربُّ إنَّ قوَّته سترافقه وسوف يُجري المعجزات. رابعًا، قال له إنَّه ليس صاحب كلام لكونه ثقيل اللسان. فأعطاه أخاه هارون ليكون المتكلِّم باسمه، إذ يُعطي الربّ الكلام لموسى فيقوله لهارون. خامسًا، قال إنَّهُ لا صِلات له فهلاَّ يرسل أحدًا آخر غيره؟ ولكنَّ الربّ كان

قد هيَّأ هارون شريكًا له ليعملا معًا. فكان موسى في كلِّ مرَّة يركِّز على ضعفاته، وكان الربّ في كلّ مرّة يعطيه الإجابة عن ذلك.

3. الأمراض والأوبئة

تُذكر في هذا الجزء عشر ضربات: تحوُّل مياه النيل إلى دم، انتشار الضفادع، انتشار البعوض، انتشار الذباب، نَفاق الماشية، انتشار الدمامل، أمراض الماشية، سقوط البرَد، الظلمة فوق الأرض، وأخيرًا موت الأبكار.

تُمكننا ملاحظة عدَّة أمور، ومنها أنَّ الربّ مسيطر على عالم الحشرات. فبإمكانه إعطاء البعوض والجراد التعليمات التي تخصُّ أين تذهب وماذا تفعل، وكذلك الضفادع أيضًا. وتُظهر الضربات مدى سيطرة الربّ على مخلوقاته.

واللافت أيضًا كيف أنَّ قوَّة الضربات تضاعفت من المزعجة إلى المسبِّبة للمرض إلى المميتة. كذلك، أيضًا تدرَّجت من التأثير في الطبيعة إلى التأثير في البشر. وساءت كلَّما تقسَّى قلب فرعون والمصريِّين. ويرى بعضٌ أنَّ الضربة الأخيرة لم تكن عادلة. أفَليسَ موت الأبكار قاسيًا وباهِظًا؟ لكنْ كان المصريُّون قد فعلوا الأسوأ بالعبرانيين بقتل أولادهم الذكور. فأتى ذلك العقاب مناسبًا بالتمام.

من السهل أيضًا عدم الانتباه إلى المعنى الدِّيني لتلك الضربات، إذ إنّ كلّ ضربة كانت موجَّهة ضدَّ إلهٍ معيَّن كان المصريُّون يعبدونه:

خوم: حارس النيل

حابي: روح النيل

أوزوريس: كان يُعتقد أنَّ النيل هو دمه

هقت: إلاهة القيامة وكانت على شكل ضفدع

حتحور: إلاهة أُمّ كانت على شكل بقرة

أبيس: عجل من ذهب يرمز إلى الإله "بتاح"، وهو يشير إلى الخصوبة

مينافيس: عجل هيليوبوليس المقدَّس

إمحوتب: إله الدواء

نوط: إلاهة السماء

سيث: حامي المحاصيل

ري، آتون، آتوم، حورس: جميعهم آلهة الشمس

وكان الفرعون مقدَّسًا أيضًا.

فكانت كلّ تلك الضربات موجَّهة إلى آلهة المصريِّين. وكانت الرسالة بسيطة: إنَّ إله العبرانيين العبيد أقوى بكثير من كلّ آلهتكم مجتمعين.

ويواجه بعضُهم مشكلة عند قراءة أنَّ الربّ قسّى قلب فرعون. وقد ذهب آخرون إلى حدٍّ أبعد بأن استندوا إلى هذه القصّة ليضعوا أساس مبدأ الاختيار، حيث يتكلَّم بولس في الأصحاح التاسع من رسالة رومية عن تقسية الربّ لقلب فرعون. فقالوا إنَّ الربّ يختار أن يليِّن أو يقسيّ قلب الإنسان. ويقول مؤيِّدو هذا الرأي إنَّنا لا نعلم لماذا يقوم الربّ بهذه الخيارات، لكن كلّ ما نعلمه أنَّه لسبب أو لآخر قرَّر في حالة فرعون أن يقسّي قلبه. يبدو كأنَّ الربّ ينتقي أوراقًا مكتوبًا عليها أسماء ومنثورة داخل قبعة، فيقرِّر بذلك من يخلِّص ومن يُهلك ومن يقسِّي قلبه أو يليِّنه.

لكن، ليس هذا ما يعلِّمه الكتاب المقدَّس. فإن كنت تدرس النص بدِّقة، تجد أن فرعون قسَّى قلبه عشر مرَّات. وفي المرَّات السبع الأُولى قسَّى فرعون نفسُه قلبَه. أمَّا في المرَّات الثلاث الأخيرة فقسَّى الربّ له قلبه. فالربّ قسّى قلب فرعون فقط بعد أن تعمَّد فرعون وأكثرَ من مرّة تقسية قلبه. وبذلك ثبَّت الربُّ قرار فرعون. هكذا يُعاقِب الربّ، فهو يساعد الناس على السير في الطريق الذي اختاروه. نقرأ في سفر الرؤيا: "مَنْ هُوَ نَجِسٌ فَلْيَتَنَجَّسْ بَعْدُ." إذًا لا يتعامل الربُّ مع فرعون بموجب قرار اعتباطي؛ ففرعون قسَّى قلبه أوَّلاً ومن ثَمَّ قسَّى الربّ له قلبه. فالربّ يتجاوب مع قراراتنا. وإن كنَّا نختار الطريق الخطأ باستمرار فإنَّه يساعدنا فيه ويمارس الدينونة إن كنَّا نرفض أن ندع رحمته تعمل في حياتنا.

4. العيد والابن البكر

كانت الضربة القاضية والأخيرة هي موت جميع الأبكار في مصر. وكانت ستصيب العبرانيِّين ما لم يمتثلوا لتعليمات الربّ. إذ كان عليهم أن يرشُّوا الدم على عتبة باب البيت العُليا وقائمتَيه، فيمرّ ملاك الموت في منتصف الليل ويعبر عن تلك الأبواب. ومن اللافت للنظر أنَّ لون الدم قرمزيٌّ داكن لا تُمكن رؤيته في الظلام.

وكان للدم معنًى آخر، إذ كان على الشعب ذبحُ كبش حوليّ ورشُّ دمه على العتبة العُليا والقائمتين ثُمَّ شَيُّه. إذًا، أدَّى الدم دورَ الغِطاء واللَّحمُ دورَ القوت.

عندما نقول إنَّ الربَّ يسوع هو "حمل الله" فإنَّنا نقدِّم بذلك صورة ألطف وأنعم ممَّا قصد الكتاب المقدَّس. إنَّه فعليًّا "كبش الله" ممَّا يقدِّم صورة أقوى. وكان على الشعب تناول اللحم وهم واقفون ولابسون ومستعدِّون للانطلاق في أيَّة لحظة. وكان عليهم أخذ زوّادة من الفطير والخروج من مصر في تلك الليلة.

يُحيي اليهود ذكر الفصح إلى هذا اليوم، وعلى أصغر عضو في العائلة أن يسأل في لحظة ما من العشيَّة: "ماذا يعني كلُّ ذلك؟" فيجيب أكبر عضو في العائلة: "هذا ما فعله الربُّ في الليلة التي مات فيها الأبكار وقد خَلَصنا بسبب دم الكبش." وهكذا يتذكَّرون أنَّ على البكر أن يُفتدى في كلّ جيل.

5. الإعتاق والغرق

من الممكن أن يكون الشعب قد اختار إحدى الطُّرق الثلاثة المبيَّنة في الخريطة.

يُعرف الطريق الأوّل بالطريق الشمالي، ويشير الاحتمال الأوَّل إلى أنَّهم مشَوا في طرق رمليَّة في الجزء الضحل من البحر الأبيض المتوسِّط. وتُظهر خارطة مصر مساحات رمليَّة في منطقة مستنقع سربون. ثمّ تأخذهم الطريق من هناك إلى قادش برنيع. لكن لم يكن في وُسع المركبات المصريَّة اللَّحاقُ بهم وسط الرمال. ولذا فإنَّ هذا الاحتمال غير وارد.

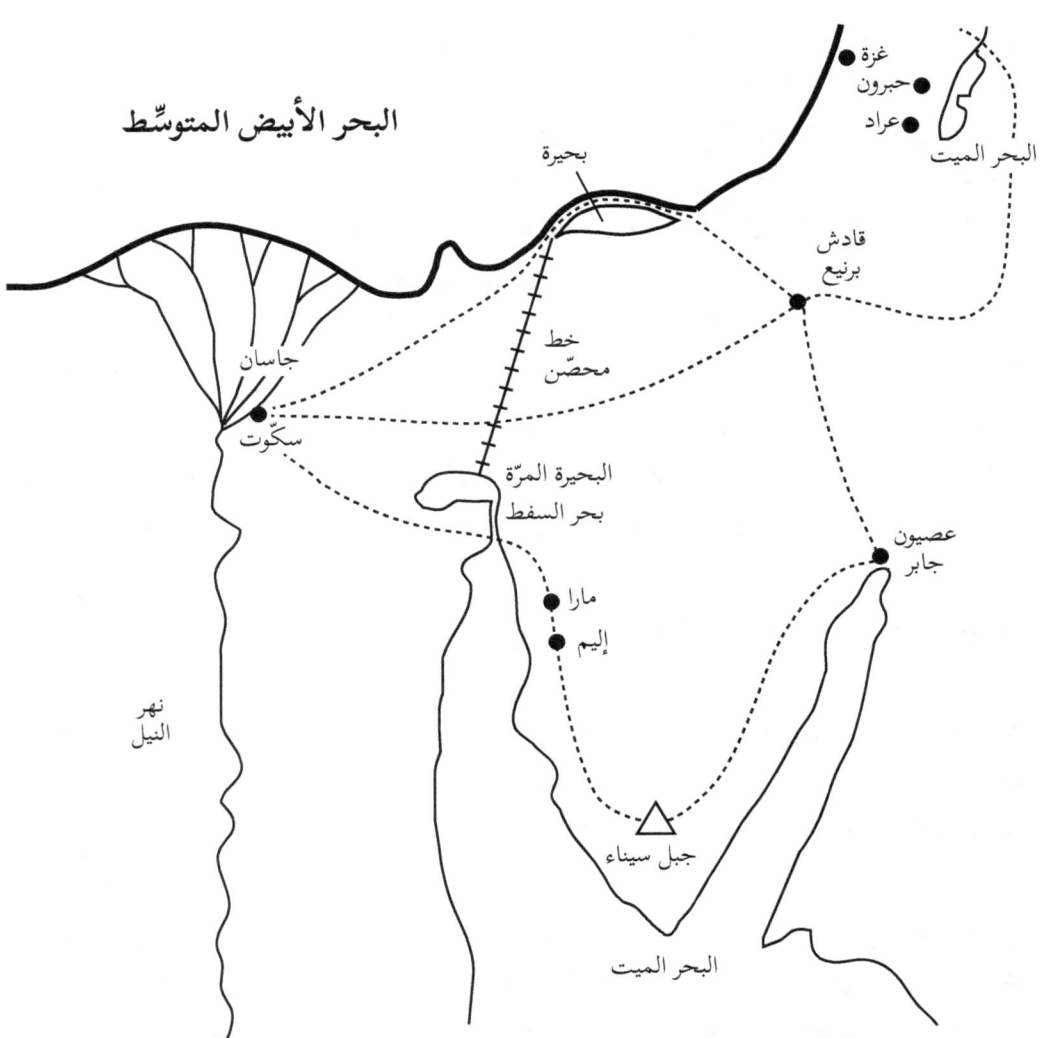

ويشير الاحتمال الثاني إلى أنَّهم ذهبوا مباشرة وسط ممر متلة وصولاً إلى قادش. لكن كانت هناك سلسلة من الحصون (مكان وجود قناة السويس اليوم) المبنيَّة تأهُّبًا لأيّ غزو ممكن أن يحصل من الجهة الشرقيَّة. وكان على الشعب المرور بين تلك الحصون. ولم يكونوا مسلَّحين ومستعدِّين لخوض معركة. ولذا فإنَّ هذا الاحتمال غير وارد أيضًا.

ويشير الاحتمال الثالث إلى أنَّهم ساروا جنوبًا باتجاه جبل سيناء، حيث كان موسى راعيًا طوال أربعين سنة. وهو احتمال منطقي لأنَّ موسى كان يعرف المنطقة. أمَّا موقع جبل سيناء فغير مؤكَّد، إلاَّ أنَّ كلّ التقاليد في الشرق الأوسط تشير إلى أنَّه يقع في ناحية الجنوب. فقد غادَرَ الشعب أرض جاسان واتَّجهوا غربًا، إذ إنَّ فرعون قَبِل أن يطلقهم إلى ناحية الصحراء فقط ظانًّا أنَّ بإمكانه إرجاعهم من هناك. لكن عندما نصبوا خيامهم ظلَّلتهم سحابة أرسلها الربّ.

أمَّا بالنسبة إلى عُبورهم وسط البحر الأحمر، فالكتاب المقدَّس لا يُخبر بأنّ الربّ قطعه إلى قسمين، بل أرسل ريحًا شرقيَّة قسمت المياه. لكنْ كيف يمكن لرياح شرقيَّة أن تقسم المياه؟

نجد عند دراستنا للمنطقة بالتفصيل أنَّه منذ عدَّة سنين كانت البحيرات الكبيرة المرّة تتّصل من خلال "بحر السَّفَط" أو ما نسميّه اليوم البحر الأحمر (انظر الرسم). أمَّا خطوط التحصين فقد كانت بالقرب من "البحيرة المرّة".

إن كان الشعب قد مرَّ من هناك فإنَّ قوَّتين طبيعيتين كانتا قد قسمتا البحر. فبإمكان الرياح الشرقيَّة أن تحرّك المياه باتجاه غرب"البحيرة المرّة"، وبإمكان الجَزر أن يحرّك المياه نحو الجنوب.

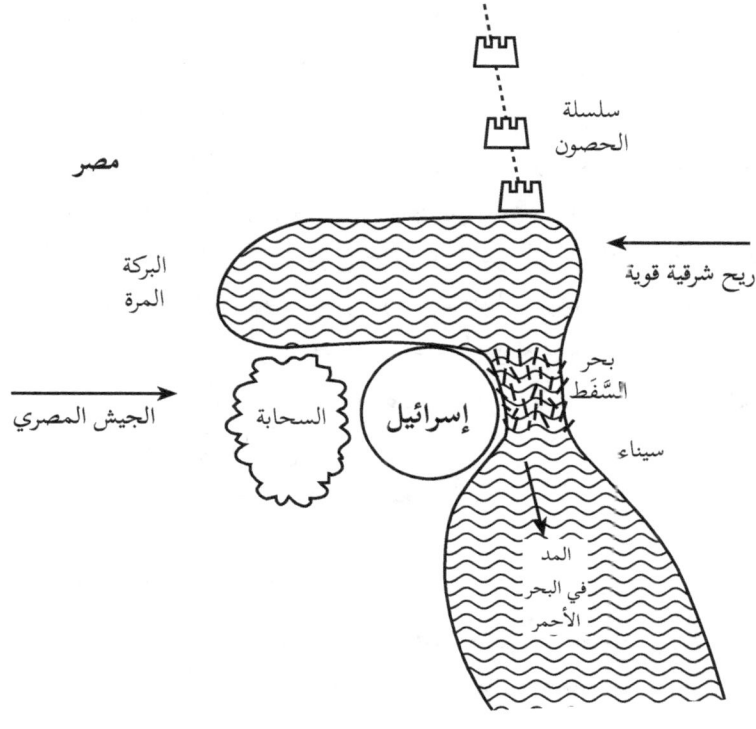

كل هذا لا يفسِّر المعجزة. فكيف حدث أنَّ الرياح الشرقيَّة هبَّت في ذلك الوقت عينه؟ وإن كنَّا ننظر إلى الأمر بنظرة أرضيَّة فكلّ ما يمكننا قوله هو أنَّ الأمر برمَّته كان أُعجوبة أو "صدفة". لكن الكتاب المقدَّس ينفي وجود "المصادفات" ويؤكِّد وجود "العناية الإلٰهية".

ما يجدر ذكره هو أنَّ اجتياز البحر الأحمر، أو بحر السَّفَط، حدث في اليوم الثالث بعد تقديم حمل الفصح. وهو اليوم نفسه الذي حصل فيه الشعب على حرِّيتهم. أضِف إلى ذلك أنَّ سفر الخروج يخبرنا بالتدقيق عن الساعة التي ذُبح فيها حمل الفصح، وهي الساعة الثالثة بعد الظهر. وفي اليوم الثالث تحرَّر الشعب من فرعون وانطلقوا، ولم يروه من جديد. وسنُشير لاحقًا إلى بعض الأحداث المشابهة في العهد الجديد.

6. العناية والحماية

سافر الشعب في الصحراء غير المهيَّأة لاستقبال الحياة البشريَّة. ولم تكن المكان الأنسب لمليونين ونصف المليون نسمة، إضافة إلى الحيوانات.

وواجهت موسى مشاكل خارجيّة وداخلية، كان أهمّها تأمين الطعام والماء. فكان الربّ يهيِّئُ لهم الطعام في كلِّ صباح فيجدونه على الأرض عندما يستيقظون من النوم. وكان ينزل منه كلّ يوم تسعُ مئة طنٍّ ودُعي في العبرية "ما اسمه؟" أي المنّ. وهو عبارة عن خبز نازل من السماء، وقد تكرّرت تلك الفكرة في الكتاب المقدَّس لاحقًا.

على الرغم من تناول المنّ، تذمَّر الشعبُ بسبب عدم وجود اللحم. فقد كانوا معتادين تناوُلَ غذاء يستند إلى البروتين في مصر. فأرسل لهم الربُّ طيور السَّلوى التي غطَّت الصحراء على ارتفاع متر ونصف المتر. فأكلوا من السلوى حتى شبعوا!

وواجهتهم مشكلة عدم وجود المياه. وعندما وصلوا إلى واحة مارَّة كانت مياهها مرَّة، حتَّى تحوَّلت إلى مياه صالحة للشرب بواسطة أُعجوبة. وعندما وصلوا إلى النقطة الثانية في إيليم وجدوا ماء. وكانت الحاجة إلى كميَّات كبيرة لا تقلّ عن المليوني غالون في اليوم الواحد لهذا العدد الكبير من الناس والحيوانات. ومن ثَمَّ استقَوا من الآبار. وأهم أعجوبة رافقتهم طوال سيرهم في الصحراء هي أنَّ نِعالهم لم تَبلَ. ففي أيامنا تبلى دواليب السيّارات من صخور الصحراء، لكن نِعالهم بقيت صالحة مدَّةَ أربعين سنة.

وواجه موسى مشاكل داخليَّة أيضًا. فبسبب الأعداد الكبيرة، لا نستغرب نشوء نزاعات كان عليه حلُّها. ونقرأ أنّه كان يصرف اليوم بكامله في ذلك حتى يُعيي. فكان لا بدّ من تدخّل يثرون حميه ليقترح توكيل مُساعِدين بالمسؤوليات. فقام موسى بتعيين سبعين شيخًا.

الأصحاحات من التاسع عشر إلى الرابع والعشرين

بعد سرد حادثة الهروب من مصر، يتحوَّل الجزء الثاني من سفر الخروج إلى الشرائع، أي الوصايا التي أعطاها الرب لشعبه ليعرفوا كيف يعيشون وليعرفوا العهد الذي قطعه لهم.

7. الوصايا والعهد

يحتوي الجزء الثاني من سفر الخروج على ثلاث مجموعات من "القوانين"، وأكثرها شهرة هي الوصايا العشر التي كتبها الربّ بإصبعه على لوحي الحجر.(تُظهر الصور الحديثة موسى راجعًا من جبل سيناء وحاملاً لوحي الحجر مكتوبًا عليهما خمس وصايا من كلّ جهة، لكنَّ الواقع هو أنَّ الوصايا العشر كُتبت جميعها على كلا الحجرَين). فالوصايا كانت اتّفاقًا قانونيًّا شبيهًا بمعاهدات ذلك العصر. فمثلاً كان الملك المنتصر يقدّم معاهدة للأمّة المغلوبة. وكان كلّ فريق يأخذ نسخة من المعاهدة. وفي حال الوصايا العشر كان أحد اللوحين نسخةَ الربّ واللوحُ الآخر نسخةَ الشعب. لكن كانت تلك المعاهدة مميَّزة لأنَّها أتت على شكل "عهد". ولم يأتِ العهد بشكل صفقة تُقامُ بين فريقين بل كتب الربّ ذلك العقد وما كان على الشعب إلاَّ قبوله أو رفضه.

تشكِّل الوصايا العشر المجموعة الأُولى من القوانين، ومن ثَمَّ يتبعها ما يُسمَّى"كتاب العهد" الموجود في سفر الخروج 20:23-23:33، وهو يتناول أمور حياة الجماعة اليوميَّة. أمَّا المجموعة الثالثة من القوانين فموجودة في الأصحاحات 25-31، وتُركِّز على حياة العبادة عند الشعب من حيثُ مكانُ العبادة والمسؤولُون عنها. وتظهر بعض هذه القوانين بأكثر تفصيل في سفر التثنية. إذًا، مجموع الوصايا ليس فقط عَشْرًا بل ستّمئة وثلاثة عشر قانونًا ووصيَّة لأسلوب حياة صالحة أمام الربّ.

من المهمِّ التنبّه إلى السياق الذي أتت فيه القوانين في سفر الخروج. فالوصايا العشر وكتاب العهد يقعان بين رابطَين يشيران إلى الماضي والمستقبل.

1. يقول الربّ في 20:2 "أَنَا الرَّبُّ إِلهُكَ الَّذِي أَخْرَجَكَ مِنْ أَرْضِ مِصْرَ، مِنْ بَيْتِ الْعُبُودِيَّةِ."
2. ويؤكِّد الربّ للشعب في 23:20-33 حضوره معهم في المستقبل، وأنَّه سوف يعطيهم الأرض بشرط أن يُطيعوا وصاياه.

يشير النصّ الأوَّل إلى مصر ويركِّز النص الثاني على الدخول إلى أرض كنعان في المستقبل. ونفهم من السِّياق أنَّ تلك الشرائع موجَّهة إلى شعب اختبر الماضي مع الربّ ويتوقَّع الحياة معه في المستقبل، ولذا يستطيع أن يحيا له في الحاضر.

وقد وضع الملك ألفرِد الوصايا العشر كأساس للقانون البريطاني، لكن يصعب على الناس تطبيق قانونٍ كهذا إن لم يختبروا فداء الرب. فينبغي لتلك الشرائع أن توضع في السياق المناسب.

8. الوصايا العشر

نجد من خلال دراسة دقيقة للوصايا العشر والتشريعات المرافقة لها ثلاثة مبادئ أساسيَّة. أولاً، مبدأ الاحترام. فالوصايا العشر كلُّها مبنيَّة على هذا المبدإ من ناحية احترام الربّ، واحترام إسمه، واحترام يومه، واحترام الآخرين، واحترام الحياة العائلية، واحترام الحياة نفسها، واحترام ممتلكات الآخرين، واحترام صيت الآخرين.

فالرسالة واضحة بأنَّ المجتمع الصحيح والمقدَّس يُبنى على الإحترام. بينما نجد اليوم المجتمع يعمل، وخاصة من خلال وسائل الإعلام، على تحطيم الاحترام. فعلى سبيل المثال لا الحصر، تُشجِّع البرامج التلفزيونيَّة الكوميديَّة على تبنِّي نظرة ساخرة للحياة، وبذلك تُزيل قدسيَّتها. وجميع الأشياء هي مصدر محتمل للسخرية. لكن من الواضح أنَّ عدم احترام الربّ يؤدِّي إلى الزِّنى الروحيّ، وعدم احترام الناس يؤدِّي إلى غياب العدل والأخلاق.

تُناقش معظم الوصايا العشر أُمورًا تتعلَّق بالتصرُّف أو بالكلام، ما عدا الأخيرة التي تتعلَّق بالمشاعر، وهي الوحيدة التي تتكلَّم عن القلب. وربَّما لهذا السبب كتب بولس الرسول في الأصحاح السابع من رسالة رومية أنَّه حَفِظَ الوصايا التِّسع الأولى، لكنَّه لم يستطع أن يحفظ الوصيَّة العاشرة التي تتكلَّم عن الطمع. فحين نشتهي أمرًا لا نملكه تكون مشكلتنا داخليَّة. وإن كسرنا وصيَّة واحدة نكون قد كسرنا جميع الوصايا. فالوصايا مرتبطة بعضها ببعض تمامًا كالعقد الذي ما إن يفكّ حتى تُفقَد حبَّات الخرز جميعها. وفي الواقع، أنَّه ليست هناك وصايا عشر منفصلة، بل تؤلِّف جميعها قانونًا واحدًا.

ثانيًا، مبدأ المسؤولية. يُقال لنا، للأسف، إنَّنا غير مسؤولين عن تصرُّفاتنا. بل يذهب بعضٌ إلى أبعد من ذلك للقول إنَّ عامل الوراثة هو سبب الخطيَّة في حياتنا! ونحن نعلم أنَّ الخطيَّة الأصليَّة وصلتنا بموجب الوراثة. لكنْ تقود فكرة أنَّ شرّ بعض الناس هو بسبب جيناتهم الخاطئة إلى عدم تحمُّل مسؤولية تصرّفاتهم. ولكنَّ سفر الخروج ينفي هذه النظريّة بأُسلوب مباشر. فالربُّ الإله يقول إنَّنا مسؤولون أمامه عن تطبيق وصاياه.

ثالثًا، مبدأ العقاب. يجب العقاب بالنسبة إلى الناموس في ثلاث حالات: الإصلاح حيث يُقصد بالقصاص جعل المخطىء إنسانًا أفضل. والرَّدع أي جَعْل الذي أُنزل به العقاب عبرةً لمن يعتبر. وأيضًا حين يُنزل العقاب بالمخطىء لأنَّه بكلِّ بساطة يستحقُّه دون الأخذ بعين الاعتبار أن يكون ذلك القصاص بقصد الإصلاح أو الردع. كذلك، فإنَّنا نجد مبدأ القصاص هذا مزروعًا بين سطور الوصايا المذكورة في سفر الخروج.

ويُطبَّق العقاب الجماعي بسبب خمس عشرة خطيَّة بحقِّ الربّ، مذكورة في سفر الخروج ابتداءً من القتل وانتهاء بكسر السبت. ومن بين تلك الخطايا الخطف والشتم وعدم احترام الأهل، وأيضًا إذا سبَّبت بهيمة أحدهم غيرُ المنضبطة الموتَ لآخرين.

ويفرِّق الناموس بوضوح بين الموت المتعمَّد والموت من جرَّاء حادث. فهناك نوعان من القتل: القتل المتعمَّد وقتل الآخرين دون سابق تصوّر وتصميم. وتقع على الأوَّل عقوبة الموت، أمَّا في الثاني فتقع عقوبات مخفَّضة. وفي كلّ الأحوال نقرأ أنْ لا مهرب من العقوبات في ناموس موسى لأيَّة خطيَّة متعمَّدة تتكرَّر. ونجد الأمر عينه عند قراءتنا لرسالة العبرانيين في العهد الجديد.

وتجدر الإشارة إلى أنَّ الحبس لم يكن خيارًا تحت الناموس، بل لا نرى هذا النوع من القصاص موجودًا في أيِّ مكان من الكتاب المقدَّس. لكن شدَّد الناموس على أهميَّة التعويض للشخص المتضرِّر. وهذا ما يُعرف اليوم بـِ *lex talionis* وهو الاختصار لمبدإ "العين بالعين والسن بالسن". فمثلاً، إن

هوجمت إمرأة حامل ووُلد الطفل معوَّقًا نتيجة لذلك، يتمّ إيذاء المذنب كما حصل مع الضحيَّة تمامًا. بكلام آخر، كان الأُسلوب المتعارف هو ردّ المسلوب أو تعويض الضرر.

9. تعليمات واختصاصات

تعليمات

تطالعنا الآن الحقيقة غير الاعتياديَّة أنَّ الربَّ يريد أن يسكن في وسط شعبه. وكان قد أعلن بوضوح على جبل سيناء عن قداسته عندما أعطى الوصايا العشر، إذ قال إنَّه لا أحد يمسُّ الجبل ويعيش. فبنى موسى سياجًا حوله. وكان قد رافق إعطاء الناموس رعد وبرق ونار لإظهار قوَّة الربّ وانفصاله عن الإنسان.

وبعد أن أكَّد الربُّ انفصاله عن الإنسان، قال لموسى إنَّه يريد أن ينزل ويسكن وسط الشعب. وأراد أن يسكن في خيمة في وسطهم حيثما يذهبون. وأراد أن تُظهِر خيمتُه قداستَه فيعبده الشعب بكلّ وقار.

سُميَّت الخيمة مكان سكنى الرب "خيمة الاجتماع"، ويقدِّم لنا سفر الخروج التعليمات المفصَّلة لبنائها في القوانين المتعلِّقة بحياة الشعب الروحيَّة (الأصحاحات 25-31). فكل ما في خيمة الاجتماع كان سيحكي عن الربّ وكيفيَّة الاقتراب إليه بالطريقة الصحيحة. وكان عليهم بناؤها في وسط المخيَّم، ومن حولها الأسباط الإثنا عشر.

اختصاصات

لم تكن خيمة الاجتماع مُتاحة للجميع رُغمَ وجودها وسط المخيَّم. فقد أحاط بها سور طوله مئة ذارع، وعرضه خمسون ذراعًا، وارتفاعه خمسة أذرع (يساوي الذراع ثمانية عشر إنشًا أو خمسة وأربعين سنتيمترًا). وكان للسُّور فتحة واحدة مقابل سبط يهوذا. وكان في داخلها باحة فيها مذبح ومرحضة.

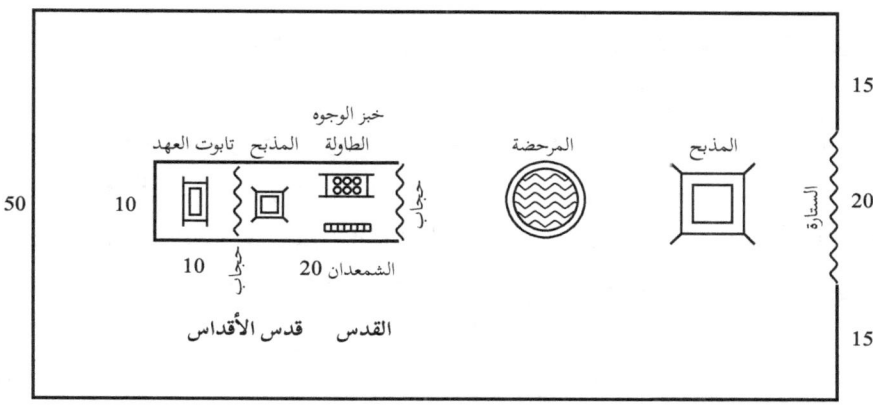

خيمة الاجتماع

كانت الطريقة الوحيدة للاقتراب إلى الربّ هي من خلال تقديم الذبائح. فكان الحيوان يُذبح ويُقدَّم للربّ على المذبح. ومن ثَمَّ يغسل العابد يديه في مرحضة النحاس الموجودة بين المذبح والقدس. فكانت تلك هي الطريقة الوحيدة للاقتراب من خيمة الاجتماع. وقُسِمت الخيمة إلى قسمين: القسم الداخلي الأصغر حيث سكن الرب بالفعل. وكان يُمنع دخولُ أي إنسان إلى ذلك القسم ولا حتى إلقاء نظرة عليه. إنَّما كان رئيس الكهنة يدخله مرّة واحدة في السنة. وكانت مساحة القسم الأكبر عشر أذرع في العرض، وعشرين ذراعًا في الطول، وكان يُسمَّى القُدس. وكان يُسمح للكهنة فقط بدخوله، شرط أن يكونوا قد قدَّموا ذبيحة وغسلوا أيديهم في المرحضة. واحتوى القدس على ثلاث قطع من الأثاث: مائدة وُضع عليها إثنا عشر رغيفًا من خبز التقدمة تمثِّل أسباط إسرائيل. ومنارة فيها سبعةَ سُرُج مشتعلة باستمرار بزيت مقدَّس، ومذبح لإحراق البخور بالقرب من ستارة الحجاب.

وكانت الستارة تفصل قدس الأقداس مكان سكنى الربّ، والذي كان عبارة عن غرفة بطول عشرة ياردات وعرض عشرة ياردات. وكان في قدس الأقداس صندوق عليه كروبان. والكروبيم في الكتاب المقدس هم ملائكة الدينونة. وكان الملاكان ينظران نحو الأسفل إلى أعلى كرسي الرحمة المذهّب. ومرَّةً في السنة كان رئيس الكهنة يدخل إلى قدس الأقداس ويقدّم كبشًا حوليًّا لا عيب فيه فداءً عن الشعب. وكان تابوت العهد في قدس الأقداس أيضًا وفيه بعض المنّ والشريعة. ولم يكن النور الطبيعي يدخل إلى قدس الأقداس لكنَّه كان مُشعًّا باستمرار. فالرب سكن هناك وكان مجده يُنير المكان.

لا بدَّ أنَّ جمال خيمة الاجتماع كان أخَّاذًا، لكن معظمه كان مُخبّأً. وعُلِّقت أغطية وستائر مطرَّزة بإتقان، لكنَّها كانت مغطَّاة بجلود الحيوانات. فلم يرَ الناس جمالها. ووُضِعت في الداخل قطع أثاث من الذهب وستائر مطرَّزة باللون الأزرق (لون السماء)، وباللون الأحمر (لون الدم)، وباللونين الذهبي والفضِّي.

دلّ البناء بأكمله على أنَّه إن أردت التقدُّم إلى الربّ فعليك أن تقدِّم ذبيحة لتطهر. وكانت خيمة الاجتماع صورة مصغَّرة عن السماء، مكان سُكناه. حتّى حينما كانت الخيمة تُفكّ لتُنقل كانت كلّ الأجزاء تُغطّى، ويحملها أشخاص محدَّدون بينما يبقى "عامَّة" الناس في الخلف على بعد ألف قدمٍ ريثما يتم بناؤها من جديد.

وقد ظهرت قداسة الربّ من خلال ثياب الكهنة. وتلقّى رئيس الكهنة تعليمات محدَّدة عن لباسه، فكان يلبس اثني عشر حجرًا كريمًا على صدره، إشارة إلى أسباط إسرائيل. وتُذكر تلك الأحجار في آخر صفحة من الكتاب المقدَّس حيث توصف أُورشليم الجديدة. وكان رئيس الكهنة يلبس أيضًا منطقة وعمامة وثوبًا ورداء والأفود.

وكان الكهنة يلبسون "ثيابًا مخصَّصة" مؤلفة فقط من مناطق وقلانس وسراويل. ويمكننا أن نُلاحظ من خلال تلك الأثواب المختلفة صورة ذاك الذي سوف يأتي ويصبح رئيس الكهنة لشعبه إلى الأبد.

بناء الخيمة

كانت مهارات الشعب في تلك الفترة لا تتعدَّى صنع اللَّبن ونقله من مكان إلى آخر. وكان من

الطبيعي أن يكون أمر بناء الخيمة أصعب من قدراتهم. فنقرأ أنَّ الربّ أعطى مواهب مخصَّصة لبصلئيل وأهولياب لإكمال البناء . فتكون هذه أوّل مرَّة تُذكر فيها "المواهب الروحيَّة" في الكتاب المقدَّس، لكن اللافت للنظر هو ارتباطها هنا بالأعمال اليدويَّة.

10. الاستهتار والشفاعة

الاستهتار

صعد موسى إلى جبل سيناء ليستلم الوصايا من الربّ، إلاَّ أنَّه تأخَّر في النزول. فطلب الشعب من هارون أن يصنع "إلهًا" تُمكنهم رؤيته. فأذابوا ذَهبهم بمساعدة هارون وصنعوا عِجلاً ليعبدوه. والملاحظ اختيار نوع الحيوان. فكما سبق القول، فإنَّ تلك الحيوانات كانت تمثّل آلهة المصريِّين. وكانت الثيران والعجول رمزًا للخصوبة وبقيت كذلك فترةً طويلة عبر التاريخ. ويبقى مبدأ الكتاب المقدَّس واضحًا: أنَّ الزنى الروحيّ يؤدِّي إلى فساد الأخلاق، وفقدان الاحترام للربّ يؤدِّي إلى فقدان الاحترام للآخرين. ومارس الشعب طقوسًا من العربدة أدَّت بموسى عندما رآهم إلى أن يرمي لوحَيِ الوصايا من شدَّة غضبه.

الشفاعة

صعد موسى من جديد إلى الجبل ليقول للربّ إنَّه ضاق ذرعًا بتصرُّف الشعب، فوجد أنَّ الربّ مستاء منهم للغاية. وكانت تلك لحظة مفصليَّة في تاريخ الشعب الإسرائيلي وفي قيادة موسى. فطلب موسى من الربّ أن يمحو اسمه أيضًا إن كان يريد أن يمحو الشعب. لم يرد أن يبقى وحده. وكأنَّه يقول: "خذ نفسي فدية لأجلهم." لكنَّ الربّ شرح له بأنَّه يمحو من كتابه فقط أسماء الذين يخطئون بحقِّه. وتتكرَّر هذه الفكرة في سياق الكتاب المقدَّس. فالأمر الأهم في الحياة هو أن يبقى اسمك في سفر الحياة، لأنَّ الربَّ قال لموسى إنَّه يمحو من سفره مَن يخطىء تجاهه.

أصرَّ موسى على أن يعاقب الشعب، فطلب منه الربّ أن يتكلَّم مع رؤساء المجموعات. ومات في ذلك الوقت ثلاثة آلاف نسمة. ربَّما لا نعطي هذا الرقم أيَّ إنتباه، لكن بعض التفاصيل المذكورة في سفر الخروج لها صلة بأحداث معيَّنة في العهد الجديد. لقد أُعطِيَت الوصايا العشر في اليوم الخمسين بعد تقديم حمل الفصح. وكان الحمل قد ذُبِح عند الساعة الثالثة بعد الظهر، وتحرَّر العبرانيون العبيد في اليوم الثالث فأطلقوا على ذلك اليوم اسم يوم الخمسين. ومات في ذلك الحين ثلاثة آلاف شخصٍ لأنَّهم عَصَوا الربّ. وحدث أنَّه في يوم الخمسين هذا، وبعد عدَّة قرون، حين كان اليهود يحتفلون بذكر تسلُّمهم الشريعة أنَّ الربّ أرسل الروح القدس. وفي ذلك اليوم، خلَّص الربّ ثلاثة آلاف نفس (راجع الأصحاح الثاني من أعمال الرسل).

11. البناء والتكريس

من أين حصل الشعب على الموادّ لبناء خيمة الاجتماع؟ لقد كانوا بحاجة إلى ما لا يقلّ عن طنٍّ

من الذهب، ما عدا الأقمشة والكتّان والأحجار الكريمة والنُّحاس والخشب. لقد قدّم كلّ رجل معدّل خُمسَ الأونصة من الذهب. وكان الربّ قد قال لإبراهيم منذ عدّة عصور إنّ نسله سيُستعبدون، لكنّهم سيخرجون من أرض استعبادهم محمَّلين بالمُقتنيات الكثيرة. فكان العبرانيُّون قد حملوا معهم موادّ صنع خيمة الاجتماع وثياب الكهنة من مصر. وقد أعطاهم المصريُّون الكثير من الحجارة الكريمة لأنّهم أرادوا منهم أن يرحلوا عنهم بأكثر سرعة بعد الضربات التي تلقّوها. وهكذا نعلم من أين أتَوا بتلك المواد التي استخدموها لبناء خيمة الاجتماع. وقد إتّسمَ تقديم الشعب بأربع خصائص: العفويّة، والانتظام، والتضحية، والاهتمام. لم يكن العطاء إجباريًّا، ولم تُنزل عقوبات بالذي لم يُعطِ، بل تُرِكَ الأمر لحريّة قرار الفرد (كلّ من أراد...).

نقرأ في آخر السفر أنّ الربّ سكن في الخيمة وقدّسها. ورأى الشعب مجده ينزل، وشاهدوا عمود الدخان أو السَّحاب يقفان فوق الغرفة الداخلية. وشعَّ النور في الغرفة الداخليّة حين نزل مجد الربّ وملأ المكان. لقد سكن الربّ في خيمة مع شعبه. ومنذ ذلك الحين، كانوا يرحلون حين كانوا يرون عمود الدخان أو السَّحاب يتحرّكان.

كيفيّة استخدام المؤمنين لسفر الخروج

إن قصّة الخروج مدهشة والتفاصيل المذكورة لعبادة الشعب مؤثِّرة جدًّا، لكن يجب أن نسأل أنفسنا: كيف يجب على المؤمنين قراءتها؟

أوّل ما يمكننا قوله هو أنّ الربّ لم يتغيَّر، فهو يتعامل مع المؤمنين تمامًا كما تعامل مع بني إسرائيل. ولهذا السبب نجد أنّ الكثير من الكلمات التي استُخدِمت في هذا السفر تُستخدم أيضًا في العهد الجديد، مثلاً: الناموس، والعهد، والدَّم، والفصح، والخروج، والخمير. فمع أنّها تُستعمل في العهد الجديد، استمدَّت معناها من سفر الخروج.

ولكنْ نجد في الوقت عينه اختلافات واضحة. فنحن لسنا تحت ناموس موسى، بل تحت ناموس المسيح، إن جاز التعبير. وكما سنرى فإنّ هذه الحقيقة تسهّل الأُمور أحيانًا وتصعِّبها في أحيان أُخرى. لا حاجة لخيمة الاجتماع الآن، ونحن نعلم أنّ الربّ هيَّأ لنا دخولاً مباشرًا إلى الأقداس السماويّة. وكذلك لسنا معتمدين على إرسال الربّ لنا للطعام والماء من السماء ومن الصخرة.

يجب على المؤمنين أن يطبِّقوا ما جاء في سفر الخروج من خلال مدخلين أساسيّين:

المسيح

على المؤمنين أن يفتِّشوا عن المسيح في سفر الخروج. وقد قال الربُّ يسوع: "فتِّشوا الكتب لأنّها تشهد لي." وهذا السفر محوريّ للعهد القديم وتتخذه كل الأسفار الأُخرى كأساس لموضوع الفداء. تمامًا كما أنّ الصليب محوريّ للعهد الجديد.

وهذا الرابط ليس خياليًّا، إذ إنَّه قبل ستَّة أشهر من موت المسيح على الصليب صعد إلى جبل حرمون شماليَّ فلسطين، ويبلغ ارتفاعه أربعة آلاف قدم (فوق 1200 متر) وتكلَّم مع موسى وإيليَّا. ويخبرنا البشير لوقا في إنجيله أنَّهم تحدَّثوا عن "الخروج" الذي كان الربُّ يسوع سيحقِّقه في أورشليم.

ماذا بعد؟ لقد مات المسيح عند الساعة الثالثة بعد الظهر، وهو نفسه الوقت الذي ذُبحت فيه آلاف حملان الفصح. ولهذا دُعي مسيحُنا "حمل الفصح" الذي قُدِّم كذبيحة من أجلنا حتَّى يعبر ملاك الموت عن كلّ من يؤمن به. وقد قام من الموت في اليوم الثالث، وقيامته تُحرِّرنا من الموت، تمامًا كما تحرَّر العبرانيون من العبوديَّة في اليوم الثالث من الفصح.

هناك روابط أُخرى أيضًا، إذ نقرأ في إنجيل يوحنًّا أنَّ الربَّ يسوع هو الخبز النازل من السماء. ويقول بولس إنَّ المسيح هو الصخرة التي أخذ منها موسى الماء ليشرب الشعب. ويقول يوحنَّا في إنجيله أيضًا: "الكلمة تجسَّد وحلَّ بيننا." وقد فعل ذلك حرفيًّا إذ إنَّ الربَّ المتجسِّد نصب خيمته وعاش بين شعبه.

وإذ نضع كلَّ هذه الأُمور في أذهاننا، نستطيع عندئذٍ أن نفهم كلمات المسيح في إنجيل متَّى: "لم آتِ لأنقض الناموس، بل لأكمِّل الناموس." وباختصار، لا يمكننا فهم العهد الجديد ما لم نفهم العهد القديم.

المؤمنون

ينطبق سفر الخروج على المؤمنين أيضًا. وقد كتب الرسول بولس إلى المؤمنين في كورنثوس متأمِّلاً في أحداث هذا السفر: "وَهذِهِ الأُمُورُ حَدَثَتْ مِثَالاً لَنَا، حَتَّى لاَ نَكُونَ نَحْنُ مُشْتَهِينَ شُرُورًا كَمَا اشْتَهَى أُولئِكَ." فعبور البحر الأحمر يشير إلى المعموديَّة، وعنى بولس أنَّ بني إسرائيل اعتمدوا لموسى في البحر الأحمر وأنَّ قرَّاءه قد اعتمدوا للمسيح. ويحتفل المؤمنون بمثل وجبة الفصح إنتظام، إذ إنَّ عشاء الربّ يُماثِلُ عشاء الفصح الذي يشير إلى إعتاق المسيح لنا. ويحثُّنا بولس على حفظ الفصح والتخلّص من الخميرة لأنَّ المسيح حمل الفصح قد ذُبِح. ربَّما نستغرب هذه النصيحة، إلى أن نأخذ بعين الإعتبار السياقَ الذي كُتِبت فيه. فبولس كتب إلى تلك الكنيسة لينبِّههم بشأن تصرّف لاأخلاقي كان يقوم به أحد المؤمنين إذ كان يمارس الفحشاء مع زوجة أبيه. وتمثِّل الخميرة في هذا السياق الشرَّ الذي كان يُمارس والذي كان يجب التخلِّي عنه في حال أرادوا أن "يحفظوا الفصح." فسفر الخروج ينظر إلى الأُمور من منطلق ماديّ. أمَّا العهد الجديد فينظر إلى الأُمور من منطلق أخلاقيّ.

يتساءل بعضٌ كيف يجب علينا كمؤمنين أن نتعامل مع الوصايا التي أُعطيت لموسى. صحيح أنَّه ليس علينا أن نحفظ الناموس، لكنْ في كثير من الأحيان يكون "ناموس المسيح" أصعب من "ناموس موسى". ناموس موسى يقول: "لا تقتل." و "لا تزنِ"، ويستطيع الكثيرون الالتزام على هذا المستوى. أمَّا ناموس المسيح فيقول: "لا تفكِّر بالأمر." فحفظ ناموس المسيح أصعب بكثير من حفظ ناموس موسى.

وبالمقابل، ناموسُ المسيح أسهل في بعض النواحي، لأنَّنا لسنا بحاجة إلى عدد كبير من الكهنة والمراسيم والأبنية الخاصَّة. وقد كتب الرسول يوحنَّا أنَّ "الناموس بموسى أُعطي، أمَّا النعمة والحق فبيسوع المسيح صارا." وبإمكاننا الدخول إلى قدس الأقداس باسم يسوع في أيّ وقت نصلِّي فيه.

هناك فرق كبير أيضًا بين العهد الجديد والعهد القديم. فتحت الناموس الذي أُعطيَ في يوم الخمسين، مات ثلاثة آلاف رجل. لكنْ، عندما أُعطيَ الروح القدس في يوم الخمسين، عاش ثلاثة ألف رجل. وإنِّي أختار الروح الذي يكتب وصاياه على القلب بدل الناموس القديم.

ينظر المؤمنون إلى فكرة المجد بطريقة مختلفة أيضًا. إذ يُقارِن بولس مجدَ موسى الباهِتَ بعمل الروح القدس في العهد الجديد. فباستطاعة المؤمنين اختبارُ المجد نفسه الذي اختبره موسى عندما نزل من على الجبل. لكنَّ هذا المجد غير مقترن بالمذابح والبخور والأثواب، بل هو مقترن بالروح الذي يسكن في المؤمن والذي يملأُه يومًا وراء يوم.

أخيرًا، علينا ملاحظة ما تعنيه خيمة الاجتماع بالنسبة إلى تَقدُّمنا من الربّ اليوم. فنحن نتقدَّم بسبب الذبيحة (المذبح)، ونتبرَّر بالمسيح، ومن ثمَّ نتطهَّر بالروح القدس (المرحضة). ولألوان خيمة الاجتماع رموز: فالقرمزيُّ يرمز إلى الملوكيَّة، والأزرق يرمز إلى السماء، والأبيض يرمز إلى الطهارة. ولدينا الآن رئيسُ كهنة يُمثِّلنا أمام الربّ، لكنَّه ليس بحاجة لأنْ يقدِّم ذبيحة لأجل نفسه. إذ قدَّم ذبيحة مرَّة وإلى الأبد، وإليها تشير كلّ ذبائح العهد القديم.

وسيأتي وقت يتحرَّر فيه المؤمنون، ويشبه ذلك التحريرُ الخروجَ الذي حصل مع شعب إسرائيل. فنقرأ في سفر الرؤيا أنَّ أكثر من نصف الضربات التي حدثت للمصريِّين سوف تحدث من جديد. فهناك علاقة بين الضربات التي ستحدث في المستقبل والضربات التي حدثت للمصريِّين. وسوف يتخطّاها الذين يبقَون على إيمانهم بيسوع منتصرين. ونقرأ في الأصحاح الخامس عشر من سفر الرؤيا أنَّ الذين استُشهدوا، والذين تحمَّلوا العذاب من الخارج والتجارب من الداخل، سوف يرنِّمون ترنيمة موسى. وأوّل ترنيمة سُجِّلت في الكتاب المقدَّس هي ترنيمة مريم المذكورة في الأصحاح الخامس عشر من سفر الخروج وقد رنّمتها بعدما عبروا البحر الأحمر. وسنرنِّم تلك الترنيمة عندما ينتهي عذاب هذا العالم ونصل بأمان إلى المجد. وسنحتفل بخروجَين: خروجٍ من مصر وخروجِ الصليب.

اللاويين

المقدِّمة

كثيرون ممَّا يقرِّرون قراءة الكتاب المقدَّس بالكامل يعلقون عند سفر اللاويين. والسبب بسيط، إذ أنَّ قراءته صعبة، وذلك لثلاثة أسباب:

أوَّلاً، ببساطةٍ هو سفر مُملّ للغاية، وكأنك تقرأ دليل الهاتف. وتختلف محتوياته عن باقي الأسفار، وخاصة عن السفرين الأوَّلين اللَّذين يتمحوران حول القصص الممزوجة بالحبكة والحركة والدراما. أمَّا في سفر اللاويين فهناك القليل من السرد. وبما أنَّ كثيرين ينظرون إلى الكتاب المقدَّس كمجموعة من القصص، يخيب ظنُّهم عندما يصلون إلى سفر يفتقرُ إلى السَّرد القصصي.

ثانيًا، إنَّه سفر غير عاديّ. وهو مختلف من الناحية الحضاريَّة ومن ناحية المضمون أيضًا. ونرجع ثلاثة آلاف سنة وآلاف الأميال حين نقرأه. إنَّه يحوي عالمـًا مختلفًا، ونقرأ عن أمور غريبة. لنأخذ مثلاً كيف تعاملوا مع الأمراض المُعدِية. كان على المريض المسكين أن يمزِّق ثيابه، ويُسدِل شعره، ويُغطِّي الجزء الأسفل من وجهه، ويجول صارخًا: "نجس! نجس!" بينما نتعامل في مجتمعاتنا مع الأمراض المُعدية بطريقة مختلفة! ونقرأ عن ممارسات غريبة؛ فنحن لا نحمل إلى الكنيسة حملاً أو حمامةً لنقدِّمها للقسِّيس فيذبحها أمام الجماعة.

ثالثًا، نجد أنَّه غير دي صلة بحاضرنا. فماذا لدى هذا السفر ليقولَهُ لي اليوم؟ أو في العمل يوم الإثنين؟ فنحن نعرف في قرارة أنفسنا أنَّنا لسنا تحت ناموس موسى، وبما أنَّ هذا السفر يتمحور حول الناموس، فلسنا متأكِّدين ماذا يعنينا.

المضمون

دعونا إذًا ندرس السفر بهدف تغيير نظرتنا من نحوه. سفر اللاويين هو أحد الأسفار التي تشكِّل أسفار موسى الخمسة، والتي تحتوي على ناموس موسى. ويطلق اليهود على تلك الأسفار التوراة أو «أسفار التعليمات». وكانوا يقرأونها كاملة خلال السنة؛ فيبدأون بسفر التكوين في اليوم الثامن لعيد المظال الذي يقع ما بين شهري أيلول وتشرين الأوَّل (سبتمبر وأكتوبر)، وينتهون من قراءتها في عيد المظالّ المقبل في الخريف.

واللافت أنَّ الأسفار الخمسة تتميَّز بشكل خاصٍّ بها. وتساعدنا معرفة هذا الأمر على وضع سفر اللاويين في السياق الصحيح. ويوضح الرسم البياني ما سبق قوله.

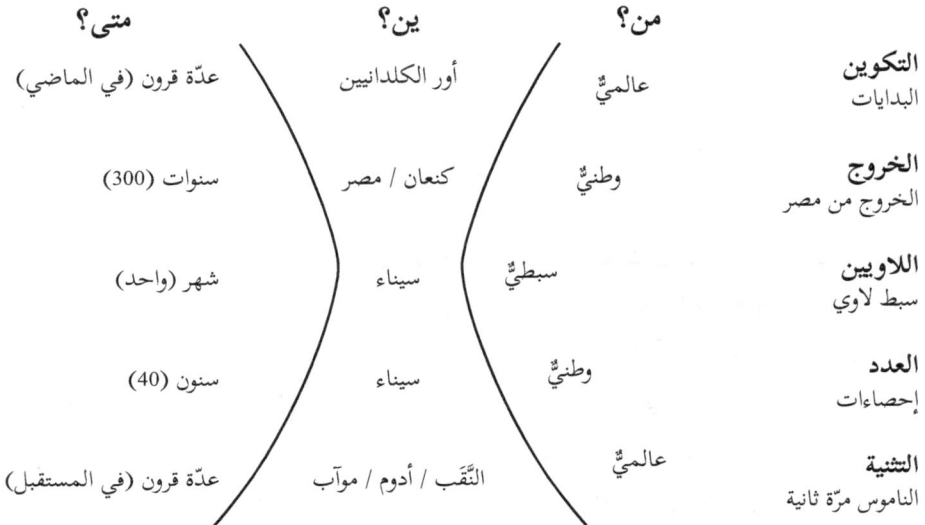

أسفار موسى الخمسة ـ أي التوراة (تعليمات)

	من؟	ين؟	متى؟
التكوين البدايات	عالميّ	أور الكلدانيين	عدّة قرون (في الماضي)
الخروج الخروج من مصر	وطنيّ	كنعان / مصر	سنوات (300)
اللاويين سبط لاوي	سبطيّ	سيناء	شهر (واحد)
العدد إحصاءات	وطنيّ	سيناء	سنون (40)
التثنية الناموس مرّة ثانية	عالميّ	النَّقب / أدوم / موآب	عدّة قرون (في المستقبل)

مكانته بين الأسفار الخمسة

«التكوين» هو سفر البدايات؛ فهذا ما يعنيه الاسم، وهو يخبر عن بداية كلّ الأشياء من خلق الكون حتّى اختيار شعب إسرائيل ليكونوا شعب الربّ. وتعود تسمية سفر «اللاويين» إلى سبط اللاويين، وسفر «العدد» اسمٌ على مسمّى، فهو سفر الإحصاءات (خرج ستُّ مئة ألف رجلٍ من مصر ما عدا النساء والأولاد، فيكون المجموع ما يقارب المليونين ونصف المليون نسمة). وأخيرًا، «التثنية» وهو كذلك اسمٌ على مسمّى، إذ يعالج موضوع إعطاء الناموس مرّة ثانية (أعطى الربّ ناموسه مرّتين: مرّة في سيناء، ومرّة أُخرى قبل أن يعبروا نهر الأُردنّ إلى أرض الآباء. فتُذكر الوصايا العشر مرّة في سفر الخروج ومرّة ثانية في سفر التثنية كتذكير لهم بالناموس قبل أن يدخلوا أرض الآباء).

وعندما نسأل عمَّن يتكلّم هذا السفر، نبدأ برؤية الشكل يكتمل أمامنا. فالتكوين سِفر عالميّ يشمل كلّ الجنس البشري والكون بأكمله، والخروج سفر وطني يركّز على شعب واحد هو شعب إسرائيل. ويتحدَّد التركيز أكثر في سفر اللاويين ليستهدف سبطًا واحدًا من بين الشعب كلّه. وحين نأتي إلى سفر العدد، يتوسّع التركيز ليشمل الأمة بأسرها من جديد. أمّا سفر التثنية فيضع شعب إسرائيل في خلفيّة الصورة ويركّز على النظرة العالميّة.

يساعدنا هذا التفصيل على معرفة لماذا يعلَق بعض الناس عند سفر اللاويين. فاهتمامهم ينصبّ على الأُمور العالمية أو حتّى الوطنية، ولن يهمّهم التركيز على سبط واحدٍ ليس هو سبطهم.

مكانته في الجغرافيا

يبدأ سفر التكوين بالتركيز على كلّ الأرض، ومن ثَمَّ يركِّز على أرض الكلدانيين حيث سكن إبراهيم، ويركِّز على أرض كنعان حيث سافر، وأخيرًا على نسله حيث إنتهى بهم الأمر. واستُعبدوا في مصر أربعَ مئة سنة. أمَّا التركيز في سفر اللاويين فمحدّد في مكان واحد هو جبل سيناء، حيث أعطى الربّ الناموس والشريعة. ومن ثَمَّ يتوسّع التركيز ليشمل النَّقب وأدوم وموآب ليعود بعدَ ذلك إلى أرض كنعان.

مكانته في التاريخ

يغطِّي سفر التكوين عدّة قرون تشمل تاريخ أرضنا الماضي. ويغطِّي الخروج فترة تقارب ثلاثَ مئة سنة. ويغطِّي اللاويين فترة شهر واحد فقط. وبينما يغطِّي سفر العدد أربعين سنة، يغطِّي سفر التثنية مستقبل القرون التالية لشعب إسرائيل. فباستطاعتنا من جديد رؤية شكل أسفار موسى الخمسة. وسفر اللاويين مفصليٌّ لأنَّه يركِّز على أهمّ شهر في أهمّ مكان وسط أهمّ سبط، ويعتمد كل ناموس موسى عليه. وبينما يصرف اليهود سنة كاملة في قراءة الأسفار الخمسة، يُخصِّصون ما بين أسبوعين وثلاثة أسابيع لقراءة سفر اللاويين.

علاقته بسفر الخروج

بعدما درسنا السفر بالنسبة إلى الأسفار الخمسة، علينا أن نرى ما العلاقة التي تربطه بسفر الخروج. ومن الضروري التنبّه إلى كيفيّة ولادة السفر من السفر الذي يسبقه، إن كنَّا نريد أن نفهمه بالتمام. كانت خيمة الاجتماع، حيث عاش الرب وسط شعبه، قد بُنيت في الجزء الثاني من سفر الخروج. تصوَّر معي المحلَّة في سفر الخروج، فخيمة الربّ موجودة في الوسط وتحيط بها مئات الخيم من كلّ جنب. وكانت الخيمة الإلهيّة ولخيام البشريّة في مكان واحد. ويُعنى سفر اللاويين بكلّ ما يحدث في خيمة الرب، وبكلّ ما يجب أن يحدث في خيام الناس؛ فينقسم إلى قسمين: خيمة الرب وخيام الناس مع كلّ القوانين والشرائع المتعلّقة بهم.

أضف إلى كلّ ما ذُكر آنِفًا أنَّه عند التحدّث عن خيمة الاجتماع يتكلّم سفر الخروج عن موقف الربّ من الإنسان؛ أمّا سفر اللاويين فيتكلَّم عن موقف الناس من الربّ. ويتكلّم الخروج عن إطلاق الربّ للشعب، أمَّا اللاويين فيتكلّم عن تكريس الشعب أنفسهم للربِّ.

نحن بحاجة إلى السفرين لأنَّهما يحملان رسالتين تُكمّلان إحداهما الأُخرى. ربما اللاويين ليس سفرًا مشوِّقًا كسفر الخروج، لكنَّه يُظهِر لنا توقّعات الربِّ من نحونا مقابل ما عمله من أجلنا. ويتم تذكيرنا مجدَّدًا أنَّه خلَّصنا وعلينا بالمقابل أن نخدمه. فسفر الخروج يُظهِر كيف خلَّص الربُّ شعبه؛ أمّا سفر اللاويين فيخبر كيف يجب أن يخدموه.

كونوا قديسين

تسهل قراءة العهد الجديد ربَّما إن كنَّا نضع أنفسنا في مكان الشعب آنذاك. فبالنسبة إليهم قراءة اللاويين أمر واجب؛ أُمر موت أو حياة. وبالنسبة إليهم يوجد إله واحد وهو إله الشعب القديم، أمَّا سائر الآلهة فهي نتاج المخيِّلة البشريَّة. وبما أنَّه يوجد إله واحد وهم شعبه، فلهم علاقة مميَّزة به. وقد وعدهم الربُّ أن يقوم بدور رئيس الدولة ووزير الدفاع فيحميهم، ووزير المال حتَّى لا يبقى فقير بينهم، ووزير الصحَّة فلا تمسّهم أوبئةُ مصر. سيكون ملكهم وسيؤمِّن كلّ احتياجاتهم. وتوقَّع منهم في المقابل أن يعيشوا حياة صالحة، ويتصرَّفوا بالصواب. بكلام آخر، توقَّع منهم أن يعيشوا حياة البرّ. والفكرة الرئيسيَّة التي يتمحور حولها سفر اللاويين هي: "كونوا قدِّيسيِّن لأنِّي أنا قدّوس"، وقد استشهد بها العهد الجديد في كثير من الأحيان.

يتوقَّع الربّ من الناس الذين خلَّصهم أن يكونوا مثله وألَّا يتشبَّهوا بالذين من حولهم. وتفسِّر هذه الحقيقة الكثير من الأُمور المحيِّرة المذكورة في السِّفر. وهي المفتاح الذي يفكّ لغز كامل الكتاب المقدَّس. وعندما يمنعهم الربّ من القيام بأمر ما، فذلك لأنَّ الشعوب من حولهم يقومون به، وعليهم أن يكونوا مختلفين عنهم ويكونوا قدِّيسين كما هو قدُّوس. وعندما يخلِّصك الربّ، فهو يتوقَّع منك أن تصبح مثله وتعيش بحسب طرقه، وأن تكون قدِّيسًا كما هو قدُّوس.

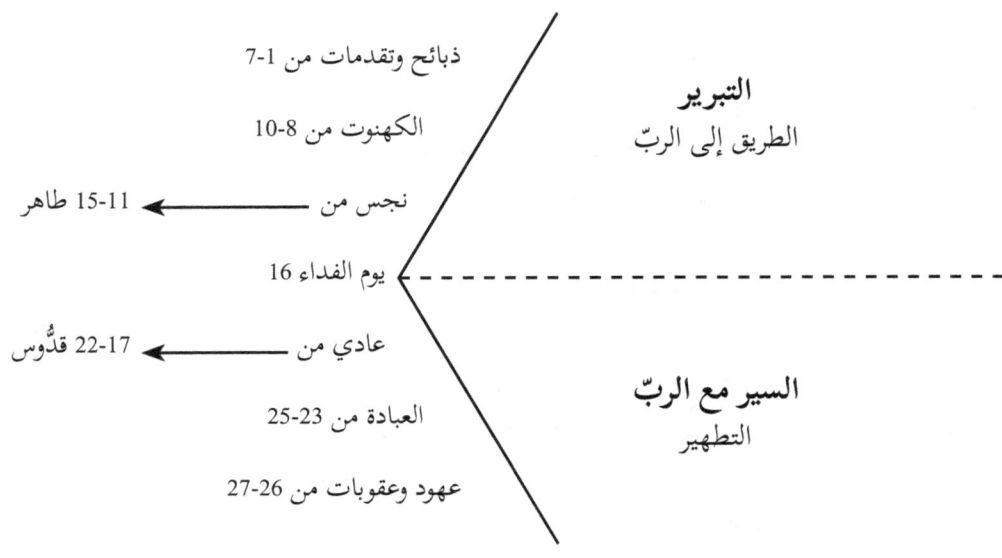

شكل السفر

يُقسَم السفر إلى قسمين كما ذكرنا في السابق. وتُبنى المحتويات لتصل إلى الذروة فتعود وتخرج منها. وهو سفر ذو طبقات متعدِّدة. ويظهر الرسم أعلاه أنَّ الجزء الأوَّل ينسجم مع الجزء السادس، والجزء الثاني ينسجم مع الجزء الخامس، والجزء الثالث ينسجم مع الجزء الرابع. ويبقى جزء وحيد منفردًا في الوسط. إذًا، تنسجم تلك الأجزاء بعضها بع بعض، وقد وُضعت معًا بأسلوب جميل.

تذكَّر أنَّ الربّ هو المسؤول عن هذا الترتيب، وليس موسى. وبالفعل فإنَّ السفر يحتوي على كلام الربّ أكثر من أيّ سفر آخر. ويتألَّف بنسبة تسعين بالمئة من كلام الربّ المباشر: "وقال الربّ لموسى...". ولا يحتوي أيُّ سفر آخر هذا المِقدارَ من حديث الرب المباشر. وإنّ كنت تريد أن تقرأ كلام الربّ، فعليك أن تبدأ بقراءة هذا السفر. وتكون بذلك قد قرأت فعلاً كلام الربّ.

بعد أن نقرأ عن التقدمات والذبائح في الأصحاحات السبعة الأُولى، تطالعنا عهود الشعب والعقوبات في الجزء الأخير. وتتمحور التفاصيل عن الكهنوت حول كيفيَّة قيادتهم للعبادة.

يوم الكفَّارة هو الجزء الأهمُّ في كامل السفر، أي الذُّروة، حيث كان يؤخذ تَيسا مِعزى يُمثِّلان خطايا الشعب. وكانوا يقدِّمون أحدهما ذبيحةً داخل المحلَّة. ثمَّ كانوا يضعون أيديَهُم الواحد تلو الآخر على الحيوان الآخر ويعترفون بخطاياهم. وكانوا يدفعونه خارج المحلَّة إلى البرِّيَّة، حيث يموت حاملاً خطاياهم. وأطلقوا عليه اسم «كبش الفداء» وهو اسم ما نزال نستعمله إلى الآن.

يتمحور جُزءا السفر حول يوم الكفَّارة. فيصف الجزء الأوَّل الطريق إلى الربّ، وهذا ما ندعوه التبرير. أمَّا الجزء الثاني فيصف سيرنا مع الربّ، وهذا ما ندعوه التقديس.

التقدمات والعبادة

دعونا نُلقِ نظرة على الأصحاحات السبعة الأُولى التي تعالج قوانين التقدمات. نقرأ عن خمس تقدمات وهي تنقسم إلى قسمين.

تقدمات الشكر

كانت التقدمات الثلاث الأُولى «عربون شكر» يقدَّم للربّ. ولم تكن تقدمات عن الخطيَّة، بل تقدمات شكر. فالربّ يريد منَّا أن نقول له: "شكرًا" عندما نشعر بالامتنان من نحوه.

كان يؤتى بحيوان **لذبيحة المحرقة** فيُذبح ويُحرق كلُّه فتصعد رائحته الذكيَّة قدَّام الربّ. وكان يؤخذ قسم من **تقدمة الدقيق** جانبًا ليتناوله العابد مع الربّ. فيكون جزء من التقدمة للرب ويبقى الجزء الآخر لمقدِّم الذبيحة. أمَّا ثالث أنواع تقدمات الشكر فهي **ذبيحة السلامة** حيث كانت تُحرق كلّ الدهون.

ذبيحة الإثم

ليست الذبيحتان التاليتان لتقديم الشكر بل للتخلُّص من الإثم. فكانوا يقدِّمون ذبيحة الخطيَّة وذبيحة الإثم. وكان لهما دور مهم.

أوّلاً، التكفير عن الخطيَّة، وبذلك تقديم تعويض أمام الربّ عن الخطيَّة. والتعبير «فدية» يعني «التعويض». وكانت كلتا التقدمتَين تعويضًا للرب بواسطة الدمّ عن الأخطاء التي ارتكبها الشخص.

ثانيًا، هدف هاتَين التقدمتين الخطايا غير المقصودة، ولا تفيدان الخطايا المقصودة. بكلام آخر، ليس أحد كاملاً وجميعنا نرتكب الخطايا دون قصد. وعلى الرغم من أنّنا لا نقصد أن نرتكب الأخطاء فنحن نخطىء. وقد جهَّز الربّ تقدمات عن الخطايا غير المتعمَّدة، لكن لا توجد في هذه اللائحة تقدمات للخطايا المتعمَّدة.

وقد ناقش العهد الجديد هذه النقطة المهمَّة. فهو يفرِّق بين الخطيَّة غير المتعمَّدة والخطيَّة المتعمَّدة الإراديَّة عند المؤمن. وهو يقول إنَّه لا توجد ذبيحة خطيَّة إن أخطأنا عن عمد بعدما خلصنا. فالخطيَّة المتعمَّدة عند المؤمن أمر جِدِّيٌّ جدًّا. لهذاالربُّ قال يسوع للمرأة الزانية: "اذهبي ولا تخطئي في ما بعد." لكن يوجد حلّ للخطايا غير المتعمَّدة لأنَّ الربّ يعلم أنَّنا ضعفاء، وأنَّنا سنسقط، وأنّنا لا نقوم دائمًا بما ننوي القيام به. كما كتب بولس في رسالة رومية: "الشر الذي لست أريده فإيَّاه أفعل." وتمرّ فكرة التفرقة بين الخطايا المتعمَّدة والخطايا غير المتعمَّدة في كامل العهد الجديد تمامًا كما في العهد القديم.

روزنامة العبادة

كما وجَبَت على اليهود التقدمات للربّ، كان عليهم التزام روزنامة العبادة. لا نجد هذا الأمر في العهد الجديد ولا نقرأ عن تعليمات بخصوص الاحتفال بعيد الميلاد أو عيد الفصح. لكن كانت الروزنامة للشعب اليهودي جزءًا أساسيًّا بالنسبة إلى سيرهم مع الربّ. كانوا يُعاملون كأولاد؛ فالبالغون ليسوا بحاجة إلى روزنامة كما الأولاد الذين بحاجة إلى من يذكِّرهم. وتُذكر أعياد مختلفة في هذا السفر كان عليهم حفظها.

الاعياد السنويَّة

تبدأ الروزنامة في الشهر الأوَّل من السنة أي بين شهري آذار ونيسان (مارس وأبريل) بحسب روزنامتنا، حين يقع عيد الفصح أي عيد الفطير. كان العيد يقع في اليوم الخامس عشر من الشهر ليتذكَّروا كيف أخرج الربّ الشعب من عبوديَّة مصر. وكان عليهم تقديم حمل قبل العيد بيوم واحد عند الساعة الثالثة بعد الظهر. وكان عليهم بعد ثلاثة أيَّام من تقديم الحمل أن يقدِّموا باكورة المحاصيل للربّ. ولا تصعب علينا ملاحظة وجه الشبه في النمط بين موت المسيح وقيامته.

وكان عليهم بعد خمسين يومًا إقامة عيد الخمسين كتذكار لليوم الذي أُعطي فيه الناموس في جبل سيناء، فيقدِّمون الشكر. وعندما أُعطي الناموس في أوَّل يومِ خمسين، مات ثلاثة آلاف شخص بسبب خطاياهم. أمَّا عندما أُرسِل الروح القدس بعد عدَّة قرون، فقد خلَصَ ثلاثة آلاف شخص.

ومن ثَمَّ أتى عيد آخر السنة («الشهر السابع» أو ما بين شهري أيلول وتشرين الأوَّل/ سبتمبر وأكتوبر). وكانوا يبوِّقون بالأبواق في عيد الأبواق أي «عيد الشُّوفار» الذي كان إشارة إلى جولة جديدة من الأعياد.

ثمَّ كان يأتي يوم الكفَّارة وهو اليوم الأساسيُّ حين كان كبش الفداء يُرسل خارج المحلَّة حاملاً خطايا كلّ الشعب.

وأتى عيد المظالِّ (الذي يُعرف بعيد السُّكُّوت) بعد ذلك، وكان يستمر ثمانية أيَّام. وكانوا خلال هذا العيد يتركون بيوتهم ويسكنون في خيام يستطيعون رؤية النجوم من خلالها ليتذكَّروا تَيَهانهم الغبيّ مُدَّةَ أربعين سنة في البرِّيَّة، بينما كان بإمكانهم الوصول إلى أرض الموعد خلال أحَدَ عشر يومًا.

تنطبق كلّ هذه الأعياد على الحياة المسيحيَّة. فقد تحقَّقت الأعياد الثلاثة الأولى في مجيء المسيح أوَّل مرَّة. وستتحقَّق الأعياد الثلاثة الباقية عند مجيئه الثاني. نحن لا نعلم في أيَّة سنة سوف يأتي الربُّ يسوع، لكنَّنا نعلم أنَّه قد يأتي بين شهري أيلول وتشرين الأوَّل، لأنَّه غالبًا ما يقوم بالأُمور خلال هذه المدَّة. فبالفعل، كان هذا تاريخ ميلاده: فالسرد في إنجيل لوقا يشير إلى الشهر السابع أي في عيد المظالِّ. وينتظر اليهود أن يأتي المسيَّا في هذا الوقت. وفي كلِّ مرة يُبوَّق البوق في العهد الجديد فهو للإعلان عن قدومه. وبقدومه تتمّ الأعياد الثلاثة الأخيرة، ويأتي الفداء للأمَّة اليهوديَّة.

العطلة الأسبوعيَّة

بالإضافة إلى الأعياد السنويَّة، كانت هناك العطلة الأسبوعيَّة التي أتت كبركة لذلك الشعب الذي عاش حياة العبوديَّة في مصر. ولا أثر لحفظ السبت في الكتاب المقدَّس قبل موسى. فمثلاً، لم يحفظ آدم وإبراهيم السبت، بل عَمِلا سبعة أيَّام في الأسبوع. وموسى هو الذي قدَّم فكرة يوم الراحة الأُسبوعيّ. ولم يكن ذلك يوم فرصة أو يومًا للعائلة، بل كان يومًا للربِّ مقدَّسًا وجزءًا من الروزنامة.

سنة اليوبيل

لم يكن هذا العيد سنويًّا أو أُسبوعيًّا، بل كان يأتي كلَّ خمسين سنة ويُسمَّى سنة اليوبيل. فكلَّ خمسين سنة، كانت الحسابات المصرفية جميعها ترجع إلى نقطة الصفر وتُلغى كلُّ الديون، وتعود كل الممتلكات إلى المالكين الأصليِّين. فكانت أسعار الإيجارات تنخفض كلَّما اقترب الوقت من سنة اليوبيل. وكان يُطلق أسر العبيد خلال تلك السنة. ولذا، كان الناس يتطلَّعون بشوق إلى تلك السنة التي كانت معروفة أيضًا بِـ "سنة الربّ المقبولة." فكانت تلك السنة تحمل الأخبار السارَّة إلى الفقراء لأنَّهم سيَغتنون من جديد، وإلى العبيد لأنَّه سيُطلق أسرهم.

وقد أعلن الربُّ يسوع في مدينة الناصرة: "روحُ الرَّبِّ عَلَيَّ، لأَنَّهُ ... أَرْسَلَنِي لأَشْفِيَ الْمُنْكَسِرِي الْقُلُوبِ، لأُنَادِيَ لِلْمَأْسُورِينَ بِالإِطْلاَقِ ...، وَأَكْرِزَ بِسَنَةِ الرَّبِّ الْمَقْبُولَةِ." بكلامٍ آخر، بدأ الربُّ يسوع بسنة اليوبيل الحقيقية التي كان ينتظرها الجميع. ومجدَّدًا نقول إنَّنا بحاجة إلى العهد القديم لنفهم العهد الجديد.

قوانين الحياة

طاهر ونجس

تتعلَّق إحدى النواحي المهمَّة في سفر اللاويين بالتفرقة بين ما هو مقدَّس وما هو عاديّ، وبين ما هو طاهر وما هو نجس. وبينما يقسم معظم الناس الأمور إلى سيِّئ وجيِّد، يقسمها الكتاب المقدَّس إلى ثلاث فئات كما يدلّ الرسم البياني.[2]

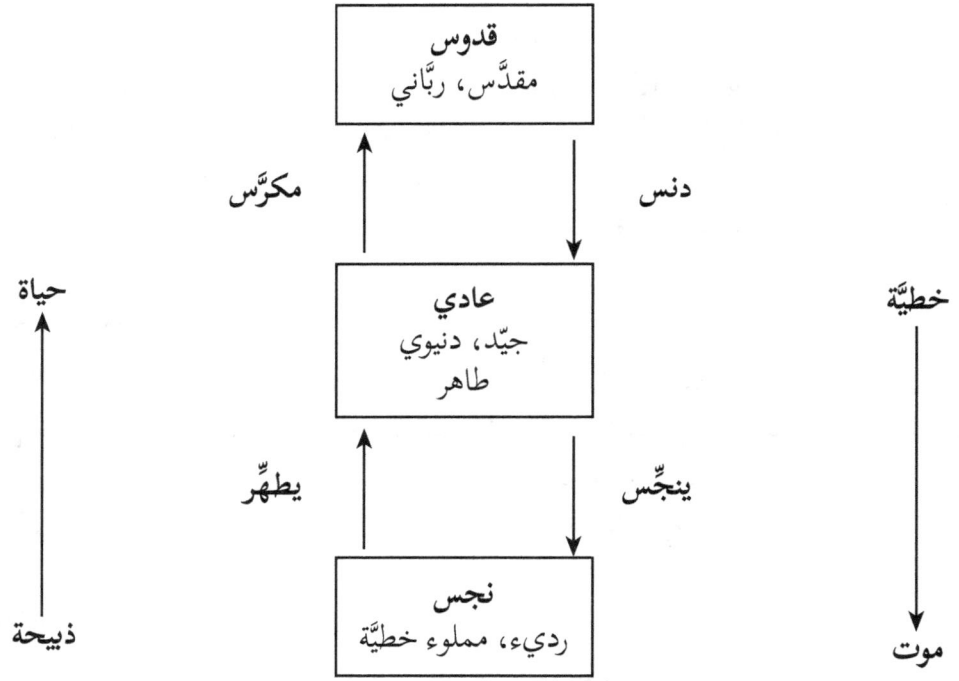

2. أدين إلى المرجع التالي بالنسبة لموضوع ما هو مقدَّس ونجس وطاهر

G. J. Wenham, in his *New International Commentary on Leviticus* (Wm. B Eerdmans, Grand Rapids, Michigan, 1979).

نرى عمليَّتين تجريان في هذا السياق. العملية الأولى هي عندما تُنجَّس الأُمور الطاهرة فتصبح عاديَّة. فبإمكانك إفساد أمر مقدَّس بجعله عاديًّا، فمثلاً عندما أرسلت جمعيَّة الكتاب المقدَّس كتبًا مقدَّسة إلى رومانيا، جعلت الحكومة الشيوعية أوراق الكتب تلك تُستخدم بدل مناديل الحمَّام. فانفجر غضب المؤمنين وقاموا بثورة تجاه ما حصل. كيف يمكننا أن نصف هذه الحادثة بالمقارنة مع تعاليم سفر اللاويين؟ لقد جعلوا من أمر مقدّس شيئًا غير مقدَّس باستخدامهم الكتاب المقدَّس لهذا الاستعمال الذي ربَّما هو ضروريّ لكنه دنيوي.

العمليَّة الثانية هي عندما يصبح أمر عادي وطاهر نجسًا تملأُه الخطيَّة. وتتوافق الكلمات الثلاث التالية: مقدَّس، ودُنيويّ، وخاطىء، إلى حدٍّ ما مع الأقسام التالية، مقدَّس، طاهر وعادي، ونجس. فكما أنَّه بالإمكان تنجيس ما هو مقدَّس لجعله عاديًّا، وإفساد العادي والطاهر لجعله نجسًا. كذلك، فهناك عمليَّة إقتداء للوضع. أي أنَّ بإمكانك تطهير النجس، ثم تكريسه ليصبح مقدَّسًا.

يجب ألَّا يتقارب ما هو نجس مع ما هو مقدَّس، بل يجب أن يتباعدا قدر الإمكان إذ لا يوجد قاسم مشترك بينهما. وبدمجهما يصبحان كِلاهما نجسين. وكذلك، فإنَّ دمج المقدَّس والعادي يجعل الاثنين عاديَّين، ولا يصبحان مقدَّسين.

تُظهر العملية في الرسم البياني أنَّ الإنحدار يؤدِّي إلى الموت الفعلي. بينما يؤدِّي الصعود من خلال الذبيحة إلى الحياة. فمن خلال الذبيحة فقط يمكنك تطهير ما هو نجس وإعادة الحياة إليه.

تتأثَّر بكل ذلك نظرتنا إلى الحياة. فبالنسبة إلى الكتاب المقدَّس، يمكننا تكريس عملنا للرب. ويمكن أن يكون العمل إمَّا مقدَّسًا وإمَّا طاهرًا أو نجسًا. فهناك وظائف غير قانونيَّة وغير أخلاقيَّة، لذا فهي نجسة. ويجب على المؤمن ألَّا يعمل بها. وهناك أشغال طاهرة لكنَّها عاديَّة، لكن يمكنك تقديس عملك والقيام به كما للربّ فيصبح مهنة مقدَّسة في الربّ. فيمكن لصاحب مطبعة أن يقوم بعمله بطريقة مقدَّسة، بينما يمكن لمرسل أن يقوم بعمله بطريقة عاديَّة جدًّا. ويمكن لمالِكَ أن يصبح نجسًا عندما تصرفه على أُمور سيِّئة، وأن يصبح طاهرًا عندما تصرفه على أشياء صالحة، وأن يصبح مقدَّسًا عندما تكرِّسه للربّ. كذلك، من الممكن أن يصبح الجنس واحدًا من هذه الثلاثة.

يعيش الكثيرون حياة لائقة وعاديَّة وطاهرة، لكنَّهم ليسوا قدِّيسين. لكنْ لا يريد الربّ لنا أن نحيا بطريقة صالحة فحسب، بل يريد لنا أن نحيا حياة مقدَّسة. وهذا هو تركيز سفر اللاويين.

يمكن لمن هم خارج الكنيسة أن يدَّعوا أنَّهم يعيشون حياة صالحة تمامًا كالَّذين هم داخل الكنيسة. لكنَّهم ليسوا القدِّيسين الذين يبحث عنهم الربّ.

حياة القداسة

تتطلَّب حياة القداسة أُمورًا كثيرة عمليَّة:

- **صحَّة** الجسد مهمَّة لحياة القداسة تمامًا كصحَّة الروح. فما نقوم به بأجسادنا مهم إذا كنَّا نريد أن نكون مقدَّسين للربّ. ويحتوي سفر اللاويين على تعليمات عن قصّ الشعر والوشم ولبس

الرجال للأقراط. كذلك يحتوي على تعليمات بالنسبة إلى إفرازات الجسد عند الرجال والنساء وتعليمات بالنسبة إلى الولادة.

- تعليمات بالنسبة **إلى الأطعمة** النجسة والطاهرة.
- تعليمات عن عدم تعاطي **السحر والتنجيم** واستشارة الوسطاء الروحيِّين.
- تعليمات عن كيفيَّة التصرُّف في حال وجود **العفن** في البيت. إذ يجب في هذه الحالة هدم البيت محبَّةً بالجيران.
- تعليمات عن **اللباس**. لا ينبغي أن تمزج أنواع الأقمشة بعضها مع بعض.
- وتشمل التعليمات **الحياة الاجتماعيَّة**: فحياة القداسة تعني الاهتمام بالفقراء والعُمي والصُّمّ والشيوخ. فإنَّك تقف عند دخول شيخ إلى الغرفة إن كنت شابًّا تحيا حياة القداسة.
- ويتناول السفر موضوع الأُمور الجنسيَّة من سفاح القُربى واللواط والمثليَّة الجنسيَّة.

وإن كنت تسأل ما هي حياة القداسة، يجيب سفر اللاويين بأنَّها كيف تعيش من يوم الإثنين حتَّى يوم السبت، وليس فقط يوم الأحد. فالربّ يفتِّش ليس فقط عن أُناسٍ صالحين، بل عن أناسٍ قدِّيسين. وهناك فرق كبير بين الأمرَين. ولا يمكنك التفكير بأن تصبح قدِّيسًا ما لم تصبح مؤمنًا بالمسيح. بل كل ما يمكنك التفكير فيه هو أن تصبح صالحًا، وهذا لا يكفي.

قوانين وتعليمات

علينا أن نوضح فهمنا لناموس موسى. فهو يُدعى «الناموس» وليس «النَّواميس»، لأنه مرتبط بعضه ببَعض. والقداسة تعني الكمال، فكلّ تلك القوانين والتعليمات تتّحد معًا لتشكِّل وحدة متكاملة. ومَن كسر واحدة منها فإنَّه يكسر الكلّ. (وقد شبَّهت في سفر الخروج كسر واحدة من الوصايا بفرط عقد حيث تفلت كلُّ حبَّات الخرز). ولا تتنبَّه نسبة كبيرة من الناس إلى هذه الحقيقة عن الوصايا العشر. فالمُتعارف عليه هو أنَّه إن كنَّا نحفظ نسبة عالية منها، فإننا نفعل الصواب! لكن هذا ليس كافيًا.

الأسباب

لم يعطِ الربّ تبريرات لكلٍّ لقوانين التي وضعها. فلم يخبرنا مثلاً لماذا لا يجب أن نلبس ألبسة مُخيَّطة من أنواع مختلفة من القماش، أو لِماذا لا يجب أن نزاوج نوعين مختلفين من الحيوانات، أو أن نزرع بذورًا ممزوجة. ربَّما نجد سببًا في كون الربّ إله الطهارة، لذا لا يحبُّ الألبسة المصنوعة من أقمشة مختلفة، أو بذورًا ممزوجة، أو تزاوجًا ممزوجًا. فعلى الرغم من أنَّه لا يعطي سببًا لمنعه بعض الأُمور، يمكننا في بعض الأحيان التَّكهُّن بالأسباب. ومن دون شك أنَّ النظافة هي السبب وراء بعض القوانين. فمثلاً، النظافة هي سبب وضع القوانين عن الاغتسال. وربَّما مُنع تناوُل بعض الأطعمة ليس

فقط لأنَّها «نجسة»، بل لكونها مضرَّة بالصحَّة. فجِلد الخنزير مثلاً كان معرَّضًا للكثير من الأوبئة في ذلك المُناخ.

وكان على الشعب الطاعة بكل بساطة حتَّى لو لم تُعطَ الأسباب لأنَّهم وَثِقوا بأنَّ معطي الوصايا يعرف لماذا أمر بها. ويحصل الأمر نفسه وسط العائلة، حين يقول الأب للولد إنَّ عليه أن يطيع لمجرَّد «أنِّي قلت ذلك.» فأحيانًا يصعب توضيح السبب، أو يكون من غير المناسب توضيحه.

وكأنَّ الربّ يسأل من خلال تلك الوصايا: هل تثق بي؟ هل تؤمن بأنَّه إن منعتك عن القيام بأمر ما فإنَّ ذلك لسبب وجيه؟

غالبًا ما نستصعب القيام بأمر ما إلاَّ بعد أن نقتنع بأنَّه لصالحنا. نريد أن نكون مثل الربّ. وكما أكل آدم وحوَّاء من شجرة معرفة الخير والشرّ، نريد نحن أن نتَّخذ القرارات ونختبر الأُمور. لكن الربَّ ليس مضطرًّا أن يبرِّر أمامنا ما يفكِّر فيه.

العقوبات

ربَّما لا يقدِّم الربُّ أسبابًا، إلاَّ أنَّه يقدِّم عقوبات. فالمطلوب هو الطاعة، وهناك **ثمن** يُدفع لعدم الطاعة على شكل عقوبات قاسية. فنقرأ في الأصحاح السادس والعشرين مجموعة من الأسباب المشجِّعة على الطاعة، لكن في المقابل تنزل اللعنة على من يعصي الوصايا. وعند قراءة سفر اللاويين يجد اليهودي أنَّه يمكن لأمور كثيرة أن تحدث له إن لم يطع ناموس الربّ. فيمكن أن يخسر بيته، أو مواطنيَّته أو حياته. وتُذكر خمس عشر خطيّة عاقبتها العقوبة الجماعيَّة. ربَّما بإمكاننا الآن أن نفهم أهميَّة فهم هذا السفر؛ فهو حرفيًّا يتعامل مع أمور حياة أو موت.

أضف إلى كلّ هذ أنَّ هذا السفر يوضح أنَّه من الممكن أن يخسر الشعب أمرين. فإمَّا أن يخسروا حرِّيَّتهم إذا غزاهم الأعداء من الخارج (نقرأ عن هذا الأمر في سفر القضاة)، وإمَّا أن يخسروا أرضهم ويُستعبدوا في مكان آخر. وقد حصل الأمران للشعب على مرّ العصور. فلم تكن تلك الإنذارات فارغة. فبينما يكافأ من يثق بالرب ويطيعه، تنزل عقوبات بمن لا يثق به ويَعصيه.

السعادة والقداسة

ما يعنيه الربّ في مجموعة المكافآت والعقوبات أنَّ القداسة هي الطريق الوحيد للسعادة. فالسعادة والقداسة تتلازمان، وغيب القداسة يعدم السعادة. لكن يفهم معظم الناس الأمر بالعكس تمامًا. وإرادة الربّ لنا هي أن نتقدَّس في هذا العالم ونسعد في العالم الآتي، لكن يريد كثيرون أن يكونوا سعداء في هذا العالم وقدِّيسين في العالم الآتي.

يسمح الربّ بحدوث أُمور مؤلمة لنا، لكنَّها بالنتيجة تساعدنا على أن نتقدَّس. وتتبلور شخصيَّاتنا خلال الأزمنة الصعبة أكثر منها خلال الأزمنة السهلة.

كيفية استخدام المؤمنين لسفر اللاويين

ماذا يحمل لنا هذا السفر كمؤمنين في العصر الحاضر؟ هل لنا أن نتوقَّف عن لبس ثياب مصنوعة من أنواع أقمشة مختلفة؟ وإن ضرب العفن بيوتنا، فهل يجب أن نحرقها؟

نجد المبدأ في رسالة بولس الثانية إلى تيموثاوس ويمكننا اتِّخاذه كدليل: «أَنَّكَ مُنْذُ الطُّفُولِيَّةِ تَعْرِفُ الْكُتُبَ الْمُقَدَّسَةَ، الْقَادِرَةَ أَنْ تُحَكِّمَكَ لِلْخَلاَصِ، بِالإِيمَانِ الَّذِي فِي الْمَسِيحِ يَسُوعَ. كُلُّ الْكِتَابِ هُوَ مُوحًى بِهِ مِنَ اللهِ، وَنَافِعٌ لِلتَّعْلِيمِ وَالتَّوْبِيخِ، لِلتَّقْوِيمِ وَالتَّأْدِيبِ الَّذِي فِي الْبِرِّ، لِكَيْ يَكُونَ إِنْسَانُ اللهِ كَامِلاً، مُتَأَهِّبًا لِكُلِّ عَمَل صَالِحٍ». يتحدَّث بولس هنا مع تيموثاوس عن العهد القديم، فلم يكن العهد الجديد قد كُتِب بعد. ولذا فإنَّ «الْكُتُبَ الْمُقَدَّسَةَ» المشار إليها هنا هي العهد القديم. وعندما قال الربُّ يسوع: «فَتِّشُوا الْكُتُبَ ... وَهِيَ الَّتِي تَشْهَدُ لِي» كان يعني العهد القديم. ويمكننا أن نتعلَّم عن أمرين في العهد القديم هما الخلاص والتبرير. وهذا ينطبق على سفر اللاويين الذي نتعلَّم منه كيف يمكن أن نخلص، وهو يفتح أعيُنَنا إلى كيفية العيش بطريقة صالحة. ويتجلَّى هذان الهدفان بوضوح في هذا السفر.

سفر اللاويين في العهد الجديد

من المفيد أن نرى كيف يتعامل العهد الجديد مع سفر ما من العهد القديم. كما قال أحدهم عن العهدَين: "إنَّ الجديدَ لفي القديم مُضمَّنُ/ أمَّا القديمُ فبالجديدِ يُبيَّنُ." فالاثنان ينتميان بعضُهما إلى بعض، والواحد يحدِّد الآخر.

ترد استشهادات عدَّة في العهد الجديد من سفر اللاويين، ويتردّد إثنان منها في أكثر من مكان: «كونوا قدِّيسين لأنِّي أنا قدُّوس» و«تحبّ قريبك كنفسك». وتأتي مقاطع أُخرى يتَّضح في خلفيتها سفر اللاويين، وبخاصة رسالة العبرانيين التي لا يمكن فهمها ما لم نقرأ اللاويين. ويفوق عدد الاستشهادات من اللاويين التسعين، ما يدلّ على أنَّه سفر مهمٌّ للمؤمنين وعليهم أن يفهموه.

تتميم الناموس

كيف يجب علينا أن نتصرَّف بشأن ناموس موسى اليوم، مع العلم بأنَّه لا يتكوَّن من عشر وصايا فقط، بل من ستِّ مئة وثلاث عشرة وصيَّة بالمجمل؟ ربَّما نظنّ أنَّنا لسنا مرتبطين بجميعها، لكن ما عدد الوصايا التي نحن مرتبطون بها؟ وتُعلِّم بعض الكنائس أعضاءها مثلاً وجوب تقديم العشور. ويلتزم آخرون حِفظ السبت، ولو عنى ذلك يوم الأحد وليس يوم السبت كما لليهود. فعلى كلِّ مؤمن أن يتصالح مع هذه الصعوبة. وقد صعَّب الربُّ يسوع الموضوع إذ قال: "لم آتِ لأنقض الناموس بل لأُكمِّله."

علينا إذًا أن نسأل كيف أُكمِلَت كلُّ وصيَّة. من الواضح أنّ شيئًا منها قد أُكمل في المسيح وانتهى أمرها. ولهذا ليس علينا أن نأخذ حمامة أو حملاً عندما نذهب إلى الكنيسة يوم الأحد. لقد أُكملت الوصايا التي تشير إلى سفك الدم.

كذلك، فإنَّ وصيَّة حفظ السبت قد تتمُّ في كلّ يوم من الأسبوع حين نتوقّف عن الاهتمام بأُمورنا ونركِّز على الاهتمام بأمور الربّ. وبذلك نكون قد دخلنا إلى الراحة التي يريدها الربُّ لشعبه. وما تزال لنا حريَّة الاختيار بأن نكرِّس يومًا واحدًا للربّ، ولكن يمكننا بالمقابل التعامُلُ مع كلّ الأيَّام على أنَّها متساوية. إذًا، يجب ألَّا نفرض حفظ يوم الأحد على المؤمنين، ناهيك بغير المؤمنين، لأنَّنا أحرار في المسيح.

من المهمّ معرفة ما يعنيه حفظ الناموس. ففي العهد الجديد يتكرَّر استخدام تسع من الوصايا بالأسلوب الذي ذُكرت به في العهد القديم: مثلاً، لا تسرق ولا تزنِ. أمَّا وصيَّة حفظ السبت فيتمّ استخدامها في طريقة مختلفة.

ويُحفَظ قسم آخر من ناموس موسى بطرق مختلفة. فمثلاً، نقرأ عن قانون معاملة الثور عند دِراس القمح، فنقرأ أنَّه لا يجوز كمُّ الثور لأن له الحقّ بالتناول من القمح الذي يهيِّئُه للآخرين. وقد تمَّ ذلك في العهد الجديد حين استشهد بولس بذلك القانون وارتقى به إلى تفسير، قائلاً إنَّ الذين يعيشون للإنجيل لهم الحقّ بأن يتلقَّوا الدعم الماديَّ من الآخرين. فمن الضروري دراسة كلِّ قانون ورؤية كيفيَّة تطبيقه في العهد الجديد بمعنًى أعمق.

لكن نتعلَّم أربعة مبادىء أساسيَّة ذُكرت في سفر اللاويين وهي **لم تتغيَّر** في العهد الجديد.

1. قداسة الربّ

إنَّ سفر اللاويين من أكثر الأسفار تشديدًا على قداسة الربّ. وللأسف، فإنَّنا ننسى هذا الأمر خصوصًا عندما يُواجِهنا الناس بهذا السؤال: "كيف لإله محبّ أن يرسل أحدًا إلى جهنَّم؟" نحن نعلم من خلال الربِّ يسوع أنَّ الربَّ إله محب، لكنَّ الربَّ يسوع نفسه تكلَّم بوضوح عن جهنَّم. فلا يمكننا الانتقاء والاختيار: فإن كان الربَّ يسوع قد تكلَّم الحقّ بأنَّ الله هو إله المحبَّة، فعلينا أن نقبل حقيقة أنَّه تكلَّم بالحقّ عن جهنَّم أيضًا.

في الواقع أنَّ نظرة الربّ إلى المحبَّة مختلفة بعض الشيء عن نظرتنا. فنظرتنا عاطفيَّة، أمَّا نظرته فمقدَّسة. ومحبَّته عظيمة لدرجة أنَّه يكره الخطيَّة، بينما قليلون منَّا يحبّون الربّ لدرجة كبيرة حتَّى يكرهوا الخطيَّة. إنَّا نتعلَّم عن قداسة الربّ في سفر اللاويين، ونتعلَّم أن نحبَّه بكلِّ وقار وبخوف مقدَّس. ونقرأ في رسالة العبرانيين: "لِذلِكَ وَنَحْنُ قَابِلُونَ مَلَكُوتًا لاَ يَتَزَعْزَعُ لِيَكُنْ عِنْدَنَا شُكْرٌ بِهِ نَخْدِمُ اللهَ خِدْمَةً مَرْضِيَّةً، بِخُشُوعٍ وَتَقْوَى. لأَنَّ «إِلهَنَا نَارٌ آكِلَةٌ»."

وقد تعلَّم الكاتب هذا الأمر مباشرةً من سفر اللاويين. فمن الضروري بالنسبة إلى المؤمنين في هذا العصر أن يقرأوا هذا السفر ليكوِّنوا صورة عن قداسة الربّ.

2. شرّ الإنسان

سفر اللاويين واقعيٌّ. فكما إنَّه يضيء على قداسة الربّ، كذلك فهو يضيء على شرّ الإنسان أيضًا. فيصوِّر لنا الطبيعة البشريَّة على حقيقتها في الانغماس بالعلاقات الحيوانيَّة وسفاح القربى وممارسة

السحر، وهذه جميعها مكرهة عند الربّ. وقد أتت الكلمة «مكرهة» في اللّغة العبرية لتعبّر عن الغثَيان الذي يسببه الانزعاج من أمر ما.

يدور محور الكتاب المقدَّس على مشاعر الربّ. فردَّات فعله من نحو الخطيَّة هي نتيجة قداسته. وشرُّ الإنسان لا يلوِّث ما هو طاهر فقط، بل يُنجِّس ما هو مقدَّس أيضًا. والشَّتم الشائع ما هو إلاّ تدنيسٌ لكلمات طاهرة. إذ تسود علاقتان طاهرتان على حياتنا: الأُولى بيننا وبين الربّ، والثانية بين الرجل والمرأة. ويأتي تسعون في المئة من كلمات الشتيمة من تلك العلاقتين. فالإنسان ينجِّس ما هو مقدَّس، ويلوِّث ما هو طاهر. ونحن نعيش في عالم يقوم بهاتين العمليَّتين، لأنَّ شرّ الإنسان لا يلوِّث ما هو طاهر فقط، بل يتعامل أيضًا مع الأُمور المقدَّسة على أنَّها أمور عاديَّة.

3. كمال المسيح

يشير هذا السِّفر إلى كمال المسيح وذبيحته التي قدَّمها مرَّة وإلى الأبد. فقد أعدَّ الرب طريقًا لتطهير خطايا الجنس البشريّ. وكانت المشكلة التي واجهته هي التوافق بين العدل والرحمة. فهل يتعامل مع الخطيَّة بالعدل فيُنزل بنا العقاب؟ أم بالرحمة فيسامحنا؟ وبما أنَّه عادل ورحيم في آنٍ معًا، كان عليه أن يجد حلاًّ يكون فيه عادلاً ورحيمًا في آنٍ معًا. يصعب علينا إيجاد حلٍّ كهذا، لكنَّه استطاع هو أن يجد الحلّ ببذل حياة شخص بريء نيابة عن المذنبين. وعند حصول هذا الأمر يتلاقى العدل والرحمة. وقد أظهرت لنا القوانين الواردة في هذا السفر كيفيَّة حصول ذلك.

ترد عدَّة مرَّات كلمات خاصَّة تشير إلى تلك العمليّة مثل كلمتي «الفداء» و«الدم» اللتين غالبًا ما تُذكران لأنَّ الدم مُرتبط بالحياة. فعندما يُسفك دم أحدهم فإنَّه يخسر حياته. كذلك تُذكر كلمة «التقدمات»غالبًا. فتقدمة المحرقة تشير إلى **التسليم** الكامل. وتقدمة الدقيق تشير إلى **الخدمة**. وتقدمة السلامة تشير إلى **السلام** مع الله الذي بإمكاننا الحصول عليه. ويجب أن تكون تلك الإشارات الثلاث جزءً لا يتجزّأ من الحياة الشاكرة المخلَّصة.

ونلاحظ في هذه المعادلة دور الربّ في تقديم **البديل**. وما علينا الآن إلاَّ أن نقدِّم نحن بكلِّ أمانة ذبائح الحمد والشكر. لكن تشير الذبائح في هذا السفر إلى الربِّ يسوع أيضًا. فذبيحة الخطيَّة تدلّ على تقديم البريء **بدل** المذنب، وذبيحة الإثم **تُرضي** العدالة الإلهيَّة من خلال القانون المنصوص عليه فيها. فكلُّ هذه الذبائح تذهب بنا مباشرة إلى العهد الجديد.

4. التقوى في الحياة

يطلب منَّا سفر اللاويين أن نكون مقدَّسين في كلّ نواحي حياتنا، حتَّى وصولاً إلى العادات التي نمارسها في الحمَّام! فالقداسة متكاملة، ولذا نقرأ عن تفاصيل دقيقة يذكرها الربّ وهو يطبِّق قداسته في حياة شعبه. وما نتعلّمه هو إمَّا أن تكون الحياة مقدَّسة بالكامل وإمَّا لا تكون.

لكن لا بدَّ من الملاحظة بشأن اختِلافَين أساسيَّين بين القداسة في العهد القديم والقداسة في العهد الجديد. فنقرأ في هذا السفر عن المقدَّس والطاهر والنجس، وتنطبق كلُّها على العهد الجديد أيضًا. لكن نرى تعديلين أساسيَّين.

أوَّلاً، رُفِّعت القداسة من الأُمور الماديَّة إلى الأُمور الأخلاقيَّة. فبنو إسرائيل **كانوا** أولادًا، وكان لا بدَّ أن يتمَّ تلقينهم كأولاد. فكان عليهم أن يتعلَّموا مثلاً الفرق بين الطعام الطاهر والطعام النجس. ولكنْ لا توجد قوانين مشابهة تخصّ المؤمنين. وقد تعلَّم الرسول بطرس هذا الأمر من خلال رؤيا. كما علَّم الربُّ يسوع أنْ ليس ما يدخل الفم ينجّس الإنسان، بل ما يخرج من الإنسان. إذًا، لم تعد الطهارة والنجاسة متعلِّقتين بالأطعمة والألبسة، بل بالأخلاق، لأنَّهما رُفِّعتا من الأُمور الماديَّة إلى الأُمور الأخلاقيَّة. ولم يعد لدينا تعليمات نتبعها بخصوص الأطعمة والألبسة، بل لدينا تعليمات كثيرة تخصّ القداسة في الأُمور الأخلاقيَّة.

ثانيًا، تحوَّلت المكافآت والعقوبات من هذه الحياة إلى الحياة الثانية. فربَّما يتألَّم القدِّيسون في هذه الحياة ولا يُكافأُون، لأنَّ الاتِّجاه تغيَّر في العهد الجديد إلى منظور طويل الأمد. وهذه الحياة التي نحياها الآن هي مجرَّد تحضير لحياة أبديَّة. فنقرأ في العهد الجديد أنَّ مكافأتنا ستكون كبيرة في السماء، وليس على الأرض.

وبالنظر إلى هذين التعديلين، نجد أنَّ سفر اللاويين مفيد جدًّا للمؤمنين. وفوق الكلّ، فهو يمدُّنا بالبصيرة من ناحية الأُمور الأساسيَّة الأربعة: قداسة الربّ، وشرّ الإنسان، وكمال المسيح، والتقوى في الحياة.

سفر العدد

المقدِّمة

لا يتمتَّع سفر العدد بالشهرة، ولا يتمّ الاستشهاد به كثيرًا. وربَّما لا يتعدَّى عدد المقاطع المعروفة فيه الاثنين أو الثلاثة. وقد استشهد «صموئيل مورس» بأحدها عندما أرسل أوَّل تلغراف إلى العاصمة واشنطن مستخدمًا شيفرة «مورس» في الرابع والعشرين من أيَّار (مايو) من العام 1844. فعبَّر عن دهشته بهذا الاكتشاف باقتباس الآية التالية: «ماذا فعل الربّ؟» فقد نسب الفضل إلى الربّ لإعطائه القوَّة للتوصُّل إلى اختراع وسائل التواصل الكهربائيَّة.

أمَّا الآية الثانية المعروفة عند الأغلبيَّة فهي: «وَتَعْلَمُونَ خَطِيَّتَكُمُ الَّتِي تُصِيبُكُمْ.» وكان موسى قد قال هذه العبارة كتنبيه للشعب حين كانوا على وشك عبور الأُردنّ ومحاربة أعدائهم.

لا يعرف الكثيرون أنَّ هاتين الآيتين تردان في هذا السفر. وبإمكان قلَّة قليلة أن يستشهدوا بآيات مذكورة هنا. لا بل قد كتشفتُ أنَّ قليلين يعرفون محتويات أصحاحاته. فعلينا أن نصلح هذه الحالة، لأنَّ سفر العدد هو سفر آخر مهمٌّ في الكتاب المقدَّس.

من الغريب استخدام كلمة «العدد» كعنوان لسفرٍ من أسفار الكتاب. أمَّا في اللغة العبرانية، فقدِ استُخدمت أوَّل عبارة فيه كعنوان له: «وَكَلَّمَ الرَّبُّ.» لكن عندما تُرجمت المخطوطات من اللغة العبرانيَّة إلى اللغة اليونانية، أعطى المترجمون السفر عنوانًا جديدًا هو كلمة «Arithmoi» التي تُشتق منها كلمة «arithmetic» في اللغة الإنكليزيَّة وتعني الرياضيَّات. أمَّا النُّسخة اللاتينيَّة فقد ترجمت العنوان إلى كلمة «Numeri» وتُشتق منها كلمة «Numbers» في اللغة الإنكليزيَّة، وهي تعني الأعداد (أو العدد).

يبدأ السفر باكتتاب، وينتهي باكتتاب آخر. وجرى الاكتتاب الأوَّل عندما خرج الشعب من سيناء بعد شهر من بناء خيمة الاجتماع. وكان مجموع الشعب آنذاك 603,550 نسمة. وجرى الاكتتاب الثاني عندما وصلوا إلى موآب قبل دخولهم أرض كنعان بحوالى أربعين سنة. وقد تناقص عدد الشعب بمجموع 1,820 نسمة ليصبح المجموع 601,730. فلم يكن الفرق كبيرًا. وكان هذا الاكتتاب يخصُّ الرجال فقط من أجل الالتحاق بالجيش.

نتعلَّم من هذا السفر أنْ لا ضرر في العدِّ. وكان الربُّ قد أنزل عقابًا بداود الملك بسبب عدِّه الشعب. لكنَّه كان قد قام بذلك بدافع الكبرياء. وتذكر مقاطع أُخرى في الكتاب المقدَّس أمثلة عن العدِّ، فنقرأ مثلاً أنَّ ثلاثة آلاف شخص انضمّوا إلى الكنيسة في يوم الخمسين. وقد شجَّع الربُّ يسوع على حساب

نفقة اتِّباعه (أيِ العدِّ أو الحساب) ، تمامًا كما يحسب النفقة أيُّ قائد جيش ليقيِّم حظوظه في النُّصرة بالنسبة إلى مؤهِّلات جيشه.

يمكن التعليق بأمور ثلاثة على الأعداد المذكورة في هذا السفر:

1. أعداد كبيرة!

يتساءل العديد من مفسِّري الكتاب المقدَّس عن الأعداد الكبيرة المذكورة. وفي الواقع، تشير هذه الأعداد إلى أعداد الرجال الذين كانوا فوق العشرين سنة من العمر، والذين كانوا يصلحون للمحاربة وللالتحاق بالجيش. وقد رأينا في دراستنا لسفر الخروج أنَّ عدد الشعب الإجمالي تخطَّى المليونيَ نسمة. إذًا العدد الكبير 603,550 رجلاً هو في الواقع جزء من عدد الشعب. ويمكننا أن نأخذ بعين الاعتبار الدلالات التالية التي تشير إلى صحَّة تلك الأرقام ومنطقيَّتها.

- نقرأ في سفر صموئيل الثاني أنَّ عدد جيش داود كان 1,300,000 رجُل، ما يعني أنَّ الرقم 600,000 رجل هو رقم صغير بالمقارنة.
- والرقم صغير مقارنةً بالكنعانيين. فلا بدَّ أنَّهم احتاجوا إلى قوَّة خاصة لخوض المعارك (لكنّ الربّ كان بجانبهم).
- ينسى الذين يحاججون بأنَّه لا يمكن لسبعين فردًا كانوا قد أتوا إلى مصر أن يتكاثروا ليصبحوا عددًا كبيرًا كهذا بأنَّهم بَقُوا في مصر أربعين سنة. فإن أنجب كلّ جيل أربعة أولاد (عدد صغير لتلك الأيَّام)، يصبح الرقم منطقيًّا.
- يقول بعضهُم بأنَّه لا يمكن لبريَّةٌ أن تستوعب هذا العدد الكبير من الناس. لكن، كان الأمر سهلاً، وكان هناك متسع. فإن مشى كلّ خمسة أشخاص في خط أُفقيّ يصبح طول الخط العموديّ مئة وعشرة أميال (نحو 180كلمً)، ويتطلَّب ذلك عشرة أيَّام للعبور!
- يقول آخرون إنَّ عدد الناس كان كبيرًا جدًّا لدرجة أنَّه لم يكن بالإمكان إشباعهم في تلك البرِّيَّة. بالطبع كان الأمر سيكون كذلك لولا عناية الربّ الفائقة للطبيعة.

2. أعداد متشابهة

بالنظر إلى تلك الأعداد الكبيرة، فإنَّ الفرق بين الإحصاء الأوَّل والإحصاء الثاني يبدو صغيرًا كنسبة مئويَّة. فقد خسر سبط شمعون 37,100 شخص، وزاد عدد سبط منسَّى 20,500 شخص. وبقيت أعداد الأسباط الأُخرى كما هي تقريبًا. وبما أنَّ الأرقام المتزايدة تشير إلى بركات الربّ، يمكننا أن نستنتج أنَّه لم يكن راضيًا على شعبه في تلك الحقبة. لكن بالمقارنة مع الظروف البيئيَّة القاهرة وطول فترة مكوثهم هناك، فإنَّ الحفاظ على هذا العدد أمرٌ لافت للنظر.

3. أعداد مختلفة

مرَّ ما يقارب الثماني والثلاثين سنة بين الإحصاء الأوَّل والإحصاء الثاني. وقد مات جيل كامل في البرِّيَّة. (كان من النادر أن يصل الرجال إلى عُمر الستِّين؛ وقد عاش موسى إستثنائيًّا إلى عُمر المئة والعشرين). فعلى الرغم من أنَّ عدد الناس كان متشابهًا بين الإحصائين، فإنَّ الأفراد اختلفوا. وقد بقي يشوع وكالب فقط (شخصان من أصل مليوني شخص) على قيد الحياة من بين الذين خرجوا من مصر، ودخلا أرض الآباء. يبدو كأنَّ هذه أعظم مصيبة نقرأ عنها في كامل الكتاب المقدَّس. فسفر العدد سفر **مُحزِن** جدًّا.

لم تكن هناك حاجة لكتابة ثلثي السفر لو كان الشعب قد ذهب من مصر مباشرة إلى أرض الآباء، في رحلة كانت ستستغرق أحد عشر يومًا فقط. إلاَّ أنَّ رحلتهم استغرقت في الواقع 13,780 يومًا! ووصل اثنان منهم فقط إلى أرض الآباء. أمَّا الباقون «فهدروا الوقت» في تيهان دون هدف حتى اكتملت دينونة الربِّ عليهم. فمع مرور الزَّمن، مات أوَّل جيل في البرِّيَّة، وأكمل الجيل الثاني الرحِّلة.

معظم الدروس التي نتعلَّمها من سفر العدد سلبيَّة. أو بكلام آخر، كيفيَّة التصرُّف **عكس** ما يجب أن يتصرَّف شعب الربِّ! ويلخِّص بولس لنا الأمر في 1كورنثوس 10: 6 و11 قائلاً: "وَهذِهِ الأُمُورُ حَدَثَتْ مِثَالاً لَنَا، حَتَّى لاَ نَكُونَ نَحْنُ مُشْتَهِينَ شُرُورًا كَمَا اشْتَهَى أُولئِكَ... فَهذِهِ الأُمُورُ جَمِيعُهَا أَصَابَتْهُمْ مِثَالاً، وَكُتِبَتْ لإِنْذَارِنَا نَحْنُ الَّذِينَ انْتَهَتْ إِلَيْنَا أَوَاخِرُ الدُّهُورِ." إذًا، سفر العدد مليء «بالأمثلة» السلبيَّة.

المضمون

إذًا، ما هو مضمون هذا السفر؟ الرحلة من قادش برنيع (آخر واحة في صحراء النَّقَب) إلى أرض كنعان، وهي تستغرق أحد عشر يومًا سيرًا على الأقدام. وقد اتخذ الشعب طريقًا من خلف قادش عبر الوادي الذي يصل إلى جبال أدوم. فانتهى بهم الأمر في جبال موآب في الناحية الخطإ من نهر الأُردن. واستغرقت الرحلة ثماني وثلاثين سنة وبضعة أشهُر، ليس بسبب صعوبة المنطقة، بل لأنَّ الربّ تحرَّك ببطء آنذاك. ومكثوا في كلِّ مكان وصلوا إليه فترة طويلة إذ قال لهم الربُّ إنَّه سينتظر حتى يموت الجيل الأوَّل، ما عدا كالب ويشوع.

لماذا أنزل الربّ الدينونة بالشعب؟ كان الشعب قد رفضوا الدخول إلى الأرض عندما أراهم الربّ إيَّاها. واليوم، لا يتمتّع الكثير من المؤمنين بعد خلاصهم بالبركات التي حضَّرها الرب لهم. فينتهي بهم الأمر في برِّيَّة قاحلة.

يتمحور ثُلثا سفر العدد حول تلك الرحلة المُتطاوِلة. فالكتاب المقدَّس كتاب صادق جدًّا، إذ يخبرنا عن الفشل والرذائل تمامًا كما يخبرنا عن النجاح والفضائل. وعندما كتب بولس أنَّ سفر العدد قد كُتِب كتحذير ومثال لنا، عنى بذلك هدف السفر بكلّ وضوح. ربما ليس سفر العدد سفرًا مشهورًا، ولكن خلاصته هي أنَّك إن كنت لا تدرس التاريخ فَعُقوبتك هي أن تعيده.

حتّى موسى لم يُسمح له بأن يدخل إلى أرض الآباء، رُغمَ من أنّه دخلها بعد عدّة قرون حين تكلّم مع الربّ يسوع عند تَجلّيهِ على الجبل. فموسى أيضًا فشل فشلاً ذريعًا في وقت ما، كما سنرى.

المضمون والبنية

هذا السفر هو واحد من أسفار موسى الخمسة، وهو مزيج من التشريعات والسرد. والربّ هو الذي نصّ القوانين وليس موسى؛ فنقرأ العبارة التالية أكثر من ثمانين مرّة: "قال الربّ لموسى...". فقد أعطى الربُّ موسى قوانينَ عامة وتشريعات، بالإضافة إلى الأنظمة التي تخصّ الطقوس والاحتفالات الدينيّة.

أمَّا بالنسبة إلى السرد، فنقرأ أنَّ موسى احتفظ بمذكّرة عن رحلاتهم كما أمره الربّ أن يفعل. وقد احتفظ أيضًا بسفر أسماه :»سفر حروب الربّ« يذكر فيه تفاصيل المعارك. وكتب موسى سفر العدد مستخدمًا سجِلَّاتٍ من هذا النوع، وهو يشير إلى نفسه بصيغة الغائب.

والمزج في هذا السفر بين السرد والتشريعات يجعله مشابهًا لسفر الخروج. إلاَّ أنَّه بينما النصف الأوَّل من الخروج هو سرد والنصف الثاني هو تشريعات، يتمازج الاثنان معًا في هذا السفر، فيصبح من الصعب إيجاد الخيط الرابط بينهما.

ويظهر نمط واضح حين ننظر إلى السرد والتشريعات في المضمون. فبنية السفر مرتَّبة **زمنيًّا** وليس بحسب المواضيع. ويتّضح ذلك حين نقارنه بالخروج واللاويين والتثنية.

الترتيب الزمني	المضمون	المدَّة الزمنيَّة
الخروج (1-18) مصر إلى سيناء	سرد	خمسون يومًا
الخروج (19-40) في سيناء	التشريعات	؟
اللاويين(1-27) في سيناء	التشريعات	ثلاثون يومًا
العدد (1:1-10:10) في سيناء	التشريعات	تسعة عشر يومًا
العدد (10:11-12:16) سيناء إلى قادش	سرد	أحد عشر يومًا
العدد (13:1-20:21) قادش	التشريعات	؟
العدد (20:22-35:20) قادش إلى موآب	سرد	ثمانٍ وثلاثون سنة
العدد (22:1-36:13) موآب	التشريعات	ثلاثة أشهر وعشرة أيَّام
التثنية (1-34) موآب	التشريعات	خمسة أشهر

من الجدير بالملاحظة أنَّ بني إسرائيل تسلّموا كلّ القوانين بينما كانوا ساكنين في الخيام. وتُظِهر قصص رحلاتهم كسْرَهم لتلك القوانين. فحين سكنوا في الخيام، أخبرهم الربّ ماذا **يجب** أن يفعلوا،

لكن نقرأ عمَّا **فعلوا** في الواقع عندما ارتحلوا. وقد تعلَّموا دروسًا من تعليم موسى كما من خبرتهم في رحلاتهم (لقد علَّم الربُّ يسوع تلاميذه من خلال «تعاليمه» مثل الموعظة على الجبل، وبينما كانوا يرافقونه في «رحلاته»).

الجدول البياني أعلاه هو كالسندويش المتعدِّد الطبقات. فنقرأ في الخروج 1-11 عن عذاب الشعب في مصر، ومن ثَمَّ نقرأ في الأصحاحات 12-18 كيف ارتحلوا إلى سيناء. وكلّ ذلك هو سرد. ونقرأ في الخروج 19-40 واللاويين 1-27 والعدد 1-10 أنَّهم كانوا ما يزالون في سيناء. وتمتلىء كلّ تلك الأجزاء المتتالية بالتشريعات.

ونقرأ في سفر العدد 10-12 أنّهم ارتحلوا من جديد من سيناء إلى قادش، وهي رحلة تستغرق أحد عشر يومًا. وكان أن تمرَّد الشعب خلال مكوثهم في قادش. وتكلَّم الربّ معهم في قادش وأعطاهم بعض التشريعات (الأصحاحات 13-20).

وتغطِّي الأصحاحات 20-21 من سفر العدد الرحلة من قادش إلى موآب. وقد غطّى أصحاحان فقط تلك الرحلة التي دامت ثمانيَ وثلاثين سنة. وتغطِّي الأصحاحات 22-36 كلام الربّ مع الشعب خلال انتظارهم الدخول إلى أرض الموعد. كذلك، فإنَّ الأصحاحات 1-34 من سفر التثنية تشمل حقبة الانتظار تلك.

يحتوي سفر العدد على الكثير من الحركة. أمَّا سفر التثنية فلا حركة فيه، ويحتوي النصف الأوَّل فقط من سفر الخروج على بعضها.

التشريعات

كما ذُكِر سابقًا، فإنَّ الربّ تكلَّم مع موسى «وجهًا لوجه» ثمانين مرَّة. وقد كان هذا الأمر مميَّزًا، إذ كان الآخرون يتلقَّون كلمة الربّ من خلال رؤًى وهم مستيقظون أو من خلال الأحلام وهُم نيام. وكان الناس يستشيرون الكهنة بواسطة **الأُوريم** (الأمر الشبيه بالقرعة) ليميِّزوا فكر الربّ.

تقابلَ موسى مع الربُّ أوَّل مرَّة على جبل سيناء، بعيدًا عن سائر الشعب. أمَّا بعد بناء خيمة الاجتماع فكان الربُّ ساكنًا في وسط شعبه. لكن كان خطر تواجُد الربّ معهم هو أن يعتادوا الأمر، ويفقدوا حسَّ الرهبة والاحترام وينسَوا قداسته. والقوانين المذكورة في سفر العدد ليست أخلاقيَّة أو اجتماعيَّة، بل أُعطيت لتمنع الناس من فقدان احترامهم للربّ. ويمكن تقسيم تلك القوانين تحت ثلاثة عناوين: التنبُّه والطهارة والنفقة.

1. التنبُّه

خلال التخييم

كان عليهم التَّنبُّه بأن ينصبوا خيامهم في المكان الصحيح (الأصحاح الثاني). فكان لكلّ سبط مكان خاص به بالمقارنة مع الأسباط الأُخرى، بالإضافة إلى وجود خيمة الاجتماع في الوسط. وبدا

المخيَّم إن كنت تنظر إليه من فوق على شكل «مستطيل فارغ» (انظر الرسم). والأُمَّة الوحيدة المعروفة بنصب الخيام على هذا الشكل هم المصريون. فقد كان هذا هو الأُسلوب المفضَّل لدى رعمسيس الثاني (وهو على الأرجح كان فرعون تلك الحقبة).

كانت خيمة الاجتماع محاطة بسور، وكان لها مدخل واحد. وكان شخصانِ فقط يخيِّمان خارج المدخل هما موسى وهارون. وكان سبط لاوي يخيِّم حول الجوانب الثلاثة الأُخرى، وكانت لعشائر السبط الثلاث مراري وجرشون وقهات مسؤوليَّاتٌ خاصَّة بها. ولم يكن بإمكان أيِّ أحد الاقتراب من السور، وأعطى الربُّ تعليمات بقتل كلّ من يقترب. فالربّ قدّوس ولا يمكن الاقتراب منه باستِهتار.

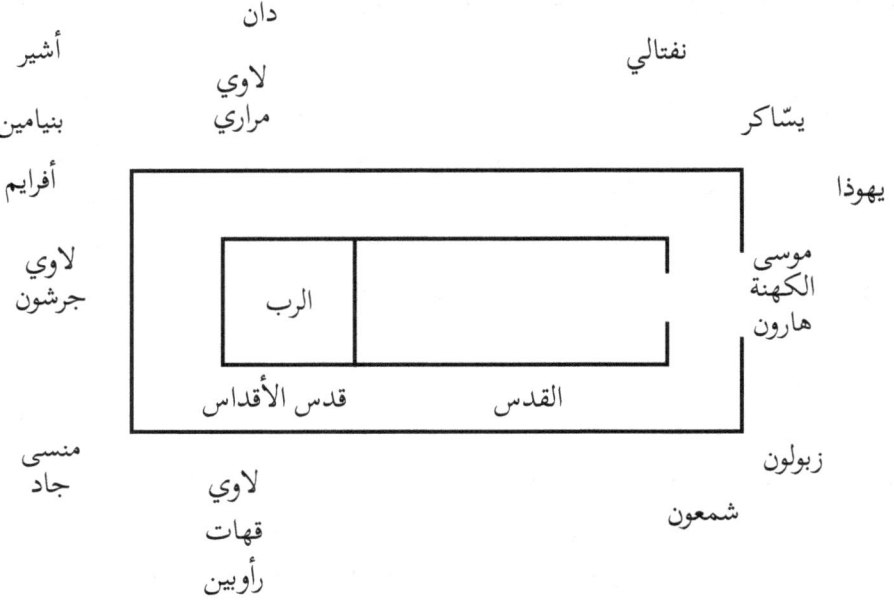

كانت الأسباط تتفرّق حول خيمة الاجتماع، ولكلٍّ منها شروط خاصة به ومكان معيَّن، بالنسبة إلى خيمة الاجتماع والمدخل إليها. وكان المكان الأهم هو أمام المدخل مباشرة حيث استقرَّ سبط يهوذا. وقد أتى المسيح لاحقًا من سبط يهوذا.

عند الارتحال

كان الجميع يتحرَّكون عند الارتحال بنمط مميَّز. وقد أُعطيت تعليمات دقيقة لفك خيمة الاجتماع ونقلها. فكان على الكهنة لفُّ الأثاث المقدَّس، ثمَّ كان اللاويّون يحملونه. وكان كلٌّ منهم يعرف أيّة قطعة أثاث يحمل، ومَن سيحمل الستائر، وبأيِّ ترتيب يجب أن تُحمل. وكان على بعض الأسباط

الانصرافُ قبل أن تُحمل قطع الأثاث. وعند ارتحال الجماعة كانوا ينصرفون على شكل «تقشير» ليمونة. وكانوا في كلِّ مرّة يرتحلون فيها يتحرّكون بالتنظيم عينه؛ حتّى حين كانوا يصلون إلى المخيَّم التالي كان كل سبط يعلم مسبّقًا المكان الذي يجب أن ينصب خيمته فيه.

كانت كل التعليمات مكتوبة بإسهاب. وكانت الأبواق الفضيَّة تُبوِّق معلنةً وقت الانطلاق من المخيَّم، وكان بنو يهوذا يقودون الجماعة وهم يسبِّحون.

وكانوا يعلمون متى ينتقلون بسبب تحرّك عمود السحاب من فوق خيمة الاجتماع (أو عمود النار في الليل). فالصورة واضحة: عندما يتحرَّك الربّ، يتحرَّك شعبه.

لماذا يهتَّم الربّ بكلّ تلك التفاصيل؟ لم تكن تلك هي الوسيلةَ الفُضلى لقيادة هذا العدد الكبير من الناس فقط، بل كانت الطريقة الأنسب للتخييم. كان يقول لهم: "تنبَّهوا!" فلا مكان لعدم المبالاة في مخيَّم الربّ، لأنَّ عدم تحمُّل المسؤوليَّة أمر خطير. والكلمة المعاصرة التي يمكن استخدامها كمرادف لكلمة عدم المبالاة هي كلمة «الاستهتار» أو الموقف القلبيّ الذي يقول: "أيُّ شيء ممكن أن يصلُحَ مع الرب."

كان الربّ يقول للشعب من خلال تلك التعليمات المفصَّلة أن يتنبَّهوا لأنَّه ساكن في وسطهم. وقد أشار أيضًا إلى نواحٍ أُخرى عليهم التنبُّه منها. وتُذكر بعض الخطايا في سفر العدد التي تُعدُّ خطايا «عدم التنبُّه». فكان الموت عاقبة عدم التنبُّه في يوم السبت. وكان عليهم تعليقُ الشُّرابات على ملابسهم لتذكيرهم بالصلاة. وكان عليهم أن يأخذوا النذور على محمل الجدّ. فإن أقاموا نذرًا للربّ، كان عليهم الإيفاء به. (نقرأ في سفر القضاة عن رجُل نذر بأن يقدِّم للربّ أوَّل كائن حيّ يقابله في الطريق. وكان أن قابلته ابنتُه!). وإن نذرَت زوجة نَذرًا للربّ، كان على الزوج أن يقبل أو يرفض النَّذر خلال أربع وعشرين ساعة.

2. الطهارة

بالإضافة إلى التنظيم الذي ساد المخيَّم، كان عليهم المحافظة على نظافة المخيَّم؛ فهؤلاء كانوا «شعب الربّ». حتّى إنَّهم أُعطُوا تعليمات بالنسبة لأُمور الصَّرفِ الصِّحّي. فكان عليهم استخدام الرفش للطمر عند قضاء حاجتهم للمحافظة على نظافة المكان. ولم يكن الربّ مهتمًّا بأمر الجراثيم فحسب، بل كان مهتمًّا بالحفاظ على «نظافة» المخيَّم لأنَّه إله طاهر. وينطبق هذا المبدأ في أيَّامنا إذ إنَّ كنيسةً مُهمَلة وقذرة هي إهانة لإلهنا.

لم يكن عليهم الحفاظ على نظافة **المخيَّم** فقط، بل نقرأ أيضًا عن تطهير **الشعب** قبل خروجهم من سيناء.

ونقرأ في الأصحاح التاسع عشر عن طقوس أُخرى مفصَّلة عن التطهير. فالموت مثلاً نجس. وبما أنَّ الربّ هو إله الحياة، ما كان يجب أن يُترك أيُّ أثر للموت في المخيَّم. وكانت هناك أيضًا «شَرِيعَةُ الْغَيْرَةِ»

للزوجات اللواتي يرتكبن الخيانة الزوجيّة. فالربّ يرى ما يحدث ويعاقب مرتكب الشرّ حتّى لو لم يكن هناك شهود. فهذا مخيَّمُه **هو**.

وربَّما يُستوحى القول»النظافة من الإيمان« من سفر العدد!

3. النَّفَقة

الذبائح والتقدمات

تُكلِّف الحياة بالقرب من إله قدّوس نفَقةً باهظة. فقد كانت الذبائح تُقدَّم نيابة عن الشعب يوميًّا وأُسبوعيًّا وشهريًّا. وكانت تُعدُّ بالمئات. وكان يجب أن تكون كلُّ ذبيحة الأغلى ثمنًا، لأنَّه لم يُقدَّم سوى أفضل الحيوانات.

وكان تقديم الذبائح يوميًّا وأُسبوعيًّا وتقديم ذبيحة خاصة في نهاية كلّ شهر أمرًا واضحًا بأنّ الحصول على الغفران من الربِّ مُكلِّفٌ جدًّا.

الكهنوت

أضف إلى كلّ ما سبق فإنَّ الكهنة كانوا يأخذون التقدمات. وكان قد تكرَّس 8,580 شخصًا من سبط لاوي (من أصل 22,000 شخصٍ وهو عدد أعضاء السبط) للخدمة قبل أن تركوا سيناء. وكان الكهنة واللاويّون يعتمدون على تقدمات الأسباط الأُخرى لأجل دعمهم مادِّيًّا.

إذًا، دعم الكهنوت بالإضافة إلى التقدمات الاعتياديَّة شكَّلَ «نفقة» كبيرة للشعب.

نتعلَّم من كلِّ هذا أن نتنبَّه اليوم إلى كيف يجب أن نتقدَّم من الربّ. ليس عليَّ أن أقدِّم كبشًا أو حمامة أو يمامة كذبيحة له، لكنْ لا يعني هذا ألَّا أقدِّم أيَّة ذبيحة. وتوجد ذبائح عدَّة في العهد الجديد، تمامًا كما في العهد القديم. فنقرأ عن ذبائح «الحمد» و«الشكر» مثلاً. وعلينا أن نسأل أنفسنا إن كنَّا نقدِّم الذبائح للربّ. فيجب علينا نحن أيضًا أن **نجهِّز** نفوسنا للعبادة.

يتكلَّم سفر العدد أيضًا عن نَذْرِ النَذِير الذي هو العهد بالتكريس الطوعيّ للربّ والالتزام الكلِّي له. إلا أنَّ ذلك ليس جزءًا من الكهنوت. ويتعهَّد النُّذُرُ بألَّا يقصُّوا شعور رؤوسهم، ولا يشربوا المسكر (كانت هاتان العادتان جزءًا من التقاليد الاجتماعية آنذاك)، ولا يمسُّوا ميتًا. وكانت بعض هذه العهود وقتيَّة، أمَّا بعضُها الآخر منها فكان لمدى الحياة. وصموئيل وشمشون هما النذيران الأكثر شهرةً في الكتاب المقدَّس. وقد توقّف نَذرُ النُّذُرِ في أيَّام عاموس.

ماذا يمكننا أن نتعلَّم من كل ما سبق ذكره؟

تسيطر في أيَّامنا نزعة عدم ممارسة الطقوس خلال العبادة، والاستعاضة عنها بالعبادة العَرَضيَّة،

متناسين أنَّ الربّ هُوَ هُوَ أمسًا كما اليوم. وعلينا نحن أيضًا أن نتقدَّم منه برهبة واحترام. ويذكِّرنا كاتب رسالة العبرانيين أنَّ إلهنا هو "نارٌ آكلة."

نقرأ في العهد الجديد كيف أنَّ الذين كانوا يجتمعون للعبادة كانوا يقدِّمون ترانيم، وكلمات، ونبوّات، وألسنة، وتفسيرات. فهذا كلّه يدلّ في العهد الجديد على التقدّم أمام الرب بالذهن الصحيح.

يذكِّرنا سفر العدد بأنَّه علينا أن نعبد الربّ بالطريقة التي يراها **هو** مناسبة وليس بحسب استحساننا نحن. فالعبادة المعاصرة تركِّز على استحسان الأفراد من ناحية أنواع الترانيم مثلاً. وننسى أنَّ ما نفضِّله لا يمتّ بصِلة إلى أهميَّةِ أن تكون عبادتنا مُوافِقة لما يريد الربّ.

يذكر العهد الجديد أيضًا ذبائح الحمد والعطاء: «قَبِلْتُ ... الأَشْيَاءَ الَّتِي مِنْ عِنْدِكُمْ، نَسِيمَ رَائِحَةٍ طَيِّبَةٍ، ذَبِيحَةً مَقْبُولَةً مَرْضِيَّةً عِنْدَ اللهِ.» ونقرأ في العهد القديم أنَّ الربّ قَبِل بِسُرور رائحة الحمل المقدَّم ذبيحة على النار. ويمكن لذبائح الشكر التي نقدِّمها للربّ أن تسرَّهُ أيضًا اليوم.

السرد

ننتقل في السرد المذكور في سفر العدد من أقوال الربّ إلى أعمال البشر ـ أي كيف كان **يجب** على الناس أن يتصرَّفوا، وكيف **تصرَّفوا** بالفعل. وقد كانت البرِّيَّة أرض امتحان لهم. فعلى الرُّغم من أنَّهم خرجوا من مصر، فلم يكونوا قد وصلوا إلى أرض الموعد، وكان من الصعب عليهم تحمّل عدم الاستقرار.

علينا أن نتذكَّر أنَّ الشعب كانوا في عهد مع الربّ. لقد ارتبط بهم، وسيُبارِك طاعتهم ويعاقب عصيانهم. ونقرأ عن الخطايا عينها التي ارتُكبت في الخروج 16-19 والعدد 10-14. لكن تمّ انتِهاك القانون في سفر العدد فقط، لذا طُبِّقت العقوبات هناك. ويساعد ناموس الربّ على معرفة الصواب والخطإ، لكنَّه لا يساعد على فعل ما هو صواب. وهو لم يغيِّر طريقة تصرّفهم، بل جلب معه الشعور بالذنب والدينونة والعقاب. لهذا كان الناموس الذي أُعطي في يوم الخمسين بعد خروجهم من مصر غير كافٍ، بل كان من الضروري إرسال الروح القدس في مثل ذلك اليوم. فمن دون قوّة إلٰهيَّة لا يمكننا حِفظُ القانون الإلٰهيّ.

القادة

نلقي الضوء أوَّلاً على قادة الشعب لنرى كيف حاولوا العيش على المستوى الذي يتطلَّبه الناموس وفي أيَّة ناحية فشلوا في ذلك. كانوا من عائلة واحدة: شقيقين وأختا، موسى وهارون ومريم. ويخبرنا الوحي عن نقاط قوَّتهم ونقاط ضعفهم.

نقاط القوَّة

موسى

موسى هو الشخصيَّة البارزة في السفر. وكان نبيًّا وكاهنًا وملكًا.

رأينا في السابق كيف أنَّ بعض الأنبياء الآخرين رأوا رؤًى وأحلامًا، لكنَّ موسى تكلَّم مع الربّ وجهًا لوجه في خيمة الاجتماع. وقد سُمح له أن يرى جزءًا منه إذ رأى «ظهره».

وقام بدور الكاهن أيضًا، إذ تشفَّع خمس مرَّات أمام الرب. وبالفعل، فإنَّه في أحيان كثيرة أظهر شجاعة بالطريقة التي صلَّى فيها إلى الربِّ لأجل الشعب، وذكَّره بوعوده.

لم يُدعَ «ملكًا» قطّ، وكان ذلك بالطبع قبل قرون من نشوء الحكم الملكيّ، لكنَّه قاد الشعب في المعارك وحكم عليهم وقام بأعمال الملوك، رُغمَ عدم استخدام اللقب.

من أهم الأُمور التي ذُكِرت عن موسى أنَّه عندما كان يتم انتقاده، أو تُساء معاملته، أو عندما كان يخونه أحدهم، لم يحاول الدفاع عن نفسه. وقد كُتِب عنه أنَّه كان من أكثر الرجال حِلمًا أو وداعةً – ومن الصعب جدًّا التزام قولٍ كهذا! وكأنَّه يقول لنا كقول الربِّ يسوع إنَّ علينا أن نتعلَّم منه لأنَّه وديع ومتواضع القلب. وقد سمح موسى للربّ بأن يدافع عنه. والوداعة ليست ضعفًا، لكنَّها تعني أن لا تدافع عن نفسك.

هارون

كان هارون أخو موسى «الناطقَ باسْم» موسى حين كان يتقدَّم أمام فرعون في مصر. وكان نبيًّا أيضًا. وكان كاهنًا "مرسومًا"، لا بل رئيسَ الكهنة. وقام كهنوت هارون بدور أساسي في العبادة والطقوس الدِّينيَّة لشعب الربّ في القديم.

مريم

كانت مريم أُختَ موسى وهارون. وكانت معروفة بكونها نبيَّة. وقد رقصت ورنَّمت بفرح عندما غرق المصريُّون في البحر.

إذًا، لدينا موسى النبيُّ والكاهن والملك، وهارون النبيُّ والكاهن، ومريم النبيَّة. لاحظ أنَّهم تشاركوا في المواهب، وأنَّ موهبة النبوَّة هي للنساء، تمامًا كما هي للرجال. وقد عبَّرت مريم عن نبوّتها من خلال ترنيمة. فهناك رابط مباشر بين النبوَّة والموسيقى. وقد اختار الملك داود بعد عدَّة سنين قُوَّاد التسبيح الذين كانوا أنبياء أيضًا. وكان أليشع يطلب أن تُعزَفَ الموسيقى كمقدِّمة لنبوَّته. فيبدو أنَّ النوع الموسيقيَّ الصحيح يُطلِق روح النبوَّة.

ولكنْ، رُغمَ القوّة والمواهب التي تمتَّع بها هؤلاء القادة، أخفقَ كلٌّ منهم بطريقة أو بأُخرى. ومن المفيد أن نتعمَّق في دراسة فشلهم بالتفصيل.

نقاط الضعف

مريم

كانت مشكلة مريم الحسد؛ فقد أرادت أن تتلقى الإكرام. وأرادت أن تتكلَّم مع الربّ كما فعل

موسى. أضِف إلى أنَّها هزِئَت باختياره لزوجته. وكان عقابها أنَّها أُصيبت «بالبرَص» سبعةَ أيَّام إلى أن تابت عن خطيَّتها. وكانت بين الذين ماتوا في قادش.

هارون

فشل هارون أيضًا في جزء من قيادته. وكانت مشكلته الحسد والرغبة في تلقِّي الإكرام، تمامًا كمريم. انتقد هو ومريم موسى، وكانت حجَّتهما أنَّه تزوَّج بفتاة لم يريا أنَّها مناسبة له (تزوَّج بكوشيَّة كانت قد خرجت معهم من مصر، ولم تكن عبرانيَّة). لم ينتقده الربّ على فعلته تلك، بل انتقده مريم وهارون.

وهكذا مات هارون على جبل هُور الذي يبعد قليلاً عن قادش. وكان قد ناهز المئة سنة. فقد مات هو ومريم بعد أن عبَّرا عن حسدهما ورغبتهما في الإكرام بفترة قصيرة.

موسى

حتَّى موسى فشل. فقد نَفِدَ صبره من الشعب. ويخبرنا العهد الجديد أنَّه احتمل الشعب أربعين سنة في البرِّيَّة. وكانت قيادة ما يفوق المليوني نسمة من الشعب المتذمِّر الذي كان أفراده يتقدَّمون إليه لحلِّ خلافاتهم، أمرًا صعبًا جدًّا.

وكانت غلطته الكبيرة أنَّه عصى تعليمات الرب بالنسبة إلى إخراج الماء من الصخرة. وكان قد حصل مرَّةً أنَّه ضرب الصخرة فخرجت المياه. ومن ميزة صخور صحراء سيناء المكوَّنة من الحجارة الكلسية أنَّها تحجز المياه داخلها. وهناك فائض من المياه في تلك الصحراء، إلاَّ أنَّها مخبأة داخل الصخور. وقد تدفَّق الماء من تلك الصخرة بمجرَّد أن ضربها موسى.

أمَّا في هذه الحادثة، وهي المرَّة الثانية التي احتاج الشعب فيها إلى الماء، فقد طلب الربُّ من موسى أن يُكلِّم الصخرة بدل أن يضربها. لكن صبره كان قد نَفِدَ بسبب تذمّر الشعب، فلم يسمع لتعليمات الربّ بانتباه، بل ضربَ الصخرة مرَّتين. فقال له الربّ إنَّه لن يدخل أرض الآباء لأنَّه عصى أمرَه. وهذا تذكير أساسي بأهميَّة أن يسمع القائد للربّ بانتباه. ثُمَّ مات موسى على جبل نبو مقابل أرض الآباء، لكنَّه لم يدخلها.

يخبرنا سفر العدد أنَّ قيادة شعب الربّ مسؤوليّة كبيرة. وعلى من يقوم بها أن يعملها بالطريقة الصحيحة، وبحسب إرادة الربّ.

الأفراد

نقرأ في هذا السفر عن عدّة أفراد عَصَوا أمر الربّ. وكان من أهمِّهم رجُلٌ يُدعى قورح. فنقرأ أنَّه قاد تمرُّدًا لأنَّه كان غاضبًا من أجل كون الكهنوت حكرًا على سُلالة هارون. وقد انضمَّ إليه آخرون حتى أصبح العدد مئتين وخمسين شخصًا يتحدَّون سلطة موسى وكهنوت هارون. وكانت حجَّتهم

أنَّهم لا يستطيعون التصديق أنَّ الربّ قد اختار موسى وهارون، وقد انتقدوا فشلهما في قيادة الشعب نحو أرض الآباء.

سبَّب كلُّ ذلك بلبلة، وطلب موسى من الشعب أن يبتعدوا عن خيام المُتمرِّدين. ونزلت نار من السماء وضربت خيامهم وأهلكتهم. وكان قورح قد رأى النار نازلة فهرب مع بعض أتباعه، إلاَّ أنَّهم ابتُلِعوا في مستنقع رمليّ وسط الصحراء. (توجد في صحراء سيناء بعض المساحات من الوحول التي يكون سطحها قاسيًا، لكنَّها تكون طريَّة جدًّا من الداخل، تمامًا كقشرة الجليد فوق بركة ماء. فكانت مثل الرمال المتحرِّكة أو المستنقعات الماكرة).

على الرغم من كلّ ذلك، كتب أبناء قورح بعض المزامير. إذ لم تتبعه عائلته في ثورته، وقد أصبح أولاده في ما بعد مرَّنمين في الهكيل. فلا يجدر بنا أن نتبع أهالينا عندما يقومون بأعمال شرِّيرة.

ويُذكر قورح في رسالة يهوذا في العهد الجديد كتنبيه للمؤمنين أن لا يتذمَّروا من أجل تعيينات الربّ، وأن لا يشعروا بالحسد.

عندئذ، أعلن موسى أنَّهم سيقومون بامتحان يُظهِر ما إذا الربّ قد اختاره وأخاه لِذَينِكَ المنصبين. فطلب من رؤساء الأسباط أن يجلبوا بعض الأغصان من بعض الشُّجيرات في الصحراء، وأن يضعوها في القدس أمام الربّ طوال الليل. وكان في الصباح أنَّهم رأوا عصا هارون قد أزهرت وأورقت وأنتجت فاكهة. أمّا الأغصان الأُخرى فيبست. ومنذ ذلك الحين، وُضِعَت عصا هارون في تابوت العهد كبرهان من الربّ أنّه مختار من قِبَلِه ولم يعيِّن نفسه بنفسه.

الشعب

سبَّب الشعب ككلٍّ متاعب عديدة، وكذلك سبَّب بعض الأفراد. نقرأ في سفر أعمال الرسل أنَّ الربّ **احتمل** تصرُّفهم أربعين سنة في البرِّيَّة. ويخبرنا سفر العدد أنَّ كلّ الشعب أخطأُوا ما عدا اثنين منهم: اثنان من أصل مليونيَ شخصٍ، وهي نسبة ليست عالية. لقد عانى الشعب مشكلةً عموميَّة وفشلوا في ثلاثة أحداث أساسيَّة.

التذمُّر

كان «التذمُّر» هو مشكلة الشعب الرئيسيَّة. ولا يتطلَّب التذمّر أيّة موهبة أو ذكاء أو قوّة شخصيَّة أو إنكار للذات، بل هو من أسهل الأُمور في العالم.

ظنَّ الشعب أنَّ الربّ لا يعلم ما يتفوّهون به في خيامهم، إذ كان يسكن في خيمة الاجتماع. يا له من خطإٍ فادح! تذمَّروا من عدم وجود الماء، وتذمَّروا من أنَّ الطعام كان نفسه في كلِّ يوم. ونقرأ أنَّهم تذمَّروا لأنَّهم لم يحصلوا على البصل والثوم والسمك والقثاء والبطيخ والكرّاث كما في مصر. فسمع الربّ تذمُّرهم وردَّ بالطريقة المناسبة؛ فأرسل إليهم طائر السلوى لإضافته على غذائهم المكوّن من

المنّ. وقد أرسل كميَّة كبيرة منه حتَّى إنَّ الطيور غطَّت مساحة اثني عشر ميلاً مربَّعًا (31كلم²) بارتفاع متر ونصف المتر! فخرج الناس لالتقاط السلوى، وبينما هم يأكلون، ضربهم الربُّ بالطاعون لأنَّهم رفضوا معاملاته معهم.

يبدو أنَّ التذمُّر يسبِّب أذًى لشعب الربّ أكثر من أيَّة خطيَّة أُخرى.

واحة قادش

جرت أوَّل حادثة فشل عندما وصلوا إلى الواحة الأخيرة على بعد ستة وستِّين ميلاً (نحو 106كلم) جنوب غرب البحر الميت، (تُدعى اليوم عين قادش) في صحراء النَّقَب. وطلب منهم الربّ أن يُرسلوا اثني عشر كشَّافًا أي كشَّافًا واحدًا من كلّ سبط ليتجسَّسوا الأرض ويرجعوا ويخبروا الشعب كيف هي. فمكثوا هناك أربعين يومًا في الجنوب حول حبرون، ومن ثَمَّ ذهبوا نحو أقصى الشمال. وكانت نتيجة تقريرهم سلبيَّة. فنشروا الشائعة بأنَّ الأرض ستبتلعهم، ومن الأفضل لهم أن يعودوا إلى مصر.

لكنَّ اثنين من الكشَّافة، وهما كالب ويشوع، قالا إنَّ الربّ كان معهم وكشعب ليس هناك ما يخافونه. ووافقا على أنَّ الأرض محصَّنة جدًّا وأنَّ سكَّانها عمالقة. ونحن نعلم من الاكتشافات الأثرية أنَّ متوسِّط طول العبد العبراني كان قصيرًا مقارنة بالشعب الكنعاني. ووافقا على أنَّ أسوار المدينة شكَّلت عقبة. لكن كانت حجَّتهما أنَّ الربّ لم يقُد شعبه إلى البرِّيَّة ليُهلِكه، بل سيحمله على كتفيه (كما يشعر الولد الصغير كأنَّه عملاق عندما يحمله أبوه على كتفيه).

كانت الحجَّة السلبيَّة التي قدَّمها الجواسيس العشَرة مقنعة أكثر. وقد أراد الجمع أن يرجموا موسى وهارون لأنَّهما أتيا بهم كلّ تلك المسافة. وكانت قد مضت ثلاثة أشهر فقط منذ أن خرجوا من مصر، لكنَّهم كانوا على استعداد لقتل موسى وهارون لأنَّهما أخرجاهم من العبوديَّة! وفضَّلوا أن يثقوا بكلام الجواسيس العشرة. وَثِقوا بحُكم الأغلبيَّة، إلاَّ أنَّه كان معاكسًا لمقاصد الربِّ هذه المرَّة.

يبدو التناقض واضحًا في التقريرين. فالرجال العشرة قالوا إنَّهم لن يستطيعوا أن يدخلوا الأرض، وحزَموا أمرهم. أمَّا يشوع وكالب فقالا: "نحن لا نستطيع، لكنَّ الربَّ يستطيع." ولم يكن موقفهما مجرَّد تفكير بطريقة إيجابيَّة، بل كان استعدادًا لرؤية المشاكل كفرص لإظهار الربّ لذاته.

وكنتيجة لنظرة عدم الإيمان عند الأغلبية، حلف الربُّ بأنْ لا أحد من ذلك الجيل سيدخل أرض الموعد ما عدا يشوع وكالب. ونقرأ أنَّه حلف بنفسه، لأنَّ ليس مَن هو أعلى منه فيحلف به.

كانوا قد تجسَّسوا الأرض أربعين يومًا، فقال الرب إنَّهم سيقضون سنة في البرِّيَّة مقابل كلّ يوم قضَوه في التجسّس، ووصلوا على أثره إلى نتيجة سلبية. لقد جعل القِصاصَ يناسب الجريمة. فأصبحت هذه الحادثة مفصليَّة وما زلنا في الثُّلث الأوَّل من السفر. ولو أنَّهم أطاعوا الربَّ، لما كانت الأحداث التالية قد تمَّت.

وادي «العقارب»

وحدث أنَّه بعد انتصارهم الباهر على ملك عراد الكنعاني أنَّهم جرَّبوا الربّ وفشلوا.

نزلوا في طريق أتاريم الذي يُدعى «وادي العقارب» ويقع تحت جبل هور. وكانت تلك البقعة معروفة بكثرة العقارب والحيَّات. ومجدَّدًا ابتدأ الشعب بالتذمّر أمام الربّ، مُعاوِدين التأفُّف من الطعام المتوافر في البرِّيَّة وطالبين العودة إلى مصر.

فعاقبهم الربُّ هذه المرّة بأن أرسل الحيَّات السامَّة فلدَغَت الكثير منهم وماتوا. فطلبوا من موسى أن يصلّي لأجلهم بعدما أدركوا الخطيَّة التي ارتكبوها. لم يُوقِف الربّ الحيَّات، بل أرسل دواء لِلَدغاتها. فعلَّق موسى حيَّة نُحاسيَّة على عمود في رأس الجبل المطلّ على الوادي. ولم يمتْ كلّ من لدَغَته حيّة ونظر إلى الحيَّة النُّحاسيَّة المعلَّقة. فكلّ ما كانوا بحاجة إليه هو الإيمان بأنّ هذا هو الحل.

صحراء موآب

حدثت الأزمة الثالثة والأخيرة عندما وصلوا إلى صحراء موآب. وكانوا قد أحرزوا عددًا من الانتصارات في طريقهم إلى هناك. وأرادوا أن يمرّوا في وسط أدوم، إلاَّ أنَّ طلبهم لم يلقَ ردًّا إيجابيًّا، على الرغم من ترابطهم التاريخي مع ذلك الشعب (كان أدوم من نسل عيسو أخي يعقوب). اشتعلت عندئذٍ معركة وأعطاهم الربّ النصرة على أدوم وموآب، فزادت ثقتهم بأنفسهم. وأقاموا بالقرب من الأُردنّ المتاخم لأرض الآباء.

لكن كان هناك من يعارض تقدَّمهم نحو أرض كنعان. فقد قرَّر سكَّان عمُّون وموآب الذين يملكون أراضيَ عند حدود أرض الآباء، أن يُفشِّلوا خُطَّتهم فاستأجروا لهذا عرَّافًا من سوريا.

كان العرَّاف الذي أتى من دمشق يُدعى بلعام. وقد ذاع صيته لرؤية سقوط الجيوش التي يلعنها. لكن لم يُطلب منه قطّ أن يلعن إسرائيل، وقد شرح لمستأجريه أنَّه لا يقول إلاّ ما يخبره الربّ به! وكان من العادة أن يلعن العرَّافُ العدوَّ قبل المعركة، لذا طُلب من بلعام أن يلعن بني إسرائيل. فحاول أن يفعل ذلك طمعًا بالأُجرة التي كان سيتقاضاها، إلاَّ أنَّه لم يستطع أن يلعن الشعب، بل باركه بالأحرى.لم يستطع أن يمنع نفسه من فعل ذلك!

أعلن بلعام أنّ الربّ سيبارك الشعب ويضاعف عدده ـ وكانت هذه نبوّة عن داود الملك وابن داود. وها نحن لدينا قصَّة تَحكي عن إنسانٍ غير مؤمنٍ يبارك شعب الربّ.

وتذكر الحادثة أمرًا غير اعتيادي عن حمار رفض أن يتقدَّم في السير عندما رأى ملاكًا واقفًا أمامه. وعندما ضرب بلعام الحمار ليتحرَّك، تكلَّم الحمار أخيرًا وأخبره لماذا لم يتحرَّك! (والذين يشكِّكون في صحَّة تلك الحادثة ينسَون أنَّه ممكن للأرواح الصالحة أو الشرِّيرة أن تسكن الحيوانات. ولدينا مثالان من الكتاب المقدَّس، وهما الحيَّة في جنَّة عدن وإرسال الربِّ يسوع الأرواحَ الشرِّيرة لتسكن في الخنازير). فالرسالة واضحة: كان الحيوان يفكِّر بطريقة منطقيَّة أكثر من بلعام!

وأتت نهاية القصَّة حزينة إذ تنبَّه بلعام إلى طريقة يسحب فيها الأموال من ملكي موآب وعمّون. فطلب منهما أن ينسيا موضوع لعن الشعب ويستعيضا عنه بإرسال بعض البنات الجميلات لإغواء رجال إسرائيل. وبما أنَّ أيَّة علاقة جنسيَّة خارج إطار الزواج كانت محرّمة في الناموس، فقد تمّت تلك العلاقات خارج المخيّم. لكن تجرَّأ رجل يُدعى زُمري بأن يجلب فتاة إلى أمام باب خيمة الاجتماع.

فلمّا رأى رجل يُدعى فينحاس ما يجري، أخذ رمحًا وطعن الرجل والمرأة. فحصل بذلك على ميثاق كهنوت أبديّ لنفسه ولعائلته. فقد كان هو الرجُلَ الوحيد الذي دافع عن بيت الرب مقابل ما جرى. ربَّما تظهر الدينونة قاسية. لكن لنتذكَّرْ أنّ الشعب كان متجهًا نحو أرض الآباء، وكان الفجور سيواجههم على أنواعه. فكانت هناك إلاهات الخصوبة، وتماثيل السحر، والشعائر الجنسيّة، وكلّ أنواع الفحش. لذا، كان عليهم أن يتنبَّهوا إلى أنَّ جميع تلك الأُمور مكرهة لدى الربّ.

ماذا يمكننا أن نتعلّم من سفر العدد؟

كُتِب سفر العدد للشعب اليهودي حتَّى تتعلّم الأجيال المستقبليّة مخافة الربّ. وكُتِب أيضًا لأجلنا نحن المؤمنين لنتعلَّم من أخطائهم. وقد رأينا أنَّ بولس كتب إلى الكورنثيين أنَّ كلّ تلك الأحداث كُتبت «كمثال» لنا حتّى نتنبّه فلا نتصرّف مثل الشعب، فنفشل في الوصول كما فشلوا هم. فالكتاب المقدَّس، كما قال كاتب رسالة يعقوب، كمرآة ننظر فيها أنفسنا. ويمكننا العيش ومن ثَمَّ الموت في البرِّيَّة، ويمكننا النظر إلى الوراء إلى «مباهج الخطيَّة» فلا نعود نستطيع التطلُّع إلى الأمام حيث يقدّم لنا «الرب الراحة» في الأرضِ البهيَّة.

يمكننا أن نتعلَّم أكثر عن شخصيّة الرب من هذا السفر. وقد استُشهد بالفكرتين التوأمين لِلُّطف والصَّرامة أكثر من مرّة في العهد الجديد في رسائل رومية والعبرانيين ويهوذا وبطرس الثانية.

ويذكر يهوذا في رسالته أيضًا قورح وبلعام. فالتذمُّر كان مشكلة كبيرة في الكنيسة الباكرة تمامًا كما كان في وسط الشعب. وعندما يتذمّر الشعب ويئنُّ يُدعى ذلك "أصلَ مرارة" يمكن أن يَنبُتَ داخل الشركة ويسبِّب اضطرابًا.

ويذكّرنا العهد الجديد بأنّنا أسماءٌ ولسنا أعدادًا. حتّى شعور رؤوسنا هي معدودة. وأسماؤنا مكتوبة في «سفر الحياة»، ويؤكّد بعضٌ أنَّها يمكن أن تُمحى من هناك.

ماذا يخبرنا سفر العدد عن الرب؟

يخبرنا سفر العدد أنَّه يوجد جانبان لشخصيَّة الربّ. ويلخِّص الرسول بولس ذلك في قوله: "فَهُوَذَا لُطْفُ اللهِ وَصَرَامَتُهُ..."

1. نرى من ناحيةٍ تأمين الربّ للشعب الطعامَ والماء والثياب والأحذية. ونراه يؤمِّن لهم الحماية من أعدائهم الذين يفوقونهم في الحجم والعدد. ونرى حفظه للأُمَّة رُغمَ شرِّها.

2. نرى عدله من ناحية أُخرى؛ فهو أمين لعهده بأن يعاقب الشعب إن هم أذنبوا. وقد تضمَّن ذلك التأديب، وحرمانهم من الميراث إن أصرُّوا على التَّمادي في طريقهم وعدم إطاعته. ونحن نتعامل مع الإله القدوس نفسِه وعلينا أن نهابه.

ماذا يقول سفر العدد عن الربِّ يسوع؟

1. كما جال الشعب في البرِّيَّة أربعين سنة، هكذا مكث الربُّ يسوع في البرِّيَّة أربعين يومًا يُجرَّب.
2. تشتهر الآية الواردة في يوحنا 16:3، ولكنْ ليس كذلك الآية التي قبلها: "وَكَمَا رَفَعَ مُوسَى الْحَيَّةَ فِي الْبَرِّيَّةِ هكَذَا يَنْبَغِي أَنْ يُرْفَعَ ابْنُ الإِنْسَانِ."
3. يؤكِّد يوحنّا أيضًا أنّ الربَّ يسوع هو «المنّ» أي «الخبز النازل من السماء».
4. ولدهشتنا، يتكلّم الرسول بولس عن الماء المتدفِّق من الصخرة المضروبة، ويقول بأنَّ تلك الصخرة ما كانت إلاّ المسيح.
5. نقرأ في رسالة العبرانيين أنَّه إن كانت ذبيحة حيوان تُقدِّم مغفرة، فكم بالأحرى دم المسيح.
6. واللافت للنظر أنَّ بلعام النبيَّ الكذَّاب تنبَّأ بالصواب عن الربِّ يسوع! "أَرَاهُ وَلكِنْ لَيْسَ الآنَ. أُبْصِرُهُ وَلكِنْ لَيْسَ قَرِيبًا. يَبْرُزُ كَوْكَبٌ مِنْ يَعْقُوبَ، وَيَقُومُ قَضِيبٌ مِنْ إِسْرَائِيلَ". ومنذ ذلك الحين بدأ كل يهودي تقيٍّ يترقَّب نجمة الملك الآتي، وهي التي أرشدت المجوس إلى بيت لحم.

بركات الشركة مع الربّ

ربّما الآية الأكثر شهرة في هذا السفر هي الآية المذكورة في الأصحاح السادس والعدد الرابع والعشرين: "يُبَارِكُكَ الرَّبُّ وَيَحْرُسُكَ. يُضِيءُ الرَّبُّ بِوَجْهِهِ عَلَيْكَ وَيَرْحَمُكَ. يَرْفَعُ الرَّبُّ وَجْهَهُ عَلَيْكَ وَيَمْنَحُكَ سَلاَمًا." وتلك كانت البركة التي أعطاها الربّ لهارون ليقولها للشعب حين ارتحلوا في الجزء الثاني من رحلتهم. وهي تحمل كل علامة تشير إلى وحي الربّ لأنَّها متكاملة حسابيًّا. فعندما يتكلَّم الربّ تكون لغته متكاملة حسابيًّا. وقد أتت البركة في اللّغة العبريّة في شكل ثلاث جمل:

يُبَارِكُكَ الرَّبُّ وَيَحْرُسُكَ

يُضِيءُ الرَّبُّ بِوَجْهِهِ عَلَيْكَ وَيَرْحَمُكَ

يَرْفَعُ الرَّبُّ وَجْهَهُ عَلَيْكَ وَيَمْنَحُكَ سَلاَمًا

وتوجد في **اللّغة العبريّة** ثلاث كلمات في الجملة الأُولى، وخمس كلمات في الجملة الثانية، وثلاث كلمات في الجملة الثالثة. ويوجد خمسة عشر حرفًا في الجملة الأُولى، وعشرين حرفًا في الجملة الثانية، وخمسة وعشرون حرفًا في الجملة الثالثة. ويوجد اثنا عشر مقطعًا لفظيًّا في الجملة

الأُولى، وأربعة عشر مقطعًا لفظيًّا في الجملة الثانية، وستّة عشر مقطعًا لفظيًّا في الجملة الثالثة. وإن استُثنِيَت كلمة «الربّ» يبقى المجموع إثنتي عشرة كلمة عبريّة. فكل ما تبقّى لنا هو الرب وأسباط الأُمَّة الاثنا عشر! وهذه عمليّة حسابية متكاملة. حتى في لغتنا نجد انسجامًا موسيقيًّا بين الأسطر. ويحتوي كل سطر على فعلين، حيث يُكمِّل الفعلُ الثاني الفعلَ الأوّل.

تنطبق هذه البركة على المؤمنين اليوم وهي تقدّم **النعمة والسلام**. وهذه هي البركة المسيحيّة المقدّمة في الرسائل: "نِعْمَةٌ لَكُمْ وَسَلاَمٌ مِنَ اللهِ أَبِينَا وَالرَّبِّ يَسُوعَ الْمَسِيحِ." ويمكننا نحن أيضًا أن نتمتّع ببركات الشركة مع الربّ كما تمتّع بها الشعب في القديم، إن كنّا نستفيد من الدروس الموجودة في سفر العدد.

التثنية

المقدِّمة

يحتوي كلّ معبد يهوديٍّ على خزانة كبيرة تكون عادة مغطَّاة بستارة أو حجاب. وتوجد في داخل تلك الخزانة مخطوطات ملفوفة بقماش مخرّم جميل. وهذه المخطوطات هي ناموس موسى، وتُدعى التوراة أي «التعليمات» وهي تشكِّل أساس العهد القديم كلّه. وتُقرأ كاملةً مرَّة واحدة في كلِّ سنة.

وعندما كانت مخطوطة تؤخذ من الخزانة وتُفتح كانت تظهر العبارة الأُولى فيُسمَّى السفر بها. فسُمِّي سفرُ التثنية بكل بساطةٍ «الكلام» لأنَّ العبارة الأُولى المذكورة فيه هي «هذَا هُوَ الْكَلاَمُ». وعندما تُرجم النص العبري إلى اليوناني كان المترجمون بحاجة لأنْ يجدوا عُنوانًا مناسبًا. وهكذا أتت كلمة «التثنية» أو «Deuteronomy» في اللغة الإنكليزيَّة، وهي مُركَّبةٌ من كلمتين يونانيَّين، الكلمة الأُولى هي deutero وتعني «مرّة ثانية»، والكلمة الثانية هي nomos وتعني «الناموس».

إذًا، يقدِّم لنا لاسم فكرة عن محتويات السفر. فنرى الوصايا العشر ترد هنا من جديد كما في سفر الخروج.

قراءة ثانية

لماذا ضرورةُ تكرار الوصايا العشر من جديد؟ كذلك، فإنَّ عدد القوانين التي قدَّمها موسى هي ست مئة وثلاثة عشر قانونًا، ومعظمها يُعاد تكراره في هذا السفر.

لماذا؟

نجد الدليل في سفر العدد. فقد كُتِب سفر التثنية بعد كتابة سفر الخروج بأربعين سنة. وخلال تلك الأربعين سنة مات جيل كامل. هؤلاء هم البالغون الذين خرجوا من مصر، وعبروا البحر الأحمر، ونصبوا خيامهم في سيناء، وسمعوا الوصايا العشر أوَّل مرَّة. ففي وقت كتابة التثنية كانوا جميعهم قد ماتوا (ما عدا موسى ويشوع وكالب)، إذ كانوا قد كسروا الناموس بسرعة فمنعهم الربّ من الدخول إلى أرض الآباء. وكان عقابهم أن يتوهوا في البرِّيَّة أربعين سنة حتى يفنى جيل كامل.

وكان الجيل الجديد ما يزالون أولادًا حين عبروا البحر الأحمر وسكنوا في سيناء. فبالكادِّ تذكَّر بعضُهم ما حصل عندما خرج آباؤهم من مصر؛ وبالطبع فهم لا يتذكَّرون قراءة الناموس على جبل سيناء. فعلى كلِّ جيل أن يجدِّد العهد مع الربّ.

يوجد سبب آخر للتكرار، وهو يعود إلى عامل الوقت. فقد آن الآوان لدخول أرض كنعان. وقد عاشوا في البرِّيَّة منفردين، وها هم يتقدَّمون إلى أرضٍ يسكنها أعداؤهم. لذلك تمَّت قراءة الناموس مرَّة أُخرى بينما كانوا على ضفاف نهر الأُردنّ حتَّى يعرفوا ما الذي يتوقَّعه الربّ منهم.

أضف إلى كلِّ ذلك أنَّ قائدهم موسى لم يكن سيدخل الأرض معهم. فقد خسر حقَّه بدخولها لأنَّه عصى أمر الربّ عندما أعطاهم الماء من الصخرة. وأظهر الربّ له أنَّه سوف يموت بعد سبعة أيَّام فقط. لذا، أراد موسى أن يتأكَّد بأنَّ الجيل الجديد يعرف ماضيَهُ وبأنَّه جاهز لمواجهة المستقبل. وكذلك أيضًا رأوا معجزة انشقاق الماء إلى قسمين، لكن هذه المرَّة في نهر الأُردنّ. لقد أراد الربّ أن يريهم قوَّته العجائبيَّة، تمامًا كما رآها الجيل السابق.

من الضروري معرفة الظرف الذي أُعطي فيه الناموس ثانيَ مرَّة. فقد سمح الربّ للشعب بالعبور في البحر الأحمر، ومن ثَمَّ أقام عهده معهم على جبل سيناء. فلم يخبرهم كيف يجب أن يعيشوا قبلما أنقذهم. وتتكرَّر هذه الفكرة خلال الكتاب المقدَّس: فأوَّلاً يُظهِر الربّ نعمته بأن يخلِّصنا، ومن ثَمَّ يشرح لنا كيف يجب أن نحيا.

كان لهذا الجيل الجديد امتياز رؤية إنقاذ الربّ لهم من خلال العبور وسط نهر الأُردنّ الذي كان يصعب المرور في وسطه إذ كان في فترة الفيضان. وبعد اختبار تلك المعجزة كان عليهم الاختبار مجدَّدًا لِما حصل في جبل سيناء (هذه المرَّة في جبل عيبال وجبل جرزِّيم) حيث ستُكرَّر على مسامعهم بركات الربّ ولعناتُه. وكأنَّ كلّ ذلك كان إعادةَ عرضٍ في نهاية الأربعين سنة لجيل جديد بالكامل.

إذًا جرت أحداث سفر التثنية الذي هو آخر أسفار موسى، وكُتِب وسط خيام الشعب على الضفَّة الشرقيَّة لنهر الأُردنّ فيما كان موسى ما يزال على قيد الحياة يقود الشعب.

الأرض

يحتوي السفر على بضع جمل رئيسيَّة. وترد إحداها حوالى أربعين مرَّة: "**الأَرْضَ الَّتِي يُعْطِيكَ الرَّبُّ إِلهُكَ**"، وهي لتذكيرهم أنَّ الأرض عطيَّة لهم لا يستحقّونها. ونقرأ في المزمور 24: "لِلرَّبِّ الأَرْضُ وَمِلْؤُهَا." فعندما نُحاجج من يمتلك الأرض، علينا أن نتذكَّر أنَّه في النهاية يملك الربّ كلّ شيء، وهو يعطيها لمن يشاء. وفي كلامِ بولس للأثينيِّين فِي وَسْطِ أَرِيُوسَ بَاغُوسَ في أعمال الرسل 17، فسَّر الربّ يحدِّد الفترة الزمنيَّة والمساحة المكانيَّة لكلّ أُمَّة تحت الشمس.

الجملة الثانية التي تتكرَّر بعدد المرَّات نفسِه هي: "**ادْخُلُوا وَتَمَلَّكُوا الأَرْض.**" فكلُّ ما نملكه هو عطيَّة من عند الربّ، لكن علينا أوَّلاً أن نأخذه. والخلاص هو عطيَّة مجَّانيَّة من الرب، وعلينا أن «ندخل ونمتلكه» ليصبح ملكنا. فالربّ لا يعطينا الخلاص بالقوَّة. وكان امتلاك الأرض سيكلِّف الشعب كثيرًا إذ كانوا سيحاربون من أجلها ويأخذونها بالقوَّة. فعلى الرَّغم من أنَّ الربّ يقدِّم لنا كلّ الأشياء علينا أن نقوم بمجهود لأخذها.

ولا بدَّ من طرح سؤال من خلال ما ذُكِر في سفر التثنية بالنسبة لامتلاك الأرض. هل تُصبح ملكهم إلى الأبد، أم فترةً زمنيَّة معيَّنة، ومن ثَمَّ يخسرونها؟ بإمكاننا إستنتاج فكرتين:

1. **ملكيَّة غير مشروطة**

قال الربّ إنَّه سيعطيهم الأرض إلى **الأبد**. لكنَّ هذا لا يعني بالضرورة أنَّهم **سيسكنون** فيها إلى الأبد.

2. **سكن مشروط**

كان السكن في الأرض مشروطًا. فالسكن فيها والتمتّع بها كانا **مشروطَين** بأُسلوب الحياة الذي يتبعونه هناك.

كانت رسالة سفر التثنية واضحة: يمكنكم امتلاك الأرض ما دُمتم تحفظون الناموس. وإن كنتم لا تحفظون وصاياي، فلن تكون لكم الحريَّة لِلسَّكن فيها والتمتّع بخيراتها، حتَّى بعد امتلاكها.

يوجد فرق بين «الملكية غير المشروطة» و«السَّكَن المشروط». وكان على الأنبياء في العهد القديم تذكير الشعب بذلك، لأنَّهم علموا أنَّ تصرُّف الشعب يحدِّد مصيره.

ولهذا اليوم، فإنَّ وعود الربّ ما تزال مشروطة. فعلى الرُّغم من أنَّها عطايا مجَّانيَّة، فإنَّ أُسلوب حياتنا يحدِّد ما إذا كنَّا سنستمتع بها أم لا.

إطار العهد

كان إطار العهد المذكور في سفر التثنية يُستخدم في عالم الشرق الأدنى القديم. فعندما كان ملك ما يقهر بلدانًا أُخرى بهدف توسيع مملكته، كان يقوم بما يُسمَّى «المعاهدة المهيمنة». ويعني هذا النوع من المعاهدات أنَّه إن أحسن الشعب المغلوب التصرُّف، يحميهم الملك ويؤمِّن لهم احتياجاتهم. أمَّا إذا أساؤوا التصرُّف، فإنَّه يُنزِل بهم العقاب. وقد عثر علماء الآثار على العديد من تلك المعاهدات، خصوصًا في مصر. ويشبه نمط تلك المعاهدات بالتمام الخطوط العريضة المذكورة للعهد في سفر التثنية.

كان موسى على أغلب الظنّ قد رأى ودرس تلك المعاهدات عندما تعلَّم في مصر. وقدَّم العهد للشعب على شكل معاهدة، وعلى أساس أنَّ الربّ ملكهم وهم عبيده. وقد جاء نمط تلك المعاهدة المهيمنة على الشكل التالي:

- **التمهيد**: "تُعقَد هذه المعاهدة بين فرعون والشعب الحثِّي..."
- **المقدِّمة التاريخيَّة**: تلخِّص كيف بدأت العلاقة بين الملك وأفراد مملكته الجدد
- **إعلان المبادىء الأساسيَّة** التي تقوم عليها المعاهدة
- **قوانين مفصَّلة** تملي على الشعب كيفيَّة التصرّف

- **المُجازاة** (أي المكافآت والعقوبات): كيف يتصرَّف الملك في حال أحسنوا التصرّف، وكيف يتصرّف إن أساؤوا التصرّف
- **توقيع الشهود**: كان في العادة الطلب من «الآلهة» تأديةَ دور الشاهد على تلك المعاهدة
- **توفير الاستمراريَّة**: ماذا سيحصل في حال وفاة الملك، وتسمية وريث يخضع له الشعب. كانت تُقام مراسِمُ رسميَّة عند كتابة المعاهدة وتوقيعها والموافقة عليها من قِبَل الملك ومواطنيه الجُدد. ومن السهل المقارنة بين النمط الذي تمَّ وصفه ومحتويات الناموس في سفر التثنية:
- **التمهيد** 1:1-5
- **المقدمة التاريخيَّة** 1:6-4:49
- **إعلان المبادئ الأساسيَّة** 5-11
- **القوانين المفصَّلة** 12-26
- **العقوبات** 27-28
- **استدعاء الشاهد الإلٰهي** 30:19؛ 31:19؛ 32
- **توفير الاستمراريَّة** 31-34

وتحتلّ العقوبات مركزًا رئيسيًّا في السفر، وهي تساعدنا على فهم حوادث جرت لاحقًا في تاريخ الكتاب المقدَّس.

العقوبات الطبيعيَّة

كان انحسار المطر إحدى العقوبات الطبيعيَّة. وكانت الأرض الذين كانوا على وشك دخولها تقع بين البحر الأبيض المتوسِّط والصحراء العربيَّة. فعندما كانت الرياح تهبّ من الغرب، كانت تحمل معها من البحر الأبيض المتوسِّط الأمطار التي تهطل فوق أرض الموعد. لكنْ إن أتت الرياح من الشرق، كانت الرياح الصحراويَّة الجافَّة والحارَّة تجعل كلّ شيء جافًا وتحوّل المنطقة إلى قفر يابس. وفي أيَّام إيليَّا، أنزل الربّ عقابًا بالشعب بسبب عبادة الأوثان، واستمر الجفاف مدة ثلاث سنين ونصف. فكان هذا أُسلوبًا بسيطًا لإنزال الربّ العقوبة بشعبه.

عقوبات عسكريَّة

إن لم تفِ العقوبات الطبيعيَّة بالغرض، كان الربُّ ينتقل إلى عقوبة أشدّ قسوة. فكان يستخدم الناس من حولهم لمهاجمتهم. ونقرأ في الأصحاح التاسع من سفر عاموس أمرًا لافتًا في هذا الإطار. فنقرأ أنَّه بينما كان الشعب يعبر الأُردنّ، أرسل الربُّ شعبًا آخر من الغرب إلى تلك المنطقة. هؤلاء هم الفلسطيّون الذين أصبحوا من ألدّ أعداء شعب الربّ قديمًا. واستقرّ الشعب في الجبال، بينما استقرّ الفلسطيّون على

الساحل (ما يُسمَّى اليوم قطاع غزَّة). فإن أطاع الشعب الناموس، كانوا يتمتّعون بالسلام. أمَّا إن عَصَوا الربّ، فكان يُرسل إليهم الفلسطيّين ليُنغِّصوا لهم عيشهم. وكانت هذه معادلةً بسيطة جدًّا.

الفساد

كان يسكن في أرض كنعان خليط من الأموريين والكنعانيين. وطلب الربّ من شعبه أن يطردوا هذين الشعبين ويحتلّوا الأرض. ولقد سبّبت تلك الحادثة اعتراضًا ضدّ الكتاب المقدَّس من قِبل كثيرين. إذ تبدو تلك المجزرة الجماعيَّة همجيَّةً بالنسبة إلى العقل المعاصر. فكيف يمكننا استيعاب أنَّه يمكن لإله مُحبٍّ أن يطلب من شعبه قتل الشعوب الموجودة في أرض الآباء؟ يبدو الأمر لاأخلاقيًّا وغير عادل.

نجد الجواب عن هذا الأمر إذ نرجع إلى سفر التكوين. إذ كان الربّ قد قال لإبراهيم إنَّه سيُبقي نسله في أرض غريبة أربع مئة سنة حتَّى يكتمل شرُّ الأموريّين. وقد انتظر الربّ بالفعل أربع مئة سنة حتّى وصل ذلك الشعب إلى مرحلة من الشرّ لم يعودوا يستأهلون بسببها العيش في أرض كنعان ـ وذلك لأنَّهم لم يعودوا يستأهلون أن يعيشوا في أيِّ مكان على الكرة الأرضيَّة. فالربّ لا يسمح للناس بأن يملأوا الأرض بصرف النظر عن تصرّفاتهم. إنَّه طويل الأناة، لكنَّه يعاقب في النهاية. وقد أظهرت الاكتشافات الأثرية كم كان الأموريّون أشرارًا. فمثلاً، كانت الأمراض المتناقلة جنسيًّا أمرًا مألوفًا في وسطهم. ولو تخالط شعب الربّ معهم، لكان الأمر سيكون بمثابة التواجد في أرضٍ جميعُ من فيها مصاب بمرض نقصان المناعة. ناهيك بتأثيرهم غير الصحّيِّ أيضًا، وذلك من ناحية أُسلوب حياتهم الفاسد.

وقد قال الربّ في سفر التثنية: "لَيْسَ لأَجْلِ بِرِّكَ وَعَدَالَةِ قَلْبِكَ تَدْخُلُ لِتَمْتَلِكَ أَرْضَهُمْ، بَلْ لأَجْلِ إِثْمِ أُولئِكَ الشُّعُوبِ يَطْرُدُهُمُ الرَّبُّ إِلهُكَ مِنْ أَمَامِكَ، وَلِكَيْ يَفِيَ بِالْكَلاَمِ الَّذِي أَقْسَمَ الرَّبُّ عَلَيْهِ لآبَائِكَ إِبْرَاهِيمَ وَإِسْحَاقَ وَيَعْقُوبَ."

ويسأل بعضٌ لماذا كان من الواجب على **شعب الربّ** قتلهم؟ ألم يكن بإمكان الربّ مَحوُهم عن وجه الأرض بنفسه؟ الجواب واضح جدًّا، فقد أراد أن يعلِّم شعبه أهميَّة الحياة كما يريد هو. ولو تصرَّفوا كالأموريِّين، لحصل لهم الأمر نفسه.

عند قراءتنا لسفر التثنية، علينا التنبُّه إلى أنَّنا نقرأ صورة مطابقة للأصل عن الحياة في أرض كنعان. فكان يحصل هناك كلّ ما منع الربّ شعبه من القيام به. ويمكننا بناء صورة لما كان يحصل هناك قبل أن يدخل الشعب الأرض. ويمكننا تلخيص ذلك في ثلاث كلمات:

1. الفجور

لقد ذكرنا سابقًا انتشار الأمراض التي تُنقل جنسيًّا. وانتشر الزنى، وسفاح القربى، والمثلية الجنسيَّة، واللواط، ولعب دور الجنس الآخر. كما علت نسبة الطلاق والزواج ثانية. فأتى سفر التثنية ليشدِّد على المنع التام لتلك التصرّفات.

2. الظُّلم

يشير سفر التثنية أيضًا إلى أمر الظُّلم. فالأغنياء كانوا يزدادون غنى، والفقراء يزدادون فقرًا. وظهرت بشدَّة الخطايا القديمة كالكبرياء والطمع والأنانيَّة التي تؤدِّي جميعها إلى احتكار الفقراء. ولم تكن تُقدَّم الرعاية للمعوَّقين، والعمي، والصُّمّ. ولم يكن بإمكان الكثيرين كسر قيود الفقر الناتجة عن الرِّبا. وطلب الربُّ من الشعب أن يتخلَّوا عن الأنانيَّة، ويهتمُّوا بالصُّم، والعمي، والأيتام والأرامل. فالناس في نظره مهمّون.

3. الوثنيَّة

ملأت الوثنيَّة أرض كنعان، وانتشر السحر والتنجيم والعرافة واستحضار الأرواح وطقوس الخصوبة. وعبد الناس «الطبيعة الأمّ»، معتقدين أنَّ الممارسات الجنسيَّة مرتبطة بخصوبة الأرض. واحتوت المعابد الوثنية على زوانٍ من الرجال والنساء إذ تضمَّنت العبادة الممارسات الجنسيَّة. وقد انعكست تلك الممارسات من خلال التماثيل التي انتشرت في كلّ المحيط. فكنت ترى أقطاب السواري (وكانت على شكل القضيب الذَّكري) منتشرة على التلال كشاهد على تلك المراسيم الوثنيَّة التي سادت في تلك الحقبة.

يُظهِر سفر التثنية موقف الربِّ الواضح من هذا التصرّف. كانت تلك أرضه هو، وقد أصبحت فاسدة بالكامل، ومنجَّسة، ومُنحَطَّة. فلم يكن ممكنًا أن يترك الربُّ الأُمور على حالها بعد أن شوَّهوها. هل تختلف الأُمور الآن؟

آخر آثار موسى

سفر التثنية هو آخر سفر من أسفار موسى الخمسة. وقد رأينا أنَّه كُتب في مرحلة حرجة من تاريخ الشعب. كانوا على وشك دخول أرض الآباء، ولم يكن موسى هو الذي سيقودهم إلى هناك. إذ كان قد أصبح كبيرَ السِّنِّ بعد أن بلغ المئة والعشرين سنة من العمر، وكان داخلاً في آخر أُسبوع من حياته (ينتهي السِّفر بموته). وكان قد عاين ضعف أهل ذلك الجيل، فخشيَ أن يحذوَ حذوهم. وقد تبصَّر المعارك الجسديَّة والروحيَّة التي هم على وشك خوضها.

لقد كلَّمهم ثلاث مرَّات في ذلك الأُسبوع. فكامل السفر مكوَّن من ثلاث خُطَب طويلة، لا بدَّ أنَّ كُلًّا منها استمرَّت يومًا كاملاً. ويظهر الأُسلوب التواصلي خلال السفر، كما أنَّه شخصيّ وعاطفيّ. فموسى يناشد الشعب، تمامًا كما يفعل الوالد المُحتضَر مع أبنائه.

لا بدَّ أنَّ موسى خلال الأيَّام الستَّة الأخيرة من الأُسبوع تكلَّم وكتب خلال أيَّام متبادلة. فكلَّم الشعب في اليوم الأوَّل والثالث والخامس، ومن ثَمَّ دوَّن ما قاله في اليوم السابق خلال الأيَّام الثاني والرابع والسادس. وسلَّم ما كتب للكهنة، فوضعوه بجانب تابوت العهد حتى لا ينساه الشعب. فكان ذلك هو «الوصية والعهد الأخيرين» لأعظم نبي في العهد القديم قدَّم كلمة الربّ لشعبه.

يمكن تقسيم السفر إلى ثلاثة أجزاء واضحة:

1. **الماضي: الذكريات (1:1-43:4)**

أ. إدانة عدم الأمانة (1:6-29:3)

ب. السعي وراء الأمانة (4:1-43)

2. **الحاضر: التشريعات (4:44-19:26)**

أ. التعبير عن المحبَّة (4:44-32:11)

ب. تقديم الناموس (12:1-19:26)

3. **المستقبل: العقوبات (27:1-12:34)**

أ. تأكيد العهد (27:1-20:30)

ب. ضمانة الاستمراريَّة (31:1-12:34)

الحديث الأوَّل (1:1-43:4)، الماضي

ينظر موسى في حديثه الأوَّل إلى أيَّام سيناء، حين أقام الربّ عهده مع الجيل الأوَّل. فيذكِّر الشعب بأنَّه على الرغم من أنَّ الرحلة من سيناء إلى أرض الآباء تستغرق أحد عشر يومًا مشيًا على الأقدام، فقد استغرقت مع أهلهم 13,780 يومًا. وعندما وصلوا إلى قادش برنيع التي تقع على الحدود، توقّفوا هناك وأرسلوا، تبعًا لتعليمات الربّ، رجلاً من كلّ سبط لتجسُّس الأرض. وكانت ردّة فعل الجواسيس إيجابيَّة بالنسبة إلى نوعيَّة الطعام الموجود في تلك الأرض، لكنّهم لم يتوقعوا أن يكون بإمكانهم التغلّب على سكَّانها. قالوا إنَّ سكَّانها عمالقة، ومدنها محصَّنة. ولكنْ رجلان فقط حثَّا الشعب على الوثوق بالربّ والتقدّم.

كانت كلّ الإمكانيات موضوعة أمام الشعب، إلاّ أنَّ معنوياتهم كانت منخفضة جدًّا. وعلى الرُّغم من أنَّ الربّ كان أمينًا معهم، فإنَّهم لم يتحلَّوا بالإيمان. ويحمل الأصحاح الرابع الرسالة التالية بكل وضوح: "لا تتصرَّفوا كأهلكم. لقد خسروا إيمانهم، ونتيجة لذلك خسروا الأرض. فإن كنتم تحافظون على إيمانكم، تبقى الأرض لكم."

الحديث الثاني (4:44-19:26)، الحاضر

لا تسهل قراءة التشريعات في هذا الجزء الطويل. وقد أُعطي على الأرجح في اليوم الثالث من آخر أُسبوع في حياة موسى. وهو يقدِّم للشعب الخطوط العريضة للحياة إن أرادوا البقاء في الأرض التي أعطاهم إيّاها الربّ.

خلاصة

الأصحاح الخامس: يبدأ موسى بالوصايا العشر التي تشكِّل المبادئ الأساسيَّة لحياة الاستقامة بحسب مشيئة الربّ. وتتمحور جميعها حول أمر واحد، هو الاحترام: احترام الربّ، واحترام إسمه، واحترام يومه، واحترام الأهل، واحترام الحياة، واحترام الزواج، واحترام الملكيَّة، واحترام صيت الآخرين. فأسرع وسيلة لتدمير مجتمع هي تدمير الاحترام فيه.

ومن المفيد رسم مقارنة بين شريعة موسى وقوانين المجتمعات الوثنية. فإذا قارنَّا المستوى الموجود في شريعة موسى بالممارسات السيِّئة في المجتمعات الوثنية، كما رأينا حال الأموريين في أرض كنعان، يتضح لنا ما يتميَّز به الناموس المـُعطى في الوصايا العشر من نقاوة وقداسة.

الأصحاح السادس: يتمّ شرح ناموس العهد بالتفصيل. فنقرأ عن **هدف** الناموس، وهو أن تتناقل الأجيال المحبَّة.

الأصحاح السابع: يُطلب من الشعب أن يُزيلوا كلّ الأوثان (الوصيَّة الأُولى)، وأن يُفنوا الكنعانيين حتى لا يضلّوا.

الأصحاح الثامن: يتمّ تشجيعهم على تذكُّر معاملات الربّ معهم بالامتنان. ويُحذّرون من أن ينسَوا ذلك، خاصة عندما يُثمرون.

الأصحاحات 9:1-11:10: يراجع موسى خطايا الشعب وعصيانهم. ويحذّرهم من التَّمسُّك ببرِّهم الذاتيّ.

الأصحاحات 10:12-11:33: الفكرة الرئيسيَّة لهذا المقطع هي الطاعة. فإن أطاعوا فسيتباركون. وإن عَصَوا فَسيُلعنون. فكان الخيار لهم. ويشدِّد على هذه الفكرة خلال السفر كلِّه. وترد الكلمة «اسمعْ» خمسين مرّة، وترد الكلمات «افعل» و«احفظ» و«لاحظ» مئة وسبعًا وسبعين مرّة.

وتجوز الإشارة إلى أنّ إحدى الكلمات التي تكرَّرت في حديث موسى هي كلمة «المحبَّة» التي استُخدمت إحدى وثلاثين مرَّة. فإن كنت تحبّ الربّ، تحفظ وصاياه. ويقول بولس الرسول في العهد الجديد إنَّ المحبَّة هي تتميم الناموس. ويتعدَّى الأمر المبدأ القانوني ليصل إلى مبدإ المحبَّة. فالمحبَّة تحثُّك على الطاعة، لأنَّها في نظر الربّ الوفاء بحدِّ ذاته. ولا يناقض الناموس والمحبَّة أحدهما الآخر، بل يقومان معًا.

الأصحاحات 12-26: تحتوي هذه الأصحاحات على قَدْرٍ هائل من المعلومات، وتكون أحيانًا مفصَّلة بالكامل. وفي هذا الجزء من حديث موسى، ينتقل من العامِّ إلى الخاصّ، ومن العموديّ (علاقتنا بالربّ) إلى الأُفقيّ (علاقتنا بالآخرين).

مبادئ متناقضة

إنَّ أفضل طريقة لدراسة تلك الوصايا هي من خلال النظر إلى الخلفيَّة المتناقضة. فما الذي اختلف وتميَّز به ناموس موسى بالمقارنة مع المجتمعات التي كانت متواجدة في ذلك المحيط؟

1. مبادئ أرض الآباء

كنّا قد رأينا في السابق كيف أنّ القوانين المذكورة في سفر التثنية ما هي إلاّ **صورة مرآة** لما كان يحصل في تلك الأرض حينها. ومن أكثر الوصايا حيرة تلك التي تخصّ ممارسات سكّان تلك الأرض.

2. مبادئ الأراضي المجاورة

لا بدَّ من المقارنة الممتعة بين ناموس موسى وناموس آخر تمّ اكتشافه من العالم القديم، وهو شريعة حمورابي الأموريّ الذي ملك على بابل. نُصَّت تلك القوانين قبل موسى بثلاث مئة سنة، وهي تَنْهى عن القتل والزنى والسرقة والشهادة بالزور. كذلك فهي تذكر قانون الانتقام («العين بالعين والسِّن وبالسِّن»). ولا ينبغي أن يثير كلّ ذلك دهشتنا لأنّ الرسول بولس كتب في رسالته إلى أهل رومية إنَّهم: «يُظْهِرُونَ (أي الوثنيّون) عَمَلَ النَّامُوسِ مَكْتُوبًا فِي قُلُوبِهِمْ». فالربّ لم يكتب ناموسه على الحجر فقط، بل كتبه في قلوب الناس حتَّى يميِّزوا الصواب من الخطإ. فمثلاً، تنظر كلّ المجتمعات عبر العصور إلى سِفاح القُربى على أنّه خطأ.

لكن تُطالِعنا بعض المفارقات الكبيرة بين شريعة حمورابي وناموس موسى. ففي شريعة حمورابي كانت العقوبة الدائمة لأي خطإٍ يُقترف هي الموت. أمَّا في ناموس موسى فعقوبة الموت كانت نادرة. وكان يجب إنزالها في حال حدوث خمسة عشر أمرًا فقط. فبالمقارنة مع شريعة حمورابي، لا يبدو ناموس موسى قاسيًا.

ومفارقة كبيرة بين الشريعتين هي أنّه في ناموس موسى يُعامل العبيد والنساء معاملة البشر، أمَّا في شريعة حمورابي فيُعاملون باعتبارهم ممتلكات. فلا حقوق ولا احترام للنساء في شريعة حمورابي كالحقوق والاحترام التي يحصلن عليها في شريعة موسى.

وتفرِّق شريعة حمورابي بين المراتب الاجتماعيَّة. فهناك النبلاء من جهة، وهناك عامة الشعب من جهة أُخرى. ويُطبَّق قانون مختلف بحسب الطبقة الاجتماعيَّة. ولكنْ لا نجد في ناموس موسى طبقات اجتماعيَّة مختلفة، ويُطبَّق القانون نفسُه على الجميع.

والنقطة الأخيرة التي تجب الإشارة إليها هي أنّ شريعة حمورابي تعمل بحسب **المسبِّبات**، أي أنّها تأتي على شكل شروط: "**إن** تفعل ذلك **فإذًا** تستوجب الموت." أمَّا ناموس موسى فيأتي بأُسلوب **قاطع** أي ليست هناك شروط، بل أوامر. "**يجب ألّا** تفعل هذا." وهو يعكس حق الربّ كملك بأن يقول ما الذي يجب أن يحدث. فهو يعطي الأوامر لأنّه هو الذي يحدِّد المبادىء.[3]

---

3. أدين لصديقي ف. لاغارد سميث بالنسبة إلى تقسيم ناموس موسى. وسميث هو أستاذ قانون جامعي سابق في جامعة پاپردين في ماليبو، كاليفورنيا. وقد أصدر النسخة العالمية الجديدة دون أصحاحات وأعداد للآيات، مع وضع الأسفار بحسب ترتيبها الزمنيّ، ووصايا موسى بحسب الترتيب المناسب كما ورد هنا. تحمل النسخة القاسية الغلافِ عنوانَ **الكتاب المقدّس المحكيّ**، وتحمل النسخة الورقيَّةُ الغلافِ عنوان **الكتاب المقدّس اليوميّ** (دار نشر هارڤست، 7891).

3. دِيني/ احتفالي

عبادة الأوثان

- يُمنع على الشعب عبادة آلهة أُخرى، أو إقامة صُوَر محفورة. نقرأ أنَّ الربّ إله غيور. والغيرة شعور يناسب الربّ، حتّى لو لم نظنّ ذلك في بداية الأمر. فالغيرة هي عندما نريد ما هو لنا. أمّا الحسد فهو عندما نريد ما ليس لنا. فكما أنّه يحقّ لرجل أن يغار على زوجته إن أخذها رجل آخر، كذلك يحق للربّ أن يغار على شعبه إن عبدوا آلهة أُخرى.
- وكنتيجة للوصيّة الأُولى، مُنع نصب السواري.
- تُذكر قوانين عن تجريح الجسد وحلق الرؤوس في حال الحِداد.
- إن حاول أحد أفراد العائلة إبعادها عن عبادة الربّ، يجب أن يُقتل دون أيّة رحمة.
- عند غزو مدن وثنية، على الشعب أن يقتل كلّ سكان المدينة ويحرقها كي لا يُعاد بناؤها.
- يُرجم عابدو الأوثان على فم شاهدين أو ثلاثة شهود، ويرمي أحد الشهود الحجر الأوّل.
- يجب أن يكون هناك مكان واحد للعبادة. ويجب تدمير كلّ «المرتفعات» حيث كان الكنعانيون يسجدون.
- لا يجدر بالشعب أن يسألوا عن الأديان الأُخرى ويهتموا لأمرها. وعليهم أن يتجنَّبوا تقديم الأولاد كذبيحة لأنّه أمر مكروه.

الأنبياء الكذبة

- يجب قتل كلّ الأنبياء الكذبة والحالمين والذين «يتبعون آلهة أُخرى».
- عاقبة أي نوع من الأرواحيَّة هو الموت: استحضارُ الأرواح، والعرافة، وكشف الطالع، والسحر والوُسَطاء الروحيُّون.
- نقرأ أنَّه سيأتي نبيّ حقيقيّ كموسى (إشارة إلى الربِّ يسوع).
- يجب قتل الأنبياء الكذبة الذين يتكلَّمون باسم آلهة أُخرى، أو عندما يتنبَّأون ولا تتحقق نبوّاتهم.

التجديف

- من يجدِّف على اسم الربّ، فموتًا يموت.

التكريس

- يجب أن تُكرَّس للربّ كل أبكار الحيوانات.

العشور

- يجب تعشير كلّ المحاصيل. وفي كلّ ثلاث سنين تُقدَّم المحاصيل للّاويِّين والغرباء والأيتام والأرامل.

الغنائم

- تُقدَّم للربّ سلال من أوّل ثمار الأرض التي يزرعها الشعب.
- على الشعب أن يتكلَّموا عن تاريخهم عندما يصلون إلى الأرض، وأن يتذكَّروا كيف تمّ إخراجهم من أرض مصر.
- عليهم أن يقدِّموا صلوات الشكر.

السبت

- لم يحفظ أحد السبت حتّى مجيء موسى. وأتى حفظ السبت كتعويض لهؤلاء العبيد الذين اشتغلوا سبعة أيّام في الأُسبوع. وها هم الآن يحصلون على يوم عطلة كلّ أُسبوع.

الأعياد

- الفصح
- الأسابيع (الخمسين)
- المظالّ

التقدمات والذبائح

- في حال حدوث جريمة، وتعذُّر إيجاد الجاني، يُقدّم عجل كذبيحة لإعلان براءة الشعب.
- الاستثناءات من الاجتماع
- يُستثنى من الاجتماع أمام الربّ كلّ من أعضاؤه التناسليَّة مشوَّهة أو من هو مخصيّ.
- يُمنع دخول أولاد التزاوج الممنوع (حتّى الجيل العاشر).
- يُمنع دخول الأموريين والموآبيين منعًا باتًا.
- يُسمح بدخول الجيل الثالث من الأدوميين.

النذور

- من ينذر فعليه أن يفي النذر. فالنذور تُقام من منطلق الحرِّية الفردية، لذلك يجب إيفاؤها. وإن نذرتَ أمرًا أمام الربّ فعليك بحفظ النذر.

الفصل

- يُمنع خلط أنواع مختلفة من البذور.
- لا يُوضع حمار وثور تحت نير واحد.
- لا يُنسج الصوف والكتّان معًا.

تبدو قوانين الفصل هذه غريبة جدًّا، لكنّها كانت ردًّا على عبادة الخصوبة التي كانت منتشرة بقوَّة في تلك المنطقة. فقد آمن الوثنيُّون بأنَّ خلط البذور يُنتِج خصوبة. لكنّ الربّ كان يؤكِّد أنَّه هو الذي يعطي الخصوبة، وعليهم عدَمُ ممارسة تلك الخرافات.

4. الدولة

الملك

تُذكر هنا قوانين تخصّ الملوك، مع العلم أنَّهم لم يحصلوا على ملك إلَّا بعد عدَّة قرون.

- الربّ هو ملكهم ـ والمَلَكيَّة هي امتياز، وليست جزءًا من خطَّته.
- عندما يستلم مَلِكٌ الحكم فعليه أن يكتب ناموس موسى بخطِّ يده ويقرأه باستمرار.
- يُمنع على الملك تعدُّد الزوجات، ويُمنع عليه امتلاك الكثير من الأحصنة والكثير من المال.

القضاة

- أُعطِيَت قوانين لكيفيَّة إجراء المحاكمات، إضافةً إلى كيفيَّة التقدُّم إلى الاستئناف. واللافت للنظر أنّ عقوبة احتقار المحكمة هي الموت.
- نُصَّت قوانين بشأن العدالة: لا رشاوى ولا تمييز. وتَجِب معاملة الغريب واليتيم والأرملة تمامًا كمعاملة أغنى رجل أعمال.
- تقوم الشهادة على فم شاهدين أو ثلاثة شهود. وإن قدَّموا شهادة زور يُنزل بهم العقاب الذي أُنزل بالشخص إن وُجد مذنبًا. مثلاً، إن أنتجت شهادة زور أُقدِّمها غرامة بحقِّ أحدهم بقيمة ألف دولار، فعندما يُكشف أمري أُغرَّم بقيمة ألف دولار. «العين بالعين، والسنّ بالسنّ.»
- تُتبع قوانين في إنزال العقوبات. فلا يتعدّى الجلد أربعين جلدة (كانوا يجلدون الجاني تسعًا وثلاثين جلدة للتأكّد من عدم كسر القانون). فالجلد الزائد عن اللزوم يتخطَّى القواعد البشريَّة، وكأنّ الجاني مجرّد قطعة لحم. وعندما يُشنق أحدهم، تجب إزالة الجسد بعد غياب الشمس. (وقد ذكر بولس الرسول هذا الأمر عن الربِّ يسوع في رسالته إلى أهل غلاطية). ويُمنع السجن.

5. الجرائم المميَّزة

ضد أشخاص

- الموت هو عاقبة القتل دائمًا، إلاَّ إذا كان غير متعمَّدٍ. وبُنِيَت ستّ مدن ملجأ، ثلاث منها على كلّ جانبٍ من نهر الأُردنّ ليهرب إليها القاتل سهوًا، فيهرب من عقوبة الموت.
- الموت هو أيضًا عقوبة الخطف.
- الموت هو عاقبة المُغتصب إن حصل الاغتصاب في الرِّيف. أمَّا إذا حصل الاغتصاب في المدينة فيكون الموت عاقبة المعتدي والضحيَّة، لأنَّه كان يمكن للضحيَّة أن تصرخ طالبة العون.

ضدّ الممتلكات

- نُصَّت قوانين ضدّ السرقة، وضدّ إزالة الحواجز حول الممتلكات.

6. الحقوق والواجبات الشخصيَّة.

- الإصابات والأعطال.
- الأسياد والعبيد: للعبيد حقوق؛ ومن حقِّ العمَّال أن يتلقَّوا أجرهم في الوقت المعيَّن.
- الدَّين والفائدة والضمانات. تُلغى الديون في السنة السابعة. فعلى كلّ دائن أن يُلغي ديون كلّ مديونيه. ويجب ألَّا تُحسب الفائدة عندئذٍ.
- الموازين والمقاييس. يجب إتِّباع موازين دقيقة دائمًا.
- الميراث: من واجب الأقرب في النسب إكمال النسل العائلي.

7. العلاقات الجنسيّة

- الزواج: تعليمات صارمة بخصوص عقد الزواج، و تعليمات للمتزوِّجين وللمُقبلين على الزواج وللَّذين تمَّ اغتصابهم.
- الطلاق: يُمنع على الزوج طلاق زوجته لسبب كفِّه عن «الإعجاب بها». ويُمنع على المرأة أن تتزوّج من صليقها، وذلك لسبب حماية المرأة البريئة.
- الزنى: يكون الموت عاقبة الفريقين المعنيَّين.
- إرتداء ثياب الجنس الآخر أمر مكروه لدى الربّ.

8. الصحَّة

- نُصَّ قانون دقيق بشأن شكٍّ أحدهم بأنَّه مصاب بمرض البرص. ويتضمَّن القانون فحصًا من قِبَل الكاهن.

- نُصَّت قوانين بشأن الحيوانات النافقة.
- تندرج «الأطعمة النجسة والطاهرة» تحت قوانين صارمة. فمثلاً، يجب عدم تناول الجِمال والأرانب والخنازير وبعض أنواع الطيور.
- يجب عدم طبخ اللحوم واللبن معًا.
- وقد أُسيء فهم القانون الأخير "لاَ تَطْبُخْ جَدْيًا بِلَبَنِ أُمِّهِ،" من قِبَل العديد من اليهود. فاتَّخذوه حرفيًا وابتكروا أُسلوب «كوشير» في المطبخ حيث إنَّهم قسموه إلى قسمين يحتوي كلّ منهما على أوانٍ مختلفة ومجليين منفصلين لغسل المواعين، بحيث تبقى منتوجات الحليب منفصلة عن منتوجات اللحوم. ولم يقم إبراهيم بذلك إذ قدَّم لضيوفه لحم العجل والزبدة. لقد أساؤوا بالمطلق الهدف من وراء ذلك القانون الذي كان ردًّا على بعض شعائر عبادة الخصوبة الوثنيَّة. فقد آمن الكنعانيون بأنّ طبخ الجديّ بلبن أُمّه يجعله يمارس سِفاح القُربى مع أمِّه ممَّا يزيد الخصوبة.

9. الرعاية

- لا يُشجَّع على عمل الخير فقط، بل هو أمر. فيجب مثلاً ترك حُزَم الحنطة في زوايا الحقل حتَّى يلتقطها الفقراء.
- يتوقَّع الأهل الاحترام والدعم من أولادهم، ويُعاقَب بالموت كلّ ولد عنيد ومتمرِّد.
- تجب مساعدة الجيران على إيجاد حيواناتهم التائهة.
- تجب معاملة الحيوانات بطريقة حسنة: ويجب عدم كَمّ ثور دارس. يُسمح بأخذ بيض العصافير من العشّ. لكن لا يُسمح بأخذ الأُم، بل تُترك لكي تضع المزيد من البيض.

10. في حال نشوب الحرب

- الاستعداد ضروري. والحرب ليست لذوي القلوب الضعيفة. وعلى الخائفين العودة إلى منازلهم.
- خلال أيّ حصار، يُمنع على الجنود قطع أَيَّة شجرة من الأشجَّار التي تحيط بالمدينة.
- يُخصَّص مكان خارج المدينة لقضاء الحاجة الشخصيَّة، وتُطمر كلّ الأوساخ.
- يُسمح لجندِيٍّ متزوِّج حديثًا أن يبقى في البيت سنة كاملة قبل أن يذهب إلى الحرب. يجب عدم الذهاب إلى الحرب على حساب الزواج.

ماذا يعنينا كلّ هذا؟

1. نطاق أوسع

يهتمّ الربّ بحياتنا من كلّ جوانبها. فالحياة الصالحة ليست فقط ما تقوم به في الكنيسة يوم الأحد،

بل هي تشمل كامل أنحاء الحياة. وهناك طريقة صحيحة واحدة للتصرّف. ويريد الربّ من شعبه أن يتصرّفوا بالصواب في كلّ نواحي حياتهم.

2. <u>تكامُل</u>

تُظهِر تلك القوانين تكامُلاً مُبهِرًا. فمثلاً، ننتقل من قانون يعالج تناول لحم الجِمال إلى كيفيَّة إقامة مراسِم أحد الأعياد. ولا يلاقي هذا الأُسلوب استحسانا من قِبَل أصحاب التفكير الحديث. فنشعر بأنَّه علينا تصنيف تلك القوانين. لكن ما يشير إليه الربّ بذلك هو أنَّه لا يمكننا تقسيم الحياة إلى مقدّس ودنيوي، إذ إنَّ كل الحياة ملك للربّ.

3. <u>هدف واضح</u>

تحمل كلّ القوانين هدفًا واضحًا. وهي لم توُضع لمنع الناس من التمتّع بالحياة، بل وُضِعت لِتَحوطهم ببعض التنبيهات. ولذلك تتكرَّر العبارة: **"لِكَيْ تَحْيَوْا وَيَكُونَ لَكُمْ خَيْرٌ وَتُطِيلُوا الأَيَّامَ فِي الأَرْضِ الَّتِي تَمْتَلِكُونَهَا."** فالربُّ يريد لنا أن نكون أصحَّاء وسعداء، ولذلك أعطانا تلك القوانين. وبينما يصوِّره بعضهم جالسًا في السماوات يأمر: "لا تفعل ذلك" و "يُمنع عليك فعل ذلك"، فإنَّ هدف نهيِه لنا عن بعض الأُمور هو لمصلحتنا. وهو يهتم «لخيرنا».

الحديث الثالث (27:1-34:12)، المستقبل

أتى حديث موسى الثالث والأخير في جُزأين:

1. تأكيد العهد (27:1-30:20)

طلب موسى من الشعب في الجزء الأوَّل أن يثقوا بالناموس. وكان عليهم بعد عبور الأُردنّ أن يقفوا في الأسفل بين جبل عيبال وجبل جرِّزيم. والجبلان متقابلان ويشكِّلان مدرَّجًا بسبب الوادي التي يفصلهما. وكان عليهم أن يردِّدوا بعد كلِّ جملة كلمة «آمين» التي تعني «ليكن كذلك!» وتُذكر تلك اللعنات والبركات في الأَصحاح الثامن والعشرين من سفر التثنية (وبالمناسبة، فهي مذكورة في كتاب صلوات الطائفة الأنغليكانيَّة وتُتلى في فترة الصوم الكبير).

للكلمات وقع كبير، وقد ارتكز باقي العهد القديم على ردَّة فعل الشعب نحو تلك البركات أو اللعنات. وعندما نقرأ الأَصحاح الثامن والعشرين من سفر التثنية، فكأننا نقرأ تاريخ بني إسرائيل على مرور أربعة آلاف سنة.

2. تأكيد الاستمرارية

عُيِّن يشوع في عمر الثمانين خلفًا لموسى. وأعطى موسى الناموس المكتوب للكهنة الذين وضعوه في تابوت العهد. وأمر بأن يُتلى كامل الناموس كلّ سبع سنوات.

ويُنهي موسى رسالته بترنيمة، إذ كان موسيقيًّا كما كان العديد من الأنبياء. وكانت أُخته مريم قد ترنَّمت بعدما عبروا بحر السَّفَط. وها هو موسى قبيل موته يتلو كلمات ترنيمة تشرح أمانة الرب وعدله مع الشعب. الربّ هو صخرتي ومُتَّكلي، ثابت إلى الأبد ولا يتغيّر. وبعد انتهاء الترنيمة، يبارك موسى الأسباط الاثني عشر، ويقدّم بعض التنبؤات بشأن المستقبل.

وأخيرًا، يطالعنا الجزء الأخير الذي لم يكتبه موسى من أسفاره الخمسة والذي يحكي عن موته ودفنه! ويُرجَّح أنَّ يشوع أضاف تلك التفاصيل. فقد مات موسى وهو واقف لوحده وظهره للصخرة في أعلى جبل نبو وهو ينظر إلى الأرض البهيَّة التي لم يدخلها.

نقرأ في الأناجيل أنّ موسى تكلَّم مع الربِّ يسوع بعد عدَّة قرون على قِمَّة أحد جبال أرض كنعان التي لم يدخلها في حياته. وعند موته لم يدفنه الشعب، بل نقرأ أنَّه دُفن في جبل نبو. ونقرأ في العهد الجديد من رسالة يهوذا أنَّ ملاكًا نزل ودفنه. وعندما وصل الملاك إلى قُربِ جسد موسى، لاقاه إبليس وقال له إنَّ موسى ملك له لأنَّه كان قد قتل مصريًّا. لكنَّ ميخائيل رئيس الملائكة قال له: "لينتهرك الربّ!" وهكذا دفن الملاك موسى. يا لها من نهاية رائعة بالحق لحياة إنسان! وقد بكاه الشعب مدَّةَ شهرٍ كامل قبل أن يستعدّوا لعبور نهر الأُردن.

أهمية سفر التثنية

سفر التثنية هو المفتاح لكامل تاريخ بني إسرائيل. وعندما دخلوا الأرض لم يستطيعوا أن يطردوا الكنعانيين، ومع مرور الوقت تزاوجوا معهم وانغمسوا في الممارسات الشيطانية كالأمم. وفي الواقع، مرَّت ألف سنة من أيَّام إبراهيم إلى وقت داود قبل أن يسكنوا الأرض التي وُعِدوا بها. وسنقرأ لاحقًا في سفرَي الملوك كيف أنَّهم خلال الخمس مئة سنة التالية خسروها كلّها. ويمكننا تلخيص تاريخ الشعب الإسرائيلي بجملتين: قدّمت لهم الطاعةُ وحياةُ البرّ البركات؛ وقدّم لهم العصيانُ وحياةُ الشر اللّعنات. وفحوى تلك العبارتين موجود بوضوح في سفر التثنية.

ويحتلّ سفر التثنية حيّزًا كبيرًا في العهد الجديد، وقد تمّ الاستشهاد به ثمانين مرَّة في السبعة والعشرين سفرًا.

الربُّ يسوع

- الربُّ يسوع هو **النبيّ** الذي تنبَّأ عنه موسى
- عرف الربُّ يسوع سفر التثنية جيِّدًا. فعندما جُرِّب في البرِّيَّة، استخدم التوراة ليدافع عن نفسه مستشهدًا بسفر التثنية.
- ونقرأ في الموعظة على الجبل أنّه: "لاَ يَزُولُ حَرْفٌ وَاحِدٌ أَوْ نُقْطَةٌ وَاحِدَةٌ مِنَ النَّامُوسِ."

- وعندما طُلِب من الربِّ يسوع أن يلخِّص ناموس موسى، فعل ذلك باستخدامه كلمات من سفر التثنية: "تُحِبُّ الرَّبَّ إِلهَكَ مِنْ كُلِّ قَلْبِكَ وَمِنْ كُلِّ نَفْسِكَ وَمِنْ كُلِّ قُوَّتِكَ." ومن سفر اللاويين: "تُحِبُّ قَرِيبَكَ كَنَفْسِكَ."

بولس

- استشهد بولس بسفر التثنية عندما كتب عن أهميَّة تغيير قلوبنا.
- اتخذ موت ا ربِّ يسوع مثالاً عن الملعون.
- استشهد بالناموس عن عدم كمِّ ثور دارس كمبدإ يُطبَّق في دعم خدَّام الربّ.

المؤمنون وناموس موسى

كيف يجب على المؤمنين اليوم قراءة ناموس موسى؟

مبادئ معيَّنة

لسنا اليوم تحت ناموس موسى، بل تحت ناموس المسيح. إذًا يجب علينا أن ندرس ما إذا كان كلّ قانون في العهد القديم قد تكرَّر في العهد الجديد أو أُعيدت صياغته. فمثلاً، من بين الوصايا العشر، لم تتكرَّر الوصيَّة الرابعة فقط، وهي تشير إلى حفظ السبت. ولا يُشدَّد في العهد الجديد على تقديم العشور، إلاَّ أنَّنا نُشجَّع على العطاء بسخاء وفرح وحريَّة. ولم يعُد يُعمَل بقانون الأطعمة النجسة والأطعمة الطاهرة.

مبادئ عامَّة

لقد خَلَصنا بسبب البرّ، وليس بالبرّ. وعلينا إدراك هذا المفهوم المهم. إذ تظهر في العهد الجديد الحاجة إلى «الأعمال» كما في العهد القديم، لكن تختلف الدوافع الآن. وعلى برِّنا أن يتفوَّق على برِّ «الكتبة والفرِّيسيين»، وأن يكون من **الداخل** كما من الخارج. ولدينا الآن الروح القدس ليقوِّينا. وقد تبرَّرنا بالإيمان، لا بالأعمال.

وتجدر الإشارة أيضًا إلى أنَّ سفر التثنية هو تحذيرٌ من التوفيق بين المعتقدات. إذ يسهل إدخال الممارسات الوثنيَّة إلى حياتنا دون أن نلاحظ ذلك. فمثلاً، عيدا الميلاد «والهالووين «كانا في الأصل احتفالات وثنية، وقد عملت الكنيسة لجعلهما «احتفالات مسيحيَّة»، بينما كان يجب تجنُّبهما بالمطلق

الخاتمة

سفر التثنية كتاب أساسيّ بالنسبة إلى تاريخ شعب إسرائيل، وليس فقط لكونه سفرًا من أسفار موسى الخمسة. فهو يذكّر الشعب بالماضي، ويعلّمهم كيف يجب أن يسلكوا في الحاضر، ويحثُّهم على التطلُّع إلى المستقبل. وهو يعكس اهتمام موسى بألَّا يَضِلَّ الشعب. وهو يُظهر في الوقت نفسه رغبة الربّ في أن يستحق شعبه البركات التي أعطاهم من خلال إكرامه واحترامه.

أرض ومملكة

السفر	الصفحة
يشوع	153
سفرا القضاة وراعوث	173
سفرا صموئيل الأوَّل والثاني	193
سفرا الملوك الأوَّل والثاني	211

يشوع

المقدِّمة

سأل أُستاذ تلامذة صفِّه: "مَن أسقط أسوار أريحا؟" ساد صمت في غرفة الصفّ إلى أن أجاب صبيّ صغير: "عفوًا يا سيِّدي، أنا لم أفعل ذلك!"

وخلال ذلك اليوم، أطلع الأُستاذ مع مدير المدرسة على ما جرى في صفِّه: "هل تعلم ماذا حدث في صفِّي اليوم؟ سألت: مَن أسقط أسوار أريحا؟ فأجابني سمير: "عفوًا يا سيِّدي، أنا لم أفعل ذلك!"

فأجابه المدير: "حسنًا، أنا أعرف سمير منذ عدَّة سنوات، وأعرف عائلته. هم عائلة صالحة. وإن قال إنَّه لم يفعل ذلك، فأنا متأكِّد من صدقه."

وشارك المدير لاحقًا إجابة الصبيّ مع مُفتِّش كان يزور المدرسة، فأتاه الجواب: "لا بدّ أنَّنا تأخَّرنا في الكشف عن الفاعل؛ قم بإصلاحها وأرسل إلينا الفاتورة."

بالطبع، هدف النُّكتة هو أنَّه يجب على الجميع معرفة من أسقط أسوار أريحا، فهي من أشهر قصص الكتاب المقدَّس. وإن لم يقرإ الناس في الغرب هذه القصة من الكتاب المقدَّس، فلا بدّ أن يكونوا قد سمعوا ترنيمة الزنوج: "كان يشوع الرجل المناسب لمعركة أريحا." لكن هذه القصة هي كلّ ما يمكن الكثيرين أن يعرفوه من سفر يشوع. فهو ليس سفرًا معروفًا، ومعرفة القصَّة لا تعني أنَّ الجميع يؤمنون بأنَّها حصلت في الواقع. وتدور أسئلة كثيرة من حولها: "كيف وقعت تلك الأسوار؟ وهل هُدِمت بالكامل؟"

من البديهي أن ترد في أفكارنا أسئلة حول سفر يشوع. أوَّلاً، علينا أن نسأل أيُّ نوع من الأسفار هو، وكيف يجب أن نقرأ القصص الغريبة المذكورة فيه؟ ثم سندرس محتويات السفر وبنيَته، وكيف يمكن للمؤمنين أن يستفيدوا منه إلى أقصى حدٍّ.

أيُّ نوع من الأسفار هو سفر يشوع؟

سفر يشوع هو سادس سفر في العهد القديم. وهو يأتي في النُّسخة الكتابية التي بين أيدينا بعد سفر التثنية بسرد منطقي لموت موسى في نهاية التثنية، ولاستلام يشوع من بعده في السفر التالي. لكن بالنسبة إلى اليهود، لترتيب وجوده بعد سفر التثنية معنًى آخر، إذ إنَّ نهاية سفر التثنية تعني نهاية التوراة، أيّ شريعة موسى. وتُقرأ تلك الأسفار الخمسة في الهيكل سنويًّا ابتداءً بتكوين 1:1 في بداية السنة

الجديدة، وانتهاءً بتثنية 12:34 في آخر السنة. ويُسمَّى كلّ سفر بحسب أوّل كلمة ترد فيه، كما تُرى أوّلاً عند فتح الدَّرْج لقراءته. أمّا سفر يشوع فهو السفر الأوَّل المعروف باسْم كاتبه.

سفر يشوع هو نوع جديد من السرد الأدبي. فبينما تبني الأسفار الخمسة الأُولى أساس الدستور لشعب إسرائيل والذي أصبح أساسيًّا لما حصل من بعد، لا نجد وصيّة واحدة في كامل سفر يشوع أو في الأسفار التي تليه. ونرى في سفر يشوع كيف عُمِل بالناموس بشكل يوميّ.

يُنظر إلى هذا السفر باعتباره سفرًا تاريخيًا لأنَّه يقع بين أسفار التاريخ في الكتاب المقدَّس. لكنَّه أكثر من سفر تاريخي. وكما رأينا في النظرة الشاملة للعهد القديم، فإنَّ اليهود يقسّمون العهد القديم إلى ثلاثة أقسام؛ تمامًا كمكتبة تحوي كُتبًا مدرجة في ثلاث خانات. فالكتب الخمسة الأُولى هي «كتب الناموس»، وتُدعى أيضًا التوراة. ثمَّ تأتي «كتب الأنبياء». وسفر يشوع هو أوّل سفر من أسفار «الأنبياء السابقين»، وتليه أسفار القضاة وصموئيل الأوَّل والثاني والملوك الأوَّل والثاني. وتكوّن الأسفار من إشعياء إلى ملاخي أسفار «الأنبياء اللاحقين»، مع بعض الاستثناءات. أمَّا الجزء الثالث فهو «الكتابات»، وهو يتضمَّن المزامير، وأيوب، وأمثال، وراعوث، ونشيد الأنشاد، والجامعة، ومراثي إرميا، وأستير، ودانيال، وعزرا، ونحميا، والملوك الأوَّل والثاني. إذًا، بينما يقع سفرا دانيال ومراثي إرميا بين أسفار الأنبياء في النسخة الموجودة بين أيدينا، يقعان في خانة «الكتابات» في ترتيب النسخة اليهوديَّة. وسفر أخبار الأيَّام هو آخر الأسفار التي تقع في خانة «الكتابات» في النسخة اليهوديَّة، بينما تصنّفه النسخة التي بين أيدينا ضِمنَ الكتب التاريخيَّة.

ويتفاجأ الكثيرون عند معرفتهم أنَّ سفر يشوع مُدرَج تحت الأسفار النبوِّيَّة في النسخة اليهوديَّة، إذ يطغى عليه السرد القصصي والتأريخ أكثر من النبوّات الشعريّة التي ترد في أسفار أُخرى. إنّما يجعلنا أكثر من سبب نُقِرُّ بهذه المسحة «النبوِّيَّة» لهذا السفر:

أوّلاً، لا يعرف الكثيرون أنَّ يشوع كان نبيًّا. فرُغمَ شهرته كقائد جيش، كان نبيًّا أيضًا، بحيث إنَّ الربّ كان يكلِّمه، وكان هو يتكلّم باسْم الربّ. ونقرأ في الأصحاح الأخير من السفر أنَّ يشوع بشخصه قدّم رسالة الربّ للشعب.

ثانيًا، إنّ السرد التاريخي الموجود في الكتاب المقدَّس مميّز عن أيِّ نوع تاريخ آخر. فعند كتابة أيِّ تأريخ يجب اتِّباع مبدأين:

- الانتقاء ــ فمن المستحيل ذكر كلّ التفاصيل، حتَّى لو كان النص يغطِّي حقبة قصيرة من الزمن. والتأريخ الكتابيّ منتقى ويركِّز على أحداث معيَّنة في تاريخ أُمَّة واحدة كبيرة.
- الاتصال ـ فالمؤرِّخ المخضرم يأخذ أحداثًا متفاوتة ويربطها بعضَها ببعض، ليكوِّن فكرة رئيسيَّة مشتركة بين جميعها.

وبالرجوع إلى هاتَين الفكرتين، يمكننا أن نُدركَ لِما التأريخ في سفر يشوع وفي باقي الأسفار «التاريخيَّة» في الكتاب المقدَّس يجعلها بالفعل أسفارًا **نبويَّة**. فالكاتب انتقى الأحداث المميَّزة لدى

الربّ أو التي تدلّ على عمله. وبإمكان نبيٍّ فقط كتابة هذا النوع من التأريخ، لأنّه الوحيد الذي يملك البصيرة لما يجب أن يُذكَر. وتصنيفنا للسفر باعتباره سفرًا نبويًّا يذكِّرنا بأن البطل ليس يشوع، بل البطل هو الربّ (والأمر ينطبق على كلّ أسفار الكتاب المقدَّس). فنرى نشاط الربّ في هذا العالم ونعلم ماذا يقول وماذا يعمل. إذًا، بينما سفر يشوع تأريخ حقيقي في كونه يصف ما جرى، علينا أن نعتبره أيضًا تأريخيًّا **نبويًّا** لأنّه يعلن حقيقة الربّ وعمله في هذا العالم.

تُظهر اللائحة التالية مقاربة بين أسفار «الأنبياء السابقين» وأسفار موسى الخمسة.

الأسفار الستَّة التالية	أسفار موسى الخمسة
يشوع، قضاة	تكوين، خروج
صموئيل الأوّل والثاني	لاويين، عدد
الملوك الأوّل والثاني	تثنية
	الناموس (التوراة)
الأنبياء (السابقون)، الاكتمال	الوعد النعمة
الامتنان التبرير	الفداء
التطبيق	التشريع
الطاعة (استلام الأرض)،	بركات لعنات
(فقدان الأرض)	العصيان
تطبيق العهد	وضع العهد
نتيجة	سبب

تُمكننا ملاحظة عدد من الأمور في هذه اللائحة:

1. يتضمَّن الناموس **مواعيد الرب لشعب إسرائيل**. ويصف الأنبياء السابقون **كيفيّة تحقيق تلك المواعيد**.

2. الناموس هو تعبير عن **نعمة الرب** من نحو البشر. ويُظهِر الأنبياء السابقون **تجاوب الشعب المملوء بالامتنان** مع ما سمعوه (رغمَ أنّنا غالبًا ما لا نرى امتنانًا بين الشعب).

3. تصف الأسفار الخمسة **فداء الربّ** لشعبه من أرض مصر (الخروج). ويصف الأنبياء السابقون كيف يجب أن يحيا الشعب حياة البرّ **كردّ الجميل للربّ**.

4. تُخبِر الأسفار الخمسة أنّ الربّ **يبارك الطاعة ويعاقب التمرّد**. ونقرأ في سفر يشوع كيف أنّ

الطاعة أوصلتهم إلى النصرة، كما في معركة أريحا. وبالمقابل، نرى تداعيات العصيان، كما هُزموا في عاي. وأدّى العصيان المستمر إلى أن تُؤخذ منهم في سفر الملوك الثاني الأرضُ التي امتلكوها في سفر يشوع.

ويُخبر الأنبياء السابقون القصّة الكارثيّة: كيفَ أنّ الشعب خسروا أرض الآباء بسبب عصيانهم بعدما أن كانوا قد امتلكوها بسبب طاعتهم للناموس. بكلامٍ آخر، الأسفار الخمسة الأُولى هي السبب، والأسفار الستَّة التالية هي النتيجة.

كيف يجب أن نقرأ سفر يشوع؟

قبل أن نركِّز على سفر يشوع بحدّ ذاته، علينا أن نشير إلى نقاشات المفكِّرين التي بإمكانها التقليل من شأن التأريخ الكتابي. ويُحاجِج معظمهم أنَّ الحقائق الكتابيّة ليست تاريخيَّة أو علميَّة، بل هي أخلاقيَّة ودينيَّة. وهم على استعداد لقبول تلك الأحداث العجائبيَّة التي تشكِّل الكتاب المقدَّس ـ بشرط عدم التوقُّع من أحد أن يصدِّق أنّها حدثت بالفعل! وهم يقترحون أن التأريخ الوارد في الكتاب المقدَّس هو «خُرافة» أو «أُسطورة» يهدف إلى تلقين حقائق وقيم روحيّة، لكنه لا يصف أحداثًا جرت بالفعل.

لا يمكننا أن ننكر أنَّ بعض أجزاء من الكتاب المقدَّس هي خياليّة، مثلاً كأمثال المسيح التي تُعتبر «خرافة». فلا يهمّنا مثلاً إن كان الإبن الضّالُّ شخصيَّة حقيقية أم لا، إذ كان الهدف من وراء القصَّة هو نقل حقيقة مهمَّة للسامعين. لكن الاعتراف بأنَّ الكتاب المقدَّس يحتوي على قصص لا يعني أنَّنا نوافق على أنَّ الأحداث المذكورة فيه هي خياليَّة.

بدأ التساؤل حول صحَّة الكتاب المقدَّس في القرن التاسع عشر، حين شكَّك العلماء في كون آدم وحوَّاء شخصين حقيقيّين، بل ناقشوا كونهما شخصين أُسطوريين تفسِّر حركتُهما حقائق عن الكون. وقالوا إنَّ السقوط لم يكن سبب دخول الخطيَّة إلى العالم حين أكل آدم وحوَّاء من الثمرة التي منعهما الربّ من تناولها. ولكنَّ السقوط هو قصَّة تُظهر الحقيقة العالمية بأنَّه عندما تمنع أحدهم من لمس شيء، فهو سيرغب في لمسه!

ولم يتوقَّفوا عند قصَّة آدم وحوّاء، بل ناقشوا قصَّة فُلك نوح أيضًا. وفي النهاية، بقيت قلَّة قليلة من القصص لم تُفحص بهذه الدِّقة. وبالنسبة إليهم، كلّ ما بقي لدينا هو نسخة كتابيَّة من «أساطير إيسوب» التي تنقل حقائق روحيَّة بأدنى مُستوًى من الأساس التاريخي.

أُطلِق اسمٌ على أُسلوب قراءة الكتاب المقدَّس هذا، وهو demythologization أي تجاهُل القِصَص (الخُرافات) أو أيِّ تلميح بأنَّها تستند إلى حقائق روحيَّة للحصول على الحقيقة. إذًا، يكمن الحلّ في التخلُّص من العناصر العجائبيَّة والفوطبيعيَّة واعتبارها جزءًا من الخرافة.

ولم يتناولْ ذلك الأُسلوب العهد القديم فقط، بل هاجم العهد الجديد أيضًا. فكانت حوادث الولادة العذراويّة والعجائب والقيامة هدفًا سهلاً. وقد أثَّر هذا النقاش العلميّ في التدريب اللاهوتي، ولم يطل

الوقت حتَّى برز قادة في الكنائس يعلِّمون أنَّه لا يهمّ إن كانت القيامة قد حصلت بالفعل ما داموا **يؤمنون** بها. وقالوا إنَّ الأمر لا يؤثّر في «إيماننا» حتَّى لو كانت عظام يسوع المُتحلِّلة ما تزال موجودة في فلسطين.

بعد كل هذا الشرح، لا يدهشنا بروز التساؤلات حول بعض التفاصيل في سفر يشوع، وليس أقلّها حادثة سقوط أريحا. وقد علَّل المفكِّرون أنّه لا يمكن لقارئ في عصر العلم الحديث أن يقبل العجائب المذكورة في القصّة على كونها حقائق. بلِ اتخذوها كحكاية تعلِّمنا أنَّ الربّ يريد لنا أن نربح معاركنا.

لكن إلغاء القصص (أي الخرافات) من سفر يشوع يُنتج إلغاءً لجزء كبير من السفر لأنَّه يحتوي على العديد مِمَّا يُسمَّى خرافات: جفاف نهر الأردن، وسقوط أسوار أريحا، وحبَّات البَرَد التي ساعدت على ربح معركة، وبقاء الشمس والقمر في مكانيهما طوال اليوم.

كيف يجب أن تكون ردَّة فعلنا إزاءَ محاولة التقليل من أهميَّة القيمة التاريخيَّة لسفر يشوع؟

1. إن كنَّا نقبل أنَّ العجائب لا تحصل، فكلّ ما يبقى لدينا هو مجرَّد تاريخ بشري ذي فائدة ضئيلة، أو حتَّى دون أيَّة فائدة تُذكر. **ويُستبعَد دور الربّ بالكامل**. ولا تعود «للقيم» و«الحقائق» أهميَّة سوى ما تحمله الدروس التي تُقتبس مثلاً من تاريخ الصين العلمانيّ.

2. تختلق الخرافات أماكن وأشخاصًا تميِّزها عن التاريخ الأصلي، لكنَّ التاريخ الكتابي مختلف بالكامل. **فسفر يشوع يتضمَّن أماكن حقيقيَّة** تُمكننا زيارتها اليوم مثل نهر الأُردنّ وأريحا وأُورشليم. كذلك، فإنَّه **يتضمَّن مجموعات حقيقيَّة من الشعوب** يقرّ المؤرِّخون العلمانيّون بوجودها في تلك الحقبة، مثل الكنعانيين والإسرائيليِّين.

3. كُتب سفر يشوع بأيدي **شهود عيان عاصروا الأحداث**. وقد استُخدمت صيغة الحاضر بالجمع، لأنَّ الكتَّاب كانوا يتأمّلون في الأحداث التي رأوها. أضف إلى ذلك تكرار العبارة «إلى هذا اليوم». ومواكبة مساعِدي الكاتب ساهمت في فحص أدقّ التفاصيل. والسفر ليس حكاية أُسطوريَّة عن شخصيَّات، بل تسلسلُ أحداثٍ تاريخيَّة تمَّ وصفها من قِبَل أناسٍ عايشوها.

4. **يؤكِّد علماء الآثار مِقدارًا من المعلومات التي ذُكرت في سفر يشوع**. وقد اكتشفوا أنَّ حضارات كاملة لبعض المدن المذكورة في السفر تغيَّرت خلال فترة خمسين سنة. وتشير البراهين إلى أنَّ مدنًا مثل حاصور وبيت إيل ولخيش قد دُمِّرت بالكامل بين سنتي 1250 و1200 قبل الميلاد، ورجع سكَّانها إلى أُسلوب حياة أبسط. ويوافق تاريخ هذا التغيير السردَ المذكور في سفر يشوع عن هَزْم تلك المدن.

5. يتجاهل الذين يشكِّكون بصحَّة العجائب المذكورة في السفر أنّه ممكن ألَّا تكونَ تلك الأحداث عجائبيَّة بالمطلق. لا مشكلة لدينا في قبول صحَّة العجائب، لكن تجدر الإشارة إلى أنَّه يسهل تفسير ظواهر كتلك. مثلاً، يجفّ نهر الأُردنّ في الحاضر خلال أيَّام الفياضانات. فالنهر يتعرَّج في وادي الأُردنّ، وبسبب الفيضانات تضعف ضفافه في المنعطفات لدرجة

الإنهيار فيجفّ النهر ما يقارب الخمس ساعات. بالمقابل، نسمع في أيّامنا الحاضرة عن سقوط الأبنية الضخمة. وقد سقطت عدّة كاتدرائيّات وناطحات سحاب بمثل الطريقة التي سقطت فيها أسوار أريحا. **فالأحداث بحدِّ ذاتها ليست عجائبيّة بقدْر ما التوقيت هو عجائبي.** فالنهر جفّ والأسوار سقطت في اللحظة التي قال الربّ إنّه سيحصل ذلك.

6. ذكرنا سابقًا أنّ الكتاب المقدّس لا يشمل تاريخ الشعب الإسرائيلي بالكامل إذ إنّه اقتُطع الكثير منه. ويغطّي سفر يشوع فترة أربعين سنة، لكن لم يتمّ تدوين كل ما حصل خلال تلك الأربعين سنة. وتستحوذ حادثة سقوط أسوار أريحا على ثلاثة أصحاحات، وهي مساحة غير متناسقة إذا قيست مع كامل تاريخ الشعب. **إنّه في الواقع تاريخ ما عمله إله إسرائيل.**

فالكاتب يدوِّن عن الفترات الزمنيّة حين كان الربّ يعمل، إذ هو إله حيّ يعمل في حيِّز الزمن والتاريخ ويتكلّم ويقوم بأُمور. ولو لم يتدخّل الربّ لما حصلوا على أرض الآباء. فالأمر كان مستحيلاً بالنسبة إلى عبيد سابقين من دون تدريب عسكريّ أن يمتلِكوا أرضًا محصَّنة ويحلّوا محلَّ حضارة أعظم منهم بكثير بالمنظار البشريّ. وما دام محور السفر هو عمل الربّ، فليس من المستغرب أن يتفوّق عمله على الإدراك البشريّ. وإن كنّا نزيل تلك الأجزاء من القصّة أو «نزيل الخرافات»، فإنّنا نقلّل من هدف السفر وطبيعته.

ربّما نتساءل عمّا إذا كان الكتاب المقدّس خرافة أو تاريخًا ليصل بنا الأمرُ إلى سؤال شخصيّ: هل نؤمن بإله **حيٍّ**؟ إن كانت إجابتنا نعم، فعندئذٍ يُمكننا اتّخاذ الكتاب المقدّس مرجعًا لما قال الربّ وفعل. وبإمكاننا أن نسأل لماذا قال ذلك أو فعل تلك الأُمور؟

والكتاب المقدّس لا يتمحور حول الربّ فقط، أو حول إله بني إسرائيل فقط. إنّه تاريخ الربّ مع شعب إسرائيل وقصّة علاقته بهم. وبهذه الطريقة يجب أن ننظر إلى كل سفر نقرأه من العهد القديم، ومن الجُملة سفر يشوع. وليس بعيدًا عن الواقع أن ننظر إلى علاقة الربّ بالشعب على أنّها علاقة زواج. فالخطبة تمَّت حين قطع الربّ عهده مع إبراهيم ونسله. واحتُفِل بالزواج في سيناء حين استمع الشعب إلى الواجبات والوعود التي تربطهم بالناموس، ووافقوا على أن يقوموا بدورهم في تلك العلاقة الرابطة التي قدَّمها الربّ. وكان من المتوقّع أن يستمرّ شهر العسل ثلاثة أشهر، بينما كان الشعب يرتحل إلى أرض الآباء. إلاَّ أنَّ العروس لم تكن على استعداد لتقديم الطاعة لرجلها، فمرَّت أربعون سنة قبل أن يدخلوا إلى أرض الآباء.

ونقرأ في هذا السفر عن بداية حياتهم في بيتهم الجديد الجاهز. لقد استلموا الصكوك، وكلّ ما كان عليهم فعله هو الدخول إلى الأرض وامتلاكها. لكن للأسف، لم ينجح هذا الزواج، حتّى إنّه جرى طلاق موَقَّت كان مسبِّبه جانب «الزوجة». إلاَّ أنَّ الربّ لم يتركهم لأنَّه يكره الطلاق.

مضمون سفر يشوع

من المهمّ معرفة مضمون السفر قبل دراسة التفاصيل، كي لا نقوم باستنتاجات غير دقيقة أو غير

صحيحة عن معناه. تمامًا كما أننّا لا نحكم على رواية بانتقاء صفحات منفصلة دون النظر إلى الأثَر بأكمله. وتأخذ كلّ جملة في السِّفر معناها من المضمون، لذلك علينا في البداية دراسة السِّفر ككلّ.

يغطّي السفر حياة يشوع من عمر الثمانين سنة إلى المئة والعشر سنين. وقد غطّت أسفار الخروج واللاويين والعدد والتثنية قيادة موسى للشعب من عمر الثمانين سنة إلى عمر المئة والعشرين سنة. ويكمن الفرق بين موسى ويشوع في أنّ موسى كان معطيًا للناموس وقائدًا، بينما كان يشوع قائدًا فقط لأنّ فترة إعطاء الناموس كانت قد تمّت.

البنية

يأتي السفر على شكل سندويش فينقسم إلى ثلاثة أجزاء: جزءان رقيقان من شرائح الخبز والكثير من «الحشوة» في الوسط.

- «الشريحة العيا» تتألّف من **الأصحاح الأوّل**، أي التمهيد الذي يصف **تسلُّم يشوع** القيادة.
- «الشريحة السفلى» تتألّف من **الأصحاحين الثالث والعشرين والرابع والعشرين**، أي **موعظة يشوع الأخيرة وموته ودفنه**.
- ويتألّف الجزء الأوسط الذي يأتي بين «الشريحتين» من السرد عن كيفيَّة امتلاك الشعب الأرضَ التي وعدهم بها الربّ رُغمَ من كونها مليئة بالسُّكّان. ويمكننا تقسيم هذا الجزء إلى التالي:
- **الأصحاحات 2-5 تغطّي دخول** أرض كنعان عَبْرَ نهر الأُردنّ.
- **الأصحاحات 6-12** تفصّل **امتلاكهم** الأرض، مع ذكر الأربعة والعشرين مَلِكًا المذكورين في الأصحاح الثاني عشر والذين هزمهم يشوع.
- **الأصحاحات 13-22** تغطّي تقسيم الأرض بين الأسباط الذين امتلكوها.

استلام يشوع القيادة

كان يشوع ابن ثمانين سنة حين تلقّى دعوته ليخدم كقائد. وبإمكاننا تحديد جزأين لدعوته: تشجيع إلٰهيّ وحماسة بشريَّة.

تشجيع إلٰهيّ

أخبر الربُّ يشوعَ أنّه انتقاه ليحلّ مكان موسى بعد موته. وكان موسى قد قاد الشعب خارج مصر، وكان على يشوع قيادتهم نحو أرض الآباء. ووعده الربّ بأنّه سيكون معه كما كان مع موسى. وطلب منه أن يكون قويًّا وشجاعًا ودقيقًا في اتِّباع الناموس. وإن فعل كل ذلك فسوف يُثمر.

وكانت بداية مشجِّعة لقيادته، لا بل كانت مليئة بالتحدِّيات. وقد أُسيء فهم الكلمة «يثمر». فهي لا تعني أن «يصبح ثريًّا»، ويُخطئ الذين يدَّعون أنَّ الكتاب المقدَّس يقدِّم مواعيد بالمكافآت الماديَّة. فكلّ ما يعنيه الأمر هو أنَّ يشوع سيحقِّق باسم الربّ ما ابتدأ بفعله.

وكان هدف كلمات التشجيع تلك ليس فقط رفاهِيَة يشوع. وقد علم الربّ أنَّ قيادته ستؤثّر في نفسيَّة الشعب بالكامل. وكما كان الربّ مهتمًّا بأثر قيادة يشوع في نفسيَّة الشعب، كان مهتمًّا بالأولى بنفسيَّة يشوع. فهو لم يستلم قيادة مجموعة من الأفراد المسلَّحين لِخَوضِ معركة، وقد كانوا بحاجة إلى بعض الأحاديث الحماسيَّة، بل كان يقود شعب الربّ. فوضعهم النفسيُّ يؤثِّر في نجاحهم في المعارك أيضًا، وكان على يشوع أن يكون مثالاً أمامهم.

حماسة بشريَّة

عندما أخبر يشوع الشعب بقرار الربّ، كانت ردَّة فعلهم حماسيَّة. وبالفعل، فردَّة فعلهم كانت بالتحديد صدًى لما قال له الربّ على انفراد إذ إنَّهم حثُّوا يشوع أن "تَشَدَّدْ وَتَشَجَّعْ!" وكذلك فإنَّهم وعدوه بأن يطيعوه كما أطاعوا موسى من قبله. يبدو الأمر غريبًا، إذ إنَّ سلوك الشعب تحت رعاية موسى كان أبعد من أن يوصف بالطاعة، وكان ذلك أحد الأسباب وراء استغراق الرحلة معهم أربعين سنة للوصول إلى أرض الآباء. لكن كان الجيل الجديد قد تعلَّم الدرس من عصيان آبائهم. وقد أطاعوا موسى خلال حياته عندما غَزَوا أرض موآب والعمونيِّين، وقد كانوا مستعدِّين لتأكيد دعمهم للقائد الجديد. ووعدوا بالتحديد أن يفعلوا ما يطلبه منهم، وأن يذهبوا أينما يرسلهم. وطلبوا من الربّ أن يكون مع يشوع كما كان مع موسى.

إنَّ دعوة يشوع الثُّنائية الجوانب تُعلِّمنا بالنسبة إلى دعوة الخدّام اليوم. فالجانبان ضروريان: شعور مُعطًى من قِبَل الربّ بأنَّ الفرد مدعوٌّ للخدمة، وتشجيع قلبي من قِبَل شعب الربّ.

أمر يشوع

يعالج السفر قيادة يشوع للشعب كي يدخلوا أرض كنعان. وينقسم إلى ثلاثة أقسام تعالج بِمُعظمها في الأساس موضوع الأرض.

1. <u>الدخول</u>

I. قبل

قبل دخول الأرض، يرسل يشوع اثني عشر رجلا ليتجسَّسوها. وكان عندما أُرسل الكشَّافةُ الاثنا عشر قبل أربعين سنة أنَّ عشرة منهم قدَّموا تقريرًا سلبيًّا أدَّى إلى عدم دخول الأرض. لكن في هذه المرَّة طُلِب الذهاب من اثنَين فقط، إشارة إلى عدد الرجال الذين أتوا بالتقرير الإيجابي في أوَّل جولة. ويبدو إرسال الجواسيس عملاً يدلّ على عدم الإيمان. ألم يَعِدِ الربُّ بأن يعطيهم الأرض؟ لكنهم كانوا بذلك يمارسون مبدأً علَّمه الربُّ يسوع حين كان على الأرض، وهو أنَّه من الضَّروريِّ الجلوس وحساب النفقة قبل الذهاب إلى المعركة. فكان من التهوّر أن يدخل الشعب الأرض من دون اكتساب أكبر قدْرٍ من المعلومات بشأنِ ما يمكن أن يواجهوا.

ويخبر المكان الذي مكث فيه الجاسوسان الكثيرَ عن الحالة الأخلاقيَّة لشعب كنعان. فقد انتهى بهما الأمر بأن مكثا في بيت دعارة تملكه امرأة تُدعى راحاب. ويتَّضح من الحديث الذي جرى بينهم أنَّ راحاب كانت قد سمعت عن بانتصارات بني إسرائيل على مصر والشعوب المجاورة، ممَّا أدى إلى خوف الجميع من أيَّة لحظة يغزون فيها أراضيَهُم. وكانت راحاب في الواقع مقتنعة بأنَّ الربَّ سوف يُعطي الأرض للإسرائيليين وأنَّها سوف تنضمُّ إليهم. ويُثني العهد الجديد على عرض الإيمان هذا، إذ إنَّ راحاب مذكورة مع أبطال الإيمان الواردة أسماؤهم في رسالة العبرانيين.

وتذكّرنا وسيلة هروبها بنجاة الأبكار عندما ضرب ملاك الموت مصر. إذ كان الشعب قد طلَوا عتَباتِ منازلهم وقوائمَها بدم حمل الفصح. وطُلب من راحاب أن تُعلِّق حبلاً قرمزيًا خارج نافذة بيتها، حتَّى تنجو هي وعائلتها عندما يأتي الدمار على مدينة أريحا. فكانت كأنَّها تضع علامةً بالدَّمِ على النافذة كي لا يمسّ الموت بيتها. ولم تُذكر فقط بالثناء من أجل إيمانها، لكن يسجِّل البشير متَّى اسم تلك التي كانت زانية في سلسلة النسب الملكيّ الذي يصل إلى يسوع نفسه. يا لها من قصّة غير اعتيادية ومُحرِّكة للمشاعر!

II. خلال

كان نهر الأردن يشكِّل خندقًا على الجانب الشرقيّ لكنعان، خصوصًا في أيَّام الحصاد حين كانت الفيضانات تعلو إلى عشرين قدمًا من دون جسور أو معابر تساعد على العبور. وكنَّا قد ذكرنا سابقًا أنَّه من المحتمل أن يكون سدٌّ طبيعيٌّ موقَّت في الأعلى قد أوقف تدفُّق النهر، ممَّا ساعد الشعب على العبور. وكان التوقيت مناسبًا إذ كان قاع النهر جافًّا في اللحظة المناسبة التي وطِئته فيها أرجُل الكهنة متقدِّمينَ الشعب.

لقد ساعدت تلك المعجزة الشعب على العبور، ولكنها هدفت إلى أمر آخر. فكثيرون من الجيل الجديد الذي دخل الأرض لم يشاهدوا معجزة عبور البحر الأحمر المذكورة في سفر الخروج. وقد أراد الربُّ أن يرى شعبه جبروته وأن يثقوا بقيادة يشوع، بينما كان يقودهم غصبًا عن الكنعانيين نحو أرض الآباء. لقد كان الربّ مع يشوع تمامًا كان مع موسى.

III. بعد

كانت «الجلجال» هي النقطة الأُولى التي وصل إليها الشعب في أرض الآباء. وكانت مساحة مكشوفةً بالقرب من مدينة أريحا المحصَّنة التي كانت قد بُنيت لحماية المدخل الشرقيّ نحو التلال. وعند وصول الشعب: قاموا بثلاثة أمور:

1. **أخذوا اثني عشر حجرًا من قاع نهر الأُردن وعملوا نُصبًا** كتذكار للأجيال القادمة كيف أنَّ الربَّ جعل النهر يجفّ. فالتذكُّر كان جزءًا مهمًّا من حياة التقوى في العهد القديم. وكان

للشعب كجزء من حضارتهم عدّةُ تذكارات لما صنع معهم في الماضي. وكان النُّصب الحجري أفضل وسيلة لإقامة موقع مميّز. وكانت الحجارة الاثنا عشر تمثّل الأسباط الاثني عشر.

2. **ختنوا جميع الرجال.** لم يكن الجيل الجدد قد أقام مراسِمَ العهد تلك التي بدأ بها إبراهيم. وأراد يشوع أن يتبع الناموس حرفيًّا، إذ إنّ حالة الشعب الروحيَّة كانت مهمّة جدًّا.

3. أطلقوا على المكان **اسم الجلجال وهو يعني «دحرجة»،** لأنَّ الربَّ «دحرج عنهم» عار مصر.

ثُمَّ أوقف الربّ إرسال المنّ فور دخولهم أرض الآباء. وكان الشعب قد اقتاتوا على مدى أربعين سنة من تلك المؤونة اليوميَّة، لكنَّهم كانوا قد وصلوا الآن إلى أرض كنعان الخصبة «أرض تفيض لبنًا وعسلاً." فلم تكن أيَّةُ حاجة بعد لوجود المنّ. وإلى يومنا هذا ما يزال البرتقال والكَريب فُروت (الزَّنباع) يُباع في أسواق أريحا.

IV. قائد جند الرب

كانت أريحا أوَّل مدينة يهاجمونها، لكن قبل المعركة قام يشوع باختبار غير إعتياديّ. ذهب إلى المدينة ليتحقّق بنفسه من تحصيناتها، فقابله رجل مسلّح.

شكَّ يشوع بأن يكون الرجل من الأعداء وسأله هل كان صديقًا أو عدوًّا. فتفاجأ بجواب غير منطقي: "كلا!" لكن أضاف الرجل أنَّه ليس من العبرانيين ولا من الكنعانيين، بل هو من جند الربّ ولا يعمل مع الأجناد الأرضيَّة بل مع الأجناد السماويّة. وكأنَّه يسأل يشوع بطريقة مبطّنة إلى أيَّة جهة ينتمي! كان ذلك رئيس جند الربّ أي ملاكًا من رتبة عالية أو رئيس الملائكة أو حتَّى ظهورًا لابن الله نفسه. لقد تمّ تذكير يشوع بأنّه ليس القائد الأعلى في جيش الربّ، بل هو مجرّد ضابط عاديّ. وأظهرت له تلك التجربة أنَّه لا يحارب لوحده، وأنَّه ليس القائد الأعلى للأُمَّة، بل هو خادم للربّ وللشعب.

2. الانتصار

كانت الخطَّة لامتلاك الأرض واضحة، إذ كان عليهم أن يُقسّموا ويغلبوا. ودقّ يشوع وتدًا مباشرة في وسط أرض كنعان. وبعد أن قسم العدوّ إلى قسمين، غلب المنطقة الجنوبيّة ثم غلب المنطقة الشماليّة. ومنعت هذه الخطَّة الكنعانيين من أن يوحِّدوا قوّاتهم، وكان بإمكان الشعب القديم إدارة أعداد المحاربين والتعامل مع كلّ منطقة على حدة.

وتُؤكِّد إشارتنا إلى أنَّ سفر يشوع هو سفر تاريخي نبويّ بسبب المساحة التي خُصِّصَت لحادثتَي الهجوم على المدينتين. وقد احتلَّت أريحا وعاي مكانة مميَّزة في السفر. وسيُطالعنا لاحقًا الدرس الذي نستقيه من تَينِكَ الحادثتين، ألا وهو النجاح الإيجابي والفشل السلبي. لكن لا تعود التفسيرات النبويَّة تتكرّر.

i. المركز

تقع مدينة أريحا القديمة على بعد ميل (1.6كلم) واحد من مدينة أريحا الجديدة. وتوجد بقايا تلك المدينة في تل السلطان. وهي تكشف أنَّ أريحا هي أقدم مدينة في العالم إذ يعود تاريخها إلى سنة 8000 ق م. وتحتوي على أقدم مبنى في العالم وهو على شكل برج دائري داخلَهُ سلَّمٌ حلزونيَّةُ الشكل. بالطبع، تمّ التنقيب عن هذه الآثار، ونتساءل هل كان بالإمكان إيجاد أسوار أريحا التي سقطت. ففي عشرينيَّات القرن الماضي، ظنَّ عالم الآثار «جون كارستانغ» أنَّه وجدها. لكن، ناقضته «كاثلين كانيون» مؤكِّدة أنَّ أريحا لم تكن محتلَّة حتَّى في زمن يشوع! إلاَّ أنَّ عالم الآثار المصرية دايڤيد روهل» راجع التواريخ واكتشف في مستوى آخر أسوارًا ساقطة وأبنية محترقة. (راجع كتابه المميَّز "امتحان الزَّمن" The Test of Time, Century, 1995، وقد كُتِب كنتيجة المسلسلات التلفزيونيَّة التي تحمل الاسم نفسه والتي تضمَّنت بقايا تعود إلى زمن يوسف في مصر. وتُمكنك مراجعة كتابه "نُشوء المدنيَّة" Legend: The Genesis of Civilization, Century, 1998، حيث رصد مكان جنَّة عدن، وهي ما تزال ممتلئة بالأشجار المثمرة، وهو ليس مؤمنًا!)

عندما سقطت أريحا، لعن يشوع كلّ من سيحاول إعادة بنائها. وقال إنَّ بِكرَه سيموت حين تُوضع الأساسات، وإنَّ صغير العائلة سيموت حين تُوضع الأبواب في أماكنها. ويذكر سفر الملوك محاولة إعادة بناء المدينة بعد فترة خمس مئة سنة، ولكنْ حلَّت اللَّعنة تمامًا كما تنبَّأ يشوع. ومع أنَّ من البديهيّ إعادةَ بناء بقايا أيَّة مدينة، فإنَّ اللعنة كانت بالفعل رادعًا منع القيام بذلك. وتُركت بقايا مدينة أريحا عُرضة لتقلُّبات الطقس، ومُتاحةً لكلّ من شاء أخذ بعض الأحجار منها. وغياب بعض الأجزاء من الأسوار يؤكِّد حقيقة سِجِلّ الكتاب المقدَّس.

أكَّد علماء الآثار حجم الأسوار بالمقارنة مع حجم أسوار تلك الحقبة. ويعتقدون أنَّ ارتفاع أسوار أريحا كان ثلاثين قدمًا (حوالي 9 أمتار). وكانت ثخانة الجدران الخارجية ستَّ أقدام (نحو مترين)، تفصلها فجوة بعمق يُراوِح بين اثنتي عشرة قدمًا وخمس عشرة قدمًا عن الجدران الداخليَّة التي كانت ثخانتُها اثنتَي عشرة قدمًا.

وشكَّلت جدران السور عقبة فيما كانت المدينة تكبر. لذلك أُقيمت بيوت متقاربة في أعلاها. وكان من السهل جدًّا أن تسبِّب هزَّة أرضيَّة تَدحرُجَ كلّ تلك البيوت إلى تحت. ويخبرنا النصُّ أنَّ الصوت المتواصل لأبواق الأربعين ألف رجل كان سببًا مبدئيًّا لسقوط الأسوار. تمامًا كما أنَّه يُمكِن لمغنيَّة الأوپرا أن تكسر ـمبة إن غنَّت على مستوى عالٍ من القوَّة والحِدَّة. والبيت الوحيد الذي بقي قائمًا كان الذي تدلَّى لحَبلُ القرمزيّ من نافذته. وكان ذلك بيت راحاب الزانية التي حُفِظت بسبب إيمانها بالإله الحيّ.

كان الخراب مدمِّرًا لدرجة أنَّه لم يُضطرّ الشعبُ إلى القِتال، بل دخلوا بكلّ بساطة واستَولَوا على المدينة. إنَّما كان الاحتفال بالنجاح مشروطًا، إذ قال الربّ لهم إنَّ تلك المدينة هي له وكأنَّها «باكورة» الحصاد. وكان عليهم أن يدركوا أنَّ النصر هو نصر الربّ وليس نصرهم هم. وكان بإمكانهم لاحقًا أن

يستولَوا على غنائم كلّ المدن الأُخرى التي قهروها، إلاَّ مدينة أريحا. لكنْ عصى رجل واحد الأمر، وهذا يأتي بنا إلى القصَّة التالية.

مدينة عاي

كانت مدينة عاي المزدهرة تقع في أعلى مدينة أريحا. لكن لم يربح الشعب المعركة في هذه المرَّة وذلك بسبب خطأين ارتكبوهما. الخطأ الأوَّل كان بسبب الثقة المتزايدة إذ استخدم يشوع عددًا أقلّ من الجنود ظانًّا أنَّ بإمكانهم قهر تلك المدينة بالسهولة التي قهروا بها مدينة أريحا. فتعلَّموا الدرس المهمّ، وهو أنَّه إن كان الربّ قد باركك مرَّة، فهذا لا يعني أنَّه سيباركك مرَّة أُخرى بالطريقة نفسها.

وارتكب الرجل الذي أخذ من الغنائم الخطأ الثاني. فقد أخذ عخان ثوبًا بابليًّا، ومئتي شاقل من الفضَّة، وخمسين شاقلاً من الذهب، ظانًّا أنْ لا أحد يلاحظ اختفاء تلك الأشياء. وعندما هجم جيش يشوع على عاي، هُزِموا وهربوا. فاستاء يشوع من الأمر وسأل الربّ عن سبب ما حصل، خصوصًا أنَّ صيتهم كان بدأ بالانتشار في المنطقة. فأجابه الربّ بأنَّ إسرائيل قد أخطأ؛ فواحد منهم كان قد أخذ من الأشياء المكرَّسة للربّ. وألقَوا قرعة لمعرفة السبط، ثمَّ العشيرة، فوقعت القرعة على عائلة عخان.

يُستغرب استخدام القرعة لأمر بالغ الأهميَّة كهذا. لكن كان الشعب الإسرائيلي يؤمن بأنَّ الربّ ماسك كلَّ الأُمور، وأنَّ بإمكانه إظهار الرجل المعنيّ من خلال إلقاء القرعة، وهكذا كان. وقدِ استُخدِم أُسلوب مشابه خلال التاريخ الإسرائيلي. فكان الكاهن يحمل حجرًا أسود وحجرًا آخر أبيض داخل جبَّته، ويُسمَّيان الأوريم والتمِّيم. وكان الناس يستخدمون ذَينِكَ الحجَرين لاتخاذ القرارت. فإن تمّ سحب الحجر الأبيض، عنى ذلك الإجابة بالإيجاب، وإن سُحِب الحجر الأسود كان الجواب سلبيًّا. وقد استمرت تلك الممارسة بين شعب الربّ حتَّى حلول الروح القدس في يوم الخمسين. وابتدأ الروح القدس منذ تلك اللحظة بإرشاد شعبه، فتوقَّف استخدام تلك الوسائل بالمطلق.

عَلِم عخان أنَّه مخطىء. ولو أنَّه اعترف باكرًا لم يُدَن، إلاَّ أنَّه رفض الاعتراف. واشتركت عائلته في الجريمة لأنَّهم لم يُخبِروا عنه، لذلك رُجِموا جميعهم. من المخيف أنَّه ممكن لخطيَّة إنسانٍ واحد أن تسبِّب العار لأُمَّة بأكملها.

وبعد أن تمَّ التعامل مع تلك الخطيَّة، حارب الإسرائيلون مدينة عاي وربحوا.

جبل عيبال وجبل جرزِّيم

بعد القضاء على مدينة عاي، قاد يشوع الشعب نحو جبلين يقعان في وسط الأرض. وكان موسى قد أعطى تعليمات واضحة بالنسبة إلى تجديد العهد الذي أقامه الربّ معهم في سيناء. كان عليهم أن ينقشوا الناموس على الحجارة ثم ينقسموا في فئتين. وتقف المجموعة الأُولى على جبل جرزِّيم فتُنادي ببركات العهد. وتقف المجموعة الثانية على جبل عيبال فتُنادي باللَّعنات. وإذ شكَّلَ الجبلان مدرَّجًا طبيعيًّا، كان بإمكان كل مجموعة المجموعة سماع الأُخرى والردّ بكلمة «آمين» على ما يُقال.

ii. الجنوب

رُغمَ تأكيد العهد، كان الشعب ما يزال عرضة لارتكاب الأخطاء، وقد ارتكبوا خطأً بحقّ الجبعونيِّين. فقد كانت قبيلة الجبعونيِّين تسكن في أرض كنعان، ولاحظ أفرادها أنَّه لن يكون باستطاعتهم الوقوف في وجه الغزو الإسرائيليّ. فلجأُوا إلى وسائل الخداع. وزاروا الإسرائيليِّين وهم لابسون خِرَقًا وأحذية بالية وحاملين زقاق خمر وأكياسًا قديمة وخبزًا متعفِّنًا. وادَّعوا أنَّهم أتَوا من بلد بعيد وأنَّهم سمعوا عن الإسرائيليِّين وأنَّهم يريدون الاحتماء بهم.

يخبرنا النصّ أن رجال إسرائيل صدَّقوهم على الفور ولم يستشيروا الربّ. لكنَّهم انتبهوا إلى غلطتهم بعد أن كان الأوان قد فات. ومُنعوا من المساس بمدن الجبعونيِّين الأربع بسبب وعدهم لهم بحمايتهم. وحمي الجبعونيُّون أنفسهم بسبب المعاهدة التي توصَّلوا إليها مع الشعب من طريق الاحتيال، وعملوا كحطَّابين وخُدَّام لدى شعب إسرائيل. وهكذا لم يستطع الإسرائيليُّون طرد ذلك الشعب من وسطهم.

بقي أهل جبعون في الصورة. وسمع أدوني صادق ملك أُورشليم بالمعاهدة التي قام بها الجبعونيُّون مع إسرائيل، فطلب من ملوك الأموريِّين الأربعة أن يتَّحدوا معه ليغزوا الجبعونيِّين. فطلب الجبعونيُّون المساعدة من الإسرائيليِّين وابتدأت المعركة. أكَّد الربّ للإسرائيليِّين أنَّهم سيربحون المعركة، وأرسل بَرَدًا كبير الحجم حتَّى فاق عدد الذين ماتوا بسببه عدد الذين ماتوا بالسيف. عندئذٍ، طلب يشوع معجزة غير اعتياديَّة. فقد علم أنَّه لن يستطيع محاربة العدوّ عندما يحلّ الظلام. وكانت المعارك في تلك الأيَّام تتوقَّف عند حلول الظلام مهما كان الوضع، لأنَّه لم يكن بالإمكان تمييز مَن هو الصديق ومَن هو لعدوّ. لذا، رفع يشوع صلاة غير مسبوقة طالبًا أن تتوقَّف الشمس حتَّى يمكنهم إكمال المعركة! وكافأ الربّ تعبير الإيمان هذا، إذ نقرأ أنَّ الشمس بقِيَت في السماء ليوم كاملٍ. وكان الانتصار ساحقًا.

واستمرَّت حملة الجنوب بانتصارات على بيت إيل ولخيش (تُظهر التنقيبات الأثريَّة أنَّ هاتين المدينتين كانتا قد دُمِّرتا بين سنتَي 1250 و1200 ق م). وتمَّت السيطرة على كامل المنطقة.

iii. الشمال

بعد أن هزم الشعبُ الجنوب، وجَّهوا أنظارهم نحو الشمال. وكان ملوك الشمال قد سمعوا عن انتصارات إسرائيل، فاتَّحدُوا معًا لخوض المعركة. لكن مجدَّدًا، أكَّد الربّ الانتصار للإسرائيليِّين. فحُرِقت مركبات العدوّ، وتعثَّرت أحصنتهم.

وبقيت المدن التي على التلال غير مدمَّرة بالكامل، ما عدا حاصور التي أحرقها يشوع. ويؤكِّد علماء الآثار أنَّ تلك المدينة كانت قد أُحرِقت بين سنتَي 1250 و1200 ق م.

وبعد انتهاء الفتوحات نقرأ ملخَّصًا لافتًا عن حركة الشعب، ونقرأ أنَّ الربَّ كان قد قسَّى قلوب الشعوب حتَّى يحاربوا إسرائيل. ومن الواضح أنَّ خطاياهم كانت قد عظُمت، فلم يكن حلٌّ إلاّ بفنائهم.

3. الانقسام

قبل التقدُّم في الدراسة، علينا أن نشرح الفرق بين **الاحتلال والإخضاع**. فالاحتلال يعود للأرض، أما الإخضاع فيعود للشعوب. وبما أنَّ الأرض كانت للشعب القديم، وقد أخضعوا الشعوب، بقي أمامهم أراضٍ كثيرة لاحتلالها. ومعظم ما تبقّى من السفر مكرَّس لتلك العملية.

وتمَّ تقسيم الأرض باستخدام القُرعة الوطنيَّة. وبناءً على هذا، يعتقد بعضُهم أنَّ الربّ يعاقب على هذا النوع من القرعة التي تعتمدها بعض البلدان حاليًّا مثل بريطانيا. لكنْ يجب أن نميِّز التالي: يتمّ إجراء القرعة كي لا يؤثِّر البشَر في النتيجة، أمَّا بنو إسرائيل فقد استخدموها بالتحديد لكي يؤثِّر الربُّ في النتيجة. وهذا أمر بسيط بالنسبة **إليه، خصوصًا أنَّ** باستطاعته السيطرة على الشمس.

i. الضفَّة الشرقيَّة

إنَّها أرض رائعة، ويصف يشوع جمالها. مساحتها كمساحة مقاطعة ويلز الإنكليزيَّة، وهي الجزء الوحيد الذي يملأُه الخضار في الشرق الأوسط. تقع شبه الجزيرة العربية في شرقها، وتقع صحراء النَّقب في جنوبها. ويأتيها المطر من البحر الأبيض المتوسِّط.

وكان موسى قد وعد أن تُعطى أرض خصبة شرقيّ الأردن لسبط رأوبين وسبط جاد ولنصف سبط منسَّى، بشرط أن يساعدوا في معركة كنعان. وقد أتمّ يشوع هذا الوعد.

وتتكرَّر الكلمة «ميراث» خلال عمليَّة تقسيم الأرض. فالأرض كانت ميراثًا للشعب ليس فترةً قصيرة، وليس مدَّةَ حياتهم فقط، بل هي مِلكٌ دائم يورِّثونه لنسلهم.

ii. الضفَّة الغربية

في الجلجال: سبطان ونصف سبطٍ

كان كالب أحد الجاسوسَين اللَّذين قدَّما تقريرًا إيجابيًا عن الأرض، عندما أُرسل الجواسيس الاثنا عشر ليتجسَّسوا الأرض قبل خمس وأربعين سنة. ونقرأ أنَّ صحَّته في عمر الخامسة والثمانين كانت تمامًا كما كان في عمر الأربعين. فتقدَّم من يشوع وطلب أن يُسمح له بأخذ التلّة التي وُعِد بها خلال كلّ تلك السنوات. فباركه يشوع وأعطاه بلدة حبرون.

وتقدَّمت بنات منسَّى من يشوع وذكَّرنه بوعد موسى بإعطائهن أرضًا أيضًا. وقال سبط يوسف إنَّ عددهم كبير ولا تسعهم الأرض التي أُعطيت لهم. فأعطاهم يشوع مساحات من الغابات كان بإمكانهم تنظيفها واستخدامها.

ويصف السفر تفاصيل دقيقة عن البلدات والمدن التي تحدَّدت لكلّ سبط، مع ذكر أُمور أُخرى بين الحين والآخر. فنقرأ مثلاً أنَّ الشعب لم يستطع هزْم العدوّ، عندما لم يستطع سبط يهوذا طرد اليبوسيِّين من أورشليم.

في شيلوه: ثمانية أسباط ونصف سبط

بقي العديد من الأسباط من دون أرض معيَّنة لهم. فعيَّن كلُّ قبيلة سِبط الرجال لمسح الأراضي بهدف تقسيمها.

iii. مدن خاصة

الملجأ

بُنِيَت ستُّ مدن ملجإ، ثلاثٌ منها على كلِّ جانب من نهر الأُردنّ. وكان باستطاعة المتَّهمين بالقتل اللجوءُ إليها هربًا من الذين ينوون الانتقام منهم. وكان القانون اليهودي يفرِّق بين القتل غير المتعمَّد والقتل المتعمَّد عن سابق تصوّر وتصميم. وقد ساعدت مدن الملجإ على تطبيق القانون.

اللاويُّون

يذكر النصّ بوضوح أنَّه عند تقسيم الأرض لم يستلم سبط لاوي أيَّ أرض خاصة به. نقرأ أنَّ الربّ كان ميراثهم، وكانت تكفيهم خدمته. ولكن، كان على الفردِ اللاوي بالطبع أن يسكن في مكان ما، فأُعطيت لهم بلدات فيها مراعٍ خُضرٌ منتشرة بين الأسباط الأُخرى.

iv. مذبح في الضفَّة الشرقيَّة

نقرأ في أواخر سفر يشوع كيف تمَّ تجنُّب كارثة محتَّمة. فعندما عبر السبطان ونصف السبط إلى مكان إقامتهم في الضفَّة الشرقيَّة، حثَّهم يشوع على أن يحبُّوا الربّ ويمشوا في طرقه ويطيعوا وصاياه. ولكن ما إن وصلوا إلى أرضهم حتَّى بنَوا مذبحًا في منطقة فغور بجانب نهر الأُردنّ. فاعتبرت الأسباط الأُخرى ذلك عبادة أوثان وأعلنت الحرب عليهم. ومن الخيرِ أنَّهم قرَّروا أن يتناقشوا معهم قبل إعلان الحرب. وادَّعت الأسباط «المذنبة» أنَّ المذبح الجديد هو لتذكيرهم بأنَّهم ما يزالون جزءًا من شعب الربّ المتواجد في الجانب الآخر من النهر. فهدأ روع الأسباط القلقة، وجُنِّبَت الحرب.

تسليم يشوع

ينتهي السفر بخاتمة مؤثِّرة في الأصحاحين الأخيرين. فقد أدرك يشوع أنَّه تقدَّم في العمر، وأنَّه سيموت قريبًا، ولذلك أراد أن يُهيِّئَ الأُمَّة للمستقبل.

من الملاحظ أنَّه بينما عيَّن موسى يشوع خلفًا له، لم يعيِّن يشوع أيَّ خلفٍ له. يبدو الأمر غريبًا، لكن منذ ذلك الوقت لم يكن عمل القيادة سيُترك لرجلٍ واحد. فقد اختلفت الحاجات من ناحية القيادة، إذ كان الشعب متفرِّقًا عبر الأرض. ولم يعد بمقدور رجل واحد أن يكون قائد منطقة واسعة جدًّا. لذلك كانت رسالة يشوع الأخيرة موجَّهة إلى الشعب كلِّه.

وكانت رسالته صارمة: وعد الربّ ليس فقط بأن يباركهم عندما يطيعونه، بل بأن يلعنهم أيضًا عندما يَعصُونه. وقد أتى بهم إلى الأرض التي وعدهم بها، لكن إن أرادوا أن يستمرُّوا في التمتُّع بنِعَمه فعليهم أن يحفظوا ناموسه.

ردَّ يشوع جميل امتلاكهم الأرض إلى الربّ. ومع أنَّه قاد الشعب، فقد نوَّه بأنَّ الربَّ حارب عنهم، وعليهم أن يشعروا بالامتنان من نحوه لنجاحهم. وأنهى خطابه بأن طلب من الشعب أن يتعهَّدوا أمام الربّ بالوفاء له.

يختلف الأصحاح الأخير من ناحية الأُسلوب. يتكلَّم يشوع هنا بصيغة المفرد كما في الأصحاحات السابقة، لكن الكلمة «أنا» هنا ترجع إلى الربّ. فكانت رسالته الأخيرة نبوَّة، وعرف الشعب ذلك.

i. النعمة: يذكِّر الربّ الشعب بكلِّ ما صنعه معهم. ولا ذكر لدور يشوع.

ii. الامتنان: يتكلَّم يشوع فيحثّ الشعب على مخافة الربّ وخدمته، وأن يكونوا أُمناء له وأن يتخلَّصوا من كلّ الآلهة الأُخرى. ثمَّ يتكلَّم عن نفسه وعائلته قائلاً: "أمَّا أنا وبيتي فنعبد الربّ."

يوافق الشعبُ يشوع على أن يتبعوا الربّ. وينصب يشوع نُصبًا تذكاريًّا لذلك. ويعلن الشعب ثلاث مرَّات: "سنعبُد الربّ."

وتذكر الآيات الثلاث الأخيرة جنازات: فقد دُفِن يشوع، ودُفِنت عظام يوسف، ودُفِن أَلِعازار. وكانوا قد حملوا معهم خلال الأربعين سنة تابوتًا يحوي عظام يوسف، لأنَّه كانت رغبته الأخيرة قبل موته أن تُدفن عظامه في أرض الآباء. وأخيرًا، أتت الفرصة لكي تستريح تلك العظام حيثُ أراد يوسف.

إذًا، يُختم السفر بثلاث جنازات. ونقرأ أنَّ بني إسرائيل عبَدوا الربّ كلّ أيام يشوع وكلّ أيَّام الشيوخ الذين عاصروه. لكن تغيَّرت الأحوال إلى الأسوإ عندما كبُر الجيل التالي.

ويُمكن تلخيص الدروس التي نستقيها من سفر يشوع في عبارتين بسيطتين:

- لم يكونوا سيستطيعون القيام بما قاموا به من دون الربّ.
- لم يكن الربّ سيقوم بما قام به من دونهم.

هذان درسان مهمَّان. فمن السهل أن نضع كلّ المسؤوليّة على الربّ، أو أن نضعها كلّها على أنفسنا. لكنَّ الكتاب المقدَّس متوازن: لا يمكننا التحرّك من دون الربّ، ولن يتحرّك الربّ من دوننا. والتغيير في الجملة مهم ـــ ليس الأمر أنَّه لا يستطيع من دوننا، لكنَّه لن يعمل من دوننا. ولو لم يتعاون يشوع والشعب مع الربّ، لم يدخلوا أرض الآباء. لكن من دون الربّ ومن دون تدخّله، لم يكونوا سيستطيعون الدخول إلى تلك الأرض.

تدخُّل إلهي

1. كلمات الربّ

تظهر كلمات الربّ بوضوح في سفر يشوع إذ نقرأ عهده مع الشعب الذي لا يمكن أن يقطعه. لقد

أقسم بذاته إنَّه سيبقى معهم، وإنَّ الأرض هديَّة كان قد وعدهم بها. فالربّ يحفظ كلمته دائمًا، وهو لا يستطيع أن يكذب. إذًا، يخبرنا يشوع أنَّ الربَّ أعطى الشعبَ الأرض التي كان قد وعد بها أباءهم.

2. أعمال الربّ

تنسجم أعمال الربّ مع كلماته. ونقرأ أنَّه سيحارب عن الشعب القديم، وسيطرد الشعوب الأُخرى من الأرض. ويمتلئ سفر يشوع بالعجائب الحسِّيَّة: فنهر الأُردنّ ينشقُّ، والمنّ يتوقَّف، وأسوار أريحا تسقط، وحبَّات البَرَد تساعد على هزْم خمسة ملوك، والنهار يطول بجعل الشمس «تقف» في السماء، والأرض تُقسم بإلقاء القرعة. ويتنبَّه السفر إلى إعطاء المجد للرب من أجل كلّ تلك الأحداث. و قد كان الربّ بالفعل مع الشعب القديم. ولكلمة عِمَّانوئيل أربعة معانٍ أو تشديدات:

1) الربّ هو معنا نحن!

2) الربّ هو معنا نحن!

3) الربّ هو معنا نحن!

4) الربّ هو معنا نحن!

وتُظهر المعاني لأربعة مجتمعة معنى الاسم الكتابيّ. فالكلمة "عمانوئيل" تعني أنَّ الربَّ واقف في صفِّنا، والتأكيد هو أنَّه سيحارب عنَّا وليس عن الآخرين. وسفر يشوع هو شهادة عن هذه الحقيقة.

التعاون البشري ـــــ إيجابي

يعمل الربّ من خلال التعاون البشريّ. فهو لم يحارب لوحده، بل كان على الإسرائيليِّين الذهاب إلى المعركة ومواجهة الأعداء بأنفسهم. ولم يكن الربّ قد قام بالعمل من دونهم، بل كان عليهم الدخول إلى الأرض والقيام بالعمل. وقال لهم الربّ إنَّ الأرض التي تدوسها بطون أقدامهم يعطيها لهم.

1. موقف قلوبهم

عدم الخوف (سلبيّ)

ما كان عليهم أن يخافوا خلال دخولهم إلى الأرض. فتلك كانت الوصيَّة التي استلمها يشوع في البداية. والخوف كان السبب في فشلهم على مدى أربعين سنة عندما رفضوا الدخول إلى كنعان.

لكن الايمان (إيجابيّ)

إن كانوا سيربحون كلّ معركة يخوضونها، وجَبَ عليهم أن يتحلَّوا بموقف قلبيّ تملأُه الثقة والطاعة. وقد ظهر ذلك الإيمان عمليًّا حين أطاعوا أمر الربّ بالسَّير حول أسوار أريحا بصمت سبع مرَّات، بينما كانوا من دون شكٍّ يفضِّلون المحاربة مباشرة. وكان عليهم أن يستعِدُّوا للمخاطرة بالطلب من الربّ علناً أن يوقف التمس.

2. أفعالهم

كانت ثقتهم ستقودهم إلى الطاعة. وكان عليهم أن يتصرَّفوا بحسب كلمة الربّ ويعملوا بما يوصيهم به. وهذا تذكير لنا بأنَّ علينا أن نستلم عطايا الربّ. وكان الشعب سيحصل على كلّ قطعة أرض تطأُها أقدامهم. لكن كان هذا يعني أنَّ عليهم التحرَّك لجعل ذلك الميراث ملكًا لهم، إذ لم يكن الأمر أوتوماتيًّا.

يجب التوصُّل إلى توازن رقيق بين الإيمان والعمل، وقد لخَّص «أوليڤر كروموِيل» ذلك بأُسلوب ذكيّ حين قال لجنوده مرَّة: "ثقوا بالربّ، وحافظوا على بارودكم جافًا." وكما قال أيضًا س. هـ. سپرجن: "صلِّ وكأنَّ الأمر كلّه يعود للربّ، واعمل وكأنَّ الأمر كلّه يعود إليك."

لكن إنِ امتلأ موقفهم القلبيّ بالثقة بالذات، وتحوَّلت أفعالهم إلى العصيان، فإنَّهم سيخسرون كلّ معركة يخوضونها. لهذا السبب يغطِّي جُزآن أساسيَّان من السفر قصَّتَي أريحا وعاي. رُبحت المعركة في الأُولى، وخُسِرت (في البداية) في الثانية. فإن كنَّا نتعلَّم الدرسين اللذين يمكن استنتاجهما من قصَّة هاتين المدينتين، فنحن حاضرون لغزو الأرض.

التعاون البشري ـــ سلبيًّا

الكتاب المقدّس كتاب صادق، إذ هو يتكلَّم عن نقاط الضعف كما عن نقاط القوَّة. ويخبرنا سفر يشوع عن ثلاثة أخطاء ارتكبها الشعب عندما أخذوا الأرض.

الخطأ الأول، حصل في مدينة عاي. وقد هزَمَتهم جيوشٌ أقوى لأنَّه كانت لهم ثقة زائدة بأنفسهم. لم يتحلَّ الجيل الأوَّل بالثقة بالنفس قطّ، وكان خطأُهم الشعور بالخوف. أمَّا هذا الجيل، فقد تحلَّى بالثقة الزائدة بالنفس، وكانت الحماقة خطأهم. وكان الموقفان مسبِّبين للدمار.

الخطأ الثاني، حصل عندما خدعهم الجبعونيُّون ليقيموا عهدًا معهم. وكانت الحماقة التي ارتكبوها هي عدم سؤال الربّ عن الأمر.

الخطأ الثالث، حصل عندما أقام سبطان ونصف السبط نُصبًا عند الضفَّة الشرقيَّة لنهر الأُردنّ. فاتَّهمتهم الأسباط المتواجدة على الضفَّة المقابلة من النهر بالخيانة وبترك الربّ. وكاد سوءُ التفاهم أن يؤدِّي إلى حرب أهليَّة.

التطبيق العملي للمؤمنين

نقرأ في الأصحاح العاشر من رسالة كورنثوس الأُولى وفي الأصحاح الخامس من رسالة رومية أنَّ كلّ ما كُتِب في الماضي، كُتِب لتعليمنا. فكيف يُمكن استخدام سفر يشوع في العهد الجديد، وكيف يمكننا تطبيق ما نتعلَّم منه اليوم؟

الإيمان

يُشار في الأصحاح الحادي عشر من رسالة العبرانيين إلى يشوع وراحاب كمثَلَين للإيمان. وهما جزء من «سحابة الشهود» التي تحيط بنا.

ويكتب الرسول يعقوب أنَّ الإيمان من دون أعمال ميت؛ ولا يمكنه إعطاؤنا الخلاص. واستُخدمت راحاب كمثال حين خبَّأت الجاسوسَين، وودَّعت الماضي لتعتنق إيمان الشعب القديم.

الخطية

يمدّنا السفر بتذكار صُوَريّ عن المشاكل التي يمكن للخطيَّة أن تسببها وسط الشعب. ونقرأ في العهد الجديد عن حادثة حنانيا وسفِّيرة التي تشبه قصَّة عخان. ويُخبِر سفر أعمال الرسل كيف أنَّ هذين الزوجين كذبا في موضوع المال الذي حجَباهُ عن صندوق الكنيسة المشترك، بينما خدع عخان الشعب بعدم اعترافه بالأشياء التي سرقها من أريحا. وكانت النتيجة متشابهة في الحالتين، وهي دينونة الربّ. إذ مات حنانيا وسفِّيرة على الفور، ورجم الشعب عخان حتَّى الموت.

الخلاص

يقدِّم السفر صورة مجيدة عن الخلاص. وكان اسم يشوع في الأصل «شُوَع» بمعنى «خلاص»، لكنّ موسى أعطاه الاسم «يهوشُوَع» الذي يعني «الربّ يخلِّص». وقد تُرجم هذا الاسم في الترجمة اليونانية للعهد القديم إلى «يشوع».

ويعني اسم موسى «المنتشَل». إذًا، يصف اسمه واسم يشوع مجتمعَين تقدُّم شعب إسرائيل نحو أرض الآباء. فموسى أخرجهم من أرض مصر، أمَّا يشوع الذي هو المخلِّص فأدخلهم إلى أرض الآباء. لم يشكِّل الخروجُ من مصر الخلاصَ، إنمَّا تَشكَّل الخلاص بالدخول إلى أرض كنعان.

ويُظهِر ما تقدَّم حقيقة مهمَّة: فالمؤمنون لا يخلصون فقط من أمر ما، إنمَّا يخلصون أيضًا لأمر ما. من الممكن الخروج من مصر، لكن البقاء في البرِّيَّة. ومن الممكن التوقُّف عن إتِّباع أُسلوب حياة أهل العالم دون التمتّع بمجد الحياة المسيحيَّة.

تطبيق المبدأ

أخيرًا، علينا طرح السؤال: كيف يمكن للمؤمن أن يطبِّق مبدأ أرض الآباء؟

السماء

يظنّ بعضهم أنَّ أرض الآباء تشير إلى «السماء». وتقول سطور إحدى الترانيم مثلاً: "عندما تطأ قدماي حافة الأُردنّ، تتبدَّد مخاوفي وهمومي." وكأنّ النهر يمثّل الموت، و كنعان يُمثِّل السماء في الجهة المقابلة.

القداسة

لا تمثّل أرضُ الآباء السماء، بل تمثِّل حياة القداسة. وتعليقًا على إنتصار يشوع وامتلاك الأرض، يقول كاتب الرسالة إلى أهل العبرانيِّين إنَّ الشعب لم يدخلوا «الراحة» تحت قيادة يشوع على الرغم من دخولهم إلى أرض كنعان. ويتابع قائلاً إنَّه ما تزال هناك «راحة» لشعب الربّ. وتعني تلك «الراحة» التوقّف عن المعارك. ونحن نصل إلى أرض كنعان حين نتمتَّع بما قدَّمه الربّ لنا. إذًا، كلَّما تغلَّبنا على تجربة ما نتذوَّق جزءًا من الراحة التي وعدنا بها الربّ. ويجب أن تُعاد انتصارات يشوع في حياة كلّ مؤمن إذ يعيش للمسيح ويصارع ضدّ الخطيَّة. وتعني «الراحة» التخلّص من صراعنا مع قوَّات العدوّ والمكافأة على كلّ مجهوداتنا.

سفرا القضاة وراعوث

المقدِّمة

يتكامل هذان السفران معًا، ولذلك سنتناول دراستهما معًا. وما يُميِّز الكتاب المقدَّس عن كتب سائر الأديان أنَّه كتاب تاريخيٌّ في أغلبه. فمثلاً، يحتوي القرآن على القليل إن لم نقل أقلّ قدْرٍ من التاريخ. بينما يقدِّم لنا الكتاب المقدَّس بُعدًا تاريخيًّا. أضف إلى ذلك أنَّهُ يحتوي على تاريخ لا يمكن لأيِّ إنسانٍ كتابته، إذ يتكلَّم عن بداية الكون في سفر التكوين، ويصف نهايته في سفر الرؤيا. فإمَّا أن يكون نتاج المخيِّلة البشريَّة، وإمَّا أنَّ الربّ نفسه قد كشف عن هذه الأُمور. ولا يوجد تفسير آخر.

رأينا خلال دراستنا لسفر يشوع كيف أنَّ التأريخ النبويّ نوع مميَّز من التاريخ، لأنَّه يسجِّل الأحداث ويذكر بالتمام ماذا قال الربّ لشعبه إسرائيل وماذا فعل معهم. فالذي بين أيدينا ليس تاريخا عاديًّا يسجِّل حياة شعبٍ واختباراته، بل هو قصَّة معاملات الربّ مع شعبه.

ويمكننا دراسة التاريخ على أربعة مستويات:

1. **دراسة الشخصيَّات**: يتضمَّن هذا النهج تحليلاً مفصَّلاً لأشخاص صنعوا التاريخ، كالملوك، وقوَّاد الجيوش، والفلاسفة، والمفكِّرين. فحياة هؤلاء تسيطر على فحوى ما يجري، وهم صِلَةُ الوصل لكلِّ ما يحصل.
2. **دراسة الناس**: التركيز هنا هو على الأُمَم بأكملها أو مجموعات الشعوب. فنكتشف كيف قويت أو ضعُفت الشعوب، وكيف يؤثِّر كلّ ذلك في توازن القوى في العالم.
3. **دراسة الأنماط**: بالإضافة إلى الشخصيَّات والشعوب، يتضمَّن هذا النهج الأنماط التي وُجِدت عبر العصور ككيفيَّة قيام الحضارات وسقوطها والتركيز هنا هو بالأكثر على الأفكار الرئيسيَّة، وليس على التفاصيل.
4. **دراسة الهدف**: يتساءل المؤرِّخون أيضًا عن توجُّه التاريخ. فالمؤرِّخون الماركسيون يؤمنون بالماديَّة الجدليَّة، أي بأنَّ تاريخ الشعوب يتضمَّن صراعًا خاصَّة بين العمَّال والطبقة الحاكمة أمَّا المؤمنون بنظريَّة التطوَّر المتفائلة فيؤمنون بارتقاء الإنسان. وبكلامٍ آخر، فإنَّ البشريَّة في نظرهم تتقدَّم نحو عالم أفضل. وينظر آخرون إلى الحروب التي مرَّت عبر التاريخ فيرون الويل والثبور.

ويمكن نسبة الهدف إلى مدرستين: من جهة، هناك من يرى التاريخ تقدُّمًا تدريجيًّا أي أنّ الأمور في تحسّن دائم، والحاضر يبني على الماضي. ومن جهة أُخرى، هناك من يرى التاريخ كسلسلة من الدوائر حتَّى ينتهي الأمر بدائرة متكاملة. فبالنسبة إليهم، هناك القليل من التقدُّم، وبالأحرى حركة بلا بركة.

ولا يدهشنا أنَّ النظرة الإلهيَّة إلى التاريخ تتضمَّن حسًّا من الهدف. وهو ليس مجرَّد تفاؤل الذين يؤمنون بنظريَّة التطوُّر، إذ ليست كلّ الأمور «في حال التطوّر». لكن تاريخ الكتاب المقدَّس له هدف، لأنَّ الربّ مسيطر على الأُمور، وهو سيصل بها إلى النهاية التي يقصدها هو. فالتاريخ هو بالفعل «قصَّته هو».

نظرتا التاريخ أيّ التقدّم التدرُّجي أو الدائري يساعداننا على فهم سفرَي القضاة وراعوث. فتاريخ سفر القضاة هو نموذج مُمتاز عن سلسلة الدوائر؛ فنرى دائرة واحدة تتكرَّر سبع مرَّات على الرُّغم من تقدُّم الزمن. أمَّا سفر راعوث فهو بالمقارنة تسلسل زمنيّ يحوي مقدّمة وقلبًا ونهاية مع حسّ بالتقدَّم.

يُظهِر نمط سفر القضاة أساليب الحياة التي يختارها الناس الذين لا يعرفون الربّ. فهم يستيقظون في الصباح، ويذهبون إلى أشغالهم، ثمَّ يرجعون إلى بيوتهم ليشاهدوا التلفاز، ثم يُخلِدون إلى النوم. وفي صباح اليوم التالي يخوضون الدورة ذاتها. إنَّها حياة تشبه حلبة دائريَّةً لا نهاية لها ولا هدف! أمَّا النمط الذي نراه في سفر راعوث فيُظهِر بالأكثر أُسلوب الحياة الذي يطلب الطريق الذي يريده الربّ لشعبه كي يتقدَّموا في الحياة. ونرى هنا هدفًا ومعنًى وتقدُّمًا نحو الهدف.

وأهمّ ما يمكننا فعله بالنسبة لأيِّ سفر في الكتاب المقدَّس هو معرفة سبب كتابته. وتنكشف أسباب كتابة بعض الأسفار بكلِّ سهولة، أمَّا سفرا القضاة وراعوث فيتطلَّبان بحثًا أكثر. فعلينا أن نبحث بدقَّة في كلِّ سفر قبل أن نصل لأيَّة نتيجة لهدف كتابته.

سفر القضاة

يرجع أصل معلومات معظمنا عن سفر القضاة إلى تلك التي تلقَّاها في صفوف مدارس الأحد. ولا نعرف سوى نسخة «بوولدير». وقد تعود النزعة «البوولديرية» إلى «ثوماس بوولدير» الذي لم يوافق على بعض المقاطع من مسرحيات شكسبير، فراجعها وحذف منها ما اعتبره «الأجزاء الشقيَّة». وهكذا تكرَّر اسمه عبر التاريخ. وهكذا هي الحال مع قصص مدارس الأحد التي تحذف بعض العناصر التي تشير إلى الشرّ كالسواري، وتقطيع الزواني والاغتصاب والقتل والرموز التي تشبه العُضوَ الذكريَّ. ونتيجة لذلك، يعرف العديد من الناس بعض الشخصيَّات المذكورة في هذا السفر مثل شمشون ودليلة ودبورة وجدعون، لكنَّهم لا يعرفون الشخصيَّات الأُخرى، ناهيك بالهدف والفكرة الرئيسيَّين للسفر.

قصص فرديَّة

ممَّا لا شكَّ فيه أنَّ القصص المذكورة في السفر آسِرة. فعلى الرُّغم من الشحّ في الكلمات عند وصفها، فإنَّ التفاصيل الواردة بشكل ممتع تكفي لجعل الشخصيَّات كأنَّها حيَّة تُرزق.

وتختلف المساحة المعطاة لكلِّ قصَّة. فقصَّة شمشون وحدها تحتلّ أربعة أصحاحات، بينما تحتلّ قصَّة جدعون ثلاثة أصحاحات، وتحتلّ قصَّتا دبورة وباراق أصحاحين. أمَّا بعض القصص الباقية فبالكادِّ تحتلُّ مقطعًا صغيرًا. يبدو كأنَّه كلَّما امتلأت القصَّة بالمشاعر خُصِّصَت لها مساحة أكبر. ومن الواضح أنَّ الكاتب لم يهتمّ بأن يقدِّم قصصًا متقاربة في الحجم لكلّ بطل. ويسهل تكوينُ الانطباع بأنَّ السفر سلسلة من قصص الفولكلور التي تحكي عن بطل أنقذ موقفًا ما في يوم من الأيَّام. (ويحتوي السفر مجموعة من الأحد ث الغريبة تشبه معركتَي نلسون وويلنغتون في التاريخ البريطاني).

نقرأ في بداية السفر عن **عثنيئيل** ابن أخي كالب. وكلّ ما نعرفه عنه هو أنّ السلام استتبَّ في أيَّام قضائه مدَّة أربعين سنة.

ونقرأ عن **إهود**، القائد الأعسر الذي أخفى سيفه ذا الثمانية عشر إنشًا (نحو 46 سنتم) على فَخذهِ اليُمنى. وبما أنَّ معظم الناس يستخدمون اليد اليمنى، كان من المعتاد التفتيش عن السلاح على الفخذ اليُسرى. لكنَّه استطاع إدخال سلاحه إلى محضر ملك موآب بأن خبَّأه على فخذه اليُمنى. ثُمَّ أدخَلَ السيف في بطن الملك الموآبيِّ وأرداه قتيلاً!

ونقرأ عن **شمجر** الذي قتل ستَّ مئة من الفلسطيِّين بِمَسَّاس الثيران.

ونقرأ عن **دبورة وباراق**. كانت دبورة نبيَّة وكانت متزوِّجة من لفيدوت. ومعنى اسم دبورة هو «النحلة النشيطة»، ومعنى اسم لفيدوت البُروق» في اللغة العبرية! وكانت دبورة تحلّ أُمور النزاعات عند الشعب، إذ كانت تتلقَّى الإجابة من عند الربّ. ونقرأ في سفر القضاة أنَّها طلبت مرَّة من باراق أن يقود الشعب

في المعركة، إلاَّ أنَّ باراق رفض الذهاب من دونها. وكان قوّاد الجيش آنذاك، وما يزالون حتّى اليوم أحيانًا، يقودون المعارك بأنفسهم. فغضب الربّ لأنَّ باراق رفض الذهاب، وقال له إنَّ سيسرا عدوّهم سيُهزم على يد امرأة وذلك لكي يذلّه. وهكذا حصل.

والقصَّة التالية التي تُطالِعنا هي قصَّة **جدعون**، وهو من أشدِّ رجالات الكتاب المقدَّس. فقد وضع بعض اللحم على المذبح فنزلت نار من السماء وأحرقته. ثمَّ طلب من الربّ علامة من السماء وكأنَّ النار لم تكن كافية! فتراءَف الربّ وأعطاه علامة من خلال جزَّة الصوف التي كانت جافة في اليوم الأوَّل وأصبحت مبلولة في اليوم التالي. وكان على جدعون أن يتعلَّم أنَّ المعارك تُربَح بقوَّة الربِّ وتخطيطه. وقلَّل الربّ عدد الجيش من ثلاثة آلاف عنصر إلى ثلاث مئة عنصر لكي يتعلَّم جدعون ألَّا يضع ثقته في الموارد البشريَّة.

والشخصيَّات التالية التي نقرأ عنها أوَّلُها **أبيمالك** (سنتكلَّم عنه لاحقًا)؛ ومن ثَمَّ نقرأ عن **تُولع** الذي لا نعرف عنه سوى أنَّه قاد الشعبَ ثلاثًا وعشرين سنة. وقاد الشعبَ من بعده **يائير** مدَّة اثنتين وعشرين سنة، وقد أنجب ثلاثين ابنًا يركبون على ثلاثين حمارًا ويملكون ثلاثين مدينة. كل ما لدينا عنه هو تلك المعلومة اللافتة، ليس إلاّ!

وخصّص السفر مقطعًا طويلا لقصَّة **يفتاح** قائد جلعاد. وقد قام بنذر متهوِّر قائلاً: إنَّه سيقدِّم للربّ أوَّل شخص يلقاه في طريق عودته من المعركة. فانتهى به الأمر إلى تقديم ابنته الوحيدة.

وكان **لإبصان** البيتلحميّ ثلاثون ابنة وثلاثون ابنًا. وقد تزوّجوا جميعهم من خارج سبط يهوذا. وقاد **إيلون** الشعب عشر سنوات. وكان **لعبدون** الذي أتى من بعده أربعون ابنًا وثلاثون حفيدًا يركبون على سبعين حمارًا! ولا نقرأ عن تفاصيل أُخرى.

أمَّا عندما نصل إلى قصَّة شمشون، فإنَّنا نجد تفاصيل أكثر. يعني اسمه حرفيًّا «شُعاعَ الشمس». تربَّى كنذير للربّ، ما يعني أنَّه لم يكن مسموحًا له بأن يشرب الكحول أو أن يقصّ شعره. إنَّها قصَّة غريبة عن رجل لَقِيَ المتاعب بسبب النساء. تزوَّج، لكنَّ زواجه انتهى قبل نهاية شهر العسل. فانتقل للسكن مع زانية لا نعرف اسمها قبل أن يشارك في حياته مع عشيقتَهُ دليلة. ورُغم كونه قويًّا جسديًّا، كان رجلاً ضعيفًا. ولم يكمن ضعفه في علاقاته فقط، بل عاد سببه في الأصل إلى ضعف في شخصيته. وبما أنَّه كان ممسوحًا من الربّ فقد ساعده هذا الأمر على القيام بأُمور فائقة القوَّة، إلاَّ أنَّ روح الربّ فارقه. وأمسك به الفلسطيّون وفقأُوا عينيه وجعلوه يجرّ حجر رحًى ليصبح أُضحوكة أمامهم.

قبل عدّة سنوات ألقيت عظة بعنوان «شعر شمشون ينمو». فأصابت رواجًا كبيرًا حتّى إنَّ إحدى السيّدات اللواتي سَمِعنها كتبت التالي واصفةً كيف أنَّ صبيًّا صغيرًا قاد شمشون الأعمى إلى أعمدة الهيكل الوثنيّ فأوقع الهيكل بأكمله.

الصبيّ الذي أمسك بيد شمشون

أخرَجوه خارجًا

لم أستطع أن أتطلّع، فالمنظر كان قاسيا وباردًا.

لم أستطع أن أتطلّع،

يا لها من صدمة إذ علم أنّه لن يرى من جديد.

نظرتُ إلى رأسه الحليق المنحني،

يرتجّ مع ارتجاج حجر الرحى. ويدور ويدور ويدور.

نظرت إلى الأغلال الثقيلة والقاسية

تنهش جلده.

الآن،

لم يعد مهمًّا أنّ عينيه قد فُقِئتا

فأنا عيناه، وهو يرى من خلالي.

عليه أن يرى من خلالي، فلا حلّ آخر. وقد ذرفتُ الدموع التي لم يستطع ذرفها من أجل كلِّ سنوات الضياع.

وتعلّمت أن أحبَّ هذا الرجل، بعدما تعلّم أخيرًا أن يخاف ربّه.

لذا،

لست خائفًا من الموت،

بل أنا سعيد بأن أكون عينيه آخِرَ مرّة. فأخذت يده،

وقدته باهتمام مُتقن، خطوة خطوة

إلى مكان استطاع أن يصلّي فيه: "أيُّها الربّ المتسلِّط على الكل."

وإذ كانت الأعمدة تسقط، صرخت: "آمين."

لقد خدم شمشون شعبه في آخر خمس دقائق من حياته أكثر بكثير ممّا فعل خلال سني حياته.

ضعف الطبيعة البشريَّة

الكتاب المقدَّس دائم الصراحة بالنسبة إلى السقطات والضعفات لدى الشخصيَّات التي يتحدَّث عنها. ولا يُستثنى سفر القضاة من هذا الأمر، إذ إنَّ الشخصيَّات المذكورة هنا تُظهر عددًا من الضعفات. فباراق لم يتمتَّع بالرجوليَّة، وجدعون كان خائفًا وكان يطلب علامات باستمرار. وفي آخر أيَّام حياته عمل رداء ذهبيًّا أو جبَّة كهنوتيّة سبّبت لاحقًا لعنة لإسرائيل لأنَّها تحوَّلت إلى رمزٍ يعبدونه. وكان يفتاح ابن إمرأة زانية وقام بنذرٍ متهوِّر. أمَّا شمشون فأساء معاملة زوجته، وأقام علاقة مع زانية، ثمَّ اتخذ عشيقة. لم يكن هؤلاء الرجال أصحاب شخصيَّات قويَّة، ولم يكونوا قدِّيسين، إلاَّ أنَّ الربَّ إستخدمهم!

قوَّة إلٰهيَّة

كيف استطاع هؤلاء البعيدون عن الكمال أن يُنجزوا ما أنجزوه؟ لقد حدث كلّ ذلك ليس بقوَّتهم، بل كان سِرُّهم أنَّ الروح القدس حلَّ عليهم ومسحهم.

يقدِّم لنا سفر القضاة أمثلة واضحة عن معاملات القوَّة الإلٰهية من خلال أناس ضعفاء استطاعوا أن يقوموا بما هو فائق للطبيعة. ربَّما ظهرت قصَّة شمشون أكثر من سائر القصص، لكن ذُكِرت قصص مدهشة أُخرى أيضًا. ومن الجدير ملاحظته من خلال قصَّة شمشون أنَّ الروح القدس حلّ على **قلّة قليلة** في العهد القديم. ومن بين المليوني نسمة الذين سكنوا إسرائيل في ذلك الوقت، اختبر اثنا عشر شخصًا فقط حلول الروح القدس عليهم. واللافت أنَّ الروح حلَّ عليهم فترةً **مؤَقَّتة** فقط وليس على الدوام، فنقرأ مثلاً أنَّ الروح **فارق** شمشون. إذًا، كان الروح القدس في العهد القديم يمسحهم مُدَّةً معيَّنة ولا يسكن في داخلهم.

من كان القضاة؟

غالبًا ما ينصبُّ اهتمامنا على القصص الفردية المذكورة في سفر القضاة، وننسى طرح أسئلة مهمَّة: من كان هؤلاء القضاة؟ ماذا كان دورهم، وماذا فعلوا؟

لقد أُطلِق عليهم اسم «القضاة»، لكنه لا يفي المعنى حقَّه بالنسبة إلى الكلمة الأصلية التي استُخدِمت لوصفهم. نقرأ أنَّ شمشون «قضى» لإسرائيل وأنَّ جدعون «قضى» لإسرائيل، ويحمل المعنى العبري للكلمة «قضى» «استكشاف الأخطاء وإصلاحها». فالقضاة عملوا على حماية شعب الربّ من أنفسهم ومن الآخرين. وهم لم يحملوا لقب «القاضي» بصفة رسميَّة، بل بسبب ما قاموا به من أعمال. والاسم «القاضي» يُنسب إلى الربّ فقط في سفر القضاة. فهو القاضي **الوحيد** الذي بإمكانه حلّ مشاكلهم. ويصحُّ القول أنَّ الربَّ هو حاميهم والذي يستكشف الأخطاء ويصلحها بروحه القدّوس من خلال هؤلاء الأبطال. وكان كلّ ذلك لمنفعة الشعب.

اهتمَّ القضاة بنشر العدل بين الشعب. وإهتمّوا أكثر بالمشاكل التي واجهتهم من الخارج، إذ كان الشعب محاطًا بأُمَم عدوانيّة هاجمَتهم أكثر من مرّة. فقد هاجمهم العمونيّون ثلاث مرّات، والعمالقة مرّتين، والموآبيّون مرّة، والمديانيّون مرّة، والفلسطيّون مرّة. ونقرأ أيضًا بصفة مميّزة عن ملوك أريحا وموآب وحاصور.

كان الشعب قد دخل إلى أرض مأهولة بكثافة، وواجههم السكّان بعدوانيّة إذِ اعتبروهم غزاة. والتبرير الوحيد لوجودهم في تلك الأرض كان أنَّ الربّ أعطاهم إيَّاها، وأنَّه كان عليهم إنزال العقاب بالشعب الساكن فيها ومَحوهُ عن وجه الأرض. إذًا، لا تدور تفاصيل السفر حول مجرّد أبطال انفراديين، أو حول دراسة شخصيَّات متنوّعة (وهذا وصف للمستوى التاريخي الأوَّل كما ورد في بداية هذا الفصل)، بل حول شعوب برمَّتها (والذي هو وصف للمستوى التاريخي الثاني).

تاريخ الأُمَّة

إن كنَّا نجمع سني قضاء الاثني عشر رجلاً الذين قضَوا لإسرائيل يأتي المجموع أربع مئة سنة. لكن سفر القضاة يغطِّي في الواقع مئتَي سنة فقط. فكيف يكون ذلك؟

جغرافيًّا

يسهل إيجاد حلٍّ لهذه المسألة عندما ندرس تفاصيل ما فعله هؤلاء القضاة. فعندما نقرأ عن جدعون وشمشون، نميل إلى التفكير بأنَّهما قضيا لكامل الأمّة. لكن كان بنو إسرائيل قد توزَّعوا في أسباط، منتشرين على مساحة كبيرة تقارب مساحة ويلز البريطانيّة. فيمكن أن يكون قد قضى أحدهم أربعين سنة لأسباط المنطقة الشماليَّة. ويمكن أن يكون الآخر قد قضى في الوقت نفسه في المنطقة الجنوبيَّة. فمثلاً، قضى شمشون لأسباط المنطقة الجنوبيّة، بينما قضى جدعون لأسباط المنطقة الشماليّة.

سياسيًّا

كان هناك فراغ في القيادة في إسرائيل في تلك الفترة. فبعد أن أخرجهم موسى من مصر، وقادهم يشوع إلى أرض الآباء، وبعد أن مات هذان الرجلان لم يكن هناك رأس للأمَّة، مع العلم أنَّه لم يكن قد أتى عهد الملوك بعد. لذلك كان القضاة بمثابة قادة محليِّين يهتمّون بمجموعة من الأسباط وليس بكامل الأمّة.

أخلاقيًّا

كان هناك سبب أخلاقي لمواجهة تلك الأسباط المعارضة من قِبَل الأمم والشعوب المجاورة. وهذا هو صميم رسالة ذلك السفر كما نراه من خلال خطوطه العريضة وكيفيَّة تقسيمه. إذ ينقسم السفر بكلّ وضوح إلى ثلاثة أجزاء:

1. حلّ وسط غير مبرَّر (1-2)

i. نقاط ضعف

ii. تحالف

3. فساد مطلق (3-16)

i. فتنة وسط الشعب

ii. إخضاع الأعداء لهم

iii. التضرّع إلى الربّ

iv. الخلاص على يد مخلِّص

5. سلوك فاسد (17-21)

i. الوثنيّة في الشمال ــ سبط دان

ii. العهر في الجنوب ــ سبط بنيامين

في القسم الثاني **(فساد مطلق)** تتكرَّر الأجزاء الأربعة من الدورة سبع مرَّات. وينتهي السفر بجملة تكرَّرت خلاله وهي: "فِي تِلْكَ الأَيَّامِ لَمْ يَكُنْ مَلِكٌ فِي إِسْرَائِيلَ. كُلُّ وَاحِدٍ عَمِلَ مَا حَسُنَ فِي عَيْنَيْهِ."

1. حلّ وسط غير مبرَّر

i. نقاط ضعف ــ أودية هشَّة

كان الربّ قد أرسل الشعب إلى الأرض لكي يمحوا سكّانها بالكامل. وتؤكِّد حفريّات الآثار ممارسات أهل كنعان الشرّيرة. وكانت الأمراض المُتناقَلة جنسيًّا منتشرة بكثرة. وينسى الذين يتساءلون عن غياب العدالة في كلَّ ذلك كلام الربّ إلى إبراهيم عن مستقبل ذرِّيته. فقد أخبر الربّ إبراهيم أنَّ نسله سيبقى في مصر بضعة قرون إلى أن «يكتمل» شرّ الأموريين. فقد احتمل الربّ شرّهم، لكنّهم تخطَّوا كلّ حدود وانحرفوا، فاستخدم الإسرائيليِّين لتأديبهم.

لكن، بدل أن يُنفِّذ الإسرائيليّون أمر الربّ بالتمام، إنتقَوا جزءًا منه. فاستولوا على التلال والجبال، لكن سمحوا للعديد من الشعوب بالبقاء هناك؛ وخاصة سكّان الأودية. وانقسم الشعب إلى ثلاثة أقسام: شمالي ووسطي وجنوبي. وكان التواصل صعبًا بين الأسباط، ولم يستطيعوا التجاوب بسرعة وبوحدة عند بروز أيّ تهديد من الخارج. أضِف أنّ الأودية أمَّنت طُرقًا للغزاة الذين استفادوا من نقطة الضعف تلك.

ii. تحالف وزيجات مختلطة

سبَّبت حدود الأدوية المتراخية تجربة للكثير من الرجال الإسرائيليين الذين سرعان ما بدأوا التزواج بفتيات من خارج إيمانهم. وكان ذلك عصيانًا واضحًا لناموس الربّ الذي منع «الزيجات المختلطة».

وأثّرت تلك الزيجات سلبيًّا على حالة الشعب الروحيّة. فالزواج من ابنٍ أو ابنة لإبليس لا بدَّ أن يجرَّ مشاكل مع الحَموّ! وضُرِبَ بالحياة الروحيّة عُرض الحائط، وانتهى الأمر بالكثير من الذين تزوجوا من غُرباءً بأن عبدوا آلهة الكنعانيين. ويبقى تأثير الشريك غير المؤمن إلى يومنا أكثر تأثيرًا في الزواج. وبطبيعة الحال، أدّت عبادة آلهة الكنعانيين إلى الفجور، لأنَّ المعتقدات الخاطئة تؤدِّي دائمًا إلى التصرُّفات الخاطئة.

2. فساد مطلق

يتألّف الجزء الأكبر سفر القضاة من سلسلة دورات. فنجد الشعب يعاود تكرار التصرف نفسه مرَّة تلو الأُخرى.

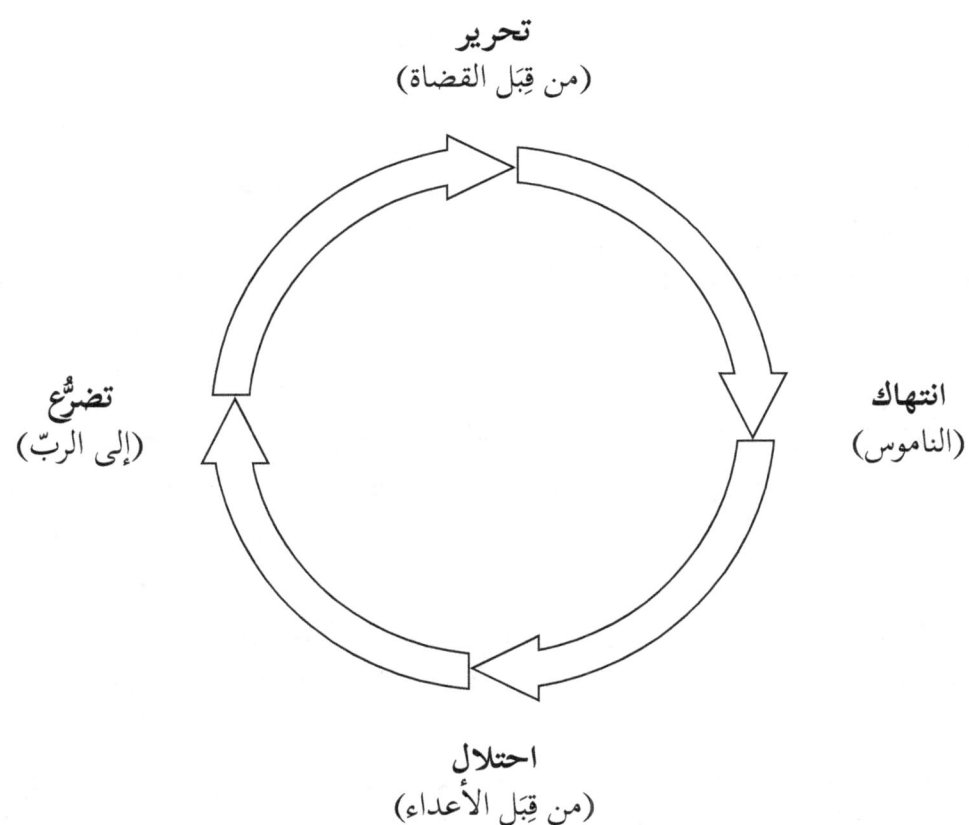

- **تضرّع**: يبدأ الشعب بالصراخ إلى الربّ بسبب الضغوطات التي تواجههم.
- **تحرير**: يرسل الربّ من ينقذهم (مثل شمشون وجدعون).
- **إنتهاك**: رُغمَ إنقاذ الربّ للشعب، يعودون إلى ارتكاب الخطيَّة.
- **احتلال**: يرسل الربّ شعبًا عدائيًّا (مثل المديانيين والفلسطيّين) ليحتلّ الأرض. ويصبح الشعب تحت الاحتلال في أرضٍ كان يجب أن يكونوا فيها أحرارًا.
- **تضرّع**: يعاودون الصراخ إلى الربّ بسبب تأزّم الوضع فتبدأ الدَّورة من جديد. ويبدو أنَّهم كانوا يصلّون عند المرور في أزمة فقط. ومن الصعب معرفة ما إذا ندموا بالفعل أم أنَّهم ندموا فقط على نتيجة تصرّفاتهم. ومن الواضح أنّ معظمهم لم يدركوا أنَّ قهر الشعوب لهم كان نتيجة خطئهم.

ولم تنطبق تلك الدَّورة فقط على الأُمّة ككلّ، بل عاش الأفراد أيضًا في سلسلة مفرغة من ارتكاب الخطيّة وطلب الغفران، ومن ثَمَّ معاودة ارتكاب الخطيّة من جديد. ولم تكن مجرّد حلقة مفرغة لامتناهية، بل حلقة حلزونية تنزلق بهم نحو الأسفل. وكانت الأُمور تذهب من سيِّئ إلى أسوأ.

3. سلوك فاسد

ما نقرأُه في الجزء الأخير من السفر هو سرد مُخزٍ لما جرى للشعب. وقد جرت الحادثة الأُولى في سبط دان في الشمال، وجرت الحادثة الثانية في سبط بنيامين في الجنوب. وفي كلتا الحادثتين ضُلِّل الشعب بواسطة كاهنين، ممَّا يؤكِّد ما ذكرناه في السابق أنَّ الوثنية (الإيمان الخطأ) تقود إلى الفجور (التصرُّف الخطإ).

i. الوثنيّة في منطقة الشمال – سبط دان

تبدأ القصَّة إذ يسرق ميخا الذي من جَبل أفرايم ألفًا ومئة شاقلٍ من أمِّه. ثمَّ فرحت عندما ردّ المال لها واشترت به صنمًا ليضعه ميخا في المعبد الصغير الذي كان قد بناه في بيته.

وحدث أن أتى أحد الشبّان من سبط لاوي إلى بيت ميخا يفتّش عن مسكن. وعرض عليه ميخا أن يسكن في بيته ويكون أبًا وكاهنًا له فيقدّم له دخلاً ثابتا وطعامًا ولباسًا، فقبل.

بعد تلك الحادثة هاجر شمالاً سبط دان لأنّهم لم يأخذوا الأرض التي خصَّصها لهم الربّ في الجنوب. وسكن بعض من قادتهم في ذلك البيت مع الأصنام والكاهن. فشرَّعوا عمل الكاهن وقدَّموا له مالاً. وقبل الكاهن المال.

إذًا، كسر سبط دان ناموس الربّ بكلّ وضوح بعبادتهم الأصنام. وكما أنَّه لم يعد يُذكر اسم يهوذا الإسخريوطي بعد أن سلَّم الربَّ يسوع، فهكذا لا يُذكر سبط دان في سفر رؤيا يوحنّا اللاهوتي.

بدأت الخطيّة برجل سرق المال من والدته، ثمَّ انتقلت إلى واحدٍ من اللاويين أصبح كاهنًا خاصًّا لعائلة ومن ثم لكامل السبط من دون أيّة سلطة رسميَّة أو تعيين.

ii. الفجور في الجنوب ــ سبط بنيامين

هذه القصَّة أسوأ من الأُولى. إتخذ رجل لاويّ من سبط أفرايم سُريَّة من بيت لحم في اليهوديّة. فتركته ورجعت إلى أهلها. فذهب بعد أربعة أشهر ليطلب منها العودة. ودعاه والدها للمبيت هناك قبل أن ينطلقا في طريق العودة.

ثُمَّ إنطلقا في رحلة العودة في وقت متأخّر من النهار ووصلا إلى أُورشليم التي كانت حينها مدينة وثنية. فرفض اللاوي المكوث مع «الوثنيين» فاتَّجها شمالاً نحو سبط بنيامين ووصلا ليلاً إلى جبعة. فقدَّم لهما رجل شيخ مكانًا يمكثان فيه الليلة. ولكنْ بينما كانوا يأكلون، قاطعهم «رجال أشرار من المدينة» وطلبوا أن يُضاجِعوا القادِمَين الجديدين. فرفض الرجل الشيخ طلبهم وعرض أن يقدِّم لهم ابنته بدلاً من ذلك. لكن في النهاية أعطاهم اللاوي سُرِّيَّته. وفي صباح اليوم التالي وُجِدت ميتة خارج باب البيت بعد أنِ اعتدَوا عليها طوال الليل.

عندئذٍ قطّع اللاوي السُرِّية إلى اثنتي عشرة قطعة وأرسلها إلى أسباط إسرائيل. وعندما علم الأسباط بالجريمة التي ارتكبها رجال سبط بنيامين أرادوا الأخذ بالثأر من الجناة. لكن البنياميِّين رفضوا تسليم الرجال لهم.

وكانت النتيجة نشوب حرب أهلية كادت أن تمحو السبط بأكمله، إذ بقي على قيد الحياة ستُّ مئة رجل فقط. وهُدِمت بلداتهم وقُتِلت نساؤهم وأولادهم.

وكانت الأسباط الأُخرى قد حلفت أن لا يزوِّجوا بناتهم لأيٍّ من البنيامينيِّين. فكان سبط بنيامين على وشك الانقراض. فتحنَّن الإسرائيليّون عليهم وأقاموا خطّة لمنع حدوث ذلك. وجدوا أربع مئة عذراء من يابيش جلعاد كزوجات للبنيامينيِّين، لكنّهم كانوا بحاجة إلى أكثر، فحاكوا خطّة ذكيّة. إذ أقاموا احتفالاً في شيلوه وسمحوا للبنيامينيِّين بأن «يخطَفوا» بناتهم. فلم يكسروا بذلك حلفهم بالكامل ولم «يعطوا» بناتهم لهم.

إنّها قصّة محزنة للغاية وهي تشكِّل مع قصّة سبط دان نهاية مأساويّة لسفر القضاة.

هدف لاهوتي أو أبديّ

نتجه نحو موضوع منعش بعد تلك القصة الحزينة، وهو التطلّع إلى الهدف الروحيّ من السفر. ففي نهاية الأمر، الجزءُ التاريخي من الكتاب المقدّس ليس سردًا للتاريخ البشريّ، بل هو سرد لما قال الرب وماذا فعل فنرى مَن هو.

ذكرنا أنَّ الربَّ هو القاضي أو المخلّص لشعبه، بما أنَّه الوحيد الذي أُطلق عليه اسم «القاضي» (الدَّيَّان) في كامل الكتاب المقدّس. وهو البطل الحقيقي، ولا يتحقَّق النجاح إلاَّ عندما يتعاون معه قادة الناس.

لكنْ عندما نطرح السؤال:"من طرد الكنعانيين من الأرض، إسرائيل أم الربّ؟ علينا أن نجيب: "الاثنان معًا!" ويمكننا تلخيص الأمر على النحو التالي: ما كانوا استطاعوا من دونه، وما كان عمل من دونهم. فمن ناحية، أعلن الربّ أنّه سيعطيهم الأرض ويطرد الساكنين فيها. لكن من ناحية أُخرى، كان على الشعب أن يتجاوبوا مع تعليماته.

أضِف أنّنا نقرأ أنَّ الربَّ لم يطرد الأعداء في بعض الأحيان، بل أبقاهم في الأرض ليمتحن الشعب ويعلِّمهم القتال. ونقرأ في سفر عاموس أنّه كما أنَّ الربَّ أخرج إسرائيل من مصر أخرج أيضًا الفلسطيِّين من جزيرة كريت ليسبِّبوا الإزعاج لإسرائيل.

إذًا، نتعلّم من سفر القضاة أنَّ الربَّ يؤدِّب شعبه. فهو يحرِّرهم من الشرِّير ليظهر رحمته، ويرسلهم إليه ليظهر عدالته.

نجد هذا المبدأ في العهد الجديد أيضًا. فنقرأ مثلاً في الصلاة النموذجيَّة: "لا تُدخلنا في تجربة، لكنْ نجّنا من الشرِّير." وكما أنَّ بإمكان قوَّة الروح القدس أن تشفي المرضى، بإمكانها أيضًا أن ترسل المرض. بإمكانها أن تقدِّم البصر للأعمى، وبإمكانها منع العيون الصحيحة من الرؤية. بإمكانها إقامة الموتى، وبإمكانها أيضًا إحداثُ الموت كما حدث مع حنانيا وسفِّيرة. وأصعب العقوبات التي يمكن أن تقع على أعضاء الكنيسة هي تسليمهم لإبليس الذي إذ يُدمِّر أجسادهم ربَّما يعودون إلى رُشدهم فتخلُصُ أرواحُهم في يومِ الحِساب.

لكنَّنا نجد في الوقت نفسه أنَّ الربَّ يسمع لصلوات الشعب ويستجيب. إنَّه يحزن عندما يرى تعاستهم، وهو طويل الروح وأمين على الرغم من عصيانهم المتكرِّر. فنقرأ كيف أنَّ الربَّ سمع الصلوات وأرسل قادة ممسوحين ليقودوا العمليَّات مثل جدعون وباراق. نرى علاقة ديناميَّة بين الربّ والإنسان، وكلٌّ منهما يؤثِّر في الآخر.

ولكنْ، لا تفسِّر هذه العلاقة الديناميَّة هدف السفر. ولن يظهر الهدف بوضوح إلاَّ بعد أن ندرس سفر راعوث. فكلُّ ما نراه في هذه المرحلة هو الدائرة المفرغة لدخول الإسرائيليين في المتاعب والخروج منها؛ دون أن نرى النتيجة. ويمكن أن تُفسَّر تلك المشاكل وسط الشعب بطريقتين:

1. <u>أبناءُ الجيل الثاني</u>

لم تكن للشعب الإسرائيلي الساكنين في أرض الآباء المعرفةُ نفسها عن الربّ كما كانت للجيل الأوَّل وماذا عمل مع الأجيال التي سبقتهم. ولم يريدوا أن يعرفوا الرب، بل عملوا ما حسُن في أعيُنهم فساء ذلك في عينيه. وكان كل واحد منهم ناموسًا لنفسه.

2. <u>قادة الجيل الثاني</u>

لم تكن هناك خلافة سلسة بعد يشوع. وعند موت أحد القضاة، كانت تحدث فجوة زمنيَّة قبل أن يظهر قاضٍ جديد. وكان الشعب خلال تلك الفجوات ينحرفون في تصرّفاتهم التي كانت تؤدِّي إلى إنزال الربِّ العقابَ بهم. والعبارة التالية وأمثالها تشير إلى ما كان يحدث: "في أيَّام حكم القاضي...

لكن عند موت القاضي...". لم تكُن هنا أيَّة سُلالة ملكيَّة تؤمِّن الاستمراريَّة والثبات كما كان معهودًا بين الشعوب الأُخرى. وقد حكم كل قاضٍ مجموعةً معيَّنة من الشعب فقط، وليس كامل الأمَّة. كما ظهر موضوع وجود ملك أكثر من مرَّة.

1. **جدعون**: بعد انتصاره على المديانيين رفَّعه أتباعه على العرش، وطلبوا منه البدء بسلالة ملكيَّة. يرتئي بعضُهم أنَّه كان يجب أن يقبل ذلك، لكن من الواضح أنَّه لم يكن ذلك التوقيتَ الإلهيَّ لاختيار ملك. وقال جدعون للشعب إنَّ مشكلتهم تكمن في أنَّهم لم ينظروا إلى الربِّ على أنَّه ملكهم.

2. استلم القيادة عدد من الرجال بعد جدعون. وسأل **أبيمالك** الشعب إن كانوا يفضِّلون حكمه هو على الحكم الجماعيِّ لأبناء جدعون السبعين. فتمّ تعيينه هو وبدأ بقتل إخوته. وتدهورت الأمور إلى الأسوإ إذ أظهر جوعه للسيطرة ورغبته الضئيلة في مصلحة الشعب. وكان أن قُتِل في إحدى المعارك.

3. تتكرَّر العبارة التالية في سفر القضاة: "ولم يكن هنالك ملك في تلك الأيَّام..." وكأنَّ المعنيّ قوله هو أنَّ الأُمور كانت ستكون أفضل بكثير لو كان هنالك ملك. وسنعود إلى تلك الفكرة الرئيسيَّة لاحقًا. وكلّ ما نراه حتَّى الآن في هذا السفر هو أنَّه كانت هناك حاجة ماسَّة لملك. وعندما نصل إلى سفر راعوث، نُواجَه بأهميَّة وجود ملك. ويبدأ طرح السؤال في هذا السفر:"ترى من سيكون الملك؟"

راعوث

كُتب سفر راعوث في الفترة الزمنية نفسها التي كُتِب فيها سفر القضاة. لكن هناك مفارقات كبيرة بين السفرين:

- يحتوي سفر القضاة قصصًا عن عدَّة أشخاص ، بينما يحتوي سفر راعوث قصصًا عن أشخاصٍ قليلي العدد.
- سفر القضاة طويل نسبيًّا، أمَّا سفر راعوث فهو من أصغر أسفار العهد القديم.
- يغطِّي سفر القضاة أحداثًا جرت في كامل البلد، أمَّا سفر راعوث فيغطِّي أحداثًا جرت في بلدة صغيرة.
- يغطِّي سفر القضاة فترة مئتَي سنة، أمَّا سفر راعوث فيغطِّي فترة جيل واحد.

تُمكننا قراءة سفر راعوث كقراءة أيَّة قصّة رومنسية تجد مكانها في إحدى المجلات. وهي تمدَّنا بفيض من الهواء المنعش بعد أحداث سفر القضاة التي احتوت على القتل الجماعي والاغتصاب وتقطيع زانية وحرب أهليَّة وكهنة أشرار. وتجري أحداثُها في اليهوديَّة على بُعد ميلين من أرض البنياميني‍ِّين، لكن جوّها يختلف بالكامل.

يحتوي سفر راعوث على أربعة أصحاحات. ويعالج أوَّل أصحاحين قصَّة امرأتين لا تفترقان إحداهما عن الأُخرى. أمَّا ثاني أصحاحين فيخبران عن رجلين صاحبيَ نفوذ. ويشكِّل هؤلاء الأربعة الشخصيَّات الأساسيَّة في تلك الدراما.

1. خسارة الحماة
2. وفاء الكنَّة
3. محبَّة الوليّ
4. سلاسة ملكيَّة

1. خسارة الحماة

تبدأ القصّة بجوع يضرب إسرائيل، ممَّا جعل رجلين يُغادِران أرض موآب. ويمكننا التكهّن بأنَّ الجوع كان عقابًا من الربّ، لأنَّه كان علامة مألوفة على عدم رضى الربّ. ويقدّم الجوع مفارقة لمكان حلوله في القصّة فقد حصل في بيت لحم التي تعني في اللغة العبريّة «بيت الخبز».

لو عرَفَت تلك العائلة الدروس من تاريخ بني إسرائيل لكانت علِمَت أنَّ التفتيش عن الطعام خارج أرض الآباء كثيرًا ما أدَّى إلى مشاكل، تمامًا كما حصل مع إبراهيم وإسحاق ويعقوب. ولا نقرأ أنَّ العائلة صلَّت إلى الربِّ لأجل الطعام. إذًا، سافرت نُعمي وزوجها شرقًا عبر التلال، على الجانب الآخر من البحر الميت، نحو موآب. ومع مرور الوقت تزوَّج كلّ من ابنيهما بفتاتين موآبيّتين. وتدهورت الأُمور من

سيِّئ إلى أسوأ، إذ مات زوج نُعمي ثمَّ مات ابناها أيضًا. وتُرِكت الأرامل الثلاث وَحدهنَّ، مع العلم أنَّ مستقبل الأرملة في تلك الأيَّام كان كئيبًا.

بدأت الدراما بسبب رفض الرجال الاتكال على الربّ. وقد سعَوا وراء حلٍّ بشريٍّ لمشكلتهم، بدل أن يسألوا الربّ عمَّا يحصل، وكيف عساهم يتصرَّفون. كان الربُّ سيخبرهم أنَّ الجوع جزء من القِصاص الذي أنزله بهم، وإن التفتوا إليه فقط فسوف يحصلون من جديد على الطعام الكافي. لكنَّهم لم ينتظروا حتَّى ليسألوه، ناهيك بالاستماع إلى الإجابة.

وأصبحت نُعمي مُرّة نتيجة للأزمة التي ألمـّت بها. ومعنى اسمها في الواقع هو «البهجة»، إلاَّ أنَّها عندما رجعت إلى أرض الآباء لم يميّزها أقرباؤها، وطلبت منهم أن يدعوها «مرّة» بدل نُعمي. وكانت قد حثَّت كَنَّتَيها على البقاء في أرض موآب، وقد علمت أنَّ رجوعهما إلى يهوذا يخفض نسبة زواجهما من جديد. فالرجال في اليهوديَّة نادرًا ما يتزوّجون من خارج عشائرهم.

قبِلَت عُرفة عرض حماتها وبقيت في موآب، ولا نعرف عنها المزيد. وبسبب قرارها لم يكن لها دور في هدف الربّ. أمَّا راعوث فذهبت مع نُعمي وكُتِب اسمها في التاريخ على أنَّها إحدى أسلافِ ربِّنا يسوع المسيح.

وتحمل القصّة تذكارًا لنا بأنَّ الكثير يعتمد على القرار الذي يتخذه الإنسان. فالقرارات التي نتخذها تشكِّل شخصياتنا، وقدِ اتَّخذت راعوث القرار الصحيح في الوقت الصحيح.

أخيرًا، نقابل مَن كسرت تصرّفاته تلك الحلقة المفرغة. وأصبحت راعوث جزءًا من سُلالة الربّ يسوع. ويُذكر اسمها في نسب يسوع المذكور في إنجيل متَّى رُغمَ كونها أمميَّة وامرأة.

2. وفاء الكَنَّة

كانت راعوث شخصيَّة جميلة من الداخل والخارج. وكانت ممتلئة تواضعًا، لكنْ تحلَّت بشجاعةٍ كالتي تجذب الرجال. كانت وفيَّة وخَدومًا، لكنَّها لم تكن سلبيَّة أو خاسرة البتَّة.

لم تختَرْ أن تبقى مع نُعمي فقط، بلِ اختارت شعبَ نُعمي وإلهها أيضًا. ويبدو أنها علمت أنَّ الربّ إله حقيقي، على الرغم من أنَّها رأت القصاص الذي أنزله بشعبه. وأتى ردُّها على نُعمي إيجابيًّا في أربع حوادث. وأظهرت محبَّتها لنُعمي بإظهار الوفاء لها. وتأتي الكلمتان «الوفاء» و«المحبّة» في اللغة العبريّة من الكلمة نفسها تقريبًا. إذِ المحبّة التي لا تتمتّع بالوفاء ليست محبّة حقيقيّة. وهكذا فإنّ عهد المحبَّة الذي قدّمه الربّ لشعبه يعني أنَّه يبقى وفيًّا معهم في السرّاء والضرّاء.

نقرأ أيضًا أنَّ راعوث وجدت «نِعمة» في عيني الربّ. وتشير العبارة «وجدت نعمة» في اللغة العبريّة إلى «الأفضليّة»، أي أنَّها أصبحت من المفضّلين لدى الربّ. ويتّضح من القصّة أنَّ راعوث أصبحت حديث البلدة في بيت لحم، لأنَّ الربّ لم يتوقّف عن إظهار إحسانه لها.

3. محبَّة الوليّ

يتضمّن الجزء الثاني من السفر رجُلَين ذَوَي نفوذ، وهما بوعز والرَّجُل الذي سيصبح ملكًا.

كان بوعز رجلاً فهيمًا وشديد الكرم. وكان من الشائع السماحُ للفقراء بالتقاط أيّ حبوب باقية في الحقل بعد الحصاد. لكنَّ بوعز شدَّد على عمَّاله أن يتركوا حصَّة كبيرة لراعوث.

ولكي نفهم تواليَ الأحداث في هذا السفر، علينا أن نتذكَّر عُرفَين كانا منتشرين في تلك الحقبة:

العُرف الأوَّل هو الزواج لإكمال نسل الأخ المتوفَّى. في سنة اليوبيل (كلّ خمسين سنة) كانت كلّ الممتلكات تعود إلى العائلة التي امتلكتها في سنة اليوبيل السابقة. لذا كان من الضروري أن يوجد مُمثِّل ذكَر عن العائلة لردّ المِلكيَّة بعد خمسين سنة. وقد نصّ قانون الزواج لإكمال النسل أنَّه إن مات زوج إحدى النساء ولم يكن لها ولد يحمل اسم العائلة، وَجَبَ على أخي الزوج الزواج منها لتنجب صبيًّا يحافظ على ممتلكات العائلة في ما بعد. وكانت راعوث قد تزوّجت من رجل كان له الحق بردِّ مِلكيَّة العائلة. لكنَّها ترمَّلت ولم يكن لها ابن، فكان من واجب أحد الأقارب أن يتزوَّج بها لكي يحافظ على اسم زوجها ونسله ويُعيد الملكية في سنة اليوبيل.

العُرف الثاني كان تقليدًا اجتماعيًّا. فلم يكن بمقدور الفتاة أن تعرض الزواج على أحدهم، لكن كانت لها الحرِّية بالإشارة إلى رغبتها بالزواج من أحدهم، وذلك بعدَّة أساليب. وكان أحد هذه الأساليب تدفئة رِجلَي الرجل! فحين نامت راعوث عند رجلي بوعز وغطَّتهُما بمعطفها، كانت تشير إلى أنَّها لا تُمانِع الزواج منه.

إذًا، يخبرنا ذلك العُرفان كيف تزوّج بوعز براعوث.

عندما نامت راعوث بالقرب من رِجلَي بوعز، كانت تلك إشارةً واضحة إلى أنَّها مَعنيَّة بأمره. وشعر بالإطراء لكونها اختارته هو رُغم كونه ليس الأكبر سنًّا أو الأصغر سنًّا من الأقارب الذين كان بإمكانها اختيارُهم. ولكنْ كان من واجب أخيه الأكبر منه سنًّا أن يقوم بالمهمَّة الرسميَّة، لذا كان عليه أن يقدّم له خيار الزواج منها! ووافق أخوه على زواج بوعز براعوث وأظهر موافقته بأن قدَّم له نعله. وكانت هذه العادة بمثابة المصافحة في أيَّامنا.

4. سُلالة ملكيّة

إنَّها قصَّة رومانسيَّة ريفيَّة جميلة. لكن حرِيٌّ بنا أن نسأل ماذا كان الربُّ يفعل وراء كل ما كان يجري. ولا سبب لضمّ تلك القصَّة إلى الكتاب المقدَّس إلاَّ لسبب إضافة فاصل مُمتِع. فمن الواضح أنَّ الربَّ كان يُهيِّئ سلالة ملكية في إسرائيل. وكان قرار راعوث الصحيح أن ترجع مع حماتها وتصبح جزءًا من شعبها جزءًا من قرار الربّ الصحيح لأنَّه اختارها لتكون جزءًا من النسل الملوكي.

ومع أنَّ الربَّ لا يظهر كأنَّ له دورًا في الدراما، فهو يُذكَر أكثر من مرَّة حين تطلب منه الشخصيَّات مباركة الآخرين. فنُعمي طلبت منه أن يبارك راعوث لأنَّها مكثت معها. والحصَّادون طلبوا منه أن يبارك

بوعز، وهو بدوره طلب من الربّ أن يباركهم. وبوعز طلب من الربّ أن يبارك راعوث لأنَّها اختارته هو. وعند التلفّظ باسم الربّ، استخدموا الاسم "يهوه" الذي يحمل صفة الاستمراريَّة ــ الربّ معيني «دائمًا»، وهو بجانبي «دائمًا»، وهو شافيَّ «دائمًا».

ومن اللافت أنَّ بوعز كان مباشرةً من نسل يهوذا أحد أبناء يعقوب الاثني عشر. وكان من نسل ثامار التي حبلت من حميها، الأمرُ الذي يُظهِر أنّه ممكن أن يستخدم الربُّ أكثر الحالات استهجانًا لترتيب مقاصده. وكان يعقوب، وهو على فراش الموت قد قدَّم نبوَّة عن يهوذا: "لاَ يَزُولُ قَضِيبٌ مِنْ يَهُوذَا وَمُشْتَرِعٌ مِنْ بَيْنِ رِجْلَيْهِ حَتَّى يَأْتِيَ شِيلُونُ وَلَهُ يَكُونُ خُضُوعُ شُعُوبٍ." كان ذلك قبل عدَّة قرون من تفكيرهم بأن يصبح لديهم ملك، لكن يعقوب وعد يهوذا بأنَّه ستخرُج من نسله سُلالة ملكية.

نعلم أيضًا أنَّ جدَّة بوعز لم تكن يهوديَّة. إذ كانت راحاب الزانية أوّل أُمميَّة في كنعان تتَّخذ الربَّ إله إسرائيل إلهًا لها. إذًا، لدينا شجرة عائلة مختلطة: ثامار رُزِقت ابنًا من حميها، وراحاب كانت أُمميَّة وزانية، وراعوث كانت موآبية. إلاّ أنَّ هؤلاء الثلاث جميعهنَّ من أسلاف ربِّنا يسوع المسيح.

مَن كتب سفرَي القضاة وراعوث؟

نأتي الآن لمناقشة سبب اتصال هذين السفرين. كذلك، سنجيب عن السؤالين: من كتبهما، ولماذا كُتِبا؟

غالبًا ما تكشف نهاية السفر هدف كتابته. ونستنتج من العبارة: "لم يكن هناك ملك في إسرائيل **في تلك الأيَّام**" أنَّ سفر القضاة، وسفر راعوث بالطبع، كُتِبا **بعد** تسلُّم الملك الحُكم. ومن الواضح أنَّه عند كتابة سفر راعوث لم يكن داود قد أصبح ملكًا، إذ نقرأ: "وَيَسَّى وَلَدَ دَاوُدَ" وليس: "وَيَسَّى وَلَدَ المَلِك دَاوُدَ".

تؤكِّد الحقيقتان المذكورتان أعلاه أنَّ سفر راعوث كُتِب حين كان هناك ملك. لكن كان ذلك قبل أيَّام داود، أي في أيَّام شاول الملك، لأنَّه كان الملك الوحيد الذي أتى قبل داود. إذًا، كُتِب السفر في زمن شاول أوَّل ملك على إسرائيل. وكان الشعب قدِ اختاره بسبب طوله ومظهره الخارجيّ، وليس بسبب شخصيّته أو قدراته.

إن كنَّا نعرف زمن كتابة السفر، تمكننا أيضًا معرفة مَن كتبه. فالخطابات التي قدَّمها صموئيل النبيّ في سفر صموئيل الأوَّل مشابهة في اللغة لسفرَي القضاة وراعوث. إذ كان يستخدم أُسلوب العودة إلى التاريخ ليعلِّم الشعب. إذًا، من المحتمل جدًّا أن يكون صموئيل هو كاتب سفرَي القضاة وراعوث في كِتابٍ أو دَرْج واحد في زمن الملك شاول.

ويمكننا تلمّس سبب الكتابة إذ نسأل من أيّ سبط جاء الملك شاول. والإجابة هي: من سبط بنيامين. فرسالة السفرين العامَّة هي أنَّ سبط بنيامين سيِّئ بالمقارنة مع سبط يهوذا والساكنين في بيت لحم.

بكلامٍ آخر، كُتِب سفران كاملان لتهيئة الشعب للانتقال من شاول إلى داود. فصموئيل كان قد مسح داودَ سرًّا، لكنَّه كان بحاجة لأن يُهيِّئ الشعب ليقبلوه ملكًا بدل شاول الذي كانوا قد اختاروه.

وقد أراد من قُرَّائه أن يقارنوا بين رجال بنيامين المنحطِّين أخلاقيًّا وسكَّان بيت لحم المسالمين. وفي نهاية سفر يشوع يذكر صموئيل ما يعرفه وهو أنَّ يسَّى هو والد دواد الممسوح ملكًا من قِبَل الربّ والذي كان سيُغيِّر الوضع بأكمله.

تُؤكِّد هذه النظريّةَ المذكورة أعلاه بعضُ التفاصيل المذكورة في الأصحاح الأوَّل من سفر القضاة. فعند دخول سبط يهوذا إلى أرض الآباء، عُيّنت أُورشليم كالمنطقة الخاصَّة لسبط بنيامين. لكنَّنا نقرأ في بدايات سفر القضاة أنَّ المدينة كانت مع اليبُوسيِّين "إلى هذا اليوم"، ما يعني أنَّ سبط بنيامين لم يستطع قهرها. وكان من أوَّل الأُمور التي عملها داود، تلك المذكورة في سفر صموئيل الأوَّل، هي أنَّه سيطر على تلك المدينة. وتوضح هذه المعلومة تاريخ كتابة سفر القضاة، وتؤكِّد الهدف من ورائه، وهو تشجيع الشعب على القبول بداوُد. ويَعرِضُ سفر راعوث الذي يقع بعد سفر القضاة مدينتين في الواجهة: بيت لحمٍ أي «بيت الخبز» وهي مسقط رأس داوُد، وأُورشليم المحتلَّة من قِبَل اليبوسيِّين والتي ستصبح عاصمة الأُمَّة.

كيف يمكننا استخدام سفرَي قضاة وراعوث اليوم؟

نقرأ في العهد الجديد ما كتبه بولس لتيموثاوس أنَّ كلَّ الكتب المقدَّسة موحًى بها من الله وهي "الْقَادِرَةَ أَنْ تُحَكِّمَكَ لِلْخَلاَصِ". ويقول الربُّ يسوع إنَّ التوراة تشهد له، لذا علينا أن نسأل كيف يجب على المؤمن أن يقرأ سفري القضاة وراعوث؟

سفر القضاة

باستطاعة المؤمنين الأفراد تعلُّمُ الكثير من الشخصيات المذكورة في هذا السفر. ويمكننا أن نتعلَّم من الأخطاء التي ارتكبها القضاة ومن الخيارات الصحيحة التي اتَّخذوها. وتحمل كلّ قصّة قيمة معيّنة لكلّ مؤمن. ونحن لا نتَّخذ القُضاة قُدوة لنا، لا بل إنَّ العهد الجديد لا يشجّع على ذلك أبدًا. فنقرأ في الأصحاح الثاني عشر من رسالة العبرانيين أنَّ الذين سبقونا، والذين ترد أسماؤهم في الأصحاح الحادي عشر ومن بينهم بعض من هؤلاء القضاة، ينظرون كيف سنجتازُ السباق مُتطلِّعين إلى مثالنا ورئيس الإيمان ومكمِّله، الربِّ يسوع الذي خلاصه قائم إلى الأبد.

على الكنيسة دراسة سفر القضاة كي لا تقع في الفوضى، إذ يعمل كلُّ واحد ما يحسن في عينيه. ومن الممكن أن تقع الكنيسة في خطإ التفتيش عن «ملك» منظور تُقدَّم نظرته وقيادته على المسيح. يمكن لقادة البلدان أن يختاروا أنواع الحكم المتعدِّدة، مثل الديمقراطيَّة أو الديكتاتوريَّة أو حكم الأقليَّة. ولكنْ يعلِّم الكتاب المقدَّس أنَّه علينا ككنيسة أن نكون تحت قيادة الربّ. فقائدنا هو إنسان وإله في آنٍ معًا. وقد كان على الأرض وهو الآن في السماء.

علينا أن نتذكَّر أنَّ الربَّ هو هو اليوم كما كان في أيَّام الأحداث التي جرت في سفري القضاة وراعوث. إنَّه يحبُّ شعبه، وهو يُظهِر محبته إذ يؤدِّب الذين يحيدون عن طريقه. وهو في الوقت نفسه يجعل مخطَّطاته تعمل لخيرنا. فلا يجدر بنا أن ننزلق في دوراتٍ من اليأس. وبإمكاننا أن نعرف الاتجاه الصحيح ونتبع أهداف الربّ.

سفر راعوث

كانت راعوث إحدى أوائل الأُمميين الذين اتَّخذوا الربّ إلهًا لهم. وهي صورة عن كلّ المؤمنين إذ ينتمون إلى النسل الملوكي، وهُم "إخوةُ الربِّ يسوع" من خلال الإيمان به.

ويُذكِّرنا السفر بالربِّ يسوع. فإن كانت الكنيسة تشبه راعوث، فبوعز يشبه المسيح ــ الوليّ المُنقِذ. وقد جُلِبت الكنيسة إلى خط شعب الرب في العهد القديم. ونحن العروس وهو العريس. وسفر راعوث ليس سفرًا منعزلاً في العهد القديم، يحمل فكرة رئيسيَّة تتكرَّر في الكتاب المقدَّس كلِّه. فالكتاب المقدس بأكمله هو "قصَّة رومنسيَّة" تنتهي بعُرس الخروف في سفر الرؤيا. والعلاقة الرومنسيَّة بين راعوث وبوعز صورة متكاملة للمسيح وعروسه الأمميَّة.

سفرا صموئيل الأوَّل والثاني

المقدِّمة

إنَّ سفرَي صموئيل الأوَّل وصموئيل الثاني في النُّسخة الكتابيَّة التي بين أيدينا هما كتاب واحد في التوراة اليهوديَّة يندرج في خانة «الأنبياء السابقين». ويغطِّي السفرانِ فترة مئة وخمسين سنة، وقد كُتِبت محتوياتهما من وجهة نظر نبويَّة لإظهار كيف ينظر الربّ إلى الأُمور وما هو المهمُّ في نظره. وسمِّي السفران باسْم النبيّ الذي تدور القصَّة حوله والذي كتب معظمهما على الأرجح. ويغطِّيان تغييراتٍ عظيمةً حدثت في تاريخ إسرائيل وبروزَ الملك العظيم داوُد الذي ما تزال شهرته مستمرَّة إلى اليوم.

المضمون

عاش إبراهيم أبو اليهود حوالى السنة 2000 ق م. وتسلَّم داوُد العرش حوالي السنة 1000 ق م. وحين نصل إلى سفرَي صموئيل وقدوم الملك داود، يكون عُمرُ وعدِ الربّ لإبراهيم بأنَّه سيكون له نسل وأرض قد ناهز عُمرَ الألف سنة. وكما تشير اللائحة في بداية الكتاب "نظرة شاملة على العهد القديم"، فإنَّ سفري صموئيل يسجِّلان تغييرًا ثالثًا في نمط القيادة في تاريخ بني إسرائيل.

1. من سنة 2000ق م _ 1500ق م: قاد **الآباء** بني إسرائيل، إبراهيم وإسحاق ويعقوب ويوسف (رُغمَ أنَّهم لم يكونوا قد أصبحوا أمَّة مستقلَّة).
2. من سنة 1500ق م _ 1000ق م: قاد **الأنبياء** إسرائيل، من موسى إلى صموئيل.
3. من سنة 1000ق م _ 500ق م: قاد **أُمراءُ أو ملوكٌ** إسرائيل، من شاول إلى صدقيَّا.
4. من سنة 500ق م حتَّى مجيء المسيح، قاد **الكهنة** إسرائيل، من يشوع إلى حنانيا وقيافا.

إنَّ التواريخ تقريبيَّة، ولكنَّها تعطينا مُلخَّصًا مفيدًا. ويصف لنا صموئيل التغيير الذي حصل بين استلام الأُمراء (أو الملوك) الحكم بعد الأنبياء. وهي فترة امتدَّت صعودًا مئةً وخمسين سنة وصولاً إلى إمبراطوريَّة داود.

إنَّها فترة مهمَّة في تاريخ بني إسرائيل. ويصف اليهود فترة حكم داود بالفترة الذهبيَّة من ناحية السلام والازدهار، وقد قهروا معظم المناطق التي وعدهم بها الربّ. ويحنّ اليهود حتَّى اليوم إلى تجديدٍ لتلك الأيَّام حيث يحكم ملك أُمّتهم الموحَّدة والمنتصرة. لكن لا يحتوي السفران على الأخبار السعيدة

فقط، إذ نقرأ عن بداية انحدار يستمر في سفري الملوك الأوّل والثاني حتّى يخسر بنو إسرائيل كلّ ما ربحوه خلال الألف سنة السابقة.

قبل أن نحاول تفسير تلك الأحداث كلّها، علينا أن نلقي نظرة مفصّلة على القصص المهمّة الواردة في السفرين. ونبدأ بعرض للمحتويات والمبنى.

المبنى

1. صموئيل ــ القاضي الأخير

(i) حنّة ــ الزوجة القلقة

(ii) عالي ــ الكاهن المريض

(iii) إسرائيل ــ جيش متعجرف

(iv) شاول ــ الملك الممسوح

2. شاول ــ الملك الأوّل

(i) يوناثان ــ الابن المغوار

(ii) صموئيل ــ النبيّ الغاضب

(iii) داود ــ المنافس البارز

داخليًّا

أ. راعٍ بسيط

ب. موسيقيٌّ بارع

ت. محارب شجاع

خارجيًّا

أ. فرد من الحاشية تحت المنظار

ب. خارج عن القانون مُطارَد

ت. تجنيد في المنفى

(iv) الفلسطيُّون ــ أعداء عدوانيُّون

3. داود ــ أفضل ملك

(i) ارتفاع وانتصار

نحو الأعلى

أ. سبط واحد

ب. أُمَّة مستقرَّة

ت. إمبراطوريَّة واسعة

(ii) انحدار مأساويّ

نحو الأسفل

أ. رجل منبوذ

ب. عائلة مفكَّكة

ت. شعب متذمِّر

تمهيد

توصف حياة صموئيل وشاول في اللائحة أعلاه بحسب علاقة كلٍّ منهما مع ثلاثة أشخاص ومجموعة من الناس. صموئيل مع حنَّة وعالي وشاول وإسرائيل. وشاول مع يوناثان وصموئيل وداود والفلسطيِّين.

ويمكن تلخيص حياة داود في أربع كلمات كما تدلّ اللائحة: من داخل، من خارج، نحو الأعلى، نحو الأسفل. وتشير عبارتا «من داخل، من خارج» إلى رضى الملك شاول عليه. أمَّا عبارة «نحو الأعلى» فتُشير إلى قمَّة قوَّته كملك. وتشير عبارة «نحو الأسفل» إلى رحلته نحو أعماق اليأس.

المضمون

1. صموئيل ــ القاضي الأخير

(i) <u>حنَّة ــ الزوجة القلقة</u>

يبدأ السفر بقصَّة حنَّة والدة صموئيل. وكان زوجها ألقانة متزوِّجًا بامرأة أُخرى تُدعى فَنِنَّة. وكانت حنَّة عاقرًا، لذا كانت تتلقَّى الكثير من التعيير من ضَرَّتها. ثُمَّ مرَّت السنوات وكبر حُزن حنَّة بسبب كونها عاقرًا. زارت الهيكل في شيلوه (حيث كان تابوت العهد)، وصلَّت إلى الربّ ووعدته بأنَّه إذا أعطاها ولدًا فسوف تكرِّسه لخدمته. لاحظ عالي الكاهن أنَّها تتمتم بصوت عالٍ وظنَّ أنَّها سكرى. فشرحت له وضعها وباركها وأرسلها إلى بيتها. بعد ذلك، حبلت حنَّة وولدت ابنًا وأسمته صموئيل.

وَفَت بِنَذرها للربّ وأتت بصموئيل إلى عالي الكاهن ليخدم في الهيكل. وصلَّت حنَّة مرَّة أُخرى معبِّرة عن ثقتها وفرحها بالربّ. ومن الواضح أنَّه بعد ألف سنة تذكَّرت مريم تلك الصلاة عندما أخبرها الملاك أنَّها ستلد يسوع. فتسبيحة مريم التي قدَّمت فيها الابتهاج والحمد تحمل أصداء صلاة حنَّة.

(ii) عالي ـ الكاهن المريض

خدم صموئيل تحت إشراف عالي الكاهن. وفي إحدى الليالي، سمع صوتًا يناديه فركض إلى عالي ظانًّا أنَّه يناديه. لكنَّ عالي قال له إنَّه لم يُنادِه. وتكرَّر الأمر ثلاث مرَّات قبل أن يتنبَّه عالي إلى أنَّ الربَّ ينادي صموئيل. وقد كانت لحظة مميَّزة، بما أنَّ الرُّؤى النبويَّة الكلاميَّة والبصريَّة كانت نادرة في تلك الأيَّام.

وهكذا، أُعطي صموئيل في سن الثانية عشرة مسؤولية إخبار عالي الكاهن بالدينونة التي ستقع على عائلته بسبب تصرُّفات ابنيَه النجسة، وبسبب تغاضيه عنها. فالولدان كانا يُسيئان استخدام منصِبَيهما فيأكلان من اللحوم المكرَّسة للربّ ويقيمان علاقات مع النساء اللواتي يجلبن تلك التقدمات. فقال الربُّ إنَّه لن يرى أيُّ فرد من عائلة عالي ما معنى التقدُّم في العمر.

كانت هذه بداية خدمة صموئيل النبويَّة. ولم تكن تلك آخر مرَّة يقدِّم فيها خبرًا صعبًا.

(iii) إسرائيل ـ جيش متعجرف

تحمل القصَّة الثانية خبر انهزام إسرائيل على أيدي الفلسطيِّين الأعداء الساكنين على الساحل الغربي. وظنَّ الإسرائيليُّون أنَّهم خسروا المعركة لأنَّهم تركوا تابوت العهد في الهيكل. وفي المرَّة التالية أخذوه معهم إلى المعركة، ولكنْ حلَّت بهم خسارة كبيرة. ومات ثلاثة آلاف جنديّ وابنا عالي (وهكذا تمَّت النبوَّة بالنسبة إلى موتهما المبكِّر). واستولى الفلسطيُّون على تابوت العهد ووضعوه في معبد داجون إلٰهِهم.

عند سماعِ عالي تلك الأخبار، وقع عن كرسيّه إلى الخلف، وكان قد أصبح عجوزًا ضعيفًا، فانكسرت رقبته على الفور. لكنَّ تابوت العهد سبَّب متاعب للفلسطيِّين، إذ أرسل الربُّ عليهم أمراضًا قاسية فأعادوه أخيرًا إلى الإسرائيليين محمولاً على عربة تجرُّها بقرتان. ولحق الفلسطيُّون العربة ليروا أين تذهب فرأوها تصعد باتجاه أُورشليم.

جمع صموئيل الشعب في المصفاة وأخبرهم أنْ لا علاقة للانكسارات السابقة بتابوت العهد، بل بالآلهة الغريبة التي يعبدونها. فحرق الشعب الأصنام، وانتصروا في تلك المعركة على الفلسطيِّين. وهذا يفسِّر لنا مبدأً تمَّ عرضُه في سفر القضاة: حين عصى الشعب الربَّ أرسل من ينتصر عليهم، ولكنْ حين تابوا وأصلحوا أمرهم قدَّام الربّ نصَرَهم على أعدائهم.

بعد ذلك انتشرت شهرة صموئيل، وازداد عمله كقائد وكنبيّ.

(iv) شاول ـ الملك الممسوح

كان آخر عمل علنيّ قام به صموئيل هو مسح شاول مَلِكًا. وكان الشعب قد طلبوا منه أن يكون لهم مَلِكٌ كسائر الشعوب التي من حولهم. لقد علموا أنَّ الربّ هو ملكهم، لكنَّهم أرادوا ملكًا منظورًا. استاء صموئيل من طلبهم في البداية، إلَّا أنَّ الربّ ذكَّره بأنْ ليس عليه أن يستاء لأنَّ الشعب قد رفضه هو.

أخبر الربُّ صموئيل أنَّه إن أراد الشعب ملكًا فعليهم مواجهةُ عواقبِ ذلك. فالملك بحاجة إلى قصر وجيش، لذا سيبدأ بعد التتويج مباشرةً بفرض الضرائب والإجبار على الالتحاق بالتجنيد. ورُغمَ تلك التحذيرات أصرَّ الشعب على الحصول على ملك واختاروا شاول الذي كان أطول وأجمل من باقي الشبّان في أيّامه.

2. شاول ـ الملك الأوّل

تمَّ اختيار شاول بطريقة غير اعتياديَّة إذ قال الربّ لصموئيل إنَّ الرجل الذي سيمسحه ملكًا سيكون يفتّش عن حمير! فعندما أتى شاول إلى منزل صموئيل طلبًا للمساعدة، علم صموئيل ما كان يجب أن يفعل. وأُعطيَ شاول موهبة التنبّؤ كعلامة على أنَّه سيكون الملك (لدينا تفاصيل قليلة تُبيِّن كيف ظهرت تلك الموهبة). وأكَّد الشعب قبولهم بأن يملك شاول عليهم، وسلَّم صموئيل النبيُّ، القاضي الأخير، القيادة إلى شاول.

كانت بداية شاول جيِّدة. فقد سُرَّ الناس بتعيينه وذاق النجاح منذ البداية إذ قهر العمونيِّين. لكنْ بدأت الأُمور تسوءُ تباعًا بالنسبة إلى علاقاته.

(i) يوناثان ـ الابن المغوار

أدَّى يوناثان دورًا مهمًّا في هَزْم الفلسطيِّين، وكان شاول في البداية فخورًا به. لكنِ، اقترف يوناثان خطأً إذ ذهب إلى المعركة التالية من دون أن يخبر أباه. وقد ربح المعركة، لكنَّ شاول شعر بالحسد من نجاح ابنه وتوتَّرت علاقتُه به.

نقرأ في القصّة التالية أنَّهم كانوا يخوضون معركة من جديد، ونذَرَ شاول نذرًا متهوِّرًا بأنَّ كلَّ من يجده يأكل في ذلك اليوم قبل نيله من الأعداء سوف يموت. ولم يعرف يوناثان بموضوع ذلك النذر فأكل بعض العسل. وهكذا، نرى شاول في هذا الموقف المحرج يُهدِّد ابنه بالقتل لأنَّه لم يُطِع أوامره التي لم يسمعها. ولو لم يتدخَّل الرجال الذين كانوا بإمرته لكان يوناثان خسر حياته.

(ii) صموئيل ـ النبيّ الغاضب

تدهورت علاقة شاول بصموئيل أيضًا. وكنبيّ، كان على صموئيل تبليغُ الكلام الذي أعطاه إيّاه الربّ. ومرَّة، طُلب من شاول أن ينتظر قدوم صموئيل ليقدِّم ذبيحة ما بعد المعركة. وتأخّر صموئيل في الوصول، فقدَّم شاول الذبيحة بنفسه. فحَمِيَ غضب صموئيل وقال لشاول إنَّ مملكته ستُعطى لآخر.

وكان خطأ شاول الثاني الأساسي هو عصيان كلمة الربّ. فقد طلب منه الربّ أن يمحو العمالقة ومواشيهم، لكنَّه أبقى على أجاج ملكهم وعلى أفضل المواشي. ومرَّة أُخرى، وصل صموئيل ورأى أنَّ شاول لم يطع أمر الربّ. فاشتدَّ غضبه وقتَلَ أجاج بالسَّيف أمام الربّ، وقال لشاول إنَّ الاستماع خيرٌ من الذبيحة. ثمَّ قال له بما أنَّه رفض كلام الربّ، فالربُّ رفضه أن يكون ملكًا. ومنذ ذلك اليوم حتَّى يوم وفاة صموئيل لم يُكلِّم شاول. والقصة تذكير مفيد لنا بأنَّ الطقوس لا تحلّ مكان البرّ. وهكذا بدأت نهاية أوَّل ملك لإسرائيل.

بعد أن حُرِم شاول من مشورة صموئيل، لم تكن لدَيه أيَّة وسيلة لمعرفة مشيئة الربّ. ولم يكن يعرف ما إذا كان سيربح المعارك أم لا. وعلى الرُّغم من أنَّه أرضى الربّ في بداية ملكه إذ أزال كل الوُسَطاء الروحانيِّين من أرض إسرائيل، ففي نهاية ملكه وبُعَيد موت صموئيل، استطاع أن يجد وسيطة في عين دور كانت ما زالت تمارس عملها. فذهب إليها وطلب منها إحضار روح صموئيل ليتكلَّم معه آخِرَ مرَّة. وأُخبر أنَّ معركته الوشيكة مع الفلسطيِّين ستكون الأخيرة.

(iii) داود ـ المنافس الظاهر

تبدأ قصَّة شاول بالتدهور إلى الخلف مع ظهور داود. دخل داود الشاب أمام شاول لخدمته، ونقرأ أنَّ شاول أحبَّه جدًّا. لكنْ، بعد فترة، أخذت علاقته معه المنحى نفسه الذي أخذته مع يوناثان وصموئيل.

من الناحية الداخليَّة

أ. راعٍ بسيط

ظهر داود على الساحة بعد أن رفض الربُّ شاول ملكًا. لكنَّ شاول بقي في الملك فترةً من الزمن. وأُرسِل صموئيل إلى بيت يسَّى ليمسح واحدًا من أبنائه ملكًا، ولكنَّ الربّ لم يقبل بأيٍّ منهم. إلاَّ أنَّه عندما استُدعي الصغير من الحقول، أعلن الربُّ أنَّ ذلك سيكون الملك الجديد. ومُسِح داود سرًّا، وبقي منتظرًا اليوم الذي سيُتوّج فيه ملكًا.

ب. موسيقيٌّ بارع

كان شاول في تلك الأثناء يتدهور عقليًّا وأخلاقيًّا. ونقرأ أنَّ الروح القدس فارقه وحلَّ فيه روح نجس. وأصبح متقلِّب المزاج ومن الممكن أن يجنَّ جنونه في لحظة. وأشار عليه مُعاوِنوه أنَّه ممكن للموسيقى أن تهدِّئ مزاجه. فجاءُوا بداوُد إلى البَلاط الملكي لأنَّه كان معروفًا بمهارته في عزف القيثارة. وبدأت موسيقاه بتهدئة روح شاول.

ت. محارب شجاع

قصَّة داود وجُليات هي من أشهر القصص في الكتاب المقدَّس. وما زاد من شهرتها هو تعارُض الشخصيَّتين، الأمر الذي أحبَّه اليهود. فقد بلغ طول جُليات أكثر من تسع أقدام، بينما كان داود مجرَّد راعٍ شابّ. وكان من المعتاد أن يختار الجيشان العدوَّان بطلاً من كلّ فريق ليتصارعا. ومَن يغلبْ يكُنْ قد ربح المعركة لجيشه. وكانوا بذلك يتفادَون من سفك الدماء.

عند هذه المرحلة من القصَّة، كان شاول قد تخلَّى عن دوره «كبطل» الأُمَّة. وبعد المناقشات، سمح لداود بأن يُنازِلَ جُليات ممثِّلاً إسرائيل. ورُغمَ من التفاوت في الحجم، كان داود متأكِّدًا من أنَّ الربَّ سيهبه النُّصرة. لقد آمن أنَّ المعركة هي للربّ، وأنَّ انتصاره سيُري العالم بأكمله قوَّة الربّ. ثمَّ استخدم مقلاعا، تمامًا كان يفعل في عمله كراعٍ، وأردى جُلياتَ ميتًا بحجر واحد من الخمسة التي انتقاها وهُزِم الفلسطيُّون.

من الناحية الخارجيَّة

أ. فرد من الحاشية تحت المنظار

إن كان شاول قد شعر بالحسد من ابنه، فكيف عساه يشعر تجاه ذلك البطل الجديد؟ سمع الناس يهتفون كيف أنَّ شاول قتل الأُلوف، أمَّا داود فقتل عشَرات الألوف. وأصبح داود بطلاً قوميًّا عظيمًا، فكرهه شاول. ومنذ تلك اللحظة أصبحت حياته في خطر. لكنَّه بقي يعزف الموسيقى أمام شاول لتهدئته، إلاَّ أنَّه في أكثر من مرَّة رمى شاول رمحه نحوه عندما كان يحتدم غضبه.

بعد ذلك، خطَّط شاول لقتل داود **أوَّلاً** بتزويجه ابنته مَيرَب إن هو غلب الفلسطيِّين. فرفض داود قبول الزواج بابنة شاول وفشلت خطَّة شاول حين غلب داود الفلسطيِّين دون أن تمسَّه شوكة. بعد ذلك تزوَّج داود ميكال ابنة شاول الأُخرى. ثمَّ طلب **ثانيًا** من ابنه يوناثان أن يساعده في النيل من داود. إلاَّ أنَّ يوناثان وميكال كانا في صفِّ داود وكانا ينبِّهانه إلى مخططات شاول.

ب. خارج عن القانون مُطارَد

بدا واضحًا أنَّه كان على داود أن يترك القصر. فهرب للاختباء في بيت صموئيل في الرامة. وحدث ما لم يكن في الحسبان، إذ عندما حاول شاول ورجاله أسره لم يستطيعوا، بل حلَّ روح الربّ عليهم وبدأوا بالتنبّؤ.

واستمرَّ يوناثان في مساعدة داود وقطعا عهدًا. ووعد يوناثان داود بأن يكون تحت إمرته على الرغم من أنَّه ابن شاول. لقد قدَّم ذلك الأميرُ الولاءَ لشابٍّ راعي أغنام. ويشير الكتاب المقدَّس إلى العلاقة المميَّزة التي جمعتهما. ونقرأ أنَّه لم تجمع المحبَّة الخالصة شابَّين مثلما جمعت داود ويوناثان.

في نُوب، أطعم أخيمالك الكاهن داود خبزًا مقدَّسًا، وأعطاه سيف جُليات. فهرب داود إلى جتّ، حيث عرفه الفلسطيُّون وتظاهر بالجنون لينجو بنفسه.

وفي عدُلام، التحق به أربعُ مئة من الثُّوَّار. وأرسل والديه إلى موآب، مسقط رأس جدّته، لحمايتهما. وأخبره نبيٌّ أن يرجع إلى اليهوديّة.

حين كان شاول يطارد داود في برِّيَّة عين جدي، دخل إلى كهف لِيُريح نفسه، ولم ينتبه إلى وجود داود داخل الكهف. فقطع داود جزءًا من جبَّة شاول. وحين همَّ شاول بالخروج من الكهف ناداه داود. فارتعَدَ شاول حين لاحظ أنَّه كان بإمكان داود أن يقتله. فتاب، لكنْ إلى وقت قصير، ثمَّ عاد إلى مطاردته.

وقابل داود امرأة تُدعى أبيجايل في برِّيَّة معون، وتزوَّجها لاحقًا. فقد رفض نابال زوجُها أن يُضيِّف داود ورجاله، إلاَّ أنَّها أسرعت وقدَّمت الطعام لهم فأنقذت عائلتها من غضب داود. وبعد موت نابال، أخذ داود أبيجايل زوجة له.

ت. تجنيد في المنفى

الجزء الأكثر غرابة في قصَّة داود هو الذي نادرًا ما يُعلَّم عنه. فمن شدَّة خوف داود من إمساك

شاول به، قدَّم نفسه مع رجاله كمرتذِقة للفلسطيِّين، ألدِّ أعداء إسرائيل. ولم يطل الوقت حتَّى تحالفوا بعضهم مع بعض.

(i) الفلسطيُّون ـ أعداء عدوانيُّون

أتت نهاية شاول في معركة خاضها ضدَّ الفلسطيِّين. ورُغمَ كون داود ورجاله مرتزِقةً لدى الفلسطيِّين، فإنَّ الفلسطيِّين لم يدَعوهم يشاركون في تلك المعركة لخوفهم من عدم التزام داود ورجاله الأمانةَ من نحوهم إن أرسلوهم للمحاربة ضدَّ شعبهم. وعلى كلِّ حال، لم يكن الفلسطيُّون بحاجة إليهم، إذ إنَّهم أنزلوا بالإسرائيليين هزيمة نكراء. ومات في تلك المعركة شاول ويوناثان، تمامًا كما تنبَّأ صموئيل. وكان أنَّه عندما أُصيب شاول، وأدرك أنَّه يلفظ أنفاسه الأخيرة، أسقط نفسه على سيفه. وهكذا ينتهي سفر صموئيل الأوَّل بموت أكثر شخصيَّات السِّفر غموضًا.

3. داود ــ أفضل ملك

(I) ارتفاع وانتصار

نحو الأعلى

أ. سبط واحد

نقرأ عن انتصارات داود وانطلاقه إلى الأعلى في الأصحاحات التِّسعة الأُولى من سفر صموئيل الثاني. يبدأ السفر برثائه لشاول ويوناثان حيث قال كلمات مؤثِّرة متذكِّرًا دفء الصداقة مع يوناثان.

لكنْ بدأت الحرب بالنشوب بين بيت داود وبيت شاول. وانتشرت قصص القتل والأخذ بالثأر. وغيَّر أبنير قائد جيش شاول موقفه واصطفَّ مع داود وجلب معه بنيامين. ولكنْ كانت الأُمَّة قدِ انقسمت.

ب. أُمَّة مستقَّرة

توَّج سبط يهوذا داود ملكًا في حبرون في الجنوب، حيث بقي سبع سنوات. وأخيرًا وحَّد الأُمَّة، خاصةً بعد أن حرَّر أُورشليم من أيدي اليبُوسيِّين. وكان اليبُوسيُّون مطمئنِّين إلى تحصينها، لكنَّ داود أخذها بعد أن دخلها بواسطة درج يصل إلى داخلها ويبدأ بالقرب من نبعٍ خارجها. والجدير ذكره هو أنَّ أُورشليم كانت كعاصمة محصَّنة بامتياز تحاوطها هضاب من ثلاثة جوانب من أصل أربعة. وكانت قدِ اتخذت موقف الحياد بين يهوذا (السبط الذي دعم داود) وبنيامين (سبط شاول). ولذا كانت عاصمة سياسيَّة بامتياز إذ لم يستطع أيّ من سبطَي يهوذا وبنيامين الادِّعاء بأنَّها مِلكٌ له.

ت. إمبراطوريَّة واسعة

يُكمل السفر بتدوين معارك داود الناجحة ضد الفلسطيِّين والعمونيِّين والأدوميِّين التي أصبحت أراضيهم جزءًا من أمبراطوريَّة شاسعة. وأوَّلَ مرَّة (وآخِر مرَّة)، كانت الأرض التي وعد بها الربُّ إسرائيل بأكملها في أيديهم. وكانت إسرائيل في أوْجِ تاريخها.

وتذكَّر داود بيت شاول رُغمَ تلك الانتصارات، وأكرم مفيبوشثَ ابن يوناثان الأعرج الرجلين.

(II) انحدار مأساويّ

نحو الأسفل

أ. رجل منبوذ

ابتدأ تدهور داود بعد ظهر أحد الأيَّام. كان جيشه حينئذٍ يخوض معركة ضدَّ بني عمّون. وكان يجب أن يكون قائدَ تلك المعركة بدل أن يتمشَّى ويتطلَّع خارج نوافذ القصر. فرأى من على السَّطح بثشبع زوجة جاره تستحمُّ، ولاقت استحسانه. ثمَّ كسر خمسًا من الوصايا العشر إذ إنَّه اشتهى زوجة جاره، وقدَّم شهادة زور ضدَّ الزوج، وسرق الزوجة، واقترف الزنى معها، وأخيرًا خطَّط لمقتل الزوج. إنَّها قصَّة مأساويَّة، ومنذ ذلك العصر بدأت الأُمَّة بالانحدار. وخسروا خلال خمس مئة سنةكلّ ما أعطاهم الربّ.

حبلت بثشبع، وحاول داود تغطية الأمر، ودبَّر في النهاية مقتل أُوريًّا زوجها في المعركة. ثُمَّ مات الولد، واتَّخذ داود بثشبع زوجة له وأتى بها إلى القصر. وحبلت من جديد، وعاش هذا الولد، وأسمته سليمان الذي يعني «السلام». لكنَّ داود ما كان يشعر بالسلام. وبعد سنة من الزمن، أرسل الربّ ناثان النبيّ ليُبكِّته على خطيّته من خلال مثَل قدَّمه له. عندئذٍ تنبَّه إلى هَولِ خطيَّته. وكتب بعد ذلك المزمور الحادي والخمسين كصلاة اعتراف.

ب. عائلة مفكَّكة

أصبح تصرُّف داود اللاأخلاقيّ كما يبدو عنصرًا فعَّالاً لسوء العلاقات بين أفراد عائلته. فنقرأ أنَّ أحد أبنائه أمنون إغتصب ثامار أُخته. فسمع أبشالوم، ابن داود الآخر، بما حصل وأخذ بالثأر بعد سنتين ونصف السنة.

واكتسب أبشلوم شهرة بين الشعب حتَّى إنَّ داود اضطُرَّ إلى مغادرة أُورشليم. ومجدَّدًا وجد نفسه في المنفى.

وتتميمًا لنبوَّة ناثان، استعرض أبشالوم سراريَّ داود على سطح القصر وواقعَهُنَّ أمامَ الجميع. وبعد ذلك مات أبشالوم في إحدى المعارك، فانكسر قلب داود وتمنَّى لو أنَّه مات هو.

ت. شعب متذمِّر

أثَّر الحقد المنتشر في عائلة داود في الأُمَّة كلّها. ورُغمَ سيطرة الشعب على إمبراطوريَّة واسعة لم يكونوا فرحين بقيادة داود. وكانت العاصمة في الجانب الجنوبي، فشعر سكَّان الشمال بأنَّهم متروكون. فقدَّموا شكواهم أمام رجلٍ من سبط بنيامين، يُدعى شَبَع، رفض الاعتراف بداود ملكًا وأقام ثورة. ولكنْ سارع داود إلى قمعها، إلاَّ أنَّ مشاعر الغضب بقيت متأجِّجة.

1. تمهيد

تأتي الأصحاحات الأخيرة مرتّبة بأُسلوب أدبيّ، وقد دُوِّنت محتويات التمهيد بالنسبة للأفكار الرئيسيَّة المشتركة. ويمكن تقسيم بنية السفر إلى ستَّة أجزاء تُرقَّم على الشكل التالي: أ1، ب1، ج1، ج2، ب2، أ2. وتغطِّي الأقسام التالية أفكارًا رئيسيَّة مشابهة: أ1، أ2، ب1، ب2، ج1، ج2.

أ1. <u>ميراث من الماضي</u>

واجه شعب إسرائيل الجفاف مدَّةَ ثلاث سنوات. وقال الربّ لداود إنَّ انحباس المطر هو عقاب لبني إسرائيل لأنَّ شاول كان قد ذبح الجبعونيِّين الذين كان بنو إسرائيل قد وعدوا ألَّا يمسُّوهم. وطلب الجبعونيّون في المقابل موت سبعة من نسل شاوُل للأخذ بثأرهم. فقدَّم لهم داود الرجال السبعة.

ب1. <u>رجال داود</u>

نقرأ سردًا قصيرًا عن «أبطال» داود، أي الرجال الذين حاربوا إلى جانبه، وحقَّقوا له النصر على الفلسطيِّين في سلسلة من المعارك.

ج1. <u>تسبحة داود</u>

يذكر داود كيف خلَّصه الربّ من جميع أعدائه. ويصف الربَّ بأنَّه صخرته وحصنه ومخلِّصه. إنَّها كلمات رجل استطاع أن يتطلَّع إلى الماضي ويذكر بشكر عنايةَ الرب الفائقة.

ج2. <u>كلمات داود الأخيرة</u>

أتت كلماتُ داود على شكل مزمور، فيما تأمَّل كيف أنَّ روح الربّ أوحى إليه بكتابة مزاميره التي ترنَّم بها البشر عبر العصور، والتي هي ربَّما أعظم أثر تركه داود.

ب2. <u>ذكر لأعمال الشجاعة</u>

يذكر داود ويكرِّم ويُعظِّم الرجال الذين حاربوا إلى جانبه، ومن بينهم الرجال الثلاثة الذين تسلَّلوا إلى أُورشليم ليجلبوا لداود ماء عندما كان هاربًا.

أ2. <u>الدينونة الإلهية تنزل مجدَّدًا على إسرائيل</u>

في أواخر حياة داود، أُغوِيَ فأحصى الرجال المحاربين في إسرائيل. وعاقبه الربُّ لأنّ دافعه كان الكبرياء. فأرسل الربُّ جادَ النبيّ ليخبر داود باستياء الربّ من فعلته وقدَّم له ثلاثة خيارات: سبع سنين من الجوع، أو ثلاثة أشهُر يتعقَّبه فيها الأعداء، أو ثلاثة أيَّام من الوبإ. فاختار الأخير، ومات سبعون ألف شخص بسبب الوبإ.

صرخ داود إلى الربّ ليوقِفَ الوبأ، فطلب منه الربّ أن يقدِّم ذبيحة على بيدر أرونة اليبوسي، وكان يقع في سهل مرتفع فوق مدينة أُورشليم. فقدَّم ذبيحة وتوقَّف الوبأ. ورأى داود أنَّ ذلك البيدر هو المكان الأنسب لبناء هيكل للربّ. فقُدِّمت له الأرض مجَّانًا، إلاَّ أنّه رفض ذلك قائلاً إنَّه لن يكون للتقدمة قيمة إن لم يدفع ثمنها وأصرَّ على شراء الأرض. ونقرأ في سفر الملوك الأوَّل وصفًا لبناء الهيكل على تلك الأرض.

لم يسمح الربّ لداود ببناء الهيكل لأنَّ «يديه ملوَّثتان بالدماء.» وكان يجب بناء الهيكل من قِبَل إنسان مسالم. لذا بنى الهيكلَ ابنُ داود، سليمانُ الذي يعني اسمه «السلام»، في مدينة أُورشليم التي تعني «مدينة السلام» ومع أنَّ داود وضع المخطَّط، وجهَّز العمَّال وجمَّع الموادَّ، فإنَّ ابنه سليمان أشرف على البناء.

كيف يجب أن نقرأ سِفرَي صموئيل؟

لم تتمّ الإشارة حتَّى الآن إلى كيفية قراءة سفرَي صموئيل؟ وللقرَّاء توقُّعات مختلفة، لكن من الضروريّ أن نقرأ الكتاب المقدَّس كما تجِب قراءته، إن كنَّا نريد أن نفهمه ونفسِّره بالطريقة الصحيحة. وينطبق ذلك على سفري صموئيل أيضًا. توجد ستّة مستويات مختلفة لقراءة أيَّة سلسلة من قصص الكتاب المقدَّس، ومن الضروريّ اختيار الصحيح منها.

1. مستوى الحكاية (قصص مسليَّة)
   أ. الأولاد
   ب. البالغون
2. المستوى الوجدانيّ (رسائل شخصيَّة)
   أ. التوجيه
   ب. التعزية
3. مستوى السيرة الذاتيَّة (دراسة الشخصيَّات)
   أ. على الصعيد الفردي
   ب. على الصعيد الاجتماعي
4. المستوى التاريخي (تطوُّر الأمَّة)
   أ. القيادة
   ب. البناء
5. المستوى النقدي
   أ. نقد «منخفض»
   ب. نقد «مرتفع»
6. 6. المستوى اللاهوتيّ (السيطرة الإلهيَّة)
   أ. العدل ــ العقاب
   ب. الرحمة ــ الفداء

1. مستوى الحكاية

أ. الأولاد

الطريقة الأسهل هي التركيز على القصص المهمَّة. وينتقي معلِّمو مدارس الأحد الأحداث التي تُوصِل رسالة إلى الأولاد. وقصَّة داود وجُليات هي من المفضَّلات التي تفي بهذا الغرض.

وقد عبَّرت ماريَّا ماتيلدا پنستون عن ذلك بالشكل التالي:

أعطانا الربُّ كتابه الذي يحكي عن شعبه الذي عاش في القديم،

يبدأ بحكاية عن جنَّة، وينتهي بمدينة من ذهب،

هناك قصص عن أهل وعن أولاد، وعن الشِّيب الذين غادروا الحياة،

لكنْ لكلّ الذين يسمعون ويقرأُون قصَّةُ يسوع هي الفُضلى.

هناك فائدة في استخدام تلك القصص على هذا الشكل. لكنَّه أُسلوب اختياريّ. فمن السهل على المعلِّمين تشويه المعنى الحقيقي لحادثة معيَّنة، بتقديمها بأُسلوبٍ مبسّط جدًّا حتَّى يستطيع الأولاد فهمها.

أ. البالغون

ترد القصص في سفري صموئيل بأُسلوب مميَّز ومختصر ومتقن. وبما أنَّ البالغين يستمتعون بالقصص الجيِّدة، فإنَّ العديد منهم يقرأُون الكتاب المقدَّس بسبب قيمة سرد الحكايات الموجود فيه. وقد عمل عدد من منتجي الأفلام السينمائية على تقديم قصَّة داود وبثشبع.

نقول على الأقلّ إنَّ القصص تُقرأ ولو بنيَّة الاستمتاع بالسرد القصصي. لكن هذا الأُسلوب يتجاهل نقطة أساسيَّة، وهي أنَّ القراءة على هذا المستوى لا تعطي اهتمامًا ما إذا كانت القصص حقيقيَّة أم لا. ولا يهمّ ما إذا كانت قصصًا حقيقيَّة أم خياليَّة أم خرافيَّة، لكن على كل الأحوال يتم الاستمتاع بها ويتمّ الإستنتاج بالمغزى الأخلاقي من ورائها. لكن، المشكلة الكبيرة هي أنَّه من **المهمّ** معرفة ما إذا كانت تلك القصص حقيقيَّة أم لا. فتلك القصص الصغيرة هي جُزء من سفري صموئيل، الذي بدوره له دور كبير في قصَّة الفداء التي تدور أحداثها عبرَ الكتاب المقدَّس بأكمله. فإن كنَّا نشكّ في ما إذا كانت الأُمور التي قام بها هؤلاء الرجال صحيحة ، فكيف نؤمن بأنَّ الربّ قام فعلاً بالأعمال المنسوبة إليه في هذه الصفحات؟ فإمَّا تقومُ الأعمال الإنسانيَّة والأعمال الإلٰهيَّة معًا وإمَّا تقع معًا.

2. المستوى الوجدانيّ

أ. التوجيه

أميل إلى تسمية قراءة الكتاب المقدَّس على المستوى الوجداني «قراءة أبراج الفلك». فإنَّ بعض الناس يقرأُونه يوميًّا آملين أن يقفز أمر معيَّن من النصّ يلائم وضعهم! بالطبع، يحدث أحيانًا أن تؤدِّي

آية معيَّنة أو نصّ معين دورًا مميَّزًا في حياة أشخاص. يدلّ هذا الأمر على قدرة الربّ على استخدام أيَّة وسيلة لتوجيهنا، ولكنَّه لا يشرِّع بالضرورة هذا الأُسلوب. ويتجاهل هذا الأُسلوب أنَّ معظم الآيات لا تعني الكثير لحالة الإنسان الخاصَّة في ذلك الوقت. وتُحكى قصَّة قديمة على النحو التالي: كان رجل يقلِّب صفحات الكتاب المقدَّس فوقع نظره على الآية: "فذهب يهوذا وشنق نفسه." ولم تعجبه، فقلَّب الصفحات مفتِّشًا عن آية أُخرى فوجد: "اذهب أنت أيضًا وافعل كذلك."!

إن كنَّا نقرأ الكتاب المقدَّس لنستمدّ منه رسالة شخصيَّة، فماذا عسانا نفعل بالآية الواردة في سفر صموئيل الأوَّل حين يقول صموئيل لعالي الكاهن: "لن يكون هناك شيخ في عائلتك"؟ لقد انطبقت هذه الآية على أحد أحفاد عالي الكاهن بعد قرون عدَّة، وهو النبيّ إرميا الذي ابتدأ خدمته في سنّ السابعة عشرة لأنَّه علم أنَّه لن يعيش طويلاً. وإليك آية أُخرى: "... وقطَّع صموئيل أجاج إلى قطع أمام الربّ." كيف يمكننا تطبيق ذلك؟

إنِّي أسخر من أُسلوب القراءة هذا، لأنِّي على يقين بأنَّه لا ينبغي أن يكون ذلك دافعنا الأساسيّ لقراءة الكتاب المقدَّس. وإن كنَّا نتبع هذا الأُسلوب فقط، فسنستفيد قليلاً جدًّا من سفري صموئيل. فعلينا أن نقرأ النصّ في السياق الذي كُتِب فيه إن كنَّا نريد أن نستنتج المعنى الصحيح. وإن كنَّا نفتِّش عن النصوص التي لها صة بأحوالنا فإنَّنا سنفقد كميَّة هائلة من المعلومات.

ب. التعزية

شاع استخدام «علبة الوعود» بين المؤمنين في الأيَّام الماضية ليجدوا تشجيعًا لحياتهم اليوميَّة. وكان كلّ «وعد» كتابيّ ملفوفًا على لفافة صغيرة من الورق. وكان يُسحب وعد كلّ يوم بواسطة ملقط. لكن من البديهي أنَّ كلّ آية أُخِذت خارج السياق التي أتت فيه، ولذا فإنَّها تكون غالبًا قد انفصلت عن الظروف المتعلِّقة بها. فمثلاً: "ها أنا معكم كلّ الأيَّام" تأتي في سياق الآية التالية التي تقول: "اذهبوا وتلمذوا". فلا يجدر بنا أن نطالب بالوعد إن كنَّا لا نتمِّم أمر الربّ لنا. ويمكننا من دون تلك العلبة أن نقرأ الكتاب المقدَّس بأُسلوب انتقاء آية ترفع معنويَّاتنا. لكن نجد قلَّة قليلة من هذا النوع من الآيات في الأسفار التاريخيَّة مثل صموئيل (1و2) والملوك (1و2). لكن تظهر كنوزهم للَّذين يقرأونها كوحدة متكاملة والذين يسعون إلى معرفة مَن هو الربّ بالأكثر، وكيف يشعر من نحونا، بدل أن يركِّزوا على مشاعرهم هم، أو على مشاعرهم من نحوه.

3. مستوى السيرة الذاتيَّة

أ. على الصعيد الفرديّ

الأُسلوب الثالث مألوف بين الوعَّاظ. فمن أعظم مميِّزات الكتاب المقدَّس أنَّه يدوِّن بكلِّ شفَّافيَّة فشل الشخصيَّات الأساسيَّة ونجاحَها. ويخبرنا يعقوب في رسالته أنَّ الكتاب المقدَّس هو كالمرآة التي تُظهر لنا كيف نحن من خلال الأشخاص الذين نقرأ عنهم فيه. وبإمكاننا مقارنة أنفسنا مع الشخصيَّات الكتابيَّة والسؤال ما إذا كنَّا تصرَّفنا مثلهم.

بعد كلّ ما ذُكِر، يمكننا أن نلاحظ كيف أنَّ ملكي إسرائيل بدأا بداية جيِّدة ولم تكن نهايتاهما جيِّدتين. إلاَّ أنَّه يُنظر إلى شاول بكونه أسوأ ملك ويُنظر إلى داود بكونه أفضل ملك.

نقرأ عن شاول الذي كان متفوِّقًا في القامة وفي المميِّزات الشخصيَّة على الجميع. ونقرأ كيف أنَّ روح الربّ نزل عليه وغيَّره إلى رجل مختلف. لكنَّنا نقرأ أيضًا عن عيوب شخصيَّته القاتلة، وكيف أنَّ شعوره بعدم الأمان أدَّى إلى تصدُّع علاقته وحسده لِلمُقرَّبين الموهوبين منهم.

تُمكننا المقارنة بين داود وشاول. فقد قال الكتاب المقدَّس عن داود إنَّه: "رجل بحسب قلب الربّ". وعندما اختار صموئيل داود نقرأ: "لأَنَّهُ لَيْسَ كَمَا يَنْظُرُ الإِنْسَانُ. لأَنَّ الإِنْسَانَ يَنْظُرُ إِلَى الْعَيْنَيْنِ، وَأَمَّا الرَّبُّ فَإِنَّهُ يَنْظُرُ إِلَى الْقَلْبِ."

وتصف كلمة الربّ داود بأنَّه رجل بَرار يعمل بيديه، وبكونه وسيم الطلعة وشجاعًا. وقد طوَّر علاقته بالربّ خلال أيَّام انفرادِه كراع، فكان يقرأ الشريعة ويصلِّي إلى الربّ ويسبِّحه من أجل خليقته وفدائه. فكانت تلك السنوات تحضيرًا له ليصبح أعظم رجل في تلك الأرض.

وتُمكننا ملاحظة مهاراته كقائد، وكيف أنَّه كان يسأل رأي الربّ قبل أن يتخذ أيّ قرار. ومع أنَّه تُوِّج ملكًا، فقد رفض أن يستلم العرش بسرعة، بل انتظر توقيت الربّ. وأظهر شهامة حين كان ينتصر، وحزنًا حين كان أعداؤه يُقتلون، وغضبًا حين قُتِل واحدٌ من أبناء شاول كان قد بقي على قيد الحياة، رُغمَ أنَّ شاول كان عدوَّه. كان إنسانًا غفورًا جدًّا، وكان يُكرِم الشجعان، فنقرأ في سفر صموئيل الثاني عن لائحة من أسماء الذين أكرمهم.

إذًا، كان داود نقيض شاول. فقد أعطى قلبه للربّ وأحبَّ أن يُكرِم الآخرين. أمَّا شاول فلم يكن قلبه مع الربّ، ولم يرد أن يكون بجانبه من هو ناجح.

نأتي إلى مقارنات أُخرى: فصموئيل وعالي فشلا في تربية أبنائهما. وكان يوناثان وأبشالوم ابنَي ملكين، إلاَّ أنَّهما تصرَّفا بطريقة مختلفة. فكان يوناثان ابنًا غير أنانيّ لملك سيِّئ هو شاول، وكان على استعداد لتقديم الولاء لقيادة داود. أمَّا أبشالوم فكان ابنًا أنانيًّا لملك صالح هو داود الذي أراد الاستيلاء على عرش أبيه.

وتؤدِّي النساء دورًا إيجابيًّا في سفري صموئيل فَيُساعدنَ على دراسة الشخصيَّات. وتُبدي حنَّة وأبيجايل كلتاهما خصائل مميِّزة. ونقرأ عن تكريس حنَّة نفسها للربّ، وعن حماستها حين حملت بصموئيل. وتجنَّبت أبيجايل كارثة بكلّ شجاعة، حين قدَّمت الطعام لداود ورجاله حين رفض زوجُها إضافتهم. وتركت أثرًا كبيرًا في داود، حتَّى إنَّه تزوَّجها بعد وفاة زوجها.

ب. <u>على الصعيد الاجتماعي</u>

يمكننا أيضًا دراسة العلاقة بين الأفراد. فالصداقة التي قامت بين يوناثان وداود كانت من أنقى وأطهر العلاقات على صفحات الكتاب المقدَّس. أمَّا التفاعل المحبط، لا بل المُروِّع بين شاول وداود، فهو مثال ممتاز على صعوبة العلاقة مع أصحاب الطباع المتقلِّبة، إذ يترجَّحون بين المزاج المرحِّب والمزاج العدوانيّ، خصوصًا عند تأثير الأرواح الشرِّيرة التي تزيد الوضع تعقيدًا.

أمَّا ظاهرة تواجد العديد من النساء في حياة داود فتمدّنا بنظرة شاملة عن العلاقة بين الجنسين. كما أنَّ قدرته على ربح ولاء الرجال في حياته لَهِيَ أمرٌ مميّز لا يقل أهميّة.

واللافت للنظر أنَّ اختيار الشعب لملكهم الأوّل، والأسبابَ التي حدتهم على فعل ذلك، تُخبِرُنا الكثير عن تأثير المظهر الخارجيّ خلال الانتخابات المعاصرة.

إذًا، تحمل هذه القصص دلالات فرديَّة واجتماعيَّة على حدٍّ سواء، ويمكننا أن نتعلَّم منها دروسًا قيِّمة.

4. المستوى التاريخيّ

أ. القيادة

يمكننا استخدام أُسلوب رابع في دراسة سفري صموئيل، وهو الدراسة التاريخيَّة. فقد تحوَّلت إسرائيل من قبيلة إلى أمَّة ومن ثَمَّ إلى أمبراطوريَّة. ويُظهِر السفران التطوّر لبلوغ إمبراطورية خلال المئة والخمسين سنة التي يغطِّيها السفران.

طالب الشعب بملك بسبب شعورهم بالحسد حيالَ باقي الشعوب الذين بدا أن ملوكهم أمَّنوا لهم الوحدة والاستقرار. وكان الشعب قد ضاقوا ذرعًا بالعلاقة الفدراليَّة التي ربطت الأسباط الاثني عشر المستقلِّين.

حذَّر صموئيل الشعب بأنَّ توحيد الدولة من خلال تتويج ملك سيتطلّب تكاليف باهظة. لكنْ أصرّ الشعب على ذلك وكتبوا التاريخ بهذه الخطوة. تجاوب الربّ مع مطلبهم، لكنَّه شدَّد على ألَّا يكون ملك إسرائيل كباقي ملوك الأُمم الأُخرى. فكان على ملك إسرائيل أن ينسخ الناموس ويقرأه يوميًّا، ويكون القائد الروحيّ للشعب (يُظهر هذا القانون المقدَّم في سفر التثنية أنَّ الربَّ توقع حدوث هذا التطوّر). إذًا، تكون هُويَّة الشعب مرتبطة بملكهم.

ب. البناء

لم يتمَّ إنتقال الأمَّة من الفدراليَّة إلى الحكم المركزي دون ألم. وتُمكننا دراسة السفرين من هذا المنطلق، حيث نُلاحظ الصعوبات التي واجهت داود ومهارته في تخطِّيها. وبإمكاننا ملاحظة عبقريَّته في التدبير ومهارته كقائد معيَّن من قِبَل الربّ في قيادة الشعب، للوصول إلى قمَّة السلام والازدهار خلال حكمه. وكان اختياره لأُورشليم عاصمةً إحدى الضربات الذكيَّة التي قام بها. إذ كان قد تمَّ الاستيلاء على المدينة من أيدي اليبّوسيِّين، ولذلك لم تكن تحسب مُلكًا لأيٍّ من الأسباط.

نمت الإمبراطوريَّة تحت حكم داود، وأصبح الأعداء دُوَلاً تابعة لها، وتمّت السيطرة أوَّلَ مرَّة وآخِرَ مرَّة على كلّ الأرض التي وعدهم بها الربّ. ولم يعد الفلسطيّون يسبِّبون لهم أيّ إزعاج. لكنْ برهن الحكم المركزيُّ أنَّه كان سبب بداية سقوط إسرائيل. فعندما تكون السُّلطة في يد قلَّة قليلة، تتحكَّم شخصيَّاتهم بما يمكن أن يحصل.

5. المستوى النقديّ

أ. نقد «منخفض»

يدرس العلماء الكتاب المقدَّس بأُسلوب النقد المنخفض، بهدف إيجاد أيَّة أخطاء في النص. فيدرسون ويقارنون مخطوطات اللغة الأصليّة، ويدوِّنون أيَّ تناقضات من الممكن أن تكون قد حصلت عند النسخ. ويمدّنا هذا العمل بالكثير من الثقة بأنَّ المخطوطات التي يستخدمها المترجمون قريبة جدًّا من النُّسَخ الأصليَّة، ويُعتقد أنَّ العهد الجديد دقيق بنسبة 98%.

وأقدم مخطوطة كاملة للعهد القديم هي المخطوطات الماسوريَّه التي يعود تاريخها إلى العام 900ق م. كما توجد نسخة كاملة لسفر إشعياء من ضمن مخطوطات البحر الميت تعود للعام 100ق م، أي أقدم بألف سنة من كل النسيخ المتوفِّرة لدينا. وقد تمَّ اكتشاف ذلك عندما كانت نسخة *Revised Standard Version* في طور الترجمة. فقد أوقفوا عملية الترجمة حتَّى تمَّت مقارنة النص مع تلك المخطوطة الأقدم. وبالفعل، كان النص الذين يعملون عليه دقيقًا جدًّا، ولم يحتاجوا إلاَّ إلى تغيير أُمور قليلة.

وبينما لا يحمل العهد القديم دقَّة العهد الجديد، يبقى بإمكاننا التأكّد من أنَّه توجد فقط أُمور قليلة جدًّا تختلف عن النصّ الأصليّ. أضف أنَّه من الجدير بالملاحظة أنَّ أيَّة معضلات بالنسبة إلى الترجمة تعود إلى تفاصيل صغيرة ولا تمسُّ الحقائق الأساسيَّة في الإيمان. فمثلاً، نقرأ في سفر صموئيل عن حادثتين أشارتا إلى موت جُليات، لكن كان داود السبب في واحدة منهما فقط. ويُحلّ هذا التفاوت بين الحادثتين بتغيير حرف واحد. ومن الواضح أنَّ أحد الناسخين أخطأ عند النقل.

ب. نقد مرتفع

النقد المنخفض ضروري ويساعد على ضبط النظام، لكنَّ النقد المرتفع يسبِّب الكثير من الضرر. ويعود أصل هذا الأُسلوب النقدي إلى ألمانيا في القرن التاسع عشر، وقد تسرَّب إلى العديد من كليَّات اللاهوت في القرن العشرين.

ويرتكز جدل النقد المرتفع على أنَّه حتَّى لو أظهر النص بدقَّة ما عناه الكاتب، فمن الممكن أن نَخطأ في ما يجب أن نؤمن به. وينظر النُّقّاد إلى النصّ آخذين بعين الإعتبار افتراضاتهم بشأنِ ما يجدونه منطقيًّا. فمثلاً، الذين يؤمنون بأنَّ العلم دحَضَ كل المعجزات يمحون كل ذكر للمعجزات في النصّ، بينما الذين لا يؤمنون بنبوّات مستقبليَّة يحذفون كلّ النبوّات التي تشير إلى المستقبل.

يعمل هؤلاء المفكِّرون على مستوى أكاديمي وعقلاني فقط، مهتمِّين ومدركين قليلاً للإيمان الشخصيّ. ويترك هذا الأُسلوب الكتاب المقدّس مقطَّعًا ولا يشبه النسخة الأصليَّة.

6. المستوى اللاهوتي

إنَّ المقاربة اللاهوتيَّة للكتاب المقدَّس تعطي قيمة لكلّ صفحة وجملة فيه. وكلّ المستويات التي

ترفعنا إليها تهتمّ بالجانب الإنسانيّ لدراسة الكلمة، لكن الكتاب المقدَّس كتاب عن الربّ بالأولى ويعير اهتمامًا ثانويًّا لِشعب الرب. وهذا النوع من الدراسة يحثّنا على قراءة النصّ لأجل معرفة الربّ.

لقد ذكرنا أنّ سفري صموئيل هما سفرا نبوّة. والتاريخ المدوَّن هنا هو من وجهة نظر الربّ، وقد دُوِّن ما هو مهم بنظره.

وإذ نأخذ المقاربة اللاهوتيَّة، نستطيع دراسة أيَّة قصَّة مذكورة والسؤال كيف هي مرتبطة بالربّ؟ بمَ شعر حيالها؟ لماذا كانت مهمَّة في نظره حتَّى أصبحت جزءًا نقرأُه من كتابه المقدَّس؟

علينا أن نقرأ السفر من وجهة نظر الربّ ونخرج باستنتاجات حول مَن هو وكيف يكون. ومن ثَمَّ بإمكاننا تطبيق تلك الحقائق الأزليَّة في زماننا وجيلنا لأنَّنا واثقون بأنَّ الربّ لا يتغيَّر.

العدل والرحمة

العدل والرحمة هما الوسيلة الفُضلى التي يجب من خلالها قراءة سفري صموئيل. ويصف السفران تدخُّل الربّ في حياة إسرائيل لأنَّه **هو** الشخصيَّة الأساسيَّة في تلك القصص، وليس شاول أو داود أو صموئيل. فالربّ هو الذي يبادر بحدوث الأحداث التاريخيَّة، وهو يتجاوب معها. فنرى حنَّة العاقر تصلّي والرب يعطيها ولدًا. ونرى داود يقتل جُليات باسم الربّ بواسطة الحجر الأوَّل الذي رماه. ونراه ينجو بمعونة الربّ من ألوف الرجال الذين كانوا يلاحقونه من جيش شاول. ونرى الربّ يساعد بعضهم ويعرقل طرق الآخرين. إنَّه عادل في معاقبة الشرّ وهو أحيانًا رحيم في أنَّه لا يعاقب حين يجب أن يعاقب.

أعطى الربّ الأرض لبني إسرائيل، ولكنْ أرسل لهم الأعداء حين عَصَوا أوامره. وأرسل لهم مخلِّصين حين تابوا. وسمح لهم باختيار ملك، ولكن عندما فشل ذلك الملك أرسل لهم ملكًا بحسب قلبه.

يمكننا أن ندرس القصص المذكورة هنا ونتعلَّم دروسًا من التاريخ ونقارن أنفسنا بشاول وداود. لكنْ يجب أن يكون السبب الأوَّل في قراءة ذينك السفرين هو أن نتعلَّم عن شخصيَّة الربّ.

ونرى عمل الربّ واضحًا في السفرين، حيث قطع عهدًا مع داود مؤكِّدًا التزامه بشأن الشعب الذي كان قد عبَّر عنه في العهدين اللَّذَين قطعهما مع إبراهيم وموسى قبل عدَّة قرون. إنَّها لحظة أساسيَّة في كامل السفرين. وأتى الوقت حين طلب داود من الربّ أن يبني له بيتًا يسكن فيه. لقد شعر بالخجل لأنَّه ساكن في قصر فخم بينما يسكن الربّ في خيمة في الخارج. وأتت الإجابة من خلال ثلاث رسائل قدَّمها له ناثان النبي. الرسالة الأُولى: "ابنِ البيت." الرسالة الثانية: "لا تبنِ البيت"، وشرح الربّ له بأنّ الخيمة كافية بالنسبة إليه وهو لم يطلب يومًا قصرًا من حجر. وأتت الرسالة الثالثة بأنَّه لا ينبغي لداود أن يبني الهيكل لأنَّه «رجل دماء»، لكنْ بإمكان ابنه بناؤه.

وأخبر الربّ داود كيف سيعامل ابنه. سوف يؤدِّبه، لكنَّه لن يتوقف عن محبَّته. وسيبقى بيت داود ومملكته أمامه إلى الأبد. وسيخرج دائمًا وريث له.

منذ تلك اللحظة، بدأ نسل داود بإبقاء سجلٍّ لشجرة العائلة على أمل أن يكون ابنهُم «ابن داود» المذكور في العهد. وأصبح هذا العهد نقطة تركيز آمال الشعب للثلاثة آلاف سنة المقبلة، فيما ينتظر اليهود المسيَّا.

ويحتلُّ هذا العهد مركزًا رئيسيًّا عبْرَ الكتاب المقدَّس. وقد تمَّ هذا الوعد حين وُلِد يسوع لزوجين بسيطين من نسل داود.

كان يسوع هو الابنَ الشرعيَّ لداود من خلال يوسف أبيه، وأيضًا الابنَ البيولوجي لداود من مريم أُمِّه. فكان ابن داود من الجهتين. وتنبَّه التلاميذ إلى حقِّه في أن يكون المسيَّا (الممسوح). وتستمرّ هذه الفكرة الرئيسيَّة في الكتابات اللاحقة عنه وعن كنيسته. وتستخدم الأسفار التالية هذا اللقب للإشارة إلى الربِّ يسوع: أعمال الرسل ورسالة رومية ورسالة تيموثاوس الثانية ورؤيا يوحنَّا. وجميعها تعلن أنَّ كلّ سلطان ما في السماء وما على الأرض قد أُعطي لابن داود إلى الأبد. ويبتهج كتَّاب تلك الأسفار لأنَّ الربّ تمَّم عهده مع داود بواسطة الربِّ يسوع.

ونرى من خلال تتميم عهد الرب مع داود أنَّ وعوده أوسع بكثير ممَّا نظنّ، إذ إنَّ عرش داود يمتدّ فوق اليهود والأمم الذين يشكِّلون كنيسته.

نستطيع أن نميّز غنى السفرين من ناحية الرسالة التي يحتويانها والدور الذي يؤدِّيانه في تطوير الفكرة الرئيسيَّة للكتاب المقدَّس، فقط حين نقرأه على المستوى اللاهوتي.

الخاتمة

يندرج هذان السفران في خانة الأسفار التاريخيَّة لكن مع فارق عن باقي تلك الأسفار. إنَّه تاريخ نبويّ مليء بالقصص الممتعة والغريبة والرومنسيّة والقاسية، تلك التي تُظهِر مجتمعة أهداف الربّ المستمرَّة لشعبه. وقد أراد لنا الرب أن نكون تحت حكم رجل واحد، ليس داود الأوَّل، بل داود الأخير. ويحتلّ السفران جزءًا من التاريخ المسيحي. وقد كان الربُّ يسوع ملك اليهود في الماضي، وهو رأس الكنيسة في الحاضر، وسيكون ملك العالم في المستقبل حين يملك بالعدل والرحمة.

وتظهر أهميّة السفرين الحقيقيَّة حين نفهم كيف أنَّ الله منشغل بِسَير الأحداث، ويعمل وراء الكواليس، ويشكِّل التاريخ، ويؤكِّد لشعبه أنَّ مملكته ستنمو وأنَّه يومًا ما سيصبح ابنه الربُّ يسوع ملكًا كونيًّا، وهو ربُّ داود وابن داود أيضًا.

سفرا الملوك الأوَّل والثاني

المقدِّمة

قدَّم لنا أستاذ مادَّة التاريخ هذه المادَّة بأُسلوب مملٍّ. فكانت تدور كلّها حول التواريخ والمعارك والملوك والملكات، وبدت المادَّة معقَّدة ولا علاقة لها بحياتنا. وأُعيد اهتمامي بالمادَّة بعد قراءتي لكتاب التاريخ «**1066 وما إلى هنالك**» وقد بدا لي أكثر متعةً من دروس التاريخ في المدرسة. وتمَّ تلخيص كلّ الأحداث التاريخيَّة على أنَّها إمَّا «جيِّدة» أم «سيِّئة» ــ ولا حلّ وسطيًّا.

يأتي أُسلوب سفري الملوك كأُسلوب كتاب «**1066 وما إلى هنالك**» (لكن من دون الفكاهة). إذ يصفان ملوك إسرائيل ويهوذا إمَّا بالأشرار وإمَّا بالصالحين بحسب كيفيَّة حُكمِهم. لكنْ، بعكس ما يتذكَّر معظمنا من كتب التاريخ المدرسيَّة، التاريخُ المدوّن في الكتاب المقدَّس هو أكثر قوَّة. وهو لا يدوِّن تواريخ ومعارك لا أهميَّة لها، بل يدوِّن سردًا عن شعب الربّ من وجهة نظره هو. والهدف من كتابته ليس أكاديميًّا بحتًا، بل أهميّته هي لكامل الجنس البشري.

السياق

يركِّز السفران على المرحلة الثالثة من المراحل الأربع لتطوّر القيادة الوطنيّة قديمًا في إسرائيل. وكما تم الشرح في النظرة الشاملة للعهد القديم في بداية هذا الكتاب، فإنَّه في البداية كان الآباء هم القادة الوطنيِّين، ابتداءً من إبراهيم إلى يوسف. ثمَّ أتى الأنبياء من موسى إلى صموئيل. ثمَّ أتى الملوك من شاول إلى صدقيَّا. وأخيرًا، استلم الكهنة القيادة من يشوع إلى قيافا.

تغطِّي أربعة أسفار في الكتاب المقدَّس الذي بين أيدينا مرحلة الملوك:

سفر صموئيل الأوَّل: من صموئيل إلى شاول

سفر صموئيل الثاني: داود

سفر الملوك الأوَّل: سليمان إلى أخآب

سفر الملوك الثاني: أخآب إلى صدقيَّا

أمَّا في التوراة العبرية فتغطِّي أسفار صموئيل والملوك حقبة القيادة تلك. ويأتي فاصل بين الملوك الأوّل والثاني عند نهاية حكم أخآب، وهو حياة إيليَّا النبيّ وموته. وعندما تُرجم العهد القديم إلى اللغة

اليونانيَّة في العام 200ق م، أصبحت الأسفار طويلة جدًّا لا تَسَعُها مخطوطة واحدة. وتحتوي اللغة العبريَّة حروفًا ساكنة فقط، لكن عند زيادة الحروف المتحرِّكة في اللغة اليونانية تضاعف حجم الأسفار. لذا تمَّ تقسيمها إلى صموئيل الأوَّل والثاني والملوك الأوَّل والثاني، ليس بسبب تصميمَها، بل بسبب حجمِها.

مملكات

يُدعى السفر في التوراة العبريَّة «ممالك إسرائيل» وليس «الملوك». وتحمل الكلمة «مملكة» في اللغة العبرية معنًى مختلفًا. ففي اللغة العربيَّة، كما الإنكليزية، تشير إلى أرض يحكمها ملك. فمثلاً إنكلترا هي جزء من المملكة المتحدة تحت حكم الملكة. أمَّا في اللغة العبرية فتشير الكلمة «مملكة» إلى حُكم ملك أي أنَّها تفسَّر من حيث السلطة لا الأرض ـ المُلك وليس المملكة.

أضف أنَّ فكرة «المـُلك» في الكتاب المقدَّس تختلف كليًّا عن فكرة الحكم في المملكة المتحدة، حيث إنَّه بحسب الدستور الملكة تملك ولا تحكم، والسلطة هي في يد الدولة المنتخبة. لكن الجيِّد في الأمر هو أنَّ القوَّات المسلَّحة والمحاكم لا تخضع مباشرة للدولة، بل للملكة. فالمـَلكيَّة مهمَّة ليس بسبب السلطة التي تملكها، بل بسبب القوَّة التي تحجبها عن الآخرين.

في المقابل، كان لملوك إسرائيل السلطة المطلقة. فكانوا يسُنُّون القوانين ويأمرون القوَّات المسلَّحة. لم يكن هناك مجلس نوَّاب، ولا عمليات تصويت، ولا قوى معارضة. والملك كان يحكم دون نقاش. وكان تأثيره في شعبه مطلقًا ، ولذا كانت شخصيَّته وتصرّفاته تشكِّل حالة المجتمع خلال فترة حكمه. وكان يمثِّل الشعب أمام الرب، كذلك كان ممثِّل الربّ أمام الأمَّة.

وقد كان كلّ هذا يعني تغييرًا جذريًّا في تقييم الأُمَّة. فمثلاً، خلال الفترة المذكورة في أسفار يشوع والقضاة وراعوث سيطرت الفدراليَّة الحرَّة الطليقة. أمَّا في أسفار صموئيل والملوك، فإنَّ شخصيَّة الملك وسلوكه حدَّدا مصير الأمَّة.

تاريخ مختار

على الرغم من أنَّ السفرين هما عن ملوك إسرائيل، لا نرى تقسيمًا متساويًا للمساحة المـُخصَّصة لكل ملك. فمثلاً، كان عمري ملكًا في الشمال ونعرف من مصادر تاريخيَّة أنَّ حكمه كان مميَّزًا وإمتازت تلك الفترة بنموّ اقتصاديّ هائل. لكن يذكر السفران عنه ملخَّصًا لا يتعدَّى الثماني آيات، لأنَّه فشل في ناحية مهمَّة إذ فعل الشرّ أمام الربّ. بالمقابل، كان عهد يربعام الثاني في الشمال شبه ذهبي ، لكن خُصِّص له سبعُ آيات فقط للسبب عينه. من ناحية أُخرى، خُصِّص للملك حزقيًّا الذي كان ملكًا صالحًا جدًّا ثلاثة أصحاحات، وتغطِّي صلاة واحدة لسليمان ثماني وثلاثين آية. أمَّا قصَّتا أليشع وإيليًّا اللذين لم يكونا ملكين، فخُصَّص لهما ثلث السفرين.

يعود سبب هذا التقسيم غير المتساوي إلى كون الكاتب لم يستخدم أُسلوب التدوين التاريخي. وقد أشرنا في سفر يشوع إلى أنَّ على أيِّ مؤرخٍ أن يختار ما هو مهمّ، ويجد نقطة التواصل بين الأحداث

والناس الذين اختارهم. ثمَّ عليه أن يقدِّم تفسيرًا لتتابُع الأحداث. ولم يكن كاتب سفري الملوك مهتمًّا بالتركيز على التاريخ السياسي أو الاقتصادي أو العسكري، رغم ذكر بعضٍ منه في سياق الحديث.إنَّما كان الكاتب مهتمًّا بناحيتين من حُكم كلِّ ملك:

1. نوعيَّة الحياة الروحيَّة ـــ عبادة إله إسرائيل أم عبادة الأصنام
2. نوعيَّة الحياة الأخلاقيَّة ـــ العدل والرحمة وأضدادهما

تاريخ نبويّ

يقع سفرا الملوك في آخر سلسلة من الأسفار تُدعى «الأسفار السابقة» في التوراة العبريَّة، ويقعان بعد أسفار يشوع والقضاة وصموئيل. وجميع تلك الأسفار تاريخ من وجهة نظر الربّ. فيُذكر الأفراد والأحداث لأنَّ الربّ يعتبرهم مهمِّين وأساسيِّين للأجيال المستقبليَّة. فمن الممكن أن يكون رجل ما سياسيًّا أو اقتصاديًّا لامعًا، إلاَّ أنَّ الربَّ يهتمّ بالأكثر بإيمانه وسلوكه.

يمكننا بكلّ حقّ تسميتها «الأسفار المقدَّسة»، لأنّ السرد يتضمَّن رسالة قوِّيَّة وقصَّة ذات مغزى أخلاقيّ.

الحق الشامل

نرى أنماطاً تتكرَّر في التاريخ الإسرائيلي وتنطبق على مجمل العالم. خذ مثلاً فترة حكم الملوك المذكورة في الأسفار: كان الملك الصالح يملك فترة ثلاث سنين كمعدل، أمَّا الملك الشرِّير فكان يحكم فترةَ إحدى عشرة سنة كمعدَّل. ويمكننا استنتاج المبدإ العام التالي، وهو أنَّ الحكَّام الصالحين يستمرّون في الحكم فترةً أطول من الحكَّام الأشرار، لأنَّ للربّ السيطرة الكلِّيَّة على التاريخ وبإمكانه أن يُبقي الملوك الصالحين على العرش.

لكنْ نقرأ عن بعض الاستثناءات، حيث إنَّه لم يحكم كلّ ملك صالح فترةً طويلة، ولم يحكم كلّ ملك شرِّير فترةً قصيرة. إنَّما المبدأ صحيح بالمطلق ويمكننا بالفعل رؤيته يُطبَّق في فترة حكم القادة المعاصرين.

نهوض وسقوطُها الأمَّة

يغطِّي السفران بعض الأحداث الأساسيَّة في تاريخ شعب الربّ، تلك التي يجب علينا أخذها بالاعتبار إن كنَّا نريد ستيعاب رسالتهما وفهم الأسفار التي تليهما. ويصف سفر صموئيل الثاني وبداية سفر الملوك الأوَّل مكن القوَّة الذي شغلته إسرائيل على الساحة العالميَّة آنذاك، ولكنْ يدور معظم سفري الملوك حول سقوط الأمَّة. وكانت الأمَّة قد توحَّدت تحت حكم داود وسليمان، وامتدَّت المملكة من مصر إلى الفرات. وكان الشعب قد سكن أخيرًا في معظم الأرض التي وعد بها الربّ إبراهيم منذ ألف

سنة، وسيطروا على بعض الحدود الأخرى. ولكنْ بدأ الانحدار بعد زمن سليمان بسبب حرب أهليَّة وانقسام الأمَّة وأخيرًا السبيّ إلى أرض غريبة.

ولم يعد اسم إسرائيل ينطبق على كامل الأمَّة بسبب الانقسام، بل على العشرة أسباط الموجودين في الشمال. وأُطلق اسم يهوذا (وهو السبط الأكبر بين الاثنين) على السبطين الساكنين في الجنوب، وهما يهوذا وبنيامين. وتستمر هذه التفرقة في التَّسمية في باقي العهد القديم.

وأُطلِق اسم «اليهود» على سبطي يهوذا وبنيامين، وقدِ اشتُقَّ من اسم سبط يهوذا. وكان كلّ الشعب معروفًا قبل ذلك «بالعبرانيين» أو «الإسرائيليِّين». ومن الضروري أخذ ذلك بعين الاعتبار. ويفرِّق إنجيل يوحنَّا في العهد الجديد بين اليهود في الجنوب، والجليليِّين في الشمال. وقد وقعت مسؤولية صلب يسوع بالأكثر على يهود الجنوب، وليس على كلّ شعب إسرائيل بالمطلق.

قصَّة شعبين

يغطِّي سفرا الملوك تاريخ هذين «الشعبين». فقد انحدر المستوى الروحيّ والأخلاقيّ للأسباط العشرة في الشمال، حتَّى سباهم الأشوريّون. أمَّا الانحدار في الجنوب فكان أقلّ شدَّة. وكان حزقيّا ويوشيّا ملكين صالحين، لكنَّهما سلكا طريق أهل الشمال وتمّ سبيهما إلى بابل. وكان الربّ قد طلب من أبيهم إبراهيم الخروج من أرض أور. وها قد انتهى بهم المطاف حيث بدأ إبراهيم، لكن كمشرَّدين.

إنَّه درس مهمّ لنا عن سهولة خسارة ما قد ربحناه. وغالبًا ما تكون فترة الانحدار أو الزوال أسرع بكثير من الوقت الذي استغرقته المملكة للوصول إلى القمَّة.

مملكة إسرائيل

مرَّت مملكة إسرائيل في ثلاث مراحل تتلخَّص في اللائحة التالية:

1. **مملكة متَّحدة**

    شاول   40 سنة

    داود   40 سنة

    سليمان   40 سنة

2. **مملكة منقسمة**

    عشرة أسباط في الشمال — إسرائيل

    سبطان في الجنوب — يهوذا

3. مملكة واحدة

يهوذا إلى بابل، 587 ق م 140 سنة

وحدة

كانت المرحلة الأُولى «المملكة المتحدة»، حيث حكم ثلاثة ملوك بالتتابع على كامل إسرائيل. كان الملك الأوّل شاول، وكان ملكًا سيئًا. وكان داودُ الملكَ الثاني، وقد كان صالحًا بالمجمل. أمّا سليمان، الملك الثالث، فكان صالحًا وسيّئًا في آنٍ معًا.

امتدَّ حكم كلّ ملك أربعين سنة بالتمام. وغالبًا ما يشير العدد أربعون إلى المدَّة التي يمتحن بها الربّ شعبه. وقد جُرِّب الربُّ يسوع أربعين يومًا في البرِّيَّة، وبقي شعب إسرائيل في البرِّيَّة أربعين سنة. إنَّها فترة تجريب في نظر الربّ، وقد فشل الملوك الثلاثة في هذا الامتحان. بدأوا جيِّدًا، لكنَّهم انتهَوا بطريقة سيئة. وقد حمل داود الصفة «رجل بحسب قلب الربّ»، لكن حتَّى نهايتُه هو كانت مخيِّبة للأمل.

يغطِّي سفر صموئيل الأوَّل فترة حكم شاول التي امتدَّت أربعين سنة. ويغطِّي سفر صموئيل الثاني فترة حكم داود التي امتدَّت أربعين سنة. وتغطِّي الأصحاحات الأحد عشر الأُولى من سفر الملوك الأوّل فترة حكم سليمان التي امتدَّت أربعين سنة.

الحرب

بعد وفاة سليمان، نشبت حرب أهليَّة بين الشمال والجنوب أدَّت إلى انهيار «الأمَّة المتحدِّة». وكانت بذور الفتنة قد زُرِعت حين فرض سليمان ضرائب ثقيلة على الأُمَّة وقدَّم الخيرات إلى الجنوب، ما أدَّى إلى انزعاج الشمال. فساعد موت سليمان على انفجار ذلك الغليان في صراع مسلَّح.

حافظ سبطا الجنوب على أُورشليم كعاصمة، وعلى خط داود الملوكي. أمَّا الأسباط العشرة في الشمال فخسرتهما، وبنوا في بيت إيل ودان مكانَي عبادة كاملين، في وسطهما عِجلان ذهبيَّان يعبدونهما. وبما أنَّ الخطَّ الملكي بقي في الجنوب، انتخبوا أيضًا يربعام ملكًا لهم.

ونادرًا ما كانت الخلافة الملكيَّة تتمّ بسهولة في الشمال، بل حدثت اغتيالات، وانقلابات. وغالبًا ما كان الملوك ينصِّبون أنفُسَهم بأنفُسِهم.

امتدَّت الحرب بين الشمال والجنوب بعد انقسامهما ثمانين سنة. وتفاقمت روح العدائيَّة، ممَّا حدا بأسباط الشمال على توقيع معاهدة مع سوريا ودمشق بهدف محو السبطين في الجنوب. ويقدِّم إشعياء التفاصيل في نبوَّته.

السلام

عمَّ السلام ثمانين سنة بين الشمال والجنوب بعد الحرب التي استمرَّت ثمانين سنة. وخلال فترة

السلام تلك، أرسل الربّ نبيّين أدّيا دورًا أساسيًّا في سفري الملوك. ترد التفاصيل عن خدمة إيليًّا في سفر الملوك الأوَّل وفي أوَّل أصحاحين من سفر الملوك الثاني. أمَّا أليشع خلفه فيحتلّ دورًا رئيسيًّا في سفر الملوك الثاني.

لكنَّ الهدنة لم تمنع الانحدار. ففي سنة 721ق م غلب الأشوريّون أسباط إسرائيل الشماليَّة وطردوهم من أرضهم. فأصبحوا يُعرفون بِـ «القبائل العشر التائهة»، ولم يرجعوا قطّ إلى الأرض كأُمَّة.

بعد سبي مملكة إسرائيل الشماليَّة، يركِّز السفران على سبطَي يهوذا وبنيامين في الجنوب. وكانت تلك مملكة صغيرة عاصمتها أُورشليم وتحيط بها مساحة صغيرة من الأراضي. لكن كان ملوكهم من النسل الملوكيّ، وقد عرفوا وعد الربّ لداود بأنَّ أحد أفراد نسله سيكون على العرش دائمًا.

وعندما طُردت الأسباط العشرة من الشمال، أرسل الربّ تنبيهًا على فم النبيَّين إشعياء وميخا بأنَّه سيحصل كذلك في الجنوب. لكن التنبيه وقع في آذان صمَّاء. وآخر حادثة سُجِّلت في سفر الملوك الثاني هي سبي بابل ليهوذا بعد مئة وأربعين سنة فقط.

الهدف

نأتي الآن إلى الأسئلة الأساسيَّة التي تساعدنا في قراءتنا لأيّ سفر من أسفار الكتاب المقدَّس: من كتب السفر؟ كيف كُتِب؟ متى كُتِب؟ لماذا كُتِب؟

من كتب السفرين؟

لا نعرف بصورة دقيقة من هو الكاتب. ويعتقد معظم اليهود أنَّ إرميا هو الكاتب وذلك لأسباب منطقيّة جدًّا:

1. تُشابِه أجزاء من سفري الملوك نبوّات إرميا ـ حتَّى إنَّ الكلمات المستخدمة هي نفسها.
2. لا يوجد ذكر لإرميا في السفرين، مع أنَّه عاصر يوشيًّا، وكان جزءًا مهمًّا في العديد من الأحداث المذكورة. ويبدو أنَّه من المستحيل على من يغطِّي أحداث تلك الفترة ألاَّ يذكر إرميا. لكنْ إن كان هو الكاتب فيكون قدِ اتَّبع أُسلوب سائر كتَّاب الأسفار بأن لا يذكر شيئًا عن نفسه.
3. نعلم أنَّ الأنبياء كتبوا عن الملوك. فإشعياء كتب عن عزِّيًّا وحزقيًّا. وأمر الربُّ إرميا بأن يتنبأ في كتاباته عن إسرائيل.
4. أضف إلى كلِّ ما سبق ذِكرُه أنَّه أتى وقت في خدمة إرميا كان من الضروري فيه أن يتذكَّر تاريخ الأُمَّة. وتُخبِر نبوَّته عن الوقت الذي فيه رفض شعب الربّ تذكيراته المتكرِّرة بأنَّ عليهم أن يطيعوا عهده، وإلاَّ فسوف يلعن الأمَّة. فكان هذا مفترق طرق أساسيًّا لكتابة سفري الملوك.

لكن المشكلة الوحيدة التي تُعيق ذلك الإفتراض هي أنَّ إرميا كان قد أُخذ إلى مصر في العام 586ق م، ومات هناك، إلاَّ أنَّ الجزء الأخير من سفر الملوك الثاني يُظهِر معلومات واسعة عن

الأحداث التي جرت في بابل. فمن الصعب أن يكون هو قد كتب السفر كلّه. ربَّما الجواب المنطقيّ هو أن يكون إرميا قد كتب أجزاء من سفري الملوك، وآخَر كتب الجزء الأخير. وربَّما يفسِّر هذا غيابه في سياق السرد.

ويقترح آخرون أن يكون حزقيال هو الكاتب. ومن المتعارف عليه أنَّه كان يعتمد على إرميا، وأنَّ أُسلوبَيهما في الكتابة متشابهان. لكن يعود تاريخ آخر نبوَّة لحزقيال إلى العام 571ق م، الأمر الذي ينفي احتمال كونه الكاتب. ويبقى إرميا هو الأفضل حظًّا في أن يكون الكاتب، لكن من دون أيِّ برهان. إذًا، علينا أن نُبقي السؤال دون إجابة مؤكَّدة.

كيف كُتِب السفران؟

يتضمَّن السفران ذِكرًا لتفاصيل تالية موجودة في مصادر أُخرى مثل أعمال سليمان، وسفر أخبار ملوك إسرائيل (ذُكر سبع عشرة مرَّة)، وسفر أخبار ملوك يهوذا (ذُكر خمس عشرة مرَّة). يستخدم الكاتب في هذه الأسفار سجِّلات وطنيَّة محبوكة بأُسلوب يوصل درسًا عن التاريخ. وهي ليست سفري أخبار الأيَّام الموجودين في الكتاب المقدَّس.

تشبه بعض الكلمات المستخدمة في بعض الأجزاء من سفر إشعياء كلماتٍ مستخدمةً في سفري الملوك، ممَّا يوحي بأنَّه إمَّا أن يكون الكاتبان قدِ استخدما المراجع نفسها، وإمَّا أنَّ أحدهما استعار من الآخر. ويغطِّي كاتب سفري الملوك أحداثًا جرت في مملكتي إسرائيل ويهوذا في الوقت نفسه.

قد تكون القراءة عن ملك في يهوذا، ومن بعدها مباشرة عن ملك في إسرائيل مُربِكةً. ولكنْ كان هذا الترتيب متعمَّدًا. فقد أراد لنا الكاتب أن نرى وضع كلِّ مملكة بالمقارنة مع المملكة الأُخرى. وكان هذا الأمر أساسيًّا، خصوصًا عند نشوب الحرب بينهما أو استتباب السلام عند الزيجات المشتركة.

إذًا، استخدم الكاتب الوسائل التاريخيَّة عينها التي تُستخدم اليوم من ناحية الحصول على الموادِّ من مصادر مختلفة، وجمع المعلومات من المكتبات، وهكذا دواليك. لكنْ يكمن الفرق في كون اختياراته موحًى بها من الربّ. وما لدينا في سفري الملوك ليس مجرَّد تاريخ، بل كلمةُ الربّ.

متى كُتِب السفران؟

يظهر مفتاح أساسيّ لزمن كتابة السفرين في العبارات التي تشير إلى أنَّ الهيكل كان ما يزال قائمًا «إلى هذا اليوم». ويدلّ هذا الأمر على أنَّ التاريخ يعود إلى ما قبل السبي إلى بابل في العام 586ق م، حين دُمِّر الهيكل.

لكنْ يشير جزء آخر إلى تاريخ مختلف لكتابتهما. كان البابليون قد قتلوا صدقيًّا، آخر ملوك يهوذا، بأن ربطوه بسلاسل وجعلوه يشاهد إعدام أبنائه قبل أن يفقأُوا عينيه. وكان الملكُ الأسبق يهوياكين قدِ استسلم للبابليِّين وأُبقي أسيرًا. وآخِر ما نقرأه في سفر الملوك الثاني أنَّ نبوخذنصَّر ملك بابل أطلق

سراح يهوياكين ودعاه لتناول الطعام على مائدته. ويدلّ هذا الأمر إلى أنَّ كتابة نصف السفرين كانت قد تمَّت قبل السبي، خصوصًا أنَّه لا ذِكرَ لرجوع الشعب. ويعني أيضًا أنَّ أحدًا من سُلالة داود الملكيَّة تناول الطعام على مائدة نبوخذنصَّر ملك بابل الذي دون علمٍ منه ساعد في المحافظة على السلالة الملكيَّة.

إذًا، يمكننا الاستنتاج بعد جمع تلك التفاصيل أنَّ السفرين بِمُعظَمِهما كُتِبا على الأرجح قبل سقوط أُورشليم، وانتهت كتابتهما في أثناء السبيّ.

لماذا كتِب السفران؟

ما دفع الكاتب بطبيعة الحال إلى كتابتهما هو زمن كتابتهما. فهاك أُمَّة خسرت أرضها وعاصمتها، وسُبيت إلى أرض أُخرى. ولن يرى جيل كامل موطنه من جديد. لقد استُعبدوا مجدَّدًا، وهُدِم هيكلهم، فمن البديهي أن يتساءلوا عن علاقتهم بالربّ: أين هو؟ لماذا سمح بحصول كلّ ذلك؟ ماذا عن مواعيده؟

يقدِّم السفران الأجوبة عن تلك الأسئلة، فيشرح أنَّه يعود سبب النفي بالمطلق إلى الشعب. لقد أقام الربّ وعوده: فهو كان قد وعد بأنَّه إن عصى الشعب أوامره يخسرون الأرض. وهم لم يسمعوا رُغمَ التنبيهات المتكرِّرة. إذًا، التاريخ الذي يقدِّمه السفران هو درس أساسي لذلك الشعب المَسبيّ.

لكننا نجد أملاً وسط ذينك السفرين المظلمين، لأنَّ الربّ يعد بأنَّه لن ينقُضَ الجزء الخاص به من العهد. قال إنَّه رُغمَ أنَّ الشعب ممكن أن ينقض العهد، فهو لن يفعل ذلك أبدًا. ووعد بأن يُرجع بنيه من السبي، إذ إنَّ العقاب هو لوقت محدَّد فقط.

وبالفعل، بقي الشعب في بابل سبعين سنة. ولم يكن الرقم اعتباطيًّا، إذ كان الربّ قد أوصاهم بأن يريحوا الأرض كل سبع سنوات، لكنَّهم تجاهلوا تلك الوصيَّة لخمس مئة سنة منذ أيَّام سليمان إلى ذلك الوقت. وكانت الأرض قد خسرت حتَّى تلك الفترة سبعين سنة من الراحة. إذًا، بمعنًى أو بآخر قدَّم السبيُ مدَّةَ سبعين سنة فرصةً لاستيفاء سِني الراحة تلك.

المضمون

سليمان

يبدأ السفران بقصَّة الملك التي تُسَطَّر في الأصحاحات الأُولى. ومعنى اسم سليمان «سلام» كان مناسبًا للسلام الذي عمَّ في تلك الفترة نتيجة التحصينات التي جهَّزها داود حين بنى الأمبراطوريَّة. وقد كان سليمان رجلاً صالحًا وبدأ بطريقة جيِّدة.

وفي بداية فترة حكمه، ظهر له الربّ في حلم وقال له إنَّه سيعطيه كل ما يطلب منه. وقد علم سليمان أنَّه تنقصه الخبرة، لذا طلب حكمة. فوعده الربّ ليس بأن يعطيه حكمة فقط، بل غنًى وشهرة وقوَّة أيضًا.

وظهرت حكمة سيمان في قصّة الزانيتين المشهورة بعدما اختلفتا حول طفل. كان لكل منهما ولد، لكن في إحدى الليالي مات أحد الطفلين فسرقت أُمّه الطفل الآخر واستبدلته بابنها. وكان على سليمان أن يحكم في تلك الحادثة الغريبة. لمن كان الطفل؟ فطلب الحكمة من الربّ، ثمَّ طلب قطع الطفل إلى جزأين لتأخذ كلٌّ منهما قسمًا. وحين نطق سليمان بهذا القرار ترجَّته الأُمُّ الحقيقيَّة بأن يُبقيَهُ حيًّا ويعطيه للمرأة الأُخرى. عندئذٍ، علم سليمان من هي الأم الحقيقية.

وربمَّا كان أعظم عمل قام به سليمان هو بناء الهيكل مستخدمًا الموادَّ التي جهَّزها داود أبوه. وكان الربّ قد وعد داود بأن يسمح لابنه بأن يبني أوَّل مكان عبادة موحّد وثابت كما حُكي عنه في سفر التثنية قبل عدَّة قرون. وكان الهيكل هائل الحجم واستمر العمل في بنائه سبع سنين (في المقابل، استمرّ العمل في بناء قصر سليمان اثنتي عشرة سنة).

ونقرأ أنَّه على الرغم من أنَّ الهيكل بُني من الحجارة المنحوتة، لم يكن يُسمع صوت المطرقة والإزميل. وبقي هذا الأمر أُحجية سنوات عديدة إلى أن اكتشف أحدهم مغارة ضخمة بحجم مسرح كبير في جبل المُريَّا بالقرب من الجلجثة خارج أُورشليم. وكانت الأرض مغطَّاة بملايين الشظايا الحجريَّة حيث قُطِّعت الأحجار. وكانت تلك الأحجار طريَّة لدرجة أنَّه كان بالإمكان قصُّها بواسطة سكِّين صغير، إلاَّ أنَّها كانت تصبح قاسية عندما تتعرَّض للأوكسجين. وكل الحجارة التي استُخدمت لبناء الهيكل أتت من ذلك الكهف، حيث كانوا يقطعونها بالشكل الذي يحتاجون إليه.

ثمَّ كرَّس سليمان الهيكل. وسُجِّلت صلاته التكريسيَّة المستوحاة من سفر اللاويين 26 وسفر التثنية 28 في سفر الملوك الأوَّل. وقد ذكر وعد الربّ بإرجاع شعبه من السبي إن كانوا يرجعون إليه. وأصبح هذا الوعد بعد كتابة السفر مهمًّا جدًّا، خصوصًا للذين في بابل.

وازدهرت حالة الشعب في إسرائيل جدًّا خلال فترة حكمه. وامتدَّت المملكة من مصر حتَّى الفرات، وتضمَّنت معظم الأرض التي وعدهم بها الربّ. وانتشرت شهرة سليمان جدًّا حتَّى إنَّ ملكة سبا التي زارته دُهِشت من فخامة قصره.

يذكر سفرا الملوك أنَّ السَّبيَ كان زمنًا مأساويًّا، لكنَّه لم يكن بِلا أمل. وكان الربّ قد وعد أن يُبقي على نسل داود الملَكيّ، وهكذا فعل.

كانت فترة السلام تلك فرصة للاسترخاء والتعلُّم. وقد جمع سليمان ثلاثة آلاف مثل، وكتب ألف نشيد. واختار الربُّ ستَّة منها فقط لتوضع في كتابه. أمَّا النظرية الخاصة بي فهي أنَّه كتب نشيدًا لكلٍّ من زوجاته السبع مئة وسراريه الثلاث مئة. لكنَّ الربّ اختار بعضًا منها، ومن ضمنها تلك التي وردت في سفر نشيد الأنشاد. ولا بدَّ من التوقّف هنا والسؤال إن كانت حكمة سليمان قد شجّعته على اتخاذ هذا العدد من الزوجات. وذلك عنى أيضًا سبع مئة من الحموات! فككثيرٍ من الناس امتلك حكمة ساعد بها الآخرين، ولم يساعد نفسه.

كَتبَ سفرِ نشيد الأنشاد شابٌّ مغرم لدرجة أنَّه لم يذكر اسم الربّ مباشرة. والجزء الأكبر في سفر الأمثال هو من نِتاج سليمان، وقد كتبه وهو في منتصف العمر. وكتب سفر الجامعة عند نهاية حياته،

حيث شارك الشبابَ في حكمة رجل شيخ. ونرى في هذا السفر حياة سليمان بأكملها، حيث خصَّص وقتًا للفلسفة والموسيقى والزراعة والهندسة. وعلى الرغم من أنَّ اهتماماته إتَّسعت جدًّا، لم يمدَّه واحدٌ منها بالاكتفاء. وسفر الجامعة هو من أشدِّ أسفار الكتاب المقدَّس حزنًا.

الجانب السيِّئ

ذكرنا نقطة الضعف الأساسيَّة لدى سليمان، وهي تعدّد الزوجات. ولم يدلّ ذلك على الشهوة الجسديَّة فقط، بل أظهر رغبة جامحة في الحصول على القوّة. وكانت معظم الزيجات تُدبَّر لأهداف سياسيَّة، كزواجه مثلاً بابْنة فرعون. ولم يكن بإمكانها كمصريَّة أن تسكن في أُورشليم المدينة المقدَّسة، لذا بنى لها سليمان قصرًا شماليَّ الهيكل خارج أسوار المدينة. وقد أظهرت التنقيبات الحديثة بقايا لأعمال فنيّة مصريّة هيَ الوحيدة في كلّ إسرائيل.

إذًا، يواجهنا هذا التناقض: يوجد من جهة الهيكل العظيم الذي بُني لمساعدة الشعب على عبادة الإله الحقيقي الوحيد. ونرى في الجهة المقابلة الملك سليمان وزوجاته الأجنبيَّات المتعدِّدات اللواتي جلبن معهنّ آلهتهن وصرَفنَ الشعب عن عبادة إله إسرائيل. ولم يكن سليمانُ الملِكَ الوحيد الذي تزوَّج بأجنبيَّات، إلاَّ أنَّه لم يُضاهِه أيّ ملك آخر بعدد الزوجات اللواتي تزوَّج بهنَّ.

وكلَّف بناء الهيكل مبالغ ضخمة. وقد أمر سليمان بالعمل الإجباري ووضع ضرائب عالية، ما أثار غضب الأسباط الشماليَّة الذين كانوا في الأصل غير راضين على تمويل بناء يتمّ بناؤه في الجنوب بعيدًا جدًّا عن أرضهم. فعلى الرغم من نجاحِ سليمان في بناء الهيكل، كان يؤسِّس لكارثة وطنيَّة. وكان سليمان ملكًا ذا قلب منقسم، وترك وراءه مملكة منقسمة. فبعد فترة قصيرة من الزمن، انقسمت المملكة. حتَّى في زمن سليمان قام هدَد الأدوميُّ بثورة، ثُمَّ تَبِعَتها ثورات أُخرى.

مملكة منقسمة

يختلف تدوين تواريخ الحكم بين ملوك يهوذا وملوك إسرائيل على الشكل التالي:

الشمال	الجنوب
تاريخ استلام الحكم	تاريخ استلام الحكم
مدَّة الحكم	عمر الملك
دينونة رسمية	مدَّة الحكم
اسم الوالد	اسم الوالدة ـ ملخَّص عن الشخصيَّة
ذكر المصادر	ذكر المصادر
الموت	الموت والدفن
ابنٌ أو مغتصبٌ للسلطة	الابن كوريث

ويقارَن جميع ملوك الشمال بيربعام أوّل ملوك الشمال الذي كان ملكًا سيّئًا. فتكرّرت العبارة التالية عن الملوك اللاحقين: "وعمل الشرّ في عيني الربّ تمامًا كيربعام."

أمَّا في ما خصَّ ملوك يهوذا في الجنوب، فيستخدم الكاتب سِجلّات مختلفة ويختلف الترتيب والتفاصيل. فيبدأ بتاريخ بداية حكم الملك ثم يذكر عمره. فمثلاً، كان يوشيًّا في سنّ السابعة عندما تسلَّم الملك. ثم تُضاف مدَّة الحكم، ومن ثَمَّ يُذكر اسم الأمّ لسبب لا نعرفه. (في الحاضر، يُعتبر الإنسان يهوديًّا إن كانت أُمُّه يهوديَّة، لكن في الكتاب المقدَّس كان الوالد هو الذي يحدِّد جنسية الولد). ثم نقرأ الحكم ما إذا كانوا ملوكًا صالحين أم لا. وبينما كان كلّ ملوك الشمال أشرارًا، كان ملوك الجنوب خليطًا من الصالحين والأشرار، وكان داود المعيار.

الملوك

مرَّ عشرون ملكًا على الشمال وعشرون ملكًا آخَرون على الجنوب. إلاَّ أنَّ المملكة الجنوبيَّة استمرَّت فترةً أطول من المملكة الشماليَّة لأنَّه كما ذكرنا سابقًا كان الملوك الصالحون يملكون فترةً أطول. وقد عاش بعض الملوك الأشرار فترةً تقارب الشهرين قبل أن يُقتلوا.

وكما ذُكر سابقًا، كان ملوك الشمال أشرارًا، لكن بدرجات متفاوتة.

الجنوب "يهوذا" عدد الأسباط (2)		الشمال "إسرائيل" عدد الأسباط (10)	
الأنبياء	الملوك	الملوك	الأنبياء
شمعي	**رحبعام**	**يربعام**	أخيًّا
	أبيام	ناداب	
	آسا	**أيلة**	ياهو
		بعشا	
عوبديا	يهوشافاط	**زمري**	
	يهورام	**عمري**	
	أخزيا	**أخآب**	إيليا
	عثليا	**أخزيا**	ميخا
	يوآش	يورام	
يوئيل	أمصيا	ياهو	أليشع
	عزريا	**يهوآحاز**	
		يهوآش	
إشعياء	يوثام	**يربعام 2**	يونان
ميخا		**زكريا**	عاموس
	آحاز	شالوم	
	حزقيا	**مناحيم**	
	منسى	**فقحيا**	هوشع
ناحوم	**آمون**	**فقح**	
إرميا	**يوشيّا**	هوشع	
صفنيا	**يهوآحاز**	721 ق م	
حبقوق	**يهوياقيم**		
دانيال	**يهوياكين**		
	صدقيا		
حزقيال	ق م587		

كان للجنوب ستَّة ملوك صالحين وملكان صالحان جدًّا (حزقيّا ويوشيّا)، ولكن كان لديهم أسوأ ملك على الإطلاق. وهنا نرى استثناءً لقانون الملوك الأشرار ومدَّة الحكم القصيرة، لأنَّ منسَّى ملك خمسًا وخمسين سنة.

كان للجنوب سُلالة واحدة فقط، لكن مرَّت على الشمال تسع سُلالات ملكيَّة، وكان الملوك يتغيَّرون بسبب الاغتيالات التي حدثت ستّ مرَّات.

وإعتلت العرش امرأة واحدة. وكان الربّ قد قال لداود إنَّه سيكون هناك دائمًا **رجل** على العرش – فلم يكن مسموحًا للنساء بأن يحكمن كملكات. لكن كانت لعثليا ابنة إيزابل أفكار أُخرى. تزوَّجت من ملك يهوذا في الجنوب، وأرادت أن تكون أوَّل ملكة تحكم إسرائيل فقتلت بالتتابع كلّ نسل داود الملكي لتُتوَّج هي ملكة. لكن خبَّأت إحدى القريبات يوآش ليعتلي العرش عند وفاة عثليا. وهكذا حافظت على النسل الملكي.

كان حزقيّا ويوشيّا أفضل ملكين ليهوذا. وقد عاصر حزقيَّا إشعياء، فنقرأ قصَّته في سفر إشعياء. وكان ملكًا صالحًا من نواحٍ عدَّة. فهو الذي أمر بشقِّ الأنفاق لِجَرِّ المياه إلى أُورشليم، وقد جعلها آمنة من الأعداء. لكنِ ارتكبَ غلطته الكبيرة حين مرض واستقبل في قصره رجالاً من بابل التي كانت مدينة صغيرة وغير معروفة آنذاك. وقد اطمأنُّوا على صحَّته، وفرح حزقيَّا بزيارتهم وأراهم القصر والهيكل. وأنَّبه إشعياء على فعلته تلك وقال له إنَّ البابليِّين سيأخذون كلّ ما أراهم. وهكذا صار بعد بضع سنوات.

اعتلى يوشيَّا الملكُ الصالحُ الثاني العرشَ عندما كان عمره ثماني سنوات. وقد وُلد في العام نفسه لِولادة إرميا النبيّ. ووجد رجاله بينما كانوا ينظِّفون الهيكل لفائف سفر التثنية الذي لم يكن قد قُرئ طِيلةَ سنوات. فعندما قرأ يوشيَّا الملك عن اللعنات التي سيُنزلها الربّ بشعبه إنِ ابتعدوا عن الناموس هَلِعَ وبدأ بوضع الأُمور في نصابها. وأمر بإصلاحٍ شعبيّ، ودمَّر كلّ المرتفعات وأمر بالتوقُّف عن عبادة الأوثان، وقد ملأت الأرض بالفساد، آمِلاً أن ينتج كلّ ذلك تجديدًا لحياة الشعب. إلاَّ أنَّ قلوبهم بقيت بعيدة عن الربّ. فلا يمكن أن تجعل الناس صالحين بمجرَّد أن تُملي عليهم بضعة قوانين.

واقترف حزقيَّا غلطة إذ ذهب إلى الحرب في مصر، ولم يكن من الواجب أن يذهب، فقُتل في مجدّو. وبعد موته رجع الشعب إلى الممارسات الشرِّيرة التي كان قد منعها.

وملك منسَّى بعد حزقيَّا، وكان ملكًا شرِّيرًا جدًّا وفعل الشرّ في عيني الربّ. وعبد الإله مولك الذي كانت عبادته تتضمَّن تقديم الأبناء الأطفال له في وادي ابْنِ هِنُّومَ. كذلك قتل إشعياء النبي بسبب كلامه له. أمر بأن يُربط ويوضع داخل جذ ع شجرة أجوف، ثُمَّ نَشَرَ حطَّابان الشجرة في الوسط.

تواضع وتاب عن شرِّه بعد أن أُخِذ أسيرًا إلى بابل، ووُضعت حلقة في أنفه وأغلال برونزيَّة في رجليه ويديه. وسُمِحَ له بالعودة إلى إسرائيل، حيث دمَّر الأصنام وهياكلها التي كان قد بناها. وتوقَّف الشعب عن عبادة الأصنام ورجعوا إلى الربّ، ولم يتوقّفوا عن عادة العبادة في «المرتفعات» التي كان قد بناها منسَّى. ومع أنَّه تاب، فإنَّ تأثيره السلبيّ لم يُمحَ بسهولة.

أمَّا أسوأ الملوك فكان أخآب الذي تزوَّج أميرة فينيقية، معنى اسمها في اللغة الفينيقيَّة «زهرة الربيع»، أمَّا في العبريَّة فيعني «نُفاية»، وبهذه الصَّفة عُرفت تصرفَّاتها. من الواضح أنَّها استخدمت أخآب لنيل مُرادها الشرير، وهو لم يكن بحاجة كبيرة إلى الإقناع. فمثلاً، خطَّطت لموت أحد جيرانِها، ويُدعى نابوت، لكي يستولي أخآب على كرمه.

إيليَّا

أبرزَت حادثة مقتل نابوت بداية خدمة إيليَّا. وكان إيليَّا من تشبة جلعاد التي في عبر الأُردنّ، وقدِ اعتُبر من أفضل أنبياء إسرائيل. ومع أنَّه لا يوجد سفر يحمل اسمه، فإنَّ سفري الملوك يغطِّيان قصَّة حياته أكثر من قصص جميع الملوك مجتمعين.

ويُعرف إيليَّا بمواجهته أنبياء البعل على جبل الكرمل الذي يبلغ طوله اثني عشر ميلاً (فوق 19كلمً) ويمتدّ إلى المحيط شمال إسرائيل. ويوجد في الجانب الشرقيّ منه منخفض كبير يتسع لثلاثة آلاف نسمة. فلا بدَّ أنَّ هذا هو المكان الذي تحدَّى فيه إيليَّا أنبياء البعل الذين كانت إيزابل قد أدخلتهم إلى القصر. ويوجد هناك نبع لا ينشف حتَّى في أيَّام الجفاف. ويخبرنا السفر أنَّ إيليَّا أغرق الذبيحة بالماء على الرغم من عدم هطول الأمطار ثلاثَ سنين ونصفًا.

القصَّة معروفة جدًّا. بنى إيليَّا مذبحًا وتحدَّى كهنة البعل بأن يبنوا مذبحًا خاصًّا بهم بالقرب من مذبحه ويصلّوا إلى آلهتهم كي يرسلوا نارًا تحرق ذبيحتهم.

كان تحدِّيًا ذكيًّا جدًّا. فنحن نعرف الآن أنَّه كان لمذابح البعل نفق من تحت حيث كان يختبىء أحد الكهنة لكي يضرم النار في الذبيحة حين يصرخ الناس إلى الآلهة. فبكلِّ دهاء طلب منهم إيليَّا أن يبنوا المذبح في العراء وقام هو بالأمر نفسه، غير أنَّه أضاف ماءً إلى الذبيحة لكي يجعل التحدِّي أكبر. وقادته شجاعته كي يهزأ جدًّا من الكهنة. ولو فشل اختباره، لكان مصيره القتل لا محالة. وشجَّعهم على الصُّراخ بصوت أعلى قائلاً ربَّما آلهتهم في سفر أو في خلوة. وكانت تلك نقطة مصيريَّة في تاريخ الأسباط الشماليَّة. فقد أرسل الربّ النار واحترقت ذبيحة إيليَّا وعلم الشعب من هو الإله الحقيقي. فأمسك الشعب أنبياء البعل وذبحهم إيليَّا.

ولهذه القصَّة تتمَّة لا مثيل لها. عندما سمعت إيزابل بانتصار إيليَّا ومقتل أنبيائها، أرسلت وهدَّدت بقتل إيليَّا. وكان النبيّ مرهقًا نفسيًّا وروحيًّا، فأرسل له الربّ بمحبّته ملاكًا قدَّم له الطعام. ومن ثَمَّ طمأنه الربّ إلى وجوده معه ورعايته لإسرائيل في المستقبل. وهيَّأ الرب له شريكًا يساعده في إكمال الخدمة.

أليشع

خلف أليشع رجل الحِراثة إيليَّا في دروه النبويّ. وطلب من إيليَّا أن يعطيه «ضعفين» من روحه. وغالبًا ما يُساء فهم هذه العبارة. فهي لا تعني أنَّه أراد أن يكون ضعفي ما كانَهُ إيليَّا، بلِ اتُّخذت هذه العبارة

من تقاليد الوراثة. فلو كان لرجل أربعة صبيان، كان يُقسِّم الإرث عند موته إلى خمسة أجزاء. وكان الابن الأكبر الذي أصبح وريثًا لعمل العائلة يأخذ ضعفين، فيساعده المال الإضافيُّ في تحمّل هذه المسؤوليَّة. وعندما طلب أليشع الضعفين من روح إيليَّا، كان بذلك يطلب أن يكون الوارثَ والخَلَف ويُسمح له «بإدارة العمل».

قال له إيليَّا إنَّه إن رآه يترك هذا الأرض يكون خلَفَه. وإيليَّا هو ثاني شخص يذكر الكتاب المقدَّس أنَّه لم يَمُت (أخنوخ هو أوَّل رجُل ذُكرَ أنَّه لم يمت). يخبرنا النصّ أنَّه انطلق في مركبة إلى السماء، ورآه أليشع يفارق الأرض. وسقط ثوب إيليَّا على الأرض، فالتقطه أليشع وذهب إلى نهر الأُردنّ. وانطلقت خدمة أليشع في بداية ممتازة، حيث شقَّ الربّ أمامه نهر الأردنّ مؤكِّدًا له أنَّه سيكون معه كما كان مع إيليَّا.

عمل إيليَّا وأليشع

كان النبيَّان مختلفين. فكان إيليَّا هو المحارب والمبشِّر والذي تحدَّى الشعب. أمَّا خدمة أليشع فاتَّسمت بالنزعة الراعويَّة. وحدث أنَّه أقام من الموت ابن أرملة في بلدة شونم التي تبعد نصف ميل عن بلدة نايين، حيث قام الربُّ يسوع بالأمر عينه. كذلك، أشبع أليشع أربعة آلاف شخص ببضعة أرغفة شعير. وتبدو خدمة إيليَّا مشابهة لخدمة يوحنَّا المعمدان، أمَّا خدمة أليشع فتشبه خدمة الربِّ يسوع.

وكان إيليَّا وأليشع نبيَّين من بين عدد من الأنبياء الذين أرسلهم الربّ إلى الأسباط الشماليَّة. فكان يونان مثلاً نبيًّا في إسرائيل قبل أن يذهب إلى نينوى، وتمَّت الإشارة إليه في سفر الملوك الثاني. وأرسل الربّ أخيرًا عاموس وهوشع أيضًا. وأتت نبوَّة هوشع عميقة المشاعر أكثر من نبوّات الأنبياء الآخرين، إذ أظهر في حياته الشخصيَّة محبَّة الربّ من نحو شعبه.

وتذكِّرنا المساحة المعطاة لقصَّتي إيليَّا وأليشع في سفري الملوك بأنَّ الربّ قدَّم للشعب تحذيرات عديدة عمَّا يمكن أن يحصل معهم إن لم يتبعوا الناموس.

تحذيرات الربّ

كلمات

كان من واجب الكهنة خلال تدهور حالة الشعب الروحيَّة أن يذكِّروهم بواجباتهم. إلَّا أنَّهم كانوا مأخوذين بالأُمور الإدارية أكثر، فلم يستطيعوا التكلّم بموضوعيَّة. لذا أرسل الربّ أنبياء.

أُرسل ستَّة أنبياء إلى الشمال: أخيَّا وياهو وإيليَّا وأليشع وعاموس وهوشع. وأُرسل آخرون خدموا في الجنوب قبل السبيّ وحلاله: شمعي وعوبديا ويوئيل ويونان وإشعياء وناحوم وإرميا وصفنيا وحبقُّوق ودانيال وحزقيال.

من الجدير بالملاحظة أنَّ الربّ قدَّم دائمًا تحذيرات لشعبه بالعقوبات التي سينزلها بهم إنِ استمرّوا في حياة العصيان. فمبدأ الكتاب المقدَّس الرئيسيُّ هو أنَّ الربّ يدين الناس على ما **يعلمون** أنَّه خطأ.

والناس الذين لم يسمعوا عن الربِّ يسوع سوف يذهبون إلى الجحيم ليس لأنَّهم لم يسمعوا عنه، بل لأنَّهم تصرَّفوا بعكس ما تمليه عليهم ضمائرهم.

تجاهلت مملكتا إسرائيل ويهوذا الرسالة التي تلقَّتاها وفضَّلَ أهلُهما كلام الأنبياء الكذبة الذين أخبروهم بأنَّ كلَّ الأُمور على ما يرام وأعطَوهم أسبابًا وهميَّة للمصائب التي ألمَّت بهم. ولكنْ كان الأنبياء الحقيقيُّون مستعدِّين لقول الحقيقة ودفع الثمن بالسخريّة والضربات والعقوبات التي تلقَّوها، بل بالموت أحيانًا.

ما الذي حصل بالفعل؟

لم تكن التحذيرات التي أرسلها الربّ كلاميَّة فقط، بل كانت مرئيَّة أيضًا. وكان يجب على الشعب رؤية بركات الربّ تؤخذ منهم. لاحظ كيف تفاقمت حدَّة التحذيرات:

1. خسروا أرضًا عندما طرد هدَد أدوم من البلاد.
2. خسروا استقلالهم عندما نزحت أسباط عبر الأردنّ تحت سيطرة سوريا. وسيطر الأشوريّون على سبط نفتالي.
3. ورأى سبط يهوذا الأسباط التسعة الأُخرى تُسبى إلى أشور.
4. وفي النهاية تمَّ سبيهم جميعًا إلى بابل على ثلاث مراحل.

كان هناك عدد من التنبيهات من خلال أحداث تشير إلى حلول الكارثة، بالإضافة إلى الرسائل النبويَّة الكلاميَّة. لكن الشعب تجاهل كلّ هذه ولم يغيِّروا طرقهم.

لماذا علينا أن نقرأ سفري الملوك؟

على المؤمنين أن يتأكَّدوا من أن كلّ أجزاء العهد القديم كُتِبت لأجلهم. ونقرأ في رسالة كورنثوس الأُولى أنَّ "هذِهِ الأُمُورُ (أحداث العهد القديم) حَدَثَتْ مِثَالاً لَنَا، حَتَّى لاَ نَكُونَ نَحْنُ مُشْتَهِينَ شُرُورًا كَمَا اشْتَهَى أُولئِكَ." ونقرأ أيضًا في رسالة تيموثاوس الثانية أنْ: "كُلُّ الْكِتَابِ هُوَ مُوحًى بِهِ مِنَ اللهِ، وَنَافِعٌ لِلتَّعْلِيمِ وَالتَّوْبِيخِ، لِلتَّقْوِيمِ وَالتَّأْدِيبِ الَّذِي فِي الْبِرِّ."

تطبيق فردي

في الحاضر

ربَّما **لسنا** ملوكًا، لكنَّنا مثال للآخرين في العمل والعائلة والمجتمع. وعلينا كالملوك أن نحدِّد المستوى الروحيّ لأيَّة مجموعة ننتمي إليها، خاصَّة إن كان لنا دور قياديّ.

ومن المحتمل أن نُجرَّب بأن تكون لنا «آلهة غريبة». وعلينا أن نحذر من الزواج من خارج عائلة الربّ.

ويقدِّم لنا سفرا الملوك مثلاً سلبيًا عن عثليا الملكة التي سعت إلى القيادة ضدّ مشيئة الربّ. ويمكن لكلّ المؤمنين أن يُجرَّبوا بالسعيِ إلى القيادة للأسباب المغلوطة أو لأسباب لا تليق بهم.

ويذكِّرنا مُلك يوشيّا أنّه علينا أن نقرأ الكتاب المقدَّس بانتظام. وإن لم نقم بذلك فسنجهل أو نتجاهل الحقائق المذكورة فيه وعندئذٍ نواجه عواقب مشابهة.

ويقدِّم السفران أيضًا دروسًا رئيسيَّة للمؤمنين القادة، لأنّه كان للملك دور راعويّ كان عليه أن يمارسه مع الشعب، لكنَّه غالبًا ما كان يُسيءُ استخدامه.

في المستقبل

سنصبح ملوكًا إذ نحن جزء من عائلة ملكيَّة بانتظار أن نملك مع المسيح. وبإمكاننا التطّلع إلى مستقبل مُشرِق. حتّى لو لم تسنح لنا الفرصة الآن لنكون في موقع قياديّ، فإنَّ الوضع سيتغيَّر يومًا ما.

تطبيق جماعيّ

الكنيسة

كما أنَّ شعب إسرائيل وضع أصنامًا في المرتفعات، لبريطانيا أيضًا عادة نصب التماثيل على التلال. وقد بُنيت الكثير من الكنائس في تلك المواقع، لكن يبقى احتمال إنشاء حلول وسطى مع الوثنية. ومن الشائع التوفيق بين الديانات.

تحدَّى إيليَّا شعب إسرائيل وسألهم: "حتَّى متى تعرجون **بين** الفرقتين؟" ويُمكن أن يُطرح السؤال نفسه على الكنيسة اليوم، فمثلاً في بريطانيا وفي أماكن أُخرى لا يرى بعض المؤمنين مشكلة في الدمج بين إيمانهم وبعض المعتقدات أو الممارسات المعاصرة. وقد قال الأمير تشارلز مرَّة إنَّه يفضِّل أن يُسمَّى "المدافع عن كلِّ أنواع الإيمان" بدل أن يُسمَّى "المدافع عن الإيمان." ومن الرائج القول إنَّ كلَّ الديانات تقود إلى الله.

أضف أنَّ الكنيسة قد باركت بعض الاحتفالات الوثنية دون أن تدري. وعيد الميلاد هو أشهرها إذ كان سابقًا عيدًا وثنيًّا بالكامل يحتفلون خلاله «بولادة الشمس من جديد» خلال فصل الشتاء. وكانوا يشعلون جذوع الأشجار، وينشدون الأناشيد، ويحتفلون بتناول الكثير من الطعام والمشروبات. وعندما أتى أوغسطين أوَّل مرسل إلى إنكلترا أرسل كتابًا إلى روما يقول فيه إنَّه لا يستطيع أن يوقف الناس عن الممارسات الوثنية. فاقترح البابا غريغوريوس أنَّ أفضل وسلية هي جعلها احتفالات مسيحيَّة. وهذا هو ما حصل، إلاَّ أنَّ التساؤل يبقى حول النتائج. فاليوم تقيم الكنيسة حول العالم هذا الاحتفال الوثني، على الرُّغم من أنَّه غير مذكور في الكتاب المقدَّس، والكتابُ لا يشجِّع على ذلك.

ويبرهن سفرا الملوك المبدأ الذي يقول بأنَّ الانقسام يؤدِّي إلى التدهور. ويشهد الكثير من الكنائس عن هذه الحقيقة المؤلمة. وقدِ ارتقت الأمَّة الإسرائيليَّة إلى القمَّة خلال الاتحاد الذي شهدته في أيَّام حكم داود وسليمان. وعندما انحلَّ الاتحاد خسرت كلّ شيء خلال نصف الوقت الذي أعوَزَها للوصول إليه. وعلينا أن نكون شديدي الحذر حتَّى لا يحصل الأمر نفسه للكنيسة.

العالم

يقدّم السفران رسالة قويّة عن سلطان الرب في التاريخ البشري. إذ كانت الأمَّة الإسرائيليَّة موضِعَ اهتمامه فتدخَّل في حياة الملوك، وأرسل البركات واللعنات بحسب وضعهم. ونرى في الإجمال أنَّ الملوك الصالحين ملكوا فترةً أطول من الملوك السيِّئين. وهكذا، فإنَّ الربّ يسودُ على **كلِّ** الأمم. وهو يختار القادة والحكَّام ويقرِّر الوقت والمساحة لكلٍّ منهم. وبإمكانه التعامل بالعدل فيعطي الشعبَ الحاكمَ الذي يستحقّونه، أو التعامل بالرحمة فيعطيهم الحاكم الذي هم فعلاً بحاجة إليه. وما يزال يملك الصوت المرجّح حتَّى في الانتخابات الديمقراطيَّة.

لكن لا تعني قدرته على حكم مصير الشعوب أن لا يتحمَّل الجنس البشري المسؤولية. وبإمكانه استخدام الذين لا يعرفونه مثل نبوخذنصّر الملك لسبي شعبه إلى بابل، أو مثل كورش الفارسي ليعيدهم إلى أرضهم.

ترى وكالات الأخبار الجانب الإنساني للتاريخ. ويميّز الأنبياء العمل الإلهي فوق كل ذلك. ولهذا السبب يختلف الكتاب المقدّس عمومًا وسفرا الملوك خصوصًا عن باقي التأريخات. فالأنبياء يقدِّمون لنا القصّة **كاملة**، ويخبرون بالحقيقة كاملة عن الأحداث التي جرت في حياة بني إسرائيل.

المسيح

علينا أن نقرأ هذين السفرين فوق كلّ شيء بسبب ما يخبران به عن الربِّ يسوع. فالعديد من الشخصيَّات المذكورة هنا تذكّرنا بالربِّ يسوع.

- **سليمان:** يخبرنا البشير متّى في إنجيله أنَّ الربَّ يسوع أعظم من سليمان. ويكتب الرسول بولس أنَّ المسيح هو حكمتنا. ونقرأ في إنجيل يوحنَّا أنَّ المسيح شبَّه جسده بالهيكل. وعندما مات الربُّ يسوع انشَطَرَ حجاب الهيكل من الأعلى إلى الأسفل.
- **يونان:** يُذكر هذا النبي في ثاني سِفرَي الملوك. وكما كان في بطن الحوت ثلاثة أيّام وثلاثَ ليالٍ، هكذا قام الربُّ يسوع من بين الأموات بعدَما مكث في قلب الأرض ثلاثة أيّام وثلاث ليال. فتوجد في الحالتين قيامة من الموت.
- **إيليَّا:** التقى الربُّ يسوع إيليَّا على جبل الكرمل وتكلَّم معه. وقد شابهَ إيليَّا نسيبُ الربِّ يسوع، يوحنا المعمدان الذي كان يتناول الطعام نفسه ويلبس ثيابًا مُماثِلة.

- **أليشع**: يربط الربُّ يسوع نفسه بأليشع بطريقة غير مباشرة من حيث المعجزات التي قام بها. وقد أقام الربُّ يسوع صبيًّا من الموت في قرية نايين التي تقع بالقرب من شونم، حيث أجرى أليشع مُعجزة مشابهة. وأشبع الربُّ يسوع خمسة آلاف نسمة بواسطة خمسة أرغفة وسمكتين، في معجزة مشابهة للتي قام بها أليشع حينَ أشبع مئة شخص بأرغفة خبز قليلة. وعندما مات الربُّ يسوع، خرج أُناس من من القبور، كما عادت الحياة لرجُلٍ ميْت حين مسَّ جسَدُه عظامَ أليشع في قبرِه.

كذلك أيضًا حياة الربِّ يسوع وخدمتُه تُلَبِّيان شروط الحياة الملكيّة. فهو الملك الذي تاقَ إلى رؤيته الشعب في العهد القديم. وهو من نسل داود الملَكيِّ، وسوف يُقم ذات يوم المملكةَ المثلَى. كذلك أيضًا هو الذي يتمم الوعود المذكورة لنسل داود. وهو الملك الذي لا يُخيِّب ظنَّ أحد، وهو أعظم من داود.

الخاتمة

يحمل هذان السفران رسالة أساسيَّة للعالم. فالربُّ هو ربُّ على الكلّ، وعلى شعبه أن يتعلَّموا هذه الرسالة حتَّى لا يعاودوا إنحدار شعب إسرائيل المذكور هنا لأنَّهم عَصَوا أوامر الربّ. كذلك أيضًا يمكننا أن نتشجّع حين نعلم قوّة الربّ وقدرته في التعامل مع شعبه بطرق عادلة ورحيمة. ولا يستطيع أحد أن يُفشِل خُطَطه. ستبقى مملكته إلى الأبد، ويمدّ سفرا الملوك (أو الممالك) المؤمنين بالشوق لهذا اليوم الذي يرى فيه الجميع الربَّ يسوع الملكَ الأعظم.

أشعار العبادة وكلمات الحكمة

الموضوع	الصفحة
مقدّمة عن الشعر العبراني	233
سفر المزامير	243
نشيد الأنشاد	261
سفر الأمثال	267
سفر الجامعة	283
سفر أيّوب	291

مقدّمة عن الشعر العبراني

الشعر هو نوع من الأنواع الأدبيَّة المستخدمة في العهد القديم. وقدِ استُخدِم بالتحديد في كتابات الأنبياء و«أسفار الحكمة»، خصوصًا في المزامير وسفر أيّوب ونشيد الأنشاد. وبما أنَّ للشعر العبري مميّزات خاصة به، فلا بدَّ لنا من دراسته بشكل مفصَّل، للاستفادة بطريقة قصوى من هذا الجزء في كلمة الربّ.

من السهل ملاحظة الشعر في النسخات الحديثة للكتاب المقدَّس، حيث يُرتّب بطريقة مختلفة عن النثر. فالنثر يحوي جملاً طويلة، بينما الجمل القصيرة هي من ميزات الشعر. ويحتوي العهد القديم على الشعر أكثر ممَّا يحتويه العهد الجديد.

النثر هو الطريقة العفويَّة والطبيعية للتواصل. ويلجأ إليه الناس في الكتابة والكلام مستخدمين جملاً تتفاوت في الطول. أمَّا الشعر فهو وسيلة تواصل مُتعمَّدة ومُتقَنة. ويجب تهيئته قبل وقت ويتطلَّب تفكيرًا ويتبع قوانين الأُسلوب الشعري. وربَّما نسأل لماذا استُخدِم الشعر بينما النثر أكثر سهولة.

تخيَّل مثلاً أن أعود إلى البيت مساء وأطلب العشاء من زوجتي بأُسلوب شعريّ:

أنا جاهز لتناول العشاء يا عزيزتي، عشاء رائع من اليخنة والأرز.

هذا السكين وسخ: هلاَّ تعطينَني آخر،

وبما أنّه لا طبق آخر نتناوله، فمدِّيني بالمزيد من الأرز!

كلامي بهذه الطريقة يعني أنَّني فكَّرت في الكلمات التي أُريد أن أستخدمها، قبل وقت. والتكلُّف في الأُسلوب الشعري في محيط المطبخ يُعيق التواصل الفعّال!

تأثير أعمق

إذًا، لماذا نكتب الشعر؟

للشعر تأثير أعمق في الناس ممَّا للنثر، إذ يخرق أعماقًا في الشخصيّة لا يصل إليها النثر.

تأثير أعمق في العقل

يسهل حفظ الشعر أكثر من النثر، خصوصًا عندما يُلحّن. فهو يلمس في الدماغ الأجزاء الحدْسيّة

والفنيّة التي لا يحرّكها النثر المنتظم. فربّما نذكر أشعارًا حفظناها من عدّة عقود، بينما ننسى المحاضرات التي سمعناها الأسبوع المنصرم. ونُتقن التعليم اللاهوتي من خلال الترانيم. ولهذا السبب يجب التأكُّد من أنّ الترانيم المستخدمة في العبادة أساسها كتابي.

تأثير أعمق في القلب

يُستخدم الشعر في بطاقات المعايدة لأنَّه يُحرِّك القلب. وهو يثير المشاعر الدافئة، بينما الجمل نفسها لا تُحرّك القارىء إن وُضعت في أُسلوب نثري.

مشيا وسط الممرّ معًا، وكانت السماء مرصّعة بالنجوم.
وصلا إلى باب المزرعة، ففتح الباب لهـا.
لم تبتسم ولم تشكره، بل واجهته بالجمود،
فهو مجرّد ابن مزراع، وهي بقرة لا حول ولا قوّة لها!

كثيرًا ما انفجر الحاضرون بالضحك عندما كنت أستشهد بهذا الشعر. فهم توقّعوا شعرًا رومانسيًّا، إلاّ أنَّهم حصلوا على شعر خفيف ممزوج بالمرح. ولو نقلنا تلك المحتوياتِ عينَها بالأُسلوب النثري لما لاقت النجاح نفسَه.

تأثير أعمق في الإرادة

يؤثّر الشعر في خِياراتنا وإراداتنا. فهو يحرّكنا فنصمّم على التصرّف بطريقة معيّنة. وكم استُخدم الشعر في المدارس لغرس المبادىء في نفوس الطلبة. واستُخدمت أغنيات الحرب عبر العصور لتحثّ الجيوش على المحاربة.

إليك هذا الشعر الذي عُنوانُه «اللامبالاة» وقد كتبه «ستادرت كينيدي» الذي خدم كمرشد روحي في الجيش في الحرب العالميّة الأُولى:

وصل يسوع إلى الجلجلة فعلّقوه على الصليب،
ودقّوا مسامير في يديه ورجليه دون رحمة
وتوّجوه بإكليل شوك فكان جرحه أحمر وعميقًا،
كانت تلك أيامًا قاسية، وكان ثمن البشر بخسًا.
عندما دخل يسوع المدينة، لم ينبسوا ببت شفة،
لم يؤذوه، بل قادوه مباشرة للصلب.
عاملوه بلطف، ولم يسبّبوا له الألم.
إلتقوه في الشارع، وتركوه هناك.

لكن يسوع صرخ: يا أبتاه اغفر لهم،
فهم لا يعلمون ماذا يفعلون.
واستمرّ المطر بالهطول فبلّله.
وعادت الجموع كلٌّ إلى بيته، ولم يروا
يسوع يتكيء على الحائط ويبكي الجلجثة.
تشدّنا قوافي ذلك الشعر والكلمات المنتقاة بإتقان فتحثّنا على فحص حياتنا.

الجمال

يلمس الشعر القلب والفكر والإرادة لأنّه **يجمّل** الكلمات ويُضفي عمقًا على معناها. فنحن ننجذب إلى الشعر لأنَّ الكلمات مرتّبة بأُسلوب يمَسُّ حسّنا للجمال والتوازن والتناظر والتناسب.

فكما أنَّ للإنسان الجميل الشكل خصائصَ متوازنة، هكذا فإنّ التوازن الموجود في الشعر يجذبنا إليه.

وتزيد ثلاثُ خصائص للشعر جمالاً على الكلمات، وهي: **الوزن والقافية والتكرار**.

الوزن

يتميّز الشعر العربي القديم باتّباع الوزن، لكن ليس كذلك الشعر العبري. حتّى أشعار الأطفال البسيطة تتبع وزنًا يساعد على حفظها بكلّ سهولة، مثلاً:

أمّي يا ملاكي — يا حبّيَ الباقي إلى الأبد
ولم تزل يداك — أرجوحتي ولا أزل ولد

الإيقاع

الميزة الثانية للشعر هي اتّباع إيقاع معيّن يُضفي جمالاً على الكلمات، مثلاً:

إلمعي إلمعي يا نجمي — إنتِ أحلى شي عندي

ومثل آخر هو:

الربّ راعـــيّ — فلا يعوزني شيء
وإن سرت في الوادي — وادي ظلال الموت

وعندما لا يتبع الشعر إيقاعًا معيّنًا، يفقد من جماله. كما يمكن أن يُستخدم الإيقاع للفت انتباه القارىء.

التكرار

الميزة الثالثة التي تضيف جمالاً إلى الشعر هي التكرار. فالتكرار يجعل الجملة شعريَّة. فمثلاً تتكرّر عبارة "وكان بروتس رجلاً شريفًا" في مسرحية يوليوس قيصر للشاعر الإنكليزي «شاكسبير». كذلك يُستخدم التكرار في الأشعار المخصَّصة للأطفال:

أسود أسود كلّ قلب أسود   مثل ثلج يغدو بدم المسيح
أبيض أبيض كلّ قلب أبيض   يدخل السما إنَّ ذا صحيح

ويمكن أن تتكرّر العبارات أو الجمل أو الأحرف، فيتعمّد شاعر استخدام حرف معيَّن في بداية كل كلمة من شعر يكتبه. ويتم في أحيان أُخرى استخدام قرار لتأكيد نقطة معيّنة. فمثلاً، تتكرّر في المزمور 136 العبارة: "لأنّ رحمته إلى الأبد." ويستخدم بعض الشعراء الجِناس. كما يستخدم آخرون أُسلوبًا آخر متمثلاً باستخدام الأحرف الأبجدية متتالية في بداية كل سطر شعريّ، كما يُستخدم الحرف نفسه في بداية الكلمات الرئيسيّة في ذلك السطر. والمزمور 119 هو مثال على ذلك.

العظمة

هدف من أهداف الشعر هو التعبير من خلال ألفاظ صوتيّة جميلة. وعند قراءة الشعر في صمت يضيع تأثيره أو ينقص. فالأشعار تُكتب لتُقرأ بصوت مرتفع فتمدّنا بشعور من الرِّضى. وللشعر عظمة ليست للنثر. فلا عجب أن يُستخدم الشعر في عبادة الربّ. والمزامير (التي هي كتاب التسبيح لليهود) منظومة بشكل شعريّ. ويصعب غناء النثر، بينما الشعر مهيَّأٌ تلقائيًا لمرافقة الموسيقى.

أضف أنَّ الشعر يساعدنا على التعبير عن تقديرنا للخالق ونحن نعبد. وهذا الشعر البسيط لكن المعروف جدًّا هو أفضل مثل:

إلمعي إلمعي يا نجمي   إنتِ أحلى شي عندي
فوق بالسما العالي   مثل الإلماس الغالــي
(كلمات جاين تايلور)

ويمكن لهذا الشعر البسيط، لكن الجميل واللافت، أن يفقد روعته، عندما نستخدم كلمات علميَّة جافة وباردة.

لاحظ الفرق بين لغة العِلم ولغة الشعر. فلغة العلم دقيقة وباردة، بينما للشعر لغة ربَّما أقلّ دقّة علميًّا، لكنَّها تثير العجب والدهشة. وهذا ما يجعل الشعر أُسلوبًا جيِّدًا للعبادة. فالتراتيل والترانيم، والمزامير والقرارات، تساعدنا على التعبير عن جزء من عظمة الربّ وبهائه بأُسلوب يعجز عنه العلم.

والشعر بصريٌّ كما هو كلاميّ، فهو يرسم الصور في العقل. واستخدام المخيِّلة ضروري جدًّا لكتابة الشعر، إذ تُستخدم الاستعارات والتشبيهات والصور. فمثلاً تقدّم أغنية «إلمعي إلمعي يا نجمي، إنتِ أحلى شي عندي» صورة عن النجمة اللامعة.

دعونا نأخذ المزمور 42 مثلاً:

«كما يشتاق الإيَّل إلى جداول المياه، هكذا تشتاق نفسي إليك يا الله.» بإمكاننا تخيّل حيوان يلهث ولسانه مُتدَلٍّ إلى الخارج، ممَّا يساعدنا على تذكُّر عطشنا لله.

الصوت والإحساس

يرتكز الشعر الإنكليزي على الشعر الإغريقي أو اليوناني، حيث يكون التشديد على الصوت. ورُغمَ وجود أنماط وأساليب شعريَّة مختلفة، فإنَّ الشعر في اللغة الإنكليزيَّة يتبع عادةً قوافيَ محدَّدة. لكن التشديد في الشعر العبري هو على الإحساس. كما نجد في اللغة الإنكليزيَّة بعض أنواع الشعر التقليدي المعروف بِـ «الشعر للاإحساسي»، وقد اشتهر بكتابته الشاعران «إدغار لير» و«لويس كارول». إلاَّ أنَّ قراءة هذا النوع من الشعر، هي كالتمتّع بسماع پاڤاروتّي ينشد الأوپرا باللغة الإيطاليَّة دون أن تفهم اللغة. أو كالاستمتاع بموسيقى الپوپ دون فهم الكلمات. ففي الحالتين نحن لا نفهم موضوع الغناء، إنَّما نستمتع به.

من الممكن لبعض الأشعار أن «تحرّك» مشاعرنا، إلاَّ أنَّها لن تؤثِّر فينا. ومن الممكن أن تساعدنا على الاسترخاء، إلاَّ أنَّها لا تترك أثرًا في حياتنا.

ويتميَّز الشعر العبري، بخلاف الشعر الإنكليزي أو العربي، بالتشديد على الإحساس الذي تحمله الكلمات وليس على الصوت. ولهذا السبب يُستخدم القليل من القوافي فيه.

التوازي

بينما لا يتمتَّع الشعر العبري باتِّباع قوافٍ محدَّدة، يستند إلى نوع من التكرار يُسمَّى **التوازي**. وتعني كلمة التوازي التناغُم الذي يحصل بين عبارات الشطر الشعريّ. ويُشكِّل التوازي «حجر الزاوية» للشعر العبري، ويُستخدم للأسباب التالية:

- **التوكيد**: نعرف أنَّ الأمر مهم عندما يتكرَّر.
- **الردّ**: حيث تُقسم الجوقة إلى قسمين، ويستخدمون «الغناء التجاوبي» حيث يرد الفريق الأوَّل على الفريق الآخر بواسطة الغناء.
- **التوازن**: كما أنَّه يوجد توازن في جسم الإنسان بحيث إنَّه مكوَّن من يدين وعينين وأُذنين وذراعين ورجلين، هكذا فإن الأشطر المكرَّرة تساعدنا على فهم جمال الفكرة المذكورة.

عادةً ما يكون التكرار في شكل شطرين متوازيين، إلاَّ أنَّ المزامير تحتوي أيضًا على ثلاثيَّات ورباعيَّات. ونجد في المزمور السادس مثلاً على شطرين متوازيين:

«يَا رَبُّ، لاَ تُوَبِّخْنِي بِغَضَبِكَ، وَلاَ تُؤَدِّبْنِي بِغَيْظِكَ.»

«فالتوبيخ» هو أن تخبر أحدهم بأنَّه على خطإٍ، أمَّا «التأديب» فهو إنزال العقاب به. إذًا، يطوِّر الشطر الثاني فكرة الشطر الأوَّل. وإليك مثلاً آخر موجودًا في الآية التالية من المزمور نفسه.

«ارْحَمْنِي يَا رَبُّ لأَنِّي ضَعِيفٌ. اشْفِنِي يَا رَبُّ لأَنَّ عِظَامِي قَدْ رَجَفَتْ»

نرى في الشطر الأوَّل أنَّ الكاتب يشعر بالضعف؛ أمَّا في الشطر الثاني فنراه يتألَّم وبحاجة للشفاء. مرَّة أُخرى نرى أنَّ الشطر الثاني يطوِّر فكرة الشطر الأوَّل. لكنْ لاحظ أنَّ **الإحساس** هو الذي يتكرَّر وليس الصوت.

لكنَّ تحليل شعر ما هو كالنظر إلى أجزاء وردة. فالتحليل يقتل الجمال. لكنِّي أريد مساعدة القارىء على فهم ما الذي يحصل في شعر الكتاب المقدَّس، ولماذا كُتِب وكيف كُتِب.

ثلاثة أنواع من التوازي:

المرادفات

تتكرَّر هنا الفكرة نفسها مرَّتين باستخدام كلمات مختلفة. والمزمور الثاني هو خير مثل:

«لِمَاذَا **ارْتَجَّتِ الأُمَمُ، وَتَفَكَّرَ الشُّعُوبُ** فِي الْبَاطِلِ؟
قَامَ **مُلُوكُ** الأَرْضِ، وَتَآمَرَ **الرُّؤَسَاءُ** مَعًا عَلَى **الرَّبِّ** وَعَلَى **مَسِيحِهِ**، قَائِلِينَ:
«لِنَقْطَعْ **قُيُودَهُمَا**، وَلْنَطْرَحْ عَنَّا **رُبُطَهُمَا**».
اَلسَّاكِنُ فِي السَّمَاوَاتِ **يَضْحَكُ**. الرَّبُّ **يَسْتَهْزِئُ** بِهِمْ.
حِينَئِذٍ يَتَكَلَّمُ عَلَيْهِمْ **بِغَضَبِهِ**، وَيَرْجُفُهُمْ **بِغَيْظِهِ**.»

لاحظ أنَّ الكلمات المشار إليها تحمل المعنى نفسه، لكن في الأغلب الكلمة الثانية «أقوى» و«أثقل» من الكلمة الأُولى.

الأضداد

الأضداد في التوازي تجري بأُسلوب المرادفات نفسه، إلاَّ أنَّ الشطر الثاني يُعارِض الشطر الأوَّل. ونرى مثالاً على ذلك في المزمور 126:

«الَّذِينَ **يَزْرَعُونَ بِالدُّمُوعِ يَحْصُدُونَ بِالابْتِهَاجِ**.»

نرى زوجين من الأضداد «الزرع» و«الحصاد»، «الدموع» و«الفرح». ونرى الفكرة تتوسَّع أكثر في الآية التالية.

«الذَّاهِبُ ذَهَابًا **بِالْبُكَاءِ** حَامِلاً **مِبْذَرَ الزَّرْعِ**،
مَجِيئًا يَجِيءُ **بِالتَّرَنُّمِ** حَامِلاً **حُزَمَهُ**.»

يضيف هذان الشطران تفصيلاً أكثر عن الأضداد، فلدينا الآن الزرع والحصاد.

الاضداد الموظَّفة

في هذا النوع من الأضدَّاد تكمِّل الجملة الثانية الجملة الأُولى. وهي لا تقول الأمر نفسه أو ما هو ضدُّه، بل تقول أمرًا يتبع ما سبق قوله في الجملة الأُولى. مثلاً:

«عِنْدَمَا رَدَّ الرَّبُّ سَبْيَ صِهْيَوْنَ، صِرْنَا مِثْلَ الْحَالِمِينَ.» مزمور 126
«الرَّبُّ رَاعِيَّ فَلاَ يُعْوِزُنِي شَيْءٌ.» مزمور 23

إنَّ القسم الثاني في هاتين الجملتين هو نتيجة للقسم الأوَّل. وقد بُني المزمور 23 على هذا النمط:

«فِي مَرَاعٍ خُضْرٍ يُرْبِضُنِي. إِلَى مِيَاهِ الرَّاحَةِ يُورِدُنِي.»

فعلى الراعي أن يعرف أين توجد المراعي الخضر والمياه الهادئة. لكنَّ ذينك الأمرين يشكِّلان معًا صورة لراعٍ يعرف فعلاً ما يقوم به ويهتمّ بأمر خرافه.

* * *

إذًا، لدينا ثلاثة أنماط من الشعر العبري، تتخلَّلها عدَّة أصناف. والتوازي ليس فقط في الأفكار والكلمات، إنَّما في قواعد اللغة أيضًا. مثلاً، ترتيب الكلمات في الآية التالية من المزمور 2 في اللغة العبرية هو كالتالي:

«حِينَئِذٍ يَتَكَلَّمُ عَلَيْهِمْ بِغَضَبِهِ، وبِغَيْظِهِ يَرْجُفُهُمْ.»

يختلف ترتيب الفعل والمفعول به والجار والمجرور بين الشطر الأوَّل والشطر الثاني.

الثلاثي الشطور

أحيانًا تحصُلُ استثناءات في كتابة الشعر، فيُخالَفُ الايقاع والنمط المستخدمان. فنجد ثلاثة أسطر بدل سطرين. وهذا ما نسميِّه الثلاثي الشطور. نأخذ مثلا الأسطر الثلاثة الأُولى من المزمور 29:

قَدِّمُوا لِلرَّبِّ يَا أَبْنَاءَ اللهِ،

قَدِّمُوا لِلرَّبِّ مَجْدًا وَعِزًّا.
قَدِّمُوا لِلرَّبِّ مَجْدَ اسْمِهِ.

تشكِّل هذه الأسطر تصاعُدًا حماسيًّا، وتقوم جملة «قَدِّمُوا لِلرَّبِّ» بدور القرار، تُضاف بعده كلمات مختلفة.

نأخذ مثلاً آخر، وهو بداية المزمور 3:

يَا رَبُّ، مَا أَكْثَرَ مُضَايِقِيَّ! كَثِيرُون قَائِمُونَ عَلَيَّ.
كَثِيرُون يَقُولُونَ لِنَفْسِي: «لَيْسَ لَهُ خَلاَصٌ بِإِلهِهِ».

تتكرَّر هنا كلمة كَثِيرُون (أو مَا أَكْثرَ)، ويتمّ بناء كلّ شطر على ما قبله: مِمَّن يتذمَّر، وماذا يفعلون، وماذا يقولون. ويحدث أحيانًا حذف فلا تُذكر كلمة أو عبارة معيَّنة.

خصائص أُخرى للشعر العبريّ

التشبيه

يتميَّز الشعر العبريّ باحتوائه على التشبيهات، وهي صور لتشابُه أمر بآخر، مثلاً:
"كما يترأَّف الأب على بنيه،
هكذا يترأَّف الربّ على خائفيه" (من المزمور 103).
تُشبَّه هنا عناية الأب المترئِّفة بأبنائه بعناية الرب بشعبه.

التَّصالُب

يصبح الجزء الثاني في هذه الحالة من الشطر الأوَّل هو الجزءَ الأوَّل من الشطر الثاني، مثلاً:

«لأَنَّ الرَّبَّ يَعْلَمُ **طَرِيقَ** الأَبْرَارِ، أَمَّا **طَرِيقُ** الأَشْرَارِ فَتَهْلِكُ» (من المزمور الأوَّل).

يأتي الجزء الثاني بعكس الجزء الأوَّل، وقدِ استُخدمت كلمة «الطريق» في المكانين.

الحذف أو القطع

في هذه الحالة يُحذف جزء من الشطر الثاني، مثلاً:

«وَضَعْتَنِي فِي الْجُبِّ الأَسْفَلِ، فِي ظُلُمَاتٍ، فِي أَعْمَاقٍ» (من المزمور 88).

وكأنَّه علينا إضافة الكلمة "وَضَعْتَنِي" في الشطر الثاني.

الدرج

أحيانًا تشبه أسطر المزمور الدرج:

«صَوْتُ الرَّبِّ مُكَسِّرُ الأَرْزِ، وَيُكَسِّرُ الرَّبُّ أَرْزَ لُبْنَانَ» (من المزمور 29).

يفسِّر الشطر الثاني ما قاله الشطر الأوّل. فنحن مثلاً نعرف أنْ «صَوْتُ الرَّبِّ مُكَسِّرُ الأَرْزِ»، لكن الشطر الثاني يفسِّر أكثر أنَّه «أَرْزَ لُبْنَانَ».

اتِّباع الأبجديَّة

يُبنى الشعر في هذه الحالة على الترتيب الأبجدي. ففي المزمور 119، وهو أطول المزامير ويحتوي على 176 آية، يبدأ كل قسم (وكل أوّل آية من القسم) بحرفٍ جديد من الأبجدية العبرية.

القرار

يقوم الشطر الثاني بدور القرار. فمثلاً، تشكِّل العبارة «لأَنَّ إِلَى الأَبَدِ رَحْمَتَهُ» في المزمور 136 الشطر الثاني لكلِّ آية.

تُظهر دراستنا أُسلوب الشعر العبريّ ضرورة استخدامه في كلمة الربّ. ويستلهم الموسيقيُّون المتخصِّصون في الكتابة للجوقات غنى المزامير. لكن عندما تُستخدم المزامير حرفيًّا، نادرًا ما يُستخدم مزمور كامل. لكن لا تبقى الكلمات في السياق الأصليّ، ما يعني أنّ توازن المزمور قد اختلَّ وتغيّر معناه في بعض الأحيان.

وتسهل ترجمة الشعر العبريّ، لأنَّ التشديد فيه هو على المضمون وليس على الصوت. لكن عندما أستشهد خلال عظتي في اللغة الإنكليزية بشعر ويكون سامعيّ من غير المتكلِّمين باللغة الإنكليزية، عندئذٍ تتمُّ ترجمته. فإنَّ الترجمة تقتل الشعر، لأنَّ الشعر في اللغة الإنكليزيّة يستند إلى مخارج الأصوات التي لا تحتمل عملية الترجمة. لكن، بالمقابل يُمكن للشعر العبري أن يُترجم لأيّة لغة. وهكذا تسهل علينا معرفة اختيار الربّ لهذه اللغة.

الشعر في العبادة

يعتقد معظم لناس أنَّ علينا أن نكون عفويّين في كلامنا إلى الربّ، لأنَّ التخطيط لما سنقوله لا يخلو من التصنّع يحمل هذا الكلام بعض الحق، لكن تفكيرنا في ما سنقوله يُضيف إليه قيمة فائقة. ويقدّم لنا سفر المزامير مثالاً على التوجّه إلى الربّ بأُسلوب الأُلفة المفرطة، ويُظهِر قوّة عظمته وقدرته. وفي المقابل يُظهِر أيضًا علاقة مقرَّبة من الربّ لم يختبرها العديد من الناس، الأمر الذي يحثّنا على السعي وراء اختبار صلاحه. والكلمات المدروسة التي نقرأها في المزامير هي جزء ضروري من عبادتنا

الجماعيّة. وإن كنّا مثلاً عند العبادة يرنّم كلٌّ منّا ما يحلو له تعمّ الفوضى، ناهيك بالصوت المزعج! فالعبادة الجماعية تبدو أفضل وأسهل لأنَّ الترانيم مخصَّصة لاستخدام الجماعة. أمَّا الذين يحاجُّون بأنَّ علينا أن نرنّم ما «نشعر» به فيَنسَون أنَّ من القيِّم أن نرنِّم ما **لا** نشعر به ربَّما كتشجيع على التجاوب بأُسلوب صادق، ولتذكُّر الحقّ في المستقبل.

كان لدينا تقليد في عائلتنا حين كان أولادنا صغارًا وهو أن يوقظونني في ساعات الفجر الباكر في يوم محدَّدٍ من السنة، ومن ثَمَّ يصطفّون قبالة سريري ويردِّدون شعرًا مصطنعًا. ثمَّ كانوا يعطونني كيسًا من حلواهم المفضَّلة. وكان الشعر (أو الأغنية) هو «سنة حلوة يا جميل»!

بالطبع،كان أمرًا اصطناعيًا، بطريقة أو بأُخرى، أن يصطفّ ثلاثة أولاد مردِّدين الأمر نفسه. ألم يكن سيكون أفضل لو أنَّهم أتَوا منفصلين، وعبَّر لي كل منهم على انفراد عمَّا يشعر به؟ كلَّا، لأنَّهم لن يكونوا بذلك قائمين بالأمر كعائلة. فمجيئُهم وغناؤهم معًا شكَّلا التقليد وميَّزاه.

وهكذا فإنَّ الربّ يُسرّ عندما نقول له أُمورا كجماعة، حتّى لو أنَّ أحدهم قد كتبها. فهو يحبُّ أن يرانا مجتمعين. ربَّما نقف في صفٍّ ونرنِّم له بطريقة مُصطنعة، لكنّنا نكون بذلك نعبِّر عن محبَّتنا له بشكل جماعيّ. والشِّعر يساعدنا على القيام بذلك.

ذكرنا سابقًا أنَّ المزامير مُهيّأة للاستخدام في الغناء التجاوبيّ، حيث ترنّم فرقتان بأُسلوب الردّ إحداهما على الأُخرى. ومن الممكن أن تُرنَّم المزامير بصوت مرتفع جدًّا حتى الصراخ. والمزمور 147 أفضل مثال على ذلك.

ويُمكن للمزامير أن تُنمي لدينا روح الجماعة. فالمزامير التي تحتوي على الكلمتين «أنا» و«لي» أفضل للعبادة الشخصيَّة، أمَّا تلك التي تستخدم الكلمتين «نحن» و«لنا» فتُذكِّرنا أنَّنا نعبد الربّ معًا كعائلة.

وكما أنَّ الشعر يلمس قلب الإنسان، فهو يلمس قلب الربّ أيضًا. وقد لاحظنا أنَّه مستخدم في سفر المزامير كلِّه، وكذلك في العديد من الأسفار النبويَّة. وقدِ اختار الروح القدس هذه الوسيلة لإيصال فكر الربّ، ولِنَتجاوب معه في آنٍ معًا. وعلى المشكّكين في فكرة أنَّ الشعر يلمس قلب الربّ ملاحظةُ أنَّ الكتاب المقدَّس يستخدم لغة واضحة لوصف مشاعر الرب.

نقرأ مثلاً في المزمور الثاني أنَّ الربّ «يضحك» عندما يرى محاولات البشر الفاشلة في التمرّد عليه. ونقرأ في الأصحاح الثالث من سفر صفنيا أنَّ الربّ «يبتهج» عندما يسمع «ترنيمنا». إذًا، للربّ حِسٌّ موسيقي. فالموسيقى ليست اختراع العصر الحديث، بل هي جزء من أن نكون على صورة الربّ.

عندما يُكلِّمنا الربّ بواسطة الشعر، نعلم أنَّه ينقل إلينا مشاعره من قلبه إلى قلوبنا. لذا علينا أن نفتِّش عن المقاطع الكتابيَّة التي تخبرنا عن مشاعره. وفهم الشعر العبري هو مفتاح أساسيّ لفهم قلب الربّ.

سفر المزامير

المقدِّمة

سفر المزامير هو من أكثر الأسفار المحبوبة والمعروفة في الكتاب المقدَّس. وللمزامير المنفردة مكانة خاصَّة عند الذين لا يقرأون الكتاب بانتظام، وكذلك عند الذين يودّون تسبيح الربّ الذي يعرفونه ويعبدونه. وللمزامير قبول عالميّ إذ تُترجم بسهولة إلى الحضارات المعاصرة مع أنَّها كُتِبت منذ زمن بعيد. وبينما يُفهم معظم العهد القديم في ضوء العهد الجديد، يُمكن فهم معظم المزامير بطريقة مباشرة. وتحمل المزامير قيمة لا يزيلها الزمن، ويسهل تطبيقها في الحياة المسيحيَّة. فلا عجب أن يكون ناظمو الترانيم عبر العصور قدِ استوحوا كتاباتهم من المزامير.

أدَّت المزامير دورًا قيِّمًا في تاريخ الكنيسة. وقال مارتن لوثر: "تُمكننا رؤية قلب كلّ قدِّيس من خلال المزامير." وقال جون كالڤن إنَّنا في المزامير: "ننظر في مرآة فنرى قلوبنا." وقد عبَّر أحد المفسِّرين المعاصرين عن الأمر على الشكل التالي: "يبدو أنَّ كلّ مزمور يحمل اسمي وعنواني." إنَّه الجزء الأكثر إنسانيَّة في العهد القديم، ويمكن للجميع أن يروا أنفسهم فيه عند قراءته.

سفر المزامير هو كتاب الترانيم وكتاب الصلاة عند بني إسرائيل في العهد القديم. إنَّه أطول سفر في الكتاب المقدَّس وقدِ استغرقت كتابته حوالى الألف سنة. ومع أنَّ معظم المزامير كُتِبت في زمن داود (حوالى السنة 1000 ق م)، فقد كُتِب جزء منها في زمن موسى (حوالى سنة 1300 ق م)، وكُتِب جزء آخر في زمن السبي (سنة 500 ق م).

تعني الكلمة "مزمور" في اللغة الأصليَّة «الخنَّة» "twang" أو «النقرة» "pluck" إشارة إلى الآلات الموسيقيَّة الوتريَّة التي كانت تُستخدم لغناء تلك المزامير. ويقع سفر المزامير في الكتاب المقدَّس العبريّ في بداية أسفار الكتابات، أي في الجزء الثالث الذي يأتي بعد أسفار الناموس وأسفار الأنبياء. ويُسمَّى هذا السفر في اللغة العبريّة «تهيليم» بمعنى «ترانيم التسبيح» وهو اسم أفضل (خاصَّة أنَّ كلمة «اليهود» مشتقَّة من كلمة «يهوذا» التي تعني «التسبيح»). وغالبًا ما تُقرأ المزامير أو تُرنَّم، لكن يمكن أداؤها على شكل هُتاف، إنَّما لا يلاقي هذا الأُسلوب قبولاً في بعض الحضارات!

سنرى بعد قليل أنَّه هناك أنواع عديدة من المزامير. وأبسط تقسيم هو التمييز بين المزامير الشخصيَّة التي تستخدم الضمير «أنا»، والمزامير الجماعيَّة التي تستخدم الضمير «نحن». إذًا، تصلح بعض الترانيم للاستخدام في العبادة الشخصيَّة، ويصلح بعضها للاستخدام في العبادة الجماعيَّة. لكن يجب ألَّا

يكون هذا التمييز نهائيًّا إذ إنَّ الربَّ يسوع شجَّع تلاميذه على استخدام التعبير «أبانا»، ما يعني أنَّه تقع عليهم مسؤوليَّة جماعيَّة حتَّى عندما يصلّون على انفراد.

المشاعر

تعبِّر بعض المزامير عن حزن عميق. فالمزمور السادس والخمسون يثير مشاعري، إذ نقرأ أنَّ الربَّ يضع دموعنا في زقٍّ. وكانت العادة عند وفاة أحدهم أن يسكبَ اليهود دموعهم في قناني بارتفاع أربعة إنشات (10سنتم) كتعبير عن حزنهم ويرسلوها إلى أهل الفقيد بدل إرسال الورود أو الأكاليل. ونقرأ في المزمور أنَّ الربّ يحفظ دموعنا حتَّى لو لم تكن بسبب أمر فاجع كالموت. وتغطِّي المزامير سلسلة كاملة من المشاعر البشريَّة. فهي تحتوي على ما يمكن تسميته المشاعر «السلبيَّة» كالغضب والإحباط والحسد واليأس والخوف والغيرة. ويعبِّر كاتب المزامير عمَّا يشعر ويفكِّر به تمامًا، كما أنَّه يلعن البشر ويتذمَّر على الربّ. كذلك تعكس المزامير مشاعر «إيجابيَّة» كالفرح والبهجة والأمل والسلام.

كتب داود معظم المزامير الشخصيَّة، وهي تغطِّي أغلبَ الأُمور التي يودّ البشر قولها للربّ. وسنلقي نظرة لاحقًا على ثلاثة أنواع خاصَّة من المزامير التي أدعوها «مزامير الترجِّي» و«مزامير الشكر» و«مزامير التأسُّف». وعلى الرغم من ارتكاز المزامير على العبادة، لم يكن الهدف منها أن يستخدمها الكهنة فقط. فلا ذكر تقريبًا للمذابح والكهنة والأثواب الكهنوتيَّة والبخور. وهي مخصَّصة لاستخدام عامة الشعب في عبادتهم الربّ.

مواضيع كتابيَّة

لا تغطِّي المزامير كافة المشاعر البشريَّة فقط، بل تعالج بشموليَّة أيضًا مواضيع أساسيَّة في الكتاب المقدَّس. وقد قال لوثر إنَّ المزامير هي «كتاب مقدَّس داخل الكتاب المقدَّس» ـــ أي أنَّها الكتاب المقدَّس المصغَّر. وهي تغطِّي تاريخ إسرائيل والخليقة والآباء والخروج والملوك والسبي والرجوع إلى أُورشليم. كما أنَّها أكثر أسفار العهد القديم التي يتمّ الاستشهاد بها في العهد الجديد. ومن أشهر الآيات التي تمّ الاستشهاد بها: "قَالَ الرَّبُّ لِرَبِّي: «اجْلِسْ عَنْ يَمِينِي حَتَّى أَضَعَ أَعْدَاءَكَ مَوْطِئًا لِقَدَمَيْكَ»." مزمور 1:110

ولا تُذكر كلّ مزامير العهد القديم في سفر المزامير. فقد كتب موسى ومريم مزمورًا (راجع سفر الخروج 15). وكتبت حنَّة ودبورة مزمورين (راجع سفر القضاة 5، و1صموئيل2). ومن اللافت أنَّ نساء كتبن مزامير، رغم أنَّ معظم كتَّاب أسفار الكتاب المقدس هم رجال. ربَّما يعود سبب كتابة النساء للمزامير انعكاسًا لِحسِّ الحدس الطبيعي عند النساء. وكتب أيوب ثلاثة مزامير، بينما كتب كلٌّ من إشعياء وحزقيَّا الملك مزمورًا واحدًا.

واستخدمت بعض الشخصيَّات في العهد القديم المزامير. فصلاة يونان مثلاً إذ كان في جوف الحوت هي مثل مُمتاز. فقد قال إنَّه يصلِّي من الهاوية حيث تسكن أرواح الموتى، واستشهد في تلك الصلاة من خمسة مزامير. كذلك استشهد حبقوق في نبوّته من ثلاثة مزامير.

يتم استخدام الشعر في كلّ المزامير كوسيلة للتعبير. وكذلك الأمر في أسفار نشيد الأنشاد والأمثال ومراثي إرميا. أمَّا بعض الأسفار في العهد القديم كأسفار الجامعة والأنبياء فهي مزيج من الشعر والنثر. كذلك فإنَّ جزءًا من لأسفار التاريخية يأتي على شكل، شعر (مثلاً: تكوين 49 والخروج 15 والقضاة 5 و2صموئيل 22).

خمسة كتب في سفر واحد

يتألَّف سفر المزامير من خمسة كتب ترانيم جُمِعت معًا. ويرى بعض المفسِّرين في ذلك صورة لأسفار موسى الخمسة. لكن يمكن أن يكون السبب أكثر بساطةً بأن تكون المزامير قد كُتبت في الأصل في خمس مخطوطات بسبب عدم اتساع مخطوطة واحدة لها.

ونرى تفاوتًا في طول المزامير. فالمزمور 117 هو أقصرها، إذ يحتوي على ثلاثة أبيات فقط، أمَّا المزمور 119 فهو أطولها ويحتوي على 176 بيتًا. وبما أنّها كلّها كُتِبت في اللغة العبرية، فمن المفضَّل أن تُقرأ بصوت مرتفع. ولا يمكن تحليل تلك المزامير كما تتمّ دراسة أسفار بولس وتحليلُها بالتركيز على كلّ آية. وفي الواقع أنَّ التحليل الزائد للمزامير يُفقِدها جمالها. ومن الأفضل قراءة المزمور بأكمله والتأمُّلُ فيه واستيعابه، وإن تطلَّب الأمر إعادة الكرَّة من جديد. وينتهي كل من «الأسفار الخمسة» للمزامير بحمد للربّ (أنظر المزامير 41، 72، 89، 106). كما ينتهي آخر سفر بالمزمور 150 الذي هو بكامله حمد للربّ يلخّص الأسفار الخمسة كلّها. ويختلف حجم الأسفار بسبب إختلاف طول المزامير التي تحتويها، لكنَّ السفرين الأوَّل والأخير هما الأكبر.

أسماء إلٰهية

حاول العديد من مفسِّري الكتاب المقدَّس التفتيش عن ميزة خاصّة لكلّ سفر. فمثلاً، يوجد نمط معيّن في الأسفار الخمسة بالنسبة لاستخدام اسم الربّ، إذ يُستخدم الاسمان **يهوه وإلوهيم**. ويظهر هذان الاسمان في كامل العهد القديم.

الكلمة **إلوهيم** تعني بكلّ بساطة "الإله"، وبما أنَّها تأتي في حال الجمع فهي تشير إلى الثالوث. أمَّا الكلمة **يهوه** فهي الاسم الشخصي للربّ. وقد طلب الربّ من بني إسرائيل استخدام هذا الاسم وقدِ اشتُقّ منه الفعل «يكون». والكلمة «دائمًا» أي الدائم تحمل معنى اسم **يهوه**.

يهوه هو اسم الربّ المستخدم في المخطوطة الأُولى، إذ قد استُخدم مئتين واثنتين وسبعين مرَّة بينما استُخدم الاسم **إلوهيم** خمس عشرة مرّة. أمَّا في المخطوطة الثانية فالعكس صحيح، إذِ استُخدم الاسم **إلوهيم** مئتين وسبع مرّات، بينما استُخدم الاسم **يهوه** أربعًا وسبعين مرّة. وفي المخطوطة الثالثة استُخدم **إلوهيم** (ستًّا وثلاثين مرّة) أكثر من **يهوه** (ثلاث عشرة مرّة). واستخدمَت المخطوطتان الرابعة والخامسة الاسم **يهوه** (ثلاث مئة وتسعًا وثلاثين مرّة) أكثر من الاسم **إلوهيم** (سبع مرَّات).

ليس من الصعب اكتشاف سبب ما سبق ذكره، فمعظم كتابات داود الملك موجودة في المخطوطتين الأُولى والثانية، والقليل منها موجود في المخطوطة الخامسة. وسنرى لاحقًا أنَّ مزاميره شخصيَّة، ولذا استخدم اسم الربّ الشخصيّ.

يقدِّم لنا الاسم **إلوهيم** سموّ الربّ. فهو بعيد ومختلف عنَّا وهو الإله العالي المتعالي. أمَّا الاسم **يهوه** فيُظهِر علاقة مقرَّبة به. والربُّ متعالٍ وقريب في آنٍ معًا، وعلينا أن نُبقي هاتين الطبيعتين في الصورة. والمزامير تُظهِر ذلك في الأسماء التي استُخدمت للربّ؛ فهي تبدأ وتنتهي بالاسم الشخصيّ الذي أعلنَه الربّ للناس.

مجموعات المزامير

حاول علماء الكتاب المقدَّس دون جدوى أن يجدوا تقسيمًا مُمنهَجًا للمزامير. والواقع هو أنَّها تحمل أسماء كما شاء الوحي. وهناك بعض منها يبدو أنَّها تنسجم بعضُها مع بعض، لكن ليس هناك نظام منطقي ولا سبب واضح يشرحان كيفية ترتيبها.

وتنقسم المزامير إلى عدّة مجلَّدات كما يلي:

- المزامير 22-24: مخلِّص، راعٍ، ملك.
- المزامير 42-49: كتَبها بَنو قورح.
- المزامير 73-83: كتَبها آساف.
- المزامير 96-99: الربّ هو الملك.
- المزامير 118-133: «مزامير التهليل» (تُرنّم في عيد الفصح).
- المزامير 120-134: «ترانيم المصاعد» (كانت تُرنّم بينما كان الحُجَّاج يصعدون إلى أُورشليم).
- المزامير 146-150: «مزامير الهللويا».

وتحتوي بعض المزامير أجزاءً تتكرَّر في مزامير أُخرى (مثلاً المزمور 108 والمزمور 57:7-11).

من كتب سفر المزامير؟

كتب داود أكثر من نصف المزامير؛ فاسمه يُضاف إلى ثلاثة وسبعين منها. كذلك فإنَّ العهد الجديد يشير إلى أنّه كاتب المزمورين الثاني والخامس والتسعين. ومن المرجّح أن يكون قد كتب مزامير أُخرى أيضًا.

لقد أدَّى داود أكثر من دور، فهو كان الراعي والمحارب والملك والموسيقيّ. لكنّ دور الموسيقيّ كان يعني له أكثرَ الكُلِّ، إذ قبيل موته شكر الربّ لأنَّه كان «مرنِّم إسرائيل الحلو». فكانت كتابة المزامير

وتلحينها من أحبّ الأُمور إلى قلبه. وقدِ استُخدمت موهبته تلك في شبابه لتسكين نفس شاول المضطربة. وصوَّر النبيّ عاموس بعد عدّة قرون داود يعزف على قيثارته مشيرًا إلى استقرار إسرائيل (راجع عاموس).

وكتب سليمان بعض المزامير كالمزمورين الثاني والسبعين والمئة والسابع والعشرين. وقد كتب الأوَّل عند بناء الهيكل ملاحظًا أنَّه "إن لم يبنِ الربّ البيت فباطلاً يتعب البنّاؤون". ولا قيمة للهيكل دون وجود مجد الربّ فيه. وكتب بنو قورح عشرة مزامير. وتُذكر في سفر العدد قصّة قورح الذي أماته الربّ بسبب قيامه بثورة على موسى وهارون. لكن نسله انخرط بعد عدّة أجيال في خدمة العبادة في الهيكل، ونجد المزامير التي كتبوها في المجلّد الثاني.

وكتب آساف أحَدَ عشر مزمورًا مُدرَجة في المجلّد الثالث. وكان آساف كما بنو قورح جزءًا من جوقة الترانيم في الهيكل. وكان أعضاء جوقة المرنّمين يُعتبَرون أنبياءَ أو مُتبصِّرين، لذا ليس من المستغرب نظمُهم لبعض المزامير.

وتبقى عدَّة مزامير مجهولة الكاتب، وهي مُدرَجةٌ في المجلّدين الرابع والخامس. ومن المرجّح أن يكون عزرا الكاهن قد كتب المزمورين التاسع والأربعين والخمسين.

اختبار شخصيّ

كانت التجربة الشخصيَّة سبب كتابة معظم المزامير، كما هي الحال بالنسبة إلى الترنيمات والقرارات التي تُكتب اليوم. وكان داود قد تعلَّم أن يغنِّي ويعزف على الآلات الموسيقيَّة فيما كان يرعى الغنم في الريف. وهكذا كان يحوِّل اختباراته اليوميَّة إلى ترانيم.

وتظهر في الواقع أجزاء مهمَّة من حياة داود في سفر المزامير. فمثلاً، كتب المزمور الثالث بعد هروبه المخجل من ابنه أبشالوم الذي استولى على العرش وأرغم داود على الهروب من القصر. ويذكر المزمور السابع كوشًا البنياميني. وكُتِب المزمور الثامن عشر «فِي الْيَوْمِ الَّذِي أَنْقَذَهُ فِيهِ الرَّبُّ مِنْ أَيْدِي كُلِّ أَعْدَائِهِ وَمِنْ يَدِ شَاوُلَ».

وكتب داود أبرز مزموريَ توبة بعد ارتكابه الخطيَّة. المزمور الأوَّل هو المزمور 51، وقد كتبه بعدما واقَعَ بثشبع التي كانت زوجة رجل آخر، ويكون بذلك قد كسر خمسًا من الوصايا العشر. وعندما تنبَّه لخطيَّته كتب المزمور32 المؤثِّر جدًّا.

وترتبط بعض المزامير الأُخرى بأماكن معيَّنة. فمثلاً كتب داود معظمها بينما كان هاربًا من شاول في عين جدّي. وغالبًا ما يصف الرب بأنَّه «صخرته» و«حصنه» ربَّما لأنَّه اختبأ داخل الصخرة الكبيرة التي تُدعى مسعدة.

يحمل أربعة عشر مزمورًا عناوين تاريخيَّة مرتبطة بأحداث جرت في حياة داود:

- المزمور الثالث: حينما هرب داود من وجه أبشالوم ابنه.
- المزمور 30: خطيّة داود قبل تدشين البيت.

- المزمور 51: عندما جاء إليه ناثان النبيّ بعدما دخل إلى بثشبع.
- المزمور 56: خوف داود في جتّ.
- المزمور 57: في عين جدي، عندما هرب من قدّام شاول في المغارة.
- المزمور 59: لمـّا أرسل شاول وراقبوا البيت ليقتلوا داود.
- المزمور 60: المعركة الخطرة في أدوم.
- المزمور 63: حين هرب شرقًا.
- المزمور 142: داود في عدّلام.

أضف إلى ما سبق ذكره أنّه رغم عدم ذكر عدة مزامير لتفاصيل خاصّة، فقد أتت بوضوح على أثر اختبارات داود كموسيقيّ وراعٍ ومحارب وفارّ وملك. فمثلاً، يستند المزمور الثالث والعشرون إلى حياته اليوميّة كراعٍ. ومن الواضح أنّ عاصفة رعديّة قويّة ذكّرت داود بصوت الربّ، فكتب المزمور التاسع والعشرين.

داود صادق في كتاباته، إذ يلعن البشر، ويتذمّر على الربّ، ويطلب الثأر من أعدائه، ويقدّم شكواه أمام الرب. ويخبره كيف يشعر وبماذا يفكّر، مهما كانت مشاعره غير لائقة. فلا عجب أن تلقى مزاميره قبولاً عالميًّا، إذ إنّ الناس من مختلف الأُمم والأجيال يتأثّرون بكلماته بشكل شخصيّ.

من أجل شعب الرب كله

ليست كلّ المزامير شخصيّة، بل ينطبق بعضُها على شعب الربّ كلّه. فمثلاً، كتب داود المزمور الثاني في مناسبة تتويج ابنه سليمان. ويعبِّر المزمور عن آمال داود لابنه، وعن تتميم وعد الربّ الذي قطعه له: "أَنْتَ ابْنِي، أَنَا الْيَوْمَ وَلَدْتُكَ." أمّا بعض المزامير فتعبِّر عن مشاعر الأُمَّة أو الجماعة فمثلاً «ترانيم المصاعد» (المزامير 120-134) تناسب المتجهين نحو أُورشليم في زيارة حجٍّ.

وهدف معظم المزامير هو مساعدة الناس في سيرهم مع الربّ. فمثلاً، كُتب المزمور 119 لتشجيعنا على قراءة الكتاب المقدَّس. ففي كلّ عدد منه نجد مرادفًا لكلمة الكتاب المقدَّس. فهو يتكلّم عن «شريعة الربّ» و«وصايا الربّ» و«أحكام الربّ» و«فرائض الربّ» و«شهادات الربّ».

ويشجّعنا المزمور 92 على مُراعاة يوم الربِّ، إذ يعلِّم العابدين إعلان «محبّة الربّ في الصباح وأمانته في الليل». ومن هنا يعود أصل عقد اجتماعات العبادة في صباح يوم الأحد ومسائه. (لقد اختفت هذه الممارسات في الأغلب، والسائد اليوم هو اجتماع يُعقد في الصباح مُدَّتُه ساعة ونصف الساعة؛ أمّا بقيَّة اليوم فمِلكٌ للفرد!) وفي الواقع، نحن لسنا تحت ناموس موسى، إذ إنّ ذلك الترتيب هو جزء من ناموس موسى. وبالنسبة إلينا، كلّ يوم هو للربّ، مع أنّ لنا الحرِّيَّة لنعيِّن يومًا مميَّزًا له إذا أردنا ذلك (راجع رومية 14).

«مزامير على شكل سندويش»

تشكِّل المزامير 22-24 مجموعة مهمَّة جدًّا. فهي كالسندويش، لكن ينزع الناس إلى لحس المُربّى وترك الخبز! دعني أشرح ذلك، فتلك المزامير تنتمي بعضُها إلى بعض وأنا أُطلق عليها اسم الصليب والخروف والإكليل. وهي تقدِّم لنا في البداية الربّ الذي هو المخلِّص والراعي والملك. وإن كنَّا ننتزع من وسط السندويش المزمور 23 المشهور قائلين إنَّ يسوع هو راعينا، نخسر الدروس التي يحملها المزمور السابق والمزمور الذي يليه.

يبدأ المزمور 22 بصرخة التي قالها يسوع وهو معلَّق على الصليب: «إلٰهي، إلٰهي لماذا تركتني؟»، بينما يبدأ المزمور 23 بالعبارة: «الربّ راعيّ فلا يعوزني شيء». فترتيب المزمورين يعني إنَّه إن لم نذهب إلى الصليب ونجد الرب مخلِّصًا لنا، فلن يكون بمقدورنا أن ننظر إليه كراعينا. ثم نقرأ في المزمور 24:8-9: «مَنْ هُوَ هذَا مَلِكُ الْمَجْدِ؟ الرَّبُّ الْقَدِيرُ الْجَبَّارُ، الرَّبُّ الْجَبَّارُ فِي الْقِتَالِ. ارْفَعْنَ أَيَّتُهَا الأَرْتَاجُ رُؤُوسَكُنَّ، وَارْفَعْنَهَا أَيَّتُهَا الأَبْوَابُ الدَّهْرِيَّاتُ، فَيَدْخُلَ مَلِكُ الْمَجْدِ.» وبعبارة أُخرى «إفتحوا الأبواب فالربّ آتٍ ليملك. إنَّه ربّ الأرباب وملك الملوك.» إذًا، الربُّ يسوع هو راعينا لأنَّه هو مخلِّصنا أوَّلاً وملكنا الذي سيأتي.

تنسجم المزامير الثلاثة التالية بعضُها مع بعض، وقد كتبتها بلُغة مبسَّطة في كتاب أسميته **«أوراق متطايرة من الكتاب المقدَّس»**:

يا إلٰهي، يا إلٰهي
لماذا تركتني وحيدًا من بين كلّ الناس؟
لماذا أشعر أنَّك بعيد جدًّا فلا تستطيع مساعدتي، ولا تستطيع سماع تأوُّهاتي؟
ربَّاه، إني أصرخ إليك في الصباح، فلا مجيب،
أنوح في الظلام، فلا معين.
لا أفهم لماذا، فأنت صالح وشعبنا يشيد بك.
وعندما وثق بك أسلافُنا أخرجتهم من ضيقهم.
تضرَّعوا إليك، فوصلوا إلى برّ الأمان،
وعندما اعتمدوا عليك، لم تُخزِهم.
لكنِّي أشعر كأنِّي دودة داخل جسدٍ، فلا الإنسان يعتبرني، ولا الجماهير تُجِلُّني.
كلّ من ينظر إليّ يسخر منِّي؛ يمدّون ألسنتهم ويهزّون أكتافهم ويهزأون قائلين:
«لقد قال إنَّ الربَّ سيُنصفه؛ فلنرَ هل يُخلِّصه!

إن كان الربّ يحبّه بالفعل فليُحرِّره.»
آه لو علموا:
أنَّك سهَّلت ولادتي، وحفِظتني حين كنت أرضع في حضنِ أُمِّي،
وأنِّي اعتمدت عليك منذ ولادتي، وأنَّك إلهي لا سواك منذ أن ولدتني أمِّي.
لا تتركْني في خِضَمِّ مُصيبتي، فلا أحد سواك يستطيع أن يساعدني.
أشعر كأني في حلبة مصارعة للثيران، تُحاوِطُني أكثر الوحوش ضراوة
تُكشِّرُ عن أنيابها كأسد جائع.
لقد خارت قواي،
وارتخى حنكي،
وقلبي يقرع كطبل في داخلي، وجسدي جافٌّ كالطين المُدخَلِ إلى الفرن،
وقد لصق لساني في سقف حلقي.
إنَّك تسمح بأن أتحلَّل فأُصبح ترابًا.
تُحاوِطني مجموعة من المخادعين، شقُّوا يديَّ ورجليَّ.
تظهر عظامي فيسهل عدَّها. والجميع يتطلّعون إليَّ مستكبرين.
اقتسموا ثيابي، وألقَوا قُرعة على ردائي.
ماذا تفعل يا ربّ؟
لا تبقَ بعيدًا! أنت ملجإي الوحيد! أسرع إلى نجدتي!
خلِّص نفسي من هذه النهاية العنيفة، ومن أنياب الكلاب،
ومن أشداق الأُسود، ومن قرون الثيران البرِّيَّة...
أنت أعطيتَني جوابًا!
سأُخبِر أخوتي أنَّك كنت مجدِّدًا أمينًا مع ذاتك،
وسأكون في وسطهم عندما يجتمعون ويتشاركون في قصَّتي.

وأنتم الذين تخافون الربّ يهوه، أخبروه كم تهابونه.
وليقدِّم له المديحَ كلُّ من يقول إنَّه من نسل يعقوب،
وليقدِّم له الإكرامَ كلُّ من يقول إنَّه من إسرائيل،
فالربّ لم يكن بعيدًا بل شعر مع المتألِّم وسمع صراخه.

يقول الربّ إنكم ستُقدِّمون التسبيح له في الجماعة،
وسيفي بوعده الذي قطعه لكم.
وسترى العيون أنَّ المتألِّمين سيُشبعون، والمفتِّشين سيغتنون.
ليت هذا الاختبار يبقى على الدوام،
وليت الناس من أنحاء الأرض كلِّها يفكِّرون في الربّ ويرجعون إليه،
وتجتمع الأمم والشعوب لتسبيحه
لأنَّ الربّ يسيطر على الأرض
وهو يتحكَّم بكلّ ما يجري.

حتَّى العظماء سينحنون أمام عظمته، إذ لا أحدَ منهم خالد.
وستُخبِرُ الأجيالُ القادمة أولادهم عنه.
وسيُعلن تحريره حتَّى للذين لم تبدأ حياتهم بعد. سيعرفون أنَّ الربّ تمَّم العمل! (المزمور 22)
(لا بدَّ أنَّ هذا المزمور كان في فكر الربِّ يسوع حين كان معلَّقًا على الصليب).

الإله الوحيد، إله إسرائيل
يهتم بي فرديًّا، كما يهتم الراعي بخرافه
فلا أحتاج إلى أي شيء.
يجعلني أستريح حيث يوجد غذاء كافٍ لي،
ثم يتأكَّد من أنَّه توجد مياه كافية لترويَني.
يجدِّد قوَّتي عندما أكون منهكًا،
ويُبقيني على الطريق الصحيح للحفاظ على سُمعته.
حتَّى لو سرت في وادٍ مظلم ومُهلِك،
لا أخاف أن أتأذى لأنَّك أنت بجانبي.
أشعر بالأمان إذ أتوكَّأُ على عصاك وعكَّازك.
ترتب المائدة أمامي، فيما أعدائي يتفرّجون.
تعاملني كضيف شرف وتقدّم لي ما لذّ وطاب.

ولن يلحقني كلّ أيام حياتي سوى كرَمِك ولطفك،
وسأسكن في بيت الربّ طول الأيّام. (المزمور 23).
إله إسرائيل يملك الأرض والساكنين فيها،
لأنَّه أنشأ اليابسة من أعماق البحار، وأرسل المياه لتسكن في الأنهار.
لكن من يستطيع الصعود إليه؟ ومن يستطيع السُّكنى أمامه؟
فقَطِ الذي لا يحمل أيَّ إثم، والذي لم يؤسِّس حياته على الباطل
والذي لم يحنَثْ بأيِّ وعد.
يبارك الرب رجلاً كهذا ويوافق على تصرّفاته ويخلِّصه.
والناس مثلَ ذلك الرجل يريدون أن يجدوا الربّ ويروه وجهًا لوجه كما فعل يعقوب.

(قف لحظةً وفكِّر بنفسك).

انفتحي أيَّتها الأبواب فيدخُلَ ملكُ المجد!
من هو هذا الملك؟
إنَّه إله إسرائيل!
انفتحي أيَّتها الأبواب فيدخُلَ ملكُ المجد!
من هو هذا الملك؟
إنَّه الربّ الذي يسيطر على قوّات الأرض كلّها. هذا هو ملك المجد!
إهدأ لحظةً وفكِّر فيه. (المزمور 24)

الرب هو الملك

في وسعنا دراسة مجلّدات المزامير الأُخرى بكلّ إيجاز.

المزامير 96-99 تشترك في فكرة رئيسيَّة: الربُّ هو الملك. إنَّه في الكتاب المقدَّس الموضِعُ الوحيد الذي يقترب من فكرة ملكوت الله.

المزامير 133-118: تُعرف بالعبريّة «بتسابيح الصلاة» وترنّم في الفصح. وقد ألهمَ المزمور 118 كتابة الترانيم المشهورة: "إنَّ هذا اليوم ربّنا صنع، فلنبتهج ونفرح به." لكن «اليوم» المذكور في المزمور هو فصح العهد القديم، وليس السبت، وبالطبع ليس يوم الأحد. ترد في هذا المزمور أيضًا الصرخة: «آه يا ربّ خلِّص!» وهي تعني حرفيًّا: «حرِّرنا» التي هي في العبريّة "هوشعنا" المشتقّة منها الكلمة «أُوصنَّا».

وبكلّ أسف، نستخدم الكلمة «أوصنَّا» ككلمة تواصل مع السماء! لكنَّها في الواقع طلب لنيل الحريَّة. فعندما ركب الربُّ يسوع على الحمار وسار نحو أُورشليم صرخ الناس: «أوصنَّا» إذ كانوا في الواقع يطلبون منه أن يُحرِّرهم من حكم الرومان. وصمتت الجموع بعد أن أخذ سوطًا وأخرج التجّار من الهيكل، بدل أن يهاجم الرومان.

تُدعى المزامير 120-134 «ترانيم المصاعد»، أيِ «الارتفاع إلى أعلى». وتقع أُورشليم على قمة الجبال (وفي الواقع إنَّها على منخفض في أعلى الجبل) لذا كان على الحُجَّاج الصعود إليها.

ويعني المزمور 121 الكثير لزوجتي ولي، لأنَّها أُصيبت منذ عدّة سنوات بسرطان في عينها وكان هناك خطر على حياتها. وكان الأطباء يُكافِحون للحفاظ على حياتها، بينما كنت أتساءل ماذا يمكنني أن أعظ في ذلك الأحد. فوجّه الربُّ تفكيري إلى المزمور 121، ووجدت أنّ كلّ بيت منه يتكلّم عن العينين. فالبيت الأوّل يقول: «أَرْفَعُ عَيْنَيَّ إِلَى الْجِبَالِ، مِنْ حَيْثُ يَأْتِي عَوْنِي!» وعند الصعود إلى أُورشليم، من الخطر ألاَّ تُبقي عينيك على رجليك، لكن الكاتب يقول: «أَرْفَعُ عَيْنَيَّ إِلَى الْجِبَالِ». فوعظت من ذلك المزمور وأخذت معي تسجيلاً إلى المستشفى كي تستمع زوجتي إلى العظة. ولكن كانت ممرضة شابة تعرّفت بالمسيح منذ شهرين قد سبقتني وقدّمت لزوجتي كلمة من الرب قائلة لها: «ارفعي عينَيكِ إلى الجبال.» وبعد بضعة أسابيع ذهبنا إلى كندا وتسلّقنا جبال روكي معًا. ولم نرَ أثرًا للسرطان منذ ذلك الحين.

يحتوي المجلّد الأخير على المزامير 146-150، وتُسمَّى مزامير «الهلليلويا»! وتعني الكلمة «هليلو- يا» في اللغة العبرية «سبِّحوا الربّ» (تعني «هليلو» «سبِّحوا» و«يا» هي إختصار لكلمة يهوه).

أنواع المزامير

رغمَ الصعوبة في تقسيم المزامير، يمكننا تحديد بعض الأنواع.

مزامير النُّواح

أوَّلاً، مزامير النواح أو «مزامير الترجِّي»، هي أشعار حزينة كُتِبت نتيجة اختبار الكاتب الحزن. فنراه في بعضها مريضًا، ونراه في بعضها إمَّا يواجه اللاعدل وإمَّا يشعر بالذنب. ويتفاجأ معظم الناس عندما يعرفون أنَّ هذا النوع من المزامير هو الأكبر عددًا إذ يتضمَّن اثنين وأربعين مزمورًا.

ونرى في تلك المزامير الكثير من رثاء الذات، إلاَّ أنَّ المشاعر موجَّهة إلى الربّ لذلك نرى شفاءً أيضًا. وتأتي جميعًا في الشكل نفسه ويمكن ترتيلُها مترافقةً مع موسيقى جنائزيّة حزينة. ويحتوي كلّ منها على خمسة أجزاء:

1. صرخة إلى الربّ.
2. تذمُّر من أجل الخطإ.

3. اعتراف بالثقة بأنّ الربّ سيخلّص.
4. طلب من الربّ أن يتدخّل.
5. وعد بتسبيح الربّ عند مجيء الخلاص.

تتبع كل مزامير النُّواح هذا النمط المؤلّف من خمسة أجزاء. ولهذا من الضروري قراءة المزمور بكامله، لأنَّ بضعة أبياتٍ منه لا تفي المعنى حقّه. فإن قرأتَ الجزء الأوَّل منه فقط تتخبّط في رثاء الذات. ولكنْ ينهي الكاتب حديثه دائمًا بتقديم الوعد بأنْ يقدِّم الحمد للربّ عندما يخرج من تلك الحالة. وبينما معظم تلك المزامير هي مزامير شخصيَّة، فإنَّ بعضها كُتب نيابة عن الأُمَّة (راجع المزامير 44، 74، 79، 80، 83، 85، 90).

مزامير الشكر

ثانيًا، «مزامير الشكر»، وهي الأكبر عددًا من بعد «مزامير النُّواح». تتبع هذه المزامير أُسلوبًا معيَّنًا، ومعظمها لكاتب مجهول. ويتكرّر الأُنموذج التالي في كلٍّ واحد منها:

1. إعلان: "سأسبّح الربّ..."
2. عبارة تشير إلى السبب الذي سأُسبِّح الربّ من أجله.
3. شهادة خلاص
4. نذر بالتسبيح: سيتابع تَسبيح الربّ لأجل ما فعل

تتكلّم تلك المزامير كثيرًا عن سجايا الربّ وأعماله. وهي تحتوي على الشكر من أجل حُكم الربِّ والخليقة والخروج وأُورشليم والهيكل وإمكانية الذهاب في رحلة حجّ إلى أُورشليم. ونرى امتنانًا من أجل كلمة الرب، خاصَّة في الأعداد المئة والستة والسبعين من المزمور 119.

مزامير التوبة

ثالثًا، لدينا مزامير التوبة أو «مزامير التأسُّف»، وهي قليلة العدد لكنَّها تعكس عمق الندم الذي شعر به الكاتب عندما تنبّه إلى خطيّته. لاحظ بشكل محدَّد المزامير 6، 32، 38، 51، 130، 143.

مزامير خاصَّة

توجد بعض المزامير التي تندرج في خانات مميّزة:

المزامير الملوكيَّة

كتب داود عن اختباراته عندما كان راعيًا، لكنَّه كتب أيضًا عن اختباراته كملك: وتقع المزامير

التالية في هذه الخانة: 2، 18، 20، 45، 72، 89، 101، 132، 144. ويتشكّل النشيد الوطنيّ البريطاني من عدد من تلك المزامير. فمثلاً يركّز المزمور 68 على انتصار الملك في المعركة، ومنه تأتي خلفية العِبارة «أرجِعها منتصرة» كما هي مذكورة في النشيد. لكن الفرق يكمن في أنَّ الملك البريطاني لا يملك على شعب الرب. ولذا فإنّ معظم العبارات المذكورة في تلك المزامير لا تتلاءم مع الوضع.

لقد اختار الربّ بني إسرائيل ليكونوا شعبه. وعلينا ألّا ننسى أنَّ أيَّ شعب آخر هو شعب أُمميّ، ولا يمكنه التميّز كالشَّعب القديم.

لكنّنا نقرأ في المزمور الخامس والأربعين الجميل عن مَلِكة شعرت بأنَّها لا تستحق أن تكون زوجة الملك. وهذه صورة جيّدة تُبيّن كيف يجب أن نشعر بصفتنا عروسَ المسيح. فنحن سنجلس على العروش مع الربّ يسوع ونعيش عيشة الملوك.

لقَدِ اعتقدت عدّة أمم أنَّهم الأُمَم المختارة، فاستخدموا سفر المزامير خطأً. فمثلاً، تأتي صورة الأسد ووحيد القرن الموضوعة على شعار النبالة من المزمور 22، إذ إنَّ إحدى أقدم ترجمات الكتاب المقدّس في اللغة الإنكليزية تحتوي على كلمة وحيد القرن، رغم أنَّ تلك الكلمة لا ترد في النص الأصليّ.

وكندا "The Dominion of Canada" هي البلد الوحيد الذي يحوي اسمُه الكلمة "The Dominion" وهي تعني السُّلطان، وقدِ اشتُقَّ اسمها من المزمور72: 8 "وَيَمْلِكُ (يكون له السُّلطان) مِنَ الْبَحْرِ إِلَى الْبَحْرِ، وَمِنَ النَّهْرِ إِلَى أَقَاصِي الأَرْضِ." وتمتدّ كندا من المحيط الهادئ إلى المحيط الأطلسي، ولذلك أطلق عليها الآباء المؤسِّسون هذا الاسم.

المزامير التي تشير إلى المسيح

تشير بعض المزامير الملوكيّة إلى المسيح وهي نبويّة أيضًا. وكان داود أُنموذجًا عن الملك المثالي، لذا تعكس تلك المزامير الرغبة بملك يستحق بالفعل شرف الربّ.

تعني كلمة «المسيح» «الممسوح». وكان كلّ ملوك إسرائيل يُمسحون بالزيت عند تتويجهم، إشارة إلى الروح القدس. حتّى الملوك والمَلِكات في إنكلترا يُمسحون عند تتويجهم بمادة زيتية مؤلّفة من أربعة وعشرين نوعًا من الزيوت والأعشاب. وترد كلمة «المسيح» أي «الممسوح» مرّة واحدة في كامل العهد القديم في المزمور الثاني. لكن إن كنّا ندرس المزامير من الناحية النبويَّة، نجد أنَّه تمَّ في العهد الجديد الاستشهاد بعشرين منها. ومن اللافتِ النبوّاتُ التي ذُكِرت في تلك المزامير عن يسوع إبن داود:

- سيعلنه الله إبنًا له.
- سيضع الله كلّ الأشياء عند موطىء قدميه.
- لن يدعه الله يرى فسادًا في القبر.
- سيتركه الله، وسيهزأ منه البشر ويحتقرونه. ستُثقب يداه، وتُلقى قرعة على ثيابه. ولكنْ لن ينكسر أيٌّ من عظامه.

- سيقوم عليه شهود زور.
- سيُكرَه من دون سبب.
- سيُسلِّمه صديق.
- سيُقدَّم له خل ومرّ ليشرب.
- سيُصلِّي لأجل أعدائه.
- سيُعطى مكان الخائن لآخر.
- سيصبح أعداؤه موطئًا لقدميه.
- سيكون كاهنًا على رتبة ملكي صادق.
- سيكون حجر الزاوية الأساسيّ، وسيأتي باسم الربّ.

أطلق داود على نفسه اللقب "نبيّ" لأنَّه استطاع أن يرى شخصًا آخر بينما كان يكتب. ومن المدهش كيف استطاع أن يصف آلام الربّ يسوع على الصليب من دون أن يكون قد اختبر تلك الآلام. فيبدأ المزمور 22 مثلاً بعبارة: " إِلهِي، إِلهِي، لِمَاذَا تَرَكْتَنِي..." وهي الكلمات التي صرخها الربُّ يسوع على الصليب. ويتكلَّم عن ثقب اليدين والرجلين قبل عدّة قرون من اعتماد الرومان الصلب كأداة للتعذيب. وترد أهم عبارات الربّ يسوع التي تبدأ بـ «أنا هو» في هذا المزمور بطريقة غير متوَّقعة: "أَمَّا أَنَا فَدُودَةٌ لاَ إِنْسَانٌ."

مزامير الحكمة

أتت تلك المزامير نتيجة التأمل والتفكير العميق، وهي تُشبه سفر الأمثال وتمتلىء بِحكَم الحياة العمليّة. وتنشغل الحكمة في الكتاب المقدَّس بأمرين: السلوك في الحياة ومتناقضات الحياة.

يبدأ سفر المزامير بمزمورِ حكمةٍ موضوعُهُ السلوك في الحياة. فهناك طريقان يمكن أن نتخذهما: إمَّا «طريق الأشرار» وإمَّا «طريق الأبرار». وفي نهاية عظة المسيح على الجبل كما ذُكِرَت في إنجيل متى يَستخدم تعبيرًا مشابهًا إذ يقول: "لأَنَّهُ وَاسِعٌ الْبَابُ وَرَحْبٌ الطَّرِيقُ الَّذِي يُؤَدِّي إِلَى الْهَلاَكِ، وَكَثِيرُونَ هُمُ الَّذِينَ يَدْخُلُونَ مِنْهُ! مَا أَضْيَقَ الْبَابَ وَأَكْرَبَ الطَّرِيقَ الَّذِي يُؤَدِّي إِلَى الْحَيَاةِ، وَقَلِيلُونَ هُمُ الَّذِينَ يَجِدُونَهُ!" إذًا، يعني المزمور الأوَّل أنَّ هذا السِّفر هو لأولئك الماشين في طريق الأبرار، وهو ليس للذين يقفون أو يمشون أو يجلسون في طريق الأشرار. عندما نسير مع أحدهم، لا بدَّ أن نكتسِبَ من خصائله. وعندما نقف معه تصبح العلاقة أكثر عمقًا. وعندما نجلس معه نصبح صديقَين. فنقرأ أنَّ علينا ألَّا نمشي ولا نقف ولا نجلس مع الأشرار، لأنَّ صداقتنا هي من أهمّ الأُمور التي تؤثِّر في حياتنا.

وتركِّز مزامير الحكمة أيضًا على تناقُضات الحياة، وأكبرُها أنَّ الأشرار ينجون رُغمَ تصرُّفهم الشرِّير بينما الأبرار يتألَّمون. ويعالج المزمور الثالث والسبعون هذه المشكلة بكلّ وضوح. فيقول الكاتب إنَّه

يشعر بأنَّه نقّى قلبه باطلاً، وإنَّ محاولةَ عَيشِ حياةٍ صالحة هي مضيعة للوقت، لأنَّ الأشرار يموتون على أسرَّتهم بسلام بعد أن يجنوا ثروة فائقة. فيقول الكاتب إنَّه يتضايق طوال اليوم بسبب ذلك ولا ينام في الليل. لكنَّه وجد الحلَّ في الذهاب إلى هيكل الربّ والتفرُّس في مجده والتأمُّل في نهاية الأشرار. إنَّه أحد المزامير القليلة التي تتكلَّم عن الحياة بعد الموت. فمبدأ الحياة بعد الموت لا يتمُّ شرحه بوضوح في العهد القديم كما العهد الجديد.

مزامير تطلب المعونة

يطلب الكتَّاب في هذه المزامير أن يدين الربّ أعداءهم، فنقرأ مثلاً:

«أَمَّا رُؤُوسُ الْمُحِيطِينَ بِي فَشَقَاءُ شِفَاهِهِمْ يُغَطِّيهِمْ.

لِيَسْقُطْ عَلَيْهِمْ جَمْرٌ. لِيُسْقَطُوا فِي النَّارِ، وَفِي غَمَرَاتٍ فَلاَ يَقُومُوا.

رَجُلُ لِسَانٍ لاَ يَثْبُتُ فِي الأَرْضِ. رَجُلُ الظُّلْمِ يَصِيدُهُ الشَّرُّ إِلَى هَلاَكِهِ.» (المزمور 140)

والمزمور 137 هو من أشهر المزامير التي تطلب العون، وقد كُتِب في بابل:

«عَلَى أَنْهَارِ بَابِلَ هُنَاكَ جَلَسْنَا، بَكَيْنَا أَيْضًا عِنْدَمَا تَذَكَّرْنَا صِهْيَوْنَ. عَلَى الصَّفْصَافِ فِي وَسَطِهَا عَلَّقْنَا أَعْوَادَنَا. لأَنَّهُ هُنَاكَ سَأَلَنَا الَّذِينَ سَبَوْنَا كَلاَمَ تَرْنِيمَةٍ، وَمُعَذِّبُونَا سَأَلُونَا فَرَحًا قَائِلِينَ: «رَنِّمُوا لَنَا مِنْ تَرْنِيمَاتِ صِهْيَوْنَ». كَيْفَ نُرَنِّمُ تَرْنِيمَةَ الرَّبِّ فِي أَرْضٍ غَرِيبَةٍ؟ إِنْ نَسِيتُكِ يَا أُورُشَلِيمُ، تَنْسَى يَمِينِي! لِيَلْتَصِقْ لِسَانِي بِحَنَكِي إِنْ لَمْ أَذْكُرْكِ، إِنْ لَمْ أُفَضِّلْ أُورُشَلِيمَ عَلَى أَعْظَمِ فَرَحِي! اُذْكُرْ يَا رَبُّ لِبَنِي أَدُومَ يَوْمَ أُورُشَلِيمَ، الْقَائِلِينَ: «هُدُّوا، هُدُّوا حَتَّى إِلَى أَسَاسِهَا». يَا بِنْتَ بَابِلَ الْمُخْرَبَةَ، طُوبَى لِمَنْ يُجَازِيكِ جَزَاءَكِ الَّذِي جَازَيْتِنَا! طُوبَى لِمَنْ يُمْسِكُ أَطْفَالَكِ وَيَضْرِبُ بِهِمُ الصَّخْرَةَ!» (المزمور 137)

ليست قراءة هذا المزمور ممتعة، إذ لا نقرأ عن مسامحة الأعداء، حتَّى إنَّ الكاتب لا يذكر أنَّ ما يقوله ليس لائقًا. ومن البديهي أن يسأل بعضٌ إن كان يجدر بالمؤمنين استخدام تلك المزامير.

هل يجدر بالمؤمنين استخدام المزامير التي تطلب العون؟

أوَّلاً، علينا أن نتذكَّر أنَّ اليهود لم يملكوا سوى العهد القديم. لذا لا يجب أن نتوقَّع أن يظهر العهد القديم كالعهد الجديد. فهم لم يعرفوا من هو الربُّ يسوع الذي قال: «يَاأَبَتَاهُ، اغْفِرْ لَهُمْ، لأَنَّهُمْ لاَ يَعْلَمُونَ مَاذَا يَفْعَلُونَ.»

ثانيًا، تُشكِّل هذه المزامير نموذجًا جيِّدًا عن الصلاة الصادقة. فمثلاً، علينا أن نُخبر الربّ بما نشعر به. والأسوأ من ذلك أن نشعر كما شعر الكاتب مثلاً دون أن نقول ذلك، لأنَّنا نكون بذلك نحاول ستره عن الربّ.

أذكر امرأة مؤمنة وقع لها حادث سيَّارة مروِّع. وبقيت مدَّةَ عشرين سنة معوَّقة وتشعر بالألم باستمرار، ولا تستطيع سوى التحرّك بصعوبة على عُكَّازين. وذات مرَّة بينما كانت داخلة إلى غرفتها لعنت الربّ

من شدَّة عذابها. لكنَّها تعثَّرت فوقعت وغابت عن وعيها عدَّة ساعات. وعندما استفاقت في صباح اليوم التالي، كانت الشمس قد أشرقت ونورها يسطع في عينيها. وكانت متأكِّدة من أنَّها ماتت وها هي تواجه خالقها، فتذكَّرت بهلع أنَّ آخر أمر قامت به في حياتها كان أنَّها لعنت الرّبّ. وظنَّت أنَّها ستذهب إلى جهنَّم بسبب ذلك. ولكنَّها لاحظت أنَّها ما زالت في غرفتها وأنَّ الضوء ما هو سوى نور الشمس، فتنفَّست الصُّعَداء. وفجأةً لاحظت أنَّها لم تعد تشعر بالألم. فقامت واكتشفت أنَّها شُفيت بالكامل وأنَّ باستطاعتها تحريك كلِّ أطرافها! فهُرِعت خارجًا إلى الشارع تُخبر كلَّ من تقابله بأنَّها لعنت الرّبّ لكنَّه شفاها! بالطبع، هذه القصَّة ليست مثالًا يُحتذى، لكنَّ العبرة من ورائها هي أنَّه بسبب صدقها مع الرّبّ شُفيت. يا له من إله رؤوف!

ثالثًا، كان أعداء إسرائيل هم أعداء الرّبّ. فالمزامير التي تطلب المعونة من الرب لا تطلب الثأر لأعداء الكاتب الشخصيِّين، بل تُذكِّر الرّبَّ أنَّ أعداء الكاتب هم أعداؤه أيضًا. فإن كنَّا نحبّ الرّبّ بالحقّ، فسنكره الشيطان وكلَّ شرٍّ. ولم يتسلَّح قديسو العهد القديم بالمعرفة التي نملكها عن الدينونة والسماء والجحيم، فكان عليهم أن يُصلُّوا لأجل معاقبة الرّبِّ الأشرارِ في العالم الحاضر. وكانوا يؤمنون بأنَّ الجميع يذهبون إلى الهاوية بعد الموت، وهي مكان انتظار حيث لا يأتي القطار. وكانوا يصلُّون إلى الرّبِّ طالبين منه أن يبرِّرهم في هذه الحياة. وكانوا يصرخون إلى إلٰهٍ صالح مطالبين بالعدل.

رابعًا، كتَّاب المزامير يرفضون في كلِّ الأحوال أن ينتقموا لأنفُسِهم، وكانوا يتركون الأمر للرّبِّ. ويعلِّم بولس الرسول هذا المبدأ في الأصحاح الثاني عشر من رسالته إلى أهل رومية: «لاَ تَنْتَقِمُوا لأَنْفُسِكُمْ أَيُّهَا الأَحِبَّاءُ، بَلْ أَعْطُوا مَكَانًا لِلْغَضَبِ، لأَنَّهُ مَكْتُوبٌ: "لِيَ النَّقْمَةُ أَنَا أُجَازِي،" يَقُولُ الرَّبُّ.» فالرّبُّ يثأر من الأشرار.

أخيرًا، تجدر الإشارة إلى أنَّ العهد الجديد لا يختلف في هذا الموضوع عن العهد القديم، إذ نقرأ صلواتٍ تطلب من الرّبّ الأخذَ بالثأر. فنقرأ مثلًا في سفر الرؤيا 6 أنَّ أرواح الشهداء تصلِّي في السموات: «حَتَّى مَتَى أَيُّهَا السَّيِّدُ الْقُدُّوسُ وَالْحَقُّ، لاَ تَقْضِي وَتَنْتَقِمُ لِدِمَائِنَا مِنَ السَّاكِنِينَ عَلَى الأَرْضِ؟» ولا تختلف هذه الصلاة عن الصلوات المذكورة في المزامير مع أنَّها تُرفع في السماء. فالشُّهداء المؤمنون يطلبون من الرّبّ أن يُظهر ذاته ويُجري العدل.

إذًا، إن كنَّا نتمتَّع بالروح الصحيحة فلا مشكلة في استخدامنا للمزامير اليوم. فذات يوم كلّ خطيَّة ستُدان، وسيظهر برّ الأبرار، وسيجلس الشهداء على العروش نفسها التي حكمَ أصحابُها عليهم بالموت.

نظرة المزامير إلى الرّبّ

تتَّزن المزامير في نظرتها إلى الرّبّ. وقد رأينا كيف أنَّ تعاليَه (إلوهيم) يتوازن مع حضوره (يهوه). وتشجِّعنا المزامير على تعظيم الرّبّ، ليس لأنَّ بمقدورنا أن نجعله أعظم، بل لكي تَعظُمَ نظرتنا إليه. وتُخبرنا المزامير عن سجايا الرّبّ – أي مَن يكون هو. فنأخذ، على سبيل المثال لا الحصر، المزامير

التالية: 8، 9، 29، 103، 139، 148، 150. ويصف المزمور 139 قدرته (كامل القوَّة)، ومعرفته (كلّي المعرفة)، وحضوره (موجود في كلّ مكان).

وتُخبرنا المزامير عن **أعمال** الربّ فنأخذ، على سبيل المثال لا الحصر، المزامير التالية: 33، 36، 105، 111، 113، 117، 136، 146، 147. ونتعلَّم بالأخصّ عن عملين أساسيين قام بهما:

الخلق (المزموران 8 و 9 مثلاً)

الفداء (المزمور 78، وموضوعُه قصَّة الخروج).

وتخبرنا المزامير بأنَّ الربّ هو الراعي والمحارب والقاضي والأب، وفوق كلّ شيء هو الملك. وبالنظر إلى سجايا الربّ تلك وأعماله، لا عجب أن يتحوَّل الموقِف اللاهوتيُّ في المزامير إلى «حمدلة»، أي أنَّ الحقيقة تقودنا إلى التسبيح.

استخدام المزامير اليوم

يتَّضح مِن استخدام العهد الجديد للمزامير أنَّه يجوز للمؤمنين استخدامها. فالتسابيح في العهد الجديد تتبع نهج المزامير (مثلاً، الأصحاحان الأوَّل والثاني من إنجيل لوقا). وكان الرسل يستشهدون بالمزامير عندما يمرّون في أزمة (مثلاً، أعمال الرسل 4)، وغالبًا ما استخدموها في عظاتهم (أعمال الرسل 13).

واستشهد كاتب الرسالة إلى العبرانيين بالمزامير أكثر من مرَّة. فكلّ أصحاح من أصحاحات الرسالة الخمسة الأُولى يحتوي على شاهد من مزمورٍ أو أكثر.

واستشهد الربُّ يسوع في تعليمه العلنيّ من المزامير (مثلاً، العظة على الجبل) ليجيب اليهودَ عن تساؤلاتهم. كذلك استشهد بها خلال العشاء الأخير، وحين طهَّر الهيكل.

إذًا، كيف يجب أن نستخدم المزامير اليوم؟

من المفضَّل أن تُقرأ بصوتٍ عالٍ أو تُرنَّم. وبعضُها تُشجِّع على الصراخ بقوَّة، إذ يضيع تأثيرها وقيمتها عند قراءتها بصمت. ويشجِّع معظمها على التفاعل الجسدي مثل رفع الأيادي والتَّصفيق والرقص والنظر نحو السماء.

ويوجَّه إلينا أمر في العهد الجديد باستخدام المزامير في العبادة الجماعيَّة (مثلاً، أفسس 5). ويمكن ترنيمها أو قراءتها بصوت مرتفع. أو يمكن للجماعة قراءتها بصوت مرتفع أو ترنيمها (أو حتَّى صراخها معًا).

ومن الواضح أنَّ هدف المزامير هو ترنيمها مترافقة مع الموسيقى. وكما ذكرنا سابقًا، فإنَّ الكلمة «مزمور» في اللغة العبرية تعني «النقر»، ما يعني وجود أدوات موسيقيَّة وتريَّة (على الرغم من أنَّ الكتاب المقدَّس يذكر آلات أُخرى أيضًا). وترد الكلمة **سلاه** في العديد من المزامير، وهي على الأرجح توجيه

موسيقيّ لقائد الجوقة «بالتوقّف» أو «تغيير المفتاح» أو«عزف الموسيقى بشكل أقوى» أو «رفع صوت المغنِّين عند هذه النقطة».

كيف يجب أن نغنِّي المزامير اليوم؟ أعتقد أنَّه يجب غناؤها كاملة. إذ عندما تُستخدم أجزاء منها في الترانيم والقرارات يضيع معناها الأصلي.

ويمكن لبعض المزامير أن تُغنّى بواسطة الشعر الموزون (كما يُفعل في كنائس إسكوتلندا). كما يناسب بعضَها أن تؤدِّيها جوقةٌ معيَّنة. وهناك ما يناسب الاستخدام الشخصيّ. وما يلي بعض المبادىء التوجيهيَّة لقراءة المزامير:

- قراءة مزمور واحد يوميًّا عادة جيِّدة.
- بعض المزامير مثالية لقراءتها قبل النوم، فهي تساعد على محاربة المشاعر الفتّاكة والأحلام السيِّئة.
- اقرإِ المزامير حتَّى لو لم تشعر بأنَّها تنسجم مع وضعك الحاليّ، لأنك ستجدها مناسبة لاحقًا.
- حاول وضع عنوان للمزمور الذي تقرأُه، فهذا يساعدك في التركيز على محتواه.
- اكتُبِ المزمور بكلماتك الخاصّة (راجع الأمثلة المذكورة سابقًا).
- بعض المزامير مثاليَّة للتعزية عندما تكون مريضًا أو على فراش المرض.

دراسة المزامير مهمَّة جدًّا، لكن الأهم هو **استخدامها** في حياتنا اليوميَّة. فنحن نكتشف جمالها وقوَّتها عند قراءتها بصوتٍ مرتفع أو عند غنائها أو صراخها. فهدفها هو قيادتنا إلى تسبيح من القلب يمجِّد الربّ.

نشيد الأنشاد

المقدِّمة

يتعجَّب بعضُهم من احتواء الكتاب المقدَّس على سفر نشيد الأنشاد. وهو أحد السفرين اللَّذين لا يُذكر فيهما اسم الربّ (سفر أستير هو السفر الآخر). ولا ذكر لأيّ أمر روحيّ فيه من بدايته حتَّى نهايته. وبسبب تصويره للعلاقة بين الجنسين بوضوح غالبًا ما لا يتم تدريسه في صفوف مدارس الأحد!

يبدو عنوان السفر «نشيد الأنشاد» غريبًا بعض الشيء. فالكتابات العبريّة لا تتضمن عبارات التبجيل مثل «أروع نشيد» أو «أفضل نشيد». فبدل أن تُستخدم العبارة «أعظم نشيد»، تمَّ استخدام العبارة «نشيد الأنشاد»كما يُعرَّف عادة «أعظم ملك» بأنَّه «ملك الملوك»، ويُعرَّف «أعظم ربّ» بأنَّه «ربّ الأرباب».

نفهم أنَّه أفضل الأناشيد، لكن لا يقدِّم ذلك سببًا لنا لوجوده في الكتاب ا لمقدَّس. فبالإضافة إلى كونه خاليًا من أيَّة عناصر روحيَّة، هو أيضًا مليء بالأحاسيس. ويمَسُّ الحواسَّ الخمس من شمٍّ ونظر ولمس وذوق وسمع. كما أنَّه يقدِّم وصفًا شهوانيًا لجسد المرأة والرجل المذكورين في تلك المسرحيَّة. وعلى الرغم من أنَّ ذلك السفر لا يعلَّم في صفوف مدارس الأحد، فهوَ يتَّخذ مكانة خاصة عند الشبيبة!

طيلةَ سنوات عديدة لم أعظ من هذا السفر لأني لم أعرف كيف استخدمه. لكنِّي وجدت أنَّ معلِّمي اليهود اعتبروه سفرًا مقدَّسًا. وأطلقوا عليه اسم «قدس الأقداس»، حتَّى إنَّهم كانوا يخلعون أحذيتهم عند قراءته. كذلك علمت أنَّ بعض كتَّاب التأمُّلات المسيحيَّة أعاروه اهتمامًا كبيرًا. لذا قرَّرت أن أتمكَّن منه، فاشتريت عدَّة كتب تفسيرٍ له بالإضافة إلى بعض كتب التأملات التي تتناوله. ولكنْ زاد كل ذلك من شعوري بالذنب. إذ قيل لي إنَّ السفر كُتب باستخدام الرموز المَخفيَّة، وإنَّ الكلمات لا تعني كما ظننت. ووصلتُ إلى الحضيض حين قرأت تفسيرًا لبيتٍ من الأصحاح الأوَّل حين تقول المرأة أنَّ حبيبها نائم بين نهدَيها. وعلَّق المفسِّر قائلاً إنَّ هذا يعني فترة ما بين العهدَين القديم والجديد! فكان هذا آخِر أمر ممكن أن أفكِّر فيه وأنا أقرأ هذا البيت. وتوصَّلت إلى نتيجة تقول بأنَّ الربَّ وضع هذا السفر في الكتاب المقدِّس كامتحان لنا ليعرف ما إذا كنَّا روحيِّين أو جسديِّين. ومرَّت عدَّة سنوات قبل أن أستطيع سَبْرَ غَوره.

أيُّ نوعٍ من الأدب هو؟

أدب مجازيّ؟

المجاز هو قصَّة خياليَّة تحمل رسالة مبطَّنة. فمثلاً، رواية القرن السابع عشر الكلاسيكيَّة لجون بنيان **سياحةُ المسيحي** هي أدب مجازيّ. وهدَفُ كلّ جزء من الرواية هو إظهار حقيقة روحيَّة. واتخذ الكثيرون سفر نشيد الإنشاد كأدب مجازيّ. لكنْ يبدو كأنَّ كلّ مفسّر ابتكر رمز التفسير الخاصَّ به مع الاستشهاد قليلاً بالنص نفسه. فيبدو أنَّ المفسِّرين يرون ما يريدون رؤيته ويتردَّدون في اتِّخاذ المعنى الواضح للنص لأنَّهم لا يؤمنون بأنَّ السفر مقبول كما هو بمشاهدِهِ الحميمة المصوَّرة. ويعود أحد أسباب ذلك إلى أنَّ المسيحيِّين قد تأثَّروا على الأغلب بالتفكير اليوناني أكثر من التفكير اليهودي. فاليونانيون آمنوا بأنَّ الحياة تنقسم إلى ما هو «جسدي» وما هو «روحي». وقدِ اعتبروا الجزء الروحي أهمّ من الجزء الجسدي. لكنَّ اليهود آمنوا على عكس ذلك بإله واحد خلق الجسديَّ والروحيَّ، ولم يَروا أيَّ اختلاف في قيمة الواحد عن الآخر. فإن كان الإله الصالح قد خلق العالم المادِّيَّ، فالأمور الماديّة جيِّدة. وإن كان هذا الإله نفسه قد خلق الرجل والمرأة وأعطاهما المقدرة على حُبِّ أحدِهما للآخر وأن يصبحا زوجًا وزوجة، فهذا الأمر جيِّد أيضًا.

تأكيد

يساعدنا أُسلوب التفكير اليهوديّ هذا في تفسيرنا للسفر. فبدل أن نعتبره أدبًا مجازيًّا، يمكننا أن نعتبره تأييدًا لنا. ففي وسط الكتاب المقدَّس، يؤكِّد لنا الربُّ موافقته على الحب الذي ينشأ بين الرجل والمرأة. ووجود هذا السفر في الكتاب المقدَّس يذكِّرنا بأنَّ العلاقة الزوجيَّة هي من تصميم الربّ. لقد فكَّر في الأمر حقًّا. وإنَّ أكبر كذبة ينشرها الشيطان في العالم هي أنَّ الربَّ ضدُّ الجنس وأنَّه هو ـ أي الشيطان - يشجِّعه. وبالفعل، فإني حين أعظ في أيِّ عرس أقرأ جزءًا من نشيد الأنشاد، وأطلب من العروسين تكملة قراءته خلال شهر العسل.

تناظُر أو تشابه جزئي

هدف نشيد الأنشاد ليس التأييد فقط، بلِ التناظُر أيضًا. ويبدو ذلك واضحًا من الاستعارات الخياليَّة التي لا نعيرها إنتباهًا. والاستعارة أُسلوبٌ أدبيّ يحمل معنًى مبطَّنا. أمَّا التناظر فهو حقيقة واقعيَّة كأيَّة حقيقة أُخرى. وقدِ استخدم الربُّ يسوع التناظُرَ في تعليمه، إذ وصف مثلاً ملكوت السموات بعبارات يمكن لسامعيه فهمها. ويعمل سفر نشيد الأنشاد بهذا الأُسلوب عينه. فالمحبَّة التي بين الرجل والمرأة تشبه المحبَّة بين الربّ والناس. فكِلا الأمرَين حقيقيَّان، ويساعد الأوَّل على تفسير الثاني. ويقول لنا نشيد الأنشاد إنَّ علاقتنا بالربّ يمكن أن تكون كذلك. ويجب أن يكون بمقدورنا القول: «أنا لحبيبي، وحبيبي لي» بالطريقة نفسها التي يتكلَّم بها حبيبان.

كاتب السفر

كتب الملك سليمان هذا السفر، وكان يملك موهبة كتابة الأناشيد. فنقرأ في سفر الملوك الأوّل أنّه كتب 1005 من الأناشيد، إلاّ أنّنا نجد ستّة منها فقط في الكتاب المقدّس. ولي نظريّتي الخاصّة التي تقول بأنّ سليمان كتب نشيدًا واحدًا لكلّ واحدة من الزوجات السبع مئة والسراريّ الثلاث مئة. ومن بين الألف امرأة وقع اختيار الربّ على واحدة ، ولذا اختير النشيد الذي كتبه لها ليصبح جزءًا من الكتاب المقدّس. ونقرأ أنّه عند كتابة هذا السفر، كان سليمان قد اتخذ ستّين زوجة.

ثلاثة أشخاص أم شخصان؟

ينقسم المفسّرون حول تفسير حبكة القصّة. فيقول بعضُهم إنّ القصّة تدور حول ثلاثة أشخاص: فتًى راعٍ وملك وفتاة واقعة بين الاثنين؛ وتشكّل قصّة ظريفة يمكننا كتابة عظة عنها تكون نهايته بطرح السؤال التالي: «أنتَ هو هذه الفتاة! هل تختار ملك هذا العالم أم تختار الراعي الصالح؟» لكنْ للأسف، لا تنسجم هذه الحبكة مع النصّ إذ لِمَ سيكتب سليمان شعرًا يظهر فيه أنّ الملك (أي هو نفسه) شرّير؟ أضف أنّ جوّ الشعر مملوءٌ بالبراءة وليس بالشرّ. فالقصّة لا تدور حول ملك شرير يريد الإيقاع بفتاة بسيطة، بل يدور الشعر حول قصّة حب طاهرة.

إذًا، من الأرجح أنّ الحبكة تُظهِر شخصين، ما يعني أنّ الملك والراعي هما الشخص نفسه. وقد يبدو هذا الأمر غريبًا، لكن علينا أن نتذكّر أنّ بعض ملوك إسرائيل كانوا رعاة، وأشهَرُهم داود. وكان موسى راعيًا أيضًا قبل أن يصبح قائدًا لشعب الربّ. فلم يكن هذا المزيج غير اعتيادي.

ويبقى فهمُ القصّة صعبًا حتّى لوِ اعتبرنا أنّ الملك والراعي هما الشخص نفسه. ويشبه الأمر فتح علبة صورة على شكل أُحجية تُركَّب ونرى كلّ الأجزاء المفكّكة مخلوطة بعضُها ببعض. فلا يمكننا تركيبها إلاّ إذا نظرنا إلى الصورة المطبوعة على غِطاء العلبة. فها أنا أُقدّم الصورة المطبوعة على الغطاء حتى حين تقرأ القصّة بمفردك تتّصل الأجزاء بعضها ببعض.

القصّة

كان لسليمان الملك كرم في بعل هامون على منحدرات جبل حَرْمون. وكان يستخدمه كمُنتجَع يلجأ إليه من ضغوطات حياته كملك على أُورشليم. فكان بإمكانه الاسترخاء هناك وممارسة هواية الصيد ونسيان أنّه ملك مدّةً قصيرة. وكان أحيانًا يرعى الغنم فيقودها وسط التضاريس الصخريّة إلى مراعٍ خُضر وينابيع ماء. وكان يمشي عادة مسافة خمسة عشر ميلاً (نحو 24كلمً) في اليوم الواحد.

وكان أن مات أحد المزارعين المسؤولين في كرم سليمان، فاستلم أبناؤه الكرم. لا نعلم عدد الأبناء، لكن على الأرجح كانوا ثلاثة بنين أو أربعة وابنتين. وكانت إحدى الابنتين فتاة صغيرة، أمّا الأُخرى فكانت صبيّة بالغة، وقد دار الحديث عنها في هذا السفر. كانت حياتها تخلو من أيّ تشويق إذ إنّ

الوالد قسم الإرث وأعطى كرومًا لأولاده الصبيان والبنات. ولكنْ كان إخوتها يجبرونها على العمل في البيت إضافة إلى العمل الشاقّ في الكروم. وتذمَّرت لأنَّها كانت مضطرة إلى الاهتمام بكرومهم فأهملت كرمها. وتحوَّلت بشَرتها إلى سمراء داكنة بسبب عملها تحت أشعَّة الشمس. ومع أنَّ البشَرة البرونزية هي الميزة المطلوبة في حضارة الغرب، فهي لم تكن كذلك يومذاك، بل كانت العروس تُبقى بعيدةً عن أشعَّة الشمس لاثني عشر شهرًا قبل موعد زفافها. وتنبَّهت تلك الفتاة إلى أنَّ بَشرتها الداكنة ستكون سببًا كي تبقى عبدةً لإخوتها طوال حياتها.

في أحد الأيَّام، كانت الفتاة تعمل في الحقول والتقت شابًّا. ودار بينهما حديث مشوِّق، فاتَّفقا على اللقاء كلّ يوم. وأصبحت تلك اللقاءات محور أيَّامهما، ووقعا في الحبّ بعد أُسبوعين من اللقاء. لكن ما أثار قلق تلك الفتاة أنَّها لم تكن تعرف من هو ذلك الشابُّ. وظلَّت تُلاحقه بأسئلتها لتعرف من أي كرم يأتي وإلى أين يسوق غنمه عند الظهيرة. لكنَّه كان يتهرَّب من أسئلتها ولم يخبرها مَن هو.

وقعت في حبِّه بقوَّة ووقع هو في حبِّها، وأخيرًا طلب الزواج منها. وكانت قدِ انتظرت هذه اللحظة سنينَ عديدة! فطارت من الفرح وأجابته على الفور: "نعم، أتزوَّجك". وأخبرها أنَّ عليه أن يذهب في اليوم التالي نحو الجنوب ليعمل في المدينة الكبيرة هناك. ثمَّ تركها تحضِّر للعرس واعدًا إيَّاها بأنَّه سيعود.

مرَّت الشهور وهي متشوِّقة جدًّا، إذ كانت قد فقدت الأمل بأن تتزوَّج، وها هي سوف تتزوَّج قريبًا. لكنْ فجأةً بدأت الكوابيس تُراودها. ولسنا بحاجة إلى معرفة عميقة بعلم النفس لتفسيرها، إذ كانت كلُّها تدور حول فكرة: "لقد أضعتُ حبيبي، وإنِّي أفتِّش عنه."

وحلَمَت مرَّة أنَّها تجوب الشوارع بحثًا عن حبيبها. فالتقتِ الحارس وسألته هل رآه. لكنَّه لم يَره. وجابت الشوارع تبحث عنه بجنون. وأخيرًا وجدته، فتمسَّكت به وجرَّته إلى مخدع أمِّها وقالت له إنَّها لن تدعَه يذهب. لكن عندما استفاقت من النوم، وجدت أنَّها تمسك بالوسادة!

وراودها حلم مرَّة أُخرى بأنَّ حبيبها واقف على الباب يحاول فتحه، لكنَّه لم يستطع لأنَّه كان مقفلاً من الداخل. فشعرت بأنَّها مشلولة، ولم تستطع الحراك. كان يحاول الدخول لكنَّها لم تستطع النهوض من على السرير فشعرت بالإحباط. بعد ذلك اختفت يده، وعندما استطاعت الحراك هُرعَت إلى الباب تفتحه، لكنَّه كان قد غادرَ المكان!

تفسير الكوابيس سهل جدًّا. فهي كانت تخشى ألَّا يعود ويتزوجَّها. فخافت أن تكون قد مرَّت في حياته مرور الكرام، وألَّا يفيَ بوعده.

وفي يوم من الأيَّام، بينما كانت في الحقول رأت أحصنة ومركبات تتقدَّم نحوَها وتترك وراءها غمامة من الغبار. فسألت أخاها من يكون القادم. فأجابها أنَّه مالك الكرم، الملك سليمان، وقد أتى من أُورشليم للاطمئنان على ممتلكاته. وبينما كانا ينحنيان أمامه، ألقت نظرة على وجهه لأنَّها لم تكن قد رأته من قبل، ووجدت أنَّ الملك الراكب على العربة الكبيرة هو عريسها!

وكان الجميع يعلمون أنَّ للملك ستِّين زوجة، ولاحظت أنَّها ستكون الزوجة الحادية والستِّين!

غادرت الكرم وسافرت جنوبًا لتعيش في القصر. وتزوَّجا وأقيمت حفلة على شرفها، حيث جلست بالقرب من الملك. إلاَّ أنَّها شعرت بالدُّونيَّة عندما رأت الستِّين زوجة الجميلات ذوات البشَرة البيضاء واللابسات الفساتين الفاخرة.

عندما يتخذ الرجل أكثر من زوجة، تشعر كلٌّ منهن بعدم الأمان وتتساءل ما إذا كان يحبّها أكثر من الأُخريات. فسألت سليمان إن كان باستطاعتهما الذهاب إلى الشمال: "ألا يمكننا الاستلقاء على العشب تحت الأشجار؟ ألا نستطيع أن نعيش في القصر الذي تملكه هناك؟" لكنَّه شرح لها أنَّه بسبب كونه الملك عليه أن يعيش ويحكم في أُورشليم. أخيرًا سألته عن باقي النساء الجميلات من حولها، وقالت بصوت تملأُه روح الدُّونيَّة: "أَنَا نَرْجِسُ شَارُونَ، سَوْسَنَةُ الأَوْدِيَةِ."

نحن نعتبر تلك الأزهار جميلة، لكنَّها تنبت صغيرة جدًّا في تلك المنطقة ويمكن أن تدوسها بقدَمَيك دون أن تشعر بذلك. وتنبت زهرة السَّوسن في الظلّ في الأودية، أمَّا النرجس فينبت داخل زهرة الزعفران في السهول بالقرب من البحر الأبيض المتوسِّط.

وسُرَّت بجواب الملك الذي قال لها إنَّها سوسنة بين الشوك لأنَّ السوسنات اللواتي ينبتن بين الشوك هنَّ أجمل أنواع الورود. فترنَّمت فرِحةً قائلة: "أَدْخَلَنِي إِلَى بَيْتِ الْخَمْرِ، وَعَلَمُهُ فَوْقِي مَحَبَّةٌ."

إذًا، هذا هو ملخَّص القصَّة، أي الصورة على غِطاء عُلبة الأحجية.

لماذا علينا أن نقرأ هذا السفر؟

يدعونا سببان إلى قِراءته ودراسته. أولاً، قلب المسيحيَّة هو علاقة شخصيَّة جدًّا. فأن تكون مسيحيًّا لا يعني أن تذهب إلى الكنيسة وتقرأ الكتاب المقدَّس وتدعم المرسلين، لكن أن تقع في محبَّة الربّ. وأهمّ هدف لإنشاد الترانيم هو أن نعبِّر عن حبِّنا له. وإن كنَّا لا نُصيب هذا الهدف فإنَّنا نخسر الكثير.

إذًا، نقرأ في وسط الكتاب المقدَّس عن علاقة حبّ حميمة بين سليمان والفتاة الريفيَّة. ويضيف السفر عمقًا أوسع في إظهار العلاقة بين الربّ والناس. وأحيانًا يُشار في الكتاب المقدَّس إلى الربّ على أنَّه زوج الأُمَّة الإسرائيليَّة. فهو تعرَّف بها وتزوَّجها في جبل سيناء عندما أقام عهده معها. ووُصفت الأُمَّة بالزانية عندما كان الشعب يعبد آلهة أُخرى.

وتشكِّل هذه الفكرة نبوَّة هوشع. فقد طلب الربُّ من ذلك النبي أن يجد زانية في الشارع. فاحتجّ هوشع وسأل الربّ لماذا. وطلب منه الربّ أن يتزوَّجها، وقال له إنَّها ستُنجِب ثلاثة أولاد. وستحب الولد الأوّل فقط دون الولدين الآخرين اللذين لن يكونا من هوشع واللذين سيسميان "ليس منِّي". وقال له الرب إنَّها سترجع إلى الحياة في الشارع وستُمارِس مهنتها القديمة من جديد. وقال له إنَّ عليه أن يفتِّش عنها ويشتريَها من سيِّدها ويُرجِعَها إلى البيت، وإنَّ عليه أن يحبّها من جديد. أخيرًا، طلب منه الربّ أن يقول للشعب إنَّه هكذا يشعر من نحوهم.

في الواقع أنّ علاقة الربّ بشعبه في العهد القديم هي كعلاقة الزوج بالزوجة التي تتصرّف بعدم أمانة. فهو يُدلِّلها ويربحها ثمَّ يخسرها، لكنّه يستمر في محبّتها ويريدها أن ترجع إلى البيت.

وتستمر هذه الفكرة أيضًا في العهد الجديد، حيث الربُّ يسوع هو العريس الذي يفتِّش عن العروس. ونقرأ في آخر أسفار الكتاب المقدّس أنَّ العروس متشوِّقة ليوم العرس قائلة: "تعال!" لقد جهَّزت لنفسها الكتَّان الأبيض الذي يشير إلى التَّبرُّر. إذًا، الكتاب المقدّس هو قصَّة حبّ من بدايته إلى نهايته.

ويعبِّر نشيد الأنشاد عن هذه العلاقة، إذ إنَّ كلمات العريس للعروس هي الكلمات نفسها التي يقولها الربّ لنا. وإجاباتها تشبه الإجابات التي نتقدَّم بها. إذًا، السفر ليس قصَّة رمزية فحسب، ولا يحمل معانيَ باطنيَّة. فكلمة «الرُّمَّان» تعني «الرُّمَّان» وكلمة «النهدان» تعني «النهدين». والربّ يعني ما يقول، والقصَّة تشير إلى العلاقة التي يمكن أن نحصل عليها معه.

علينا أن نكون دقيقين في تفسيراتنا. فعلاقتنا بالربّ ليست جنسيَّة، بل عاطفيَّة. ومع أنَّ السفر يحتوي على لغة جنسيَّة واضحة، توجد روابط ملائمة. وهو لا يضيف تفاصيل جسديَّة كما يفعل الأدب المعاصر.

لكنَّها علاقة عاطفية. وتذكِّرنا القصَّة بحديث جرى بين الربُّ يسوع وبطرس على بحيرة الجليل بعد قيامة يسوع من الموت. وكان بطرس قد أنكر الربَّ يسوع في الباحة الخارجية وهو يستدفىء بالقرب من الجمر المشتعل. والجمر المشتعل الآخر الوحيد الذي ذُكِر في العهد الجديد هو في هذه الحادثة عند بحيرة الجليل. فبطرس رأى النار وتذكَّر تلك اللحظة البغيضة. لكنّ الربَّ يسوع لم يقل له إنَّ ظنَّه خاب فيه، ولم يمنعه من الخدمة في المستقبل، بل قال إنَّه يريد التعامل معه بشرط أن يتأكَّد من أمر واحد وهو أنَّ بطرس يحبّه.

والربّ يتعامل معنا بالطريقة نفسها، فلا يسألنا كم مرَّة ذهبنا إلى الكنيسة أو كم عدد الأصحاحات التي قرأناها من كلمته هذا الأُسبوع، بل يسألنا: "أتحبُّني؟" لقد قال الربُّ يسوع إنَّه يمكن تلخيص الناموس بالتالي: "تحبُّ الرب إلٰهك......" فالمحبَّة هي عنصر مهمّ جدًّا.

ثانيًا، علاقتك بالربّ ليست شخصيَّة فقط، بل هي علنيَّة أيضًا. ويقع معظم الناس في محبَّة الربّ لأنَّهم يرونه كالراعي الذي يسير معهم في وادي ظلّ الموت، والذي يقودهم إلى المياه الهادئة والمراعي الخضر. لكنَّنا نكتشف أنَّ الربَّ يسوع راعيَنا هو ملك أيضًا! إنَّه ملك الملوك ونحن عروسه. وسنملك معه ونصبح مَلِكته. إذًا، فعلاقتنا معه علانيّة، الأمر الذي يُلقي علينا مسؤولية أكبر. ربَّما من الجميل أن نتركها علاقة شخصيَّة وسرِّيَّة ونعود إلى كروم حَرْمون، فنبتعد عن أيّ إزعاج أو انتقاد أو كشف أنفسنا أمام الآخرين. لكنَّه يريد لنا أن نبقى تحت الأضواء ونشير إليه على أنَّه مصدر الحياة وسوف نُشارِكه في مسؤولية حكم الأرض.

سفر الأمثال

المقدمة[4]

يبدو سفر الأمثال أوَّلَ وهلة سفرًا غريبًا عن باقي أسفار الكتاب المقدَّس. فهو يحتوي على ملاحظات فكاهيَّة وأقوال مصقولة تبدو كأنَّها بعيدة عن المنطق.

لا يبدو السفر سفرًا روحيًّا. وهو يذكر القليل عن العبادة الشخصيَّة أو الجماعيَّة، والعديد من أفكاره عاديّة جدًّا. وتشير بعض الأمثال المذكورة إلى أُمور يعرفها الجميع مثل: «هَلاَكُ الْمَسَاكِينِ فَقْرُهُمْ» أو «اَلْقَلْبُ الْفَرْحَانُ يَجْعَلُ الْوَجْهَ طَلِقًا» أو «اَلسُّكْنَى فِي زَاوِيَةِ السَّطْحِ، خَيْرٌ مِنِ امْرَأَةٍ مُخَاصِمَةٍ فِي بَيْتٍ مُشْتَرِكٍ.» أو «كَمُمْسِكٍ أُذُنَيْ كَلْبٍ، هكَذَا مَنْ يَعْبُرُ وَيَتَعَرَّضُ لِمُشَاجَرَةٍ لاَ تَعْنِيهِ.»

أمَّا بعض الأمثال فتبدو مسلِّيَّة، ولا يقدِّم بعضُها أيّ درس أخلاقي، مثلاً: «هَدِيَّةُ الإِنْسَانِ تُرَحِّبُ لَهُ وَتَهْدِيهِ إِلَى أَمَامِ الْعُظَمَاءِ.»

وقد شقَّت بعض الأمثال الأُخرى طريقها إلى محادثاتنا اليوميَّة، مثلاً:

«مَنْ يَمْنَعْ عَصَاهُ يَمْقُتِ ابْنَهُ، وَمَنْ أَحَبَّهُ يَطْلُبُ لَهُ التَّأْدِيبَ.»

«الرَّجَاءُ الْمُمَاطَلُ يُمْرِضُ الْقَلْبَ.»

«قَبْلَ الْكَسْرِ لْكِبْرِيَاءُ»

«الْمِيَاهُ الْمَسْرُوقَةُ حُلْوَةٌ، وَخُبْزُ الْخُفْيَةِ لَذِيذٌ».

«الْحَدِيدُ بِالْحَدِيدِ يُحَدَّدُ.»

يصف هذا السفر الحياة على حقيقتها، وليس الحياة في الكنيسة، بل يصف الحياة في الشارع والمكتب والدُّكَّان ولبيت. ويَمَسُّ السِّفر كلّ زوايا الحياة، وليس فقط ما نقوم به يوم الأحد في الكنيسة. وهو يعالج كيف يجب أن نعيش خلال الأسبوع في كلّ مواقف الحياة.

ويمكننا إيجاد كلّ الشخصيَّات المذكورة في هذا السفر في كلّ حضارات العالم. فهناك المرأة الثرثارة، والزوجة المتذمِّرة، والشابُّ المتَسكِّع الذي يقضي وقته في زوايا الشوارع، والجار الذي يُطيل زيارته، والصديق الذي يتكلَّم بصوت عالٍ في الصباح.

---

4. أدين بتفسير سفري الأمثال والجامعة إلى تفاسير "دريك كدنير" التي تم نشرها عبر سلسلة "تينديل" وإني أشجع القراء على اقتناء هذه السلسلة.

وبالفعل، فإنَّ التسعَ مئة مثل المذكورة هنا تَتطرّقُ إلى مواضيع الحياة المهمَّة، وغالبًا ما تُعرَض على شكل أضداد: الحكمة مقابل الجهل، والكبرياء مقابل التواضع، والمحبَّة مقابل الشهوة، والغنى مقابل الفقر، والأسياد مقابل العبيد، والأزواج مقابل الزوجات، والأصدقاء مقابل الأقارب، والحياة مقابل الموت. لكن يُفاجئُنا غياب بعض المواضيع، فمثلاً يتم ذكر الملوك و «الدِّين» بطريقة مقتضبة جدًّا؛ ولا يوجد ذكر للكهنة والأنبياء، بينما شكَّلت هذه الشخصيات الأساسيَّة في العهد القديم.

إذًا، يتضح لنا منذ البداية كيف يجب أن ننظر إلى الأُمور المطروحة. ويخطىء بعضٌ في قولهم إنَّ سفر الأمثال يركِّز على الحياة «الدُّنيويَّة»، لكنَّ الكتاب المقدَّس لا يفصل بين الحياة «الروحيَّة» والحياة «الدنيويَّة». فبالنسبة إلى الربِّ، الأمرُ الوحيد الذي يعتبره «دُنيويًّا» هو الخطيَّة.

آمن اليونان بأنَّ كلّ ما يخصّ «التديُّن» هو «مقدَّس»، وقدِ انتشر هذا الفكر في العصور الحديثة حتَّى بين المؤمنين أيضًا. لكنَّ الكتاب المقدَّس لا يحوي هذا التفريق. فكلّ عمل ممكن أن يكون مقدَّسًا عندما نكرِّسه للربّ. فهو يفضِّل مثلاً سائق تاكسي أمينًا على مرسل غير أمين. وكل الوظائف القانونيَّة تقع في المرتبة نفسها.

إذًا، يركِّز سفر الأمثال على أين نقضي معظم الوقت الذي نكون فيه مستيقظين. ويعلِّمنا كيف يمكن أن نحيا الحياة على أفضل وجه، كما ينبِّهنا إلى أنَّ معظم الناس يهدرون حياتهم. فالسفر معنيٌّ بـِ «الحياة الفُضلى»، وتساعدنا الحكمة التي تكتَنِفُه للوصول إلى نهاية حياتنا ممتنِّين من أجلِ ما حقَّقناه.

كيف يتماشى سفر الأمثال مع رسالة الكتاب المقدَّس؟ كتب الرسول بولس في رسالته الثانية إلى تيموثاوس أنَّ الكتب المقدَّسة قادرة «أَنْ تُحَكِّمَكَ لِلْخَلاَصِ». لكن عندما نقرأ هذا السفر نتساءل أين يظهر «الخلاص» على الأقل مع غياب صورة الفداء المنتشرة في صفحات الكتاب المقدَّس. لكنَّ الفكرة موجودة هناك. فكلمة «الخلاص» قريبة في معناها إلى كلمة «إعادة تدوير» أو «إنقاذ». فالربّ يعمل على إعادة تدوير الناس ليجعل منهم أناسًا مفيدين. والمؤمنون يتغيَّرون من خطاة إلى قدِّيسين، وأيضًا من **جهلاء إلى حكماء**. ورسالة الكتاب المقدَّس هي أنّ السبب الحقيقي في تلويث الأرض هم البشر. وقد شبَّه الربُّ يسوع جهنَّم بمكبِّ النُّفايات الذي كان في وادي جهنَّم بالقرب من أُورشليم. وقال إنَّ الناس سيُرمَون في جهنَّم وكأنْ لا جدوى منهم. فالربّ يعيد تدوير الناس الذين في طريقهم إلى الجحيم فيُحوِّلهم من أغبياء إلى حكماء.

إذًا، من هذا المنطلق، سفر الأمثال مليء بفكرة «الخلاص» لأنَّه يخبرنا عن الحياة الجديدة التي أتينا إليها وعن الحياة التي خلَّصنا منها. وهو يعطي التوازن للعظات التي يجب أن تُلقى في الكنائس، لأنَّ الوعَّاظ يركِّزون على **الحياة السابقة** التي خَلَصنا منها أكثر مِمَّا على **الحياة الجديدة** التي أتينا إليها.

ماذا عن الحِكَم الموجودة خارج الكتاب المقدَّس؟ يقول بعضُهم إنَّ الكثير من الحكم لم تُذكر في الكتاب المقدَّس. فماذا عن حِكَم أفلاطون وسقراط وأرسطو وكونفوشيوس؟ لا ينبغي أن نستغرب وجود حِكَم خارج الكتاب المقدَّس، لأنَّ الناس مخلوقون على صورة الله وشبهه، وباستطاعتهم أن يفهموا

الحياة. لكنَّهم لا يملكون القدرة الكافية لفهم **كلّ** نواحي الحياة. لكن عندما يخلِّصنا المسيح نستطيع أن نمسك بالمعنى الحقيقي للحياة ونعيش كما يريد الربُّ. إذًا، من هذا المنطلق تبقى «حكمة» العالم ناقصة إذ ينقصها البعد الأبدي.

إذًا، يؤكِّد سفر الأمثال حقيقة أنَّ الربَّ هو «كلِّيُّ الحكمة»، وأنَّ حكمته خلقت هذا الكون المعقَّد.

لماذا كُتب سفر الأمثال؟

يتميَّز سفر الأمثال عن باقي أسفار الكتاب المقدَّس بأنَّه يذكر سبب كتابته. فتخبرنا المقدِّمة أنَّ التعلُّم من تلك الأمثال يقود إلى الحكمة، إضافةً إلى أنَّ أوَّل خطوة باتجاه اكتساب الحكمة هي «مخافة الربّ» (مخافة يهوه عند اليهود). فإن كنَّا نفهم أنَّه يكره الشرّ وأنْ لا شيء يَخفى عليه، لأنَّه يرى كلّ الأشياء، نستطيع حينئذٍ أن نرى أخطاءنا وندرك حاجتنا المُساعدة لكي نستطيع أن نعيش الحياة كما يريد هو. والحكمة تأتي من مخافته والطلب منه أن يمدَّنا بالحكمة ومعرفة كيف نتعامل مع مسائل هذا العالم بأُسلوبٍ حكيم.

ويخبرنا هذا السفر بأنَّ حكمة الربّ تأتينا من خلال الآخرين. وقدِ اختار أن يرسل حكمته خصوصًا من خلال الأهل والأجداد وآخرين أكثر خبرة منَّا. فسفر الأمثال يشير إلى العلاقات العائليَّة التي تشكِّل المكان الذي تَتِمُّ فيه مشاركة الحكمة.

الكاتب

يتَّصل اسم سليمان الملك بالحكمة، وهو الذي كتب سفر الأمثال. وكان الربّ قد قال له عند تتويجه ملكًا أن يطلب منه كل ما يريد، فطلب الحكمة لكي يستطيع أن يحكم الشعب. فأعطاه الربّ الحكمة إضافة إلى أمور لم يطلبها مثل الشهرة والقوَّة والغنى. وكانت حكمته أُسطوريَّة، لكن يبدو أنَّه كان حكيمًا في أُمورِ غيره فقط وليس في أُموره هو. فاتِّخاذ سبع مئة زوجة (مما يؤدِّي إلى الحصول على سبع مئة حماة) ليس بالأمر الحكيم، ناهيك بثلاثمائة سرِّيَّة.

لكن ترافَقَ وعد الربّ له بإعطائه الحكمة مع شرطٍ واضح، إذ نقرأ في سفر الملوك الأوَّل: «إنْ سَلَكْتَ فِي طَرِيقِي وَحَفِظْتَ فَرَائِضِي وَوَصَايَايَ...» ويمكننا الإستنتاج أنَّ الأخطاء التي ارتكبها في السنين اللاحقة من مُلكه كانت نتيجة إهماله لهذا الشرط.

وكان أنَّ سليمان اشتهر كثيرًا في بداية حُكمه، حتَّى إنَّ مَلِكة سبا قامت برحلة طويلة لتزوره ليس لرؤية ثروته فقط، بل بالأحرى للاستماع إلى حكمته. ويتطلَّع الفلاسفة المعاصرون إلى حكماء اليونان كأفلاطون وسقراط وأرسطو، أُولئك الذين عاشوا حوالى أربع مئة سنة قبل مجيء المسيح، وينسَون أنَّه كان هناك رجل حكيم ومشهور كهؤلاء في العصر البرونزي حوالى ألف سنة قبل مجيء المسيح. كتب سليمان معظم الأمثال المذكورة في هذا السفر، كما أنَّه جمَّع العديد منها. كذلك كتب سِفرَي نشيد الأنشاد والجامعة.

كتب سفر نشيد الأنشاد عندما كان شابًّا وغارقًا في الحبّ، حتَّى إنَّه نسي الربّ. وذاك سِفرٌ من القلب. وكتب سفر الأمثال عندما كان في منتصف العمر؛ لذا فهو سفر من الإرادة. أمَّا سفر الجامعة فكتبه في خريف العمر، وهو سفر من العقل، إذ يتأمَّل في الحياة ويتساءل ما إذا كان قد حقَّق أيّ أمر فيها. إذًا، لدينا سليمان الشابُّ الواقع في الحبّ، والأب في منتصف العمر، والشيخ الفيلسوف، وقد كتب أسفارَهُ الثلاثة خلال تلك المراحل.

والمدهش في سفر الأمثال هو أنَّ بعض تلك الأمثال يأتي من خارج إسرائيل القديمة. فهناك بعض الأمثال المستمدَّة من الفلاسفة العرب. وهناك فصل كامل من مصر، وقد جمع تلك الأمثال على الأرجح من إحدى زوجاته التي كانت ابنة فرعون. وقد لاحظ سليمان أنَّ الربّ أعطى الحكمة لأشخاص من خارج إسرائيل، وأراد أن يضمّ أقوالهم إلى نِتاجه. وقد وصَفَت تلك الأقوال حياة مكرَّسة للربّ. لكنْ لا يعني هذا أنَّ السفر لا يقدِّم الاحترام للرب. فاسمه مذكور تسعين مرة على أنَّه **يهوه** إله إسرائيل، ولا يوجد أيُّ إله آخر يمكن لأيَّة أمَّة أن تؤمن به. ولا يوجد أيُّ تلميح إلى أنَّ آلهة العرب أو المصريين لهم قيمة تُذكر.

وتمَّ جمع بعض تلك الأمثال على يد حزقيا الملك الذي جمع أمثال سليمان غير المكتوبة بعد مئتين وخمسين سنة، وهي موجودة في هذا السفر. إذًا، لم يكتمل سفر الأمثال كما هو الآن إلاَّ حتَّى السنة 550 ق م.

أُسلوب السفر

علينا أن ندرس النقاط المهمَّة عن خلفيَّة أُسلوب السفر ومقصده قبل تفحُّص محتوياته.

أمثال لا وعود

أوَّلاً، علينا الملاحظة أنَّ هذا السفر هو سفر أمثال وليس سفر وعود. ويجب ألَّا نستشهد بمثل كأنَّه وعد إلهيّ.

وتأتي الكلمة "proverb" (أي مثَل) في اللغة الإنكليزية من الأصل اللاتيني proverba. وتعني كلمة Pro "لأجل" وكلمة verba "الكلمة". وتعني الكلمتان مجتمعتَين "كلمة لأجل حالة ما". إذًا، فالمثل هو كلمة مناسبة لحالة معيَّنة. وهو بذلك حكمة يمكن استخدامها على مرِّ العصور وفي مختلف الحالات في الحياة.

أمَّا الكلمة العبرية التي تُترجَم إلى الكلمة مثل فهي "مشال"، وتعني "يشبه أو يتمثّل بـِ." وقد بدأ الربُّ يسوع عددًا من أمثاله بقوله: "يشبه ملكوت السموات...".

إذًا، المثل هو ملاحظة عامة بشأن الحياة، أمَّا الوعد فهو التزام معيَّن.

سأُوضِّح بالمثل التالي: "أنا أُحب الدِّقة في المواعيد." كيف يمكن لهذا المثل أن يُطبَّق؟ إنَّه يعني

أنِّي أحبّ أن أكون مُتزمًا الوقت ، لكنّه لا يعني أنّي أعد بأن أكون عند الوقت في الساعة المعيَّنة وفي المكان المعيّن. ولا أتلقّى اللوم إن خالفتُ المثل، لكنّي أتلقّى اللوم إن نقضتُ وعدًا ما. إذًا، المثل صحيح بنظرة **عموميّة**. ولا يمكننا تطبيق أيّ مثل في كلّ الحالات ونتوقّع أن يقوم بواجبه. وعلينا ألاّ نعتقد أنّ الربّ يقدّم لنا وعودًا عندما نقرأ سفر الأمثال.

وقد عانى بعضُهم مشاكل حين ظنّوا أنّ المثل هو وعد. فمثلاً، «الصِّدق هو أفضل السُّبُل» هو مثل رائع لكنْ عمومي لأنّه لا يصدق في كلّ الأحوال. فكثيرون خسروا ثروات بسبب صدقهم! ويمكن للأمثال أن تكون بعضُها ضدَّ بعض مثلا، «في العجلة الندامة وفي التأنّي السلامة» يقابله «اليوم قبل الغد.» ونقرأ في هذا السفر أيضًا أمثالاً تأتي بعضُها عكس بعض. فنقرأ في الأصحاح 26: «لاَ تُجَاوِبِ الْجَاهِلَ حَسَبَ حَمَاقَتِهِ لِئَلاَّ تَعْدِلَهُ أَنْتَ.» ثم يليه مباشرة: «جَاوِبِ الْجَاهِلَ حَسَبَ حَمَاقَتِهِ لِئَلاَّ يَكُونَ حَكِيمًا فِي عَيْنَيْ نَفْسِهِ.»

وقدِ استُخدم مثلان كأنّهما وعدان وسبّبا الكثير من المشاكل للمؤمنين. المثل الأوّل هو : "سلِّم للربّ طريقك وهو يُجري." وقد باشر الكثير من المؤمنين بمشاريع أعمال متكلّين على هذه الآية. ومع أنَّ المثل صحيح، فهو لا يعني أنَّ كلّ مشروع مصيره النجاح. والمثل الثاني هو:"ربِّ الولد في طريقه فمتى شاخ أيضًا لا يحيد عنه." يواجه الأهل الذين لديهم أولاد غير مؤمنين مشكلة مع هذه الآية. فهم يقولون إنّهم ربّوا أولادهم في الطريق الذي يجب أن يسلكوه، ولكنْ لخيبة أملهم حاد هؤلاء الأولاد عن الطريق. أقول من جديد إنَّ هذا مثل وليس وعدًا، والأمر صحيح في الإجمال. فالأولاد ليسوا دُمًى، ولا يمكننا أن نفرض عليهم أيّ طريق يسلكون. سيبلغون عمرًا حين يصبح بإمكانهم أخذ القرارات بأنفسهم، ولديهم كلّ الحرية لفعل ذلك. فكلا هذين المثلين هما من مبادىء التوجيه وليسا تأكيدَين. أمّا مستخدمو الأمثال فيخفّفون من كسر القلب إن هم أدركوا ذلك.

الشعر

الأمر الثاني الذي علينا التنبُّه إليه هو أنَّ تلك الأمثال أتت في شكل شعريّ، الأمر الذي يسهِّل حفظها. دعوني أشرح مثلاً معروفًا:

تنبّه بينما تقوم بأعمالك، فالسرعة تؤدّي إلى مشاكل كثيرة.

أو

قم بأعمالك بتأنٍ ولا تعجّل، إذ لا تعلم ما قد يحصل. كِلتا الجملتين هما تفسير للمثل القائل: "في التأنّي السلامة وفي العجلة الندامة." أيّ من الثلاثة أسهل للحفظ؟

ذكرنا في الجزء الأوّل أنَّ الشعر العبري يأتي في شكل مميَّز. فهو لا يعتمد القافية كما الشعر العربي مثلاً، لكنَّه يعتمد الإيقاع السَّمعيَّ كما الفكريّ. لذلك فإنَّ الشعر العبري يتكوَّن من أزواج من الشطور

(يدعى التوازي) حيث إنَّه يتعلَّق الشطر الثاني بالشطر الأوَّل بإحدى الطرق الثلاث التالية. ففي **توازي المفردات**، يُعاد تكرار فكرة الشطر الأوَّل في الشطر الثاني، مثلا:

قَبْلَ **الْكَسْرِ** الْكِبْرِيَاءُ،
وَقَبْلَ **السُّقُوطِ** تَشَامُخُ الرُّوحِ.

أمَّا في **التوازي المتناقض**، فالشطر الثاني يناقض الشطر الأوَّل، مثلاً:

ظَالِمُ الْفَقِيرِ يُعَيِّرُ خَالِقَهُ،
وَيُمَجِّدُهُ **رَاحِمُ الْمِسْكِينِ**.

أمَّا في **التوازي المركَّب**، ففكرة الشطر الأوَّل تُعلَّلُ في الشطر الثاني، مثلاً:

اِذْهَبْ مِنْ قُدَّامِ رَجُلٍ جَاهِلٍ
إِذْ لاَ تَشْعُرُ بِشَفَتَيْ مَعْرِفَةٍ.

تتبع كل الأمثال في اللغة العبرية أحَدَ الأنماط الثلاثة التي ذُكرت، لكن بالطبع يُفقَد ذلك بسبب الترجمة فتكون النتيجة صعوبة في حفظها. لكن كان الوالدون اليهود يعلِّمون أولادهم تلك القيم بواسطة هذه الطريقة، كما نحاول أن نفعل نحن أيضًا.

استُخدم نمط آخر كما في الأصحاح 31 حيث يبدأ كلّ عدد بحرف من أحرف الأبجديَّة. وفي أحيان أُخرى استُخدم الترتيب العدَديُّ، مثلاً: "ثلاثة أُمور... أو أربعة أُمور" أو "ستة هي مكرهة الربّ....". ويساعد هذان النمطان القارئَ أو السامع على حفظ المثل.

منطق أبَوِيّ

علينا أن نأخذ بعين الاعتبار أنَّ السفر كُتِب بمنطق أبَوِيّ. وهو يُقدَّم لنا كأب يعطي نصائح لشابٍ. ولا نجد أيَّة نصائح للسيِّدات! فهذه الطريقة موجودة في كل الكتاب المقدَّس، فالرسائل مثلاً موجَّهة إلى «الإخوة» وليس إلى «الإخوة والأخوات». وكأنَّ هذا التمييز يشير إلى أنَّه إن عندما يعيش الرجال بطريقة صحيحة يعيش النساء والأولاد بطريقة صحيحة. والكتاب المقدَّس موجَّه إلى الرِّجال عن عمد لأنَّ مسؤولية قيادة عائلاتهم من حيثُ التعليمُ والمِثالُ تقع على عواتقِهم.

الحكمة والجهل

إذًا، الكاتب هو سليمان الأب الذي عندما أصبح في منتصف العمر حاول أن يمنع شابًّا من ارتكاب الأخطاء التي ارتكبها هو. فيقدِّم لابنه ولقرَّائه الخيار الذي يجب أن يتَّخذوه في حياتهم. هل يريدون الحكمة أم هل يريدون الجهل كشريك لحياتهم؟ وهو يصوِّر بصورة رمزيَّة ذينك الخيارين بشكل امرأتَين.

الحكمة متجسِّدة

يصف الأصحاحان 8 و 9 الحكمة على أنّها امرأة عظيمة. وتُقدِّم نصيحة للابن بأن يحبَّها بقوَّة ويجعلها فردًا محبوبً من العائلة، ويسعى وراءها ويصادقها. وهي تقول: «أَنَا أُحِبُّ الَّذِينَ يُحِبُّونَنِي، وَالَّذِينَ يُبَكِّرُونَ إِلَيَّ يَجِدُونَنِي.»

الحكمة شخصيَّة

نقرأ في الأصحاح 31 (حيثُ يبدأ كل عدد منه بحرف من أحرف الأبجدية) عن أُمٍّ، تنصح ابنها بالصفات التي يجب أن يفتِّش عنها في المرأة الفاضلة. يجب أن تكون زوجة صالحة وأُمًّا وجارة وتاجرة. فوجود امرأة مثل هذه ضروري لحياة عائليَّة مستقرَّة «لأَنَّ ثَمَنَهَا يَفُوقُ اللآلِئَ.»

الجهل متجسِّدا

تُستخدَم طريقة الكلام نفسها بالنسبة إلى الجهل في الأصحاح 9. فالمرأة التي تشير إلى الجهل تغري الرجال بكلامها الملق وتجذبهم بهداياها المغرية. لكن نهاية كل من يقع في أشراكها هي الموت، لأنَّها تفتكبه وتسرق منه رجوليته.

الجهل شخصيّ

يصوِّر الجهل في الأصحاح 6 بشكل زانية تحوّل ضحيَّتها بحاجة إلى «رغيف خبز». فبالنسبة إليها هو لا يساوي أكثر من وجبة طعام.

فكرة كتابيَّة

لا ينفرد سفر الأمثال في استخدام المرأة كرمز إلى أمرٍ ما، فنقرأ في سفر رؤيا يوحنَّا عنِ امرأتين، الأُولى زانية نجسة والثانية عروس طاهرة. وتُدعى الزانية بابل، أما اسم العروس فأُورشليم. إذًا، نجد هذه الفكرة تتكرَّر في الكتاب المقدَّس. فمن هي المرأة التي ستكون شريكتك، الجهالة أمِ الحكمة؟ غالبًا ما يقدِّم لنا الكتاب المقدَّس الخيارات، وهذا ما يفعله سفر الأمثال تحديدًا. فهل نختار الحياة أم الموت، النور أم الظلمة، السماء أم الجحيم؟

أخلاقيّ أم فكريّ؟

يُظهِر سفر الأمثال الحكمة والجهل بطريقة أُخرى، فيقول إنَّهما خِياران **أخلاقيَّان** وليسا خِيارَين **فكريَّين**. عندما يتكلَّم العالم عن الجهلاء، فهو يشير إلى الأشخاص ذوي درجات الذكاء المنخفضة. لكن في الكتاب المقدَّس يُمكن أن يكون الذكيُّ جدًّا غبيًّا جدًّا. فيمكن لأحدهم أن يكون ذكيًّا فكريًّا وفاشلاً أخلاقيًّا. وقد سمعت قصّة عن فلاح فقير ذي صيت غريب. فإن قدَّم له أحدُهم قروشًا معدنيَّة

كان يأخذها، أمَّا إذا أعطاه عملة ورقية بقيمة خمسة دولارات فكان يرفضها. فسمع عنه آلاف السُّيَّاح واستغربوا الفكرة فأرادوا تجربتها، فكانوا يقدِّمون له نوعَيِ العُملة ليختار منهما وكان دائمًا يختار القروش المعدنية. لكنّ ذلك الرجل لم يكن غبيًّا، لأنَّه جمع ثروة من تلك القروش!

لا علاقة للجهل والحكمة بالمؤهِّلات. نقرأ مثلاً في المزمور 14: «قَالَ الْجَاهِلُ فِي قَلْبِهِ: «لَيْسَ إِلهٌ».» وقال إبليس لحوَّاء إنَّ الأكل من الثمرة يؤدِّي إلى الحكمة، لكنَّه في الواقع أدَّى إلى الابتعاد عن الربّ الذي هو مصدر كلّ حكمة. وتسعى الحكمة البشرية لإيجاد الخيارات التي تقدِّم مكاسب أكثر، لكن الحكمة الكتابيَّة تسعى إلى ما هو أفضل لبناء شخصيَّتك، وهي مبنيَّة على معرفة الربّ وليس المعرفة التي يقدِّمها العالم. وتؤكِّد هذه الفكرةَ الآيةُ المذكورة في الأصحاح 29 والتي غالبًا ما يُساء فهمها: «بِلاَ رُؤْيَا يَجْمَحُ الشَّعْبُ». إذ يستخدمها قادة الكنائس عندما يريدون إقناع المؤمنين باتِّباع مخطَّطاتهم. لكنَّ الكلمة هي "رؤيا"، ونتيجة عدم وجود رؤيا هي جموح الشعب أي أن يستوليَ عليه الجهل. إذًا، المعنى الحرفيُّ للآية هو: "ستصبح جاهلاً إن كان الربُّ لا يُظهِر لك الأُمور." فالحكمة هي التمتّع بوجود الربّ في كل ناحية من حياتك. ونحن بحاجة إلى معونة روحه إن كنَّا نريد أن نفهم فكره.

بنية السفر

يتميَّز السفر بتركيبٍ متوازٍ. وبالفعل، فإنَّ المقطع الوحيد الذي لا يتناسب مع باقي الأصحاحات هو مقدمة الأصحاح 30 الذي يحتوي على الحكمة العربيَّة. والتالي هو تقسيم للنقاط الأساسيَّة في بناء السفر:

- المقدمة (1:1-7)
- نصائح للشبيبة (1:8-9:18)
- أمثال سليمان (10:1-22:16)
- كلمات الحكمة (22:17-23:14)
- نصائح للشبيبة (23:15-24:22)
- كلمات الحكمة (24:23-34)
- أمثال سليمان (25:1-29:27)
- كَلاَمُ أَجُورَ (30:1-33)
- نصائح للشبيبة (31:1-31)

تمَّ ترتيب السفر على شكل سندويش متعدِّد الطبقات.فتشكِّل «نصائح للشبيبة» الطبقتين الخارجيتين، ثم تشكِّل «أمثال سليمان» الطبقتين التاليتين، ثم تشكِّل «كلمات الحكمة» الطبقتين التاليتين ومن ثَمَّ تأتي «نصائح للشبيبة» في الوسط.

بعد دراسة البناء نقدِّم بعض التفاصيل:

المقدمة

سبب تجميع الأمثال

نصائح للشبية

من أبٍ عن لنساء الشرِّيرات (1:8-9:18)

1. أُمور عليك القيام بها:

قدِّم الطاعة لوالديك، وإسعَ وراء الحكمة. احفظ قلبك، وكن أمينًا لشريك حياتك.

2. أُمور يجب عدَم القيام بها:

لا تسعَ وراء المعاشرات الرديئة

لا تقترف الزنى

لا تستدن من أحد

لا تكن كسولاً

لا تعاشر النساء الغبيَّات

أمثال سليمان (10:1-22:16) وقد جمعها بنفسه

1. **التناقض** بين حياة الأبرار وحياة الأشرار
2. **الاكتفاء:** حياة الأبرار

كلمات الحكمة (22:17-23:14)

أميرة مصريَّة

نصائح للشبيبة (23:15-24:22)

المزيد من الأوامر: «افعل» (كن حكيمًا)، و«لا تفعل» (لا تسكر)

كلمات الحكمة (24: 23-34)

أمثال عربية تتبع الأُسلوبَ العدَديَّ

أمثال سليمان (25: 1-29: 27)

نسخها حزقيَّا

1. العلاقات مع الملوك الآخرين والجيران والأعداء ونفسك والأغبياء والكسالى والثرثرة.
2. حياة البر (27: 1-29: 27) التواضع ومعاملة الآخرين بالعدل ومخافة الربّ.

نصائح للشبيبة (31: 1-31)

من أُمٍّ عن الامرأة الفاضلة

1. ملِكُ أُمَّة
2. ملِكةُ منزل (31: 10-31)

ويوضح مبنى السفر ومُحتواه العديد من الأُمور:

1. إنَّه أحد الأسفار القليلة التي تُوضح القصد من كتابتها منذ البداية (راجع المقدمة).
2. تلائم هذه الأمثال العائلة المالكة. نقرأ عشر نصائح موجَّهة إلى «يا إبني»، أي أنَّها موجَّهة خصوصًا إلى ابن سليمان يخبره فيها أيَّ نوع من الأصدقاء يجب أن ينتقي وأيَّ نوع من النساء يجب أن يتزوّج.
3. تستخدم معظم الأمثال في الأصحاحات 10-15 التوازيَ المضادَّ، بينما تستخدم الأصحاحات 16-22 التوازيَ المُرادِف.
4. لم يتمّ ترتيب الأمثال وِفقًا لمواضيع معيّنة، لكنْ بإمكاننا تمييزُ تركيبٍ خاصٍّ به. وفي وسعنا قراءة الأمثال بمِثل الطريقة التي بها يقدّم الأهلِ النصائح لابْنٍ يغادر المنزل. فمع أنَّها غير مرتبطة بعضها ببعض ولا تتبع ترتيبًا معيَّنًا، فهي تغطِّي نواحيَ أساسيَّةً في الحياة. إذ ولا يرتِّب الأهل نصائحهم عادة في مقاطع معيَّنة تليها خاتمة.

إذًا سنرتِّب الأمثال ونكتشف الأفكار الرئيسيَّة بهدف التحليل ليس إلاَّ.

الرجل الحكيم

تُستخدم في سفر الأمثال عدَّة مرادفات تصف الحكمة: التعقُّل والفطنة، أي المنطق السليم،

والتَّحذُّر مِن أيِّ مضعفات غير مرغوب فيها. أمَّا الرجل الحكيم فهو نقيضُ الجاهل المتهوِّر والمتسرِّع والمسرف واللامبالي.

وباستطاعة الرجل الحكيم التمييز بين الخير والشر، ويعرف كيف يتجاوب ويتعامل مع الظروف. إنَّه متحفِّظ وواقعيّ ولديه القدرة على التخطيط. ويستفيد من الحياة على أكمل وجه. والرجل الحكيم يقبل التوبيخ والتأديب، ويقبل أن يتخلَّى عنِ استقلاليته واتِّكاله على ذاته ويتَّجه ليعيش في النور الذي يهبه الرب. وبدل أن يخاف من البشر فهو يخاف الربّ. وهو رجل يقول الحقّ عن نفسه أو عن الآخرين أو عن الربِّ مهما كلَّف الأمر.

الرجل الجاهل

يصف سبعون مثلاً الجاهل. وهو يَرِدُ دائمًا في صيغة المذكَّر، وهو متعجرف وعنيد وجاهل ومنحرف ومملّ، ومن دون هدف وغير ذي خبرة وغير مسؤول وساذج ولامُبالٍ وراض عن نفسه، ووقح ومتجهّم وعديمُ الخبرة ومشاجر. يأخذ كل ما في الصحفة ولا يفكّر ويفضِّل الخيالَ على الواقع والوهمَ على الحقيقة. وفي أفضل الأحوال هو مزعج، وفي أسوإها هو خَطِر. إنَّه يسبِّب الأسى لوالديه، ويتطلَّع إليهما باحتقار لأنَّهما قديما الطِّراز.

ويظهر نوعان من الجهَّال في هذا التصوير. النوع الأوَّل هو **الساخر** أو المستهتر الذي يسخر وينتقد الجميع ما عدا نفسه. والنوع الثاني هو **المتراخي** أي الكسول الملتصق بفراشه، ويصفه الكاتب بأنَّه يهدر حياته عبَثًا.

الكلمات

يعالج هذا السفر موضوعًا آخر مهمًّا وهو اللسان. فنقرأ في الأصحاح 6 عن سبعة أُمور يكرهها الرب: «عُيُونٌ مُتَعَالِيَةٌ، لِسَانٌ كَاذِبٌ، أَيْدٍ سَافِكَةٌ دَمًا بَرِيئًا، قَلْبٌ يُنْشِئُ أَفْكَارًا رَدِيئَةً، أَرْجُلٌ سَرِيعَةُ الْجَرَيَانِ إِلَى السُّوءِ، شَاهِدُ زُورٍ يَفُوهُ بِالأَكَاذِيبِ، وَزَارِعُ خُصُومَاتٍ بَيْنَ إِخْوَةٍ.» ويؤدِّي اللسان دورًا مهمًّا في أربعة منها. إذًا، خطايا الكلام هي موضوع أساسي في الكتاب المقدَّس بأسره، لأنَّ اللسان يتكلَّم من فضلة القلب.

الكلمات قويَّة

للكلمات تأثير قوي، وبإمكانها أن تكون قاسية أو جارحة أو غير مبالية. وللكلمات تأثير قوي في الثقة بالنفس؛ فإمَّا أن ترفعها لدرجة غير منطقية وإمَّا أن تخفضها لدرجة غير منطقية. ويمكن للكلمات أن تنتشر مثل النار في الهشيم فتسبِّب الفوضى والصراع والانقسام. ويمكنها أن تحمل معاني مبطَّنة أو تلميحات. لكنْ يمكن للكلمات الحلوة أن تصل إلى عدد كبير من الناس ويَعُمُّ مفعولها المجتمع بأسره.

الكلمات محدودة

لا تحلّ الأقوال مكان الأفعال، ولا يمكن لِلّسان أن يغيّر الوقائع. وإنكار الحقيقة أو تقديم الحجج الواهية لا يَتحدَّى الزمن. ولا يمكن للكلمات أن تحثَّ الناس على التجاوب؛ فأفضل المعلّمين لا يستطيعون تغيير تلميذ لامبالٍ. بالمقابل، لا يمكن لأسوإ الأقاويل أن تؤذي البريء، لأنَّ الخبيث فقط يعيرها اهتمامًا.

الكلام السليم

أربعة أنواع من الكلام على شفاهنا استخدامُها:

- الكلمات الصادقة ــ إمَّا «نعم» مباشرة وإمَّا «كلا» مباشرة.
- الكلمات القليلة ــ ما قلَّ ودلَّ. فالتحفّظ في الكلام هو فضيلة.
- الكلمات الهادئة ــ علينا أن نتكلّم بهدوء، إذ نادرًا ما ينفع الطبع الناري.
- الكلمات المناسبة ــ كلمات تليق بالمقام ومشكَّلة لتفيد السامع أو القارئ، فتجلب فرحًا كبيرًا.

ويتطلّب أُسلوب الكلام هذا وقتًا للتفكير فيه قبل أن نتفوّه به. وعلينا أن نعرف ماذا نقول ونفكّر في مفاعيل كلامنا قبل أن نقوله. كما أنَّ الكلام يُظهر شخصيَّة الإنسان، لأنَّ الإنسان يتكلَّم كما هو. وقيمة كلماته تساوي قيمته هو. ونقرأ في العهد الجديد ما كتبَه يعقوب في رسالته عن اللسان، إذ قال إنَّ الذي لا يخطئُ بواسطة لسانه لَهُوَ رجل كامل.

العائلة

يزخَرُ هذا السفر بنصائح عن العلاقات العائليَّة وعلاقات الصداقة. فالعائلة هي محور أساسي في المجتمع. وتتعلَّق ثلاث من الوصايا التي أعطاها الربّ لموسى بأُمور العائلة، وأهمُّها تلك التي تحمل وعدًا: «أَكْرِمْ أَبَاكَ وَأُمَّكَ لِكَيْ تَطُولَ أَيَّامُكَ عَلَى الأَرْضِ الَّتِي يُعْطِيكَ الرَّبُّ إِلٰهُكَ.» ويضع سفر الأمثال أمام القارئ مثالاً أو معيارًا عن العائلة:

الزوج والزوجة: والِدان متحِدان بسعادة

يعلّم سفر الأمثال عن الزواج الأَحادي مع أنَّ الكاتب هو سليمان! وعلى الأهل أن يتشاركوا في تربية أولادهم ويتَّحِدوا في الرأي. كذلك على الرجل أن يبقى وفيًّا. ويمكن للمرأة أن تصنع من زوجها رجلاً عظيمًا ويمكنها أيضًا أن تكسره. فبإمكان المرأة أن تجلب البركات أو اللعنات على حياة الرجل.

يضع السفر سقفًا عاليًا للزواج، وينظر بجدِّية إلى أيَّة خطية يمكن أن تُعيقه، خصوصًا أيَّة خطيَّة جنسيَّة. والإنسان الذي يخون عهد الزواج يفقد الكرامة والحرّيَّة، ويخسر حياته ويواجه العار الاجتماعي والخطر الجسدي. وباختصار، فهو يرتكب انتحارًا أخلاقيًّا.

الوالدون والأولاد: تربية الأولاد بأمانة

نقرأ أنَّ الأهل الأغبياء لا يربّون أولادهم. وأشهر مثل على ذلك هو: "من يمنع العصا يمقت ابنه." ويخبرنا السفر أنَّ التأديب هو عمل محبَّة، لكن لا نفهم أنَّه الحل الوحيد الموجَّه إلى الأهل. ونقرأ أيضًا أنَّ الجهل متعلِّق بقلب الولد. والأولاد أحرار بأن يقبلوا أو يحتقروا التعليم. ويعلِّمنا هذا السفر أنَّ الأولاد جُهَلاء بالفطرة، وهم بحاجة إلى التشجيع لكي يصبحوا حكماء. أمَّا الفلسفة المعاصرة فتقول عكس ذلك، أي إنَّ الولد صالح في الأساس وهو يصبح أفضل إذا تربَّى في بيئة مناسبة. والكتاب المقدَّس واضح بقوله إنَّه إن لم تربُّوا أولادكم مباشرة بعد ارتكابهم الخطإ فأنتم لا تحبُّونهم كما يجب. كما يشجِّعنا بأن نُدرِّب الأولاد على حياة البر منذ نعومة أظفارهم، وأن نشجّع على تكوين العادات السليمة لكي يتصرَّفوا بطرق تدعو إلى الابتهاج والفخر وليس إلى العار. لكن حتَّى أفضل تعليم لا يمكن أن يُجبِر على الطاعة، بل بإمكانه فقط التشجيع على اتخاذ قرارات حكيمة. ومن الممكن أن يكون أبناء أفضل الوالدين متمرِّدين وكسالى ولامبالين، وتمنعهم كبرياؤهم من تلقِّي النصائح. وبإمكانهم صرف ثروة العائلة وترك أُمٍّ أو أبٍ محتاجَين في شيخوختهما.

الإخوة (ومن بينهم أولاد الأعمام والأخوال والأنسِباء)

تعالج قلَّة قليلة من الأمثال موضوع العلاقات العائليَّة الأُفقيَّة. ويصف السفر العلاقة التي يكون فيها الأخ غير مفيد أو غير أمين، وأيضًا العلاقةَ التي تُنتِج خلافًا وأذًى ومرارة.

الصداقات

إنَّ الكلمة العبرية التي تُترجم إلى «صديق» تعني أيضًا «جارًا»، وهي تشير إلى كلّ مَن ليس نسيبًا لكنَّه يعيش ضمن دائرة علاقات الإنسان. وتناقض فلسفةُ السِّفر عالمنا المعاصر، حيث من النادر وجود الصداقة الحقيقة.

الجيران الصالحون

يساعد الجيران الصالحون على استتاب السلام والانسجام، وهم يتردَّدون في الدخول في مُشادَّة ويُظهِرون اللطف على الدوام. إنَّهم أسخياءُ في أحكامهم ومستعدّون للمساعدة عند الحاجة، وهم يقدِّرون أهميَّة السكوت والخصوصيَّة. ويقولون «لا» للمشاجرات غير الحكيمة.

الاصدقاء الصالحون

يعلِّمنا سفر الأمثال أنَّ عددًا قليلاً من الأصدقاء الصالحين أفضل من جمهور من المعارف. ويمكن للصديق الصالح أن يكون أقرب من النسيب. ويمتاز الصديق الصالح بأربع خصائص:

- **وفيّ** ــ فهو يبقى بجانبك مهما كانت الظروف.
- **صادق** ــ يكون صريحًا معك ويقول لك الحقيقة.
- **مشير** ــ يقدِّم لك المشورة، خاصَّة عندما تكون بحاجة إلى سَماع ما هو عكس رأيك.
- **لَبِق** ــ يحترم مشاعرك دائمًا ويرفض أن يتلاعب بها.

الخاتمة

كيف يمكننا أن نُقيِّم سفر الأمثال؟ دعونا نبدأ بالسؤال عمَّا إذا كان أصاب هدفه. لقد كان الشعب الإسرائيلي يعيش عند كتابة السفر في مرحلة من الازدهار والسلام. وتنبَّه سليمان إلى حقيقةِ أنَّه من الممكن أن يخسروا كلّ ذلك في لحظة (لكنه لم ينتبه إلى أنَّه سيكون هو سبب تلك الخسارة).

نقرأ في الأصحاح 14: «اَلْبِرُّ يَرْفَعُ شَأْنَ الأُمَّةِ، وَعَارُ الشُّعُوبِ الْخَطِيَّةُ.» وقد جمع سليمان تلك الأمثال في سفر لأنَّه عرف أنَّه من دون الحكمة لا يمكن للشعب أن يبقَوا في سلام وازدهار. لكنَّهم تجاهلوا بكلّ قواهم تلك الحكمة التي استلموها وابتعدوا بعيدًا عن الربّ. حتَّى سليمان نفسُه لم يعش على مستوى حكمته.

ويُبنى جزء لا بأس به من العهد الجديد على سفر الأمثال، ويركّز على أهميَّة الحكمة. وقد تمّ الاستشهاد من هذا السفر أربع عشرة مرّة مباشرة، ويشار إليه بطريقة غير مباشرة أكثر من مرّة.

نقرأ في لوقا 1 أنَّ يوحنَّا المعمدان أتى لِيُعْطِيَ «شَعْبَهُ مَعْرِفَةَ (حكمة) الْخَلاَصِ». وتكلَّم الربُّ يسوع بهذه الحكمة حتَّى إنَّ سامعيه كانوا يتساءلون من أين أتى بها.

يعرف معظم الناس عن المجوس الحكماء الذين تبعوا النجم إلى بيت لحم. وعلى الرُّغم من أنَّهم يُعتبرون من الأمم، يُرجَّح أن يكونوا من نسل الذين بَقُوا في بابل بعد السبي. وقد تذكّروا نبوّة بلعام بأنَّه سيخرج نجمٌ من إسرائيل ليصبح ملكًا على الشعوب (سفر العدد 24). فعندما رأَوا النجم تبعوه. ووجودهم في قصّة الميلاد المذكورة في إنجيل متى يخبر الكثير عن أهميَّة تتويج المسيح ملكًا.

نقرأ أنَّ يسوع كان في صِغَرِه ممتلئًا بالحكمة (لوقا 2). وقال في خدمته العلَنيَّة إنَّ ملكة سبا أتَت من أقاصي الأرض لتسمع حكمة سليمان، وها قد أتى مَن هو أعظم من سليمان (لوقا 11). وعندما انتقده قومٌ لأنَّه أكول وشِرِّيب خمر، أجاب: «الْحِكْمَةُ تَبَرَّرَتْ مِنْ جَمِيعِ بَنِيهَا» (لوقا 7).

وإذ تأمَّل الرسول بولس في حياة الربِّ يسوع، كتب في الأصحاح الأوَّل من الرسالة الأُولى إلى أهل كورنثوس: «...بِالْمَسِيحِ قُوَّةِ اللهِ وَحِكْمَةِ اللهِ». ونرى حكمة الربِّ متجلِّية على الصليب. فالعالم يقول إنَّ الموت صلبًا هو منتهى الحماقة؛ أمَّا بولس فيقول إنَّ ما يحسَبُه العالَم جهالةً مه هو إلَّا حكمة الله. ونجد في رسائل العهد الجديد الكثير من الاستشهادات من سفر الأمثال. فمثلاً، كتب بولس في رومية 12: «إِنْ جَاعَ عَدُوُّكَ فَأَطْعِمْهُ. وَإِنْ عَطِشَ فَاسْقِهِ. لأَنَّكَ إِنْ فَعَلْتَ هذَا تَجْمَعْ جَمْرَ نَارٍ عَلَى رَأْسِهِ». واستشهد بطرس من سفر الأمثال أكثر من مرَّة؛ ففي الأصحاح 2 من رسالته الثانية استشهد من أمثال 26: «كَمَا

يَعُودُ الْكَلْبُ إِلَى قَيْئِهِ، هكَذَا الْجَاهِلُ يُعِيدُ حَمَاقَتَهُ.» ويشجِّع قرَّاءه أن: «اخْشَ الرَّبَّ وَالْمَلِكَ»، وقد أتت هذه الآية في أمثال 24.

ويستشهد كاتب الرسالة إلى العبرانيين في الأصحاح 12 من أمثال 3 حيث يقول عن تأديب الرب لأولاده: «يَا ابْنِي، لاَ تَحْتَقِرْ تَأْدِيبَ الرَّبِّ وَلاَ تَكْرَهْ تَوْبِيخَهُ، لأَنَّ الَّذِي يُحِبُّهُ الرَّبُّ يُؤَدِّبُهُ، وَكَأَبٍ بِابْنٍ يُسَرُّ بِهِ.»

وفي أمثال 30 يسأل أجور: «مَنْ صَعِدَ إِلَى السَّمَاوَاتِ وَنَزَلَ؟» فيجيب الربُّ يسوع مباشرة عن هذا السؤال في إنجيل يوحنا 3 عندما تكلَّم عن رحلته من السماء إلى الأرض.

أمَّا يعقوب فقدِ استشهد من سفر الأمثال في رسالته عدَّة مرَّات. وقد سُمِّيَت هذه الرسالة سفر الأمثال في العهد الجديد، لأنَّها مشابهة له في الأسلوب. فالكاتب ينتقل من موضوع إلى آخر بخفَّة ومن دون نَسَقٍ معيَّن كما سفر الأمثال. ويستمدُّ الكاتب بعض أفكاره من سفر الأمثال، ومنها مخاطر اللسان ومنافع الحكمة.

يبدو سفر الأمثال سفرًا غريبًا بوجودِهِ في وسط الكتاب المقدَّس، لكن نجد بعد دراسته أنَّ مكانه مُسوَّغٌ جدًّا. فهو يعالج أفكارًا أساسيّة مذكورة في الكتاب المقدَّس، وقد تمّ الاستشهاد به في أكثر من مكان في الكتاب المقدّس، وهو جزء أساسي لمساعدة المؤمن على محاربة الجهل. لكنّه ليس سفرًا سهلاً. وعلينا التروِّي في أثناء قراءته. كذلك، فإنَّ العديد من دروسه تكشف لنا عمَّن نكون في الحقيقة.

سفر الجامعة

المقدِّمة

يحتوي سفر الجامعة على بعض العبارات التي تدعو إلى التساؤل. ألقِ نظرة على العبارات التالية واختر التي توافق عليها:

- دَوْرٌ يَمْضِي وَدَوْرٌ يَجِيءُ، وَالأَرْضُ قَائِمَةٌ إِلَى الأَبَدِ.
- لأَنَّ مَا يَحْدُثُ لِبَنِي الْبَشَرِ يَحْدُثُ لِلْبَهِيمَةِ، وَحَادِثَةٌ وَاحِدَةٌ لَهُمْ.
- رُؤْيَةُ الْعُيُونِ خَيْرٌ مِنْ شَهْوَةِ النَّفْسِ. هذَا أَيْضًا بَاطِلٌ وَقَبْضُ الرِّيحِ.
- نَوْمُ الْمُشْتَغِلِ حُلْوٌ، إِنْ أَكَلَ قَلِيلاً أَوْ كَثِيرًا، وَوَفْرُ الْغَنِيِّ لاَ يُرِيحُهُ حَتَّى يَنَامَ.
- لاَ تَكُنْ شِرِّيرًا كَثِيرًا، وَلاَ تَكُنْ جَاهِلاً. لِمَاذَا تَمُوتُ فِي غَيْرِ وَقْتِكَ؟
- رَجُلاً وَاحِدًا بَيْنَ أَلْفٍ وَجَدْتُ، أَمَّا امْرَأَةً فَبَيْنَ كُلِّ أُولئِكَ لَمْ أَجِدْ!
- ...السَّعْيَ لَيْسَ لِلْخَفِيفِ، وَلاَ الْحَرْبَ لِلأَقْوِيَاءِ.
- أَعْطِ نَصِيبًا لِسَبْعَةٍ، وَلِثَمَانِيَةٍ أَيْضًا، لأَنَّكَ لَسْتَ تَعْلَمُ أَيَّ شَرّ يَكُونُ عَلَى الأَرْضِ.

هناك قول ينطبق جدًّا على دراستنا لهذا السفر: "الجملة خارج سياق النصّ الموجودَةُ فيه تصبح من دون معنى." بكلامٍ آخر، علينا أن نرى دور النصّ في هذا السفر أو غيره قبل أن نستشهد به. والعبارات المذكورة أعلاه ما هي إلاّ جزء من تأمُّلات الكاتب، ويجب عدَمُ إخراجها من سياق النص في السفر بأكمله.

وعلى الأرجح أنَّ سِفرَ الجامعة هو من أغرب أسفار الكتاب المقدَّس. وعلى الرغم من أنّه يسهل فهمه، فهو يذكر أغرب الأُمور. فنقرأ مثلاً جُمَلاً على شكل شعارات وننتقل إلى جُمَل أُخرى تحمل ميزات شعريَّة. وأحيانًا لا يمكننا التمييز بين ما كتبه سليمان وما كتبه شعراء آخرون. فالجمل التالية ممكن أن تُنسب إلى سليمان مع أنَّ كاتبها هو الشاعر الإنكليزي اللورد تنيسون:

"أن نحبَّ ونخسر أفضَلُ من ألاّ نقع في الحبِّ أبدًا." (من قصيدة In Memoriam).

"يختلف الرجال كاختلاف السماء عن الأرض، أمّا أفضل النساء وأسوأُهنّ فيختلفن كاختلاف السماء عن الجحيم."

Pelleas and Ettare

«تنسى السلطة ملكًا يحتضر.»

Morte' d'Arthur

«تمرّ الأنظمة في فترات معيَّنة ومن ثَمَّ تختفي.»

(In the Valley of Cauteretz)

«الحق هو الحق، وعلينا اتِّباعه مهما كان الثمن.»

(The Revenge)

ولكنَّ هذا السفر، رُغمَ غرابَتِه، يحمل إيقاعًا معاصرًا، وتظهر فيه أفكار فلسفيَّة ليست غريبة عنَّا:

- **القضاء والقدر:** مهما كان فسَيكون.
- **الوجوديَّة:** عِشِ اللحظة؛ مَن يعلم ماذا سيحمل المستقبل.
- **الذكوريَّة:** الرجال أفضل من النساء.
- **مذهب المتعة:** الحياة لأجل المتعة.
- **السخرية:** حتَّى أفضل الأشياء ليست كما تظهر.
- **التشاؤم:** ستصل الأُمور إلى الأسوإ.

كاتب السفر

صدَرَ هذا السفر المملوء حكمة من الملك سليمان الذي كان قد شارف على نهاية حياته، وقد خاب ظنّه وأمله. وتسهل معرفة ما كان عمر سليمان عند كتابته لكلٍّ من أسفاره الثلاثة. فقد كتب سفر نشيد الأنشاد عندما كان شابًّا واقعًا في الحبّ. وسفر الأمثال هو عمل رجل في منتصف العمر يحاول أن يجنِّب ابنه الوقوع في الأخطاء التي وقع هو فيها. أمَّا في سفر الجامعة فنُلاقي كتابات رجلٍ شيخ، وتؤكِّد ذلك الآيةُ المذكورة قرابة نهاية السفر في الأصحاح 12: «فَاذْكُرْ خَالِقَكَ فِي أَيَّامِ شَبَابِكَ، قَبْلَ أَنْ تَأْتِيَ أَيَّامُ الشَّرِّ أَوْ تَجِيءَ السِّنُونَ إِذْ تَقُولُ: «لَيْسَ لِي فِيهَا سُرُورٌ»».

لقد كان ذلك الشيخ يتأمَّل حياته بتروٍّ،وقد ردَّد العبارة التالية أكثر من مرَّة: «قد رأيت...». والحِكَم الموجودة في هذا السفر هي نتيجة تأملاته.

أُسلوب السفر

يطلق سليمان لقب "قُوهيلِت" على نفسه وهي كلمة عبريّة تعني: «الواعظ» أو «الفيلسوف» أو «المـُحاضِر». لكن أفضل ترجمة هي «الناطق باسم ...»، خاصَّة أنَّ هذا هو اللقب الذي يُطلق على المتكلِّم باسم مجلس العموم بعد خوضهم مناقشة معيَّنة. وتصف هذه العبارة الأُسلوب الذي كُتِب فيه

السفر، إذ هو نتيجة نقاش يدور في فكر رجل متقدِّم في الأيَّام. وكأيّ ناطق بارع فهو يعطي الإيجابيَّات والسلبيَّات حقَّها في حديثه. فمثلاً، بعدما يقول إنَّ الحياة لا تستحق أن نحياها، يعود فيقول العكس تمامًا. ولهذا، فإنَّ السفر يناسب كلّ العصور، إذ إنَّ الناس يخوضون النقاشات نفسها، خاصَّة عندما يصلون إلى منتصف العمر، فيبدأون بطرح السؤال: "ما معنى كلّ هذا؟" وأحيانًا يقوم بعضُهم في هذه المرحلة العُمريَّة بتغييرات جذرية في أُسلوب حياتهم لأنَّهم يشعرون أنَّ أمرًا ما ينقصهم.

ويطرح سليمان في هذا السفر أسئلة كبيرة: ما هدف الحياة؟ هل تستحق الحياة أن نحياها؟ كيف يمكننا الاستفادة من الحياة إلى أبعد حدٍّ؟ وهو يطرح أسئلة صحيحة، رُغمَ أنَّه لم يجد الأجوبة الصحيحة. وتترجَّح أسئلتُه والأجوبة عنها خلال السفر. وقد أتت **رسالته** متفائلة أحيانًا، ومتشائمة في أحيان أُخرى. أمَّا مزاجه فيبدو مُتعَاليًا أحيانًا، ومكتئبًا في أحيان أُخرى. وتتفاوت **مواضيع** السِّفر من العميق إلى السطحيّ.

عبارات سلبيَّة

العبارة التي افتتح بها سليمان السفر سلبيَّة جدًّا: «بَاطِلُ الأَبَاطِيلِ، الْكُلُّ بَاطِلٌ.» أو ما معناه «لا معنى للكلّ» أو «الكل فارغ». وها أمامنا رجل شارف نهاية حياته ويقول إنَّ كلَّ شيء كان بلا هدف ودون فائدة.

علينا أن نتذكَّر أنَّ سليمان الملك كان مقتدرًا في القول والفعل، وامتلك ثروة كبيرة أهَّلته للانغماس في كلّ نزوة. ويذكر السفر النشاطات المتنوِّعة التي قام بها سعيًا وراء السعادة. فجرَّب العلم والزراعة، حتَّى تربيةَ قطيعه الخاص من الماشية. ثمَّ تحوَّل إلى الفنون. ولا بدَّ أنَّه ورث حبَّ والده للموسيقى. بنى أبنية ضخمة، وجمع رسومًا من أنحاء العالم وعرضها في معرض. ثم التجأ إلى التسلية فزاره الكوميديّون في قصره. لكن لم تشبعه تلك الأُمور. واشتغل في عالم الأعمال وجمع ثروة في عالم التجارة. وجرَّب التمتع بالطعام وشرب الخمر والعلاقات مع النساء، فلم يشعر بالاكتفاء. فالتجأ إلى الفلسفة واشترى كتبًا عدَّة، بعضها من مصر فحفَّزته، إلاَّ أنَّها فشلت في سدِّ حاجاته.

لم تكن تلك الأُمور خطأ بحدِّ ذاتها، لكنَّها فشلت بأن تقدِّم له ما كان يبحث عنه. وكانت حياته ممتلئة، لكنَّها لم تكن مكتفية، فتمنَّى في بعض الأحيان لو كان مجرَّد رجلٍ عاديّ.

يمكننا شرح فشله في إيجاد معنى للحياة. فأساس مشكلته كان أنَّه **لاحظ** أُمورًا عدَّة، لكنَّه **فهم** القليل. كان يتطلَّع إلى الحياة بواسطة منظار من خلال عين واحدة، لكنَّه لم يصل إلى العمق. وقد واجهته محدوديَّتان على الأقلّ:

1. المكان

استخدم العبارة «تحت الشمس» أكثر من ثمانٍ وعشرين مرَّة ليصف الموقع الذي رأى فيه كلّ الأشياء. ولم ترد هذه العبارة في أيّ مكان آخر من الكتاب المقدَّس. فإنِ انحصرت نظرتنا في هذه

الأرض وهذه الحياة، فلن نفهم معنى الحياة وما الذي يجعلها تستحق أن نحياها. وسنتكلّ على إيجاد الاكتفاء في مباهج هذا العالم العابرة.

2. الزمان

أيضًا تنبَّه سليمان إلى كون الحياة زائلةً. فهو يعتبر الموت نهاية الوجود الواعي ذي المعنى. لم يكن لديه أدنى فكرة عن الحياة بعد الموت، الأمر الذي يعطي معنى وعمقًا لسني الحياة التي تُعطى لنا.

يشارك عصرُنا الحاضر سليمانَ في شيء من نظريَّته بشأن الحياة. وهي تنظر إلى الحياة نظرة علميَّة تفترض أنْ لا وجود للربّ ولا حياة بعد الموت. فبمقدور العلم أن يخبرنا كيف أتى العالم إلى الوجود، ولكنَّه لا يقدِّم لنا السبب. فكان سليمان بحاجة لأنْ ينظر إلى الحياة من زاوية مختلفة؛ ولن يحدث هذا إلاَّ إذا تطلّع من وجهة نظر الربّ.

عبارات إيجابيَّة

بعض تلك الأسئلة التي لا إجابة عنها تؤدِّي بنا إلى التفاؤل، إذ لا ضرورة لأن يقودنا الجهلُ إلى اليأس. فربَّما سبب جهلنا هو أنْ لا أحد يملك الإجابات أو لأنَّ الإجابة هي عند الربّ ونحن لم نرها بعد. وكلَّما كان سليمان يذكر الربّ، كان تفكيره يتحوَّل إيجابيًّا. ونجد هذا الأمر واضحًا في نصَّين من السفر: **النصّ الأوَّل** هو في الأصحاح 3، وهو الأشهر، وغالبًا ما يتمّ الاستشهاد به. وقدِ استُخدمت الآيات المذكورة فيه كعناوين لروايات وأفلام. إنَّه شعر له قافية جميلة ويذكِّرنا بأنَّ لكلِّ شيء وقتًا:

الربُّ صاحب السلطان، وهو يصنع الأُمور في أوقاتها، فهناك:

وقت للولادة، ووقت للموت.
وقت للزراعة، ووقت للحصاد.
وقت للمرض، ووقت للشفاء. وقت للحزن، ووقت للفرح.
وقت للنوح، ووقت للرقص. وقت للتقبيل، ووقت للكفِّ عن التقبيل!
وقت للإيجاد، ووقت للإضاعة. وقت للجمع، ووقت للتبذير.
وقت للتمزيق، ووقت للإصلاح. وقت للسكوت، ووقت للكلام.
وقت للحبّ، ووقت للكُره. وقت للحرب، ووقت للسلام.

استمتعْ، لكن تذكّر أنَّ الربّ هو صاحب السلطان وهو يَسُنُّ القوانين.

لا ينتبه معظم القرَّاء إلى آية أساسيَّة في نهاية الشعر حيث ينتقل النص إلى الأُسلوب النثري. نقرأ أنَّ الربّ: «صَنَعَ الْكُلَّ حَسَنًا فِي وَقْتِهِ»، فالتركيز ليس على القرارت التي يتخذها البشر، بل على المراسيم التي يضعُها الربّ. وقد أتت هذه الآية في ترجمة أُخرى على الشكل التالي: «كلّ ما يحصل في هذا

العالم يحصل في الوقت الذي يحدِّده الربّ.» وهذا ما يضفي نورًا على تشاؤمنا في الحياة. فعندما نؤمن بأنَّ حياتنا هي في يد الربّ، وأنَّه يعلم الوقت المناسب لنا لكي نفرح أو ننوح، نفهم أنَّ الأُمور التي تحصل لنا لا تحصل بالصدفة، بل هي جزء من خيارات الربّ لنا. إنَّه يَحوكُ خيوط حياتنا.

يظنّ بعضٌ أنّ نمط التفكير هذا جبريّ، وأن لا أحد يستطيع أن يغيّر مصيره. ولكن يختلف هذا كلّيًّا عن اختيار الربّ لما سيحصل معنا. فحريَّة الإرادة لدينا لا يمكن أن تتخطَّى الربّ. وهو يعمل في كلّ الأُمور ليحقِّق أهدافه. وهو يدعونا إلى الاختيار طريقهِ والاستسلام لإرادته. وسنقدّم حسابًا عمَّا نقوم في الحياة.

وتنعكس هذه النظرة إلى الحياة في أمكنة أُخرى في الكتاب المقدَّس، حيث يشجّعنا على التطلُّع إلى كلّ المخطَّطات التي نضعها من منظار إرادة الرب وسيادته. وكلّ المخطَّطات التي نضعها يجب أن تُوافِق «إرادة الربّ». وقد كان والدي يكرّر القول التالي: «الحياة طويلة كفاية لنعيش في ضوء أهداف الربّ؛ ولكنَّها قصيرة جدًّا، فلا ينبغي أن نضيِّع أيَّة لحظة.» هذه هي رسالة الأصحاح 3. أوقاتنا هي في يديه، وهو الذي يقرِّر ما هو الأفضل لنا في المستقبل.

النص الثاني الذي يشير بقوّة إلى وجود الرب هو في الأصحاحين 11و12:

"لأَنَّهُ إِنْ عَاشَ الإِنْسَانُ سِنِينَ كَثِيرَةً فَلْيَفْرَحْ فِيهَا كُلِّهَا، وَلْيَتَذَكَّرْ أَيَّامَ الظُّلْمَةِ لأَنَّهَا تَكُونُ كَثِيرَةً. كُلُّ مَا يَأْتِي بَاطِلٌ.

اِفْرَحْ أَيُّهَا الشَّابُّ في حَدَاثَتِكَ، وَلْيَسُرَّكَ قَلْبُكَ فِي أَيَّامِ شَبَابِكَ، وَاسْلُكْ فِي طُرُقِ قَلْبِكَ وَبِمَرْأَى عَيْنَيْكَ، وَاعْلَمْ أَنَّهُ عَلَى هذِهِ الأُمور كُلِّهَا يَأْتِي بِكَ اللهُ إِلَى الدَّيْنُونَةِ.

فَانْزِعِ الْغَمَّ مِنْ قَلْبِكَ، وَأَبْعِدِ الشَّرَّ عَنْ لَحْمِكَ، لأَنَّ الْحَدَاثَةَ وَالشَّبَابَ بَاطِلاَنِ.

فَاذْكُرْ خَالِقَكَ فِي أَيَّامِ شَبَابِكَ، قَبْلَ أَنْ تَأْتِيَ أَيَّامُ الشَّرِّ أَوْ تَجِيءَ السِّنُونَ إِذْ تَقُولُ: «لَيْسَ لِي فِيهَا سُرُورٌ».

قَبْلَ مَا تَظْلُمُ الشَّمْسُ وَالنُّورُ وَالْقَمَرُ وَالنُّجُومُ، وَتَرْجعُ السُّحُبُ بَعْدَ الْمَطَرِ.

فِي يَوْمٍ يَتَزَعْزَعُ فِيهِ حَفَظَةُ الْبَيْتِ، وَتَتَلَوَّى رِجَالُ الْقُوَّةِ، وَتَبْطُلُ الطَّوَاحِنُ لأَنَّهَا قَلَّتْ، وَتُظْلِمُ النَّوَاظِرُ مِنَ الشَّبَابِيكِ.

وَتُغْلَقُ الأَبْوَابُ فِي السُّوقِ. حِينَ يَنْخَفِضُ صَوْتُ الْمِطْحَنَةِ، وَيَقُومُ لِصَوْتِ الْعُصْفُورِ، وَتُحَطُّ كُلُّ بَنَاتِ الْغِنَاءِ.

وَأَيْضًا يَخَافُونَ مِنَ الْعَالِي، وَفِي الطَّرِيقِ أَهْوَالٌ، وَاللَّوْزُ يُزْهِرُ، وَالْجُنْدُبُ يُسْتَثْقَلُ، وَالشَّهْوَةُ تَبْطُلُ. لأَنَّ الإِنْسَانَ ذَاهِبٌ إِلَى بَيْتِهِ الأَبَدِيِّ، وَالنَّادِبُونَ يَطُوفُونَ فِي السُّوقِ.

قَبْلَ مَا يَنْفَصِمُ حَبْلُ الْفِضَّةِ، أَوْ يَنْسَحِقُ كُوزُ الذَّهَبِ، أَوْ تَنْكَسِرُ الْجَرَّةُ عَلَى الْعَيْنِ، أَوْ تَنْقَصِفُ الْبَكَرَةُ عِنْدَ الْبِئْرِ.

فَيَرْجِعُ التُّرَابُ إِلَى الْأَرْضِ كَمَا كَانَ، وَتَرْجِعُ الرُّوحُ إِلَى اللهِ الَّذِي أَعْطَاهَا.

بَاطِلُ الْأَبَاطِيلِ، قَالَ الْجَامِعَةُ: الْكُلُّ بَاطِلٌ.

بَقِيَ أَنَّ الْجَامِعَةَ كَانَ حَكِيمًا، وَأَيْضًا عَلَّمَ الشَّعْبَ عِلْمًا، وَوَزَنَ وَبَحَثَ وَأَتْقَنَ أَمْثَالًا كَثِيرَةً.

اَلْجَامِعَةُ طَلَبَ أَنْ يَجِدَ كَلِمَاتٍ مُسِرَّةً مَكْتُوبَةً بِالاسْتِقَامَةِ، كَلِمَاتِ حَقٍّ.

كَلَامُ الْحُكَمَاءِ كَالْمَنَاسِيسِ، وَكَأَوْتَادٍ مُنْغَرِزَةٍ، أَرْبَابُ الْجَمَاعَاتِ، قَدْ أُعْطِيَتْ مِنْ رَاعٍ وَاحِدٍ.

وَبَقِيَ، فَمِنْ هذَا يَا ابْنِي تَحَذَّرْ: لِعَمَلِ كُتُبٍ كَثِيرَةٍ لَا نِهَايَةَ، وَالدَّرْسُ الْكَثِيرُ تَعَبٌ لِلْجَسَدِ.

فَلْنَسْمَعْ خِتَامَ الْأَمْرِ كُلِّهِ: اتَّقِ اللهَ وَاحْفَظْ وَصَايَاهُ، لِأَنَّ هذَا هُوَ الْإِنْسَانُ كُلُّهُ.

لِأَنَّ اللهَ يُحْضِرُ كُلَّ عَمَلٍ إِلَى الدَّيْنُونَةِ، عَلَى كُلِّ خَفِيٍّ، إِنْ كَانَ خَيْرًا أَوْ شَرًّا."

يمكننا الاستفادة من نقاط مهمَّة في النصّ أعلاه:

تذكَّر

يحثّ سليمان مستمعيه، وخاصّة الشبيبة منهم، أن يذكروا الربّ. وقد أتت هذه النصيحة على الأرجح كنتيجة لخبراته. فمثلاً، لا ذكر للربّ في كامل سفر نشيد الأنشاد. يقول إنّه ما كان ليُواجه كلّ تلك التساؤلات عن الحياة لو أنَّه تذكَّر الربّ في بداية حياته.

الخوف

يحثّ مستعميه على خوف الربّ. فأسفار الحكمة الأدبيَّة في الكتاب المقدَّس تشير باستمرار إلى أنَّ بداية الحكمة هي مخافة الربّ. وإن كنَّا فعلاً نخاف الربّ، فلن نخاف أحدًا ولن نخاف من أيِّ شيء. علينا أن نخاف الربّ لأنَّه سيُحاسبنا على الحياة التي أعطانا. وقال الربُّ يسوع لتلاميذه ألَّا يخافوا ممن يقتلون الجسد بل: «خَافُوا مِنَ الَّذِي بَعْدَمَا يَقْتُلُ، لَهُ سُلْطَانٌ أَنْ يُلْقِيَ فِي جَهَنَّمَ.» (لوقا 12). وإن كان الناس الذين هم من خارج الكنيسة لا يخافون الربّ، فالسبب يعود إلى كون الناس الذين هم من داخل الكنيسة لا يخافونه.

الطاعة

علم سليمان أنَّه لم يطع الربَّ كما يجب، ولذلك شجَّع سامعيه على أن يتنبَّهوا ويطيعوه. لقد علم أنَّ وصايا الربّ هي لخيرنا، وليس لكي تُفسِد حياتنا، بل لكي تساعدنا على الاستفادة منها على أكمل

وجه، «لأَنَّ هذَا هُوَ الإِنْسَانُ كُلُّهُ»، أي هذه هي مسؤولية الإنسان. فالمسؤولية الموضوعة على عواتقنا أهمّ من حقوقنا.

الخاتمة

جمع سليمان الأمثال، لكنَّه فحص بعض الفلسفات الأُخرى. فهذا رجل قرأ الكثير، وخاب ظنُّه من كثرة قراءاته. والكثير من الفراغ الذي نقابله في هذا السفر هو بسبب تلك الفلسفات. وهو يظهر محدوديَّات الحكمة البشريَّة، كما أنَّه تذكير مفيد بِما سنصبح عليه إن لم نكتشف كيف يريد لنا الربّ أن نحيا.

لقد سمح الربّ بوضع هذا السفر في الكتاب المقدّس لأنَّه يساعدنا على تفحُّص الأفكار الخاطئة مقابل الأفكار الجيّدة والصحيحة. وهو يواجهنا بنظرة الحياة التشاؤميّة وبنظرة القضاء والقدر، لكي يقول إنَّ هذا أفضل ما يمكن للإنسان أن يقدِّمه.

يخبرنا هذا السفر أنَّه إن لم نفهم المعنى الحقيقي للحياة من منظار السماء ومنظار الحياة الأبديَّة، ينتهي بنا الأمر إلى الضَّياع وخيبة الأمل والكآبة.

وبالطبع، لا يتركنا الكتاب المقدَّس نواجه تشاؤم هذا السفر، فالعهد الجديد يخبرنا أنَّ المسيح هو حكمةُ الله لنا. ومن خلاله نستطيع أن نجد الإجابة عن **لماذا** و**كيف** يجب أن نعيش حياتنا.

نقرأ في يوحنا 17أنَّ الحياة الحقيقية هي أن نعرفه. إنَّه الألف والياء، وهو الذي يؤكِّد أنَّه يجعل للحياة معنى وهدفًا.

سفر أيوب

المقدِّمة

نستخدم في أحاديثنا اليوميَّة عبارات أتت في الأصل في سفر أيوب. فمثلاً، نقول عن الذي يحتمل الصعاب إنَّه يملك «صبر أيوب». ونقول عن الذين يحاولون مواساة الآخرين لكنَّهم يفشلون إنَّهم: «مُعزّون متعبون كأصدقاء أيوب."

وتستخدم بعض الكنائس في مراسِمِ الجنازات العبارة: «الرَّبُّ أَعْطَى وَالرَّبُّ أَخَذَ، فَلْيَكُنِ اسْمُ الرَّبِّ مُبَارَكًا.» كذلك، فإنَّ القرار "أَمَّا أَنَا فَقَدْ عَلِمْتُ أَنَّ وَلِيِّي حَيٌّ" مألوف لهواة الموسيقى في الغرب، وقد استخدمه الموسيقي «هاندل» في مقطوعته الموسيقيَّة «المسيَّا.»

لكنْ مع أنَّ الناس يعرفون أجزاء من سفر أيوب، فإنَّ السفر ككلّ غير معروف. ولا يعرف الكثيرون الهدف من وراء كتابته ، ولذا يفشلون في جمع الأجزاء التي يعرفونها في الإطار المناسب.

سفر أيوب هو من أقدم الأسفار التي بين أيدينا، إلاَّ أنَّه يصعب تأريخ وقت كتابته. نعلم أنَّه يعود إلى الفترة الزمنيَّة التي عاش فيها إبراهيم، إذ تنسجم تفاصيل كثيرة مذكورة فيها مع تلك الحقبة. ويستخدم الكاتب اسم «يهوه» إشارة إلى الربّ، تمامًا كما فعل موسى. لكنَّنا لا نجد أيّ ذكر للخروج أو عهد سيناء أو ناموس موسى، وقد كانت كلُّها أجزاء أساسيَّة في العهد القديم.

ويواجه قرَّاء السفر السؤال: كيف يجب أن يعتبروه؟ أهو حقيقة أم خيال أم خليط من الاثنين؟

حقيقة؟

إنَّ الذين يؤمنون بأنَّ السفر حقيقة يؤكِّدون أنَّ كتَّاب الأسفار الآخرين يشيرون إلى أيّوب بكونه رجلاً حقيقيًّا. فيضعه حزقيال مثلاً في اللائحة مع نوح ودانيال كأكثر الرجال برًّا. أمَّا في العهد الجديد فيشير يعقوب في رسالته إلى صبر أيوب ويحثّ قُرَّاءَه على اتخاذه مثالاً.

ونقرأ في الأصحاح الأوَّل أنَّ أيوب عاش «فِي أَرْضِ عَوْصَ». وعلى الرغم من أنَّه لا توجد معالم لأرض عوص، فإنَّ من الموكَّد أنَّه عاش في بلاد ما بين النهرين بالقرب من دجلة والفرات صعودًا من دمشق.

يشير السرد في هذه القصَّة إلى إنسان حقيقي. فردَّات فعله حِيالَ الكوارث التي حلَّت به واقعيَّة، ويبدو وصف مشاعره حقيقيًا. وتبدو مناقشاته مع زوجته ما كنَّا نتوقَّع أن يدور بين أيّ زوجة وزوج، كما أنَّ تعليقات أصدقائه وحججهم التي تلت تبدو مُشابِهةً لِما يحدث في الحياة اليوميَّة. وامتلاكه لهذا

العدد المميَّز من الماشية طبيعي لمزارع غنيّ.

خيال؟

كثيرون لا يقتنعون بالحجج المذكورة أعلاه. فرُغمَ إمكانية تصديق جزء كبير من السفر، يشعر القارىء بأنَّ أمرًا ما لا يتماشى مع الحياة كما نعرفها. فمثلاً، يذكر الأصحاح الأوَّل أربع كوارث متتالية تُخلِّفُ كلّ منها شخصًا واحدًا على قيد الحياة، فيأتي إلى أيوب ويصف له ما حدث. ومن السذاجة أن نفتكر أنَّ شخصًا واحدًا فقط بقي حيًّا بعد كل كارثة وأنَّ كلاًّ منهم انتقى الجملة التالية: «نَجَوْتُ أَنَا وَحْدِي لأُخْبِرَكَ!»

كذلك تبدو النهاية السعيدة بعيدة عن الواقع. فنقرأ في الأصحاح الأوَّل أنَّ أيوب خسر كل أولاده، أمَّا في الأصحاح الأخير فنقرأ أنَّه أنجب العدد نفسه من الأولاد: سبعة صبيان وثلاث بنات. ومن الواضح أنَّه علينا أن نبتهج للنهاية السعيدة، كأنَّ خسارة أولاده السابقين غير مهمَّة بالنسبة إليه. فنتساءل: «ألا يبدو الأمر أفضل من أن يكون حقيقيًّا؟ هل يجدر بنا أن نأخذ القصَّة على محمل الجدّ؟» وعندما نقرأ الخُطَبَ التي قدَّمها أصدقاؤه، نُفاجأ إذ إنَّها مكتوبة بالأُسلوب الشعري في اللغة العبرية، فنتساءل عن مدى صحَّتها. وقد ذكرنا في الجزء الأوَّل أنَّ الشعر أُسلوب كلام منظوم، ولا يُستخدم في المحادثات. وبالطبع، لا يُستخدم في مناقشة مسائل ثقيلة كمصيبة أيوب. لكن كل «المعزِّين» استخدموا أُسلوب الشعر الراقي في الحديث مع أيوب، فيطرح السؤال نفسه: «من كتب تلك القصائدَ التي تفوَّه بها الأصدقاء؟» فإمَّا أنَّهم كانوا شعراء لامعين ذوي ذاكرات مميَّزة، وإمَّا أنَّ علينا أن نصل إلى تفسير بديل.

مزيج من الاثنين معًا؟

الحلّ الوحيد المنطقي هو أنَّ سفر أيوب هو مزيج، أي أنَّه يستند إلى الواقع، لكنَّ الحقائق قُدِّمت بأُسلوب مُفَخّم ومزخرف. إذًا، أيوب هو إنسان حقيقي حاول أن يستوعب المصيبة والألم بمساعدة إله الكتاب المقدَّس.

ويُشبه هذا السفر بعض مسرحيات الكاتب الإنكليزي وليم شاكسپير، الذي أخذ الحقائق التاريخيَّة الأساسيَّة عن الناس، أمثال الملك هنري الخامس، وأنتج مسرحيَّات تشدِّد على الدوافع الداخليَّة للشخصيَّات. ويمكن لمسرحية **رجل لِكُلِّ الفصول** للكاتب «روبرت بولت» التي تستند إلى حياة «السير ثوماس مور» أن تشكِّل مثلاً معاصرًا. فالاثنان يمسكان بجوهر المشاكل التي تواجه الإنسان، ولكن يعرف المشاهدون أنَّ العمل المسرحي لا يتوافق بالكامل مع الأحداث الحقيقية.

الأدب

كُتب هذا السفر بأُسلوب الشعر العبري الذي يعتمد في جماله على التكرار والمشاعر، وليس على الإيقاع. وهو أثرٌ أدبي بامتياز ولا يندرج في أيَّة خانة واحَدة من الأنواع الأدبيَّة. فهو يجمع بين الشعر

الملحمي والدراما والنقاش في حبكة ساحرة وحوار عميق. ولا عجب، فإنَّ السفر نال إعجاب الكثير من الأدمغة العظيمة أمثال «ثوماس كارلَيل» الذي قال: "إنَّه كتاب النبلاء"، واللورد ألفرد تنيسون الذي وصفه بأنَّه: "أعظم شعر من بين أشعار العصور القديمة والمعاصرة"، ومارتن لوثر الذي قال: "إنَّه أكثر أسفار الكتاب المقدَّس رُقيًّا وعظمة." وقد وُضع هذا السفر في المكانة ذاتها مع أعمال هوميروس وفرجيل ودانتِ وملتون وشاكسبير، كأحد أفضل الآثار الأدبيَّة على مرّ العصور.

الفلسفة

لكنَّ سفر أيوب هو أكثر من أثَرٍ أدبي عظيم إذ هو أثَرٌ فلسفي أيضًا. فهو يطرح أسئلة تأمَّل فيها الفلاسفة عبر تاريخ الجنس البشري: لماذا نحن هنا؟ ما معنى الحياة؟ من أين أتى الشر؟ لماذا يتألَّم الأتقياء؟ ما دور الربّ في العالم؟ هل يهتمّ بأمرنا، وهل يرعانا؟ ويغطِّي هذا السفر تلك الأفكار الرئيسيَّة كلَّها، وبالأخصّ لسؤال: لماذا يتألَّم الأتقياء؟ فمِنَ الواضح أنَّ أيوب كان رجلاً صالحًا، لكنَّه اختبر أسوأ مأساة. ويعالج السفر لما قد يحصل هذا الأمر.

الموقف اللاهوتيّ

إنَّه سفر لاهوتي أيضًا. إذ يمكن للفلسفة أن تتناول الأسئلة الكبيرة في أُسلوب غير ملموس، أمَّا اللاهوت فيصلها بالربّ. ومن الجدير بالملاحظة من البداية أنَّ الذين لديهم نظرتهم الخاصَّة من نحو الربّ يواجهون الصعوبة في فهم موضوع الألم. فإن كنت تؤمن بأنَّ الربّ ظالم فلن تواجه مشكلة مع الألم، لأنَّك تتوقّع من إله غير صالح أن يدعك تتألَّم. لكنَّك تواجه مشكلة في فهم الألم إن كنت تؤمن بأنَّ الربّ صالح. ويمكن أن تؤمن بأنَّ الربّ صالح لكنَّه ضعيف ولا يستطيع أن يساعدك. عندئذٍ، استنادًا إلى هذا المنطق، لن تواجه مشكلة مع قبول الألم، لأنَّه يمكن لإله ضعيف أن يرثيَ لك لكنَّه لا يستطيع مساعدتك. إنَّنا نواجه مشكلة مع قبول الألم فقط عندما نؤمن بأنَّ الربّ **قادر** أن يمدّ يد العون وأنَّه **صالح** في طبعته.

ويحاول العديد من «اللاهوتيين المعاصرين» تجنُّب فكرة الألم بإنكار أحد الأمرين التاليين: فإمَّا أن يكون الربّ غير صالح ويتلاعب بنا، وإمَّا أنَّه ضعيف لدرجة لا يستطيع فيها أن يغيّر الأُمور. لكنّ الواضح أنَّ كاتب سفر أيوب يؤمن بالتالي:

1. يوجد إله واحد.
2. إنَّه يهتمّ بأمر مخلوقاته.
3. إنَّه الخالق الجبَّار والمهوب.
4. إنَّه صالح ويَرثي لنا ويهتمّ بأمرنا.

لكنْ يصف السفر في الوقت نفسه حالة أيوب التي تتضارب مع تلك الحقائق أعلاه. ويُترك القارىء

ليرى كيف يتعامل أيوب مع ذلك الصراع، وكيف يُظهر الربّ ذاته وسط كلّ ذلك.

أسفار الحكمة

من الضروري أن نفهم أيضًا أنَّ سفر أيوب هو جزء من «أسفار الحكمة» في الكتاب المقدَّس، بالإضافة إلى أسفار الأمثال والمزامير والجامعة ونشيد الأنشاد. وتُسمَّى هذه الأسفار في التوراة العبريَّة «الكتابات»، وهي عبارة عن مجموعة نصوص متفرّقة أتت نتيجة الحقبة النبويّة وهي ليست نبوّات. وعندما نفهم سفر أيوب بهذه الطريقة نستطيع أن نفسّره بالطريقة الصحيحة، لأنَّه ممكن لبعض العبارات في أسفار كتابات الحكمة أن يُساء فهمها. وإليكم شرح ذلك بالتفصيل:

أوَّلاً، ليس كل ما هو مذكور في هذه الأسفار صحيحًا، فهي تتضمَّن مقاطع حيث يتصارع البشر مع تساؤلات. ولم تعكس عباراتهم فكر الربّ دائمًا، لكنَّها مذكورة في الكتاب المقدَّس لتُظهِرَ الصراع الذي دار، على أمل أن نرى الهدف من ورائها فنفسرّها دون مواجهة أيَّة مشكلة. وقد تفوَّه أصدقاء أيوب بعبارات تُظهِر مستوى فهم محدودًا. وقد ذُكرت تلك العبارات لتُظهِرَ لنا أمثلة تُبيِّن كيف يواجه البشر الألم، ولا يجدر بنا أخذها خارج سياق النص كأنَّها من أقوال الربّ. وعلينا أن نأخذ بعين الاعتبار النص الذي ترد فيه أيَّة آية في الكتاب المقدَّس. ورسالة الكتاب ككلّ تُظهِر معنى أيَّة جملة واردة فيه.

ثانيًا، من المهم الملاحظةُ أنَّ كتابات الحكمة هي عامَّة، وليست خاصّة. ممَّا يعني أنَّ كلمات الحكمة لا تنطبق على جميع الظروف. فسفر الأمثال مثلاً ليس هو سلسلةً من الوعود، لكنَّه يتضمَّن أقوالاً تصحّ في معظم الأحيان. وسيخيب ظنّك إن كنت تحاول أن تقول إنَّها صحيحة في كلِّ الأحوال. وهذا يفسِّر المشاكل التي واجهها أيوب ورفقاؤه. فهم كانوا على معرفة بأمثال تقول إنك ستتألَّم إن كنت تعيش حياة شرِّيرة. إنَّ هذا الأمر صحيح في كثير من الأحيان، لكن ليس في كلِّ الأحيان. وتأتي قصّة أيوب في خانة «ليس في كلِّ الأحيان.» فهذا السفر يحاول أن يتعامل مع استثناءات القاعدة.

وجهة نظر يهوديَّة

علينا أن ننظُرَ بعين الاعتبار إلى الفرق الواضح بين وجهة النظر اليهوديَّة من نحو هذا السفر ووجهة النظر المسيحيَّة. فلم يكن بمقدور يهود العهد القديم أن ينظروا إلى مشاكل الحياة الحاضرة من منطلق الأبديَّة. وقد شعروا بأنَّه لا بدَّ أن يظهر عدل الربّ في هذه الحياة، بما أنَّ الأشرار والأبرار سيذهبون إلى المكان نفسه الذي هو الهاوية حيث تنام أرواح الذين قد فارقوا هذه الحياة. لكنْ ينظر المؤمنون إلى الألم الحاضر بطريقة مختلفة جدًّا، إذ هم يرون الصورة الكُبرى للسماء في ضوء عمل المسيح. والألم في هذه الحياة لا يقارن بالحياة التي سنستمتع بها في السماء. ولذا نجد ذكرًا قليلاً للحياة بعد الموت في كامل هذا السفر. إنَّما يعلن أيوب مرَّة أنَّه سيرى الربّ بعد موته، ولم تكن هذه الفكرة متداولة، وبالطبع لم يكن يستوعب كيف يمكن أن يحصل ذلك.

بناء السفر

تُنشئُ المقدمة ضغطًا كبيرًا يؤسِّس هيكلية السفر كلّه. فالرب يقيم اتفاقًا مع الشيطان، ويكون جسد أيوب هو الضحيَّة. لكنَّ أيوب لم يعرف بهذا الاتفاق أبدًا. وتساعدنا معرفة هذا السرّ على التخمين فيما يواجه أيوب تجاربه. ويمكن أن تكون حبكة مثل هذه محفوفة بالمخاطر لأنَّها تُظهِر لنا خصائص لِشخصيَّة الربّ وعمله، وخاصّة في علاقته بالشيطان. ويمكن أن يكون القول إنَّ الربّ هو المسؤول عن هجوم الشيطان لأيوب تجديفًا، إن لم يكن حقيقة بالفعل.

تقسيم السفر:

المقدمة (الأصحاحان 1و2) (نثر) جولتان: الربّ مقابل الشيطان.

الحوار: (3:1-42:6) (شعر)

1. **الناس** (3-37)
   - أ. أليفاز، بلدد، صوفر (3-31)
     - (i) الجولة الأُولى (3-14)
     - (ii) الجولة الثانية (15-21)
     - (iii) الجولة الثالثة (22-31)
   - ب. أليهو (32-37) – مونولوج
2. **الربّ (38:1-42:6)**
   - (i) الجولة الأُولى (38-39)
   - (ii) الجولة الثانية (40:1-42:6)

الخاتمة (42:7-17) (نثر)

الجولات النهائية: الربّ مقابل أيوب.

يأتي سفر أيوب على شكل سندويش، حيث يؤدّي النثر دور «الخبز»، إذ يقدّم القصّة والخلفيّة في البداية والنهاية. بينما يؤدّي الشعر دور «الحشوة» في الوسط، وهو يتضمَّن النقاش الذي قام بين أيوب وأصحابه الثلاثة وشاب ظهر عندما ذهب الأصدقاء.

ثُمَّ تقدِّم الخاتمة الحلّ لكلّ ما حصل في السابق. وتأتي النهاية سعيدة ومميّزة.

حبكتان

في هذه القصّة تُنسج حبكتان بمهارة: حبكة سماويَّة وحبكة وأرضيَّة. فالأحداث التي تحصل على

الأرض هي نتيجة أُمور قد حصلت في السماء؛ تمامًا كما نقرأ في سفر رؤيا يوحنا عن حرب تقوم على الأرض مباشرة بعد حرب قامت في السماء.

الحبكة السماويَّة

يبدأ السفر بالحبكة السماويَّة حيث يتقابل الربُّ مع الشيطان في السماء. وقد كان الشيطان ملاكًا شغله الشاغل هو أن يقدِّم تقريرًا للربّ عن الخطايا التي يرتكبها البشر. وكان الشيطان في وقت أيوب قد وصل إلى مرحلة من السخرية لم يعد يصدِّق فيها أنَّه يمكن لأحد أن يحبّ الربّ لذاته فقط. وقد ظنَّ أنَّ الناس يحبّونه من أجل ما يمكن أن يأخذوهُ منه. فقام نقاش بين الربّ والشيطان أثار فيه الشيطان هذه النقطة. وسأله الربّ عمَّا إذا كان قد رأى أيوب عندما زار الأرض، وقال له إنَّ أيوب يحبّه لأنَّه يحبّه وليس بسبب البركات التي حصل عليها. واستمرّ الشيطان في سخريته قائلاً إنَّه لو أخذ الربّ البركات من أيوب فسوف يلعنه كالآخرين. وهكذا حصل الرهان السماويّ.

المفتاح لكل دراما هو الضغط النفسي الذي تُنشئُه. فبينما يعرف القارئ بأمر ذلك الرهان السماوي، لم يكن أيوب على علم به. وما كان الامتحان ليكون صالحًا لو أنَّه عرف بأمره.

يعلِّمنا هذا التفاعل دروسًا مهمَّة عن الشيطان. أوَّلاً، لا يمكنه أن يوجد في أكثر من مكان، إذ لا يملك صفة كلِّية الوجود كما الربّ. ولذا يخطىء الناس عندما يلصقون التهمة بالشيطان عندما تتعرقل أُمور بسيطة في حياتهم، فهو في العادة مشغول بأُمور مهمَّة أكثر! وما يسميِّه الناس «هجومًا شيطانيًّا» يجب أن يُسمَّى «هجوم أرواح شرِّيرة» إذ إنَّ أجناد الشيطان تعمل حول العالم. لكنْ لا يمكننا القول إنَّ الشيطان نفسه متورِّط في الأمر.

وكان السبب الجزئي لبزوغ هذا التفكير الخاطئ هو اتِّباعنا الفكر اليوناني غير الصحيح إذ يقسم العالم إلى «طبيعي» و «فوطبيعي». ونعتبر أنَّ الشيطان هو من الجزء الفوطبيعي فنضعه إلى جانب الربّ، وكأنَّه مساوٍ له في القوَّة والسُّلطة. لكن علينا بالمقابل أن نقسم العالم كما يقسمه الكتاب المقدَّس إذ يضع الخالق في جهة والمخلوقات (ومن بينهم الشيطان) في جهة أُخرى. فالشيطان ليس كلِّيَّ الوجود ولا كلِّيَّ القدرة ولا كلِّيَّ العلم، بل هو مجرّد مخلوق.

ثانيًا، احتاج الشيطان إلى تصريح من الربّ لكي يهاجم أيوب. فهو لا يستطيع أن يمسَّ أيَّ ابن أو ابنة لله من دون سماح من الربّ. وقد وعد الله أولاده في العهد الجديد بأنَّه لن يدعهم يُجرَّبون أكثر ممَّا يستطيعون أن يحتملوا لأنَّه المسيطر على المجرِّب.

الحبكة البشرية

يصف الجزء الأكبر من السفر النقاش الذي دار بين أيوب وأصدقائه. والسؤال المفتاح المطروح هو: "لماذا يتألّم أيوب أكثر من سائر الناس؟"

نقرأ وجهتي نظر:

أ. الأصدقاء متأكّدون من أنَّ أيوب يتألّم بسبب ارتكابه الخطيّة.

ب. أيوب متأكِّد من أنَّه لا يرتكب الخطيّة ويدافع عن براءته.

وبما أنَّ القارئ يعلم أنَّ أيوب بريء، يمتلئُ الحوار بالتوتّر. وتذكِّرنا الحبكتان في هذا السفر أنْ لا أحد منَّا يعرف الصورة الكاملة عندما يتعلَّق الأمر بالألم. وبالإضافة إلى التفتيش عن الأسباب، يواجه كلٌّ منَّا سؤالاً أكبر: هل يمكنني الاستمرار في الإيمان بالربّ الصالح عندما تسوء كلّ الأُمور؟ إنَّ سفر أيوب يقدِّم لنا الجواب عن هذا السؤال.

ويمكننا توضيح هذه المسألة بالسؤال: "ما كان أسوأ أنواع الألم التي تعرَّض له أيوب؟" هل كان...

- جسديًّا؟ أصابته القروح من أعلى رأسه إلى أخمص قدميه. وكان مُعيِيًّا ومتعَبًا، ويشعر بالألم الجسدي باستمرار.
- اجتماعيا؟ تحوَّل إلى منبوذ اجتماعيا بسبب مظهر جسده ومعرفة محيطه بالمصائب التي ألمَّت به. كان يجلس على كومة رماد في آخر البلدة، وكان الناس يمشون في الجهة المقابلة من الشارع كي لا يتكلَّموا معه. حتَّى الشباب هزئُوا منه.
- عقليًّا؟ واجه الألم العقلي الذي سببه عدم معرفته لماذا تحصل له كلّ هذه الأُمور المحزنة، خاصَّة أنْ لا شيء في ماضيه يبرِّر لذلك.
- روحيًّا؟ كان ألمه الروحي أكبر من أيِّ ألم آخر لأنَّه شعر بأنَّه فقد سبيلَ التواصل مع الربّ. فصرخ محاولاً أن يجده وأن يتكلَّم معه وأن يتجادل معه أيضًا! وكان هذا هو الحزن الحقيقي الأعمق الذي شعر به. فعذاب التألُّم يتضاعف إن كنَّا نشعر بأنَّ الربّ بعيد ولم يعد يهمّه أمرنا. (لكنْ عندما استطاع أيوب أخيرًا أن يتكلَّم مع الرب، وجد أنَّ الأمر لم يكن كما ظنّ).

المقدِّمة

تذكر المقدمة شخصيَّات القصّة:

الربّ الذي يدعى **يهوه** يتحدَّى الشيطان.

الشيطان: محامي الادِّعاء. يحمل اسمه أل التعريف ليعني أنَّه هو «المتَّهِم». لم يكن اسم الشيطان اسم علم حتَّى تلك اللحظة.

أيوب: يتمّ وصفه كالتالي: «وَكَانَ هذَا الرَّجُلُ كَامِلاً وَمُسْتَقِيمًا، يَتَّقِي اللهَ وَيَحِيدُ عَنِ الشَّرِّ»، فمخافة الربّ والحيدان عن الشرّ يترافقان. وإن كنت لا تملك خوف الربّ في قلبك، فلن يهمَّك أمر الخطيَّة كثيرًا. ومن الواضح أنَّ الربّ كان راضيًا على أيوب.

زوجة أيوب: تصعب الكتابة عنها دون الظهور بمظهر سلبي! ويصفها النص «كَإِحْدَى الْجَاهِلاَتِ»، ما يعني أنَّها لم تشعر مع أيوب في عذابه. وقد حثّته على أنْ «بَارِكِ اللهِ وَمُتْ!» فحين كان في أمسّ الحاجة إلى دعمها ومساعدتها، كانت أوّل مَن زاد على همّه همًّا. وقالت لأيوب إنّ الربّ تركه، وقامت هي بالأمر نفسه.

أصدقاء أيوب: كان أصدقاء أيوب الثلاثة أكبر سنًّا منه. وبدأ الأمر بأن جلسوا معه دون أن يتفوّهوا بكلمة مُدَّةَ سبعةِ أيّام.

الحوار البشري

أخيرًا، يخرق أيوب الصمت إذ يلعن يوم ولادته. وقد تمنّى لو أنّه وُلد ميتًا وذهب إلى الهاوية. على الأقلّ كان سيكون هناك في سلام، بدل أن يشعر بذلك الألم المستمر. وجاء حديثه كئيبًا تملأه الشفقة على الذات، إلاّ أنّه لم يفكّر ولا لحظةً أن يُنهي حياته.

تكلّم كلٌّ من أصدقائه الثلاثة ثلاث مرّات، إلاّ أنّنا، وبهدف التحليل، سنجمع حديث كلّ واحد منهم.

أليفاز

يظهر من حديث أنّه كونه رجل دولة وشيخ تقيّ مُتصوِّف. وقد كان لطيفًا تُجاهَ أيوب، على عكس الرفيقين الآخرين. وقدِ اعتقد أنّ أيوب تألّم لأنّه أخطأ. وقدِ ارتكزت نظريته هذه على مبدإٍ الثواب والعقاب، وعلى التاريخ نفسه، وعلى حكمته التي اكتسبها على مرّ الزمن. لكن باختصار، إن كان أيوب لم يخطىء فلماذا يعاقب؟ ويشير أليفاز إلى رؤية أتته وأكّدت له أنّ عقاب أيوب ناتج بوضوح تصرّفاته. ويضيف شارحًا أنّه لا يمكن لأحد أن يقول إنّه بريء قدّام الربّ بسبب الطبيعة البشريّة الساقطة. وبما أنّنا جميعنا خطاة، فعلى أيوب أن يعترف بأنّ الخطيّة هي سبب ألمه. وعندما سأله أيوب لماذا يتألّم هو أكثر من الآخرين، أجاب (أليفاز) إنّ الألم هو أُسلوب الربّ في جعله إنسانًا ما أفضل.

ومع أنّ أليفاز قدّم النصيحة بكلّ لطف، فإنّ أيوب لم يتقبّلْها. فتحمّس أليفاز أكثر في مناقشته، قائلاً إنّ أيوب متمسك ببراءته وإنّه لا يعطي المعتقدات الدينية مكانها الصحيح. وأصبح واضحًا أنّ أليفاز استاء من عدم تجاوب أيوب مع نظريته. وأخيرًا، تحوّل تعاطفه إلى سخرية، قائلاً: بما أنّنا جميعنا خطاة، فلا يحقّ لنا التذمّر من الألم. فالأشرار لن يثمروا، وحتّى لو فعلوا فلن يكونوا سعداء، بل سيبدو كأنّهم سعداء.

أخيرًا، بدأ أليفاز بالتحدُّث عن تسامي الربّ، بعد عدم تجاوب أيوب معه. وقال إنّ الربّ أكبر من أن يهتمّ، فيجب على أيوب ألّا يتوقّع أن يتلقّى الانتباه منه. فلا يمكن للإله المتعالي أن يكترث لحياة الأفراد.

بلدد

في الواقع، يعني اسم بلدد «عزيز الربّ»، ولكنْ لا تتناسب كلماته مع اسمه. وكانت العادة أن يتكلّم الأكبر سنًّا أوّلاً في حالة مثل هذه. ويبدو أنّ بلدد كان يُناهِزُ الخمسين من العمر وأصغر سنًّا من أليفاز.

من بين الأصدقاء الثلاثة، أدّى بلدد دور «اللاهوتيّ» التقليديّ **بإمتياز**. وأتى كلامه مليئًا بالكليشيهات والمصطلحات العامة والمعادلات، ولم يُظهِر أيّ صبر أو تعاطف مع حالة أيوب. وقال لأيوب إنّه خسر أولاده لأنّهم كانوا خطاة واستحقّوا غضب الربّ. وكان يؤمن بعالَمِ الأخلاق، حيث يسيطر قانون السبب والنتيجة على حياتنا الأخلاقيّة وحياتنا الماديّة أيضًا.

وبالنسبة إلى بلدد، أنت تتألّم إن كنت تَخطأ. إذًا، لا بدّ أنّ أيوب كان خاطئًا كبيرًا. ولا عجب أن تتوتّر علاقته مع أيوب خلال حوارهما معًا. وأخيرًا يخبر أيوب أنّ كلامه لا معنى له، متذرّعًا بأنّ الربّ كلّيُّ القدرة، ويسأله هل نسي أنّ الربّ كلّي القدرة. وبما أنّ الربّ أكبر منّا، فعلينا ألاّ نُحاجِجَه، فلمَ لا نقبل بالوضع؟

وكانت نتيجة حديثه كنتيجة حديث أليفاز: يكمن الجواب في أنّ الربّ كليّ القدرة.

صوفر

كان صوفر ثالث المتكلّمين وكان أكثرهم تعصُّبًا. وكان الأصغر في السنّ، لكنه كان في منتصف العمر. وقدِ اتّهم أيوب بأنّه يتكلّم لِيستُرَ أخطاءه، مدّعيًا أنّه وإن يكن أيوب يَخطأ عن وعي فإنّه يُخطىء بلا وعي. ثم يوبّخه ويطلب منه أن يختار بين الطريق الواسع والطريق الضيّق، أي بين طريق الأبرار وطريق الأشرار. وقد اعترف بحيرته من نجاح الأشرار، لكنّه يقول إنّ نجاحهم وقتيّ. وبما أنّ ثروة أيوب قدِ اضمحلّت فلا بدّ أنّه شرير. ثمّ يذكّر صوفر أيوب بأنّ الربّ كلّيُّ العلم، وأنّه يعلم بالخطايا التي ارتكبها أيوب دون وعي.

***

تلاقَت مُحاجّاتُ «أصدقاء» أيوب في عدّة نقاط. فجميعهم اعتبروا أنّنا نعيش في عالم الأخلاق الذي يحكمه السبب والنتيجة، وحاولوا تدعيم إيمانهم بالحقائق. احتموا بالمبدإ وحاولوا أن يطبّقوه على أيوب بأُسلوب غير حسّاس. وبالفعل، فإنّ مناقشاتهم تُظهِر لنا كيف يجب **ألّا** نطبّق الأُسس الكتابيّة! وعلينا أن نتمسّك بثباتٍ بالمبادئ، لكن علينا أن نتنبّه إلى كيفيّة تطبيقها في الحالات الإفراديّة. فمثلاً، ربّما يحصل أحيانًا أنّ أحدهم لا يُشفى لأنّه لا يملك الإيمان، لكنّ علينا توخّي الحذر أين نطبّق هذه الحكمة على شخص معيّن. ولا بدّ أن نسيء إلى الوضع في حال لم نتوخَّ الحذر.

بعد كلّ ما ذُكر، نقول إنّ كلام الرفقاء الثلاثة لم يكن سيّئًا بالمطلق، وهو يحتوي على إشارات إلى الجواب النهائي الذي يقدّمه الربّ.

أيوب

قدّم أيوب تسعة خطابات، ثلاثة لكلٍّ من أصدقائه الثلاثة. وقد كان يقول إنّ الربّ مسؤول عن ألمه، وإنّه لا يستطيع أن يتوب لأنّه ليس على علم بأنّه ارتكب أيّة خطيّة. وقد حاول أن يعيش بأمانة أمام الربّ.

واتسم كلامه بالتطوُّر أو **التقدُّم**، إذ نشعر بشجاعة متصاعدة في ما قاله لرفاقه، وفي ما يريد أن يقول للربّ. ونلاحظ **تبادلاً** بين اليأس وفقدان الأمل من جهة، وبين الثقة والأمل من جهة أُخرى. وغالبًا ما تُميِّز هذه الصفات المرضى. فأحيانًا، يتمنى المريض أن تتحسّن الأُمور، وأحيانًا يخاف أن تسوء. فنراه يطلب من الربّ أن يتركه وشأنه، إلاَّ أنَّه يعود ويتكلَّم معه بصراحة. يريد أن يضعه في قفص الاتّهام ويربح المعركة ضدَّه. ثم يشير إلى إيمانه بأنَّه توجد حياة بعد الموت، لكنَّنا لا نستطيع التأكُّد من كون هذه فكرةً عابرة أو إيمانًا ثابتًا.

يتميّز أصحاحان في السفر يحتويان على حديثه: أوَّلُ أصحاحٍ هو الأصحاح 28، حيث تقرأ أنشودة عن **الحكمة**. ويتمّ وصف الحكمة بالمرأة الجذّابة، تمامًا كما وصَفها سليمان في سفر الأمثال. ويتكلّم أيوب بحنين عن الأيَّام التي كان فيها محترمًا وكان لكلماته وقع وقيمة. والأصحاح الثاني المميّز هو الأصحاح 31 حيث يحاجج بأنَّه **بريء**. فيذكر النواحي التي فيها كان فيها سلوكه مميّزًا، ويعترف بأنَّه لو كان قدِ انتهك تلك القيم، لكانَ عقابه عادلاً. لكنَّه يعترض قائلاً بأنَّه لم ينقص تلك القيم.

يواجه الأصدقاء الثلاثة مأزقًا بعد حديث أيوب، فينسحبون ليأتي بدلاً منهم شابٌّ يدعى أليهو كان يستمع إلى حديث أيوب.

أليهو

اتسمّ أليهو باعتِداد الشباب. فها هو يدّعي أنَّه متردِّد في الكلام، إلاَّ أنَّه ما إن بدأ حتى لم يكفَّ عن الكلام. وقدَّم لأيوب ما هو في نظره أحدث الأفكار، لكن في النهاية لم يقدِّم أيَّ أمر جديد. لقد رفض حديث أيوب وحاول إقناعه، كما الأصدقاء الثلاثة، بأنَّه مخطئ.

قال إنَّ الربّ يستخدم طرقًا متنوّعة ليخلِّص الناس من ذواتهم، مثل الرؤى والأحلام، وأحيانًا المرض. والألم الذي يشعر به ما هو إلاَّ نتيجة اختيار الرب. وهو يساعده لكي يصلح طرقه قبل أن يموت. أمَّا أيوب فلم يحاول حتى أن يجيبه.

ذكرنا سابقًا أنَّه علينا أن نفسّر أسفار الحكمة بانتباه. فبعض العبارات التي استخدمها "المعزوّن" ليست صحيحة البتّة، لأنَّهم كانوا يتكلّمون عن أُمور لا يفهمونها بالكامل. لكن أتى كلامهم في أحيان أُخرى صحيحًا، إنّما كانت غلطتهم في أُسلوب تطبيق تلك الحكمة. فمثلاً، أخذوا المثل "الذي يزرعه الإنسان إيّاه يحصد أيضًا" وطبّقوه على أيوب. وكذلك فإنَّ تفسير الأمر بسبب سجايا الرب غير ملائم البتة. ولم يقدروا أن يفسّروه بالطريقة الصحيحة. فمثلاً يُرجِع أليفاز السبب إلى سموّ الرب قائلاً إنّه أكبر منّا وبعيد جدًّا فلا يهتم. ويُرجِع بلدد السبب إلى قوّة الرب. ويُرجعه صوفر إلى معرفة الربّ الكليَّة.

إذًا، كان الأصدقاء على صواب بعَض الشيء، لكنْ كان ما قدّموه ككُلٍّ غير ملائم.

الحوار الإلٰهي

الجولة الأُولى: الخالق

يطلب أيوب من الرب ستًّا وثلاثين مرّة في كلامه أن يكلّمه. وها هو الآن يحصل على مُراده. وكان أنّ الربّ تكلّم معه مرّتين من خلال العاصفة بطريقة طريفة، إذ ذكّره بأنَّه خالق كل الأشياء. وذكّره بالتفصيل خلْقه العالمَ وصيانته. وأنهى حديثه بأن سأله إن كان في موقعٍ يؤهِّلُه أن يكون الحَكَم، وبأنَّه لا يجدر به أن يطلب من الرب أن يشرح ما يقوم به. وكان أن شعر أيوبٍ بأنَّه صغير جدًّا. فأجاب قائلاً: «هَا أَنَا حَقِيرٌ، فَمَاذَا أُجَاوِبُكَ؟ وَضَعْتُ يَدِي عَلَى فَمِي. مَرَّةً تَكَلَّمْتُ فَلاَ أُجِيبُ، وَمَرَّتَيْنِ فَلاَ أَزِيدُ».

الجولة الثانية: المخلوقات

لا يتكلّم الربِ في الجولة الثانية عن نفسه بكونه الخالق، لكنَّه يتكلّم عنِ اثنين من مخلوقاته. ومجدَّدًا، تكلّم بأُسلوب طريف. فيسأل أيوب عن رأيه في حيوانَي البهيموث واللَّوِياثان، وكأنَّ من الممكن أن يجد لأجوبة عن أسئلة الحياة العظيمة في ذينك المخلوقين العجيبين! ويتم تذكير أيوب بأنَّه لا يستطيع أن يفهم الربّ. وإن كان ليس بمقدوره فهم عالم الحيوان فكم بالحريِّ عالم الأخلاق. فكان الرب يريد أن يسأله: "لماذا تحاول أن تتحاجج معي؟"

أجاب أيوب بأنّ الرب يعلم كل شيء، وأنَّه لا يمكن إفشال أيّة خطَّة من خططه. ولاحظ أنَّه وَجَبَ عليه ألَّا يسائلَ الرب، واحتقر نفسه وتاب ولبس الرماد. ومع أنَّ المقابلة مع الربّ كانت مذلّة لأيوب، عولجت المشكلة الأساسيَّة، لأنَّه عاد إلى علاقته مع الربّ. ويقدّم لنا الحوار قمّة رائعة وغير متوقعة للسفر.

النهاية

يتحوّل النص من الشعر إلى النثر عندما لاحظ أيوب أنَّه يجب عليه عدَمُ مواجهة العليّ. وردّ له الرب أولاده (سبعة بنين وثلاث بنات) وممتلكاته ومواشيه. وأصبح أيوب أكثر غنى وسعادة ممَّا كان عليه في السابق. وسُمِّيَ عبد الرب. لكن الرب لم يكن راضيًا على أصدقاء أيوب الثلاثة، وقال إنّهم لم يتكلّموا بالصواب عن أيوب، ممَّا يُرينا أنَّ علينا ألَّا نستشهد بأقوالهم وكأنَّها صحيحة بالتمام.

والأمر المدهش عن "جولتَي" الحديث مع الرب هو أنَّ الربّ لم يقدّم أيّة إجابات لأيوب عن أسئلته، ولم يخبره عن الرهان الذي أقامه مع الشيطان. لقد كانت للرب أسبابُهُ الخاصّة للسماح لأيوب بالتألُّم، ولم يكن أيُّوب سيستفيد من معرفة ما دار في السماء.

الخاتمة

من المفيد أن نلاحظ الاستنتاجات المختلفة التي يمكن أن تَنتِجَ من سفر أيوب.

استنتاجات القارئ اليهودي

بإمكان القارئ اليهودي أن يستنتج التالي بعد قراءته هذا السفر:

1. ليس هناك أيّ ارتباط بين الخطيّة والتألُّم في الحياة.
2. يسمح الرب بكلّ أنواع التألُّم.
3. لا يمكننا أن نعرف السبب الذي من أجله يصيبنا الألم كقصاص. لكنْ حتّى لو كان ذلك صحيحًا، يكون متعمَّدًا ولو كان الأمر غير ظاهر لنا.
4. إن كان الألم والخطيَّة مُترابِطَين مباشرة، فنحن ملزمون أن نختار حياة التقوى لأسباب أنانيّة. فمحبتنا للربّ وللناس لن تكون طوعيّة.

استنتاجات القارئ المسيحي

يمكن للمؤمن أن يفهم سفر أيوب في سياق العهد الجديد:

1. لقد كان أيوب يعرف إله الطبيعة وليس إله النعمة. فصليب الربِّ يسوع يُضفي قيمة جديدة على مُعاناة البشر. فأيوب «يرمز» إلى المسيح في كونه تألَّم وهو بريء. فقد كان الربُّ يسوع رجلاً بارًّا، ولكنّه تألَّم كأنَّه كان مذنبًا. ويمكننا أن نرى من خلال الصليب أنَّ بإمكان الربّ أن يستخدم أيَّة حالة للخير. وعلينا أن ننظر إلى الألم البشري على خلفية آلام الصليب.
2. سمح الربّ للشيطان بأن يقتاد الربَّ يسوع إلى الصليب، وكان ابن الله يسأل: "يا إلهي، لماذا؟" وفي حالة أيوب، لم يقدّم الربّ أيَّة إجابات. ما يعني أنَّه حتّى ابن الله أهمَلَ سبب تألّمه وهو على الصليب من شدّة الألم.
3. يعلم المؤمن أنَّه توجد حياة بعد الموت. فليس من الضروري أن تُحلّ مشكلة الألم في هذه الحياة. ومن اللافت أنَّه أُضيفت الجملة التالية في النسخة اليونانية من سفر أيوب: "مكتوب أنَّ أيوب سيقوم ثانيةً مع الذين سيقيمهم الربّ."
4. يذكّرنا رجاء القيامة أنّ أيوب سوف ينال التبرئة في النهاية. ويؤمن المؤمنون بأنَّ الربَّ يسوع سيأتي ثانية ليدين الأحياء ثُمَّ الأموات. وستُقام يومًا ما محكمة حيث يكون الربُّ يسوع هو القاضي، وسيقف أمام عرشه الأشرار والأبرار لينالوا جزاء أفعالهم حينما كانوا في الجسد. وستكون هناك تبرئة علنية حيث يُطبَّق عدل الربّ على الجميع.

إنهيار إمبراطورية

مقدّمة عن النبوّات	**305**
يونان	309
يوئيل	317
عاموس وهوشع	327
سفر إشعياء	345
سفر ميخا	363
سفر ناحوم	371
سفر صفنيا	375
سفر حبقوق	383
سفرا إرميا ومراثي إرميا	393
سفر مراثي إرميا	405
سفر عوبديا	413

مقدَّمة عن النبوَّات

5. يركِّز هذا الجزء على كتابات أنبياءِ ما قبل السبي، أي الأنبياء الذين امتدَّت خدمتهم ما قبل السبيَيْن الذين حصلا لشعب الربِّ القديم. فقد سُبِيَ شعب المملكة الشماليَّة (إسرائيل) إلى أشور في لعام 722 ق م، وسُبي شعب المملكة الجنوبيَّة (يهوذا) إلى بابل في العام 587 ق م. وينصبُّ اهتمام معظم أنبياء هذا الجزء على تحذير الشعب من أنَّ الربّ سيسمح بسبيهم إلى المنفى إن لم يرجعوا إليه. وقد ظنّ الشعب أنَّه من غير المحتمل حلول تلك المصيبة بهم لأنَّهم لم يتخيَّلوا أنَّ الربّ سيسمح بدمار هيكله، وبنزع شعبه من الأرض التي وعدهم بها. ولم يركِّز هؤلاء الأنبياء على الرسالة الآنِفة فقط، بل توجَّه بعضهم بكلامهم إلى الأُمم المحيطة بإسرائيل ويهوذا أيضًا.

نرتبك أحيانًا عند قراءتنا تلك النبوَّات، فلا بدَّ من بعض التفسير قبل الغوص في دراسة هذه الأسفار. لقد كانت النبوَّة جزءًا من حياة شعب الربّ في بداية تكوين أُمَّتهم. ووُصف موسى بأنَّه نبيّ، كما أنَّ الأسفار التاريخيَّة تُسمَّى الأسفار النبويَّة في التوراة اليهوديَّة. وقد بدأ أنبياء ما قبل السبيّ بما يُسمَّى «أسفار الأنبياء» (أي أسفار كتابيَّة كاملة تحتوي فقط على رسالة نبيٍّ واحد، بينما تندرج كتابات «الأنبياء السابقين» تحت السرد التاريخي، حيث تظهر كتابات أكثر من نبيٍّ في المرّة الواحدة). ولا يشير ترتيب تلك الأسفار في الكتاب المقدَّس إلى الترتيب الذي كُتبت فيه بالأصل.

كان هؤلاء الأنبياء رجالاً عاديين جدًّا، لكنَّهم امتازوا بنقل فكر الربّ. وكانوا يتلقَّون الرسائل منه بواسطة الكلمات والصُّوَر. وكانت «تتثقَّل دواخلهم» بسبب تلك الرسائل، ولا يستريحون إلاَّ عند تبليغها للشعب.

وقد دُعيت تلك «الصور» رؤًى عندما كانت تأتي إلى النبيِّ وهو مستيقظ؛ وكانت تُسمَّى أحلامًا عندما كانت تأتيه وهو نائم. ومن اللافت أنَّه عندما كان الأنبياء يقرأُون نبوَّاتهم أو يَصِفون رؤاهم ،كانوا يستخدمون صيغة الماضي، وكأنَّ الأُمور التي رأَوها قد حدثت بالفعل. ولو كنَّا مكانهم لكنَّا استخدمنا صيغة المستقبل قائلين: "لقد رأيت ما الذي سيحدث." لكنَّ النبيَّ استخدم إمَّا صيغة الحاضر: "أرى ذلك يحدث"، وإمَّا صيغة المستقبل: "رأيت ذلك وقد حدث." لكن تعبّر النبوَّة في الحالتين عن المستقبل. وقد أتى الوصف دقيقًا ومفصَّلاً. فمثلاً، يذكر ناحوم في نبوَّته البزَّات الحُمر التي كان يلبسها الجنود الذين سيدمِّرون بابل. ولم يكن لبس البزَّات الحمر شائعًا عند أيٍّ من الأعداء في زمن ناحوم.

لكن الفرس، وقد أتوا على مسرح التاريخ لاحقًا، دمَّروا بابل وهم لابسون بزَّاتٍ حُمرًا.

وامتازت موهبة النبوَّة بجانبين، فالمقدرة على التكلُّم بفكر الربّ اعتمدت على إمكانية الاستماع إلى الربّ. إذ كان على النبيّ تسلُّمُ الرسالة قبل أن يقدّمها. وقد أتت إليه من خلال وسائل متنوِّعة، مادِّيَّة وعقليَّة وروحيَّة. فبإمكان الربّ التكلُّم بصوت مسموع، مع أنَّ الكتاب المقدَّس نادرًا ما يشير إلى ذلك. ويظنُّ بعضٌ أنَّه حين تكلَّم أتى كلامه على شكل دويِّ رعد؛ ومثلاً على ذلك ما حصل لـمَّا قال الآب للربِّ يسوع عند معموديته: "أنت ابني الحبيب."

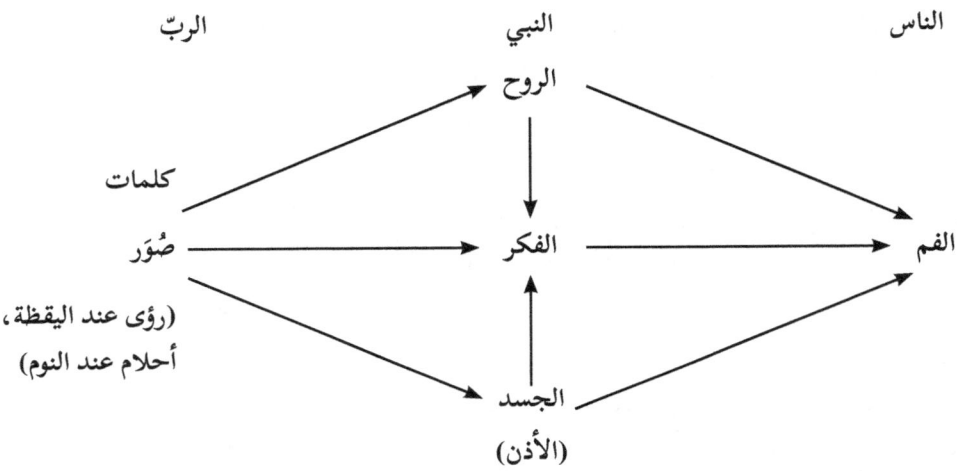

وبإمكان الربّ أيضًا وضع الكلمات في العقل، فيعلم النبيُّ أنَّه يسمع صوت الربّ. وكان النبيُّ يتعلَّم مع مرور الوقت تمييز أفكار الربّ من أفكاره هو. كذلك بإمكانه التكلّم إلى رُوح النبي وزرع كلمات وعبارات لا يدرك عقله كنهها. مثلاً على ذلك ما يجري حين يصلِّي أحدهم بألسنة، فيتكلَّم بأُمور وضعها الربّ في فمه، لكن لا يفهمها عقله. وبالطبع يستطيع الربّ التكلُّم إلى الجسد ومن ثمَّ مباشرة إلى الفم متخطِّيًا العقل والروح معًا، كما فعل مع حِمارة بلعام في سفر العدد. لكنَّ هذا الأمر نادر جدًّا. إنَّما ما يهمُّنا هو أنَّ الرسائل من الربّ كانت تصل إلى الشعب من خلال أفواه الأنبياء.

أتت الرسائل على نوعين: رسائل مواجَهة عندما كان الناس يرتكبون الخطايا، ورسائل تعزية عندما كانوا يتصرَّفون بالصواب. وإن بدت معظم الرسائل سلبيَّة، فإنَّ سبب ذلك يعود إلى أنَّ الربّ كان يتكلّم عادة عندما كانت هناك مشاكل. ولذلك فاق عدد رسائل المُواجهة رسائلَ التعزية. أمَّا في سفر إشعياء، فالقسم الأوّل يحمل رسائل مُواجهة، ويحمل القسم الثاني رسائل تعزية. وكان الأنبياء الكذبة يقدِّمون رسائل تعزية لأنَّهم يهتمّون بإرضاء الناس أكثر من تقديم كلمة الربّ. ولذا أصبح إشعياء رمزًا للبؤس والخراب لأنَّه تكلَّم حين كان الناس يسلكون بعيدًا عن الربّ (لكنَّه تفوَّه ببعض

كلمات التعزية أيضًا.)

إذًا، لماذا علينا أن نقرأ أسفار الأنبياء؟ ولماذا علينا أن ندرس تاريخ اليهود؟

الإجابة بسيطة جدًّا: علينا بدراسة أسفار الأنبياء لكي نعرف الربّ عن قرب أكثر، لأنَّه لم يتغيَّر. فالأنبياء يُظهرونه لنا، وهو الذي أظهر نفسه بقوله: "أنا هو الكائن والذي سيكون."

ويبدو أنَّ الأنبياء ركّزوا على النواحي التالية:

1. عمل الربّ ـ قويّ.	الطبيعة: عجائب.	التاريخ: تحرّكات
2. استقامة الربّ ـ واضحة	العدل: القصاص.	الرحمة: العفو
3. مرونة الربّ ـ شخصيَّة	الإنسان: يتوب.	الربّ: يعكس موقفه

1. يركّز الأنبياء في كتاباتهم على ماذا فعل الربّ، وماذا يفعل، وماذا سيفعل في المستقبل. وتُردّد كلمات هذه العقيدة في بعض الكنائس: "نؤمن بالله الآب صانع السماوات والأرض." ويقدّمه الأنبياء بصفته الإلهَ القويَّ المسيطر على الطبيعة والتاريخ سيطرة كاملة. ولهذا بمقدوره إجراءُ المعجزات في الطبيعة وبمقدوره جعل الحركات تحدث عبر التاريخ. وعلينا أن نتمسَّك بهذه الفكرة في عصرنا الحديث والعلميّ، حيث يعتبر الكثيرون الطبيعة كوحدة مغلقة ويعتبرون التاريخ نتيجة للعوامل الاقتصاديّة. وليس من السهل التذكُّرُ أنَّ الربّ مسيطر بالكامل على الطبيعة والتاريخ معًا. لكن تساعدنا قراءتنا لكتابات الأنبياء في الحفاظ على صورة الإله الجبَّار في أذهاننا، ذاك الذي باستطاعته جعل أي شيء يحدث في الطبيعة والتاريخ.
2. يركّز الأنبياء على أمانة الرب ويظهرون لنا كم هو ثابت. إنَّه يبقى كما هو ولا تتغيَّر سمات شخصيَّته وهو مزيج مميَّز من العدل والرحمة. وإن كنَّا نركّز على ناحية واحدة أكثر من الناحية الأُخرى، فإنَّنا نحصل على نظرة مشوَّهة من نحوه. فالتركيز على عدله فقط يجعل منه إلهًا قاسيًا. والتركيز على رحمته فقط يجعل منه إلهًا رقيقًا جدًّا. لكنَّ الأنبياء يقدِّمون لنا توازنًا رائعًا. فعدل الربّ يعني أنَّه لا بدَّ له من أن يعاقب الخطيَّة؛ أمَّا رحمته فتدلّ على اشتياقه أن يغفرها ويعفوَ عنها. وقد حُلَّت مشكلة صراع الله هذه عند الصليب لأنَّه هناك التقت الرحمة العدل، إذ أُنزِل العقاب بالخطيّة وعُفي عنها في المكان نفسه. لقد حمل الربُّ يسوع العقاب، ونلنا نحن العفو. وتساعدنا أمانة الربّ واستقامته على أن نتوقَّع كيف يمكن أن يتصرَّف الربّ. فهو يمارس الرحمة على قدر ما يستطيع، لكن عندما تُرفض رحمته بثبات فلا بُدَّ من أن يمارس العدل. وهذه هي رسالة سِفرَي يونان وناحوم مثلاً.
3. يركّز الأنبياء على مرونة الربّ التي هي بنظري من أهم مميِّزاته. ففي وُسعه تغيير خططه إذ ليست جامدةً إلى الأبد، بل تتغيَّر بحسب تجاوب الناس معه. ونرى ذلك بوضوح في جزء من نبوَّة إرميا، حين ذهب النبي إلى بيت الفخَّاري ورآه يعمل على تحويل الطين إلى زهريَّة جميلة. ولم

يكن الطين بالطراوة المناسبة ليتجاوب مع الفخَّاري، فعمل منها إبريقًا ناشفًا وقاسيًا. وسأل الربّ إرميا: "هل تعلَّمت الدرس ممَّا حصل بين الفخَّاري والطين؟" وقد سمعت عظات كثيرة عن هذا النصّ، وغالبًا ما يسيء بعض الوعَّاظ تفسيره، إذ يقولون إنَّ الفخَّاري يقرِّر ماذا سيكون شكل الطين، الأمر الذي يشير إلى القضاء والقدر، فإنك تعلق بالمصير الذي يحدِّده لك الربّ. لكن في الواقع، يقرِّر الطين ما إذا كان يريد أن يصبح زهريَّة جميلة أم إبريقًا قبيحًا، وذلك بحسب تجاوُبه مع يدَي الفخَّاري. وكان الربّ قد قال إنَّه يريد أن يجعل من إسرائيل آنية رحمة، لكنَّهم لم يرضَوا، فجعلهم إبريقًا يحتوي عدالته.

إذًا، يتكلّم الأنبياء عن إله حيٍّ وشخصيٍّ، وهو يدعونا إلى علاقة حيَّة به. والأُمور ليست ثابتة أو جامدة، وإلاّ كان وضعُنا سيكون مرتبطًا بالقضاء والقدر. فالربُّ مَرِن، وهو يتأقلم مع احتياجات شعبه. فإن تجاوبوا معه، يجعل منهم أوانيَ جميلة. لكن إن لم يتجاوبوا، يجعل منهم أواني تمتلىء من عدله وتصبح رمزًا لعدله أمام سائر الشعوب. الخيار لنا: أيَّ نوع من الطين نريد أن نكون؟ هل نريد أن نُظهر عدله للعالم أم رحمته؟

لعدالة الربّ مكانة خاصّة عندي، ولكنْ للأسف هي صورة عن الربّ لا يعرف قيمتها الكثير من المؤمنين. فالمستقبل ليس جامدًا ولا مُقرَّرًا سابقًا، بل هو مفتوح لأنَّ الربّ إله شخصيّ. والأمر الوحيد الذي لا يمكن للربّ تغييره هو الماضي؛ لكن بإمكانه أن يغيِّر المستقبل. حتَّى إنَّ الكتاب المقدَّس يتجرأ فيقول إنَّ الربّ "يتوب" عندما نتوب نحن عن أمر ما. ولا تهلع من هذا التعبير فالكلمة "يتوب" تعني بكلّ بساطة "يغيِّر رأيه." إذًا، فإنَّ الربَّ يغيِّر رأيه عندما نغيِّر نحن رأينا! لكنَّه لا يغيِّر شخصيَّته، ولذا يمكننا الاعتماد عليه دائمًا.

إذًا، تفيدنا قراءة الأسفار النبويَّة، إذ إنَّها تُعرِّفنا بالربّ عن كثب. إنَّه إله قويّ، وبإمكانه القيام بأيِّ أمر في الطبيعة والتاريخ. وهو إله مُتَّزن، ويمكننا أن نتوقَّع كيف سيتصرَّف، لأنَّه يتصرَّف استنادًا إلى أمانته واستقامته. لكنَّه إله شخصيّ أيضًا، وهو يريد علاقة حيَّة معنا، فيتجاوب معنا ونتجاوب معه. هذا هو الإله الذي نعبدُه.

أنبياء ما قبل السبي هم خليط بين أشهر الأنبياء وأقلّهم شهرة، لكنَّهم يقدِّمون معًا أُسلوبًا وتركيزًا متنوِّعَين للخدمة النبوِّية.

يونان

المقدِّمة

تصلح هذه المقدِّمة لسفر يونان وسفر ناحوم أيضًا، لأنَّ النبيَّين يمتلكان جوامعَ مشتركة. فالاثنان ذهبا إلى المكان نفسه، وحملا رسالتين متشابهتين.

وُلد يونان في الناصرة، وكان بطلاً قوميًّا لتلك المنطقة. ولا بدَّ أنَّ الربَّ يسوع سمع عنه الكثير خلال نشأته. وقد شبَّه الربُّ يسوع نفسه بيونان من بين كلّ الأنبياء. وقد نشأ ناحوم في مدينة كفرناحوم. وتعني الكلمة كفر «مدينة»، وقد سُمِّيت المدينة تيمّنًا باسمه. وكانت تلك المدينة مركز عمل الربِّ يسوع بالقرب من بحيرة الجليل؛ لذا كانت له صلة مقرَّبة بِذَينك النبيَّين.

ومن اللافت أنَّهما أتيا من الشمال لأنَّ ذاك كان الجزء العالمي من إسرائيل، وكان يُدعى «جليل الأُمم» بسبب التقاء الأُمم والشعوب هناك. ففي تقاطع الجليل امتدَّت طريق من أُوروبا واتّجهت شرقًا نحو شبه الجزيرة العربية. وامتدَّت طريق من أفريقيا مرَّت عبْرَ مصر باتّجاه دمشق شمالاً. فكان على كلّ من يريد العبور من آسيا إلى أفريقيا، أو من أُوروبا إلى شبه الجزيرة العربية، أن يجتاز تلك الطريق. وكانت هناك تلَّة صغيرة على ذاك التقاطع تُدعى مجدّو. وتُسمَّى «تلَّة مجدّو» في اللغة العبرية «هرمجدّون» حيث ستنشب آخر معركة في التاريخ. وكانت الناصرة على تلَّة تُشرِف على تقاطع الطرق هذا. ولا بدَّ أن الربّ يسوع رأى خلال نشأته الكثير من المارّة، تمامًا كالمسافرين الذين يعبرون أروقة المطارات. فكانت الجليل موقعًا عالميًّا، بينما كان سكَّان يهوذا في التلال المرتفعة جنوبًا منعزلين ومنغلقين على ذواتهم وبعيدين عن الطُّرق العامَّة. وقد أثَّر الشمال والجنوب في خدمة الربِّ يسوع. فاشتهر في الشمال، المكان المنفتح والعالمي؛ ولم يكن ذا شعبية في الجنوب، المكان المنطوي على ذاته والذي فيه صُلِب لاحقًا.

أتى يونان وناحوم من الشمال، ولذا كانا مُنفتِحَين على ماجريات العالم من حولهما، وقد أرسلهما الرب إلى أشور.

وتأثَّرت الأرض المقدَّسة بالتهديدات الآتية من القوى الغربيَّة والشرقيَّة. وكانت إسرائيل تنعصر بين ذينك الجبَّارين، حيث حاول كلٌّ منهما القضاء على الآخر. وقد وصف أحدهم الوضع في إسرائيل آنذاك كالتالي: إن كنت تعيش على مفترق طرق، فلا بدَّ أن تدوسك الأقدام. وهذا فعلاً ما حصل في تلك الحقبة. ففي زمن يونان وناحوم شكَّلت نينوى، عاصمة أشور، مشكلة كبيرة.

في العام 770 ق م، ذهب يونان ليوقظ أشور من سُباتِها. ثم ذهب ناحوم إلى هناك في العام 620 ق م، فكان الفارق الزمني بينهما مئة وخمسين سنة. وقد أرسلهما الربّ بسبب شرّ الشعب الأشوري. وامتدَّت الإمبراطوريَّة الأشوريَّة على فترة سبع مئة وخمسين سنة، وقد نجحت في أن تستولي على مصر في إحدى مراحلها. وكانت قد بدأت كمجموعة صغيرة حوالى العام 1354 ق م، وتوسَّعت تدريجيًّا باستخدامها القوَّة والضَّراوة. وبالفعل، كان الأشوريون من أكثر الأُمم وحشيَّةً وقساوة عبر العصور. وقدِ اخترعوا الممارسة الشائنة برفع أعدائهم على الخوازيق أو الأعمدة الخشبيَّة المحدَّدة حتَّى يموتوا. وكانوا يعدمون آلاف البشر في المرَّة الواحدة مستخدمين هذا الأسلوب. وقد حكموا المملكة بأسلوب الترهيب.

أطلق ناحوم على نينوى اسم «مدينة الدِّماء»، وقدِ استحقَّت تلك التسمية. وكان إذا أحسَّ أيُّ شعب أنَّ أعيُن أشور نحو مدينتهم أو بلدهم يدّب الخوف في قلوبهم من الآتي.

ذكر صفنيا الأشوريين في نبوَّته أيضًا، ولكن ناحوم قال لهم: "لقد انتهى أمركم! سيمحوكم الربّ عن وجه الأرض." وبالفعل، سقطت نينوى في العام 612 ق م، واختفت الإمبراطوريَّة الأشوريَّة عن وجه الأرض بعد خمس سنوات، مباشرةً بعد تحذير ناحوم.

حقيقة أم خيال؟

بالعودة إلى قصَّة يونان ، علينا أن نجد إجابة للجدل حول ما إذا كانت حقيقة أم خيالاً. ويعرف الكثيرون عن السفر بسبب قصَّة «يونان والحوت» المذكورة فيه. وتعتمد ردَّة فعل أغلبيَّة القرَّاء على ما إذا كانوا يصدِّقون أنَّ القصَّة حقيقيَّة أم خياليَّة.

يقول بعضُهم إنَّ حادثة ابتلاع الحوت ليونان تشبه إلى حدٍّ ما قصَّة پينوكيو الذي عاش أيضًا داخل حوتٍ. وحجَّتهم أنَّه لا يمكن أن نتوقَّع أن يحمل أحَدٌ تلك القصَّة الخياليَّة على محمل الجدّ. ولذا، فهم يعتبرونها مثَلاً يحمل درسًا أخلاقيًّا، ويقدِّمون خيارات متنوِّعة لمعناها.

ويقول آخرون إنَّها تشجِّع القرَّاء على الالتحاق بالإرساليات، وقد أتت كتذكير للشعب اليهودي بأنَّ لديهم مسؤولية إرساليَّة من نحو سائر العالم. وكان هروب يونان من إرساليَّته درسًا لإسرائيل. لكن عندما كان يُذكر مَثَلٌ في الكتاب المقدَّس، كان يُشار إلى ذلك بكلِّ وضوح. أمَّا سفر يونان فيُشار إليه على أساس كونه تأريخًا. كذلك، لم تحتوِ أمثال الربِّ يسوع على أيَّة معجزات، بينما نجد ثمانيَ معجزات في هذه القصَّة.

ويشير بعض العلماء إلى كون سفر يونان تشبيهًا أو قصَّة رمزيَّة، حيث تمثّل كلّ حادثة الحياة اليوميَّة من ناحية معيَّنة. ويقولون إنَّ ابتلاع الحوت ليونان هو تشبيه بابتلاع إسرائيل في السبي. فيونان هو تجسيد للشعب الإسرائيلي، تمامًا كما يجسِّد «جون بُل» الشعب البريطاني ويجسِّد «العم سام» الشعب الأميركي.

لكن لا بدّ أن تواجهنا اعتراضات متنوّعة إن كنّا نتعامل مع قصّة يونان على أنّها خيال:

1. يتميّز أُسلوب السفر بالأُسلوب نفسه الذي تتميّز به باقي الأسفار التاريخيّة. فعباراته وأُسلوبه وقواعده اللغوية مشابهة لتلك المستخدمة في سفرَي الملوك الأوّل والثاني.

2. يذكر السفر أماكن حقيقيّة وأُناسًا حقيقيّين ذُكروا في أماكن أُخرى من الكتاب المقدّس. وقد ذُكِر يونان في سفر الملوك الثاني، فنعرف أنّه كان نبيًّا في عهد الملك يربعام الثاني. وكان اسم والده أمِتّاي وتمّت الإشارة إليه في الأسفار التاريخيّة في الكتاب المقدّس على أساس كونه رجلاً حقيقيًّا.

3. الأهم من كل ذلك هو أنّ الربّ يسوع أشار إليه على أساس كونه رجلاً حقيقيًّا. وآمن بوجود يونان وبوجود تلك السمكة الكبيرة. وقد قال الربُّ يسوع عن نفسه: "هوذا أعظم من يونان هنا"، وربط بين فترة موته وفترة بقاء يونان في بطن الحوت.

4. أمّا النظريّات القائلة بأنّ قصّة يونان هي مثل أو تشبيه فلا تفي الأصحاح الرابع حقّه. فالسؤال الرئيسي الذي يُقدِّم رسالة السفر هو: "لماذا هرب يونان؟" ولا يحاول بعضُهم حتّى طرح ذلك السؤال! فلماذا يتحمّس الناس بإنكار وجود يونان؟ ولماذا يتردّدون في قبول السفر على أنّه حقيقة؟

الاعتراض الأوّل الذي يقدّمه الباحثون هو أنّ ما حصل له لم يكن ممكنًا من الناحية الجسديّة. والاعتراض الثاني هو أنّه من غير الممكن من الناحية النفسيّة أن يغيّر يهوديٌّ واحد حياة سكّان مدينة وثنيّة. فهل يمكننا تخيّل قدوم يهوديّ واحد إلى ساحة «ترافلغار» في وسط لندن والتأثير في كامل سكّانها كي يرجعوا إلى الربّ؟ فمن غير المحتمل أن يتوب سكّان لندن جميعهم دفعةً واحدة.

علينا أن نسأل التالي من ناحية استحالة الأمر من الناحية الجسديّة: "هل يمكن أن يحصل ذلك؟" ومن ثَمَّ نرفق السؤال الثاني: "هل يقدر الربّ أن يسمح بحدوث ذلك؟"

هل يمكن لحوت أن يبتلع رجلاً؟

خدمت فترةً زمنيّة كراعٍ في كنيسة بلدة «شالفونت سان پيتر ـ باكينغهامشاير»، وكان لحدّاد البلدة ابن اشتغل مع الثدييّات البحرية في ولاية كاليفورنيا الأميركيّة. ودرّب حوتًا ودُلفينًا وأصبحا صديقين يلعبان معًا في بحيرة الماء. وعندما مات الدُّلفين، لم يسمح الحوت للحرّاس بلمسه، بل أبقاه داخِلَ فمه لثلاثة أيّام متتالية. وكان يحاول مرّة تلو الأُخرى أن يضعه في الماء علّه يسترجع أنفاسه. وأراني ابن الحدّاد فيلمًا كان قد صوّره خلال تلك الأيّام الثلاثة يظهر فيه الدُّلفين الذي كان حجمه كحجم رجل.

ميت أم حي؟

السؤال بالنسبة إليّ هو ما إذا كان يونان حيا أم ميتًا في بطن الحوت.

لم أسأل نفسي هذا السؤال إلاَّ بعد أن شاهدت فيلم الدُّلفين الميت في فم الحوت وهو يحاول أن يعيد أنفاسه إليه. لكن عندما عاودت قراءة سفر يونان أدركت لدهشتي أنَّ الحوت بلع جثَّة رجل ميت. فعند قراءتك للأصحاح الثاني تجد أنَّ يونان كان قد غرق. لقد رماه البحَّارة في الماء وغرق إلى أسافل الجبال والتفّ عشب البحر برأسه. ويتطلَّب الأمر دقيقة ونصف الدقيقة ليغرق الإنسان، ويتطلَّب وقتًا أطول للوصول إلى قاع البحر! لكن غالبًا ما تظهر مواد مدارس الأحد الحوت عائمًا على وجه المياه فاتحًا فاه عندما رمى البحَّارة يونان. أمَّا الصورة الحقيقيَّة فهي التفاف العشب حول رأسه في قاع المياه. أضف أنَّ صلاته تشير إلى أنَّه كان في الهاوية، مكان مكوث الموتى. وقد وصف آخِر لحظات حياته بينما كانت المياه تخنقه. وقال إنَّه في تلك اللحظة نادى الربّ.

إذًا، تشير كلّ البراهين إلى أنَّ يونان مات بالفعل. ويبدو أنَّ الحوت لم يساعد في الحفاظ على حياته، بل ساعده على القيامة من الموت. فعندما قذفه أرجع له الربّ روحه وأحيا جسده. وهكذا، فإنَّ هذه الحقيقة تنسجم مع ما قاله الربُّ يسوع إنَّه كما كان يونان في بطن الحوت ثلاثة أيَّام هكذا سيبقى هو في بطن الأرض. ويسهل على المشكِّكين أن يصدِّقوا أنَّ يونان ابتُلِع حيًّا وأنَّه بقي حيًّا في بطن الحوت، من أن يصدِّقوا أنَّه مات وأُقيم من الموت! وأنا أظنّ أنَّ يونان هو المثل الساطع على القيامة في العهد القديم.

العجائب

يقودنا تفسير سفر يونان إلى مواجهة أسئلة أكبر عن إيماننا بالربّ. فبالإضافة إلى قبول فكرة ابتلاع الحوت ليونان، علينا أن نقبل بثماني معجزات حصلت، ولا يربط الناس إحداها وأكبرها بهذا السفر. فنقرأ في الأصحاح الأخير أنَّ الربّ أمر دودة أن تقوم بأمر معيَّن. لقد درَّب ابن الحدَّاد الحيتان في ولاية كالفورنيا بكلِّ سهولة لأنَّها ثديِّيات ذكيَّة جدًّا. لكنِّي لم أرَ أحدًا يدرِّب دودة. وإن سألني أحد إن كنت أُصدِّق قصَّة يونان فسأُجيب: "بالطبع يسهل تصديقها، لكنِّي أصدِّق قصَّة الدودة أيضًا." وغالبًا ما يرمقني السائل بنظرة استغراب لأنْ لا فكرة لديه عمَّا أتكلَّم.

العجائب التي حصلت في هذا السفر:

1. أرسل الربّ ريحًا أنتجت عاصفة وهدَّدت سلامة السفينة.
2. ألقى البحَّارة قُرعة ليعرفوا من الذي أغاظ الآلهة، فوقعت على يونان. فالربُّ سيطر على نتيجة الإلقاء العشوائي.
3. عندما رمى البحَّارة يونان، هدَّأ الربّ البحر.

4. أرسل الربُّ الحوت ليبتلع يونان.
5. جعل الربُّ الحوت يقذف جِسمَ يونان على اليابسة.
6. أنبت الربُّ يقطينة خلال يوم واحد.
7. أرسل الربُّ دودة فضربت اليقطينة فيبست.
8. أخيرًا، أرسل الربُّ ريحًا شرقيَّة حارَّة.

إذًا، نرى سيطرة الربِّ على الطبيعة من خلال تلك العجائب الثماني. وقدِ انتشرت في المملكة المتحدَّة ثلاث فلسفات حول هذا الموضوع:

1. فلسفة الإلحاد التي تقول انَّ الربّ لم يخلق الأرض، ولذا فهو لا يسيطر عليها.
2. فلسفة الربوبيّة وهي أكثر إنتشارًا، وتحمل الفكر الذي يقول بأنَّ الربّ خلق العالم، لكن ليس بمقدوروه السيطرة عليه الآن. وأميل إلى القول بأنَّ الكثير من الناس في العديد من الكنائس في بريطانيا يتبنَّون هذا الفكر الذي يعني أنَّهم لا يؤمنون بأنَّ المعجزات تحدث بالفعل. فهم يذهبون إلى الكنيسة ويشكرون الربَّ لأنَّه خالق السموات والأرض، لكنَّهم لن يُصلُّوا لأجل تغيير الطقس مثلاً.
3. فلسفة الإيمان بإله واحد، وهي تقول بأنَّ الربَّ لم يخلق العالم فقط، بل له السيطرة الكاملة عليه.

ويخلط بعض المؤمنين فلسفتين معًا فيؤمنون بالمعجزات المذكورة في الكتاب المقدَّس، لكنَّهم لا يؤمنون بأنَّها قد تحدث اليوم. فهم رُبوبيّون من الناحية العمليَّة ويعتنقون فلسفة الإيمان بالإله الواحد من الناحية النظريَّة.

خلاص نينوى

بالعودة إلى الناحية النفسيَّة لعدم احتمال تغيير مدينة كاملة كمدينة نينوى، نشير إلى حجج تدعم حقيقة أنَّ القصَّة هي واقعة تاريخيَّة:

1. أولاً، كان شعب نينوى شعبًا متديِّنًا يؤمن بالخرافات. وكانوا في الواقع يؤمنون بالله.
2. ثانيًا، كانوا مذنبين. وعادة ما يجمع الشعور بالذنب مجموعة من الناس؛ فعند توجيه إصبع الاتِّهام نحوهم يشعرون بخطئهم ويتهيّأون لتحمّل المسؤوليَّة.
3. ثالثًا، بدأت النهضة بين طبقة الشعب وامتدَّت طوعًا إلى الطبقة الملكيَّة.
4. رابعًا، كان يونان بمثابة علامة لهم. فإذا كان لون بشرته باهتًا بسبب مكوثه داخل الحوت، فلا بدَّ أنَّ منظره كان لافتًا. ومن دون شكّ، ترك شرحُه لما حصل معه أثرًا كبيرًا في الشعب.
5. خامسًا، وبكلِّ بساطة، تحدث الأُمور عندما يعمل الروح القدس.

لا أجد صعوبة في تصديق أنّ المدينة كلّها تابت. وبالطبع فإنّ الربّ يسوع صدّق ذلك، إذ قال إنّ أهل نينوى سيقومون في يوم الدّينونة لأنّهم تابوا عندما سمعوا عن الربّ، بعكس مستمعيه.

لماذا هرب يونان؟

يعالج الأصحاح الرابع هذا الموضوع الذي قلّما يُعلَّم عنه، أو تُحضَّر عظات حوله، وهو نادرًا ما يُقرأ. لكنه الجزء الأساسي من هذه القصّة. لماذا كان يونان متردِّدًا؟ في مَن كان يفكِّر؟

أولاً، يقول بعضٌ إنّه كان يفكِّر في نفسه. لقد خاف من الذهاب إلى نينوى وأن يُتَّهم نتيجة لذلك بكونه عدوًّا للأشوريين. لكن لا يفسّر هذا لماذا اقترح على البحّارة أن يرموه في البحر، ولم يكن خائفًا من الموت. ثانيًا، يقول آخرون إنّه كان يؤمن بأنّه لا يحقّ للأُمميين أن يسمعوا عن إله إسرائيل. فكان موقفه معاديًا للأُمميين. لكن لا يفسّر هذا هروبه إلى الأُمميين في ترشيش. ثالثًا، يقول آخرون إنّه كان يفكِّر في الأشوريين الذين كانوا أقسى الشعوب على وجه الأرض. وبالأحرى فإنّه كان يفكِّر في إسرائيل لأنّ الأشوريين شكّلوا تهديدًا كبيرًا لها باحتمال غزوها، ولم يُرِد أن تكون له أيَّةُ يد معهم.

لكن لا تأخذ هذه الأفكار في الاعتبار كلمات يونان في الأصحاح الأخير. فقد أخبر الشعب أنّ الربّ سيدمِّر مدينتهم بعد أربعين يومًا إن لم يتوبوا. وكانت النتيجة أنّ الشعب تابوا وتجنّبوا المصيبة.

لا بدّ لمبشّر من أن يُسَرَّ إن تابت مدينة كاملة، لكنّ يونان خاب أمله. فجلس تحتَ مِظلَّة نَصَبها خارج المدينة وقال للربّ: "لقد قلت لك إنّ ذلك سيحدث! فأنا أعرفك على حقيقتك، وعلمت أنّك ستسامحهم. وعلمت أنّك ستُهدِّد فقط بأن تمحوَهُم ومن ثَمَّ تتراجع!" ألم يُرِد يونان أن يتوب الشعب. هل كان متعصِّبًا وضيّق التفكير إلى هذه الدرجة؟ نجد المفتاح في ما قاله للربّ وهو بعد في بلاده: "آهِ يَا رَبُّ، أَلَيْسَ هذَا كَلاَمِي إِذْ كُنْتُ بَعْدُ فِي أَرْضِي؟ لِذلِكَ بَادَرْتُ إِلَى الْهَرَبِ إِلَى تَرْشِيشَ، لأَنِّي عَلِمْتُ أَنَّكَ إِلهٌ رَؤُوفٌ وَرَحِيمٌ بَطِيءُ الْغَضَبِ وَكَثِيرُ الرَّحْمَةِ وَنَادِمٌ عَلَى الشَّرِّ."(2:4)

نقرأ في في 2ملوك14: 23-25 عمّا حصل ليونان وهو بعد في أرضه. فعندما دُعي ليكون نبيًّا أُرسل إلى الملك يربعام الثاني الذي عمل الشرّ في عيني الربّ. وكانت ردَّة فعل يونان إيجابية في البداية متوقِّعًا أن يُعاقب شرّ ذلك الملك. لكن الرسالة التي أعطاه إيّاها الربّ كانت عكس ذلك، إذ قال له: "اذهب إلى الملك وقل له إني أريد أن أباركه وأوسِّع تخومه وأجعله عظيمًا." فاعترض يونان قائلاً إنّ ذاك الملك شرير. ولكن لم يكن ذلك موقفًا صائبًا وكأنّه كان يقول للربّ: "ليس بالأمر الجيّد يا رب أن تبارك الأشرار لأنّهم سيتحوّلون إلى الأسوإ." وبالفعل، إزداد شرّ الملك. وكان شرّه يزداد كلّما باركه الربّ. فوصل يونان إلى النتيجة بأنّ الرحمة لا تغيّر الأشرار، وكأنَّهُ به يقول للربّ إنّه يعرف أن يقوم بعمل الربّ أكثر ممّا يقوم هو به.

عطف الربّ

أثّرت تلك التجربة مع الملك في موقف قلب يونان من ناحية شعب نينوى. وكان كأنّه يقول: "لِنَرَ

ما الذي سيحصل، يا ربّ. سأرى ما إذا كانت رحمتك ستشفيهم أم لا، وما إذا كانوا سيتغيّرون إلى الأسوإ أم إلى الأفضل."

دلّ موقف يونان على أنّه كان يغار على اسم الربّ، ولم يحتمل أن يستغلّ أيُّ إنسانٍ رحمته. وقد اعتقد أنّ توبتهم ستكون مُصطنعة، ولن يطول أجلها. وفكّر أنّه إن تعامل الربّ معهم بالرقّة، فسيظنّون بأنّه لا يقيم كلمته ولا ينفّذ تهديداته. وبالنسبة إليه، فإنّهم سيشكّكون في تحذيراته وربما يسخرون منه ومن ثَمّ ينسَونها بالكامل.

ارتفع قلبه بالشكر حين نبتت اليقطينة بالقرب منه لأنّها وفّرت له الفيء. لكنّه اغتاظ من جديد عندما أكلتها الدودة فيبست. وسأل الربَّ لماذا جعلها تموت. فأجابه الربُّ بسؤال: هل يحق لك أن تحزن من أجل يقطينة، لكن ألا يجدر بك أن تحزن على نينوى الَّتِي يُوجَدُ فِيهَا «أَكْثَرُ مِنِ اثْنَتَيْ عَشَرَةَ رِبْوَةً مِنَ النَّاسِ» ما عدا البهائم الكثيرة؟ ألا يحقّ للربّ أن يشفق عليهم؟

فعلى الرُّغم من أنَّ يونان لم يرد أن ينجو الأشوريّون من العقاب لأنّه كان يغار على اسم الربّ، لم يفهم عطف الربّ ورغبته في تأجيل العقاب قدر الإمكان. ولهذا، هرب إلى البحر وشعر أنَّ نجاح خدمته لم يكن ذ قيمة كبيرة. وننسى نحن أيضًا أحيانًا كثيرة كم أنَّ الربّ طويل الروح ورحوم، وكم يقدّم من الفرص لشعبه.

لكن يأتي وقت فيه ينفَدُ صبر الربّ. وهذه هي رسالة الأنبياء، لكن يونان أخطأ في التوقيت فقط. ففي وقته كانت ما تزال هناك فرصة لرحمة الربّ وصبره على شعب نينوى. لكن نرى أنَّ طول أناته لا تدوم إلى الأبد، كما نقرأ في سفر ناحوم.

يوئيل

المقدِّمة

لا نعرف عن النبي يوئيل سوى اسم والده فثوئيل. وبما أنَّ الاسمين يحتويان على كلمة «إيل» التي تشير إلى الله يمكننا الاستنتاج أنَّ العائلة كانت متديِّنة، لكن ليست لدينا أيَّة معلومات أُخرى.

أتت نبوَّة يوئيل بعد عشر سنين من نبوَّة عوبديا التي توجَّهت مباشرة إلى الأُمم الأُخرى وحملت أخبارًا سارة لإسرائيل. أمَّا يوئيل فأكمل التركيز على فكرة «يوم الربّ» التي بدأها عوبديا، لكنَّه قال إنَّ الدينونة لن تأتي فقط على الشعوب الأُخرى، بل على شعب إسرائيل أيضًا. ونزل هذا الخبر كالصاعقة على شعب إسرائيل الذين كانوا يظنّون أنَّهم على ما يرام في نظر الربّ.

وهكذا فإنَّ بعض المؤمنين يظنّون بأنَّهم في أمان وبأنَّهم سيذهبون إلى السماء دون أن يُولوا أهميّة لأُسلوب الحياة الذي يتبعون. لكن الواقع هو أنَّ ارتكاب الخطيَّة بين شعب الربّ أسوأ من الخطيّة التي يرتكبها العالم. ويذكِّر بولس قرّاءه في الأصحاح الثاني من رسالة رومية أنَّهم إن كانوا يرتكبون الأُمور التي ينتقدون العالم بسببها فلن ينجوا من غضب الربّ. فليس عند الربّ محاباة. وفكرة أنَّك إن كنت ابنًا لِله يحق لك ارتكاب الخطايا ليست كتابيَّة أبدًا. وهو لم يقدِّم لنا دفتر شيكات فارغًا يمكننا استخدامه عندما نخطىء. فليس من العدل مثلاً أن يرسل الربّ أحدهم إلى الجحيم بسبب ارتكابه الزنى بينما يقول للمؤمن الذي يرتكب الزنى: "هاكَ بطاقتَكَ لدخول السماء." فكان على الأنبياء تصحيح هذه الفكرة أولاً عند شعب إسرائيل لأنَّهم ظنّوا أنَّهم بأمان. وكان إيليَّا قد تحدَّاهم بقوّة، أمَّا يوئيل فكان أوَّل نبيّ يقول إنَّه من الممكن أن يجلب يوم الربّ الظلمة لا النور.

تتزامن الأصحاحات الثلاثة مع الأقسام الثلاثة للنبوَّة، إلاَّ أنَّنا لا نُخبَر ما إذا كانت قُدِّمت منفصلة أم في دفعة واحدة.

الخطوط العريضة لسفر يوئيل

جائحة الجراد (الأصحاح الأوّل)

خراب الأرض(1:1-12)

توبة الشعب (1:13-20)

يوم الربّ (الأصحاح الثاني)

توبة مُزيَّفة (2:1-11)

توبة حقيقيَّة (2:12-17)

شفاء أبديّ (2:18-27)

عودة كاملة (2:28-32)

أ. الروح، رجال ونساء (2:28-29)

ب. علامات، الشمس والقمر (2:30-31)

ج. الخلاص، الدعوة والنداء (2:32)

وادي القرار (الأصحاح الثالث)

النقمة على الشعوب (3:1-16أ)

استرِدادُ شعب الربِّ (3: 16ب 21-)

خراب الأرض (1:1-12)

تأجَّجَت نبوَّة يوئيل على أثر كارثة طبيعيَّة، فقدِ اكتسح الجراد الأرض. ولا بدّ أنَّه كان منظرًا غريبًا. فالجراد يشبه الجنادب الكبيرة ، وهي تأتي في مجموعات كبيرة تغطِّي ستُّ مئة مليون حشرة منها مسافة أربع مئة ميل مربَّع. وبإمكان تلك الحشرات تناول ثمانين ألف طنّ من الطعام في اليوم الواحد. فعندما تنزل على منطقة معيَّنة تختفي كلُّ الغِلال الزراعيَّة. وبإمكانها السفر مسافة ألفي ميل في الشهر الواحد، إذ تعبر بين ثلاثة أميال وعشرة في اليوم الواحد طيلةَ ستَّة أسابيع، وتضع خمسة آلاف بيضة في مساحة قدم مربَّعة واحدة. وهي حشرات شَرِهة وتشبه رؤوسها رؤوس الأحصنة.

كانت المرَّة الوحيدة التي رأيتُ فيها تلك الحشرات هي في مدينة «كانو» في شمال نيجيريا. فمع أنَّ الوقت كان في منتصف النهار، حلَّ الظلام فجأة. وظننتُ أوَّلَ وهلةً أنَّه كسوف للشمس، حتَّى رأيت غيمة كبيرة سوداء تتقدَّم، وقد حجَبَتِ الشمسَ بالكامل وحلَّ الظلام التام وكأنَّنا في منتصف الليل. وقد كانت تطير بسرعة اثني عشر ميلاً في الساعة على أقرب تقدير. واستغرق الأمر ساعة ونصف الساعة لتعبر عن المنطقة، بعد أن عرَّت الأشجار من أوراقها بالكامل، وأكلت كلّ نبتة حيَّة. لن أنسى ذلك المشهد ما حييت، وقد كان اختبارًا مخيفًا.

مع أنَّ ظهور الجراد أمر اعتيادي في أفريقيا، فهو نادر في فلسطين. فعندما وصل الجراد، أخبر يوئيل الشعب أنَّ الربَّ أمر بذلك. وقال لهم إنَّ هذا أوَّل تنبيه يرسله إليهم إن استمرّوا في حياة الخطيَّة، ومن الممكن أن تحصل لهم أُمورٌ أسوأ. وكنتيجة لاجتياح الجراد، لم تتوفَّر الحنطة للشعب ليقدِّموها في الهيكل، فتوقّفت العبادة الجماعيَّة. وأصبحت الحقول والبساتين والكروم خِرَبًا. وواجه الشعب الجفاف والحرائق والمجاعة، وتراجع الوضع الاقتصادي بشدِّة. ويعتقد بعضٌ أنَّ يوئيل قدَّم رسالته خلال زمن الحصاد اليهودي، أي في عيد المظالِّ حين كانوا يحتفلون بالحصاد.

وكانت سابقةٌ قد حصلت في العهد القديم، حيث استخدم الربّ الجراد كدينونة على شعب مصر (راجع سفر الخروج 10) وكدينونة لشعب إسرائيل عندما عَصَوا الربّ (راجع سفر التثية 28). ويطرح السؤال التالي نفسه بالنسبة إلينا: متى نعرف إذا كانت المصيبة التي ألمّت بنا هي من الربّ أم لا؟ تكمن الإجابة في التفتيش عن الأُمور الثلاثة التالية:

1. إذا كانت موجّهة ضد الأمة
2. إذا سبقتها نبوّة عنها
3. إذا كانت غير اعتياديَّة من ناحية الثِّقل أو التفاصيل.

أعتقد أنَّنا إذا إتخذنا مثلاً معاصرًا وهو الحريق الذي نشب في مدينة «يورك مينيستير» في العام 1948، نجد أنَّه حدث بترتيب من الربّ. وما يقنعني بهذا الأمر هو غرابته. فالصاعقة التي ضربت المنطقة أتت من غيمة صغيرة لفّت سماء المنطقة الزرقاء مدَّةَ عشرين دقيقة. ولم تكن الغيمة كبيرة كفاية لتجلب المطر، لكنَّها أنتجت برقًا صاعقًا (دون أي رعد) حرق الكاتدرائية من فوق إلى أسفل. وحدث ذلك مباشرةً بعد تجديدها وتركيب أحدث كاشف للدُّخان وأجهزة إطفاء الحريق. ورأى أعضاء جوقة الصبيان كلّ ذلك يحدث من دون أن يسمعوا أيّ صوت، لأنَّه لم يدوِ صوت الرعد. حصلتُ بعد هذه الحادثة على خريطة لتلك الغيمة من مكتب الأبحاث الجوِّيَّة، وقد قال لي ستة عشر عالمـًا بالأرصاد الجوِّيَّة غير مؤمنين إنَّ كلّ ذلك كان من الربّ. فما حصل كان من أغرب الأُمور التي حصلت منذ سنين طويلة.

وسألني الناس إن كان ذلك عقابًا من الربّ. فأجبت بأني أُومن بأنَّ ذلك أتى بسبب رحمته. لقد انتظر حتى فرغ المكان من الجميع بعد حفل تكريس أحد المطارنة الذي كان قد أنكر الإيمان. وكان باستطاعته أن يسمح بحدوث الكارثة بينما كان الجميع في الداخل. ولذا فإني أعتقد أنَّ الحادثة عبَّرت عن رحمته بدل أن تعبِّر عن دينونته. لكني أُومن أيضًا بأنَّها كانت تحذيرًا أرسله إلى الشعب.

إذًا، إحدى العلامات التي تدلّ على كون الحادثة من الربّ هي طبيعتها غير الاعتياديَّة. فغالبًا ما يشير غير الطبيعي إلى الفائق للطبيعة. علامة أُخرى هي تمييز شعب الرب، فكثيرون من شعب الرب الذين يتميّزون بموهبة النبوّة رأوا يد الربّ في الكارثة التي حلَّت بتلك المنطقة. وعلى الرغم من أنَّه لم يتنبأ أحد منهم بالحادثة قبل حدوثها، فإنَّ كثيرين منهم كانوا يتساءلون ما عسى أن يفعل الربّ إذ يتم الاحتفاء برجل دين يعتنق إيمانًا مزيَّفًا.

لكنْ سواءٌ كانت الكوارث آتية مباشرة من الربّ أم لا، فهي دائمًا تذكير بدينونته. ومن المهم التنبّه إلى ذلك حتَّى لا نقوم بأي تقييم خاطئ للأُمور التي تحدث. نقرأ مثلاً في لوقا 13 أن قومًا سألوا الربَّ يسوع عن رأيه في الموت المأساوي لبعض العمَّال الذين وقع عليهم برج سلوام. وسألوه هل كان هؤلاء الأشخاص أشرّ من الآخرين. فأجاب الربُّ يسوع بأنَّهم ليسوا أشرّ من الآخرين، لكن إن لم يتُب الذين شهدوا الحادثة فسيكون نصيبهم الهلاك أيضًا. فكل زِلزال أو إعصار أو فيضان هو تذكير لنا بهشاشة الحياة وحاجتنا لأن نتصالح مع الربّ.

توبة الشعب (1:13-20)

يطلب يوئيل في الجزء الثاني من الأصحاح الأوَّل أن يدعو الكهَنةُ الشعبَ إلى التوبة، وأنذرهم بأنَّهم إن لم يفعلوا ذلك فسيعاود الربّ إنزال الدينونة بهم. إلاَّ أنَّ النبي لم يحدِّد عمَّا يجب أن يتوب الشعب. ونجد الخلفيَّة التاريخيَّة في سفري الملوك الأوَّل والثاني لما كان يحصل، وسبب إرسال الربّ تحذيرًا لهم.

لا يمكننا تحديد الفترة الزمنيَّة التي تنبأ فيها يوئيل، لكن من المرجَّح أنَّها كانت خلال القرن التاسع قبل الميلاد، الأمر الذي يربط تلك النبوّات بالأحداث التي حصلت في سفري الملوك الأوَّل والثاني. وأحد الأدِلَّة على ذلك هو ذكر الكهنة في السفر وعدم وجود ذكر لأي ملك. ونقرأ في سفري الملوك عن فترة زمنية حكمت خلالها مَلِكة، وكانت تلك هي الفترة الوحيدة في تاريخ شعب الربّ حين حدث ذلك. وكان الربّ قد وعد الملك داود بأنَّه طالما حفظ الملوك وصايا الربّ واتبعوا طرقه فسيكون هناك وريث للعرش. وقد سمح الرب بوجود ملك، لا مَلِكة. أضف أنّ الملكة المذكورة هي عثليا التي تصرَّفت بعدم أمانة. فقد كانت زوجة الملك وعندما مات زوجها قتلت كلّ أبنائه واستولت على العرش. وكانت أُمّها ايزابل، الملكة الشرِّيرة التي عاثت فسادًا في كامل المملكة الشماليَّة. لكنْ أنقذ رئيس الكهنة أحد أبناء الملك وخبَّأه في الهيكل. ولو أنَّها قتلت جميع الأبناء لكان انقطع نسل داود. ورُغمَ تصرّفها الشائن قبلها الشعب ملكةً عليهم. حتَّى إنَّ رئيس الكهنة لم يعترض، مع أنَّه تحلَّى بالشجاعة لإنقاذ ابن الملك. وكان اسم الصبي يوآش. وبعد العظات التي قدّمها يوئيل، جمع الشعب شجاعتهم وخلعوا عثليا عن العرش، وملَّكوا مكانها يوآش، مع أنّ عمره كان سبع سنوات.

إذًا، لا بدَّ أنَّ نبوَّة يوئيل أتت في إطار هذه الخلفية. فقد كان الشعب يقترف الخطيَّة لذا كان لا بدَّ له من أن يتوب بأكمله.

يوم الربّ (الأصحاح الثاني)

توبة مزيّفة (2:1-11)

لكن لم يتُب الشعب، بلِ استمروا في حياة الخطيَّة. فيصف يوئيل في بداية الأصحاح الثاني ما يظهر في البداية على أنَّه هجوم للجراد. لكن يتضح بعد قراءة النص بتمعُّن أنَّ هجوم الجراد هو بالحقيقة صورة لآلاف الجنود يغزون الأرض وينشرون الخراب فيها. وتحمل هذه الصورة رعبًا أكثر من الصورة الأُولى. وبالفعل، فإنَّ الخراب الذي وصفه يوئيل يدلّ على أنَّ البابليين هم مَن فعلوا ذلك، لأنَّهم اشتهروا بين الشعوب القديمة بقساوتهم وضراوة سياساتهم. فهم لم يكونوا يقتلون فقط كل الشعب إضافة إلى الأولاد، بل كانوا أيضًا يدمِّرون كل ما فيهِ حياة من أشجار وماشية وأغنام. وكان الجيش البابلي لا يترك أي حياة وراءه وقد شابه الجراد بذاك. ونجد هنا توازيًا مع الأصحاح التاسع من سفر الرؤيا، حيث يُذكر من جديد وبأ الجراد ويتبعه جيش من الشرق مؤلّف من مئتي مليون جندي. لا يهم إن كان يوئيل

قد وصف جيشًا يتقدَّم أو جائحةَ جرادٍ فعليَّة، لكنَّ الواضح أنَّ الربّ استطاع إرسال الاثنين معًا وأنَّ دينونته كانت ضروريَّة.

توبة حقيقية (2:12-17)

يكرِّر يوئيل الرسالة بأنَّ الربّ يطلب التوبة الحقيقة. فبعد ندائه الأوَّل كي يتوبَ الناس، خرج أغلَبُهم وسكروا. فالناس يواجهون الكوارث بطريقتين مختلفتين. فإمَّا أن يتجهّزوا ويتوبوا، وإمَّا أن يسكروا. لذلك أرسل يوئيل نداء آخر للتوبة. ومن أشهر ما قاله: "مزّقوا قلوبكم لا ثيابكم." فعادةً تُحرّك رؤية أحدهم يمزّق ثيابه فينا المشاعر، إلاَّ أنَّ تمزيق الثياب ليس كافيًا بالنسبة إلى الربّ. ما يهم هو قلوبنا، وليس ما نفعل بثيابنا. ومن اللافت أنَّ يوئيل لم يرتِّب خطايا الشعب في لائحة. وكلّ ما يمكننا استنتاجه هو أنَّ الشعب لم يكن يهتمّ بأُمور تهمّ الربّ.

لكن علينا أن نتذكَّر أنَّ الربَّ كان مستعدًا أن يغيِّر فكره بالنسبة إلى عقابهم، إذ كانت علاقتهم به ديناميَّة وكان مستعدًّا للتجاوب معهم. لذا علَّمهم الربُّ كيف يصلّون: عليهم أن يتضرَّعوا لأجل رحمته ويصرخوا إليه لِيُريَهم محبّته وأمانته لشعبه في الأرض التي أعطاهم.

شفاء أبديّ (2:18-27)

يميل بعضٌ إلى الاعتقاد بأنَّ هذا الجزء من النبوَّة لم يعطَ ليوئيل في الوقت نفسه مع الأجزاء الأُولى. فنرى هنا يوئيل يحثّ الشعب على الابتهاج بدل الشعور بالخوف، ويعدهم بأنَّهم إن يتوبوا من كلِّ قلوبهم فسيُعوِّض لهم الربُّ عن السنين التي أكلها الجراد. ويمكننا تطبيق هذا المبدأ في أيَّامنا الحاضرة. فكثيرون يندمون على السنين الضائعة في حياتهم، لكن يقول الربّ إنَّه سيعوّض لهم عن تلك السنين، إنَّما بشرط أن تكون هناك توبة حقيقية. ولُبُّ التوبة هو «تغيير الفكر». إذًا، يحقّ لنا القول إنَّ الربّ يغيّر فكره إذا تابوا. ويؤكِّد لهم ثلاث مرَّات أنَّه لن يعود يعاملهم بهذا الأُسلوب وأنَّهم سيعرفونه بالحقّ.

عودة كاملة (2:28-32)

يقدِّم يوئيل بعض المواعيد الرائعة. فالربّ يقول إن يتوبوا من القلب لن ينزل بهم القصاص، بل سيعوِّض عليهم. ولن يكون التعويض من ناحية المحاصيل التي أكلها الجراد فقط، بل من الناحية الروحيَّة أيضًا.

أ. الروح، رجال ونساء (2:28-29)

إنَّ أعظم الوعود المقدَّمة في الكتاب المقدَّس هو أنَّ الربّ سيسكب من روحه على جميع أجناس البشر دون تمييز بالنسبة إلى الجنس أو العمر أو الطبقة الاجتماعيَّة. فسيرى الشباب الرؤى ويحلم الشيوخ أحلامًا. وسيتنبأ الإماء والعبيد. فالربّ يقدِّم وعدًا بأن يسكب من روحه على كلِّ البشر، وقد

استشهد الرسول بطرس بهذا الوعد في يوم الخمسين بعد ثمانية قرون. وشرح قائلاً إنَّ نبوَّة يوئيل قد تحقَّقت إذ نزل الروح القدس على المئة والعشرين تلميذًا.

ب. علامات، الشمس والقمر (2:30-31)

الجزء الثاني من الوعد هو أنَّ الشمس لن تضيء وأنَّ القمر سيتحوّل إلى دمويّ. يقول بعضٌ بأنَّ تلك النبوَّة تحقَّقت عندما مات الربُّ يسوع وأظلمت الأرض ثلاث ساعات، وستتحقَّق بالكامل عند نهاية الزمن، إذ إنَّ الربَّ يسوع نفسه ذكر أنَّها إشارة لمجيئه الثاني متى 24:29.

من اللافت أنَّه ستكون هناك علامات في السماء لأنَّها تتجاوب مع الأحداث المهمَّة التي تحصل على الأرض. ويقول لي بعض الناس بغباء إنَّه بمجرَّد أنَّ المجوس تبعوا النجم فهذا يبرهن أن "علم" التنجيم صحيح. لكنِّي أجيب بأنَّهم فهموا الأمر خطأ. إذ يدَّعي التنجيم أنَّ وضع تَمركُز النجوم يؤثِّر في الطفل لحظة ولادته، لكن في أُورشليم أثَّر وضع الطفل في النجوم! وعندما مات الربّ يسوع أظلمت الشمس إذ إنَّ الكون يتأثَّر بالأحداث المميَّزة التي تجري على الأرض. إنَّه أمر رائع، أليس كذلك؟ فالسماء لا تحكمنا، إنَّما هي محكومة من قِبَل الربّ.

ت. الخلاص، الدعوة والنداء (2:32)

وعد يوئيل أيضًا بأنَّ كل من يدعوه الربّ وكلّ من يتجاوب مع الربّ يخلص. والخلاص ليس عملية أوتوماتيَّة، وكأنَّ الشعب كلّه حصل عليه من خلال «سحر» معيَّن. فالعملية مزدوجة إذ إنَّ الربّ يدعو الناس للخلاص من خلال أُناس مبشِّرين، وبالمقابل يلتفت الناس إلى الربّ.

لا أحبّ عادة أن أطلب من الناس أن يردِّدوا صلاة التوبة، بل أريد منهم أن يصرخوا إلى الربِّ بأُسلوبهم الشخصيّ. نقرأ أنَّه: "كلّ من يدعو باسم الربّ يخلص." فمن الضروري أن يدعو الناس باسم الربّ. وكلّ من يفعل ذلك يخلص. وهذا ما حصل مع بطرس في يوم الخمسين، إذ دعا ثلاثة آلاف نسمة باسم الربّ وخلَصُوا في ذلك اليوم.

إذًا، ليست رسالة يوئيل التعويض عن المحاصيل والخمر والذُّرَة فقط، بل أيضًا تمَسُّ القلوب البشريَّة. وقد قال إنَّ كلّ ذلك سيحصل في يوم الربّ. واليوم ليس أربعًا وعشرين ساعة حرفيًّا، إنَّما كلمة «اليوم» مرنة في الكتاب المقدَّس. فالكلمة العبرية "يُوم" ممكن أن تعني عصرًا كاملاً. فعندما أقول: "انتهى يوم الحصان والعربة" لا أعني بذلك فترة زمنية مؤلَّفة من أربع وعشرين ساعة، بل أنَّ حقبة تاريخيَّة قد انتهت، وها نحن في يوم السيارات. وهذا ما تعنيه الكلمة «يوم» في عبارة «يوم الربّ». والفكرة هي أنَّه كان للإنسان يومه، وكان للشيطان يومه، لكن يومًا ما سيأتي يوم الربّ حين سيتحقَّق كلامه وسيضع العالم تحت إمرته.

يذكر يوئيل عبارة "يوم الربّ" خمس مرّات في نبوّته، ويُشير فيها إلى يوم الدينونة. وقدِ استخدم لاحقًا تلك العبارة أنبياء آخرون مثل إشعياء وإرميا وحزقيال وعاموس وصفنيا وملاخي. كذلك، فإن عبارة "يوم الربّ" تبرز في أكثر من مكان من العهد الجديد (راجع 1كورنثوس، 1تسالونيكي، 2تسالونيكي، 2بطرس). سيأتي يوم يحلّ فيه "يومُ الربّ" وهذا سيكون اليوم الأخير.

ترتيب الدينونة هو كالتالي: دينونة شعب الربّ، ومن ثَمّ دينونة أعدائه. وعلينا أن نختار بين أن ندان الآن وأن ندان لاحقًا.

نحن نعيش اليوم في «الأيّام الأخيرة» التي بدأت حين تحقّقت نبوّة يوئيل وانسكب الروح القدس في يوم الخمسين. فنحن نعيش منذ تلك اللحظة الأيّام الأخيرة. أمّا الحدث الأبرز التالي فهو عودة الربّ الربّ يسوع المسيح إلى الأرض.

وادي القرار (الأصحاح الثالث)

النقمة على الشعوب (3:1-16أ)

أين؟ يحتوي الأصحاح الأخير صورة عن وادي القضاء. إنّه وادي قدرون الذي يقع في الجانب الشرقي من أُورشليم، ويُطلق عليه اسم وادي الدينونة إلى هذا اليوم. ويمتلىء بالمدافن اليهوديّة، لأنّه يُعتقد أنّه مكان القيامة حيث سيأخذ الربّ القرار بشأن المصير الأبدي. ويُطلق عليه اسم "وادي القرار" أيضًا، لكن يُسيء بعض الوعّاظ استخدام ذلك الإسم. يقول يوئيل إنّ ربوات موجودة في وادي القرار، ولذا يستخدم الوعّاظ هذه الحقيقة ليشجّعوا الخطاة على اتخاذ القرار بالنسبة لعلاقتهم بالربّ. وبالفعل فإنّ هذا الوادي هو المكان الذي يقرّر فيه الربّ مَن سيذهب إلى السماء ومن سيذهب إلى الجحيم. إنّه وادي القرار، حيث ستكون الكلمة الأخيرة للربّ. فقراره هو الذي يقرّر مصيرنا الأبدي.

لماذ؟ يرتكز قرار الربّ على كيفيّة معاملة الشعوب لشعبه ولأهدافه ولما عمله في هذا العالم. وتتميّز شعوب صور وصيدا وبلاد الفلسطيّين على بكونها جاهزة للدينونة. والكلمة الأخيرة هي أنّ الربّ سيُبرىء شعبه ويعيدهم إلى أرضهم.

كيف؟ ستُطلب من الشعوب المحاربة، لكن لا يخلو الطلب من بعض السخرية لأنّه من يستطيع «محاربة» الربّ؟ وسيُطلب منهم أن يحوِّلوا محاريثَهُم إلى سيوف وسكاكينَ التشحيل إلى رماح (لاحظ العكس في إشعياء2:4 وميخا4:3). ويذكر صفنيا في نبوّته إلتقاء الشعوب.

استِرداد شعب الربّ (16ب:3-21)

يركّز الجزء الأخير على التعويض على يهوذا. سيسكن فيها الشعب وستكون أرضها خصبة، بينما ستتحوّل مصر وأدوم إلى صحراء بسبب العنف الذي مارستاه على يهوذا. ويُطرح هنا سؤال يؤدّي إلى انقسام في الرأي من نحوه في الكنائس. ينهي عوبديا ويوئيل وعدّة أنبياء آخرين نبوّاتهم بوعود لمستقبل إسرائيل. وبما أنّ معظمها لم يتحقّق بعد، متى سيكون ذلك؟

هناك أربعة أراء في الكنيسة اليوم. ومع أنّ رأيي ليس هو رأي الأغلبية، فأنا أُومن بأنّه الأكثر أمانة لتعليم الكتاب المقدّس. وتنقسم الآراء حول ما إذا كان يجب أن نأخذ تلك الوعود حرفيًّا أم روحيًّا. فهل لنا أن نعتقد أنّ إسرائيل ستستعيد الأرض التي وعدها بها الربّ، أم هل يجب أن نعتبر الأرض رمزًا

إلى البركات الروحيّة التي تنطبق على الكنائس اليوم كما على إسرائيل الجديدة؟ تُدعى النظرة الثانية «اللاهوت البديلي»، ويتبناها الأغلبية من الوعَّاظ في المملكة المتحدة. لكن أجد ثغرة فيها، إذ بينما يجيِّرون كلّ البركات القديمة إلى الكنيسة، فإنَّهم لا يذكرون اللَّعنات، بل يُبقونها في إسرائيل! لقد قال الربّ لشعب إسرائيل إنَّهم سيتباركون إذا أطاعوا وسيُلعنون إذا عَصَوا. وكانت البركات تأتي على شكل حياة وصحَّة وازدهار وخصوبة واحترام وأمان. أمَّا اللعنات فكانت تأتي على شكل أمراض وجفاف وموت وخطر ودمار وهزيمة وسبي وضياع وعار.

وبالنسبة إلى نظريَّة «اللاهوت البديلي» فإنَّ شعب إسرائيل خسروا الأرض لأنَّهم عَصَوا. لكنَّ البركات تُطبَّق على الكنيسة أي على إسرائيل الجديدة، دون أيّ ذكر للَّعنات التي ستنزل بالكنيسة إن عصت.

أمَّا الذين يؤمنون بأنَّ الوعود تُطبَّق حرفيًّا على إسرائيل، فينقسمون أيضًا إلى مجموعتين. تقول المجموعة الأُولى إنَّ كلّ المواعيد كانت شرطيَّة وقد خسرها الشعب الإسرائيلي، ولذا لم يعد لديهم الأمل بأن يكونوا شعب الربّ. ويمكننا تبشيرهم كأيَّة أُمَّة أُخرى. فهم الآن كسائر الشعوب، ولم يبقَوا شعب الربّ.

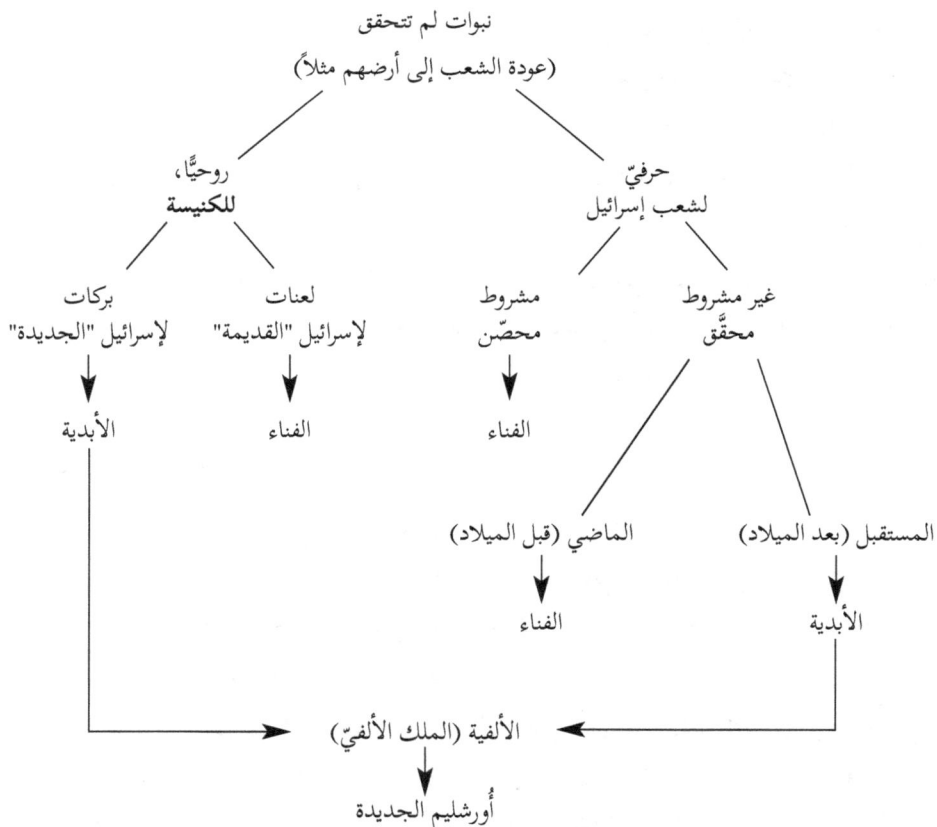

لكن لا تتفق هذه الفكرة مع العهد الجديد. ومن بين الأربع والسبعين نبوّة غير المحققة، يعود معظمها إلى إسرائيل وليس إلى الكنيسة.

كذلك تشير بعض المراجع إلى استمرارية عرش داود وبيت يعقوب أي الأسباط الاثني عشر. والافتراض هو أنّ شعب إسرائيل حيّ يُرزق وهو في أفضل حال، بالنسبة إلى وعود الربّ، مع أنّ رفضهم للمسيح قد أنزل العقاب بهم.

إنّ الوعود التي قطعها الربّ لإسرائيل كانت مشروطة. فقد وعدهم بامتلاك الأرض إلى الأبد. وقال لهم إنّهم ولو خسروها فسوف يعيدهم إليها، لأنّه قد حلف لهم بذلك. إذًا، المستقبل يبتسم لإسرائيل. وأعتقد أنّ بولس تبنّى هذا الفكر حين كتب في الأصحاحين 9-11 من رسالة رومية، أنّه رغمَ من أنّهم رفضوا الربّ، فهو لم يرفضهم. فبعد أن يخلص الأُمم سيخلص «كلّ إسرائيل». فالربّ لا يطلّق شعبه، بل يبقى معهم. كذلك فأنا أُومن بأنّ الربّ يسوع سيعود ليملك على هذه الأرض، وسيتّحد المؤمنون واليهود التائبون في رعيّة واحدة تحت رعاية راعٍ واحد، ويُرَدُّ المُلكُ أخيرًا إلى إسرائيل التائبة.

يُسجَّل في الأصحاح الأوّل من سفر الأعمال آخر سؤال طرحه التلاميذ على الربِّ يسوع: «يَارَبُّ، هَلْ فِي هذَا الْوَقْتِ تَرُدُّ الْمُلْكَ إِلَى إِسْرَائِيلَ؟». لم يقل لهم الربُّ يسوع إنّه سؤال سخيف، بل قال لهم إنّه ليس لهم أن يعرفوا أوقات الآب. لقد أخطأُوا في التوقيت، فالمُلك سيُرَدُّ، لكن ليس الآن. ثمَّ طلب منهم أن يذهبوا ويبشّروا جميع الأُمم.

إذًا، علينا مواجهة كلّ وجهات النظر المختلفة تلك التي ينتهي كلٌّ منها بفناء إسرائيل، ما عدا النظرية التي أُومن بها. فأنا أُومن بأنّه لا يمكن أن تُنقَضَ وعود الربّ. فإن كان الربّ لا يتعلّق بإسرائيل التائبة، فلن يتعلّق بنا نحن أيضًا.

الخاتمة

تعلّمنا نبوّة يوئيل أُمورًا مهمّة عن صفات الربّ وعن طبيعة عمله بين شعبه وفي العالم من حولنا. لقد تحقّق جزء من نبوّته، لكننا ننتظر تحقيقها بالكامل حين ينهي هذه الحقبة من التاريخ، ويأتي بشعبه التائب إليه كما وعد.

عاموس وهوشع

المقدِّمة

تنبَّأ عاموس وهوشع خلال القرن الثامن قبل الميلاد، والسفران اللذان يحملان اسميهما هما ضمن الأسفار الأولى التي يحتويها الكتاب المقدَّس. و مع أنَّهما ركَّزا عظاتِهما على المملكة الشماليَّة (أي إسرائيل بدل يهوذا)، فمن المفيد وضعهُما في إطار ما يحدث في العالم من حولنا، خاصَّةً أنَّ بعض جوانب المجتمع المعاصر تعود إلى تلك الحقبة التاريخيَّة. وسنلقي نظرة على الحالة في إسرائيل آنذاك إذ ندرس نِتاجَ كلٍّ من النبيَّين على حِدَة.

ماذا كان الإنسان يفعل؟

تشير السجّلات التاريخيَّة إلى أنَّ روما وقرطاجة تأسَّستا في القرن الثامن قبل الميلاد. وقد أدَّت المنافسة بين البلدين إلى نشوب الحرب البونيقيَّة، حيث انتصرت روما في النهاية. وهكذا تأسَّست الإمبراطوريَّة الرومانيَّة. وسُنَّ القانون الروماني تدريجيًّا، ثمَّ لحقه بناء الطرق الواسعة التي تميَّز بها زمن حكم الرومان، الأمر الذي ساعد على انتشار الإنجيل بعد حوالى سبع مئة سنة.

وخلال ذلك القرن أيضًا بدأت الألعاب الأُولمپية في اليونان. فشَغَفُ الرجال بالرياضة له جذور قديمة! لكن اللافت للنظر أكثر هو انتشار اللغة اليونانيَّة وسط دول البحر المتوسِّط، وتميُّزُ هوميروس كأهمّ الأُدَباء اليونانيين. وأسَّس اليونانيون عدَّة مدن وطوّروا نوعًا جديدًا من الدولة يُدعى الديمقراطيَّة (مع أنَّ نسختهم عن الديمقراطيَّة تختلف نوعًا ما عن نسختنا الحاليَّة التي تعطي الحريَّة دورًا كبيرًا).

ونشأت في الوقت نفسه في الشرق الحضارتان الصينيَّة والهنديَّة. وهكذا فإنَّ "دُويلتَي" إسرائيل ويهوذا تمركزتا وسط نشوء الحضارة في الدول المجاورة من الشرق والغرب، بينما كان عدد كبير من المسافرين يمرون وسط أرضهما.

ماذا كان الربّ يفعل؟

كانت علاقة الربّ بشعبه قد وصلت إلى مرحلة صعبة. فقد كان مقصده في البداية أن يكونوا مثالاً للعالم يُبيِّن كيف يجب أن تكون العلاقة به. وقد أوجدهم عند "تقاطع طرق العالم" لهذا السبب. وكان

عهده الذي أقامه مع موسى في جبل سيناء قد نصَّ على أنَّه سيباركهم إن أطاعوه وسيلعنهم إن عَصَوه. لذا، كان لديهم الامتياز والمسؤولية في آنٍ معًا. لكنْ مع حلول القرن الثامن واجهَتِ الربَّ مُعضِلةٌ بشأن شعبه البعيد عنه.

مملكتان

يشرح ملخَّص مقتضب عن بدء تاريخهما سبب انزعاج الربّ. فبحلول القرن الثامن قبل الميلاد كان الشعب قد انقسموا إلى قسمين. وكانوا قبلاً قد أصبحوا مملكة لها ملك منظور يحكمها كما أرادوا قبل مئتَي سنة. لكن كان عليهم تحمَّل ما ترتَّب عليهم من جرَّاء وجود ملك، مثل تقديم الضرائب له لتمويل أُسلوب حياته المُترَف، وأيضًا التجنيدَ الإجباريَّ للدفاع عن الأرض.

ومرَّ على تلك المملكة ثلاثة ملوك قبل أن تنقسم إلى مملكتين. وكان شاول أوّل ملك وكان من "اختيار الشعب" حسن المنظر وطويل القامة، لكن كانت إحدى شوائبه ضعف الشخصيَّة. وعندما فشل في إطاعة كلمة الربّ، أعطاهم الربّ الملك داود الذي كان من اختياره هو، والذي تصفه كلمة الربّ في سفر صموئيل الأوَّل بأنَّه "رجل بحسب قلب الربّ". ومع أنَّه بدأ بداية ممتازة، فسرعان ما انزلق في الخطيَّة. فنظرة شهوانيَّة واحدة قادته إلى مُخالفة خمسٍ من الوصايا العشر، ومنذ تلك اللحظة لم يعُد كما كان في السابق. وفي عصر ذلك اليوم، بدأ انهيار قوَّة الأُمَّة الإسرائيليَّة القديمة. أمَّا الملك الثالث فكان سليمان بن داود. وقد دفع الإمبراطوريَّة الإسرائيليَّة من مجد إلى مجد خلال حكمه، لكنَّه فرض ضرائب عالية بالإضافة إلى السُّخرة. وترك إرثًا مثَّلَ هيكلًا عظيمًا بناه، لكنْ شعبًا منقسمًا. وكانت الأسباط الشماليَّة مستاءة لأنَّ موارد المملكة قد تركَّزت شمالاً في أُورشليم. وما إن تُوفِّيَ سليمان حتَّى نشبت حرب أهليَّة. فقد ثار الشمال ضدّ الجنوب، وسرعان ما انقسمت المملكة واجتمعت القبائل العشر في الشمال واتَّخذت اسم «إسرائيل»، واجتمع السِّبطان الباقيان في الجنوب وبقِيا مُوالِيَين لأُورشليم وللنسل الملكيّ، وإتخذت اسم «يهوذا». وقد عنى كلّ هذا أنَّه بقي الشمال من دون هيكل ومن دون نسل ملكيّ. فبنَوا الأنصابَ في بيت إيل والسامرة وأسَّسوا نسلاً ملكيًّا خاصًّا بهم من خارج نسل داود الذي كان الربّ قد وعد بأن يباركه.

ويُخبر تاريخ إسرائيل في سفري الملوك الأوَّل والثاني القصَّة المأساويَّة لحكم ملوك الشمال. وكان معدَّل تولِّي كلٍّ منهم الحكم لا يتعدَّى الثلاث سنوات. فقد قُتِل عدد كبير منهم، وحدث الكثير من الانقلابات. ومن غير المستغرب أن تكون حكومة تلك المملكة غير ثابتة، وذلك لأنَّها لم تكن مؤسَّسة على النسل الملكيّ الذي اختاره الربّ.

أمَّا وضع الجنوب فكان أفضل، وامتدَّ معدَّل فترة حكم الملوك حتى ثلاث وثلاثين سنة. (من اللافت أنَّ الربَّ يسوع كان في هذا العمر عندما مات).

الأوضاع الاجتماعيَّة

السلام

من الضروريّ أن نفهم الأوضاع الاجتماعيَّة في الشمال في سعينا إلى فهم الرسائل التي قدَّمها عاموس وهوشع. لقد عمَّ الازدهار والسلام في تلك الفترة. وكانت أشور هي القوة العظمى في ذلك الزمن، إلاَّ أنَّ زيارة يونان أجَّلت تهديدها لإسرائيل مدَّةً من الزمن. فقد كان ذلك الجيل من الأشوريين قد تاب عن طرقه الشرِّيرة، ولذا فقد زال الخوف من الاجتياح الأشوري، على الأقلِّ في ذلك الوقت.

الازدهار

تمتَّعت مملكة إسرائيل نتيجة لذلك بفترة ازدهار عظيم، خاصَّة تحت حكم الملك يربعام الثاني الذي ثبَّت حكمُه المملكة مدَّةً من الزمن. وازدهر الاقتصاد بسبب وجود المملكة على تقاطع الطرق بين أوروبا وشبه الجزيرة العربيَّة، وهكذا زاد غنى العديد من التجَّار وأصحاب المصارف.

"المسموحات والممنوعات"

مع أنَّ مستوى الحياة ارتفع، أصبح المجتمع منقسمًا بين"المسموحات والممنوعات". فقد تمتَّع العديدون بالمجتمع الاستهلاكي بما قدَّمه من أصناف الترف. وكانت قمَّة الموضة اقتناء بيتٍ ثانٍ كانوا يسمّونه "البيت الصيفي". وكانوا يذهبون إلى تلك البيوت المبنيَّة على التلال هربًا من حرّ فصل الصيف. وظهرت طبقة أرستقراطيَّة جديدة جمعت الثروة بسرعة فائقة. لكن نشأت مشكلة عدم وجود بيوت كافية، لأنَّهُ بينما زاد غنى الأغنياء، ازداد الفقراء فقرًا. وبينما كان للأغنياء بيوت إضافيَّة، لم يملك العديد من الناس بيتًا واحدًا.

تأثيرات أخلاقيَّة

كانت التأثيرات الأخلاقيَّة لذلك النفوذ واضحة جدًّا. فانتشرت الفضائح الماليَّة والرشوة والفساد، وأيضًا فسُدَ النظام القضائي. ولم توجد العدالة من دون رشوة القضاة الذين اشتهروا بالعمل طوال سبعة أيَّام في الأُسبوع بسبب الأرباح الطائلة التي كانوا يجنونها. وأدَّى الجشع إلى غياب العدالة، وأدَّت البحبوحة إلى التساهل. وكان التراخي بالنسبة إلى الأُمور الجنسيَّة سيِّد الموقف، وانتشر إستهلاك الكحول. ومع أنَّ تلك الأُمور حدثت قبل ألفين وسبعمائة سنة، فإنَّ التقارُب واضح مع ما نراه يحصل في حضارتنا اليوم.

الحياة الدينيَّة

ازدهرت الحياة الدينيَّة، ولكن ليس ديانة شعب إسرائيل، بل اهتمَّ الشعب الإسرائيلي بديانات الشعوب الأُخرى، وبالأخصّ ديانة الكنعانيين سكَّان الأرض الأصليين. كذلك انتشرت ديانات

آتية من الشرق والغرب مع التجّار المسافرين، بالإضافة إلى عقيدة الكنعانيين بعبادة «الطبيعة الأم». وبالفعل، فإنَّ العابدين كانوا يمارسون الفجور مع زناة وزوانٍ خارج هيكلَي بيت إيل والسامرة ليبارك الإله محاصيلهم. ليس هذا فقط ، بل أقاموا عجلاً ذهبيًّا في بيت إيل وكسروا بذلك وصيَّة الربّ الواضحة بعدم عبادة الصور والمنحوتات. وهكذا أصبح شعب الربّ الذي كان متوقَّعًا منه أن يكون نسلاً ملكيًّا وأمَّة مقدَّسة كأيّ شعب آخر.

وكان للربّ كلّ الحق بالتخلّي عنهم والبدء من جديد مع شعب آخر. لكن ليست هذه عادته، فهو كان متزوِّجًا إسرائيل وهو يكره الطلاق. وكان قد أقام عهدًا معهم، وكان على استعداد تام للمحافظة عليه. ولكنْ لم يكن مُمكنًا أن يغضّ الطرف عن تصرّفاتهم. وهو كان قد وعد عندما أعطى الناموس لموسى أنَّه سيَعمِدُ إلى لعنهم إذا عَصَوه. ويُظهِر سفرا عاموس وهوشع الطُّرق التي أدَّب فيها شعبه.

تأديب الربّ

نقص في الطعام

بما أنَّ الشعب تبعوا ممارسة الخصوبة تلك، كان لا بدَّ أن يبرهن لهم الربُّ أنَّ ممارساتهم الدينيَّة لم تؤثّر إيجابيًا في المحصول. بل بالعكس، فإنَّ بعض المحاصيل كانت سيِّئة جدًّا، وكأنَّ الربَّ يقول لهم: «استيقظوا! إنَّ اعتمادكم هو عليّ وليس على آلِهة الخصوبة.» وأتت النتيجة كنتائج الكوارث السابقة: «لكنَّكم لم تلتفتوا إليّ.» فرغمَ النقص في الطعام، استمروا في ممارساتهم الوثنيَّة.

نقص في الماء

سمح الربّ تاليًا بأن يكون هناك شحّ في المياه، الأمر الذي شكَّل مصيبة كبرى خصوصًا لتلك الأرض التي ترتوي من مياه الأمطار.

محاصيل موبوءة وتالِفة

ضرب عفن فطري وجراد المحاصيل، ما أدى إلى نقص في علف الحيوانات أيضًا. ربَّما يبدو من البديهيّ بالنسبة إلى شعب كهؤلاء أقام معهم الربّ عهدًا أن يتَّجهوا إليه ليعلموا سبب كلّ هذا، لكنَّهم رفضوا ذلك.

طاعون وهجمات

عانت المحاصيل والحيوانات الأمرَّين، لكنَّ الربّ أرسل الأوبئة على البشر، وسبَّب هجوم الأعداء خسارة المواشي. ويمكننا أن نرى أنَّ كلّ قصاص أتى أصعب من الذي قبله. أمَّا الآن فقد أصاب الأمر الناس مباشرة. إلاَّ إنَّهم حتَّى ذلك الوقت لم يلتفتوا إلى الربّ.

عواصف تجلب النار

سمح الربّ بأن يضرب الرعد مدنهم، ما أدّى إلى دمار مساحة كبيرة من الأماكن المأهولة. لكنّهم لم يتأثّروا ما دام أنّهم حافظوا على أموالهم واستمتعوا ببيوتهم الصيفيّة. وحلّت عليهم كارثتان بالإضافة إلى كلّ ما سبق، وكأنَّ الربّ كان يحاول المستحيل ليلفت انتباههم.

هزّة أرضيّة

لم تكن تلك هزّة أرضيّة بسيطة، وهي تُذكر لاحقًا بعد مئتين وخمسين سنة بوصفها «زلزلة». وقد أظهرت تلك الهزّة قوّة الربّ التي تُسَيطر على عناصر الطبيعة، وذكّرت الناس بهشاشة الحياة البشريّة. إلاَّ أنَّ الشعب بقي رافضًا أن يلتفت إلى الربّ.

السبي

أخيرًا، كان قرار الربّ بأن يتمّ غزوهم من قِبل الأشوريين ويسبوهم خارج أرضهم دون أن يعودوا من جديد. حصل ذلك في العام 721ق.م أي بعد ثلاثين عامًا من عاموس وعشر سنوات من هوشع. يبدو ذلك ثمنًا غاليًا يُدفع مقابل العصيان، لكنّ الربّ كان قد حذّرهم مرارًا وتكرارًا، ليس فقط من خلال التأديب والكوارث الطبيعيّة، بل أيضًا بواسطة كلام هذين النبيين اللذين شرحا ما يعمل الربّ وما يمكنه أن يعمل في المستقبل. ونقرأ في عاموس 7:3 «إِنَّ السَّيِّدَ الرَّبَّ لاَ يَصْنَعُ أَمْرًا إِلاَّ وَهُوَ يُعْلِنُ سِرَّهُ لِعَبِيدِهِ الأَنْبِيَاءِ». فالربّ رحيم بطريقة رائعة، إذ إنَّه لا يعاقب من دون أن يرسل أوّلاً نبيًّا يشرح للشعب ماذا يمكن أن يحصل، إن بَقُوا على عصيانهم. وسفر الرؤيا في العهد الجديد هو تحذير لما سيفعل الربّ بالعالم، إلاَّ أنَّ الناس لا يلتفتون إليه. فماذا يمكن أن يفعل الربُّ أكثر؟

أنبياء "الفرصة الأخيرة"

إذًا، كان عاموس وهوشع نبيّي الفرصة الأخيرة اللذين أُرسلا إلى إسرائيل ليحذّرا الشعب مِمَّا سيَعمِدُ الربّ إلى القيام به، إن لم يرجعوا إليه. وقد كان ذانك النبيّان مختلفين، فبينما كان عاموس قاسيًا، كان هوشع لطيفًا. وأظهر عاموس للشعب أخطاءهم. أمّا هوشع فرَجاهم أن يعودوا إلى الربّ. وإذ تكلّم عاموس إلى عقولهم، فإنَّ هوشع تكلّم إلى قلوبهم. وتميّز عاموس بذكر عدالة الربّ. أمّا هوشع فركّز على رحمته.وعبّر عاموس للشعب عن أفكار الربّ. أمّا هوشع فعبّر عن مشاعر الربّ. ويتميّز النبيّان بخصائص مشتركة، إلاَّ أنَّ تلك الخصائص تميّز كلّ واحد منهما. ومن اللافت أنَّ كلمات الربّ الأخيرة في سفر هوشع أتت على شكل مناشدة لطيفة وعاطفيّة، رجاةَ أن يتوب الشعب ويدَعوه يتراجع عن الدينونة التي هو بصدد تنفيذها.

هوشع	عاموس
ابن مدينة من الشمال	ابن جبل من الجنوب
يتودَّد	يحذِّر
مناشدة لطيفة	اتِّهام قاسٍ
رحمة الربّ	عدل الربّ
محبَّة إلهيَّة	غضب إلهي
شفقته	طهارته
خطيَّة روحيَّة	خطيَّة اجتماعيَّة
الوثنيَّة	الظلم
وطنيّ	عالمي
"إعرف الربّ"	"فتِّش على الربّ"

سفر عاموس

ظهر رجل في بيت إيل في العام 750ق م، ووقف في الهيكل يعظ. وأظهرت لهجتُه أصولَه الجنوبيَّة، ما أكَّد له أنَّه سيواجَه بالعدائيَّة بسبب مَن هو وما يقولُه.

كان عاموس مزارعًا فقيرًا؛ فقد كان راعيًا بسيطًا وفلَّاحًا يهتم بزراعة شجر الجُمَّيز الذي كان غذاء الفقراء. ولم يحصل على أيّ تدريب دينيّ ولم يلمع كمرشَّح ليكون واعظًا، لكنَّه كان الرجل الصالح للقيام بهذا العمل تحت رعاية الربّ ونعمته.

يعود أصل عاموس إلى بلدة تقوع التي تبعد اثني عشر ميلاً نحو جنوب أورشليم في وسط المملكة الجنوبية على حدود الصحراء. وتكلَّم الربّ مع هذا الرجل الآتي من طبقة اجتماعيَّة متواضعة، قائلاً له: «أنت هو الرجل الذي سيذهب إلى الشماليِّين ويخبرهم بما سيحصل لهم.»

ويقدِّم لنا الأصحاح السابع من السفر لمحة جميلة عن حياته الشخصيَّة وردَّة فعله لما رأى. فنجد أمرين لافتين:

1. أثَّرت صلاتُه في الربّ
2. أغضب تعليمُه الناس

أثَّرت صلاته في الربّ

أراه الربّ مرَّة صورتين: كانت الأُولى صورة جراد يأكل الأخضر واليابس في البلد، وكانت الثانية صورة نار تلتهِمُ كل ما في البلدة. وصُعِق بهذه الرؤيا، فقال للربِّ: «أيّها الرب، رجاءً، لا تسمح بذلك.» وسأله كيف يمكن ليعقوب (أي شعب الربّ) أن يبقى على قيد الحياة بعد هذا العذاب. ورَجاهُ ألّا يفعل ذلك. فكان أنَّ الربّ تراجع عن قوله. ويظهر أمران لافتان بشأنِ هذه المحادثة. الأمر الأوَّل هو أنَّه ممكن للصلاة أن تؤثِّر في الربّ. فيبدو أنَّ الربّ غيَّر خطَّته بسبب ترجِّي عاموس. وقدِ اختبر موسى الاختبار نفسه، وبالطبع فإنَّ الربَّ يسوع صلَّى وهو على الصليب: «يا أبتاه، اغفر لهم لأنَّهم لا يعلمون ماذا يفعلون.» والدرس واضح من المحادثة التي جرت بين عاموس والربّ. فصلاتنا لا تغيِّر شخصيَّته، بل يمكنها أن تغيِّر خُطَطه. فإلهنا ليس إلهًا بعيدًا لا يتراجع عن كلمته، بل يسمع ويُفسِحُ لنا في المجال لنقنعه.

والأمر الثاني هو أنَّ عاموس يسمِّي الأُمَّة «يعقوب» بدل «إسرائيل». وهو بذلك يشير إلى المُخادِع الذي كذب على أبيه لينال البركة، والذي دُعي «إسرائيل» في ما بعد. وكأنَّ عاموس يذكِّر الربَّ عن عمد بالماضي الغامض للرجل الذي أعطى هذه الأمَّة اسمها. وهي طريقة ممتازة للقول بكلمة واحدة إنَّ إسرائيل رجَعَ إلى ما كان عليه يعقوب قبل أن يُقابِلَ الربّ ويصارع الملاك.

ونقرأ في الأصحاح السابع أيضًا أنَّ عاموس رأى الربّ في رؤيا واقفًا بالقرب من حائط وهو يحمل شاقولَ بنَّاء. وكان الربُّ يُريه أنَّه يقيس إسرائيل بحسَب معياره هو وليس معيارهم هم، وأنَّ الدينونة ستتبع بعد ذلك.

أغضب تعليمُه الناس

كما هو متوقَّع، أغضب تعليم عاموس القادة الدينيِّين. فنادرًا ما يلاقي الأنبياء الاستحسان من قِبل الكهنة أو القُسوس، فهم يعملون عادة بعكس التيَّار، ولذا يشكِّلون تهديدًا كبيرًا. واستاء أمصيا الكاهن من التأثير الذي خلَّفه عاموس فعارضه. لكنّ عاموس لم يكلّ، بَلِ استمر بالوعظ وتنبَّأ بموت يربعام وزوجته وعائلته.

واستخدم الربّ وسيلتين لإعطاء الرسائل لعاموس. فكان يرى رؤًى وهو مستيقظ ويرى أحلامًا وهو نائم. وكان النبي في العهد القديم يُسمَّى «الرائي» لأنَّه كان يرى أُمورًا لا يمكن للآخرين رؤيتها. وكان بإمكانه رؤية ما يجري بالفعل ورؤية المستقبل.

ويخبرنا النصّ أكثر من مرَّة بما رآه عاموس. وكانت أهمّ صورة توَّجت نبوَّاته هي صورة سلَّة الفواكه الناضجة جدًّا لدرجة الاهتراء. وكانت الرسالة واضحة: إنَّ شعب إسرائيل وصل لدرجة الاهتراء. كذلك صوَّر الربَّ على شكل أسد. وقد كانت الأسود ما تزال موجودة في أرض إسرائيل في ذلك الوقت، وكانت تعيش في الغابة الموجودة على ضفاف نهر الأردنّ. وكانت الأسود تأتي إلى التلال بهدف التفتيش

عن الحملان. ولذا كان مظهر الأُسود مألوفًا عند الشعب. وقد قال عاموس: "الأَسَدُ قَدْ زَمْجَرَ، فَمَنْ لاَ يَخَافُ؟" مقدِّمًا بذلك صورة بيانيَّة عماسيحصل في البلاد. فالأمر سيكون مشابهًا لحَمَلٍ يلتقطه أسد، ويمكن للراعي أن يخلّص جزءًا منه كأُذنه أو رجليه. وهذا ما سيحصل لإسرائيل إذ سيخلص قسم منهم. وهي صورة واضحة تجذب اهتمام الناس ومخيِّلتهم، إذ إنَّ الربَّ كان معروفًا لديهم بصفته راعيَهم. ولا بدّ أنَّهم صُدِموا إذ سمعوه يصوَّر كالأسد.

الأفكار الرئيسيَّة في سفر عاموس

إنَّ نبوَّة عاموس هي سلسلة من العظات دون بنية واضحة. لذا يصعب تحليل السفر بالكامل. فيبدو كأنَّه يزرع قنابل موقوتة في قلوب الناس جاهزة للانفجار في وقتٍ محدَّد في المستقبل.

يمكننا إيجاد أربعة أفكار رئيسيَّة:

ثمانية أقوالِ وَحيٍ (الأصحاحات 1:1-16:2)

1. دمشق
2. غزَّة
3. صور
4. أدوم
5. عمُّون
6. موآب
7. يهوذا
8. إسرائيل

ثلاث عظات (الأصحاحات 3-6)

1. "لكنَّكم لم ترجعوا"
2. "أطلبوني واحيوا"
3. "الويل..."

خمسة رموز (الأصحاحات 7-8)

1. هجوم الجراد
2. نار تحرق الأعماق
3. شاقولُ بَنَّاء

4. سلّة ممتلئة بالفاكهة الناضجة
5. تلف الفاكهة الناضجة

ثلاث مفاجآت (الأصحاح 9)

1. إعادة بناء بيت داود
2. عودة الشعب
3. خصوبة الأرض

سفر شاعري

بالرغم من أنَّ هذا السفر لا يحتوي على بنية واضحة، فإنَّ اختيار النوع الأدبيّ كان مُتعمَّدًا. فيمكنك خلال قراءتك للكتاب المقدَّس التفرقةُ بين الشعر والنثر. وبينما يقدِّم لنا الأوَّل مشاعر الربّ بالنسبة إلى حالة معيَّنة، يقدِّم الثاني أفكاره. ولا ينتبه الكثيرون إلى أنَّ الكتاب المقدَّس يزخَرُ بأفكار الربّ. وعلينا معرفة الأُمور التي تغضبه أو تحزنه أو تزعجه أو تفرحه. فعادةً ما يهتمّ الناس بمشاعرهم من نحو الربّ، بينما يجب أن يعتمد مستقبلنا على مشاعره هو من نحونا.

وقد أتت بعض الأشعار بشكل رقيق لترفعنا، بينما أتى قسم آخر بشكل قويّ وكأنَّه نشيد. ويندرج الشعر في سفر عاموس تحت النوع القويّ.

التكرار

يستخدم عاموس أيضًا التكرار، وهو أمر فعّال جدًّا عند التكلُّم. إنَّه يريد أن يتذكَّر قُرّاؤه الرسالة بأنَّه مع أنَّ الربّ أرسل الصعوبات، لم يرجعوا إليه. ولذا يكرِّر القرار: "لم ترجعوا إليّ."

لكنْ دعونا نُلقِ نظرة على الأصحاح الأوَّل فنرى كيف يرتِّب كلماته بمهارة. أمَّا القرار في هذا الجزء فهو:"من أجل ذُنوبِ ... الثلاثة والأربعة."

وحشية جيران إسرائيل

يبدأ بإدانة جيران إسرائيل. ويركِّز كلامه على دمشق وكيف أنَّ شعبها يستحقّ العقاب. لم تكن دمشق جزءًا من شعب الربّ، ولذا تمَّ التعامل معها خاصَّة بسبب لاإنسانيَّتها وقساوتها. ثمَّ يهاجم غزَّة بسبب وحشيَّتها، وصُوَر بسبب خيانتها. ولا شكَّ أنَّ مستمعي عاموس اتَّفقُوا معه حتى تلك اللحظة.

خزي أقرِباء إسرائيل

ينتقل إلى أقرباء إسرائيل من ناحية العِرق وهم أدوم وعمُّون وموآب. ويقول إنَّ الربّ سيعاقب أدوم

بسبب قساوتهم، وعمّون بسبب وحشيّتهم، وموآب بسبب تدنيسهم الأشياء المقدَّسة. وكان مستعموه موافقين معه حتَّى تلك اللحظة.

خيانة أُخت إسرائيل

ويقترب فيدين يهوذا أُخت إسرائيل. ويقول إنَّ الربّ سيعاقبهم لأنَّهم رفضوا نواميسه وصدَّقوا أكاذيب الناس.

عدم حسَّاسيَّة أولاد إسرائيل

ثمَّ تأتي الصدمة الكبيرة، إذ بعد أن وافقوا معه على الأُمور التي ذُكرت، قال لهم إنَّ الربّ سيعاقبهم هم أيضًا لأنَّهم اعتادوا الخطيَّة ولم يعودوا يشعرون بالخجل. وأسوأ ما في الأمر هو أنَّهم لم يعودوا ينتبهون إلى الخطيَّة. والرسالة الأساسيَّة لإسرائيل هي أنَّ الفداء الماضي يقتضي عقابًا في المستقبل. وبما أنَّ الربَّ انتقاهم من بين سائر شعوب الأرض، فإنَّه سيعاقبهم بقساوة أكبر. كما أنَّ شروط سيناء التي قبلها الشعب بحفاوة عَنَتْ بركاتٍ إلهيَّة إذا أطاعوا، ولعنات إلهيَّة إذا عَصَوا عن عمد. فكان بإمكان الشعب إمَّا أن يتباركوا أكثر من سائر الشعوب الأُخرى، وإمَّا أن يُلعنوا أكثر من سائر الشعوب الأُخرى. وهذا مبدأ إلهيّ يؤكِّد أنَّ الذين يُعطَون الكثير يُطلَب منهم الكثير. فالمسؤولية الكبيرة تأتي مع الامتيازات الإضافيَّة. ويتماشى هذا المبدأ أيضًا مع تعاليم العهد الجديد. فالمؤمنون هم الذين سمعوا الأخبار السارَّة وهم يعرفون الوصايا، ولذلك سيعقابهم الربّ بقسوة أكثر.

وتتكرَّر في عظة أُخرى كلمة "الويل"، وهي سلسلة من اللعنات التي ستنزل بالَّذين يَعصُون الربّ. ويقول لهم عاموس إنَّ كثيرين ينتظرون يوم الرب، لكنَّهم لا يفهمون معناه، إذ يعتقدون أنَّ أُمورهم ستكون على ما يرام. ولذا يرضَون بأساليب حياتهم المنحطَّة، بينما عليهم معرفةُ أنَّ الطقوس الدينيَّة لا تفي بالغرض بدل حياة البرّ، وليست الذبيحة بديلاً من التقديس.

وتأتي العِبارة "اطلبوني فتحيَوا" أساسًا لعظة أُخرى. فالمطلوب منهم هو التوقّف عن التفتيش عن الراحة في الأرض، والسعي وراء الربّ بدل ذلك. وعليهم أن يسعَوا وراء البرّ. وإن فعلوا ذلك فسيسمع لهم الربّ ويغفر لهم.

رسالة عاموس الأخيرة

تبدو الرسالة الأخيرة شديدة القسوة. فصورة الفاكهة تشير إلى أنَّ إسرائيل "جاهزة للدينونة". ويقول الربّ إنَّه لن ينساهم إذ لديه سجِّلٌ لكلِّ ما يحصل. لكنَّه ينسى فقط الأُمور التي غفرها، ليس إلاَّ. ويقول لهم عاموس إنَّ الأسباط العشرة ستتشتَّت بين الشعوب ولن تنهض من جديد. لكن تأتي عبارة في وسط تلك الجملة الرهيبة كإشراقة الشمس من بين الغيوم، إذ يقول الربّ: "ليس جميعكم". فالخطاة فقط في إسرائيل سوف يختفون، ولكنْ ستبقى بقيَّة. وسأبني هيكل داود من جديد وسأجلب الأُمميِّين ليأخذوا

مكانكم ويصبحوا شعب الربّ. إذًا، ستحيا البقيَّة الباقية وسيكونون جزءًا من شعب الربّ الكبير الذي سيحتوي على الأُمميِّين أيضًا.

وبالفعل أنَّه تمَّ الاستشهاد بهذه الكلمات بعد ثماني مئة سنة في الأصحاح الخامس عشر من سفر أعمال الرسل، عندما عُقِدَ مجمعُ أُورشليم لدراسة موضوع دخول الأُمميِّين إلى الكنيسة. وقد ذكّر مُديرُ المجمع الحاضرين بنبوّة عاموس حيث وعد الربّ بأنَّه سيُرمِّم «خيمة داود» ويضمُّ مؤمني الأُمم إليها.

سفر هوشع

بعد عشر سنوات من العظات التي قدَّمها عاموس في بيت إيل، ظهر نبيّ آخر على الساحة. وكان آخرَ نبيٍّ يرسله الربّ إلى الأسباط الشماليَّة العشرة. وقد ذكرنا أنَّ أُسلوب خدمة هوشع كان معاكسًا بالكامل لأُسلوب خدمة عاموس. فنجد تعاطُفًا بدل الاتهام، ومناشدة بدل التحذير، ولطفًا بدل القساوة، ورحمة بدل العدل. فقدَّم هوشع آخر مُناشدة من الربِّ قبل أن تختفي الأسباط العشرة.

والكلمة المفتاح لكامل نبوَّة هوشع هي «حِسِد» التي لا مرادفَ واحدًا لها في اللغة العربيَّة. وتُستخدم هذه الكلمة في المعاهدات لتصف العلاقة التي تربطك بالفريق الآخر من خلال هذه المعاهدة. وهي تعني "المحبَّة"، إلاَّ أنَّها تحمل في طيَّاتها معنى "الوفاء"إلى حدٍّ أكبر. فالمحبَّة الحقيقيَّة ليست محبَّة إلاَّ إذ اتَّسمت بالوفاء. وغالبًا ما تُترجم الكلمة كلماتٌ بمعنى «حِسِد» إلى "المحبَّة المتّسمة باللُّطف" أو "الإخلاص"، وتُستخدم كلماتٌ بمعنى "الإخلاص" ستّين مرَّة في الكتاب المقدَّس للإشارة إلى هذه الكلمة، بينما تَستخدم مُرادِفات "اللطف" تسع مرَّات أو عشرًا. وهي تشير إلى المحبَّة الراسخة والإخلاص الثابت، ما يدلّ على أنَّنا نلتزم مَحبَّتنا لأحدهم مهما يكن أو مهما يحدث. وغالبًا ما تُعرَّف المحبَّة بالوفاء، إلاَّ أنَّ ما يحدث، للأسف، هو أنَّ الناس يستمتعون بمحبَّة أحدهم فترةً زمنيَّة محدَّدة ومن ثَمَّ يتركونه ليلتفتوا إلى آخر.

معاهدة محبَّة

إنَّ العلاقة بين الربّ وإسرائيل مبنيَّة على عهدِ محبَّة أي حِسِد وهي المحبَّة التي تبقى. وبالفعل، فإنَّ سفر هوشع يشير إلى معاهدة المحبَّة التي يقدِّمها الربّ لعروسه إسرائيل.

جانب الربّ

تعهَّد الربّ بأن يهتمّ بهم ويحميهم ويؤمِّن احتياجاتهم. وكان قد أنقذهم من أيدي المصريين، وقدَّم لهم على جبل سيناء الفرصة لكي يكونوا شعبه. وقبلوا بذلك. كان يفتِّش عن عروس سعيدة ومطيعة ومتشوِّقة لتعيش كما يريد هو.

جانب إسرائيل

كان على الشعب أن يتجاوبوا بفرح مع طلبات الربّ، ويعلموا أنَّ تلك الطلبات كانت لخيرهم. وتعبِّر مزامير داود خير تعبير عن ابتهاجه بوصايا الربّ. وأطول مزمور في الكتاب المقدَّس (المزمور 119) يحكي بالكامل عن مزايا ناموس الربّ. لكنّ شعب الربّ ككلّ لم يطيعوا؛ وعندَ مجيء هوشع كان فشلهم قد اتَّضح بالتمام.

كأنَّ الربّ يقول من خلال رسالة هوشع: «ما الذي حصل لزواجنا؟» وأكَّد لهم محبَّته الأمينة، لكنَّه قال إنَّه لا يتلقَّى التجاوب الكافي. وسار الربّ مع هوشع في اختبار غير اعتيادي ليساعده على فهم مشاعره. إذ كان الربّ في العادة يهيِّيء النبي من خلال علاقاته أو من خلال عدم وجودها. فمثلاً، طلب من إرميا أن لا يتزوَّج، لأنَّه أراد أن يخبر يهوذا أنَّ الربّ الآن «عازب» أيضًا. وشعر إرميا مع الربّ بوحدته لأنَّه هو أيضًا كان يشعر بالوحدة لأنْ لا زوجة لديه. وقال الربّ لحزقيال إنَّ زوجته ستموت وإنَّه يجب عليه ألَّا يبكيها لِيُري يهوذا أنَّ الربّ أيضًا فقَدَ زوجته. وهكذا، فإنَّ هوشع أيضًا تعلَّم كيف شعر الربّ من خلال تعليمات غير عادية بالنسبة إلى زواجه.

خلفيَّة القصَّة (الأصحاحات 1-3)

تقدِّم الأصحاحات الثلاثة الأُولى خلفيَّة القصَّة بشكل سيرة ذاتيَّة. ويتحاجج العلماء عمَّا إذا كانت تلك المعلومات الغريبة المذكورة حقيقة أم خيالاً، أو أنَّ ترتيب الأصحاحات يختلف عن تتابُع الأحداث. لكنِّي أظنُّ أنَّه من السليم اعتبار المعلومات كما أتت ببساطتها ووضوحها. وتقدِّم تلك الأصحاحات التسلسل القَصصيّ لتلك النبوَّة.

الأصحاح الأوَّل، الأولاد

طُلِب من هوشع أن يتزوَّج بزانية. وكان هذا الأمر مستهجَنًا كما هو اليوم، خاصَّة لشخصٍ قصد له الربّ أن يصبح المتكلِّم باسمه. ورُزقا ثلاثة أولاد، كان واحد منهم على الأقل ليس من هوشع. ثمَّ عادت زوجته إلى ممارسة مهنتها القديمة. ووجدها هوشع وأعادها إلى البيت ووضعها قَيْدَ فترة تأديبيَّة ولم يعرفها. وبعد ذلك بفترة عرفها. ويحمل اسم كلّ ولد رسالة معيَّنة. فاسم الصبيّ البكر يزرعيل معناه "الربّ يعاقب"، وكان صبيًّا متمرِّدًا وصعب المراس ووجَبَ تأديبه. وكان الولد الثاني بنتًا سُمِّيَت لُورُحَامَةَ بمعنى "لا رحمة". وحُرمت تلك الفتاة من محبَّة والدتها. وكان الولد الثاني صبيًّا سُمِّي لُوعَمِّي بمعنى "ليس شعبي". وهذا كان الولد الذي لم يخرج من صلب هوشع، فتخلَّى عنه هوشع. إذًا، لدينا المؤدَّب والمحرومة والمتروك. فيلخِّص هؤلاء الأولاد معاملة الربّ مع شعبه القديم. وكانت أسماؤهم مهمَّة بالنسبة إلى الرسالة التي حملها كلّ واحد منهم. إلاّ أنّي لم أقابل أي والدين مؤمنين أطلقا أيًّا من تلك الأسماء الثلاثة على أولادهم!

الأصحاح الثاني: الزوجة

يخبرنا الأصحاح الثاني ثلاثة أُمور عن زوجة هوشع. أوّلاً، وبّخها أولادُها على تصرّفاتها. لقد علموا أنَّ ما تقوم به كان خطأً. ثانيًا، عاقبها هوشع بسبب تصرُّفاتها، وأخيرًا ردَّها لِتَكون زوجة له. وتتسلسل الأمور كالتالي: ملامة، عقاب، عودة.

الأصحاح الثالث: الزوج

يلازم النمط الثُّلاثيّ هوشع أيضًا، فنقرأ في هذا الأصحاح ثلاثة أُمور ذُكرت عنه. أوّلاً، كان وفيًّا لزوجته رغمَ عدم أمانتها له. ثانيًا، كان صارمًا معها، ولم يعاملها كزوجة فترةً من الزمن. إذ أتى بها إلى البيت، لكنَّه لم يعرفها. وهذه الفترة تشير إلى فترة التأديب في منفى السَّبي الذي إليه سيُرسِلُ الربُّ شعبَه. ثالثًا، كان مهيبًا. فكانت زوجته تهابه وترتجف عندما تراه، ما يعني أنَّ الإحترام والوفاء كانا يعودان بالتدريج إلى حياتها.

الرسالة (الأصحاحات 4-14)

تقدِّم هذه الأصحاحات الرسالة التي نتجت عن تلك العلاقة. وسفر هوشع، كسفر عاموس، هو مجموعة من عظات النبيّ، مقدَّمة بغير نمطٍ ترتيبٍ معيَّن. لكن يمكننا وضع عناوين مختلفة لها تساعدنا على استنتاج الأفكار الرئيسيَّة التي تساعدنا على قراءة السفر وفهمه. ولا بدَّ من الإشارة إلى أنَّ كلّ ما يقوله هوشع يتركَّز حول هاتين الفكرتين الرئيسيّتين: عدم أمانة إسرائيل تقابلُه أمانة الربّ. وهو التناقض بين معاهدة لمحبَّة التي يقدِّمها الربّ وعدم تجاوب الشعب، وهذانِ يشكِّلان الفكرة الرئيسيَّة في تلك النبوَّة.

ويلخِّص كلّ ما سبق محاججة الربّ مع إسرائيل. وهو يظهر تعاطفه معهم من جرّاء تلك المعضلة: ماذا تفعل بشعب تحبّه لكنَّهم لا يبادلونك الإخلاص؟

عدم إخلاص إسرائيل

يشير هوشع إلى سبع خطايا يمكن تسميتها "خطايا إسرائيل السبع المميتة". ويُظهِر سجّلها معرفة الربّ المفصَّلة بما يجري.

1. **الخيانة:** مارس الشعب الخيانة في زيجاتهم، كما في علاقتهم مع الربّ.
2. **الاستقلاليّة:** كانت أُورشليم هي المكان الذي انتقاه الربّ للحُكم، لكنّهم اتَّخذوا نسلاً ملوكيًّا واستقلّوا في مملكتهم. وبالطبع أنَّ الاستقلاليّة هي أساس الخطيَّة. وقالوا بكلّ وضوح إنَّهم لا يريدون أن يملك الربّ عليهم. إذ فضَّلوا مملكتهم عليه، وتمرّدوا على الملك المختار من قِبَل الربّ في الجنوب.

3. **الدسيسة:** تُرجمت عدم أمانة الشعب من نحو الربّ بعدم وفائهم بعضهم لبعض. فانتشرت النميمة وحيكت المعاهدات السرِّيَّة، فاستاء العديد من الشعب.
4. **الوثنيَّة:** يظهر العجل الذهبيّ بوضوح في نبوَّة هوشع. فكان الناس منفتحين على قبول آلهة الكنعانيين وعلى مُمارسة عباداتهم الوثنيَّة. وكانت المرتفعات، مكان عبادة الكنعانيين، مكانًا محترمًا جدًّا.
5. **العهر:** كان الثور رمزًا للخصوبة، وانتشرت الفحشاء بقوَّة. وكانت الوصايا المتعلِّقة بالممارسات المحرَّمة قدِ استُبدِل بها التَّراخي في الأُمور الأخلاقيَّة تمامًا، كما تفعل الشعوب المجاورة. وقد ذكرنا سابقًا أنَّ تلك الممارسات اللاأخلاقيَّة كان تُعتبر ممارسات "دينيَّة" رغمَ تعارضها مع وصايا الربّ القدُّوس.
6. **الجهل:** أظهر التجاوب مع نبوَّة هوشع جهل الناس لمدى تجاهلهم لناموس الرب. ولم يكن الأمر أنَّهم لم يعرفوا عن الربّ، بل أنَّهم لم يريدوا أن يعرفوا عنه.
7. **عدم الامتنان:** نبَّه الربّ إلى عدم امتنانهم بإعطاء هوشع سلسلة من الصور لا بدَّ أن تلتصق بأذهانهم.

استخدم هوشع صورًا متنوِّعة وغير مُرضية في الأصحاح السابع ليصف خُلُقَ إسرائيل. وقال إنَّ ميولهم الشرِّيرة كانت كالفرن المُحمَّى الجاهز لِخَبْز العجين. وشبَّههم أيضًا بالفطيرة غير الناضجة التي تحترق من جانب واحد وتبقى غير مخبوزة من الجانب الآخر. فلا يمكن تناول فطيرة كهذه، وهي إشارة إلى المساومة التي مارسها الشعب، وإلى عرَجِهم بين الفرقتين.

ثمَّ يكمل السفر بصورة الحمامة المرفرفة والعالقة في شبكة. فالشعب لم يحافظ على إيمانه بأيٍّ من الآلهة، وعلى الأقل لم يحافظوا على إيمانهم بالربّ. فهم التفتوا إلى مصر ومن ثَمَّ إلى أشور، ولم يلتفتوا إلى الربّ. فكان ينبغي أن يمسكهم ويؤدِّبهم.

الأطراف المذنبون

يُتبِع هوشع لائحة الخطايا المميتة التي اقترفها الشعب، ويشير إلى أربع فِرَق من الناس قال إنَّهم المسؤولون عن هذا الوضع.

1. **الكهنة:** كان يجب أن يعرفوا الربّ وأن يذكِّروا الشعب بناموسه، وبأنَّ الدينونة ستواجههم إن أخطأُوا. لكنَّهم تنحَّوا عن مسؤوليتهم. فبدل أن يكونوا مثلاً، كانوا بالسوء نفسه كالآخرين.
2. **الأنبياء:** كان هناك عدد كبير من الأنبياء في إسرائيل، لكنَّهم كانوا أنبياءً كذبة. وكانوا يقولون لشعب الربّ ألاّ يكترثوا لتصرّفاتهم لأنَّ الربّ لن ينفّذ وعيدَه. وكان هذا تمامًا ما أراد الشعب سماعه. لكنّ الربّ يريد رجالاً يقولون للشعب ما لا يريدون سماعه، حتَّى لو كلَّف الأمر الكثير.

3. **الملوك:** مع أنَّ الربّ لم يختر النسل الملكيّ في الشمال، فإنَّ هؤلاء الملوك كانوا مسؤولين عن شعبه فمن ناحية، كان الملوك بمثابة الرعاة الروحيين للشعب، وكانوا مسؤولين عن التأكّد من أنَّ الشعب يطيعون وصايا الربّ. لكن قلَّة قليلة من الملوك كانوا مهتمِّين بتجاوب الأُمَّة الروحي. وكان قسم كبير من الشعب يتَّخذون ملوكهم مثال مِشيتهم الروحيَّة. فعندما رأوا رأس الأُمَّة يتصرَّف بعدم أمانة روحيَّة، ظنّوا أنَّه من المعقول التمثّل به.
4. **الانتهازيّون:** كان كثيرون يجنون أموالاً طائلة من سوق الصيرفة، أمَّا الفقراء فكانوا يخسرون في كلِّ مرَّة. وقد كان ناموس الربّ واضحًا بشأن فرض الرِّبا واستغلال الفقراء. فيشير هوشع إلى الانتهازيِّين بكونهم سببًا من أسباب الفساد في المجتمع.

الدينونة

يقول هوشع إنَّ القصاص سيأتي في ثلاث نواح:

1. **العقم:** يقول إنَّه ستحدث إجهاضات، ولن تستطيع بعض النساء الحمل، وإنَّ أُخَرَ سيخسرن أطفالهنّ عند ولادتهم.
2. **سفك الدماء:** سيهاجم أحد الأعداء الشعب ويقتل العديد منهم، ولن يدافع عنهم الربّ.
3. **السبي:** سينتصر هذا العدو في النهاية وسيُخرِجهم من أرضهم.

أمانة الربّ

أتت تلك القصاصات كالجزء القاسي من نبوَّة هوشع. ومع كونه ألطف من عاموس، فقد قدَّم للشعب تحدِّيًا قاسيًا. ولم يكن ذلك دافعه فقط، بل أراد أن يقدِّم حقيقة أنَّ الربَّ رُغمَ عصيانهم الفاضح يبقى أمينًا.

ونقرأ في رسالة تيموثاوس الثانية عن علاقتنا بالربِّ يسوع التالي: أنَّه لو أنكرناه أو تركناه، فهو لن يتركنا وسيبقى أمينًا نحوَنا. فربَّما استوحى بولس هذه الجملة من سفر هوشع.

أمَّا الأخبار السارة فهي أنَّ الربَّ يُشفِق على شعبه. ولا يستطيع الربّ أن يتغاضى عن أخطائهم بسبب محبَّته لهم. كما لا يستطيع أن يخذلهم، ولا يستطيع أن يتخلَّى عنهم نهائيًّا. هذا ما أراد هوشع نقله.

لا يستطيع الربّ أن يتغاضى عن أخطائهم (5:10-6:6)

يشير هذا النصّ إلى كره الربّ لإدعائهم التوبة. يقول: «صَارَتْ رُؤَسَاءُ يَهُوذَا كَنَاقِلِي التُّخُومِ. فَأَسْكُبُ عَلَيْهِمْ سَخَطِي كَالْمَاءِ. أَفْرَايِمُ مَظْلُومٌ مَسْحُوقُ الْقَضَاءِ، لأَنَّهُ ارْتَضَى أَنْ يَمْضِيَ وَرَاءَ الْوَصِيَّةِ... أَذْهَبُ وَأَرْجعُ إِلَى مَكَانِي حَتَّى يُجَازَوْا وَيَطْلُبُوا وَجْهِي. فِي ضِيقِهِمْ يُبَكِّرُونَ إِلَيَّ.» يقول إنَّه ما إن تحلّ المصيبة حتَّى يتكلّموا عن الرجوع إلى الربّ الذي يساعدهم دون أن يكون لديهم الدافع الحقيقي لتغيير قلوبهم.

فيقول الربّ: «مَاذَا أَصْنَعُ بِكَ يَا أَفْرَايِمُ؟ مَاذَا أَصْنَعُ بِكَ يَا يَهُوذَا؟ فَإِنَّ إِحْسَانَكُمْ كَسَحَابِ الصُّبْحِ، وَكَالنَّدَى الْمَاضِي بَاكِرًا. لِذلِكَ أَقْرِضُهُمْ بِالأَنْبِيَاءِ. أَقْتُلُهُمْ بِأَقْوَالِ فَمِي. وَالْقَضَاءُ عَلَيْكَ كَنُورٍ قَدْ خَرَجَ. «إِنِّي أُرِيدُ رَحْمَةً لاَ ذَبِيحَةً، وَمَعْرِفَةَ اللهِ أَكْثَرَ مِن مُحْرَقَاتٍ.»

لا يستطيع أن يتخلى عنهم نهائيًّا (11:1-11)

يناشدهم الربّ ويذكّرهم حين كان إسرائيل ولدًا صغيرًا. لقد أحبَّهم كابْن وأخرجهم من مصر. لكن كلَّما طلبهم الربّ تمرَّدوا وقدَّموا الذبائح للبعل والبخور للوثن. ومع أنَّ الربَّ درَّب إسرائيل منذ الصغر وعلَّمه المشي وأمسك بيديه، فقد قابله بالاحتقار. لكنْ يصرخ الربّ: «كَيْفَ أَجْعَلُكَ يَا أَفْرَايِمُ، أُصَيِّرُكَ يَا إِسْرَائِيلُ؟! كَيْفَ أَجْعَلُكَ كَأَدْمَةَ، أَصْنَعُكَ كَصَبُويِيمَ؟! قَدِ انْقَلَبَ عَلَيَّ قَلْبِي. اضْطَرَمَتْ مَرَاحِمِي جَمِيعًا.لاَ أُجْرِي حُمُوَّ غَضَبِي. لاَ أَعُودُ أُخْرِبُ أَفْرَايِمَ، لأَنِّي اللهُ لاَ إِنْسَانٌ، الْقُدُّوسُ فِي وَسَطِكَ فَلاَ آتِي بِسَخَطٍ.»

نقرأ هنا تعبيرًا قويًّا عن مشاعر الربّ. فهو يعلم أنَّه مهما يحصل فلا يمكن أن يدعهم يذهبون بعيدًا عنه.

لا يستطيع أن يخذلهم (14:1-9)

يُظهر النصّ مناشدة مليئة بالعاطفة يقدِّمها الربّ لشعبه كي يرجعوا إليه ويسمحوا له بأن يشفيهم من وثنيّتهم. فالأمر ليس أنَّ إسرائيل أخطأ سهوًا، بل أنَّه سعى وراء الخطيَّة بكلِّ تمرّد. لكنّ الربّ يقول لهم إنّه سيغفر لهم إذا تابوا ورجعوا إليه. وهو لن يخذلهم أبدًا.

ينتهي النصّ بالعبارة التالية: «من هو حكيم حتى يفهم هذه الأُمور وفهيم حتى يعرفها؟ فإنَّ طرق الربّ مستقيمة والأبرار يسلكون فيها، وأمَّا المنافقون فيعثرون فيها.» وهذه إحدى أقوى المناشدات في كامل الكتاب المقدَّس لشعب لا يريد أن يعرف عن محبَّة الربّ. وتنهي هذه العبارة النبوَّة، وتُقدِّم لإسرائيل فرصة أخيرة إمَّا لاتباع طرق الربّ وإمَّا للبقاء في ضياعهم.

كيف يمكننا تطبيق سفرَي هوشع وعاموس اليوم؟

أوَّلاً، لم ينجح عاموس أو هوشع في إرجاع الشعب إلى الربّ، بل ضرب الشعب بعِظاتهما عُرضَ الحائط. فعمَدَ الربّ إلى إنزال الدينونة بهم كما توعَّد بأن يفعل. ففي العام 721ق.م، قهرَهُم الأشوريّون وسبَوهم إلى غير رجعة. ثانيًا، علينا أن نلاحظ الفرق بين وضعنا الحاليّ ووضع الذين تنبَّأ لهم ووعظهم هوشع وعاموس. ففي تلك الفترة في إسرائيل، كانت الحكومة ثيوقراطيَّة، حيث كانت الحكومة والكنيسة كِيانًا واحدًا. لكن لا ينطبق هذا الأمر على العهد الجديد، حيث تنفصل الكنيسة عن الدولة. ويمكن تلخيص الحالة في العهد الجديد بكلمات الربّ يسوع: «أعطوا ما لقيصر لقيصر، وما لله لله.» إذًا، يعيش المؤمنون في هذه الأيَّام في مملكتين. فأنا مواطن بريطاني، وأنا أيضًا مواطن في مملكة الربّ. لذا علينا التنبّه في تطبيقنا لنبوّات العهد القديم على زمننا المعاصر.

لكننا نعاني من جرَّاء تعقيد جلبه الإمبراطور قسطنطين في القرن الرابع بعد الميلاد، إذ حاولت أُوروبا الدمج بين الكنيسة والدولة. فقد حاول قسطنطين تنصير المملكة حيث تتحد مملكتا الناس والربّ، ويستمر هذا الإرث في العديد من البلاد الأُوروبيَّة. إذًا، أن تولد في بريطانيا يعني أنَّك مولود في الكنيسة، وتدعمك قرون من المسيحيَّة. لكن بالنسبة إلى الربّ، الكنيسة والدولة منفصلتان. ويمكننا تطبيق مُقتضَيات نبوَّات العهد القديم، لكن علينا التذكُّر أنَّ الوضعين لا يُقارنان معًا.

إذًا لا يمكننا أخذ رسالة قدَّمها عاموس أو هوشع، ونتوقَّع من أمتنا أن تطيعها كما أطاعها الشعب القديم. لكنْ يمكننا تطبيق الرسائل الموجَّهة إلى الأُمم من خارج الشعب الإسرائيلي. فاتِّهامات الربّ الموجَّهة إلى تلك الأُمم استندت إلى ضمائرهم، وليس إلى ناموسه. وهكذا، فإنَّ أيَّة أُمَّة أُخرى ستُدان بمقتضى أُسلوب حياتهم الذي اعتمدوه حسب معايير اعتبروها صحيحة.

ولا تُطبَّق بعض الخطايا التي دانها عاموس وهوشع لدى الشعوب التي من خارج إسرائيل على بعض الشعوب في أيَّامنا. فمنها ما يحتوي على الوحشيَّة وتجاوز حقوق الإنسان والتشريعات التي تزيد الغنيّ غنًى والفقير فقرًا. يمكننا فقط تطبيقها من بعض النواحي وفي بعض المناطق. لكنْ لا يسمح ذلك لنا بالقول إنَّ باقي النبوَّات لا تُطبَّق علينا، فهي تحمل رسالة قويَّة للكنيسة اليوم. إذ غالبًا ما يكون سلوك شعب الكنائس مشابهًا لسلوك شعب إسرائيل. ونجد مقاطع عديدة في العهد الجديد تدعم الرسائل التي قدَّمها عاموس وهوشع. فنحن علينا أيضًا أن نرجع إلى الربّ، كي لا يديننا. فحين نقرأ تلك الرسائل علينا أن نطبِّقها وسط شعب الربّ أوَّلاً، ومن ثَمَّ نخبر المجتمع من حولنا برأي الربّ في أُسلوب حياتهم.

سفر إشعياء

المقدِّمة

دراسة هذا السفر الرائع ممتعة جدًّا. وأوّلُ ما يُقال هو أنّ نُصوصَ نبوَّة إشعياء هي من بين الأفضل في أسفار الكتاب المقدَّس من حيث التوثيق. فمخطوطات البحر الميت التي وُجدت في العام 1948 تضمَّنت نسخة من السفر يعود تاريخها إلى العام 100ق.م، وهي أقدم بحوالى ألف سنة من النسخة التي قبلها مباشرة والتي يعود تاريخها إلى العام 900ق.م. وفي ذلك العام، كان يجري العمل على ترجمة نسخة الكتاب المقدَّس الموحَّدة في اللغة الإنكليزيَّة. فتوقَّف العمل ريثما يتمّ فحص تلك المخطوطات. ثُمَّ لم يُغيِّرِ المُترجِمون في النصّ إلاَّ القليل بعد ذلك.

وسفر إشعياء ممتع لسبب آخر، هو ترتيبه في الكتاب المقدَّس. إنَّ عناوين الأصحاحات ليست موحًى بها من الربّ. (أتمنَّى لو أنَّه كان الكتاب المقدَّس من دون تقسيم بحسب الأصحاحات والآيات، لأنَّه يمكننا عندئذٍ أن نعرف كتابنا تمامًا بحسب تدفّق الأفكار، وليس بحسب ترتيب مُستحدَث بالرجوع إلى «النصوص» كما نفعل اليوم. وعلى مدى ألف ومئة سنة على الأقلّ، كان للكنيسة كتب مقدَّسة ليست مقسَّمة إلى أصحاحات أو آيات.)

لكنْ أيًّا يكُن مَن قسَّم سفر إشعياء إلى أصحاحات، فإنَّهم قاموا بالعمل بأُسلوب لافت، مع أنّي أشك في كونهم فعلوا ذلك عن عمد. إذ قسَّموه إلى ستة وستِّين أصحاحًا، تمامًا كعدد أسفار الكتاب المقدَّس. كذلك قسَّموه إلى جزأين أساسيين، يحتوي أحدهما على تسعة وثلاثين أصحاحًا ويحتوي الآخر على سبعة وعشرين أصحاحًا. وكذلك، فإنَّ العهد القديم يحتوي على تسعة وثلاثين سفرًا، والعهد الجديد يحتوي على سبعة وعشرين سفرًا. وتلخِّص رسالة الأصحاحات التسعة والثلاثين الأُولى رسالة العهد القديم، كما تلخِّص رسالة الأسفار السبعة والعشرين الأخيرة رسالة العهد الجديد! ويبدأ الجزء الثاني من السفر (الأصحاح 40) بصوتِ صارخ في البرِّيَّة: "أعدّوا طريق الربّ"، وقد استخدم يوحنًّا المعمدان تلك الكلمات عينها. ثم ينتقل الكلام عن خادم للربّ ممسوح بالروح القدس يموت عن خطايا شعبه، ثمَّ يُقام من بين الأموات ويُمجَّد بعد موته. ونقرأ الإعلان التالي: "ستكونون شهودًا لي حتّى أقاصي الأرض." وينتهي هذا الجزء بقول الربّ:"هأنذا أصنع أمرًا جديدًا (أخلق سماء جديدة وأرضًا جديدة)". إذًا، تُمكننا رؤية التشابه الواضح بين الرسالة التي يقدِّمها سفر إشعياء، ورسالة العهد الجديد.

بكلام آخر، إن حاول أحدهم عصر الكتاب المقدَّس كلّه في سفر واحد، ينتهي به الأمر بالحصول على سفر إشعياء. فهو الكتاب المقدَّس المصغَّر. واللافت أنَّ الأصحاحات 40-66 تُقسم إلى ثلاثة أجزاء يحتوي كلّ منها على تسعة أصحاحات. والفكرة الرئيسيَّة في الأصحاحات 40-48 هي تعزية شعب الربّ. وتتمحور الفكرة الرئيسيَّة في الأصحاحات 49-57 حول عبد الربّ الذي يموت ثمَّ يقوم من جديد. أمَّا الفكرة الرئيسيَّة في الأصحاحات 58-66 فتتركَّز حول المجد المستقبليّ.

وتنقسم كل من تلك الأجزاء المكوَّنة من تسعة أصحاحات إلى ثلاثة أجزاء مكوَّنٍ كلٌّ منها من ثلاثة أصحاحات. فلو أخذنا الأصحاحات الثلاثة الوسطى نجد بوضوح ثلاثة أجزاء: 49-51، 52-54، 55-57. ولو أخذنا الجزء الأوسط (الأصحاحات 52-54)، والعدد الأوسط من نصف الأصحاح في ذلك الجزء الأوسط نتقابل مع الآية المفتاح لهذا السفر: "وَهُوَ مَجْرُوحٌ لأَجْلِ مَعَاصِينَا، مَسْحُوقٌ لأَجْلِ آثَامِنَا. تَأْدِيبُ سَلاَمِنَا عَلَيْهِ، وَبِحُبُرِهِ شُفِينَا."(5:53). لم يكن هذا من وحي الروح القدس، لكن اللافت أنّه حتَّى الآية الرئيسيَّة الواقعة في وسط الجزء الثاني تلخِّص الفكرة الرئيسة للعهد الجديد.

يعرف الكثيرون أجزاء مختلفة من سفر إشعياء. أذكر أنَّ أحدهم علَّق بالتالي بعد قراءة أحد آثار شاكسبير. قال إنَّه لم يستَسِغ الأثر لأنَّه مليء بالاقتباسات، وهو متأكِّد من أنَّ شاكسبير اقتبس جزءًا كبيرًا من المادةُ من أثرٍ آخر، غير مدرك أنَّ شاكسبير نفسه هو من ألَّف تلك الاقتباسات! وينطبق هذا القول على سفر إشعياء. فالعديد من نصوصه معروف في الأوساط الكنسيَّة.

مثلاً:

- "إِنْ كَانَتْ خَطَايَاكُمْ كَالْقِرْمِزِ تَبْيَضُّ كَالثَّلْجِ. إِنْ كَانَتْ حَمْرَاءَ كَالدُّودِيِّ تَصِيرُ كَالصُّوفِ." (18:1)

بعد صبغ الصوف من المستحيل إرجاعه إلى اللَّون الأبيض، لكن هذا ما يقوله الربّ عن خطايانا.

- "يَطْبَعُونَ سُيُوفَهُمْ سِكَكًا وَرِمَاحَهُمْ مَنَاجِلَ." (4:2). نرى هذه الآية منحوتة على قالب من الغرانيت خارج مكاتب الأمم المتحدة في نيويورك. للأسف، لم يقتبسوا الآية بكاملها إذ تبدأ كالتالي: "فَيَقْضِي بَيْنَ الأُمَمِ وَيُنْصِفُ لِشُعُوبٍ كَثِيرِينَ". فلا تُمكننا إضافة الجزء الثاني من الآية من دون أن يقضي الربّ بين الأُمم.

ومن بين الآيات المعروفة أيضًا هي التالية:

- "هَا الْعَذْرَاءُ تَحْبَلُ وَتَلِدُ ابْنًا وَتَدْعُو اسْمَهُ «عِمَّانُوئِيلَ»." (14:7)
- "لأَنَّهُ يُولَدُ لَنَا وَلَدٌ وَنُعْطَى ابْنًا، وَتَكُونُ الرِّيَاسَةُ عَلَى كَتِفِهِ، وَيُدْعَى اسْمُهُ عَجِيبًا، مُشِيرًا، إِلهًا قَدِيرًا، أَبًا أَبَدِيًّا، رَئِيسَ السَّلاَمِ." (6:9)
- "وَيَحُلُّ عَلَيْهِ رُوحُ الرَّبِّ، رُوحُ الْحِكْمَةِ وَالْفَهْمِ، رُوحُ الْمَشُورَةِ وَالْقُوَّةِ، رُوحُ الْمَعْرِفَةِ وَمَخَافَةِ الرَّبِّ."(2:11)
- "ذُو الرَّأْيِ الْمُمَكَّنِ تَحْفَظُهُ سَالِمًا سَالِمًا، لأَنَّهُ عَلَيْكَ مُتَوَكِّلٌ." (3:26)

- "وَأَمَّا مُنْتَظِرُو الرَّبِّ فَيُجَدِّدُونَ قُوَّةً. يَرْفَعُونَ أَجْنِحَةً كَالنُّسُورِ. يَرْكُضُونَ وَلاَ يَتْعَبُونَ. يَمْشُونَ وَلاَ يُعْيُونَ."(31:40)
- "مَا أَجْمَلَ عَلَى الْجِبَالِ قَدَمَيِ الْمُبَشِّرِ، الْمُخْبِرِ بِالسَّلاَمِ، الْمُبَشِّرِ بِالْخَيْرِ، الْمُخْبِرِ بِالْخَلاَصِ" (7:52)
- "هَا إِنَّ يَدَ الرَّبِّ لَمْ تَقْصُرْ عَنْ أَنْ تُخَلِّصَ، وَلَمْ تَثْقَلْ أُذُنُهُ عَنْ أَنْ تَسْمَعَ." (1:59)
- "لَيْتَكَ تَشُقُّ السَّمَاوَاتِ وَتَنْزِلُ! مِنْ حَضْرَتِكَ تَتَزَلْزَلُ الْجِبَالُ."(1:64)

جزء آخر مشهور جدًّا من السفر هو الأصحاح السادس، حين رأى إشعياء الربّ في رؤيا؛ إلاَّ أنَّ مهمَّته الصعبة المذكورة في الآيات التالية هي أقلُّ شهرة. ويصف الأصحاح الخامس والثلاثون الصحراء تتفتّح كالزهرة. ويبدأ الأصحاح الأربعون بالجملة التالية: "عَزُّوا، عَزُّوا شَعْبِي، يَقُولُ إِلهُكُمْ." وقد ذكرنا سابقًا ما جاء في الآية الخامسة من الأصحاح الثالث والخمسين: "وَهُوَ مَجْرُوحٌ لأَجْلِ مَعَاصِينَا، مَسْحُوقٌ لأَجْلِ آثَامِنَا. تَأْدِيبُ سَلاَمِنَا عَلَيْهِ، وَبِحُبُرِهِ شُفِينَا." وينتبه الكثير من المؤمنين إلى الآية التالية: "أَيُّهَا الْعِطَاشُ جَمِيعًا هَلُمُّوا إِلَى الْمِيَاهِ، وَالَّذِي لَيْسَ لَهُ فِضَّةٌ تَعَالَوْا اشْتَرُوا وَكُلُوا. هَلُمُّوا اشْتَرُوا بِلاَ فِضَّةٍ وَبِلاَ ثَمَنٍ خَمْرًا وَلَبَنًا." (1:55). ويتضمَّن الأصحاح الحادي والستّون جزءًا من موعظة المسيح الأولى في الناصرة: "رُوحُ السَّيِّدِ الرَّبِّ عَلَيَّ، لأَنَّ الرَّبَّ مَسَحَنِي لأُبَشِّرَ الْمَسَاكِينَ، أَرْسَلَنِي لأَعْصِبَ مُنْكَسِرِي الْقَلْبِ، لأُنَادِيَ لِلْمَسْبِيِّينَ بِالْعِتْقِ، وَلِلْمَأْسُورِينَ بِالإِطْلاَقِ."

وبعد الإشارة إلى أنَّ الناس يعرفون أجزاء من السفر، من الواضح أنَّ السفر بالكامل غير معروف. وهذا أمر مؤسف لأنَّ الربَّ يسوع اقتبس منه، وكذلك بولس الرسول، أكثر من أيِّ سفر آخر في العهد القديم. ويزخَرُ العهد الجديد باقتباسات منه، خاصَّة من الجزء الثاني.

ولا يتنبَّه الكثير من المؤمنين إلى أنَّ العبارات التالية تأتي مباشرة في الجزء الثاني من السفر: "لا تُحزِنوا روح الله القُدُّوس"، "سيمسح الربّ كلّ دمعة"، "صوتُ صارخٍ في البرِّيَّة"، "تكونون لي شهودًا... إلى أقصى الأرض"، "تجثو كلُّ ركبة...ويعترِف كلُّ لسان"

إذًا، إن كنت تريد معرفة كتابك المقدَّس بالحقّ، فعليك معرفة سفر إشعياء، لأنَّه يقدِّم لنا نافذة على العهد الجديد، تمامًا كما يقدِّم نافذة على العهد القديم.

الرجل

لم يُلقِ إشعياء الضوء على نفسه، تمامًا كما فعل معظم كتَّاب أسفار الكتاب المقدَّس، بل سلَّط الأضواء على الربّ. وما نعرفه عنه يأتي من كتاباته ومن كتب التاريخ اليهوديَّة، خاصَّةً من كتابات المؤرِّخ يوسيفوس، وقد ذكر عنه الكثير. ولذا نستطيع أن نشكِّل صورة عنه. ويُشير اسمه إلى أنَّ والديه كانا تقيَّين على الأرجح. فالاسم العبريّ "يِشَعياهو" يعني «الربّ يخلِّص»، ويأتي من الجذر نفسه الذي يأتي منه اسما يسوع ويشوع. وكان اسما ملائمًا له لأنَّه لُقِّب بمبشِّر العهد القديم. وهو الذي قدَّم الأخبار

السارَّة، خاصَّة في الجزء الثاني من السفر. ونادرًا ما تُذكر الكلمة «جديد» في العهد القديم، إلاَّ أنَّها ترد أكثر من مرَّة في الجزء الثاني من هذا السفر. وقد أصبح إشعياء أعظم نبيٍّ على مرِّ العصور، وأقامه اليهود في نفس المرتبة مع موسى و إيليا.

من الناحية البشريَّة، كانت بداية إشعياء قويَّة، إذ إنَّه وُلد في قصر وتربَّى فيه. وكان حفيد الملك يوآش ونسيب الملك عزِّيَّا. فكان هذا سببًا إضافيًا لحزنه عند موت الملك عزِّيَّا. وامتلك إشعياء الثروة والمركز والعلم. وقد أعطته هذه الأُمور بعض الامتيازات، إلاَّ أنَّها جعلت كونه نبيًّا أمرًا صعبًا. لكنَّه تقابل مع الربّ في الهيكل، فكان واضحًا له أيّ طريق يجب أن يسلك.

وكان إشعياء يتنقَّل بسهولة داخل الحلقات الملكيَّة وكان مستشارًا للملوك. ولذا تمحورت نبوَّاته حول الأُمور السياسيَّة، وخاصَّة الشعور بالأمان الزائف من جرَّاء إقامة تحالفات مع الدول القويَّة، مثل أشور ومصر.

وما نعرفه عن عائلته هو أنَّ زوجته كانت نبيَّة أيضًا، لكن ليست لدينا أيَّة نبوَّة من نبوَّاتها. وممَّا لا شكَّ فيه أنَّه كان يناقش نبوَّاته معها قبل أن يتفوَّه بها. وكان لديه على الأقلّ ابنان. وكان اسم الإبن الأوَّل مَهَيْرَ شَلاَلَ حَاشَ بَزَ بمعنى «أسرِع إلى السلب، بادر إلى النهب»، وهو ليس اسما ممكنًا لمعظم الأهل أن ينتقوه لأولادهم! لكنَّه كان اسما نبويًّا يشير إلى اليوم الذي فيه ستُنهب أُورشليم وسيأخذ الأعداء كل الكنوز الموجودة فيها. أمَّا اسم الإبن الثاني فكان شآرياشوب، ومعناه «البقية سترجع». إذًا، يلخِّص اسما ابنَي إشعياء الرسائل الأساسيَّة لنبوَّته. وكانت الأخبار السيِّئة (خاصَّة في الجزء الأوَّل من السفر) أنَّ أُورشليم ستُنهب وستُدمَّر. أمَّا الأخبار السارَّة فكانت أنَّ البقيَّة سترجع. يبقى أمل في المستقبل رغمَ خسارة إسرائيل لكلّ شيء.

ويرجَّح أنَّه كان لاشعياء ابن ثالث يُدعى عِمَّانوئيل. وبالتأكيد، وُلِد في تلك الفترة صبيٌّ كان موضوع النبوَّة. لكنِّي أعتقد أنَّه كان ابن رجل آخر، وليس ابن إشعياء. وقد كان الصبيُّ عِمَّانوئيل الذي يعني اسمه «الربّ معنا»، آيةً لِمَلِك. وكان بالفعل آيةً مزدوجة تمَّت بعد عدَّة قرون عند ولادة يسوع.

دعوته

أتت دعوة إشعياء خلال زيارة له إلى الهيكل، إذ رأى رؤيا وأُخِذ بقداسة الربّ. لا يخبر النصّ عن عمره آنذاك، إلاَّ أنَّه كان في نهاية سن المراهقة أو في بداية العشرينيَّات من عمره. ومنذ تلك اللحظة، بدأ إشعياء باستخدام العبارة «قدّوس إسرائيل» للإشارة إلى اسم الربّ، ولم يكن قد استخدمها أحدٌ قطُّ من قبله. ويرد هذا الاسم ما يقارب الخمسين مرَّة خلال جزأيِ السفر. فعندما رأى قداسة الربّ، شعر بنجاسته وأراد الخروج من الهيكل. ومن اللافت شعوره بأنَّ شفتيه نجستان. وقد مرَّ في اختبار رائع إذ طار ملاك حاملاً جمرة من على المذبح لِيَكوي شفتيه. ويظنّ بعضُهم أنَّ تلك كانت رؤيا خياليَّة، إلاَّ أنَّ الأمر حصل بالفعل. فإنَّ إشعياء، من خلال حياته، كان يُخبر الناس أنَّ شفتيه المحروقتين هما نتيجة كَيِّ الربّ لهما.

وتقدِّم لنا دعوة إشعياء مرجعًا غير متوقّع عن الثالوث. فقد سأل الرب إشعياء: "مَنْ أُرْسِلُ؟ وَمَنْ يَذْهَبُ مِنْ أَجْلِنَا؟'، وتشير صيغة الجمع إلى أنَّ الأقانيم الإلٰهيَّة الثلاثة مجتمعة سترسله. ثمَّ يأتيه الخبر المحبط وهو أنَّه رغمَ كونهِ مرسلاً إلى الشعب، فإنَّهم لن يسمعوا لتعاليمه. فالربّ سيقسِّي قلوبهم ولن يقبلوا الكلمة ولن يتجاوبوا معه. لذا يقول الربّ لإشعياء في بداية خدمته: "لا تظن أنَّك ستصبح مبشِّرًا ناجحًا. فكلّما علّمت أكثر، تقسَّت قلوبهم! وبالفعل، فإنِّي سأستخدم تعليمك لأجعل آذانهم صمَّاء وعيونهم عمياء." يا لها من عبارة غير اعتياديَّة، لكنَّها تشير إلى حقيقة موجودة في أجزاء أُخرى من الكتاب المقدَّس. فكلمة الربّ لا تفتح قلوب البشر فقط، بل بإمكانها أن تُغلق قلوبهم أيضًا، وتبعدهم إلى بعيد. فإمَّا نتقسَّى وإمَّا تلين قلوبنا بعدما نسمع كلمة الربّ. ولا يمكننا البقاء على الحياد.

ويستشهد العهد الجديد بالآيات التي تشير إلى تجربة إشعياء أكثر من أيَّة آيات أُخرى ذُكرت في السفر. وقدِ استخدمها الربُّ يسوع للإشارة إلى خدمته، فقال: "لِكَيْ يُبْصِرُوا مُبْصِرِينَ وَلاَ يَنْظُرُوا، وَيَسْمَعُوا سَامِعِينَ وَلاَ يَفْهَمُوا، لِئَلاَّ يَرْجِعُوا فَتُغْفَرَ لَهُمْ خَطَايَاهُمْ." (مرقس4:12). بكلامٍ آخر، تكلَّم بأمثال لكي يخبِّىء الحقيقة ويقسِّي قلوب غير المهتمِّين بالحقّ. واستشهد بولس بالآية نفسها عندما بشَّر اليهود ولم يقبلوا الكلمة.

إذًا، تأثير كلمة الربّ من ناحية تقسية القلوب هو فكرة أساسيَّة، ولا عجب أن يتساءل إشعياء قائلاً: "إلى متى سأستمرّ بالتبشير، ولا يتجاوبون معي، بل تتقسَّى قلوبهم؟" فأتاه جواب الربّ: "حتَّى تُهجر الأرض بالكامل." وقد حُدِّدت لإشعياء إحدى أصعب المهمَّات من بين كلّ الأنبياء الآخرين. لكنْ لو لم يتمِّمها على أكمل وجه، ما كنَّا حصلنا على هذا السفر الرائع. وهو لم يعرف أنَّ هذا السفر سيكون بعد عدَّة قرون سبب إلهام. ولكنْ خلال حياته كان عمله فاشلاً، فلم يسمع له أحد ، بل تقسَّوا أكثر وأكثر طيلةَ أربعين سنة.

موقع يهوذا

لنفهم السفر أكثر، علينا أن نعرف أنَّ عددًا من البلدان كان يُجاوِر يهوذا. وكانت البلاد الصغيرة مجاورة لها، بينما كانت البلاد الأكبر والأقوى أبعد بقليل. ونقرأ في هذا السفر أنَّ الربّ استخدم أوَّلاً البلاد الصغيرة ليؤدِّب شعبه. لكنْ عندما لم يسمعوا له، استخدم البلاد الكبرى. وكانت البلاد الصغيرة تضمّ الآراميِّين والعمُّونيين في الشمال، والموآبيين والأدوميين في الشرق والجنوب. وكان الفلسطيّون في الغرب، وقد أتى بهم الربّ من كريت. وكان العرب موجودين في الصحراء. وكانت القوى العظمى المتمثِّلة ببلاد أشور وبابل متمركزة في الشرق، مع أنَّ بابل وصلت إلى قمَّة مجدها بعد موت إشعياء. أمَّا إشاراته إلى القوَّة والسلطان اللَّذين ستتمتع بهما بابل فكانت بروح النبوَّة. وكانت مصر من ناحية الغرب.

تشكَّل في أيَّام إشعياء عدد من التحالفات ضدَّ يهوذا، «المملكة الصغيرة». وربَّما كان أغربها التحالف بين الأسباط العشرة (أي المملكة الشماليَّة) وآرام. وكانت تلك المرحلة أساسيَّة وجديَّة جدًّا في تاريخ شعب الربّ. وكان أنَّ إشعياء طمأن ملك يهوذا بأنَّهم سينتصرون على الرُّغم من أنَّ المملكة

مؤلَّفة من سبطين صغيرين. وقال: "هوذا العذراء تحبل وتلد ابنًا وتدعو اسمه عمانوئيل." وكانت هذه إشارة إلى أنَّ الربّ سينصرهم. إذ يعني اسم عمانوئيل «الربّ معنا». إنَّما تُمكن قراءة هذه العبارة بأربع طرق مختلفة، تعتمد كلّ منها على موقع التشديد في اللفظ. فالتشديد يجب أن يكون على الكلمة **معنا**. فالرب **معنا** وليس معهم! بكلامٍ آخر، الربّ بجانبنا. فعندما حُبِل بالصبيّ وأُعطي الاسم، علم الملك أنَّ التحالف بين الأسباط العشرة والآراميّين لن ينجح.

وفي حادثة أُخرى، تحالف أيضًا الفلسطيّون مع العرب. وشكَّل هذا الأمر تهديدًا جدِّيًّا ليهوذا. لكنْ، مرَّة أُخرى، كان الربّ بجانبهم.

شكَّلت بلاد أشور وعاصمتها نينوى في زمن إشعياء القوى الكبرى في الشرق. وبينما كانت مصر هي القوة العظمى في الجنوب الغربيّ، كانت بابل (التي هي العراق اليوم) تنمو لتصبح قوَّة عظيمة جدًّا في المستقبل.

وتنبَّأ إشعياء خلال فترة حكم أربعة ملوك. بدأ في السنة التي تُوفِّيَ فيها الملك عزِّيًّا واعتلى يوثام العرش. وملك آحاز وحزقيّا ومنسَّى أيضًا خلال مدَّة خدمته.

ملوك يهوذا

لكي نفهم أُسلوب كرازة إشعياء، علينا أن نفهم التطوّر الذي حدث لدى خلافة كلّ ملك. ويخبرنا سفرا الملوك ما إذا كان الملك صالحًا أو شرِّيرًا في عينَي الربّ. وكان الملوك الصالحون يربحون المعارك، بينما كان الملوك الأشرار يخسرون. فإن كانوا صالحين، كان الربّ يقف بجانبهم، ولم يستطع أحد هزْمَهم.

عزيًّا (792-730 ق. م). أظهر هذا الملك ما سبق شرحه. كان ملكًا صالحًا وملك فترة طويلة بلغَت اثنتين وخمسين سنة. لكن خلال سنيه الأخيرة تغيّر فأصبح ملكًا شرِّيرًا، وعمل الشرّ في عيني الربّ، ومات بسبب مرض البرص. وهذا كان القصاص الذي أوقعه به الربّ بسبب تغيُّره من ملك صالح إلى ملك شرِّير.

اتَّحد الفلسطيّون والعرب وهجموا على يهوذا خلال فترة سني كرازة إشعياء الأُولى. لكنِ انتصرَ يهوذا لأنَّ الملك كان يتبع طريق الربّ. ولكنْ عندما مال الملك إلى طريق الشرّ هزم الأشوريّون يهوذا.

يوثام (750-740). كان ملكًا صالحًا، وملك تسع عشرة سنة (كان خلال عشر منها وصيًّا على العرش). وقد هُزِم في عهده كلّ من حاول الهجوم على يهوذا. كذلك هُزِم العمونيّون الذين كانوا حلفاء مع المملكة الشماليَّة وآرام.

آحاز (735-715). كان ملكًا شرِّيرًا، وقد هزمه الأدوميّون والفلسطيّون والأشوريّون.

حزقيّا (715-686). كان ملكًا صالحًا، وملك تسعًا وعشرين سنة، وهزم الفلسطيّين. وكان خلال فترة حكمه أنَّ الأشوريين حاصروا أُورشليم بجيش مؤلّف من مئة وخمسة وثمانين ألف جندي، لكنَّ الربّ

أرسل ملاكًا مسحهم جميعهم. وكان بعضٌ يظنُّون حتى بضع سنوات ماضية أنَّ هذه القصَّة خرافة، إلى أنِ اكتشف عالم آثار بريطاني هياكل عظميَّة بشريَّة بالقرب من سور المدينة، ويُعتقد أنَّها بقايا ذلك الجيش. وكان ذلك الحصار سببًا لقيام أشغالٍ هندسيَّة في المدينة باقية إلى يومنا هذا. فبسبب الحاجة إلى المياه، حفر حزقيًّا نفقًا تُجرّ فيه المياه من نبع يقع خارج المدينة. ويمكن السير في هذا النفق إلى هذا اليوم.

لكنْ لم تمتلىء حقبة حكم حزقيًّا بالأخبار السارَّة فقط. إذِ اقترف غلطة كبيرة عندما مرض قرابة نهاية حياته. فصرخ إلى الربّ وأعطاه خمس عشرة سنة إضافيَّة، لكنَّه لم يستخدم ذلك الوقت بحكمة. وحدث أن زاره رُسُل من قِبل ملك بابل خلال مرضه للاطمئنان على صحتّه .وكانت بابل في ذلك الوقت بلدًا صغيرًا ناشئًا. فسُرَّ حزقيًّا بزيارتهم إذ أتَوا من مكان بعيد، وأراهم قصره بهدف أن يخبروا ملكهم عن عظمة الملك حزقيّ. ولكنِ، ارتعب إشعياء عندما سمع بالأمر، وقال لحزقيًّا إنَّه يومًا ما سيأخذ ملك بابل كل ما رأته مجموعة الرجال الذين أرسلهم لزيارته. تأتي هذه القصَّة المأساويَّة في وسط سفر إشعياء تمامًا. وقد تمَّ بالفعل ما قاله إشعياء.

منسَّى (697-642). كان أسوأ ملوك يهوذا. وقدِ اتّبع عبادة الشيطان، حتَّى إنَّه قدَّم ابنه ذبيحة لمولك، الإله الشرِّير الذي كان مَحَطَّ العبادة الشيطانيَّة في يهوذا. وكان معظم الملوك الأشرار يملكون فترة زمنيَّة قصيرة، إلاَّ أنَّ فترة مُلك منسَّى كانت أطوَلَ مدَّةِ مُلكٍ في يهوذا، إذ استمرَّت خمسًا وخمسين سنة.

كره منسَّى إشعياء لدرجة أنَّه منعه عن الكلام. ولهذا السبب أتت نبوَّة إشعياء في شكل مكتوب. وأخيرًا، لم يستطع منسَّى التحمّل فأمر بقتل إشعياء. وقدِ استخدم أبشع الوسائل لإماتته. إذ نقرأ في التاريخ اليهودي، أنَّ منسَّى أمر بتجويف جذع شجرة، ثُمَّ وُضِع إشعياء داخلها ونُشِر في الوسط. وقد ذُكِر اسمه بين «أبطال الإيمان» في الأصحاح الحادي عشر من رسالة العبرانيين. فعبارة «آخرون نُشِروا» تشير إلى إشعياء.

ويُظهر الجدول التالي الملوك المختلفين:

الملك	مدَّة الحكم	شخصيَّته	انتصاراته	انهزاماته
عزيَّا	52 سنة	صالح	العرب الفلسطيّون	الأشوريون
يوثام	19 سنة	صالح	العمونيون الآراميُّون الإسرائيليون	
أحاز	20 سنة	شرِّير		الأدوميون الفلسطيون
حزقيَّا	29 سنة	صالح	الفلسطيون	
منسَّى	55 سنة	شرِّير		الأشوريّون

كتب إشعياء الأصحاحات 40-56، ويظنّ بعضُهم أنَّ "إشعياء الثالث" كتب الأصحاحات العشرة الأخيرة. فهل هناك ثلاثة أشخاص يحملون الاسم "إشعياء"؟ تُعلِّم بعض كلِّيَّات اللاهوت هذه الفِكرةَ، ويدعمون ذلك بالقول إنَّه يوجد فرق كبير في الأسلوب والمضمون والمرادفات، فلا بدَّ من وجود أكثر من كاتب.

وحدة السفر

يقول بعضُهم إنَّه لا يهمّ إن كان هناك إشعياء واحد أو ثلاثة أشخاص يحملون الاسم نفسه وساهموا في كتابة السفر. لكنّهم ينسَون أنَّ إشعياء قدَّم عدَّة رسائل عبر سنين كثيرة، واختلف هدف كلٍّ منها. فبعضها كان للتعزية، وبعضها كان للتوبيخ. فمن الطبيعي أن يستخدم أسلوبا ومُفرداتٍ مختلفة. وليس من الضروري "نشر" السفر إلى قسمين أو ثلاثة أقسام.

كذلك تساعدنا عدَّة أسباب على الإيمان بأنَّ شخصًا واحدًا كتب السفر بأكمله. أوَّلاً، يتقاسم الجزآن الأوَّل والثاني عدَّة أمور مشتركة. فمثلاً يرد وصف الربّ بأنَّه "قدّوس إسرائيل" خمسين مرَّة في كامل السفر: خمسةً وعشرين مرَّة في الجزء الأوَّل، وخمسةً وعشرين مرَّة في الجزء

الثالث. وبينما يغطِّي الجزء الأوَّل **بعض** الأفكار الرئيسيَّة التي لا تظهر في الجزأين الآخَرين، تظهر الأفكار الرئيسيَّة بمُعظمها في هذين الجُزأين.

ثانيًا، لا يُمكن أن يُنسى كاتب الجزء الثاني الذي يتضمَّن ما يعتبره بعضٌ أعظم الأجزاء النبويَّة في كامل الكتاب المقدَّس. وإذا كانت أسماء أنبياء الكتاب المقدَّس الآخرين معروفة، ومن بينهم الأنبياء الصغار، فمن الصعب أن يضيع اسم كاتب الجزء الثاني من السفر.

ثالثًا، يقتبس الربُّ يسوع والرسول بولس من الجزء الثاني في السفر ويشيران إلى أنَّ إشعياء هو النبيّ. وهذا يكفيني، إذ إنَّه لا يمكن أن يكذب الربُّ يسوع وبولس في أمر كتابة إشعياء للسفر.

أخيرًا، السؤال الأهمّ هو ما إذا كان الربّ يعرف المستقبل أم لا. وإن كان يعرف المستقبل، فلن يواجه مشكلة في كشف المستقبل لإشعياء. وسيُحَلُّ العديد من مشاكلنا حالما نحلّ هذه المشكلة.

الجزء الأوَّل (الأصحاحات 1-39)

يتألَّف هذا الجزء من مجموعة نبوَّاتٍ أتت خلال أربعين سنة. ولذا فهي ليست بترتيب معيَّن، لكنَّها تتبع شكلاً معيَّنا يساعدنا على فهم ما نقرأ. والتالي هو نظرة شاملة للجزء الأوَّل قبل دراسة بعض الأفكار الرئيسيَّة بالتفصيل.

تقدِّم الأصحاحات 1-10 تأنيبًا ليهوذا وبالأخصّ لأُورشليم. فالأُمَّة كانت غنيَّة، وكما علَّم عاموس في المملكة الشماليَّة عن سوء استخدام الثروة، هكذا علَّم أيضًا إشعياء في يهوذا. وأنَّب نساء أُورشليم الثريَّات على صرف الأموال على المجوهرات والثياب وإهمالهنَّ للفقراء والمعوزين.

ويتكلَّم الجزء المكوَّن من الأصحاحات 13-23 عن دينونة الشعوب الأُخرى. فقدِ استخدمهم الربّ لتأديب شعبه، لكنَّهم تخطَّوا تصريحه في أفعالهم. وكانوا أشرارًا وقساة، وأساءُوا إلى إسرائيل أكثر ممَّا أراد لهم الربّ أن يفعلوا.

وتحتوي الأصحاحات 24-34 على مزيج من الأخبار السارَّة والأخبارة السيِّئة. فالدينونة قادمة على الأسباط الشماليَّة وعلى يهوذا، ولكنْ يتمّ وصف المجد القادم مرَّتين. إذًا، هناك توبيخ، لكنَّ الشعب يحصل على لمحة صغيرة عن المستقبل المُشرق.

وتذكر الأصحاحات 36-39 حادثة مرض حزقيَّا الملك، وقد ناقشناها سابقًا. إلَّا أنَّها قصَّة انتقاليَّة تظهر كيف حلَّت بابل محلَّ أشور كسبب تهديد رئيسي ليهوذا من جرَّاء تهوُّر حزقيَّا في ترحيبه بالمرسلين من بابل.

يهوذا (الأصحاحات 1-12 و24-35)

الأخبار السيِّئة

العصيان

أتت نبوَّات إشعياء خلال فترة من السلام والازدهار. وكان الشعب لم يعرف هذا المِقدارَ من الثروة منذ زمن سليمان، عندما كانت الأُمَّة في أوجها. لكن رافقت الكبرياء والبطر حالة البحبوحة تلك. وكان كلّ واحد مهتمًّا بأمر نفسه فقط، بينما قُهر الفقراء وساد الظلم. وكانت حياة الشعب الدينيَّة تتمحور حول التقاليد فقط. فكانوا يقومون بمراسِمِ العبادة، لكنْ بقِيَت قلوبهم باردة من نحو الربّ. وكانت النتيجة أنَّهم ابتعدوا عن ولائهم له وعبدوا الأوثان. واستبدلوا بِعبادة الربّ عِبادةَ البعل والسواري آلهة الكنعانيين، ظانِّين أنَّ ذلك سيُغني حصادهم ويجعل حياتهم تزدهر.

التأديب

نرى نمطًا مشابهًا لنمط نراه في سفر القضاة. فالربُّ يسمح لهجومات من الخارج كي يعلِّم شعب يهوذا أنَّ عليهم أن يثقوا به. وكما رأينا، فإنَّ تلك الهجومات أتت من آرام وإسرائيل والعرب والفلسطيِّين، وأدوم وعمّون وموآب، وقوّة خدمة إشعياء، وأشور (التي هزمَتها بابل). لكنْ بدل أن يضعوا ثقتهم بالربّ، شكَّلوا تحالفات مختلفة مع أيَّة قوَّة يبدو كأنَّ باستطاعتها تقديم أكبر حماية ممكنة في ذلك الوقت؛ ولم ينظروا إلى الربّ.

الكارثة

كان الربّ قد وعد الشعب في أيَّام موسى بأنَّهم سوف يخسرون الأرض التي أعطاهم إن عَصَوا وصاياه. وبما أنَّ تحذيرات إشعياء لم تلقَ تجاوبًا، فإنَّ شعب يهوذا لحقوا في العام 587 ق.م بالأسباط العشرة إلى المنفى إذ تمَّ سبيُهم على أيدي البابليين.

الكآبة

تنبَّأ إشعياء بأنَّ ترحيل الشعب إلى بابل وإقامتهم هناك لن يكونا مُمتِعَين البتَّة. وقال إنَّهم لن يرجعوا إلى الربّ إلاَّ في السبي. وكان أنَّهم كأُمَّة لم يتبعوا أيَّة آلهة غريبة بعد ذلك، وأُزيلت أيَّة عبادة للأوثان من وسط الشعب.

الأخبار السارَّة

البقيَّة

الأخبار السارَّة في الجزء الأوَّل هي أنَّه سترجع بقيَّة من السبي، وسيقوم ملك يقدِّم السلام للأمّة. ومن تلك البقيَّة سيأتي ملك مثل داود، سيكون أبًا أبديًّا ومشيرًا ورئيس السلام وتكون الرياسة على كتفه.

العودة

من الواضح أنَّه رُغمَ عصيان يهوذا، فإنَّ الربّ لا ينقُض عهده. وكان الوعد بأنَّهم سيرجعون إلى أرضهم التي خسروها. وهكذا رجعوا بعد سبعين سنة، كما تنبَّأ إرميا لاحقًا.

المُلك

تنبَّأ إشعياء بأنَّه سيأتي ملك وسيكون مُلكه مختلفًا عن ملك سائر الملوك الآخرين. وتفاصيل ملكه كالتالي: ولادته وخدمته في «جليل الأُمَم»، ونسبه من نسل يهوذا، وهو سيُمسح ليقوم بعمل الربّ. وكلُّ من يشكّ في مصداقيَّة تصريح الربّ يسوع بكونه ملكًا فعليه أن ينظر إلى دقَّة نبوَّات إشعياء.

الابتهاج

نجد في الأصحاحات أوقاتًا من الابتهاج بصلاح الربّ خلال الأخبار السيِّئة. راجع 2:1-5، 12، 14:1-3، 26، 27، 30:19-33، 32:15-20، 34:16-35. ومن بين كلّ الأسفار النبويَّة، سفر إشعياء هو أكثرها إبتهاجًا.

الشعوب (الأصحاحات13-23)

يذكر إشعياء عددًا من الشعوب التي كانت لها علاقة بيهوذا: أشور، بابل، فلسطين، موآب، آرام (دمشق)، كوش، مصر، أدوم، شبه الجزيرة العربيَّة، صور. وعلينا ملاحظة النقاط الثلاث التالية التي تصف تلك الشعوب:

1. استخدمها الربّ لتأديب شعبه.
2. تخطَّت حدودها. وتعامل شعوبها بأُسلوب وحشيّ وظالم، وهزئُوا بإله إسرائيل.
3. عاقبهم الربّ بالنار وأخيرًا أفناهُم.

ولكنْ، على الرغم من معاقبة الشعوب، يتنبَّأ إشعياء بأنَّ كلَّ الأرض سوف تشارك يهوذا في البركة (راجع الأصحاحات 23-25).

الجزء الثاني (الأصحاحات 40-66)

صورة عن الربّ

يمدّنا كامل الجزء الثاني من إشعياء بصورة رائعة عن الربّ.

هو الإله الوحيد

يقول الربّ: "لا يوجد آلهة غيري." ويقول أيضًا إنَّ كلّ من يُسمَّى إلهًا ليس موجودًا في الحقيقة.

فالربّ هو الإله الوحيد، أمَّا الآلهة الأُخرى فهي من صنع البشر. ويقول الربّ أيضًا: "لا يوجد إله مثلي." ويسخر إشعياء من الآلهة الآخرين مشيرًا إلى أنَّه لديهم آذان ولا يسمعون، ولديهم عيون ولا يبصرون، ولديهم أرجل ولكنَّهم لا يستطيعون المشي. وبالطبع أنَّ هذه العبارة مزعجة لعالمنا المعاصر الذي يدعو إلى قُبول كلّ الأديان. ولكنْ لا إله آخر غير الربِّ.

الخالق العظيم

إنَّ الشعوب ما هي إلاَّ نقطة في دلو أو غبار في الموازين. والربُّ هو الذي يُسمِّي النجوم. فقد طلب من الإنسان أن يُسمِّي الحيوانات، لكنَّه لم يطلب منه أن يسمِّي النجوم. ومن الحكمة أن نبقى جاهِلين لِلبُرج الذي يُوافق تاريخ ولادتنا. وتشير الإحصاءات إلى أنَّ ستَّة من أصل عشرة رجال، وسبعًا من أصل عشر نساء، يقرأون أبراجهم يوميًّا؛ بينما على الإنسان أن ينظر إلى الربّ العليّ ليأخذ منه الحكمة لأجل المستقبل.

الربّ هو قدّوس إسرائيل

يرد هذا اللقب خمسًا وعشرين مرّة في الجزء الثاني من السفر. فبينما يركّز عاموس على برّ الربّ، ويركِّز هوشع على أمانة الربّ، يركِّز إشعياء على قداسة الربّ. من الواضح أنَّه لم ينسَ الرؤيا الأُولى التي رأى فيها الربّ بعظَمته، ولذا يصبح هذا الوصف مفتاحًا رئيسًا في السفر.

فادي شعبه

يوصف الربّ بأنَّه فادي شعبه أو "الوليّ". فكما يهبّ الولي لمساعدة عائلة ما، هكذا يملك الربّ القدرة على مساعدتنا، وهو يريد فعل ذلك بسبب العهد الذي قطعه مع شعبه.

مخلِّص الشعوب

أُعطي هذا اللقب للربّ في سفر إشعياء قبل أن يُعطى للربِّ يسوع في العهد الجديد. وقد أكَّد إشعياء اهتمام الربّ بكلّ الشعوب ورغبة قلبه بأن تجتمع كلّها في السماء والأرض الجديدتين.

ربّ التاريخ

يقول إشعياء إنَّ الأُمم ليست إلاَّ نقطة في دلو. فالربّ هو من يبدأ التاريخ ويسيطر عليه وينهيه (راجع 41:1-6، 21-29؛ 42:8-9، 10-17؛ 44:6-8، 24-27؛ 46:9-11؛ 48:30).

الكلّ لِمجده

هدف التركيز على الربّ في السفر هو إظهار مجده. والكلمة "مجد" كلمة مفتاح في كامل السفر. فالربّ يريد أن يُظهر عظمته للعالم.

عبد الربّ

تتالت مجموعة من الأناشيد في الجزء الثاني من السفر، وهي ترد في أكثر الأصحاحات شهرة. وتُدعى أناشيد لأنّها شاعريّة جدًّا. وهي تذكر "عبد الرب" عشرين مرّة، إلاّ أنّ اليهود لا يعرفون من هو إلى يومنا هذا.

ويبدو أنّ معنى "عبد الربّ" يتغيّر. ففي تسع مرّات يبدو أن العبد هو كامل شعب إسرائيل (مثلاً 3:49)، لكنْ يظهر بوضوح في أحايين أُخرى أنّه شخص مُفرَد. أضف أنّ اللقب أُعطي لأشخاص معيَّنين في أجزاء أُخرى من العهد القديم مثل: عزّيّا ويوشيّا وإرميا وحزقيال وأيوب وموسى وزرُبّابل.

لكن يمكن قول أربعة أُمور عن عبد الربّ هذا:

1. شخصيَّته لخالية من الشّوائب. هذا العبد كامل، لا عيب فيه. ولا يمكن تطبيق هذه العبارة على أيِّ كائنٍ بشريّ.
2. رجل حزين، يحمل الألم والحزن.
3. يُقتل كمجرم لكنَّه لا يحمل أيّة خطيّة. مات من أجل خطايا الآخرين وليس خطاياه. اتُّهِمَ زورًا وقبره مع الأغنياء.
4. بعدما مات من أجل خطايا الآخرين، أُقيم من الموت ورُفّع إلى أسمى المستويات.

لا دليل يشير إلى أنَّ إشعياء أو أيّ نبيّ آخر ربط بين عبد الربّ والملك الآتي. وبالطبع، فإنَّ هذا الأمر لا يشكِّل لغزًا للمؤمن، إنَّما هو كذلك بالنسبة لأيّ يهوديٍّ. فاليهود لا يمكنهم توحيدُ العبد في الجزء الثاني من السفر بالمَلِك الموعود به في الجزء الأوَّل. وبالنسبة إليهم، الأمر ليس منطقيًّا البتَّة.

وكان الربُّ يسوع أوَّل يهوديٍّ يربط بين الاثنين إذ ظهر ذلك عند معموديته حين قال له الآب: "أنت ابني الحبيب الذي به سررت." وقد جمع الربّ بذلك أمرًا قيل عن الملك: "أنت ابني"، وأمرًا آخر قيل عن العبد: "سررت بك."وعلم الربُّ يسوع أنّه كان ينبغي أن يجمع بين هاتَينِ الشخصيَّتين. ولم يكن الربُّ يسوع هو الوحيد الذي ربط بينهما، إذ إنَّ بطرس غالبًا ما فعل ذلك في عظاته. وفي أوائل عهد المسيحيَّة، آمن العديد من الكهنة بالمسيح لأنَّهم كانوا يعرفون سفر إشعياء ورأوا الرابط بين الملك والعبد. وربط فيلبُّس بينهما عندما التقى الخصيّ الحبشيّ في سفر أعمال الرسل ووجد أنَّه يقرأ الأصحاح الثالث والخمسين من سفر إشعياء. وربط بولس بينهما بأُسلوب راقٍ، إذ كتب في رسالة فيلبِّي عن ذاك الذي كان معادلاً لله، لكنَّه أخذ صورة عبد. فاليهود لا يقبلون فكرة ملك يتألَّم ويموت

كأيِّ مجرم عاديّ. والصليب هو عثرة لهم، لذا هم يرفضون ملكًا يُصلب على الصليب. ولم يبدُ لهم أنَّ الربَّ يسوع يحمل الرياسة على كتفه. وهم كانوا يطلبون مِلكًا منتصرًا يملك عليهم، وليس مِلكًا يموت.

روح الربّ

الغريب أنَّ الروح القدس يبرز بوضوح في هذا السفر. فعبارة "إحزان الروح القدس" تأتي من إشعياء 63:10-11. ونقرأ أنَّ الروح يمسح هذا العبد لأجل مَهمَّته (61:1-3). ونقرأ أيضًا "أَسْكُبُ رُوحِي عَلَى نَسْلِكَ وَبَرَكَتِي عَلَى ذُرِّيَّتِكَ" (44:3)، إشارةً بالطبع إلى يوم الخمسين. وقد أشرنا إلى صيغة الجمع الواردة في إشعياء 6: "مَنْ يَذْهَبُ مِنْ أَجْلِنَا؟". إذًا، الثالوث موجود في العهد القديم لمن يريد أن يرى ذلك. فلدينا الربُّ خالق هذا العالم (الآب)، ولدينا العبد المتألِّم (الابن)، ولدينا الروح القدس. وهذه الأقانيم الثلاثة موجودة في الجزء الثاني من إشعياء.

النبوَّة

من المهمّ اتِّباع مبدإٍ أساسيٍّ بالنسبة إلى فهم النبوَّات، خاصَّة أنَّها تحتلُّ ثلث الكتاب المقدَّس ومن ضمنها سبعة عشر سفرًا، من إشعياء حتَّى ملاخي. وتزداد أهميَّة هذا المبدإ مع زيادة صعوبة النبوَّات، كالتي جاءت في سفر إشعياء. وقد تكلَّم كلّ الأنبياء إلى أهل عصرهم وإلى أهل المستقبل أيضًا.

1. إلى أهل عصرهم: يبدو الأمر وكأنَّ الأنبياء امتلكوا مِجْهرًا لأيَّامهم. فقد رأوا اليوم بكلّ وضوح من خلال عيني الربّ وتكلَّموا بما رأوا. لكن لم يقتصِر تطبيق كلامهم على عصرهم فقط، إذ يمكن تطبيق المبادئ الأخلاقيَّة المذكورة في أيَّة حضارة وفي أيِّ عصر. فشخصيَّة الربّ لا تتغيَّر، ومعاييره الأخلاقيَّة تبقى كما هي على الدوام.
2. إلى أهل المستقبل: كأنَّ الأنبياء امتلكوا تلسكوبًا لِلمُستقبل، فتكلَّموا عمّا سيحدث يومًا ما. لكن تزداد الأُمور هنا تعقيدًا، لأنَّه لم يكن بمقدور النبيّ أن يضع فاصلاً زمنيًّا بين الأحداث التي رآها تمامًا، كما أنَّه ليس باستطاعتنا التفرقة بين المسافة الموجودة بين التلال البعيدة. فما ظنَّه الكثير من أنبياء العهد القديم (ونحن القرّاء أيضًا) جبلاً واحدًا مؤلَّفًا من قِمَّتَين كان في الواقع جبَلَين منفصلين. ولذا يتمّ وصف حدَثَين مستقبليَّين كأنَّهما ملتصقان، بينما هما في الحقيقة بعيدان آلاف السنوات.

يعيش المؤمنون اليوم بين قِمَّتين. القِمَّة الأُولى هي قِمَّة الماضي، القِمَّة الثانية هي قِمَّة المستقبل، لأنَّنا نعرف ما لم يعرفه الأنبياء. فهم كانوا يتطلَّعون إلى مجيء الملك، لكنَّنا نحن نعرف أنَّه سيأتي مرَّة ثانية. وليس هذا فقط، بل إنَّ النبوّات لا تتحقَّق أحيانًا بالترتيب الذي أتت فيه. فنعرف مثلاً أنَّ نبوَّة العبد المتألِّم التي أتت في الجزء الثاني من السفر تحقَّقت قبل تحقيق نبوَّة المَلِك الحاكم الواردة في الجزء الأوَّل. فالمسيح أتى كعبد، وذهب إلى الصليب، لكنَّه لم يأتِ كمَلِك بعد.

إذًا، ليس من المستغرب أنَّ اليهود الذين يعرفون سفر إشعياء جيِّدًا ما زالوا يترقَّبون مجيئَهُ الأوَّل. فإنَّ توقُّع اليهود أنَّ المسيح سيأتي مرَّة واحدة كملك جعلهم يشكّون في أمر الربّ يسوع ويرفضون أنَّه المسيَّا. وعندما دخل الربُّ يسوع إلى أُورشليم في أحد الشعانين بدا الأمر كأنَّه أتى أخيرًا كملك بالطريقة التي أرادها الجمع. فابتهج الجمع وتحمسُّوا ظانِّين أنَّه سوف يطرد الرومان. لكنَّه كان راكبًا على حمار وهي إشارة إلى أنَّه لم يأتِ كي يحارب. لكنْ نقرأ في سفر رؤيا يوحنا أنَّه عندما يأتي الربُّ يسوع ثانية، فسيأتي ليحارب. وهو سيأتي كرجل حرب راكبًا على فرس أبيض. بينما في أحد الشعانين كانت رسالته السلام، وليس لكي يحقِّق نبوَّة إشعياء عن الملك الحاكم. ولدهشة الجميع، عندما دخل من البوَّابة التفت نحو الشمال بدل أن يلتفت نحو اليمين. فعلى اليمين كان الحصن الروماني مركز قاعدة هذا الجيش المحتلّ. ولكنَّ الربَّ يسوع التفت نحو الهيكل وأخرج اليهود منه. فأولويَّاته كانت مختلفة عن أولويَّات اليهود. إذًا، يمكننا أن نتصوَّرَ لماذا صرخ الجمع نفسه بعد بضعة أيَّام: "اصلبه، اصلبه!" واختاروا أن يخلِّصوا باراباس اللِّص بدلا عنه. لقد ظنّوا أنَّه أتى ليستولي على العرش، لكن كلّ ما فعله كان أنَّه نظَّف الهيكل. فخاب ظنُّهم! وعندما وضع بيلاطس لافتة فوق رأسه تُقرأُ:"ملك اليهود"، لم يصدِّقوا. لكنَّ الرجل الوحيد الذي صدَّق ذلك، قال له:"اذكرني، يا ربّ، متى جئتَ في ملكوتك." فذلك اللص المُحتضَر رأى في ذلك الرجل المحتضر الملِكَ الآتي.

المستقبل النهائي

عالميًّا

ذكرنا سابقًا أنَّ رسالة إشعياء، خاصَّة الجزء الثاني منها، هي أنَّ كلّ الأرض - وليس اليهود فقط - ستختبر بركات الربّ. وهو يذكر أنَّ «الجُزُر البعيدة» سوف تعرف الربّ. ربَّما كان ذلك إشارة إلى بريطانيا، إذ كان الفينيقيّون الذين كانوا يشحنون القصدير من مناجم منطقة «كورنش»، يُطلِقون عليها اسم «الجُزُر البعيدة».

وطنيًّا

ولكنْ مع هذا التركيز على العالم بأجمعه، فإنَّ يهوذا ليست منسيَّة. فستكون أُورشليم وصِهيَون وجبال الربّ مركز عمله. ونعرف أنَّه يومًا ما سيأتي على حِصان وسيملك على العالم. وستُصبح ممالِكُ هذا العالم ممالِكَ ربِّنا ومسيحه. إذًا، تتحضَّر الكنيسة اليوم لقدوم الملك وإستلامه الحكم، وهي تجهِّز رعايا له من كلّ قبائل الأرض. وستأتي النهاية عندما تذاع الأخبار السارَّة لكلّ الشعوب، لأنَّ الربَّ يريد أنَّ جميع الأعراق تتمثَّل أمامه.

يبدو كأنَّ الجزء الثاني من السفر يُبادِلُ بين مستقبل أُورشليم ومستقبل الأُمم. لكننا نجد في الأصحاح الثاني أنَّ بيت الربّ سيُبنى على الجبال، وأنَّ جميع قبائل الأرض ستأتي إليه. فسوفَ يَشهَدُ المستقبل «الأُمم المتحدَّة»، ولكنْ سيكون مقرُّها في أُورشليم. وكما تمَّت نبوَّة العبد المتألِّم، هكذا ستتم نبوَّة الملك الحاكم.

الجزء الأوَّل	الجزء الثاني
أخبار سيِّئة أكثر من الأخبار السارّة،	الأخبار السارّة أكثر من الأخبار السيِّئة
عمل البشر	عمل إلٰهي
الخطيَّة والعقاب، العدل، المواجهة	خلاص وفداء، رحمة، عزاء
إلٰه إسرائيل القوميّ = نار	خلق الكون من جديد على المستوى العالمي
يد الربّ تتحرّك لترسل اللعنات	أب لكل العالم= أب
"أعمال غريبة"	يد الربّ تمتدّ للبركات
اليهود	أخبار سارّة
أشور	الأُمم، بابل
قبل السبي، الحاضر	بعد السبيّ، المستقبل

إذًا، لماذا علينا أن نقرأ سفر إشعياء؟

1. إنَّه جزء من كلمة الربّ. ودراسة أيّ جزء منها «تحكّمنا للخلاص». فكلمتا المفتاح لهذا السفر هما «يخلِّص» و «الخلاص» (والاسم إشعياء نفسه يعني «الربّ يخلِّص»).
2. السفر هو مقدِّمة جيِّدة لكامل الكتاب المقدَّس. وهو يقدِّم بوحي الروح القدس تلخيصًا للأفكار الرئيسيَّة في العهدين الجديد والقديم. فإن كنت تشعر أنَّ الكتاب المقدَّس كبير جدًّا ولا يمكنك قراءته بالكامل، فابدأ بقراءة سفر إشعياء الذي يقدِّم لك كل أفكار الكتاب المقدَّس الرئيسيَّة.
3. السفر هو مقدِّمة جيِّدة للنبوّات. ويندرج ضِمنَ واحدٍ من أسفار الأنبياء الكبار الثلاثة، تلك الموضوعة في الجزء الأوَّل من كتابات الأنبياء في نسخة الكتاب المقدَّس التي بين أيدينا. كما أنَّه أُنموذج لباقي النبوّات في كونه مزيجًا من الاعتراض على الوضع الحاضر والتنبّؤ عن المستقبل. ومن السهل أن نرى كيف أنَّ بعض الأجزاء منه قد تمَّت بمجيء المسيح في العهد الجديد.
4. يساعدنا هذا السفر على الربط بين العهدين القديم والجديد، إذ يُظهِرُ لنا كيف أنَّهما يضيئان أحدهما على الآخر. وبإمكاننا فهم العهد الجديد بطريقة أفضل إن كنَّا نعرف سفر إشعياء.

5. نقرأ هذا السفر لنعرف الربَّ يسوع، هو الذي قال: "فتِّشوا الكتب لأنَّها تشهد لي." وكان بذلك يتكلَّم عن العهد القديم. ويساعد هذا السفر القارئ، أكثر من أيّ سفر آخر في العهد القديم، على فهم الربّ أكثر. فعند قراءتك للأصحاح 53، تجد نفسك عند الصليب: "بجلدته شُفينا".
6. يساعدنا هذا السفر في الحصول على نظرة أوسع إلى الربّ. وتعني العبارة "لنعظِّم الربّ معًا" "وسِّع إدركك للربّ نفسه." ويقدِّم لنا الجزء الثاني من السفر نظرة أوسع إلى الربّ، قدّوس إسرائيل، خالق أقاصي الأرض.

فمع أنَّ هذا السفر هو أطول الأسفار النبويَّة، ويتطلَّب فهمه وقتًا ومجهودًا، فإنَّ أسبابًا عديدة تجعله السفر النبويّ الذي يجب على المؤمنين قراءتُه. إنَّه الكتاب المقدَّس المصغَّر. وهو يساعد المؤمنين على فهم العهد القديم، وينير فهمهم للعهد الجديد، وفوق الكلّ يوسِّع نظرتهم إلى الربِّ.

سفر ميخا

المقدِّمة

تُدعى الأسفار النبويَّة من هوشع إلى ملاخي "الأنبياء الصغار". لكن هذا خطأ في التسمية، إذ توحي بأنَّ مجموعة من الأنبياء هي أقلُّ قيمة من المجموعة الأُخرى. لكن في الواقع تمَّت تسميتهم كذلك للتفرقة بين الأسفار القصيرة والأسفار الثلاثة الطويلة أي إشعياء وإرميا وحزقيال. وينطبق خطأ التسمية هذا بالتحديد على سفر ميخا، لأنَّه يحمل رسالة بارزة ما تزال تتردَّد أصداؤها حول العالم.

عاصر ميخا إشعياء، ويشابه قسم من سفره أحد أجزاء سفر إشعياء. وهو يذكر هذه الفكرة التي ترد في سفر إشعياء: "فَيَطْبَعُونَ سُيُوفَهُمْ سِكَكًا، وَرِمَاحَهُمْ مَنَاجِلَ. لاَ تَرْفَعُ أُمَّةٌ عَلَى أُمَّةٍ سَيْفًا، وَلاَ يَتَعَلَّمُونَ الْحَرْبَ فِي مَا بَعْدُ"، كما يذكر السلام الذي سيعم عند مجيء المسيح ثانيةً. فأيٌّ من النبيَّين نسخ عن الآخر، وما إذا كان الروح القدس قد أوحى بالرسالة نفسها إلى النبيَّين، أمر غير واضح. ولكن تكلَّما كلاهما في ظروف مُتَشابهة. فمن الواضح أنَّ الربَّ أراد أن يقدِّم الرسالة نفسها مرَّتين. ولا بدّ أن نكون جميعنا قد سمعنا الآية التالية تُقرأ في المناسبات الكنسيَّة: "أَمَّا أَنْتِ يَا بَيْتَ لَحْمِ أَفْرَاتَةَ، وَأَنْتِ صَغِيرَةٌ أَنْ تَكُونِي بَيْنَ أُلُوفِ يَهُوذَا، فَمِنْكِ يَخْرُجُ لِي الَّذِي يَكُونُ مُتَسَلِّطًا عَلَى إِسْرَائِيلَ، وَمَخَارِجُهُ مُنْذُ الْقَدِيمِ، مُنْذُ أَيَّامِ الأَزَلِ" (2:5). وقد أتت هذه النبوَّة قبل 700 سنة من ولادة الربِّ يسوع. كذلك الآية التالية: "قَدْ أَخْبَرَكَ أَيُّهَا الإِنْسَانُ مَا هُوَ صَالِحٌ، وَمَاذَا يَطْلُبُهُ مِنْكَ الرَّبُّ، إِلاَّ أَنْ تَصْنَعَ الْحَقَّ وَتُحِبَّ الرَّحْمَةَ، وَتَسْلُكَ مُتَوَاضِعًا مَعَ إِلهِكَ." (8:6)، والآية التالية التي أصبحت جزءًا من ترانيم عديدة: "مَنْ هُوَ إِلهٌ مِثْلُكَ غَافِرٌ الإِثْمَ" (18:7).

رُغمَ أنَّ تلك الآيات تبرز بوضوح، فهي غالبًا ما تؤخذ خارج نطاق النص لتصبح ذرائع مستقلَّة. لكن علينا أن نأخذ السفر بأكمله في السياق الذي أتى فيه من حيث الزمان والمكان لنفهم المعنى بالتمام. وقد قدَّم الربّ كلمته في زمان ومكان مُعيَّنَين. ولهذا السبب فإنَّ الكتاب المقدَّس، وخلافًا لكلِّ الكتب المقدَّسة، مليء بالتاريخ والجغرافيا. وإن كنت تقرأ القرآن أو كتب الهندوس تجد أنَّها كتب أفكار وكلمات. لكنَّ الكتاب المقدَّس كتاب تاريخ وجغرافيا لأنَّ الربَّ كشف عن كامل رؤياه لمكان وزمان معيَّنين. وهذا الأمر مهم جدًّا بالنسبة إل سِفر ميخا.

أين

كانت أرض الآباء على شكل مضيق بين البحر الأبيض المتوسِّط وصحراء شبه الجزيرة العربيَّة. وكانت ممرًّا للقوافل الآتية من أُوروبا وآسيا وأفريقيا. وكانت تنحدر بمثابة الساحل في طريق يُدعى طريق البحر. فكان تقاطع العالم على تلّة مجدّو (هرمجدون في العبريّة). وكان كلّ المسافرين يمرّون من هناك، كما أنَّ بلدة الناصرة كانت تقع على التلَّة المشرفة على تقاطع الطرق. ولهذا السبب كان الجليل الذي يقع في القسم الشمالي من إسرائيل يُدعى «جليل الأُمم»، لأنَّه كان موقعًا لتجمُّع عالمي. أمَّا الجنوب فكان مطبوعًا بالحضارة اليهوديَّة البحتة، إذ كان يقع في التلال البعيدة العالية، وكانت قلَّة قليلة من الزوَّار تصل إلى هناك.

أمَّا من ناحية جغرافية الجزء الجنوبي من جهة الشرق إلى الغرب، فيقع البحر المتوسّط من جهة والبحر الميت من جهة أُخرى. والبحر الميت هو أدنى مستوًى من البحر المتوسّط. وكان ميخا المورشتي من منطقة يعني اسمها «المنخفض» مساحتُها بين الاثني عشر ميلاً والخمسة عشر ميلاً وهي تقع في اليهودية بين جبال إسرائيل والساحل. وعاش ميخا بين الشعب اليهودي والفلسطيّ، فكان باستطاعته رؤية الفساد في أُورشليم فوقُ وفي قطاع غزَّة تحتُ.

كما عاصر إشعياء ميخا، وكانا يعِظان في الوقت نفسه. إنَّما وُلد إشعياء في القصر الملكي، وكان نسيب الملك؛ ولذا كان بإستطاعته الوصول إلى أهل الحُكم. أمَّا ميخا فعاش في مدينة فقيرة.

إذًا، أتى إشعياء من خلفيَّة ثريَّة أي من الطبقة العليا في المجتمع، أمَّا ميخا فكان رجلاً جبليًّا يهتم بأمر الناس العاديِّين المستَغَلِّين. ولم يكن إشعياء مدركًا لهذه الأوضاع بسبب خلفيته. ولذا أتى عمل ميخا مكمِّلاً لعمل إشعياء.

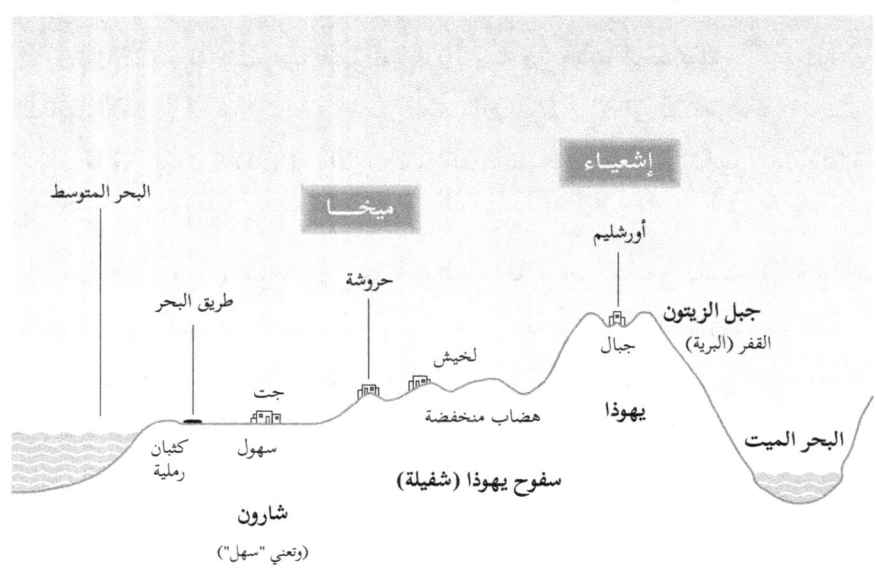

متى؟

يُرجَّح أن يكون ميخا قد تنبَّأ حوالى العام 735ق.م، حين كان الملك الشرِّير آحاز على العرش (735-715 ق م)، إلَّا أنَّ من الممكن أن يكون قد عاصر الملك السابق يوثام.

وكانت المملكة في هذه المرحلة قد انقسمت إلى جزأين من جرَّاء الحرب الأهليَّة التي نشبت بعد موت سليمان فاتَّحدت الأسباط الشماليَّة العشر تحت اسم إسرائيل، وسُمِّيَ السبطان الباقيان في الجنوب يهوذا. وقد تكلَّم إشعياء وميخا إلى سِبطَي الجنوب، بينما كان رجل يُدعى هوشع يعظ القبائل الشماليَّة مباشرة قبل أن يتمّ سبيهم إلى أشور. وكان إشعياء وهوشع من المدينة ومن خلفيَّتين جيِّدتين. أمَّا ميخا فكان نقيضًا لهوشع في الشمال ولإشعياء في الجنوب.

لماذا؟

كان الملك يوثام (750-731ق.م) والملك آحاز قد ضلَّلا الشعب. وقدِ اعتُبِر يوثام ملكًا «صالحًا»، لكنَّه رفض أن يزيل «المرتفعات» من الأرض. وقد شجَّعت تلك المرتفعات على عبادة آلهة الكنعانيين. وكان يجب على الملك أن يحافظ على ناموس الربّ ويتأكَّد من أنَّ الشعب يعمل الأمر نفسه. أمَّا آحاز فكان ملكًا «شرِّيرًا» وفشل في إيقاف الممارسات الشرِّيرة التي كانت منتشرة بين الأسباط العشرة في الشمال وبين السبطين الآخرَين في الجنوب، ووسط المدن والمناطق الجبليَّة. ويُشار عادة في الكتاب المقدَّس إلى كون المدن بيئات خطرة. فتجمُّع الأشرار في مكان واحد يزيد انتشار الخطيَّة. ولذا، فإنَّ ارتكاب الخطايا والجريمة يزداد في المدن أكثر منه في المناطق الجبليَّة.

أمَّا بالنسبة إلى اليهوديَّة فكان الفساد قد وصل إليها من أُورشليم وانتشر في البلدات الجبليَّة كمسقط رأس ميخا. واستطاع ميخا أن يرى نتائج التأثير السلبي لذلك الفساد، فساءه الأمر جدًّا. ولاحظ الرشوة التي يأخذها القضاة والأنبياء والكهنة. فالذين كانوا مسؤولين عن تطبيق ناموس الربّ كانوا يتلقَّون الرشوة ليقولوا ما يريد الناس أن يسمعوه. وهُدِرت حقوق الضعفاء، وأصبح الجشع والطمع والعنف والقسوة أُمورًا يوميَّة. وارتفعت نسبة الجريمة، وكان أصحاب الأملاك يسرقون الفقراء ويُخرجون الأرامل والأيتام من البيوت ويرمونهم في الشوارع. وكان التُّجَّار والباعة يستخدمون معايير وموازين مغشوشة، وفسُدت التجارة. وتغلغلت الخطيَّة في كلّ طبقات المجتمع. وفوق كل هذا، كان الأغنياء يُسيئون معاملة الفقراء. واستُخدِمت مراكزُ القوَّة الاجتماعيَّة والسياسيَّة لملء الجيوب. إنَّها صورة مُحزِنة حيث انهارَ كلّ احترام وثقة. وتفكَّكت العلاقات العائليَّة التي هي العمود الفِقريُّ للمجتمع. لكنْ، كان لميخا شغفٌ لتحقيق العدالة الاجتماعيَّة للجميع، وارتعب حين رأى كلّ هذه الأُمور تحصل وسط شعب الربّ الذي كان مفروضًا أن يكون نورًا للشعوب الأُخرى.

وخلال تلك الفوضى العارمة، رأى ميخا رؤيا من الربّ تمسُّ اليهوديَّة والشمال والأُمم المجاورة. وبدا كأنّ الرؤيا تكبر في شكل دوائر. فكانت الرؤيا الأُولى تخصّ سبط يهوذا، ومن ثَمَّ اتَّسعت ليرى رؤيا أُخرى تخصُّ الأمَّة بأكملها ومن ضمنها الأسباط العشرة في الشمال، وكانت قدِ استقلَّت عن الجنوب. وتنقَّل قلبه من نحو العالم الضائع بأجمعه، بعد أن كان قد تنقَّل من ناحية شعبه أوَّلاً.

رأى الربَّ يتّجه نحو يهوذا أوّلاً، فيدينهم ويأخذ منهم حتّى قطعة الأرض الصغيرة في الجنوب. كان ذلك منظرًا مؤلمـًا وتأثَّر ميخا جدًّا بسببه. وقد ساعده أمران على تكوين ذلك الشعور: كان الروح القدس أوَّلهما، وكانت روحُه ثانيَهما. وكان كلّ نبي يتلاقى مع الروح القدس ليقوده في خدمته. وغالبًا ما كانت روحه الإنسانيّة تشعر بهذا الألم أيضًا. ويقول ميخا إنَّ روحه تأوَّهت كابن آوى وبكت كالنعامة ومزّق ثيابه، وكان ألمه عميقًا جدًّا.

أدرك أنَّ الحالة مأساويّة، وراعَهُ ثلاثة أُمور: عبادة الأوثان والفجور والظلم. وأثَّر الظلم فيه كثيرًا، إذ لم يستطع تحمُّل رؤية ما يفعله شعب الربّ بعضُهم ببعض. إنَّ عبادة الأوثان هي عندما يهين الشعب الربّ بعبادتهم أي شيء آخر. والفجور هو عندما ينغمس الناس في شهواتهم. لكنَّ الظلم يكون عندما يؤذي الناس بعضهم بعضًا، وهذا ما ثقَّل قلبه. وبما أنَّه كان «واحدًا من الشعب»، رقَّ قلبه من نحو الأرامل والأيتام الذين لم يكن بمقدورهم دفع إيجارات بيوتهم. وتمتلئ نبوَّته بصرخة قوّيَّة لأجل تحقيق العدالة الاجتماعيَّة.

من المفيدِ النظرُ إلى بنية السفر وشكله، خاصَّة إذا كان مرَّتبًا كهذا السفر. إذ يأتي على شكل ثلاثة أجزاء، وقد وضعتُ عنوانًا لكلٍّ منها للإشارة إلى الفكرة الأساسيَّة في كلِّ جُزء.

تتكلَّم الأصحاحات 1-3 عن الجريمة والعقاب أي عن الأُمور السيِّئة التي تحصل والتي سوف يعاقب الربّ الشعب بسببها. ويركِّز الأصحاحان 4 و5 على السلام والاطمئنان. أمَّا الفكرة الرئيسيَّة في الأصحاحين 6 و7 فتتمحور حول فكرتَي العدل والرحمة.

الجريمة والعقاب (الأصحاحات 1-3)

يحثّ ميخا الشعب في هذه الأصحاحات على التنبّه إلى الخطيَّة المنتشرة في المدن والجبال، حتّى في بلدات بعيدة كمسقط رأسه. وقد أتى المضمون بشكل ذكيّ يلفت الانتباه. إذ يعلن الدينونة عليهم باستخدامه اسم كلّ بلدة بأُسلوب لن ينسوه.

الأماكن

لو كان ميخا يبشِّر في مدينة لندن، لكان سيعدِّد الأماكن وربَّما يخبر ما سيحصل لها على الشكل التالي: "ستُقسم «هاكني» إلى قطع، وستُدقّ «هامپشاير»، وستُضرب «باترسي»، وستُرمى «شوردتش» في خندق بالقرب من الشاطىء. ستهلع «كراوشأند»، ولن يكون هناك شفاء في «إيلينغ». وستجد «هارو» نفسها في مأزق، وسترى «شِيرآنديغ» نهايتها. ستنبح الكلاب الشرسة في «باركينغ»، وستأكل الأغنام كلّ خضرة في «شپردز بوش». وستلتهم القوارض الجثث في «پكهام».

ربَّما تبدو طريقة الكتابة هذه غريبة، لكن هذا ما قاله ميخا عن الأماكن التي ذكرها. إذ أخذ اسم كلّ بلدة وتصرَّفَ بِالاسْم ليناسب الدينونة التي سيرسلها الربّ لهم. فتألَّق أُسلوب كرازته هذا وأظهر أنَّ الربَّ لن يدعهم يفلتون بفعلتهم. فآجلاً أو عاجلاً، سيعالج أمر تصرُّفاتهم.

الشعب

من الواضح أنَّ الربّ حمَّل القادةَ المسؤولية. وأشار بإصبعه إلى الملك والكهنة والأنبياء الكذبة الذين سمحوا بالانزلاق الروحي السريع. لكنَّه كان مُهتمًّا بالأولى بشأن الانتهازيِّين الذين استغلّوا الضعفاء بقسوة، ما أدَّى إلى ازدِياد الأغنياء غنًى وازدِياد الفقراء فقرًا.

السلام والأمان (الأصحاحان 4 و5)

أتى الأصحاحان 4 و5 كمفاجأة، لأنَّهما حملا أخبارًا سارَّة. فالأصحاح الثالث ينتهي وأُورشليم مدمَّرة. ويقول ميخا إنَّ المدينة التي انبعث فيها الشرّ ستصبح خربة. لكنَّنا نرى صورة مختلفة في الأصحاحَين 4 و5، حيث يقول إنَّ الفساد الحاضر ليس نهاية القصَّة.

المملكة

ستأتي مملكة لن تحتاج إلى أيّ نوع من الأسلحة، إذ إنَّ كلّ الخلافات ستحلّ على يد ملك صِهيَون. ولن يكون مقرّ الأمم المتحدة في نيويورك، بل في أُورشليم، حيث ستُحل جميع المشاكل يومًا ما في أُورشليم. وعندما يملك «الربُّ في صِهيَون» سيحلّ مشاكل العالم بأسره. ستتأسس تلك المملكة هنا على الأرض. ونحن نصلِّي لأجل هذا عندما نتلو الصلاة الربَّانيَّة: "ليأتِ ملكوتك... كما في السماء كذلك على الأرض." وبالطبع، لن تأتي تلك المملكة إلا بمجيء المَلِك، لأنَّه لا يمكن الحصول على مملكة من دون ملك. ثمَّ يقول ميخا إنَّ الملك سيأتي من بلدة صغيرة تُدعى بيت لحم، ويعني اسمُها «بيت الخبز». وهي كانت البلدة التي تؤمِّن الحِنطة لأُورشليم، بالإضافة إلى الحملان التي كانت تُقدَّم ذبائح.

الملك

نظر ميخا إلى المستقبل، وليس فقط إلى مجيء المسيح الأوَّل، بل إلى مجيئه الثاني. ووصف المجيء الثاني حيث سيملك في الأرض على جميع أُمَم الأرض. وتُشابِه الكلمات المستخدمة هنا تلك التي أتت في إشعياء 4:1-2. وهنا يُطرح السؤال: أيُّهما أتى أوَّلاً. هل نسخ أحد النبيَّين عن الآخر، أو هل نسخا عن ثالث، أو هل تسلَّما رسالتين متشابهتين من الربّ؟ لا جواب أكيدًا عن ذلك.

إذًا، يمتلىء الجزء الثاني من السفر بأخبار سارَّة. وسيأتي الملك الذي سيحكم العالم ويجلب السلام والازدهار من مدينة داود.

العدل والرحمة (الأصحاحان 6 و7)

أتى الجزء الأخير من السفر على شكل محاكمة، حيث يقوم الربّ بدور القاضي ويقوم ميخا بدور محامي الدفاع. ويقف شعب يهوذا الملوَّث بالخطيَّة في قفص الاتِّهام، بينما يُبرِّىء الربُّ نفسه.

يتكلَّم الربّ هنا في صيغة المفرد، وكذلك ميخا أيضًا. ويناقشان مَن يكون في قفص الاتِّهام. ويقول لهم الربّ إنَّ ما يريده هو فعلاً ليس ذبائح (دماء ألوف الحملان)، بل برًّا. وقال لهم إنَّه يطلب منهم أن: "يتصرّفوا بالعدل ويحبّوا ويقدّموا الرحمة ويتّضعوا قدّام الربّ." والعدل هو أن يأخذ الشعب ما يستحقّون؛ أمَّا الرحمة فهي إعطاؤهم ما لا يستحقّون. طلب رجل من رسّام أن يرسمه وقال: "أرجو أن تأتي النتيجة عادلة." أجابه الرسَّام: "أنت لا تحتاج إلى عدل، بل إلى رحمة." إنَّ الرحمة والعدل ليسا نقيضين، بل يتّخذان الطريق نفسه. أمَّا الفرق بينهما فهو أن العدل يصل إلى نقطة معيَّنة، والرحمة تُكمِل من هناك. والربّ سيِّد الاثنين، إذ لا أحد يستطيع القول إنَّ الربّ غير عادل.

ولكنَّ كلّ ما تسلّمه الربّ كان دماء آلاف الحملان. فالشعب أبقى على الطُّقوس الدينيَّة، بينما كان الربُّ يتوقَّع أكثر من ذلك. فما يهمّ هو كيف هي علاقة الناس بالربِّ. وما يظهر ذلك هو علاقاتهم بالناس من حولهم. فإن كنت على علاقة وثيقة بالربّ، فستجد نفسك تتعامل مع الآخرين بالعدل وبالرحمة، لأنَّه هو يتصرَّف معك بهذا الأُسلوب.

حزن ميخا جدًّا خلال المحاكمة، لكنْ تحوَّل حزنه إلى فرح حين لاحظ أنَّ القاضي يُظهِر رحمة. ونجد في نهاية السفر هذا التوازن الرائع، حيث يُقدِّم الربّ عهد الرحمة.

عندما يسيء الولد التصرّف، يقع الوالدان في مأزق: هل يتعاملان معه بالعدل ويقدِّمان له ما يستحقّه، أم هل يسامحانه؟ ومن الصعب ممارسة الرحمة والعدل في آنٍ معًا، أي حين يرضى من هو بريء أن يتحمَّل الذنب نيابة عن المذنب. لكنْ حينئذٍ يمكن للخطيَّة أن تُعاقَب وتُغفَر في آنٍ معًا. ولهذا السبب كان الصليب ضروريًّا. وكما تقول كلمات إحدى الترانيم عن الصليب:

> يا له من ملجأ آمن وسعيد، يا له من مخبأ حلو ومريح
>
> مكان أضع ثقتي فيه، هناك حيث يلتقي عدل السماء ومحبَّتُها.
>
> *Elizabeth Cecilia Clephane (1830-65)*

نرى في الصليب عدل الله الكامل (أجرة الخطيَّة هي الموت)، ونرى رحمته الكاملة (تمّ تبرير المذنب) لأنَّ البريء قد دفع الثمن. ولو كان الرب قد سامحنا من دون الصليب، لكان مارس رحمته دون عدله. ولو رفض أن يغفر الخطيَّة وأوقع بنا العقاب عليها، لكان عادلاً لكنْ غيرَ رحوم. ولهذا، فإنَّ خلفيَّة العهد القديم ضروريَّة جدًّا، إذ نعلم أنَّ الشعب عرف غفران الخطايا من خلال تقديم ذبيحة نفسٍ بريئة. فمن دون سفك دم لا يمكن أن تحصل مغفرة، لأنَّه من دون سفك دم لا يمكن أن يكون الربّ عادلاً ورحومًا في آنٍ معًا.

ونقرأ في هذا السفر عن ضرورة «السُّلوك بتواضع». فالمطلب الثالث ضروري كما المطلبان الأوَّلان. ومن الممكن القيام بالأمرين الأوَّلين والشعور بالكبرياء، لكنَّك تقوم بذلك لأنَّ الربّ قام بذلك أوَّلاً، ولذا فأنت تسلك قدَّامه بتواضع.

ويشير متّى في إنجيله إلى النبوَّة التي تقول إنَّ حاكمًا سيخرج من بيت لحم. وكان قد أصدر إمبراطورٌ رومانيٌّ من قصره في روما الذي يبعد آلاف الأميال، قرارًا جعل مريم ويوسف يأتيان إلى بيت لحم ليَكتَتِبا. فكان توقيتًا ممتازًا. لكنْ يخبر العهد الجديد أيضًا أنَّه عندما يأتي ذلك الملك سيحكم العالم وسيعمّ السلام العالم. وهذه النبوَّة ستتم عندما يأتي المسيح ثانية.

ومن الضروري الإشارة إلى وجود عدَّة نبوَّات تشير إلى الأُمور التي ستحدث عندما يأتي المسيح ثانية، وهي لم تحدث عندما أتى في المرَّة الأُولى. ويرى اليهود في ذلك إهانة كبيرة لأنَّهم يؤمنون بأنَّ المسيَّا سيُحِلُّ السلام في أنحاء العالم. وبما أنَّ الربَّ يسوع لم يفعل، ذلك فلا يمكن عندَهُم أن يكون هو المسيَّا. لكن السرّ المُخفى عن كلّ الأنبياء في العهد القديم، وقد تكشَّف في العهد الجديد، هو أنَّ المسيَّا سيأتي مرَّتين، وأنَّهُ سيموت في المرّة الأُولى وسيحكم في المرَّة الثانية.

أفكار لاهوتيَّة رئيسيَّة

من الضروري الإضاءة على بعض الأفكار اللاهوتيَّة الرئيسيَّة التي تظهر في هذا السفر.

جانبان لشخصيَّة الربّ

يُظهر السفر جانبين لشخصيَّة الربّ فهو عادل؛ ولذا يجب أن يُعاقِب؛ لكنَّه رحيم وعليه أن يعفوَ. إنَّه يكره الخطيَّة، لكنَّه يحبّ الخطاة. ويغلب هذا الفكر على كامل السفر إذ إنَّ كلّ قسم يبدأ بالإدانة وينتهي بالتعزية. إذًا، يأتي العدل قبل الرحمة، لأنَّ الخطيَّة يجب أن تُعاقب قبل أن يُعفى عنها.

ويذكِّرنا ميخا بأنَّه علينا أن نَدَعَ الربّ يعمل. علينا أن نعكس صورته في حياتنا، ولكن لا ينبغي أن نؤدِّيَ دوره. وواجبنا اليوم هو أن «نتصرّف بعدل ونحبّ الرحمة ونسلك بتواضع قدّام الربّ.» ولن يتغيَّر هذا المطلب أبدًا.

من أين سيأتي المسيح؟

تخبرنا النبوَّة أنَّ الملك سيأتي من بيت لحم. ولا يمكن التكهّن بأنَّ ملكًا سيأتي إلى بيت لحم، لأنَّها بلدة صغيرة وغير معتبرة، وقد اقتصر دورها على إمداد سوق أُورشليم بالخبز وإمداد الهيكل بالحملان لتقديم الذبائح. لكنَّ النبوَّة قد تحققت، وذلك من خلال الاكتِتاب الذي فرضه أُوغسطس قيصر.

لماذا سيأتي المسيح

تشير النبوَّة أيضًا إلى مجيء المسيح ثانيةً ليملك على العالم. وسوف تتمّ حينئذ النبوَّات التي لم تتم في مجيئه الأوَّل.

الجانب الاجتماعي

تشير النبوّة أيضًا إلى دور المؤمنين في الحياة الاجتماعيَّة. فعلى الكنيسة أن تُطلِق الصوت النبويّ، منذرة الناس بشرِّ الظلم حين يحدث، وأن تقف بجانب الفقراء والمعوزين. وهكذا نكون نتحضَّر للوقت الذي سنملك فيه مع المسيح عندما يعود ثانية.

الرفض الاجتماعي

وفي ظلّ ما قيل، ينبغي للمؤمنين أن يتفاجأُوا عندما يرفض المقرّبون منهم المواقف التي يتَّخذونها. وقد قال ميخا: "أَعْدَاءُ الإِنْسَانِ أَهْلُ بَيْتِهِ." وقال الربّ يسوع لتلاميذه إنَّه كما كرهه العالم سيكرهون تلاميذه أيضًا. وعلى المؤمنين أن يكونوا جاهزين كي يقتفوا آثاره ويواجهوا العواقب أيضًا.

سفر ناحوم

المقدِّمة

يرتبط اسم ناحوم النبي باسم زميله يونان الأكثر شهرةً منه. وعندما درسنا سفر يونان ذكرنا المشابهات بينهما. وكان النبيَّان قد أتيا كِلاهُما من الأسباط العشرة في الشمال، وأُرسلا كلاهما إلى نينوى عاصمة أشور التي كانت من البلدان العظمى حينذاك. لكنْ أتت رسالة ناحوم التي حملت نبأ الخراب بعد زمن يونان بمئة وخمسين سنة. وكانت الظروف قد تغيَّرت جدًّا.

أمَّا الأحوال في زمن ناحوم فكالتالي: كانت الإمبراطوريَّة الأشوريَّة قدِ اتسعت بعد زيارة يونان لنينوى. وحاول الأشوريّون غزو الأسباط العشرة في الشمال في زمن حكم الملك آخاب، لكنَّهم فشلوا. وحاولوا مجدَّدًا خلال زمن الملك آشور بانيبال الثالث، وسَبَوا سبط بنيامين بالكامل. ومن ثَمَّ أعادوا غزوهم في زمن حكم الملك شلمَنصَّر وسَبَوا الأسباط الباقية. ومنذ تلك اللحظة لم يبقَ في أرض الآباء سوى يهوذا في الجنوب. وكان ذلك وقتًا مأساويًّا لشعب الربّ.

وخلال زمن حزقيَّا الملك، هاجم الملك سنحاريب أُورشليم وحاصرها، لكنَّه تراجع عندما أهلك الملاك مئة وخمسة وثمانين من الأشوريين. إلاَّ أنَّهم لم يرتدعوا، بلِ استمرُّوا في توسّعهم وقهروا مدينة طيبة في مصر العليا وشكَّلوا إمبراطوريَّة جبَّارة.

وكان الربّ قد أعطى رسائل من خلال نبيَّين أتيَا من بعد يونان. كان أوَّلهما صفنيا، وقد قال في رسالته إلى يهوذا إنَّ الربَّ سيدمِّر أشور وسيجعل عاصمتها العظيمة مجرّد خربة. وستتحوَّل المدينة المستكبرة إلى مرعًى للأغنام وللحيوانات البرِّيَّة. وستُترك القصور العظيمة خربة عرضة لعوامل الطبيعة. لكنْ لم يحدِّد صفنيا الوقت الذي ستحدث فيه تلك الأُمور، بل إنَّ ناحوم هو الذي قال للأشوريين إنَّ وقتهم قد أتى. ونقرأ في نبوَّته التحذير الأخير الذي وُجِّه إلى ذلك الشعب. والفرق بين يونان وناحوم هو أنَّ الربّ لم يدَعْهم يُفلِتون في زمن ناحوم. ومن اللافت أنَّ كلا النبيَّين يصفان الربّ بأنَّه طويل الروح، إلاَّ أنَّه في زمن ناحوم كان قد آن الأوان لإنزال الدينونة. فيمكن إطفاء غضب الربّ في بدايته، إلاَّ أنَّه من المستحيل فَعلُ ذلك عندما يشتعل. وبالطبع، سيأتي يوم حين سيواجه كلّ العالم غضب الربّ. ونقرأ في سفر الرؤيا أنَّ الناس سيتمنَّون لو تبتلعهم الأرض ولا يرَون غضب الربّ المشتعل.

وقد صلَّى ملك نينوى وصام أيضًا كما حدث في زمن يونان، إلاَّ أنَّ الربَّ لم يقبل صلاته، إذ أتت متأخرّة جدًّا. ونقرأ الكلمات القاسية التالية في آخر آية من سفر ناحوم: "لَيْسَ جَبْرٌ لانْكِسَارِكَ.

جُرْحُكَ عَدِيمُ الشِّفَاءِ." لكنْ أتت هذه الآية – وللعجب!- كخبر سار، ليس للأشوريين بالطبع، بل لإسرائيل ولناحوم الذي كان قد وُلد تحت الاستعمار الأشوري. ونقرأ في نبوّته أنَّ كلّ من سيسمع هذه الأخبار السارَّة عن سقوط الأشوريين سيصفِّق بيديه قائلاً: "عَلَى مَنْ لَمْ يَمُرَّ شَرُّكَ عَلَى الدَّوَامِ؟" وأتت النبوّة واضحة جدًّا.

وكما في نبوَّة يونان، يوجد سؤال حول سفر ناحوم قد حيَّر المؤمنين عبر العصور. فبينما نبوَّة يونان تسأل: "هل يسيطر الربّ على الطبيعة؟"، تطرح نبوَّة ناحوم السؤال التالي: "هل يسيطر الربّ على التاريخ؟" والكتاب المقدَّس يقول إنَّ الربّ يرسم مجرى التاريخ. وعندما وعظ الرسول بولس لليونانيين على التلِّ في أثينا قال إنَّ الربّ يعيِّن لكلّ أمَّة زمانها ومكانها. والربُّ يسمح لأمّة بأن ترتفع وتصبح إمبراطوريَّة، وهو الذي يضع حدًّا لها.

لا يسيطر الربّ على الطبيعة فقط، بل يسيطر أيضًا على التاريخ. وهو الذي يرفع الحُكّام وهو الذي يضعهم. فهو يدير التاريخ، ولذا يمكننا توقُّعُ ما سيحدث في المستقبل. وقد كان جزء من عمل الأنبياء هو التنبّؤ بما سيحدث في المستقبل، وكتابة المستقبل قبل حدوثه. ونقرأ في سفر ناحوم أنَّ زمن نينوى قدِ انتهى، الأمر الذي لم يمكن تصديقه نظرًا لقوَّتها وعظمتها.

خطوط السِّفر العريضة

إليكم ملخَّصًا للسِّفر الذي يتضمَّن ثلاثة أصحاحات فقط، والفاصل بينها واضح. وهي تركّز جميعها على سقوط نينوى.

الإعلان ــ من؟ التدخّل (الأصحاح 1)

كارثة لأعدائه، تحرير لأصدقائه

الوصف ــ كيف؟ الغزو (الأصحاح 2)

يوم نهب، يوم أسود

التفسير ــ لماذا؟ الوحشية (الأصحاح 3)

صراع القوَّة، الفساد المالي

الإعلان (الأصحاح 1)

أوّلاً أتى الإعلان أنَّ الربّ سيعاقب أعداءه. وقد عنى التدخّل الإلهي كارثة تحلّ وتحريرًا للأولياء له. فتدخّل الربّ يتميَّز دائمًا بالازدواجيَّة، إذ عندما يتدخَّل في التاريخ فهذا يؤدِّي إلى كارثة للذين يَعصُونه

ويثقون بأنفسهم. فالربّ إله غيور. إنّه ليس إلهًا حسودًا، وهو لا يحسد أحدًا أو أي شيء آخر، لأنَّ الكلّ له. إنّما هو غيور. ولحسد هو اشتهاء ما يملكه غيرك؛ أمّا الغيرة فهي أن تريد ما هو حقّ لك. ربّما تحسد أحدهم على زوجته، لكن يمكن أن تكون غيورًا على زوجتك. والربّ غيور على اسمه وصيته وشعبه وعالمه. هو يقول: "إنّه اسمي وعالمي. ولن أدع شعبي يتصرّفون بهذه الطريقة في عالمي."

وتأتي مع غيرة الربّ نقمتُه. ليست هذه من سجايا الربّ المألوفة، إنّما إن كنّا نريد أن نعرف مَن هو علينا أن نفهمها. ويتميَّز ناحوم حصريًّا بتركيزه على غيرة الربّ ونقمته من الذين يقاومونه ويثقون بأنفسهم.

يأتي الأصحاح الأوَّل على شكل شعر يبدأ كل سطر منه على التّوالي بحرف من حروف الأبجدية العبرية. ويسهّل هذا الأسلوب على الشعب حفظه، خاصّة أنَّه حمل أخبارًا سارّة أرادوا تخبئتها في قلوبهم. ويتوجَّه هذا الأصحاح على التّوالي إلى نينوى وإسرائيل بأخبار سيئة وأخبار سارّة. وقد أتى النِّتاج أدبيًّا بإمتياز، إذِ استطاع ناحوم بوحيٍ من الروح القدس صوغَ الكلمات بأُسلوب مميّز.

الوصف (الأصحاح 2)

إن كان الأصحاح الأول إعلانًا عن سقوط نينوى المرتقب، فإنَّ الأصحاح الثاني يحمل وصفًا دقيقًا مدهشًا لكيفيَّة حدوث ذلك، وكأنَّ ناحوم يشاهد الأحداث على التلفاز.

والغريب في الأمر أنَّ غزاة نينوى كانوا لابسين زيًّا أُرجوانيًّا تمامًا كما تنبّأ ناحوم، مع أنّ تلك الأزياء لم تكن معروفة في أيّامه. ورأى أيضًا كيف أنَّهم دخلوا من بوابّات النهر، ووصف مدينة الدماء. وحصل كلّ ذلك لأنَّ نينوى باعت نفسها لأعداء الربّ.

أتت كتابات ناحوم واضحة جدًا، وعلينا تخيُّله وهو يُنادي بها. فهو كان يصف نينوى بأسد من دون أسنان، وقدِ اختيرت هذه الصورة بجدارة، إذ إنَّ الأسد كان شعار أشور. لكنَّهم لن يشكّلوا خطرًا على أحد بعد الآن، وسيغرقون في الخوف. فنرى إجراءَ العدل مقدّمًا بشكل شاعري.

التفسير (الأصحاح 3)

ينتقل ناحوم في الأصحاح الثالث من الوصف إلى التفسير. فسبب الدينونة هو وحشية أشور الضّارية. ونرى هنا عدل الربّ. وهو لم يَدِنِ الأشوريين لأنَّهم خالفوا الوصايا العشر، بل لأنَّهم لم يعرفوها. فحين كان يرسل الربّ نبيًّا يعلن دينونته على شعب ليس شعبه، كان يذنّبهم بسبب الوحشية التي مارسوها والتي عرفوا بالغريزة أنَّها خطأ. فحتّى الذين لم يسمعوا بالوصايا العشر يعرفون أنَّ من الخطأ التعامل بشكل همَجيٍّ وقاسٍ.

إذًا، يدين الرب الناس بحسب ما يعرفونه. ويظهر هذا المبدأ خلال الكتاب المقدّس بأكمله. فإن لم يعرف أحدهم بالوصايا العشر، فإنَّه لن يدان لأنَّه كسرها. وإن لم يسمع أحدهم عن المسيح، فلن يدان لأنَّه لم يسمع عنه. لكنْ لدى الجميع نوع من المعرفة عن الربّ من خلال خليقته وضمائرهم.

فالربُّ سيدين الجميع بحسب ما يعرفونه بالغريزة. لم يكتب أناس مؤمنون شِرعة حقوق الإنسان في الأُمم المتحدة، ولكنّه يتضمّن ما يعتبره الجميع خطأً أو صوابًا.

ودان الربّ الأشوريين بسبب ممارساتهم الشرّيرة، إذ كانوا يسافرون في مركباتهم عبر البلاد فيقتلون الساكنين فيها ويستولون على الأرض. وانتشر الفساد في الأُمور المالية، وكانت الرشوة أمرًا عاديًّا. وقال ناحوم إنَّهم عرفوا أنَّ هذين الأمرين خطأ، ولذا كان الرب يدينهم بسببهما. ويلفتني هذا الأمر لأنَّ الحالتين متفشّيتان في عالمنا، والناس يعرفون أنَّ ذلك خطأ.

ماذا حصل لنينوى؟

اليوم نينوى هي صحراء. وقد زال القصر العظيم بالكامل. وتعيش في المكان الذي كان مبنيًّا عليه البوم والقنافذ والوحوش الضارية، تمامًا كما تنبَّأ صفنيا. وكانت قد اختفت طيلةَ قرون عديدة، إلى أنِ اكتشفها رجل إنكليزي يدعى «لايرد» سنة 1820 في الضفّة الغربية لنهر دجلة.

ماذا حصل لناحوم؟

نعرف أنَّ ناحوم النبيّ لم يرجع من نينوى. وقبره موجود إلى اليوم في الضفة الغربيّة لنهر دجلة. ويعتبره العرب مكانًا مميزًا لأنَّهم يعتبرون ناحوم من رجالات الله القديسين.

وسُمِّيَت كفرناحوم تيمُّنًا باسمه (أي بلدة ناحوم). وهي إحدى البلدات التي دانها الربُّ يسوع، وقد رفض سكَّانها الاستماع إلى الربّ تمامًا كما فعل أهل نينوى. وكذلك، ترقد كفرناحوم تحت الأنقاض أيضًا.

سفر صفنيا

المقدّمة

المرسِل (1:1)

تُركِّز الأسفار النبويَّة على الرسالة أكثر منها على المرسِل، وينطبق هذا الأمر على سفر صفنيا أيضًا. فنحن نعرف القليل عنه. والتفصيل الوحيد المذكور عنه هو في الأصحاح الأوَّل والآية الأُولى، حيث نقرأ عن اسمه ونسبه. ويعني الاسم صفنيا في اللغة العبرية، أي "صَفَنياه" «الربُّ يَستُر». ومن غير المؤكّد هل يعني أنَّ الربّ خبَّأ نفسه، أو أنَّه خبَّأ صفنيا. ويعطينا نسَبُه فكرة، إذ إنَّه النبيُّ الوحيد الذي نعرف نسَبه لأربعة أجيال. وكان حزقيَّا الملك جدّه الأكبر الذي كان آخِر ملك صالح في يهوذا (راجع إشعياء 36-39). إذًا، تحدَّرَ صفنيا من نسل ملوكيّ. وخلال مُلك منسّى كان أولاد الملوك يُقدّمون ذبائح للإله مولك بحسب تعليمات الملك. ولذا، فإنّي أعتقد أنَّ أُمَّ صفنيا خبّأته لكي لا يُقتل. واسمُه انعكاس لحفظ الربّ له لكي يصبح نبيًّا للشعب.

ونعرف من نسَبه عن العصر الذي عاش ووعظ فيه. كان الشعب قدِ ابتعدوا عن الربّ منذ أيَّام حزقيَّا. وبالإضافة إلى تقديم الأولاد كذبائح وعبادة الإله مولك، أعاد منسّى بناء السواري والمرتفعات وشجَّع الناس على ممارسة طقوس الخصوبة. وكان وادي جهنّم ("جيهِنُّوم") في جنوب أُورشليم هو المكانَ الذي كان يُقدَّم فيه الأولاد . وقد لعن إشعياء النبي هذا المكان واستخدمه الربُّ يسوع كصورة عن جهنّم. وكان إشعياء قد حاول خلال حكم منسّى أن يوقف الانحطاط الأخلاقي المتسارع على مستوى الأمَّة، وحذّر منسّي من عواقب ممارسته الشرّيرة. لكن الملك رفض أن يسمع له ومنعه من الوعظ. فما كان من إشعياء إلاّ كتابة نبوّاته وإرسالها. وأخيرًا، أمر منسّى بقتل إشعياء.

ولم يكن هذا كلَّ ما في الأمر، بل كسر منسّى ناموس الربّ بتورُّطه أيضًا في التعامل مع وُسَطاء روحانيِّين واتّكاله على التنجيم. وأدَّى هذا الضِّياع الروحيّ إلى فوضى أخلاقيّة، إذ إنَّ الممارسات الوثنيّة تؤدِّي دائمًا إلى الفساد الأخلاقي. وكان حكم الربّ على منسى في سفر أخبار الأيَّام الثاني بأنَّه أشرُّ من الكنعانيين سكَّان الأرض الأصليِّين. وكان هذا الإعلان مُذهلاً، خصوصًا أنَّ الربّ كان قد أمر الشعب بطرد الكنعانيين بسبب أُسلوب حياتهم الفاسد. ويمكننا أن نتخيّل ماذا كان شعور الربّ في تلك المرحلة. فقد أزال الكنعانيين لكي يعطي مكانًا لشعبه المقدّس، لكنَّهم أصبحوا أسوأ منهم.

مات منسّى بعدما حكم مدَّة خمس وخمسين سنة، وخلفه آمون الذي كان ذا شخصيّة ضعيفة ولم يقم بأيٍّ مجهود لإصلاح الوضع، واستمرّ يهوذا في الانزلاق. وقُتِل آمون بعد سنتين فقط من تولِّيه العرش. وكانت الأُمّة بأسرها تتخبَّط في فوضى أخلاقيّة.

ثمّ ملك صبيٌّ صغير بعمر الثامنة يدعى يوشيًّا، مع أنَّ الحاكم الحقيقي في بداية ملك يوشيًّا كان حلقيًّا رئيس الكهنة. ولم يكن واضحًا ما إذا كان هذا الصبيُّ سيتمثّل بالملوك الصالحين أو بالملوك الأشرار، مِمَّن أتَوا قبله، مثل حزقيًّا جدّه الأكبر أو منسّى جدّه. فأرسل الربّ صفنيا النبي ليمنع الأمة من أن تُسبى بسبب خطاياها، كما حصل لإخوتهم في الشمال.

الرسالة (1:2-3)

لم تكن هناك نبوّة طيلةَ سبعين سنة. ولم تكن هناك أيّة كلمة من الربّ منذ موت حزقيّا وقتل إشعياء. فكان صفنيا يقدّم رسالة قوِّية في الفراغ.

وسُمّيَت هذه النبوّة خلاصة كلّ النبوّات، لأنَّها تتضمن عناصر موجودة في نِتاجِ الأنبياء الآخرين. وتمحورت رسالته حول «يوم الربّ»، إذ يُذكر ثلاثاً وعشرين مرَّة في السفر. ولا يتألّف هذا اليوم من أربع وعشرين ساعة، بل هو حقبة زمنيّة، كما نقول «يوم العربة والحصان» أي زمن العربة والحصان. يستخدم صفنيا كلمة لافتة لوصف مشاعر الربّ إذ يقول إنَّه «مغتاظ»، لكن بالطبع دون النكد الذي يتمتّع به الغيظ الإنساني. فيوم الربّ هو اليوم الذي فيه يغورُ صبر الربّ ويفورُ غضبه. ونقرأ في الكتاب المقدَّس عن نوعين من الغضب. النوع الأوّل هو الغضب الداخلي الذي يُبقيه الإنسان داخله ولا يعبِّر عنه، وهو يستَعِرُ في الأعماق ولا يظهر للآخرين. أمَّا النوع الثاني فهو الغضب الذي ينفجر فجأةً فيعرف به الجميع. ويتكلّم صفنيا في سفره عن الغضب الداخلي، إذ إنَّ غضب الربّ يستَعِرُ وسيأتي يوم الغضب أو الغيظ حين لا يعود الربُّ يحتمل أكثر.

ومع أنَّنا غالبًا ما لا نلاحظ علامات استعار الغضب، فمن الواضح أنَّ الربّ كان مغتاظًا. وعلامات استعار الغضب موجودة في مجتمع مُنْحَطٍّ أخلاقيًّا وبإمكان الجميع أن يراها (راجع رسالة رومية 1). لكنْ يومًا ما سيَفورُ غضب الربّ ويفيض، وعلينا أن نتحاشى هذا اليوم بأن نتوب ونصلح أمرنا معه. وهذا أحد الأفكار الرئيسيَّة في السفر.

الخطوط العريضة لهذا السفر

الديانات الغريبة (1:1-4:2-3)

الاستحقاق (1:4-6)

الإعلان (1:7-9)

الوصف (1:10-16)

التَّفادي (2: 1-3)

الأُمم التي ستدان (2: 4-15)

من ناحية الغرب ـ فلسطية (2:4-7)

من ناحية الشرق ـ موآب وعمّون (2:8-11)

من ناحية الجنوب ـ مصر وأثيوبيا (2:12)

من ناحية الشمال ـ أشور (2:13-15)

الفداء المستقبلي (3:1-20)

اللعنات ـ العدل الإلهي (3:1-8)

أ. رفض الأمّة (3:1-7)

ب. التمرّد (3:1-4)

ت. المقاومة (3:5-7)

ث. العقاب الشامل (3:8)

البركات ـــ الرحمة الإلهيّة (3:9-20)

أ. تقوى على مستوى العالم (3:9)

ب. فرح على مستوى الشعب (3:10-20)

ت. الابتهاج (3:10-17)

ث. العودة (3:18-20)

هذه الأقسام الثلاثة واضحة جدًّا. ولكن كما هي الحال عادةً، عناوين الأصحاحات لا تقسم السفر كما يجب.

الديانات الغريبة (1:4-3:2)

ينشغل النبي في القسم الأوّل بالديانات الغريبة التي صارت جزءًا من حياة الشعب في يهوذا. فيعلن الدينونة ويقدّم أربع عبارات عن يوم الربّ الآتي:

الاستحقاق (1:4-6)

لقد ضلّ الشعب عن العلاقة الصحيحة مع الربّ. وكان كثيرون قد تركوا إله إسرائيل وتبعوا آلهة أُخرى. أمّا الكهنة الذين كان من واجبهم الحفاظ على العهد، فكانوا يضلّون الشعب هم أنفسهم. وكان اتّباع الخرافات أمرًا اعتياديًّا وكثيرون تمثّلوا بمنسّى في عبادة مولك الشرّير.

الإعلان (1:6-9)

يصف صفنيا ما سيحصل عندما تأتي دينونة الربّ عليهم. وعندما نقرأ الأسفار النبويَّة نشعر كأنَّنا نقرأ الرسالة نفسها. لكن كان على الربّ أن يكرِّر ما قاله، خاصَّة أنَّه كان هناك فارق زمني امتدّ سبعين سنة بين النبوّات الأُولى والأخيرة. وقد أنذَرَ صفنيا الشعب بأنَّ يوم دينونة الربّ قد أصبح قريبًا.

الوصف (1:10-17)

ستكون الدينونة كارثيَّة للشعب، خاصَّة أنَّهم كانوا راضين عن أنفسهم ولم يهمَّهم شعور الربّ. ونبَّههم صفنيا بأنَّه عندما يأتي يوم الربّ فسيشعر به الجميع.

التَّفادي (2:1-3)

يقدّم لهم صفنيا إمكانيّة التَّفادي من دينونة الربّ حتَّى في هذه المرحلة شرطَ أن يتوبوا. فإنِ اتضعوا يسمع الربُّ لهم ويسامحهم ويُظهِر لهم الرحمة. فالوداعة أمر رئيسي في رسائل الأنبياء (راجع 2:9، وميخا 6:8).

الأُمم التي ستُدان (2:4-15)

يوجِّه صفنيا كلامه إلى الأُمم التي تهدِّد يهوذا من كل الجهات. فإلى الجانب الغربي، كانت بلاد الفلسطيِّين التي يقول الفلسطيّون المعاصرون بأنَّهم ينحدرون منها. ومن الجانب الشرقي، كانت موآب وعمّون. ومن الجانب الجنوبي، كانت مصر وأثيوبيا. ومن الجانب الشمالي الشرقي، كانت أشور الواقعة بين نهرَي دجلة والفرات هي القوَّةَ العظمى في تلك الأيّام. وقلّة قليلة من الشعوب لم تتأثّر بطغيان الأشوريين الذين كانوا قد سَبَوا الأسباط العشرة الشماليّة. وكانت بابل في تلك المرحلة ما تزال ضعيفة وصغيرة.

كانت رسالة صفنيا بأنّ الربّ سيدين هؤلاء الشعوب. فهو ديّان كلّ العالم، وسيدينهم بسبب موقفهم من يهوذا. ولكنَّ تفاعُل تلك الشعوب مع يهوذا كان مزدوجًا. فالربّ لم يَدِنها بسبب موقفها من يهوذا فقط، بلِ استخدمَها أيضًا ليؤدِّب يهوذا بواسطتها. ونقرأ في سفر عاموس أنَّ الربّ جلب الفلسطيِّين من كريت ليسكنوا في الجانب الغربي من كنعان في الوقت نفسه الذي فيه كان شعب الربّ يمتلكون كنعان. فالربّ هو من يحرّك الشعوب ويرسم خريطة البلاد.

وشكّل الفلسطيُّون شوكة مباشرة في خاصرة إسرائيل حتَّى زمن داود الملك (حوالى 700 سنة لاحقة). وبالفعل، بات الاسم «الفلسطيُّون» يحمل في اللغة الإنكليزية معنى العدائية نحو الحضارات الأُخرى. وقد شرح الربّ الوضع في سفر التثنية بأنَّه جلب تلك الشعوب ليمتحنَ شعبَه. فإن حفظوا كلامه فلن يدع تلك الشعوب تزعجهم. لكن إن عَصَوا كلامه، فسيستخدمهم كأداة تأديب، وسيغلبونَهم.

ويعبّر هذا الفعل عنِ اهتمام الله. فهو أبٌ لشعبه، والأب الصالح يؤدّب أولاده عندما يَخطأُون. ونقرأ في رسالة العبرانيين 12: "إِنْ كُنْتُمْ تَحْتَمِلُونَ التَّأْدِيبَ يُعَامِلُكُمُ اللهُ كَالْبَنِينَ. فَأَيُّ ابْنٍ لاَ يُؤَدِّبُهُ أَبُوهُ؟ وَلكِنْ إِنْ كُنْتُمْ بِلاَ تَأْدِيبٍ، قَدْ صَارَ الْجَمِيعُ شُرَكَاءَ فِيهِ، فَأَنْتُمْ نُغُولٌ لاَ بَنُونَ." ولا يفهم هذا المبدأ العديد من قرّاء الكتاب المقدّس. فعندما تصبح ابنًا لله، سيؤدبك عندما تُخطىء. وهو يفعل ذلك كي لا تُعاقب بعد الموت. ولهذا، على المؤمنين أن يتوقّعوا حياة صعبة على هذه الأرض. ولا يمكنني أن أُصدِّق شهادات من يقولون إنَّ كلّ متاعبهم تلاشت عندما أتوا إلى الربِّ يسوع. كنتُ في السابق أصدِّقهم، لكنِّي شعرت بالإحباط، إذ إنَّ شهادتي مختلفة بالكامل. فأنا بدأتْ مشاكلي عندما أتيت إلى الربِّ يسوع! حتَّى إنَّها ساءت أكثر عندما اعتمدتُ بالروح. وقد واجهت متاعب خلال السنين الخمس الماضية أكثر ممَّا واجهت خلال الأربعين سنة الماضية. لكنِّي سعيد، إذ إنّ ذلك يتماشى مع وعود الربِّ يسوع إذ قال: "في العالم سيكون لكم ضيق، لكن ثقوا أنا قد غلبت العالم."

الفداء المستقبليّ (3:1-20)

نشعر بتوتُّرٍ غريب في الجزء الأخير بين اللعنات والبركات. وكأنَّما صفنيا يقول: "اختاروا ما تريدون بالحقّ. هل تريدون عدل الربّ؟" إنّه غنيٌّ بالرحمة ويريد أن يرحمنا، لكنَّه لا يمكن أن يقدّمها لنا من دون تعاوُننا معه، لأنَّه يقدِّمها فقط للَّذين يطلبونها.

أسمع عادة أنواعًا عديدة من الصلوات، لكن ما يُبهِجني هو أن أسمع الناس يطلبون الرحمة، لأنّ هذا يُظهِر أنّهم فهموا قانونًا أساسيًّا في مملكة الربّ. فنحن نطلب الرحمة فقط عندما نعرف أنَّنا أردياء. أمَّا عندما نظنّ بأنَّنا على ما يُرام، فإنَّنا نطلب الصحة والقوّة والإرشاد وأُمورًا أُخرى، ما عدا الرحمة.

اللعنات – العدل الإلهي (3:1-8)

أ. <u>عناد على مستوى الأمَّة (3:1-7)</u>

i. **التمرّد (3:1-4)**

يُواجِهُ صفنيا الشعب في الجزء الأوَّل من الأصحاح الثالث بإمكانية مجيء يوم الدينونة الإلهي، ويخبرهم بمدى عنادهم. لقد تمرّدوا على الربّ عمدًا، وهم يقاومون مناشدته.

ii. **المقاومة (3:5-7)**

إنَّه يتّهمهم بالمقاومة، مشيرًا أيضًا إلى الحكّام والرؤساء والكهنة والأنبياء. وقد كان الشعب معاندًا. وبُعيدَ قراءتي لهذه الآية الواردة في العدد الخامس: "غَدَاةً غَدَاةً يُبْرِزُ حُكْمَهُ إِلَى النُّورِ"، نظمت كلمات ترنيمة على لحن ترنيمة "ما أعظمك":

برُّك عظيم، يا ربّنا القدوس.
لا تَخطأُ البتّة في أحكامك،
لا تتغيّر، ووصاياك لا تفنى.
وكما كنت، كذلك ستبقى.
برّك عظيم، برّك عظيم.

في الغداة أرى عدلك،
كلُّ صالح أتى من عندك.
برّك عظيم يا ربُّ، فاسمع لدعائنا.

نحبّ أن نرنّم ترانيم تحكي عن صفات الربِّ الإيجابيّة، كأمانته مثلاً، لكن علينا أن نقبل بامتِنانٍ الواقعَ في أنَّ للربِّ جانبًا آخر. وقد كتب الرسول بولس في رسالته إلى أهل رومية: "فَهُوَذَا لُطْفُ اللهِ وَصَرَامَتُهُ: أَمَّا الصَّرَامَةُ فَعَلَى الَّذِينَ سَقَطُوا، وَأَمَّا اللُّطْفُ فَلَكَ، إِنْ ثَبَتَّ فِي اللُّطْفِ، وَإِلاَّ فَأَنْتَ أَيْضًا سَتُقْطَعُ." أمَّا صفنيا فكان يقول للشعب إنَّهم إن بَقُوا في تمرّدهم ورفضهم فستحلُّ على أُمَّتهم كارثة، وسينفجر غضب الربّ، وسيأتي يوم الربّ.

أ. العقاب الشامل (3: 8)

ينطبق ما قيل عن غضب الربّ من نحو يهوذا على العالم أجمع أيضًا. يقول صفنيا إنَّ هذا الغضب نفسه سوف ينفجر على الشعوب الأُخرى ويمحوهم. وسيقفون جميعهم أمام الربّ، وسيحرق غضبه الغيورُ الأشرارَ منهم.

البركات ــ الرحمة الإلٰهية (3:9-20)

يُختَم السفر ببارقة أمل كالَّتي يتميّز بها معظم الأنبياء. فمثلاً، نادى عاموسُ الذي كان نبيَّ الأسباط العشرة ما قبل الأخير برسالة عدل قبل أن يتشتّتوا. لكنْ وجّه هوشع آخِر رسالة إلى الشمال، وكانت رسالة رحمة ومحبّة. وكأنَّ رسالة الربّ الأخيرة لنا هي: "ألن تحصلوا على رحمتي؟" وقدِ انتهى سفر صفنيا بهذا الأُسلوب. فالربّ لا يريد أن يُنزل العقاب بنا، وهو لا يفرح بموت الأشرار. وهو يريد أن يُظهِر رحمة، ولذا فإنَّ السفر ينتهي برسالة رجاء للمستقبل.

أ. تقوى على مُستوى العالم (3:9)

تضمّنت الرسالة الرحمة بأنّه من بين كلّ الشعب سيجذب الربُّ شعبًا له. فنقرأ أنَّ الناس سيأتون من

كلّ قبيلة وأُمَّة ولسان. والربّ لا يريد أن يبقى أيُّ عِرق خارج هذه المعادلة. ولذلك طلب منَّا أن نبشّر بالإنجيل ونتلمذ جميع الأُمم.

ب. فرح على مُستوى الشعب (3:10-20)

لكنّه يُنهي أيضًا بذكر إمكانيّة وجود بركات للشعب القديم فقط. فالرب يعد تسع مرّات في هذا المقطع بأن يفعل هذا الأمر أو ذاك. فيمكن ليهوذا أن يكسر العهد، لكن لا يمكن أن يفعل الربُّ ذلك البتّة.

I. الابتهاج (3:10-17)

في ذلك اليوم لن يتفاخر أو يتكبّر أحد. ولن يَخطأ أحد بحقّ آخر. ولن يكذب أحد. ولن يكون هناك أيّ سبب للشعور بالخوف. ويتكلّم عن مستقبل باهر حيث يُسكِتُهم في مَحبّته. حتّى إنّه يقول إنّ الربّ سَيترنَّم عن شعبه: " يَبْتَهِجُ بِكِ بِتَرَنُّمٍ".

II. العودة (3:18-20)

سوف يجمع الربّ المشتّتين، ويُرجِع إلى الدِّيار البقيّة الباقية ليعبدوه. وعلى الرُّغم من أنّهم احتُقِروا، فإنَّهم سيُرفعون في نظر العالم. وسيردّ الربُّ اعتبارهم قائلاً: "أَجْعَلُهُمْ تَسْبِيحَةً وَاسْمًا فِي كُلِّ أَرْضِ خِزْيِهِمْ". وهكذا، فإنّنا نرى في نهاية السفر تألُّقَ رجاءٍ غير عاديّ. فلدى شعب الربّ الفرصة الآن كي يختاروا إمّا الدينونة وإمّا المصالحة مع الربّ.

الخاتمة

يبقى أن نسأل هل خلَّفت نبوّة صفنيا أيّ تأثير. وهل أخذها يوشيَّا على محمل الجدّ؟

اعتلى يوشيَّا العرش في سن الثامنة من عمره سنة 630 ق م، وملك إحدى وثلاثين سنة. وكان في بداية ملكه متأثِّرًا برئيس الكهنة حلقيَّا الذي مال إلى الإبقاء على الوضع كما هو، لكنَّه سرعان ما تأثّر بصفنيا. وعندما بلغ السادسة عشرة من عمره أزال الأصنام في أُورشليم. وفي العشرين من عمره أمر بإزالة كلّ المذابح في أنحاء البلاد. وفي الثامنة والعشرين لاحظ أنَّ هيكل الربّ بحاجة إلى الترميم، فأمر بإصلاحه. وبينما كان العمل جاريًا في الهيكل وجد أحدهم في خزانة قديمة نسخة من ناموس موسى. فتنبّهوا إلى أنّه مرّت سنون من دون أن يدرسوا الناموس أو يقرأوه فحسْب. وارتعب يوشيَّا عندما قرأه، ولاحظ لماذا كان الربّ يحذّرهم. فأمر، وهو في سنّ الثامنة والعشرين، بقراءة الناموس وتطبيقه عبر البلاد.

إذًا، أشارات العلامات حتّى تلك اللحظة إلى أنَّ الأُمور بخير، إلاَّ أنَّ يوشيَّا لم يلاحظ أنّه لا يستطيع أن يجعل الناس أفضل بمجرّد سنّه لقانونٍ عموميٍّ. ويظنّ العديد من الناس اليوم أنّه إن كانت الحكومة

تسنّ القوانين الجيّدة، فسيتصرّف الناس بأُسلوبٍ مسيحيّ. لكن لا يمكن أن يُفرض البرّ من قِبل السُّلطة، بل يجب أن يخرج من الداخل فيما يعمل الربّ في قلب الإنسان.

ثُمَّ انتهت حياة يوشيّا نتيجة هجوم غير حكيم ضدّ الجيش المصري الذي كان يعبر في الأراضي المقدّسة بهدف الهجوم على أشور. فقُتل خلال المعركة مع أنَّه كان متخفيًّا.

رُغمَ أنَّ كان صفنيا صاحب نفوذ فإنَّه لم ينجح في تغيير الأُمَّة. فالناس لم يسمعوا. إلاَّ أنَّ عمله لم يذهب سُدًى، إذ أتى إرميا الذي كان في عُمر يوشيّا نفسه على الساحة، وطلب منه الربّ أن يكمل العمل النبويّ. وكان قلب إرميا مثقّلاً بأن يقول للشعب إنَّ الإصلاح لم يعطِ نتائج، وهم بحاجة لأنْ يلتفتوا إلى الربّ.

كيفيّة الاستفادة من سفر صفنيا

يتمحور ما يمكن أن نستفيد من هذا السفر حول موضوع الدينونة.

أ. **سيأتي يوم الدينونة لكل العالم بعد الموت.** كانت إدانة يهوذا إنذارًا ودلالة على ما سيحصل للعالم. وقد أشار الربُّ يسوع مرَّتين إلى سفر صفنيا عندما تكلَّم عن مجيئه الثاني (راجع متى13 :41 وصفنيا 1 :3؛ متى 24 :29 وصفنيا 1 :15). فسوف يواجه الناس غضب الله عندما يعود الربُّ يسوع.

ب. **سيأتي يوم مُحاسَبة المؤمنين قبل يوم دينونة الآخرين.** نقرأ في 1بطرس4 :17 "لأَنَّهُ الْوَقْتُ لابْتِدَاءِ الْقَضَاءِ مِنْ بَيْتِ اللهِ. فَإِنْ كَانَ أَوَّلاً مِنَّا، فَمَا هِيَ نِهَايَةُ الَّذِينَ لاَ يُطِيعُونَ إِنْجِيلَ اللهِ؟"

سفر صفنيا هو تذكار قويّ للمؤمنين بأنَّه يجب عليهم أنَّ يتوقّعوا تأديب الربّ من دون أن يفشلوا. فالتأديب في هذه الحياة هو إشارة إلى عناية الربّ وتأكيدهِ أنَّه لن يديننا مع سائر العالم.

مقارنة بين سفر صفنيا وسفر رؤيا يوحنا اللاهوتي

علينا في النهاية أن نلاحظ الروابط بين سفر صفنيا والخطوط العريضة لسفر الرؤيا. فالسفران يبدأان بدينونة الربّ على شعب الرب: إسرائيل والكنيسة على التوالي. ثم ينتقلان كلاهما إلى التكلّم عن دينونة الشعوب (راجع صفنيا2و رؤيا 4-15). وأخيرًا، ينتقلان إلى يوم الدينونة (صفنيا 3 :1-8 ورؤيا 20).

لكنَّ الرسالة الأخيرة هي مصدر البهجة، إذ إنَّ الربّ سيعطي شعبَهُ مكانًا يسكنون فيه إلى الأبد (صفنيا3 :9-20 ورؤيا 21-22). المكان المذكور في سفر صفنيا هو أُورشليم القديمة، أمَّا في الرؤيا فهو أُورشليم الجديدة. في صفنيا يأتي الربّ كملك؛ أمَّا في الرؤيا فيأتي الربُّ يسوع ثانيةً كملك.

ونقرأ في سفر الرؤيا أكثر من أربع مئة تلميح إلى العهد القديم، لكن يرتبط سفرُ الرؤيا بسفر صفنيا على نحوٍ أبرز.

سفر حبقُّوق

المقدِّمة

تختلف نبوَّة حبقوق عن سائر النبوَّات، وذلك لأسباب عديدة:

أوَّلاً، في معظم النبوَّات يتكلَّم الربّ مع الشعب من خلال النبيّ، أمَّا في هذا السفر فيتوجّه حبقوق بالكلام مع الربّ مباشرة. ولا نجد دورًا للشعب في تلك المحادثة. ويتميَّز جزء بسيط من سِفرَي يونان وإرميا بهذه الظاهرة، لكن لا يبدأ أيُّ سفر آخر بهذا الأسلوب الغريب.

ثانيًا، يتلقَّى النبيّ في الأصحاح الثاني التعليمات بأن يكتب رسالته على الحائط بخطٍّ كبير.

ثالثًا، تأتي النبوّة في الأصحاح الثالث في إطار موسيقي ندر وجوده في تلك المرحلة. وكان القادة السابقون أمثال موسى ودبورة وصموئيل وشاول وأليشع وداود قد وجدوا أنَّ الموسيقى مصدر إلهام للكلمة النبوِّيَّة. كذلك أيضًا استخدم حزقيال الموسيقى لاحقًا.

نعلم القليل عن حبقُّوق. فكلّ ما لدينا هو أنَّه تنبَّأ بعد عشرين سنة من صفنيا، أي حوالى السنة 600 ق.م، وأنّ اسمه يعني حرفيًّا "المـُعانِق". وقد كان هذا التعبير يستخدم في الملاكمة، إلاَّ أنَّه وُضِع في إطار عاميّ. فيمكننا أن نُطلِق اسم "المـُتشبِّث" عليه، ولا يبعث هذا الاسم على الإطراء أيضًا!

لكنْ بالرغم من أنَّ اسمه ليس لَبِقًا، فهو يصف علاقته بالربّ كما تظهر في السفر. فحبقوق تشبّث بالربّ، وكانت لديه الشجاعة ليتحاجج معه، وأصرّ على تلقِّي الأجوبة منه. حتَّى إنَّ الأجوبة لم تَرُقه عندما عرفها. ومع أنَّنا لا نعرف الكثير عن خلفيَّته، نعلم بعض الشيء عن طريقة تفكيره، وعن قلبه وإرادته، من خلال المحادثات التي أجراها مع الربّ والتي دُوِّنت في هذا السفر. كذلك، لدينا الأبعاد الثلاثة في خدمته النبوِّية: صلاته (الأصحاح الأوَّل)، وكرازته (الأصحاح الثاني)، وتسبيحه (الأصحاح الثالث).

يتلاءم السفر مع أيَّامنا الحاضرة، لأنَّه يعالج بعض الأسئلة الأساسيَّة التي يطرحها كل المؤمنين الذين يتساءلون بشأن أُمور معيَّنة. فمثلاً: إن كان الربّ صالحًا وقويًّا، فلماذا يتألَّم الأبرياء ويفلت المذنبون؟ لماذا لا يتَّخذ الربّ إجراءات بحقّ الفوضى المتفشيّة في عالمنا؟ فكثيرون يصارعون هذه الأُمور إن كان على الصعيد الشخصي أو مع آخرين. لكنَّ أفضل طريقة للتعامل مع تلك الأسئلة الكبيرة هي أن نتصارع مع الربّ ونتشبَّث به إلى أن يمدَّنا بالأجوبة. ويقدِّم لنا حبقوق أفضل مثال في هذا الإطار. ويظهر صدقه وشفَّافيَّته وشجاعته من خلال نبوّته. وقد كانت النتيجة سِفرًا ممتعًا ومليئًا بالتحدِّيات.

يحتوي هذا السفر، بعكس سفر صفنيا، على مقتطفات متنوِّعة. مثلاً: "عَيْنَاكَ أَطْهَرُ مِنْ أَنْ تَنْظُرَا الشَّرَّ" آية معروفة، لكن يجب أن نتوخّى الحذر عند تفسيرها. وإليكم بعض الآيات المشهورة:

- لأَنَّ الأَرْضَ تَمْتَلِئُ مِنْ مَعْرِفَةِ مَجْدِ الرَّبِّ كَمَا تُغَطِّي الْمِيَاهُ الْبَحْرَ. (2:14)
- "أَمَّا الرَّبُّ فَفِي هَيْكَلِ قُدْسِهِ. فَاسْكُتِي قُدَّامَهُ يَا كُلَّ الأَرْضِ". (2:20)
- "فِي الْغَضَبِ اذْكُرِ الرَّحْمَةَ." (3:2)
- "فَمَعَ أَنَّهُ لاَ يُزْهِرُ التِّينُ، وَلاَ يَكُونُ حَمْلٌ فِي الْكُرُومِ. يَكْذِبُ عَمَلُ الزَّيْتُونَةِ، وَالْحُقُولُ لاَ تَصْنَعُ طَعَامًا. يَنْقَطِعُ الْغَنَمُ مِنَ الْحَظِيرَةِ، وَلاَ بَقَرَ فِي الْمَذَاوِدِ، فَإِنِّي أَبْتَهِجُ بِالرَّبِّ وَأَفْرَحُ بِإِلهِ خَلاَصِي." (3:17-18)

أمّا أشهر آية من سفر حبقوق، وقد أصبحت شعار حركة الإصلاح، فهي: "الْبَارُّ بِإِيمَانِهِ يَحْيَا" (2:4). وقد جعل مارتن لوثر تلك الآية ترنّ حول شمال أُوروبا خلال زمن الإصلاح، مع أنّنا نفهم لاحقًا أنّها لم تكن مفهومة على الوجه الصحيح.

الخطوط العريضة لسفر حبقوق

النبي (1:1)

صلاة التذمّر (1:2-2:20). التذمّر من أنّ الربّ لا يقوم بما هو كافٍ. السؤال: لماذا يتألّم الأبرياء؟

الإجابة: سيتألّم الأشرار (سيأتي البابليّون).

التذمّر: إنّ الربّ يقوم بأكثر ممّا يجب.

الأسئلة: لماذا يتمّ استخدام الأشرار لمعاقبة الأبرار؟ لماذا يتألّم الأبرار؟

الإجابتان: سيحيا الأبرار! سيتألّم الأشرار!

التسبيح الشاعريّ (3:1-19)

يرتجف من عمل الربّ في الماضي (3:1-16).

يثق بحماية الربّ في المستقبل (3:17-19).

ينقسم السفر بكلّ وضوح إلى قسمين، فيؤلّف الأصحاحان الأوّل والثاني القسم الأوّل، ويؤلّف الأصحاح الثالث القسم الثاني. ويظهر التباين بوضوح بين القسمين كما تُبيِّن اللائحة التالية:

الأصحاحان الأوّل والثاني: صراع مع الربّ. تعاسة.

يصرخ مصلّيًا. لا يُظهر صبرًا.

يطالب بالعدل. حزن.

الربّ لا يعمل (في الحاضر).

الأصحاح الثالث: الراحة في الربّ. فرح.

يرفع التسبيح. صبور.

يطلب الرحمة. على المرُتفعات.

الربّ يعمل (في الماضي وفي المستقبل).

تُظهر هذه اللائحة التغيير المفاجئ بين القسمين الأوَّل والثاني، ما يجعلنا نسأل: ماذا حصل لحبقوق حتَّى يُظهِرَ هذا التباين الواضح؟ علينا أن ندرس النبوَّة بالتفصيل لنعرف ما الذي غيَّره.

صلاة تذمّر (1:2-2:20)

الربّ يعمل القليل (1:2-11)

عبَّر حبقوق للربِّ عمَّا يفكِّر فيه بالتمام. وتذمَّر أوَّلاً بأنَّ الربّ يعمل قليلاً، ومن ثَمَّ تذمَّر بأنَّه يعمل أكثر من الضروري. فلم يربح الربّ في نظره في كلتا الحالتين!

وآمن حبقوق بالصلاة الاستِجوابيّة. وبينما تتضمّن الصلاة التشفّعيّة طلب أُمور معيَّنة من الربّ، تتضمَّن الصلاة الإستجوابيَّة طرح الأسئلة عليه. وهذا نوع مهمّ من الصلاة، أراه مفيدًا جدًّا. فإنِّي بكلِّ بساطة أطرح سؤالاً على الربّ، وإن يخطُرْ في ذهني أمر معيَّن، خاصَّة إن كان غير متوقَّع، فإنِّي أقبله وكأنَّه من الربّ. وقد تبرهنَت صحَّة هذا الأمر تسع مرَّات من أصل عشر.

فمثلاً، عندما فارقَت ابنتنا الحياة اندهشنا عندما اكتشفنا كم كانت تفعل من أجل الربّ. فهي لم تذكر الأمر قط، إلاَّ أنَّها كانت على تواصل مع مرسلين في الصين وأفريقيا وهايتي على أقلّ وجه. أضف أنَّها كانت تقود فترة التسبيح في الكنيسة، وكانت محبوبة جدًّا، وقد بكتها كلّ الكنيسة. وعندما كنت أتكلّم مع الربّ عنها قلت له: "يا ربّ، أنا فخور بابنتي. ما رأيك بها أنت؟" وفي الحال، خطرَت تلك الكلمات في ذهني: "إنَّها أحد نجاحاتي." وعندما وعظت في جنازتها، دارت عظتي حول السؤال: "هل أنتِ أحد نجاحات الربّ أم أنتِ مشروع فاشل؟" وإن كنت لم تسمع من الربّ طيلة حياتك، حاول أن تطرح السؤال التالي: "يا رب، هل من أمر في حياتي لا يروقُك؟" وإن كنتَ فعلاً تريد أن تسمع من الربّ، فاطرح عليه هذا السؤال.

تساعدنا الخلفيَّة الاجتماعيَّة لزمن حبقوق على فهم تلك الأسئلة. فلم تكن هناك كلمة من الربّ طيلةَ عِشرين سنة منذ زمن صفنيا. وكان الشعب في انحدار أخلاقيّ متمرِّدين على رسالة صفنيا. ولم يحقِّق الملك يوشيَّا ما كان يبغي تحقيقه من خلال الإصلاح الذي فرضه. وقد مات وهو ما يزال شابًّا في معركة مجدّو في العام 608 ق م وتنبَّأ حبقوق خلال فترة حكم خَلَفِه الملك يهوياقم الذي كان ملكًا أنانيًّا يسعى وراء مباهج العالم. وقد وسَّع قصره، بينما ازداد الفقراء فقرًا خلال فترة حكمه. وقد ملأ الفساد والرشوة والفلتان الأمني والظلم شوراع أُورشليم. وساء الوضع سوءًا حتَّى أصبح المشي في الشوارع في

المساء خطيرًا. وكانت الإمبراطورية الأشوريّة التي سبت الأسباط العشرة في مرحلة الانحدار. فلم يكن هناك قوة مسيطرة في العالم.

لماذا لا يتألّم الأشرار؟

تثّقل قلب حبقوق لأنه لا يُعمل أيّ أمر بالنسبة لوضع أُورشليم المتدهور. وعندما توجَّه بالحديث إلى الربّ، كان قد جهّز قضيّته على أكمل وجه. وعلم أنَّ طبيعة الربّ تظهر في مواقفه وأفعاله، وأنَّه لا يمكن أن يمحوَ شعبه. لكنَّه علم أيضًا أنَّه كان لا بدَّ من أن يُنزل الربّ العقاب والدينونة بالخطيّة. لذلك تذمَّر أمام الربّ بأنَّه لا يأخذ أيّ موقف بالنسبة إلى الظلم والفساد المتفشِّيَين في المدينة المقدَّسة. وطلب من الربّ أن يعكس الوضع ويغيِّر المجتمع، ويعيد تطبيق النظام والقانون.

الربّ يعمل الكثير (1:12-2:20)

تكرَّم الربّ بالتجاوب مع غضب حبقوق. لكنْ فوجئ حبقوق وخاب ظنَّه بالأجوبة الخمسة التي قدَّمها الربّ له:

1. افتح عينيك أكثر – راقب.
2. ترقَّب مفاجأة كبيرة.
3. سيحدث أمر في حياتك جهّزتهُ أنا لك.
4. لم أخبرك بما أنا فاعله لأنَّك لن تؤمن.
5. لقد بدأتُ بعمل أمر، وأنت لم تتنبّه له.

بكلِّ اختصار، أخبر الربّ حبقوق بأنَّه رأى الشرّ في أُورشليم، واتخذ إجراء إذ سمح للإمبراطوريَّة البابليّة بالصعود وإنزال العقاب بشعب يهوذا. كانت بابل في ذلك الوقت مدينة صغيرة بين نهري دجلة والفرات. وكان قليلون قد سمعوا بها، ولم تكن قد ذُكرت في الكتاب المقدَّس حتَّى الآن. لكن عندما زار مُرسَلان من بابل الملِكَ حزقيًّا ودارا في أرجاء القصر، لاحظ إشعياء الخطر وتنبّأ بأنَّه يومًا ما سيأخذ البابليون كلّ ما أراهما الملك في القصر والهيكل.

وكانت بابل في زمن الملك حزقيًّا صغيرة جدًّا، فلم تَبدُ تلك النبوّة قريبة التحقيق. لكنَّها كانت قريبة التحقيق في زمن حبقوق، وأُصيب حبقوق بالذهول. كان الأمر كأنَّ الربّ يقول بأنَّه سيرسل النازيّين لمعاقبة إنكلترا. لكنْ كما نرى خلال التاريخ البشري، يتعامل الربُّ مع الشعوب بهذا الأُسلوب. فهو يرفع أُمَّة ليعاقب أُخرى. ولا ينبغي أن يفاجئنا هذا الأمر.

حالهم أسوأ من حالنا

أُصيب حبقوق بالذهول والإحباط. وتذمّر بأنَّ الرب «يعمل الكثير»، لأنَّه علم أنَّ صيت البابليِّين

كان أسوأ من صيت الأشوريِّين الذين كانوا قد سَبَوا الأسباط العشرة إلى غير رجعة. لكن برهن البابليُّون أنَّهم أسوأ، إذ كانوا أوَّل من سنَّ قانون استِباحة كامل الأرض التي يستولون عليها بحيثُ لا يبقون على أثر حياة فيها. وعلم حبقوق أنَّه إن أتوا إلى أُورشليم لن يبقى أثر لها. ويفسِّر هذا الأمر الآية الواردة في آخر السفر: "فَمَعَ أَنَّهُ لاَ يُزْهِرُ التِّينُ، وَلاَ يَكُونُ حَمْلٌ فِي الْكُرُومِ. يَكْذِبُ عَمَلُ الزَّيْتُونَةِ، وَالْحُقُولُ لاَ تَصْنَعُ طَعَامًا. يَنْقَطِعُ الْغَنَمُ مِنَ الْحَظِيرَةِ، وَلاَ بَقَرَ فِي الْمَذَاوِدِ..." فهكذا كان حال الأرض سيكون بعد أن يغزوها الجيش البابلي.

لن يفرِّقوا بين الصالح والطالح

يُذكِّر حبقوق الربّ بأنَّه ما يزال هناك بعض الأبرار في مدينة أُورشليم وسَوف يموتون مع الأشرار. ومع أنَّه لم يقل ذلك مباشرة، فقد لمَّحَ إلى أنَّه سيكون من بين الذين سيموتون. وكان يشعر بالغضب لأنَّ الربّ يستخدم أُناسًا أشرّ من يهوذا ليُنزل العقاب بهم. وبالنسبة إليه كان ذلك عملاً غير أخلاقي فتفوَّه بهذه القَولَةِ الشهيرة: "عَيْنَاكَ أَطْهَرُ مِنْ أَنْ تَنْظُرَا الشَّرَّ" (1:13). كان حبقوق يحاول أن يقول للربّ إنَّ شخصيته الحقيقيَّة مرهونةٌ بوعوده. لكنَّه بقوله هذا كان يقول أمرًا غير صحيح عن الربّ. فالربّ قدوّس وبارّ، لكن لا يعني هذا أنَّه لا يستطيع أن يرى الشرّ لأنَّ عليه أن يراقب الشرّ الذي يحدث كلّ يوم. فهو يرى كلَّ اغتصاب وسطو وقساوة. فلحبقوق نظرته الخاصَّة عمَّا ينظر الربّ إليه أو يغضُّ نظره عنه، لكنَّه كان على خطإٍ.

عندما انتهى حبقوق من المناقشة مع الربّ، ذهب إلى برج المدينة وجلس في مَرقَبِه. وقال إنَّه سيراقب ما إذا كان الربُّ سيفي بوعده. وكأنِّي به يقول: "سأقول إنك مخادع. إنِّي أتحدَّاك أن تأتيَ بهم يا ربّ."

المكان الخطأ

بالمقابل، قال الربّ لحبقوق أنَّه لن يستفيد من وقوفه على البرج، بل عليه أن ينزل إلى الشوارع ويكتب ما قال له على الحائط حتَّى يراه العابرون ويقرأونه ــ وكان ذلك أوَّل حملة إعلانات تُذكر في الكتاب المقدَّس! وكان على حبقوق أن يحذِّر الناس بدل أن يجلس ويترقَّب ما إذا كان الربّ سيفي بوعده. فعندما يُظهِر لنا الربُّ ما سيفعله، يطلب منَّا أن نخبر الآخرين ليستعدُّوا، وليس لكي نجلس ونترقَّب ما الذي سيقوم به.

الوقت الخطأ

يقول الربّ لحبقوق إنَّه إذا بقي على البرج فلن يرى شيئًا مُدَّةً من الزمن، ويمكن أن يتوصَّل إلى نتائج مغلوطة بشأنِ ما يفعله الربّ. يقول الربّ إنَّ الرؤيا تنتظر الوقت المعيَّن، ولذا عليه أن ينتظر بصبر ويحذِّر الشعب من الآتي.

سيَحيا الأبرار

خلال ذلك الحوار، قال الربّ لحبقوق: "الْبَارُّ بِإِيمَانِهِ يَحْيَا." (4:2)، وهذه أصبحت أشهر آية في الكتاب المقدَّس بسبب استشهاد لوثر بها خلال فترة الإصلاح. لكن كما ذكرنا سابقًا، على الرُّغم الإنجازات العظيمة التي حصلت خلال الإصلاح، أُسيءَ فهم تلك الآية. فإذا نظرنا إلى الآية كما أتت في النصّ، نجد أنَّ حبقوق يقول إنَّ البابليين سيقتلون الأبرار والأشرار معًا. والربّ يقول في هذه الآية إنَّه سيحمي الأبرار وسيحيَون بشرط أن يبقَوا أوفياء له. فعندما يأتي البابليون سيتخلّى كثيرون عن إيمانهم بالربّ، ظانّين أنَّه خذلهم. لكنَّه يقول إنَّ الذين يحافظون على إيمانهم به سيخلصون من تلك الدينونة القادمة. إذًا، هذا هو المعنى الحقيقي لهذه الآية. وكلمة «الإيمان» في اللغتين العبريَّة واليونانية تحمل معنى الأمانة. فالأمانة تخلِّص، أي عليهم أن **يستمرّوا** بالتصديق **ويحافظوا** على الإيمان.

ويناسب هذا التفسير الطريقة التي تُستخدم فيها كلمة الإيمان في العهد القديم. وهي تُستخدم عند التكلُّم عن الأمانة أو الوفاء في الزواج. فالوفاء في الزواج هو أن يبقى الزوجان معًا ما داما على قيد الحياة. واستُخدِمت هذه الكلمة عندما أبقى موسى يديه مرفوعتين حتَّى انتصر الشعب في معركتهم ضدّ عماليق. فكان أمينًا أو وفيًّا في الصلاة لأجل الشعب.

ويبقى المبدأ نفسه في العهد الجديد، إذ إنَّ الإيمان بالربِّ يسوع في مناسبة واحدة ليس إيمانًا. الإيمان الحقيقي هو الاستمرار في الإيمان به مهما يحصل. ولهذا نقرأ في الأناجيل: "وَلكِنِ الَّذِي يَصْبِرُ إِلَى الْمُنْتَهَى فَهذَا يَخْلُصُ." ويستخدم العهد الجديد هذه الآية بهذا الأُسلوب أيضًا. فتستشهد ثلاثة نصوص بالآية الواردة في حبقوق 4:2 وتفسِّرها بأنَّها تعني الأشخاص الذين **يستمرّون** في إيمانهم.

ويكتب بولس في رومية 1:16-17 "لأَنِّي لَسْتُ أَسْتَحِي بِإِنْجِيلِ الْمَسِيحِ، لأَنَّهُ قُوَّةُ اللهِ لِلْخَلاَصِ لِكُلِّ مَنْ يُؤْمِنُ: لِلْيَهُودِيِّ أَوَّلاً ثُمَّ لِلْيُونَانِيِّ. لأَنْ فِيهِ مُعْلَنٌ بِرُّ اللهِ بِإِيمَانٍ، لإِيمَانٍ، كَمَا هُوَ مَكْتُوبٌ: «أَمَّا الْبَارُّ فَبِالإِيمَانِ يَحْيَا». بكلامٍ آخر، يبدأ الأمر بالإيمان، وينتهي بالإيمان. ونحن نتمتّع بالخلاص فيما **نستمرّ** بالإيمان.

وفي غلاطية 3:11 يقارن بولس بين الإيمان وحفظ الناموس بالاتِّكال على البر الذاتيّ. فيقول إنَّه لا يمكن لأيّ شخص أن يتبرّر بالناموس، مُرجِعًا السبب إلى حبقوق 4:2 "الْبَارُّ بِإِيمَانِهِ يَحْيَا." والحياة بالإيمان ليست عملاً نقوم به مرّة واحدة، بل هو أُسلوبُ حياةٍ مدى العمر. **فالإيمان المستمرّ** فقط هو الذي يخلِّصنا.

ويستخدم كاتب الرسالة إلى العبرانيين الآية لكي يدعم أهميّة الحاجة للاستمرار بإيماننا. وبعد أنِ استشهد الكاتب بِحَبقوق 4:2، يقول في 10:39 "وَأَمَّا نَحْنُ فَلَسْنَا مِنَ الارْتِدَادِ لِلْهَلاَكِ، بَلْ مِنَ الإِيمَانِ لاقْتِنَاءِ النَّفْسِ."

إذًا من الواضح أنَّ تلك النصوص تقدِّم تصحيحًا لكيفية استخدامها في عهد الإصلاح. فلا يمكن تفسير الآية بأن نقول إنّه إن آمن شخص على مدى دقيقة واحدة أو «كرّس حياته للمسيح» فهو في أمان.

إنَّها إساءة إلى النصّ. فالبار يحيا بحفظه للإيمان بالربّ. والمؤمنون راضون عن أنفسهم إذ يستندون إلى القول: "إن خَلَصتَ مرّةً تبقى مخلّصًا" ـ وكأنَّ لحظةَ ثقةٍ عابرةً يمكن أن تخلِّصك من غضب الله. لكنّ الذين يحافظون على إيمانهم بالربّ يتحمَّلون الأسوأ.

سيتألَّم الأشرار

مع أنَّ الربّ استخدم البابليّين لِيَدين الشعب، فإنَّه لم يتركهم ينجون من شرورهم. فنقرأ في الأصحاح الثاني سلسلة من الويلات الموجَّهة إلى بابل. والكلمة «ويل» تُستخدم في الكتاب المقدَّس كلعنة، ولا ينبغي أن يستخدمها المؤمنون إلاّ إذا كانوا متأكِّدين ممّا يقولونه. وعندما قال الربُّ يسوع: "الويل" حدثت أمور رهيبة. وهو استخدم كلمة "الويل" كعدد المرّات التي استخدم فيها الكلمة "طوبى". فمثلاً، كان يعيش مئتان وخمسون ألف نسمة على شواطىء بحيرة الجليل متفرّقين في أربع مدن. وقد لعن الربّ يسوع ثلاث مدن منها، وقال: "ويل لك يا كفرناحوم"، "ويل لك يا بيت صيدا"، "ويل لك يا كورزين"، لكنَّه لم يقل "ويل" لطبريّا التي ما تزال قائمة إلى اليوم. واختفت كل المدن التي قال لها الربُّ يسوع: "الويل".

ويقدّم حبقوق خمسة أسباب لماذا سوف ينزل عليهم غضب الربّ:

1. **الظلم:** لقد نهبوا البُلدان التي غلبوها من دون أن يعتبروا الساكنين فيها.
2. **التَّسلُّط:** تحكّموا بالشعوب التي قهروا بأُسلوب استبداديّ، دون النظر بعين الاعتبار إلى العدالة أو الشفقة أو ظروف الشعب القاسية.
3. **الوحشيّة:** دانَ الربّ سفكهم للدماء، واستعبادهم الآخرين لبناء بابل، ومعاملتهم المتوحِّشة لأعدائهم. مثلاً، كانوا يحطِّمون رؤوس الأطفال على الصخور.
4. **العصبيّة:** لم يكونوا مُتَّزنين بشربهم الكحول، وقاموا بأُمور مقيتة عندما كانوا يسكرون، مثل قتل الحيوانات وتحطيم الأشجار. وعندما كان يخرج الشعب للحرب، كان الربّ يمنعهم من قطع شجرة واحدة إن لم يكونوا محتاجين إليها للحرب.
5. **الوثنيّة:** عبدوا الخشب والحجر والأصنام المعدنيّة التي تفتقر كلُّها إلى الحياة، وتركوا الإله الحقيقي إله يهوذا. ولم تكن بابل قد وصلت إلى قمّة مجدها في تلك المرحلة، إلاَّ أنَّ الربَّ أمر حبقوق بإعلان سقوطها وزوالها.

إذًا، أتى التوبيخ نتيجة أفعال ضدّ الضمير. ولم يُدَنِ البابليّون مرّة لأنّهم لم يحفظوا ناموس الربّ. وهو لم يُقِم أيَّ عهد معهم. لكن أتت دينونتهم بسبب أُمور قاموا بها وعرفوا في قلوبهم أنّها خطأ. ودينونة الربّ لهم هي تذكير لشعبه بأنّه تَهُمُّه تصرّفاتهم في هذه النواحي أيضًا.

ويجيب الربُّ حبقوق عن سؤاله قائلاً إنَّ الصالحين سيحيَون والأشرار سيتألّمون. فحاشا أن يكون الربُّ أعمى عمَّا يجري، كما أنَّه ليس ضعيفًا ولا غير عادل. إنَّه الإله الحيّ مقارنةً بالأصنام الميْتة التي صنعها الإنسان.

وبعد أن قدَّم الربّ الأجوبة عن أسئلة حبقوق، أضاف قائلاً: "لتصمت كلّ الأرض." وكأنَّ الربّ يقول له: "لديك الأجوبة الآن. فالآن اصمُت."

تسبيح شاعري (3:1-19)

عندما صمت حبقوق رأى النور. توقَّف عن المُحاجَّة مع الربّ وتفكَّر في ما قاله له الربّ، فتغيّر مزاجه. وفهم أنَّ الربّ لديه الصورة الأكبر والنظرة الأشمل. ومع أنَّه لم يستطع أن يراه يعمل، فقد أدرك أنَّه سيتصرَّف في الوقت المناسب.

يحمل الأصحاح الأخير حسًّا موسيقيًّا تولَّد في فكر النبيِّ وكتبته يداه، وأظهر ذلك قلبه المتغيِّر. وقد ذكر في نهاية الأصحاح كيف يجب أن يرنّم: "عَلَى آلاَتِي ذَوَاتِ الأَوْتَارِ." لذا، عندما نصل إلى الأصحاح الثالث نجد وجهة نظر مختلفة. وبالفعل، فإنَّ النصّ هنا يختلف بالكامل حتَّى إنَّ بعض المفسِّرين يدّعون أنَّه إضافة.

يرتجف بسبب أعمال الربّ الماضية (3:1-16)

يغيِّر حبقوق في الأصحاح الثالث تركيزه في ثلاث حالات. فبعد أن بدأ بصيغة الغائب "هو"، انتقل إلى صيغة المخاطب "أنت"، ومن ثَمَّ إلى صيغة المتكلِّم "أنا"، وكأنَّه اندمج أكثر في الموضوع خلال الأصحاح.

هـو (3:2-7)

يركِّز هنا حبقوق على قوَّة الربّ في الفترة التي تشمل الخروج والبرِّيَّة وامتلاك كنعان. وقد طلب من الربّ أن يعيد الكرَّة. فقد أراد أن يرى بأُمِّ العين ما سمعه بسمع الأذن. لكنَّه لم يطلب من الربِّ هذه المرَّة أن يغيِّر مخططاته، ولم يتساءل عمَّا يفعله الربّ. لقد سبَقَ أن فعل ذلك وهو في حالة الغضب، ولا بدَّ أن يكون الربّ رحيمًا.

فإن ركَّز الأصحاح الأوَّل على عنف إسرائيل، وركَّز الأصحاح الثاني على عنف البابليِّين، فقد ركَّز الأصحاح الثالث على "عنف" الربّ.

أنـت... (3:8-16)

ينشغل حبقوق في هذه الآيات بالرؤيا. فهو ما يزال يطرح الأسئلة، لكنَّها الأسئلة الصحيحة هذه

المرَّة. فيتأمَّل في جلال الربّ وقوَّته في الخليقة. وهو يعلم أنَّ الربَّ كلّ ما شاء صنع. وقد أصبح مكتفيًا بِما عبَّر عنه إذ قال: "وَارْتَعَدْتُ فِي مَكَانِي لأَسْتَرِيحَ فِي يَوْمِ الضِّيقِ."

يثق بحماية الربّ المستقبليّة (3:17-19)

أنــا (3:16-19)

إنَّ التغيير من صيغة المخاطب "أنت" إلى صيغة المتكلِّم "أنا" يعكس ردَّة فعل حبقوق حِيالَ خبر غزو البابليين. فقد كان "يسلك بالإيمان" رغمَ أنَّه لم يكن هناك أيّ دليل يشير إلى أنَّ كلمة الربّ ستتحقَّق. وهو يتكلّم عن الضغوطات في داخله، وكيف أنَّ مشاعره ترتفع بسبب الرؤيا التي يراها عن المستقبل. ولكنَّه يواجه في الوقت نفسه ضغوطًا خارجيّة تصيبه بالكآبة. ولم يكن يتطلّع بشوق إلى الكارثة الآتية على الشعب، لكن كان بإمكانه أن "يفرح في الربّ" على كلّ الأحوال.

أتى جداله في الأصحاح الأوّل من ذهن مركّز على الحاضر. لكنّه ينظر الآن إلى الماضي، فيرى كيف أنَّ الربّ كان يتدخّل دائمًا. وينظر إلى المستقبل، فيرى أنَّ الربَّ سوف يتدخّل من جديد، فيشعر أنَّ بإمكانه أن ينتظر. ونحن في عصرنا نركّز على الحاضر بشدَّة، ولا يبقى لدينا الوقت (أو يبقى وقت قصير جدًّا) للتطلّع إلى الماضي أو المستقبل. بينما التطلّع إلى الماضي أو المستقبل يساعداننا عندما ينتشر الظلم من حوالَينا.

لقد أعدت كتابة الأصحاح الثالث بأُسلوب معاصر، وربَّما هذه طريقة جيِّدة لإنهاء دارستنا لهذا السفر:

يا رب، لقد ذاع صيتك منذ بدء الزمن، وانتشرت أخبار أعمالك فارتعبتُ. كرِّر أعمالك يا ربّ، وأرنا أنَّك ما تزال كما أنت. إنَّما تذكّرِ الرحمة وسط غضبك من أجل اسمك.

انظُروا الربّ القدوس ينزل من السماء وينشر أشعَّته، تخرج القوّة من ذراعه وتمتلىء الأرض بصوت التسبيح.

لكن الأشرار يرتجفون. يخافون من الطاعون والأوبئة. حتّى الجبال الدهريَّة ترتجف عندما يظهر الأزليّ.

هل أنت غاضب من الأنهار؟ أتُوجِّه غيظك إلى الينابيع؟ هل تُطلِق غضبك نحو المحيطات مستخدمًا خيلَك ومركبتك؟ التلال والأودية والشمس والقمر تقِفُ كلُّها برهبة أمام سهامك الطائرة ورمحك العابر بسرعة الريح.

تأخذ بالثأر وتدوس الشعوب لكي تخلِّص شعبك ومختاريك.

لقد حطَّمت قائدهم الشرِّير، خلعت عنه رداءه وقطعت رأسه، فيتشتَّت محاربوه في مهبّ الريح.

وبما أنّي عرفت بتلك الأُمور كلِّها، تُخالِجني مشاعر عظيمة وترتعش شفتاي ويقرع قلبي وترتجف رجلاي من تحتي، لكنّي أنتظر بصبر غزو العدوّ لبلدي عالمًا مصيره المستقبليّ.

ورُغمَ أنَّ التينة لا تزهر، ولا تنتج الكروم عنبًا؛ ورُغمَ أنّ أشجار الزيتون عقيمة، والسهول جرداء؛ ورُغمَ أنْ لا غنم في المراعي، ولا أبقار في المذاود، فإنَّني أبتهج بمخلّصي مسرورًا بأنّ الربَّ مسيطر على كلّ الأُمور.

وأُواجِه المستقبل بفرح وأسترجع قواي بعد أن أجاب إلٰهي عن أسئلتي المُفعَمة بالغضب.

ها إنَّ قلبي ورجليَّ تقفز كالأيائل على مُرتفعاتي.

أصوغُ كلماتي على وقعِ أنغام مقدَّسة من آلاتٍ وتريَّة.

سفرا إرميا ومراثي إرميا

المقدّمة

يشكّل إرميا شخصيَّة أساسيَّة في العهد القديم، وهو من أشهر الأنبياء على الإطلاق. ولكنْ، لا يتميَّز سفره بالشهرة الكبيرة، إذ إنَّ الناس لا يحبّون قراءته كثيرًا لأنَّه السفر ضخم وصعب ومسبِّب للكآبة.

ضخم

يتألّف السفر من اثنين وخمسين أصحاحًا، وهو يلي سفر إشعياء الذي يحتوي على ستة وستّين سفرًا. وتقول إحدى الأساطير إنَّ إرميا زار جنوب إيرلندا وقبَّل حجر "ابْلارْني" وتسلّم موهبة الثرثرة! ويُظهِر طول السفر عدد النبوّات التي قدّمها خلال خدمته التي استمرَّت 40 سنة، وأمانةَ مُساعِده في تدوينها. لكنَّه يشكّل سفرًا كبيرًا للكثير من القرّاء، ما يخفض الرغبة في قراءته.

صعب

لا يتبع السفر ترتيبًا زمنيًّا، ولا ترتيبًا بحسب المواضيع. ولذا يصعب تَتبُّعُ الأفكار المدوّنة فيه. ويظهر أن الكتابات جُمعت بشكل اتِّفاقيٍّ. ويمكننا تسميتها مجموعةً من المجموعات. وما يزيد الطين بِلَّة أنَّه يبدو كأنَّ إرميا يغيِّر رأيه. ويجد الناقدون متعة بوجود تناقضات في كرازته. فقد كان في السنين الأُولى ضدّ البابليين، لكنَّه نصح الناس لاحقًا بأن يخضعوا لهم. ولهذا سُمِّي السياسيَّ الخائن. لكنّ الحقيقة هي أنَّ رسالته تغيَّرت خلال أربعين سنة نسبةً إلى الظروف وتعليمات الربّ له.

مسبِّب للكآبة

أحد أهمّ الأسباب لعدم الرغبة في قراءة السفر هو أنَّه أحد الأسفار الأكثر تسبيبًا للكآبة. إذ يبدو كأنْ ليس للنبي سوى لأخبار السيِّئة ليهوذا، حيثُ يشارك في الألم الذي شعر به من جرَّاء ما يحصل للأمَّة أو ما يحصل في خدمته. وقد أصبح اسم "إرميا" في اللغة الإنكليزيَّة يعني جالِبَ الهمِّ والغمِّ. وقدِ اشتُقَّ الاسم "jeremiad" من اسم إرميا في اللغة الإنكليزية ليعني شِعرَ الرِّثاء الباكي. إذًا، لحق بإرميا صيتٌ سلبيّ، لكن ليست هذه الصورة كاملة. إذ نرى في نبوّته بعض الأخبار السارَّة المخبَّأة في طيّات الأخبار السيِّئة، ولذا يسهل إغفالُها.

لكنْ رُغمَ كلّ تلك الصعوبات، فإنّ السفر رائع. ومن بين كلّ الأنبياء فإنّ إرميا يؤثّر فيّ بالأكثر. وقد قدّمت مرّة سلسلة عظات من السفر، وتوقّفت مرّتين خلال العظات لأنّي تأثّرت جدًّا، إذ كان الأمر مؤثّرًا جدًّا. ونتيجة لتلك العظات تلقّيتُ إرشادًا إلهيًّا لأترك الكنيسة وأُسافر. ولذا يعني لي هذا السفر كثيرًا.

واللافت أنّه يحتوي على أُمور إنسانيّة هامّة تجذب القارئ لفهم إرميا واستيعاب الحالة التي مرّ فيها إذ يكشف الكاتب عن مشاعر قلبه وصراعاته الداخليّة أكثر من أيّ نبيّ آخر. لكنّ السفر يمتلئ بالمعلومات الوافية عن الربّ. فعندما تدرسه بجدّيّة تتعرف بالربّ أكثر.

اللحظة

بدأ إرميا خدمته في القرن السابع قبل الميلاد، قُبيل سبي السبطَين الجنوبيَّين في العام 586 ق م (وكان قسم منهم قد سُبِي قبل ذلك). وعاش خلال فترة حكم سبعة ملوك هم: منسّى وآمون ويوشيّا ويهوأحاز ويهوياقيم وصدقيّا. وواكبَت خدمته النبوِّيّة التي امتدّت فترة أربعين سنة حُكمَ آخِرِ خمسة منهم.

كرز إرميا خلال وقت مأساوي كان يمرّ فيه شعب الربّ. فقد كانت الأسباط العشرة قد سُبيت إلى أشور، وبقي السبطان الأخيران في أُورشليم وحوالَيها. وكان إشعياء وميخا قد ماتا، ولم تلقَ رسائلهما أيّ تجاوب. فكان إرميا آخر نبيّ يكرز للشعب ويحذّرهم من قدوم الكارثة الوشيك.

وُلد إرميا خلال زمن حكم الملك منسّى الشرِّير الذي كان قد نشر إشعياء النبي داخل جذع شجرة لأنّه تنبّأ بأُمور ضدّه. وكأنْ لم يكن هذا الأمر ممتلئًا بالشرّ كفاية، فإنّه قدّم أطفاله ذبائحَ للشيطان وملأ شوارِع أُورشليم بدماء الأبرياء. ووُلد خلال زمن حكمه ولدان مميَّزان، هما يوشيّا الذي أصبح الملك لاحقًا وإرميا. واعتلى العرش من بعد منسّى ملك شرير آخر هو آمون الذي ملك بضع سنوات قبل أن يملك يوشيّا في الثامنة من عمره. وخلال فترة حكم يوشيّا وُجد سفر التثنية في إحدى الخزائن التي يعلوها الغبار. وهلع يوشيّا عندما قرأ أنّ الربّ سيرسل اللعنات على الأرض وعلى الشعب. فحاول أن يُصلح الشعب، ولكنّه فشل.

من اللافت أنّه رُغمَ أنّ إرميا عاصر يوشيّا فهو لم يذكر أيّ أمر عن موضوع الإصلاح. فإرميا لا يذكر يوشيّا، وسفرا الملوك لا يذكران إرميا. وكأنّ إرميا عرف أنّه لا يمكن أن ينفع إصلاح سنّه الملك، إذ كان هدف النبيّ تغيير قلوب الناس. فمع أنّ الوضع بدا جيّدًا، فهو لم يتغيّر. وقد أثبت قرار يوشيّا شنّ الحرب على المصريين عدم تغيُّر الوضع. وقُتِل يوشيّا في تلك المعركة.

وتوالى من بعد يوشيّا عدد من الملوك الأشرار. وكان أن قدّم إرميا الجزء الأكبر من نبوّاته خلال زمن آخر أربعة ملوك، ولهذا السبب كان موقفه وكلامه سلبيّين. وعبّر في مرّات كثيرة عن الحالة المأساوية: «لقد فات الآوان!»، لكن تخلّل كلامه أمل ضئيل بأنّ يغيّر الربّ الوضع إن تابوا.

وزاد التوتّر حين قدّم الربّ توضيحًا لإرميا. فنقرأ في الأصحاح الثامن عشر أنّه طُلب منه أن يذهب إلى بيت الفخّاري ويراقبه فيما يعمل آنية بحسب نوع الجبلة التي بين يديه. ويظنّ بعضٌ أنّ ذلك يعني

أنَّ باستطاعة الربّ أن يفعل بنا كما يشاء. وقد كُتبت ترانيم كثيرة حول هذا الموضوع مدارُها الجملة التالية: "أنت الفخَّاري وأنا الجبلة." لكن لم يكن هذا هو الدرس الذي تعلّمه إرميا، بل رأى أنَّ الفخَّاري قصد أن يعمل مزهرية جميلة. ولم تكن الجبلة التي بين يديه ليِّنة، لذا جمعها من جديد ووضعها على الدولاب وجعل منها وعاء قاسيًا. وسأل الربّ إرميا هل تعلَّم الدرس. من الذي قرَّر مصير الجبلة؟ وكان الجواب أنَّ الجبلة قرَّرت ذلك لأنَّها لم تطاوع يدَي الفخَّاري. فالرسالة التي أراد الربّ تقديمها هي أنَّه يريد أن يجعل من الجبلة شكلاً جميلاً، لكن إن لم تتجاوب معه فسيصنع منها شكلاً قبيحًا. وكان الربّ يقول في سياق الزمن الذي عاش فيه إرميا إنَّه يمكن للشعب أن يتوبوا ويرجعوا عن طرقهم، وعندئذٍ يصنع منهم الأواني الخزفيّة التي قصد أن يعملها. فالعلاقة ديناميَّة بينه وبين شعبه في الكتاب المقدَّس. فهو لا يتعامل مع دُمىً متحرِّكة ويُملي عليها ما يجب أن يكون، بل يريد تجاوبًا منّا وعندما نتجاوب معه يصنع منّا ما يشاء أن نكونه.

ويحمل مثل الفخَّاري درسًا إضافيًا أيضًا. فالجبلة الصُّلبة شُوِيَت وأصبحت قاسية، ولذا لا يمكن تغييرها. فكان على إرميا أن يأخذ ذلك الإبريق القاسي ويكسره ويرمي قطعه في وادي ابن هِنُّوم، حيث كانت تُرمى القمامة. فرسالة الربّ هي أنَّه عندما نقسِّي قلوبنا نصل إلى مرحلة لا يمكن أن نتغيَّر فيها لنصبح آنية جميلة فيكسرنا. والربّ يريد أن تكون حياتنا جميلة. وإن كنَّا نتجاوب معه فسيصنعها كذلك.

أظهر إرميا عند هذه النقطة أنْ ليس كلّ نبوَّته ظلامًا وقتامًا، بل يخبر الشعب أنَّه ما زال هناك أمل. لكن ينتهي السفر بقصَّة صدقيَّا الملك، آخر ملوك يهوذا الذي سُبي أخيرًا إلى بابل. وأُجبر أن يرى أولاده يُقتلون، ثمَّ فُقِئَت عيناه وأصبح أعمى. وكانت تلك حقبة مأساويَّة في حياة الشعب القديم. فقد بدا أنَّ تلك كانت نهايتهم، لكن الآتي كان أعظم.

الرجل

إرميا اسمٌ غير عادي، وقد يعني في اللغة العبريَّة إمَّا "أن يبني" أو "أن يرمي إلى أسفل"، أي "أن يرفع" أو "أن يدمِّر بالكامل." ويصف الاسم خدمته بالتمام. إذ كانت رسالته الأساسيَّة خلال فترة أربعين سنة أنَّ الربّ يُنزل الذين لا يطيعونه، ويبني الذين يطيعونه.

وُلد إرميا في مدينة عناثوث التي هي عانا والتي تبعد ثلاثة أميال شمالي شرق أُورشليم وتطلّ على البحر الميت. وكان الربّ قد عيَّنه نبيًّا لشعبه من قبل أن يولد، تمامًا كما فعل بيوحنا المعمدان. وكان فتًى خجولاً وحسَّاسًا. ومع أنَّه وُلد في عائلة كهنوتيَّة، فإنَّها كانت تحت دينونة الربّ. إذ كان الربّ قد لعن بيت عالي بسبب خطاياه بأن لا يرى أيُّ سليلٍ من نسله الشيخوخة. ولذا كان على الربّ أن يدع إرميا يبدأ خدمته باكرًا ليستفيد من أربعين سنة في الخدمة! وكان إرميا يحبّ الطبيعة، ولذلك استخدمها، خصوصًا الطُّيور، لكي يُبيِّنَ رسائل الربّ.

كان على الأرجح في السابعة عشرة من عمره عندما بدأ الكرازة، وكان متوتّرًا جدًّا. فطمأنه الربّ بأنّه سيجعل جبهته من النحاس حتّى لا تزعجه نظرات الناس العدائيّة أو تعليقاتهم. ويعرف هذا الشعورَ كلُّ من يتكلّم إلى مجموعات.

كانت حياته كنبيٍّ صعبة جدًّا. واضطُرَّ إلى الذهاب إلى أُورشليم التي تبعد ثلاثة أميال لأنَّ عائلته أرادت قتله. وعاصر خلال الأربعين سنة حبقوق وصفنيا وحزقيال ودانيال، وعاش في خضمّ العالم السياسي. وقد نصح شعبه بالاستسلام للبابليين، فكرهوه. فلا أحد يحب سياسة التَّملُّق. وقد قدّم البابليون الخيار لإرميا إمَّا بالذهاب إلى بابل وإمَّا بالبقاء في يهوذا. ولم يكن أي من الخيارين جيِّدًا له، إذ لم يكن يحبّ البابليين ولم يكن شعبُه يحبّه.

أخيرًا، انتهى به الأمر في مصر. فقد خطِفَهُ بعض اليهود وأخذوه إلى جزيرة ألفنتين الواقعة في الجهة العليا من نهر النيل، حيث كان تابوت العهد قد أُخذ أيضًا. (يُرجّح أن يكون اليوم في أثيوبيا). ثمَّ مات إرميا هناك وحيدًا. إنَّها قصّة حزينة.

الأُسلوب

الكلام

مع أنَّ إرميا كان متكلِّمًا، فإنَّ معظم كلامه أتى بشكل شعري. ويظهر ذلك من خلال السطور القصيرة بعكس سطور النثر التي تبدو كصفحات الجرائد. عادةً، عندما يتكلّم الربّ بأُسلوب النثر فإنَّه ينقل أفكاره الشخصيَّة إلى فكر القارىء. أمَّا عندما يستخدم الشعر فإنَّه ينقل قلبه إلى قلب الشاعر. وبالفعل أنَّ الشعر هو لغة القلب، وقد جاءت معظم نبوَّة إرميا في شكل شعريّ. والمؤسِفُ أنَّ الكثير من المؤمنين يعتبرون الكتاب المقدَّس كمصدر لفهم أفكار الربّ فقط، ولا ينتبهون إلى كونه كتابًا مُفعَمًا بالعواطف أيضًا.

فن التمثيل

قدَّم إرميا بعضًا من رسائله بطريقة مسرحيَّة لِيُثير تجاوب الشعب. فمرّة دفن قطعةً من الثياب الداخليَّة المتسخة. وعندما سُئِل عن السبب، أجاب بأنَّ الثياب الداخليَّة تشير إلى حياة الناس الداخليَّة. وقد ذكرنا سابقًا أهميَّة الدرس الذي يقدِّمه لنا الفخَّاري. وفي حادثة ثانية وضَعَ على عُنقهِ نِيرَ فِلاحةٍ كإشارة إلى أهميَّة الخضوع للبابليين. وعندما كان سكَّان أُورشليم يحاولون بيع ممتلكاتهم لأنَّهم علموا أنَّها ستفقد قيمتها عندما يغزوهم البابليون، طلب الربّ من إرميا أن يشتري أرضًا، فإشترى حقلاً من قريبه الذي كان يريد البيع بشدَّة. فقد علم إرميا أنَّ الشعب سيعود يومًا ما من بابل، فكانت عملية الشراء تلك عملاً استثماريًّا بإمتياز.

وتضمَّنت بعض الدُّروس العِيانيَّة التي قدَّمها تخبئة الحجارة ورمي كُتُب في نهر الفرات وحمْل جرّة على كتفه كامرأة والسير بها وسط المدينة. ورغمَ أنَّ تلك التصرّفات بدت غريبة، فقد قدَّمت الرسالة بوضوح.

الكتابة

دوَّن باروخ "سكرتير" إرميا كلّ النبوّات، وقد اشتغل وراء الكواليس. وحدث مرّة أن أغضبت تلك النبوّات الملك يهوياقيم فقطّعها وحرقها. وبعد ثلاث وعشرين سنة من الخدمة، مُنع إرميا من الكلام علانية، فحرص باروخ على أن يبقى صوته مسموعًا من خلال الكتابة. لم يقم هذا الرجل بأعمال عظيمة في الظاهر، لكنَّه سهَّل الأمر على كثيرين لسماع كلمة الربّ. وفي الواقع أنَّ الربّ يكافىء الذين يعملون بصمت. فلولا عمل باروخ لضاعت كلمات إرميا!

الرسالة

ذكرنا سابقًا أنَّ هذا السفر لا يتبع ترتيبًا زمنيًّا معينًّا، أو ترتيبًا بحسب المواضيع، ولذا تصعب قراءته. لكن تُمكننا ملاحظة نَمَطٍ مُعيَّنٍ يساعدنا على فهمه:

المقدِّمة ـ دعوة إرميا الشخصيَّة (1:1-19)

الأُمَّة الغارقة في الخطيَّة (2-45)

627-605 ق م: عقاب مباشر (2-30) (معظمه مكتوب بالأُسلوب الشعريّ)

بابل تستولي على أشور (612 ق م). بابل تقهر مصر (605 ق م)

605-585 ق م: عودة كاملة (21-45) (معظمه مكتوب بأُسلوب النثر)

بابل تسبي يهوذا.

الشعوب المجاورة (46-51)

كارثة على مستوى الأُمَّة (52)

المقدِّمة

تتضمَّن المقدِّمة في الأصحاح الأوَّل دعوة الربّ لإرميا، ونقرأ أنَّه كان شابًا خجولاً يهاب التكلّم أمام المجموعات.

تتضمَّن الأصحاحات 2-45 (الأمَّة الخاطئة) نبوّة إرميا عن العقاب الآتي على يهوذا سريعًا. وتغطِّي تلك الأصحاحات الفترة الزمنية الممتدَّة بين 627 – 605 ق م والأُسلوب الكتابي المستخدم هنا هو الأُسلوب الشعريّ، ما يعني أنَّ إرميا كان ينقل مشاعر الربّ من نحوهم، وخاصّة أسَفَهُ وغضبه. وتتصارع مشاعر الربّ إذ إنّه يحبّهم، لكنَّه لا يستطيع تركهم يُفلِتون من العقاب. ولذا نقرأ هنا عن التَّنبؤ بأنَّ بابل ستدمِّر أشور وستهزم مصر. وكان ملوك يهوذا قد أخطأُوا إذ ظنّوا أنَّهم سينجون بمجرّد عقد معاهدة سلام مع مصر.

وتحتوي الأصحاحات21-45 بعض الأخبار السارَّة أيضًا، إذ ينظر إرميا إلى ما بعد السبي حيث يأتي وقت العودة النهائيَّة. فهو بعدما أدرك أنَّ الحالة ميؤوس منها، قدَّم لهم نظرة مستقبليَّة تتضمّن عودة الشعب من السبي. وكُتب هذا الجزء بأُسلوب النثر، لأنَّه يحتوي على أفكار الربّ أكثر من احتوائه على مشاعر الربّ. فبعد فترة طويلة من السبي ومن خراب أُورشليم سيعود قسم من الشعب ويُعيدون بناء أُورشليم. إذًا، يتخلَّل شيءٌ من التفاؤل الحالة السائدة.

وتغطِّي الأصحاحات 46-51 دينونة الربّ للشعوب المجاورة ليهوذا. فستشكِّل العودة دينونة لهم لأنَّهم سبَّبوا متاعب لشعب الربّ. وهذا هو أُسلوب عمل الربّ عبر التاريخ.

ويشكِّل الأصحاح 52 نوعًا من المقدَّمة عن الكارثة التي تحل على الشعب. إذ نقرأ كيف أنَّ إرميا سُبِيَ إلى مصر، وكيف تُرِكَت أُورشليم خالية ومدمَّرة. فالنهاية ليست سعيدة.

تشابُه مع الأنبياء الآخرين

يشبه قسم كبير من رسالة إرميا رسائل الأنبياء الآخرين. وفي الواقع أنَّك لا بدَّ أن تُصاب بالملل إن كنت تقرأ النبوّات تباعًا. فجميعها تدور حول القصَّة القديمة نفسها من عبادة الأوثان والفساد الأخلاقيّ والظُّلم. فكان الأنبياء يواجهون الانحدار الأخلاقي نفسه. وملأ العنف أُورشليم حتَّى إنَّه لم يعد باستطاعة الأولاد اللعب في الشوارع ولم يجرؤ الناس على الخروج.

ونجد أربعة توجُّهات في رسالته تُشابِه رسائل الأنبياء الآخرين. وفي الواقع أنَّه حين أُنزِل عقاب الموت بإرميا، تذكَّر أحدهم نبوَّة ميخا المطابقة لنبوَّة إرميا، فنجا من الموت.

1. ارتداد الشعب

عمَّ الفساد بين الشعب بضراوة. وشكَّل الفجور وعبادة الأوثان المشكلتين الأساسيّتين. وكان شعب الربّ يمارس بعض الممارسات المروِّعة التي كانت تمارسها الشعوب المجاورة، مثل تقديم الأطفال كذبائح في وادي ابن هنّوم ووضع الأصنام في هيكل الربّ. فكسروا بذلك مباشرةً الوصيَّة الثانية. وعمَّ الفساد الأخلاقي وانتشرت الزيجات الفاشلة.

ودعا الربّ إرميا لِيُناديَ بأنَّ المسؤولية تقع على:

الأنبياء

ناقضَ خدمةَ إرميا آخرونَ أحاطوا به. وكانوا يدّعون أنَّهم أنبياء، إلاَّ أنَّهم قدَّموا رسائل مضادَّة لرسالته. ويُواجِه إرميا في الأصحاح 23 هؤلاء الأنبياء الكذبة ويتّهمهم بأنَّهم لم يأخذوا المشورة من الربّ ولم يسمعوا لما كان يقوله لهم. وقد نسخوا الرسائل بعضُهم عن بعض، أوِ اختلقوها من مخيِّلاتهم بأُسلوب أراد الشعب سماعه. فكانوا يقولون: "سلام، سلام"، في حينَ لم يكن هناك أيُّ سلام. وقالوا إنَّه لا سبب يدفع الشعب إلى القلق، فأُورشليم هي مدينة الربّ وهو سيحافظ على هيكله.

لكن أتى كلام إرميا لاذعًا للّذين وضعوا ثقتهم بالهيكل. وقال لهم إنَّهم حوّلوه إلى مغارة لصوص، وأنذرهم بأنَّهم يجب ألَّا يعتقدوا أنَّهم لن يُدانوا لأنَّهم شعب الربّ. ونجد درسًا مشابهًا في العهد الجديد، فمعظم تنبيهات الربِّ يسوع عن الجحيم كانت موجَّهة إلى مُدَّعي الإيمان! لكنِّي أقابل الكثير من المؤمنين الذين لا يخافون من الجحيم لأنَّهم يعتقدون أنَّها لا يمكن أن تكون نهاية مَن "آمن" بالمسيح. لكن يعلِّم الربُّ يسوع أنَّه علينا أن نثبت على إيماننا إن كنَّا نريد أن نهرب من الغضب الآتي. ويذكِّر الرسول بولس المؤمنين بأنَّهم سيقفون أمام كرسي المسيح للمحاسبة. فنحن نخلص بالإيمان، إلاَّ أنَّنا سوف نُحاسَبُ على أعمالنا.

الكهنة

ألقى إرميا باللوم على الكهنة بسبب ممارسة الشعب حياة الخطيَّة لأنَّهم كانوا يؤيِّدون ما يُسمَّى اليوم "احتفالات الإيمان الداخليَّة". إذ كانوا يقومون باحتفالات وثنية بهدف الانسجام مع الآخرين، تمامًا كما يحصل اليوم في المملكة المتحدة، إذ تُقام احتفالات بين المجموعات الكنسيَّة التي تضم مجموعات تؤمن بالمسيح إيمانًا خاطئًا تزعم أنَّ كل الطرق تؤدِّي إلى الإله نفسه.

الملوك

دان إرميا الملوك (أو الرُّؤساء) لأنَّهم لم يتمسَّكوا بناموس الربّ. وتنبَّأ بأنَّ يهوياقيم سيموت ولا يُدفن. وحصل ذلك بالتمام إذ دُفِن كما يُدفن أيُّ حمار بعدما مات كما تنبَّأ إرميا. وكان صدقيًّا، آخر الملوك، ضعيفًا ومتقلقلاً في طرقه، وكان في أيدي السياسيين كدُميَةٍ متحرِّكة.

ووصف إرميا ارتداد الشعب مستخدمًا تعابيرَ جريئةً أتى بعضها شديد اللهجة. فقد شبَّه الشعب الذين تبعوا آلهة أخرى بزوجة خائنة وغير وفيَّة تسعى وراء الرجال. وكان هوشع أوَّل الأنبياء الذين استخدموا هذا التشبيه. وطلب إرميا من الشعب أن يفكِّروا كيف يمكن أن يشعر الربُّ إزاء زوجة خائنة. كذلك لم يكونوا أوفياء حتَّى مع آلهتهم الأُخرى. وقال إرميا إنَّه لم يجد أي رجل مستقيم في أُورشليم.

ومن أقسى الأمور التي وجّهها إليهم قولُه إنَّهم لا يمكنهم حتَّى أن يشعروا بالخجل. فارتدادهم لم يزعجهم. وكان الربّ قد طلَّق الأسباط العشرة، فهل يريدونَ منه أن يطلِّق السبطين الباقيين؟

2. كارثة وشيكة

تشارك إرميا برسالة الكارثة الوشيكة مع أنبياء آخرين. فعندما أقام الربّ عهدًا مع إسرائيل في زمن موسى قدَّم وعدين: "أباركِكم عندما تطيعونني" و"ألعنكم عندما تَعصُونني" وقد أكَّد ذَينِكَ الوعدَين في العهد الذي أقامه معهم في جبل سيناء. ولذا، عندما يُنزل الربّ العقاب بهم فإنَّه يكون بذلك قد وفى بوعده. لكنْ يظنُّ معظم الناس أنَّ أمانة الربّ تعني أن يستمر في فعل الإحسان معنا، إنَّما تظهر أمانته في إنزال العقاب كما في المسامحة أيضًا.

ذكر إرميا بالتفصيل ما الذي سيحصل. رأى في رؤيا قِدرًا تغلي وتميل نحو الشمال، وقال للناس إنَّ الخطر سيأتي من تلك الناحية (أي من بابل التي ستجتاح جيوشُها من ناحية الشمال)، وليس من الأشوريين الذين سَبَوا الأسباط العشرة. وأنذرهم بأنَّ الخطر قادم سريعًا. ورأى في رؤيا أُخرى غصن لوز مزهرًا، إشارةً إلى فصل الربيع. والمعروف أنَّ شجر اللوز يُزهر بسرعة. وكذلك فإنَّ سكان يهوذا سيرون فجأة البابليّين قادمين.

3. عودة كاملة

لكن على الرُّغم من كلّ هذا اليأس والغمّ نجد بارقة أمل. فنقرأ في هذا السفر بعضًا من أهمّ النبوّات الإيجابيَّة عن مستقبل شعب الربّ. إذ تنبَّأ إرميا عن شعب عائد يقيم معه الربّ ميثاقًا جديدًا. فعهد موسى القديم لم يأتِ بأيَّة نتيجة، لأنَّ الكلمات كُتِبت خارج الناس وليس في قلوبهم. فهي كانت قد كُتِبت على حجارة بينما كانت الحاجة إلى كتابتها في القلوب. ولذا نجد في الأصحاح 31 إحدى أجمل النبوّات في العهد القديم. فنقرأ أنَّ الربَّ سيقيم عهدًا جديدًا مع بيت إسرائيل وبيت يهوذا وأنَّه سيكتب ناموسه في قلوبهم. ولن يحتاجوا لأنْ يتعلَّموا عن الربّ لأنَّهم سيعرفونه جميعهم وسيغفر لهم خطاياهم ولن يعود يذكرها في ما بعد. يقف الكثير من القرَّاء هنا في قراءتهم، لكنني أريد أن أقرا المزيد إذ يقول الربّ أيضًا:

> "هكَذَا قَالَ الرَّبُّ الْجَاعِلُ الشَّمْسَ لِلإِضَاءَةِ نَهَارًا، وَفَرَائِضَ الْقَمَرِ وَالنُّجُومِ لِلإِضَاءَةِ لَيْلاً، الزَّاجِرُ الْبَحْرَ حِينَ تَعِجُّ أَمْوَاجُهُ، رَبُّ الْجُنُودِ اسْمُهُ: إِنْ كَانَتْ هذِهِ الْفَرَائِضُ تَزُولُ مِنْ أَمَامِي، يَقُولُ الرَّبُّ، فَإِنَّ نَسْلَ إِسْرَائِيلَ أَيْضًا يَكُفُّ مِنْ أَنْ يَكُونَ أُمَّةً أَمَامِي كُلَّ الأَيَّامِ." (31: 35، 36)

إذًا، يقول الربّ إن كانت السماء تُقاس من فوق وإن كانت أساسات الأرض تُفحص من تحت، فهو أيضًا سيرفض نسل إسرائيل من أجل كلّ ما عملوا. فالربّ يؤكّد أنَّه سيُحافظ على العهد من جهته وسيُبقي على هذا الشعب.

ويقدِّم إرميا هنا وعدًا بالعودة الكاملة للشعب. ويصف كيف أنَّ الربّ سيعيدهم بعد سبعين سنة إلى أرضهم، فيبتهجون ويرقصون ويترنّمون (وقد شجَّع الرقم سبعون دانيال عندما قرأ النبوّات لاحقًا وهو في السبي ولاحظ أنَّ المدَّة اقتربت. ربَّما نظنّ أنَّ هذا الرقم اعتباطيٌّ، لكنَّه محسوب بدقَّة، إذ هو مجموع الوقت الذي كان يجب أن تستريح الأرض فيه إذ لم يلتزم الشعب بإراحة الأرض سنةً كلَّ سبع سنوات خلال الخمس مئة سنة المنصرمة؛ راجع 2أخبار 36:21).

وقدَّم إرميا أيضًا وعدًا بقدوم قائد جديد أُطلقت عليه ألقاب مختلفة مثل "الراعي الصالح" و"غُصن البر" و"الرئيس الملكي" و"الخارج من أصل داود" و"ينبوع الحياة". وقال إنَّ ذلك الرجل سيُعيد العرش لهم، كما أنَّ الأُمم سيتشاركون في البركات معهم.

4. عقاب الأعداء

مع أنَّ الربَّ سيسمح للبابليين بأن يَسبُوا يهوذا، فإنَّه سيُعاقِبُهم بسبب وحشيتهم. وقد أكَّد حبقوق ذلك في نبوَّته. وهكذا، فإنَّ الفرس قهروا لاحقًا بابل إتمامًا للنبوَّة (ما أدَّى إلى عودة اليهود بأمر من كورش ملك الفرس). وكان الربّ سيُنزل العقاب بالأعداء الآخرين مثل مصر وبلاد الفلسطيِّين وموآب وعمّون وأدوم وآرام (دمشق) وقيدار وحاصور وعيلام. ونقرأ في الجزء الأخير من نبوَّة إرميا ماذا سيحصل لكلّ الشعوب الذين هاجموا إسرائيل أو لم يعاملوهم حسنًا، وكيف أنَّ الربّ نفسه سينتقم وليس إسرائيل. وإستُثنِيَت مصر وبابل بتلقّي بعض الإشارات الإيجابيَّة.

امور تميّزه عن باقي الأنبياء

بعد ذكر الأُمور التي تشابه بها إرميا في رسالته مع سائر الأنبياء، نذكر ثلاثة أُمور تميَّز بها.

1. الناحية الروحيَّة

سُمِّي إرميا "النبيّ الروحيّ" لأنَّه من بين الأنبياء الوحيد الذي قال إنَّ الممارسات الدينيَّة لا تُساوي شيئًا إن لم تكن نابعة من القلب. وقد أدَّت إدانةُ إرميا للرياء في العبادة ببعضهم إلى الاعتقاد خطأً أنَّه بنظر إرميا مراسيم التقدمات والذبائح للربّ هي مضيعة للوقت. لكن ما عناه في الواقع هو أنَّ المراسِم الخارجية للعبادة ليست مهمَّة بالكامل، إذ إنَّ الربّ ينظر إلى الدوافع القلبيَّة. فهل العابد مثلاً منسجم فعلاً بالعبادة؟ ويمكن أن يكون الجسد مختونًا، لكن هل القلب كذلك؟ وكان الكهنة، بطريقة أو بأُخرى، يشجِّعون خطأً على فكرةِ أنَّ الالتزام الديني هو بديل للتقوى. وهكذا أراد إرميا أن يؤكِّد أهميَّة الناحية الروحيَّة في التديّن.

وكان إرميا في الوقت ذاته يُهيِّئ الشعب لليوم الذي سيخسرون فيه الهيكل ولن يعود بإمكانهم تقديم الذبائح. وقد كانوا يجتمعون في بابل في ما يُسمَّى "المجمع". والكلمة "synagogue" في اللغة اليونانية تعني "الاجتماع معًا". وكانوا يجتمعون لثلاثة أهداف: عبادة الرب والصلاة ودراسة التوراة. وتُشبه هذه الحالة كنيسة العهد الجديد، حيث لم تعد هناك حاجة إلى الكهنوت بعد أن قدَّم المسيح ذبيحةَ نفسِه مرَّة وإلى الأبد. فالكنيسة لا تحتوي على هيكل أو بخور أو كهنة أو ذبائح، بل تجتمع كنيسة العهد الجديد بكلّ بساطة للاحتفال بالعشاء الربّاني والصلاة والتسبيح ولقراءة كلمة الربّ ودراستها. وهكذا، فإن الكنيسة الباكرة كانت "مجمعًا" مسيحيًّا. وقد واجهت الكنيسة منذ البداية تجربة الرجوع إلى ممارسة مراسِم الهيكل وضمّ كهنة بملابسهم الخصوصيَّة وبناء مذابح وتقديم البخور. لكن هذه عودة إلى نمط العهد القديم، وهي ليست بحسب قصد الربّ.

وكان إرميا أحد الرجال الذين حرَّروا اليهود من الاعتماد على الطقوس الدينيَّة، فاستطاعوا بذلك الصمود في بابل والاجتماع معًا. وهو النبيُّ الوحيد الذي كان له بُعد النظر بضرورة إيجاد أُسلوب دينيّ لا يتطلّب وجود هيكل وتوابعه.

2. الناحية الفرديَّة

ما يميِّز نبوَّة إرميا هو تشديده على أنَّ الربّ سيتعامل مع الأفراد. فالميثاق في سيناء كان جماعيًّا، وليس فرديًّا. ومن الخصائص اللامعة التي تُميِّز ذلك الميثاق الجديد أهمِّيَّةُ الفرد كما في العهد الجديد أيضًا. وقد تكلَّم الربُّ يسوع باستمرار عن اتِّباع الأفراد له. ووصف إرميا الفرق قائلاً: "فِي تِلْكَ الأَيَّامِ لاَ يَقُولُونَ بَعْدُ: الآبَاءُ أَكَلُوا حِصْرِمًا، وَأَسْنَانُ الأَبْنَاءِ ضَرِسَتْ. بَلْ كُلُّ وَاحِدٍ يَمُوتُ بِذَنْبِهِ. كُلُّ إِنْسَانٍ يَأْكُلُ الْحِصْرِمَ تَضْرَسُ أَسْنَانُهُ" (إرميا31: 29-30).

إنَّ العهد الجديد مبنيٌّ على ميثاق فرديّ، ولذا من المستحيل وراثة مكان في السماء. فالربّ يتعامل مع كلّ شخص بمفرده، وعلى كلّ فرد أن يتَّخذ قرارًا شخصيًّا. وهكذا، فإن الأفراد يعتمدون في العهد الجديد أساسًا على اعترافهم الشخصيّ بإيمانهم بالمسيح. فنقرأ أنَّه عند الدينونة سيقدّم كلّ واحد حسابًا عن خطاياه، وليس عن خطايا أحدٍ آخر.

إذًا، نرى في إرميا هذا التحوّل من تعامُل الربّ مع الشعب ككلّ إلى التعامُل مع الأفراد. وقدِ اتَّخذ حزقيال هذا النمط لاحقًا. والعهد الجديد مبنّي بأكمله على هذا الأساس.

وتُظهِر حياة إرميا هذا المبدأ في عدَّة نواح. فقد أُخرج من الهيكل ورفضَتهُ رعيَّتُه المحلِّية، فكان عليه أن يحيا على انفراد مع الربّ.

3. الناحية السياسيَّة

يقدِّم إرميا، أكثر من أيّ نبيٍّ آخر، نصائح سياسيَّة إلى حكَّام إسرائيل. فعندما كانت يهوذا تتقلَّص في الحجم، حاول حكَّامها الامتداد إلى الخارج، ولكنَّ إرميا حذَّرهم من الذهاب إلى مصر، لأنَّ بابل سوف تقهرهم. وكانت نصيحته السياسيَّة أن يستسلموا لبابل ويتعاونوا معها ويسعَوا للحصول على أفضل شروطِ الاستسلام. ووصف نبوخذنصّر ملك بابل بأنَّه عبدُ الربّ (كأن تطلب الكنيسة سنة 1939 من الحكومة البريطانية التفاوض مع أدولف هتلر «المرسل من قِبَل الربّ»). وبدا الاقتراح بالاستسلام للطاغية دون محاولة الدفاع عن أُورشليم كخيانة.

فلم يأخذ ملوك يهوذا نصيحته بعين الاعتبار، بل سُمِّي خائنًا. وعندما نادى بالاستسلام لبابل وضع نِيرَ حِراثةٍ على كتفيه ومشى في أُورشليم كمثال لما يجب على الشعب أن يفعل. وعندما وصل ملك بابل إلى أُورشليم، عرض أن يضع اسم ارميا على لائحة الشرف (الأصحاح 39). ويمكننا تخيُّل شعور اليهود الآخرين إزاءَ هذا الأمر. لكن كانت هذه هي الحلقة الأخيرة في قصة طويلة من سُوء المعاملة وسُوء التفاهم.

سُوءُ المعاملة

اضطُهِد إرميا منذ بداية خدمته. وبالفعل، فإنّ أولى محاولات قتله قام بها أقرباؤه في مسقط رأسه

عناثوث. وقد خطّطوا لمقتله لأن كبرياءهم العائليّة انجرحت بوجود ذلك الشاب الذي أثار البلبلة في أُورشليم. أمَّا ردَّة فعل الربّ فكانت: "إنّي أدرِّبك على ما هو أسوأ." يا لها من تعزية!

ومنذ ذلك الحين وُصِمَ بالخيانة، ورفضه الأنبياء الآخرون لكونهم أنبياءَ كذَبة. ونبذه الكهنة لأنّه تكلّم ضدّ أعمالهم والهيكل والذبائح. واعتبره الملوك خائنًا سياسيًّا، وكرِهَهُ الشعب وحاكُوا مؤامرات مختلفة لوضع حدٍّ لحياته. ولم يُهدَّد بالقتل فقط، بل شارفَ الموتَ في أحايينَ عدَّة. وضُرِب وسجنه أحد الكهنة وهرب إلى قبو مظلم. وفي حادثة أُخرى، رُبِطت يداه ورجلاه ووُضِعت حلقة حديديَّة حول عنقه. وأخيرًا، وُضِع في صهريج (وهو كناية عن إبريق ضخم رفيع من فوق ومفلطح من تحت كي لا تتبخّر المياه منه). وكان يبقى في داخله أربعة أو خمسة أقدام من الوحل عندما كان يُفرَغ من المياه. فكان إرميا مغمورًا حتّى رقبته في المياه الموحلة، وكان بإمكانه رؤية نور النهار من خلال ثقب صغير فوق رأسه. وكان عليه البقاء واقفًا، وإلاّ غرق في الوحل. وأطلق سراحَهُ أخيرًا غريبٌ أشفق عليه، فأنزل حبلاً وسحبه إلى أعلى.

غالبًا ما أمضى وقته مختبئًا خوفًا على حياته. وبقيت قلة قليلة مهتمَّة بنصائحه، لكن طُرِد في النهاية من أُورشليم وهرب إلى مصر، حيث مات. ولا تُذكر في الكتاب المقدَّس حادثة وفاته، إلاَّ أن التقليد يُخبِر أنَّه رُجِم حتَّى الموت (متّى 21:35؛ 23:37). ومهما كان، فإنَّ مِيتتَهُ تبقى غامضة دون أن يحلم بأن يصبح مشهورًا في العالم بأكمله، وبأنَّنا سنتكلَّم عنه بعد 2500سنة.

البؤس

يُعرف إرميا باعتباره "النبيّ الباكي". ويُظهِر سفر مراثي إرميا تألُّم قلبه من أجل شعبه والأرض التي خسروها ودمار أُورشليم. ويظهر حزنه حتّى في سفر إرميا، لأنّه لم يتردَّد في أن يُظهِرَ لنا كيف صلَّى خلال تلك الأوقات.

عذاب جسديّ

كنَّا قد ذكرنا العذاب الجسدي الذي تعرَّض له إرميا على أيدي الذين احتقروا رسالته. إلاَّ أنَّه لم يتوانَ عن أن يكشف كمائن صدره. وتأذّى ذلك الرجل جدًّا بما قاله عنه الناس وفعلوه به، خاصَّة عندما اعتبرته عائلته خائنًا. وانزعج من سوء سمعته نتيجة كرازته بكلمة الربّ، وقد سبَّبت له الخدمة شعورًا بالوحدة.

عذاب فكريّ

لم يكن عذابه البَدَنيُّ كافيًا، بل شعر بأنَّ الربَّ يحاصره. وشعر بالألم بشكل محدَّد لأنَّ الربّ لم يقدِّم له الخيارات. فقد دعاه الرب إلى الخدمة النبويّة وحاصره بشكل أو بآخر حتَّى لا يستطيع القيام بأيِّ أمر آخر. وتُظهر نبوَّتُه انزعاجَهُ وتألُّمه الفكري والعاطفي الذي نتج من تلك الوحدة وذلك الرفض.

ومن أسوإ الأُمور أنَّ الربّ منعه من الزواج الذي كان لا بدّ أن يُؤنِسَ وحدته. لكن بعدم الزواج لم يُضطرَّ إلى رؤية أولاده يموتون من الجوع عند الغزوِ البابليِّ. هكذا قدّمت حياته رسالة قويّة للشعب الذي كرز له، كما فعل زواجُ هوشع من زانية وحِدادُ حزقيال على زوجته.

وكما يُظهر السفر ألم إرميا، فهو يقدِّم أيضًا العون للّذين يمرّون في أوقات عصيبة. وقد قال مرّة: "عَرَفْتُ يَا رَبُّ أَنَّهُ لَيْسَ لِلإِنْسَانِ طَرِيقُهُ. لَيْسَ لإِنْسَانٍ يَمْشِي أَنْ يَهْدِيَ خَطَوَاتِهِ." ومن أقواله المأثورة: "فَقُلْتُ: «لاَ أَذْكُرُهُ وَلاَ أَنْطِقُ بَعْدُ بِاسْمِهِ». فَكَانَ فِي قَلْبِي كَنَارٍ مُحْرِقَةٍ مَحْصُورَةٍ فِي عِظَامِي، فَمَلِلْتُ مِنَ الإِمْسَاكِ وَلَمْ أَسْتَطِعْ." وكأنَّ الرجل المسكين يقول: "لن أُقدِّم أيَّة عظة أُخرى." ومن ثَمَّ يتابع قائلاً: "لكنِّي لا أستطيع التوقُّف عن الوعظ، إذ عظامي تُحرِقُني وعليّ أن أُفرِج عنها."

لم يكن لديه خيار آخر بدل إبلاغ الرسالة، لأنَّ قلبه كان ملتهبًا بالربّ. حتّى عندما قرّر التوقف عن الكرازة، وجد نفسه يكرز في الشوارع. وفي الواقع، لم يجبره الربّ على ذلك، وهو لا يجبر أحدًا على القيام بأيِّ أمر. لكن يمكننا فهم مشاعره بكونه محصورًا.

علم إرميا بأنَّ الشعب لن يسمعوا، وقد ذكر أكثر من مرّة أنّه لا أمل في ما يقوم به. حتّى إنَّ الربّ منعه أن يصلِّي لأجل الشعب (16:7).

ومع كلّ ذلك، تُشكِّل صلوات إرميا جزءًا أساسيًّا من نبوّته وتظهر في أكثر المقاطع التي تزخَرُ بالمشاعر (مثلاً، 6:1؛ 10:4؛ 10:23-25؛ 20:11؛ 12:1-4؛ 15:15-18؛ 17:14-18؛ 18:19-23؛ 20:7-18). وتُظهِر صلواته التِّسعُ تلك أصدق المشاعر في الكتاب المقدّس. فهو يخبر الربَّ بما يشعر بالتمام، ويقدِّم لنا بذلك مثالاً يُبيِّن كيف يجب أن تكون صلواتنا.

سفر مراثي إرميا

من البديهي أن ندرس سفر المراثي بالتوازي مع سفر إرميا لأنَّ الكاتب هو نفسه. والسفر أكثر أسفار الكتاب المقدَّس حزنًا. ويقارنه كثيرون بسِفر أيوب. لكن بينما حزن سفر أيوب ناتج من مأساة شخصيَّة، يبكي إرميا في سفر المراثي كارثة وطنيَّة. وبينما تقرأ هذا السفر، يمكنك تقريبًا رؤية الدموع تنهمر على الصفحات فوق الحبر. فالكاتب يبكي مكسور القلب.

يُسمَّى هذا السفر بكلّ بساطة في الترجمة اليونانية "الدموع". ويُسمَّى في الترجمة العبرية «إيخاه» ("كيف") لأنَّها الكلمة الأُولى التي تظهر في اللفائف عندما تُفتح. ويأتي الاسم "مراثٍ" في اللغة الإنكليزية "Lamentations" من الأصل اللاتيني الذي معناه "دموع".

كتب إرميا السفر بعدما رأى مدينة أُورشليم الممزَّقة. وعرف الألم الذي يمرّ به الشعب قبل دمار الهيكل وخلال الحصار حول المدينة. فكانت الأُمهَّات يأكلن أولادهنَّ، حتَّى الأطفال المولودين حديثًا. لقد فقدَ الشعب الأمل بالكامل. وكان الأمر برمَّته يدعو إلى الحزن. ولذلك بكى النبيُّ. لا بدَّ أن الوضع شابه هيروشيما بعد إلقاء القنبلة الذرِّية عليها أو كوسوفو المهترئة بسبب الحرب في السنين القريبة الماضية.

ولا ينبغي أن يفاجئنا أنَّ السفر كُتِب بشكل سلسلة من قصائد الرِّثاء. فإرميا كان شاعرًا وكتب معظم نبوّاته بأُسلوب شعريّ. ونعرف أيضًا أنَّه كان موسيقيًّا وكتب ترانيم نجدها في سفره، ما يُظهر العلاقة المميَّزة بين النُّبوَّة والموسيقى. فروح النبوَّة تُلهم الحسّ الشعري، كما تُلهم الحسّ الموسيقى. وكان عدد من القدِّيسين في العهد القديم مِمَّن لديهم موهبة النبوَّة يطلبون الاستماع إلى الموسيقى قبل التنبُّؤ، أمثال أليشع زكريا وحزقيال وداود.

لم تكن هذه المراثي هي الوحيدة التي كتبها إرميا. فقد نظم مراثيَ مذكورة في سفر الأخبار ليوشيَّا الملك الشابّ، إذ ظنَّ مُخطئًا أنَّ باستطاعته قهر المصريين فقُتِل في مجدّو. وكما رثا داود شاول ويوناثان عندما ماتا في المعركة ضدّ الفلسطيِّين، هكذا نظم إرميا رثاءً غنَّاه الشعب عندما مات الملك يوشيَّا وانتهى الوعد بأن يكون هو الملك.

بنية السفر

رُغمَ الحزن الذي شعر به إرميا من نحو المدينة المدمَّرة والشعب المسبي، نظم رثاءه مستخدمًا قواعد

منظَّمة. فأتت التقسيمات بين الأصحاحات في المكان الصحيح، واحتوى كل أصحاح نشيدًا من الأناشيد الخمسة المصُوغة بأسلوب جميل ومتقن.

يستخدم الكاتب نظامًا خاصًا في كتابة الشعر بحيث إنَّ كلّ سطر يبدأ بأحد حروف الأبجديَّة العبرية. وبما أنَّ الأبجدية العبرية تحتوي على اثنين وعشرين حرفًا، فأربعة أجزاء من الشعر مؤلّفة من اثنين وعشرين بيتًا. أمَّا الجزء الثالث فمختلف قليلاً إذ يتألَّف من ستة وستّين بيتًا، لكن باستخدام الأُسلوب نفسه بِبَدء كل بيت بأحد حروف الأبجدية العبرية بالتتابع.

يتألَّف الشعر الأوَّل من اثنين وعشرين بيتًا يبدأ كل منها بحرف أبجدي، ويتألّف كل بيت من ثلاثة أعداد. ويبدأ الشعر الثاني بأوّل حرف من الأبجدية العبرية. ويحتوي كل بيت من الشعر الثالث على ثلاثة أعداد. أمَّا الجزء الرابع فيحتوي على اثنين وعشرين بيتًا يحتوي كلٌّ منها على عددين. أمَّا الشعر الأخير فهو الوحيد الذي لا يتبع الترتيب الأبجدي رغم احتوائه على اثنين وعشرين بيتًا شعريًّا.

لماذا استخدم إرميا هذا الأُسلوب في الكتابة؟

1. **من السهل حفظه.** كان همّ إرميا أنَّ يسمع الشعب الذي بقي في الأرض، والآخرون الذين سُبُوا، رثاءه ويحفظوه عن ظهر قلب. وقد سهَّل هذا الأُسلوب عملية الحفظ.
2. **يعبِّر هذا الأُسلوب عن حزن إرميا الكامل من الألف حتَّى الياء.** فالأُسلوب يحمل معنًى رمزيًّا، إذ إنَّ الكاتب يسرد قصَّة حزينة من البداية إلى النهاية.
3. **يسهل سردُ الوقائع بهذا الأُسلوب.** وقد قمت باختبار، إذ كتبت الحروف الأبجدية الإنكليزية الستة والعشرين وحاولت إعادة كتابة المراثي بحسب ترتيبها، فأتت النتيجة جيِّدة في غضون دقيقتين. ولا أدَّعي أنَّه عمل أدبي رائع، إلاَّ أنَّه يُلخِّص كامل السفر. وإليكم الاختبار في اللغة العربية (بحسب الألِفباء):

أ. أبكاني مشهد المدينة المدمّرة،

ب. برودة دم تجري وسط الشوارع،

ت. تاهَ شعبي بسبب المصيبة التي ألَّمت به،

ث. ثرت لأنّ مصيرهم مشؤوم.

ج. جميع المنازل هُدمت،

ح. حصد الموت كلّ أُسرة.

خ. خراب في كلّ مكان كما وعد الربّ،

د. دارت بنا الأيَّام.

ذ. ذبلتُ من النُّواح،

ر. روحي انكسرت في داخلي.
ز. زفيري يسأل لماذا.
س. سأموت كالآخرين،
ش. شعرت أنَّ لا معنى للحياة،
ص. صرت أشتاق للضحك.
ض. ضغطوطاتٌ تُحاوِطني من كلّ جهة.
ط. طلبت نفسي الموت.
ظ. ظَمِئَت حياتي إلى المعنى.
ع. علمتُ أنّي لن أضحك من جديد،
غ. غمٌّ ملأ قلبي.
ف. فأرحني يا إلٰهي
ق. قُدني إلى البرّ.
ك. كلِّم قلبي وروحي
ل. لك المجد يا رب،
م. من الآن وإلى الأبد.
ن. نجِّنا من الشرِّ،
ه. هدّئ أرواحنا في دواخلنا
و. وجعُنا أشدُّ من أن يُحتمل.
ي. يا إلهنا، لك كل المجد.

إذًا، تُشكِّل الأبجدية وسيلة سهلة للتعبير عن المشاعر الإنسانيَّة.

لماذا كتب إرميا هذا الرثاء؟

مع أنَّ إختيار الرثاء كان ناجحًا لا نجد سببًا مباشرًا يدعو إرميا لاتِّباع هذا الأُسلوب، خاصَّة بسبب حجم العمل الكبير.

أعتقد أنَّه أراد أن يبكيَ الآخرون معه ويُنشِدوا تلك الأناشيد الحزينة. وربَّما أراد أن يرسل كتاباته إلى الذين في السبي حتَّى يستطيعوا التعبير عن مشاعرهم. فمن المفيد جدًّا لشعب يمرّ وسط كارثة وطنيَّة أن يُعبِّروا عن أحاسيسهم. وعلى الإنسان أن يُعبِّر عن الحزن في داخله. ومن القساوة أن نقول لأي محزون أن يتقوَّى وأن لا يسكب الدمع. ويبرع اليهود والكاثوليك في ذلك، إذ لديهم التقليد في

أوقات معيّنة حيث يشجّعون على سكب الدموع. والكتاب المقدَّس يشجّع على سكب الدموع، بينما تُقدِّم الحضارة الغربية الإعجاب لكل من يحبس دموعه متأثّرة بذلك بالحضارة اليونانية، وليس الحضارة العبرية. والدموع في التفكير العبري هي دلالة على الأحاسيس العميقة التي يشعر بها الرجل وليست علامة ضعف.

هي، هو، أنا، هم، نحن

يلفت انتباهَنا هو تغيُّرُ الضمائر بين شعر وآخر. فالضمير في الشعر الأوَّل هو ضمير الغائبة «هي» دلالة على المدينة وعلى أبنائها الذين يُسمِّيهم الكاتب «بنات أُورشليم». ففي العهد القديم يُنظر إلى المدن كأنَّها أُنثى. ويتغيّر الضمير في الشعر الثاني ليصبح «هو»، إذ يدور الحديث حول الشخص الذي سبَّب حُدوث تلك الكارثة، أي الربّ. والشعر الثالث هو الأطول والأكثر ذاتيَّةً لأنَّه يتكلّم عن إرميا نفسه، ويدور الحديث حول شعوره الشخصيِّ. أمَّا الشعر الرابع فلا يحمل أيَّة دلائل شخصيَّة بل يستخدم ضمير الغائب في الجمع «هم». ويعود إرميا إلى ضمير المتكلِّم في الجمع «نحن» حيث يضيف مشاعره إلى مشاعر شعبه. ولا يتوجَّه هنا إلى الربّ بصيغة الغائب «هو»، بل بصيغة المـُخاطَب «أنت».

وعند دراستنا للكتاب المقدَّس، علينا أن ننتبه إلى استخدام الضمائر الذي يغيّر الكثير في المعنى. ولذا، سنضع لكل شعر عنوانًا مختلفًا للدلالة على اختلاف نظرة إرميا إلى الأُمور في كلٍّ منها.

الأشعار الخمسة

1. الكارثة ــ «هي»

ينظر الشعر الأوَّل إلى المدينة المدمَّرة وبناتها. وما أثَّر في إرميا ليس فقط أنَّ الهيكل قد تلاشى بل أنَّ المدينة المـُهدَّمة والمـُحاصرة هي مدينة الربّ.

2. السبب ــ «هو»

يركّز الشعر الثاني على فكرة أنَّ الكارثة لم تكن قد حلَّت لو استسلمت يهوذا لبابل، كما كان إرميا قدِ اقترح. وتألَّم إذ كان بإمكانه المساعدة لتجنُّب حدوث كل ذلك. وقد علم إرميا أنَّ الربّ سمح بالسبي لتتميم وَعيدِهِ بأنَّه سوف يُنزل بهم العقاب إن عَصَوا وصاياه. لكن على كل حال، كان مُحبطًا لأنَّهم فوَّتوا عليهم فرصة نجاتهم. ونرى ذلك بوضوح في الشعر الثاني حيث يذكر غضب الربّ خمس مرَّات. وقد علم إرميا أنَّه سيأتي يوم يفورُ فيه غضب الربّ. ونرى في الكتاب المقدَّس نوعين من الغضب: غضبًا بطيئًا يغلي، وغضبًا سريعًا ينفجر بسرعة. والنوعان يُسبّبان مشكلة على المستوى البشري. أمَّا على المستوى الإلهي، فالربّ بطيء الغضب وسريعُه في آن معًا، لكن بالطبع من دون العنصر الأناني الذي يميّز غضب الإنسان.

ومدارُ التأكيد في الكتاب المقدَّس بالنسبة إلى غضب الربّ أنَّه إن لم نراقب الربَّ عن كثب وإن فشلنا في رؤية غضبه يغلي، فلن نلاحظ إلَّا عندما ينفجر. ونقرأ في الأصحاح الأوَّل من رسالة رومية أنَّ غضب الربّ يغلي، وأنَّ هنالك دلائل تشير إلى ذلك مثل استبدال العلاقات غير الطبيعيّة بالعلاقات الطبيعيّة، والوحشية الاجتماعية والعائلات المفكَّكة. وللأسف، هذه الأُمور عاديَّة جدًّا في بلاد الغرب.

3. العلاج ــ «أنا»

الشعر الثالث شخصيّ. فقد لاحظ إرميا أنّه كان بإمكان الربّ أن يمحوَ كل الشعب عندما غضب، لكنَّه أرسلهم إلى بابل بدل ذلك. فبقي الشعب أحياء، ولم ينقرضوا، وبقيت الأُمَّة موجودة. وآمن إرميا بأنَّه بفضل رحمة الربّ لم يَفنَوا، فقال: "إحساناتك هي جديدة في كل صباح." ويجب أن يكون لدينا الموقف القلبيّ المماثل عندما نمرّ في أيَّة مشكلة. وهناك فرق بين أُسلوب حياة العالم وأُسلوب حياة أولاد الله. فالعالم يعيش بموجب «الاستحقاق» أي أنك تحصل على ما تعمل لأجله. أمَّا ملكوت السماء فمبنيٌّ على مبدإ الرحمة. والعالم يطالب بحقوقه، لكن المؤمنين يعلمون أنَّ لا حقوق لهم.

4. النتائج ــ «هم»

يتابع إرميا بتذكّر نتائج عدم التوبة، فيرجع بالذاكرة إلى جنَّة عدن والعقاب العادل الذي أنزله الربّ بآدم وحوَّاء. وقد أراد للجميع أن يعرفوا أنَّ هذا الخراب هادف، وأنَّ للربّ دورًا في الاقتصاص من الخطيَّة، لكنَّه يؤدِّي دورًا في الإعتاق أيضًا.

5. الصرخة ــ «نحن»

يأتي الشعر الأخير بكل بساطة على شكل صلاة وترجٍّ للربّ كي يُقدّم الرحمة. لقد علم إرميا أنَّ الربّ هو أملهم الوحيد، ولذا التجأ إلى الصلاة ليعيد الربّ الشعب إلى الأرض.

تتكرَّر فكرة «الخطيَّة» في الأشعار الخمسة, ومن اللافت أنَّ كل صفحة من صفحات العهد القديم تقريبًا تحتوي على كلمة الخطية أو على فعلٍ خاطئ. أمَّا في العهد الجديد فتسيطر فكرة الخلاص على كلّ صفحة من صفحاته.

يؤكّد إرميا بكل صدق أنَّ خطيَّة الشعب تستوجب الدينونة، لكنَّه يصرخ إلى الربّ طالبًا الرحمة ليعيدهم. ويطلق على هذا السفر الاسم «المراثي»، في صيغة الجمع، لأنَّه مكوَّن من خمسة أشعار تحمل الرثاء والألم. وما يزال هذا السفر يُتلى في جميع المجامع في اليوم التاسع من أبيب (تمُّوز)، لأنَّه اليوم الذي دمَّر فيه البابليون الهيكل. وما يزال اليهود يتذكرون إلى يومنا هذا الخروج والفصح وخسارتهم للهيكل في التاسع من أبيب. وتعلو أصوات البكاء في المجامع في شهر تموز. واللافت أنَّ التاسع من تموز يصادف تاريخ سقوط أول هيكل، كما يصادف تاريخ هجوم تيطس في العام 70 م وهدم الهيكل

الثاني. ففي اليوم نفسه الذي كانوا يبكون فيه خسارتهم للهيكل الأوَّل خسروا الهيكل الثاني، كما كان الربُّ يسوع قد تنبأ. وكما حذَّرهم إرميا من خسارة الهيكل الأوَّل، حذَّرهم الربُّ يسوع من خسارة الهيكل الثاني. ولهذا السبب يُشبّه الربُّ يسوع بإرميا.

وعندما سأل الربُّ يسوع تلاميذه: "من يقول الناس إني أنا؟"، أجابوا بأنَّه شُبِّه بإرميا. وربما لا يبدو هذا النبيُّ الخِيَارَ الأنسب، لكنَّ حياته شابهت حياة الربِّ يسوع. وكما قال الربُّ يسوع: "أعداء الإنسان أهل بيته" فإنَّ إرميا واجه مشاكل عديدة مع أقاربه. وحاول الشعب رمي الربِّ يسوع من على التلَّة في بلدته الناصرة، ونجا من خمس محاولات لقتله. كذلك قام الربُّ يسوع ببعض الأمور بمثل الروح التي تحرَّك بها إرميا. فعندما طهَّر الهيكل واستخدم السوط لإخراج الصيارفة الطمَّاعين منه، استشهد بإرميا قائلاً: "بيتي بيت صلاة يدعى، وأنتم جعلتموه مغارة لصوص!"

لقد شابه الربُّ يسوع إرميا في أُمور عدَّة. وقال إرميا يومًا: "أنا كخروفٍ داجن يُساقُ إلى الذبح." وقد ذكّر الربُّ يسوع الشعب بأنَّ أسلافهم رجموا ورفضوا الأنبياء الذين أُرسلوا إليهم.

الروابط بالربِّ يسوع

توجد مغارة في الناحية الشمالية من أُورشليم يطلق عليها التقليد اليهودي اسم «مغارة إرميا»، لأنَّهم يعتقدون أنَّ إرميا كان يذهب إلى هناك للصلاة عندما كان يشعر بالألم والوحدة. والمغارة هي عبارة عن كهف في التلة التي تُدعى الجلجثة، حيث مات الربُّ يسوع على الصليب. وأحد الأُمور التي قالها الربُّ يسوع في طريقه نحو الصليب: "لأَنَّهُ إِنْ كَانُوا بِالْعُودِ الرَّطْبِ يَفْعَلُونَ هذَا، فَمَاذَا يَكُونُ بِالْيَابِسِ؟" وطلب من الشعب أن يبكوا على أنفسهم وليس عليه، لأنَّه ستأتي أيام فيها تصبح الأُمور أسوأ بكثير، مشيرًا بذلك إلى العام 70 م أي بعد 40 سنة فقط. وكانت فترة الأربعين سنة تلك فترة امتحان، إذ أعطى الله اليهود تلك الفترة ليتجاوبوا مع ابنه المصلوب والمقام من الموت. لكنهم بَقُوا كشعبٍ قساة القلوب، ولهذا هُدم الهيكل بعد أربعين سنة.

المصير

يُبرِزُ العهد الجديد مصيرَين، أحدُهما هو البكاء والعويل وصرير الأسنان. وكان الربُّ يسوع يتكلّم مع تلاميذه عندما ذكر تلك الكلمات، بينما يظن بعضٌ أنّه يجب أن تُوجّه إلى غير المؤمنين. أمَّا المصير الآخر لنا كأولاد الرب فهو أنَّه سيمسح كل دمعة من أعيُننا. فبطريقة أو بأُخرى، يتضمن المصيران دموعًا: فإمَّا بكاءً أبديًّا وإمَّا مسْحَ الربّ لدموعنا. ليس هذا فقط بل يواجه العالم المصير نفسه. وأكثر سفر يستشهد بسفري إرميا والمراثي هو سفر الرؤيا، وهو يركِّز على الأزمنة الأخيرة. ونصف استشهادات العهد الجديد المأخوذة من سفر إرميا موجودة في سفر الرؤيا، وتُطبَّق على بابل التي تشير في هذا السفر إلى المركز المالي العالمي الأخير الذي سيُهدم. وعندما تُدمّر بابل سيبكيها الناس، بينما يذكر سفر الرؤيا أنَّ المؤمنين سينشدون «نشيد الهلّلويا». وقليلون ممن يستمعون إلى معزوفة هاندل "المسيَّا"، بأصوات

الهلّلويا الصادحة فيها، يلاحظون أنَّها احتفال بانهيار السوق الماليَّة العالميَّة. فالبنوك العالمية ستفلس وسينهار كامل النظام المالي العالمي الذي بناه البشر.

وينتهي الأصحاح الثامن عشر من سفر الرؤيا بعدَّة استشهادات من سفر إرميا. وبينما يخبر سفر إرميا عن خراب أُورشليم، يخبر سفر الرؤيا عن المدينة الجديدة، أُورشليم الجديدة التي سيُنزلها الرب من السماء كعروس مزيّنة لعريسها. وسيسكن المؤمنون هناك، في أُورشليم الجديدة، إلى الأبد.

سفر عوبديا

المقدّمة

عوبديا هو أوّل نبيّ ظهر بعد السبي. والسفر الذي كتبه هو أقصر أسفار العهد القديم، إذ يحتوي على إحدى وعشرين آية. كرَزَ في العام 845ق.م، وقد فتح الباب لأكثر من نبي كي ينبِّهوا الشعب إلى العودة إلى الربّ على فترة امتدَّت ثلاث مئة سنة.

ونعلم أنَّ يوئيل أتى مباشرة من بعد عوبديا، لأنَّه يستشهد بكلامه عدَّة مرَّات، مذكّرًا العالم بما قاله الربّ. وقد أخذ عنه تعبير «يوم الربّ» الذي بدأ عوبديا باستخدامه وأُعيد استخدامُه في العهدين القديم والجديد. إنَّه اليوم الذي فيه سيُصلح الربُّ كلّ خطإٍ. وقد ناقشنا ذلك بكلّ تفصيل في سفر يوئيل.

يقع سفر عوبديا في نهاية هذا الجزء لأنَّه يركِّز على الأحداث التي جرت قُبيل السبي مباشرة وحين تمَّ سبي الشعب إلى بابل. وبينما قدَّم بعض الأنبياء رسالتين توجَّهت إحداهُما إلى شعب الربّ وتوجَّهت الأُخرى إلى الشعوب المجاورة، توجَّه عوبديا إلى أدوم، أحد الشعوب المجاورة لإسرائيل على الجانب الجنوبي الشرقي للبحر الميت. وهذه النبوَّة هي الوحيدة التي بين أيدينا، وربَّما تكون النبوَّة الوحيدة التي قدَّمها.

نعلم القليل عن عوبديا، ويعني اسمه «عابد يهوه، أو خادم يهوه». وتتكوّن معظم رسالته من تنبُّؤات عن المستقبل أتت بشكل رؤيا. فهي رسالة مصوّرة أكثر من كونها رسالة شفويَّة. وكان شعب أدوم يسكن في ما نسميه اليوم عبر الأردنّ في الجانب الشرقي من وادي الأُردنّ. وكان هذا جزءًا من أرض الآباء، إلاَّ أنَّ الشعب لم يسكنه. وقد شكّل أدوم في زمن حكم الملك داود دولة تابعة لإسرائيل، تماما كما تبعت پولندا ولاتڤيا روسيا. وحين بدأت إمبراطورية داود بالانهيار، سعى أدوم وراء الحرية وثار على إسرائيل. وكانت مدينتا بُصرة وسالع (المعروفتان اليوم بالبتراء) تقعان على مفترق طرق مهم في الشرق الأوسط يجمع بين أُوروبا وشبه الجزيرة العربية.

والبتراء مكان مميز جدًّا، إذ تتكوّن ممَّا يشبه الكاتدرائية المحفورة في الحجر الرملي الأحمر ومئات المعابد المحفورة في الصخر من كل جانب، كل ذلك حول دائرة فارغة وسط الجبل. ويشمخ حول البتراء جبل سعير الذي يبلغ ارتفاعه ألفي قدم (600م). وقد دارت نبوّة عوبديا على ذلك الجبل.

البناء الهندسي للمعابد رائع بامتياز، والمنظر من أعلى يطلّ على البحر الأحمر من جهة، والبحر الميت من جهة أخرى. وقد شكّل المكان ملجأ لشعب أدوم الذين سكنوا الكهوف. وكانوا شعبًا وثنيًّا، وقد وجد علماء الآثار مذابح كانوا يقدِّمون عليها البشر لآلهتهم.

يقول عوبديا إنَّ الكبرياء ملأت قلوب ذلك الشعب، وقد ظنوا أنَّه لا يستطيع أحد أن يقهرهم، حتَّى الربُّ نفسه. فما كان من الربّ نفسه إلَّا أن قهرهم. وهذا هو صلب رسالة عوبديا.

من اللافت أنَّه يُنظر إلى الربّ بصفته إله الأُمم الأُخرى. وتظهر هذه الفكرة باستمرار في الكتاب المقدّس، لكن لا بدَّ أنّها بدت راديكالية في زمن كان فيه لكل شعب الإله الخاصُّ به، وفي زمننا أيضًا حيث يسود الاعتقادُ أنّ لكلٍّ منا الحرِّيَّةَ في اختيار الإله الخاص به دون التفكير في الآخرين.

لكن يؤمن المؤمنون أنّه يوجد إله واحد، وهو سوف يدين الجميع مهما كانت ديانتهم. فإله إسرائيل قديمًا هو الإله الوحيد الذي ستُقدِّم له كلُّ الشعوب الحساب. وهذه أيضًا رسالة العهد الجديد. فعندما تكلّم بولس إلى الأثينيِّين، قال لهم إنَّ الربّ يعيِّن لكل أُمَّة مكانًا وزمانًا خاصَّين بها، وهو الذي يرسم الخريطة. فمثلاً، أنا أُؤمن بأنَّ الربّ حدَّد نهاية الإمبراطورية البريطانية. وعندما كنتُ فتًى صغيرًا، كان الأطلس يمتلىء باللون الأحمر إشارة إلى الإمبراطورية البريطانية، وكان بالإمكان السفر حول العالم دون أن تترك الأراضيَ البريطانية. فما الذي حصل؟ يكمن الجواب في أنَّ بريطانيا تخلّت عن الرب وعن شعبه. وقال الربُّ إنَّه آن الآوان لإنهاء زمانها. وأعتقد أنَّ هذا مثَلٌ واضح على تدخُّل اليد الإلهيَّة.

ويتضح لنا من خلال قراءتنا لكتابات الأنبياء أنَّ الربّ يدين الشعوب بسبب موقفهم من نحو شعبه. وأعتقد أنَّ الأمر ينطبق اليوم على الكنيسة إذ إنَّ الربّ يدين الشعوب بحسب كيف يعاملون الكنيسة. فما نفعله لشعب الربّ هو تمامًا ما نفعله للربّ نفسه. وقد تكلّم الربّ يسوع عن المبدأ نفسه حين قال إنَّ الربّ سيقول للشعوب عند الدينونة: "الْحَقَّ أَقُولُ لَكُمْ: بِمَا أَنَّكُمْ فَعَلْتُمُوهُ بِأَحَدِ إِخْوَتِي هؤُلاَءِ الأَصَاغِرِ، فَبِي فَعَلْتُمْ" (متى 25:40). ويعني بكلمة "إِخْوَتِي" "شعبي". وعندما التقى شاولُ الطرسوسي الربَّ يسوع على طريق دمشق علم كيف ينظر الربُّ إلى شعبه، إذ قال له: "شاول شاول، لماذا تضطهدني؟" بينما كان شاول بالفعل يضطهد الكنيسة. وهلع إذ علم أنَّه باضطهاده للكنيسة إنَّما يضطهد المسيح نفسه. فبالنسبة إلى المسيح، اضطهادُ المؤمنين يعني اضطهاده هو، لأنَّ أولاد الله هم حدقة عينه. وكما أن البؤبؤ هو من أكثر الأجزاء دقّة في جسمك، هكذا فإنَّ الربَّ يتأثر بشدّة حين يُضطهد المؤمنون به.

وبما أنَّ أولاد الله متواجدون في كل أُمَّة من العالم، فعلى كلّ أمَّة أن تُحدِّد موقفها تجاه شعب الربّ. فهذا الأمر سيؤدِّي دورًا كبيرًا عند الدينونة. وقد كرَّره نبيٌّ بعد آخر عندما تكلّموا إلى الشعوب. ولهذا تركّزت نبوَّاتهم على الأُمم المجاورة لبني إسرائيل والتي قاومتهم.

فمع أنَّ سفر عوبديا يبدو صغيرًا وليس ذا أهميّة كبرى، فهو يعالج بعض الأُمور الأساسيّة المتعلّقة بالدينونة والتي تشمل جميع شعوب العالم.

خطوط السفر العريضة

ينقسم السفر إلى جزأين. يقول عوبديا في الجزء الأوَّل (الآيات 1-14) إنَّ أُمَّة واحدة ستُدان وهي أدوم. ويرى في الجزء الثاني (الآيات 15-21) أنَّ كلّ الأُمم ستُدان.

أُمَّة واحدة ستُدان (1-14). الشعوب الأُخرى تقهر أدوم (1-9)، وأدوم يحتقر إسرائيل (10-14).
الأُمم كلّها ستُدان (15-21). يعاقب يهوه الأُمم (15-16)، ويملك إسرائيل على أدوم (17-21).
أُمَّة واحدة ستُدان (1-14).
الشعوب الأُخرى تقهر أدوم (1-9).

تعني كلمة أدوم "أحمر". فعلى الرُّغم من أنَّ الأحجار الرملية الحمراء تملأ المدينة، أُطلق عليها هذا الاسم لأن الأدوميين هم من نسل عيسو صاحب الشعر الأحمر. وكانت تقع على الجانب الشرقي لشبه الجزيرة العربية. وقد دلّ بناء مدينتي بُصرة والبتراء على قدرات الإنسان المتقدّمة في البناء.

لكن عوبديا يقول لسكان أدوم إنَّ الشعوب الأُخرى ستقهرهم، وإنَّهم سيأخذون منهم كل شيء، ولن يتركوا شيئًا لن يأخذوه. ويقول لهم إنَّ الربّ يكره الكبرياء. فالكبرياء في نظر الرب هي دعوة من البشر كي يضعهم. وهي أن تنظر إلى نفسك بارتفاع، بينما تضع الآخرين في الأسفل. وعندما ترفع نفسك، فلا بدَّ أن تضع الآخرين، حتى الرب أيضًا في الأسفل.

أدوم يحتقر إسرائيل (10-14)

إذًا، أشار موقع أدوم في أعلى جبل سعير على موقفهم من نحو سكان البلاد المجاورة، وخاصة من نحو إسرائيل. وكان الأدوميون هم النَّسلَ المباشر لعيسو الذي كان قد باع باكوريته ليعقوب أخيه التوأم وكان على خلاف معه معظم أيام حياته. وتمركز نسل عيسو في الجانب الشرقي من الوادي، بينما تمركز نسل يعقوب في الجانب الغربي. ونقرأ في سفر التثنية أنَّ الرب منع إسرائيل من إضمار الشر لأدوم لأنَّ عيسو كان أخا يعقوب. ولهذا يقول عوبديا لأدوم إنَّه ما كان يجب أن يقِفَ موقفًا سلبيًا تجاه إسرائيل. لكن أدوم كان عدائيًّا حِيالَ إسرائيل. ونقرأ في سفري العدد والتثنية أنَّهم منعوا موسى والشعب من العبور وسط أرضهم.

ونجد روح العدائية تلك عندما بدأت إمبراطورية إسرائيل بالانهيار في زمن داود الملك. فالأدوميون اتَّحدوا مع كل من هاجم إسرائيل، أمثال الفلسطيِّين والعرب ولاحقًا البابليِّين. وكان البابليون شعبًا متوحشًا، لكن الأدوميين تحالفوا معهم. وعندما هاجم العرب أُورشليم وقف الأدوميون بجانبهم، وأظهروا الكراهية والحسد والاستياء للذين رافقوهم أجيالاً. وعندما هاجم الفلسطيُّون إسرائيل، اتحد أدوم معهم. وكانوا لا يفوِّتون فرصة لِدعم الآخرين، ربما لأنهم لم يكونوا أقوياء كفاية.

نقرأ أنَّ الربّ نهاهم ثلاث مرّات عن القيام بأُمور معينة (الآيات 12و13و14)، وأنَّه قال لهم إنَّهم سيعاقَبون بسبب تصرُّفاتهم. والسؤال هو: هل استمع الأدوميون لما قاله عوبديا؟ وإن سمعوا، فهل عملوا بكلامه؟

يُوجَّه الجزء الأوّل من النبوّة إلى أدوم، لكن يغيّر عوبديا أُسلوبه في الوسط ليوجِّه الكلام إلى المخاطَب الحاضر بدل المقصود الغائب. ويبدو أنَّه تجرّأ فذهب إلى البتراء ليقدِّم لهم الرسالة شخصيًّا.

لكن لا سِجِلَّ يذكر أنهم استمعوا لكلامه؛ بل على العكس، إذ عندما هاجم البابليون أُورشليم في العام 587 ق م، كان ذلك بتحريض من أدوم (المزمور137: 7). أضف أنَّ عدَّة أنبياء تكلَّموا ضد أدوم. فنقرأ في إشعياء 21، وإرميا 49، وحزقيال 25، إدانةَ هؤلاء الأنبياء لأدوم. وقدِ استخدم إشعياء لغة مشابهة للَّتي استخدمها عوبديا في توضيح قرار الرب بإنزال الدينونة. وبما أنَّ رسالة عوبديا وسائر الأنبياء تمَّ تجاهُلُها، كان لا بد أن تنزل دينونة الرب.

يخبر التاريخ أنَّ العرب هاجموا شعب أدوم في القرن السادس قبل الميلاد، فهربوا نحو صحراء النَّقَب وعاشوا حياة البدو. وبحلول العام 450 ق م، لم يبق أحد منهم في أرضهم السابقة. وبحلول العام 312 ق م، وقعت البتراء في أيدي الأنباط. وبعد مجيء شعب أدوم إلى النجف، تغيّر اسمها ليصبح أدوميَّة، نسبة إلى أدوم. وأُجبر شعب أدوم على التهوُّد على يد هيرقانوس، فأصبحت الديانة اليهوديّة ديانة البلاد الرسمية، إلاَّ أنَّهم حافظوا على خصائصهم العرقية.

ويظهر الأدوميون مرّة جديدة في العهد الجديد، فأصل هيرودس الكبير المذكور في حادثة ولادة الربّ يسوع في إنجيل متّى هو أدومي. وكان قد عرض على يوليوس قيصر في العام 37 ق م أن يبيعه عرش إسرائيل. إذًا، كان ملك إسرائيل أدوميًا! وقدِ اشتهر بمشاريع البناء الكبيرة، إذ كان قدِ اتخذ هذه المهارة من أسلافه. ولهذا فقد بنى قصورًا عدة، منها واحد في مدينة المسعدة يُشبِه في عظمته المعابد العظيمة الموجودة في البتراء.

وعندما سأل المجوس أين يمكنهم أن يجدوا ملك اليهود المولود حديثا، إستاء هيرودس جدًّا لأنه لم يرد أن يتربع أي يهودي على العرش لأن الملك كان لأدوم! ولهذا قرَّر قتل كل صبي تحت عمر السنتين في بلدة بيت لحم. وإبنه هو الذي أمر بقتل يوحنا المعمدان، وهو الذي لم يجبه الربّ يسوع بكلمة عند محاكمته. وكان حفيده المسؤول عن موت يعقوب والذي أكلته الديدان وهو ما زال حيًّا (راجع أعمال الرسل 12). أمَّا إبن حفيده المدعو أغريباس فمات في العام 100م دون أن يلد أولادًا.

وهكذا تلاشى الشعب الأدومي، ولا نجد واحدًا منهم في كل العالم تتميمًا لنبوَّة عوبديا. فالرب يتأنَّى في إنزال الدينونة بالناس. وقد إمتدت فترة ستمائة سنة من نبوّة عوبديا وحتى زوالهم التام. ويمكننا أن نستنتج درسين بالنسبة لدينونة الربّ:

الأمر يتطلّب وقتًا

رُغمَ أنَّ طواحين الرب تعمل ببطء، فهي تطحن بالكامل.
ومع أنَّه ينتظر بصبر، فهو يطحن الكلّ

Friedrich von Logau (1604–55)

يتأنَّى الربُّ ويأخذ وقته. إنَّه بطيء الغضب، ولكن عندما يقول يفعل ولو بعد ألف سنة. فأين هم شعب أدوم اليوم؟ تلاشوا. أمَّا شعب الرب فقد عاد كثيرون منه إلى أرض الأباء.

الربّ يدين الذين يؤذون شعبه

كان الرب قد قال لإبراهيم : "أبارك مباركيك، ولاعنك ألعنُه". (تكوين 12). فالرب يدافع عن شعبه ويحافظ عليه، وهو يحافظ على الكنيسة ويدافع عنها.

كل الشعوب ستُدان (15-21)

أدوم مثال عن الأُمَّة الملحدة التي طالما كانت معادية لشعب الرب.

يهوه يعاقب الشعوب (15-16)

هدف العقاب أو تبريرُه واضح: "كما فعلتم سيُفعل بكم." والعقاب سيناسب الجريمة. ويُذكر هنا الفلسطيُّون باعتبارهم مستحقِّين غضب الرب.

رأى عوبديا أنَّ كل الشعوب ستُدان يومًا ما. وسيحمّل الرب كلَّ أُمَّة المسؤولية، خاصة بالنسبة إلى موقفهم تجاه شعبه.

إسرائيل تحتل أدوم (17-21)

يقول عوبديا إنَّ إسرائيل سيحتل أدوم. ويُشار إلى أدوم بالخصوص على أنَّها جزء من الأرض التي وعد بها الرب شعبه، وقد رأى عوبديا أنَّهم سيحصلون عليها. ورأى أنَّه لن يكون هناك أيُّ ناجين من بيت أدوم، وأنَّ المالكين الأصليين سيمتلكون الأرض. ورأى شعب الرب يمتد شمالاً نحو أفرايم والسامرة، وجنوبًا نحو النَّقَب، وشرقًا نحو جبال أدوم، وغربًا نحو شواطىء البحر الأبيض المتوسّط.

ماذا يفيدنا كل هذا الكلام؟

أوّلاً، علينا أن نعلم أنَّه في داخل كلٍّ منّا عيسو ويعقوب. ويخبر كاتب الرسالة إلى العبرانيين المؤمنين بأنَّه يجب ألَّا يكونوا مثل عيسو الذي باع باكوريته من أجل صحن عدس. لكنه ندم لاحقًا وطلبها بدموع. وعلينا أن نكون مثل يعقوب. لقد صارع الربَّ وأصبح أعرج، إلاَّ أنَّه حصل على البركة ومن صُلبه أتى شعب إسرائيل. عاش عيسو لأجل الحاضر ولأجل إشباع رغباته الجسدية مباشرة، لكنه خسر المستقبل. والذين يشبهون عيسو يعيشون لأجل هذا العالم، فلا يهتمون بشأن المستقبل، بل يسعَون وراء تحقيق رغباتهم الحاضرة. ويشجِّعنا سفر عوبديا لنكون مثل يعقوب الذي كسره الرب، لكنه أصبح رئيسًا وحمل شعبٌ كبير اسمَه.

ثانيًا، نتعلّم من هذا السفر أنَّ الربَّ يُقيم كلمته. فعندما يقول إنَّه سيقوم بأمر ما فهو ربما لن يفعله الأسبوع المقبل، وربما علينا أن ننتظر ألف سنة، لكنه سيفعله. ولهذا نستطيع أن نثق بكلامه.

ورُغمَ أنَّ عوبديا يُصنَّف بين الأنبياء الصغار، وقد كتب سفرا قصيرا، فإنَّ كلَّ ما قاله سوف يتحقق.

صراع البقاء

الموضوع	الصفحة
حزقيال	421
دانيال	439
أستير	459
عزرا ونحميا	467
أخبار الأيَّام الأول والثاني	483
حجي	495
زكريا	503
ملاخي	521

حزقيال

المقدِّمة

يُعتبر سفر حزقيال من أكثر الأسفار المُهمَلة وأقلِّها تفضيلاً في كامل العهد القديم. ويمتلىء القسم الأوَّل (الأصحاحات 1-24) بالويل والثبور، الأمر الذي يدعو العديد من القرَّاء إلى الكفِّ عن قراءته وبدء قراءة سفر آخر! وهو سفر طويل ممتلىء بالتكرار، وتُحشر فيه كرازة عشرين سنة. ومعظم محتوياته ليس لها صلة بحاضرنا إذ تخصّ عالمـًا آخر في زمن آخر. وما يزيد الطين بلَّة لُغَتُه القاسية والهجوميَّة أحيانًا، ما يدعونا إلى عدم الاستمتاع بقرائته. وهناك القليل مِمَّن يقولون إنَّه سفرهم المفضَّل.

أضف أنَّ حزقيال يُظهر جانبًا من شخصيَّة الربّ لا يستسيغه بعض. فالنبيّ يتكلَّم عن قساوة دينونة الربّ. لكن ما يحبّه الناس هو ما تُظهِره محطَّات التلفاز والراديو عن لُطف الرب، وهي نادرًا ما تُظهر صراحة الربّ.

إذًا، أُمور قليلة تشجّعنا على قراءة هذا السفر! لكن تحثّنا أسفار كسفر حزقيال على طرح سؤالين: "لماذا تقرأ كتابك المقدَّس؟" و "كيف تقرأ كتابك المقدَّس؟" والسؤالان مرتبطان، لأنَّ الدافع أو الهدف من قراءتك يحدِّد أُسلوب قراءتك.

كيفية قراءة سفر حزقيال

في المبدإ، هناك ثلاثة أساليب لقراءة هذا السفر:

أُسلوب التركيز على الآية (الذات)

يتضمَّن هذا الأُسلوب التفتيش عن كلمة تخصّ القارىء، وأميل إلى تسميته "أُسلوب علم الأبراج في قراءة الكتاب المقدَّس" حيث نستمر في قراءة نصٍّ معيَّن إلى أن نجد آية تنسجم مع وضعنا. لا أنكر أنَّ هذا الأُسلوب لا يخلو من الحسنات، إلاَّ أنَّه يركِّز على الذات. وليس هذا قصد الربّ بشأن أُسلوب قراءة الكتاب. وفي الواقع أنَّ عليك أن تستمر في قراءة سفر حزقيال إلى أن تُطالِعك آيةٌ مميّز بالنسبة إليك!

أُسلوب التركيز على النصّ (الآخرون)

الأُسلوب الثاني هو أُسلوب التركيز على النصّ. فبعض المؤمنين يقرأون الكتاب المقدَّس بهدف استخراج دروس تهمّ الآخرين، تمامًا كما يفعل الوعَّاظ ومعلّمو الكتاب المقدَّس. وتحتلّ أربعة نصوص

في هذا السفر مكانة مميَّزة عند الوعَّاظ، أوّلها وأشهرها هو ما نقرأُهُ في الأصحاح 37، إذ تصعب مقاومة فكرة الموت والحياة. وما يُضفي على الصورة روعة هو التصاق العظام معًا وتغطيتها باللحم البشري.

المقطع الثاني المميّز عند الوعَّاظ موجود في الأصحاح 34، ويُستخدم عادة في رسامة القُسوس. ويدور موضوع الأصحاح حول الرُّعاة الصالحين والرُّعاة السيِّئين. فالرُّعاة الصالحون يفتِّشون عن الخراف الضائعة، بينما يهتّم الرُّعاة السيِّئون بأنفسهم. ويشكِّل هذا النصّ أساسًا عظة تتمحور حول مسؤوليات الراعي.

ويتميَّز الأصحاح 47 عند الوعَّاظ، مع أنَّه غالبًا ما يؤخذ خارج النصّ ويُستخدم مجازيًّا. ونقرأ في هذا الأصحاح عن رجل وجد نهرًا يتدفَّق من الهيكل. ثمَّ يدخل إلى النهر حتَّى الكعبَين، ثمَّ حتَّى الركبتين، ثمَّ حتَّى الحقوين، ومن ثَمَّ حتَّى الغمر فيصبح بإمكانه السباحة. ويشبِّه الوعَّاظ الماء بالروح القدس، فيسألون: "كم هو عمق علاقتك بالرُّوح القدس؟ هل تسبح في نهر الشركة الرُّوحيَّة، أم ما تزال تُخوِّضُ في الماء الضَّحل؟"

وهدف التفاصيل الجغرافيَّة (وجود الصيَّادين في عين جدي بالقرب من البحر في وادي العربة) هو إضفاءٌ للحسّ الحرفي على النبوَّة. ومن العجائب الطبيعيَّة تدفُّقُ المياه العذبة إلى البحر الميت ومدُّه بالحياة. لكن يجد الوعَّاظ سهولة في "روحنة" الأُمور وتطبيقها على الحياة البشرية، خاصَّة إن كانوا يواجهون صعوبة في تدخّل العوامل الفوطبيعيَّة في العالم الماديّ. ويعود تاريخ التعامُل مع العهد القديم على منابر الكنائس باعتباره حافلاً بالمجازات والاستعارات إلى تاريخ بعيد، بسبب ازدراء اليونانيين للجانبَين الحرفي والمادِّيِّ في تعاليم «اكليمندس» و«أوريجانوس الإسكندراني» في القرن الثالث قبل الميلاد.

أخيرًا، يركِّز الأصحاح الثامن عشر على المسؤولية الفردية عن خطيَّة كلّ فرد. وكانت قد انتشرت قَولةٌ في إسرائيل مفادُها: "الآباء أكلوا الحصرم والأبناء يضرسون"، لأنَّ الربّ كان قد قال إنَّه يجازي الخطيَّة إلى الجيلين الثالث والرابع. لكنْ قدَّم حزقيال مبدإ مهمًّا جدًّا، وهو أنَّه عند الدينونة كلّ إنسان مسؤول عن خطاياه. وتلاقي هذه الفكرة استحسانًا عند الكثير من الوعَّاظ، ولكنَّ المؤسِفَ أنَّهم يتجاهلون باقي السفر.

أُسلوب التركيز على الكتاب المقدَّس (الربّ)

إنَّه أفضل الأساليب لقراءة سفر حزقيال، وهو يقتضي فهمًا كاملاً للسفر، وليس أجزاء منه فقط. وهكذا يصبح بإمكاننا أن نفهم ماذا يريد الربّ أن يقول لنا من خلاله. وفي النهاية، فإنَّ الهدف الرئيسي من قراءة الكتاب المقدَّس هو أن نتعرَّف بالله أكثر. وقراءة الكتاب تساعدنا على معرفة أيِّ نوعٍ من الآلهة هو، وكيف يتفاعل معنا، وكيف يشعر من نحونا، وماذا سيفعل بنا. فإن كنَّا نتجاهل قراءة هذا السفر، فإنَّنا نخسر جزءًا أساسيًّا من إعلان الربّ عن نفسه، ونخسر ماذا يعلّمه هذا السفر.

والكتاب المقدَّس هو بالطبع كلمة الله وكلمة الإنسان، ولذا يمكننا أن نقرأه من أجل الأمور التي يعلّمنا إيَّاها ومن أجل أُمور تهمنا. فالكتاب مليء بأُمور تهمُّ الجنس البشري. وقدِ اختار الربّ أن ينقل كلمته من خلال الناس في ظروف وأوقات معيّنة، على الرُّغم من تعقيداتهم. وكلمته ليست نتيجة تكهّنات أتت من "البرج العاجي"، بل هي كلمات قدَّمت فرقًا للعالم أجمع ولنظرة الناس إليها.

وعندما نفهم الحالات الواقعيَّة المدوَّنة في الكتاب، يمكننا عندئذٍ أن نعرف قيمة مجيء كلمة الربّ لأناس حقيقيِّين في تاريخ حقيقي. لكن، عندما يُخرج الوعَّاظ الكلمة الإلهية من النطاق الإنساني تكون النتيجة تعليمًا ووعظًا مُمِلّين.

خلفيَّة سفر حزقيال

من المهمّ إذًا فهم الخلفيَّة التاريخيَّة للسفر قبل التوغُّل في دراسة الأفكار الرئيسيَّة فيه. فقد كانت الأسباط العشرة قد سُبيت إلى بلاد أشور قبل قرن من كتابة السفر، إذ كانوا قد تجاهلوا تحذيرات النبيِّين عاموس وهوشع اللَّذَين طُردا خارج البلاد.

وكان حزقيال مهتمًّا بأمر سِبطَي الجنوب اللذَين كان سكَّانهما أسوأ من الأسباط العشرة الشماليَّة. فرُغمَ تحذيرات شعب الشمال انحرفوا في تصرُّفاتهم الكُفريَّة وتجاهلوا تحذيرات الأنبياء، مثل إشعياء وميخا، حول الدينونة المُقبلة. وتجاهلوا إرميا أيضًا عند قدومه بعد فترة من الزمن. وحذَّرتهم نبوَّة حبقوق القصيرة من حتفهم القادم على يد بابل، لكن لم تلقَ رسالته أيَّ تجاوب. فحصل الأسوأ أخيرًا وسُبُوا إلى بابل.

لكنْ نجد لحظاتٍ مشرقةً في تاريخهم المعاصر آنذاك، لكنَّها لم تكن كافية لتغيير الأوضاع، وبقيت حالتهم الروحيَّة جافَّة. وعند ترتيب الهيكل وُجد سفر الشريعة متروكًا في أحد الدروج، فأُصيب يوشيَّا الملك بالهلَع إذ أدرك كمِ ابتعد الشعب عن الربّ. حتَّى إنَّهم كانوا يقدِّمون الأطفال كذبائح في وادي ابن هنّوم للإله الوثني مولك (وقدِ استخدم الربُّ يسوع هذا المكان كصورة عن جهنَّم). فحاول يوشيَّا إصلاح الأمَّة، وأزال المرتفعات من الأرض وحاول إصلاح الفساد الأخلاقي في المجتمع، لكن دون جدوى. وكانت قلوب الشعب قد ابتعدت عن الربّ.

ثم توالت سلسلة من الملوك الأشرار. وملك يهوآحاز مدَّة ثلاثة أشهر بعدما انتخبه الشعب. لكنَّه لم يستطع الصمود أمام المصريين، وأخذه فرعون إلى ربلة، حيث قيَّده هناك. ثمَّ خلفه يهوياقيم. ورُغمَ أنَّه كان ابن يوشيَّا الملك المستقيم، لم يهتمَّ بحالة الشعب الروحيَّة. وكان فعليًّا دمية متحرِّكة في أيدي المصريين الذين انتقَوه ليخلف يهوآحاز.

إذًا، كانت يهوذا في تلك المرحلة من تاريخها تحت سيطرة القوى العظمى التي امتدَّت من مصر في الجنوب الغربي إلى بابل في الشمال الشرقي. وكان بإمكان الربّ إيقافُ تلك القوى عند حدِّها كما كان قد فعل في الماضي، لكنَّه كان قد وعد أنَّه إنِ ابتعد الشعب عنه فلن يحظَوا بحمايته. فهجم

نبوخذنصَّر ملك بابل على يهوذا واستولى عليها مدَّةَ ثلاث سنين. كما هاجمت يهوذا شعوبٌ أُخرى، مثل الآراميين والموآبيين والعمونيين. وكانت النتيجة أنَّه في زمن حزقيال كانت أُورشليم هي كلّ ما تبقَّى من يهوذا، وكانت تحت الاحتلال الأجنبي.

ثمَّ أتت الصفعة الأخيرة حين عاد البابليون فحاصروا أُورشليم مدَّةَ سنتين ونصف السنة. وأخيرًا، سقطت في أيدي البابليين ونُهِبت كلُّ كنوزها، تمامًا كما تنبَّأ إشعياء.

وسُبِيَ وجهاء المدينة؛ فكانت هذه حيلة ذكيَّة لإضعاف الشعب المهزوم إلى أقصى حدٍّ. وأُخِذ في الدفعة الأُولى سبعة آلاف ضابط وجندي، وحوالى ألف من الأيدي العاملة، وعشرة آلاف من الحرفيين، تاركين وراءهم أكثر الناس فقرًا. (كان دانيال النبي مع الذين سُبوا في تلك المرحلة). فبدا كأنَّ هدف الربّ لم يتحقَّق.

كان صدقيَّا آخر الملوك الضعفاء في يهوذا. وسُمح له بأن يحكم من أُورشليم، يعاونه جيش صغير. ومن جديد تمَّت محاصرة أُورشليم، وقبض جيش نبوخذنصر على صدقيَّا. وقتلوا ابنيه أمام عينيه حتَّى يرى أنَّ النسل الملوكي قدِ انتهى. ثمَّ فقأُوا عينيه حتَّى يكون آخر ما رآه هو موت ولديه. وأمر نبوخذنصَّر بدمار كامل أُورشليم. ونقرأ عن هذه الحادثة الأليمة في 2ملوك 22-25.

كرازة حزقيال

دُعي حزقيال للكرازة في تلك الفترة، رغمَ أنَّه كان على بعد آلاف الأميال في بابل. وقال له الربّ من البداية إنَّه سيجعل جبهة رأسه كالصوَّان فلا تخور عزيمته من جرَّاء أيّ أمر، وإنَّ عليه أن يُثابِرَ على تبليغ كلامه بحسب أمر الربّ، حتَّى عندما يتقسَّى الشعب ويرفضون الاستماع. وقدَّم رسالته بأُسلوب مروِّع إذ كشف عمَّا هو مخبَّأ في المستقبل، مستخدمًا الرموز، في نوعٍ من النبوَّات منقول بأُسلوبٍ تصويريٍّ ورمزيّ ودراماتيكيٍّ أكثر ممَّا هو كلاميّ. وقدِ استخدم كلٌّ من حزقيال ودانيال هذا الأُسلوب في العهد القديم؛ أمَّا في العهد الجديد فسفر الرؤيا هو الوحيد الذي استخدم هذا الأُسلوب.

وككلّ الأنبياء، امتلك حزقيال موهبة خارقة للطبيعة تضمَّنت بصيرة نافذة وقويّة وثاقبة. فكان بإمكانه التطلُّع إلى العالم من منظار الربّ، ورؤيا تتميم مقاصده.

المكان

استطاع حزقيال رؤيا ما يحصل في أُورشليم وهو في بابل على بعد آلاف الأميال. ويتخيَّل المفكِّرون المعاصرون أنَّه كان يزور أُورشليم بين فترة وأُخرى ليرى ما الذي يحصل فيها. لكن كان باستطاعته فعلاً رؤيا ما يحصل في موطنه بقوَّة الروح القدس. ومرَّةً حين كان يكرز في بابل، رأى رؤيا عن رجل يموت في أُورشليم؛ وبعد عدَّة أسابيع علم أنَّ ذلك الرجل مات بالفعل في اللحظة التي رأى فيها الرؤيا.

الزمان

استطاع حزقيال رؤية المستقبل. والكتاب المقدَّس مليء بالنبوَّات عن المستقبل؛ إذ إنَّ ما يقارب الـ 27% من آياته تحتوي على نبوّات. ويحتل سفر حزقيال من ناحية النبوّات النِّسبة العُليا بين أسفار الكتاب المقدَّس مجتمعة. كما يحتوي سفرا حزقيال ودانيال على أعلى نسبة من النبوَّات في كامل العهد القديم. وقد تحقّق حرفيًّا ما يقارب ثلاثة أرباع نبوَّات حزقيال؛ بينما تشير الإحصاءات عادة إلى نسبة 1-75 في المليون من إمكانيَّة تحقيق النبوّات بالصِّدفَة. ونقرأ في الكتاب المقدَّس عن سبع مئة وخمس وثلاثين حادثة تمَّ التنبّؤ عنها. وقد تمَّ التنبّؤ عن بعضها مرَّة واحدة أو مرَّتين، وعن أحدها أكثر من ثلاث مئة مرَّة. وقد تحقَّقت خمس مئة وثلاث وتسعون نبوّة (81%) من كامل النبوَّات التي تمّ التنبّؤ عنها. وتبقى نسبة 19% من النبوّات قيد التحقيق. وقد برهن الكتاب المقدَّس عبر العصور على صحته الكاملة؛ لذا فمن المؤكّد أنَّ النبوَّات الباقية سوف تتحقّق.

ثلاث مراحل

أُعطيت نبوّات حزقيال على ثلاث مراحل، وقد عالج في كلّ منها موضوعًا مختلفًا. المرحلة الأُولى (الأصحاحات 4-24) هي أكثرها اكتئابًا، وكان له من العمر ثلاثون إلى ثلاث وثلاثين سنة. وقد قدّم الإعلان المخيف بأنَّ أُورشليم ستُدمَّر بالكامل. ويمكننا أن نفهم لماذا لا يستشهد أحد بهذا الجزء من السفر (في الواقع، قلَّة قليلة تستطيع الاستشهاد بأيِّ جزء منه). وأتت المرحلة الأُولى للنبوّات قبل حصار أُورشليم الأوَّل، إذ بعد ذلك كانت المدينة تحت سيطرة بابل دون أن تُهدم.

وتنبّأ حزقيال مرَّة ثانية في السنة الحادية عشرة أو الثانية عشرة من سبيه، عندما كان في عمر السادسة والثلاثين أو السابعة والثلاثين. ولم يتنبّأ هذه المرَّة عن أُورشليم، بل تنبَّأ عن الشعوب المجاورة لها والتي استفادت من كون أُورشليم تحت سيطرة بابل وفرحت بانتهاء عصر إسرائيل.

وكان في العام 587 ق م أنَّ أُورشليم هُدِمت بالكامل، وفقَدَ حزقيال زوجته في بابل في الوقت نفسه. لكنَّ الربّ طلب من النبيِّ ألَّا يبكي زوجته لأنَّه في اللحظة التي ماتت فيها سقطت أُورشليم. وكان عدم بُكائه إشارة إلى شعور إسرائيل بالذّهول حيال سقوط أُورشليم. وطلب منه الربّ أن يسجِّل تاريخ وفاة زوجته ليقارنه بالأخبار التي تأتيه من وطنه. وكان التاريخان مُتوافِقَين.

ثمَّ بدأ حزقيال بالتنبّؤ من جديد بعد ثلاث سنين من موت زوجته، وبعد ثلاث عشرة سنة من نبوَّته الأخيرة، وكان قد أصبح في الخمسين من عمره. وكان الربّ قد قال له إنَّ لسانه سيلتصق بسقف حلقه خلال المراحل بين النبوَّات لكي يمتنع عن الكلام. وقد تنبَّأ هذه المرَّة طوال سنة كاملة، وتركَّزت رسالته بالكامل على العودة إلى الوطن. فقال مثلاً إنَّ العظام الجافَّة في الوادي ستجتمع يومًا لتصبح جيشًا قويًّا. وامتلأت النبوَّة بروح إيجابيَّة تفاؤليَّة من نحو المستقبل المشرق (الأصحاحات 33-39).

وتتكلّم الأصحاحات 40-48 عن إعادة بناء الهيكل في أُورشليم. لكنَّ حزقيال مات قبل أن يرى الهيكل أو أُورشليم من جديد. ودُفِن في قبرٍ في بابل في مكان يُدعى الكيفا في العراق الحديث.

قرار يتكرَّر

تتكرَّر العبارة التالية (أو القرار) مع بعض التغييرات في الأجزاء المختلفة (أنظر خطوط السِّفر العريضة) ما يقارب الأربع والسبعين مرَّة في نبوَّة حزقيال: "وتعلمون أنِّي أنا الربّ."

ففي الجزء ج (الأصحاحات 4-24) تأتي على الشكل التالي: "تعلمون أنّي أنا الربّ." لكن، في الجزء ت، الذي يناقش موضوع الثأر من جيران يهوذا، فيأتي القرار على الشكل التالي: "يعلمون أنّي أنا الربّ." وعندما ينتقل حزقيال في الجزء ح إلى الأخبار السارة والعودة من بابل فيأتي القرار على الشكل التالي: "فتعلم الأُمم أنّي أنا الربّ." بكلامٍ آخر، عندما يُرجِع الربّ الشعب إلى الأرض سيعلم العالم بأجمعه أنَّ الربّ هو الله، لأنَّه من المستحيل إرجاعهم إلى الأرض وتأسيس المملكة من جديد من الناحية البشرية.

إذًا، تخبرنا التنويعات في القرار أوّلاً إنَّه لم يكن الشعب واثقًا كلِّيًّا في الربّ، فأتت العبارة: "تعلمون...". ثانيًا، أنَّ جيران يهوذا لم يكونوا متأكّدين من وجود الربّ، فأتت العبارة: "يعلمون...". ثالثًا، أنَّ العالم بأسره لم يكن متأكِّدًا من وجود الربّ، فأتت العبارة: "ستعلم الأُمم..."

خطوط السِّفر العريضة

أ. إعادة انتشار الكهنة (1-3)

ب. عقاب أُورشليم (4-24) ـ المرحلة الأُولى (حصار أُورشليم)

ت. الثأر من جيران يهوذا (25-32) ـ المرحلة الثانية (سقوط أُورشليم)

ث. الرجوع من السبي إلى بابل ـ (33-39)

ج. إعادة بناء الهيكل في أُورشليم (40-48) المرحلة الثالثة

إعادة انتشار الكهنوت (الأصحاحات 1-3)

وُلِد حزقيال في عائلة صادوق الكاهن في العام 622 ق م، ولذا كان من المفترض أن يكون قد وصل إلى عمر البلوغ بالنسبة إلى الشعب اليهودي عندما قُتِل الملك يوشيًّا. وسُبي عندما كان في الخامسة والعشرين مع الذين سبوا في المرحلة الأُولى، مع دانيال ونخبة الشعب. وسُمِح لهم في السبي بأن يعيشوا في مجموعاتهم بنوعٍ من الحرِّيَّة. واستقر حزقيال مع عائلته في بلدة تُدعى تل أبيب (التي هي اليوم من أكبر مدن إسرائيل)، وكانت تقع على قنوات تجمع بين نهري دجلة والفرات.

يعني الاسم حزقيال "الربّ يشدِّد"، لكن يُشار إليه غالبًا (83 مرَّة) في نبوّته بصفة "ابن آدم (الإنسان)". وقدِ استخدم الربُّ يسوع هذا اللقب عن نفسه. ولا يُعرف أيّ نبي آخر بهذا اللقب.

ومن اللافت أنَّه دُعي ليكون نبيًّا في عمر الثلاثين، حين كان يجب أن يبدأ عمله في السِّلك الكهنوتي. لكنَّه كان بعيدًا عن وطنه، وعلم أنَّه لا يمكن أن يكون كاهنًا في بابل إذ لا هيكل هناك. وأتت

الدعوة إلى التنبُّؤ من خلال رؤيا رائعة من الربّ. وهكذا، فمن عمر الثلاثين إلى عمر الثالثة والثلاثين قام ذلك النبي المدعو "ابن آدم (الإنسان)" بالمعجزات وكرز. ومن الواضح أنَّ حزقيال هيَّأ الطريق للمسيح الذي كان بالطبع نبيًّا وكاهنًا وملكًا. وقد بدأ الربُّ يسوع خدمته في عمر الثلاثين، إذ هذا هو العمر الذي كان يبدأ فيه أي رجل يهودي خدمته الكهنوتيّة.

وعلى الرُّغم من أنَّ حزقيال لم يستطع أن يخدم في الهيكل، فقدِ استطاع أن يشترك في العبادة. وفي غياب الهيكل، أصبح المجمع اليهودي (ويعني حرفيًّا "مكان الاجتماع") مكانَ التسبيح والصلاة وقراءة التوراة. وقد شكَّل بالفعل أُنموذجًا تبنّاه المسيحيون الأوائل فيما انطلقت الكنيسة بعيدًا عن التركيز على الهيكل في الأيَّام الأُولى الانتقاليَّة بين العهدين القديم والجديد.

وأتت دعوة حزقيال بطريقة غير عاديَّة (راجع الأصحاح الأوَّل)، إذ أتت كجزء من رؤيا غريبة، حتَّى إنَّ بعض المفكِّرين المعاصرين يشكِّكون في أنَّه وقع في غيبوبة أو تعاطى المخدِّرات! ولا يمكن أن يفسّر الرُّؤيا بدقة إلاّ من أتقن السريالية. وفي الواقع أنَّ أفضل تفسير هو أنَّه رأى جسمًا طائرًا غير محدّد.

رأى أوَّلاً أربع مخلوقات هي مزيج من حيوانات وبشر وملائكة. فكان لها أجنحة الملائكة، وكان جزء منها بشريًّا والجزء الآخر حيوانيًّا. وقد مثَّلت تلك الكائنات الحيَّة الأربعة كلّ المخلوقات الحيَّة التي خلقها الربّ من حيوانات وبشر وملائكة. وقد أتت في هذا الترتيب لنتذكّر أنَّ البشر ليسوا أوَّلاً في ترتيب الخليقة. ورأى الخالقَ في عظمته وجلاله جالسًا في عرشه على المخلوقات الأربعة ومغطًّى بمجده. فحيث يكون الربّ، هناك يكون مجده أيضًا. وبالفعل، فإنَّ عبارة "مجد الربّ" تتكرَّر في هذا السفر. والكلمة "مجد" تحمل معنى الإشراق والتألّق.

ويتضح لنا هنا أنَّه يمكن للعرش أن يسافر في كلّ اتِّجاه، الأمر الذي يدل على أنَّ الربّ كلّي الوجود وبإمكانه أن يكون في أيّ مكان وفي كلّ مكان. إنَّه إله متحرّك. وهذا أمر لافت، لأنَّه حتَّى تلك اللحظة كانت كلّ رؤيا تمثّل عرش الربّ ثابتًا في أُورشليم. وقد تعزّى حزقيال إذ علم أنَّ عرش الربّ متحرّك، وأنَّ بالإمكان أخْذَهُ إلى بابل. وكانت هذه نقطة أساسيَّة تُنقل إلى المسبيِّين الذين ظنّوا أنَّ الربّ يسكن في مكان واحد، في أُورشليم التي تبعد مئات الأميال.

أضِف أنَّ "العيون" على حافات العجلات تخبرنا أنَّ الربّ يمكنه أن يرى كل الأشياء في كلِّ مكان. إنَّها صورة معبِّرة جدًّا. ولا عجب أنَّ الرؤيا أذهلت حزقيال فوقع أرضًا. ومن اللافت أنَّه وقع واتَّجه وجهه إلى الأسفل. فردَّة الفعل لحضور الربّ في الكتاب المقدَّس هي الوقوع إلى الأمام. وهذا ما حصل للرسول بولس عند اهتدائه، وليوحنا في جزيرة بطمس، إذ وقع كِلاهما أرضًا على وجهه.

ثمَّ أعطى الربّ حزقيال لفائف ليكتب عليها نبوّاته التي قدَّمها، وطلب منه أن يأكلها أيضًا. وكانت الكلمات على اللفائف مملوءة بالرثاء والنوح والحِداد، إلاَّ أنَّه وجدها حُلوةَ الطعم.

عقاب أُورشليم (الأصحاحات 4-24)

كان أكثر من نبيٍّ قد تنبَّأُوا عن مصيبتين:

1. دمار أُورشليم على يد بابل
2. سبي الشعب إلى بابل.

وقد ذكر كلٌّ من إشعياء وإرميا وحبقوق الأمر نفسه.

عندما قهر البابليون أُورشليم وسُبيت نخبة الشعب، بقيت المدينة قائمة. وادَّعى بعض سكَّان يهوذا أنَّ العقاب لم يكن بالقسوة التي تكلَّم عنها إرميا. فالربّ قال له إنَّه سيدمِّر المدينة، لكن الواقع أنَّها كانت ما تزال موجودة، وكان بعض اليهود ما يزالون ساكنين فيها. لقدِ اعترفوا بأنَّهم كانوا تحت سيطرة بلاد غريبة، لكن كانت المدينة ما تزال ملكهم! فكانوا بذلك يشيرون إلى أنَّ حزقيال قد ضخَّم الأُمور عندما تكلَّم عن الخطيَّة المسيطرة على المدينة. وإن أخطأ في تصوير عظمة المصيبة، فربَّما يخطىء أيضًا في أُمور أُخرى. وهكذا استُخِفّ بكلام الربّ، تمامًا كما فعل الشيطان في جنَّة عدن عندما جعل حوَّاء تشكّك في ما نهاهما الربّ عنه.

لكنْ كان من المهم على شعب يهوذا أن يفهموا ماذا كان الربّ يفعل. فالسبي لم يكن عقابًا فحسب، بل كان القصد منه إصلاح الشعب أيضًا. وكان على أحدهم أن يقنعهم بأنَّ الربّ يعني ما يقول. وكان على حزقيال أن يشير إلى دمار أُورشليم فيعلموا أنَّ الربّ هو الله. وكانت خطيَّتهم سيّئة كما قال الأنبياء، وستكون دينونتهم بالسوء الذي وصفه الأنبياء أيضًا.

أُورشليم ستسقط

كان على حزقيال أن ينقل الرسالة ليس شفهيًّا فقط، بل تصويريًّا أيضًا. وكان عليه أن يكرز لهم عن نهاية أُورشليم بست طرق مختلفة:

1. طُلِب منه أن يأخذ لوحًا من الطين ويرسم عليه صورة أُورشليم المحاصرة بالكباش الضاربة. وقام بذلك بصمت تامّ فيما الناس يشاهدون وكانوا حتمًا يتساءلون: "ماذا يفعل ذلك النبي العجوز؟"
2. وكأنَّ رسمه لم يكن كافيًا، إذ طلب الربُّ منه أن يستلقي على جنبه الأيسر لثلاث مئة وتسعين يومًا، ومن ثَمَّ يستلقي على جانبه الأيمن أربعين يومًا. وكان ذلك إشارة إلى السنين التي عصى فيها بيت إسرائيل وبيت يهوذا الربّ (390 سنة و40 سنة بالتتابع). وطلب الربّ أن يُربط حزقيال بحبل للتأكُّد من أنَّه يقوم بالأمر بشكل صحيح!
3. كان على حزقيال أن يتبع حِمية قاسية أيضًا، إشارة إلى النقص الذي سيكون في الطعام عند حصار أُورشليم. وقد سُمِح له بأن يتناول 0.2كلغ من الخبز و0.6 من المياه. وكان عليه أن يتبع هذه الحِمية فترةً طويلة. وكان عليه أن يخبز خبزه على نار يشعلها بواسطة برازه الجاف.

(وفي الواقع أنَّه اعترض على ذلك، فسمح له الربّ باستخدام براز بقر؛ الأمر الذي يقدّم لنا مثالاً على مرونة الربّ!) وكان كل هذا ليدل على الوضع الصعب الذي سيسيطر على أُورشليم خلال الحصار.

4. طلب الربّ من حزقيال أن يحلق رأسه ولحيته بواسطة سيف حاد، ومن ثَمَّ يضع الشعر في ثلاث كومات. فكان عليه أن يحرقَ الكومة الأُولى عند نهاية الحصار على أُورشليم، ويضرِبَ الكومة الثانية الموضوعة حول أُنموذج المدينة بالسيف إشارةً إلى القتل، ويرفعَ الكومة الثالثة في الهواء فتتبعثر، إشارةً إلى حتف أبناء أُورشليم.

5. كان على حزقيال، خلال الصورة الخامسة التي قدَّمها، أن يضع كلّ ثيابه في كيس، ثمَّ يحفر حفرة في الحائط ويتسلَّل منها خلال الليل. وكان بذلك يتنبَّأ عمَّا سيحصل عند سقوط أُورشليم. وبالفعل، فقد اضطرَّ الملك صدقيَّا لأنْ يهرب بهذه الطريقة.

6. ربَّما كانت أصعب صورة هي موت زوجته. فلم يُسمح له بأن يبكيها، لأنَّه عند سقوط أُورشليم سيكون الشعب مصدومين وغير مصدِّقين لدرجة أنَّهم لن يستطيعوا البكاء.

ومن أفضل الرؤى المذكورة في هذا السفر تلك التي وصفت مجد الربّ في هيكله. فقدِ ارتفع المجد إلى جبل الزيتون ثمَّ إختفى. وهذا ما حصل تمامًا للربِّ يسوع عندما رفضه الآخرون.

كيف ستسقط أُورشليم؟

قال حزقيال إنَّ المدينة ستسقط على يد نبوخذنصَّر الذي يصفه الكتاب المقدَّس بأنَّه "حامل سيف الربّ." ونقرأ الوصف الذي تقشعِّر له الأبدان عن نبوخذنصَّر وهو على مفترق الطرق يُلقي القُرعة عمَّا إذا كانت أُورشليم أم ربَّة عمّون ستسقط أوَّلاً. وسيكون الدمار قاسيًا وشاملاً، وستُقطع آذان السكّان وأُنوفهم. ويتكلَّم حزقيال عن أربعة أنواع من الدينونة التي ستقع على الشعب: سيف وجوع ووحوش كاسرة وطاعون. ونقرأ أنَّه في ذلك الوقت سيُفارِقُ مجد الربّ الهيكل.

لماذا ستسقط أُورشليم؟

سبَّبت ثلاثة أُمور أساسيَّة الدينونة للشعب: عبادة الأوثان والفساد الأخلاقي وعدم الامتنان.

عبادة الأوثان

كان شعب الربّ يعبدون السواري في الهيكل. وكانت صور الحيوانات قد رُسِمت على بقايا جدران الهيكل. وعبدت النساء الإلهَ تمُّوز على باب الهيكل. حتَّى إنَّ حزقيال رأى خمسة وعشرين رجلاً يعبدون الشمس في الهيكل. فكان وقتًا غريبًا ومخيفًا. وباختصار، فإنَّ تصرّف شعب الربّ كان أسوأ من تصرُّف باقي الشعوب الأُخرى المحيطة بهم.

الفساد الأخلاقي

أطلق حزقيال على أُورشليم الاسم "مدينة الدِّماء" بسبب استغلال شعبها للأرامل والغرباء والأيتام، وبسبب الجرائم التي كانت تُرتكب فيها. وكان ناحوم قد أطلق هذا اللقب أيضًا على نينوى، المدينة الشرِّيرة عاصمةِ الإمبراطوريَّة الأشوريَّة. وكان قد انتشر في أُورشليم الكذب والممارسات الداعرة المنحطَّة واحتقار الوالدين. وكان كل ذلك عصيانًا للوصايا العشر. وكانت أُورشليم قد انحدرت إلى أسفل المستويات.

عدم الامتنان

ينتقد الرب الشعب لعدم امتنانهم، مُستخدمًا خمسة أمثال لينقل رسالته:

1. الكرمة البرِّيَّة: شبَّه يهوذا بالكرمة غير المثمرة. وأغصانها لا تنفع إلا كحطب. ويستخدم الربُّ يسوع مثلا مشابهًا في يوحنا 15.
2. **فتاة:** يخبر حزقيال القصَّة عن طفلة متروكة، كبرت فأصبحت ملكة ومن ثَمَّ زانية.
3. **أُختان:** اسماهما أُهُولَةُ الْكَبِيرَةُ، وَأُهُولِيبَةُ وهما تمثِّلان السامرة (أي الأسباط العشرة في الشمال) وأُورشليم (سِبطَي الجنوب). وكانت كلتاهما زانيتين، إشارةً إلى إنحراف المملكتين عن الربّ. وقدِ استخدم حزقيال هنا لغة قاسية بهدف صدْم الناس بالواقع الذي وصلوا إليه.
4. **لبوة وشِبلاها:** يؤخذ الشِّبلان إلى السبي، إشارةً إلى سبي الملك يهوآحاز إلى مصر، وإلى سبي الملك يهوياقيم إلى بابل.
5. **نسران:** يمثِّل الأوَّل فرعون، ويمثِّل الثاني نبوخذنصَّر.

وكانت تلك الأمثلة وسيلة تواصل لتقديم الحقيقة للذين أرادوا أن يعرفوا تمامًا كما فعل "ابن آدم (الإنسان)" الأخير إذِ استخدم الأمثلة للذين أرادوا أن يسمعوا. وكان حزقيال يحاول بواسطة تلك الأمثلة أن يقول للناس إنَّ حالتهم كانت أسوأ مما ظنّوا.

أوَّلاً، قال إنَّ كلّ إنسان مسؤول عن حالته **الشخصيَّة**، ولا فائدة من إلقاء اللوم على الأسلاف. فكلّ واحد سيقف وحيدًا عند الدينونة ليقدِّم حسابًا. ثانيًا، قال إنَّ كلّ إنسان مسؤول عن حالته **الحاضرة**. فليس المهمّ ما كان عليه الإنسان في الماضي، بل المهمّ هو حالته الحاضرة. فالبارّ ممكن أن يصبح شرِّيرًا، والشرّير ممكن أن يصبح بارًا. والمهم هو أن نموت ونحن نتمتَّع بالنِّعمة.

لكنَّه يلقي اللوم أيضًا على ثلاث مجموعات، هم الأنبياء والكهنة والملوك، لسماحهم بتدهور الحالة الوطنية. ويقول إنَّ جميعهم يحملون جزءًا من المسؤولية عن الحالة التي وصلت إليها أُورشليم. وكان الوضع سيِّئًا لدرجة أنّه لو كان نوح وأيوب ودانيال (ثلاثة من أفضل الرجال على مرّ التاريخ) ساكنين فيها، لَمَا احتملَ الربُّ الوضع. وقد وقع هذا الخبر على الناس وقع الصاعقة. ولهذا، فإنَّ هذا الجزء

من السفر حزين جدًّا. أمَّا بارقة الأمل الوحيدة فأتت في ثلاثة أجزاء، في 16:60-62؛ 20:40-44؛ 21:24-27، حيث يشير النبيُّ إلى عهد أبدي سيُقيمه الربُّ مع شعبه، فيشعرون بالعار بسبب لطفه ويحتقرون أنفسهم.

الثأر من جيران يهوذا (الأصحاحات 25-32)

يحتوي القسم الأوسط من السفر على رسالة حزقيال النبويَّة التي قدَّمها حين بلغ السادسة والثلاثين أو السابعة والثلاثين من عمره. والخلفيَّة مهمَّة. فعندما سقطت أُورشليم ابتهجت البلاد المجاورة. (وتأتي عبارة hip hip hooray في اللغة الإنكليزيّة والتي تدل على الإبتهاج من الأحرف الثلاثة الأُولى لعبارة "لقد سقطت أُورشليم" في اللغة اللاتينية. فالعبارة أتت في الأصل كعبارة معادية لشعب الربّ.) ابتهج العديد من الناس بسقوط أُورشليم وحاولوا استغلال الهجوم البابلي. وقد شنَّع الأدوميون والعمُّونيون باليهود الذين قبلوا في الأرض. وهذا يفسِّر المرارة المعبَّر عنها في المزامير التي كُتِبت في تلك الحقبة. فمثلاً، يبدأ المزمور 137 بنغمة حزينة يعبّر الكاتب من خلالها عن الصعوبة في رفع الترانيم للربّ في أرض غريبة، وينتهي بصرخة مرّة: "طُوبَى لِمَنْ يُمْسِكُ أَطْفَالَكِ وَيَضْرِبُ بِهِمُ الصَّخْرَةَ!" وكان الأدوميون يمسكون الأطفال بأرجلهم ويسحقون أدمغتهم بضربهم على أسوار أُورشليم. فعبَّر المزمور عن صرخة من القلب: "نريد لكم أن تتألّموا كما تألّمنا نحن."

لم يأتِ الجزء الأوسط من السفر كتبجُّح اعتباطيّ أمام الشعوب غير اليهوديّة، بل هو وصف للرب يأخذ ثأره من الأُمم المجاورة التي استغلّت سقوط أُورشليم.

ويصوِّر لنا التوقّعات بكلّ تفصيل.فمثلاً، يتوقَّع سقوط مرفإ الصيّادين في صور حيث يقع على الساحل الشرقي للبحر الأبيض المتوسِّط. ثمَّ يقول إنَّ صور ستسقط يومًا ما بالكامل وستُرمى بكاملها إلى البحر، وسيستخدم الصيَّادون المكان الذي كانت تقع عليه كمكان لتجفيف شباكهم. وكانت تلك النبوة غير عادية، لأنَّه لم يحصل سابقًا أن تُرمى مدينة بالكامل إلى البحر.

لكن تحقَّقت النبوَّة، إذِ اجتاح الإسكندر الكبير مصر بجيشه الجرَّار، فهرب سكَّان صور بسفن الصيد إلى الجزيرة المقابلة التي تبعد مسافة نصف ميل عن الشاطىء عندما رأوا أنَّ الإسكندر يملك جيشًا وليس أُسطولاً. لكن لم تُطلق صفة "الكبير" على الإسكندر عن عبث، إذ لمَّا رأى الناس على الجزيرة حيثُ ظنّوا أنَّهم بأمان، أمر ببناء جسر يمتد إلى الجزيرة باستخدام كل الأحجار واللّبن والأخشاب الموجودة في المدينة. ومن ثَمَّ مشى جيشه على الجسر وانتصروا على سكَّان صور. وبالفعل، فإنَّ مدينة صور القديمة رُميت إلى قاع البحر.

إن نظرت إلى خارطة المنطقة، تجد أنَّ صور الحديثة تمتد إلى الجزيرة وأنَّ الرمال قد غطَّت الجسر الذي بناه الإسكندر. وإذا ذهبتَ إلى موقع صور القديمة على اليابسة اليوم، تجدها مجرَّد صخور عارية يستخدمها لصيَّادون لمدِّ شباكهم عليها لتجفّ، تمامًا كما تنبَّأ حزقيال.

يحتوي الأصحاح الخامس والعشرون نبوّات عن أرض عمّون وموآب وأدوم شرق يهوذا، ونبوّات أُخرى عن أرض فلسطين الواقعة من ناحية الغرب. وتركّز الأصحاحات 26-28 على صور وصيدا الواقعتين في الشمال. أمّا الأصحاحات 29-32 فتركّز على مصر الواقعة في الجنوب.

يتميَّز هذا الجزء الأوسط بكونه بسيطًا إلى حدٍّ ما بحيثُ يُمكن فهمه. وتتمّ الإشارة استثنائيًّا إلى ملك صور الذي يمثِّل الكبرياء. ويرى كثيرون في وصف هذا الملك الذي قال: "أنا إله" صورة لكبرياء الشيطان. وقد قام فرعون مصر بالمِثل إذِ ادَّعى بكلِّ سخافة أنَّه هو الذي صنع النيل. ربَّما يكون قد حفر بضعَ قنوات للريّ، لكنَّه لم يصنع النيل! والربّ لا يحتمل كبرياء الإنسان. وأسوأ أنواع الخطايا هو أن تدَّعي بأنَّك الربّ. وهذا ما فعله آدم وحوَّاء في جنَّة عدن، عندما أرادا أن يصبحا مثل الربّ. ومع أنَّهما خُلِقا على صورته واكتسبا خصائصه الشخصيَّة نتيجة لذلك، فقد أرادا أن يكونا مثله في القوَّة والسلطة.

من اللافت أنْ لا ذكر لبابل مرَّة أُخرى. وربَّما يعود ذلك إلى أنَّ أيَّة كتابات معادية لبابل كانت تُعدّ خيانة. أو أنَّه لم يكن من اللائق أن يُكتب أيّ تعليق عن بابل وشعب الربّ ساكِنون في وسطها. لكن من الواضح أنَّ الشعب لم يرجع قطُّ بعد السبي إلى عبادة الأوثان. فيبدو أنَّ دينونة الربّ قد حقَّقت أهدافها.

الرجوع من السبي في بابل (الأصحاحات 33-39)

تغيَّر أُسلوب كرازة حزقيال من التشاؤم إلى التفاؤل بعد أن دُمِّرت أُورشليم في العام 587 ق م. وأفضل جزء في هذا السفر هو ما جاء في الأصحاحات 33-39 من نبوّات عن عودة الشعب من السبي.

يذكر الأصحاح الثالث والثلاثون المراقبين الواقفين على أسوار المدينة ليلاً ونهارًا لينبِّهوا السكان إلى أيّ خطر داهم. وكان الحارس يعرِّض حياته للموت إذا لم ينتبه إلى أيّ عدوّ يتقدّم؛ فكان ذلك يُعتبر جريمة كبيرة. وقال الربّ لحزقيال إنَّه عيَّنه حارسًا للمدينة، وكأنِّي به يقول له: "إن لم تحذِّر شعبي، فستدفع دمك ثمنًا لذلك. لكن ستُرفع المسؤوليَّة عنك بعد أن تحذِّرهم، وبذلك يدفعون هُم الثمن بدمهم."

وأحد أشهر النصوص في هذا السفر هو ذاك الذي فيه يتحسَّر الربّ قائلاً إنَّه فتّش عن رجل "يقف في الثغرة" بينه وبين الشعب، لكنه لم يجد. إنَّما كان حزقيال ذلك الرجل. وبالطبع، لم يكن حزقيال في أُورشليم، بل كان بعيدًا جدًّا في بابل. لكنَّه كان ذلك المراقب الذي كانت مسؤوليته تنبيه الشعب في حال رأى أيَّة مشكلة قادمة. وكان سيدفع الثمن شخصيًّا إن لم يفعل ذلك. إذًا، لم يكن لديه، بمعنًى أو بآخر، خيار آخر إلاَّ أن يستمر بالقيام بهذه الخدمة الباهظة؛ وإلاَّ فسيتحمَّل المسؤوليَّة.

ثمَّ يتحدَّث الأصحاح الرابع والثلاثون عن "الرعاة الصالحين" و "الرعاة السيِّئين". وكان الأنبياء والكهنة والملوك هم الرعاة السيِّئين إذ فشلوا في رعاية إسرائيل. ويقدِّم الربّ وعدًا في نهاية هذا الأصحاح بأنَّه سيكون هو نفسه راعيًا صالحًا لهم. وبالطبع، تذكَّر الربُّ يسوع هذا النصّ عندما قال إنَّه الراعي الصالح مقابل الرعاة السيِّئين الذين لم يهتموا بخرافهم.

من اللافت أنَّ الكتاب المقدَّس لا يلوم الخراف على وضع القطيع أو الرعيَّة. وينطبق هذا المبدإ على الكنائس أيضًا. فالرُّعاة هم المسؤولون عن حالة الخراف أو الرعيَّة.

ويُعطى أدوم مكانة منفردة في الأصحاح الخامس والثلاثين، ويعود سبب ذلك جزئيًّا إلى العداوة القديمة، المتجذّرة بين الأُمَّتين بسبب الخلاف الذي حصل بين يعقوب وعيسو.

ويشتهر الأصحاح السابع والثلاثون بسبب ذكره العظام اليابسة. ولكنَّ قليلين يكملون قراءة مثَل العَصَوين المُوازي في الأهميَّة. إذ طلب الربّ من حزقيال أن يأخذ عَصَوين ويمسكهما جنبًا إلى جنب في يد واحدة. وطلب منه أن يكتب كلمة "أفرايم" (وهو الاسم الذي إشتهرت به الأسباط العشرة) على إحداها، وكلمة يهوذا (الاسم الذي أُطلق على السبطين في الجنوب) على الأُخرى. ثمَّ طُلِب منه أن يمسكهما معًا ليشكِّلا عصا واحدة. ويعتقد بعضهم أنَّ هذه كانت رؤيا، لكنِّي أعتقد أنَّها كانت معجزة مثل معجزة عصا موسى في مصر. وكان الربّ يقول من خلال ذلك: "سأجمع المملكتين لتصبحا شعبًا واحدًا." وقد ظهر ذلك في كلمات الربِّ يسوع الذي قال: "وَلِي خِرَافٌ أُخَرُ لَيْسَتْ مِنْ هذِهِ الْحَظِيرَةِ، يَنْبَغِي أَنْ آتِيَ بِتِلْكَ أَيْضًا فَتَسْمَعُ صَوْتِي، وَتَكُونُ رَعِيَّةٌ وَاحِدَةٌ وَرَاعٍ وَاحِدٌ."

نقرأ في الأصحاح الثامن والثلاثين نبوَّة غريبة عن المستقبل تخصّ "جوج" و"ماجوج"، مع أنَّنا لا نعرف معنى الاسمَين. ويشير استخدامهما أيضًا في نهاية سفر الرؤيا إلى أنّ هذه النبوَّة لم تتم بعد. فسيبدأ صراع من ناحية الشمال، لكنَّنا لا نعلم من أين بالتحديد أو من سيُسبِّبه. وكان حزقيال ينظر إلى المستقبل من خلال تلسكوبٍ. وهو لم يرَ تلك النبوَّة تتحقَّق كما لم نرها نحن إلى الآن. لكنَّها ستتحقَّق يومًا ما في الصراع الأخير قبل طيِّ آخِر صفحة من التاريخ.

وتحتوي تلك الأصحاحات على قرار لافت مُستَهَلٍّ بالكلمة "سوف..." وهو يرد سبعًا وسبعين مرَّة. فمثلاً: "سوف أعيدكم إلى الأرض." "سوف أكون إلهكم." "سوف أعطيكم رعاة صالحين." فكأنَّ الربّ الذي يمثّل الزوج يتكلّم مع زوجته التائهة قائلاً لها: "ما نزال متزوِّجَين، وسوف أُبقي على الجانب الذي يخصُّني من العهد، سوف، سوف، سوف."

عندما أقام الربّ عهده مع إسرائيل قال لهم إنَّه سيُبقي على العهد، حتَّى لو كسروه من جانبهم. ونقرأ في سفر التثنية أنَّه سيأتي وقت حين يُضطر إلى دفعهم خارجَ الأرض، إلاَّ أنَّه سيُرجِعُهم إليها. وعندما يعيدهم إلى الأرض، بعد أن كان قد دفعهم خارجها، ستعلم الشعوب أنَّه هو الربّ، لأنَّ الأمر سيكون علنيًّا وسيعرف الجميع أنَّهم رجعوا. وربَّما لن يروق ما يحصل إلى الشعوبَ المجاورة، إلاَّ أنَّهم سوف يعترفون بأنَّ الربّ هو الذي أرجعهم إلى الأرض وهم ما زالوا شعبه. ونقرأ في رومية 9-11 أنَّه على الرُّغم من أنَّهم رفضوا الربّ، فإنَّه هو لم يرفضهم.

إعادة بناء الهيكل في إسرائيل (الأصحاحات 40-48)

كان الهيكل من أهم ما خسِرَهُ حزقيال والشعب، ولطالما اعتقدوا أنَّه مهما حصل فلا يمكن أن يدع الربُّ مسكنه الأرضيّ يُهدم. وهذا الجزء من السفر الذي يُركِّز على الهيكل هو من أصعب الأجزاء.

بالنسبة إلى النصّ، أُعطِيَت النبوَّة في السنة الخامسة والعشرين من سبي حزقيال، عندما أصبح في الخمسين من عمره. وكمبدإٍ عامّ، عندما يذكر الكتاب المقدَّس تواريخ للنبوَّات، فعلينا أن ننظر إلى النصّ على الخلفيَّة التاريخيَّة لكي نفهمه.

لم يُسمح لحزقيال بأن يُنهيَ كرازته للمسبيين من دون أن يقدِّم لهم أملاً يتطلَّعون إليه. فربَّما كانوا قد تأدَّبوا، إلا أنَّهم لم يُدمَّروا بالكامل. فالربُّ لن يدع شعبه يختفي، وقد قال المسيح إنَّ السماء والأرض تزولان، لكنَّ شعبه لن يزول (متى24: 34-35). واستمرار وجود هذا الشعب يقدِّم برهانًا على أنَّ الربَّ إلهٌ حقيقي، وهو ينقل ميزة التأبيد التي يملكها لكلِّ من يلمسه حتَّى لا يستطيع أحد أن يقضي على خاصَّته.

نقرأ في الأصحاحات 40-42 عن المخطَّط لبناء الهيكل. ويتم وصف البناء بدقَّة كاملة وكأنَّه تصميمٌ هندسيّ. وقد تضم أبعاده ثلاث عشرة كاتدرائية موجودة في إنكلترا! لكنَّه كان مختلفًا عن هيكل سليمان، إذ كان أكبر في الحجم، ولا يحتوي على قدس الأقداس ولا تابوت العهد ولا مائدة خبز التقدمة.

ونقرأ في الأصحاح الثالث والأربعين عن رؤيا رآها حزقيال عن مجد الربّ الذي يعود إلى الهيكل وينيره، تمامًا كما حصل بعد صلاة سليمان التكريسيَّة قبل ستِّ مئة سنة. وكان المجد مُتألِّقًا لدرجة أنَّهم اضطُرُّوا لأنْ يغطّوه ببرقع كي لا يُصاب الناس بالعمى. وكان حزقيال قد رأى المجد يُغادِرُ المكان، وها هو يراه يعود.

نقرأ أنَّه يوجد مذبح وتوجد تقدمات، إلاَّ أنَّ الأصحاح الرابع والأربعين يُخبر بأنَّه لا يوجد رئيس كهنة. وهذا الأمر مهم لتفسيرنا لأنَّه عندما رجع اليهود من السبي كان لديهم رئيس كهنة حتَّى زمن وجود الربِّ يسوع على الأرض. ونقرأ في هذا الأصحاح أن "الرئيس الرئيس" قد حلَّ محلَّ رئيس الكهنة (44: 3). ومن اللافت أنَّ الكهنة الوحيدين المذكورين في هذه الرؤيا هم أبناء صادوق، أي عائلة حزقيال.

أتى وصف الهيكل ساحرًا إذ إنَّه **لم يكن قد بُني بعد**. فقد بنى شعب يهوذا بعد عودتهم من السبي هيكلاً بسيطًا جدًّا حتَّى إنَّ زكريَّا قال لهم ألَّا يحتقروا أيّ أمر صغير. أضف أنَّهم لم يكن لديهم ملك، وقد اتَّخذ رجل يُدعى يهوشع مكانة رئيس الكهنة وكان زربَّابل هو الحاكم.

وكان في زمن الربّ يسوع أنَّ الملك هيرودوس الأدومي (من سلالة عيسو) كان يعيد بناء الهيكل بشكل أضخم ليبهر اليهود. وقد نفَّذ بعض أفكار سليمان في بنائه، إلاَّ أنَّه كان مختلفًا عن رؤيا حزقيال. وقد كان هذا الهيكل ضخمًا جدًّا، وكان ما يزال قيد البناء عندما بدأ الربُّ يسوع خدمته. وكان طول بعض الحجارة أربعين قدمًا وارتفاعها ثلاث أقدام وعرضها ثلاث أقدام، وتزن مئة طنٍّ. ولم يكن قدِ انتهى العمل في بنائه عندما دمَّره الرومان بالكامل في العام 70 م، فتحقَّقت نبوَّة الربِّ يسوع بالكامل.

فهل بُني هيكل حزقيال يومًا؟

تفسير حرفيّ

يقول بعضٌ إنَّه لم يكن القصد أن يُبنى حرفيًّا، بل أُعطيت تلك الرؤيا النَبَويَّة لتمدَّ اليهود بالأمل. وتجعلُها التفاصيل المذكورة فيها تبدو حقيقيَّة، لكنَّها أُعطيت كمثل ويجب أن تُقرأ للاستفادة من قيمتها الروحيَّة. لكن هذا لا يُفسِّر لماذا طُلِب من حزقيال أن يخبر الشعب بكل تلك التفاصيل!

ويقول آخرون إنَّه وصف لهيكل سماويّ، مشيرين إلى بعض المقاطع الكتابيَّة كبراهين (مثل خروج 40:25؛ عبرانيين 2:8، ؛ 11:9، 24؛ رؤيا 11:9).

تفسير غير حرفيّ

الماضي

يشير احتمال آخر إلى أنَّ الربّ أراد من الشعب أن يبنوا ذلك الهيكل، إلاَّ أنَّهم تجاهلوا تعليمات حزقيال وبنَوا نُسخَتهم هم، وقد ظنّوا أنَّهم يستطيعون احتمال تكلفتها. وهذا يفسِّر لماذا لم يرجع المجد، ولماذا لم يرجع الملك، ولم يتدفَّق النهر. ويشير مَن يقولون بهذه الفكرة إلى أنَّ القرار:"سوف تعلمون"، ذاك الذي تكرَّر في كامل السفر، لا يظهر في الأصحاح 43.

المستقبل

ربَّما يكون احتمال آخر أنَّه سيتم بناء الهيكل في المستقبل. ويقتنع الكثير من المؤمنين بأنَّه سيكون جزءًا من أُورشليم الجديدة. وستُسمَّى البوابات الاثنتا عشرة بأسماء الأسباط الاثني عشر. وستُدعى أُورشليم الجديدة "يهوه شمَّة" (الربُّ هُناك).

ويتكهَّن آخرون بأنَّه سوف يبني اليهود الهيكل قبل مجيء الربّ يسوع، أو أنَّه سيُبنى في المُلك الألفيّ. لكن المشكلة هنا هي أنَّ أنبياء آخرين يذكرون ذبائح ومذابح وكهنة، وهي غير موجودة في هذه الرؤيا (راجع إشعياء 56:6-8؛ 66:21؛ إرميا 33:15-18؛ زكريا 14:16).

ويذكر بعض المؤمنين أنَّ العهد الجديد يوضِّح أنَّ الربّ لا يسكن في هياكل (أعمال الرسل 7:48، 17:24). وقد وصف الربُّ يسوع نفسَه بأنَّه "هذا الهيكل" (يوحنا 2:19، 21)، ويوصف المؤمنون بالهياكل (1كورنثوس 3:16، 6:19؛ 2كورنثوس 6:16؛ رؤيا 3:12). لذلك، (يضيف أصحاب هذا الرأي) لا يهم ما إذا كان قد بُني الهيكل أو لم يتمّ بناؤه.

لا يمكن التأكيد ما إذا كان سيُعاد بناء الهيكل أم لا. وهذا أحد الأُمور التي يجب أن ننتظر لنجد جوابًا عنها! لكن الأخبار السارَّة هي أنَّ خطَّة الله كانت أن يأتي هو نفسه إلى الأرض ويعيش هنا في شخص الربِّ يسوع المسيح. وكلّ المؤمنين هم هيكل للرب الآن إذ إنَّه يسكن فينا بروحه. فيمكننا الابتهاج رُغم عدم تأكيدنا بشأن تفسير رؤيا حزقيال للهيكل.

الاصحاحات الأخيرة

نقرأ في الأصحاح الخامس والأربعين أنَّ الأسباط تقاسمت الأرض، لكن بطريقة أُخرى مختلفة عن تلك التي ذُكِرت في سفر يشوع، إذِ قُسِّمَت أُفقيًّا من الشرق إلى الغرب. كذلكَ استُعِيدت التقدمات والأعياد المقدَّسة والأيَّام المقدَّسة، ما عدا يوم الخمسين.

ويحتوي الأصحاح السابع والأربعون رؤيا عن نهر جديد في الشرق الأوسط. وتتدفّق معظم الأنهار التي تمرّ وسط أرض الآباء من تلال اليهوديَّة إلى البحر الأبيض المتوسِّط. لكنْ يبقى نهر الأردن الذي يمرّ بجانب أكبر صَدْع موجود على سطح الأرض والذي يمتدّ من سوريا إلى أفريقيا. والنقطة الأكثر انخفاضًا وعمقًا لهذا الصَّدْ ع هي مدينة أريحا.

ينبع النهر الجديد في رؤيا حزقيال من تحت الهيكل في أُورشليم. ويصبّ كل نهر ينبع من هناك في البحر الميت. وتحيط بأُورشليم عدَّة تلال، إلاَّ أنَّه توجد فتحة من خلال تلك التلال في الجانب الجنوبي الغربي من المدينة تصبّ مباشرة نزولاً عند البحر الميت. ويرى حزقيال في الرؤيا نهرًا يتدفّق نزولاً نحو الوادي، وتنضم إليه روافد عدَّة فيزداد عمقًا. فيجد رجلاً يخوض النهر نفسه على شَفا الغرق فيبدأ بالسباحة.

رأى حزقيال النهر الجديد يدخل البحر الميت في مقاطعة عين جدي التي تقع في منتصف الطريق نحو الضفَّة الغربية، حيث اختبأ داود في أحد الكهوف هربًا من شاول. ورأى النبيُّ أنَّ هذا النهر يُضيف حياة إلى البحر وأنَّ صيَّادي الجليل يأتون إلى البحر للاصطياد. ولم يعد ذلك البحر ميتًا، بل تملؤه الحياة المنعشة. وكان هدف هذه الرؤيا أن تملأ قلوب الناس بالأمل بأنَّ المستقبل سيكون أفضل.

أخيرًا، يرى حزقيال في الأصحاح النهائي أبوابَ المدينة يُعاد تشييدُها، والأرضَ تتمتَّع بالسلام والإزدهار. وكان كلّ شيء رائعًا. فالسفر الذي بدأ بالحزن ينتهي بأمل كبير.

لماذا يجب على المؤمنين قراءة سفر حزقيال؟

أوَّلاً، يخبر السفر أنَّ الربّ يدين شعبه، إذ إنَّ الدينونة تبدأ من بيت الرب. والربُّ قدّوس، ولذا ينبغي أن يدين. فإنَّ يقوم القاضي بعملين: معاقبة الشرِّير وتبرئة البار. والربّ هو القاضي الكامل لأنَّه يعرف كلّ شيء وباستطاعته القيام بأيِّ أمر، وهو موجود في كلّ مكان. وقد رُبِط اسمُه باسْم الأُمَّة القديمة، ولذلك كان عليه أن يعاقب الخطيَّة. لكن بسبب رحمته أنقذهم أيضًا من أعدائهم. ويظنّ بعض المؤمنين أنَّه بمجرَّد أنَّهم آمنوا بيسوع فلن تلحق بهم أيَّة دينونة. لكن الأمر ليس كذلك البتَّة. فجميعنا سنقف للمحاسبة قدَّام كرسي المسيح. والربّ يُحاكِم شعبه بحسب مستوى أعلى من المستوى الذي يضعه للآخرين.

ثانيًا، علينا أن نتذكَّر أنَّ الربّ يأخذ بالثأر. فإذا أساء الناس معاملتنا، فليس من الضرورة أن نطالب بحقِّنا، إذ نستطيع أن نترك الأمر للرب واثقين بأنَّه سيثأر لنا. وعندما يُسيء أحدهم معاملتك يمكنك أن تحزن، لكن لا تغضب لأنَّ الربّ سيثأر لك.

ثالثًا، سيُعيد الربّ شعبه دائمًا. فشعب الربّ لن يزول إلى الأبد، والكنيسة لن تزول إلى الأبد. فنحن جزء من شعب أبدي، والرب هو الإله الذي يُعيد شعبه.

رابعًا، علينا أن نلاحظ أنَّ جزءًا كبيرًا ممَّا جاء في هذا السفر يُكمِّل التَّطرُّقُ إليه في سفر رؤيا يوحنا اللاهوتي. وأحد الأسباب التي من أجلها يفهم بعض المؤمنين هذا السفر هو أنَّهم لا يعرفون العهد القديم كفاية، وخاصَّة سفر حزقيال. ويلمِّح سفر الرؤيا إلى العهد القديم أكثر من ثلاث مئة مرَّة. فهو يُشير إلى الرموز المذكورة في سفر حزقيال ويستخدم الكثير من المعلومات المذكورة في العهد القديم. وإن كنت لا تعرف سفر حزقيال، فسيُحيِّرك سفر الرؤيا.

أضف إلى كلّ ذلك أنَّ حزقيال يقدِّم لنا نظرة عن الرب، فنتعلَّم أنَّه كلِّي القدرة والقوّة والوجود. ويهيمن على السفر الحِسُّ بقداسته، ويؤكِّد أنَّه ربط اسمَه باسْم أُمَّة حملَتِ اسمه. فالأمر الوحيد الذي يمكننا أن نتمسَّك به هو اسم الربّ وصِيته، لأنَّنا نعلم أنَّ اسمه متعلّق بنا. فإنَّنا نُعطيه إمَّا صيتًا صالحًا وإمَّا صيتًا سيِّئًا. وهو يبرِّر نفسه على المدى الطويل.

يذكِّرنا هذا السفر بأنَّ اسم الربّ على المحكّ، ولذلك فهو يعيد الشَّعب لأنَّه يريد أن يحافظ على اسمه. وهو لن يدع الأرض والأُمم يفكِّرون أنَّ أمره انتهى لأنَّ شعبه انتهى. ربَّما تنتهي شعوب أُخرى، لكنَّ شعبه لن يزول.

سفر دانيال

المقدِّمَّة

سفر دانيال هو مزيج من أشهر المقاطع في الكتاب المقدَّس وأقلِّها شهرة. فالكل يعرفون عن دانيال في جبّ الأسود، وكثيرون يعرفون عن شدرخ وميشخ وعبد نغو في أتون النار، ويعرف بعضٌ قصَّة بيلشاصَّر بسبب عبارة "الكتابة على الحائط" التي تشير إلى أنَّ الدينونة قادمة.

يسهل فهم الأصحاحات المعروفة في هذا السفر، لكن توجد أصحاحات هي من أصعب أصحاحات الكتاب المقدَّس. فاللغة المستخدمة غريبة والرموز والتعابير غامضة.

وإن كنَّا نحاول أن نفسِّره تأتي النتيجة مختلطة. إذ يُمكن تفسير جزء كبير منه على المستوى البشري. فكون دانيال صحيحًا بدنيًّا بسبب عدم تناوله اللحوم والتزامه لِتَناول الفاكهة والخضار لا يُفاجِئُ أيَّ من له إلمام في علم التغذية. ولكنْ هناك أحداث لا تفسّر إلاَّ بأنَّها فوطبيعيَّة. ومن ثَمَّ يجد كلّ من يشكك في أمر المعجزات صعوبةً في قبولها. مثلاً على ذلك حادثةَ رمي الشُّبَّان الثلاثة في الأتون المُحمَّى سبعة أضعاف. فهُم لم ينجُوا فقط، بل إنَّ شعرة من شعور رؤوسهم لم تحترق! ولا يتَّسع المجال لتفسيرات طبيعيَّة هنا.

ويتجانس قسم من السفر مع الحضارة المعاصرة. فمثلاً، يمكننا استيعاب فكرة نزوح الناس عن أماكن إقامتهم. لكنْ يبقى جزء كبير من السِّفر غير مألوف لدينا. ويبدو التركيز على الأحلام والمخلوقات الملائكيَّة غريبًا بعض الشيء. ولو أنَّ هذا التركيز توسَّع، لظلَّ فهمُه ما يزالُ صعبَ التَّصديق.

بشري أم إلٰهيّ؟

لا بدَّ من طرح بعض الأسئلة عن طبيعة الكتاب المقدَّس عند قراءة سفر دانيال: ما هو الكتاب المقدَّس؟ هل هو كتاب بشري أم كتاب إلٰهي؟ من ناحية، كتبه بشر عن بشر آخرين. ولذا فإنَّ كثيرين يتعاملون معه كأيِّ كتاب آخر ويقرأونه كأيِّ كتاب تاريخ أو أدب أو دين. لكنْ يُفوِّت هذا الأُسلوبُ ما هو واضح جدًّا، إذ إنَّ الكتاب المقدَّس، وخاصَّةً سفر دانيال، يحتوي على بعض الأحداث التي لا يمكن حدوثها من دون تدخّلات فوطبيعيَّة، بالإضافة إلى النبوّات التي تحقَّقت والتي تشير إلى تدخّل اليد الإلٰهيَّة.

إذًا، الكتاب المقدَّس موحًى به من الله، وهو بالتأكيد **عن** الربّ. فالربّ وحده هو القادر على إجراء المعجزات، وتحدِّي قوانين الطبيعة، والتدخُّل في قوانين السبب والنتيجة التي تحكم معظم الأحداث في الأرض. وفي سفر دانيال يقوم الربُّ بعجائب وآيات في عدَّة مناسبات. والربّ هو الوحيد الذي يعرف المستقبل.

ويتبرهن هذا البُعدُ الفوطبيعي عندما نفحص محتويات السفر. فهو يشمل فترة خمس وسبعين سنة من حياة دانيال، لكنَّه يشمل أيضًا أربعَ مئة وتسعين سنة من التاريخ. والمدهش في الأمر أنَّ دانيال تنبَّأ عن أحداث مستقبليَّة بدقَّة لافتة.

أضف أنَّ بعض أجزاء السفر ما تزال بانتظار أن تتحقَّق. ويحوي الكتاب المقدَّس بالكامل سبع مئة وثلاثًا وخمسين حادثة (فيما تركِّز 27% من آياته على المستقبل)، وقد تمَّ خمسمائة وثلاث وتسعون منها (أي 81%). ويحتوي سفر دانيال على مئة وستٍّ وستِّين من تلك النبوَّات، وقد أتى معظمها بشكلٍ رمزيّ.

وبينما كان يُظن في الماضي أنَّ النبوَّات والمعجزات هي براهين على الوحي الإلٰهي للكتاب المقدَّس، فإنَّها لا تُعتبر كذلك اليومَ. فالناس يريدون أن يزيلوا النبوَّات والمعجزات ليجعلوه أقرب إلى الواقع. فيُنظر إليها كخرافات وليست وقائع تاريخيَّة، مثل الملاحم الموجودة في الأدب القديم. فمثلاً، يقدِّمون تفسيرًا لحادثة طرح دانيال في جبّ الأُسود. فهي لم تأكله إمَّا لأنَّها كانت شبعانة، وإمَّا لأنَّ دانيال كان ضعيفًا لدرجة أنَّ عظامه كانت ظاهرة فلم يُعجب منظره الأُسود!

ويعتبر مناهضو هذا الفكر أنَّ خُلوَّ الكتاب المقدَّس من المضمون التاريخي لا يعني خلوَّه من القيمة الروحيَّة والأخلاقيَّة، تمامًا كخُرافات إيسوب التي تقدِّم للقارىء معنًى دون أن تستند إلى وقائع حقيقيَّة. ولهذا، فإنَّ بعض مفسِّري الكتاب المقدَّس المعاصرين والمتحرِّرين يعتبرون العجائب خُرافات، ويفترضون أنَّ النبوَّات المستقبليَّة أُضيفت لاحقًا بعد أن حصلت تلك الأحداث.

لكن سنرى في الأصحاح الحادي عشر أنَّ سفر دانيال هو سرد لسلسلة من الأحداث حصلت بعد عدَّة قرون من حياة دانيال. فنرى في هذا الأصحاح بالتحديد سبعًا وعشرين نبوَّة تحقق كلٌّ منها بعد عدَّة قرون. فإمَّا أن يكون البشر قد كتبوا هذه النبوات بعد أن حصلت، وإمَّا أنَّ الكتاب المقدَّس هو موحًى به من الربّ.

أعجَبُ من الذين ينظرون إلى المعجزات والنبوات نظرة إنسانيَّة، إلا أنَّهم يُبقون على الكتاب المقدَّس. فهم يظنون أنَّ بإمكانهم الحفاظ عليه لقيمته الأخلاقيَّة والروحيَّة. بكلامٍ آخر، هم يسعَون إلى العيش بحسب الوصايا العشر أو الموعظة على الجبل، إلاَّ أنَّهم يتجاهلون المعجزات والنبوَّات. لكن هذا يعني أنَّهم يُبقون على جزء بسيط من الكتاب، فيكفُّ عن كونه كتاب خلاص ويصبح مجموعة مبادئ لما يجب على الإنسان أن يفعل من أجل نفسه، بدل ماذا يمكن أن يفعل الربّ لنا.

ويُظهر هذا الموقف من الكتاب المقدَّس مشاعر الناس من نحو الربّ. فهم لا يريدون الجانب الفوطبيعيّ له لأنَّهم إن صدَّقوه فعليهم أن يعيشوا حياة مختلفة، وعليهم أن يتصالحوا مع الربّ الذي يبدو أبعد من أن يُصدَّق في جانبه الفوطبيعيّ. فمثلاً، البرهانُ على القيامة قويٌّ لدرجة أنَّه لا يمكن لأيَّة هيئة

محلّفين في أيَّة محكمة إلاَّ أن تقتنع بأنَّ الأمر قد حصل. فشهادة العِيان والبراهين الظرفيَّة أقوى من أيِّ برهان بأنَّ يوليوس قيصر قد غزا إنكلترا في العام 55 ق م. لكن المشكلة تكمن في أنَّه ما دام الربُّ يسوع قد قام من الموت فعلى الناس أن يغيِّروا حياتهم. وإن كانت القيامة قد حصلت بالفعل، فهذا يدلّ على أنَّ تصريحات الربِّ يسوع عن نفسه صحيحة، ولذا فإنَّ ما قاله عنَّا نحن هو صحيح أيضًا.

لا يمكنك تجاهُل الربِّ يسوع، لكن يمكنك تجاهُل يوليوس قيصر. ويمكنك أن تؤمن بوجود يوليوس قيصر من دون أن تقوم بأيِّ أمر يُذكر، لكن لا يمكنك أن تؤمن بالرَّب يسوع المسيح من دون أن تتغير كلُّ حياتك. فالتشكيك في صحَّة الكتاب المقدس مرتبطٌ عادةً بالتردّد في قبول الجانب الفوطبيعي فيه، لأنَّه عندما نقابله لا بدَّ أن تقابلنا تردُّدات عمليَّة.

سفر التناقضات

يمكن تقسيم سفر دانيال إلى جزأين. فقسم كبير من الجزء الأوَّل (الأصحاحات 1-6) يحتوي على ذكر معجزات. وقسم كبير من الجزء الثاني (الأصحاحات 7-12) يحتوي على نبوَّات. فلا يعرف الذين يواجهون مشكلة مع الأجزاء التي تحتوي على عجائب في الكتاب المقدَّس كيف يتعاملون مع هذا السفر! إنَّما يسهل فهم الأصحاحات 1-6، وهي من الأصحاحات المفضَّلة عندَ تَلامذة مدارس الأحد. أمَّا الأصحاحات 7-12 فهي صعبة لدرجة أنَّ البالغين نادرًا ما يقومون بدراستها.

الأصحاحات 1-6	الأصحاحات 7-12
معظمها عجائب	معظمها نبوَّات
ضمير الغائب "هو"	ضمير المتكلِّم "أنا"
معلومات عن دانيال	كتبها دانيال
خلال حياة دانيال	بعد حياة دانيال
الحاضر	المستقبل

ونرى تبايُنًا بين نوعي اللغة المستخدمَين في جزأي السفر، مع أنَّ التقسيم بين الجزأين ليس واضحًا كما تُظهِر القائمة الآنِفة. وقد كُتب الأصحاح الأوَّل من الجزء الأوَّل باللُّغة العبرية، وكُتِبت الأصحاحات الخمسة الباقية باللُّغة الآراميَّة التي كانت اللُّغةَ الرسميَّة المشتركة في حوض البحر الأبيض المتوسِّط. وكُتِب الأصحاح الأوَّل من الجزء الثاني باللُّغة الآراميَّة، بينما كُتِبت الأصحاحات الخمسة الباقية باللُّغة العبرية. ولذلك، يبدو كأنَّ الأصحاحات وُجِّهت إلى قرَّاء معيَّنين. فالأصحاحات التي كُتِبت باللغة الآراميَّة كانت موجَّهة إلى باقي العالم، بينما وُجِّهت الأصحاحات المكتوبة باللغة العبرية إلى اليهود.

الخلفية التاريخيَّة

تنطلق أحداث السفر في بابل، حيث كان نبوخذنصَّر يحكم البلاد. وكان طاغيةً متعجرفًا وقاسيًا يستمتع بتعذيب ضحاياه. بكلام آخر، كان هِتلرَ العالم القديم. وكان قد قهر المملكة الأشوريَّة وأراد الاستيلاء على خصمه الأكبر، مصر. وبما أنَّ أرض يهوذا كانت في الوسط، فكان لا بدَّ أن تُقهر إن كان لا بدَّ له أن يحقِّق طموحه بحكم إمبراطوريَّة عظيمة.

ويجب علينا أن نتذكَّر أنَّ شعب إسرائيل سُبي على ثلاث مراحل، كما أنَّه عاد على ثلاث مراحل. لكن كان عدد الذين رجعوا أقلّ بكثير من الذين سُبوا. وفي الواقع أنَّ جاليةً يهوديَّة كبيرة بقِيَت في بابل، وهي العراق اليوم، حتَّى العام 1940. ويُرجَّح أن يكون المجوس الذين لحقوا بالنجم قد أتوا من تلك الجالية اليهوديَّة، ولم يكونوا أُمميِّين كما يظنُّ معظم الوعَّاظ. ولا بدَّ أنَّهم عرفوا نبوَّة بلعام عن "كوكب" يظهر في اليهودية ليصبح ملكًا على شعب الربّ.

السبي على ثلاث مراحل

حدث السبي الأوَّل في العام 606 ق م. وقد رحَّلَ البابليون نخبة المجتمع اليهودي، أي العائلة المالكة وموظَّفي القصر، إضافةً إلى الآنية الموجودة في الهيكل. وكان ذلك بهدف التأكُّد من أنَّ اليهود المغلوبين لن يستطيعوا التمرّد على الحكم البابلي. وتُرك يهوياقيم الملك كدُمية في أيدي البابليين. وكان من بين الذين سُبوا في تلك الدفعة أربعَةُ شبَّان، هم دانيال وحنَنيا وميشائيل وعزريا (وأطلق عليهم البابليون أسماء جديدة هي بلطشاصر وشدرخ وميشخ وعبدنغو). وكان الشبَّان حسان الصورة وأذكياء ويتحدَّرون من عائلات يهوديَّة نبيلة، وتمَّ إختيارهم لخدمة الملك البابلي. هؤلاء هم أبطال الجزء الأوَّل من السفر. ونعلم أنَّ دانيال لم يعد أبدًا إلى مسقط رأسه.

وحدث السبي الثاني في العام 597 ق م. وأُخذت هذه المرَّة الطبقة الاجتماعية العالية، ومن بينهم السياسيون والحِرفيُّون. وكان حزقيال من بين الذين سُبوا في هذه الفترة. وبقي يهوياقيم الملك في الحكم.

وسُبي باقي الشعب في العام 586 ق م، عندما دُمِّر الهيكل والمدينة. وأخذ البابليون صدقيَّا الملك، لكنَّهم تركوا النبيَّ إرميا.

العودة على ثلاث مراحل

حصلت العودة الأُولى في العام 538 ق م، عندما أطاح الفرسُ البابليين وسمح كورش للشعوب المسبيَّة، ومن بينهم اليهود، بالعودة إلى مساقِط رؤوسهم. فرجع في المرحلة الأُولى ما يقارب الخمسين ألف يهودي بقيادة زرُبَّابل. ثم رجعت مجموعة ثانية تحت قيادة عزرا في العام 458 ق م، عندما بدأت إعادة بناء الهيكل. ورجعت المجموعة الثالثة حوالى العام 444 ق م، عندما بُني السور وأصبحت مدينة الربّ آمنة من الأعداء المجاورين.

يرتبط سفر دانيال بسفر أستير. فهي عاشت في شوشن التي كانت عاصمة إمبراطوريَّة ما بين النهرين، وقد أدَّى دانيال دورًا أساسيًّا في الأمبراطوريَّتَين البابليَّة والفارسية الوسطى معًا. وقدِ اشتهر عند الكثير من الفاتحين الذين توالَوا على المنطقة. وكانت مهنته غريبة وبعيدة عن الطريقة التي مثَّل بها الربّ.

الجزء الأوَّل (الأصحاحات 1-6)

الأصحاح الأوَّل

يركِّز الأصحاح الأوَّل على سبي دانيال ما بين العامين 605-606 ق م، واختياره ليكون جزءًا من الحاشية الملكيَّة في بابل. وأُعطي له ولرفقائه الثلاثة أسماءٌ تتضمَّن اسم إله بابلي. لم يعترضوا على الأسماء التي أُطلِقت عليهم، لكنَّهم بَقُوا أُمناء للرب بالنسبة إلى أنواع الأطعمة التي تناولوها. وكانت البدانة هي النزعة في تلك الفترة للدلالة على الغنى، ولذا أراد لهم رؤساؤهم أن يأكلوا ويسمنوا بهدف استلام مناصب عالية. لكنْ لم يرد دانيال ورفقاؤه كسر شرائع الرب من ناحية الأطعمة التي يمكنهم تناولها، فطلبوا من المسؤول عن تدريبهم في جامعة بابل أن يسمح لهم باتِّباع النظام الغذائي اليهودي مدَّةَ عشرة أيَّام، ومن ثَمّ تتمّ المقارنة بينهم وبين الذين يتّبعون النظام الغذائي البابلي.

وهكذا اتَّخذ دانيال موقفًا حازمًا بالنسبة إلى النظام الغذائي الذي يظهر أنَّه أمر بسيط، لكن أعطاه هذا الأمر التصميم لمواجهة الأُسود لاحقًا. ونرى درسًا عميقًا هنا: إن كنت تتَّخذ موقفًا حازمًا بالنسبة إلى أمرٍ يبدو بسيطًا، فلا بدَّ أنَّك تستطيع أن تبقى حازمًا بالنسبة إلى الأُمور الأكبر. فشخصيَّتك تتكوَّن من خلال القرارات الصغيرة التي تتَّخذها، ممَّا يساعدك على الوقوف بحزم أمام الخيارات الكُبرى.

ولم يكن دانيال ورفقاؤه متقدِّمين صحيًّا فقط، بل كانوا متقدِّمين في دراساتهم على سائر رفقائهم. فسُمح لهم باتِّباع نظامهم الغذائي.

إذًا، تقدِّم لنا هذه الحادثة شُبّانًا ذوي شخصيّات مميّزة كانوا يؤسِّسون لحياة في خدمة الربّ. ومع أنَّ دانيال ورفقاءه كانوا يمارسون ما يدعوهُ بعضُهم وظائف "علمانيَّة"، كانوا في خدمة الرب "بدوام كامل". وبالفعل، فإنَّ أيَّةَ وظيفة ممكن أن تكون مقدَّسة عندما تكرَّس للربّ. وعلى جميع المؤمنين أن يكونوا في خدمة الرب "بدوام كامل".

الأصحاح الثاني

يبدأ الأصحاح الثاني الذي يشكِّل الجزء الغامض من السِّفر، بِحُلم عن وحش. وهو بين الأصحاحات الستَّة الأُولى الجزء الوحيد الذي يحيِّر القرّاء. ويُسمّى هذا النوع من الكتابة الرمزيَّة الكتابة النبوِّيَّة إشارة إلى الأُمور الرُّؤيويَّة المذكورة فيه مثل سفر الرؤيا.

في العام 606 ق م، رأى نبوخذنصَّر حُلمًا، فأمرَ بإحضار جميع حكمائه ليفسِّروا له معناه، وإلاَّ أُعدِموا حياتهم. لكنَّه كان قد نسي الحلم بحدِّ ذاته، فطلب وصفًا عنه أيضًا! وكان ذلك أمرًا مروِّعًا ويتعدَّى قدرات هؤلاء الرجال. لكن دانيال استطاع أن يسرد الحلم على الملك ويفسِّره أيضًا.

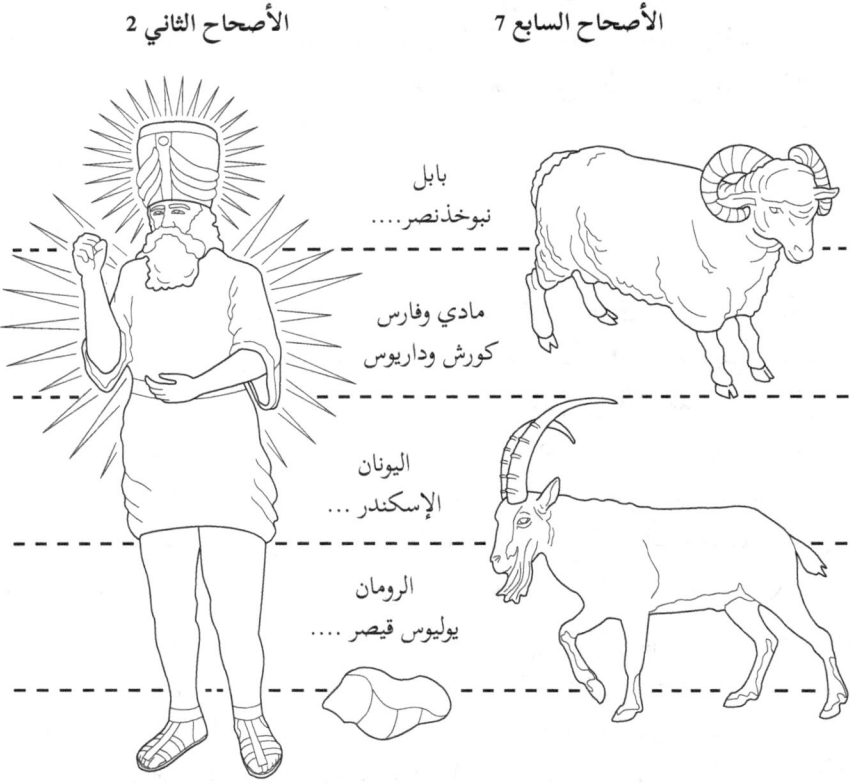

الأصحاح السابع 7 **الأصحاح الثاني 2**

كان الحلم عبارة عن تمثال ضخم مصنوع من مواد متنوِّعة من أعلى رأسه إلى أخمصَي قدميه. فالرأس كان مصنوعًا من ذهب، والجسد من فضة وذهب، والرِّجلان من الطين والحديد. وكان تفسير الحلم أنَّ الرأس الذهبي يشير إلى نبوخذنصَّر، لكن باقي الجسد كشف عن إمبراطوريَّات مستقبليَّة ستخلف الإمبراطوريَّة البابليَّة. فستحلّ إمبراطوريَّة مادي وفارس بقيادة كورش محلَّ الإمبراطوريَّة البابليَّة. لكنَّها لن تمتاز بمثل العظمة أو المجد اللَّذَين امتازت بابل بهما. ثم ستخلفهما الإمبراطوريَّة اليونانيَّة بقيادة الإسكندر الكبير، بعد أن يزيل إمبراطورية مادي وفارس. ثمَّ سيحلّ الرومان مكان اليونان، وقد أُشير إليهما بالرِجلين الحديديَّتَين، وهي، صورة موافقة لما كانت عليه الامبراطوريَّة الرومانيَّة. وقد كان جيش تلك الإمبراطوريَّة هو الذي وضع القانون الروماني. وكان سيلحق روما مزيج من الطين والحديد وهو مزيج غير ثابت وهشّ. وستُنهي بعض "الحجارة" الأمر كلَّه.

إذًا، كان هذا الحلم أوَّل إنذار يرسله الربّ لنبوخذنصَّر. وكان الربّ يقول بالفعل: "أنا مسؤول عن الممالك. وأنا أجعلها تقوم وأنا أجعلها تسقط. وأنا سأرسل الإمبراطوريات الأُخرى لكي يهجموا عليك."

الأصحاح الثالث

يحتوي الأصحاح الثالث على قصَّة الأتون المشتعل. وكان نبوخذنصَّر، ربَّما نتيجة للحلم الذي رآه، قد أمر ببناء تمثال ذهبي ضخم. وكان ارتفاعه تسعين قدمًا وعرضه تسعة أقدام. وقدِ احتل ساحل أرض ما بين النهرين. وأصدر أمرًا بأنَّه كلَّما عزفت جوقة الموسيقى الوطنيَّة، كان على الجميع الانحناء أمام التمثال. فكان ذلك نوعًا من توحيد الديانة في البلاد. لكن رفض شدرخ وميشخ وعبدنغو القيام بذلك (ومن اللافت أنَّنا لا نُخبر ماذا كان دانيال يفعل في ذلك الوقت).

ووصلت أخبار هذا التمرّد إلى نبوخذنصَّر، وهكذا رُمِيَ الشبَّان الثلاثة في أتون النار المحمَّى سبعة أضعاف أكثر من المعتاد. فاحترق الذين رمَوهُم داخل الأتون. ونقرأ أنَّ نبوخذنصَّر نظر إلى الأتون فرأى أربعة أشخاص، وواحد منهم شبيه بابْن الآلهة. ويعتقد بعضٌ أنَّ هذا كان ظهورًا لابن الله.

الأصحاح الرابع

قصَّة جنون نبوخذنصَّر المذكورة في هذا الأصحاح هي من القصص المفضَّلة لدَيَّ في العهد القديم (ربَّما يُفشي هذا الأمر أمورًا عنِّي)! وكانت طريقة عجائبيَّة ليتحوَّل ذلك الملك إلى الإيمان بإله إسرائيل. وربَّما تظهر خلفيَّة هذه القصَّة إنبهاري الشديد بها.

كان نبوخذنصَّر قد تزوَّج بأميرة جميلة من جبال بلاد فارس، حيث تقع اليوم طهران عاصمة إيران. وأتت إلى قصر نبوخذنصَّر، إلاَّ أنَّها سرعان ما اشتاقت إلى ديارها. واشتاقت بالأخصّ إلى الجبال والأشجار والحيوانات البرِّيَّة. وعندما علم نبوخذنصَّر سبب تذمّرها وعد أن يحلّ الأمر. فبنى جبلاً ضخمًا من الحجارة وغطَّاه بالأشجار والنباتات والشُّجَيرات. وكان شديد الروعة حتَّى إنَّه أصبح واحدًا من عجائب الدنيا السبع. وتدفَّق السُّيَّاح لرؤية "جنائن بابل المعلَّقة". وأقام في أعلى الجبل حديقة حيوانات خاصَّة احتوت على حيوانات برِّيَّة. وكان كل ذلك إرضاء لزوجته التي كانت غير معتادةٍ السُّهولَ المنبسطة من حول بابل.

وفي يومٍ من الأيام كان واقفًا على سطح قصره وصُعق بما حققه. فقال: "ألم أبنِ أنا بابل العظيمة هذه بقدرتي وقوَّتي؟" ثمَّ نام ورأى في حُلم شجرة ضخمة وصلت إلى السماء، ووجدت الحيوانات ملاذًا تحتها وغطّت الطيور على أغصانها. ثمَّ قُطعت الشجرة ورُبطت بالحديد وبدأت بالنموّ من جديد.

وطلب من جديد تفسيرًا من دانيال. فقال له إنَّه هو تلك الشجرة، وإنَّه سيُطرد من بين الناس مدَّةَ سبع سنين حتَّى يعترف بأنَّ العليّ يحكم ممالك الناس ويعطيها لمن يشاء. وبعد ست سنوات، أخبر الربّ نبوخذنصَّر أنَّ الحلم سيتحقّق. وبالفعل، فَقَدَ عقله، فما كان من شعبه إلاَّ أن وضعوه في حديقة الحيوانات. وأكل العشب مدَّةَ سبع سنين. وطالَ شعرُه مثل ريش النسور، وشابهت أظفارُه مخالب الطيور، تمامًا كما حصل مع المليونير المنعزل "هوارد هاغز" في أيَّامه الأخيرة.

وفي نهاية السبع سنوات، رفع عينيه نحو السماء وقال: "أيّها الرب، أنت هو الله"، فأعاده الربّ إلى عرشه وجعله أعظم ممَّا كان في السابق. يا لها من قصَّة رائعة ذات نهاية مختلطة! فقدِ اقترف خطيَّة فرض عبادة إله إسرائيل بالقوَّة، بينما يجب أن تكون العبادة قرارًا شخصيًّا. لكنَّه تغيَّر هو شخصيًّا.

الأصحاح الخامس

هذا الأصحاح هو قصَّة نهاية بابل. فقد خلف في تلك الفترة بيلشاصَّرُ نبوخذنصَّر. واقترف في إحدى حفلاته غلطة كبيرة كلَّفته حياته، إذ أخذ الآنية المقدَّسة المسروقة من الهيكل في أُورشليم واستخدمها لممارسة طقوس العربدة. لكنَّ الربّ كان يراقب، ورأى بيلشاصَّر خلال الحفل أصابع تكتب على الحائط: "مَنَا مَنَا تَقَيْلُ وَفَرْسِينُ". وحين رأى الملك الأصابع المنفردة من دون جسد تكتب على الحائط، جزع قلبه في داخله. وقام دانيال بدور المترجم مرَّة أُخرى وشرح قائلاً: "فترة حكمك قد انتهت وأنت لن تقوم بدور الملك بالكامل في مملكة منقسمة." وفي تلك الليلة بالذات هجم الفرس على بابل، وانتهى عهد الأمبراطوريَّة وقُتِل بيلشاصَّر.

الأصحاح السادس

يحكي هذا الأصحاح حادثة إدخال دانيال إلى جبّ الأسود. والأمر الذي قد يغيب عن أذهاننا هو أنَّه في تلك الفترة كان هناك ملك مختلف وإمبراطوريَّة مختلفة، وكان دانيال قد جاوز التسعين من عمره. فكان داريوس المادِيُّ هو الملك، وكان الكره لليهود منتشرًا أيضًا. وأُجبِر الشعب على عبادة الملك نفسه ومُنِعوا من الصلاة لأيِّ إله طيلةَ شهر. وحاك مكيدةً زُمَلاءُ دانيال الحاسدون للإيقاع به، فنجحوا. فقد واصل دانيال عادته بإبقاء نوافذه مفتوحة ناحيةَ أُورشليم بينما كان يصلّي. فرأى الزُّملاء أنَّه الوقت المناسب للإيقاع به، وأجبروا داريوس على تطبيق العقوبة التي نصَّها لِقاءَ العصيان. فرمى دانيال في جبّ الأسود، لكنَّ الملائكة سدَّت أفواهها ونجا من تلك المصيبة. وهكذا، فإنَّ دانيال برهن مجدَّدًا أنَّه رجل مستقيم، وبرهن الربّ أنَّه يستطيع أن يحفظ عبده.

الجزء الثاني (الأصحاحات 7-12): إرث دانيال

يتغيَّر الجوّ كليًّا عندما ننتقل إلى الجزء الثاني من السفر. فينتقل أُسلوب الكتابة من ضمير المخاطب إلى ضمير المتكلِّم، وتنتقل اللغة من الآراميَّة إلى العبريَّة لأنَّ هذا الجزء موجَّه إلى اليهود. إذًا، فإنَّنا ننتقل إلى الجزء الموجَّه لشعب الرب بالدرجة الأُولى. وبالطبع أنَّه من غير المحبَّذ أن ننصح شخصًا غير مؤمن بأن يقرأ دانيال 7-12.

يُقدِّم دانيال في هذا الجزء بالتفصيل نُبوَّاتٍ فريدةً في نوعها، ومؤرِّخة بتتابُع ودقَّة أحداثًا تاريخيَّة كُتِب عنها قبل أن تحصل. ويواجه القارىء السؤال ما إذا كان المستقبل معروفًا لدى الربّ.

يُوضّح لنا الكتاب المقدَّس أنَّ الربّ لا يعرف المستقبل فقط، بل إنَّه يشكِّله أيضًا. لكن هذا لا يعني أنَّ كلَّ الأمور مخطَّط لها سلفًا، ففي الكتاب المقدَّس خط رفيع يفصل بين السيادة الإلهيَّة والمسؤوليَّة البشرية. ولا ينبغي أن نقول إنَّ الكلّ مخطَّط له سلفًا وكأنَّنا مخلوقات آلية متحرِّكة. لكن يعني هذا أنَّ بإمكان الربِّ تشكيل الأحداث. فإن لعبتُ مقابل متمرس في لعبة الشطرنج فلا بدَّ أن يغلبني، لكن لي الحرِّيَّة الكاملة لأتَّخذ الخطوات التي أنتقيها خلال اللعبة. في المقابل، بإمكانه أن يردّ على كل خطة أخطوها بخطوة مقابلة تساعده على الربح. والربّ يملك حرِّيَّةَ اختيارٍ أكبرَ إذ إنَّ حرِّيَّتنا محدودة أمامه. وعلينا أن نذكِّر أنفسنا أنَّه يمارس سيادته بليونة كي لا ننزلق إلى تبني الفكر القائل بأنَّه يقرِّر كلّ أُمورنا سلفًا، وأنْ لا دور لنا نقوم به.

نجد في الأصحاحات 7-12 عن الرؤى المستقبليَّة بعض النقاط التي لا بدَّ من مناقشتها. فمن الناحيَّة السلبيَّة، لم تأتِ الرؤى كأحداث مستمرَّة. وهي ليست متتالية، بمعنى أن تكون بحسب ترتيب معيَّن. كذلك، فهي ليست متزامنة أي أنَّها تبدأ أو تنتهي في آنٍ معًا.

رؤى دانيال المستقبليَّة

1. غير مستمرَّة

7 ______________ 12

2. غير متتالية

7   8   9   10   11   12

3. غير متزامنة

البداية   (السنة نفسها)   النهاية

4. تختلف في مدَّتها

5. تتداخل مع بعضُها مع بعض

6. تغطي فترتين زمنيتين

ميلادية   فراغ

النظر إلى الرؤى المستقبلية من خلال التلسكوب

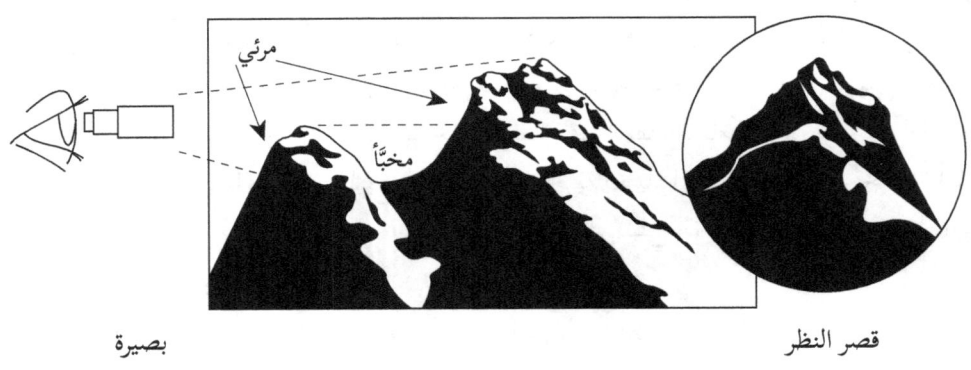

أمَّا من الناحية الإيجابيَّة فإنَّها تختلف في المدَّة، فبعضها مقتضب وبعضُها يغطِّي فترة زمنية أطول. وتتداخل أحيانًا بعضُها ببعض، وتحدث أحيانًا أُخرى بعضُها مع بعض. لكن تغطِّي تلك الرؤى حقبتين تاريخيتين تقود الأُولى إلى مجيء المسيح الأوَّل، وتقود الثانية إلى مجيئه الثاني. وكأنِّي بدانيال ينظر من خلال تلسكوب نبويّ ويرى "قمَّتين" تاريخيتين، تقف الأقصر أمام الأطول، دون أن يتنبَّه إلى طول الوادي بينهما.

إذًا، استطاع دانيال أن يرى مجيء المسيح الأوَّل، لكنَّه لم يستطع بعد ذلك سوى رؤيا الأحداث التي ستقود إلى مجيئه الثاني. ولم يستطع، كسائر أنبياء العهد القديم، أن يخمِّن الفترة الزمنيَّة الممتدَّة بين "القمَّتين". ولم يلاحظ أنَّ المملكة ستأتي على مرحلتين، لأنَّ المَلِكَ سيأتي مرَّتين.

وتقدِّم هذه الأصحاحات نبوَّات ستؤدِّي إلى المجيء الأوَّل للملك، بالإضافة إلى الأحداث التي ستقود إلى مجيئه الثاني. والمدهش في الأمر هو أنَّ سلسلتي الأحداث متشابهتان إلى حدٍّ ما. ويظهر في المرحلة الأُولى رجل يُدعى أنطيوخس إبيفانيس، أمَّا في المرحلة الثانية فيظهر رجل يُدعى المسيح الكذَّاب ويتشابه هذان الرجلان بالمواصفات. بكلام آخر، بينما ندرس الأحداث التي ستؤدِّي إلى مجيء المسيح الأوَّل، نأخذ فكرة عن الأحداث التي ستقود إلى مجيئه الثاني.

نبوَّات تحقَّقت بالكامل

تمَّ التنويه خلال دراستنا لحلم نبوخذنصَّر الأوَّل بِسلسلة من الممالك البشرية التي تتدنَّى في المستوى على التوالي. فتبدأ بالرأس الذهبي، ثمَّ الجِذع الفضّي ثم الساقين الحديديَّين ثم قدَمَي الطِّين. وتؤدِّي تلك الممالك إلى استِهلال المملكة السماويَّة أوِ ابتدائها. والممالك هي على التوالي: البابليَّة، مادي وفارس واليونان، ثم الإمبراطوريَّة الرومانيَّة التي أتى الربُّ يسوع المَلِكُ السماوي إلى هذه الأرض

خلال فترة حكمها. وقد توقَّع دانيال أنَّ المملكة السماويَّة ستحلّ مكان الممالك الأرضية مباشرة وبالكامل، ولم يلاحظ أنَّه ستأتي فترة زمنيَّة حين تتزامن المملكة السماويَّة مع المملكة الأرضية. لقدِ استطاع أن يرى القمَّة الثانية وكأنَّها جزء من القمَّة الأولى، ولم ينتبه إلى أنَّه ستكون بين الإثنتَين فجوةٌ زمنية لا تقلّ عن ألفي سنة، وهي التي نعيش نحن فيها. فنحن نعيش في المملكة السماويَّة (الروحيَّة)، لكن ما تزال هناك ممالك أرضيّة قائمة مثل روسيا والصين والولايات المتحدَّة.

وحصل أن حجَرَ الجبل الذي لم يمسَّه إنسان ضربَ التمثال في رجله فوقع على الأرض بكامله. وذلك الحجر هو مملكة الرب التي تفرِّق كل ممالك العالم، وتحلّ وتتأسَّس مملكة الربِّ مكانها كلِّها بعد سقوطهنَّ. ظنَّ دانيال أنَّ الرؤى ستتحقق مباشرة، لكنَّنا نعلم أنَّها تتحقَّق على مرحلتين، إذ إنَّ ممالك هذا العالم ما تزال قائمة بالتوازي مع المملكة السماويَّة.

وتحقَّقت نبوَّة أُخرى مذكورة في الأصحاح الثامن، حيث يتمّ التركيز على كبش وتيس له قرن واحد. ويتوافق هذان الوحشان مع جزأين من الوحش المذكور في الأصحاح الثاني: إمبراطوريَّة مادي وفارس والإمبراطوريَّة اليونانيَّة. ويشير الكبش إلى الإمبراطوريَّة الفارسيَّة التي امتدَّت من الهند إلى مصر وكامل تركيا. وقد تحقَّق كلّ ما ذُكر في الأصحاح الثامن عن الإمبراطوريَّة الفارسيَّة.

ويمثِّل التيس الإمبراطورريَّة اليونانيَّة التي خلفت إمبراطورية مادي وفارس. وقد لُقِّب الإسكندر الكبير بـِ "التيس" لأنَّه كانت له عادة أن يهز رأسه باستمرار. ومات عندما كان له من العمر اثنان وثلاثون سنة، إلاَّ أنَّه كان قد سيطر على كامل العالم "الحديث" وهو يُعدّ أحد أعظم الفاتحين في التاريخ. لكنَّه انغمس في ملذَّاته، وأدَّت حياة الشر التي اتَّبعها إلى سقوطه. وانقسمت مملكته بعد موته بين أربعة من ضبَّاطه. فأخذ ليسينيوس تركيا، وأخذ كسندر اليونان، وأخذ بطليموس مصر، وأخذ سُلوقُس سوريا. واحتُجزت إسرائيل بين بطليموس وسُلوقُس، وواجهت صعوبات جمَّة.

ويحتوي الأَصحاح التاسع نبوَّة عن المدَّة الزمنية قبل مجيء المَلِك السماوي. ويُسمِّي مفسِّرو الكتاب المقدَّس هذا النصّ "أسابيع دانيال السبعين"، وقد بُذِل مجهود كبير لتفسير معناها. وتكثر النظريات السخيفة، إلاَّ أنَّ دانيال أَخبِر أنَّ "سبعة أسابيع" خُصِّصت لإسرائيل. لكن من المهمّ أن نلاحظ أنَّ الكلمة "سبعة" لا تعني أُسبوعًا، بل سبع سنين. فالمجموع ليس سبعين "أسبوعًا"، بل "سبعون سبعةً" أي أربع مئة وتسعون سنة. إذًا، مرَّت أربع مئة وثلاث وثمانون سنة (أي تسع وستّون سبعة) من تاريخ العودة إلى أُورشليم حتَّى مجيء المَلِك.

لا نعلم بالتحديد إلى أي مرسوم يُشير دانيال، وليس واضحًا ما إذا استخدم الروزنامة البابليَّة (التي تستند إلى السنة الشمسيّة: ثلاث مئة وخمسة وستون يومًا وربع اليوم)، أو إلى الروزنامة اليهوديَّة (التي تستند إلى السنة القمريَّة: ثلاث مئة وستون يومًا). وقد صدَرَ في الواقع أربعة مراسيم، إذ أصدر كورش مرسومًا في العام 536 ق م قضى بإرجاع قسم من اليهود من السبي. ثمَّ أصدر داريوس مرسومًا آخر سمح لعدد منهم أكبر بالعودة. وأصدر أرتحشستا مرسومين ساعدا نحميا على العودة وإعادة البناء. لكن لا يهمّ أيُّ مرسوم تبدأ العدّ به، إذ إنَّ السنوات المعيَّنة تنتهي بولادة الربِّ يسوع أو معموديَّتِه! ففي الحالتين،

أتى الربّ يسوع بعد أقلّ من خمس مئة سنة. وأجد هذه الفترة قريبة، إذ من المدهش أن يكون بإمكان دانيال أن يتنبَّأ عن مجيء المسيح قبل خمس مئة سنة من مجيئه.

علينا أن ندرس أيضًا بعض التفاصيل التي وردت في الأصحاح التاسع. فمع أنَّ دانيال تنبَّأ بالتوقيت الصحيح لمجيء المسيح، فقد أُخبِر أنَّه سيمرّ زمَن طويل قبل نهاية التسع والستين "سبعة" حين سيأتي الملك. لكنَّه ترك الأُسبوع السبعين لتلك الأحداث خارج المعادلة بشكل حاسم. وأعتقد أنَّه خلال الأُسبوع السبعين كان ينظر أبعد من المجيء الأوَّل وإلى المجيء الثاني. فأتت فجوة زمنية كبيرة بين الأُسبوع التاسع والستين والأُسبوع السبعين. ولذا فإن هذا "الأُسبوع" يساوي سبع سنوات لم تأتِ بعد، حين سيظهر المسيح الكذَّاب.

وبالنسبة إلى النصّ فإنَّه سيُفرض ميثاق وستتهدَّد المعاهدة مع إسرائيل. وخلال تلك الفترة سيشتدّ الاضطهاد. سيتوقَّف تقديم الذبائح وسيُدنَّس الهيكل تمامًا كما حصل في زمن أنطيوخس إبيفانيس، ما يعني أنَّه يجب إعادة بنائه في مرحلة ما.

ويَصِفُ الأصحاح العاشر رؤيا أُخرى سبَّبت الذعر لدانيال. فقد أظهرت أنَّ كلّ صراع على الأرض يقابله صراع في السماء بين الملائكة وأجناد الشر. وهذه معلومة مهمَّة، رُغمَ أن بعض المؤمنين يبالغون في أهمِّيَّتها. ويخبر الأصحاح أنَّ خلف كل قوَّة أرضيَّة وكلّ مملكة تنشأ رئيسًا شيطانيًّا. فكلّ من يريد أن يدمِّر بلادًا أُخرى أو يسيطر على السلطة يُحرِّكُهُ نفوذ شيطاني. ويذكر هذا الأصحاح "رئيس فارس" و"رئيس اليونان"، وقد أرسل الربّ ملاكه ميخائيل ليغلبهما.

من الجدير ذِكرُه أنَّ دانيال لا يتورَّط بهذه المعركة، بل تُرِك الأمر للملائكة. وقد بنى بعض المؤمنين على الأصحاح العاشر استراتيجيَّة متكاملة حول الصلاة والتبشير. فهم يؤمنون بأنَّ عليهم خلال حملة تبشرية ما في مدينة معيَّنة أن يحدِّدوا الروح الشرير ويقيِّدوه قبل البدء بها. لكنَّ الربَّ يسوع لم يقل: "اذهبوا إلى العالم أجمع وفتِّشوا عن الروح الشرير وقيِّدوه"، بل قال "اذهبوا وتلمذوا." فعلينا أن نترك أمر الحرب الروحيَّة للملائكة إلى أن يُظهِر الروح الشرِّير ذاته. ويلفتني أنَّ الربَّ يسوع والرسل لم يذهبوا بهدف التفتيش عن الأرواح الشرِّيرة، بل عندما كان أيُّ روح يهاجمهم كانوا يتعاملون معه. وأعتقد أنَّ هذا مثال لنا، ويجبُ ألَّا نفتِّش عن الأرواح بهدف تقييدها، بل ننصرف إلى التلمذة في سبيل الملكوت. وقد حدث مرَّة أنِ انتظر بولس ثلاثة أيَّام قبل أن يطرد روحًا من فتاة كانت تثير جلَبة في الاجتماعات.

يحتوي الأصحاح الحادي عشر على واحدة من أغرب النبوّات عن المستقبل في كامل الكتاب المقدَّس. فقد تمَّ التنبّؤ في خمسٍ وثلاثين آيةً عن مئة وخمس وثلاثين حادثة تغطِّي ثلاث مئة وستًّا وستين سنة (راجع الجدول الموجود في آخر الفصل). ويواجه مفسِّرو الكتاب المقدَّس المتحرِّرون مشكلة في التعامل مع هذا الأصحاح، فيقولون إنَّه من غير الممكن أن يكون دانيال قد كتبه، بل لا بدَّ أنَّه كُتِب بعد أربع مئة سنة لاحقة. لكنَّ الربّ يعلم البداية والنهاية، وقد أعطى دانيال القدرة على كتابة النُّبوَّات.

ويرد في الأصحاح الحادي عشر أيضًا ذِكرُ لأنطيوخس إيبيفانيس الرابع الذي سبَّب كارثة عظيمة بحقِّ الشعب اليهودي قبل مجيء المَلِك السماوي. فقد عُيِّن واليًا في شمال إسرائيل للإمبراطوريَّة اليونانية، وكان الوصيَّ على صبي صغير هو الوريث للعرش. لكنَّه قتل الصبي واعتلى العرش. وكان طاغية قاسيًا، وقد صمَّم على محو الدين اليهودي. ودنَّس الهيكل إذ قدَّم خنزيرًا على المذبح، وملأ غُرَفه بالزواني. وأمر برسم صورة للإله جوبيتر. وذبح أربعين ألفًا من اليهود، وباع عددًا مماثلاً للعبوديَّة. وكان الأمر مروِّعًا جدًّا، فلم يستطع اليهود احتماله، وكانت النتيجة قيام ثورة المكابيِّين. إنَّه، بمعنًى ما، موازٍ للمسيح الكذَّاب الذي سيظهر عند نهاية التاريخ. فهما تابعان، والواحد مُقدِّم لمجيء الآخر. وإن كنتم تريدون معرفة المزيد عن المسيح الكذَّاب، فاقرأوا المزيد عن هذا الرجل.

ولا يقدِّم الفاصل بين الأصحاحين الحادي عشر والثاني عشر أيَّة مساعدة، إذ إنَّ الأصحاح الثاني عشر يستمرّ بالتركيز على المسيح الكذَّاب والأحداث المرتبطة بمجيء المسيح الثاني وقيامة الأبرار والخُطاة.

نبوَّات لم تتحقق بعد

مع أنَّ بإمكاننا الإشارة إلى عدَّة طرق تحقَّقت من خلالها نبوَّات دانيال، تبقى نواحٍ عديدةٌ لم تتحقَّق بعد. ورُغمَ أنَّ المَلِك أتى مرَّة، فهو لم يملك بعد على ممالك العالم. ولهذا، فنحن ننتظر عودته.

ويحتوي الأصحاح السابع، على بعض الصُّوَر غير العاديَّة. ويحاول بعضُهم دمج الأصحاحين السابع والثاني معًا قائلين إنَّ الوحوش الغريبة الأربعة المذكورة في الأصحاح السابع هي نفسها الإمبراطوريَّات العظيمة الأربع المذكورة في الأصحاح الثاني، مشيرين بذلك إلى أنَّ معظم الأحداث التي تمَّ التنبّؤ عنها بواسطة الرؤيا قد تحقَّقت. لكن هناك خمسة أسباب تجعلنا نستبعد هذا الاحتمال:

1. لا يتلاءم التاريخ مع التفاصيل. فالإمبراطوريَّة اليونانيَّة لم تبدأ بأربعة رؤوس، كما لم يكن للإمبراطوريَّة أربعة قرون. ولذا تصعب رؤية المقارنة.
2. نقرأ في الأصحاح الثامن أنَّ بلاد فارس واليونان تُشبَّه بالكبش والتَّيس. ومن غير البديهي أن يُشبَّها بطريقة أُخرى الآن.
3. يُخبر دانيال أنَّ الأربعة وحوش "ستقوم" في المستقبل. إذًا، لا يمكن أن تكون بابل الأُولى التي تلاشَت.
4. لا يمكن للأربعة وحوش أن تكون بابل والفرس واليونان والرومان، لأنَّنا نقرأ أنَّ الثلاثة وحوش الأُولى ستكون ما تزال موجودة عندما تظهر الإمبراطوريَّة الرابعة. وعندما نهضت روما، كانت الإمبراطوريَّات الثلاث قدِ اضمحلَّت، مع أنَّ الشعوب كانت ما تزال موجودة.
5. نقرأ في الأصحاح السابع أنَّ الوحوش تزداد قوَّة، لكنَّ التمثال الضخم يصوّر سقوط الإمبراطوريَّات. فمثلاً، روما ليست قوِّيَّة كبابل.

إذًا، كيف نفسِّر ظهور صورة الوحوش: الأسد وأجنحته، والدب الكبير، والنمر ذي الأجنحة والرؤوس الأربعة، ووحش خرافي، ومن ثَمّ مملكة؟ من الواضح أنَّ المملكة هي مملكة الربّ التي أسَّسها "مِثْلُ ابْنِ إِنْسَانٍ أَتَى وَجَاءَ إِلَى الْقَدِيمِ الأَيَّامِ، فَقَرَّبُوهُ قُدَّامَهُ." ومن الواضح أنَّ ذلك يشير إلى مجيء الربِّ يسوع ثانيةً. أمَّا تفسيري الخاصّ فهو أنَّ الأسد ذا الأجنحة يشير إلى الولايات المتحدَّة والمملكة البريطانيَّة. ويشير الدب إلى روسيا، ويشير النمر إلى البلدان العربيَّة. إذًا، فهم سيكونون موجودين في النهاية، لكن سوف يحلُّ محلَّهم ملكوتُ الرب. لكنِّي لا يمكن أن أكون واثقًا جدًّا من جهة هذا التفسير.

نقرأ في الأصحاح السابع أنَّ القوى العالميَّة الأخيرة ستستسلم للمسيح الكذّاب. والمجيء الأخير للملكة هو عندما يأتي ابن الإنسان على السحاب لِيُطيح المسيحَ الكذَّاب ويأخذ ممالك العالم، فتصبح جميعها مملكة الربّ ومسيحه.

ومن الواضح أنَّ بعض الأحداث المذكورة في الأصحاح الثاني عشر لم تتحقَّق بعد. فيتحدَّث دانيال عن قيامة الأبرار والأشرار، بينما يسطع الأبرار كالنجوم إلى الأبد. وهذا هو الذِّكر الأوَّل في الكتاب المقدَّس "لقيامة" الأبرار، وقد وَسَّعَت هذه الفكرة في العهد الجديد (راجع يوحنا 5:29، وأعمال الرسل 24:15). وهي تمثِّل الذروة الأخيرة لكامل التاريخ.

لماذا أُظهرت تلك الأُمور لدانيال؟

بما أنَّ دانيال لم يكن مدركًا لمعنى الأُمور التي يراها، فمن الواضح أنَّ الهدف من وراء ذلك لم يكن هو، بل الأجيال التالية. وكما نعلم، مرَّت فترة أربع مئة سنة صَمْت لم يظهر فيها نبيّ واحد. وكان أحد أهداف هذا السِّفر هو مساعدة الشعب خلال تلك الفترة الجافَّة روحيًّا. وساعد واقعُ أنَّ الربّ تنبَّأ بأحداث تمَّت خلال فترة الأربع مئة سنة تلك على احتمال ذلك الصمت. وهذه بعض النصوص الكتابيَّة التي تشرح أهميَّة الإنذار المسبَّق: "إن السيد الرب لا يصنع أمرا إلا وهو يعلن سره لعبيده الأنبياء" (عاموس 3:7)، "... أُنْظُرُوا، لاَ تَرْتَاعُوا... هَا أَنَا قَدْ سَبَقْتُ وَأَخْبَرْتُكُمْ" (متى 24:6و25)، "أَقُولُ لَكُمُ الآنَ قَبْلَ أَنْ يَكُونَ، حَتَّى مَتَى كَانَ تُؤْمِنُونَ أَنِّي أَنَا هُوَ" (يوحنا13:19).

كُتِبت نبوَّات دانيال بالدرجة الأُولى كتشجيع لشعب الربّ. فيتمّ تشجيعهم خلال تلك الأصحاحات على القيام بعدد من الأُمور لأنَّهم يعرفون المستقبل مثل: الصمود والاحتكار والاستيعاب وتحمّل الألم والتدرُّب ومقاومة الشرّ والراحة.

يريد بعض الناس معرفة المستقبل بدافع الفضول. فهم يريدون أن يكونوا ملِّمين بالأُمور. وأحد أهم الأسباب التي من أجلها يكشف الربُّ المستقبلَ لنا هو أن يجعلنا مستعدِّين للتعامل معها بصورة صحيحة، وأن نكون مستعدِّين لها ونصمد ونقوم بما يريد لنا الرب أن نقوم به. فعندما نعلم أنَّ النهاية ستكون مجيدة، عندئذٍ نستطيع أن نحتمل الألم.

نزول المملكة السماويَّة

إرتفاع ملوك الأرض

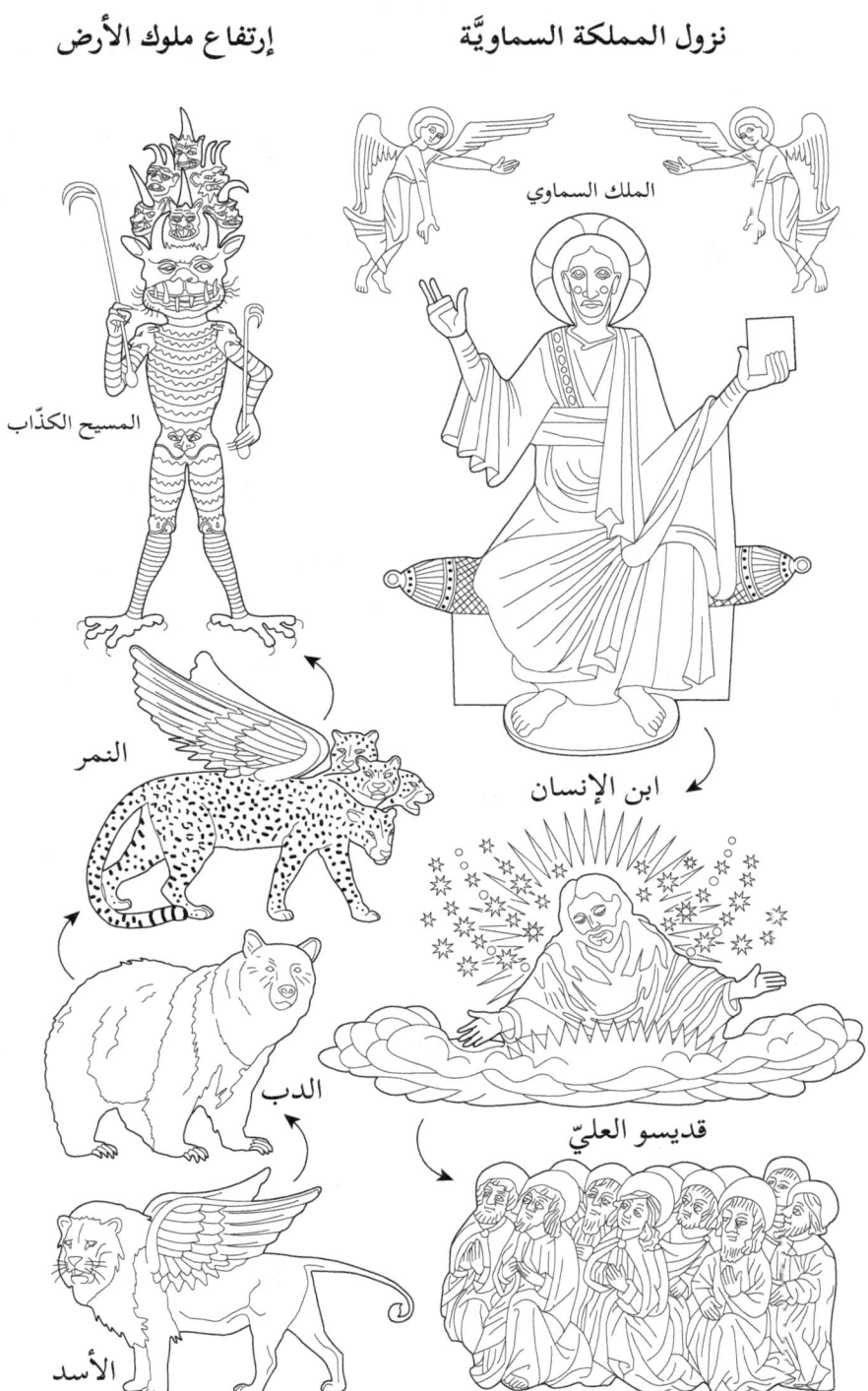

السبب الآخر الذي جعل الربّ يكشف المستقبل هو تحذير غير المؤمنين، وخاصَّة الذين يريدون أن يصبحوا من العظماء ويبنوا الإمبراطوريات. لكن في النهاية سوف يحلّ ابن الإنسان محلَّهم جميعًا. فجميعنا ننتمي إلى مَلِك العالم المستقبلي. وسيأتي ابن الإنسان على سحاب المجد وسيبني مملكة السماء هنا على الأرض، وسنملك معه. لذا، من الأفضل أن نستعد لنكون حكَّامًا صالحين ومسؤولين معه في العالم.

وسنلقي نظرة على أهميَّة سفر دانيال بالنسبة إلى المؤمنين، عندما نقابله مع سفر أستير في نهاية هذا الفصل التالي.

أحداث تاريخيَّة تمَّ التنبّؤ بها في دانيال 11: 2-35

الآية 2. الفرس

الحكَّام الثلاثة الذين خلفوا كورش:

- قمبيز الذي انتصر على مصر (529-522 ق م)
- سِميردس المزيَّف (522-521) وقد اعتلى العرش منتحلاً شخصية أخي الملك المقتول، ثمَّ أُعدم
- داريوس الأوَّل (هستاپِس) (521-486 ق م) وهو مذكور في عزرا 5-6

وكان أرتحشتا الأوَّلُ الحاكمَ الرابع (486-465 ق م) وهو أحَشْوِيروش المذكور في

سفر أستير 1. وقد ملك في ذروة قوَّة وغنًى في بلاد فارس. غزا اليونان في العام 480 ق م، لكنَّه مُني بخسارة شديدة في سالاميس

الآيات 3-4: اليونان

ع **3.** الإسكندر العظيم (356-323 ق م) أخذ بثأر اليونان بأن قهر بلاد فارس، وأسس خلال اثنتي عشرة سنة الإمبراطوريَّة اليونانية ذات الحضارة الواسعة، فعلا شأن أُوروبا بالنسبة إلى آسيا. إنَّه "التيس" المذكور في دانيال 8. ومات في بابل عن عمر الثانية والثلاثين.

ع **4.** قُتِل بارسينا ابن الإسكندر، وقُتِل أيضًا ابنه من روكسنا الذي وُلد بعد وفاته

فانقسمت الإمبراطوريَّة بين أربعة جنرالات:

- ليسيماغوس (تراقيا، بثينية وآسيا الصغرى)
- كسندر (مقدونية واليونان)
- بطليموس (مصر)
- سيليسيوس (سوريا حتَّى بابل)

وأُطلق على الجزأين الأخيرين اسما "الجنوب" و"الشمال" في ما تبقَّى من الأصحاح الحادي عشر (إشارة إلى موقعهما بالنسبة إلى إسرائيل).

الآيات 5-35 مصر وسوريا

يغطِّي هذا النصّ مدَّة مئة واثنتين وستِّين سنة، حيث كانت إسرائيل معلَّقة كما أشار لوثر بين سُلالتين مترابطتين. ولم يكن الاسم "سوريا" قد ظهر في زمن دانيال، بل كان يُشار إلى تلك المنطقة بـِ "الشمال".

ع **5.** بطليموس الأوَّل سوتر (ومعنى اسمه المخلِّص) (323-246 ق م) وقد حكم مصر، كما حكم سوريا قريب له يُدعى سيليسيوس الأوَّل نيكاتور (312-281 ق م). وقدِ اتَّخذ كلاهما لقب "الملك" في العام 306 ق م. وأصبح الأخير قوِّيًّا، وحكم المنطقة الممتدَّة من آسيا الصغرى إلى الهند، وهكذا أصبح خصمًا يشكِّل تهديدًا.

ع **6.** أقنع بطليموس الثاني فيلادلفوس (المحبَّة الأخوِّيَّة) في مصر (285-246 ق م) أنطيوخس الثاني ثيوس (الرب) بأن يطلِّق زوجته لاوديس ويتزوَّج بابنته برنيس. وكان زواجًا فاشلاً سعى وراء توحيد العائلتين المالكتين. وعندما مات بطليموس، رجع أنطيوخس إلى زوجته لاوديس، لكنَّها قتلته وقتلت برنيس وابنهما.

الآيات 7-9: فترة ترجُّح بين معارك دارت بين الأمَّتين:

ع **7.** هاجم أخو برنيس بطليموس الثالث يورغيتيس (فاعل الخير) (246-221 ق م) سيليسيوس كالينوس (247-226 ق م) وقتل لاوديس ليأخذ بالثأر. وانتصر على المملكة الشماليَّة حتَّى بلاد مادي وفارس.

ع **8.** رجع بطليموس الثالث حاملاً أصنامًا مصريَّة كانت قد أُخِذت قبل مئتين وثمانين سنة، فأطلق عليه الشعب لقب: "فاعل الخير".

ع **9.** ردَّ سيليسيوس الهجوم وخسر أُسطوله في العاصفة ومُنِيَ بخسارة شديدة، ثُمَّ مات بسبب وقوعه عن ظهر حصانه.

الآيات 10-20

ع **10.** قُتِل أخوان في الشمال هما: سيليسيوس الثالث (226-223 ق م) الذي اغتالته قوَّات ضارية خلال معركة دارت في آسيا الصغرى، وأنطيوخس الثالث "العظيم" (223-187 ق م) الذي اعتلى السلطة في عمر الثامنة عشرة وأمضى حياته للأخذ بالثأر لوالده الذي أُذِّل. وامتدَّت قوَّته كالفيضان إلى غزَّة ومصر، رغمَ حصانة أبوابها.

ع **11.** في العام 217 ق م التقى بطليموس الخامس فيلوباتر (المحبَّة الأبوِّيَّة) (221-203 ق م) أنطيوخس العظيم ومعه سبعون ألف جنديّ، وخمسة آلاف فارس، وثلاثة وسبعون فيلاً. فقضي على جيش أنطيوخس بالكامل، فمات منهم عشرة آلاف وأُخِذ أربعة آلاف أسرى. أمَّا هو فكاد أن يؤخذ أسيرًا.

ع **12.** لم يحافظ بطليموس الخامس على الامتيازات التي كانت له بسبب كسله وانغماسه في الملذّات. وإستعاد أنطيوخس قوّته فذهب شرقًا إلى الهند وبحر قزوين، حيث ازداد غنى وثروة.

ع **13.** بعد موت بطليموس والملكة في ظروف غامضة، هجم أنطيوخس على مصر من جديد وغلب في پانياس جيشَها الذي كان تحت قيادة الجنرال سُكوپاس بالقرب من نبع الأُردنّ الذي أصبح في ما بعد قيصريَّة فيلبُّس. وهرب سُكوپاس إلى صيدا.

ع **14.** تحالف الآخرون مع أنطيوخس (مثل فليبّس المقدوني) ومن بينهم بعض اليهود الذين ظنّوا أنَّهم يحقِّقون النبوَّة في رؤيتهم مصر تخسر، وتوقَّعوا أن يستقلّوا على الصعيد الوطني. إلاَّ أنَّ كثيرين ماتوا في المعركة.

ع **15.** تمَّ حصار صيدا وسقطت، رغم محاولة اختراق للحصار قام بها ثلاثة جنرالات مصريين.

ع **16.** أخطأ أنطيوخس في احتلال أرض الآباء واستخدامها كقاعدة عسكريَّة ومكان دعم لجشيه.

ع **17.** شعر أنطيوخس بالتهديد بسبب تَعاظُم قوّة روما فحاول أن يتَّحد مع مصر بتزويج ابنته الجميلة الشابة كليوپاترا من بطليموس الخامس إيپيفانيس (ممجَّد) ذي السنوات السبع (204-181 ق م). وخاب أمله في السيطرة على مصر بعدما دعمت ابنته موقف زوجها، بدل أن تدعم موقفه.

ع **18.** احتقر أنطيوخس نُموَّ قوَّة روما قائلاً: "لا شأن للرومان في آسيا، ولست مضطرًا أن أطيع أوامرهم." فرفض استقبال سفرائهم، وقرَّر أن يقهر اليونان بنفسه، إلاَّ أنَّه هُزِم شَرَّ هزيمة على يد قنصل روما لوسيوس اسكيپو آسياتيكوس في ثيرموبيل في العام 191 ق م ، وفي ماغنيسيا التي تقع على ضفاف نهر مياندِر في العام 191 ق م.

ع **19.** رجع أنطيوخس إلى بلاده بعد أن فقَدَ أي أمل في إبرام السلام مع روما، وقُتِل بينما كان يحاول نهب معبد في مدينة إليمايس. وكان قد فتح آسيا على روما.

ع **20.** كان كلّ ما أراده سيليسيوس الرابع فيلوپاتر (المحبَّة الأبويَّة) (187-175 ق م) السلام والهدوء، ولكن كان عليه فرض ضرائب عالية لتقديم الجزية لروما. فحاول وزير ماليَّته هليودورس أخذ كنوز هيكل أُورشليم، لكنْ أوقفه شبح فوطبيعي، فرجع ودسَّ السمَّ للملك.

الآيات 21-30.

أنطيوخس إبيفانِس (الممجَّد) (175-164 ق م). وهو "القرن الصغير" بالنسبة إلى دانيال 7. وكان من أسوأ الطغاة المذكورين في العهد القديم. وكانت قوَّة سوريا تزول تدريجيًّا ما أفسح في المجال لنموِّ روما. وقاده إحباطه إلى إضطهاد إسرائيل بطريقة ضارية محاولاً محو ديانتها بأن دنَّس الهيكل وفرض الحضارة اليونانيَّة.

ع **21.** وإزداد شرّه جدًّا فعاشر زانيات وأقام علاقات معهنّ بطريقة علنيَّة، وانغمس في ملذّاته والاحتيال والدسيسة. ويعني اللقب الذي أُطلق عليه Ephipanes "الممجَّد"، إلاَّ أنَّه حوَّله بعضُهم دون علمه إلى Epimanes أي "الرجل المجنون". وكان الوريث المباشر للعرش السوري قد حُجِز أسيرًا في روما، فاستولى أنطيوخس على السلطة في سوريا بأن نصَّب نفسه وليًّا للوريث الثاني للعرش، ويُدعى أيضًا أنطيوخس، وهو سيليسيوس الرابع، وقد قتله لاحقًا. وازدادت شعبيَّته بسبب الوعود التي قدَّمها بتخفيض الضرائب وبجعل القوانين أشدّ قساوة، إلاَّ أنَّه لم يَفِ بأيٍّ من تلك الوعود.

ع **22.** كان نشاطه العسكري في البداية ناجحًا جدًّا. وأقام معاهدة سلام مع روما، ودفع الجزية المتأخرة وقدَّم الرشاوى. ثمَّ غزا مصر في العام 170 ق م وانتصر على بطليموس الخامس إبيفانِس بين غزَّة ودلتا النيل. ومرَّ في طريقه نحو الجنوب على أُورشليم فقتل حنانيا رئيس الكهنة، الحاكم المنظور في إسرائيل.

ع **23.** مع أنَّ سوريا لم تكن أمَّة كبيرة، استطاع أنطيوخس أن يسيطر على مصر مستخدمًا بطليموس السادس فيلوميتر (181-145 ق م) وبطليموس يوريغيتيس كرهينتَين.

ع **24.** سرق بمنهجيَّة الأماكن الثرية التي تحت سيطرته (مثل الجليل)، ولم يستخدم الأموال لأغراض شخصيَّة (كما فعل الحكَّام الآخرون من قبله)، بل استخدمها بإسراف كرشاوى وهدايا (وكان ينثر المال في الشوارع، ويصرف في الدولة بأُسلوب فاحش. وكان يخطّط للاستيلاء على مدن مصريَّة مثل الإسكندريَّة).

ع **25.** قام بحملة أُخرى على مصر مستخدمًا المركبات والخيل والفِيَلة. وأدخل الفساد إلى البلاط الملكي المصري، وحاكوا مؤامرة ضدّ الملك.

ع **26.** انهزام مصر

ع **27.** حاول أنطيوخس وبطليموس فيلومتر التذاكي أحدُهما على الآخر، وهما يحاولان القيام بمعاهدة سلام، لكنَّهما فشلا.

ع **28.** عندما رجع أنطيوخس إلى الشمال، تحوَّل إلى إسرائيل واشتهى كنوز الهيكل، وقتل أربعين ألفًا من اليهود وباع العدد نفسه للعبوديَّة. وهرب يثرون رئيس الكهنة إلى بلاد العمُّونيين.

ع **29.** ألقى القبض على نسيبه فيلومتر خلال إحدى حملاته على مصر، لكنَّه أُجبِر على التراجع عن الإسكندريَّة.

ع **30.** خلال حملته الأخيرة إلى مصر، أرسلت مصر سفَّارةً إلى روما التي أرسلت سفنًا إلى قبرص. وأمر القنصل غايوس بوبيليوس لاينس أنطيوخس بالانسحاب من مصر. فغادر أنطيوخس بغضب بعد أن لاحظ أنَّ آماله كلَّها قد تحطَّمت.

الآيات 31-35

حوَّل أنطيوخس غضبه هنا إلى شعب الربّ.

ع **31.** تحوَّل اليهود إلى كبش محرقة، وبدأ باضطهادهم بشكل وحشي (كُتبت التفاصيل في المكابيين 1و2) مستخدمًا المتعاطفين معه الموجودين في وسط إسرائيل. فمنع العبادة وتقديم الذبائح، وأقام في الهيكل صورة للإله جوبيتر وقدَّم خنزيرًا كذبيحة على المذبح في 25 كانون الأوَّل (ديسمبر) من العام 168 ق م (ذُكرت "رجسة الخراب" هذه في متى 24:15).

ع **32.** أدَّى كلّ ذلك إلى ثورة عائلة متياس الكهنوتيَّة المكابيَّة.

حصلَت أعمال بطوليَّة بقيادة يهوذا (مذكورة في عبرانيين 11). فتحرَّرت إسرائيل وأُعيد تكريس الهيكل في 25 كانون الأوَّل (ديسمبر) من العام 165 ق م.

الآيات 33-35

أدَّى الاضطهاد إلى نتيجة مفاجئة، وهي الانتعاش الروحيّ إذ إنَّه فصل بين المؤمنين الحقيقيين والمؤمنين غير الحقيقيين.

أستير

المقدِّمَّة

يتميَّز سفر أستير لسببين: فهو السفر الثاني الذي يحمل اسم امرأةٍ إضافةٍ إلى سفر راعوث، كذلك فهو السفر الثاني الذي لا يُذكر اسم الربّ فيه بطريقة مباشرة إضافةً إلى سفر نشيد الأنشاد، ولهذا السبب فإنَّ هذا لسفر حيَّر الكثيرين. وهو قصَّة عاطفيَّة مشوِّقة، لكن لماذا هي مذكورة في الكتاب المقدَّس؟ ولماذا علينا قراءتها؟ وماذا يمكننا أن نتعلَّم منها؟

كُتب سفر أستير كما كُتِب سفرا حزقيال ودانيال، خلال فترة السبي، وهو أحد الأسفار القليلة التي تجري أحداثُها خارج أرض الآباء (كُتِب سفر أستير في فترة لاحقة بعد كتابة سفري حزقيال ودانيال). وتخبرنا تلك الأسفار كيف تصرَّف اليهود خلال وجودهم وسط مجتمع أُمميّ؛ ولهذا فهي تمدّنا بدليل جيِّد يُبيِّن كيف يجب أن نتصرَّف وسط مجتمع غير مسيحيّ.

الخلفية التاريخيَّة

هُزمت بابل بعد أن اتَّحدت مملكتا مادي وفارس ضدَّها. واعتلى عرشَ الإمبراطوريَّة الجديدة داريوس المادِيُّ، ثمَّ خلفه أرتحشستا الأوَّل المعروف بأحَشْوِيرش. وارتقى دانيال ليصبح رئيس الوزراء، وعُرِف باسمه البابلي بَلْطشاصَّر. واعتلت هدسَّة عرش المملكة، وعُرفت باسم أستير الوثني الذي هو تصغير لاسم عشتروت الإلاهة البابليَّة. وهكذا فإنَّ دانيال وأستير ارتقيا إلى مركزَين استطاعا من خلالهما مساعدة شعبهما.

لم يُجبر الربُّ اليهود على الرجوع إلى أرض الآباء. وبالطبع، لو رجعوا كلّهم ما كان هذا السفر قد كُتِب. وبينما اختار الآلاف الرجوع، بقِيَ كثيرون في أرض السبي.

وسفر أستير هو على الأرجح أفضل سفر في العهد القديم من ناحية التوثيق التاريخي. وقد أكَّدت سجلاَّت أُخرى غير تلك المذكورة في الكتاب المقدَّس أنَّ هذا السفر أتى لاحقًا. مثلاً على ذلك كتاب "التواريخ" لهيرودوتوس المؤرِّخ اليوناني المعاصر آنذاك، وقد وُلِد في العام 480 ق م. كذلك، فإنَّ سجِّلات عديدة تؤكِّد ما ذُكر في السفر. ففي العام 1930 م اكتشف علماء الآثار في مدينة پرسپپولس عاصمة الإمبراطوريَّة الفارسيَّة لوحًا حجريًّا يحمل الاسم "ماردوخا". وكان مردخاي رئيس الوزراء المذكور في هذا السفر، ما يزيد إمكانيَّة كونه الشخص نفسه.

قصّة عاطفيّة

يتألّف السفر من قصّة عاطفيّة، فأستير كانت شابّة جميلة، وقد أصبحت الملكة على الإمبراطوريّة. وقد حمل سرَّها رَجلٌ واحد لا غير، إنِ انكشف تكون النتيجة الموت لا محالة! إنّه سرٌّ من النوعِ الذي تنشره المجلاّت النسائيّة.

وإليكم الخطوط العريضة للقصّة: ملك أَحَشْويرش على مملكة امتدَّت حدودُها من الهند شرقًا إلى مصر غربًا. لكنّه ترقّب مشكلات آتية في الأفق، فعقد مؤتمرًا دامَ مئةً وثمانين يومًا، ناقش فيه كيفيّة التعامل مع التهديد الذي شكّله اليونان للمملكة. وفي نهاية المؤتمر أقام وليمة في حديقة القصر، امتدَّت سبعة أيّام. وأرسل الملك، تحت تأثير المُسكِر، طالبًا زوجته وِشتي الشابة الجميلة لترقص أمام المدعوّين. لكنَّ الملكة رفضت أن تأتي، وهنا تبدأ القصّة. إذ وجد الملك نفسه في موقف حرج جدًّا. فإن لم يعاقب زوجته، يكون بالإمكان توقُّع ما يمكن لزوجات القادّة العسكريين الموجودين في الحفلة أن يفعلن. وإن لم يستطع السيطرة على وضع عائلته، فكم بالأحرى على وضع المملكة ككلّ. فأمر وشتي أن لا تدخل أمامه أبدًا! لكنّه شعر بالوحدة بعد ذلك، فاقترح عليه أَحَدُهم أن يُقيم مُباراةَ جمال بهدف أن تصبح الفائزة زوجته.

كانت المُباراة جدِّيَّة بحيث إنَّ أستير وُضعت تحت العناية الجماليّة اثنَي عشر شهرًا قبل أن تدخل المباراة. ففازت وأصبحت الملكة الجديدة لأَحَشْوِيرش الملك.

كانت أستير من سبط بنيامين الذي مرَّت عليه صعوبات كثيرة. وتبنَّاها مردخايُ ابن عمِّها بعد أن أصبحت يتيمة الأبوين. ونزولاً عند طلبه أبقت قرابتهما سرًّا بسبب كره الشعوب الأُخرى لليهود. وكان موقع الجالية اليهوديّة مهدَّدًا في المملكة. ومع أنَّها انضمَّت حديثًا إلى حريم الملك، أصبحت المفضَّلة لديه.

وبينما نستعرض خلفيّة القصّة، لا بدَّ من الإشارة إلى رجل ارتفع شأنُه ومنصبه في البلاط الملكي. إنّه هامان الذي أدّى دور الرجل الشرِّير في القصّة. وكان من نسل أجاج. وكان ملك إسرائيل الأوَّل شاول قد أُخبر على فم صموئيل النبي أن يقتل أجاج. إلاّ أنّه لم يقتله، فما كان من صموئيل إلاَّ أن قطّعه إرْبًا إرْبًا أمام مذبح الربّ. وهكذا وُلدت العدواة بين الأجاجيين واليهود، وكان هامان قد ورث تلك العداوة، ما أدَّى إلى تفاقم الأُمور في القصّة. لدينا حبكة صعبة، إذ إنَّ يهوديَّةً لم تُعرِّف نفسها بأنَّها يهوديّة أصبحت ملكة بلاد فارس. وفي المقابل، هناك هامان صاحب النفوذ الكبير في البلاط الملكي، وهو يكره جميع اليهود.

أمَّا القشَّة التي قصمَت ظهر البعير فكانت حين رفض مردخاي السجود أمام هامان وتقديم الولاء له كما أمر الملك. فأخبر هامان الملك بأنَّه يجب إبادة اليهود الساكنين في المملكة. فهؤلاء لا ينتمون إلى الأُمَّة ويجب التخلّص منهم. وهم مختلفون ولديهم دينُهم وقوانينهم وعاداتهم الخاصَّة بهم. كذلك قدَّم رشوة كبيرة لخزينة الملك في حال موافقته على إبادتهم. وألقَوا قرعة لتحديد اليوم الذي سيُقتل فيه

كلّ اليهود سرًّا. واللافت أنّ اليوم الذي أتت عليه القرعة كان اليوم الثالث عشر من الشهر، وهو أحد الأسباب التي من أجلها يُنظر إلى اليوم الثالث عشر بتشاؤم.

عندما سمع ايهود بما كان سيحصل لهم، دَعَوا إلى صوم ونوح ولبسوا المسوح قعدوا على الرَّماد. وأرسل مردخاي رسالة إلى أستير يطلب فيها طلب الرحمة من الملك. وأشار إلى أنَّ الربّ أوصلها إلى المـُلك لوقت مثل هذا. لقد أصبحَتِ المِلِكَةَ بسبب تتابع أحداث غريبة، ولذلك عليها مساعدة شعبها.

واجهت أستير صِراعًا حقيقيًّا. فهل يجدر بها أن تكشف هُوِّيتها؟ وإن فعلت ذلك، فستُعرِّض حياتها للخطر. لكنَّها قرَّرت أنَّه لا يهمُّ حتَّى لو هَلَكت. لكن كيف كان عليها أن تقدِّم طلبها إلى الملك؟ فلم يكن يُسمح للملكة بالدخول إلى محضر الملك إن لم يرسل في طلبها، لكنَّها علمت أنَّه لا بدَّ لها من رؤيته. فدخلت إلى محضره بكلِّ شجاعة ودعته إلى وليمة يحضرها أيضًا هامان كضيف شرف. فقبل الملك الدعوة وبدأ التحضير للوليمة.

وكان هامان في تلك الأثناء يشتعل غضبًا على مردخاي، وقد نَصَبَ مشنقة ترتفع اثنين وعشرين مترًا ليُعلِّقه عليها. ولم يُخبِر أحدًا بأمرها.

وفي الليلة السابقة للوليمة ضرب الأرق الملك ولم يستطع النوم. فبدأ بقراءة مذكَّراته وأتى إلى الحادثة التي نجَّاه مردخاي فيها من مكيدة حاكها ضدَّه اثنان من ضُبَّاطه بهدف قتله. وتذكَّر أنَّه لم يكافئه على ذلك. وفي الصباح قام بالإجراءات اللازمة لمكافأته. وكانت صدفة غير عادية، إنَّما كانت يد الربّ ظاهرة فيها.

وقال الملك لمردخاي خلال الوليمة: "إنِّي أحاول تقديم مكافأة لشخص أرضاني بالفعل.ماذا تقترح؟" فظنَّ هامان أنَّه هو ذلك الشخص، فأجاب: " عيِّنه رئيسًا لوزرائك وأركِبه في موكب عظيم يدور في الشوارع." وافق الملك على هذا العرض، لكنَّه فعل ذلك لمردخاي وليس لهامان. فانقلبت الأحداث بطريقة عجائبيَّة.

استجمعَت أُستير شجاعتها خلال الوليمة وأخبرت الملك عن شعبها. وعندما علم الملك أنَّ هامان هو المخطِّط لذلك الترتيب الشرِّير، أمر بتعليقه على الخشبة التي كان قد جهَّزها هو لمردخاي، ونجا الشعب اليهودي من الهلاك. وأُصدِر أمر جديد يُلغي الرسائل التي كان هامان قد وجَّهها ويُعطي اليهودَ الحقَّ بالدفاع عن أنفسهم والاجتماع معًا وإبادة كلّ قوَّة تتعرَّض لهم. وأتى الأمر في وقته، إذ إنَّ العديدين في أرجاء الإمبراطوريَّة كانوا متأهِّبين لقتل اليهود.

وحين أتى اليوم المحدَّد لإبادة اليهود بحسب أمر هامان، كان اليهود على استعداد تامّ لمواجهة كلّ من تعرَّض لهم وقتلوا عائلة هامان كلَّها. ولو تمّ القول بحسب أمر هامان لما بقيَ على وجه الأرض أي يهودي، إذ إنَّ الإمبراطوريَّة الفارسيَّة كانت تمتدّ من الهند إلى مصر. ولو نُفِّذ الأمر كما أمر هامان، لَمَا وُلِد الربُّ يسوع. فأستير أنقذت الموقف بالكامل. ولا عجب أن يحتفل الشعب اليهودي في كلّ سنة بعيد الفوريم كتذكار لما حصل.

يحبّ الجميع قصَّة كهذه، وقد تمَّ سردها بأُسلوب رائع واستندت إلى بنية أدبيَّة مميَّزة. فالقصَّاصُ المحنَّك يبني القصَّة لتصل إلى الذُّروة ومن ثَمَّ يزيل الضغط بمشاركته في النِّهايةِ السعيدة، حيث يعيش الجميع بسعادة تامَّة ويُعاقَب الأشرار. وقصَّة أستير تحفة فنيَّة تُوافِقُ تلك المعايير.

خُطوط السِّفر العريضة

الخطر (1-5)

1: المقدَّمَّة

2-3: مرسومُ الملكِ الأوَّلُ

4-5: هامان يضيق ذرعًا بمردخاي

زوال الخطر (6-9)

6: أرق الملك

6-9: التحرير

6-7: إكرام مردخاي بدل هامان

8-9: مرسوم الملك الثاني

10: الخاتمة

يحتوي السفر على توازٍ جميل. فهناك المرسوم الأوَّل للملك، حيث نصَّ فيه أنَّ على الجميع السجود أمامه، يقابله مرسومه الثاني بأن لا يمسَّ أحد اليهود بأيِّ مكروه. وهناك نفادُ صبر هامان على مردخاي، يقابله تكريم مردخاي عوضًا عنه. وتدور تفاصيل القصَّة كنتيجة لأَرقِ رجل واحد. فالحقيقة أحيانًا تفوق الخيال غرابةً!

لماذا يحتوي الكتاب المقدَّس على هذا السفر؟

لا بدَّ أنَّ يعود السبب لاحتواء الكتاب المقدَّس على هذا السفرِ إلى أكثر من كونه مجرَّد قصَّة مشوِّقَّة. لماذا يوجد هذا السفر في الكتاب المقدَّس؟ هل ليقدِّم لنا مثالاً عنِ امتلاك الشجاعة حين نجد أنفسنا في مواقف تخصّ العامَّة؟ فبالطبع، أنَّ عيد الفوريم هو عيد مدَنيٌّ وليس روحيًّا. ولا يتضمَّن أيَّ احتفالات دينيَّة. وقد قال مارتن لوثر عن سفرَي أستير والمكابيين الثاني: "أتمنى لو لم يوجدا قطُّ لأنَّهما مهوَّدان جدًّا ويذكران ممارسات وثنيَّة عديدة."

فما القيمة التي يحملها سفر أستير للمؤمن؟ هل نجد فيه مثالاً للطاعة والتواضع والولاء؟ وما الموقف الذي يجب أن نَقِفَهُ بالنسبة إلى الأجزاء الأقلِّ متعةً في السِّفر، كقتل اليهود للفرس انتقامًا؟

لا بدَّ أن نلاحظ روح الكراهية ضدَّ اليهود، تلك المنتشرة في صفحات هذا السفر. فمن ناحية، كان اليهود **مختلفين**. إذ كانت لديهم القوانين الخاصَّة بهم وتَبِعوا تقاليدهم الخاصَّة كالختان مثلاً، أو حفظ السبت، أو تِّباع نظام غذاء مميَّز. ومن ناحية أُخرى، كان اليهود مستقلّين. فقد رفضوا أن يكونوا تحت أيَّة سيطرة، وقدِ اعتُبروا تهديدًا للسُّلطة.

كان الشيطان قد أصرَّ على إبادة الشعب اليهوديِّ لأنَّ الخلاص سيأتي منهم. وهو الذي كان وراء مقتل الأطفال الصبيان في مصر. وقد أُنقِذ موسى إذ خبَّأته أُمُّه في سلّة مطلية بِالقار. وحاول الشيطان إبادة الشعب اليهودي قبل ولادة المسيح. وهو الذي كان وراء مقتل المئتَي طفل في بيت لحم، في حين هُرِّبَ الطِّفلَ يسوع إلى مصر.

الشيطان وراء ذلك الكره تجاه اليهود. ففرعون وهامان وهيرودوس وهتلر جميعهم حاولوا أن يُبيدوهم. ويتكرّر هذا الأمر عبر التاريخ لأنَّ الخلاص من اليهود، وعلينا أن نكون ممتنِّين لذلك. فكلّ ما نعرفه عن الرب أتى من خلالهم، والمخلِّص أتى منهم أيضًا.

لقد دوَّن الكتابَ المقدَّس أربعون كاتبا خلال فترة ألف وأربع مئة سنة وفي ثلاث لغات مختلفة. وكان واحد فقط من بين هؤلاء الكتَّاب أُمميًّا، وقد جمع معلوماته من اليهود. ولولا اليهود ما كنَّا حصلنا على الكتاب المقدَّس. فلا عجب أن يكونوا مكروهين من شعوب كثيرة.

لكن، يوجد مُمثِّل آخر خلف الكواليس. فالرب وراء كلّ تلك الأحداث. ولا بدَّ أن يكون هو المحرِّك عندما يكون الأمر متعلِّقًا على نحوٍ واضح بتفصيل أو ظرف واحد صغير.

إنِّي أرى الله يعمل في هذه القصَّة، إذ حافظ على الشعب الذي سيولد ابنُه منه. وأرى عمله في صلاة الشعب وصومهم عندما سمعوا عن مخطَّط هامان الشرِّير لإبادتهم. وأراه أيضًا في إيمان مردخاي بأنَّ الربّ سيحافظ على شعبه. وقد قال لأستير إنَّها إن لم تكن مستعدَّة لأنْ يعمل الرب من خلالها، فسَيستخدِمُ شخصًا آخر. ومع أنَّه لم يُستخدم اسم الربّ صراحةً، فقد كان مذكورًا ضمنيًّا. فإيمان مردخاي بقدرة في قدرة الربّ الفائقة كان لا يُصدَّق. وأرى الربّ يعمل أيضًا من خلال الأحداث التي اجتمعت "بالصدفة": إنقاذ مردخاي لحياة الملك في سنين سابقة، وقد دوَّن أرتحشتا ذلك في مذكَّراته، وأرق أرتحشتا وقراءته لتلك الصفحة المدوَّن فيها اسم مردخاي. فمع أنَّ اسم الربّ غير مذكور في السفر، فإنَّ اصبعه موجودة بوضوح. وقد أطلق أحد مفسِّري الكتاب المقدس على سفر أستير الاسم "رومانسيَّة العناية الإلهيَّة"، ولا شكَّ أنَّه كان على حقٍّ بالتمام.

لماذا إذً لم يُذكر اسم الربّ؟ حسنًا، هاكم المفاجأة الكبرى. لقد ذُكِر خمس مرَّات وقليلون ينتبهون إلى ذلك! فقد تمَّ ذِكر اسم الربّ باستخدام أحرف الكلمة "يهوه" في اللغة العبرية ووضعها في جملة؛ إمَّا بالترتيب التالي: ي، ه، و، ه أو بالترتيب المعاكس ه، و، ه، ي. وعند استخدامها بالترتيب الصحيح، كان المتكلِّم يهوديًّا، أمَّا عند استخدامها بالترتيب المعاكس فكان المتكلِّم أُمميًّا. ربما كان اليهود يشيرون بذلك إلى عدم السماح لأيِّ أُمميٍّ بذكر اسم الرب على شفتيه، أو لأنَّه لم يكن باستطاعة الأُمميِّين لفظُ اسم الرب بالطريقة الصحيحة. وقدِ استمتع اليهود باستخدام هذا الأُسلوب لتركيب جمل

تحمل رسائل "مبطَّنة" ليس فقط في سفر أستير، بل في المزمور 119 مثلاً، أو في أمثال 31 في وصف المرأة الفاضلة. ويُستخدم هذا الأُسلوب في أربع من كلّ خمس أصحاحات في سفر مراثي إرميا. وهو أُسلوب أدبيٌّ بارِع يمكن استخدامه في الرسائل المشفَّرة أو السرِّيَّة.

وإذا راجعنا سفر أستير في اللغة العبرية، نجد عددًا من الجُمَل استُخدم فيها هذا الأُسلوب (مثلاً، 1:20؛ 5:4؛ 5:13؛ 7:7). وتحمل كلمات جُملةٍ أُخرى الأحرُفَ الأُولى لاسم الربّ "أهيه الذي أهيه" بالترتيب المعاكس. وقد نصَّها الكاتب بأُسلوب حَذِق بحيث لا يمكن لأيِّ أُممي الانتباهُ إلى الأمر.

توجد تفسيرات مختلفة لسبب استخدام هذ الأُسلوب، لكن أهمّها هو أبسَطُها. لقد كُتِب السفر وقتَ كان من الخطر ذِكر اسم الإله اليهودي (مات أرتحشستا في العام 465 ق م)، ويُرجَّح أن تكون الأحداث قد دوِّنت بعد ذلك بفترة قصيرة وبِمُجازفة تامة.

ولا بدَّ أنَّ الشعب تناقل قصَّة أستير شفهيًّا لكي تُذكر كأيَّة حكاية شعبيَّة. لكن أتى وقت حين كان لا بدَّ من تدوينها، لأنَّ الشعب كانوا يحتفلون بالتحرير كلّ سنة وأرادوا أن يُعرَفَ سبب هذا الاحتفال. أضِف أنَّه انتشرت روح الكراهِيَة ضدَّ اليهود، وكان امتلاك أيِّ نوع من المستندات التي تذكر إله اليهود أمرًا خطيرًا جدًّا. ولهذا السبب كُتِب سفر أستير من دون ذكر اسم الربّ، لكن أتى الحل في اعتماد أُسلوب "استخدام الأحرف الأُولى في اسم الرب لتأليف جملة."

ماذا يمكن للمؤمنين أن يتعلَّموا من دانيال وأستير؟

عاش الاثنان في الحقبة الزمنيَّة نفسها وواجها السبي نفسه. وكان كلاهما بعيدَين عن مسقطَي رأسيهما، لكنَّ الربَّ استخدمهما في مجتمع وثني إذ رقَّاهما إلى مناصب عالية ذات نفوذ، ولم يُساوِما على مبادئهما. وقد استطاعا أن يقوما بخطوات متقدِّمة في سبيل ملكوت الربّ. وتُشجِّعنا قصص كهاتين القصَّتين على السعي نحو بلوغ مناصب عالية في المجتمع بشرط أن نبقى ثابتين في إيماننا، فيستخدمنا الربّ لامتداد ملكوته.

الربّ يستخدم الأفراد

يمكن لفرد واحد أن يعمل فرقًا كبيرًا. فالربّ يستخدم رجالاً ونساء حتَّى لو كانوا في المنفى. ولا ينتمي المؤمنون إلى هذا العالم، بل هم نُزَلاء فيه لأنَّ موطنهم هو السماء. وإنَّنا نُفطم تدريجيًّا عن هذا العالم حتَّى لا نتعلَّق به.

لكن الربّ يستخدم أفرادًا في هذا العالم يحافظون على مبادئهم ويتذكّرون على الدوام مَن يكونون. وهو يستخدم من هم مستعدُّون للترقية، لكنَّهم غير مستعدِّين البتة لأنْ يتلاشَوا في هذا العالم. وقد تعرَّض الشعب اليهودي مرّات عديدة للذوبان وسط مجتمعات متفرِّقة؛ كذلك فإنَّ المؤمنين معرَّضون للتلاشي وسط مجتمعات العالم.

في بداية القرن المنصرم، اندمج الشعب اليهودي في الحضارة الألمانيَّة واتَّخذوا اللُّغة الألمانية لغةً لهم. وعندما دعا ثيودور هرتزل في العام 1897 إلى المؤتمر الصِّهيَوني الأوَّل للبحث في إقامة دولة يهوديَّة مستقلَّة، لم يتجاوب معه اليهود الألمان. وقد أراد هرتزل أن يعقد المؤتمر في ميونيخ، إلاَّ أنَّ اليهود الألمان قالوا له: "لا تعقد المؤتمر في ميونيخ، فنحن الآن ألمانيُّون ولسنا يهودًا بعد. فلا تدعنا نشعر بالخجل." وهكذا، عقد هرتزل المؤتمر في سويسرا.

ويواجه المؤمنون التجربة بأن يتصرَّفوا كالآخرين حتَّى لا يظهروا مختلفين أو غريبي الأطوار. لكنَّ الربّ يستخدم مَن هم مستعدُّون لأنْ يكونوا مختلفين. وتقول إحدى ترانيم مدارس الأحد:"لتكن لك الشجاعة كدانيال، تشجَّع وقِفْ وحيدًا." وكان دانيال وأستير كلاهما مستعدّين للموت بدل المساومة على إيمانهما بالربّ.

الربّ يحفظ شعبه

حافظ الرب عى دانيال وهو في جبّ الأسود، وحافظ على شدرخ وميشخ وعبدنغو وهم في أتون النار. وحافظ أيضًا من خلال أستير على اليهود الموجودين في شوشن. فلا أحد يستطيع أن يمحو شعب الربّ، إذ إنَّه يحفظهم سالمين. قد نموت في سبيله، ولكنَّنا نبقى له. ولهذا علينا أن نتأكَّد من أنَّه لا أحد يستطيع أن يمحو شعب الربّ، ولا أحد يستطيع أن يمحو الكنيسة.

الربُّ يحكم العالم

الكلمة المشترِكة بين هذين السفرين هي كلمة "المملكة". فالإنجيل المسيحي هو إنجيل الملكوت. وبالنسبة إلى أستير ودانيال، أتت مملكة الربّ أوَّلاً.

نتعلَّم من هذين السفرين أنَّ الممالك البشريَّة الحاضرة هي في يد الربّ. فهو الذي يقيم الملوك وهو الذي ينزلهم عن عروشهم. وقد تعلَّم نبوخذنصَّر أن العليّ يدير ممالك العالم وهو يعيطيها لمن يشاء. والربُّ هو الذي يُعيد رسم الحدود في الأطلس، وهو الذي يقرِّر من يحصل على السلطة. والربّ هو الذي يقرِّر نتائج أيّ إنتخابات، وله الكلمة الأخيرة فيها، إمَّا باستخدامه العدل وإمَّا باستخدامه الرحمة. وعندما يستخدم العدل، نحصل على الحكومة التي نستحق أن نحصل عليها. وعندما يستخدم الرحمة، فإنَّه يعطينا الحكومة التي نحن بحاجة إليها. إنَّه يُهَيمن شؤون ممالك هذا العالم. والملوك يحكمون بموجب تصريح منه. إنَّه هو المسؤول!

يوجد استخدام آخر للكلمة "مملكة". فهناك الممالك البشرية الحاضرة، وهناك أيضًا المملكة الإلهية في المستقبل حيث سيأخذ الربّ مكان الحكومات مجتمعة. وستحلّ مملكة الربّ مكان ممالك العالم. إذًا، لم ينتهِ عمل دانيال وأستير بعد. فهما كانا أمينَين في عملهما لحكومة وثنية، وسيُقامان من الموت ليحكما في مملكة الرب التي ستُثبَّت. وعندما يعود الربُّ يسوع إلى هذه الأرض، سيكون دانيال وأستير معه.

إذًا، يجب ألَّا نقرأ الكتاب المقدَّس ككتاب تاريخ فقط، بل كمقدِّمَّة لأناس سنلقاهم يومًا ما. وسنقضي الأبديَّة في التعرُّف بهؤلاء القدِّيسِّين. وسنملك مع قديسي العليّ وابن الإنسان المتربِّع على عرش ملكوته. ولَسوفَ يملك في مملكة المسيح جميعُ هؤلاء الذين برهنوا أمانتهم.

عزرا ونحميا

المقدِّمَّة

عندما ندرس تاريخ الشعب اليهودي نرى كيف أنَّ الربّ عاقبهم على خطاياهم. ويبدو أنَّ كلّ قِصاص كان أسوأ من الذي سبقه. وقد بدأ الأمر بأن سمح لشعوب من الأمم المجاورة مثل الفلسطيِّين بأن تعتدي عليهم. فكان أوَّلُ قصاص خَسارةَ الملكيَّة. لكنَّهم لم يتعلَّموا الدرس، فازداد القصاص قسوة، مثل الجفاف والجوع ونقص في الطعام. وعندما لم يتجاوبوا، أرسل الربُّ الأوبئة والأمراض. لكنَّ القِصاصَ الأسوأ كان عندما خسروا الأرض وتمَّ سبيُهم إلى بلاد أُخرى. كان الربّ قد أعتقهم من مصر وأتى بهم إلى أرض الموعد، لكنَّه كان قد وعد بأن يحرمهم منها إنِ استمرّوا في حياة الخطيَّة.

سَبْيان

حدث السبي على مرحلتين. وقدِ استهدفَ السَّبيُ الأوَّل الأسباطَ العشرة في الشمال، وكانت تُدعى إسرائيل، عندما غزتها الإمبراطوريَّة الأشوريَّة في العام 721 ق م. وفي العام 586 ق م استهدفَ السبي الثاني سِبطَي الجنوب اللَّذَين يُسمَّيان يهوذا على اسم السِّبط الأكبر بين السِّبطين. وكانت بابل قد ربحت المعركة. وإذ ندرس هذين السفرين، يكون التركيز على السَّبي الثاني.

ترحيل على ثلاث مراحل

لم يمحُ البابيّون كلّ يهوذا عندما اجتاحوها، كما كان حبقوق النبي قد توقَّع. وتعاملوا مع الشعب برفق، إلاَّ أنَّهم سَبَوا الشعب على ثلاث دفعات في فترات مختلفة. وكان نبوخذنصَّر على عرش بابل في الفترات الثلاث.

سُبِيَت المجموعة الأُولى في العام 606 ق م، وقد ضمَّت البلاط الملكي اعتقادًا أنَّه إن غادرَ الحكَّام البلاد يصبح من الأسهل إخضاع يهوذا تحت سيطرة بابل. وكان دانيال بين الذين سُبُوا في تلك المرحلة، وهو في سن المراهقة. وأُخِذ إلى البلاط الملكي في بابل حيث أصبح شخصيَّة مهمَّة في السبي.

أمَّا الذين بَقُوا في البلاد فحاولوا أن يتحرَّروا من سلطة بابل، إلاَّ أنَّ البابليين اجتاحوا البلاد مرَّة أُخرى في العام 597 ق م وسَبَوا كلّ الحِرفيِّين والتُّجَّار. وكان هدفهم أن يخرج أصحاب رؤوس الأموال من البلاد، ما يؤدِّي إلى فقر الشعب ومن ثَمَّ تسهُلُ السيطرة عليهم. وكان حزقيال الكاهن بين الحِرفيِّين، كما أدَّى كدانيال دورًا كبيرًا خلال السبي.

إلاَّ أنَّ الشعب تمردّوا على كلِّ الأحوال، فاجتاحت جيوش بابل البلاد في العام 587 ق م وهدمت الهيكل كلّيًّا ودمَّرت كل شيء. وبقيت أُورشليم خَرِبة، وأصبحت يهوذا فارغة بالتمام وسُبِيَ سبطا يهوذا وبنيامين إلى بابل.

بقي شعب يهوذا مدَّة سبعين سنة في السبي، وهي المدَّة التي تنبَّأ عنها إرميا النبيُّ بالتحديد. وكانت كلماته سبب تشجيع لدانيال عل أن يُصلِّي كي يحقِّق الربّ وعده.

عودة على ثلاث مراحل

انتهت فترة السبي، تمامًا كما وعد الربّ. وكانت العودة على ثلاث مراحل، كما كان السبي على ثلاث مراحل. وفي العام 537 ق م انضمَّ إلى مجموعة العودة الأُولى خمسون شخصًا، حين كان كورشُ رئيسَ الفرس وزَرُبَّابل قائدَ اليهود. وكان زَرُبَّابل من النسل الملكي عَوْدًا بالتاريخ إلى الملك داود. وكان ذلك تتميمًا لوعد الربّ بأنَّ من يعتلي العرش يكون من نسل داود. وزَرُبَّابل هو بالفعل أحد أجداد الربِّ يسوع في سلسلة النَّسَب المذكورة في متى 1، الأمرُ الذي ساعد على تسويغ تصريحه بأنَّه المسيح.

وفي العام 458، أي بعد تسعين سنة، حدثت العودة الثانية حين كان أرتحشِشتا الأوَّل ملكًا على بلاد فارس. ورجع هذه المرَّة ألف وثماني مئة شخص فقط تحت قيادة عزرا. وكان عزرا كاهنًا، وهو أعاد معه أوَّلَ مرَّة اللاويين لإعادة إنشاء نظام العبادة في شعب إسرائيل. ولم يكن من السهل عليه إقناعهم بالعودة، لكن بعد مناشدات عديدة استطاع أن يقنع الألف والثماني مئة شخص بالانضمام إليه في رحلة العودة لإحياء الحياة الدينيَّة.

وفي العام 444 ق م، أي بعد ما يقارب الأربع عشرة سنة، رجع نحميا مع بعض الحِرفيِّين. وكان همّه الأوَّل إعادة بناء أسوار أُورشليم التي كانت قد هُدِمت على أيدي البابليين. فمن دون أسوار، كانت المدينة مهدَّدة بِهُجوم الأعداء في أيَّة لحظة.

إذًا، نرى في المراحل الثلاث من العودة إعادة بناء الحياة الاجتماعيَّة، وإعادة بناء الحياة الدينيَّة، وإعادة بناء الحياة المدنيَّة. ومن الجدير ذِكرُه أنَّ العودة الثانية لم تشبه بتاتًا الخروج من مصر بقيادة موسى، بل يبدو أنَّها حدثت على مراحل صغيرة متفرِّقة. ومن الواضح أنَّ قليلين نسبيًّا قاموا برحلة التسع مئة ميل (نحو 1450كلمّ) وقد استغرقت أربعة أشهر. فبالمقارنة، كانوا يقضون في بابل وقتًا أفضل بكثير من الوقت الذي قضاه أجدادهم في مصر. إذ لم يكونوا عبيدًا، بل كان لهم دور في التجارة التي برعوا فيها. وقد سُمِعَت قصة طريفة عن يهودي من نيويورك اشترى متجرًا صغيرًا كان محشورًا بين متجرين عِملاقين. وتساءل ما عساه يسمِّي متجره. وبعد الكثير من التفكير، قرَّر أن يسمِّيه "المدخل!"

كاتب واحد لسفرين؟

أُطلق الاسم على سفرَي عزرا ونحميا بعد العودة الثانية والثالثة، إلاَّ أنَّهما يغطِّيان مجتمعين العودة الأُولى والثانية والثالثة. فبينما يغطِّي سفر عزرا العودة الأُولى والثانية، يغطِّي سفر نحميا العودة الثالثة. ولم

يعد الشعب يُعرف في ذلك الوقت بالعبرانيين أو الإسرائيليين، بل باليهود نِسبةً إلى الكلمة "يهوذا" التي تعني "التسبيح". وكان ذلك إشارة إلى أيِّ نوعٍ من الشعوب كانوا يهدفون إلى أن يصبحوا بعد عودتهم.

اللافت في هذين السفرين هو أنَّهما متشابهان إلى درجة كبيرة. فالاثنان يتبعان نمطًا واحدًا. أضف إلى أنَّ أُسلوب الكتابة مشابه لأُسلوب كتابة سفرَي الأخبار 1 و2. وكان السفران مرتبطين أحدُهما بالآخر في التوراة العبرية ومن ثَمَّ سُمِّيا "1و2 عزرا" ورُبِطا بِسفري الأخبار 1 و2. ولعلَّ أحد أفضل الاقتراحات في اعتقادي هو أنَّ عزرا كتب الجزء الأكبر فيهما. فهو كان رجلاً دقيقًا يحافظ على السجِّلات، ويبدو أنَّه كتب أسفار عزرا ونحميا والأخبار 1 و2.

كُتب سفرا عزرا ونحميا بلغتَين مختلفتين، هما اللغة العبرية واللغة الآراميَّة. فالآراميَّة كانت اللغة المتداولة التي كان الجميع يتكلّمونها، تمامًا كما كانت اللغة اليونانيَّة في زمن العهد الجديد. وكانت الآراميَّة لغةَ البلاد الساميَّة الممتدَّة على طول الهلال الخصيب في الشرق الأوسط. وكان اليهود قدِ اكتسبوها خلال السبي في بابل وخلال معاملاتهم التجاريَّة مع الشعوب الأُخرى. ولذلك فإنَّ العديد من السجِّلات التي جلبوها معهم من السبي كانت مكتوبة باللغة الآراميَّة. والسفر الوحيد المكتوب بلغتين في العهد القديم هو سفر دانيال.

بنية السفرَين

يحتوي كلّ من السفرين على أربعة أجزاء، حيث تتشابه الفكرة الرئيسيَّة في كلّ من الجزأين الثاني والرابع. فإذ يُركِّز هذان الجزآن على إعادة بناء الأُمَّة وإصلاح الشعب:

عزرا	نحميا
العودة الأُولى (1-2)	العودة الثالثة (1-2)
أ. ب	أ. ب
إعادة البناء (3-6)	إعادة البناء (3-7)
أ. ب. ج	أ. ب. ج
العودة الثانية (7-8)	التجديد (8-10)
أ. ب. ج	أ. ب. ج
الإصلاح (9-10)	الإصلاح (11-13)
أ. ب	أ. ب

ركَّزت المرحلة الأُولى من العودة تحت قيادة زَرُبَّابلعلى إعادة بناء الهيكل. لكنْ،لم يتمّ العمل فيه، بل تسلَّم النبيَّان حجِّي وزكريًّا إكمال المشروع. وركَّزت المرحلة الثانية من العودة على إصلاح الشعب. وركَّزت المرحلة الثالثة من العودة على إعادة بناء السور، وتجديد العهد بالإضافة إلى إصلاح الشعب. ويبدو أنَّ الشعب كانوا في كلّ مرَّة ينسَون أمر الخطايا التي أدَّت بهم إلى خسارة أرضهم.

من المهم أيضًا ملاحظة بنية السِّفرين. فالجزء الأوَّل من كلِّ سفر يحتوي على جزأين فرعيَّين. والجزء الثاني يحتوي على ثلاثة أجزاء فرعيَّة. والجزء الثالث يحتوي على ثلاثة أجزاء فرعيَّة. والجزء الرابع يحتوي على جزأين فرعيين (مذكوران على شكل أ. ب. ج. في اللائحة آنِفًا). إنَّه مبنًى مميَّز، وقد خُطِّط له بانتباه، فأتت النتيجة أُسلوبًا جميلاً ومتَّزنًا. ويدلّ كل ذلك على إمكانيَّة أن يكون عزرا نفسُه هو كاتبَ السِّفرين.

يوجد توازٍ لافتٌ أيضًا في السفرين، إذ يحتوي الأصحاح التاسع في كليهما على صلاتيَ عزرا ونحميا، حيث اعترفا بخطايا الشعب. وشكّل كل من الأصحاحين جزءًا مهمًّا من السفرين.

عزرا ــ السفر

خطوط السِّفر العريضة

العودة الأُولى (الأصحاحات 1-2)

كورش: إصدار المرسوم ببناء الهيكل. زرُبَّابل ومساعدوه (الأصحاح الأوَّل). "إصعد" (الأصحاح الثاني).

إعادة البناء (3-6)

يشوع: المذبح وأساسات الهيكل (3)

أرتحششتا: استلام رسالة (4)

داريوس: إرسال رسائل استِلامُها (5-6)

العودة الثانية (7-8)

عزرا ومساعدوه. "اصعد" (7).

أرتحششتا: إرسال رسالة (7)

اللاويون "يصعدون" (8).

الإصلاح (9-10)

تشفُّع فرديٌّ (9)

اعتراف عام (10)

الخلفية التاريخيَّة

كان كورش حاكمًا على بلاد الفرس، وكان قد انتصر على بابل. وقد حكم قوى العالم الأساسيَّة في الجهة الشرقيَّة من الهلال الخصيب. وكان رجلاً صالحًا وقد اتَّبع سياسة الإحسان مع الشعوب المغلوبة. ومن اللافت أنَّ الربّ كان قد قال على فم إشعياء إنَّ عبده كورش الممسوح سوف يردّ شعبه من السبي. ولا يمكن للكثير من العلماء الإيمانُ بأنَّه كان بإمكان إشعياء معرفة اسم كورش، ويصرّون بأنَّ النصَّ كُتِب بعد حدوث الأمر. لكنْ كان بإمكان الربّ أن يعرف اسم الرجل! ونعلم من السِّجلَّات المكتشفة في الحفريَّات أنَّ كورش أخبر الشعب المسبيَّ في بابل أنَّ بإمكانهم العودة إلى أرضهم وإعادة إحياء ديانتهم بشرط أن يصلُّوا لأجله إلى إلهِهم. فنرى يد الربّ في توقيت الأمر كلِّه، إذ إنَّ السبعين سنة قد شارفت على النهاية.

العودة الأُولى (1-2)

نقرأ في سفر عزرا عن العودة الأُولى بقيادة زرُبَّابل وعن إعادة بناء الهيكل. ثمَّ نقرأ عن العودة بقيادة عزرا وعن إصلاح الشعب. وأحد أكثر الأُمور التي تدعونا إلى الحزن في السفرَين هو عودة الناس إلى ممارساتهم الخاطئة حين وصلوا إلى الأرض. أليس هذا الأمر مأساويًّا؟ لقد كلَّفهم الأمر أرضهم، وسُبوا بعيدًا عنها مدَّة سبعين سنة، لكنَّهم ما إن رجَعُوا حتَّى أخذوا يتجاهلون وصايا الربّ. من العجب كيف أنَّ الناس ينسَون بهذه السرعة.

وكما لاحظنا سابقًا، فإنَّ زرُبَّابل كان حفيد يهوياقيم، ولذا كان من النسل الملكي. ولكنَّه كان معروفًا بكونه الحاكم وليس الملك. وتمَّ اختياره ليقود الشعب في طريق عودتهم إلى أرض الآباء. وأخذ معه رئيس كهنة يُدعى يشوع.

إعادة البناء (3-6)

يشوع

عندما وصل الشعب إلى بلادهم بنَوا المذبح وقدّموا ذبائح بقيادة يشوع. وفي أثناء فترة السبي كلِّها لم يكن بإمكانهم تقديم الذبائح، لأنَّه لم يكن هناك مذبح أو هيكل. فكان أمر تقديم الذبائح من الأولويَّات لديهم عند عودتهم. وكان هذا ما فعله أبوهم إبراهيم عندما نصب خيمتَه، وبعد ذلك بنى مذبحًا للعبادة دون أيِّ تردّد.

أرتحششتا

واجهتهم المتاعب حال عودتهم والبدء بتقديم الذبائح. وكان أرتحشستا قد استلم الملك بعد كورش، وتلقَّى رسالة من السامريِّين الذين سكنوا في يهوذا قبل رجوع الشعب. وكان السامريُّون خليطًا

من اليهود والأُمم نتيجة تزاوج بعض اليهود الذين نَجَوا من السبي. وكانت علاقتهم باليهود غير ودِّيَّة لكونهم "خليطًا" فضلاً عن كونهم نَجَوا من السبي. ومنذ ذلك الوقت لم يكن اليهود والسامريّون على وفاق. وتضمَّنت الرسالة إقتراحًا بأنَّ بناء الهيكل له نوايا شيطانيَّة، ولذلك يجب إيقاف العمل. لكنَّهم إقترفوا خطأً كبيرًا إذ إنَّ أرتحشتا كان ابن زوج أستير وكان متعاطفًا مع الشعب اليهودي.

داريوس

بعد ذلك أرسل داريوس الأوَّل رسالة من بابل يشجِّعهم فيها على إعادة البناء. وكان داريوس هو الذي أمر برمي دانيال في جبِّ الأُسود، لكنَّه علم كم أنَّ الربَّ عظيم.

إذًا، كان العمل في بناء الهيكل متقطِّعًا. فكان يتوقَّف أحيانًا بسبب مضايقة السامريِّين، وكان الشعب يتعبون أحيانًا من العمل في بناء الهيكل فيَنصرِفون إلى بناء بيوتهم. فسألهم النبي حجِّي: "هَلِ الْوَقْتُ لَكُمْ أَنْتُمْ أَنْ تَسْكُنُوا فِي بُيُوتِكُمُ الْمُغَشَّاةِ، وَهذَا الْبَيْتُ خَرَابٌ؟"، فوبخَّتهم تلك الكلمات وعادوا إلى العمل. وكان من الصعب الإبقاء على معنويَّاتهم مرتفعة، لأنَّهم كانوا مجموعة صغيرة في أرض قاحلة يقومون بإعادة البناء كلَّما سمحت لهم الظروف.

العودة الثانية (7-8)

بعد خمسين سنة، عادت مجموعة من السبي تحت قيادة عزرا. وكانت المشكلة في تلك الأثناء عدم استِتباب النظام وعدم اتِّباع الناموس، فرجع عزرا حاملاً مرسومًا يقضي بتطبيق القانون. وأرسل أرتحشتا رسالة ثانية يشجِّع فيها اللاويِّين على العودة، فاستطاع عزرا إيجاد ثمانية وثلاثين لاويًا كانوا مستعدِّين للعودة معه. ويكتب هنا عزرا بصيغة المتكلِّم المفرد حيث يسرد اختباره.

الإصلاح (9-10)

التشفُّع الفرديُّ

كان الإصلاح هو الجزء الحزين من القصَّة. وعندما رأى عزرا الشعب يرجعون إلى طرقهم القديمة، صلَّى على انفراد، طالبًا من الربَّ أن يرحمهم. وأصرَّ عزرا على أن يقوم الشعب باعتراف علنيٍّ عن الخطايا التي اقترفوها. ووُضِعَت لائحة بأسماء الأشخاص الذين رجعوا إلى كسر الوصايا. وكانت أحد أشهر الخطايا هي الزواج من خارج شعب الربّ، الأمرُ الذي كان محرَّمًا على شعب الربّ وهو محرَّم على المؤمنين. وقد قال أَحَدُهم بحقٍّ: " إن كنت تتزوج من الشيطان فستواجه مشاكل مع حميك!"

الاعتراف العامُّ

أصرَّ عزرا على فصل الزيجات المختلطة لأنَّها كانت غير شرعيَّة في نظر الرب. وبينما لا يطلب منَّا العهد الجديد أن نفعل ذلك، فإنَّ عزرا أخذ الأمر بشكل جدِّي. فأُرسِلَ الأطفال والزوجات إلى بعيد كي يبقى شعب الربّ أنقياء. كذلك تكلَّم مع أقرباء بعض الناس الذين أتوا من بابل ولم يكونوا يهودًا.

عزرا ـــ الرجل

كان عزرا صاحب شخصيَّة مميَّزة. ويعني اسمه حرفيًّا "العون" (بينما يعني اسم نحميا "التعزية"). وكانت هذه المجموعة الصغيرة التي عادت من السبي بحاجة إلى العون والتعزية. وكان عزرا من نسل هارون مباشرة من خلال ألِعازار بن هارون ومن ثَمَّ من خلال فينحاس وصادوق الكاهن. إذًا، كان عزرا من نسل كهنوتي.

نقرأ أنَّ عزرا جلب معه التوراة، أي على الأرجح أسفار الناموس (التكوين حتَّى التثنية). وقد وُصِف بكونه "رجُلَ التوراة" لأنَّه قام بثلاثة أُمور، فقد درس التوراة وعاشها وعلَّمها. فمن السهل نسبيًّا القيام بالأمرين الأوَّل والثالث، لكنَّه لاحظ أهميَّة أن تتماشى حياته مع ما تتفوَّه به شفتاه من التوراة. وأدَّى تكَرُّس عزرا للتوراة لأنْ يكون لديه قلب رقيق ذرف دمعًا على خطايا الشعب. من السهل عادةً أن تبكي من أجل خطايا نفسك عندما يُكتشف أمرك، لكن بكاءك على خطايا الآخرين يدلّ على روحانيَّة عميقة يمتلكها قليلون.

يخبرنا التقليد أنَّ عزرا كان رئيس مجمع مؤلَّف من مئة وعشرين يهوديًّا جمعوا الأسفار معًا التي تؤلِّف العهد القديم. إنَّما لا يمكننا تأكيد ذلك، ولكن تركيزه على التوراة وضع الأساس للأربعِ مئة سنة القادمة التي كانت ستكون جافَّة من دون ظهور أيِّ نبيّ. وكان ما أُعطي في الماضي، ومن ضمنه كتابات عزرا ونحميا، هو الرسالة الوحيدة الموجَّهة من الرب في تلك الفترة.

ويلاحظ قليلون أنَّ عزرا وضع المبادئ الأساسيَّة للمجامع المؤسَّسة على كلمة الربّ. ومنذ ذلك الوقت، بدأت لمجامع باتِّباع نمط العبادة بحسب ما وضعه عزرا. وفي الواقع أنَّ الخدمة في المجمع كانت بعكس خدمة معظم الكنائس اليوم. فالترتيب هو الاستماع إلى كلمة الربّ ومن ثَمَّ تقديم العبادة، أي أنَّك تسمع للربّ قبل أن تكلِّمه، لأنَّ عبادتك يجب أن تكون تجاوبًا مع ما يقوله لك. وهكذا، تحمل العبادة معنًى أعمق وأكثر تنوُّعًا. فأحيانًا تشعر بأنَّك تريد الرقص والغناء، وأحيانًا أُخرى تكون أكثر جِدِّيَّة وفي مزاج التائب. وبدلا من تحميس الناس على العبادة، تُعطي كلمة الربّ الدور لذلك. فعندما يمتلئُ الناس بكلمة الربّ يصبحون أكثر جهوزيَّة للعبادة. ويُطبَّق هذا الأسلوب حتى يومنا هذا في كلّ المجامع اليهوديَّة.

وهكذا وضع عزرا هذا الأساس. فأقام مِنبرًا خشبيًّا في وسط السوق وقرأ من التوراة وشرح النصّ، ثمَّ أتت عبادتهم كتجاوُبٍ لما سمعوه. وتشير إحدى الوثائق المسمَّاة بـِ "الدِّيداخي" أنَّ هذا كان

الأُسلوب المتَّبع في العبادة في الكنيسة أوَّلَ عَهدِها. وعندما كنت راعيًا في إحدى الكنائس بِمَدينة "غيلفورد" كنَّا نقضي ساعة كاملة في دراسة الكلمة، ومن ثَمَّ كنَّا نقضي نصف ساعة في العبادة. وكان الأمر ناجحًا جدًّا.

نحميا – السفر

خطوط السِّفر العريضة

تتشابه الخطوط العريضة في سفر نحميا مع الخطوط العريضة والبينة في سفر عزرا، ما يدلُّ على أنَّ السِّفرين نتاج كاتب واحد. وهو يحتوي على نفس التقسيم الذي يتَّبعه سفر عزرا. فالسفر مكوَّن من أربعة أجزاء. ويحتوي الجزء الأوَّل من كلِّ سفر على جزأين فرعيين. والجزء الثاني يحتوي على ثلاثة أجزاء فرعيَّة. والجزء الثالث يحتوي على ثلاثة أجزاء فرعيَّة. والجزء الرابع يحتوي على جزأين فرعيين.

العودة الثالثة (1-2)

معلومات مُحزِنة (1)

تفحُّص سرِّيّ (2)

إعادة البناء (3-7)

بناء الأسوار (3)

مواجهة الصعوبات (4-6)

مقاومة من الخارج، استغلال من الداخل

اكتتاب النسل (7)

التجديد (8-10)

قراءة الشريعة (8)

الاعتراف بالخطايا (9)

معاهدة على الخُضوع (10)

الإصلاح (11-13)

كميَّة كافية (11-12)

نوعيَّة روحيَّة (13)

زيجات مختلطة. أموال مختلسة.

تدنيس السبت. مسؤوليات مهملة

العودة الثالثة (الأصحاحات 1-2)

أخبار سيِّئة آتية من أُورشليم

حدثت العودة الثالثة عندما كان نحميا ما يزال في بابل وسمع أخبار أُورشليم المحزنة. وكان ساقيَ الملك أرتحششتا. وأميل إلى الظنِّ بأنَّه حصل على تلك الوظيفة بواسطة الملكة أستير، لأنَّ أرتحششتا كان ابن زوجها. ولم يكن عمَلُه ساقيًا للملك عمَلاً ممتعًا جدًّا، إذ حمل مسؤولية كبيرة. فهو كان يتذوَّق الخمر وفي كلِّ مرَّة كان يتساءل إن كانت ستكون تلك هي المرَّة الأخيرة التي يشرب فيها. لكن عمله قرَّبه من الملك فأصبح أمين أسراره، حيث كان يتشارك معه في أُمور عديدة بسبب العلاقة الجيِّدة التي نشأت بينهما. وعندما سمع نحميا أنَّ أسوار أُورشليم التي كان قد أُعيد بناؤها قد هُدِمت، وأنَّ السكَّان الموجودين من حول أُورشليم شعروا بالغضب إزاء إعادة بناء المدينة، اكمَدَّ وجهه، فسأله الملك عن السبب. فشرح نحميا الأمر للملك، وكان خائفًا من أنَّ حزنه سيؤدِّي إلى عقاب ينزله به الملك. لكنَّه فُوجئ بردَّة فعل الملك أرتحششتا الذي لم يسمح له بالذهاب لإعادة بناء السور فحسب، بل كتب رسائل توصيَّة إلى الذين بإمكانهم تأمين الموادِّ الأوليَّة لكي يسهِّل الأمر على نحميا.

تفتيش البوَّابات خلال الليل

نقرأ في الجزء الثاني من القسم الأوَّل من السفر أنَّ نحميا وصل إلى أُورشليم، وأنَّه قام بزيارات ليلية لفحص الأسوار وتقييم مدى الضرر الحاصل لها. فنرى هنا مثالاً للقائد الحكيم الذي يحسب النفقة قبل المباشرة بالمشروع ولا يتسرَّع بتهوُّر. ومع أنَّه كان رجل إيمان، درس المشروع قبل أن يباشر به.

إعادة البناء (الأصحاحات 3-7)

بناء الأسوار

وجد نحميا أنَّ الأسوار والأبواب بحاجة إلى إصلاح. فمعظم الأسوار كانت قد هُدمت بالكامل، وكان بعضُها بحاجة إلى ترميم جذري.

ينظر زوَّار أُورشليم اليوم إلى الأسوار القديمة للمدينة القديمة الحاليَّة، ويتخيَّلون أنَّها لا بدَّ أن تكون مدينة العهد القديم. لكن عُمر الأسوار الحاليَّة في الواقع لا يتعدَّى بضع المئات من السنين وقد بناها السُّلطان "سُلَيمان العظيم" بعد هجوم الصليبيِّين. وكانت المدينة القديمة قد أُنشئَت خارج السور الحالي على مساحة أرضيَّة تقع جنوب الهيكل. أمَّا مساحة الهيكل الحاليِّ، حيث بُنِيَ جامعا العمري والأقصى، فهي ثلاثة عشر فدَّان وهي على شكل مسطَّح صخريٍّ في أعلى التلَّة. لكن أظهرت حفريات مدينة العهد القديم السُّورَ الذي كان موجودًا في أيَّام نحميا.

أظهر نحميا ميزات قياديَّة عظيمة خلال البناء. وطلب بكلِّ حنكة من الشعب أن يبني كلّ واحد جزءًا من السور المقابل لبيته. والمدهش أنَّه جعل العمل في بناء سور المدينة ينتهي بالكامل في فترة اثنين وخمسين يومًا. وأصبحت المدينة آمنة أوَّلَ مرَّة بعد بناء بوَّابات للسور.

مواجهة المشاكل

لكنَّهم واجهوا مشاكل متعدِّدة خلال ذلك الوقت:

مقاومة خارجيَّة: كانت أوَّلها السخرية. فكان السامريُّون يستهزئُون بالعمل، مدَّعين بأنَّه بإمكان ثعلب صغير أن يهدم الحائط بأكمله. لكن عندما لم يلاقِ هذا التهكُّم أيَّ تجاوب، حاولوا إصدارَ التهديدات التي بدت أكثر جدِّيَّة. وحاكوا مؤامرةً مُحاوِلين أن يُبعدوا نحميا عن العمل. ثمَّ حاولوا أن يُنشئُوا صداقة بينهم وبينه لِيَتفاوضوا معه. لكنَّه رفض بكلِّ حكمة، ولم يدَعْ أيَّ أمر يوقفه عمَّا سيقوم به.

استغلال داخلي: قامت مشاكل داخليَّة أيضًا. فداخل الأسوار، كان الأغنياء يزدادون غنى والفقراء يزدادون فقرًا إذ إنَّ المعاملات الماديَّة خالفت ناموس موسى بالكامل. وكانت الفائدة المضافة إلى الدُّيون مرتفعة جدًّا لدرجة أنَّ كواهل الناس تثقَّلت تحت وطأة الدُّيون. فتنبَّه نحميا إلى تلك المشكلة وحاول أن يساويَ المراكز الاقتصاديَّة بين الناس.

المدينة خالية / المدينة الفارغة

إضافة إلى كلّ ما سبق ذكره فإنَّ قليلين أرادوا أن يعيشوا في المدينة. فهم خافوا من أيّ هجموم على المدينة وفضّلوا المكوث في بلد مستقرّ. فكان على نحميا أن يشجِّع الشعب على القدوم إلى المدينة والسكن فيها.

كانت لدَيه لائحة بأسماء نسل سكَّان أُورشليم قبل السبي، وأقنع الناس بالسكن حيث كان أسلافهم يسكنون. كذلك أمر بالاكتتاب لكي يُعرَف وجود كلّ شخص. وكانت النتيجة وجود اثنين وأربعين ألفا وثلاث مئة وستِّين يهوديًّا، وسبعة آلاف وثلاث مئة وسبعة وثلاثين عبدًا، ومئتين وأربعة وخمسين مرنِّمًا. ويشير ذكره لعدد المرّنمين إلى اهتمامه بإعادة العبادة في هيكل الربّ.

التجديد (الأصحاحات 8-10)

عزرا يقرأ الناموس

قرأ عزرا الشريعة علنًا وهو واقف على منبر خشبي من الصباح حتَّى الظهر. ولم يقرأها بشكل روتيني، بل حاول أن يضيف إليها حسًّا لكي يفهموها. وقام بالقراءة في عيد المظال الذي هو موسم احتفال الحصاد اليهودي. وكانت هذه المناسبة مناسبة سعيدة، وفي الواقع، يقول الحاخامات إنَّه إن لم يكن الإنسان مسرورًا خلال هذا الاحتفال فإنَّه يرتكب الخطيَّة!

فعل اعتراف

شعر الشعب بالذنب حتَّى إنَّهم أخذوا في البكاء واعترفوا للربّ بخطاياهم وخطايا آبائهم. ويظهر هنا الفرق الأساسي بين سفرَي عزرا ونحميا. فقد رأى عزرا أنَّ الحالة تدعو إل النوح، أمَّا نحميا فكان يدعو الشعب إلى الاحتفال. وبكى عزرا بسبب الخطايا التي أظهرتها كلمة الربّ، لكنَّ نحميا ركّز على إعادة بناء السور، قائلاً إنَّها مناسبة تدعو إلى الاحتفال. وطلب نحميا أن يفرحوا ويجهِّزوا الطعام الشهيّ ويحتفلوا. فهناك وقت للبكاء ووقت للابتهاج، وعلينا أن نميِّز بحكمةٍ الوقتَ المناسب.

إقامة العهد من جديد

عند نهاية صلاة الاعتراف، ساعد عزرا الشَّعبَ على تجديد العهد مع الربّ. وعقد القادة واللاويُّون والكهنة اتِّفاقًا مُلزِمًا. ويذكر الأصحاح العاشر أسماء الأشخاص الذين وقَّعوا عليه.

الإصلاح (الأصحاحات 11-13)

السُّكنى في المدينة

كان جزءٌ من عمل نحميا تشجيع الشعب على الانتقال إلى السكن في المدينة بعد أن انتهى العمل في إعادة بناء السور. ويذكر الأصحاحان الحادي عشر والثاني عشر أسماء الذين عُيِّنوا للسكن فيها.

الإصلاح

زيجات مختلطة

نجد نحميا يعمل بجدِّيَّة في الأصحاح الأخير. و كان عليه أن يُبطِل الزِّيجات المختلطة التي كانت تلوِّث الأُمَّة. وأنزل اللَّعنات على كلِّ الذين تزوّجوا من خارج إسرائيل. إنِّي أُردِّد دائمًا أنَّ الفرق بين عزرا ونحميا هو أنَّ عزرا شدَّ شعره، أمَّا نحميا فشدَّ شعور الآخرين. فنحميا حرفيًّا شدَّ شعور الذين ارتكبوا الخطايا في إسرائيل.

أموال مسلوبة

كان على نحميا أن يقرِّر بشأن الأموال المسلوبة، إذ كان بعضُهم يسيئون استخدام الأموال التي اؤتُمِنوا عليها. وسعى إلى ترسيخ العدل والإنصاف في المعاملات الماليَّة.

تدنيس السبت

لم يكن الشعب يحفظون السبت كما يجب. فرجال الأعمال الذين أتَوا من بابل وجدوا أنَّ الأسواق في أُورشليم لم تأتِ بالأرباح المرجوَّة، ففتحوا متاجرهم يوم السبت لتصريف أعمالهم. فأصرَّ نحميا على إغلاق البوَّابات في كلّ يوم سبت حتَّى يتعذَّر إجراءُ المعاملات التجاريَّة.

واجبات مهملة

ولم تكن الناحية الدينيَّة أفضل. فالكهنة أهملوا واجباتهم في الهيكل، وكان على نحميا إعادة الأُمور إلى نصابها. وقد توقَّف تقديم المال للّاويين والمرُنِّمين مقابل خدماتهم في الهيكل فرجَعُوا إلى مهنة الزراعة لتأمين إحتياجاتهم الماديَّة.

لم يعمل نحميا وعزرا على إعادة بناء الأشياء فحسب، بل كان عليهما أن يعملا على إصلاح الشعب. وقدِ استخدما سلطتهما بشجاعة، وأحيانًا بقساوة، ليُرجِعوا الشعب عن مسارهم السقيم.

نحميا ـــ الرجل

غالبًا ما يُلاقي نحميا استحسانًا لدى أغلبية الناس أكثر من عزرا. ويعود ذلك إلى كونه ألطف من عزرا، وكان مُستَبشِرًا وشجَّع الآخرين على الابتهاج. وهو القائل: "فرح الربِّ هو قوَّتكم." ولا أظنُّ أنَّ عزرا كان سيقول ذلك، لأنَّه كان منشغلاً ببكائه على الشعب. فالاثنان يشكِّلان ثُنائيًّا مميَّزا في العديد من النواحي. "فالعون" والتعزية" ينتميان بعضُهما إلى بعض.

إنَّما تؤثِّر فيَّ بعمق بعضُ مميَّزات نحميا. فإنَّنا كقُرَّاء نشعر بأننا نعرفه. وهو صريح أكثر في التَّعبير عن مشاعره أكثر من عزرا. إذ يتكلَّم أكثر عن نفسه وكأنَّه كتب سِيرةَ حياته. وهو يتكلَّم بصيغة المـُتكلِّم المفرد، الأمر الذي يخبرنا أربعة أُمور عنه:

رجلُ صلاة

إن كان عزرا هو رجُلَ الكتاب المقدَّس، فنحميا هو رجل الصلاة. فكان يصلِّي قبل القيام بأيِّ أمر. ولدينا أمثلة عن صلوات قالها، إمَّا طويلة وإمَّا قصيرة، وإمَّا علنيَّة وإمَّا خاصَّة. فلا يهمُّ طول صلاتك، بل ما يهمّ هو عمقها. ولدينا هنا رجل كان يتكلَّم مع الربّ بكلِّ طَبَعيَّة عن أيّ أمر. فكان رجل صلاة بامتياز. وطلب من الربّ أن يعاقب المنحرفين إلى الشرّ، وطلب منه بكلِّ شجاعة أن يذكره ويُكافئَه على أعماله الحسنة.

رجلٌ عمليٌّ

كان نحميا رجلاً نظاميًّا. فبعض الناس يركِّزون أفكارهم نحو السماء، فلا يكونون ذوي منفعة على الصعيد الأرضي. لكن نحميا لم يكن كذلك. فلم يَتشكَّ من عمَلِه بالطِّين. وكان إداريًّا بامتياز، فاستطاع دراسة الأبواب والأسوار وقيَّم احتياجات الناس. لم يكن يرفع رأسه في السَّحاب، بل كان رجُلاً عمليًّا. أليس من الرائع أن يكون الرجل خليطًا من العملانيَّة وحياة الصلاة؟

رجل عاطفيّ

كان رجُلاً عاطفيًّا ذا مشاعر عميقة. وقد أظهر الحزن العميق كما أظهر السعادة الغامرة. شجَّع الآخرين على التمتّع بالربّ والابتهاج وعلى أن يكون فرح الربّ قوّتهم، لكنّه غضب أيضًا وشدَّ شعور الناس. إنَّه لم يكن رجُلاً مُمِلاً قطُّ!

رجل اجتماعي

كان نحميا قبل كلِّ شيء رجُلاً اجتماعيًّا. ولا أعتقد أنَّه كان بإمكان عزرا أن يقوم بما قام به نحميا، لأنَّ نحميا كان اجتماعيًّا وقد برع في إدارة العلاقات الإنسانيَّة. واستطاع أن يتماشى مع الناس ويشجعهم على إكمال العمل، ويقوِّي معنوياتهم ويزيد من نشاطهم. غالبًا ما يلفت الأنظار رجل كهذا، ويلفتني أُسلوب كلامه عن العمل إذ يستخدم صيغة المتكلِّم في الجمع "نحن". ومرَّةً رفض تعيين حصص طعام مخصَّصة للوالي لكي يشعر بما يمرّ الشعب فيه. وفي لحظات خاصَّة، كان يفحص بناء السور بنفسه، إلاَّ أنَّه كان يقول: "وبَنَيْنا السُّور." وأعطى الإكرام للجميع: " فَبَنَيْنَا السُّورَ(في غضون اثنين وخمسين يومًا) وَاتَّصَلَ كُلُّ السُّورِ إِلَى نِصْفِهِ وَكَانَ لِلشَّعْبِ قَلْبٌ فِي الْعَمَلِ." ولم يقل: "ذلك كان من إنجازي أنا." ونقرأ أنَّهم: "عَلِمُوا أَنَّهُ مِنْ قِبَلِ إِلهِنَا عُمِلَ هذَا الْعَمَلُ."

نجد توازُنًا مميّزًا في شخصيَّته إذ كان رجلاً مصلِّيًا وعمليًّا، قاسيًا ورقيقًا، حسَّاسًا من نحو الربّ ومن نحو الناس، ويفرح ويحزن. إنَّه مثَل صالح على شخصيَّة ممكن أن نتمثَّل بها.

الربّ وشعبه

الربّ

لا بدَّ من طرح السؤال التالي عند دراسة الشقّ التاريخي في الكتاب المقدَّس: ما الهدف من دراسة تاريخ مرَّت عليه أعوام كثيرة جدًّا؟ ماذا يمكن لأحداث جرت على بعد آلاف الأميال عنَّا وخلال فترة ألفَي وخمس مئة سنة مضت أن تَعنينا. من ناحية، نحن ننظر إلى أحداث مشوِّقة وشخصيَّات ملهمة. فالكتاب المقدّس يصف الناس بأخطائهم ولا يترك مكانًا للملل. لكنَّنا في الواقع نقرأ قصَّة الربّ مع شعبه. إنَّه الإله الذي ارتبط من خلال ميثاق مع بأُمَّة واحدة وشعب واحد، وهو الآن يربط نفسه بنا من خلال عهد جديد. لاحِظ أنَّ نحميا يتكلَّم عن "إلهي". ولدينا هنا صورة عن إله يُحافِظ على وعوده. وهو يعد شعبه بأمرين: أنَّه سوف يبارك طاعتهم ويلعن عصيانهم. فالإله الذي يَفي بالوعد الأوَّل هو نفسه يَفي بالوعد الثاني. وحقيقةُ أنَّه أرسلهم إلى السبي تعني أنَّه حافظ على وعده.

سمح بِسَبيهم

نقرأ في سفر اللاويين 26:44 أنَّ الربّ وعد بأن يُخرج الشعب من أرض الآباء إن لم يُحسنوا التصرّف،

وقد وفى بوعده. ولا يفهم الكثيرون سبب هذا السبي الذي امتدَّ فترةَ سبعين سنة. لكن نجد الشرح الوافي في نهاية سفر الأخبار الثاني.

ينصّ ناموس الربّ على أنَّ الأرض بحاجة إلى الراحة كل سبع سنوات. كذلك الشعبُ أيضًا بحاجة إلى الراحة كلّ سبع سنوات. وقد أمر الربّ أنْ لا يجمعوا المحصول من الأرض في السنة السابعة ليتركوها تستريح. لكن لم تسترِح الأرض فترة خمس مئة سنة، ممَّا يُساوي سبعين سنة (سبع سنوات على مدى خمس مئة سنة). ومؤدَّى ما قاله الربُّ في نهاية سفر الأخبار الثاني: "إن لم تُعطوا الأرض راحتها فسأعطيها إيَّاها أنا. وهي ينقصها سبعون سنة من الراحة، فاخرجوا منها سبعين سنة."

والربُّ يُبقي على كلمته. وقد وعد أن يكافىء البارَّ ويعاقب الشرِّير. وينطبق هذا الأمر على شعبه كما على آخرين أيضًا. وكتب بولس إلى أهل كورنثوس قائلاً: "لأَنَّهُ لاَبُدَّ أَنَّنَا جَمِيعًا نُظْهَرُ أَمَامَ كُرْسِيِّ الْمَسِيحِ، لِيَنَالَ كُلُّ وَاحِدٍ مَا كَانَ بِالْجَسَدِ بِحَسَبِ مَا صَنَعَ، خَيْرًا كَانَ أَمْ شَرًّا."

أرجعهم من السبي

كما أنَّ الربّ وعد بإنزال القصاص بهم، كذلك فإنَّه أراد أن يباركهم (راجع إرميا 29:10). فعند حلول الزمان المعيَّن، أرجعهم إلى أرضهم. وكان ذلك خروجًا ثانيًا، ولكن لم يُشقّ البحر ولم يلحق بهم أيّ جيش.

عمل الربّ السرِّي

من الملاحظ أنَّ الربّ يعمل في الخفاء في كلا السفرين. فلا نرى أيَّة كلمات نبوِّيَّة، ولا عجائب، إنَّما كان الربّ يعمل بطريقة رائعة لكنْ صامتة.

قادة من داخل شعبه. نرى كيف أنَّه أقام من وسط شعبه من يُكمِل العمل. فأصبح زرُبَّابل قائدًا. وسُلِّمت إلى كلٍّ من عزرا ونحميا مهمَّة خاصَّة، وأُقيما في الوقت المعيَّن.

قادة من خارج شعبه. لا يحدِّد الربّ نفسه بشعبه فقط، فهو يعمل أيضًا من خلال قادة لا يعرفونه أمثال كورش وأرتحشستا وداريوس. وقد تعاطف بعضٌ منهم مع شعب الربّ، أمَّا آخرون فلم يتعاطَفُوا، مثل نبوخذنصَّر (خاصَّة في البداية).

شعب الربّ

يعمل الربّ خلف الكواليس فيحمي شعبه، إلاَّ أنَّه يتوقَّع منهم أن يقوموا بدورهم في إحداث التغيير. وقد برهن أنَّه يقيم عهده، لكن طلب منهم بالمقابل أن يُبقوا على جانبهم فيه وأن يكونوا قدِّيسين كما طلب منهم. لكنْ فشل معظم الشعب في هذا الأمر.

الدرس الذي نتعلَّمه من هذين السفرين أنَّ الشعب سرعان ما رجعوا إلى ارتكاب الخطايا التي ارتكبوها قبلاً. لكنَّهم لم يرتكبوا خطيَّة عبادة الأوثان. فإنَّه حتَّى هذا اليوم يخاف اليهود من فكرة عبادة الأوثان، ولم يمارسوها قطّ، ولن يمارسوها أبدًا.

كتب ونستون تشرشل تاريخًا رائعًا عن الحرب العالميَّة الثانية في ستَّة مجلَّدات. وقد قرأتها جميعها وهي ممتعة جدًّا، لكنَّ المجلَّد السادس يحمل عنوانًا لافتًا هو "النصرة والمأساة" وهو يغطِّي الفترة الأخيرة من الحرب. وحمل المجلَّد عنوانًا فرعيًّا هو: "كيف انتصرت الديمقراطيَّة، وكيف عاد الديمقراطيّون إلى ارتكاب الأخطاء التي كلَّفتهم حياتهم." كان هذا الاعتراف الأسمى من قِبَل قائدٍ حربيٍّ عظيم: يرجع الناس إلى ارتكاب الأخطاء نفسها.

قسم من الشعب رجع إلى الوطن

رجع خمسون ألف شخصًا من أصل مليوني شخص (أي 2.5%) على الرغم من سُنوحِ الفرصة بالعودة للجميع. والسبب الرئيسي الذي أبقاهم هناك هو حياة البحبوحة والرَّغَد في بابل، بينما كانت الحياة ستكون صعبة وغير مستقرَّة في يهوذا. وقد واجه الذين رجعوا صعوبة السفر مسافة تسع مئة ميل (نحو 1450 كلمً) واحتمال عَيشِ حياة الفقر.

الذين رجعوا سرعان ما وقعوا في الخطيَّة

لقد ذكرنا سابقًا أنَّ الناس وقعوا في الخطيَّة على الرُّغم من السبي. ولم يخافوا الربّ كما كان يجب أن يفعلوا، وبدأوا بكسر ناموسه بمِثل القساوة التي بها كسروه قبل السبي إلى بابل. وقد ظهر ذلك من خلال عدم التزام الزَّواج من بين شعب الرب، ومن استغلال بعضهم بعضًا كلَّما سنحت لهم الفرصة لذلك.

فلا عجب أن نقرأ في الأصحاح التاسع من كِلا السفرين أنَّ عزرا ونحميا انزعجا من الذي حصل. وكان عليهما إعادة بُنيانِ الناس ليخلصوا من خطاياهم وبعضُهم من شرِّ بعض.

النتيجة

توقَّف الربُّ عن التكلُّم إليهم مدَّةَ أربع مئة سنة. فلم تكن هناك أيَّة رسائل ولا أيَّة معجزات طيلةَ أربعةِ قرون. لذلك اهتمَّ عزرا ونحميا والنبيَّان حجَّي وزكريَّا بإعادة البناء.

كان دانيال قد قدَّم نبوَّة مميَّزة تنطبق على دراسة سفري عزرا ونحميا. قال: "فَاعْلَمْ وَافْهَمْ أَنَّهُ مِنْ خُرُوجِ الأَمْرِ لِتَجْدِيدِ أُورُشَلِيمَ وَبِنَائِهَا إِلَى الْمَسِيحِ الرَّئِيسِ سَبْعَةُ أَسَابِيعَ وَاثْنَانِ وَسِتُّونَ أُسْبُوعًا، يَعُودُ وَيُبْنَى سُوقٌ وَخَلِيجٌ فِي ضِيقِ الأَزْمِنَةِ. وَبَعْدَ اثْنَيْنِ وَسِتِّينَ أُسْبُوعًا يُقْطَعُ الْمَسِيحُ وَلَيْسَ لَهُ." وعند دراستنا لسفر دانيال رأينا أنَّ الاثنين والستِّين "سبعةً" أو الأربع مئة والتسعين سنة، تأتي بنا مباشرة إلى بدء خدمة الربِّ يسوع العلنيَّة. ولا يهمُّ إن كنَّا نحسب أنَّ المرسوم صدر من قِبَل كورش أو أرتحشستا.

إذًا، نجد خطًّا نبويًّا يمتدّ مباشرة من السبي حتَّى ولادة الربِّ يسوع. وأعتقد أنَّ الربّ أظهر ذلك لدانيال لنعلم أنَّه على الرغم من أنَّ الشعب عادوا إلى حياة الخطيَّة بعد الرجوع من السبي، لم ينتهِ الأمر عند هذا الحدّ. فقد علم الربّ ماذا يفعل بشأن كلّ ذلك، وهو لم يُفاجأ، إذ كان قد أعدَّ الخطَّة مسبَّقًا. إذ كان سيُرسل المخلِّص كي ينتَشلهم من خطاياهم، ولذلك أتى الربُّ يسوع.

أخبار الأيَّام الأول والثاني

المقدِّمَّة

يتوقَّف الكثيرون عند قراءتهم الكتاب المقدَّس إمَّا في سفر اللاويين وإمَّا في سفرَي الأخبار. إذ تصعب قراءة سفر اللاويين لأنَّه ليس مبنيًّا على شكل سردٍ قصصي، ولا تمتّ الطقوس الدينيَّة المذكورة فيه بصلة إلى الحياة المعاصرة. وتصعب قراءة سفرَي الأخبار لأنَّ أوَّل تسعة أصحاحات تتضمَّن سُلالاتٍ تحتوي على أسماء يصعب لفظها. أضف أنَّه بعد قراءة سفرَي الملوك يُفاجأ القارىء بتكرار القصص نفسها في سفرَي الأخبار، ولذا يستنتج أنْ لا فائدة من قراءتها. إذًا، لا بدَّ أن نبدأ بطرح السؤال: لماذا يَصِف هذان السفران الأُمور نفسها التي وصفها سفرا الملوك الأوَّل والثاني؟

نجد الإجابة من خلال ملاحظتنا لترتيب الأسفار في التوراة العبريَّة، وهو يختلف عن ترتيب الأسفار في النُّسخة التي بين أيدينا. و تدلُّ مكانة سفرَي الأخبار في الترتيب اليهودي، كما سنرى، إلى أنَّ ارتباطهما بِسفرَي الملوك ليس كبيرًا كما نميل إلى الظنّ، مع أنَّهما يغطِّيان الحقبة التاريخيَّة نفسها إلى حدٍّ كبير.

نلاحظ أوَّلاً أنَّ الأسفار مجموعة بطريقة مختلفة. ففي التوراة العبريَّة نجد ثلاث مجموعات من الأسفار، هي أسفار الشريعة والأنبياء والكتابات (أو الأسفار الشعريَّة). وبالفعل، فإنَّ لوقا يدوِّن لنا أنَّ الربَّ يسوع عندما تكلَّم مع تلميذَي عمواس بعد قيامته بدأ حديثه من الناموس والأنبياء والكتابات وفسَّر لهما كيف أنَّ تلك الأسفار تشير إليه. فما هذا إلا كِتابُه وهو يعرفه عن ظهر قلب (لوقا 24:27، 44)!

إذًا أوَّل خمسة أسفار (وتُسمَّى أيضًا التوراة) في نُسخة الكتاب المقدَّس التي بين أيدينا هي التكوين، الخروج، اللاويين، العدد، التثنية. أمَّا في التوراة اليهوديَّة فإنَّ الأسفار معروفة بالعبارات الأُولى المذكورة في كلّ سفر. فيُدعى سفر التكوين "في البدء"، والخروج "وهذهِ أسماء" واللاويين "ودعا"، والعدد "في البرِّية"، والتثنية "هذا هو الكلام."

وتقدِّم التورة العبريَّة لائحة بما يُسمَّى الأسفار النبويَّة. وهناك مجموعتان فرعيتان من الأنبياء، تتضمَّن الأُولى أسفار يشوع والقضاة وصموئيل والملوك. ويحتوي مجلَّد واحد في التوراة العبريَّة على سفرَي صموئيل والملوك، ويعود السبب الرئيسي لذلك إلى أنَّ اللُّغة العبرية تستخدم الأحرف الساكنة ولا

تستخدم الأحرف المتحرِّكَة، ولذا فقد شغلا مكانًا أصغر. وعندما تُرجم السفران من العبرية إلى اليونانية ومن ثَمَّ إلى الإنكليزية واللُّغات الأُخرى، شغلا مكانًا أوسع، ولذا قُسِّما إلى سفرَين لأنَّ الأحرف المتحرِّكَة التي استُخدمت ضاعفت عدد الكلمات.

لكن يتمّ تقسيم هذه الأسفار تحت خانة الأسفار التاريخيَّة وليس تحت خانة الأسفار النبويَّة. وكان صموئيل الشخصيَّة النبويَّة المشهورة في تلك الحقبة. أمَّا خلال حقبة الملوك فقد ظهر عدد من الأنبياء. والأنبياء هم الذين الذين دوَّنوا التاريخ وفسَّروه وأظهروا للناس ماذا يعمل الربّ. ووُضِعت أسفار الأنبياء اللاحقين في خانة مصغَّرة كما نجدها في نسخة الكتاب المقدَّس الموجودة بين أيدينا.

وأتت الأسفار الشِّعريَّة على شكل علبة تحتوي على مجموعةٍ متفرِّقات، منها أسفار المزامير (وتعني حرفيًّا التسابيح) وأيوب والأمثال. ولا يُعتبر سفر راعوث سفرًا نبويًّا، ولذا حُسِب مع الأسفار الشعريَّة في التوراة العبريَّة، بالإضافة إلى أسفار نشيد الأنشاد والجامعة ومراثي إرميا وعزرا ونحميا وأستير ودانيال. ومن الغريب أنَّ سفر دانيال لم يُضَف بين الأسفار النبويَّة، رُغمَ أنَّه يحتوي نبوَّات تخصّ الشعوب الأُخرى.

وكما يُظهر الرسم البياني، فإنَّ سفرَي الأخبار هما آخر أسفار العهد القديم اليهودي، لكن يُطلق عليهما الاسم "كلمات الأيَّام". ومن الواضح أنَّ "الأخبار" مختلف عن "الملوك"، فالأوَّل نبوي والثاني ليس نبويًّا. وهذا الترتيب أفضل بكثير من ترتيب النُّسخة التي بين أيدينا لأنَّه على الأقلّ ينتهي العهد القديم بآخر كلمة موجودة في سفر ملاخي وهي "بلعنٍ". أمَّا في التوراة العبريَّة فينتهي آخر الأسفار بالعبارة "لِنَصعد إلى أُورشليم".

تُقسَم الأسفار إلى ثلاث مجموعات في نسخة الكتاب المقدَّس التي بين أيدينا. فتقع أسفار التكوين والخروج واللاويين والعدد والتثنية ضِمنَ خانة التاريخ، كذلك سفر راعوث أيضًا إذ يُعتبر سفرًا تاريخيًّا. ويُضاف أيضًا أسفار صموئيل والملوك والأخبار. ولهذا السبب نميل إلى الظنّ بأنَّ سفرَي الأخبار هما تكرار لما ذُكر قبلاً.

وكانت النتيجة أنَّ سفرَي الأخبار لم ينالا شهرة في الأوساط الكنسيَّة. ويتمّ الاستشهاد بآيتين فقط منهما. الآية الأُولى هي: "فَإِذَا تَوَاضَعَ شَعْبِي الَّذِينَ دُعِيَ اسْمِي عَلَيْهِمْ وَصَلَّوْا وَطَلَبُوا وَجْهِي، وَرَجَعُوا عَنْ طُرُقِهِمِ الرَّدِيةِ فَإِنَّنِي أَسْمَعُ مِنَ السَّمَاءِ وَأَغْفِرُ خَطِيَّتَهُمْ وَأُبْرِئُ أَرْضَهُمْ" (2أخبار 7:14).

أُقيمت إحدى المرَّات مسرحيَّة غنائية حملت العنوان "إِذَا تَوَاضَعَ شَعْبِي". إلاَّ أنَّ ذلك العنوان أُخذ خارج إطار النص، لأنَّ الكاتب أراد تطبيق الوعد "وَأُبْرِئُ أَرْضَهُمْ" على بلاد أميركا وبريطانيا. لكنْ تعني هذه الآية شعب الربّ في القديم، ولا يمكننا أن نطبِّقها على أيَّة أرض أُخرى.

والآية الثانية هي الآية المعروفة من زمن حكم الملك يهوشافاط: "وَنَحْنُ لاَ نَعْلَمُ مَاذَا نَعْمَلُ وَلَكِنْ نَحْوَكَ أَعْيُنُنَا" (2أخ 20: 12). وذلك عندما واجه يوشافاط ثلاثة شعوب كانت قد اتَّحدت ضدّ يهوذا.

فبعدما شنَّت تلك الشعوب هجومًا على البلاد صرخ يهوشافاط إلى الربّ مصلّيًا. فقال له الأنبياء إنّه سيربح الحرب، لكن طلبوا منه أن يرسل مُنشِدين يسيرون أمام الجيش. وهكذا تقدَّم المرنِّمون الجيش ورفعوا التسبيح للربّ فهرب الأعداء. حصلت هذه الحادثة مرَّة واحدة فقط، ولذا فهي لا تقدِّم سابقة تحثُّنا على رفع التسبيح في الشوارع بغاية طرد الشياطين كما يفعل بعض المؤمنين.

تكرار؟

بالطبع، ليس أسفار الأخبار والملوك في الكتاب المقدَّس الأجزاء الوحيدة التي تُغطّى فيها الحقبة الزمنيَّة نفسها مرَّتين. فنقرأ في سفر التكوين في الأصحاحين الأوَّل والثاني سردَين عن الخطيَّة، الأوَّل من وجهة نظر الربّ والثاني من وجهة نظر الإنسان. ونقرأ في العهد الجديد أربع سِيَر عن حياة الربّ يسوع. ومع أنَّ الأناجيل تبدو متشابهة، فإنَّ كُلاًّ منها أتى من منطلق مختلف لأنَّ كُلاًّ منها كُتِب بقلم كاتب مختلف.

وتذكِّرنا أسفار الملوك والأخبار أنَّ للتاريخ منطلقًا خاصًّا به. ولا يستطيع أحَدٌ كتابة التاريخ إلاَّ إذا وضع استحسانه الشخصيّ جانبًا، وإلاَّ وقع في فخّ الانتقاء بين الأُمور التي تهمّه أو ما يعتبره مهمًّا. وبعد اختيار الأحداث تُربط بعضُها ببعض وتُظهِر كيف أنَّ أمرًا واحدًا أدَّى إلى الأُمور الأُخرى، ومن ثَمَّ يتم لاحقًا تقييم ما كُتِب.

إذًا، يتبع المؤرِّخ عادةً خطواتِ الانتقاء والربط والتقييم. ويتم اختيار ماذا يجب أن يتضمَّن النصّ. وقد أدَّى الاختيار الأخلاقي دورًا حتّى في الكتاب التاريخي الساخر **1066 وما زاد على ذلك**، من ناحية صياغته وانتقاء الأحداث التي تصلح لأنْ تُذكر فيه. وكذلك، فإنَّ الاختيار الأخلاقي لعب دورًا مختلفًا في كلٍّ من سفرَي الملوك وسفرَي الأخبار.

المقارنة بين أسفار صموئيل والملوك وأخبار الأيّام

أتى سفرا صموئيل والملوك على شكل سفرَين فقط في التوراة العبريَّة (أمَّا في نسختنا فهما ينقسمان إلى أربعة أسفار)، ويغطيّان حقبة خمس مئة سنة. لكننا نجد عند قراءتنا لسفرَي الأخبار أنَّهما يبدأان قبل ذلك بفترة وينتهيان في فترة متأخِّرة. وهما يذكران آدم إذ يبدأان منذ بداية الجنس البشري. وينتهي سفرا صموئيل والملوك بالسبي، لكنَّنا نقرأ في سفرَي الأخبار عن الرجوع من السبي بعد سبعين سنة. ولذلك كانت أمام هذين الكاتبين مهمَّة مختلفة، وقد تمَّماها بطريقة مختلفة.

سفرا صموئيل - سفرا الملوك	سفرا الأخبار
500 سنة	بدأ باكرًا وانتهى مؤخرًا
كُتِب مباشرة بعد الأحداث	كُتِب بعد الأحداث بفترة أطول
تاريخ سياسي	تاريخ ديني
وجهة نظر نبوية	وجهة نظر كهنوتية
ملوك الشمال والجنوب	ملوك الجنوب
فشل البشر	أمانة إلهيّة
رذائل الملوك	فضائل الملوك
سلبي	إيجابي
أخلاقيّات - البرّ	روحانيات - الطقوس
نبي	كاهن

نقرأ في سفرَي الملوك أنَّ الناس كانوا يفتّشون عن تفسير لسبيهم، أمَّا في سفرَي الأخبار فهم عرفوا السبب وكانوا بحاجة إلى التشجيع والعودة لإعادة بناء سور المدينة وإعادة بناء الهيكل.

وكُتب سفرا الملوك مباشرة بعد الأحداث التي جرت، بينما كُتب سفرا الأخبار بعد فترة أطول. ويطغى على سفرَي الملوك التأريخ السياسي، أمَّا سفرا الأخبار فيغلب عليهما التأريخ الديني. إذًا، كُتب سفرا الملوك من وجهة نظر نبويَّة، أمَّا سفرا الأخبار فكُتِبا من وجهة نظر كهنوتيَّة. ويغطّي سفرا الملوك المملكتين الشماليَّة والجنوبيَّة، أمَّا سفرا الأخبار فيغطّيان الحقبة التاريخيَّة نفسها لكن من دون ذكر لأيِّ ملك من المملكة الشماليَّة. فالكاتب ليس مهتمًّا بما يجري في الشمال. ويبدو الفرق كبيرًا، إذ إنَّ سفرَي الملوك يركّزان على فشل الملوك من الناحية البشرية، الأمر الذي أوصل الأُمَّة إلى كارثة. أمَّا هدف سفرَي الأخبار فهو التركيز على الأمانة الإلهيَّة، ولذا ظهرت فضائل الملوك على حساب رذائلهم.

لكنْ لا يحاول سفرا الأخبار تغيير التاريخ، انَّما تمَّ اختيار ما قام به الملوك من أُمور جيِّدة. وكان التركيز على الأخلاقيّات، والكلمة المفتاح في السفرَين هي "البرّ". ويجيب هذان السفران عن السؤال ما إذا كان هؤلاء الملوك أبرارًا أم أشرارًا. أمَّا في سفرَي الأخبار فالتركيز هو بالأكثر على المراسِم والهيكل والذبائح، أي على الأُمور الروحيَّة أكثر مِمَّا على الأُمور الأخلاقيَّة. وكاتب سفرَي الملوك هو نبيّ؛ أمَّا كاتب سفرَي الأخبار فهو كاهن. ولذا تختلف وجهة النظر بشكل كبير.

من الواضح أنَّ أفضل وسيلة لتِبيان نقطة تركيز سفرَي الأخبار هي التفتيش عن الأُمور التي حُذِفت والتي كانت قد ذُكِرت في أسفار الملوك وصموئيل. وباستطاعتنا فعل ذلك بواسطة إلقاء نظرة سريعة على الأسفار. فنجد مثلاً أنَّ قصَّة شاول تحتلُّ سُدس السفر، بينما تحتلُّ قصَّة حياة داود الثُّلثين منه. وتحتلّ قصَّة حياة سليمان ما يقارب نصف سفر الملوك الأوَّل، ويغطِّي النصف الآخر انقسام المملكتين. إذًا، ماذا حذف الكاتب من سفرَي الأخبار؟

السهوات

1. لا وجود لذكر دور صموئيل في انتقاء الملوك.
2. بالكادِّ يُذكر شاول الملك، بل نقرأ عن موته كمقدِّمة لقصَّة حياة داود. ولا نقرأ أيَّ تفصيل عن حياة شاوِل. فالكاتب يريد من القرَّاء أن يرَوا الملوك من وجهة نظر إيجابيَّة. لذلك أُهمِل جزء كبير من فترة مُلكِ شاول.
3. يُذكر عن حياة داود بالتفصيل، لكن من الجدير بالذكر ما تمَّ حذفه. فصراعه مع شاول غير مذكور. ولا ذِكرَ أيضًا لملكه في حبرون مدَّة سبع سنوات، ولا حتَّى لزوجاته العديدة. ولم يُذكر تمرُّد أبشالوم. ولم تُذكر حادثة بشبع، ولو باقتضاب، وهي التي غيَّرت مسار مُلك داود.

اختيار المادَّة في السفرَين مميَّز جدًّا، فالكاتب يذكر الأحداث الإيجابيَّة ويتناسى الأحداث السلبية. فمثلاً، يبدو داود في موقف إيجابي جدًّا من دون ذكر قصَّة بشبع. كذلك فإنَّ سليمان يبدو في موقف إيجابي من دون ذكر زوجاته العديدة، أو الأوثان التي جُلِبت إلى القصر، أو علاقته المدمَّرة مع الربّ، أو فشله في التخلّص من المرتفعات ووجود هياكل الأوثان.

ويستمرّ هنا التركيز الإيجابي خلال الكتاب المقدَّس. فبعد انقسام المملكة، يحذف الراوي ملوك الشمال على حساب ملوك الجنوب. ويخصِّص جزءًا كبيرًا للملوك الصالحين مثل الملكين يوشيَّا وحزقيَّا، لكن لا يغطِّي الملوك الأشرار. وإذا لم يكن الكاتب منحازًا فهو إعتمد الاختيار. وكان لديه إهتمامات خاصَّة، وإنتشرت أفكار خلال فترة حكم سليمان وداود وبعض ملوك يهوذا لم تكن منتشرة خلال فترة حكم شاول.

الخطوط العريضة للسفرَين

السفر الأوَّل: الملك الصالح

9-1 من آدم إلى شاول؛

أوَّلِ ملك لإسرائيل

29-10 داود وتابوت العهد؛ أفضل ملك لإسرائيل

السفر الثاني: الملوك الصالحون

9-1 سليمان والهيكل. آخر ملوك إسرائيل

36-10 يربعام إلى صدقيَّا

أفضل ملوك يهوذا.

آخر ملك في يهوذا

عرش وهيكل

الاستثناءات

يهتمّ الكاتب بنسل داود الملكيّ. فلم يكن أيُّ ملك من ملوك الشمال من النسل الملوكي. ولذلك، فإنَّ الكاتب لا يذكرهم. فسفرا الأخبار هما سرد لتاريخ النسل الملوكي ليس إلاَّ. ولذلك لا ذِكرَ لشاول لأنَّه لم يكن من نسل داود الملوكي، بل من نسل بنيامين. وذُكِر زرُبَّابل بالتفصيل، مع أنَّه لم يُذكر في سفرَي الملوك. وكان زرُبَّابل من نسل داود، وقد رجع من السبي إلى بابل. وألقى الناس عليه الأمل بأن يكون المسيَّا المنتظر، لأنَّه كان من نسل داود الوحيدَ الذي عاد من السبي. فعندما وصل الكاتب إلى ذكر السُّلالة خصَّص نصف أصحاح لشجرة عائلة زرُبَّابل. وقد رسم الخط الملوكي بأُسلوب مميَّز.

التركيز على الدِّين

يركِّز هذان السفران على موقف كلّ ملك من تابوت الربِّ والهيكل. ويركِّزان أيضًا على معاملة الناس لتابوت الربِّ والهيكل اللذَين كانا المكان الذي فيه سكن الربّ وسط شعبه. ونقرأ كيف أنَّ داود جلب التابوت إلى أُورشليم، وعن رغبته في بناء هيكل للربّ، وكيف جهَّز الموادَّ لبنائه، واهتمَّ بتحضير الخرائط، وكيف نظَّم خدمة التسبيح والجوقات وقُوَّاد الجوقات. ونقرأ في هذين السفرَين تفاصيل لا نجدها في أسفار الملوك وصموئيل.

أضِف أنَّ ستَّة من الأصحاحات التسعة التي تُركِّز على سليمان تركِّز على الجزء المخصَّص لبناء الهيكل. وكان الربّ لم يسمح لأبيه داود بأن يبنيَه.

ونقرأ في هذين السفرَين صلاة سليمان عند تكريسه الهيكل، وكيف حلَّ مجد الربّ. ومن ثَمَّ نقرأ بالتفصيل حادثة تجهيز الحجارة لبناء الهيكل.

إذًا، يُظهِر هذا التركيز نظرة تاريخيَّة تحلَّى بها كاهنٌ كتب السفر. فالنبيُّ عادةً يركِّز على الأُمور السيئة التي قام بها الملوك، ما سبَّب الدينونة للأرض. لكنْ يسرُّ الكاهن أن يدوِّن حادثة بناء الهيكل، وترتيب أُمور جوقات الترنيم وتأسيس نظام العبادة. وقد عُرف داود كقائد ترنيم، وكاتب المزامير، والرجل الذي أراد بناء هيكل للربّ. وهكذا، فإنَّ داود وسليمان يَظهران من ناحية مختلفة عمَّا ظهرا عليه في سفرَي الملوك.

انقسمت المملكة بعد وفاة سليمان، ويتركَّز الحديث على الجنوب، حيث كان الهيكل وكهنة الربّ موجودين، وحيث تمَّ الحفاظ على النسل الملوكيّ. ويذكر الكاتب ثمانية ملوك كان خمسة منهم صالحين بحسب مبادئهم، بينما يتجاهل الملوكَ الاثنَي عشر الأشرار الذين ملكوا في الجنوب. وقد لاحظنا التركيز على داود وسليمان، فدعونا نُلقِ نظرة على الملوك الستَّة الآخرين.

ستَّة ملوك

آسا

اختار الكاتب آسا الذي أزال الأصنام من يهوذا وبنيامين، وطرَدَ والدته من القصر لأنَّها كانت ما تزال تعبد سرًّا في غرفتها صنمًا خبَّأته هناك. وقد أقام آسا عهدًا مع الربّ، وأضاف الذهب والفضة إلى الهيكل. وكان في نظَر الكهنة إنسانًا صالحًا.

يهوشافط

كان يهوشافاطُ ابنَ آسا، وقد أرسل اللاويين إلى كلّ المدن ليعلِّموا فيها شريعةَ الربّ. وانتصر على العمُّونيين والموآبيين. وقد ذكرنا سابقًا أنَّه أرسل المرُنِّمين إلى الحرب في مقدَّمة الجيش، وقد تميَّز بأن أعاد التركيز على عبادة الربّ.

يهورام

كان يهورام ملكًا شرِّيرًا وقد ذُكر لأنَّه يؤدِّي دورًا في حبكة القصَّة. وكان خطأهُ الكبير أنَّه تزوَّج عثليا التي تمرَّس أهلُها بعِبادة الأوثان. وتحرَّكت جنوبًا بنيَّة الاستيلاء على العرش وقتلت كل الوَرَثة. لكن أحد الكهنة، واسمه يهوياداع، خبَّأ الأمير الصغير يوآش ستَّ سنوات، ومن ثَمَّ قدَّمه كالملك الرسمي للبلاد. وهكذا يؤدّي كاهنٌ مرَّة أُخرى دورًا أساسيًّا في الحفاظ على نسل داود الملكي.

يوآش

كانت شخصيَّة يوآش خليطًا من الصلاح والشر. فقد أصلح الهيكل بأن شجَّع الناس على تقديم المال لصيانته. إلاَّ أنَّه قتَلَ زكريَّا التقيَّ ابن يهوياداع، رغمَ اللطف الذي كان قد أظهره له يهوياداع في الماضي.

حزقيَّا

أعاد حزقيا فتح الهيكل ورمَّمه. واحتفل الشعب بعيد الفصح بفرح عظيم. ونقرأ عن الإصلاح الذي

قام به في بضع آيات من سفر الملوك، لكنَّ مآثِرَهُ ذُكِرت بتفصيل أكثر في ثلاثة أصحاحات من سفر الأخبار. وأصلح أُسلوب العبادة وأعاد إلى أذهان الناس فكرة وجود الهيكل.

يوشيَّا

تحتلّ قصَّة يوشيّا، الملك الصبيِّ، حيِّزًا واسعًا في سفرَي الأخبار. فقد وجد سفر الشريعة خلال التنظيف الموسمي للهيكل. فأعاد الخدمة في الهيكل وأعاد الأعياد إليه أيضًا، وحاول إصلاح الشعب إذ كانوا يعبدون الأوثان.

عارض كلُّ الملوك عبادة الأوثان، ولهذا السبب كانوا في نظر الكهنة صالحين. واللافت أنَّه رُغمَ أنَّ عبادة الأوثان كانت منتشرة قبل السبي، فإنَّ اليهود كأُمَّة لم يقعوا في شَرَكِ العودة إلى ممارستها بعد السبي حتَّى يومنا هذا.

ومن المهمّ الإشارة إلى أنَّ سفرَي الأخبار ينتهيان بحادثة إنتصار كورش الفارسي على بابل وإعادته الشعبَ اليهودي إلى أرض الآباء لإعادة بناء الهيكل. وهكذا تألَّفت القيادة من المسبيين العائدين إلى بلادهم. ولم يكونوا قد رأوا قبلاً هيكلاً يهوديًّا، ولم يكن قد ملك عليهم أيُّ ملك من نسل داود. وكانت رسالة السفرَين بكلّ وضوح أن يُقدِّما للشعب **الجذور والملوكيَّة والدين**. فالكاتب لا يدوِّن التاريخ فقط، بل هو يعظ أيضًا.

عودة المسبيِّين

من هم؟ شعب **متجذِّر**.
كيف كانوا؟ أُمَّة **ملوكيَّة**.
لماذا وُجدوا؟ ليكونوا شعبًا **مُقدَّسًا**.

الهُوِيَّة

كان المسبيُّون العائدون بحاجة إلى معرفة هُوِّيتهم. وكانت جذورهم تمتدّ إلى آدم، والربُّ نفسه كان يسيطر على تاريخهم. كانوا خاصَّته، وقدِ انتقاهم من بين شعوب الأرض كلِّها، واختار إبراهيم أيضًا وحفظهم جميعهم. لذلك،لم يكونوا مجرَّد سكَّانٍ في الأرض، بل كانوا شعبًا تتعلَّق هُوِّيَّتهم بمقاصد الربّ. ولذلك قدَّم لنا هذه السُّلالة المطوَّلة.

القيادة

الأمر الثاني الذي وجبَت عليهم معرفتُه هو أنَّهم أُمَّة ملوكيَّة، ولهم ملِكُهم الخاصّ بهم. وقد أراد لهم الكاتب البدءَ بالتفكير في ملِك جديد وبإعادة المملكة العريقة. وكأنِّي به يقول لهم: "أنتم لستم

مجرَّد مجموعة من الناس، بل أنتم أُمَّة ملوكيَّة وكهنوت مقدَّس. لديكم ملِك وقد حُفِظ النَّسلُ الملكيّ، وستُصبحون مملكة من جديد." وهكذا أتى السفر كمصدر إلهام كبير بينما واجه الشعب تجربة الانزلاق إلى عقلية العبوديَّة.

الهدف

الأمر الثالث الذي أراد كشفه هو سبب وجودهم كأُمَّة. فالأمر المهمّ الذي جعلهم على ما هم عليه هو أنَّهم شعب اختيارِ الربّ. وكانت عبادتهم للرب أساسيَّة في طبع هُويَّتهم. ولذلك، فعندما رجعوا، كانت إعادة بناء الهيكل وإعادة تنظيم العبادة بحسب النمط الذي وضعه موسى من أولويَّاتهم.

لقد ذكرنا سابقًا أنَّ الكهنة شكَّلوا نسبة عشرة في المئة من الذين رجعوا، وهي نسبة عالية مقارنةً بِعدد الكهنة نسبةً إلى الشعب. وقد كانوا مصرِّين على إعادة بناء الوجهة الدينيَّة في الأُمَّة، ولهذا أتت إعادة بناء الهيكل في رأس سلَّم الأولويَّات. وتعني الكلمة "يهود" حرفيًّا "أهلَ تسبيحِ الربِّ". وكانوا متحمِّسين لأنْ يعيشوا على المُستوى اللائق بالاسم الذي أُطلِق عليهم.

إذًا، أتى سفرا الأخبار على شكل عظة للبقيَّة التي رجعت لأجل تشجيعها على المُثابرة وسط الظروف الصعبة. وقد واجه الشعب أوقاتًا صعبة، كما واجهوا الفقر، واستمرَّ بناء الهيكل بوتيرة بطيئة جدًّا. وقد احتاج الأمر إلى نبيَّين يشجِّعان الشعب على الاستمرار في العمل. كذلك يتمثَّل هدَفُ السفرَين في تثبيت الحقائق الروحيَّة لدى الشعب، والتشديد على أنَّ الربّ يجب أن يحلَّ أوَّلاً في حياتهم.

استمرَّ وجود الشعب اليهودي خلال العصور، وقد أرادوا بناء دولة لأنفسهم، إلاَّ أنَّهم بكلِّ أسف لم يبنُوا أنفسهم كأولادٍ لله. ولن أنسى الخمس وأربعين دقيقة التي صرفتها مع أحد رؤساء اليهود. وقد قال لي عند نهاية اللقاء: "أنا مُلحِد ولا أومن بوجود الربّ."

أجبته قائلاً: "لكن هذه هي الأرض التي فيها قام الربّ بأعظم عجائبه."

أجاب: " حسنًا، لكنِّي لا أُومن بذلك."

شعرت بحزن عميق. لقد كان من المهمِّ أن يرجع ذلك الشعب ليكونوا شعب الرب، ويُصبِحَ الهيكل مركزَ عودتهم وآمالهم. لكنَّهم رجعوا إلى أرض الآباء من دون أن يرجعوا إلى الربّ.

التطبيق المسيحي

المسيح

ظهرت في حياة المسيح الأفكارُ الرئيسيَّة المذكورة في سفرَي الملوك.

الجذور

يبدأ البشير متَّى إنجيله بذكر سُلالة المسيح، ويبدأ لوقا السُّلالةَ من آدم، إذ من الضروري أن يقتنع

القارىء بصحَّة جذور الربِّ يسوع. فالمسيح كان في الأساس يهوديًّا، وليس إنسانًا من دون أيِّ جذور بَرَزَ عَرَضًا في التاريخ، وقد أُرسِل أصلاً ليحقِّق آمال شعب معيَّن.

أُسرة ملكيَّة

أضف إلى ذلك أنَّ المسيح وُلِد في عائلة ملكيَّة، وكان بإمكانه القول إنَّه ابن داود. وبالفعل، كان باستطاعته أن يرث العرش لسببين: إذ كان يملك الحقّ القانونيَّ لذلك من جهة أبيه بالتَّربية، وكان يملك الحقّ الطبيعيَّ في ذلك من ناحية أُمِّه، وقد كانت سُلالتهما كِلَيهما ترجع إلى داود. ومع أنَّه لم يكن ملِكًا في العلن بعد، فقد كان ذاك الذي سيكون على عرش داود إلى الأبد.

الدين

كان أيضًا الإنسانَ الذي يحقِّق آمال الشعب الدينيَّة، لأنَّه أصبح بالفعل هو الهيكل. ونقرأ في الجزء الأوَّل من إنجيل يوحنَّا أنَّ "الكلمة صار جسدًا **وحلَّ** بيننا." وحين تكلَّم الربُّ يسوع عن جسده، قال: "انقُضوا هذا الهيكل وفي ثلاثة أيَّام أُقيمُه" وقد رأى أنَّه هو سبب تركيز عبادتهم وأنَّه الذي حقَّق رمز الهيكل. وكان سيُبطِلُ كلَّ الممارسات اليهوديَّة، لأنَّ العديد منها كانت تشير إليه.

المؤمنون

الجذور

يشرح الرسول بولس أنَّ المؤمنين جرى "تطعيمهم" في زيتونة الأُمَّة ليصبحوا أولاد الله، فحتَّى نحن الأُممَ يمكننا أن نقول إنَّنا نملك جذورًا مقدَّسة؛ وسُلالةُ الأُمَّة تشملُنا روحيًّا. وحين أقرأ 1أخبار الأيّام 1-9، فإنِّي أقرأ سُلالة عائلتي لأنِّي ابن لإبراهيم. وتلك الجذور هي مهمَّة لنا أكثر من سُلالة عائلاتنا التي ستختفي عند الموت. أمَّا سُلالتنا الروحيَّة فهي التي تبقى، ومن خلال المسيح نحن نَرِثُ بركات إبراهيم.

أُسرة ملكيَّة

يذكِّرنا بطرس في رسالته الأُولى أننا أُمَّة مقدَّسة وكهنوت ملوكيّ. فنحن أُمراء وأميرات، وعلينا أن نمشي في الشارع كما يمشي الملوك لأنَّنا سوف نملك على هذا العالم مع المسيح. نقرأ في سفر الرؤيا أنَّ الربَّ فدى أُناسًا من كلِّ أُمَّة ولسان على هذه الأرض. ولهذا يمكننا أن نعيش بكرامة، كما وجَبَ أن يعيشَ اليهود في القديم، عالمين مَن نحن وما هو مركزنا.

الدين

كذلك فقد أصبحنا نحنُ الهيكلَ، إذ كتب بولس قائلاً: "ألا تعلمون أنَّ أجسادكم هيكل للروح القدس؟" وعلينا أن نُبيِّنَ هذا الأمر في أُسلوب حياتنا.

فعلينا نحن أيضًا أن نسعى وراء الأُمور الثلاثة التي كان يجب على الشعب العائد إلى أُورشليم أن يسعى وراءها. لكن الفرق الكبير بالنسبة إلينا هو أنّنا ما نزال في المنفى، ولم نصل إلى المنزل. إنّنا غرباء ونزلاء؛ فبينما أعيش في بريطانيا، لا أنتمي إلى هذا البلد. فموطننا هو السماء، الأمر الذي يُحدِثُ توتّرًا بيننا وبين الذين نُخالِطُهم. وعلى كلِّ حال، فإنَّ الربَّ يسوع قال لتلاميذه: "إن كان العالم يبغضكم. فاعلموا أنَّه قد أبغضني قبلكم."

نتيجة لكل ما تقدَّم، علينا أن نعمل جاهدين لنحافظ على علاقة جيِّدة بأقربائنا وأصدقائنا غير المؤمنين، إذ نحن ننتمي إلى عائلة جديدة. وعلينا أن نتذكَّر أنَّ ما نفعله بأجسادنا فكأنّنا نفعله بهيكل الربّ. وهذا هو أحد الأسباب التي من أجلها يتوقَّف كثيرون عن التدخين بعد أن يؤمنوا بالمسيح. فلا نقرأ في الكتاب المقدَّس أيَّ أمر ضدَّ التدخين. وغالبًا ما أُردِّد أنَّ التدخين لن يؤدِّي بك إلى الجحيم، إنَّما إن كنت تدخِّن فستُصبِح رائحتك وكأنَّك قد ذهبت فعلاً إلى الجحيم! ويتنبَّه الكثير من المؤمنين إلى أنَّهم إذا دخَّنوا فإنَّهم يسيئُون إلى هيكل الرب إذ يُسبِّبون اتِّساخَه ويجعلون رائحته كريهة ويُقصِّرون أعمارهم.

إذًا، سفرا الأخبار ليسا مجرَّد سرد تاريخي يكرِّر ما سبق ذِكرُه. إنَّهما يحملان رسالة أمل للمستقبل، ويُظهران لنا سبب وجودنا وكيف يمكننا أن نُحافظ على هُويِّتنا الحقيقية كشعب الربّ في أرض غريبة. إذًا، يحمل هذان السفران رسالة أساسيَّة إلى الشعب في ذلك الوقت وإلينا نحن اليوم.

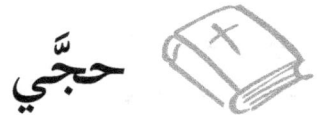

حجَّي

المقدِّمَّة

يحتلّ حجَّي المركز الأخير بين الأنبياء الصغار في العهد القديم. فلم يرسل الربُّ أيَّة رؤيا بعد هؤلاء الأنبياء طوالَ أربع مئة سنة. فكان على اليهود طوال تلك الفترة أن يقولوا لأولادهم: "يومًا ما سيتكلّم الرب إلينا من جديد.' ولم يسمعوا صوت الربّ مجدَّدًا إلى أن أتى يوحنَّا المعمدان.

تلك الأسفار قصيرة جدًّا لأنَّ الأنبياء تكلَّموا فترةً قصيرة. فحجَّي كرز فترةَ ثلاثة أشهر فقط، وكرز عوبديا فترةً أقصرَ من ذلك. وكرز زكريَّا مدَّة سنتين فقط، وكان ذلك في زمن كرازة حجَّي. فكانت المدَّة التي كرز فيها كلٌّ من هؤلاء الأنبياء الثلاثة بعكس المدَّة التي كرز فيها كلٌّ من إشعياء وإرميا، وقد دامت أكثر من أربعين أو خمسين سنة. وكنتيجة لذلك أتت أسفارهما أطول.

يُعرف حجَّي وزكريَّا بكونهما نبيَّي ما بعد السبي لأنَّهما رجعا من السبي. وكان الأنبياء الآخرون قد تنبَّأوا قبل السبي عن المصائب الآتية عليهم، لكنْ تغيَّرت اللهجة بعد ذلك فبدا الأنبياء متشجِّعين ومتعزِّين، بينما بدأ الشعب بإصلاح الخراب في الأُمَّة.

توجد تشابهات عديدة بين سفرَي حجَّي وزكريَّا:

1. تنبَّأا في الفترة نفسها. وكلاهما أرَّخا نبوَّاتهما بعكس أغلبية الأنبياء الذين سبقوهما. وهما عادةً يدوِّنان اليوم والشهر والسنة حين أُعطِيَت الكلمة النبويَّة. فكلٌّ من نبوَّات حجَّي الخمس تحتوي على تاريخ محدَّد، فيمكننا معرفة كم من الأيَّام والأسابيع مرَّت بين كل نبوَّة. وينطبق الأمر عيـه أيضًا على نبوَّات زكريَّا التي تداخلت مع نبوَّات حجَّي بفترة شهر واحد في العام 520 ق م.
2. تنبَّأا في المكان نفسه، إذ شجَّعا على إعادة بناء مدينة أُورشليم في اليهوديَّة.
3. تنبَّأا في الوضع نفسه. ولذا فالخلفيَّة التاريخيَّة هي مفتاح أساسي لفهم رسالتَيهما.

الخلفية التاريخيَّة

في العام 538 ق م، قهر الملك الفارسيُّ كورش بابل. وكان حاكمًا صالحًا فطلب من المسبيِّين العودة إلى بلادهم بشرط أن يبنوا الهيكل فيصلُّوا فيه إلى إلهِهم لأجله. فقرَّر خمسون ألف يهودي فقط العودة. أمَّا اليهود الباقون فكان معظمهم قد وُلِدوا في السبي، وقد أسَّسوا مصالِحَ تجاريَّة ناجحة هناك،

فقرروا البقاء. وكانت بابل تقع على خطٍّ تجاري أساسي، وقد جمع الكثير من اليهود ثروة هناك. أمّا أُورشليم فلم تمتَز بالامتيازت التي اشتهرت بها بابل، وقد بدت لهم كاحتمال غامض.

رجع المسبيُّون بقيادة أمير يُدعى زرُبَّابل (ويعني اسمه "بذرة بابل")، ويهوشع رئيس الكهنة. وكان زرُبَّابل قد وُلد في بلاد السبي، ولم يكن قد رأى أرض الآباء. لكنَّه كان الناجيَ الوحيد من سُلالة داود، إذ كان حفيد الملك يهوياقيم. فكان عليه العودة لتتميم وعد الربّ بأن الملك سيكون دائمًا في نسل داود. ويعني اسم يهوشع "الربّ يخلِّص" أو "الربّ مخلِّصنا" وهو شكل آخر لاسم "يسوع". وكان من نسل عِدُّو، وقد أعاد تأسيس الكهنوت. ولم يكن ذلك بالأمر الصعب لأنَّ اثنين من بين خمسة عشر شخصًا رجعوا كانا من الكهنة. فكان لديه خيار واسع. والذين رجعوا عادوا بدافع الرغبة الروحيَّة، فهم علموا أنَّهم لن يصبحوا أغنياء في بلادهم. وكانوا سيُواجهون صعوبة في أرض لم يتمّ حرثها طيلةَ سبعين سنة، وفي مدينة لا أسوار لها.

وكان اهتمام زرُبَّابلَ ويهوشع الأوَّلُ بِناءَ المذبح، ومن ثَمَّ بناءَ الهيكل حوَالَيه وإحياءَ العلاقة بالربّ. وشابهت قصَّةُ الشعب العائد قصَّةَ أبيهم إبراهيم، لأنَّهم مشَوا على الطريق الذي مشى عليه هو. فمسقط رأس إبراهيم كان أُور الواقعة على حافة النهر في بابل، وكان عليهم إعادة قصَّة إبراهيم بالكامل إذ يُغادِرون بيوتهم وأقاربهم وأعمالهم ويذهبون إلى بلاد لم يرَوها قبلاً. وكان أوَّل أمر قام به إبراهيم عندما وصل إلى أرض الآباء هو أن نصب خيمة وبنى مذبحًا وقدَّم ذبيحة شكر للربّ الذي أوصله إلى هناك بسلام. وقام المسبيُّون العائدون بالأمر نفسه، إذ جمعوا بعض الحجارة وصنعوا بها مذبحًا، وشكروا الربَّ لإعادتهم إلى هناك.

لا ينبغي أن نُقلِّل من قيمة التضحية العظيمة التي قاموا بها. فقد تركوا أصدقاء وأقرِباء وبيوتًا حجريَّة. واستبدلوا بالبحبوحة الفقر، وبالتجارة المزدهرة أرضًا تُرِكت غير محروثة مدَّةَ سبعين سنة. لكن كان لديهم حُلم اتَّخذوه من سفرَي أخبار الأيَّام، وهو إعادة بناء مملكة يرأسها ملك خاصٌّ بهم وأن يكونوا شعب الربّ في أرض خصَّصَها لآبائهم.

لكنْ كان بناء الهيكل عملاً مرهقًا. فعدد الشعب كان قليلاً، والموارد غير متوافرة. فاتَّخذوا قرارًا ببناء هيكل أصغر من هيكل سليمان، ولكنْ حتَّى بناءُ هذا الهيكل كان أمرًا مُضنيًا. وواجهوا مقاومة من السامريِّين، وخسروا الإعانة الماديَّة لإعادة بناء الهيكل تلك التي قدَّمها لهم كورش بعدما خلفه داريوس على العرش، إذ قطع عنهم أيَّة مساعدة ماديَّة لكي يموِّل حملاته العسكريَّة.

كان الواقع مرًّا جدًّا، وفشل الشعب بسبَب قسوة العمل، وحزنت قلوبهم. فتوقَّفوا عن البناء بعد سنتين فقط، ولم يمَسُّوا حجرًا لبناء الهيكل مدَّةَ أربع عشرة سنة، بل تركوا الأساسات وبداية الجدران. وكانوا يُكافِحون لتأمين معيشتهم، فكان بناء الهيكل رفاهِيَةً لم يستطيعوا تحمُّل كلفتها. وكان همُّهم الوحيد البقاءَ على قيد الحياة.

ثمَّ تدهورت الحالة الاقتصاديَّة، ونقص وجود الطعام وارتفع ثمنه جدًّا، وعمَّ التضخُّم المالي، وحلّ

الجفاف والأوبئة، ما سبَّب تناقُصَ المحصولات الزراعيَّة. ولم يبقَ مع الشعب أيُّ مدَّخرات، إذ صرفوا كلّ المال الذي جلبوه معهم من بابل لشراء الطعام والثياب. فكانت أزمة كبيرة. لقد رجعوا على أمل أن يُعيدوا بناء الأُمَّة، لكنَّهم وجدوا أنَّهم بالكادِّ يستطيعون البقاء على قيد الحياة. ومن دون شكٍّ، تساءلوا: "لماذا؟" فاستنتجوا أنَّهم قاموا بما هو صحيح إذ رجعوا، لكنَّهم رجعوا في الوقت الخطإ. وتساءلوا إن كان يجب أن يبقَوا مدَّة أطول في بابل ويدَّخروا مالاً أكثر وينتظروا لكي يرجعوا بِمزيدِ قوَّةٍ وثروة. ربَّما كان إبراهيم قد اكتفى بخيمة ومذبح، لكنَّهم أرادوا أن يُعيدوا البناء. وكانوا قد رجعوا منذ ثماني عشرة سنة ولم يكونوا قد حقَّقوا الكثير.

كانت الحالة قد وصلت إلى الاكتئاب عندما تكلَّم حجّي. وكان قد رجع مع الشعب من السبي ربَّما بهدف أن يكون كاهنًا، لا نعلم بالتحديد. ولا ذكر لاسم أبيه، ممَّا يجعلنا نظنّ أنَّ عائلته لم تكن مرموقة. وكتب نبوَّته بأُسلوب النثر؛ ولا عجب، لأنَّ أفكار الربّ دُوِّنت بأُسلوب النثر في التوراة بينما دُوِّنت مشاعره بأُسلوب الشعر. ولا نقرأ عن مشاعر الربّ في هذا السفر. وكأنِّي به قد نَفِدَ صبرُه على الشعب، ولا مكانة لديه للمشاعر.

من اللافت أيضًا كيف وُصفت كلمة الربّ في هذا السفر. ونقرأ أنَّها لم تأتِ "إلى" حجّي، بل أتت "من خلال" حجّي. فأتى كلامه على شكل بصيرة حصل عليها، وليس بشكل رؤيا رآها. وأُعطي بصيرة لتمييز ما هو خطأ. وكرَّر عبارة: "هكذا يقول الربّ" ستًّا وعشرين مرَّة في ثمانٍ وثلاثين آيةً.

الخطوط العريضة للسفر

شعب مكتئب: 1:1-11

بيوتكم مُزيَّنة أكثرَ من بيتي

نفسيَّة مُنهارة

شعب ذو إرادة: 1:12-15

خافوا الربّ

أطاعوا الربّ

شعب مُثبَّط العزيمة: 2:1-9

بيت سابق ـ بيت لاحق أعظم وممجَّد

شعب منجَّس: 2:10-19

لا يطهِّر ما هو نظيفٌ النجس، بل ينجِّس النجسُ ما هو طاهر

ملك معيَّن: 2:20-23

عروش أُخرى تنقلب على هذا العرش

إحتلال

قدَّم حجَّي ما مجموعه سِتٌّ وعشرون كلمة من الربّ خلال خمسة أيَّام. فأتى يطرح أسئلة كانت غايةُ الربّ منها أن يجعل الناس يفكِّرون. ودعونا نُلقِ نظرة على الأفكار الرئيسيَّة في رِسالته.

شعب مكتئب: 1:1-11

السبب الحقيقي لاكتئاب الشعب هو أُسلوب تفكيرهم الخاطىء. وكان عليهم أن يُعيدوا بلورة أفكارهم فتتغيَّر مشاعرهم. لكن من الغريب كيف أنَّ شعب الربّ لا يحبّون التفكير، فمن أكثر التعليقات التي أحصل عليها بعد عظة أُقدِّمها هي: "حسنًا، لقد جعلتنا نفكِّر." وغالبًا ما تحمل نغمة صوت المتكلِّم تأنيبًا، إشارةً إلى أنَّهم لم يأتوا إلى الكنيسة ليفكِّروا! لكنْ أحيانًا على الوعَّاظ والأنبياء حثُّ الناس على التفكير وطرح الأسئلة.

ولم يلاحظ الشعب أنَّ الربّ سبَّب المصيبة التي كانوا يواجهونها. وقد دفعوا أنفسهم نحو الشعور بالاكتئاب. وفسَّر لهم حجَّي أنَّهم لم يقوموا بتقييم الوضع بطريقة صحيحة. فقد ظنّوا أنَّ الوقت غير مناسب لبناء الهيكل لأنَّهم لم يمتلكوا الطاقة والمال للقيام بذلك. لكنَّ حجَّي قال إنَّ فشلَ المحاصيل والركودَ الاقتصادي أتيا نتيجة لتوقُّفهم عن بناء الهيكل. ولم يلاحظوا أنَّه عندما كفّوا عن وضع الربّ وبيته في أوَّل القائمة، بدأت الأُمور بالتدهور. فالسبب والنتيجة كانا متعاكسين في أُسلوب تفكيرهم.

وجد حجَّي الشعب في تلك الحالة وأراد أن يحثَّهم على مقارنة بيوتهم بالهيكل. وكانت بيوتهم مغشَّاة بالأخشاب وقتَ كان الخشب نادرًا جدًّا بعدما كان البابليون قد قطعوا الأشجار، وكان عليهم استيراد خشب الأرز من لبنان. وكان استخدام الخشب في البناء رفاهية غير ضرورية يمكن أن يُستبدَل بها باستخدامُ الحجارة. وكانت الرسالة بسيطة جدًّا: "قارنوا بيوتكم مع بيت الربّ فتعرفوا أين هي أولويَّاتكم."

شعب ذو إرادة (1:12-15)

كانت ردَّة فعل الشعب إيجابيَّة، ورجعوا إلى إعادة البناء. وكان السبي قد علَّمهم الاستماع إلى الأنبياء، ولذلك تمَّ العمل بسرعة. وتطلَّبَت إعادةُ تنظيم البنَّائين وتحضير المواد الأوَّليَّة للبناء ثلاثة أسابيع ونصفًا.

شعب مُثبَّط العزيمة (2:1-9)

أتت الرسالة الثانية بعد سبعة وعشرين يومًا من بدء البناء. وكانت معنويَّاتهم منخفضة جدًّا، خاصَّة أنَّ الأشخاصَ الأكبر سنًّا كانوا يقارنون الهيكل الذي يتم بناؤه بهيكل سليمان: "هل تسمّون هذا هيكلاً؟ كان يجب أن ترَوا الهيكل الذي كان موجودًا من قبل." وكان ذلك الانتقاد قاسيًا، ما أثَّر في معنويات العمَّال.

الحاضر

تسلَّم حجَّي أمرًا من الرب بإكمال البناء. وشجَّعهم على عدم الشعور بالإحباط بسبب بناء قسم صغير فقط من الهيكل. فالبدءُ ببطء أفضَلُ من عدم البدء بالمرَّة. فالربُّ لا يهمّه حجم بيته، بل كلّ ما يريدُه كان بيتًا يسكن فيه وسط شعبه.

يقدِّم لهم في هذا الجزء بعض التعليمات والوعود. وأتت التعاليم ثُنائية: "تشجَّعوا (ثلاث مرَّات)، ولا تخافوا (مرَّة)". وكان الوعد: " رُوحِي قَائِمٌ فِي وَسَطِكُمْ."

المستقبل

لكنْ يركِّز حجَّي على المستقبل أيضًا، ويتنبَّأ قائلاً إنَّ الربّ سيهزّ السموات والأرض وجميع الأُمم. فيؤكِّد الربُّ هنا أنَّه يسيطر على الطبيعة والتاريخ.

ثم نقرأ عبارة تحمل لُغزًا: "ويأتي مشتهى كل الأُمم." إذ تصعب ترجمة الأصل العبريّ لهذه العبارة، إلاَّ أنِّي أستبعد إشارتها إلى المسيَّا المنتظر. فغالبًا ما تُترجم الكلمة "مشتهى" في العهد القديم إلى "الممتلكات أو الكنوز المرجوَّة" (راجع 2أخبار32:27؛ 36:10؛ دانيال 11:18و43). إنَّنا نقرأ هنا عن وعد يقول بِتوافُر الفضّة والذهب لإعادة بناء الهيكل، ويقول أيضًا إنَّ الربّ سيهزُّ الأُمم فيُرسِلون كنوزهم. وهذا ما حصل بالفعل، إذ بعد صدور النبوَّة مباشرةً وصلت دفعة من الذهب والفضّة من بلاد فارس لإعادة بناء الهيكل (عزرا 6:4). إذًا، لا ينبغي أن نسترسِلَ التحليل عند قراءتنا لهذه الآية فنعتبر أنَّ فيها ما يُشير إلى المسيَّا.

قال الربّ أيضًا إنَّه سيملأ هذا الهيكل بمجده بطريقة أعظم من الطريقة التي ملأ بها الهيكل السابق. وبالطبع، لا يعني هذا أنَّ مجد الربّ سيكون أعظم، ولا يعني أن "شكينته" (أي مجدَه) كانت أخفّ عندما ملأ هيكل سليمان. لكن يشير إلى عظمة البناء نفسه التي أتت نتيجةَ الثروة التي أرسلتها الأُمَم المجاورة. كذلك، فإنَّ الربّ وعد بأن يملأ السلام والانسجام الهيكل.

شعب منجَّس (2:10-19)

حلول الأزمة

حلَّت الأزمة التالية بعد شهرين. فقد أتى شهر كانون الأوَّل (ديسمبر) ولم ينهمر المطر. وقال حجَّي

إنَّ الشعب سبَّب الجفاف والجوع بسبب توقُّفهم عن إعادة بناء الهيكل. وكانوا قد بدأوا بإعادة البناء في شهر تشرين الأوَّل (أكتوبر)، إلاَّ أنَّ المطر لم ينهمر مع حلول شهر كانون الأوَّل. وبدا كأنَّ المحصول سيكون سيِّئًا مرَّة أُخرى. فواجه حجَّي مشكلة لاهوتيَّة. فمع أنَّ الربّ لم يعد بأن يستجيب الصلوات مباشرة، فإنَّ الشعب توقَّعوا ذلك. فسأل حجَّي الربَّ عن السبب. وكان الحلّ الذي قدَّمه الربّ بأن طلب منه أن يطرح على الشعب بعض الأسئلة. وطلب منهم ثلاث مرَّات أن يُولُوا الأمر تفكيرًا كافيًا.

سأل أوَّلاً: "إن وضعتم النجس والطاهر معًا، فهل يطهِّر النجس الطاهر، أم يطهِّر الطاهر النجس؟" فأجاب الكنهة إنَّ النجس ينجِّس الطاهر.

ثمَّ سأل الكهنة: "إن وضعتم المقدَّس للربّ مع غير المقدَّس، فهل يصبح غير المقدَّس مقدَّسًا؟" فكان الجواب نفيًا.

وشرح لهم حجَّي قائلاً إنَّ الربّ أخَّر انهمار المطر لأنَّهم كانوا يبنون هيكلاً مقدَّسًا، بينما كانوا غير مقدَّسين. فبناء الهيكل المقدَّس من قِبل أُناس نجسين يجعله في نظر الربّ نجسًا. لقد ظنّوا أنَّهم أنقياء بسبب بنائهم الهيكل، إلاَّ أنَّهم كانوا في الواقع ينجِّسونه في نظر الرب لأنّ حياتهم لم تكن مستقيمة.

لم يحدِّد حجَّي الخطايا، لكن بإمكاننا أن نعرف من خلال ردَّة فعلهم أنَّهم عرفوا عمَّا كان يتكلَّم. وعندما أصلحوا الأمر، بدأ المطر بالانهمار. فأتى كلام الرب:"سأُبارككم من هذا اليوم" لأنَّهم استوعبوا الرسالة.

ملك معيَّن (2:20-23)

كانت الرسالة التالية موجَّهة إلى زربَّابل، وكانت بكلّ بساطة: "سأجعلك خاتمًا لي." وكان الملوك يلبسون خواتم، فكان الربّ يقول إنَّ النسل الملوكي سيكمَّل من صُلب زرُبَّابل. وكان زرُبَّابل وريث العرش من نسل داود، إلاَّ أنَّه لم يستطع اعتلاء العرش لأنَّ داريوس الفارسي كان ملكًا. لكنْ عُيِّن واليًا على اليهوديَّة.

وتلقَّى زرُبَّابل وعدًا آخر: "إِنِّي أُزَلْزِلُ السَّمَاوَاتِ وَالأَرْضَ، وَأَقْلِبُ كُرْسِيَّ الْمَمَالِكِ، وَأُبِيدُ قُوَّةَ مَمَالِكِ الأُمَمِ، وَأَقْلِبُ الْمَرْكَبَاتِ وَالرَّاكِبِينَ فِيهَا، وَيَنْحَطُّ الْخَيْلُ وَرَاكِبُوهَا". وكان الربّ يعد زرُبَّابل بأنَّه سيهزم بلاد فارس ومصر وسوريا واليونان وروما ويُعيد بناء المملكة المقدَّسة من نسل زرُبَّابل. وسيتم كلّ هذا "فِي ذلِكَ الْيَوْمِ" مع النبوّات التي تخصّ أُورشليم (راجع زكريَّا 12-14).

التطبيق المسيحي

المسيح

لم تتحقَّق النبوَّة فعليًّا من خلال زرُبَّابل، لكنْ يُشير نسلُ الربِّ يسوع إلى أنَّها تحقَّقت بالفعل. ربَّما يفاجئنا أنَّ زرُبَّابل يحتلّ مكانة مهمَّة جدًّا في تاريخ الخلاص. وقد حقَّق الربّ وعده لهذا الرجل إذ وضعه

في سِلسلة نسب الربِّ يسوع من جهتين. فنسَبُ الربِّ يسوع يعود من جهة يوسف - كما نقرأ في إنجيل متَّى - إلى داود، ويعود من جهة مريم إلى داود أيضًا، كما نقرأ في إنجيل لوقا. ولذا كان لدى الربِّ يسوع سبب مضاعف للتَّصريح بأنَّه ابن داود، وقد وُجد زرُبَّابل في كِلتا سُلالتَي يوسف ومريم.

المؤمنون

تمحورت رسالة حجّي حول أهميَّة ترتيب الأُمور بحسب أهميَّتها. وقد كرَّر الربُّ يسوع هذه الفكرة في تعليمه. فنقرأ مثلاً في متى 6 أنَّه يأمُر سامعيه بأنْ يطلبوا أوَّلاً ملكوت الله وبرَّه وكلُّ الأُمور التالية، مثل المأكل والملبس، تؤمَّن لهم. وأفضل حالة نكون فيها هي ملكوت السموات لأنَّ الربَّ يسوع وعد بأنَّه إنَّ وضعنا الربّ في سلَّم أولوياتنا سيتولَّى هو أمر كل الاحتياجات الأُخرى. والربّ لا يعدنا بحياة الرفاهيَّة، إلاَّ أنَّه يعد بأن يَسُدَّ كلَّ احتياجاتنا. لكنَّنا غالبًا ما نضع تحصيل المعيشة في أوَّل سُلَّم أولويَّاتنا ونعطي الربّ ما تبقَّى من الوقت. لكن حجّي يوضح من خلال رسالته أنَّه يجب ألَّا يكون الأمر كذلك.

أمر آخر مهم هو أنَّ الربّ لا يهمّه ما نقوم به لأجله، بل المهمُّ لديه هو أن نكون طاهرين كفاية لنقوم به. ولهذا قال الربُّ يسوع في الموعظة على الجبل إنَّه إذا لاحظنا أنَّ علينا أن نتصالح مع أحدهم عندما نأتي بتقدمة للربّ، فعلينا أن نترك كلّ شيء ونذهب لنتصالح مع ذلك الشَّخص، ومن ثَمَّ نعود لنقدِّم التقدمة للربّ. فيقدِّم حجّي رسالة واضحة من جديد مضمونُها أنَّه يمكن للنَّجسين أن يُنجِّسوا كل ما هو طاهر. وعلينا أن نضع الأُمور في نصابها، ونضع الربّ أوَّلاً، ومن ثَمَّ يقبل الربّ ما تقوم به من أجله ويباركك ويعتني بك.

إنَّها حقًّا رسالة بسيطة، لكنَّها ربَّما من الرسائل التي تَجِبُ إعادة طرحها اليوم. فليس هدف الحياة مجرَّد أن نشتغل ونعيش، بل أن نحيا للربّ بطريقة صالحة.

زكريَّا

المقدِّمة

يشترك سفر زكريَّا في العديد من التشابُهات مع سفر حجَّي. وفي الواقع أنَّ الأصحاح الثامن من زكريَّا يبدو كأنَّه من كتابة حجَّي. ولا يدعو هذا الأمر إلى التعجّب، لأنَّ الفارق الزمني بين السفرَين هو شهر واحد، وقد بدأ زكريَّا حيث توقَّف حجَّي. ولا بدَّ من الملاحظة أنَّه إن كان سفر حجَّي من أسهل الأسفار بين أسفار الأنبياء الصغار، فإنَّ سفر زكريَّا هو أصعبها. ونذكر ثلاثة اختلافات بين السفرَين:

1. أتى زكريَّا بعد حجّي واستمرّ في خدمته فترةً أطول. وكأنَّ الأمر سباق مراحل، حيث سلَّم حجَّي الشعلة لزكريَّا الذي ركض وهو يحملها، وركض مدَّةً أطول جدًّا.
2. سفر زكريَّا أطول بكثير من سفر حجَّي، وهو يحتوي على أربعة عشر أصحاحًا بدل أصحاحين فقط.
3. تطلَّع زكريَّا إلى المستقبل البعيد، بينما عالج حجّي الأُمور الحاضرة. فيبدو أنَّ زكريَّا استطاع رؤية أُمور الأيَّام الأخيرة. وقدِ اختلطت نبوَّاته عن المستقبل القريب مع نبوَّاته عن المستقبل البعيد، الأمرُ الذي يجعلنا نرتبك من حيث الفترة الزمنيَّة التي يغطّيها.

كذلك يحتوي سفر زكريَّا على الشعر أكثر من سفر حجَّي. ويتميَّز أُسلوبه في نواح عديدة، كما يمكن أن نُطلِقَ عليه صفة "السفر الذي يعالج الأُمور المستقبليَّة بأُسلوب مروِّع." ويعتمد أُسلوب التواصل هذا على العديد من الصور الغريبة والرموز والتَّشبيهات. كما يغلب وجود الحيوانات، بالإضافة إلى الملائكة الذين يشرحون للناس معنى الصور. ويغلب هذا الأُسلوب على سفر الرؤيا، والجزء الثاني من سفر دانيال، وبعض الأجزاء من سفر حزقيال. ويعود السبب في استخدام هذا الأُسلوب إلى صعوبة تخيُّل المستقبل البعيد المعقَّد، بينما يسهل تخيّل المستقبل القريب لأنَّه امتداد للحاضر. فمثلاً، كيف يمكنك وصف الحياة اليوم لمن عاشوا قبل ألف سنة؟ فالتلفزيون يبدو شيئًا غريبًا جدًّا، لذا يصعب عليهم فهم الوصف. فالأُسلوب الأفضل لوصف المستقبل البعيد هو في محاولة تقديمه من خلال صور أو رموز، ومن ثَمَّ تقديم شرح له.

إذًا، يحتوي سفر زكريَّا على نوع مختلف من النبوَّة. ويمكننا فهم رسالة حجَّي بكلّ سهولة، حيث يطلب من لشعب أن يُنهوا بناء الهيكل فيباركَهُم الرب. فمن يحتاج إلى تفسير لذلك؟ غيرَ أنَّ ما قدَّمه زكريَّا مختلف جدًّا.

النبي

يعني اسمه "الربّ يتذكّر"، وهو اسم اشتهر في العهد القديم ويحمله ما يقارب التسعة والعشرين شخصًا. كان كاهنًا ونبيًّا في آنٍ معًا، وهو ليس بالأمر الغريب لأنَّ من بين الذين رجعوا إلى الأرض شكّل الأنبياء نسبة اثنين من أصل خمسة عشر شخصًا. وكان هدف العودة دينيًّا، لأنَّهم أرادوا إعادة اسم الربّ لأُورشليم. كانت الحياة في بابل مزدهرة جدًّا؛ وبالطبع، لم يرجعوا لأنَّ الأرض خصبة أو لأنَّ التجارة ستكون أفضل، بل رجعوا لأسباب دينيَّة، وهكذا كان بينهم العديدُ من الكهنة.

ويلقي زكريَّا الضوء على تطوُّرين غير عاديين. التطوّر الأوَّل هو حلول الكهنة محلَّ الأنبياء كالقادة الدينيين للمجموعة. ولم يظهر أي نبيٍّ خلال الأربع مئة سنة التالية، بل كان هناك كهنة فقط. وشكّل زكريَّا فترة انتقاليَّة لِكونه كاهنًا ونبيًّا في آنٍ معًا. وهو بالفعل تنبَّأ بأنَّه سيأتي يوم لن يكون فيه أيُّ نبي. والتطوّر الثاني المفاجىء هو أنَّ الكهنة سيحلُّون محلَّ الملوك ليقودوا الشعب. وقد عمل زكريَّا تاجًا من الذهب والفضّة ووضعه على رأس يهوشع الكاهن، وليس على رأس زرُبَّابل. وأوَّلَ مرَّة في تاريخ إسرائيل، اتّحد موقع الكهنوت والمُلك في شخص واحد. وقد حدث هذا الأمر مرَّة واحدة في العهد القديم، حيث نقرأ في سفر التكوين عن شخص يُدعى ملكي صادق كان ملكًا على أُورشليم وكاهنًا في الوقت نفسه. لكنْ حدث هذا الأمر قبل فترة طويلة من نشوء أُمَّة إسرائيل. ونقرأ في العهد الجديد أنَّ هذا هو الأصلُ الذي أتى منه الربُّ يسوع. فهو على رتبة ملكي صادق، وليس على أصل عالي. إنَّه كاهن وملك ونبي. وهكذا فإنَّ زكريَّا يجمع تلك المناصب الثلاثة معًا، إذ إنَّ الكاهن يؤدِّي دور النبي والملك. وحين أتى الربُّ يسوع، لم يكن هناك سوى الكهنة، بينما استلم الحكمَ رئيسا الكهنة حنَّان وقيافا. وكان يوحنَّا المعمدان أوَّل نبي يظهر بعد أربع مئة سنة. لذلك يتميَّز سفر زكريَّا بأنَّه تحدَّث عن هذه المرحلة الانتقاليَّة.

يمكن تقسيم الحقبات القياديَّة في تاريخ إسرائيل بطريقة سهلة جدًّا. تُقسم الألفا سنة الممتدَّتان من إبراهيم إلى الربِّ يسوع إلى أربعة أجزاء يتألَّف كل منها من خمس مئة سنة. وقاد الآباء إبراهيم وإسحاق ويعقوب ويوسف الشعب في السنوات الخمس مئة الأُولى، أي من السنة 2000-1500 ق م. وقاد الأنبياء من موسى إلى صموئيل الشعبَ من السنة 1500-1000 ق م. ثم حكم الملوك والأُمراء الشعب من السنة 1000 ق م حتَّى السنة 500 ق م. وحكم الكهنة الشعب من السنة 500 ق م حتَّى مجيء الربِّ يسوع. إذًا، قدَّم لهم الرب أُنموذجًا عن أنواع القيادة. وكانوا بحاجة إلى قائد واحد يجمع تلك المناصب كلِّها، وذلك دون شك هو ما قدَّمه الربُّ يسوع.

الخطوط العريضة للسفر

المشاكل الحاضرة (الأصحاحات 1-8)

(تأريخ واضح. أُسلوب النثر) توبيخ
التمرّد (الأصحاح الأوَّل)

تشجيع وتتويج ملك (الأصحاحات 1-6)

أربعة رجال وسط أشجار الآس

أربعة قرون وأربعة حِرفيِّين

رجل وخيط قياس

تطهير يهوشع

منارة ذهبيَّة وشجرتا زيتون

لفائف طائرة

امرأة في سلٍّ

أربع مركبات

صوم واحتفال (الأصحاحان 7-8)

نبوَّات مستقبليَّة (الأصحاحات 9-14)

(غير مؤرَّخة. بعضها بأُسلوب شعري)

على صعيد وطني (الأصحاحات 9-11)

أعداء مهزومون

ملك مسالم

إله جبَّار

شعب مجتمِع

جيران بلا أشجار في غاباتهم

رعاة لا قيمة لهم

على صعيد عالميّ (الأصحاحات 12-14)

جيشٌ غازٍ

أنبياء مَنفيُّون

عدد سكَّان منخفض

عبادة على صعيد عالمي

ينقسم السفر إلى جزأين، وقد تسلَّم النبيُّ الكلمة من الربّ بشكل صُوَر وهكذا سلَّمها. لكن تعالج الأصحاحات 1-8 الحالة الحاضرة، ولهذا فهو يؤرِّخ نبوَّاته، مثل حجَّي.

لا نعرف يوم النبوَّة الأُولى، لكن نعرف الشهر والسنة. وأتت النبوَّة الثانية بعد ثلاثة أشهر، أمَّا النبوَّة الثالثة فأتت بعد سنتين. وليس واضحًا لماذا توقَّف حجَّي عن التنبّؤ، أو لماذا أرسل الربّ آخرَ يكمل الرسالة. ربَّما كان حجَّي قد مات في تلك الفترة، أو مرِضَ ولم يستطع إكمال المهمَّة. وقد بدأ زكريَّا إرساليته بعد شهر من توقّف حجَّي.

المشاكل الحاضرة (الأصحاحات 1-8)

التوبيخ والتمرّد

أتت النبوَّة بينما كان الهيكل في طور البناء. ومع أنَّ البناء لم يكن قد تمَّ بالكامل، فإنَّ الشعب على الأقلّ كان قد سمع لحجَّي. واللافت أنَّ الشعب سمع للأنبياء الذين أتَوا من السبي، وقاموا بما طلبوا منهم. ربَّما كان ذلك بسبب ابتعادهم عن أرضهم مدَّة سبعين سنة. وبالفعل، فإنَّ زكريَّا بدأ كرازته برسالة موجَّهة، إذ ذكَّرهم من خلالها أنَّ السبي كان بسبب تمرُّد آبائهم. وأتى تذكيره في الوقت المحدَّد.

إنَّها رسالة بسيطة جدًّا. فآباؤهم لم يعرفوا فقط أنَّهم أخطأوا، بل تمَّ إخبارهم بذلك. فلم يكن لهم أيُّ عذر. فقال لهم زكريَّا ما معناه: "إذًا، لا تكرِّروا الخطأ نفسه. وإن لم تطيعوا ما قاله لكم حجَّي فستواجهون مشاكل من جديد."

تشجيع وتمليك

ثمَّ توقَّف زكريَّا عن الكرازة ثلاثة أشهر، ومن ثَمَّ بدأ اتِّباع أُسلوب غير عادي. فقدَّم لهم ثلاث صور كانت قد أتته في رؤيا في الليل. والفرق بين الرؤيا والحلم هو أنَّ الرؤيا تأتي في حال الاستيقاظ، بينما يأتي الحلم خلال الليل. لكن أتته تلك الرُّؤى خلال الليل، ونقرأ أنَّ الربّ كان يوقظه بين رؤيا وأُخرى. وقد فضَّل الربّ استخدام الرؤى بدل الأحلام في هذه المرَّة، مع أنَّها أتت خلال الليل.

لا تبدو الرُّؤى الثماني مترابطة، لكنَّها جميعها، وخاصَّة الرؤيَيين الأُولى والثانية، موجَّهة لإعادة بناء الهيكل. وبينما ننظر إلى تلك الصور غير الواضحة، نجد قرارًا محدَّدًا يتكرَّر أربع مرَّات: "فَتَعْلَمُ أَنَّ رَبَّ الْجُنُودِ أَرْسَلَنِي إِلَيْكُمْ". وكان زكريَّا يقول إنَّ امتحان أي نبي يكمن في ما إذا كان ما يقوله يتحقَّق بالفعل. وقد نصَّ أحد تشريعات موسى على أنَّه إن تنبَّأ نبي بأمر ما ولم يحدث ذلك الأمر، فيجب رجم ذلك النبي لأنَّه نبي كاذب. ويردع هذا الأمر أيَّ من يريد أن يقدِّم نبوَّات مستقبليَّة. ومن الخيرَ أنَّنا لسنا تحت ناموس موسى، ولكنْ هناك أنبياء كاذبون ومن الضروري امتحانهم. وإن لم تتمَّ أو تتحقَّقْ نبوَّاتهم، يجب توبيخهم لإضلالهم الشعب ولإساءة استخدام اسم الربّ.

أربعة فرسان وسط أشجار الآس (1:7-17)

نقرأ عن حصانين أحمرين وآخر أبيض وآخر بُنِّيٍّ وعلى مُتونها فُرسان. وبالنسبة إلى الملاك، هؤلاء

مرسلين من قِبل الرب ليؤدُّوا دور المراسلين الصحفيين فيُقدِّموا له تقريرًا عمَّا يحصل. ولو أتت الرؤيا اليوم لكانوا راكبين على درَّاجات ناريَّة. وأظهر تقريرُهم أنَّ السلام يعمّ كلّ أجزاء العالم. وهكذا كان الوضع خاصَّة بعد أن هزم كورش بابل. وكان كورش رجلاً مسالمـًا، فنَعِمت كلّ الأرض بالسلام خلال فترة حكمه. وكان زكريَّا يطلب من الشعب أن يستغلّوا فترة السلام تلك لإعادة بناء أُورشليم وإنجاز بناء الهيكل. وبالفعل، فقد غزاهم المصريون والآراميُّون واليونان والرومان بعد فترة ليست بقصيرة. ويضيف الربّ قائلاً إنَّه غاضب على الذين سَبَوا شعبه وعاملوهم معاملة سيِّئة. وهو كان غاضبًا على شعبه مدَّةَ سبعين سنة، إلاَّ أنَّ غضبه الآن انصبّ على الشعب الذي أساء معاملة شعبه. ولكنْ في تلك المرحلة كان السلام قائمًا، ولم تُشنّ أيَّة حرب.

أربعة قرون وأربعة حِرفيُّون (1 :18-21)

كان زكريَّا قد أتى من خلفيَّة زراعيَّة، إذ نجد عدَّة صور زراعيَّة في كلامه. فيرى هنا أربعة حِرفيِّين أو حدَّادين يُزيلون القرون. والقرن في أيَّة نبوَّة تنظر إلى المستقبل البعيد هو رمز إلى قوَّة الجيش. فهو سلاح عدوانيّ، ولذا فهو يرى هنا صورة عن عدائيَّة تدور في زوايا الأرض الأربع. وكان الربّ يزيل القرون من أيدي المعتدين. فبابل لم تعد تشكِّل تهديدًا، وسوف يُزيل الربّ القرون من أيدي أيَّة شعوب (دون أن نعرف من هي بالتحديد) كانت قد هدَّدت يهوذا. وبإمكانهم العمل على إكمال بناء الهيكل واستثمار كلّ مواردهم فيه، غير قلقين من أيّ هجموم محتمل.

رجل وحَبل قياس (2 :1-13)

ثمَّ ينتقل التركيز إلى مدينة أُورشليم، حيث يرى رجلاً يقيس الجدران. وينتبه زكريَّا إلى أنَّ المدينة ستكون صغيرة جدًّا، إلاَّ أنَّها ستتَّسع لاحقًا إلى خارج الأسوار. وكان إرميا قد تنبَّأ بتلك النبوَّة الرائعة. وإنِّي أملك سلسلة من الخرائط لمدينة أُورشليم عبر العصور، منذ زمن داود حين كانت مدينة صغيرة وكيف توسَّعت بعد ذلك. وكان إرميا قد تنبَّأ بكل دقَّة عن توسُّع المدينة نفسها وضواحيها أيضًا. لكن المشكلة التي تواجه أيّة مدينة تتَّسع هي كيفيَّة حمايتها، خاصَّة أنَّ المكان داخل الأسوار قدِ اكتظَّ. وقال الرجل الذي يحمل حبل القياس: "ستكون المدينة صغيرة ولن تتسع لكلّ الذين سيأتون ويسكنون فيها." ثمَّ نقرأ عن وعد جميل، حيث يقول الربّ: "أنا سأكون السور. ولن تحتاجوا لبناء سور عندما تتَّسع المدينة؛ فأنا سأحميها."

وكان هدف هذه الرؤيا تشجيع اليهود الآخرين على العودة من بابل، خاصَّة إن كانوا متردِّدين بالانتقال إلى المدينة لأنَّهم يظنّون أنَّها غير آمنة.

نقرأ عن نبوَّتَين عن الأُمم:

1. **سيواجه الرب كل من يهاجم إسرائيل:** ونقرأ عبارة جميلة يقول فيها الرب: "مَنْ يَمَسُّكُمْ يَمَسُّ حَدَقَةَ عَيْني"، وحدقة العين هي الجزء الأوسط من العين، وهي من أكثر الأجزاء حسَّاسيَّة في

كامل الجسم، وما إنْ تَمسُّها ذرّة من الرمل حتَّى ينطبق جفن العين لحمايتها. وقدِ استخدم الربُّ يسوع القول: "بِمَا أَنَّكُمْ فَعَلْتُمُوهُ بِأَحَدِ إِخْوَتِي هؤُلاَءِ الأَصَاغِرِ، فَبِي فَعَلْتُمْ." فالمبدأ هو نفسه في العبارتين: شعب الرب هم أرهَفُ الأجزاء الحسَّاسة فيه.

2. سيصبح عدد من الأمم جزءًا من إسرائيل (راجع الأصحاحات 12-14). لقد برهن التاريخ أنَّ إله إسرائيل موجود بالفعل، وتاريخ الشعب اليهودي هو أفضل برهان.

تطهير يهوشع (3:1-10)

تتكلَّم الرؤيا الثانية عن استبدال يهوشع لملابسه. وينظر زكريَّا هنا إلى قيادة زرُبَّابل والكاهن يهوشع، فما الذي سيحصل؟ أتى الشيطان إلى الصورة، ومن اللافت أنَّه نادرًا ما يظهر في العهد القديم. فهو يظهر في تكوين 3 في جنَّة عدن، وفي نهاية سفري الأخبار حيث أغوى داود ليعدَّ الشعب، وفي الأصحاحات الأولى من سفر أيوب. وبالطبع فهو المحرِّك للكثير من الأمور، لكنَّه يظهر أكثر عند ولادة الربِّ يسوع. لكنَّه يظهر هنا أيضًا.

ويحاول الشيطان إيقاف حدوث أيِّ أمر مميَّز. فهو حاول قتل كل الأطفال الذكور في مصر حتى لا يبقى موسى على قيد الحياة، ولا يخرج الشعب من مصر. وعندما وُلِد الربُّ يسوع، قتل كل الأطفال في بيت لحم، لأنَّه لم يرد أن الصبيَّ الربَّ يسوع يكبر ويخلِّص شعب الرب. ويقول هنا إنَّه لا يجدر بشعب يهوذا أن يقبلوا بيهوشع قائدًا لهم لأنَّه نجس، إذ شارك في خطايا يهوذا في الماضي. ورأى زكريَّا يهوشع واقفًا وهو لابسٌ ثيابًا وسخة فعلم أنَّ الشيطان على حقٍّ، وواضحٌ أنَّه يقوم بدور المشتكي. ونقرأ في سفر أيوب أنَّه دخل إلى محضر الربِّ يشتكي على شعبه.

يسمع زكريَّا في الرؤيا أنَّ يهوشع يشبه شعلة مُنتشلة من النار، فيُزيلون ثيابه القذرة ويُلبسونه ثيابًا نظيفة وعِمامة نظيفة. إنَّها صورة جميلة، لأنَّه رأى أنَّ يهوشع أصبح نظيفًا بنعمة الربّ رغمَ أنَّه شارك في خطايا شعبه، وباستطاعته الآن أن يصبح كاهنًا بشرط أن يبقى نظيفًا. ويعد الله بأن ما فعله لذلك اليهودي سيفعله يومًا ما للعالم كلِّه. إذ قال إنَّه سيُزيل خطيَّة الأرض في يوم واحد. وباستطاعة الربِّ أن يطهِّر الإنسان ويجعله كاهنًا. ويعد أيضًا بأنَّه في ذلك اليوم سيدعو كلُّ إنسان جاره ليجلس تحت الكرمة، تلميحًا إلى إيجاد الربِّ يسوع لنثنائيل وهو جالس تحت التينة.

منارة ذهبيَّة وشجرتا زيتون (4:1-14)

ثم يوقظ زكريَّا فيرى في الهيكل منارة ذهبيَّة تخرج منها سبعة فُروع. كذلك يرى آنية ترتفع فوق المنارة وأنبوبًا نازلاً في المنارة. ويلاحظ أنَّ الآنية مليئة بالزيت، ولن يحتاج أحد إلى إعادة مَلئِها، لأنَّه يوجد خزَّان يفيض منه الزيت عبْر المنارة. ويشير ذلك إلى زرُبَّابل الذي لديه "خزَّان" الروح القدس يفيض فيه. ويشير الزيت دائمًا في الكتاب المقدَّس إلى الروح القدس. ولهذا تُستخدم عبارة "المسح بالروح القدس" عندما يحل الروح على أحدهم — المسح بالزيت. وقد مُسِحت ملكة بريطانيا بالزيت عندما

تُوِّجت في العام 1952. إذًا، مُسِح زرُبَّابل من قِبل الرب، وتعني الكلمة "ممسوح" في اللُّغة العبرية "ماشيَح" مسيح الرب (اخْريستوس في اللُّغة اليونانيَّة).

ثمَّ نقرأ عبارة استشهد بها الكثيرون: "لا بالقُدرة ولا بالقوَّة، بل بروحي - قال رب الجنود." ويعني ذلك بحسب النص أنَّه لا بالقُدرة العسكريَّة ولا بالقوَّة السياسيَّة. بكلامٍ آخر، نسل داود سيحقق كل ما يجب أن يحققه ليس من خلال امتلاك جيش أو سلطة سياسيَّة، بل بواسطة روح الرب. وللأسف، فإنَّ الكنيسة غالبًا ما فهمت هذا الأمر خطأً وتُرجم في أحداث شنيعة كفتوحات الصليبيِّين. فتأسيس ملكوت الله لا يقوم على الجيوش والقوَّات السياسيَّة، بل على روحه. لكن البرهان على أنَّ القوَّة أُعطيت لزرُبَّابل كان غير عادي. فعندما وصل البنَّاؤون إلى أعلى الهيكل أقاموا احتفالاً بمناسبة وضع آخر حجر يجمع زاويتي المثلَّث. ونقرأ في النص أنَّه كان على زرُبَّابل أن يحمل ذلك الحجر الثقيل في يديه ويضعه في مكانه الصحيح دون أيَّة مساعدة. ونقرأ: "فتعلمون أنِّي أنا الربُّ الجبَّار وقد أرسلت نبيِّي إليكم." لقد حمل شمشون بوَّابةَ مدينة غزَّة، والآن الروح نفسه يعطي زرُبَّابل القوَّة لرفع ذلك الحجر الثقيل ووضعه في مكانه. إنَّها صورة مشوِّقة جدًّا.

رأى زكريَّا في الرؤيا الثانية شجرَتَي زيتون تمثِّلان زرُبَّابل ويهوشع. فالقيادة كانت مشتركة بينهما، والمنارة تشير إلى الروح الحالِّ عليهما. وكان دور زرُبَّابل ضروريًّا للمستقبل، مع أنَّه لم يعتلِ العرش. وبما أنَّه لم يكُن يحقُ للشعب اليهودي أن يكون لديهم ملك في بلاد الفرس، فقد قرَّروا أن يُتوِّجوا الكاهن ظنًّا منهم أنَّ الفرس لن يعترضوا على ذلك، خاصَّة أنَّه لن يكون الملك الرسمي. وهكذا تجنَّبوا نشوب المشاكل مع الإمبراطوريَّة الفارسيَّة. ومهما تكن الحال، فإنَّ الهيكل سيُبنى وسيعرف الجميع أنَّ الربّ الجبَّار قد أرسل إليهم زكريَّا. ولم تكن هناك حاجة "للازدراء بالأُمور الصغيرة" عند النظر إلى هذا الهيكل بالمقارنة مع هيكل سليمان.

لفائف طائرة (5:1-4)

كان حجم إحدى اللفائف الطائرة فوق الأرض عشرة أمتار في الطول وخمسة أمتار في العرض. وكانت الكلمات المكتوبة عليها: "اللعنة على كلّ من يسرق أو يكذب." وكانت تطير فوق البيوت ثم تحوم حول منزل مَن يسرق أو يكذب. وكانت لعنة تقع منها على البيت فيُدمَّر بالكامل. فكان زكريَّا يقول بكلّ بساطة إنَّ الربّ سيَدينُ كل من يسرق أو يكذب.

امرأة في سَلّ (5:5-11)

يرى زكريَّا إمرأة في سَلٍّ وتظهر بمظهر الزانية. وتطير إمرأتان لديهما أجنحة طائر اللَّقلَق وتحملان السلَّة بمنقاريهما، ثمَّ تطيران شرقًا. وتمثِّل هذه الصورة كيف أنَّ الربّ سيحمل خطاياهم إلى بابل، وكأنّي به يقول: "لقد أرسلت الخطاة إلى هناك، وها إنِّي أريد أن أرسل خطاياكم إلى هناك لأنّ هذا هو المكان الذي يجب أن تكون فيه." وغالبًا، ترمز بابل في الكتاب المقدَّس إلى حاضِنَة الخطيَّة.

أربع مركبات (6:1-8)

نقرأ أخيرًا عن أربع مركبات تجرّها أحصنة حمراء وبيضاء وسوداء ورماديَّة مرقَّطة تجول عبر الأرض كلّها لتتميم مشيئة الربّ. وكانت قد أنهت أعمالها في الشمال، وإحدى المركبات تستريح، أمَّا المركبات الثلاث الباقية فتذهب في أرجاء الأرض كلّها للقيام بما يريدُهُ الربّ. فالربّ يسيطر على تاريخ الكون بأسره، وهو يرسل وكلاءه بأقصى سرعة إلى أيّ مكان.

وكان في تلك اللحظة أنَّ ثلاثة رجال حكماء وصلوا من بابل. وكانوا تجّارًا قد جلبوا معهم ذهبًا وفضَّة هديَّة للهيكل. وطُلِب من زكريَّا أن يأخذ قسمًا منها ويصنع تاجًا لتتويج يهوشع في الهيكل. ونقرأ القرار من جديد: "فتعلمون أني أنا الرب." لكن كانت تلك لحظة مفصليَّة، إذ لم يكن منصبا الكهنوت والملوكيَّة مُتحِدَين من قبل، إلاَّ في زمن ملكي صادق. فاندمج المنصبان من جديد عند تتويج يهوشع الآن، لكن بشرط "أن يطيع شعبي." فكان الربّ يقول لهم إنَّه سيعطيهم ملكًا من جديد، لكن هذه المرَّة لن يكون من نسل داود الملكيّ. وتمّ اختيار يهوشع لكونه كاهنًا حتَّى لا يظنّ الفُرس أنَّه سيسبِّب مشاكل لهم. وكانت تلك وسيلة جيِّدة لتشجيعهم على أن يكونوا جزءًا من مملكة إسرائيل من جديد، مع أنَّ ذلك لم يكن تتميمًا لوعد مجيء المسيَّا المنتظر.

صوم واحتفال

بعد سنتين، أتى رجلان من بيت إيل لرؤية زكريَّا (الأمر الذي يشير إلى أنَّ الشعب بدأ بالانتشار في أنحاء البلاد القديمة، وبإعادة تأسيس البلدات الأُخرى، بالإضافة إلى أُورشليم). وقد مثَّل هذان الرجلان مجموعة من الناس من بيت إيل كانوا يفتِّشون عن توجيه بشأنِ حياتهم الدينيَّة. فأتوا لرؤية كاهن، لكنهم وجدوا نبيًّا. ودارت أسئلتهم حول موضوعي الصوم بالأعياد، وقد كانوا يمارسونهما كجزء من ديانتهم. وأرادوا أول كلّ شيء أن يسألوا عن الصومين اللذين يُراعونهما في الشهر الخامس والشهر السابع فيتذكّرون دمار أُورشليم ويبكونها. فكان سؤالهم إلى متى يجب أن يستمرّوا في ذلك، خاصَّة أنَّهم قدِ استعادوا أُورشليم.

أتى جواب زكريَّا لافتًا إذ قال لهم إنَّ الصوم ممارسة تتمحور حول الذات. لقد كانوا يصومون لأنَّهم كانوا يشعرون بالشَّفقة على أنفسهم، ولأنَّهم شعروا بالأسف لأنَّهم لم يتركوا خطاياهم. وقال لهم ما هو نوع الصوم الذي يريده الرب باقتباسه من إشعياء 58. فعليهم أن يصوموا عن الكذب والظُّلم، ويستبدلوا بهِما الكرمَ واللطف ومساعدة الذين لا عون لهم وسدِّ احتياجات المحتاجين. فالصوم الذي يريده الربّ لا يتعلّق بالتوقُّف عن تناول الطعام، بل بالتوقُّف عن ارتكاب الخطيَّة. وينطبق هذا الكلام على الذين يُراعون الصوم الكبير دون معالجة الخطيَّة في حياتهم. وأضاف قائلاً إنَّ السبي أتى نتيجة لذلك، إذ أصبحوا أنانيِّين وطمَّاعين بدل أن يكونوا كرماء ولطفاء.

أمَّا بالنسبة إلى الأعياد، فقد أبقى الشعب على بعض الاحتفالات في السبي، إلاَّ أنَّها أصبحت مجرَّد احتفالات لكنَّها خالية من أيَّة نواح روحيَّة. وكانوا يحتفلون بتلك الأعياد في الأشهر الرابع والخامس

والسابع والعاشر. فكان المجموع صومَين وأربعة أعياد في السنة خلال وجودهم في السبي. لكنْ مرَّة جديدة أخبرهم زكريَّا أنَّ أعيادهم تتمحور حول ذواتهم. فكانوا يقضون أوقاتًا سعيدة مع الأصحاب خلال الأعياد ويتناولون الأطعمة الشهيَّة، لكنَّهم لم يُعطوا الربّ المركز الأساسي في الاحتفال. وكان يجب أن يكرِّسوا تلك الأيَّام بدل أن تكون مجرَّد أيام عُطَل، وأن يقدِّموا الشكر للربّ لأنَّه أعادهم إلى الأرض: " لا تعيِّدوا لمجرَّد العيد، بلِ احتفلوا لأنَّ الربَّ كان أمينًا معكم وأرجعكم إلى الجبل المقدَّس، وقد امتلأت الشوارع بالشبيبة والشيب من جديد. ابتهجوا لأنَّ الربّ سيُعيد آخرين أيضًا ليسكنوا في الأرض. هذا ما يجب أن تقوموا به في أعيادكم."

وأخبرهم زكريَّا أيضًا أنَّ عليهم أن يكونوا مستعدِّين لأنَّ كثيرين سيأتون إليهم بسبب كونهم يهودًا ويعرفون الربّ. وكان يعني بذلك أنَّه سيأتي وقت حين سيُمسك الناس بثوب رجل يهودي ويسألونه أن يشرح لهم من هو الربّ.

توقُّعات مستقبليَّة (الأصحاحات 9-14)

يزداد الجزء الثاني من السفر تعقيدًا، لأنَّ زكريَّا ينتهي من الحالة الحاضرة ويتطلَّع إلى المستقبل البعيد. وما قاله يمكن أن ينطبق على كلّ العصور، ولم يأتِ بأيِّ ترتيب معيَّن، بل أتى على شكل أُحجية، أو على شكل صورة مقسَّمة إلى قطع مختلفة الأشكال والأحجام. ولا تُمكن معرفة مكان كل قطعة من دون العودة إلى الصورة الموجودة على غطاء العلبة. وهذا يذكِّرني ببداية الرسالة إلى العبرانيين: "اَللهُ، بَعْدَ مَا كَلَّمَ الآبَاءَبِالأَنْبِيَاءِ قَدِيمًا، بِأَنْوَاعٍ وَطُرُق كَثِيرَةٍ (أي بقِطَع مختلفة)، كَلَّمَنَا فِي هذِهِ الأَيَّامِ الأَخِيرَةِ فِي ابْنِهِ." إنَّ الربَّ يسوع هو الصورة الموجودة على الغطاء، ويمكننا من خلاله أن نجمع القطع معًا وننظر كيف يجب أن تكون. ولهذا السبب يشير سفر الرؤيا إلى زكريَّا بكثرة، لأنَّ باستطاعته أن يجمع صورة الأُمور المستقبليَّة أو "نهاية الأيَّام" حيث سينتهي التاريخ. والربُّ يسوع هو الذي سيَفضُّ ختم لفائف التاريخ. فالامتياز لنا في أن نعرف نهاية الأُمور عندما نقرأ السفر، ولم يحصل اليهود على ذلك الامتياز.

يختلف الأُسلوب والمضمون في الجزء الثاني من السفر. فأوَّلَ مرَّة تُكتب النبوَّة بأُسلوب شعري. ولا ذكر للحالة المعاصرة أو للهيكل أو ليَهوشع أو زرُبَّابل. ولا توجد رؤى في هذا الجزء، حتَّى إنَّ اسم الربّ يتغيَّر من "ربّ الجنود" إلى مجرَّد "الربّ". ويتغيَّر جوّ الكتابة في هذا السفر، حتَّى إنَّ بعض العلماء الصارمين في أحكامهم يظنّون أنَّ كاتبًا آخر أكمل الكتابة. لكن في الواقع يختلف الجزء الثاني لأنَّ الربّ أعطى النبيّ الرسالة بأُسلوب مختلف. وهذه النصوص غير مؤرَّخة؛ لذا لا نعرف متى أُعطِيَت. فيمكن أن تكون قد أُعطِيَت بعد سنوات عديدة.

تُسمَّى تلك النبوَّات الموجودة في هذا الجزء "كلامَ وحي"، ومعنى الكلمة وحيٌ في اللُّغة العبريَّة "ثقيل" أو "ذو وزن"، لكن غالبًا ما تُترجم إلى "إيحاءات"، رغمَ أنِّي لا أعتقد أنَّها تفي المعنى حقَّه. إنَّه

بالفعل "حمل ثقيل". وإن كان الربُّ قد أعطاك حِملاً ثقيلاً في قلبك فأنت تفهم المعنى بالكامل. كأنْ يكون قلبك مثقّلاً بأمر إلى أن تُطلِعَ عليه آخرين، فتشعر بالفرج.

ويحتوي الجزء الثاني من السِّفر "حِملَين"، حيث تغطِّي الأصحاحات 9-11 الحِملَ الأوَّل، وتغطِّي الأصحاحات 12-14 الحِملَ الثاني. ويختلف أحَدُهما عن الآخر.

على الصعيد الوطني (الأصحاحات 9-11)

التركيز في الأصحاحات 9-11 هو على شعب إسرائيل. ولا نجد إشارة تُبيِّن متى ستحدث هذه الأُمور، أو ما إذا كانت في الترتيب الصحيح. ومن اللافت ذِكرُ أفرايم أيضًا، فهذا هو الاسم الذي أُعطي للأسباط الشماليَّة العشرة، وهو يشير إلى أنَّ الربّ لم ينسهم مع أنَّهم لم يرجعوا من السبي في أشور.

تندرج ستُّ صُوَر تتعلَّق جُزئيًّا بالمستقبل، وإن كان من المستحيل ربطُها بعضِها ببعض .

الأعداء المنهزمون (9:1-8)

الصورة الأُولى هي أنَّ أعداء إسرائيل سوف ينهزمون. وتُذكر دمشق وصور وصيدون وبلاد الفلسطيِّين بصورة خاصَّة. فالربّ سيعاقب كل الذين يتصدُّون لأُورشليم، وهو لن يدعها تُمحى عن الخريطة. إنَّها مدينتُه، وقد وضع اسمه فيها. ولذلك أنا متأكِّد أنَّه لوِ امَّحت نيويورك وبكين وواشنطن ونيودلهي، فإنَّ شعب الربّ لن يُمحى. حتَّى إنَّ الفلسطيِّين سينضمّون إلى شعب الربِّ، ولن يكون هناك من يُزعِجُه. وهذا جزء من الصورة، لكننا لا نعرف متى سيتحقَّق. إنَّما الربّ يفي بوعوده حتَّى لو انتظر قُرونًا قبل أن يفعل ذلك.

ملك مسالم (9:9-10)

الصورة الثانية هي صورة ملِكٍ سلام داخل إلى أُورشليم وهو راكب على حمار. ونحن نعرف معنى هذه الصورة لأنَّ الربَّ يسوع فعل ذلك بالتمام، لكن المشكلة تكمن في أنَّه عندما حقَّق الربُّ يسوع النبوَّة لم يلاحظوا الحمار، بل ظنّوا أنَّه ركب على الحمار لأنَّه لم يستطع الحصول على حصان. ولذا لم ينتبهوا إلى الرمز في الرسالة. وعندما ركب الربُّ يسوع على الحمار أخذ الناس بالتلويح بسعوف النخيل وطرحوا ثيابهم أرضًا صارخين: "أوصنَّا! أوصنَّا!" والكلمة "أوصانَّا" ليست كلمة ترحيب سماويَّة كما يعتقد بعضُهم، بل تعني: "حرِّرنا الآن!" وهي صرخة شعب ظُلِم قُرونًا كثيرة، ورأى إمكانيَّة تغيير على المستوى السياسي. ونادوه بالتعبير "ابن داود"، متوقِّعين أن يُعتِقَهم. لكنَّه لم يأتِ لكي يحارب عنهم لأجل تحريرهم. ولو أراد ذلك لكان ركِب على حصان، كما سيفعل في مجيئه الثاني. لذا، تلقَّوا أكبر صدمة في حياتهم حين دخل من بوابَّة أُورشليم والتفت إلى اليسار بدل أن يلتفت نحو اليمين. وبدل أن يتوجَّه إلى قلعة أنطونيا حيث مركز الجيش، حمل سوطًا واتَّجه يسارًا نحو الهيكل، حيث طرد الباعةَ

اليهود من هيكل الربّ. ولا عجب إن قالوا بعد بضعة أيّام: "اصلِبوا الرجُل، فنحن نفضِّل مَن يحارب في سبيل الحريَّة!" وممَّا يدعو إلى السُّخريَة أنَّ المحارب الذي اختاروه حمل اسمًا غير عادي، الربّ يشوع باراباس، ويعني "يسوع ابن الآب." ففي ذلك اليوم، كان رجلان يُدعَوان "يسوع ابن الآب" موجودَين في المكان نفسه. فسألهم بيلاطس:" أيَّ <يسوع ابن الآب> تريدون؟ الرجل الذي سوف يحارب لأجلكم، أم الرجل الذي لن يحارب لأجلكم؟" فاختاروا المحارب. ولكنْ يخبرنا زكريًّا أنَّ رئيس السلام هذا سوف يأتي لكي يدين ويُقيمَ العدلَ والسلام ويسيطر على كلّ جهات البحر.

إلـه جبَّار (9:11-10:7)

نجد صورة واضحة عن الربّ يحارب عن شعبه. وقد تغيّر الوضع من الصورة الأُولى، مُضيفًا جوًّا من السلام. فالرب هنا يأتي لأجل قطيعه، ليكون لهم راعيًا صالحًا على عكس الرعاة السيِّئين الذين سبقوه. وتتضمَّن الصورة وصفًا ممجَّدًا لشعب مفديّ يتلألأ كاللآلىء المغروزة في التاج.

تركِّز رسالةُ الوحي الثانية على اليونان. وكانت ستمرّ قرون قبل أن يغزوَ اليونان الأرض بقيادة أنطيوخس إبيفانيس الرابع. فقد أقام تمثالاً للإله زيوس في الهيكل في أُورشليم، وذبح خنزيرًا على المذبح، وملأ الأروقة بالزانيات. وكانت تلك أسوأ حقبة في التاريخ وقد استمرَّت ثلاث سنوات ونصفًا أي اثنين وأربعين شهرًا أو ألفًا ومئتين وستِّين يومًا، وهي بالتمام المدَّة التي تمَّ التَّنبُّؤ بها عن المسيح الكذَّاب المذكور في العهد الجديد. لقد تألَّم اليهود على يد أنطيوخس إبيفانيس كما سيتألَّم المؤمنون على يد المسيح الكذَّاب. ومن اللافت أنَّه يتمّ التنبّؤ عن نهوض الإمبراطوريَّة اليونانيَّة في هذه القطعة الصغيرة من الصورة. ويمكننا فهم النبوَّة الآن، لكن لا بدَّ أنَّه كان من الصعب على الشعب استيعابها.

شعب مجتمع (10:8-12)

تُظهر الصورة التالية شعبًا مجتمعًا من كلّ أنحاء الأرض، وهي عكس الشتات الذي تعرَّض له اليهود. وفي الواقع أنَّ الشعب الإسرائيليَّ الحاليَّ مؤلَّف من أكثر من ثمانين جنسيَّة، ولهذا لديهم ما يزيد على الثمانين نوعًا من الموسيقى والرقصات. إنَّها صورة عن العودة إلى أرض الآباء، ويقول زكريًّا إنَّ المكان سيكتظُّ بالموجودين. كما يقول الكتاب في سفر إشعياء 19:23 إنَّ طريقًا واسعًا سوف يُشقّ بين مصر وأشور.

جيران دون أشجار في غاباتهم (11:1-3)

الصورة التالية محيِّرة جدًّا. فالبلاد المجاورة تُخلى من الأشجار: فلبنان خسر أرزه، والأردن أو باشان خسر أشجار السنديان؛ حتَّى غابة الأُردنِّ اختفت. واليوم غابة الأردن غير موجودة بالكامل، وجزء صغير فقط من لُبنان يحتوي على أشجار الأرز. لكن لا يبدو واضحًا لماذا أُعطيت رسالةُ الوحيِ هذه.

رعاة لا قيمة لهم (11: 4-17)

وصورة الرعاة الذين لا قيمة لهم محيِّرة بالأكثر. وقد ظهرت بواسطة مثل على شكل مسرحيَّة، حيث يقوم زكريَّا بدور قائد الرعاة. وكان عليه أن يطرد ثلاثة رعاة لعدم قيامهم بواجبهم على أكمل وجه. فرَمَوا في وجهه أُجرتهم التي توازي ثلاثين من الفضَّة. نرى من جديد أجزاء من الصورة، لكنّنا نعرف مكانها عندما نقرأ الأناجيل. فقد رمى يهوذا الثلاثين من الفضَّة في الهيكل لأنَّه كان راعيًا سيِّئًا، مع أنَّه ذات مرَّة كان كارزًا وشافيًا. وقد استخدم الربُّ يسوع مثَل الراعي الذي يُضرَب فتتبدَّد الخراف إشارةً إلى نفسه حين يهرب تلاميذه عندما يُلقى القبض عليه في بستان جثسيماني: "اِضْرِبِ الرَّاعِيَ فَتَتَشَتَّتَ الْغَنَمُ." (زكريَّا 13: 7)

كذلك تُكسر عَصَوَا رُعاة. وتشير العصا الأُولى إلى العهد الذي قطعه الربّ مع الشعوب، وتشير العصا الثانية إلى كسر الاتحاد بين يهوذا وإسرائيل.

على الصعيد العالمي (الأصحاحات 12-14)

السلسلة الثانية من الصور هي على الصعيد العالمي، إذ تُرينا ما سيحصل على مستوى العالم كلِّه، وتُرينا أنَّ أُورشليم ستكون في قلب الحدث. فنقرأ اسم أُورشليم إحدى وعشرين مرَّة في هذا الجزء، وكأنّها ستكون مركز المستقبل حيث سيكون المركز الرئيسي للأُمم المتحدِّة، وستكون "صِهيَون" مركز الحكم في العالم.

تتكرَّر في هذا الجزء العبارة "في ذلك اليوم" ثماني عشرة مرَّة، وتتكرَّر كلمة "اليوم" مرَّتين، مع أنَّها لم تكن قدِ استُعملت من قبل. والربُّ يسوع كرَّر هذه الكلمة في العهد الجديد مرَّات عديدة. لكن لا يتألَّف "اليوم" في هذا السياق من أربع وعشرين ساعة. إذ تعني كلمة "يوم" العبرية أيَّة فترة بين الأربع والعشرين ساعة وحقبة تاريخيَّة كاملة. ونستعمل كلمة "اليوم" بالطريقة نفسها في حياتنا اليوميَّة. فإذا قلتُ مثلاً: "ولَّى يومُ الحصان والعربة، وحلَّ يوم السيَّارت"، فأنا لا أعني بذلك يومًا مؤلَّفًا من أربع وعشرين ساعة، بل أقصد زمانًا معيَّنًا. وسيأتي يومٌ يرى كلُّ العالم أنَّه زمَنُ (يومُ) الربِّ المقدَّس، وأنَّه ولَّى زمَنُ (يومُ) كبرياء الإنسان وجشَعِه.

كُتِب جزء واحد من الأصحاح 13 بأُسلوب شعري، واللافت أنَّ الكلمة "يوم" لا تُذكر فيه. ومرَّةً أُخرى لا تَرِدُ النبوّات بتسلسل، كما أنَّ الآيتين في زك 12: 3 و14: 2 تُشيران إلى الحادثة نفسها.

غزو جيش (12: 1-9)

الصورة الأُولى هي عن قوَّات متَّحدة تهاجم أُورشليم. وقدِ اجتمع جيش مؤلَّف من أُمم العالم واتَّجه نحو الشرق الأوسط. لم يحصل هذا الأمر بعد، لكنَّه جزء من الأُحجية الكبيرة. فأُورشليم ستُهاجَم بهذه الطريقة. وربَّما نكون على قيد الحياة عندما تجتمع قوى العالم لمهاجمة الشعب القديم.

سكان حزانى (12:10-14)

الصورة التالية هي عن سكَّان حزانى. سيأتي يومٌ فيه يفقد أهلُ أُورشليم الأمل ولن يحاولوا إقامة معاهدات سلام مع أيِّ شعبٍ آخر، بل يصرخون إلى الربّ. وسيكون جواب الربّ لهم أنَّه سيرسل إليهم من جديدٍ مَن ثقبوا يديه، الربَّ يسوع المسيح. هل يمكنك أن تتخيَّل كيف سيشعر اليهود عندما يعرفون أنَّ الربَّ يسوع هو المسيَّا المنتظر الذي سبَقَ أن قتلوه؟ سيبكون كأنَّ أبكارهم قد قُتِلوا.

وزكريَّا هو أوَّل من قال إنَّ اليهود سيَرَون مَن ثقبوا يديه. وفي الواقع أنَّنا نقرأ هذه الجملة في الأصحاح الأوَّل من سفر رؤيا يوحنَّا اللاهوتي. والأمر الوحيد الذي يُطلَب من اليهودي لكي يخلُصَ هو أن يعرف أنَّ يسوع الناصريَّ حيّ. فهذا كلُّ ما احتاج إليه شاول الطرسوسي لكي يخلص، وهذا ما يحتاج إليه كلٌّ منَّا اليوم لكي نخلص.

سيكون من الصعب عليهم أن يتطلَّعوا إلى مُدَّة الألفَي سنة المنصرمة الضائعة التي كان باستطاعتهم أن يكونوا قد حكموا العالم خلالها، بدل أن يهربوا من بلد إلى آخر، كما ذكر سفر التثنية.

فلا عجب أن ينوحوا!

أنبياء منفيّون (13:1-6)

رأى زكريَّا رؤيا واضحةً عن الأنبياء الكذبة الذين شكَّلوا تهديدًا كبيرًا لأُورشليم. فأُورشليم ستُطهَّر من أمثال هؤلاء، فضلاً عن التماثيل والآلهة المزيَّفة. وستُطهَّر من الخطيَّة وكل نجاسة بواسطة ينبوع مياه. ويستمرّ بالكلام عن تطهير "صِهيَون" من الخطيَّة، فيشعر الأنبياء الكذبة بالعار والخجل ويتخلَّون عن مهنتهم تلك. وسيعترف بعضٌ من هؤلاء الأنبياء بأنَّ الجراح التي في أيديهم، والتي كانت قد ظهرت كأنَّها شارةُ شرَف، ما هي إلاَّ نتائج خلاف حدث في حانة! إنَّها قصَّة شعب يشعر بالعار لقبولهم التعليم الخاطىء.

شعب متناقص (13:7-9)

تُظهِر الصورة التالية تناقصًا في الشعب. لكن من الواضح أنَّ هذا النصّ ليس بحسب الترتيب إذ نقرأ أن عدد الشعب تناقص إلى ثلث العدد، بينما نقرأ في الجزء الثاني (14:2) أنَّ العدد تناقص إلى النصف! يبدو أنَّ تلك إجابة عن ضرب الراعي وتشتّت الرعيَّة. لا أعلم متى سيحصل كل ذلك، بل علينا أن ننتظر. لكن الواضح أنَّ الثُّلث الذي سيبقى سوف يُنقِّيه الربّ.

مُهاجِمون مدحورون (14:1-15)

نعود في الأصحاح الرابع عشر إلى الهجوم العالمي الذي سيُشنّ على أُورشليم. وليس واضحًا ما إذا كان هذا الهجوم هو نفسه المذكور في 12:1-8، لكنني أعتقد أنَّه سيكون في المستقبل. وسيجمع

الربّ جيشه العظيم وسيدافع عن شعبه. والأمر مرتبط بالمجيء الثاني، وعلى الأرجح مرتبط أيضًا بمعركة هرمجدّون لأنّنا نقرأ العبارة التالية: "وَتَقِفُ قَدَمَاهُ فِي ذلِكَ الْيَوْمِ عَلَى جَبَلِ الزَّيْتُونِ". ليس للربّ رِجلان، كما ليسوعَ ابنِ الإنسان، ولذا يفسِّر أحْبارُ اليهود هذه الآية بمجيء المسيَّا.

نقرأ أنَّه سيحدث انفجار يسبب تغيرات في التكوين الجغرافي لكامل المنطقة. وأعتقد أنَّ علينا أن نأخذ المعنى حرفيًّا، رُغمَ أنّه يحيِّر العقل والمخيِّلة. وتقع أُورشليم في فجوة جبليَّة تحيط بها ثماني هضاب. والتقسيم الجغرافي في غاية من الروعة والجمال، فمن الناحية الشرقيَّة تواجه قبَّة الصخرة جبل الزيتون، وتواجه الجهة الشماليَّة الشرقيَّة جبل المكبر، وتواجه الجهة الجنوبيَّة جبل القضاء. ونقرأ أنَّه عندما تطأ قدما الربِّ جبل الزيتون فسترجف الهضاب وتقع، وستبقى أُورشليم صامدة في القمَّة!

كل ما سبق ذكره هو جزء من الصورة. ويصعب على مخيِّلتنا جمع كل القطع معًا، لكن النقطة الأساسيَّة هي أنَّ القوى المتَّحدة التي أتت لمهاجمة أُورشليم ستُوقَف عند حدِّها: "وَعُيُونُهُمْ تَذُوبُ فِي أَوْقَابِهَا، وَلِسَانُهُمْ يَذُوبُ فِي فَمِهِمْ." وليس من الغريب أن يقول شعب الرب: "الربُّ هو إلهنا."

عبادة على مستوى عالمي (14: 16-21)

نرى أخيرًا صورة عن كل الأُمم ينظرون إلى أُورشليم على أنَّها المكان الذي يحمل اسم الربّ، ويحتفلون بعيد المظالِّ الذي يتجاهله المؤمنون. فعادةً، نعترف بعيد الفصح باحتفالنا بعيد القيامة، ونعترف بيوم الخمسين، لكننا لا نعيّد عيد المظالّ الذي هو عيد الحصاد، وهو من أهم الأعياد لليهود، ويقع بين شهري أيلول وتشرين الأوَّل (سبتمبر – أكتوبر). وفيه يُقيمون في مَظالَّ صغيرة مكشوفة السقف تقريبًا حتى يستطيعوا رؤية السماء وتذكُّر كيف أنَّ الربّ أخرجهم من البريَّة. يستمر هذا العيد ثمانية أيام، ويكون اليوم الأخير يوم العرس حيث "يتم عقد قرانهم على الناموس". وتُقام مظلَّة خاصَّة بالزِّفاف توضع تحتها إحدى لفائف ناموس موسى. فيرقصون جميعهم حول المظلَّة ويُعقَد قرانهم على ناموس موسى لسنة أُخرى. وفي الصباح الباكر، يبدأون بقراءة سفر التكوين من الأصحاح الأوَّل حتى الآية الأخيرة من سفر التثنية خلال اثني عشر شهرًا. وتُعاد الكرّة بعد سنة. لكن يبدو أنَّهم حصلوا على العريس الخطإ لأنَّ اليوم الثامن من عيد المظال يتطلَّع بشوق إلى عشاء المسيَّا، أي عشاء عرس الخروف.

يذكّرنا كل ذلك أنَّ الكتاب المقدَّس بأكمله هو قصَّة زاخرة بالعواطف. وهو يخبر كيف أنَّ أبًا وجد عروسًا لابنه، وينتهي بأن يتزوّجا ويعيشا بسعادة تامَّة. فكلّ القصص العاطفية تنتهي بالزواج، والكتاب المقدَّس ليس إستثناءً لذلك! ويُعقد هذا القران في اليوم الثامن من العيد، ويُشار إليه في سفر الرؤيا بعشاء عرس الخروف. وقد وُلد الربُّ يسوع خلال عيد المظالِّ كما تُشير الأدلَّة في إنجيل لوقا. وُلد في شهر أيلول (سبتمبر) أو في أوائل شهر تشرين الأوَّل (أكتوبر) أي الشهر السابع، وهو شهر عيد المظالّ. ونقرأ في بداية إنجيل يوحنَّا: "الكلمة صار جسدًا وحلَّ بيننا." كما نقرأ في الأصحاح السابع أنَّ إخوته سألوه بسخرية هل ينوي حضور عيد المظالِّ، لأنَّهم كانوا يتوقَّعون مجيء المسيَّا في أثنائه. لم يؤمنوا به وأرادوا إغاظته، لكنَّه أجابهم: "لم تأتِ ساعتي بعد."

إذًا، أنا متأكّد من الشهر الذي سوف يأتي فيه الربُّ يسوع. لا أعرف السنة، لكنَّه سيأتي في الموعد المحدَّد الذي يقع في أثناء عيد المظال. وفي الواقع أنَّ الكثير من اليهود يؤمنون بأنَّ المسيَّا سيأتي خلال عيد المظال، مستندين في ذلك إلى زكريَّا 14. ومنذ تلك اللحظة ستحتفل الشعوب بهذا العيد كلّ سنة، وسيرسلون مندوبين إلى أُورشليم. ونقرأ أنَّه إن لم يحضروا العيد تصاب بلادهم بالجفاف. فيصبح عيد المظالِّ ركيزةً أساسيَّة لحكم المسيَّا للعالم كلّه ليس فقط بالنسبة إلى اليهود، بل بالنسبة إلى المؤمنين أيضًا.

إتمامٌ مسيحيّ

بعد أن نظرنا إلى الأُحجية المتعدِّدة القِطَع، علينا أن نُركِّبَ الصورة. وعلينا أن نتذكَّر أنَّ الأُمور التي رآها الأنبياء لا تقع بحسب ترتيب زمني. فالأُمور التي بدت قريبة بعضُها من بعض ممكنٌ أن تكون متباعدة بمئات وآلاف من السنين. ومن الواضح أنَّ معظم الأحداث التي وُصفت تشير إلى مجيء الربِّ يسوع المسيح في المرَّتين.

المجيء الأوَّل

وُلِد الربُّ يسوع في عيد المظالِّ. ودخل إلى أُورشليم آخر مرَّة راكبًا على حمار. بيع مقابل ثلاثين من الفضَّة، وعندما هرب التلاميذ عند محاكمته، استشهد كاتب الإنجيل بالآية: "أَضْرِبُ الرَّاعِيَ فَتَتَبَدَّدُ خِرَافُ الرَّعِيَّةِ."

المجيء الثاني

نجد رابطًا قريبًا بِسِفر رؤيا يوحنَّا اللاهوتي. ونقرأ أنَّ قدَمَي الربِّ يسوع ستطأان على جبل الزيتون. وهناك دلائل تشير إلى أنَّه سيعود عند عيد المظال. ويذكِّرنا سفر الرؤيا أنَّه عندما يرجع الربُّ يسوع ستنظره كلُّ عين "والذين طعنوه" أي الأُمَّة اليهوديَّة.

نبوات لم تتحقَّق

يحتوي سفر زكريَّا ،كعدد من أسفار العهد القديم، على نبوَّات لم تتحقَّق بعد. ويُظهر الرسم التالي ثلاثة شروح عريضة لهذا الأمر.

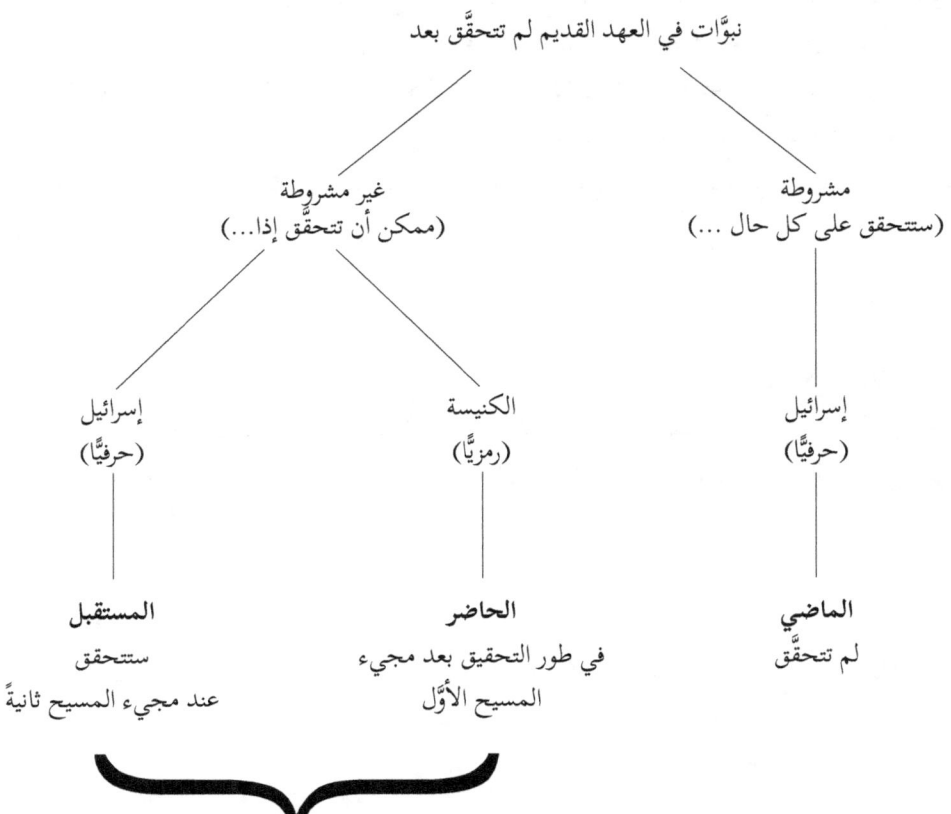

شرطيّ

يقول بعضُهم إنَّ تحقيق النبوّات اعتمد على طاعة إسرائيل. وكانت الكلمة المفتاح "إذا". وبما أنَّ الشعب لم يطيعوا، فالنبوّات أُلغيت ولن تتحقَّق في ما بعد. إذًا، لا جدوى من دراستها، لأنْ لا صلة لها بواقعنا اليوم.

غير شرطيّ

يرى آخرون أنَّ النبوّات تحقَّقت في الكنيسة من الناحية الروحيَّة. فالكنيسة هي إسرائيل الجديدة المنتصرة والمشاركة في الانتصارات التي تمّ التنبّؤ بها عن إسرائيل. والمشكلة في هذا الموقف هي أنَّه بينما تُطبَّق البركات على الكنيسة، لا تُطبَّق اللعنات. فنرى فجوة في هذا المنطق، بينَما لا بُدَّ إمّا أن تُطبّق البركات واللعنات معًا وإمَّا لا تُطبَّق جميعًا.

زكريَّا

ويتوقّع آخرون أيضًا أن تتحقَّق النبوات في المستقبل. نقرأ مثلاً في رومية 11 عن نهضة تحدث بين اليهود قبل المجيء الثاني. وهكذا، فإنَّ من ينجون من الضيقة العظيمة سيحتفلون بعيد المظالِّ في المُلك الألفيِّ، حين يملك الربُّ يسوع من أُورشليم على كلّ الشعوب. بعد ذلك، ستكون هناك أُورشليم جديدة يبرز فيها الاثنا عشر رسولاً والاثنا عشر سبطًا.

رأيي الشخصيّ هو أنَّه ستتحقَّق حرفيًّا تلك النبوّات التي لم تتحقَّق بعد. ربَّما لن يكون واضحًا كيف سيتمّ كلّ ذلك، لكنَّنا نعرف الأساسيَّات، ويمكننا أن نتأكَّد من أنَّ للربِّ هدفًا لكلِّ العالم وسيحققه.

سيعود الربُّ يسوع مرة ثانية وسنملك معه. ولهذا، فإنَّ سفر زكريَّا لا ينتهي بمشاعر حزينة بسبب فشل اليهود في أن يتجاوبوا مع الرب، بل ينتهي بمشاعر الأمل بأنَّه يومًا ما سيحقِّق الربّ كل ما وعد به.

ملاخي

المقدِّمَة

تتشابه خلفيَّة سفر ملاخي مع خلفيَّة سفرَي حجَّي وزكريَّا. وقد كُتِب السفر بعد مئة سنة من عودة يهوذا من السبي إلى بابل. ولم تكن الأحوال جيِّدة، فأُورشليم كانت ما تزال شبه مهجورة، والأراضي الزراعيَّة شبه عقيمة. وكانت المحاصيل ضعيفة، كما أدَّى غزو الجراد وقلَّة الطعام إلى صعوبة الحياة. وكان قد تمّ الانتهاء من بناء الهيكل في العام 520 ق م، لكنَّه كان صغيرًا بالمقارنة مع هيكل سليمان، الأمر الذي لم يساعد على ارتفاع معنويات الشعب. وعلى الرُّغم من أنَّ نحميا كان قد أصلح الأسوار، فإنَّ الشعب فضَّلوا العيش في الريف، حيث كان يسهل الاختباء من أي هجوم. ولم يكونوا قد بنوا قصرًا ملكيًّا لأنَّه لم يكن لديهم ملك، مع أنَّ زرُبَّابل الحاكم كان وريثًا شرعيًّا من نسل داود. وهكذا سكن شعب يهوذا في بلدة جبليَّة صغيرة، بالإضافة إلى بعض القرى المجاورة، فكان ذلك انعكاسًا مناقضًا لمملكة داود في أيَّام عزِّها. فأصيب الشعب بخيبة الأمل والإحباط حتَّى اليأس. فبدأوا يتساءلون ما إذا كان الأمر يستأهل العودة إلى يهوذا. فقالوا: "لقد رجعنا منذ مئة سنة، وأين تلك المملكة التي رجَونا بناءها؟"

لكن كانت هناك بعض الأخبار السارَّة، فقد تعلَّموا الدرس في السبي عن عبادة الأوثان. ولم يمشوا وراء أيَّة آلهة أُخرى ولم يسعَوا إلى تغيير ديانتهم. لكن من ناحية أُخرى، أصبحت الحياة الدينيَّة مجرَّد ممارساتِ طقوس. فكان الشعب يذهبون إلى الهيكل على سبيل العادة، ولم يكن ذلك في سلَّم أولويَّاتهم. وبدأوا يتساءلون عن أقصر كميَّة وقت يمكن أن يقضوها في الممارسات الدينيَّة، وما هي أقلّ كميَّة من المال يمكن أن يقدّموها. أضف أنَّ موقف الكهنة شابه موقف الشعب، فلم يهتمُّوا بعدد الناس الذين كانوا يحضرون اجتماعات الهيكل ما داموا هم يعقدونها ويؤمِّنون مداخيلهم المادِّيَّة. وكانوا يقومون بالخدمات الدينيَّة من دون جديَّة وبأدنى مستوى من الاحترام، وكأنَّه يمكن تقديم أيِّ شيء للرب.

بعد النظر إلى الحياة الدينيَّة آنذاك، لا عجب أن تكون قد أثَّرت أيضًا في الحياة الأخلاقيَّة. فعندما يبدأ الناس بالتساؤل عن أهميَّة الاهتمام بحقوقِ الربّ، سرعان ما يتوقَّفون عن الاهتمام بالأُمور الروحيَّة. أو بكلِّ بساطة، عندما يسأل الجيل الأوَّل: "لماذا يجدر بنا الاهتمام بحقوق الربّ؟"، يبدأ الجيل الثاني بالتساؤل قائلين: "لماذا يجدر بنا اتِّباع حياة الصلاح؟"

وعلى سبيل المثل، رُغمَ أنَّهم عرفوا أنَّ المُتاجرة يوم السبت خطأ، بَنوا أسواقًا موازية خارج البَّوابات استخدموها في السبت. وطغت روح التجارة الاستهلاكيَّة، الأمر الذي أثَّر في حياة العائلة. وسرعان ما تحوَّل السؤال: "لماذا عليك أن تكون أمينًا نحوَ الربِّ؟" إلى: "لماذا يجب عليك أن تكون أمينًا نحوَ زوجتك (خاصَّة عندما تتقدَّم هي في العمر وتفقد جاذبيتها الجنسيَّة)؟" لمَ لا تستبدِل بها بأُخرى أجمل وأصغَرَ سنًّا؟

أضف أنَّه كان هنالك نقص في عدد النساء بُعيد الرجوع من السبي، فكانوا يتزوّجون من خارج شعب الربّ. ولم يكونوا يُطلِّقون ويُعيدون الزواج من جديد فقط، بل كانوا يعيدون الزواج بنساء غير يهوديَّات مُنتهكين بذلك ناموس الربّ. وامتلأت مدينة أُورشليم بالزوجات المهجورات، وبما أنَّه لم تكن الدولة تُقدم أيَّة مساعدات كان الأيتام والأرامل والزوجات المهجورات في حالة يُرثى لها.

ولم يكن لديهم حكومة يُلقون اللوم عليها، فألقَوا اللوم على إلهِهم قائلين: "لا يهتمُّ الربّ بأمرنا، فلن نهتمّ بأمره." وكأنِّي بهم يقولون: "لقد كفَّ عن محبَّتنا، فسنكفّ عن محبته، فلا يمكننا أن نؤمن بأنَّه إله المحبَّة عندما ننظر إلى الحالة التي نحن فيها. وعلينا المحافظة على ذواتنا. لقد ترَكَنا الربُّ، ولذا علينا أن نفتش عمَّن نحتل المرتبة الأُولى لديه."

وكان انتقادهم للربّ ثُنائيَّ الجوانب. فمن ناحية، قالوا: "لا يكافئُ الرب الحياة الصالحة." ومن ناحية أُخرى، قالوا: "لا يعاقب الربّ الأشرار على حياتهم، فلماذا علينا أن نهتم؟"

فكان على ملاخي معالجة هذين الأمرين. وأتت كامل نبوَّته بأُسلوب النثر لا الشعر، إشارةً إلى أنَّ الربّ قد نَبَذَ مشاعره تجاه شعبه لدرجةِ أنَّه لن يتكلَّم معهم على مدى الأربع مئة سنة المقبلة! وكانت هذه آخر كلمة قالها لهم، وقد جاءت في مكانها.

خصائص مميَّزة

تـُميِّز خصائصُ سِتُّ سفر ملاخي:

1. ترد في سفر ملاخي أقوال للربّ أكثر من أي سفر نبوي آخر. فمن أصل خمسٍ وخمسين آيةً يتألف منها السفر تأتي سبعٌ وأربعون منها (أي بنسبة 85%) ككلمات مباشرة تفوَّه بها الربّ.
2. إنَّها نبوَّة مجهولة الهويَّة. ويعتقد الكثيرون أنَّ "ملاخي" هو اسم كاتب السفر، إلاَّ أنَّ الكلمة "ملاخي" ليست اسمًا على الإطلاق، بل تعني بكلّ بساطة "الرسول." ولا تُستخدم هذه الكلمة كاسْم في أي مكان آخر من العهد القديم، لكنَّها غالبًا ما تُستخدم لتعني "الرسول." إذًا، هو مجرَّد رسول مجهول أو "نَكِرة" يقدِّم كلمة الربّ النهائيَّة لشعبه. وقد شكَّ اليهود بأن يكون الكاتب عزرا، ولكنْ لا دليلَ لدينا على ذلك.
3. يمتاز ملاخي بأنَّه يُجري حوارًا مع الشعب. ومن الواضح أنَّه بينما كان يتكلَّم بالنبوَّة تمَّتَّ مقاطعته؛ ونعرف ذلك لأنَّه دوَّن ذلك. اغتاظ سامعوه من كرازته لأنَّ رسالته الأساسيَّة كانت:

"لقد بدأتم بالأمر كلِّه! فالواقع ليس أنَّ الربّ كفَّ عنِ الاهتمام بأمركم، بل أنتم توقَّفتم عنِ الاهتمام بأمر الربّ. وإن لم تهتمُّوا بأمره فسَيتوقف هو عن الاهتمام بأمركم." ويشرح الرسول بولس في رسالة رومية أنَّ الناس تخلَّوا عن الربِّ، فتخلَّى الربّ عنهم. وهكذا، فإنَّه عندما تتخلَّى أُمَّة ما عن الربّ، فإنَّه يتخلَّى عنها.

4. يشرح الرسول بولس، في رسالة رومية في العهد الجديد، أنَّ الناس تخلَّوا عن الربّ فتخلَّى هو عنهم أيضًا. والربّ يتخلَّى عن كلّ شعب يتخلَّى عنه. وهكذا فإنَّ النبوَّة تأخذ نمط الحديث المتبادل بين النبيِّ والشعب، فيقول لهم اثنتي عشرة مرَّة: "لكنَّكم أنتم تقولون..." مشيرًا إلى نوع من المقاطعة في الحديث.

5. يأتي السفر بأُسلوب النثر وليس الشعر، لأنَّ مشاعر الربّ قد جفَّت. لقد أتعبه الشعب لدرجةِ أنَّه لم يتكلَّم معهم على مدى الأربع مئة سنة التالية. ونرى هنا قلب الربّ. ألا يفيض بك الكيل أيضًا إن لم يلتفتوا إليك بعد أن ترسلهم إلى السبي ثم تعيدهم إلى بلادهم؟

6. لميزة التالية هي أنَّ تلك الكلمات كانت آخر ما تكلَّم به الربّ. فترتيب الأسفار كما نراه في نسخة الكتاب التي بين أيدينا صحيح جدًّا، إذ سفر ملاخي هو آخر سفر في العهد القديم (بينما سفر الأخبار هو آخر سفر في ترتيب الأسفار في التوراة العبريَّة). كانت تلك آخر رسالة قدَّمها لهم الرب، وكانت آخر كلمة هي "اللعنة". وإلى هذا اليوم، عندما يقرأ اليهود سفر ملاخي فهم لا يقرأون آخر آية منه: "وَأَضْرِبَ الأَرْضَ بِلَعْنٍ"، بل يعيدون الآية الخامسة التي تسبقها، ويرفضون الانتهاء بقراءة كلمات الربّ الأخيرة.

الخطوط العريضة للسفر

نجاة ماضية (1:1-5)

يعقوب ــ إسرائيل ــ محبوب ــ الحفاظ على عيسو ــ أدوم ــ

مبغوض ــ دمار

الخطايا الحاضرة (1:6-3:15)

الكهنة (1:6-2:9)

ذبائح رخيصة

عظات ذات شعبيَّة

الشعب (2:10-3:15)

زيجات مختلطة

طلاق شديد القساوة

أسئلة تدعو إلى الشك

عشور غير مدفوعة

أحاديث نميمة

تمييزٌ في المستقبل (6:4-16:3)

خيار جيِّد

البار ـ شفاء تحت الشمس

الخاطىء ـ احتراق في النار

فرصة أخيرة

موسى ـ معطي الناموس ـ تذكَّر إيليَّا ـ معِّد الطريق ـ يلاحظ

النجاة في الماضي (1:1-5)

علينا العودة ألفًا وخمسَ مئة سنة لفهم الآيات الأُولى من السفر. يعلن ملاخي أنَّ الربَّ أحبَّ يعقوب وكره عيسو، وهما التوأمان اللذان لم يكونا على وفاق. وتبدو هذه العبارة غريبة بالنسبة إلينا. لكن من الضروري الانتباه إلى أنَّ كلمتي "أحبَّ" و"كره" في الكتاب المقدَّس لا تحملان المعنى نفسه كما نفهمه في مداولاتنا اليوميَّة. فأن تحبَّ شخصًا ما بالنسبة إلى لكتاب المقدَّس هو أن تهتم بأمره وتسعى لأن يحصل على الأفضل. أمَّا أن تكره شخصًا فيَعني ألَّا تهتمَّ بأمره وألَّا تسعى إلى الأفضل له. فحين قال الربُّ يسوع: "إِنْ كَانَ أَحَدٌ يَأْتِي إِلَيَّ وَلاَ يُبْغِضُ أَبَاهُ وَأُمَّهُ وَامْرَأَتَهُ وَأَوْلاَدَهُ وَإِخْوَتَهُ وَأَخَوَاتِهِ، حَتَّى نَفْسَهُ أَيْضًا، فَلاَ يَقْدِرُ أَنْ يَكُونَ لِي تِلْمِيذًا."

لم يقصد أنَّه يجب على مستميعه أن يحملوا مشاعر المرارة والكراهِيَة من نحوهم، بل بالأحرى يجب أن يهتمُّوا بأمره هو أكثر.

أضف أنَّ الربّ لم يكن يتكلَّم عن يعقوب وعيسو في الماضي، بل عن أُمَّتَي إسرائيل وأدوم. وهو يذكِّرهم بأنَّه خلال السنوات المئة كان يقدِّم كل ما هو صالح لإسرائيل ويعاقب أدوم. وعندما هاجم البابليون اليهود وسَبَوهم، ابتهج الأدوميُّون الذين هم نسل عيسو الساكنون في الأُردنَ، وانضمّوا إلى البابليين. وصرخوا قائلين: "فلنبتهج! لقد قُضي عليهم." ثمَّ انضمُّوا إلى أعمال الدمار المخيفة، وكانوا يمسكون أطفال اليهود من أرجلهم ويضربون رؤوسهم بسور أُورشليم.

ومنذ ذلك اليوم، سقط أدوم تحت دينونة الربّ فترةً طويلة. وطردهم الربّ من مدينتهم البتراء، حيث أرسل العَرَبَ فهاجموهم. فبدأوا الحياة من جديد وبصعوبة في صحراء النَّقَب، حيث لم توجد أيَّة محاصيل. وهكذا قال الرب لإسرائيل في سفر ملاخي إنَّ كل ما فعله بأدوم كان بسبب ما فعلوه باليهود: "لقد أحببتكم، ولم أهتمّ يومًا بأمرهم." ويطلب منهم ملاخي أن يفتكروا أنَّهم ما زالوا على قيد الحياة

بخِلاف أدوم، وأنَّ عليهم أن يقدِّموا الشكر للربّ. فالدرس واضح: عندما نتذمَّرُ أمام الرب، علينا أن نفكِّر بما فعله بآخرين ونتأمَّل بما فعل من أجلنا، ومن ثمَّ نشعر بالإمتنان.

تمحورت كرازة ملاخي حول فكرة معيَّنة عن الربّ يجدر بنا فهمُها. فهو يرى الربّ في ثلاثة أدوار كما يفعل العهد القديم، وهو أمر ينساه كلُّ من لا يقرأ العهد القديم. فبينما نقرأ في العهد الجديد، نفتكر أنَّ الربّ هو أبٌ محبّ، ولا بدَّ لنا من التنبُّه إلى أدواره الثلاثة الأساسيَّة كما تظهر في العهد القديم. إنَّه خالقنا في الماضي، ومَلِكنا في الحاضر، وديَّاننا في المستقبل. وعلينا أن نتذكَّر أدواره عندما نفكِّر فيه.

الخطايا الحاضرة (1:6-3:15)

الكهنة (1:6-2:9)

وبَّخ ملاخي الكهنة أوَّلاً. فالربّ هو الأب والسيِّد ويجب احترامه، لكنَّهم كانوا يعاملونه باحتقار. وغالبًا ما يُعامل الربّ في خدمات الكنائس بأُلفة فَجَّة، بدل الاحترام والوقار. فيقول ملاخي لهم إنَّهم يُهينون ويَحتقرون الربّ. ومجدَّدًا يجيب الشعب بسؤالهم: "كيف؟" فقدَّم لهم مثلين.

ذبائح رخيصة

أوَّلاً، كان الناس يقدِّمون ذبائح رخيصة. فبدل أن يختاروا أفضل حَمَل كما يطلب ناموس موسى، كانوا يختارون العُميَ والعُرجَ لتقديمها للربّ. وأشار ملاخي إلى أنَّهم بفعلهم هذا لا يقدِّمون الأفضل له، بل يقدِّمون أقل ممَّا يمكن أن يقدِّموا للحاكم الفارسيّ! "تعطون الربّ الفضلات. وتعطون غيرَه أفضل ما عندكم!"

ثانيًا، يخبرهم أنَّ اسم الربّ هو عظيم بين الأُمم، ولكن ليس في وسطهم. فالأُمم يُكِنُّون الاحترام للربّ أكثر ممَّا يُكِنُّون هم له. وقد أتت الرسالة محبطة جدًّا.

عظات ذات شعبيَّة

ثمَّ يَدين الكهنة لأنَّهم يقولون للناس ما يودّون سماعه بدل أن يعلِّموهم الناموس. كان يجب أن يخافوا الربّ ولا يُرضوا الناس. ونرى هنا أيضًا تجربة وضغطًا أساسيَّين يواجههما مَن يخدم الربّ. فمن السهل أن يُقدَّم للناس ما يريدون سماعه دون إزعاجهم. وأنت تعلم أنَّه لن تتمَّ دعوتك بعد كواعظ إنِ انزعجوا!

يذكِّرهم ملاخي بالعهد الذي أقامه الربّ مع سبط لاوي في زمن موسى، حين قال للكهنة إنَّهم ليسوا بحاجة لأنْ يعملوا، بل سيدعمهم الآخرون من الناحية المادِّيَّة بشرط أن يعلِّموا الناس مخافة الربّ. وطُلب من الكهنة اللاويين أن يُظهروا حياة القداسة ولا يتكلَّموا عنها فقط. فيجب على شفاههم وحياتهم أن تُقدِّمَ الرسالة نفسها. لذلك يقول لهم إنَّهم تحت اللعنة، وإنَّ الآتيَ أعظم. فسيموت عدد كبير من أولادهم وسينتهي الكهنوت إذا استمروا في أُسلوب تصرّفهم.

الشعب (2:10-3:15)

ركَّز ملاخي تاليًا على الشعب. وقد أظهرت خمسة أُمور أنَّ معتقداتهم وتصرّفاتهم تنحدر إلى الأسفل.

1. زيجات مختلطة

كان أبناءُ الجيل الصاعد يتزوجون من خارج شعب الربّ. وكان الربّ قد أصرّ خلال تاريخ الأُمَّة على أنَّهم يجب أن يتزوّجوا من وسط الشعب. وهذا ما يحصل في الكنيسة اليوم. وإن كنت ستتزوج ابنةَ إبليس، فلا بدَّ أن تواجه مشاكل مع حميك! بالإضافة إلى حياة مليئة بالتعاسة.

2. طلاق شديد القساوة

كانت المشكلة الثانية ما تُمكن تسميته طلاقًا شديد القساوة. وقد مارسوا تعدُّد الزوجات المتتالي. فبينما يعني تعدُّد الزوجات المتوازي أن يأخذ الزوج أكثر من زوجة في الوقت نفسه، يعني تعدُّد الزوجات المتتالي أن يأخذ عددًا من الزوجات قدر ما يشاء على أن يأخذ كل زوجة في وقت معيَّن لوحدها. وللأسف، هذه إحدى الممارسات التي أصبحت شائعة داخل الكنيسة اليوم. لكن هذا الأمر يؤلم الربّ، لأنَّ كل زواج يُقام أمامه، ولا فرق إذا تمت المراسِمُ في مكاتب الدولة أو في الكنيسة. ولذلك، كلُّ زواج يخضع لناموس الربّ. وبالنِّسبة إلى الربِّ يسوع، تعدُّد الزوجات المتتالي يقود للزنى، وإن كان معظم الوعَّاظ يخافون من قول ذلك. لقد واجه ملاخي هذا الأمر، وعلينا أن نواجهه نحن أيضًا، على الرغم من صعوبة ذلك في كنيسة اليوم. والربّ يقول بكل بساطة: "أنا أكره الطلاق."

3. أسئلة تدعو إلى الشكّ

عندما ألقى الرب باللَّوم على الشعب لأنَّهم خالفوا الناموس، أجابوا قائلين: "لكن كيف خالفناه؟" فأجابهم بأنَّهم كانوا يُخالِفونه إذ يتزوّجون من خارج شعب الربّ.

ظنّوا أنَّهم أبرياء، ولم يحبوا أمر ذلك الواعظ الذي يلقي الاتِّهامات عليهم. فغالبًا، لا يمانع الناس أن تقول لهم عبارات عامَّة، لكنهم ينزعجون عندما تشير إلى الأُمور بتفاصيلها. وشرح لهم ملاخي أنَّ أمرهم أتعب الرب. وكأنِّي به يقول بكلّ وضوح: "أنتم تقولون كيف تؤمن بإله مُحِبّ في حين تحصل كل هذه الأُمور؟" كيف تجرؤون على طرح أسئلة كهذه! تسألون: "أين عدالة الربّ؟" كيف تجرؤون على طرح سؤال كهذا! الدينونة آتية، مع أنَّه من الممكن ألَّا تأتي حالاً لأنَّ الرب طويل الأناة معنا. لكن إيَّاكم أن تتَّهموا الرب بكونه غير عادل أو غير مُبالٍ بالنسبة إلى الأُمور السيِّئة التي تحصل."

وكأنَّ ذلك لم يكن كافيًا، حتَّى صعق ملاخي الشعب بأن أخبرهم أنَّه عندما يأتي الربّ لمعاقبة الأشرار فسيبدأ من هيكله. وكانوا يصرخون إلى الربّ لِيَتولَّى أمر الأشرار، ولكنْ حين سيفعل ذلك سيبدأ بهم. وسيكون الكهنة في أوَّل اللائحة، ومن ثَمَّ يتبعهم الشعب.

ويذكر ضمن لائحة، بطريقة مباشرة وواضحة، الأشخاصَ الذين لا يخافون الربّ: السَّحَرةُ والزُّناة وشهود الزُّور والمنافقون في حساباتهم، والذين لا يدفعون الفواتير المستحقَّة عليهم، والذين يظلمون الأرامل والأيتام، والذين يحرمون الغرباء من حقوقهم.

من لواضح أنَّ اللهجة تغيَّرت هنا، وكأن الربّ يتكلَّم من قلبه. ويشرح بأنَّ حقيقة كون الشعب لم يفنَ هي بسبب رحمته. ومع أنَّ تاريخ شعب يهوذا حافل بالخيانة، فإنَّه يبقى أمينًا نحوَهم. ربَّما ينقضون عهده، إلاَّ أنّه يبقى عَطوفًا عليهم. وهو يقول: "ارجعوا إلي فأرجع إليكم." وفي الواقع أنَّه عندما نبتعد عن الربّ، يبتعد هو عنَّا. لكن عندما نرجع إليه، يرجع هو إلينا! وعلاقة الرب بشعبه ديناميكيَّة ثُنائيَّة الجوانب، وهو يتجاوب معهم في كلّ وقت. وهو يلاقينا حيثما نكون، ويتجاوب معنا، ويعرف مواقف قلوبنا. يظنّ بعضُهم أنَّ الربّ ساكن بعيدًا في السماوات يَسُنُّ القوانين ويتلاعب بنا كما نلعب بالدُّمى المتحرِّكة. لكنْ لا يقدِّم لنا الكتاب المقدَّس هذه الصورة على الإطلاق، بل يقدِّم لنا الإله الذي يتجاوب معنا في كلّ وقت، ويغيِّر فكره عندما نغيِّر أفكارنا، ويغيِّر رأيه عندما نتوب، ويرجع إلينا عندما نرجع إليه. باختصار، إنَّها علاقة ديناميكيَّة بامتياز.

4. عشور غير مدفوعة

يقول ملاخي للشعب إنَّهم يسلبون الربّ، فيتساءل الشعب من جديد: "كيف يكون هذا؟ فنحن لم نسرق من الربّ أبدًا." فتأتي الإجابة صارمة مرَّة أُخرى: "لم تقدِّموا العشور والتَّقدمات." يواجههم ملاخي بالحقيقة المجرَّدة لكنهم يعترضون. فيشرح لهم أنَّهم لم يستمروا بتقديم العشور والتقدمات للرب، ولذلك فهم تحت اللعنة. فناموس موسى يقول إنَّ الربّ يباركك إذا قدمت العشور والتقدمات، وإن لم تفعل فستُلاحِقك اللعنات إلى الجيل الثالث والرابع.

لا يخضع المؤمنون تحت هذا الناموس بالطبع. ولم أُعلِّم مرَّة واحدة عن موضوع العشور، بل علَّمت عن **العطاء!** ففي العهد الجديد، علينا أن نعطي بدافع الشعور بالامتنان، فالربّ لا يريد تقدماتك إن كنتَ لا تريد أن تقدِّمها! لكن كان على الشعب في العهد القديم أن يقدِّموا العشور. أمَّا التعليم عن موضوع العشور في الحاضر فكثيرًا ما يسبِّب مشاكل. استمعنا مرَّة زوجتي وأنا شابٍّ يعظ في كنيسة عن موضوع العشور. ومعظم الذين يقومون بذلك يركِّزون على البركات الناتجة عن التعشير وينسَون أمر اللعنات، لكنَّ ذلك الواعظ تطرَّق إلى الأمر من الناحيتين. إنَّما أتت رسالته مروِّعة إذ أخبر الحضور أنَّه إن لم يعشِّروا فسيدفع الثمنَ أحفادُهم وأولاد أحفادهم، وأنَّ الربّ يعاقب ويلعن الذين يكسرون وصيَّة التعشير إلى الجيل الثالث والرابع.

وعندما حان وقت جمع التقدمات، كانت النتيجة المفاجئة أنَّ المبلغ الذي جمعوه كان أكبر من أيِّ مبلغ آخر جمعوه خلال سنوات عديدة. لكنِّي أخبرت قادة الكنيسة أنَّ هذا التعليم غير صحيح، لأنَّه يجعل الناس يُعطون بدافع الخوف. أمَّا الربّ فيحبّ المعطي المسرور، ونحن نعطي تحت عهدِ - أو ميثاقِ - النعمة الجديد. فبالنسبة إلى بعضهم، يمكن أن تكون عشورهم مبلغًا صغيرًا، وبالنسبة إلى آخرين يُمكن أن تكون مبلغًا أكبر بكثير. وعلينا أن نكون مَرِنين بالنسبة إلى هذا الأمر.

لكنْ كان باستطاعة ملاخي أن يقول بكلِّ حقٍّ إنَّ الشعب كان تحت لعنة، لأنَّهم لم يقدِّموا عشورهم. وإن أرادوا أن يتمتَّعوا بالبركات من جديد، فعليهم أن يقدِّموا عشورهم في خزنة الربّ فيفتح كوى السماوات ويسكب بركاته، ولن يعودوا يستطيعون استيعابها. وأشار المعنى الحرفيّ للنص أنَّه سيرسل بالفعل الغيوم والأمطار لِتُروي الأرض ويُزال الجفاف.

5. أحاديث نميمة

أكمل ملاخي إدانته باتهام الشعب بالنميمة. ومرَّة أُخرى كان جوابهم أن سألوا كيف عساهم أن يكونوا قد فعلوا ذلك؟ فأجابهم بأنَّ ذلك ظهر بإساءتهم إلى خدمة الربّ مدَّعين أنْ لا فائدة من ذلك لأنَّه حتَّى الأشرار يُثمِرون. ويكونون بذلك قدِ ادّعوا بأنَّ الربّ ليس الإله، وهو لا يعلم ماذا يفعل.

هل ترك كلّ ذلك أيّ أثر؟ هل كان ملاخي واعظًا فعَّالاً كما كان حجَّي وزكريَّا؟ هل تجاوب الشعب؟ الجواب هو أنَّ بعضهم تجاوبوا وناقشوا رسالته وتابوا، وحملوا المسؤوليَّة وأصلحوا أُمورهم. حتَّى إنَّ الربّ كتب أسماء هؤلاء الذين تجاوبوا بحرارة في كتاب.

تمييزٌ في المستقبل (6:4-16:3)

عالج ملاخي في الجزء الأخير الانقسام داخل شعب الرب. وقال إنَّه سيأتي يومٌ حين سينقسم الشعب إلى قسمين، وقد أطلق الأنبياء على هذا اليوم اسم "يوم الربّ." وقد ذُكر ذلك في أسفار الأنبياء الأُخرى مثل زكريَّا وعاموس ويوئيل. إنَّه يوم الحساب والدينونة، وسيكون هناك فريقان من الناس فقط. الفريق الأوَّل مؤلَّف من الذين خدموا الربّ، والفريق الثاني مؤلَّف من الذين لم يخدموه.

يتضمَّن هذا النص وصفًا جميلاً عن حياة الأبرار. وكنتُ قدِ اعتدت أن أقوم في الساعة الرابعة من صباح كل يوم لأحلب البقرات في مزرعة في مدينة نورثمبرلاند. وكنَّا خلال فصل الشتاء نُبقي الأبقار داخل المزرعة ونُطعِمها التِّبن والشعير. لكن مع حلول فصل الربيع كنَّا نُطلقها إلى الخارج. ومَن لديه فكرة عن حياة المزارع يعرف ماذا يمكن أن يحصل في أوَّل يوم كانت الأبقار تخرج فيه من المزرعة. حتَّى الأبقار المسنَّات كانت تقفز فَرِحةً كالحملان، وكنتَ ترى عددًا كبيرًا من الأبقار يقفزن فرحًا حول المرعى. فملاخي يقول إنَّه هكذا سيكون الأمر مع أولاد الله إذ سيقفزون من الفرح حين سيأتي الربّ ليعطي الخلاص الأخير لشعبه.

أمَّا الذين يتمّ رفضهم في ذلك النهار فيوصفون بأنَّهم مثل قَشٍّ محروق بعد الحصاد. فكما أنَّ صورة الأبقار التي تقفز فرحًا في المراعي الخضراء تحت الشمس تمثّل الأبرار، فصورة القشِّ المحروق تمثّل الذين لم يتجاوبوا مع الربّ. وعلينا هُنا أن نُشير إلى ثلاثة أُمور:

1. سيستمرّ شعب إسرائيل في الوجود، وقد قال ملاخي نيابةً عن الربّ: "أنا لا أتغيّر، وأنا لا أتراجع عن كلامي." ولذا سيبقى شعب إسرائيل موجودًا على الكرة الأرضيَّة.

2. لكن من الواضح أنَّ جزءًا من إسرائيل سيختفي، إذ من الواضح أنَّه لن يخلص كلّ يهودي عاش على وجه الأرض، كما أنَّ هذا لا يعني أنَّ اليهود لا يحتاجون إلى الإنجيل.
3. نقرأ بعض العبارات التي تشير إلى أنَّ آخرين من خارج إسرائيل سيخلصون. ويقول ملاخي إنَّ بعضًا من الأُمم سيكونون جزءًا من الأبرار. وهكذا نقرأ تلميحاتٍ إلى ما سيحدث في العهد الجديد.

حاشية (4:4-6)

بُنيت الآياتُ الثّلاث الأخيرة حول أعظم شخصيَّتين في العهد القديم وهما موسى وإيليَّا. وكان ذلك آخِر نداء يقدِّمه الربّ لشعبه في العهد القديم وآخر كلمة يقولها قبل أربع مئة سنة من بداية العهد الجديد.

يدعو الربّ الشعب ليتذكّروا موسى ويعودوا إلى الناموس لأنَّ الربّ هو مِلكُهم العظيم. ثمّ نقرأ أنَّ الربّ سيعطيهم فرصة جديدة، إذ يُرسل إليهم نبيًّا آخر شبيهًا بإيليَّا يحثُّهم ويتحدَّاهم. وكان إيليَّا أوَّل نبيٍّ من بين الأنبياء الكبار تصدَّى لِعبادة الأوثان والفساد الأخلاقي، بينما كان موسى هو النبيَّ الذي أخرجهم من مصر وأعطاهم العهد والناموس.

إذًا، ينتهي العهد القديم بهذه الكلمات: "هأَنَذَا أُرْسِلُ إِلَيْكُمْ إِيلِيَّا النَّبِيَّ قَبْلَ مَجِيءِ يَوْمِ الرَّبِّ... (وإن لم يسمعوا له) آتِي وَأَضْرِبُ الأَرْضَ بِلَعْنٍ". سيحظَون بفرصة جديدة قبل "يوم الربّ"، فيأتي نبيٌّ يُهيِّئُ الطريق للربّ. وقد انتظروا ما يفوق أربع مئة سنة قبل أن يتم ذلك، وعانَوا الاحتِلالَ من قِبَل الفرس والمصريِّين والآراميِّين واليونان والرومان قبل أن يتم ذلك. ثمَّ فجأة ظهر رجل يلبس مثل إيليَّا، ويأكل الجراد والعسل البرِّيَّ مثل إيليَّا. وتدفَّقت الجموع للاستماع إلى ذلك الرجل يكرز بالرسالة التي قال عنها ملاخي. ونادى الشعبَ لِلرُّجوع إلى حياة الحكمة وحياة العائلة. وقد أتى ليُعِدَّ الطريق للربّ يسوع.

نقرأ في العهد الجديد عن مُشادَّات حدثت عمَّا إذا كان يوحنَّا المعمدان هو إيليَّا. وذكر الربُّ يسوع مرَّتَين أنَّ يوحنَّا هو نسيبُه (متى 11: 7-14؛ 17: 9-13). إذًا، سفر ملاخي وإنجيل يوحنَّا ينسجمان معًا. ويخبرنا متى كيف أنَّ إيليَّا أتى في شخص يوحنَّا المعمدان. وكان يوحنَّا يلبس عن عمد ثيابًا كالتي لبسها إيليَّا، وتناول الطعام الذي كان إيليَّا يتناوله. وكان هذا إعلانًا عن الخطوة الإلٰهيَّة التالية. وعندما وصل الربُّ يسوع إلى نقطة تحوُّل في خدمته، سأل تلاميذه حين كان معهم على سفح جبل حرمون: "من يقول الناس إنِّي أنا؟" أجابوا إنَّ بعضهم يظنّون أنَّه إرميا أو نبيٌّ آخر. لكن سألهم الربّ يسوع من يظنون هم أنَّه هو. فأجابه بطرس: "حسنًا، لقد كنت حيًّا من قبلُ في السماوات فوق وليس هنا، أليس كذلك؟ أنت هو المسيح ابن الله الحيّ." ثمَّ أخذ الربُّ يسوع بطرس ويعقوب ويوحنَّا إلى أعلى الجبل حيث ظهر موسى وإيليَّا وتكلَّما مع الربّ يسوع. لقد وعد ملاخي بذلك وها هي النبوَّة قد تمَّت.

تطبيق مسيحي

1. نقرأ في 1كورنثوس 10 أنَّ كل الأمثلة المذكورة في العهد القديم كُتِبت لأجل المؤمنين. وما حصل للأمة اليهوديَّة يُمكن بكلّ سهولة أن يحصل لنا. فاللامبالاة وعدم الإيمان والفساد الأخلاقي ممكنٌ أن تُصيبَ المؤمن أيضًا.
2. علينا أن ندع العهد الجديد يفسِّر العهد القديم. فنحن لسنا تحت ناموس السبت أو العشور، بل تحت ناموس المسيح الذي هو أكثر صرامة من ناموس موسى من ناحية الطلاق والزواج من جديد وأُمور أُخرى.
3. من ناحية أُخرى، لا ينبغي الاستخفاف بنعمة الربّ. فكثير من المؤمنين يفقدون مخافتهم للربّ. وعندما نفعل ذلك نكون قد فشلنا في فهم ما هو إنجيل المسيح.
4. علينا أن نتذكَّر أنَّ الدينونة تبدأ من بيت الله. ويتَّبع كتَّاب العهد الجديد النمط نفسه الذي اتَّبعه ملاخي حين يتكلَّمون عن الدينونة. فعندما سيأتي الربّ في يوم الدين سيبدأ بإدانة شعبه أوَّلاً ومن ثَمَّ يدين باقي الشعوب. وسيكون هناك تفاوُت بين شعب الكنيسة أيضًا.
5. سيكون هناك تمييز بين شعب الربّ في الكنيسة. ولا ينبغي أن يملأنا روح الرضى على نفوسنا ظانِّين أنَّه بمجرَّد أنَّنا آمنَّا بالمسيح مرَّةً في الماضي فنحن بأمان. علينا أن نعمل بحماسة للحفاظ على الأمانة في أُمور الرب، إن كنَّا لا نريد أن نواجه الدينونة التي حلَّت على الشعب في أيَّام ملاخي.

العهد الجديد
المفصل التاريخي

الموضوع	الصفحة
الأناجيل	**533**
إنجيل مَرقُس	541
إنجيل متَّى	553
لوقا وأعمال الرسل	571
إنجيل لوقا	579
أعمال الرسل	593
إنجيل يوحنَّا	611

الأناجيل

المقدمة

الكتاب المقدَّس هو مكتبة مؤلَّفة من عدَّة كتب أو أسفار كُتِبت بأقلامِ أربعين كاتبًا على فترة امتَّدت أكثر من ألف وأربع مئة سنة. ولم يكن هدف الربّ أن يقدِّم لنا خلاصة من الكتابات مؤلَّفة من أصحاحات وآيات، كما لم يقدِّم لنا كتب عقائد مرتَّبة بشكل منهجيّ. لكنَّه أعطانا مكتبة تحتوي على **أنواع مختلفة من الكتابات الأدبيَّة** كالشعر والتاريخ والرسائل والرؤى، في ثلاث لغات مختلفة أهمُّها اللُّغتان اليونانيَّة والعبريَّة، مع شيءٍ من اللُّغة الأراميَّة.

التنوّع

تعكس هذه المكتبة **شخصيَّاتٍ ووجهاتِ نظر فريدةً** للكتَّاب المختلفين، تمامًا كما أنَّ أيَّ كِتابَين في أيَّة مكتبة عامة هما منفردان وذلك بسبب شخصيَّتي الكاتِبَين المختلفتين. ومن المهمِّ أن نتذكَّر أنَّ الروح القدس، وهو "المُحرِّر" الإلهي لكامل الكتاب المقدَّس، لم يستخدم الكتَّاب كمجرَّد **آلات تُصدِر كلمات** وتنقل رسالته دون استخدام عقولهم وقلوبهم. وبينما كان الروح هو الكاتبَ الرئيسي، كان للكتَّاب الأفراد الحريَّة لنقل الرسالة بأُسلوبهم الخاصّ. وفي الواقع أنَّ قلَّة منهم علموا أنَّ ما كتبوه سيُعلَن يومًا كجزء من كلمة الله المقدَّسة.

واستنادًا إلى ما تمَّ شرحه، يمكننا أن نفهم التناقضات الظاهريَّة في الكتاب المقدَّس بأن نفحص **مقاصدَ كلّ كاتب** أو نيَّاتِه. نأخذ على سبيل التمثيل، لا الحصر، تأكيدَ بولس أنَّ الخلاص هو من خلال الإيمان لا الأعمال، بينما يعلِّم يعقوب في رسالته عن أهميَّة الأعمال. فعندما عالج بولس موضوع الإيمان في رسالة رومية، كان ينظر إليه من زاوية مختلفة عن يعقوب. فهو اهتمَّ بأن ينقل الرسالة أنَّه لا يُمكن أن نخلص من خلال أعمالنا، بينما شدَّد يعقوب على أهميَّة مرافقة الأعمال للإيمان، وبذلك تطهر حقيقته.

الوحدة

على الرُّغم من ذلك التنوّع، فإنَّ الكتاب المقدَّس يُظهِر في آنٍ معًا سلطته الإلهيَّة. ففكرة وحيدة تتكرَّر باستمرار، وهي: **تكشُّف قصَّة الفداء** التي تمرّ في سفر التكوين وصولاً إلى سفر الرؤيا. ويتشابه

تكوين 1-3 ورؤيا 21-22 مع أنَّهما كُتِبا بفارق ألف وأربع مئة سنة، وهما يُظهِران يد الربّ بأُسلوب رائع. ومن الممكن ملاحظةُ وحدةِ الكتاب المقدَّس دون الافتراض أنَّ ذلك يعني التَّماثُلَ التامَّ. فكما أنَّ الله هو ثلاثة أقانيم، كذلك تُبدي كل مته وحدة وتنوّعًا في آنٍ معًا.

مقاربات بالنسبة إلى دراسة الكتاب المقدَّس

علينا أن نأخذ تلك الجوانب بالاعتبار عند دراستنا للكتاب المقدَّس. والجانبان اللذان يحملان الأهميَّة نفسها هما:

1. التنوّع: تحليل السفر وكشف **الاختلافات** الموجودة فيه عن باقي الأسفار.
2. الوحدة: ملاحظة **التشابُهات** مع باقي الأسفار، وكيف يتناسب الإنجيل معها.

ويميل مُناصِرو الفكر الحرّ إلى التركيز على التنوّع الموجود في الكتاب المقدَّس، متجاهلين الوحدة المسيطرة عليه. أمَّا مُناصِرو النظرة الإنجيليَّة فيركِّزون على وحدة الكتاب تخوّفًا من التركيز على التنوّع الذي قد يؤدِّي إلى بروز التناقضات.

لكن من الضروري الاحتفاظ بالتوازن بين الاعتراف بالسُّلطة الإلٰهيَّة التي يحملها الكتاب المقدَّس والوحدة المتأصِّلة فيه. كذلك، علينا أن نقرأ كلّ سفر وكأنَّه قطعة أدبيَّة بشريَّة ذات هدف محدَّد. وإن كنَّا نركِّز فقط على الناحية الإلٰهيَّة من الكتابة، يمكن أن نكسب وجهة نظر أساسيَّة خاطئة، ونفشل في أن نُلاحِظ كيف أنَّ كتَّابًا مختلفين عالجوا أمرًا واحدًا مختلفًا. فغالبًا ما نقع في خطإ النظر إلى النصوص وكأنَّها تقع في سفر واحد يعالج فكرة واحدة بأُسلوب واحد، وننسى أنَّ الربّ استخدم الحالة المميَّزة لكلِّ سفر ولكلِّ كاتب لأجل تبليغ رسالته. لكن إن كنَّا نركِّز فقط على فرديَّة كلِّ سفر، فمن الممكن أن ننسى أنَّه جزء من مكتبة أنشأها الرب مظهرًا وحدة تامَّة في الفكر والهدف.

وتتضح قيمة هذا الأُسلوب عند دراستنا **للأناجيل**. فنجد على المستوى الأوَّل وحدة في الأفكار، فيما كلُّ كاتب يُبلِّغ الأخبار السارّة عن الربّ يسوع. وقد غطّى البشيرون جميعهم الزمن والأشخاص والأماكن ذاتها، لكنْ كلٌّ بوجودِ نُقطة تركيز مختلفة وقرَّاء مختلفين.

وينطبق هذا الأمر بالأخصّ على إنجيل يوحنَّا الذي يختلف عن الأناجيل "الإزائيَّة" التي تتشابه في أُمور كثيرة. وبينما ننظر إلى تلك الفروقات بالتحديد، تظهر لمسة يوحنَّا المميَّزة.

الأناجيل

الأناجيل هي أقرب ما يكون إلى سِيرةٍ للربِّ يسوع، وهي تغطِّي حياته وموته وقيامته. وما لا يلاحظه الكثيرون هو أنَّها كُتبت بأُسلوب مميَّز لم يكن يُستخدم في القرن الأوَّل، ولا يوجد نظير له في الأدب المعاصر.

وعلى القرَّاء الاهتمام بتفسير الأناجيل بأُسلوب سليم، بحيث ينظرون إلى كلّ آية في موقعها ضِمنَ النص، وينظرون **أيضًا** إلى كلّ نص في موقعه ضِمنَ كامل الإنجيل. ولا بدَّ أن يقعوا في مشاكل تفسيريَّة إن لم يفهموا **الأُسلوب** الأدبي الذي يقرأونه. لذلك علينا أن نحدِّد النوع الأدبيَّ للإنجيل الذي نقرأه قبل أن ندرسه بالتفصيل.

ما هو الإنجيل؟

الإنجيل بالطبع ليس سيرة ذاتيَّة، إذ إنَّ الربَّ يسوع لم يكتب أيّ كُتب، ولكنَّها ليست سيرةَ حياة بالكامل أيضًا، لأنَّ أكثر من ثُلث صفحات الأناجيل تصف موت الربِّ يسوع. فعادةً، لا يُخصِّص أيُّ كاتب سيرةِ حياة ثُلثَ صفحاتها للتَّكلّم عن موت الشخصية الرئيسيَّة، مهما كان ذلك الموت مذهلاً أو مأساويًّا. وربَّما أفضل مقارنة نُجريها مع الحياة المعاصرة هي بوسائل الإعلام، لا بالعالم الأدبي. فالإنجيل يُشبَّه **بنشرةٍ للأخبار**.

إنَّ الكلمة "إنجيل" هيَ تعريبُ *evangelion* اليونانيَّة، وقدِ استُخدمت في زمن العهد الجديد حيث يجول مبعوث عبر البلدات والقرى لإعلان خبر مميَّز، مثلَ هزْمِ أحد الجيوش أو وفاة الإمبراطور. وهكذا، فإنَّ الإنجيل هو إعلان **يُظهر** مباشرةً أخبارًا مُفرِحة. ونتيجة إعلان ذلك الخبر السار هي تغيير العالم.

وكما أنَّ المبعوث كان يقرأ الخبر بصوت عال لسامعيه، هكذا فإنَّ الهدف كان أن تُقرأ الأناجيل (إضافةً إلى باقي العهد الجديد) بصوت مرتفع. ويمكننا أن نستفيد أكثر إن كنَّا نقرأ الأناجيل بصوت مرتفع إضافةً إلى قراءتها بصمت.

لماذا كتِبت الأناجيل؟

السبب واضح لكتابة الأناجيل بالأُسلوب الذي بين أيدينا. فخلال العُقود الأُولى بعد قيامة الربِّ يسوع من الموت، نمَت الكنيسة في العدد وانتشرت عبر العالم الروماني، إذ بلَّغ الرُّسل رسالة الإنجيل ولذلك، فالكثير من الناس أرادوا أن يعرفوا "الأخبار" مباشرة من الذين عاينوا شخصيًّا حياة الربِّ يسوع. فكان من الضروري أنَّ الذين **شهدوا** ما قاله الربّ يسوع وما قام به يَعمِدون إلى **سرد حقائق موثوق** بها عن حياته والزَّمَن الذي قضاه على الأرض.

لماذا عدد الأناجيل أربعة؟

الأمر الأوَّل الذي يواجه القُرَّاء هو وجود أربعة أناجيل تتضارب بعضها مع بعضٍ من ناحية المضمون والكلمات. ويبدو لبعض الناس أنَّه من غير الضروري وجودُ أربعة أناجيل، خاصَّة أنَّه يبدو وكأنَّ أصحابَها يردِّدون الأُمور نفسها. ألم يكن من الأفضل لو كان هناك إنجيل واحد فقط؟ أليس بإمكان أحدهم أن يجمع كلّ تلك الأناجيل في مجلَّد واحد يساهم كل كاتب بجزء منه؟

تبدو تلك مقاربة منطقيَّة ومعقولة، لكن نخسر الكثير من المعلومات القيِّمة عندما يحاول بعضٌ جمع الأناجيل الأربعة في إنجيل واحد. فللربّ قصد في الإيحاء بأربعة أناجيل، تمامًا كما كان لديه قصد في تكرار بعض الأجزاء من الكتاب المقدَّس. فمثلاً، نقرأ عن حادثتين تذكران قصَّة الخليقة في الأصحاح الأوَّل من سفر التكوين والأصحاح الثاني من سفر التكوين. كذلك نقرأ وثيقتَين تذكران تاريخ ملوك إسرائيل في سِفرَي الملوك وسِفرَي أخبار الأيَّام، وقد كُتبتا من وجهتَي نظر مختلفتين، مع أنَّهما تغطِّيَّان الحقبة التاريخيَّة ذاتها. كذلك، لدينا أربع روايات تتناول حياة الربّ يسوع وموته، لأنَّ الربّ أراد أن يقدِّم لنا عددًا من **الزوايا المختلفة** التي يمكن أن نرى من خلالها الصورة كاملة.

إذا أردت أن تأخذ صورة واضحة عن طائرة الكونكورد تشمل كلّ جوانبها، فعليك أن تلتَقِط على الأقل أربع أو خمس صور، وإلاَّ فلن يدرك الناظرون الصورة كاملة من كلّ زاوية. وبما أنَّ الربَّ يسوع هو من أهمّ الشخصيَّات التي عاشت على أرضنا، فقد أوحى إلى أربعة أشخاص لكي ينظروا إلى شخصه ويدوِّنوا ما رأوه. وقد دوَّن كل كاتب بأُسلوبه المستقلَ وجهة نظره في ما يتعلَّق بالربِّ يسوع.

الوحي

تُظهر وجهة النظر التي كُتِبت منها الأناجيل أمرًا مهمًّا عن وحي الكتاب المقدَّس، وهو أنَّ كُتَّاب الكتاب المقدس ليسوا مجرَّد "وسائل نقل للكلمات" يكتبون كلمات أملاها عليهم الربُّ مباشرةً من فمه. لقد أراد الربُّ استخدام أفراد ليقدِّموا ما فهموه عن الربِّ يسوع ويُبلِّغوا رسالته بهدف معيَّن. وما كتبوه لم يكن سوى كلمة الربّ الموحى بها. وهي بالفعل مؤلَّفة من كلمات البشر وكلمة الربّ. إذًا يتضمَّن الوحيُ الشخصيَّة الفريدة لكلِّ كاتب.

كيف تختلف الأناجيل بعضُها عن بعض؟

حين تموت أيَّة شخصيَّة بارزة، غالبًا ما يُكتب ثلاثة أنواع من الكتابات عنه:

1. تحمل الكتابة الأُولى ما **قام به** الراحل، وربَّما تَفي ورقة النَّعي بهذا الغرَض.
2. ثمَّ يبدأ الناس بالاهتمام **بما قاله** فيبدأون بنشر مجموعة من رسائله وكتاباته.
3. تهتمّ المرحلة الثالثة باكتشاف ما هو أبعد من الكلمات والأعمال، أي **من كان الفقيد**، فتُفحص شخصيَّته ونيَّاتُه.

تتبع الأناجيل الثلاثة تلك المراحل الثلاث بوضوح. وقد صبَّ مرقس اهتمامه على ما قام الربُّ يسوع به، فركَّز على أعماله وعجائبه وموته وقيامته. وأضاف متَّى ولوقا ما قاله الربُّ يسوع فدوَّنا ما كرز به أكثر ممَّا فعل مرقس. أمَّا يوحنَّا، فلم يهتمّ كثيرًا بما فعل أو قال الربُّ يسوع، بل كان هدفَهُ الأوَّل هويَّةُ الربِّ يسوع ومع مَن كان. وبينما تتميَّز الأناجيل بكونها نوعًا أدبيًّا فريدًا، تُغطِّي نطاقًا واسعًا من التأمُّل في الربِّ يسوع فتقدِّم للقارىء نظرة شاملة ليفهم بوضوح مَن هو الربُّ يسوع.

كيف تَجب دراسة الأناجيل؟

بعد أن ألقينا الضوء على تميُّز كلّ إنجيل كنوعٍ من الأنواع الأدبيَّة، نجد أنَّ هناك مستويين يمكننا استخدامهما لفكّ معاني

كلّ إنجيل. وقد أشرنا إلى المستوى الأوَّل، أي الحاجة إلى فحص كلّ إنجيل من وجهة نظر **بصيرة الكاتب**، أو ما فهِمَهُ عن حياة الربِّ يسوع. أمَّا المستوى الثاني فهو دراسة الإنجيل من منظار **هدف الكاتب**، وكيف أراد أن يتجاوب قرَّاؤه. إنَّ المستويين يتداخلان بعضهما ببعض، إلاَّ أنَّهما يسهِّلان علينا فهم كل إنجيل.

بصيرة الكاتب

أراد كلّ كاتب أن يُظهر وجهة نظر أو معلومة معيَّنة عن الربّ يسوع، ولذلك رتَّب المواد التي كتبها لتوافق هدفه. ولم يكن هدفه مجرَّد تدوين الكلمات التي قالها الربُّ يسوع والأعمال التي قام بها، بل أراد أيضًا أن يُقدِّم سِياقُ كلامهِ صورة واضحة عن حياة الربِّ يسوع. ربَّما لا ينفرد إنجيله بوجهة نظره، لأنَّ معلومات الكتَّاب الأربعة تتداخل بعضُها ببعض، ولكن من الواضح أنَّ لكلٍّ منها هدفًا خاصًّا به.

- كتب مرقس الإنجيل الأوَّل والأقصر، مُظهرًا الربّ يسوع ابن الإنسان.
- كتب لوقا الإنجيل الثاني، مظهرًا الربّ يسوع مخلِّص العالم.
- كتب متَّى الإنجيل الثالث، مظهرًا الربّ يسوع ملك اليهود.
- كتب يوحنَّا الإنجيل الرابع مظهرًا الربّ يسوع ابن الله.

واختار كلّ كاتب منهم أُسلوبًا خاصًّا به يُبيِّن منظورَهُ بأفضل طريقة.

هدف الكاتب

لكن علينا أن نتطلَّع إلى كلّ إنجيل من وجهة نظر القارىء. فقد كان في فكر كلّ كاتب قرّاء معيَّنون واهتمَّ بأن يُبلِّغَهم رسالته عن الربِّ يسوع.

تُبيِّن الدراسات الدقيقة أنَّ إنجيلَي متَّى ويوحنَّا كُتِبا للمؤمنين:

- وجَّه متَّى إنجيله إلى الحديثي الإيمان، وإنجيلُه مرتَّب بأُسلوب يساعدنا على أن نعرف كيف نعيش كتلاميذ.
- وجَّه يوحنَّا إنجيله إلى المؤمنين المتقدِّمين ليُشجِّعهم على التمسّك بإيمانهم بالربِّ يسوع وعلى مواجهة البدع التي انتشرت عن يوحنَّا المعمدان وعن الربِّ يسوع.

في المقابل، كُتب إنجيلا مرقس ولوقا أساسًا لغير المؤمنين.

- أراد مرقس تشويق قرَّائه بأخبار الربِّ يسوع لكي يؤمنوا به.
- أراد لوقا، لِكَونه الكاتب الأُمميّ الوحيد في كامل الكتاب المقدَّس، أن يعرف الأُمم بنو جنسه عن المسيح.

لقد أثَّر القراء المختلفون في ما كتبه الكتَّاب وكيف رتَّبوا المواد.

التشابهات

لقد لاحظنا سابقًا المعلومات والكلمات المتداخلة بعضها ببعض بين الأناجيل. كذلك، تتشابه الأناجيل الثلاثة الأُولى كثيرًا. وفي الواقع، أنَّ 95 ٪ من إنجيل مرقس مذكور في إنجيلي متى ولوقا، كما أنَّ التعابير والكلمات بقيت هي نفسها في بعض الأحيان. وتُسمى الأناجيل الثلاثة الأُولى "الأناجيل الإزائيَّة". وتعني الكلمة "إزائيَّة" في اللُّغة الإنكليزيَّة "**synoptic**" وهي تعود إلى الأصل اليوناني المكوَّن من كلمتين: *syn* وتعني "معًا" و *citpo* ومعناها "رأي أو منظر". فالأناجيل الثلاثة تعكس رأيًا مشتركًا عن الربِّ يسوع، على عكس إنجيل يوحنَّا الذي كُتِب باستقلاليَّة أكثر. فالتغيير ظاهر عند نهاية الأناجيل الثلاثة وبداية إنجيل يوحنَّا.

تشترك الأناجيل الثلاثة في الكثير من المعلومات. ويحتوي إنجيل مرقس على بعض المعلومات الخاصَّة به، لكنِ استخدم كلٌّ من متَّى ولوقا معظم موادِّه، إنَّما بأُسلوب مختلف. وقسَّم متَّى ما كتبه مرقس إلى أجزاء صغيرة ثمَّ أضاف إليها موادَّه الخاصَّة به. أمَّا لوقا، فاقتبس أقسامًا كاملة من إنجيل مرقس واستخدمها كما هي.

وبالطبع، دار بعض النقاش: هلِ اقتبس متَّى ومرقس من كتابات لوقا، أم هلِ اقتبس متَّى ولوقا من كتابات مرقس وتوسَّعا بها، أم هلِ اختصر مرقس كتابات متَّى ولوقا؟ من المرجَّح أن يكون متَّى ولوقا قد توسَّعا بكتابات مرقس المتوافِرة لديهما. وانفرد متَّى ببعض المعلومات، كما انفرد لوقا أيضًا ببعض المعلومات الخاصَّة به.

مرقس الأساس

لا عجب أنَّ الأناجيل الإزائيَّة تحمل رابطًا أدبيًا واضحًا، إستنادًا إلى إنجيل مرقس. ومع أن ترتيب إنجيل مرقس في العهد الجديد هو الثاني، فهو قد كُتِب أوَّلاً بكلّ تأكيد. ويقسم مرقس إنجيله إلى قسمين يفصلهما فاصل. ويغطِّي القسم الأوَّل خدمة الربِّ يسوع في الجليل شمالاً، بينما يغطِّي القسم الثاني خدمته في اليهوديَّة جنوبًا. وقد امتاز الربُّ يسوع بشعبيَّة كبيرة في الشمال حيث تبعه الآلاف، باستثناء حادثة وحيدة في الناصرة حين حاول سكَّانها رميه من على قمة الجبل. لكنَّه لم يمتز بأيَّة شعبيَّة في الجنوب، حيث واجه مشاكل عديدة. إذ كان قادة اليهود شديدي العداوة، وتبعته قلَّة قليلة. وبنى مرقس من خلال القسمين ذروة، حين غادر الربُّ يسوع الشمال المفعم بروح الصداقة متَّجهًا جنوبًا نحو العداوة، ومن ثَمَّ الموت.

واستخدم كلٌّ من متَّى ومرقس أُسلوب انقسام إنجيلَيهما إلى قسمين أيضًا. وكُتِب إنجيل لوقا ثانيًا، حيث أعاد كتابة إنجيل مرقُس مضيفًا معلومات خاصَّة به، فضلاً عن معلومات من متَّى. ولا بدَّ أنَّ تلك المعلومات الجديدة أتت من مصدر مختلف - إمَّا كتابةً وإمَّا شفهيًّا - عُرِف لدى متَّى ولوقا وسمَّاه علماء العهد الجديد المصدَرَ 'Q' نسبة إلى كلمة (***Quelle***) الألمانيَّة التي تعني "المصدر". ثمَّ نصَّ متَّى إنجيله مستخدمًا المصدَرَ 'Q'، لكن مضيفًا أيضًا موادَّ نتيجة أبحاثه الخاصَّة، ثمَّ رتَّب كلّ المعلومات لتُلائم أهدافه.

استنتاج

إن كنَّا نريد أن نفهم رسالة أيّ إنجيل بالكامل، فمن الضَّروري أن نفهم ما هو الإنجيل ولِمَن كُتِب. وتلخِّص اللائحة التالية ما قيل عن كلٍّ من الأناجيل.

الأناجيل الأربعة

مرقس: ابن الإنسان

متَّى: ملك اليهود

لوقا: مخلِّص العالم

يوحنَّا: ابن الله

ثلاث مراحل

أعمال الربِّ يسوع: مرقس

أقوال الربِّ يسوع: متَّى ولوقا

من هو الربُّ يسوع: يوحنَّا

زاويتان

الكاتب: بصيرة، ماذا؟ كيف؟

القارىء: قصد، من؟ لماذا؟

نقرأ في الأناجيل أربع نشرات إخباريَّة تُظهر شخص المسيح وأعماله. وقد كُتبت بأقلام شهود عِيان بهدف تقوِيَة إيمان المؤمنين أو إقناع غير المؤمنين بوضع ثقتهم في الذي أرسله الله. ومن الأفضل قراءة كلٍّ من تلك النشرات في جلسة واحدة، والأفضل بصوت عالٍ، كما كانت تُعلَّم قبل أن تُدوَّن.

الأناجيل هي كتب غير عاديَّة، إذ تصف "المفصل التاريخي." فالعالم تغيَّر منذ لحظة مجيء المسيح في الهيئة كإنسان لكنَّه في الوقت نفسه مخلِّص العالم. ولهذا السبب تمَّ انقسام التاريخ إلى حقبتين: قبل الميلاد وبعد الميلاد.

إنجيل مَرقُس

المقدمة

رأينا في المقدِّمة العامة للأناجيل أنَّ إنجيل مَرقُس هو أوَّل إنجيل كُتِب، مع أنَّه يأتي في المَنزِلة الثانية في نُسخة العهد الجديد التي بين أيدينا. وقد كُتِب هذا الإنجيل في الأساس **لغير المؤمنين**، وتُمكن ملاحظة أُسلوبه الواضح والدراماتيكي والعاطفي بكلِّ سهولة. كما أنَّه إنجيل سهل القراءة بامتياز.

من هو مَرقُس؟

لا يلعت مَرقُس، كباقي كاتِبي الأناجيل الآخرين، الانتباه إلى نفسه. وهو يرفض لفت الأنظار إليه على الرُّغم من وجود بعض الإشارات التي يخبرنا الكاتب من خلالها عن نفسه. فقد أراد أن نركِّز انتباهنا على الربّ يسوع ، وليس عليه هو. ويحمل هذا الرجل ثلاثة أسماء، يشير كلّ منها إلى معلومة عن خلفيته.

1. يُشتَقّ الاسم "مَرقُس" من الاسم اللاتيني **Marcus**. فمع أنَّه كان يهوديًّا، كانت لديه علاقات رومانيَّة بشكل أو بآخر. لا نعرف كُنهَ تلك العلاقات، لكنَّنا نعرف أنَّ عائلته كانت تملك بيتًا كبيرًا في أُورشليم، وكانت على الأرجح عائلة مرموقة لدَيها خادمة واحدة على الأقل.
2. وكان اسمه العبريّ **"يوحنَّان"** أو يوحنَّا يعني "يهوه (الرب الإله / الرب) حنَّان". وكان يُعرف بيوحنَّا مَرقُس.
3. وكان اسمه الثالث **Colobodactolus** غير عاديّ، وهو اسم يوناني يعني "الأصابع القصيرة ولثخينة." فالإنجيل الأوَّل كتَبته يَدُ صاحبِ أصابع قصيرة وثخينة!

إذًا، كان مَرقُس يحمل ثلاثة أسماء: لقبًا يونانيًّا، واسمًا لاتينيًّا، واسمًا عبرانيًّا.

عائلته

كانت أُمّه مريم، ومن معاني اسمها "ميريَم" في اللغة العبريَّة الارتفاعُ وكثرة الحُزن. ومن الممكن أن يكون قد أُقيم العشاء الأخير في منزل عائلته. ويمكننا استنتاج ذلك بسبب حادثة غير عاديَّة جرت بعد إلقاء القبض على الربّ يسوع في بستان جثسيماني مباشرة بعد العشاء الأخير، وقد جرت في "علِّيَّة" في أُورشليم.

إذ نقرأ أنَّه عند إلقاء القبض على الربّ يسوع، أمسك الجنود شابًّا يلف نفسه بملاءة. لكنَّه أفلت من قبضة الجنود تاركًا الملاءة معهم وهرب في الظلام وهو عريان بالكامل. وهذا تفصيل غريب يُضاف إلى النصّ، إلاَّ إذا كان الشابُّ هو يوحنَّا مَرقُس نفسه، وقد ترك بيته بسرعة ليلحق بالتلاميذ الموجودين في البستان، فاختبأ خلف شجرة زيتون واستمع إلى الربّ يسوع يُصلِّي، ثمَّ رآه يُلقى القبض عليه. ويشرح هذا الأمر كيف وصلت إلينا تفاصيل صلاة الربّ يسوع التي قالها وهو بعيد عن التلاميذ الذين كانوا معه.

كلُّ ما ذُكِر هو تكهّن، لكن من المرجَّح أنَّ العشاء الأخير قد أُقيم في منزل يوحنَّا مَرقُس. وتقدِّم هذه الحادثة دعمًا لكونه هو كاتب الإنجيل.

من أين استمدَّ معلوماته؟

لم يكن يوحنَّا مَرقُس من التلاميذ الاثني عشر. وربَّما كان في شبابه قد شاهد الربَّ يسوع، لكنَّه لم يكن يومًا شخصيَّة أساسيَّة في تتابُع الأحداث. ومع أنَّ اسمه ذُكِر في مكان آخر من العهد الجديد، فإنَّه كان دائمًا "الرجل الثاني" أي المُساعِد الشخصيّ لأحدهم. ولذلك فمن الغريب أن يكون هو كاتب الإنجيل الأوَّل، وليس أحد التلاميذ المقرَّبين من الربِّ يسوع.

قام يوحنَّا مَرقُس بدور المساعد الشخصيّ لثلاثة من أعظم القادة المسيحيين في الكنيسة الأُولى، ولهذا يمكننا أن نستنتج من أين حصل على المعلومات التي ذكرها في إنجيله. فقد ساعد أوَّلاً خالَهُ برنابا الذي كان لاويًّا من قبرص، والذي على الأرجح درَّبه على الخدمة المسيحيَّة.

ثمَّ أصبح مَرقُس مساعدًا للرسول **بولس،** إذ رافقه مع برنابا في رحلته التبشيريَّة الأُولى. ولكنْ لم تكلَّل تلك الرحلة بالنجاح الكامل إذ إنَّ مَرقُس تراجع عندما وصلا إلى ساحل آسيا الصغرى. ولا يذكر لنا لوقا في سفر أعمال الرسل سبب تراجُعه، فربَّما غلبه الحنين إلى الدِّيار. ويظنّ بعضُهم أنَّه لم يتقبَّل قيادة بولس لأنَّه شعر أنَّ الأحقِّيَّة في القيادة هي لخالِه برنابا. ويظنّ آخرون أنَّ مخاطر قُطَّاع الطُّرق جعلته يتراجع عن إكمال الرحلة. لكن ما نعرفه هو أنَّه عندما كان بولس وبرنابا على وشك الانطلاق في رحلتهما الثانية، تشاجرا حول يوحنَّا مَرقُس إذ أصرَّ بولس على عدم انضمامه إليهما بسبب تراجُعه السابق، بينما أصرَّ برنابا على انضمامه إليهما. وفي النهاية، افترق بولس وبرنابا بسبب هذا الأمر.

أخيرًا، أصبح مَرقُس المُساعِدَ الشخصيَّ للرسول **بطرس** الذي وصل إلى روما بعد بولس. وقد حصل مَرقُس على المعلومات المذكورة في إنجيله من جرَّاء علاقته بِبُطرس. وكان عمله الأساسي ترجمة عظات بطرس إلى اللاتينيَّة فيما جال على الكنائس الموجودة في روما. ونقرأ في إحدى الوثائق الكنسيَّة أنَّ بعض أعضاء الكنائس في روما طلبوا أن يحصلوا على عظات بطرس بشكلٍ مُدوَّن يبقى على مرور الزمن. وكانوا يخافون أن يتمَّ اعتقاله بسبب جسارته، خاصَّة أنَّهم كانوا يعيشون في عهد الإمبراطور نيرون القاسي، ولم يريدوا خسارة كلّ ما يحمله بطرس من ذكريات عن المسيح. ويشير السرد إلى أنَّ بطرس لم يكن متحمِّسًا لهذه الفكرة إلاَّ أنَّه "لم يمنع مَرقُس من فعل ذلك، لكنَّه لم يشجِّعه أيضًا."

الأُسلوب

عُرِف هذا الإنجيل باسم "إنجيل بطرس" بسبب العلاقة الوثيقة التي توطَّدَت بين مَرقُس وبطرس. وبالفعل، فإنَّ دراسة عظات بطرس المذكورة في سفر أعمال الرسل بدقَّة تُظهِر تقاربًا مع إنجيل مَرقُس. ويظهر طبع بطرس بوضوح في صفحات هذا الإنجيل. وبإمكاننا إطلاق اللقب "رجل الحركة" عليه، لأنَّه كان مُندَفِعًا، وغالبًا ما كان يتكلَّم قبل أن يفكِّر، وكان على استعداد لاتِّخاذ المواقف بينما كان الآخرون حذرين. ونعرف من الأناجيل الأُخرى أنَّ بطرس هو من أراد أن يمشي على الماء. وهو الذي تعب من انتظار ظهور الربِّ يسوع بعد قيامته فقال: "أنا ذاهب لأتصيَّد." وهو الذي قفز في الماء عندما قال يوحنَّا إنَّ الرَّبَّ يسوع واقف على الشاطىء.

لم يستطع بطرس أن يهدأ، ويُظهِر هذا الإنجيلُ في كلِّ صفحاته حماستَهُ التي تقطع الأنفاس. وتُظهِر عبارةُ "في الحال" عدَّة مرَّات، وهي تُشير إلى مُبادرة بطرس في الحياة. ولهذا السبب أتى إنجيل مَرقُس الأكثرَ وضوحًا وحيويَّة وحماسة من بين الأناجيل الأربعة. وقد جذب الممثِّل "ألِك مَكُّوين" البريطاني الكثيرَ من المشاهدين خلال أشهُر عديدة بمجرَّد قراءته لإنجيل مَرقُس.

يُخصِّص مَرقُس حيِّزًا صغيرًا من الجزء الأوَّل في إنجيله لأحداث أوَّل سنتين ونصف من خدمة الربِّ يسوع. وكُتب النصّ بإيقاع سريع، إذ حاول الكاتب تشويق القارئ بالأُمور التي تحصل. لكنَّه خصَّص حيِّزًا أكبر في الجزء الثاني لأحداث الأشهر التالية، ومن ثَمَّ حيِّزًا أكبر بعد لأسابيع الربّ يسوع الأخيرة على الأرض. وأخيرًا يركِّز بالكامل على الأُسبوع الأخير واليوم الأخير، حيث يصف كلّ ساعة. وكأنَّ الأمر يشبه قطارًا سريعًا يخفِّف سرعته ثم يتوقَّف حالاً أمام الصليب.

يبني مَرقُس النصَّ بهدف الوصول إلى موت الربّ يسوع، ثمَّ يُبطِّىء كلَّ الأُمور ليتوقَّف عند الصليب. وقد أتت كتاباته على شكل قطعة فنيَّة من التقرير الصَّحَفيّ، وهو على الأرجح أفضل إنجيل يُعطى لغير المؤمن الذي لا يعرف أيَّ شيء عن الربِّ يسوع، لكنَّه يريد أن يقرأ عن ذلك الرجُل المشوِّق الذي هو مخلِّصنا وربّنا.

مضمون إنجيل مَرقُس

ضعفات بطرس

يُظهر إنجيل مَرقُس بالتحديد جانِبَ بطرسَ السيِّئَ، إذ يركِّز على ضعفاته أكثر ممَّا يركِّز على نقاط قوَّته. وكأنَّ بطرس أراد أن يُعرِّف قرَّاءه على بأخطائه. وقد ذكر مَرقُس كلمات الربِّ يسوع لبطرس: "اذهب عنِّي يا شيطان!"، حين اعترض عندما شرح الربُّ يسوع للتلاميذ الألم الذي سيخضع له في المستقبل القريب. لكنْ نقرأ بالمقارنة في إنجيل متَّى: "أنت بطرس، وعلى هذه الصخرة أبني كنيستي، وأبواب الجحيم لن تقوى عليها." ويذكر مَرقُس أيضًا حادثة إنكار بطرس للربّ التي تحرِّك المشاعر، لكنَّه لم يذكر تكرارها كما في إنجيل يوحنَّا.

المعجزات

تأثَّر بطرس بما **فعله الربُّ يسوع** أكثر منه بما قاله، ولهذا يُظهِر هذا الإنجيل حماسة كبيرة من ناحية العجائب التي أجراها الربُّ يسوع. ويُظهِرُ ذلك قلب مبشِّرٍ يهتمّ بكلِّ أمر يمكن أن يجذب انتباه غير المؤمنين. وقد ثبتت صحَّة هذا القول بالنسبة الواضحة التي خصَّصها مَرقُس من إنجيله للعظات التي قدَّمها الربُّ يسوع مقابل المعجزات التي قام بها. يذكر مَرقُس ثماني عشرة معجزة أجراها الربُّ يسوع، كما فعل متَّى ولوقا. إلاَّ أنَّه يذكر أربعة أمثال مقابل ثمانية عشر مثلاً ذكرها متَّى وتسعة عشر مثلاً ذكرها لوقا، مقابل عظة واحدة ذكرها في الأصحاح الثالث عشر.

السَّهَوات

يعكس هذا الإنجيل **إغفالَ بطرس،** إذ يبدو أنَّه لم يعلم كيف وأين وُلِد الربُّ يسوع. وهو لم يذكر في كلّ عظاته الواردة في سفر أعمال الرسل أو في رسائله أيّ أمر يشير إلى معرفته بظروف ولادة الربِّ يسوع. وقد بدأت معرفته به عند نهر الأُردنِّ، حيث اعتمد هو وأخوه أندراوس وحيث عرَّفهما يوحنَّا المعمدان بالربِّ يسوع. ولهذا لا نقرأ في إنجيل مَرقُس قصَّة الميلاد أو قصصًا تمتُّ بصلة إلى نشأة الربّ يسوع. فالإنجيل يبدأ حيث بدأت معرفة بطرس، به أي بكرازة يوحنَّا المعمدان.

الشكل

يغطِّي هذا الإنجيل ثلاث سنوات من خدمة الربِّ يسوع العلنيَّة، ولكنْ ينعكس شكله من الناحيتين **الزمنيَّة والجغرافيَّة**. ويُبنى السرد على فترة سنتين ونصف السنة حتَّى نصل إلى لحظة الفصل، وهو يغطِّي الستة أشهر الأخيرة التي قضاها الربُّ يسوع على الأرض. ويركِّز مَرقُس على الخدمة التي أتمَّها الربُّ يسوع في الجليل، دون ذكر زياراته إلى أُورشليم في بداية سني خدمته (راجع الرسم التالي).

البناء بحسب الترتيب الزمني

- تنقسم خدمة الربّ يسوع إلى ثلاثة أجزاء:
- **المرحلة الأُولى:** اشتهر الربُّ يسوع في هذه المرحلة، وقد أتى الآلاف إليه طالبين الشفاء. وأصبح في ذلك الوقت حديث البلد.
- **المرحلة الثانية:** إنَّها مرحلة المقاومة، حيث بدأت باختلاف في الرأي حول السبت وتطوَّر الخلاف إلى نواحٍ أُخرى. وسرعان ما جاوز عدد أعداء الربِّ يسوع عدد أصدقائه.
- **المرحلة الثالثة:** ركَّز الربُّ يسوع على تلاميذه الاثني عشر من بين الآلاف الذين تدفَّقوا لسماعه.

ويغطِّي هذا الإنجيل المراحل الثلاث. فالأصحاحات 1-9 تغطِّي فترة أوَّل سنتين ونصف والأصحاح 10 يغطِّي الستَّة أشهر التالية، والأصحاحات 11-16 تغطِّي الأُسبوع الأخير من حياة الربّ يسوع.

البناء بحسب الترتيب الجغرافي

يتوازى البناء الجغرافي للإنجيل مع التقسيمات الزمنيَّة. إذ تبدأ القصَّة عند نهر الأُردن، المنطقة الأكثر انخفاضًا عن سطح البحر، حيث قام الربُّ يسوع بالجزء الأكبر في خدمته. ويُظهِر الرسم صعودًا إلى جبل حرمون الذي هو أعلى نقطة في أرض الآباء. وتقع عند سفحهِ بلدة قيصريَّة فيلبُّس، حيث وصل الإنجيل إلى النقطة الحاسمة. عندئذٍ ثبَّت الربُّ يسوع وجهه نزولاً (حرفيًّا) نحو أُورشليم. فالطريق امتدَّت من أعلى نقطة في اليهوديَّة مرورًا في بيريَّة التي تقع في الجهة الشرقيَّة من الأُردن، وأخيرًا إلى أُورشليم، حيث كان الربُّ يسوع سيموت على الصليب ومن ثمَّ يقوم في اليوم الثالث.

إذًا، ما الأمر الذي حصل في قيصريَّة فيلبُّس بعد سنتين ونصف السنة، والذي غيَّر مسار خدمة الربِّ يسوع بالكامل، والذي ركَّز مَرقُس عليه؟

النقطة الفاصلة في الإنجيل

لا بدَّ أن تساعدنا بعض الخلفيَّة عن بلدة قيصريَّة فيلبُّس في فهم ما حصل. كانت تلك البلدة تقع عند نبع نهر الأُردن الذي يخرج من سفح جبل حرمون، ويُراوِحُ عرضُه بين ثلاثين وأربعين قدمًا. وتأتي المياه نتيجة الثلوج المتساقطة على أعلى الجبل فتذوب وتتنقَّى داخل فجوة في الجبل، ومن ثَمَّ تتدفَّق المياه من حفرة تقع تحت سطح النهر.

أصبحت تلك الظاهرة الفوطبيعيَّة موضع تركيز المعتقدات الخُرافيَّة والطوائف الدينيَّة والعبادات الوثنيَّة على مدى قرون عديدة. وكان في وجه المنحدر الصخري فوق النهر تجاويفُ منحوتة وُضِعت فيها تماثيل للآلهة. وكان إحداها للإله اليوناني پان، ولهذا اليوم يُسمى المكان بنياس أو پانياس. وكان هناك تمثال للقيصر وضعه فيلبُّس أحد أبناء هيرودس الكبير الأربعة والذي أُعطِيَت له تلك الأرض بعد وفاة هيرودس. وأطلق فيلبُّس اسمه على المنطقة تيمُّنًا باسمه هو وبِلقَب الإمبراطور الروماني، فكان الاسم قيصريَّة فيلبُّس.

إذًا، نقرأ عن تمثال للإله اليوناني پان الذي قيل إنَّه ظهر على الأرض كإنسان، وتمثال لقيصرَ الإنسانِ الذي دُعيَ إلهًا. فأخذ الربّ يسوع تلاميذه الاثني عشر إلى ذلك المكان وسألهم: "من يقول الناس إنِّي أنا؟" فأتت إجابات التلاميذ من منطلق وجهات نظر ذلك الوقت، وأهمُّها إعادة تجسُّد رجال عظماء من التاريخ أمثال إرميا وإيليَّا وأيضًا يوحنَّا المعمدان.

ثمَّ وجَّه الربُّ يسوع إليهم سؤالاً مباشرًا: من يظنُّون **هم** أنَّه هو؟ فأتى بطرس بالجواب الصحيح، إذ لاحظ أنَّ الربَّ يسوع كائن من قبل، لكن ليس على أرضنا، فقال: **"أنت المسيح ابن الله الحيّ."**

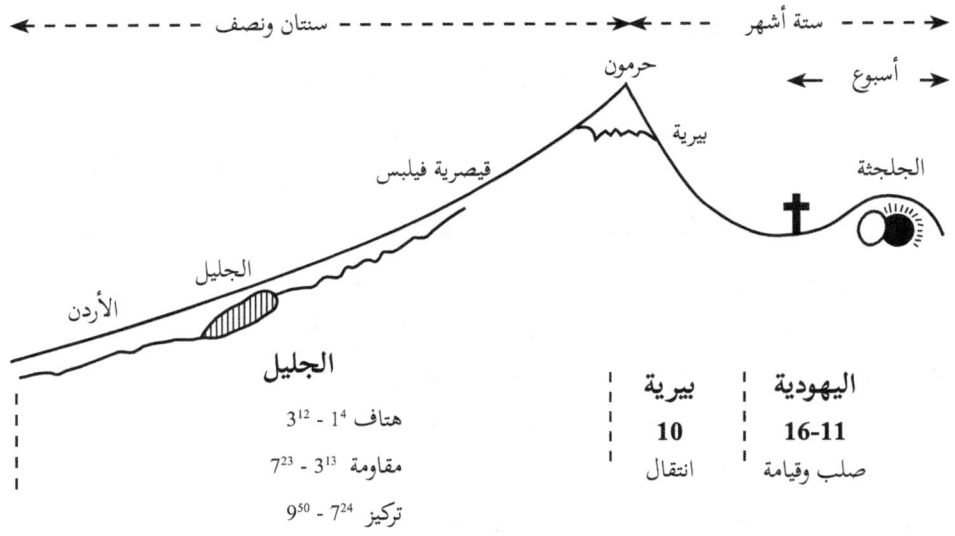

كانت تلك أوَّل مرَّة فيها يفهم رجُل مَن هو الربُّ يسوع (وكانت مرثا أوَّل امرأة فهمت من هو الربُّ يسوع، وقد دُوِّن اعترافها في إنجيل يوحنَّا). وهذا الجواب هو النقطة الرئيسيَّة في الإنجيل. وقد انتظر الربُّ يسوع سنتين ونصف السنة ليطرح هذا السؤال، وباتَ مُمكِنًا الآن أن يتكلَّم مع بطرس عن أمرين لم يكن قد ذكرهما في السابق:

1. تكلَّم عن قدرته على بناء الكنيسة وهو لم يذكر ذلك الأمر من قبل حتَّى في عظاته وشفاءاته وعجائبه. والسبب واضح في ذلك، إذ إنَّ الربَّ يسوع لا يستطيع أن يبني كنيسته حتَّى يعرف الناس من هو، لأنَّ الكنيسة تتكوَّن من أُناس يعرفون هُوِّيته. في ذلك الوقت غيَّر الربُّ يسوع اسم سمعان (ومن معانيه "القصبة") ليصبح بطرس. والكلمة "بطرس" في اللغة الأصلية هي تصرُّفٌ في الكلام ليصبح الاسم مُجانِسًا للكلمة "صخرة".
2. تكلَّم أيضًا أوَّل مرَّة عن قصده في الذهاب إلى أُورشليم والموت على الصليب. كان التلاميذ قد مكثوا معه سَنتين ونصف السنة، إنَّما لم يذكر أنَّه سوف يموت. لكنَّه شرح لهم الآن أنَّ عليه أن يذهب إلى الصليب ويموت. فانزعج بطرس وأعلن أنَّه يجب ألَّا يذهب الربُّ يسوع إلى هناك، إلاَّ أنَّ الربَّ يسوع وبَّخه على هذا التفكير. ومنذ تلك اللحظة، أصبح الصليب هو مِحورَ الإنجيل.

إذًا، هذه هي **النقطة الفاصلة** في إنجيل مَرقُس. ومن السهل أن يفوتَنا انسيابُ القصَّة وتطوُّرُها، إن كنَّا لا نلاحظ ذلك، وإن كنَّا نقوم باستنتاجات عن التلاميذ لأنَّنا نعرف نهاية القصَّة، دون أن ننتبه إلى الوحي الذي تمَّ على مراحل في الإنجيل.

وبعدما عرف التلاميذ من هو الربُّ يسوع، تأتي الحادثة التالية بطريقة طبيعيَّة جدًّا. فقدِ اصطحبَ الربُّ يسوع بطرس ويعقوب ويوحنَّا إلى أعلى الجبل فوق مستوى الثلج حيث تجلَّى أمامهم. وقال بطرس في وصفه للحادثة إنَّ ثياب الربِّ يسوع أصبحت ناصعة ولامعة جدًّا. وكان الضوء يُشِعُّ من داخل ثيابه "ورأوا مجده". والتقى موسى وإيليَّا ليبحث معهما موضوعَ "خروجه"، حيث سيُنجِزُ إطلاقًا لشعبه كما يذكر لوقا في إنجيله.

إذًا، النقطة الرئيسيَّة في الإنجيل هي استيعاب التلاميذ لمن يكون يسوعُ المسيَّا المنتظر. كذلك، فهي النقطة الرئيسيَّة للقرَّاء أيضًا. فهذه هي **الأخبار السارَّة** التي ينقلها مَرقُس من خلال شكل الإنجيل الذي كتبه. وقد أخذ متَّى ولوقا عنه هذا الشكل وبنيا عليه كتابة إنجيلَيهما.

يقدِّم لنا مَرقُس في إنجيله قيمة إضافيَّة قِوامُها:

1. صورة واضحة عن شخص المسيح

تركَّز اهتمام مَرقُس الأوَّل على ما قام به الربُّ يسوع، لكنَّه اهتمَّ أيضًا بشخصه. وفي الواقع، أنَّ مَرقُس هو من أوضح أنَّ **الربَّ يسوع أظهر نفسه لتابعيه تدريجيًّا**. وإنَّه أمر مُربِك أن يُظهِر إنجيلٌ شخص المسيح، بينما أراد الربُّ يسوع في الوقت نفسه أن يُبقي هُويَّته مَخفيَّة.

ويؤكِّد عدد من الآيات هذه النقطة:

- لم يسمحِ الربُّ يسوع للشياطين بأن يتكلَّموا لأنَّهم عرفوا من هو (الآيتان 1:25 و1:34).
- بعد أن شفى الربُّ يسوع رجلاً أبرص، طلب منه بصرامة ألَّا يخبر أحدًا (الآية 1:44).
- بعد أن تكلَّم الربُّ يسوع مع الشياطين، طلب منهم ألَّا يخبروا أحدًا (الآية 3:12).
- بعد أن أقام الربُّ يسوع ابنة يايرس من الموت، طلب منهم ألَّا يخبروا أحدًا (الآية 5:43).
- وجرت أحداث متشابهة في الآيات التالية: 7:24؛ 7:36؛ 8:26؛ 8:30؛ 9:9؛ 9:30 وقد طلب الربُّ يسوع من تلاميذه وهم على قمَّة جبل حرمون ألَّا يخبروا أحدًا مَن هو.

تُدعى هذه الميزة الخاصَّة بإنجيل مَرقُس "السرَّ المسيحانيَّ"، وهي تعكس اهتمام الربِّ يسوع بأن يتمِّم رسالته دون أيِّ تشويش. وأراد للتلاميذ أن يفهموا من الآب مَن يكون هو، وضُبِط تفكيرهم لكي يصلوا إلى النتيجة بالطريقة الصحيحة. كذلك أبقى هويَّته سرِّيَّة لأنَّ الإعلان المبكِّر أنَّه المسيح يؤدِّي إلى التزلُّف السابق لأوانه. وسيُطالِبه الشعب بأن يصبح مسيحًا سياسيًّا، الأمر الذي يشكِّل عائقًا لخدمته وقد يُعرقِل موته.

2. تعاليم عن أعمال المسيح

الفكرة الثانية التي طغت على إنجيل مَرقُس هي التركيز على أعمال المسيح. فهو يؤكِّد موت الربِّ

يسوع، إذ إنَّ ثُلث الإنجيل مخصَّص لحادثة الصلب. وغالبًا ما يفوِّت صُنَّاع الأفلام والمسرحيات عن حياة المسيح هذه الحقيقة. ويُظهِر ذلك تميّزَ الإنجيل بالكامل عن كونه "سِيرة حياة"، لكنْ بأُسلوب مختلف. فمثلاً، على الرَّغم مِن اغتيال المهاتما غاندي وجون كنيدي، لا نركِّز على موتهما، وكذلك لم تُنشر كتابات عن موتهما.

يتمحور الإنجيل حول الصليب، ويوضح مَرقُس مباشرةً أنَّ الناس خطَّطوا لقتل الربِّ يسوع من بداية خدمته. فقد أصبح لديه أعداء إضافة إلى أصدقاء من خلال خدمته. ولكن لم يقبل القادة الدينيون والسياسيون تحدِّيَه الواضح للوضع الدينيّ الراهن، وحرَّكَ مشاعر العداوة داخلهم تجاهه. وكره الفريسيون على الأخصّ هجومه على تقاليدهم.

ناحيتانِ لموت المسيح: إلٰهيةٌ وإنسانيَّة

يضمّ تشديد مَرقُس على الصليب الجانبين الإنسانيّ والإلٰهي لموت الربّ يسوع.

الجانب الإنساني

إتُّهِم الربُّ يسوع من الناحية البشريَّة **بتهمة التجديف لأنَّه قال إنَّه الله**، والتي هي بالنسبة للناموس اليهودي جريمة أساسيَّة تستوجب الموت. لكنَّنا نقرأ أنَّ المتَّهِمين لم يتَّفقوا على الكلمات التي استخدموها ليثبِّتوا صحة التُّهمة. وفي النهاية سأل كبيرُ الكهنةِ الربَّ يسوع نفسه مَن هو. وبالطبع، كان على الربّ يسوع كأيِّ يهودي أن يجيب عندما يطرح رئيس الكهنة أي سؤال عليه، فاعترف بأنَّه المسيح. فمزَّق كبيرُ الكهَنة ثيابه قائلاً: "هل سمعتُم؟ ما هو حكمكُم؟"، وحكم السنهدريم، أي المجلس الحاكم المؤلَّف من سبعين رجُلاً، بأنَّه يستحقّ الموت.

على الرُّغم من ذلك الحُكم المعلَن، لم يكن بإمكان اليهود الحكمُ بالموت على أحد لأنَّهم كانوا تحت حكم الرومان، ولذا كان عليهم أن يخضعوا للقانون الروماني عند إنزال عقوبة الموت. فكانوا بحاجة إلى موافقة الرومان، ولكنَّ التجديف بحسب القانون الروماني ليس جريمة. لذا كان أملهم الوحيد أن يغيِّروا نوع الجريمة. وحين وصل الربُّ يسوع إلى بيلاطس كان متَّهمًا **بالخيانة**، وليس بالتجديف. وإنجيل مَرقُس يوضح هذه النقطة جدًّا. ففي نهاية الأمر، لم يُتَّهم الربُّ يسوع لأنَّه قال: "أنا هو الإله" (وهذا تجديف)، بل لأنَّه قال: "أنا ملك اليهود" (وهذه خيانة).

إنَّ الناحية البشريَّة لموت المسيح هي غير عادلة من بدايتها إلى نهايتها. فمع أنَّه لم يكن مذنبًا بتهمة التجديف أو الخيانة، فقدِ اتُّهم ودِينَ بذلك.

الجانب الإلٰهي

لكن يظهر في إنجيل مَرقُس الجانب الإلٰهي لموت المسيح، إذ كان الرَّبُّ يسوع كان متأكِّدًا منذ البداية من أنَّه أتى لكي يموت. لقد تنبَّأ عن موته وقيامته أكثر من مرَّة. كذلك نقرأ عن الربّ يسوع شاربًا

"الكأس" وهي صورة استعاريَّة تُظهِر غضب الربّ تجاه الخطيَّة. ومن دون شكّ، فإنَّ مَرقُس سمع الربَّ يسوع يستخدم هذه الكلمة في بستان جثسيماني في الليلة التي أُسلِم بها.

ومن اللحظة التي يذكر فيها الربُّ يسوع العذاب الذي سيُعانيه في المستقبل، نشعر بالمكيدة التي تُحاك لخيانته، وأنَّ الله قد خطَّط لذلك، وأنَّ الربَّ يسوع كان مدركًا لذلك، ولا مجال للتهرُّب من الأمر. ولم يكن على بطرس أن يُغوي الربَّ يسوع لِتَجنُّب الصليب.

إنَّ مزيج الجانبين البشري والإلهي واقع لا مفرّ منه، وهو يواجه القرَّاء بالحقيقة الصَّادمة لرسالة المسيح. وهذا هو ما يجعل إنجيل مَرقُس مناسبًا لغير المؤمنين كنُقطةِ انطلاق.

3. ردَّات فعل الناس من نحو الربِّ يسوع

يذكر مَرقُس أكثر من مرَّة ردَّات فعل الناس تعاليم الربِّ يسوع والعجائب التي قام بها. وتُطالعنا كلمتان خلال قراءتنا: **الخوف والإيمان**. فنجد خلال هذا الإنجيل كأنَّ الذين يتقابلون مع الربِّ يسوع يواجهون خيارًا من الاثنين. ويبدو كأنَّ مَرقُس يسأل: "ما هي ردَّة فعلك بالنسبة إلى هذه القصَّة، الخوف أم الإيمان؟"

وفي حادثة إسكات العاصفة مثلاً، كان الربُّ يسوع في السفينة، وسأله التلاميذ: "ألا يهمّك أنَّنا نغرق؟" فأجابهم: "لماذا أنتم خائفون؟ أليس لديكم إيمان؟" ومن أشهر عباراته التي كرَّرها في الأناجيل هي: "لا تخافوا!" فالخوف والإيمان ردَّتا فعل لا تتماشيان معًا في أيّ ظرف أو حالة.

أساس للإيمان

يقدِّم لنا إنجيل مَرقُس صورة واضحة عن شخص المسيح وأعماله ، وهو يشجِّعنا لنتجاوب بإيمان، بدل الخوف، عندما تتدخَّل العناصر الفوطبيعيَّة. كذلك، فإنَّ إنجيل مَرقُس يقدِّم لغير المؤمنين المعلومات الأساسيَّة عن شَخص المسيح وأعماله ويشجِّعهم لتكون لديهم ردَّة فعل صائبة. وهذا سبب إضافي يجعل هذا الإنجيل مُناسِبًا لغير المؤمنين.

النهاية

يحمل إنجيل مَرقُس نهاية غريبة جدًّا، إذ إنَّه في الواقع **ينتهي في منتصف الجملة**. فنجد في النسخ الأوَّليَّة للإنجيل أنَّه ينتهي في وسط الآية 8 من الأصحاح 16 بجملة قصيرة: "لأنَّهنَّ كُنَّ خائفات...". ولا شيء يُمكن أن يُخفي حقيقةَ أنَّ هذا الإنجيل انتهى فجأة، وانتهى أيضًا بعبارة تدلّ على الخوف.

أسباب النهاية الغريبة

من الغريب أن ينتهي هذا الإنجيل بهذا الأُسلوب المفاجىء، إذ كان هدف مَرقُس أن يحوِّل الناس

من الشعور بالخوف إلى الإيمان. وتؤدِّي تلك النهاية إلى طرح أسئلة مهمَّة: ماذا حصل لبقيَّة القصَّة؟ لماذا لم يختم مَرقُس إنجيله بطريقة متكاملة؟ لماذا لا نقرأ في هذا الإنجيل عن ظهورات الربِّ يسوع بعد قيامته من الموت؟ نقرأ فقط عن القبر الفارغ وعن رؤية النِّساء لذلك القبر الفارغ، لكنَّنا لا نقرأ عن لقاء الربِّ يسوع مع تلاميذه. وهذا أمر غريب إذ نقارن مع سائر الأناجيل.

توجد على الأقلّ ثلاثة احتمالات لشرح ذلك:

1. **تعمَّد** مَرقُس أن يُنهي إنجيله بأُسلوب غير مؤكّد، وترك النهاية مفتوحة.
2. **مُنِع** مَرقُس من إنهاء إنجيله، أي أنَّ أمرًا ما جعله يتوقَّف عن الكتابة. ربَّما اعتُقل أو أُخِذ فجأة، أو ربَّما مات فجأة ولم يُنهِ الكتابة.
3. ضاعت النهاية بطريقة أو بأُخرى. فإمَّا أن يكون المُضطهِدون قد شوَّهوا المخطوطة وإمَّا أنَّ بطرس مزَّقها! وهو بالفعل كان "إنجيل بطرس" لأنَّ القصد كان أن يكون سجّلاً لكرازته بالربِّ يسوع. ونقرأ في رسالة كورنثوس الأولى إنَّ أحد أهمِّ ظهورات المسيح بعد قيامته من الأموات كانت لبطرس، لكن لا تذكر الأناجيل هذه الحادثة بتاتًا. فربَّما أضافها مَرقُس في الأصل، لكن محاها بطرس لأنَّها بالنسبة إليه كانت ذكرى ثمينة وحميمة وشخصيَّة، ولم يُرِد أن ينشرها في العلن. ويقول بعضُهم إنَّه على الرغم من أنَّه ليست لدينا الخاتمة الحقيقيَّة لإنجيل مَرقُس، فإنَّ جزءًا كبيرًا منها مذكور في إنجيلَي لوقا ومتَّى لأنَّهما استندا إلى كتابات مَرقُس.

لا نعلم بالتمام ما الذي حصل، إلاَّ أنَّ الفكرة رقم 1 غير محتملة بالكامل، لأنَّ ذلك يعني أنَّ مَرقُس توقَّف عمدًا في منتصف الجملة بالكلمات التالية: "ولم يقلنَ لأحد شيئًا لأنَّهن كنَّ خائفات...". ولا بدَّ أنَّ تلك نهاية غير عاديَّة لإنجيلٍ قصد أن يُبلِّغ الأخبار السارَّة إلى غير المؤمنين خصوصًا.

نهاية أُخرى تُضاف

نعلم أنَّ نهايات أُخرى قد أضيفت منها القصيرة ومنها الطويلة. ولا بدَّ أنَّ أحدًا آخر أكمل إنجيل مَرقُس فحصلنا على القصَّة كاملة.

ترد النهاية الطويلة التي نجدها في نسخة الكتاب المقدَّس الذي بين أيدينا من الآية 9 إلى الآية 20، وهي توازن بين الخوف والإيمان، مع أنَّها تشير إلى أنَّ التلاميذ لم يؤمنوا بأنَّ الربَّ يسوع قام من الموت رغمَ أنَّهم رأوه. وتتضمَّن بعض العبارات المميَّزة التي قالها الربُّ يسوع والتي لا تروق لبعض أجزاء الكنيسة المسيحيَّة اليوم. إذ يتكلَّم الربُّ يسوع عن الألسنة (وهذه هي المرَّة الوحيدة التي يذكر فيها الربُّ يسوع أنَّ أتباعه سيتكلَّمون بألسنة)، ويطردون الشياطين، ويشفون المرضى، ويُمسكون حيَّات ولا

تؤذيهم (وهذا ما حصل مثلاً مع بولس في جزيرة مالطا). ثمَّ أضاف الربُّ يسوع جملة أساسيَّة للخلاص قائلاً: "من آمن واعتمد خَلَص."

لا نعلم مَن كتب هذه النهاية، لكنَّها تعكس إيمان الكنيسة الأُولى بما فعله الربُّ يسوع بين قيامته وصعوده إلى السماء. وكذلك أيضًا تحتوي على أجزاء ذُكِرت في الأناجيل الأُخرى. فنقرأ قليلاً عن حادثة طريق عمواس، ومقطعًا صغيرًا مُشابهًا للمأموريَّة العظمى المذكورة في إنجيل متَّى. يبدو وكأنَّ أحدهم لملم أجزاء من الأناجيل الأُخرى وجمعها فكانت النتيجةُ الشكلَ الذي نعرفه من إنجيل مَرقُس. لكنْ لا جدوى في أن نقلق من جهة أصالة النهاية الطويلة. إنَّها جزء من كلمة الربّ، وهي تعكس مفهوم المؤمنين الأوائل، رُغمَ أنَّها لا تنقل كلمات مَرقُس حرفيًّا.

الخاتمة

يركِّز إنجيل مَرقُس على ما قام به الربُّ يسوع، حيث ينقل لنا بطرس تقديره لمعلِّمه وحماسته بأن يُقبِلَ الجميع إلى الإيمان به. ويُظهِر هذا الإنجيل أساس الإيمان ببساطة ووضوح. ويحمل أيضًا قيمة مميَّزة لأتباع الربّ يسوع إذ يذكِّرنا بشخص المسيح وأعماله، وبالحاجة لأنْ نتجاوب مع "موجز الأخبار" هذا بإيمان وثقة. وتشكِّل نبرته المليئة بالحماسة والانتعاش هزَّة للَّذين تلوَّثت حياتهم الروحيَّة بالعفن، لأنَّهم فقدوا جمال ما قام به الربُّ يسوع. وكون إنجيل مَرقُس هو الأقصر بين الأناجيل الأربعة يجعله سهل القراءة في جلسة واحدة. وإن كان باستطاعتك فاقرأه بصوت عالٍ لنفسك أو لآخر كي تستفيد منه على أكمل وجه.

إنجيل متَّى

المقدمة

من هو الكاتب؟

من المتعارف عليه أنَّ كاتب هذا الإنجيل هو متَّى المعروف أيضًا باسْم لاوي، مع أنَّ اسمه لا يُذكر في الوثيقة الأصليَّة. ويعني اسمه "عطيَّة الربّ"، وكان من الاثني عشر تلميذًا. كان جابي ضرائب في كفرناحوم، ويذكر إنجيلا متَّى ولوقا أنَّه ترك كلّ شيء ليتبع الربَّ يسوع، وأقام عشاء كي يلتقي أصدقاؤه وزملاؤه في العمل الربَّ يسوع. ورُغمَ كونه واحدًا من الاثني عشر، فإنَّه لم يكن الأكثر شهرة بينهم، ونادرًا ما يُذكر اسمه في الأناجيل.

كيف كُتب الإنجيل؟

لقد ذكرنا سابقًا أنَّ إنجيل متَّى كُتِب باستخدام مضمون إنجيل مَرقُس وهيكليَّته. فهناك تشابهات واضحة بين الإنجيلين، كاستخدام تعابير مُتَماثِلة أكثر من مكان. ويتبع متَّى ترتيب مَرقُس الأساسي بالتكلُّم عن مرحلتين أساسيتين من خدمة الربِّ يسوع، إلاَّ أنَّه أضاف بناءه المميَّز للنصّ. إذًا، يذكر متَّى "المرحلة الأُولى" حيث خدم الربُّ يسوع سنتين ونصف السنة في الجليل، و"المرحلة الثانية" حيث خدم الربُّ يسوع ستَّة أشهر في الجنوب بين يهود اليهوديَّة الوطنيِّين. كذلك فهو يذكر النقطة الفاصلة في خدمة المسيح كما ترافقت مع اعتراف بطرس بالمسيح في قيصريَّة فيلبُّس، وبالتالي انتقالَ الربِّ يسوع إلى الجنوب ووصوله إلى الصليب.

ذكرنا أيضًا ضرورة الإحاطة **ببصيرة الكاتب**، أي ماذا رأى وفهم عن الربِّ يسوع من وجهة نظره الشخصيَّة. ويمكننا فهم وجهة نظر متَّى بسؤالنا: لماذا شعر بالحاجة إلى إعادة كتابة إنجيل مَرقُس؟ وإذ ندرس الفروقات بين إنجيله وإنجيل مَرقُس يصبح هدفه بالنسبة إلينا واضحًا.

الفروقات بين متَّى ومرقُس

وجهات نظر

كان متَّى من الاثني عشر تلميذًا، وكان لديه الوقت ليتأمَّل في السنين الثلاث التي قضاها بالقرب من سيِّده. وبينما يركِّز مَرقُس على إنسانيَّة الربِّ يسوع (ابن الإنسان)، يرى متَّى الربَّ يسوع **كملك**

اليهود الذي سيحقِّق وعود الأنبياء. فعلى مدى ست مئة سنة، لم يعتلِ عرشَ داود أيُّ ملك. أمَّا الملك المعاصر هيرودس فجذوره الأدوميَّة لم تسمح له بأن يدَّعي المـُلك. فأخيرًا، أتى مَن يستحقّ أن يكون الملك الحقيقي.

يركِّز متَّى اهتمام قرَّائه من البداية على سُلالة الربِّ يسوع الملكيَّة من نسل داود. ووصف كيف أنَّ ولادته أتمَّت النبوَّات وكيف أنَّ بصمات يد الله كانت واضحة فيها، وكيف واكَبَ "ملاكُ الربِّ" أحداثها. وقد ذكَرَ لوقا أنَّ رئيسَ ملائكةٍ بشَّر بها، وعندما تمَّت ظَهَرَ مع ملاك الربِّ جمهورٌ من الجُند السماويِّ. وبينما يذكر لوقا الرُّعاة، يذكر متَّى زيارة المجوس الذين أتُوا من الشرق ليسجدوا لِلصَّبيِّ. فبالنسبة إليه كان من الضروري إظهارُ الربِّ يسوع كملك اليهود، إذ ذكر لاحقًا تاج الشوك، واللقب الذي أُعطي له، والصولجان الذي جعلوه يُمسِكهُ بيده، وكل ذلك للسخرية من قوله إنَّه الملك. لكنْ بالنسبة إلى متَّى كلُّ تلك الأشياء كانت ملائمة لكون الربِّ يسوع فعلاً ملك اليهود.

المقاصد

كتب متَّى لقرَّاء مختلفين عن قرَّاء مَرقُس. وبينما كتب مَرقُس لغير المؤمنين، كتب متَّى **لحديثي الإيمان** الذين كانت أغلبيتهم من اليهود. ونرى أهدافه بوضوح في نهاية الإنجيل، حيث يسجِّل كلمات المسيح الأخيرة إلى تلاميذه إذ طلب منهم أنِ "اذهبوا وتلمذوا جميع الأُمم." وبالتأكيد، فإنَّ متَّى حقَّق هذا الهدف إذ وفَّر "دليلَ تلمذة" للذين يدخلون إلى ملكوت الله. وبالفعل، استُخدم هذا الإنجيل في أوساط الكنيسة الباكرة لهذا الغرض. وهذا أحد أسباب وجوده في بداية العهد الجديد.

فبينما إنجيل مَرقُس يلائم من يهمُّه أمر المسيح لكنَّه لم يقتنع بعد، تُحقِّق إعادة كتابته بِقلَم متَّى هدفًا آخر.

بداية مبكِّرة

يبدأ متَّى إنجيله عند نقطة زمنيَّة أسبق عن تلك التي انطلَق مَرقُس منها. فقد بدأ بولادة الربِّ يسوع مفصِّلاً نسبه. أمَّا مَرقُس فيبدأ بمعموديته ولا يُبدي اهتمامًا كبيرًا بولادته حتَّى إنَّه لم يذكرها قطّ. فمتَّى يُعِدُّ المسرح ويبثُّ فينا روحًا من الترقّب لظهور المسيَّا على مسرح التاريخ قبل أن نسمع تعاليم الربِّ يسوع ونرى عجائبه.

سرد أطول

يذكر متَّى أطول سرد عن حياة الربِّ يسوع وأكثره تنظيمًا، عاكسًا بذلك ذهن المحاسب المنظّم. ويضيف موادَّ من ملاحظاته الشخصيَّة كواحد من الاثني عشر، إضافةً إلى بعض الأبحاث التي قام بها. ويبدو أنَّ كِلا لوقا ومتَّى يستخدمان مصدرًا لا يعرفه مَرقُس. فبالإضافة إلى سرد متَّى لحدَث ولادة الربِّ يسوع، يُورِدُ أقوالاً وتفاصيل متعلِّقة بموته وأربعة عشر قولاً تتمحور حول حدَثِ موته.

تعديلات

يحتوي إنجيل متَّى على بعض التعديلات مقارنة بإنجيل مَرقُس، وذلك ليُظهِر الكاتبُ نواحيَ مهمَّة في نظره. فأتى سرده مقتضبًا، وقد أسقطَ بعض التفاصيل الصارمة أو الواضحة جدًّا، ليقدِّم قصّة أكثر سلاسة تُبدِّد أيَّ سوء فهم وتجنِّب التلاميذ الشعور بالإحراج. ولذلك طغى عليه الشعور الجِدِّيُّ والأقلُّ تشويقًا وعاطفيَّة من إنجيل مَرقُس. فالكاتب رجل متقدِّم في الأيّام يشارك في اختباراته الشخصيَّة، وقد بدا كمُعلِّم أكثر من كونه واعظًا.

أقوال مجموعة

يجمع متَّى أقوال الربِّ يسوع في خمس"عظات" (راجع اللائحة) تلخِّص تعاليمه عن التلمذة. والموعظة على الجبل هي أشهرها، لكن توجد أربع أُخَر ترتبط بفكرة **الملكوت**. بالمقابل، يفعل مَرقُس العكس في سرده، فيما يذكر لوقا أقوال الربِّ يسوع خلال السرد ليس إلاَّ. أمَّا متَّى فكان يوجِّه كتاباته إلى اليهود، ولذلك كانت لديه أسبابه الخاصَّة لتقديم **خمس** عظات بالتمام . فموقعها في قلب الإنجيل يوازي أسفار موسى الخمسة التي تفتتح العهد القديم (تكوين حتَّى تثنية). وهدف متَّى هنا هو أن يخبر قرّاءه أنَّ الربَّ يسوع يقدِّم **ناموسًا جديدًا** بدل ناموس موسى، ألا وهو ناموس المسيح. ولذلك فإننا نقرأ خلال الموعظة على الجبل أنَّ الربَّ يسوع يقول: "سمعتم أنَّه قيل في ناموس موسى... أمَّا أنا فأقول لكم..." فالأُمور لم تعد كما كانت من قبل.

بناء الإنجيل

يستخدم متَّى أساس إنجيل مَرقُس، كما لاحظنا سابقًا، لكنَّه يضيف أُسلوبه الخاصّ. فبعد الفاصل بين مرحلتي حياة المسيح، يضيف فكرتين رئيسيتين تتقدّمهما العبارة: "في ذلك الوقت..." فنقرأ مثلاً: "في ذلك الوقت إبتدأ الربّ يسوع يكرز قائلاً توبوا لأنَّه اقترب ملكوت السموات"، أو "في ذلك الوقت إبتدأ الربّ يسوع يُبيِّن لتلاميذه أنَّ عليه أن يذهب إلى أُورشليم ويتألَّم كثيرًا...". ويدلّ أوَّل استخدام لتلك العبارة على مغزى خدمته في الشمال؛ أمَّا الاستخدام الثاني فيُظهِر حتميَّة موته في الجنوب. ويستخدم متَّى العبارة التالية ليشير إلى تغيير وجهة سرده للقصَّة: "ولمَّا أكمل الربّ يسوع...".

أمَّا أكثر ما يدلّ على التغيير في بناء السرد فهو تبادل في الحديث بين الأقسام الخمسة من تعاليم الربّ يسوع مع الأقسام الأربعة من أعماله. ويمكننا اختصار الأمر بالتالي:

بنية إنجيل متَّى

المقدِّمة: الولادة، المعموديَّة، التجربة

الأصحاحات 1-4

الكلمة، الأصحاحات 5-7

الأعمال، الأصحاحات 8-9
الكلمة، الأصحاح 10
الأعمال، الأصحاحات 11-12
الكلمة، الأصحاح 13
الأعمال، الأصحاح 14-17
الكلمة، الأصحاح 18
الأعمال، الأصحاحات 19-23
الكلمة، الأصحاحات 24-25

الخاتمة: موت وقيامة (26-28)

إذًا، لدينا خمس عظات، أربع منها تلي الأعمال التي قام بها الربُّ يسوع والتي تؤدّي دور وسائل الإيضاح لعظاته. وسنناقش تفاصيل ذلك بعد قليل، إلاَّ أنَّ المهمَّ قوله إنَّ متَّى أراد أن يُظهِر أنَّ الربَّ يسوع قدَّم رسالته من خلال القول **و** الفعل، مقدِّمًا لنا بذلك مثلاً نحتذيه. وبينما يدعونا مَرقُس لنأتي ونرى ماذا فعل الربُّ يسوع، يدعونا متَّى لنأتي ونرى ماذا فعل **و** لِنَستمع إلى ما قال.

قصَّة الصلب

يحتوي إنجيل متَّى على خاتمة متكاملة أكثر من خاتمة إنجيل مَرقُس. ويظنّ بعضهُم بعدَ التطلّع إلى خاتمة إنجيل مَرقُس المفاجئة أنَّ الجزء الأخير من إنجيل متَّى كان خاتمة إنجيل مَرقُس الأصليَّة. لا تُمكننا معرفة ذلك بالتحديد، لكن يمكننا ذكر الأُمور التي تخصَّص وتميَّز بها إنجيل متَّى في الأصحاحين الأخيرين:

1. **تفاصيل الاعتقال**: يركِّز متَّى على براءة المسيح فيؤكِّد أنَّ كلّ تلك الأُمور قد حدثت لتتم أقوال الكتاب.
2. **نهاية يهوذا**: يدوِّن متَّى تحذيرات الربِّ يسوع التي قدَّمها لتلاميذه. وقد ندم يهوذا فحاول أن يعيد المال إلى الفرِّيسيين لكنَّه فعل ذلك متأخِّرًا.
3. **الأحداث التي جرت مباشرة بعد موت الربِّ يسوع**: يُخبر متَّى عن القبور التي تفتَّحت وعن قيامة بعض الأموات وتجوالهم في شوارع أُورشليم.
4. **القبر**: يدوِّن متَّى عن القبر المحروس من قِبل حرَّاس قدَّموا تقريرًا بأنَّ الجسد قد سُرق.

بعد القيامة: يدوِّن متَّى أحداثًا جرت بعد القيامة أكثر ممَّا دوَّن مَرقُس. وهو يذكر رجوع الربِّ يسوع إلى الجليل ولقاءَهُ مع التلاميذ الأحد عشر (وخمس مئة آخرين، وقد "شكّ" بعضهم في أمره).

ويحمل المكان معنىً كبيرًا، إذ إنَّ الجليل كان يقع على مفترق طرق حيث شكَّل جبل مجدّو نقطة التقاء بين الشرق والشمال والجنوب والغرب. وكان سكَّان الجليل من خلفيَّات مختلفة، ولذلك دُعي "جليل الأُمم". وظهر الربُّ يسوع على جبل الأُمم الذي يذكِّر بظهور موسى على جبل نبو. وقد أعطى الربُّ يسوع على الجبل المأموريَّة العظمى بأن يتلمذوا جميع الأُمم (أي حرفيًّا كلّ المجموعات العرقيَّة).

خصائص تميِّز سفر متى

أ. اهتمامه باليهود

بالإضافة إلى استعانة متّى بالمادَّة التي كتبها مَرقُس، يضيف متّى عددًا من الميزات الخاصَّة به. وما يبهر القارىء هو الصبغة اليهوديَّة المهيمنة على إنجيله. فمن الواضح أنَّه موجَّه إلى القرَّاء اليهود، ولكن ليس إليهم فقط. إذ يمكننا أن نلمس خلال الإنجيل حساسيته تجاه اهتمامات اليهود والأُمور التي تلفت انتباههم.

نَسَب أو سُلالة

يبدأ الإنجيل بتقديم سُلالة ربَّما ليست ذات أهميَّة بالنسبة إلى اليهود، لكنّها تحمل معنًى قيِّمًا بالنسبة إليهم إذ تُعرِّفُهم سلالة الربِّ يسوع، لأنَّه بالنسبة إليهم **شجرة العائلة** هي التي تؤسِّس الفرد. كذلك، فإنَّ ترتيب السُّلالة يلفت انتباه اليهود. وينقسم أسلاف الربِّ يسوع إلى ثلاث مجموعات قِوامُ كلٍّ منها أربعة عشر جيلاً. المجموعة الأُولى هي من إبراهيم إلى داود الملك، والمجموعة الثانية هي من داود إلى السبي، والمجموعة الثالثة هي من السبي إلى الربِّ يسوع. وتمثِّل تلك الفترات أساليب الحكم المتنوِّعة التي خضع لها الشعب من كهنة وملوك وكهنة.

وربَّما يضيع معنى المجموعات الثلاث قبل أن نعرف أنَّ كلّ اسم يهودي يحمل رمزًا رقميًّا، حيث يحمل كل حرف رقمًا ويشكِّل المجموع رقم الاسم. فمثلاً، لا يحتوي الاسم داود في اللغة العبريَّة على أيِّ أحرُفِ علَّة ومجموع الأحرف هو الرقم 14. فنلاحظ مباشرةً أنَّ متّى أراد إظهار نمط معيَّن، وهو أنَّ نسب المسيح داوديٌّ بامتياز، وأنَّ المسيح أتى في الوقت المـُعيَّن.

اختار متَّى أن يكتب سُلالة عائلة يوسف أيضًا. ربَّما نظن أنَّ الأمر ليس غريبًا، إلى أن نتذكَّر أنَّه لم تكن لالربِّ يسوع علاقة قرابة **جسديَّة** مع يوسف. فلماذا لم يتبع أُسلوب لوقا بأن يقدِّم سُلالة مريم؟ لأن ما يهمّ بالنسبة إلى العقل اليهودي هو **الحقوق القانونيَّة**، وهي تأتي من خلال الوالد (ربَّما تأتي اليوم من خلال الوالدة أيضًا).

معلومة إضافيَّة مهمَّة أيضًا، هي أنَّ أيَّ يهودي متعمِّق في دراسة العهد القديم يلاحظ أنَّه لو كان الربّ يسوع من نسل يوسف جسديًّا، فإنّ حقَّه بتولِّي المـُلك يصبح مشبوهًا به إذ إن يهوياكين (يَكُنيا)

هو أحد المذكورين في سُلالة يوسف. وقد قال الربّ إنَّه لا أحد من سُلالة يهوياكين سيعتلي عرش داود. وكان هدف متَّى أن يؤسِّس لدعوى الربِّ يسوع القانونيَّة بكونه "ابن داود".

1. المصطلحات المستخدمة

تظهر حسَّاسيَّة متَّى من ناحية القرّاء اليهود في اللغة التي يستعملها. وأهمّ المصطلحات المستخدمة في إنجيله هي إشارته إلى "الملكوت"، وقد شغلَت حيِّزًا كبيرًا في أقوال الربِّ يسوع. ويكتب متَّى عن "**ملكوت السماوات**" وليس عن "ملكوت الله" كما نرى في باقي الأناجيل. والسبب يعود إلى أنَّ اليهود يتحاشَون استخدام اسم الله في كلامهم خوفًا من التكلُّم بطريقة خالية من الاحترام، ولذلك استخدم متَّى عبارة "ملكوت السماوات" مع أنَّه عنى بذلك "ملكوت الله" كما استخدمه البشيرون الآخرون.

2. استخدام العهد القديم

يستشهد متَّى بالعهد القديم أكثر من أيّ إنجيل آخر. ومن أشهر أقواله: "لكي يتم ما قاله الأنبياء." ولهذا السبب أتى ترتيب إنجيل متَّى في الأوَّل قبل الأناجيل الباقية، مع أنَّه لم يُكتَب أوَّلاً. فهو يقدِّم امتدادًا للعهد القديم أكثر من الأناجيل الأُخرى. وهو يحتوي على تسعة وعشرين اقتباسًا من العهد القديم، بالإضافة إلى تسعة وعشرين تلميحًا أو إشارةً إضافيَّة غير مباشرة.

يظهر ذلك خصوصًا في سرد متَّى لحادثة ولادة الربِّ يسوع. فبالنسبة إلى الأُمميين، يبدو كأنَّه استفاض في شرح ولادة الربّ يسوع في بيت لحم، لأنَّ الأنبياء كانوا قد تنبَّأوا بأنَّ بيت لحم اليهوديَّة ستكون المكان الذي فيه سيولد الملك. وشكَّل هذا الأمر نقطة مهمَّة لمعرفة ما إذا كان هذا هو المسيَّا المنتظر. وأراد متَّى أن يَفهم قرَّاؤه أنَّ الأنبياء تكلَّموا عن الولادة العذراويَّة، وقتل الأطفال الأبرياء، والهروب إلى مصر والعودة إلى الجليل. وترد العبارة "ليتمّ ما قيل بالنبيِّ القائل..." وما يماثِلُها ثلاث عشرة مرَّة في خبَرِ ولادة الربِّ يسوع، حيث يستشهد متَّى بأسفار ملاخي وهوشع وإرميا وإشعياء.

3. المسيَّا

أضف أنَّ القرَّاء اليهود يواجهون مشكلة في الإيمان بأنَّ الربّ يسوع هو المسيَّا بسبب **صلبه**. فكيف يمكن لمسيَّا أن يُدان كمجرم ويُحكم عليه بالموت؟ ولذلك يشدِّد متَّى على أنَّ الربّ يسوع كان بالحقّ بريئًا من كلّ التهم التي وُجِّهت إليه، بينما كان اليهود مذنبين بسبب الاتِّهامات الباطلة التي وجَّهوها إليه، والمحاكمات غير الشرعيَّة التي أقاموها، وتغيير التُّهَم لكي يُذنِّبه الرومان ويحكموا عليه بالموت. ويذكر متَّى أسباب رفض اليهود للمسيَّا ويقدِّم لائحة من الويلات ضدّ الفرّيسيين، الفِرقةِ الأكثر تديّنًا.

4. الناموس

يؤكِّد متَّى أهميَّة استيعاب الناموس بالطريقة الصحيحة في ظلِّ تعاليم الربّ يسوع. ويشدِّد متَّى -كما لا يشدِّد أيّ إنجيل آخر- على أنَّ الربَّ يسوع لم يأتِ لينقض الناموس، بل **ليكمّله**. ويسجِّل متَّى كلمات الربّ يسوع أنَّه "لا يسقط حرف من الناموس...". وقد ظنَّ العديد من اليهود أنَّ الربّ يسوع أتى لينقض الناموس. لكنَّ متَّى يذكر بوضوح أنَّ ذلك لم يكن قصد الربّ يسوع بتاتًا. لقد أتى "ليكمِّل" (أي ليُتمِّم) الناموس، وليس ليلغيه.

لماذا وجَّه متَّى كتاباته إلى اليهود بقوَّة؟

لكي يُبقي الباب مفتوحًا لليهود

أوَّلاً، كتب متَّى إنجيله بحلول العام 85م، وكان اليهود المؤمنون بالربِّ يسوع في ذلك الوقت يُطردون من المجامع. وكانت الكنيسة قد أصبحت ذاتَ أغلبيَّة أُممية أكثر فأكثر. وكنتيجة لذلك حدثَت هوَّة بين اليهود والكنيسة. فأراد متَّى أن يُبقيَ الباب مفتوحًا لليهود لمساعدتهم على فهمِ أنَّ أتباع الربِّ يسوع لم يتخلَّوا عن العهد القديم، ولم ينسَوا جذورهم اليهوديَّة. لقد كان هو يهوديًّا، وهؤلاء هم شعبه. وكان لديه اشتياق، كما كان للرسول بولس، أن يؤمن اليهود بالمسيَّا الذي أتى من أجلهم.

ليُذكِّر الأُمم بجذورهم

ثانيًا، كتب متَّى إنجيلاً ذا طابع يهودي لأنَّه أراد أن لا ينسى المؤمنون الأُمميون جذورهم اليهوديَّة. فمتَّى يعود إلى جذور الربِّ يسوع اليهوديَّة أكثر من أيِّ إنجيل آخر، ليُظهِر مقاصد الله نحو إسرائيل من خلال نسلٍ يعود تاريخه إلى إبراهيم وداود.

إنَّه يقول لليهود من جهة: "لا تهربوا من المؤمنين"، ويقول للمؤمنين من جهة أُخرى: "لا تهربوا من اليهود." فهدف هذا الإنجيل هو أن يؤكِّد جمْعَ الكنيسة للمؤمنين من الأُمم واليهود معًا.

ب. اهتمامه بالأُمم

لا يستهدف متَّى بكلامه اليهود فقط، بل ينتبه أيضًا لأنْ يذكر **اهتمام المسيح بالأُمميِّين** أيضًا.

- تُذكر راعوث وراحاب، وكلتاهما أُمميَّتان، في السُّلالة المذكورة في الأصحاح الأوَّل.
- نقرأ أنَّ الربَّ يسوع خدم في "جليل الأُمم".
- يذكر متَّى إيمان قائد المئة الروماني، وقد نوَّه به الربُّ يسوع على أنَّه إيمان غير عادي.
- نقرأ أنَّ أُناسًا من الشرق والغرب سيأتون ليجلسوا في الملكوت.
- الإنجيل هو الأخبار السارَّة للأُمم الذين سيؤمنون باسم الربّ يسوع.

- نقرأ عن إيمان المرأة الكنعانيَّة.
- يذكر متَّى أنَّ الربَّ يسوع هو حجر الزاوية الذي رفضه البنَّاؤون، وأنَّ الملكوت سيُؤخذ من اليهود ويُعطى للأُمم.
- يأمر الربُّ يسوع أتباعه في نهاية الإنجيل أن يذهبوا ويتلمذوا جميع "الأُمم". والكلمة المستخدمة هنا تُشير إلى جميع الأجناس العرقيَّة أي الأُمم. أضف إلى كلّ ذلك أنَّ متَّى لا يتردَّد بذكر **الكلمات السلبيَّة التي استخدمها الربُّ يسوع عندما أشار إلى اليهود**. وهو يخصِّص أصحاحًا كاملاً "لِلويلات" إضافة إلى بعض الملاحظات المتفرِّقة. وكلمة "الويل" كانت تُستخدم للَّعن. ويحتوي الأصحاح 23 مجموعة من أقوال الربِّ يسوع القاسية ضدّ الفرِّيسيين والقادة الدينيين.

غالبًا ما نركِّز على البركات التي تفوَّه بها الربُّ يسوع، متناسين أنَّه تفوَّه بلعنات أيضًا. ففي زمن الربّ يسوع كان مجموع سكَّان المدن الأربع الكبيرة الممتدة على شاطئ الجليل مئتين وخمسين ألف نسمة. أمَّا اليوم فبقيت بلدة واحدة. لماذا؟ لأنَّ الربَّ يسوع قال: "ويل لك يا كورزين... ويل لك يا بيت صيدا... وأنت يا كفرناحوم..."، وقد اختفت جميع تلك المدن. فالبلدة الوحيدة التي لم يلعنها الربّ يسوع هي طبريَّة، وهي ما تزال قائمة.

ج. اهتمامه بالمؤمنين، يهودًا وأُممًا

دليل التلمذة

رأينا سابقًا أنَّ متَّى كتب إنجيله وفي فكره المؤمنون الحديثو الإيمان. ويمكننا اكتشاف هدفه من وصيَّة الربِّ يسوع في نهاية الإنجيل إذ يترك لأتباعه مُهمَّة يقومون بها: "اذهبوا وتلمذوا جميع الأُمم وعمِّدوهم... وعلِّموهم أن يحفظوا جميع ما أوصيتُكم به."وتشكِّل هذه الكلمات الأساس لنفهم هدف متَّى وهو **مساعدة التلاميذ** بتعليمهم ما أوصى به الربُّ يسوع. ويمكننا أن نُطلق على إنجيله الاسم "دليل التلمذة".

إنَّه الإنجيل الأفضل ليقرأه حديث الإيمان. فهو مُصمَّم أو مُهيَّأ بأُسلوب يعلِّمه كيف يريد له أن يعيش الآن بعدما أصبح تلميذًا لالربّ يسوع المسيح. فالحياة المسيحيَّة تبدأ **بقرار** اتِّباع الربِّ يسوع، لكن يتطلَّب الأمر سنين ليصبح الإنسان **تلميذًا**. والمفتاح الرئيسي هو تعلّم **كيف تعيش في ملكوت السموات في حينَ ما تزال على الأرض**. فقد كتب متَّى إنجيله بهدف أن نتلمذ الآخرين.

الكنيسة

يفسِّر هذا الهدف سبب كون متَّى الإنجيل الوحيد الذي يذكر كلمات المسيح عن الكنيسة. وقدِ استُخدمت كلمة الكنيسة في معنيين: **الكنيسة الشَّاملة والكنيسة المحلِّيَّة**.

ويظهر الاستخدام الأوَّل بعد اعتراف بطرس بأنَّ الربَّ يسوع هو "المسيح ابن الله الحيّ". وقد شكَّل هذا الاعتراف نقطة تحوُّل أساسيَّة في الإنجيل. فبعد أن عرف أتباعُ المسيح مَن هو، بإمكان الربِّ يسوع أن يبني كنيسته. ولأجل بنائه للكنيسة، لا بدَّ أن يموت على الصليب. وتشير كلمة الكنيسة هنا إلى "الكنيسة الشاملة"، أي كنيسة المسيح بِمُجملها. فهناك كنيسة واحدة لالربّ يسوع المسيح وهو في صدد بنائها.

يأتي المعنى الثاني للكلمة في الأصحاح 18: "وَإِنْ أَخْطَأَ إِلَيْكَ أَخُوكَ فَاذْهَبْ وَعَاتِبْهُ بَيْنَكَ وَبَيْنَهُ وَحْدَكُمَا. إِنْ سَمِعَ مِنْكَ فَقَدْ رَبِحْتَ أَخَاكَ. وَإِنْ لَمْ يَسْمَعْ، فَخُذْ مَعَكَ أَيْضًا وَاحِدًا أَوِ اثْنَيْنِ، لِكَيْ تَقُومَ كُلُّ كَلِمَةٍ عَلَى فَمِ شَاهِدَيْنِ أَوْ ثَلاَثَةٍ.

وَإِنْ لَمْ يَسْمَعْ مِنْهُمْ فَقُلْ لِلْكَنِيسَةِ. ولا يمكن أن يعني بذلك الكنيسة الشَّاملة، بل بالأحرى الكنيسة المحلِّيَّة التي يكون الفرد جزءًا منها.

يُظهِر متَّى في هذين القولين معنيَي كلمة "الكنيسة" في العهد الجديد: فهناك كنيسة المسيح التي هو بصدد بنائها، وهناك الكنيسة المحلِّيَّة (التي هي جزء من الكنيسة الشَّاملة؛ وإلى تلك يمكن أن تقدِّم شكواك عند الحاجة.

متَّى هو الوحيد الذي يتكلَّم عن الكنيسة، ومن الواضح أيضًا أنَّ بعضًا من تعليمه موجّه إلى أيَّام الكنيسة المقبلة أي ما بعد يوم الخمسين. فهو يذكر تعاليم لم تنطبق على سامعيه آنذاك فمثلاً، نجد في الأصحاح العاشر، المؤلَّف من سبع وثلاثين آية، اثنتي عشرة آية فقط تتناسب مع المستمعين. ويتكلَّم الأصحاح عن اضطهاد الأمميين، لكن في تلك المرحلة لم يكن الأُمميُّون متورِّطين في أيّ نوع من الاضطهاد. إذًا، أضاف متَّى كلامًا تفوَّه به الربُّ يسوع وقد وجَّهه إلى **المستقبل**. كذلك، فإنَّ "التأديب الكنسي" المذكور في الأصحاح الثامن عشر لا بدَّ أنَّه أُعطي في فترة لاحقة، إذ لم يكن بإمكان التلاميذ فهمه آنذاك.

الملكوت

تميَّز متَّى بذكره تعاليم عن الكنيسة، وذكر تعاليم عن الملكوت ذُكِرت أيضًا في الأناجيل الأُخرى. لكن يبدو أنَّ متَّى كان **مهتمًّا جدًّا** بأمر "الملكوت"، ولم يعطِ باقي الكتَّاب الأهميَّة ذاتها للموضوع. ورأينا سابقًا أنَّه قسَّم تعاليم الربِّ يسوع إلى خمسة أجزاء تتمحور جميعها حول موضوع الملكوت. كذلك، فإنَّ الأمثال التي ذكرها تبدأ العبارة: "يشبه ملكوت السموات...". تُمثِّلُ هذه الفكرة الرئيسيَّة تعاليم الربِّ يسوع وهي موجودة في كامل قصَّة الكتاب المقدَّس، كما نرى الربّ يعمل على إعادة تأسيس ملكوت السموات على الأرض. وهي بالفعل الفكرة التي تربط اليهود والمسيحيين، إذ ينتظر الشعبان ملكوت الله. وهنا يأتي هدف متَّى في توحيد اليهود والأمم.

لكنْ توجد بعض الفوارق الأساسيَّة بين **توقّعات اليهود** من ناحية الخدمة، **والتجربة المسيحيَّة** من ناحية الملكوت. ويفسِّر كلّ ذلك لماذا لم يستطع بعض من اليهود استيعاب أنَّ الربّ يسوع

هو المسيَّا. ومن المهمّ أن نفعل ذلك إن كنَّا نريد أن نستوعب تعليم الربِّ يسوع عن هذه الفكرة. (راجع الرسم التالي).

بالنسبة إلى اليهود، فإنَّ ملكوت الله يأتي في المستقبل. إنَّه لم يأتِ بعد ولذلك فهم يطلقون عليه الاسم: "الزمن الآتي."وحين يعيِّد اليهود اليوم عيد المظالِّ في شهر أيلول أو تشرين الأوَّل، فإنَّهم يتطلَّعون بشوق إلى مجيء المسيَّا لكي يؤسِّس ملكوت السموات هنا على الأرض. فهذا موضع أملهم. وهم ينظرون إلى الوقت الحاضر على أنَّه "الزمن الحاضر الشرِّير"، حيث يملك إبليس على العالم. فهو رئيس هذا العالم إلهُ هذا الدَّهر. وقد استخدم الربُّ يسوع وبولس الرسول هذين اللقَبيَن عن إبليس، إنَّما كان اليهود يعرفونهما من قبل.

أ. اليهود	**ب.**
اقتباسات	المؤمنون (الكنيسة)
تفاسير	الأمم
مؤلفات	التلاميذ
"ناموس" = 5x	**دليل التلمذة**

ملكوت السماوات = (الرب)

أ. اليهود

ب. المؤمن

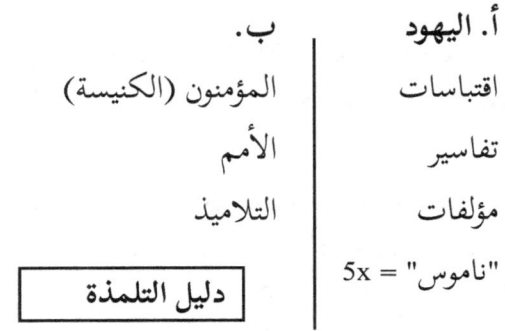

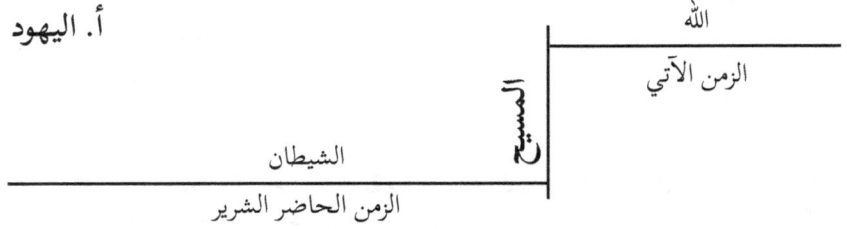

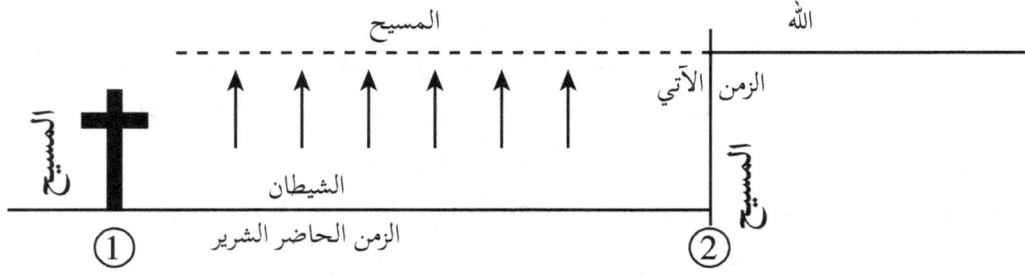

الفرق في الإيمان المسيحي بالنسبة للمستقبل هو التالي:

يؤمن المسيحيّون بأنَّ المسيَّا (المسيح) قد أتى بالفعل، وبأنَّه سيأتي مرَّة ثانية. ويتكلَّم الربُّ يسوع عن هذا الأمر في إنجيل متَّى بوصفه من أسرار الملكوت أي أنَّ المسيح سيأتي مرَّة ثانية وليس مرَّةً واحدة فقط. إذًا، "الزمن الآتي" الذي يترقَّبه اليهود بشوق قد أتى فعلاً وهو الآن، لكنَّه يتداخل مع "الزمن الشرير الحاضر"، بدل أن يحلّ مكانه كما يتوقَّع اليهود. والزَّمنان يتداخلان مع مجيئَي المسيح الأوَّل والثاني. والسبب الذي يجعل المؤمنين متوتِّرين هو أنَّنا نعيش في فترة "تداخُل العصور". فالملكوت موجود الآن وليس في المستقبل، وقد بدأ لكنَّه لم يتمّ بعد، ولذلك ما تزال الفرصة مفتوحة للدخول إليه.

وبعد أن فهمنا أكثر عن الملكوت الآتي، بإمكاننا أن نفهم أكثر لماذا أتت رسالة الإنجيل كتحدٍّ لليهود الذين ظنّوا أنَّهم صالحون كفايةً ليدخلوا إلى الزمن الآتي. وقد قال لهم يوحنَّا المعمدان إنَّ عليهم أن يتوبوا عن خطاياهم ويعتمدوا في نهر الأُردنِّ حتَّى تُغفر لهم خطاياهم استعدادًا لمجيء الملكوت. وقد غَفلَ معظمهم عن تلك الحاجة. وعندما نفهم تلك الفكرة المختلفة عن الملكوت، عندئذٍ يمكننا أن نفهم بطريقة أفضل تعاليم الربِّ يسوع والصراعات التي واجهها.

لقد تيقَّن متَّى بأن يتوازن التعليم عن الملكوت مع التعاليم الأُخرى، لأنّ التركيز على الملكوت وعلى كوننا نحن تحت إمرة الملك يمكن أن يقودنا إلى أن ننظر إلى علاقتنا بالربِّ من هذا المنطلق فقط. وغالبًا ما يدلّ عدد المرَّات التي استُخدمت فيها كلمةٌ ما على تأكيد الكاتب أمرًا ما. إذ يذكر متَّى كلمة "الآب" أربعًا وأربعين مرَّة مقابل أربع مرَّات استخدمها مَرقُس، وسبع عشرة مرَّة استخدمها لوقا. وهو يشدِّد على أنَّه يمكننا كرعايا المَلِك السماوي أن ندعوَه "أبانا." فنحن أولاد ورعايا في آنٍ معًا. ولو كنَّا مجرَّد رعايا نسعى إلى طاعة الملك، لبدأنا بالظنّ أنَّ طاعتنا ربَّما تخلّصنا وننسى علاقة المحبَّة التي دعانا إليها الربّ. إذًا، هذا هو نقيض الحياة المستندة إلى القوانين والأوامر والأنظمة.

يمكننا أن نشير إلى الفكرة الرئيسيَّة في إنجيل متَّى بعد أنَّ فهمنا معنى الملكوت، وهي: **كيف يمكن أن نعيش في الملكوت اليوم؟** دعونا نُلقِ نظرة سريعة على "العظات" الخمس التي جمع فيها متَّى تعليم الربِّ يسوع عن الملكوت.

1. أُسلوب حياة الملكوت (الأصحاحات 5-7)

هذا الجزء معروف أكثر "بالموعظة على الجبل"، وغالبًا ما يُساء فهمه. فهو لا يتضمَّن تعليمات من الربِّ يسوع لغير المؤمنين تُبيِّن كيف يعيشون. ومن الصعب على المؤمن أن يعيش بهذه الطريقة، فكيف لغير المؤمن أن يفعل ذلك؟ تُعلِّم هذه العظة **كيف يجب على المؤمنين أن يعيشوا بعدما دخلوا إلى الملكوت.**

تبدأ الموعظة بمجموعة من العبارات المميَّزة: "طُوبَى لِلْمَسَاكِينِ بِالرُّوحِ، لأَنَّ لَهُمْ مَلَكُوتَ السَّمَاوَاتِ. طُوبَى لِلْحَزَانَى، لأَنَّهُمْ يَتَعَزَّوْنَ. طُوبَى لِلْوُدَعَاءِ، لأَنَّهُمْ يَرِثُونَ الأَرْضَ. طُوبَى لِلْجِيَاعِ وَالْعِطَاشِ إِلَى الْبِرِّ،

لأَنَّهُمْ يُشْبَعُونَ. طُوبَى لِلرُّحَمَاءِ، لأَنَّهُمْ يُرْحَمُونَ. طُوبَى لِلأَنْقِيَاءِ الْقَلْبِ، لأَنَّهُمْ يُعَايِنُونَ اللهَ...". فالربُّ يسوع هنا يصف إنسانًا جديدًا من نوعٍ آخر ذا شخصيَّة متغيِّرة.

بعد استِهلال العظة "بالتطويبات"، تتناول الوصايا المذكورة فيها مجالات واسعة وعمليَّة بامتياز، ومنها مثلاً التالي:

- تصبح قاتل نفس عندما تدعو أحدهم "أحمق".
- يقول ناموس موسى: "لا تعاشر امرأة ليست زوجتك"، أمَّا الربُّ يسوع فيقول: "لا تنظر إلى امرأة لتشتهيَها."
- يقول أيضًا: "لا تطلِّق وتتزوَّج من جديد."
- نقرأ أنَّه لا ينبغي أن نقلق، لأنَّه إن قلقنا فنحن نقلِّل من مكانة ملك السموات الذي يهتمّ بخلائقه، وهو سوف يهتمّ بنا.

هذا هو أُسلوب حياة الملكوت؛ وتُقدِّم هذه الأصحاحات مادَّة ممتازة لحديثي الإيمان. والنقطة الأساسيَّة هي أنَّ هؤلاء لم يخلُصوا **بسبب** أُسلوب الحياة هذا، بل **لأجله**.

2. رسالة الملكوت (9:35-10:42)

تأتي هذه "العظة" كتتمَّة للعظة الأُولى. إذ يُعلِّم متَّى أنَّه عندما يدخل إنسان ما إلى الملكوت، فعليه أن يحمل الرسالة الساعية إلى اجتذاب آخرين إلى ملكوت الله. ويأتي الجزء الأكبر من تعليم الربِّ يسوع عن الكرازة في الأصحاحين التاسع والعاشر.

يطلب الربُّ يسوع من تلاميذه أن يُظهِروا حقيقة الملكوت بأن يُقيموا الموتى، ويطردوا الشياطين، ويشفوا المرضى، ثُمَّ يخبروا الذين شاهدوا ذلك أنَّ الملكوت قريب. إذًا، يجب أن تسبق **الأفعالُ الأقوالَ** عن الملكوت. ثمَّ يقدِّم النصّ تفاصيل تُبيِّن كيف يجب أن يسافروا، وماذا يجب أن يأخذوا معهم، وكيف يجب أن تكون ردّة فعلهم على أيَّة مقاومة يواجهونها.

3. نموّ الملكوت (13:1-52)

ثمَّ ننتقل من الإرساليَّة إلى النموّ. فماذا يجب علينا أن نتوقَّع بالنسبة إلى **انتشار الملكوت**؟ ويأتي التعليم هنا من خلال سلسلة من الأمثال:

- الزارع: يجب علينا ألَّا نهلع إن لم نأتِ بثمرٍ ثلاثٍ من أصل أربع بذرات. إذ يمكنك من بذرة جيدة تقع في تربة صالحة أن تأتي بثمر: ثلاثون وستون ومئة ضعف. فالعمليَّة تستحق العناء.
- القمح والزوان الناميان معًا: فمملكة إبليس ستنمو بجانب مملكة الرب، إلى أن ينفصلا في الحصاد الأخير.

- بزرة الخردل: يصف الربُّ يسوع بزرةً تنمو لتصبح شجرة كبيرة، مشيرًا بذلك إلى نمو مملكة الله من بداية صغيرة بالتوازي مع نمو الكنيسة. لقد بدأ الربُّ يسوع بأحد عشر رجلاً ولديه الآن مليون ونصف مليون إنسان!
- اللؤلؤة الكثيرة الثمن: نتعلَّم كيف يجب أن نعطي قيمة للملكوت لأنَّه يُشبه لؤلؤة كثيرة الثمن. وعلينا أن نكون جاهزين لأنْ نتخلَّى عن كلّ ما نملك لنقتنيها.
- الشبكة: يطلب منَّا الربُّ يسوع ألَّا نقلق بشأن "المؤمنين" السيئين، لأنَّ ملكوت السموات يشبه شبكة كبيرة تحتوي على أنواع متنوعة من السمك، منها الجيِّد ومنها غير الجيِّد. فيقول إنَّه علينا أن ننتظر إلى أن يصل "السمك" إلى الشاطىء في اليوم الأخير، بدل فرزِهِ مباشرة بعد أن نصطاده.

4. مجتمع الملكوت (18:1-35)

هنا يذكر متَّى بعض تعاليم الربِّ يسوع بشأن العلاقات داخل الكنيسة. ويقول لنا كيف يجب أن نتعامل مع الذين يبتعدون عن الإيمان، وكيف يجب أن نتصرَّف مع الذين يُخطئون إلى آخرين في داخل الكنيسة.

5. مستقبل الملكوت (الأصحاحان 24-25)

في الوقت الذي كتب فيه متَّى إنجيله، كان الكثير من المؤمنين يتساءلون: مَتَى سيرجع الربُّ يسوع؟ فأضاف متَّى، كما فعل لوقا ومَرقُس، مقطعًا يساعد قرَّاءه على معرفة ماذا عساهم أن يتوقّعوا من **إشارات تدل على رجوعه**.

الموضع الذي قيلت فيه هذه "العظة" مميَّز جدًّا، إذ كان الربُّ يسوع والتلاميذ جالسين على جبل الزيتون المطلّ على الهيكل، فسأل التلاميذ الربَّ يسوع عن نهاية الأيَّام. فيربط متَّى سؤال التلاميذ بنبوَّة الربِّ يسوع أنَّه يومًا ما سيُدمَّر الهيكل.

يقول لهم الربُّ يسوع عن أربع علامات يتطلَّعون إليها قبل مجيئه:

1. كوارث تحدث في العالم: حروب ومجاعات وزلازل ومسحاء كذبة.
2. تطوُّرات في الكنيسة: اضطهاد على المستوى العالمي، أعداد تتساقط، أنبياء كذبة، إرساليَّة متمَّمة.
3. خطر في الشرق الأوسط: دكتاتور شرِّير، مِحَن غير مسبوقة (لكن محدودة)، مسحاء كذبة، أنبياء كذبة.
4. السماء تُظلم: تختفي الشمس والقمر والنجوم، أنوار غريبة في السماء، مجيء المسيح الحقيقي واجتماع المؤمنين من "رياح الأرض الأربع".

وبالنسبة لتلك العلامات الأربع، فإنَّنا حاليًا نُعاين الأُولى، والثانية هي على الأبواب، وعندما تظهر الثالثة فإنَّ الرابعة تتبعها مباشرة.

ويُكمِل متَّى هذا الجزء بسلسلة من الأمثال تركِّز على أنَّه يجب أن نكون مستعدِّين لرجوع المَلِك. ونقرأ في كلِّ مثَل تأكيدًا أنَّ الربَّ سيرجِعُ بعد زمان في وقتٍ غير مُتوقَّع، إشارةً إلى ضرورة الانتظار بأمانة لأنَّه لن يتأخَّر.

أفكار رئيسيَّة

رأينا إلى الآن عددًا من الأفكار الرئيسيَّة التي انشغل بها متَّى. ونتطرَّق الآن إلى ثلاثِ فِكَرٍ أُخرى، وهي أساسيَّة للتلمذة في الملكوت.

1. الإيمان

الفكرة الأُولى التي تتكرَّر هي فكرة الإيمان. ولا يتميَّز متَّى بهذه الفكرة، إلاَّ أنَّ من الواضح أنَّها تهمُّه جدًّا. وفحوى رسالته هي أنَّ عَضوَ المملكة الذي هو ابن للآب يعيش بالإيمان. ولا يتم هذا الأمر مرَّة واحدة، بل إنَّ من يؤمن يستمر بالإيمان. وغالبًا ما يسأل الربُّ يسوع الناس في إنجيل متَّى: "هل تؤمن بما قلته لك؟ هل تؤمن بأني أستطيع أن أفعل ذلك؟" فالربُّ يسوع يتوقَّع **ثقة مستمرَّة** به وبكلمته. وقد قدَّم الربُّ يسوع تهنئة لقائد المئة على إيمانه عندما أتى إليه ليشفي له ابنه خلافًا لعدم إيمان جزء كبير من شعب إسرائيل.

2. البـرّ

فكرة أُخرى لا نجدها في الأناجيل الأُخرى هي فكرة البر، أي الحاجة **إلى العمل فضلاً عن الإيمان**. ومن الواضح أنَّ هذه الوصيَّة مهمَّة جدًّا، فأنت تؤمن أوَّلاً، وإيمانك يقودك لكي تعمل. لِنُلقِ نظرة مثلاً على أقصر الأمثال المذكورة في هذا الإنجيل عن رجُل طلب من ولديه العمل في كرمه. فقال له الأوَّل إنَّه سيذهب، لكنَّه لم يذهب. وقال له الثاني إنَّه لن يذهب، لكنَّه ذهب. فسأل الربُّ يسوع مَن مِنَ الاثنين فعل مشيئة الأب، مشيرًا بذلك إلى أنَّه يمكن أن ندَّعي أنَّنا طائعون، لكنَّنا نكذب إذ لا نطيع كما يجب. فالتلمذة ليست أن تؤمن فقط، بل أن تقوم بما هو بـرّ بطريقة عمليَّة.

وتظهر هذه الفكرة في أماكن عديدة من إنجيل متَّى، وهي السبب الخفيُّ الذي دفع الربَّ يسوع لأنْ يتعمَّد، ويُظهِر سبب معموديته الذي غالبًا ما يُساء فهمها. لماذا تعمَّد الربُّ يسوع؟ لم يكن لديه أيّة خطايا ليغسلها، إلاَّ أنَّه أتى إلى يوحنَّا المعمدان لِيُعمِّدَه. وعندما اعترض يوحنَّا قائلاً إنَّ الربَّ يسوع يجب أن يعمِّده هو، أصرَّ الربّ يسوع قائلاً: "يَلِيقُ بِنَا أَنْ نُكَمِّلَ كُلَّ بِر". ولم تكن المعموديَّة فِعلَ توبة بالنسبة إلى الربِّ يسوع كما كانت بالنسبة إلى الجميع، إلاَّ أنَّها كانت فِعلَ بـرّ. لقد كان أبوه قد قال له أن يقوم بذلك، وهو أطاع.

إذًا، يبرهن الربُّ يسوع في بداية الإنجيل أهميَّة جعل نفسه قدوةً أمام أتباعه. ولا عجب أنَّ تعليم الربِّ يسوع تمحور حول هذه الفكرة. فقد قال: "إِنَّكُمْ إِنْ لَمْ يَزِدْ بِرُّكُمْ عَلَى الْكَتَبَةِ وَالْفَرِّيسِيِّينَ لَنْ تَدْخُلُوا مَلَكُوتَ السَّماوَاتِ." وكان الفريسيّون مجموعة من الرجال المتديِّنين جدًّا، فكانوا يصومون مرَّتين في الأُسبوع، ويعشِّرون كلّ ما يملكون، وكانوا يسافرون برًّا وبحرًا ليبشِّروا آخرين. فكانوا مرسلين رائعين، يقرأون كتبهم المقدَّسة ويصلّون. إلاَّ أنَّ الربَّ يسوع قال إنَّ برّ أتباعه يجب أن يزيد على برّ هؤلاء.

وكما أنَّه من المهمِّ أن نفهم معنى الإيمان بالتحديد، كذلك فمن المهمِّ أن نفهم فكرة البرِّ كما يقدِّمها لنا متَّى. فالربّ يسوع لا يقول إنَّنا نخلص **بواسطة** البرّ، لكنَّنا نخلص **لأجل** البر. والفرق كبير بين الاثنين. فإذا قرأ غير المؤمن إنجيل متَّى، فربَّما ظنَّ أنَّه أن تكون مؤمنًا هو أن تعمل الصلاح، لكن في الواقع أنت مدعو، بعد أن تؤمن وتخلص وتُغفر لك خطاياك، لأنْ تُظهِر البرَّ المذكور في إنجيل متَّى.

3. الدينونة

ربَّما تدعونا الفكرة الرئيسيَّة الثالثة إلى التعجّب، إذ تبدو كأنَّها تناقض الفكرة بأنَّ متَّى كتب إنجيله للمؤمنين. فجزء كبير منه يتضمَّن تعاليم عن الدينونة خرجت من شفتي الربِّ يسوع. ونجد بعد البحث الدقيق أنَّ جميع تلك التعليمات، باستثناء اثنتين منها، أُعطيت للمؤمنين المولودين ثانية. فمتَّى **يحذّر التلاميذ من عدم الشعور بالرضا عن الذات**. وادَّعاؤنا اتِّباع الربِّ يسوع لا يقدم لنا تأشيرة دخول إلى السماء، ما دام على أتباعه أن يَهابُوه ويُطيعوه في كلِّ شيء إن أرادوا أن يُلازِموا "الطريق الصحيح". وبينما أعطى الربُّ يسوع تحذيرين فقط من الدينونة للفريسيين، وجَّه التحذيرات الباقية إلى الذين تركوا كل شيء ليتبعوه. وما يدهشنا أكثر هو أنَّه لم يقدِّم هذا النَّوعَ من التحذيرات لغير المؤمنين.

وتتضح هذه الفكرة خصوصًا عندما ندرس سياق الكلام الذي أتت فيه إحدى عبارات الربِّ يسوع الشهيرة عن الجحيم: " وَلاَ تَخَافُوا مِنَ الَّذِينَ يَقْتُلُونَ الْجَسَدَ وَلكِنَّ النَّفْسَ لاَ يَقْدِرُونَ أَنْ يَقْتُلُوهَا، بَلْ خَافُوا بِالْحَرِيِّ مِنَ الَّذِي يَقْدِرُ أَنْ يُهْلِكَ النَّفْسَ وَالْجَسَدَ كِلَيْهِمَا فِي جَهَنَّمَ." فإلى مَن كان يتكلّم؟ كان في الواقع يوجِّه حديثه إلى المؤمنين المرسلين (الاثني عشر) قبل أن يرسلهم مباشرة ليعلنوا ويُظهِروا ملكوت الله. ولم يقل لهم إنَّ الخوف من جهنَّم يجب أن يكون جزءًا من رسالتهم للخطاة، بل عليهم هم أنفُسِهم أن يخافوا منها. لأنَّهم عندما يخافون من جهنم لا يعودون يخافون من أي شيء أو أي شخص آخر. حتَّى إنَّهم لا يعودون يهتمون إنِ استُشهدوا.

لو كان إنجيل متَّى موجودًا وحده في كامل العهد الجديد، لكان كافيًا لنا كي نعرف أنَّ على المؤمنين المدَّعين أن يخافوا من أن ينتهيَ الأمر بهم في مَكَبِّ نُفايات الذي دعاه الربّ يسوع "جهنَّا" أو وادي ابن هنّوم وكان يقع خارج أُورشليم حيث كانت تُرمى القمامة ليتم حرقها في ما بعد.

يمتلىء إنجيل متَّى بالحكمة بالنسبة إلى تلاميذ المسيح، إذ يعلِّمهم ضرورة الجدِّيَّة والمثابرة وإكمال مسيرة الإيمان والسير مع الربِّ يسوع إلى النهاية.

كيف يجب أن تُعلَّم رسالة متَّى؟

ربَّما نسأل: لماذا استخدم متَّى هيكليَّة إنجيل مَرقُس إذا كان هدفه تقديم دليل للتلمذة؟ لماذا لم يُطلِق عليه العُنوانَ "دليل التلمذة"، ولم يدوِّن التعاليم التي يحتاجُ إليها أيُّ تلميذ؟

تُقدِّم لنا الإجابة عن هذا السؤال فهمًا أعمق لهذا الأمر: كيف أراد الربُّ يسوع ومتَّى أن يتعلَّم مستمعوهُما وقرَّاؤهما.

سياق النصّ

قدَّم متَّى التعليم تمامًا كما قاله الربُّ يسوع في الأصل. وقد قدَّم المسيحُ تعليمه في إطار أعماله، وقام بالمعجزات في إطار تعليمه. فالتعليم يجب أن يُقدَّم في هذا الإطار العمَليّ. إذ نحنُ بحاجة **إلى التوازُن بين الكلمات والأعمال**.

عمليَّة ذات اتِّجاهَين

علينا أن نعرف أيضًا **الأدلَّة** الموجودة في الإنجيل، أي **ماذا فعل المسيح من أجلنا**، ومن ثَمَّ نتواجه مع **الأوامر** المذكورة فيه، أي **ماذا علينا أن نفعل نحن لأجل الربّ**. ولا بدَّ أن نتوه إن كنَّا نركِّز على واحدة دون الأُخرى. وإن كنَّا نركِّز على ما فعله الربّ، فربَّما نظنّ أنَّه يجب ألَّا نقوم بأيِّ أمر، وبذلك نُبيحُ لأنفسنا أن نعيش كيفما نشاء. وإن كنَّا نركِّز على كلّ ما يمكن أن نفعله للربّ، فربَّما نظنّ أنَّ الأمر يتعلَّق بنا نحن، وهذا يقودنا إلى التعلُّق بالناموس (أي أنَّ أعمالي تؤهِّلني لنيل الخلاص). لكن يجب أن تكون أعمالنا نتيجة لإيماننا، فنحن نُظهر في الخارج نتيجة عمله في دواخلنا. وتُحرِّرنا قوَّة الملكوت من الخطيَّة حتَّى نستطيع أن نعيش في طهارة الملكوت. والملكوت هو عرض وأمر في آنٍ معًا. فإنَّ ما يفعله الرب لنا وما نفعله نحن له هُما في صُلب الإنجيل الذي هو الأخبار السارَّة عن الملكوت.

من المهمّ جدًّا أن نوازن بين الأدلَّة والأوامر، خاصَّة عندما نفكِّر في صليب المسيح، لأنَّه من الخَطِر جدًّا فصلُ تعاليم المسيح عمَّا فعله من أجلنا. ولا يمكننا أن نعلِّم الناس كيف يعيشون الحياة المسيحيَّة **دون** أن نقدِّم لهم تعاليم المسيح في إطار ما فعله من أجلهم على الصليب. ويطلب منَّا متَّى أن نُبقيَ شعور الامتنان مُستَعِرًا في دواخلنا، من أجل كلّ ما فعله الربُّ يسوع. وقدِ اختار بكلِّ حكمة أن يقدِّم تعاليم الرسل في إطار الأخبار السارَّة، ويؤكِّد أنَّ شخص الربِّ يسوع الذي طلب كلّ ذلك من تلاميذه هو نفسُه الربُّ يسوع الذي أبرأ المرضى، وأقام الموتى، ومات من أجلنا ثمَّ قام ثانيةً.

الخاتمة

كان إنجيل متّى هو الإنجيل المفضَّل لدى الكنيسة الباكرة. فقدِ انصبَّ اهتمامُ المؤمنين على الوصيَّة العظمى بأن يذهبوا إلى العالم أجمع ويُتَلمذوا جميع الأُمم ويعلِّموهم بكلِّ ما قاله

وساعدهم إنجيل متّى على القيام بذلك ككُرَّاس تلمذةٍ لليهود والأُمميِّين على حدٍّ سواء. إذ ربط هذا الإنجيلُ العهدين القديم والجديد، وأخبر العالم كلّه أنَّ المسيح، ملك اليهود، قد أتى متمِّمًا الوعد لإبراهيم بأنَّ من خلال "نسلِه" ستتبارك جميع شعوب الأرض. ها هو ابن داود قد أتى أخيرًا! ويخبرنا هذا الإنجيل كيف يجب أن نعيش تحت إمرة هذا الملك.

لوقا وأعمال الرسل

المقدمة

يتألَّف الكتاب المقدَّس من كلمات الناس **وكلمة** الرب التي كتبها كُتَّاب بشريون، لكن نقَّحها محرِّر إلهيّ. وكان معظم الكتَّاب يتجاوبون مع حالة طارئة، ولم تكن لديهم أيَّة فكرة أنَّ الذي يكتبونه سيصبح جزءًا من الكتاب المقدَّس. إذًا، تمكننا دراسة الكتاب المقدَّس على مستويين: المستوى التاريخي والمستوى الوجوديّ. فنسأل على المستوى التاريخي: لماذا كُتِب السِّفر؟ ما كان الدافع الإنساني وراء كتابته؟ ويمكننا أن نسأل على المستوى الوجوديّ: لماذا السِّفرُ موجود في الكتاب المقدَّس؟ لماذا يريد لنا الربّ أن نعرف عنه؟ سوف نستخدم هذا الأُسلوب فيما ندرس سِفرَي لوقا وأعمال الرسل لاحقًا. فالسِّفران كُتِبا بقلَم كاتب واحد، وهما يشكِّلان معًا وثيقةً خاصَّة. فمن كان لوقا، ولماذا كتب هذين المجلَّدين؟

من هو لوقا؟

1. أمميّ

يتميَّز لوقا عن باقي كُتَّاب الكتاب المقدَّس بكونه الكاتب الأُمميّ الوحيد. ويعود أصل اسمه إلى الكلمة "لوكاس"، ويعود أصله إلى مدينة أنطاكية الواقعة في أقصى شمال أرض الآباء في سوريا، والتي كانت، بالنسبة إلى العالم القديم الواقع شرقيّ البحر المتوسِّط، توازي مدينة باريس الحديثة.

وقد تأسَّست أوَّل كنيسة أُمميَّة في أنطاكية، حيثُ دُعيَ التلاميذ "مسيحيِّين" أوَّل مرَّة، إذ أطلق عليهم سكَّان المنطقة ذلك اللقبَ الذَّامَّ لاتِّباعهم المسيح. وبينما انتشر هذا اللقب اليوم، ويحمل معاني واسعة، فإنَّ الكلمة "مؤمن" أو "تلميذ" كانت مستخدمة أكثر في سفر أعمال الرسل.

وساعد وضع لوقا كأُمميّ على أن يُظهِرَ في كتاباته كيف أنَّ الإنجيل إنتشر من أُورشليم إلى روما. ويمكن أن ننسى أنَّه من المميَّز أن يتخطَّى أيُّ دين الحواجز الإثنية، خاصَّة بالانتقال من الخلفيَّة اليهوديَّة إلى الشُّعوب الأُمميَّة. فغالبًا ما يبقى الناس في دياناتهم التي وُلدوا فيها. أمَّا المسيحيَّة فقدِ انتقلت من شعب إلى آخر. ويظهر هذا التركيز على القرَّاء الأُمميِّين بطريقتين، فمثلاً: يتحاشى لوقا استخدام تعابير عبريَّة وآراميَّة مثل "رابي" أو "أبا" المستخدمتين في متَّى ومَرقُس، مفضِّلاً استخدام كلمات كتلك المستخدمة في اللغة اليونانيَّة للتأكّد من أنَّ قُرَّاءَهُ يفهمون ما يكتبه.

2. طبيب

كان الطبّ مهنة لوقا، ويدلُّ عليه بولس بصفته "الطبيب الحبيب"، في رسالته إلى كنيسة كولوسي. وكان الطب قد بدأ بالتطوّر في السِّنين الأربع مئة السابقة، وكان الأطباء يتلقَّون تدريبًا مكثّفًا. فوَجَبَ على لوقا أن يكون شديد الملاحظة ومحلِّلاً وحذرًا في تدويناته، وقدِ استخدم تلك المهارات في كتابته الإنجيلَ الذي يحمل اسمه وسفرَ أعمال الرسل.

وتُظهِر بعض الأحداث في الإنجيل خلفيَّة لوقا الطِّبيَّة. فقصَّة ولادة الربّ يسوع مثلاً سُجِّلت من وجهة نظر مريم. ونقرأ عن تفاصيل ختان الربّ يسوع وتقميطه وعن أُمور أُخرى تلفت اهتمام الطبيب عادة. (وبالمناسبة، فإنَّ لوقا يقدِّم لنا نسب مريم لإقتفاء سُلالة المسيح من جهة الجسَد، بينما يقدِّم لنا متَّى نسب يوسف). وعندما وصف مَرقُس مرض حماة بطرس قال إنَّها مصابة بحرارة مرتفعة، أمَّا لوقا فيصف بأنَّها "حمَّى". وكان خمسٌ من ستٍّ معجزات ذكرها لوقا لها علاقة بالشفاء.

الربُّ يستخدم طبيبًا ليقدِّم تقريرًا عن أُمور فوطبيعيَّة. فقلم لوقا سجَّل الولادة العذراويَّة، ومعجزات الربِّ يسوع، والعجائب المذكورة في سفر أعمال الرسل. وغالبًا ما يكون بعض الأطباء مشكِّكين بشأن أي أمر خارج الإطار الطبيعي الفيزيائي، لكنَّ لوقا يستخدم مهارتَيه، ككاتب وطبيب، ليسجِّل ما حصل، حتَّى لو كان الأمر بعيدًا عن المعرفة أو المهارة الطبيَّة.

3. مؤرِّخ

كان لوقا دقيقًا جدًّا في التفاصيل التي قدَّمها والكلمات التي استخدمها وفي فهم الفروقات بالنسبة إلى الحضارة. وبما أنَّه لم يكن تلميذًا مُباشرًا للربِّ يسوع فقدِ اعتمد في تجميع معلومات عن الربِّ يسوع على الذين عايشوا الربَّ يسوع عن كثب. وقدِ انتقد بعض المؤرِّخين المعاصرين كتاباته قائلين إنَّه أخطأ في بعض الأماكن، إلاَّ أنَّ بعض الحفريات اللاحقة أكَّدت ما قاله لوقا لدرجةِ أنَّه اعتُبر من أدقِّ مؤرِّخي عصره. وبالفعل، فإن كنَّا نعتبر "الإنجيل" نوعَ كتابةٍ غيرَ "التاريخ" كما ذكرنا سابقًا، فإنَّ لوقا هو **المؤرِّخ** الوحيد في كامل العهد الجديد. وكان هدفه الأساسي تقديم سرد دقيق وصحيح عمَّا قال الربُّ يسوع وفعل خلال حياته، بدل أن يعلن فقط الأخبار السارَّة عن الخلاص (رُغم أنَّه فعل ذلك أيضًا).

4. مسافر مخضرم

كان لوقا مسافرًا مخضرمًا أيضًا. وهو يسمِّي "بحر" الجليل "البحيرة"، إذ لا يتعدَّى طولها الثلاثة عشر كيلومترًا وعرضها الثمانية أمتار. وبالنسبة إلى رحَّالةٍ مخضرم، ليست هذه سوى بحيرة! لقد سافر مع بولس الرسول، ويظهر ذلك باستخدامه لضمير الجمع "نحن" في بعض المقاطع في سفر أعمال الرسل. ويبقى لوقا في الظِّلال كسائر كتَّاب أسفار العهد الجديد بهدف تحويل الانتباه عنه هو. لكن استخدام ضمير الجمع يُظهِر أنَّه كان موجودًا هناك. وقد كان لوقا رفيق بولس، خاصَّة في أسفاره في البحر من ترواس إلى فيلبّي، ومن فيلبّي إلى أُورشليم، ومن قيصريَّة إلى روما. وربَّما شعر بولس بالحاجة

إلى مرافقة طبيب له في عُرض البحر! وتصوِّر بعضُ كتابات لوقا الدقيقة، في آخر سفر أعمال الرسل، ظروف الرِّحلات، ثُمَّ تحطُّمَ السفينة بهم على شواطئ مالطا.

ويساعدنا استعدادُه للسَّفَر على أن نفهم كيف تمَّت كتابة سِفرَي لوقا وأعمال الرسل. فنعلم أنَّه جرى اعتقال بولس مدَّة سنتين في كلٍّ من قيصريَّة وروما. وسنرى لاحقًا أنَّ لوقا ربَّما كتب المجلَّدين خلال تلك الأوقات، فكتب الإنجيل في قيصريَّة وسفرَ أعمال الرسل في روما، حيث كان بإمكانه مقابلة بولس ساعة يشاء.

5. كاتب

يكتب لوقا بأُسلوب راقٍ ومثقّف، بلغة يونانيَّة مصقولة مشابهة لتلك التي كان يستخدمها المؤرِّخون الهيلينيّون. وسوف نتفحَّص مهارته ككاتب عندما ندرس سِفرَي لوقا وأعمال الرسل بالتفصيل. ويُعتبر سرده لتحطُّم السفينة في مالطا كأفضل روائع منظومات العالم القديم الأدبيَّة. فهو يملك مفردات جيِّدة، وأُسلوبا ممتازًا، وإمكانيَّةً لجذب انتباه القارىء. كما أنَّ بإمكانه الانتقالَ من حبكة إلى أُخرى بسرعة فائقة. كذلك تُظهِر مهارته في كونه مؤرِّخًا، فقد قام بالأبحاث الدقيقة وهو يعرف أيَّةَ معلومات يضيف وأيَّةَ معلومات يترك جانبًا.

6. مبشِّر

كان لوقا مبشِّرًا بواسطة قلمه بدل صوته. والكلمة المفتاح في السِّفرَين هي كلمة "الخلاص" التي تُستخدم مرارًا مع مُرادِفاتها. وكان اهتمام لوقا كأُمميّ أن يُظهِر أنَّ الخلاص "للجميع". ويسجِّل في الإنجيل الذي كتبه لجوء يوحنَّا المعمدان إلى الاستشهاد من سِفر إشعياء:"وَيُبْصِرُ كُلُّ بَشَرٍ خَلاَصَ اللهِ"، وقد ارتأى كثيرون أنَّ هذه هي الفكرة الرئيسيَّة الإنجيل.

سنرى لاحقًا في دراستنا لإنجيل لوقا كيف أظهر لوقا اهتمامًا بأنواع مختلفة من الناس، أُولئك الذين يقدرون أن يروا خلاص الرب، والذين سيرونه. كذلك، فإنَّ الفكرة الرئيسيَّة المُستَحوذة على سفر أعمال الرسل، هي انسكاب الروح القدس على كلِّ بشر: بدءًا من اليهود والسامريِّين إلى أَقصى الأرض. فهذا الدين "اليهودي" هو لكلّ من على وجه الأرض. ويُظهِر لوقا الربَّ يسوع مخلِّص العالم.

ويُخبِر التاريخ أنَّ لوقا تُوفِّي في العام 84 م في مدينة بُيوشا في اليونان، وأنَّه لم يكن متزوِّجًا.

القرّاء

ننتقل إلى القُرَّاء الموجَّهة إليهم كتابةُ المجلَّدين ، بعد أن تعرَّفنا بالكاتب. لقد كتب لوقا هذين المجلَّدين لرجل واحد هو ثاوفيلُس، ويعني اسمه حرفيًّا "مُحِبَّ الله". ويبدو من الغريب أن يصرف أربع سنوات في الأبحاث ليكتب إلى رجُل واحد فقط، حتّى لو فكَّر أنَّه يمكن أن يكبر عدد القرّاء يومًا ما. فمن كان ذلك الرجل ثاوفيلُس؟

تقول إحدى النظريَّات إنَّ ثاوفيلُس شخصيَّة وهميَّة، كما يمكن مثلاً أن يكتب كاتب ما كتابًا لمجموعة وهميَّة، مخاطبًا إيَّاها مثلاً بقوله: "سيِّدي المحترم". إذًا، اسم ثاوفيلُس مركَّب معناه "مُحِبّ الله"، ممَّا يدلُّ على شخص مهتمٍّ بأُمور الإيمان والتعرُّف بالربّ. ومهما تكن تلك النظريَّة صحيحة، فهي لا تتوافق مع كلّ الوقائع المذكورة.

ويقول بعضُهم إنَّه شخص حقيقي ربَّما كان ناشرَ كُتبٍ مهتمًّا بالإيمان المسيحيّ، الفكرة الجديدة الفاتنة. وبالطبع، من الأفضل أن نفكّر بأنَّ ثاوفيلُس كان إنسانًا حقيقيًّا. ويبدو أنَّه كان شخصيَّة مرموقة، يحتلّ منصبًا حكوميًّا، لأنَّ لوقا أضاف لقبًا قبلَ اسمه "أيها **العزيز** ثاوفيلُس". وقدِ استخدم اللقب نفسه عند مُخاطبة فستوس وفيلكس لمَّا ترأَّسا محاكمة بولس، الأمر الذي يشير إلى كونِ ثاوفيلُس محاميًا أو قاضيًا. فلماذا يقدِّم لوقا لمحامٍ تقريرًا متكاملاً عن الربِّ يسوع ومن ثَمَّ عن بولس؟

محامي دفاع بولس

يتّضح الأمر إن كنَّا نتخيَّل أنَّ ثاوفيلُس هو محامي دفاع بولس، أو حتَّى القاضي عند مُحاكمته في روما. وإن كان قد أدَّى أحد الدورَين، فلا بدَّ أنَّه كان عليه أن يجهِّز عرضًا قضائيًّا يفسِّر تفاصيل الأحداث التي أدَّت إلى المحاكمة.

كيف بدأت هذه "الدِّيانة" الجديدة؟ من هو المؤسِّس؟ كيف أصبح بولس جزءًا منها؟ كذلك، كونُه محاميًا جعله مهتمًّا على نحوٍ أخَصَّ بموقف السلطات الرومانيَّة من هذا الإيمان. فعندما سُجِن بولس في قيصريَّة، قام لوقا ببعض الأبحاث عن حياة الربِّ يسوع وموته. وقام أيضًا بكلّ الأبحاث و"التسجيلات" التي أسهم بها بولس في هذه الديانة الجديدة.

وتحتوي كتاباته آثارًا من شخصيَّته إذ أجرى مقابلات مع أشخاص مهمِّين في العهد الجديد أمثال يعقوب، وربَّما متَّى، وبالتأكيد يوحنَّا (ذُكِرت في إنجيل لوقا أُمور ذُكِرت فقط في إنجيل يوحنَّا. فمثلاً لوقا ويوحنَّا هما الوحيدان اللذان أشارا إلى قطع أُذن ملخس خلال إلقاء القبض على يسوع).

تجميع الاسفار (الكُتُب)

واجهَ لوقا بعضَ العوائق حين وصل به الأمر لتجميع المادَّة التي ستشكِّل "العرض القضائي الدفاعي". فهو لم يكن واحدًا من الاثني عشر، ولم يلتقِ بالربّ يسوع أبدًا، ولم يكن شاهد عيان لحياته وخدمته. لكنَّه تخطَّى العوائق إذ زار الذين **كانوا** شهود عيان. وجمع المعلومات بينما إنتظر لسنتين في قيصريَّة حتَّى وصل بولس في السفينة إلى روما. وبعدما وصل بولس إلى روما، بقيت فترة سنتين ليكتب فيها لوقا قصَّة بولس في المجلَّد الثاني أي سفر أعمال الرسل.

إن كانت فكرة "العرض القضائي الدفاعي" صحيحة، فهي تشرح كثيرًا مِمَّا ذُكِر في المجلَّدين. فهي تشرح مثلاً لماذا يظهر الرومان خلال هذين المجلَّدين متعاطفين مع تلك الديانة الجديدة. ففي

محاكمتَي الربّ يسوع وبولس، يذكر لوقا ثلاث عبارات تدل على أنّ الرجلين بريئان. فبيلاطس قال ثلاث مرّات إنّ الربّ يسوع بريء، وقالت السلطات الرومانيّة ثلاث مرّات إنّه كان بالإمكان إطلاق سراح بولس لو لم يرفع دعواه إلى روما. فنرى أنّ الرومان لم يسبّبوا ما ذُكِرَ في السِفرَين من مشاكِلَ أحاطت بالمؤمنين، بل أنّ اليهود سعَوا بشنِّ حرب على تلك الديانة الجديدة.

شهود عِيان

يطلب المحامي عادةً شهادة شهود عيان **وحقائق نتجت عن أبحاث دقيقة** وقُدِّمت بأُسلوب مرتَّب. وتتضمَّن كتابات لوقا تواريخ دقيقة مقارنة بالأحداث الرومانيَّة (مثلا: لوقا 1:2 و1:3). كذلك، فإنّ المقدِّمة التي وجّهها إلى ثاوفيلُس في إنجيل لوقا تؤكِّد هدفه: "إِذْ كَانَ كَثِيرُونَ قَدْ أَخَذُوا بِتَأْلِيفِ قِصَّةٍ فِي الأُمُورِ الْمُتَيَقَّنَةِ عِنْدَنَا، كَمَا سَلَّمَهَا إِلَيْنَا الَّذِينَ كَانُوا مُنْذُ الْبَدْءِ مُعَايِنِينَ وَخُدَّامًا لِلْكَلِمَةِ، رَأَيْتُ أَنَا أَيْضًا إِذْ قَدْ تَتَبَّعْتُ كُلَّ شَيْءٍ مِنَ الأَوَّلِ بِتَدْقِيق، أَنْ أَكْتُبَ عَلَى التَّوَالِي إِلَيْكَ أَيُّهَا الْعَزِيزُ ثَاوُفِيلُسُ، لِتَعْرِفَ صِحَّةَ الْكَلاَمِ الَّذِي عُلِّمْتَ بِهِ." وتناسب هذه الكلمات نوع المادة التي يطلبها أيّ محامٍ.

التركيز على بولس

تفسِّر هذه النظريَّة الميزاتِ غيرَ العاديَّة للمجلَّد الثاني الذي كتبه لوقا. يُعرف هذا السفر باسم "أعمال الرسل"، إلاَّ أنَّه يتمحور حول اثنَينِ منهما فقط، وبالكادِّ يذكر الرسل الآخرين، حتَّى إنَّه لا يذكرهم أبدًا. أضف أنَّه رُغمَ أنَّ بطرس هو الشخصيَّة الأساسيَّة في الأصحاحات الاثني عشر الأولى، يختفي حين آمن بولس. فيبدأ السفر بالتركيز على بولس حصريًّا ويحتل موضوعُه ثُلثَي السفر. وتبدو هذه النسبة غير منطقيَّة إلاَّ إذا كان هدف العمل الأساسي في ما يتعلَّق بالدِّين هو المدافعة عن بولس والشرح للسلطات الرومانيَّة أنَّه ما من أمر مريب أو تخريبي في ما يتعلَّق بالدِّين الجديد. وهكذا أظهر لوقا بولس بصورة المواطن الروماني الذي وُجد بريئًا بحسَب القانون الروماني، واستحقَّ بعد محاكمته الحكم "غير مذنب".

نشير أيضًا إلى مفارقة لافتة حدثت خلال محاكمة الربّ يسوع في أُورشليم. لقد وُجد بريئًا بحسَب القانون الروماني، إلاَّ أنَّه صُلِب بسبب الضغط اليهودي. أمَّا بولس فقد خضع لمحاكمة لم يكن فيها لليهود أيُّ نفوذ بشأن الحكم المـُصدَر بحقِّه. وكان رَفْع قضيته إلى قيصر قد منع أيّ تدخّل من قِبَلهم. وهذا يفسِّر أيضًا لماذا ذُكرت شهادة بولس ثلاث مرَّات (بشكل مُفصَّل) في سفر أعمال الرسل (لا أحد من الرسل الآخرين قدَّم شهادته). وربَّما يعود ذلك لأنَّ بولس كان خاضعًا للمحاكمة، وكان من الضروري للمحامي أن يسمع ما قاله في كلٍّ من المحاكمات السابقة لتُستخدم المعلومات، إمَّا لتبرئته وإمَّا لإدانته.

ويساعدنا اعتبار سفر أعمال الرسل عرضًا قضائيًّا حضَّره محامي دفاع على فهمِ انتهائه فجأة. فهو ينتهي إذ نقرأ عن بولس فيما ينتظر محاكمته. لكنْ يُسيء هذا إلى الحُجَج الأُخرى التي تدعم هدف

السفر. وإن كان السفر ليس إلاَّ سرد لحياة بولس، فإنَّ النهاية غريبة بعض الشيء. ونحن نعلم أنَّ لوقا عاش حتَّى سنّ الأربع والثمانين، ولذلك فهو كان ما يزال على قيد الحياة ليسجِّل موت بولس، إن كان ذلك هدف السفر. من ناحية أُخرى، إن كان الهدف قانونيًّا، فإنَّ العرض القضائي ينتهي كما هو متوَّقع: أن ينتظر بولس محاكمته.

ومن الممكن لأمر أخير أن يحسم المسألة. لماذا يخصِّص الطبيب لوقا تلك المساحة لحادثة تحطُّم السفينة في مالطا بكلّ تفاصيلها، إن كان يهدف إلى كتابة تاريخ الكنيسة أوَّلَ عهدِها؟ ولماذا ذكر ذلك الحادث فقط، مع أنَّ بولس تعرَّض في البحر على الأقلّ لثلاث حوادث أُخرى؟ كان السبب بالتأكيد أنَّه أراد أن يضيء على تصرّف بولس المثاليّ، إذ إنَّه لم يحاول أن يهرب وسط الفوضى، بل أنقذ حياة الذين كانوا معه على متن السفينة، ومن ضمنهم سجَّانوه الرومانيُّون الذين وقعت عليهم مَسؤوليَّة تسليمه سالمـًا للسلطات الرومانيَّة. ويمكنني أن أتخيَّل محاميَ الدفاع مُنهيًا بالكلمات التالية بعد ذكر مجهودات بولس البطوليَّة والوطنيَّة قائلاً: "إنِّي أرفَعُ إليكم القضيَّة، حضرةَ الحاكم الجليل."

هل كان ذلك العرضُ القضائي ناجحًا؟

تشير كلّ الأدلَّة إلى أنَّه أُطلِق سراح بولس بعد المحاكمة الأُولى التي أُخضِع لها في روما. وتتضمَّن الرسائل التي كتبها إلى تيموثاوس وتيطس تفاصيل لا تمتُّ بصِلة إلى حياته من قبل، الأمر الذي يشير إلى أنَّه أُطلق سراحه. كذلك يشير التقليد إلى أنَّه حقَّق طموحه بالوصول إلى إسبانيا. وتدَّعي بعض الكنائس القديمة في إسبانيا أنَّ بولس هو مؤسِّسها.

لا يمكننا أن نجزم الأمر، لكن يشير التقليد إلى أنَّه أُطلق سراح بولس في محاكمته الأُولى، ثمَّ اعتُقل من جديد، ومن ثَمَّ قُطِع رأسه. ورغمَ تلك النهاية المأساويَّة كما يبدو، فإنَّ العمل الذي قام به لوقا لم يذهب سُدًى. فإن كان قد كتب المجلَّدين بهدف أساسي هو إنقاذ حياة بولس خلال المحاكمة الأُولى، يكون قد نجح.

الخاتمة

لقد ركَّزنا على اهتمام لوقا ببولس، لكن من الواضح أيضًا أنَّ المحاكمة أنتجت للمسيحيَّة تداعياتٍ في كلِّ مكان. فلم يكن بولس وحده تحت المحاكمة، بل **المسيحيَّة** كانت تحت المحاكمة. فالذي حصل في روما انتشر إلى كلِّ مكان، وهكذا كان الأمر امتحانًا فعَّالاً.

يُمكن أن نُطلق العُنوان "تاريخ المسيحيَّة، الجزآن الأوَّل والثاني" على المجلَّدين اللذين كتبهما لوقا. ويتألَّفان من سردٍ كُتِبَ بأُسلوب راقٍ غطَّى فترة ثلاث وثلاثين سنة، من بداية خدمة الربِّ يسوع العلنيَّة حتَّى سَجنِ بولس، ومن ثَمَّ اعتِقالهِ في روما. ويمتلئان بمعلومات مميَّزة حتَّى إنَّ القارىء المعاصر والمستقبلي يعرفان ماذا حصل بالتحديد وكيف يجب أن تكون ردَّة فعلهما.

أدرك لوقا من دون شكّ أنَّ كتاباته ستهمّ **قرّاءً أكثر عددًا** إذ إنَّ الشعب في روما قد بدأ يشعر بانتشار المسيحيَّة السريع. وأصبح يُنظر إليها ليس كطائفة ضِمنَ الديانة اليهوديَّة، بل كدين مُستقِلٍّ، متقدِّم وعالمي، وكان انتشاره واسعًا في الأوساط الرومانيَّة. وهكذا أتت كتابات لوقا ليس ككُخُطبَة دفاع مختصرة، بل كبَيانِ إيمان ساعد على إنتشار الرسالة بين الأُمميين.

إذًا، إنجيل لوقا مميَّز. وقد قال لثاوفيلُس في بداية الإنجيل إنَّ كثيرين "أَخَذُوا بِتَأْلِيفِ قِصَّةٍ فِي الأُمُورِ الْمُتَيَقَّنَةِ." فلا بدّ أنَّه عرف عن إنجيلي مَرقُس ومتَّى وربَّما عن آخرين كتبوا سجّلات أُخرى. إلاَّ أنَّ إنجيله هو نتيجة بحث واسع وشامل وأصيل، وقد تضمَّن مقابلات وشهادات حرفيَّة من شهود عِيان جرت كلّها في إطار العالم الروماني. ويرسم لنا في البداية صورة واسعة، ثمَّ يركِّز على الأفراد. ومع أنَّ لوقا لم يكن تلميذًا أو رسولاً للربِّ يسوع ، لم يكن هناك أيّ شكّ بأن يتضمَّن العهدُ الجديد سِفرَي لوقا وأعمال الرسل. وهذه إشارة إلى أنَّ الكنيسة الباكرة نظرت إلى كتاباته المميَّزة على أنَّها "رسوليَّة" من ناحية المضمون والسلطة، مع أنَّ الكاتب ليس رسولاً (أو تلميذًا).

إنجيل لوقا

المقدمة

إنجيل لوقا هو من أكثر الأناجيل التي يحبّها الناس، لكنَّه من أقلِّ الأناجيل التي يعرفونها بالتفصيل. ومن الممكن أن تبدو هذه الملاحظة غريبة، إلاَّ أنَّ معظم الناس يعرفون الأجزاء التي **تميِّز** هذا الإنجيل جدًّا، ومن بين أفضلها لدي مَثل السامري الصالح، ومَثل الابن الضال الذي علَّم الناس عبارة "عودة الضال"، ومقابلة الربِّ يسوع مع زكا، وقصَّة مريم ومرثا، واللص التائب على الصليب، وتلميذَي عمواس.

ونميل إلى معرفة موادِّ الأناجيل الأُخرى عندما تتداخل مادَّة لوقا معها. فمثلاً، ما المقصود بوصف التلاميذ "بالملح" الذي ذكره متَّى ولوقا؟ يعتقد معظم الناس أنَّ هذا يدلّ على عمل المؤمن بأن يكون حافظًا للمجتمع ومضيفًا إليه طعمًا، كما يفعل الملح للطعام. لكنْ يضيف لوقا تفاصيل أُخرى قائلاً إنْ فقد الملح ملوحته: "لاَ يَصْلُحُ لأَرْضٍ وَلاَ لِمَزْبَلَةٍ". ويشير كل ذلك إلى الأرض وليس المطبخ. فالملح كان يأتي من البحر الميت ويحتوي على البوتاس والأملاح الأُخرى. وكان يُستخدم كسماد للأرض، وكمبيد للجراثيم في المُخلَّفات البشريَّة. وهكذا، فالملح جعل بعضَ الأشياء تنمو وأوقف انتشار الأشياء السيِّئة. وقد قال الربُّ يسوع إنَّ على المؤمنين أن يقوموا بالمثل. ولا ينتبه معظم الناس إلى التفاصيل التي أضافها لوقا، ويقرأون ما يفهمون ممَّا قاله متَّى عن "الملح في الأرض".

ويظهر إهمالنا لإنجيل لوقا من ناحية معرفتنا لهذا القول: "لأَنَّهُ إِنْ كَانُوا بِالْعُودِ الرَّطْبِ يَفْعَلُونَ هذَا، فَمَاذَا يَكُونُ بِالْيَابِسِ؟" استخدمتُ هذه العبارة كحزّورة في بداية بعض عظاتي، فكُنتُ بأن أسأل الجمهور ما إذا كانت هذه العبارة موجودة في العهد القديم أو العهد الجديد أم هي أحد أقوال شاكسبير. وغالبًا ما يفشل مستمعيّ في تقديم الإجابة الصحيحة! وفي الواقع أنَّ الربّ يسوع قال تلك الكلمات بينما كان يحمل صليبه إلى الجلجثة. ولوقا هو الوحيد الذي دوَّنها، ويبدو أنَّ قليلين يقرأونها.

عناصر فريدة في إنجيل لوقا

يستند إنجيل لوقا إلى ترتيب سفر مَرقُس، وتحصل لحظةُ نُقطةِ التحوّل في قيصريَّة فيلبُّس، حيث انطلق الربُّ يسوع من هناك إلى أُورشليم. لكن يمكن أن نراه مقسَّمًا إلى خمسة أجزاء:

1:1-4:13 الثلاثون سنة الأُولى من حياة الربّ يسوع الخاصَّة

4:14-9:50 الخدمة في الجليل

9:51-19:44 الرحلة إلى أُورشليم، حيث اتَّسع التعليم جدًّا

19:45-23:56 الأيَّام الأخيرة في أُورشليم (يختلف هذا الجزء كلِّيًّا عن نظرة مَرقُس)

24 القيامة والصعود

دعونا نتأمَّل في الأجزاء التي ينفرد لوقا في كتابتها.

قصص الولادة

يأتي كل سرد لأحداث الميلاد من **وجهة نظر مريم**، مقارنة بتركيز متَّى على يوسف، الأمر الذي يُضفي على النصِّ طَعمًا مختلفًا. فلوقا يكتب من منطلق إنساني ويقدِّم تفاصيل دقيقة عن الحبل والولادة، حتَّى إنَّه ذكر أنَّ مريم قمَّطت الطفل. ويذكر أيضًا نسَب الربِّ يسوع كما فعل متَّى إلاَّ أنَّه يبدأ من ناحية مريم وصولاً إلى آدم. فيسوع من الناحية الشرعيَّة هو من نسل داود من خلال يوسف، لكنَّه أيضًا من الناحية البيولوجيَّة من نسل داود عبْرَ مريم. ولذلك فهو من نسل ملوكي مضاعف.

ويذكر لنا سرد لوقا بأُسلوب غير مباشر **الشهر الذي وُلِد فيه الربّ يسوع** . نقرأ أنَّ زكريا كان ينتمي إلى السبط الكهنوتي أبيًّا. ونعرف من سفر أخبار الأيَّام الأوَّل في أيّ شهر كان دور ذلك السبط في خدمة الهيكل. ففي دورة السنة الكاملة، كان سبط زكريا يقع في المرتبة الثامنة من أصل أربعة وعشرين شهرًا. إذًا، كان زكريا هناك في الشهر الرابع من الروزنامة اليهوديَّة. ونعرف أنَّ أليصابات حبلت في ذلك الوقت، وقد تقدَّمت ستَّة أشهر في حبلها عن حبل مريم. ولذلك يمكننا أن نحسب أن يسوع وُلد بعد خمسة عشر شهرًا أي في الشهر السابع من السنة التالية في عيد المظال (في أواخر شهر أيلول أو بداية شهر تشرين الأوَّل). وكان اليهود يتوقَّعون مجيء المسيَّا خلال ذلك العيد، وهم ما يزالون يتوقَّعون مجيئه في ذلك الموسِم إلى هذا اليوم.

طفولة يسوع

يسجِّل لوقا قصَّة وحيدة من سني حياة الربّ يسوع الثلاثين. ففي سنِّ الثانية عشرة باتَ يُعتبرَ "بار ميتزڤا"، ما يعني أنَّه أصبح "قادرًا على فِعل ما هو حسن". وعندما يبلغ الصبي اليهودي هذا العمر يصبح مسؤولاً عن تصرّفاته وعن حفظه لوصايا الربّ. ثمَّ يذهب إلى المجمع ويقرأ جزءًا من شريعة موسى. ومنذ تلك اللحظة يُعتبر رجلاً، ويصبح شريكًا مع والده في المهنة أو التجارة التي يمارسها.

ويفسِّر كلّ ذلك **زيارة الربّ يسوع لأُورشليم مع يوسف ومريم**. وفي تلك الأيَّام كانت النساء يذهبن قبل الرجال في تلك الرحلة، فيمشين خمسة عشر ميلاً في اليوم، ومن ثَمَّ يُحضِّرن الخيام ويُجهِّزن الأطعمة ليستقبلن الرجال. وكان الأولاد الذين لم يكونوا قد بلغوا الثانية عشرة من العمر يسافرون

مع أُمّهاتهم، أمَّا الصبيان الذين بلغوا الثانية عشرة فكانوا يسافرون مع آبائهم. ولا بدّ أنَّ يسوع سافر إلى هناك مع مريم كما كان يفعل في السابق، إلاَّ أنَّه كان من الطبيعي أن يعود مع يوسف إذ كان قد بلغ الثانية عشرة من عمره. ويمكننا أن نفهم أنَّ كلاًّ من يوسف ومريم توقَّع أن يكون يسوع مع الآخر.

وتضيء هذه الحادثة على الإجابة التي قدَّمها الربُّ يسوع لمريم عندما وجداه في الهيكل: "أَلَمْ تَعْلَمَا أَنَّهُ يَنْبَغِي أَنْ أَكُونَ فِي مَا لأَبِي؟" فهذه كانت أُولى الكلمات المسجَّلة التي قالها الربّ يسوع . ومن الأُمور الغريبة التي نقرأُها أنَّه رجع إلى الناصرة وكان مطيعًا لهما. إذًا تُظهِر هذه القصَّة أنَّ الربّ يسوع كان يعلم من هو بالحق حتَّى عند عمر الثانية عشرة. ويبدو من الواضح أنَّ مريم لم تخبره من يكون في الواقع لأنَّها أشارت إلى يوسف بالكلمة "أبوك".

المعموديَّة

يذكر لوقا أيضًا بعض المعلومات التي انفرد بها عن معموديَّة الربِّ يسوع . فهو من أخبرنا أنَّ **الربّ يسوع إمتلأ من الروح القدس** بُعيد معموديته **نتيجة لصلاته**. ويذكر متَّى ومَرقُس أنَّه امتلأ من الروح القدس حين خرج من الماء، لكنَّ لوقا يذكر صلاته:"وإِذْ كَانَ يُصَلِّي انْفَتَحَتِ السَّمَاءُ، وَنَزَلَ عَلَيْهِ الرُّوحُ الْقُدُسُ بِهَيْئَةٍ جِسْمِيَّةٍ مِثْلِ حَمَامَةٍ." وفي الواقع أنَّ لوقا يخبرنا عن معموديَّة الروح القدس أكثر من أي كاتب آخرٍ في العهد الجديد. وسنتطرّق أكثر إلى هذا الموضوع لاحقًا.

تعاليم الربِّ يسوع

مجموعات مميَّزة من التعاليم

يعالج لوقا تعاليم الربِّ يسوع بأُسلوب مغاير أيضًا. فموعظة الجبل المذكورة في إنجيل متَّى، تصبح موعظة "السهل"، وتُضاف كلمة "الويل" مقابل كل كلمة "طوبى". إذ نقرأ مثلاً: "طُوبَاكُمْ أَيُّهَا الْبَاكُونَ" لتقابلها " وَيْلٌ لَكُمْ أَيُّهَا الضَّاحِكُونَ الآنَ". ولا يدلّ ذلك على أيّ تضارب بين إنجيلي متَّى ولوقا، بل يبدو أنَّ الربَّ يسوع قدَّم تلك العظة أكثر من مرَّة وبِأساليب مختلفة. ومن الواضح أنَّ لوقا قدَّم لنا نُسخة أقصر ومختلفة.

أمثلة فريدة في نوعها

عدد من الأمثلة مذكورٌ فقط في إنجيل لوقا:

- مثل السامري الصالح
- مثل الابن الضال (أو بالأحرى مثل الأب الضال والولدَين التائهَين، راجع شرحَ هذا الأمر لاحقًا)

- مثل الأرملة اللَّجوج
- مثل الفرِّيسي والعشَّار
- مثل الصديق الذي أتى في منتصف الليل يقرع على باب جاره، طالبًا بعض الخبز لأنْ أتاه زائر غير متوقّع
- مثل شجرة التين غير المثمرة
- مثل المدير الملتوي
- مثل لعازر والرجل الغني الذي انتهى به الأمر في جهنَّم، وهو المثل الوحيد الذي يحمل اسم الشخص المذكور فيه (ربَّما يشير لعازر إلى رجل حقيقي) (راجع إعادة صياغة المثل لاحقًا).

أحداث فريدة في نوعها

من بين الأحداث الفريدة ما يلي:

- معجزة اصطياد السمك
- إرسال "السبعين" (ذُكر العدد 27 في بعض الترجمات)
- صعود الربِّ يسوع . إنجيل لوقا هو الإنجيل الوحيد الذي يذكر صعود الربِّ يسوع ، ما عدا الذكر المقتضب في الخاتمة الطُّولى لإنجيل مَرقُس. ويذكر لوقا حادثة الصعود في بداية سفر أعمال الرسل. وهكذا يكون قد ربط المجلَّدين معًا، وأكَّد أهميَّة هذه الحادثة.

كذلك يذكر لوقا بعض الأحداث الخاصَّة عن أشخاص لفتوا انتباهه:

- المرأة الزانية التي مسحت بالدُّهن قدمَي الربِّ يسوع في بيت الفرِّيسي
- المرأة التي لمست هُدب ثوبه وسط الجمع الكبير
- تناول الطعام في بيت مرثا ومريم
- العشَّار الذي تسلَّق الشجرة (زكَّا)
- شفاء الرجل المصاب بداء الاستقساء
- المرأة المُنحَنِية
- البُرص العشرة
- تقدمةُ الأرملةِ الزهيدةُ

- اللص المُحتضَر
- الرجلان الماشيان في طريق عمواس

يؤكِّد ذكر تلك الأحداث أنَّ لوقا كان مهتمًّا بالناس أكثر من أي كاتب للإنجيل آخر. وليست هذه صفة غير متوقَّعة من طبيب.

اهتمامه بالناس

لفت انتباهَ لوقا على الأقل ستُّ مجموعات من الناس:

1. السامريّون

كان السامريّون منبوذين في نظر اليهود، لأنَّهم كانوا نتيجة تزاوج بين اليهود والأُمميين خلال السبي. واشتدَّت العداوة بين الشعبين، فكان اليهود المسافرون بين اليهوديَّة والجليل يسلكون طريقًا أطول شرقيَّ الأُردنّ كي لا يمرّوا وسط السامرة.

لوقا وحده يخبرنا أنَّ الأبرص الذي رجع لكي يشكر الربَّ يسوع على شفائه له من بين البُرص العشرة كان سامريًّا. أمَّا الباقون فكانوا يهودًا، وقد اعتبروا أمر الشفاء تحصيلَ حاصلٍ.

ويذكر لوقا كيف أنَّ يوحنَّا ويعقوب أرادا أن تُنزِل السماء نارًا على السامريين لأنَّهم عاملوا الربَّ يسوع بوقاحة. ثمَّ يُكمِل سرد القصَّة في سفر أعمال الرسل، حيث نقرأ أنَّ يوحنَّا رجع مع بطرس إلى السامرة ليصلِّي لأجلهم حتَّى ينالوا "نار" الروح القدس.

وبالطبع، يَحكي أيضًا مثل السامري "الصالح"، مع أنَّ صفة الصلاح لم تكن تنطبق عادة على ذلك الشعب. لكن لوقا أظهر اهتمامه بهؤلاء الناس بأن لفت انتباه سامعيه إذ أطلق على السامري صفة الصلاح. وأراد أن يُحفظ هذا المثل الذي قدَّمه الربُّ يسوع كتشجيع للسامريين وكمساعدة لِرأبِ الصدع الموجود بين الشعبين.

2. الأُمميّون

كان لا بدَّ للأُمميين أن يشغلوا حيِّزًا واسعًا في قصَّة لوقا لِكونهِ أُمميَّ الأصل أيضًا. وقد أظهر هذا "اللقب" في كتاباته، كما أنَّه شدَّد على تلك الفكرة حين قال سمعان إنَّ الربَّ يسوع سيكون **نورًا للأُمميين**.

ويذكر أيضًا كيف ذكر الربُّ يسوع في عظته في الناصرة أرملة صِرفة ونعمان السرياني. وأراد أن يُظهِر كيف أنَّ هؤلاء الأُمميين كان لديهم إيمان أكثر من شعب إسرائيل، الأمرُ الذي دفع الشعب إلى القيام بمحاولة إلقاء القبض على الربّ يسوع .

ويذكر لوقا أيضًا موضوع إرسال السبعين. وكان اليهود يعتبرون أنَّ الرقم "سبعين" يشير إلى الأُمم وذلك بالإشارة إلى سفر التكوين 10، ومن ثَمَّ يشير إلى خدمة الربِّ يسوع شرق الأُردنّ في بيريَّة. أمَّا كتَّاب

الأناجيل الأُخرى فيذكرون رحلة الربِّ يسوع من الشمال إلى أُورشليم، لكنَّهم يُغفِلون العمل الذي أنجزه في رحلته وسط الأراضي غير اليهوديَّة.

3. المنبوذون

يُظهِر لوقا اهتمامًا بكلّ المنبوذين الذين احتقرهم الآخرون. ويذكر شفاء البُرص العشرة، ودعوة زكا العشَّار. وكانت مهنة جابي الضرائب أو العشَّار محتقرة لسببين: أوّلاً بسبب تواطؤ العشَّارين مع الرومان الذين كلَّفوهم جمعَ الضرائب. ثانيًا، بسبب الأموال الطائلة غير الشرعيَّة التي جَنَوها بالإضافة إلى رواتبهم. إلاَّ أنَّ الربَّ يسوع التقى زكَّا الذي كان مُنخَرِطًا في تلك المهنة غير المرغوب فيها، وقد زاره في منزله يوم "خلاصه".

ويذكر لوقا دور الرعاة في الشهادة ونشر خبر ولادة الربّ يسوع . وكان صيت الرعاة في تلك الأيَّام أنَّهم طُفيليَّات على المجتمع، يقتاتون بما يستطيعون سرقته من المجتمع. ولذلك لم تُقبَل شهادة راعٍ ما كشهادة قانونيَّة في أيَّة محكمة.

من اللافت أيضًا أنَّ لوقا يذكر قصَّة الزانية التي دهنت قدمَي الربِّ يسوع ، وقد أظهر تصرّفها ردَّة فعل مثاليَّة تجاه الغفران الذي قدَّمه الربُّ يسوع لها.

4. النساء

يُظهِر لوقا اهتمامًا بأمر المرأة. فقد ذكر مرثا ومريم، كما كتب عن المرأة التي مسَّت هُدبَ ثوب الربِّ يسوع وكيف شُفيت في تلك اللحظة. ولم يعلِّق أيّ من كتَّاب الأناجيل الآخرين على أمر النساء، اللواتي بكين عندما كان الربُّ يسوع حاملاً صليبه. وذكر أيضًا لوقا أسماء السيِّدات الغنيَّات اللواتي دعمن خدمة الربِّ يسوع ماديًّا. ويتضمَّن إنجيل لوقا أسماء عشر نساء لم تُذكر أسماؤهنَّ في مكان آخر، إضافة إلى أسماء ثلاث منهنَّ ذُكرن في ثلاثة أمثال.

5. الفقراء

يبدو لوقا منحازًا إلى الفقراء، فيذكر مثلاً كلمات الربّ يسوع : "طوبى للمساكين" و"ويل للأغنياء"، بينما متّى يقول: "طوبى للمساكين بالروح"، ولا يذكر الأغنياء. ويظهر الفقر في إنجيل لوقا كبركة، على عكس ما كان يَنظر إليه شعبُ إسرائيل كإشارة إلى عدم رضى الربّ. ويذكر لوقا أنَّ مريم ويوسف جلبا زوجَي حمام ليقدِّماه كذبيحة عند ولادة الربّ يسوع . وهذه كانت أرخص ذبيحة يُمكن أن يُقدِّمها أحد بحسَب شر اللاويين.

> كذلك يذكر لوقا عددًا من الأقوال تعكس تعاليم الربّ يسوع عن الفقر:
> "كُلُّ مَنْ سَأَلَكَ فَأَعْطِهِ، وَمَنْ أَخَذَ الَّذِي لَكَ فَلاَ تُطَالِبْهُ."

وَقَالَ أَيْضًا لِلَّذِي دَعَاهُ: «إِذَا صَنَعْتَ غَدَاءً أَوْ عَشَاءً فَلاَ تَدْعُ أَصْدِقَاءَكَ وَلاَ إِخْوَتَكَ وَلاَ أَقْرِبَاءَكَ وَلاَ الْجِيرَانَ الأَغْنِيَاءَ، لِئَلاَّ يَدْعُوكَ هُمْ أَيْضًا، فَتَكُونَ لَكَ مُكَافَاةٌ. بَلْ إِذَا صَنَعْتَ ضِيَافَةً فَادْعُ:

الْمَسَاكِينَ، الْجُدْعَ، الْعُرْجَ، الْعُمْيَ، فَيَكُونَ لَكَ الطُّوبَى إِذْ لَيْسَ لَهُمْ حَتَّى يُكَافُوكَ، لأَنَّكَ تُكَافَى فِي قِيَامَةِ الأَبْرَارِ».

في مثَل العشاء العظيم: "اخْرُجْ عَاجِلاً إِلَى شَوَارِعِ الْمَدِينَةِ وَأَزِقَّتِهَا، وَأَدْخِلْ إِلَى هُنَا الْمَسَاكِينَ وَالْجُدْعَ وَالْعُرْجَ وَالْعُمْيَ."

في خَبَرِ الغني ولعازر: "فَمَاتَ الْمِسْكِينُ وَحَمَلَتْهُ الْمَلاَئِكَةُ إِلَى حِضْنِ إِبْرَاهِيمَ. وَمَاتَ الْغَنِيُّ أَيْضًا وَدُفِنَ، فَرَفَعَ عَيْنَيْهِ فِي الجَحِيمِ وَهُوَ فِي الْعَذَابِ، وَرَأَى إِبْرَاهِيمَ مِنْ بَعِيدٍ وَلِعَازَرَ فِي حِضْنِهِ..."

6. الخطاة

لا بدَّ أنَّ آخر فئة من الناس أظهر لوقا اهتمامًا بها تدعونا إلى التعجّب. لكن، ألم يأتِ الربُّ يسوع ليخلِّص الخطاة؟ وكانت الكلمة "خاطىء" في تلك الأيّام بالنسبة إلى اليهود تعبيرًا خاصًّا، يدلّ إلى أنّ الشخص **أقلَعَ عن تطبيق ناموس موسى**. ويضمّ ناموس موسى ستَّ مئة وثلاثة عشر قانونًا يصعب تطبيقها، لكنَّ القادة الدينيين زادوا قوانين إضافيَّة. وكانت نسبة كبيرة من الشعب قد فقدوا الأمل. ويذكر لوقا قصصًا وأحداثًا تشير بوضوح إلى أنَّ الربَّ يسوع قد أتى لمثل هؤلاء الناس. ويُظهِر كيف أنَّ الفرِّيسيين كرهوا الربَّ يسوع لأنَّه تعامل مع أشخاص لا يحفظون الناموس. فكيف بإمكانه أن يكون قريبًا من الربّ وقريبًا من الخطاة في آنٍ معًا؟

إنجيل لوقا هو **إنجيل إنساني**. فالناس في نظر لوقا كانوا مهمِّين، كما كانوا في نظر الربِّ يسوع. وانصبَّ اهتمامُ على الذين **لا يستطيعون** مساعدة أنفسهم، وعلى الذين **لا يساعدهم** الآخرون. وكان معجبًا بوضوح بالكلمة اليونانيَّة *splanknidzomai* التي تُفيدُ معنى "التعاطُف"، والتي تُظهِر الربّ يسوع كالرجل الذي عاش ليس من أجل قوَّته أو شعبيَّته، بل لكي يلمس العديمي القوَّة. ونقرأ خلاصة هذا الأمر في نهاية قصَّة زكَّا:"لأَنَّ ابْنَ الإِنْسَانِ قَدْ جَاءَ لِكَيْ يَطْلُبَ وَيُخَلِّصَ مَا قَدْ هَلَكَ." كذلك نقرأ أيضًا:"وَكُلُّ الْجَمْعِ طَلَبُوا أَنْ يَلْمِسُوهُ، لأَنَّ قُوَّةً كَانَتْ تَخْرُجُ مِنْهُ وَتَشْفِي الْجَمِيعَ."

نواحٍ أُخرى شدَّد عليها لوقا

1. الملائكة

يتميَّز لوقا باهتمامه بالملائكة، خاصَّةً في بداية الإنجيل. فالكائناتُ السماويَّة أعلنت ولادة يوحنَّا لأليصابات، وأخبرت زكريا بالاسم الذي يجب أن يُطلقه على الصبيّ، ومن ثَمَّ بشَّرَت مريم بولادة الربِّ يسوع. ويذكر لوقا لاحقًا خدمة الملائكة في بستان جتسيماني، إذ نقرأ:"وَظَهَرَ لَهُ مَلاَكٌ مِنَ السَّمَاءِ يُقَوِّيهِ."

يُقال إنَّ أصحابَ مهنة الطبّ هم الأكثر شكًّا بالنسبة إلى الأُمور الفوطبيعيَّة. ولوقا الطبيب والمؤرِّخ المحترس لم يجد أيَّة صعوبة في أن يذكر الملائكة في سرده، بل أراد أيضًا أن يشدِّد على **دورهم الأساسي** في القصَّة.

2. الروح القدس

يُطلَق على إنجيل لوقا الاسم "الإنجيل الكاريزميّ"، إذ نقرأ فيه عن الروح القدس أكثر ممَّا نقرأ في إنجيلَي متَّى ومَرقُس مجتمِعَين:

- يسجِّل لوقا كيف أنَّ الروح القدس مسؤول عن الحبل بالربّ يسوع : "اَلرُّوحُ الْقُدُسُ يَحِلُّ عَلَيْكِ، وَقُوَّةُ الْعَلِيِّ تُظَلِّلُكِ".
- نقرأ أنَّ أليصابات وزكريا إمتلأا كلاهما من الروح القدس، وتمَّ التنبّؤ بأنَّ يوحنَّا المعمدان سيمتلئ من الروح القدس وهو في بطن أُمِّه.
- يُذكر المسح بالروح القدس في العهد القديم أيضًا في قصَّة حنّة وسمعان. وقد طاوَعَ سمعانُ الروحَ القدس ليرى الطفل الربّ يسوع ، كما أنَّ حنَّة وُصِفت بالنبيَّة.
- حلَّ الروح القدس على الربِّ يسوع عند معموديته. ثمَّ نقرأ التالي: "أَمَّا الربّ يسوع فَرَجَعَ مِنَ الأُرْدُنِّ مُمْتَلِئًا مِنَ الرُّوحِ الْقُدُسِ، وَكَانَ يُقْتَادُ بِالرُّوحِ فِي الْبَرِّيَّةِ."
- بعد وقت التجربة في البرِّيَّة: "وَرَجَعَ الربّ يسوع بِقُوَّةِ الرُّوحِ إِلَى الْجَلِيلِ..."
- ويذكر لوقا تعليم الربِّ يسوع عن الصلاة لأجلِ تَلَقِّي الروح القدس: "فَإِنْ كُنْتُمْ وَأَنْتُمْ أَشْرَارٌ تَعْرِفُونَ أَنْ تُعْطُوا أَوْلاَدَكُمْ عَطَايَا جَيِّدَةً، فَكَمْ بِالْحَرِيِّ الآبُ الَّذِي مِنَ السَّمَاءِ، يُعْطِي الرُّوحَ الْقُدُسَ لِلَّذِينَ يَسْأَلُونَهُ؟".

وينتهي الإنجيل بالربّ بطلب الربِّ يسوع من أتباعه أن ينتظروا في أُورشليم حتَّى : "يُلبسوا قوَّة من الأعالي". ويمتد اهتمام لوقا بالروح القدس إلى سفر أعمال الرسل حيث نقرأ إشارات عديدة إليه.

3. الصلاة

أ. الصلَوات التي صلَّاها الربُّ يسوع

يكتب لوقا عن صلوات الربِّ يسوع أكثر من أيّ إنجيل آخر. وكما أشرنا سابقًا، فقد أُعطي الربّ يسوع الروح القدس عند معموديته استجابةً لصلاة صلَّاها وكانت أوَّل صلاة كُتِبت قالها الربُّ يسوع. أمَّا صلاته الأخيرة فكانت على الصليب: "يَا أَبَتَاهُ، فِي يَدَيْكَ أَسْتَوْدِعُ رُوحِي".

ويسجِّل لوقا بين هاتين الصلاتين تسع مناسبات فيها صلَّى الربُّ يسوع . وينفرد لوقا بذِكر سبعٍ منها. فيبدو أنَّ الربَّ يسوع كان **يصلِّي بشكل مستمر إلى الآب** لكي يوجِّهَهُ.

ب. الصلَوات التي يُصلِّيها التلاميذ

يريد لنا لوقا أن نفهم مدى أهميَّة الصلاة لكل تلميذ. ويتضمَّن الأصحاح الحادي عشر تعليمًا مكثّفًا عن هذا الموضوع. أضف أنَّ مثَل الأرملة اللجوج الذي يلي يُظهِر التناقض الموجود بين الفرّيسي

والعشَّار ويشجِّع على التواضع في الصلاة. فالصلاة ليست أقلّ أهميَّة لأتْباع الربِّ يسوع ممَّا كانت للربِّ يسوع نفسه.

4. الفرح

يحتوي إنجيل لوقا على كلمات لها صلة بأصل الكلمة "فرح" أكثر من أيِّ إنجيل آخر في العهد الجديد. فلوقا مثلاً هو الكاتب الوحيد الذي يستخدم الكلمة "ضحك"، كما أنَّه يذكر الفرح في السماء من أجل خاطىء واحد يتوب. ونقرأ مرَّة أنَّ الربَّ يسوع "تهلَّل بالروح."

وترتبط فكرة الفرح بفكرتَي التسبيح والعبادة. فقصَّة ولادة الربِّ يسوع تُفتتح بترنيمة الملائكة: "المجد لله في الأعالي"، وتنتهي إذ نرى الناس في الهيكل "يمجِّدون الربّ". فلوقا **يرفع قرَّاءه** بإستمرار **إلى السماء**. كما نجد في هذا الإنجيل أجمل التسبيحات، مثل "تسبيحة مريم" و"تسبيحة سمعان".

5. الإنجيل العالميُّ النِّطاق

لوقا هو إنجيل عالميُّ النِّطاق، إذ يُظهِر الربّ يسوع **المخلِّص لكلّ العالم**. ونجد هذه الفكرة خلال السفر، إذ يشدِّد ذلك الكاتب الأُمميّ لِقُرَّائه على أهميَّة تلك الأخبار بالنسبة إليهم.

- يقوم بذلك أوَّلاً بذكر سُلالة الربّ يسوع. فهو لم يشدِّد على جذوره اليهوديَّة كما فعل متَّى، بل يعود إلى آدم مضيئًا بذلك على ناسوت الربِّ يسوع وعلى حقيقة أنَّ الإنجيل هو للجميع. فالرب كان وما زال مهتمًّا بكلّ الشعوب.
- نسمع منذ البداية في ترنيمة الملائكة: "على الأرض السلام، وبالنَّاس المسرَّة."
- يستشهد لوقا من سفر إشعياء قائلاً: "وَيُبْصِرُ كُلُّ بَشَرٍ خَلاَصَ اللهِ."
- يتمّ إرسال السبعين ليس فقط "إلى خِراف بيت إسرائيلَ الضالَّة" كما أُرسل الاثنا عشر في متَّى، بل "إلى كلّ مدينة ومكان."
- نقرأ أيضًا: "يَأْتُونَ مِنَ الْمَشَارِقِ وَمِنَ الْمَغَارِبِ وَمِنَ الشِّمَالِ وَالْجَنُوبِ، وَيَتَّكِئُونَ فِي مَلَكُوتِ اللهِ."
- يتنبَّأ الربُّ يسوع في نهاية الإنجيل: "أَنْ يُكْرَزَ بِاسْمِهِ بِالتَّوْبَةِ وَمَغْفِرَةِ الْخَطَايَا لِجَمِيعِ الأُمَمِ."

إذًا، يكتب لوقا بأمانة عن إيمان متجذِّر من الناحية اليهوديَّة، ويستند إلى سياق يهودي، ويصل إلى قمَّته في أُورشليم كتمهيد لسفر أعمال الرسل، حيث انتشر الإيمان في الإمبراطوريَّة وصولاً إلى روما نفسها. وهكذا، فهو أقل الأناجيل "يهوديَّةً"، وهو أمر متوقَّع، إذ كان اهتمام لوقًا منصبًّا على إقناع الأُمميين بحقيقة الأُمور التي يكتبها.

كيف يجب أن نقرأ إنجيل لوقا؟

إنجيل خلاصٍ للبشَر

يتوجَّه هذا الإنجيل إلى **البشر التائهين في الخطيَّة**. ومن بين كلّ الأناجيل، فإنَّ الكلمة "خلاص" مستخدمة فيه بصيغة الاسم. وهدف لوقا أن يعرف قرَّاءه الخلاصَ بالربِّ يسوع المسيح استنادًا إلى الأحداث التاريخيَّة التي يذكرها. ويُستخدم الفعل "يُخلِّص" في هذا الإنجيل أكثر من أيّ سفر آخر في العهد الجديد.

ويخبرنا لوقا إنَّ "اليوم" هو يوم خلاص (ذكر ذلك إحدى عشرة مرَّة مقارنةً بثماني مرَّات في إنجيل متَّى ومرَّة واحدة في إنجيل مَرقُس). ويذكر ما يُرادِفُ العِبارة "الآن قد حصل الخلاص" (أربع عشرة مرَّة مقارنة بأربع مرَّات في متَّى وثلاث مرَّات في مَرقُس). ويشدِّد على توفّر الرحمة والغفران والمصالحة الآن وهنا. وهذا الخلاص يأتي من خلال صليب المسيح. وكما أنَّ الشعب اليهودي تحرَّروا من العبوديَّة في مصر، هكذا فإنَّ الصليب يقدِّم "خروجًا" جديدًا لشعبه. ولهذا، فإنَّ هذا الإنجيل هو إنجيل الخلاص، حيث يريد لوقا أن ينال قُرَّاؤه الخلاص بالربِّ يسوع.

إنجيل فَرِح

تتكرّر فكرتا التسبيح والابتهاج في هذا الإنجيل. ويذكر هذا الإنجيل الضَّحِك، كما ترد فيه كلمات تتصل بالفرح أكثر من أيّ إنجيل آخر. فنقرأ مثلاً في المثَل الثُّلاثيِّ الشهير الوارد في الأصحاح الخامس عشر عن فرح الذين وجدوا ما كان ضائعًا، إشارة إلى الفرح في السماء من أجل خاطىء واحد يتوب. ونقرأ أنَّ الفرح كان ردَّة فعل التلاميذ تجاه قيامة الربّ من الموت؛ وينتهي الإنجيل بالإبتهاج. ولهذا فإنَّ هذا الإنجيل مُمتِع و"قريب من القلب"، وهو مثالي لغير المؤمن الذي يريد أن يعرف أكثر عن الربِّ يسوع .

إنجيل سماويّ

يؤكِّد لوقا **التركيز على السماء.** فهو يشدِّد على ولادة الربّ يسوع الفوطبيعيَّة، ودور الروح القدس، وضرورة الصلاة. إنَّه يريد أنَّ كلّ من يقرأ إنجيله، ومهما تكن خلفيته، يشعر بأنَّه في السماء. وتلخِّص كلمات الربّ يسوع في مثَل الوليمة العظيمة اهتمامه: "اخْرُجْ إِلَى الطُّرُقِ وَالسِّيَاجَاتِ وَأَلْزِمْهُمْ بِالدُّخُولِ حَتَّى يَمْتَلِئَ بَيْتِي." وقد علم لوقا أنَّ للربّ شعبًا يريد أن يأخذه إلى السماء من كل قبيلة، لأَنَّ الربَّ يسوع هو بالحقّ مخلِّص العالم.

الإنجيل الأكثر قراءة

استطاع لوقا أن يجمع عناصر قصَّته بمهارة فائقة. فمثلاً، غالبًا ما نسمِّي المثل المذكور في الأصحاح الخامس عشر "مثل الابن الضالّ". لكنْ يعود ذلك إلى عجزنا في رُؤية **قدرات لوقا في**

الكتابة، كذلك نفشل في أن نعاين المثل في سياقه خلال الإنجيل. ففي الواقع هو مثل **الأب** الضالّ الذي خسر أمواله إذ قسَّمها بين ابنَيه. فعند قراءة الأصحاحين الخامس عشر والسادس عشر بالتتالي، يظهر تدفُّق الأفكار وكيف ألَّف لوقا بعناية تامَّة إنجيلاً تسهل قراءته.

يبدأ الأصحاح الخامس عشر بعشَّارين وخطاة يتناولون الطعام مع الربّ الربِّ يسوع في بيت أحدهم، بينما الفرِّيسيون والكتبة يتذمَّرون في الخارج. ويكوِّن ما بقي من الأصحاحين امتدادًا لتلك الخلفيَّة ولشرحها. فيحكي الربُّ يسوع قصَّة عن خروف ضائع ابتعد عن المكان الذي يجب أن يكون فيه، وهو يعرف ذلك. ثمَّ يتكلَّم عن درهم ضائع في البيت، ولا يعرف أين يجب أن يكون. وكأنَّما يتوجَّه المثل الأوَّل إلى الرجل، والمثل الثاني إلى النساء، لكن العنصر الموحَّد بينهما هو "ضياع" شيء ما. ثمَّ تطالعنا القصَّة الرئيسيَّة في هذا الأصحاح، وهي تدور حول ابنَين ضالَّين. والتشديد ليس على الابن الأصغر، بل على لابن الأكبر الذي كان "ضائعًا" أكثر من الابن الأصغر دون أن يدرك ذلك. فالابن الأصغر هو ضائع في مكان بعيد، مثل الخروف الضال، وهو يدرك ذلك. والابن الأكبر هو ضائع في البيت مثل الدرهم الضائع، وهو غير مدرك لذلك.

ولا ينتهي التوازي عند هذا الحدّ، إذ عندما ننتقل إلى الأصحاح السادس عشر نقرأ عن شخصيَّتين تشبهان الابنين المذكورين في الأصحاح الخامس عشر. تدور القصَّة الأُولى حول رجل محتال يَدينُه الربُّ يسوع بسبب عدم أمانته. واللافت أنَّ الكلمة نفسها استُخدِمت لوصف الابن الأصغر الذي **بذَّر** كلَّ ماله في الأرض البعيدة، كما **بذَّر** المحتال مال سيِّده. إذًا، لدينا الكلمة نفسها والشخصيَّة نفسها. كذلك، فإنَّ الابن الأكبر ادَّعى أنَّه قام بكلّ صواب: " قَطُّ لَمْ أَتَجَاوَزْ وَصِيَّتَكَ"، وهكذا فإنَّ الرجل الغني في القصَّة الثانية المذكورة في الأصحاح السادس عشر، لم يوصف بأنَّه مذنب بسبب أيِّ خطيَّة أو إثم أو جريمة، إلاَّ أنَّه انتهى به الأمر في الجحيم لأنَّه لم يهتمّ بالآخرين، ودلَّل نفسه واستقل عن الربّ.

تنساب **فكرة موحَّدة** في تلك الأمثال، وقد قدَّمها لوقا بدقَّة. وللأسف، فإنَّ تقسيم الأصحاحات والآيات فرَّق ما جمعه لوقا بدقَّة ومهارة. أمَّا هدف إعادة صياغة القصص التالية فهو لتأكيد هدف لوقا في تقديم فكرة موحَّدة.

أمثال أُعيدت صياغتها

رجلان ومالهما (لوقا 15-16)

واجتمع بعد ذلك بعض المنبوذين روحيًّا وغير المتديِّنين والمَشُوبين أخلاقيًّا حول الربّ يسوع ليسمعوا ماذا لديه ليقوله. لكنِ انتقده الفرِّيسيّون ومعلِّمو الشريعة لتعاطيه معهم وكانوا يتذمَّرون فيما بينهم قائلين: "يبدو أنَّ هذا الرجل يستمتع بمرافقة الذين لا **يحاولون** حتَّى أن يحفظوا ناموس الربّ، وهو يتناول الطعام معهم!" فأخبرهم الربّ يسوع قصَّة ليفسِّر تصرّفه.

ابتدأ قائلاً: "من منكم يملك قطيعًا من مئة خروف ويفقد أحدها، ألا يترك التسعة والتسعين في العَراء حيث هم موجودون ويذهب ليفتِّش عن الخروف الضائع حتَّى يجده؟ ولا يعود يفكِّر في أيِّ أمر

عندما يجده، بل يحمله فرِحًا على كتفيه طول طريق العودة. وعندما يصل إلى بيته، يدعو كلّ أصدقائه وجيرانه قائلاً: "تعالَوا احتَفِلوا معي، لقد وجدت خروفي الضالّ." أقول لكم، هكذا يكون ابتهاج كبير في السماء بخاطئ واحد يتوب ويرجع عن ضلاله، أكثر من تسعة وتسعين مواطنًا محترمًا لم يُخطئوا أبدًا!"

"وأيَّة امرأة تملك عشر ليرات ذهب، وتفقد واحدة منها، ألا تنير مصباحًا وتكنس كل زاوية في البيت لتجدها؟ وتفرح كثيرًا عندما تجدها، فتدعو صديقاتها وجاراتها قائلة: "هيَّا احتَفِلنَ معي، لقد وجدت الليرة التي أضعتُها!" أقول لكم، هكذا يكون الأمر مع ملائكة السماء إذ يحتفلون كلَّما تاب خاطئ ورجع عن طرقه."

ثمَّ أضاف الربّ يسوع قائلاً: كان لرجل ولدان. فذهب الأصغر إلى والده وقال له: "يا أبي، أُريد حصَّتي من ثروتك قبل أن تموت". فقسم الوالد ثروته بين الابنَين. وبعد مدَّة قصيرة، حمل الابن الأصغر ثروته وسافر إلى بلد بعيد، حيث بذَّر ماله في عيشة مسرفة. وبعد أن صرف كلّ ماله، مرَّ على البلد زمَنُ حصاد سيِّئ شديد، ما أدَّى إلى نقص في الطعام. وارتفعت الأسعار بشكل جنوني، وبدأ يشعر بالوضع السيِّئ. ولكي يبقى على قيد الحياة، اشتغل كراعٍ للخنازير. وغالبًا ما كان يتمنى أن يملأ بطنه من طعام الخنازير، إلاَّ أنَّ أحدًا لم يعطه منه.

وعندما عاد إلى رُشده افتكر في نفسه قائلاً: "كم من أجير عند أبي يفضل عنه الطعام، بينما أنا أتضوّر جوعًا هنا. أحسَنُ لي أن أرجع إلى أبي وأقول له: 'لقد أخطأت من نحوك ومن نحو الرب. ولا أستحق أن تدعوني ابنك، بل اعتبرني أجيرًا لديك.'"

"فانطلق عائدًا إلى البيت. وبينما كان ما يزال بعيدًا عن البيت، رآه أبوه راجعًا فتحرّكت أحشاؤه داخله. وركض لِيُلاقي ابنه، ووقع على عنقه، ولم يكفّ عن تقبيله. ثمّ بدأ الابن بالقاء الخطاب الذي كان قد حفظه عن ظهر قلب: "لقد أخطأت يا أبي تجاهك وتجاه الرب، ولا أستحق أن أُدعى لك ابنًا..."

"لكنْ قاطعه الأب، والتفت إلى خدَّامه الذين اجتمعوا ليرَوا ماذا يحصل، وأمرهم قائلاً: "اجلِبوا أفضل ثوب لدي وألبسوه، وضعوا خاتمي في إصبعه، وضعوا حذاء في رجليه. واذبحوا العجل المسمَّن. ودعونا نحتفل بإقامة عشاء كبير. فابني هذا كان ميتًا بالنسبة إليَّ، وها هو يرجع إلى حياتي من جديد. لقد ظننت أنِّي قد فقدته إلى الأبد، ولكنِّي وجدته." وهكذا بدأت الاحتفالات البهيجة."

في ذلك الوقت، كان الابن الأكبر يعمل في الحقول. وإذ اقترب من منزل العائلة عند نهاية النهار سمع أصوات حفلة إذ كان الناس يرقصون ويغنّون. فسأل أحد الخدَّام ماذا يحصل، فأجابه هذا بابتهاج: "لقد عاد أخوك وقد ذبح أبوك العجل المسمَّن، لأنَّه رجع سالمـًا إلى البيت."

اشتعل غضب الأخ الأكبر ورفض أن ينضمّ إلى الاحتفال. فهرع إليه أبوه يرجوه أكثر من مرَّة أن يغيِّر موقفه. لكنَّه انفجر غضبًا قائلاً: "إنِّي أخدمك منذ سنين طويلة، ولم أعصِ أوامرك قطُّ ولم أقُم بأيِّ عمل ضدّ إرادتك! لكنَّك لم تسمح لي بذبح شاة صغيرة فأفرح مع أصدقائي. لكن، حين عاد ابنُك هذا بعد أن بذَّر ثروتك بين الزواني، أقمتَ احتفالاً وذبحت العجل المسمَّن على شرفه!"

"لكن الوالد أجابه بلطف: 'يا ابني العزيز، لقد بقِيتَ بجانبي وأنت تعرف أنَّ كل ما بقي من أملاك عندي هي لك. ألا تعي أنَّه علينا أن نحتفل؟ فأخوك هذا كان ميتًا بالنسبة إلينا، وقد عاد ليعيش بيننا. وكنتُ قد ظننت أنِّي قد خسرته إلى الأبد، لكنِّي وجدته من جديد.'"

ثمَّ قدَّم الربُّ يسوع قصَّة أُخرى لسامعيه قائلاً: كان هناك رجل غني، وأوكل إلى أحدهم أن يدير له ممتلكاته. لكنَّه سمع أنَّ ذلك الوكيل يختلس من أموال سيِّده. فاستدعاه وواجهه بالسؤال: "ما الذي أسمعه عنك؟ سأطلب من مدقِّق حسابات أن يكشف حساباتك الآن. ولن أستطيع أن أُبقيَك في وظيفتك كمدير."

فبدأ ذلك الوكيل درس الاحتمالات المُتاحة له: "ماذا يمكنني أن أشتغل بعد أن طردني رئيسي من العمل؟ سأُدبِّر طريقة أجعل فيها زبائني القدماء يودّون مساعدتي بعد أن أخسر وظيفتي."

فاستدعى كل مستأجر مدين لسيِّده. فسأل الأوَّل: "بِكَم تدين لسيِّدك؟"

أجاب: "بأربعة ألاف ليتر من الزيت."

قال له الوكيل: "إليك الإتفاقيَّة الأصليَّة. اجلس سريعًا وغيِّر المبلغ إلى ألفين، بدل أربعة ألاف." ثمَّ سأل آخر: "وأنت كم عليك أن تدفع؟"

أجاب: "مئتي كيس من الطَّحين."

فقال له الوكيل: "تعال غيِّر في الاتفاقيَّة واحسم خُمس المبلغ."

"وعندما سمع صاحب الأملاك بتلك التغييرات في الاتفاقيَّات، لم يستطع إلاَّ أن يهنِّىء الوكيل غير الأمين لحذاقته وذكائه. والمؤسِفُ أنَّ كثيرين يُظهِرون حذاقة وذكاء في التعامُل بأُمور هذا العالم، أكثر ممَّا يظهرون ذكاء في التعامل بأُمور الأبديَّة. فقال الربّ يسوع: 'استخدِموا مال العالم الوسخ لتتأكَّدوا من أن يكون لديكم أصدقاء كثيرون، حتَّى حين تتركون كلَّ ممتلكاتكم، يرحِّبون بكم بأذرع مفتوحة في السماء.'"

"إنَّ الأمين في القليل يكون أمينًا في الكثير. وغير الأمين في الأُمور الصغيرة يكون غير أمين في الأُمور الكبيرة أيضًا. وإن كان لا يُمكن ائتمانكم على التعامل بشيء فاسد كالمال، فمن سيوكِّلكم على التعامل بشيءٍ لا تفنى قيمته؟ وإن كنتم لا تحملون المسؤوليَّة في الانتباه إلى ممتلكات الآخرين، فمن سيفكِّر في إعطائكم ما تمتلكونه أنتم؟"

"لا يستطيع أحد أن يعمل لدى سيِّدين، إذ لا بدَّ أن يقوم بالمقارنة بينهما وأن يحبَّ الواحد أكثر من الآخر، أو يكون وفيًّا لواحد أكثر من الآخر. ولهذا لا يمكنكم أن تكرِّسوا أنفسكم لجمع المال ولخدمة الربّ في آنٍ معًا."

فسمع بعض الفرِّيسيين هذه الملاحظات التي قالها الربّ يسوع لتلاميذه. وكانوا يحاولون أن يكونوا متديِّنين وأثرياء في آنٍ معًا، فسَخِروا من تلك العبارة. لكنَّه عرف أفكارهم وقال لهم: "ربَّما تُقنعون الآخرين من حولكم، لكنَّ الربّ يرى دواخلكم! ويمكن أن تنالوا إعجاب الناس، لكنَّ الربّ يشمئز من

ذلك. وإنَّ وصايا موسى وتنبيهات الأنبياء كانت فعَّالة حتَّى مجيء يوحنَّا المعمدان. ومنذ تلك اللحظة يُطبَّق حُكم الربّ والناس يَقتنِصونَ الفرصة ليعيشوا تحته. وفي الواقع أنَّ السماء والأرض تزولان، أمَّا كلمة الربّ فلا يمكن أن تزول. فمثلاً، في نظر الربّ، كلُّ من يطلِّق إمرأته ويتزوَّج بأُخرى يكون زانيًا، وكل من يتزوَّج بمطلَّقة يزني."

كان هناك رجل غني يتنعّم كلّ يوم بالملابس الفاخرة والأطعمة الشهيَّة. وكان هناك رجل فقير يجلس خارج بوَّابة الغني بالقرب من المزراب. وكان اسمه يعني "الربُّ مُعيني". وقد ملأت جِسمَهُ التقرُّحات، وكان يشتهي أن يأكل من بقايا طعام الغني التي كانت تُرمى في سلَّة المهملات خارجًا. وكانت الكلاب الشاردة تلحس تقرُّحاته. وبعد مدَّة مات الفقير وحملته الملائكة إلى حضن إبراهيم. ثمَّ مات الغني وأقيمت له جنازة فخمة. لكنَّه لم يحضرها هو إذ كان قد وصل إلى جهنَّم!

وبينما هو يتألَّم، رفع بصره ورأى إبراهيم في الأُفق البعيد، وكان يحتضن الشحَّاذ الشيخ الذي يعني اسمه "الربُّ مُعيني!" فصرخ قائلاً: "يا أبتِ إبراهيم، ارحمني. إنِّي على استعداد لأمتصَّ إصبع ذلك الشحَّاذ بعد أن يبلله ببعض الماء. الحرارة هنا لا تُطاق!" لكنْ أجابه إبراهيم بكلّ جدِّيَّة: "تذكّر كم كانت حياتك سهلة، وكم كانت حياة صديقي "الربُّ مُعيني" قاسية. والآن إنَّه دوره ليتنعَّم، ودورك لتُعانيَ العذاب. وعلى كل حال، توجد هوَّة عظيمة بيننا وبينكم، ولا أحد يستطيع أن يعبرها."

فافتكر الغنيُّ المسكين في أمر آخر قائلاً: "رجاءً، يا أبتِ إبراهيم، إن كان لا يمكن أن ترسل أحدًا إلى هنا، فأرسله إلى إخوتي الخمسة حتَّى يحذروا من هذا المكان المروِّع."

ولكنَّ إبراهيم هزَّ رأسه وأشار قائلاً: "لديهم الكتاب ا لمقدَّس في البيت. يكفيهم فقط أن يقرأوا كتب موسى والأنبياء لكي يتنبَّهوا." أمَّا الرجل فلم يقبل، بل قال: "لا يكفي ذلك لإقناعهم، يا أبتِ إبراهيم. لكن إن كان أحد يقوم من الموت ويخبرهم بما يحدث فعلاً، فلا بدَّ أن يغيِّروا طرقهم." فأجابه إبراهيم بكلّ بساطة: "إن لم يأخذوا بعين الاعتبار الأقوالَ التي قالها الربّ من خلال موسى، فمن الصعب أن يصدِّقوا من يقول لهم إنَّه قام من الموت."

أعمال الرسل

المقدمة

علينا عند دراستنا لسفر أعمال الرسل أن ننظر إليه من جهتين. أوَّلاً، علينا أن ننظر إليه من **الوجهة البشرية**: أي مَن كتبه ولماذا كتبه، آخذين بعين الاعتبار أنَّ كل سفر من أسفار الكتاب المقدَّس متجذِّر في حالة معيَّنة، ويهدف إلى قرَّاءِ معيَّنين. كما ندرس على هذا المستوى الخلفيَّة التاريخيَّة، بهدف أن نُحيط **بحقيقة** كلمة الله كما أتت في السياق الأصلي.

ثانيًا، ندرس السفر على **المستوى الإلٰهي**، طالبين أن يُبيِّن لنا الروحُ القدس قصدَهُ من كتابته، وكيف يتصل بواقعنا اليوم.

ويمكن أن ندعو هذين المستويين: المستوى **التاريخي** والمستوى **الوجوديّ**. فالمستوى التاريخي يسأل لمذا كُتِب، وما هو الهدف البشري وراء كتابته؟ أمَّا المستوى الوجوديُّ فيسأل لماذا هو موجود في الكتاب المقدَّس، وماذا يريد لنا الربّ أن نعرف عنه؟ ويساعدنا اتِّباع هذين المستويين خلال دراستنا لسفر أعمال الرسل.

سفر أعمال الرسل على المستوى التاريخي

من كتب السفر، ولماذا كتبه؟

الكاتب

الكاتب هو لوقا الطبيب الذي يعود أصلُه إلى أنطاكية ـ سوريا، وهو الكاتب الأُممي الوحيد في كامل الكتاب المقدَّس. كان مرافقًا لبولس، وغالبًا ما كان يسافر معه. كما كان لديه اهتمام شديد بإجراء أبحاثٍ حول حياة الربّ يسوع ونشأة الكنيسة. ويُرجَّح أنَّه كتب إنجيل لوقا وسفر أعمال الرسل في قيصريَّة فيلبُّس وروما تباعًا (وقد ذكرنا هذه التفاصيل سابقًا).

عرضٌ قضائي دفاعي

رأينا سابقًا أنَّ أعمال الرسل، المجلَّد الثاني من كتابات لوقا، هو إعدادٌ لدفاع بولس بينما كان ينتظر محاكمته في روما. ويبدأ السفر بتوجيه الكلام إلى الرجل نفسِه الذي وُجِّه إليه في إنجيل لوقا وهو "العزيز

ثاوفيلُس". ويشير هذا اللقب إلى أنّه ربَّما كان محاميًا أو قاضيًا، وقد استُخدم لتوجيه الكلام إلى فيلكس وفَستوس الحاكمين اللذين قابلا بولس. وقد أدرك لوقا أنَّ "العرض القضائي" الذي يكتبه سيدور في أوساط روما، إذ إنَّ الناس بدأوا يتساءلون عن ذلك الإيمان الذي يُحاكم بولس من أجله.

لو كان هذا السفر مجرَّد سرد لحياة بولس، لكان لوقا على الأقلّ ذكر نتيجة المحاكمة، ولو لم يذكر تفاصيل موته. ولو كان تاريخًا للكنيسة، لكنَّا توقَّعنا تفاصيل أكثر عن الكنيسة في روما. لكنْ لم يكن هدف لوقا تقديم تفاصيل عن حياة بولس ولا عرْض تاريخ الكنيسة فحسب، بل أن يُقدِّم لثاوفيلُس معلومات كافية عن نشأة الإيمان المسيحي وكيف أنَّ الرسول بولس اتُّهم باطلاً. ولذلك، يُترك قرَّاء سفر أعمال الرسل في نهايته في الحالة السائدة آنذاك، عندما أكمل لوقا سرده لِثاوفيلُس.

بناء السفر وخطوطه العريضة

بعد فهم هدف كتابة السفر، السؤال التالي هو ما هي الخطوط العريضة للسفر؟ فالخطوط العريضة تُضيء على هدف السفر. وتدور ثلاث نظريَّات معروفة حول بنية السفر كما قصدها لوقا.

1. جزآن

النظريَّة الأبسط هي أنَّ لوقا بنى السفر حول **رسولين أساسيين**. فبطرس هو رسول اليهود، ويستَحوِذ على الأصحاحات 1-21، وبولس هو رسول الأُمم ويستَحوِذ على باقي السفر. وتدعم معلومات كثيرة هذه النظريَّة، إذ نجد توازيًا بين ما يقوله لوقا عن بطرس وبين ما يقوله عن بولس. فربَّما كان المقصود مواجهة التهديد المُتنامي بسبب نمو كنيستين مختلفتين، واحدة يهوديَّة وأُخرى أُمميَّة. وكانت كل واحدة منهما تتبع أحد الرسولين. ويشدِّد لوقا على أنَّ بولس وبطرس كانا متقاربين في نواحٍ عدَّة، كي لا نرفع شأنَ الواحد أكثر من الآخر. وإليكم بعض الأُمور المشتركة بينهما:

- كلاهما قاما بالمعجزات.
- كلاهما رأيا رؤًى.
- كلاهما تعذَّبا من أجل إيمانهما.
- كلاهما قدَّما عظات طويلة.
- كلاهما امتلأا بالروح القدس.
- كلاهما وعظا بجسارة.
- كلاهما كرزا للأُمميِّين ولليهود، مع أنَّ بطرس كرز في البداية لليهود، أمَّا بولس فكرز في البداية للأُمميين.
- لاهما سُجِنا وأُطلِقا بأُعجوبة.
- كلاهما شَفَيا المرضى.

- كلاهما شَفَيا أعرَجَ منذ ولادته.
- كلاهما أخرجا الشياطين.
- كلاهما امتلكا قدرة على الشفاء. فبطرس شفى بواسطة ظلّه، وبولس بواسطة منديله.
- كلاهما أقاما موتى.
- كلاهما أعلنا الدينونة على المعلِّمين الكذبة.
- كلاهما رفضا عبادة غير الرب.
- كلاهما ماتا في روما (وإن كان لوقا لا يذكر ذلك في كتابته).

يميل هذا التحليل بقوّة إلى التشديد على أنَّ هدف لوقا من الكتابة هو التأكيد أنَّ الرجلين قُدِّم لهما كلّ إكرام وتقدير في الكنيسة. إذًا، إحدى الطرق لقراءة سفر أعمال الرسل هي بكل بساطة تقسيمه إى جزأين.

2. ثلاثة أجزاء

نقرأ في أعمال الرسل 1: 8 "وَتَكُونُونَ لِي شُهُودًا فِي أُورُشَلِيمَ وَفِي كُلِّ الْيَهُودِيَّةِ وَالسَّامِرَةِ وَإِلَى أَقْصَى الأَرْضِ." يرى بعضُهم في هذه العبارة المبنى الذي اتّبعه لوقا في توسيع أفكاره الأساسيَّة. فالشهادة للمسيح **تبدأ في أورشليم** في الأصحاحات 1-7، ثمَّ تمتد الشهادة في الأصحاحات 8-10 **إلى اليهوديَّة والسامرة**، وأخيرًا تنتشر من هناك **إلى أوروبا وقلب الإمبراطوريَّة الرومانيَّة**. يبدو أنَّ لوقا يُبرهن كيف أنَّ كلمات الربِّ يسوع قد تحقَّقت في نهاية السفر، إذ وصل الإنجيل إلى روما على يد بولس شاهد المسيح حتَّى أمام الإمبراطور نفسه. لكنْ بالكادِّ تكون روما "أقصى الأرض"!

3. ستة أجزاء

يبدو الترتيب بحسب الأجزاء الثلاثة منطقيًّا من نواحٍ عديدة؛ لكن توجد طريقة أفضل وأكثر تفصيلاً لفهم أُسلوب لوقا. ويُستمد هذا المفهوم مباشرة من ملاحظة **أُسلوب أدبي** يبدو أنَّ لوقا يستخدمه لتوضيح فكرته. فهو يستخدم سلسلة من العبارات المتشابهة في أماكن مختلفة من كتابته مثلاً:

- أعمال الرسل 6: 7 "وَكَانَتْ كَلِمَةُ اللهِ **تَنْمُو**، وَعَدَدُ التَّلاَمِيذِ يَتَكَاثَرُ جِدًّا فِي أُورُشَلِيمَ، وَجُمْهُورٌ كَثِيرٌ مِنَ الْكَهَنَةِ يُطِيعُونَ الإِيمَانَ."
- أعمال الرسل 9: 31 "وَأَمَّا **الْكَنَائِسُ** فِي جَمِيعِ الْيَهُودِيَّةِ وَالْجَلِيلِ وَالسَّامِرَةِ فَكَانَ لَهَا سَلاَمٌ، وَكَانَتْ تُبْنَى وَتَسِيرُ فِي خَوْفِ الرَّبِّ، وَبِتَعْزِيَةِ الرُّوحِ الْقُدُسِ كَانَتْ **تَتَكَاثَرُ**."
- أعمال الرسل 12: 24 " وَأَمَّا **كَلِمَةُ اللهِ** فَكَانَتْ تَنْمُو وَتَزِيدُ."
- أعمال الرسل 16: 5 "فَكَانَتِ **الْكَنَائِسُ** تَتَشَدَّدُ فِي الإِيمَانِ **وَتَزْدَادُ فِي الْعَدَدِ كُلَّ يَوْمٍ**."
- أعمال الرسل 19: 20 "هكَذَا كَانَتْ **كَلِمَةُ الرَّبِّ** تَنْمُو وَتَقْوَى بِشِدَّةٍ."

تقدِّم لنا تلك الجُمَل الخمس عن نموّ كلمة الرب ونموّ الكنيسة خُلاصةً تضع علامة على انتهاء هذا الجزء. فلوقا يخبرنا ما حصل، ومن ثَمَّ يقدِّم لنا خلاصة، قائلاً إنَّه بسبب كلّ ذلك نمت الكنيسة وانتشرت.

ويقدِّم لنا الاقتراح المذكور أعلاه في ضوء تلك التقسيمات أنَّ ما قسَّمه لوقا من الناحية الجغرافيَّة هو صحيح جزئيًّا، كما تُظهِر تلك التقسيمات الستّ:

7:6-1	**اليهود في أُورشليم**
31:9-8:6	**اليونانيون والسامريون**
24:12-32:9	**الأُمميون وأنطاكية**
5:16-25:12	**آسيا الصغرى**
20:9-6:16	**أُوروبا**
31:28-21:19	**روما**

يصف لوقا "القوَّة التي لا تُقاوم" والتي تميَّز بها هذا الدين الجديد في وسط الإمبراطوريَّة الرومانيَّة. فكان موت الربِّ يسوع وقيامتُه مثل حجر رُميَ وسط بركة. ويُظهِر لوقا كيف أنَّ الموجات الصغيرة المتأتيَّة عن تلك الحجرة قد انتشرت، ويُظهِر من خلال الخلاصات التي قدَّمها لنا كيف استمرَّت في الانتشار إلى أن وصلت إلى روما نفسها. ومن الواضح أنَّه وصف انتقائيٌّ، إذ إنَّ التوسُّع وُصِف من ناحية واحدة وهي الشمال نحو الغرب. والتلميح الوحيد إلى أنَّ الانتشار إمتدَّ إلى الجنوب، هو اعتناق الخصيِّ الحبشيِّ الإيمانَ المسيحيَّ في طريقه إلى إفريقيا.

أحداث مميَّزة

دعونا نُلقِ نظرة على بعض الأحداث التي اعتبرها لوقا مهمَّة بالنسبَّة إلى ذلك التوسُّع. وقد أظهر انتشار الإيمان المسيحي تحوّله من مجرَّد حركة يهوديَّة ريفيَّة إلى إيمان منتشر على صعيد عالميٍّ.

يوم الخمسين

يبدأ لوقا **بأوَّل حادثة عظيمة ساهمت في انتشار الإنجيل،** وهي يوم الخمسين (الأصحاح 2). وكان الروح القدس قد حلَّ على التلاميذ الاثني عشر إذ كانوا مجتمعين في باحة سليمان في الهيكل لصلاة الصباح عند الساعة التاسعة. وكانت موهبة التكلُّم بالألسنة التي رافقت انسكاب الروح عكس ما حدث من دينونة أرسلها الرب في حادثة برج بابل (تكوين 11)، وهكذا استطاع الناس المُنتمون إلى الأُمم المتنوِّعة والمُجتمعون هناك فهم عظة بطرس. وكان أن تجاوب ثلاثة آلاف شخص وتابوا واعتمدوا وانضمُّوا إلى الكنيسة. ثمَّ رجع عدد منهم إلى بلادهم، ومن بينها روما، لينشروا الرسالة.

تذمُّر الأرامل

من اللافت أن يكون لوقا قد ذكر في بداية الأصحاح السادس تذمُّر الأرامل الأُمميَّات من عدم حصولهنَّ على حصصٍ غذائيَّة. وكانت هذه الحادثة هي المفتاح في انتشار الكنيسة، إذ إنَّها تأتي مباشرة قبل الجملة الأُولى التي تختصر كلّ الأحداث في 7:6. وكان الرسل قد أصرّوا على **ألَّا يكون هناك أيُّ تمييز بين اليهود وغير اليهود،** خاصة عندما تعلَّق الأمر بالمساعدت. وكان يجب تجنّب أيِّ انقسام بين اليهود والأُمم في هذه المرحلة، مهما كلَّف الأمر. ولذلك انتقى الرسل سبعة شمامِسة يساعدون في توزيع الطعام. وقد خلَّف اثنان منهم، وهما فيلبُّس واستفانوس، تأثيرًا كبيرًا.

استشهاد استفانوس

كان استفانوس يكرز عندما أُلقِي القبض عليه، وأُوقف أمام القادة الدينيين بتهمة التبشير بأُمور ضد اليهوديَّة. ولا نعلم عنه الكثير من سفر الأعمال، إلاَّ أنَّ الأصحاح السابع الذي هو أطول أصحاح في كامل السفر يحتوي على عظته الأخيرة. وتُظهر كلماته هدف لوقا بوصف تغيّر المسيحيَّة من كونها دينًا قوميًّا يهوديًّا إلى كونها دينًا أُمميًّا عالميًّا.

أبرزَ استفانوس للقادة اليهود الدينيين الأمرَ الذي أثار هلعهم كيف أنَّ الربّ كان يعمل خارج أرضهم، وقبل أن يكون لديهم الإيمان المسيحي تحوّله من مجرَّد حركة يهوديَّة ريفيَّة إلى إيمان منتشر على صعيد عالميٍّ.

هيكل، مثلاً: إقامة العهد مع إبراهيم، وإنقاذ الشعب من مصر، وإعطاء الناموس. وهكذا كانت اتِّهاماتهم له بأنَّه يتكلَّم ضدَّ الناموس وضدَّ هذا المكان المقدَّس باطلة، لأنَّ كلمة الربّ وحضوره يتخطيَّان الحواجز الوطنيَّة.

وقد أتت عظة استفانوس كتفسير لاهوتي وتوضيح لانتشار الرسالة بين الأُمم. وإذ نقرأ القصَّة التي تكشَّفت عناصرها خلال السفر، نجد أنَّ استشهاد استفانوس والاضطهاد الذي تلاه أخرجا المؤمنين من أُورشليم إلى السامرة صعودًا إلى أنطاكية، مسقط رأس لوقا.

فيلبُّس في السامرة

ثمَّ يدوِّن لوقا كيف أنَّ فيلبُّس، وقد كان واحدًا من الشَّمامسة السبعة، ذهب إلى السامرة حيث شفى كثيرين. ولم يكن اليهود والسامريُّون على وفاق، حتَّى إنَّ التلاميذ أنفسهم لم يُظهِروا المحبة من نحوهم. وفي آخر زيارة كان يوحنَّا قد قام بها مع الربِّ يسوع، طلب مع أخيه يعقوب من الربِّ يسوع أن يُنزِلَ نارًا من السماء تحرق كل السامريِّين. أمَّا الآن، **فالكثير من السامريِّين آمنوا بالمسيح،** وأتى لاحقًا بطرس ويوحنَّا فصلَّيا حتَّى يعتمد السامريُّون بالروح القدس (طالِبَين "نارًا" من السماء لسبب مختلف!)

وأُخِذ فيلبُّس ليُبشِّر خصيًّا حبشيًّا وهو في طريقه من أُورشليم. ويبدو ذكر تلك الحادثة هنا غريبًا، إلا أنَّ هدف لوقا كان من ذلك هو أن يُظهِرَ كيف كان الإنجيل ينتشر. فهكذا وصل الإنجيل إلى أثيوبيا، وقد حمله ذلك الخصيّ الذي كان **أوّل رجل أفريقي يؤمن بالمسيح**.

خلاص شاول

يمثِّل خلاص شاول نقطة تحوُّل أساسيَّة في كامل القصَّة (الأصحاح التاسع). وبالفعل، فإنَّ هذه الشهادة ذُكِرت ثلاث مرَّات حتَّى يعرف ثاوفيلُس البراهين المقدَّمة للحكَّام الآخرين. وعُرِف شاول لاحقًا بِاسْمِ بولس، ونقرأ كيف أنَّه عُيِّن ليخدم المسيح وكيف اجتمع مع الإخوة في أُورشليم، لكي يتَّفقوا على الاستراتيجيَّة التي سيخدم على أساسها. وبعدما أرسلت الكنيسة في أنطاكية بولس وبرنابا، ينقل السِّفر تركيزه من بطرس إلى بولس.

بطرس في قيصريَّة

واجه انتشار الإنجيل حجر عثرة كبيرًا مثَّلَتهُ **القوانين اليهوديَّة التي منعت اليهود من تناول الطعام مع الأُمم**. ولذلك، يذكر لنا لوقا حادثة فيها علَّم الربّ بطرس أنَّه من المسموح أن يأكل طعامًا "نجسًا"، ثمَّ أرسله إلى بيت رجل أُممي ليبشِّر بالإنجيل.

ويقوم الأصحاح العاشر من سفر الأعمال بدور أساسيٍّ، إذ يُظهِر اندهاش بطرس من **حلول الروح القدس على الأُمم** تمامًا كما حلَّ على اليهود. وكان هذا الأمر أساسيًّا جدًّا، حتَّى إنَّه كان عليه أن يشرح للرسل الموجودين في أُورشليم ماذا حصل حتَّى يُهيِّئهم ليروا كيف يعمل الرب.

مجمع أُورشليم

سبق الحديثُ الذي أجراه بولس مع المؤمنين في أُورشليم الاجتماعَ الذي عُقِد في أُورشليم والذي نقرأ عنه في الأصحاح الخامس عشر. وكان بولس يشارك كيف أنَّ خدمته بين الأُمم قد تسبَّبت في نموِّ الكنيسة. لكنَّه كان مدركًا لخطر تكبير الصَدْع بين الكنيسة اليهوديَّة وتدفُّق الأُمم إلى الملكوت. فبالطبع، لم يمتلك الأُمم أيَّ مفهوم (أو على الأقل، شيئًا منه) عن التُّراث اليهودي. فأُرسل كتاب يؤكِّد أهميَّة **نموِّ الكنائس الأُمميَّة** بتشجيع من الكنيسة "الأُمّ" في أُورشليم.

هدف متماسك

من الواضح أنَّ لوقا انتقى بعض الأحداث الخاصَّة ليُظهِر لثاوفيلُس أنَّ **الكنيسة انتشرت**، إضافة إلى **كيفيَّة انتشارها**. ولم يكن اختيار تلك القصص عشوائيًّا، بل هي تُظهر انتشارَ الإيمان المسيحي وسط العالم الروماني، وثباتَهُ رغم الضغوطات الحضاريَّة التي واجهته. ولا يُورِدُ لوقا أخبارًا كثيرة عن أفراد تغيَّرت حياتهم، أو ماذا حصل لأغلبيَّة الرسل، ولكنَّه انتقى الأحداث الخاصة التي تفي بغرَضِه.

سفر أعمال الرسل من الناحية الوجوديَّة

بعد أن نظرنا إلى سفر الأعمال من الناحية البشريَّة أو التاريخيَّة، نركِّز الآن لنَعرِف لماذا أراد الكاتب الإلهيُّ، أن يضع هذا السفر بين أيدينا. وعلينا أيضًا أن نفهم ماذا تحمل رسالته من معانٍ ليومنا الحاضر. ولهذا فعلينا أن ننتقل من المعنى التاريخي إلى المعنى الوجوديَّة للسِّفر، ونسأل: ماذا يقوله لنا عن الرب؟

روابط

يمثِّل سفر أعمال الرسل **رابطًا بين الأناجيل والرسائل**. تخيَّل مثلاً أنَّ لا العهد الجديد يحتوي على هذا السفر، فيصعب عندئذٍ فهم العديد من الأمور. فبعض الأفكار والأشخاص يُذكرون في الرسائل دون أي تفسير. ولا يمكننا فهم من يكون بعض الأشخاص الرئيسيِّين والأماكن الأساسيَّة من دون أن نقرأ هذا السفر.

1. بولس

كتب بولس معظم رسائل العهد الجديد، لكن من كان بولس؟ لم يكن واحدًا من الاثني عشر، لذلك لا يُذكَر في الأناجيل. وما كنَّا سنعرف عنه أو عن خدمته الكثير، أو أن ينتهيَ به الأمر لأنْ يكتب إلى الكنائس والأفراد، ولِما امتازت رسائله بالأهميَّة، لولا سفر أعمال الرسل.

2. المعموديَّة بالماء

تظهر معموديَّة المؤمنين كرابط أساسي في سفر الأعمال. **وهي توصف في هذا السفر فقط على أنَّها معموديَّة ماء**. وبينما يطرح بولس السؤال التالي مثلاً في رسائله بالنسبة إلى المعموديَّة: "أَمْ تَجْهَلُونَ أَنَّنَا كُلَّ مَنِ اعْتَمَدَ لِيَسُوعَ الْمَسِيحِ اعْتَمَدْنَا لِمَوْتِهِ؟"، فهو لا يربط كلمة "المعموديَّة" بكلمة "الماء". وقد أدَّى هذا الأمر لقول بعض المفسِّرين إنَّ بولس لم يعلِّم عن معموديَّة الماء، بل إنَّ "كُلَّ مَنِ اعْتَمَدَ لِيَسُوعَ الْمَسِيحِ" هو أمر روحي بالمطلق. لكنَّنا نقرأ في سفر أعمال الرسل أنَّ بولس نفسه قد اعتمد، وأنَّ كلَّ من بشَّرهم اعتمدوا أيضًا. لذلك، نستنتج أنَّه عندما يتكلَّم عن "المعموديَّة" في رسائله فهو يتكلَّم عن معموديَّة **الماء**.

3. المعموديَّة بالروح

ترد فِكرةُ "معموديَّة الروح القدس" في الأناجيل الأربعة جميعها، لكن لا يفسّر أيّ منها معناها بالفعل، أو ماذا يحصل عندما يعتمد أحدهم. وسيَخيب ظنّك إذ تحاول أن تجد تفسيرًا لها في الرسائل. ويستخدم بولس هذه العبارة في رسالة كورنثوس الأُولى فيقول: "لأَنَّنَا جَمِيعَنَا بِرُوحٍ وَاحِدٍ أَيْضًا اعْتَمَدْنَا إِلَى جَسَدٍ وَاحِدٍ"، لكنَّه لا يفسِّر ماذا يعني ذلك من ناحية الممارسة. أمَّا سفر أعمال الرسل فهو السفر الوحيد الذي يشرح ما **معنى معموديَّة الروح القدس**، لأنَّ الحادثة مدوَّنة هناك فقط.

4. ناموس موسى

يساعدنا سفر الأعمال أيضًا عندما ندرس اليوم ناموس موسى. فكيف نعرف مثلاً أنَّنا نحن المؤمنين لسنا تحت الناموس. ويحمل ناموس موسى ست مئة وثلاثة عشر طلبًا، لذلك علينا أن نعرف ما إذا كنّا تحته أم لا. وكيف نعرف ما إذا كانت تلك المتطلبّات تُلزِمُنا أم لا؟ تأتي الإجابة إذ نقرأ عن المُشادَّة الكبيرة التي حصلت بخصوص الختان والتي وصلت إلى أوجها في الأصحاح الخامس عشر حيث حُسِم الأمر مرَّة وإلى الأبد **أنَّ المؤمنين محرَّرون من ناموس موسى**، إلاَّ أنَّهم تحت ناموس المسيح.

5. الكنيسة

من المُدهش أن نكتشف أنَّه يمكن أن يُساءَ فهم كلمة "الكنيسة" لولا كتابات لوقا في سفر أعمال الرسل. فمتَّى هو الوحيد الذي استخدم هذه الكلمة في الأناجيل، وفي كلتا الحالتين التي استخدم فيهما الكلمة لم يصف كيف يجب أن تكون. وقد وُجِّهت الرسائل إلى الكنائس، وقدَّمت لنا نظرة عابرة عمَّا هي الكنائس، إلا أنَّنا نتعلَّم من سفر الأعمال **كيف كانت الكنيسة بالفعل**، وكيف غُرِسَت، وكيف عُيِّن الشيوخ، وكيف كانت العلاقة بين الرسل والكنائس التي أسَّسوها.

6. الولادة الجديدة

يقوم سفر أعمال الرسل بدور أساسيّ، إذ يعلِّمنا كثيرًا عن **الطريقة الصحيحة للولادة الجديدة**. إذ تشير الأناجيل إلى أحداث جرت قبل حلول الروح القدس، وكُتِبت الرسائل إلى أناس ثابتين في الإيمان. لكن لا يقدِّم أيٌّ منها أُنموذجًا يُبيِّن كيف يجب أن يأتي الناس إلى المسيح في عصر الكنيسة. ولذا، فعلينا أن نرجع إلى سفر أعمال الرسل لنرى كيف أتى الرسل بالناس إلى الملكوت، ونقرأ عن النمط الطبيعي للتوبة والإيمان والمعموديَّة بالماء والمعموديَّة بالروح القدس. (راجِع كتابي "الولادة المسيحيَّة الطبيعيَّة" لشرح أفضل عن هذا الموضوع).

أُنموذج لعصرنا

إذًا، سفر أعمال الرسل مصدرٌ مهمٌّ للمعلومات والتفسير، لكن من الواضح أنَّه أكثر من ذلك. إذ يرى فيه كثيرون أُنموذجًا لحياة الكنيسة يُمكن أن يُطبَّق في أيِّ مكان، ويتوقون إلى ذلك اليوم الذي فيه تُظهِر **الكنائس المعاصرة الميزات نفسها التي يصفها لوقا**. ويبدو هذا الافتراض منطقيًّا، إذ إنَّ سفر الأعمال هو الوحيد الذي يحتوي على التاريخ الكنسيّ في كامل الكتاب المقدَّس. ومن المحتمل أن يكون الروح القدس قد أراد أن يضمّه هنا حتَّى نعرف ما يريده الرب من شعبه.

السيِّئ مقابل الصالح

مع أنَّ هذا "الأُنموذج" صحيح، فهو لا "يصلح" كلَّ حين. وما أظهره لوقا كان واضحًا وواقعيًّا إذ

ذكر الصعوبات إضافة إلى البركات. فنقرأ في هذا السفر عن **المُشادَّات والانقسامات والأخطاء التي حصلت، إضافة إلى النمو غير المألوف**.

- قلَّة قليلة أرادوا أن يُقوا على قصَّة حنانيا وسفِّيرة اللذَين يمثِّل احتيالُهما تصرّفًا نموذجيًّا.
- لا تمثِّل رغبة سيمون في الربح من خلال قبول الروح القدس أُنموذجًا جيِّدًا لمؤمن جديد يريد أن ينمو في الإيمان.
- حتَّى بولس الرسول خاض "مُشاجرة" مع برنابا. ولا يُلقى باللوم على أيٍّ من الفريقين، إنِّما يشير الكلام المُستخدم إلى أنَّ ذلك لم يكن تحضيرًا مثاليًا لرحلة تبشيريَّة.
- يصف لوقا موقف غمالائيل من الحركة الجديدة. فهو يرشد القادة رفقاءه أن ينتظروا ويروا ماذا سيحصل بدل أن يعلنوا موقفهم مع المسيحيين أو ضدَّهم. لكن هذا الوصف الذي قدَّمه لوقا لا يعني أنَّ تلك الموضوعيَّة التَّنصُّليَّة كانت الإجابة اللائقة؛ ثُمَّ إنَّنا لا نقرأ عن مثلها مرَّة أُخرى.
- بالمقابل، اختار شاول الطرسوسي تلميذُ غمالائيل موقفًا عدائيًا. فبدل موقف "انتظر وترقَّب" اختار أن يوقف ذلك الإيمان الجديد ويضطهد الكنيسة. لكن عدائيَّته أُوقفت في الطريق إلى دمشق، حيث أصبح من أعظم الرسل إن لم نقل الرسول الأعظم.

إذًا، القصَّة المدوَّنة عن مجموعة المؤمنين في سفر الأعمال هي مزيج من الأُمور الجيِّدة والأُمور السيِّئة. فنقرأ عن المنافسات، والمُشادَّات، والرياء، والفساد الأخلاقي، والهرطقات. وقد قدَّم لنا هذا السفر كيفيَّة **عدم** القيام بالأُمور، إضافة إلى نماذج نحتذي بها.

1. الفوطبيعي مقابل الطبيعي

علينا التمييز بين الطبيعي والفوطبيعي في محاولتنا لفهم الأحداث المذكورة في سفر الأعمال. فبعض الأحداث المذكورة فيه تُعتبَر غير طبيعيَّة **ومن غير المتوقَّع أن تستمر في الحدوث**.

نأخذ مثلاً تغيير حياة بولس. فهو سمع صوت الربِّ يسوع، ثمَّ فقد بصره بسبب نور رآه. إنَّه بالفعل اختبار يحدث مرَّة واحدة لا أكثر. وإن كنَّا نتَّخذه مثالاً أو نمطًا للتغيير فلن ينجح كثيرون في هذا الامتحان. وبالفعل، فإنَّ بولس نفسه أعلن أنَّه امتياز كبير له أن يُفرز لكي يكون رسولاً.

ونأخذ مثلاً آخر، هو موت حنانيا وسفِّيرة. ألا يقوم المؤمنون في حاضرنا بأُمور أسوأ غير أنَّهم يبقَون على قيد الحياة؟ أو هلِ استبدال يهوذا بإلقاء القرعة أُسلوبٌ نستخدمه اليوم؟ طبعًا لا.

أضف أنَّه لو كانت الأحداث ستتكرَّر ما كنَّا سنحرز نتائج الأحداث عينَها. فبطرس مثلاً نجا من قبضة هيرودس، أمَّا يعقوب فلم ينجُ. ما النتيجة التي يمكن أن نتوقَّعها اليوم؟ علينا أن نتنبَّه إلى عدم اتِّخاذ حدَثٍ أو اختبارٍ جرى في أيَّام الكنيسة الباكرة وكأنَّه سيصبح عُرفًا أساسيًّا في حياة الكنيسة ككلٍّ.

يأتي بنا النقاش هنا إلى سؤال أساسي: **كيف يمكن أن نُفرِّق بين الفوطبيعي والطبيعي؟** ألم تعتبر الكنيسة في كثير من الأحيان بعض الأُمور فوطبيعيَّة لتكتشف بعد ذلك عكس ذلك؟ ويساعدنا طرح سلسلة من الأسئلة على اتخاذ قرار بهذا الشأن.

أ. هل يتم ذكر الحادثة مرَّة واحدة فقط؟

إن كانت الحادثة تُذكر مرَّة واحدة ولا تعود تُذكر في ما بعد، فلا بدَّ (لكن من غير الضروري) أن تكون فوطبيعيَّة. ففي يوم الخمسين مثلاً، حدثت أُمور مميَّزة جدًّا. فنحن لا نتوقَّع أن نرى رياحًا وألسنة كأنَّها من نار عندما يحل الروح القدس على أحدهم. ونقرأ عن حادثة أُخرى حين اهتزَّ البناء حيث اجتمع المؤمنون للصلاة. وإن كنا نتوقع ذلك فسيكون ذلك دليلاً غير دقيق لنا لنرى إن كانت الصلاة قد رُفعت بالحق. **لكنْ كان حدوث بعض تلك الأحداث ضروريًّا لمرَّة واحدة**. إذًا، إن كانت حادثة ما قد ذُكرت مرّة واحدة **فمن الممكن** أن تحدث ثانية، لكن من الخطأ القول إنَّها **يجب** أن تتكرَّر.

ب. هل يتكرَّر ذكر الحادثة؟

لكن نرى في وصف معموديَّة الروح القدس بعض المشابهات. فبينما تتميَّز الرياح وألسنة اللهب في يوم الخمسين، نرى بعض الظواهر تتكرَّر. فعندما حلَّ الروح القدس على الموجودين في بيت كرنيليوس (٦٤:١٠)، وعلى تلاميذ يوحنَّا، تكلَّموا بألسنة، إشارة إلى أنَّه من الممكن لتلك الظاهرة أن تتكرَّر، حتَّى لو لم يتكرَّر ظهور الرياح والألسنة الملتهبة. وبالفعل، فإنَّه كلَّما اعتمد أحدهم بالروح القدس في سفر الأعمال، كان يحدث أمر يشير إلى أنَّ الروح قد حلَّ. **إنَّ حادثة تتكرَّر تزيد الاحتمال أنَّ ما نقرأه هو طبيعي وممكن أن يحدث في الكنيسة اليوم.**

ج. هل هناك تأكيد مستقل آخر في مكان آخر من الكتاب المقدَّس؟

إن كانت الأناجيل أو الرسائل تقدِّم **شهادة مستقلِّة بأنَّ ما حدث كان جزءًا طبيعيًّا من الحياة المسيحيَّة في ذلك الوقت، يمكننا أن نتأكَّد من أنَّه يمكن أن نقبله اليوم**. فمثلاً، لا نقرأ عن "انسكاب الروح القدس" في أعمال الرسل 2:33 فقط، بل نقرأ عن ذلك أيضًا في العهد القديم في سفر يوئيل 2:28، وفي العهد الجديد في تيطس 3:6 ما يؤكِّد أنَّ الأمر صحيح.

تعيين الشيوخ في سفر الأعمال هو مثال آخر. هل كانت هذه حادثة جرت مرَّة واحدة؟ كلا، فهي لم تحدث مرَّة واحدة في سفر الأعمال فقط، بل نقرأ في رسائل تيطس وتيموثاوس الأُولى والعبرانيين عبارات تشير إلى أهميَّة وجود هذا النوع من القيادة.

2. الحاضر كما الماضي

بعد أن نطرح الأسئلة الثلاثة الواردة أعلاه، يمكننا أن نميِّز بين الأحداث التي جرت مرَّة واحدة والتي

كانت جزءًا من السرد التاريخي الذي أورده لوقا، وبين الأُمور التي يريد الرب أن نلاحظ أنَّها **يجب** أن تحدث دائمًا، حتّى لو كان ما **يحدث** في الكنيسة المعتدلة اليوم هو أبعد عن ذلك.

من الضروري أن نستخدم تلك الأسئلة ونلجأ إلى سِفر الأعمال كأُنموذج. وإن لم نفعل ذلك فمن الممكن أن نقع في خطإ الاعتقاد أنَّ علينا أن نقدِّم نسخة طبق الأصل عن الكنيسة الباكرة. وتتخذ بعض المجموعات الدينيَّة أمثال الإصلاحيين والبيوريتان والميثوديين وبعضٍ من الخمسينيين أساليبهم من تلك الفترة. وينسَون أنَّ **الكتاب المقدَّس يقدِّم أُنموذجًا كافيًا، وهو المقياس الأعلى الذي يجب أن يَحكم كلّ العصور الأُخرى**.

إذًا، يقدِّم لنا سفر الأعمال أُنموذجًا عمَّا قام به أعضاء الكنائس الأوائل وكيف كانوا كتلاميذ للربّ يسوع المسيح.

أعمالهم

يُخبر سفر الأعمال عن الشركة الحميمة التي نشأت بينهم، وعن أهميَّة تعليم الرسل، وضرورة الصلوات، وعن العَفْويَّة في تبشيرهم، إذ قوَّاهم الروح القدس وأرسلهم ليخبروا الآخرين عن المسيح. كذلك يُخبِر عن إعلانهم الصريح للإنجيل عندما واجهوا المقاومة من اليهود والأُمم على حدٍّ سواء. وهو سفر مُفعَم بالحياة وبعمل الله وتَنامي ملكوته.

أماكن تواجدهم

كان هؤلاء الناس ممتلئين بالفرح لأنهم عرفوا الرب، وقد سبّحوه حتَّى عندما كانوا في السجن. لقد خافوا الربّ، لكنهم كانوا ممتلئين رجاءً وشجاعة. وكان بطرس ويوحنَّا على استعداد لِيَعصِيا القادة اليهود، وقد رفضا أن يتوقَّفا عن التبشير بالربِّ يسوع. وكان استفانوس على استعداد لأنْ يواجههم مع أنَّ ذلك عرَّض حياته للخطر.

سفر الأعمال كدليل للإرساليَّة

إذ نتخذ سفر الأعمال كأُنموذج، فكيف لنا أن نقرأه إذًا؟ لقد قدَّم "رولاند ألان" في بداية القرن العشرين أَحد أفضل الأساليب لذلك. وكتب ثلاثة كتب شكَّلت تفكير كثيرين كانوا يسعَون إلى فهم كيفيَّة استخدام سفر الأعمال في وقتنا الحاضر. وقد عنوَنَها كالتالي: "أساليب الإرساليَّة، أساليب بولس أم أساليبنا؟"، و"التوسّع العَفويُّ للكنيسة"، و"خدمة الروح". وقد سبق تفكيرُه عصرَه، كما أنِّي أدين له بالكثير بالنسبة إلى أُسلوب التفكير الذي اعتمده. وهو يناقش قائلاً إنَّ **سفر الأعمال ليس مجرَّد أُنموذج لسلوك الكنيسة، بل هو دليل للإرساليَّة لأجل توسُّع الكنيسة**. وبإمكاننا أن نستلخص من هذا السِّفر استراتيجيَّة سباعيَّة الجوانب يمكن أن نتبعها اليوم:

1. إرسال الرسل

إنَّ الكلمة "رسول" تعني حرفيًّا "مَن يُرسَل". وكان مفهوم الكنيسة الباكرة أنَّ دعوة بعض الأفراد كانت أن يرسلهم الرب لينشروا رسالة الإنجيل. ونقرأ في العهد الجديد عن خمسة أنواع من الرسل:

1. الربُّ يسوع هو **الرسول الأعظم** ــ فليس أحد مثله.
2. الرسل الاثنا عشر، **شهود القيامة** ــ ليس أحد مثلهم اليوم (حلَّ متيَّاس محلَّ يهوذا).
3. بولس، الرسول الثالث عشر، "وَآخِرَ الْكُلِّ كَأَنَّهُ لِلسِّقْطِ ظَهَرَ لِي أَنَا." وليس أحد مثله اليوم يكتب أسفارًا مُوحًى بها.
4. **غارس كنائس رائد** ـ يغرس كنائس جديدة تضمّ مؤمنين جددًا. بولس الرسول هو مثال على ذلك أيضًا، كما برنابا أيضًا وآخرون أُرسلوا ضمن مجموعات.
5. **أي مؤمن يُرسَل من نقطة أ إلى نقطة ب للقيام بمهمة ما "كرسول" معيَّن،** مثلاً: أبفروديتس أُرسل إلى بولس ليساعده في بيته في روما، وبذلك كان مرسلاً (وأي واحد منَّا يمكن أن يكون مرسلاً).

ويُطبَّق الوصفان الرابع والخامس اليوم. فكنيسة المسيح بحاجة إلى **غارسي كنائس وإلى آخرين مستعدِّين لأنْ يُرسَلوا للقيام بمهمَّات خاصَّة باسم الربّ.**

ويجب أنَّ المبادرة والدعم أن يأتيان من الكنيسة بطريقة جيِّدة. ومن الواضح في سفر الأعمال أنَّ الروح القدس هو الذي فرز بعض الأشخاص للعمل. ولم يأتِ قرار الإرسال من قِبل جُمهور المؤمنين، بل من الروح القدس. فالروح هو الذي قال أن يُفرَز بولس وبرنابا للعمل الذي أعدَّه لهما. وكانت الكنيسة على استعداد لأنْ تُرسل أفضل الناس لديها لكي يُعرَف المسيح.

من الجدير بالملاحظة أيضًا أنَّ التلاميذ أُرسِلوا في مجموعات، وتألَّفت أصغر مجموعة من شخصين سافرا معًا (تمامًا كما أرسل الربُّ يسوع تلاميذه اثنين اثنين). فسفر الأعمال لا يحبِّذ فكرة سفر "المرسل الوحيد".

2. الذهاب إلى المدن

اعتاد الرسل الابتداء بالتبشير في الأماكن المكتظَّة، حتَّى يتسنَّى للكنائس النامية أن تؤثِّر في المحيط المجاور لها. فمثلاً، عندما ذهب بولس إلى أفسس وعلَّم يوميًّا في مدرسة تيرانُّس، نقرأ أنَّه: "سَمِعَ كَلِمَةَ الرَّبِّ يَسُوعَ جَمِيعُ السَّاكِنِينَ فِي أَسِيَّا، مِنْ يَهُودٍ وَيُونَانِيِّينَ." ويرجَّح أن يكون أبفراس أتى إلى الإيمان من خلال تلك المحاضرات، ثمَّ غرَسَ كنيسة في كولوسي. وكتب بولس رسالة إلى تلك الكنيسة، مع أنَّه لم يزرها أو يعمل على نموّها.

إذًا، كان الذهاب إلى الأماكن المدنيَّة الأساسيَّة بهدف التوسُّع خطَّة ذكيَّة وفعَّالة، وعلينا ألَّا ننسى ذلك اليوم.

3. الكرازة بالإنجيل

كان من عادة بولس أن يركِّز في بشارته أوّلاً على المجمع اليهودي: " فَاجْتَازَا فِي أَمْفِيبُولِيسَ وَأَبُولُونِيَّةَ، وَأَتَيَا إِلَى تَسَالُونِيكِي، حَيْثُ كَانَ مَجْمَعُ الْيَهُودِ. فَدَخَلَ بُولُسُ إِلَيْهِمْ حَسَبَ عَادَتِهِ، وَكَانَ يُحَاجُّهُمْ ثَلاَثَةَ سُبُوتٍ مِنَ الْكُتُبِ." وكان يستشهد بالعهد القديم حينما يتكلَّم إلى اليهود. لكنْ لاحِظْ كيف أنَّ **أُسلوبه تغيَّر بحسب تغيُّر مستمعيه**. فعندما كان يكرز لليهود كان يستشهد بالكتاب المقدَّس؛ أمَّا حين كان يكرز للأُمم فكان يعمل على إرساء قواعد مشتركة قبل أن يقدِّم حقائق الكتاب المقدَّس. مثالاً على ذلك الحادثةَ التي جرت في الأصحاح السابع عشر من أعمال الرسل، حيث كان يُكلِّم الأثينيين. ولم يكن خطابه ناجحًا جدًّا، على الرُّغم من إيمان بعضٍ من الموجودين المرموقين. إنَّما ذكره لوقا ليُظهِر لنا كيف كان بولس يوجِّه حديثه للأُمم.

ذكَرَ بولس في عظته إلى الأثينيِّين أحداثًا جرت في ماضيهم وشُعَراءَ عرفوهم. وكان على علم بأنَّه حدث زلزال في أثينا منذ عدَّة سنين دمَّر المدينة وهدم المباني. وبما أنَّ الأثينيِّين كانوا يؤمنون بعدَّة آلهة، فقد ظنّوا أنَّهم أغضبوا واحدًا منهم، وكانوا متشوِّقين لمعرفة مَن هو. فأطلقوا خروفًا في الشارع العام وقرَّروا أنَّ الإله الذي يستلقي الخروف بالقرب منه يكون هو الإله الغاضب عليهم. إلاَّ أنَّ الخروف رفض الاستلقاء بالقرب من أيٍّ من الأصنام، بلِ اختار أن يستلقي في وسط الحقل. فاجتمع مجلس الأثينيِّين من جديد وقرَّروا أنَّه لا بدَّ أن يكون هناك إله آخر قد أغضبوه وهم لم يصنعوا له تمثالاً بالأصل. ولذلك، نصَبوا تمثالاً إضافيًّا وحفروا عليه: "الإله المجهول".

استخدم بولس هذا الصنم الذي رآه في المدينة كأساسٍ ليخبرهم عن الرب الذي لم يعرفوه. وعلى الفورِ جذب انتباههم. فقدِ انتقى أرضيَّةً مشتركة بينه وبينهم، انطلق منها ليخبرهم عن "الإله" الذي يجب أن يعرفوه، والذي بإمكانهم أن يعرفوه، وعن الربِّ يسوع الذي أقامه هذا الإله من الأموات وعيَّنه لِيَدين الجنس البشري.

نجد في كلِّ صفحة من سفر الأعمال تقريبًا هذا التركيز على التبشير بالإنجيل، إذ يُعطي الروح القدس الشجاعة والقوَّة للمؤمنين لِيُعلنوا رسالته.

4. التلمذة

ركَّز الرسل على صيرورة الناس "تلاميذ". ولم يكونوا مهتمِّين في أساليب التجاوب التي نتوقّعها نحن، كرفع الأيادي أو التقدِّم إلى الأمام في اجتماع عام، أو ملء استمارة معيَّنة. لقد لاحظوا أن **صُنعَ التلاميذ يتطلَّب وقتًا طويلاً**، ولذلك كان بولس يصرف مدَّة طويلة في مكان واحد ليتأكَّد من أنَّ المؤمنين قد تأسسوا على أسس ثابتة. وقد علَّم في أفسس عصر كلّ يوم من الساعة الثانية عشرة ظهرًا حتَّى الساعة الرابعة عصرًا (وقت القيلولة) مُدَّةَ سنتين، لكي ينموَ حديثو الإيمان ويأتيَ آخرون إلى المسيح. ولذلك، بينما يذكر لوقا أنَّ الكلمة "مسيحيِّين" بدأ التداول بها أوَّلاً في أنطاكيَّة، فإنَّ المؤمنين كانوا يُعرفون بِاسْمِ "التلاميذ" أو "أتباع الطريق". فما كان مهمًّا هو **الثبات في الرحلة**، وليس مُجرَّد قرار يُتَّخذ مرَّة واحدة ولا يؤثِّر في الحياة اليوميَّة.

5. غرسُ كنائس

يذكر سفر الأعمال كيف أنَّ البشارة بالإنجيل أدَّت إلى تكوين مجموعات من المؤمنين، وكيف أنَّ الرُّسل قاموا لاحقًا بزيارة تلك المجموعات من جديد، حتَّى إنَّ كلَّ رحلة إرساليَّة أثمرت **تأسيس مجموعات من المؤمنين المثمرين**. ولكن يمكن لاستراتيجيَّة الإرساليَّة أن تُنتسى إن كنَّا نعيش في بلد فيه العديد من الكنائس. ونفشل أحيانًا في أن نرى بعض الكنائس تخدم جزءًا من المجتمع، وربَّما جزءًا ضيِّقًا فقط. وغالبًا ما لا نجد كنائس تخدم مجموعات أُخرى. أمَّا هذا الأُسلوب من غرس الكنائس فهو يؤكِّد أنَّ على الكنائس الموجودة ألَّا تشعر بالتهديد إنْ أتاها حاضرون جدد، إذ إنَّها سوف تكون بذلك **تخدم مجموعة اجتماعيَّة جديدة**، حتَّى لو كان أفرادُها متقاربين جغرافيًّا.

6. تعيين شيوخ

نقرأ أنَّ بولس وبرنابا عادا إلى لسترة وأنطاكية وإيقونيَّة: "وَانْتَخَبَا لَهُمْ قُسُوسًا فِي كُلِّ كَنِيسَةٍ، ثُمَّ صَلَّيَا بِأَصْوَامٍ وَاسْتَوْدَعَاهُمْ لِلرَّبِّ الَّذِي كَانُوا قَدْ آمَنُوا بِهِ."

وبما أنَّ الكنائس كانت جديدة، فهذا يعني أنَّ الشيوخ كان لا يزيد عمرهم عن السنة في الإيمان. إلاَّ أنَّ ذلك لم يشكِّل أيَّة مشكلة ما دام أنَّهم كانوا متقدِّمين عن الآخرين وناضجين في إيمانهم، ويمكن أن **يوثق بقيادتهم**. ونرى خلال سفر الأعمال هذا النمط في تعيين الشيوخ لقيادة الرعيَّة، إذ أراد الرُّسُل إيجاد قيادة محلِّيَّة حتَّى تصبح الكنيسة مستقلّة وغير معتمدة على مؤسِّسها. ويبدو أن الشيوخ كانوا يُعيَّنون من قِبَل الكنيسة كلِّها حيث تؤكد جماعةُ المؤمنين تسمياتِ الرسل. (وتعني الكلمة "ينتخِب" حرفيًّا "انتقاءً برفع اليد"، أي أنَّ الشيوخ انتُخبوا برفع اليد).

إذًا، كان عمل الرسول محدَّدًا بطريقة أو بأُخرى حول الأُمور التالية:

- الامتداد إلى المدن الرئيسيَّة
- الكرازة بالإنجيل وجعله يتلاءم مع المستمعين
- صُنع تلاميذ بدلاً من صنع قرارات
- البقاء مع التلاميذ وتدريبهم
- غرسُ كنائس لإبقاء جماعات مسيحيَّة خلفهم
- تعيين شيوخ لقيادة كلِّ جماعة

7. رحيل الرسل

المرحلة السابعة والأخيرة من الأُنموذج الإرسالي أساسيَّة جدًّا. فبعد أن تأسَّست الكنيسة، كان على الرسل مغادرة المكان. وكان التواصل يستمر من خلال رسالة أو زيارة أو من خلال زيارة "مرسل" من قِبَل الرسول. **فحين كان يقوم في المجموعة قادة محلِّيُّون، كان الرسول يترك المكان ليُكمِّل عمله في**

مكان آخر. وكانت الكنائس تتوسَّع، وكانت ذات إدارة ذاتيَّة، ومستقلّة. وهكذا، كانت خدمة الرسل متحرِّكة. وكانوا يعملون عادة في مهن معيَّنة كي يسدُّوا احتياجاتهم الماديَّة ولا يكونوا عبئًا على أحد فيما الكنيسة تؤسَّس.

ما أغفلَته الخطَّة

إنَّ الأُسلوب المسُتخدم في سفر الأعمال هو أُسلوب "المـُرسلين"، لكنَّه لا يحتوي على بعض التفاصيل التي تُعتبر أساسيَّة اليوم.

- لم تكن هناك أيَّة أبنية كنسيَّة، بل كان المؤمنون يجتمعون في البيوت أو المباني المستأجرة.
- لم تُعتبر فكرة الاستثمار في المباني ضروريَّة.
- لم تكن هناك تفرقة بين رجال الدِّين والعلمانيين.
- كانت كل المناصب في الكنيسة مؤسَّسة على الموهبة والإنجاز، وكان على كل مؤمن أن يكون لديه خدمة ما.
- لم تكن هناك أيَّة هيكليَّة.
- لم يكن هناك مقرّ قيادة عامَّة.
- لم تكن هناك معموديَّة أطفال.
- لم تكن هناك أيَّة كنائس تستند إلى نظام وطني أو طائفي.
- لم تكن هناك قوانين للعبادة. وبالرغم من أنَّنا نقرأ عن إشارات عن كيفيَّة عبادة الكنيسة، لا نجد أيَّ نمط نتّبعه.
- لم يشيِّد الرسل أيَّة مُستشفيات أو مدارس أو مستوصفات أو هيئات مساعدة.

إذًا، ما نعتبره اليوم جزءًا طبيعيًا من الكنيسة، أو من نشاطات الكنيسة، لم يكن طبيعيًّا في حياة الكنيسة الأُولى.

الناحية اللاهوتيَّة

تمحور تركيزنا على نواحٍ عديدة من سفر أعمال الرسل. فقد لحظنا هدف السِّفر، وهويَّة المرسَل إليه، وأُسلوب بنائه لتحقيق هدفه، وكيفيَّة استخدامه كـ "دليل للمرسلين". ويوجد أُسلوب أخير يمكننا استخدامه لدراسة السفر، يتماشى مع أُسلوب التحليل الذي استخدمناه، وهو أُسلوب دراسة السفر من الناحية اللاهوتيَّة. فكيف يجب أن ندرسه على هذا المستوى؟

أعمال مَن؟

دعونا نبدأ بالعنوان. وكان السفر قد دُعِي في الأصل بكلٍّ بساطة: "الأعمال"، وهي كلمة مشتقَّة من الأصل اليوناني *praxis* الذي تأتي منه كلمة 'practice' في اللغة الإنكليزيَّة وهي تعني الممارسة. ولذلك، فإنَّ هذا السفر يصف كيفيَّة **ممارسة المسيحيَّة**. لكنْ من الذي يمارس؟ ولمن تعود تلك "الأعمال"؟ يمكن أن تكون هناك أربع إجابات:

1. الرسل

يُسمَّى السفر عادة "أعمال الرسل"، إلاَّ أنَّ الأمر مُضلِّل إذ إنَّ **معظم الرسل لا يُظهِرون فيه!** فنقرأ أنَّ يعقوب قُطِع رأسه، ويُذكَر يوحنَّا في ظلّ بطرس. لكنَّ بطرس فقط يحتلّ قسمًا كبيرًا من السفر، ويركِّز أكثر من نصفه على بولس الذي لم يكن في الأصل من التلاميذ الاثني عشر. إذًا، ليس هو سفر "أعمال الرسل" بامتياز.

2. الربّ يسوع

يبدأ السفر بالتالي: "اَلْكَلاَمُ الأَوَّلُ أَنْشَأْتُهُ يَا ثَاوُفِيلُسُ، عَنْ جَمِيعِ مَا **ابْتَدَأَ** يَسُوعُ يَفْعَلُهُ وَيُعَلِّمُ بِهِ" ممَّا يعني أنَّ السفر يتمحور حول كلّ ما **أكمله الربُّ يسوع في فعله وتعليمه**. ولذا، يُمكننا أن ندعوه "أعمال الربِّ يسوع، تَتِمَّة." ويتمّ ذكر اسم يسوع أربعين مرَّة في الأصحاحات الثلاثة عشر الأُولى. فهو كان موضوع كرازة الرسل، وكانوا يشفون باسمه. إذًا، يُمكننا التشجيع على فكرة تسمية السفر سِفرَ "أعمال الربِّ يسوع".

3. الروح القدس

لكن تُظهِر دراسة عن كثب أنَّ **الشخصيَّة الأبرز في السفر هي الروح القدس** الذي ذُكِر أيضًا أربعين مرَّة في الأصحاحات الثلاثة عشر الأُولى، وسبعين مرَّة في كامل السفر. فربَّما علينا أن ندعوه "أعمال الروح القدس"، فنعترف حقًّا بالدور الذي قام به. فالروح القدس هو الذي منح التلاميذ المئة والعشرين القوَّة ليشهدوا في يوم الخمسين، وهو غالبًا ما يُوصَف بأنَّه يملأ المؤمنين. وبعضٌ من أهم القرارات التي اتُّخِذت في سفر الأعمال أتت نتيجة لتوجيهات الروح القدس، وقد قاطع الروح القدس رسالة بطرس في بيت كرنيليوس إذ حلَّ على الحاضرين. وكان الروح القدس قد منع المؤمنين من دخول أسيَّا وبيثينية وأرسلهم عوضًا عن ذلك إلى ترواس. وهو الذي قدَّم الحَفْزَ الحيويَّ للتوسُّع الإرساليّ. ولذا، من المنطقي أن ننظر إلى السفر باعتباره سِفرَ "أعمال الروح القدس".

الله

لا بدَّ أنَّه منطقيٌّ جدًّا أن يكون الله هو الشخصيَّة الأكثر بروزًا في السفر. فبينما يُذكر الروح القدس

أربعين مرَّة في الأصحاحات الثلاثة عشر الأُولى، يُذكر اسم الله مئة مرَّة. وإن كنَّا نركِّز على الربِّ يسوع أو على الروح القدس فهذا يجعلنا "موحِّدين" في مفهومنا اللاهوتي، الخطأ الذي يقع فيه بعض الأفرقاء. **لكنَّ الروح القدس يركِّز على الربِّ يسوع، والربُّ يسوع يُعيدنا إلى الله.**

الثالوث

إذًا، يُظهِر لنا سفر أعمال الرسل عقيدة الثالوث بامتياز. وبينما لا ترد كلمة "الثالوث" بالتحديد في الكتاب المقدس فهي وصفٌ دقيق للأقانيم الثلاثة في طبيعة الإله الواحد. ولذلك، فإنَّ، سفر الأعمال يتمحور حول ثلاثة أُمور:

1. ملكوت الله **الآب**
2. اسم الربّ يسوع **الابن**
3. قوَّة **الروح القدس**

إذًا، يُمكن أن يكون العنوان الأفضل الشامل الذي نطلقه على السفر هو **"أعمال الله الآب من خلال الربِّ يسوع المسيح، على أيدي الرُّسل، بواسطة الروح القدس".**

الخاتمة

سفر أعمال الرسل هو القصّة الأبرز لانتشار المسيحيَّة من أُورشليم إلى روما. وقد غربل لوقا الأحداث واختار منها ما يُظهِر ذلك الانتشار، وقدَّم بذلك أُنموذجًا عن حياة الكنيسة ودليلاً للمرسلين لأجل استمرار التوسُّع. كذلك أيضًا أنجز هدفه الأشمل بتقديم عرضٍ موجز لثاوفيلُس حتَّى تظهر براءة بولس صديقه عند محاكمته. وقصد الرب في الوقت نفسه أن نفهم أنَّه يعمل لبناء مملكته، فلا يهمُّ مَن نكون وأين نعيش، بل ما يهمُّ هو أن نكون واضحين بالنسبة إلى المثاليَّات التي نعمل ونصلِّي لأجلها.

إنجيل يوحنَّا

المقدمة

ذكرنا في المقدِّمة إلى الأناجيل أنَّه توجد ثلاث نواحٍ مميَّزة لإنسان عظيم ترك هذا العالم: فإمَّا في **ما فعل**، وإمَّا ما **قال**، وإمَّا **ما كان أو من كان**. ومن الواضح أنَّ يوحنَّا اهتمَّ بالناحية الثالثة، فتطلَّع إلى **داخل** الربِّ يسوع وسأل: "من كان؟"

لقد ركَّز متى ومرقس ولوقا بالأكثر على ما فعل وقال الربُّ يسوع، ونادرًا ما عالجوا أسئلة تدور حول دوافعه الداخليَّة. بينما يقدِّم لنا يوحنَّا صورة عن حياة **الربِّ يسوع الداخليَّة وهُويَّته الشخصيَّة**. وسنرى لاحقًا أنّ ذلك لم يكن السبب الرئيسي الذي دفعه إلى الكتابة، وهذا أمر أساسي علينا فهمه إن كنَّا نريد أن نفهم هذا الإنجيل.

ويختلف إنجيل يوحنَّا عن أناجيل متى ومرقس ولوقا في خمس نواحٍ أساسيَّة:

1. **الإغفال**

يختلف يوحنَّا بامتياز عن الأناجيل الإزائيَّة من ناحية **مضمون إنجيله**. فهو لا يكتب من منظار مُغايرٍ عن الربِّ يسوع، لكنَّه يُغفِل عددًا من النواحي التي اعتبرها باقي البشيرينَ مهمَّة، وهي:

- الحبل بالربِّ يسوع وولادته
- معموديته
- تجاربه
- طرد الأرواح
- التجلِّي
- العشاء الأخير
- صراع الربِّ يسوع خلال الصلاة في بستان جثسيماني
- صعوده

وتفاجئنا هذه الإغفالات، خاصة إذ نلحظ الأهميَّة التي أعطاها كتَّاب الأناجيل الآخرون لتلك الأحداث. فمثلاً، تُعتَبر حادثة التجلِّي حادثة أساسيَّة في الأناجيل الإزائيَّة. ثمَّ نقرأ أنَّ الربَّ يسوع وهو

على الصليب طلب من يوحنَّا أن يهتم بمريم أُمّه، فربَّما أغفلَ يوحنَّا قصَّة ولادة الربّ يسوع ليوفِّر على مريم الظهور في العلن. لكن السبب الأساسي لتلك الإغفالات هو ببساطة أنَّ **تلك التفاصيل لم تتماشَ مع هدف يوحنَّا**. فقدِ استهلَّ إنجيله بأُسلوب مختلف عن باقي الأناجيل، ولم يكن هناك سبب لذكر ما اعتبره مادَّةً غير مهمَّة.

نجد في هذا الإنجيل بالإضافة إلى الإغفالات، **تصغير دور بعض الأفكار الأساسيَّة** التي احتلَّت مكانة أهم أو أكبر في الأناجيل الثلاثة الأُخرى. فمثلاً، تذكر الأناجيل الثلاثة العديد من المعجزات، أمَّا يوحنَّا فيذكر سبع معجزات فقط. كذلك، فإنَّ يوحنَّا يذكر القليل عن ملكوت الله الذي هو من أهمّ الأفكار الرئيسيَّة الموجودة في تعليم الربّ يسوع. أمَّا في إنجيل يوحنَّا فهو يرد مرَّتين فقط حين يقول الربُّ يسوع لنيقوديموس إنَّه إن لم يولد من جديد فلن يستطيع أن يرى ملكوت الله، ومن ثَمَّ حين يقول لبيلاطس إنَّ مملكته ليست من هذا العالم. لكن هذا لا يعني مجدَّدًا أنَّ المعجزات أو ملكوت الله ليست مهمَّة، إنَّما كان ليوحنَّا هدف آخر مختلف عن أهداف الكتَّاب الآخرين، وكذلك استخدم أُسلوبًا مختلفًا لتحقيق هدفه.

2. إضافات

المعجزات

كما أغفل يوحنَّا بعض الأُمور فإنَّه أضاف بعض الإضافات المهمَّة. فمن بين السبع معجزات التي ذكرها، **خمس جديدة وهي:**

تحويل الماء إلى خمر في عرس قانا الجليل

شفاء المشلول عند بركة بيت حسدا

شفاء ابن خادم الملك

شفاء المولود أعمى

إقامة لعازر

لكنْ تتكرَّر اثنتان منها هما: السير على الماء وإشباع الخمسة آلاف.

أضف أنَّ يوحنَّا يستخدم كلمة **مختلفة لوصف معجزةٍ ما**، إذ يشير إليها عَلى أنَّها "آية". وعادة ما تشير الآية إلى أمر أبعد من ذاتها. ولذلك، فهو لا يدوِّن عددًا أقل من المعجزات لأنَّه يعتبرها أقل أهميَّة، بل لأنَّه أراد أن يسلِّط الضوء على الاتِّجاه الذي تشير فيه المعجزة إلى الربِّ يسوع. وسنلاحظ لاحقًا التأثير الكامل لهذا الأُسلوب في تحقيق هدف يوحنَّا.

الأفراد

يذكر يوحنَّا قصصًا عن أفراد، ويتميَّز إنجيله ببعض منها: رَفْض بطرس أن يغسل المسيح رجليه،

والحديث الذي جرى بين الربِّ يسوع والمرأة السامريَّة على البئر، والحديث الذي جرى بين نيقوديموس والربِّ يسوع. وبالفعل، فإنَّ تلك **الحوارات الفرديَّة** أُعطيت أهميَّة أكثر من الاجتماعات مع الجموع التي يبدو أنَّها استحوذت على الأناجيل الثلاثة الباقية. وكلمات يوحنَّا المعمدان المذكورة في هذا الإنجيل هي كلُّها في محادثات خاصَّة، وليست إعلانات عامَّة.

عبارات المسيح عن نفسه

تظهر في إنجيل يوحنَّا سبع عبارات عظيمة أشار بها الربُّ يسوع إلى نفسه، وهي تُعرف **بعبارات "أنا هو"**:

- أنا هو خبز الحياة
- أنا هو نور العالم
- أنا هو الباب
- أنا هو الراعي الصالح
- أنا هو القيامة والحياة
- أنا هو الطريق والحق والحياة
- أنا الكرمة الحقيقيَّة

تظهر هذه العبارات في إنجيل يوحنَّا فقط، وهي تساعد على تأكيد هدفه وتُبيِّن لنا كيف نظر الربُّ يسوع إلى نفسه.

3. توكيدات

ترتكز الأناجيل الإزائيَّة على الخطوط العريضة لإنجيل مرقس، وتميل جميعها إلى استخدام إطار الخدمة لتي إمتدَّت ثلاثين شهرًا في الجليل في الشمال، ثمَّ ستَّة أشهر في اليهوديَّة في الجنوب مع تركيزٍ على أورشليم. أمَّا إنجيل يوحنَّا فيختلف، إذ إنّ معظمه يركِّز على **الجنوب** ويتضمَّن موادَّ من بداية خدمة الربِّ يسوع. ويختار يوحنَّا أن يركِّز على الأحداث عندما ذهب الربُّ يسوع إلى أورشليم في **الأعياد** (ربَّما ثلاث مرَّات في السنة). إذًا، يتمحور معظم إنجيل يوحنَّا حول أعياد المظالِّ والفصح وتكريس الهيكل، ويتجاهل خدمة الربّ يسوع في الشمال.

4. الأُسلوب

يُظهِر تغيير الأُسلوب في إنجيل يوحنَّا في ناحيتين:

اللُّغة

تختلف لغة إنجيل يوحنَّا عن اللغة المستخدمة في باقي الأناجيل التي تستخدم كلمات متشابهة. أمَّا

إنجيل يوحنَّا فيبدو **مستقلاً بالكامل**. فمثلاً، عند وصف قصَّة إشباع الخمسة آلاف، تستخدم الأناجيل الإزائيَّة ثلاثًا وخمسين كلمة متشابهة، بينما يستخدم إنجيل يوحنَّا ثماني كلمات مشتركة معها.

خلافات

تختصّ الأناجيل الإزائيَّة بأمثال الربّ يسوع، ويندر وجود مقاطع تعليميَّة فيها. أمَّا في إنجيل يوحنَّا فيبدو وكأنّ **الربّ يسوع منشغل بمُشادَّات لامتناهية، وأحاديث طويلة تتركّز على أُمور تختص بالإيمان أكثر من السلوك**. وبما أنّ تلك المحادثات جرت في جولات الربِّ يسوع في الجنوب، فيبدو أنَّه كان يغيِّر أُسلوبه في التعليم ربَّما لأنّه كان منشغلاً بالمناقشات بين اليهود عن هويته.

لنأخذ مثلاً الحِوارَ الطويل الذي دار في الأصحاح الثامن من يوحنَّا، حيث كان الربُّ يسوع يتكلَّم عن علاقته بالله أبيه. فسأله الفريسيُّون: "أين أبوك؟" ـ ظنًّا منهم أنَّ الربَّ يسوع لا يستطيع أن يتكلَّم بثقة عن أبويه، خاصَّة أنَّ إشاعات دارت تزعم أنَّه ابنٌ غير شرعي.

أجاب الربُّ يسوع: "لا تعرفونني ولا تعرفون أبي. لو كنتم تعرفونني لعرفتم أبي أيضًا." لقد أخبرهم أنَّه يعرف من هو أبوه، وأدار دفَّة الحديث ناحيتهم. فقال لهم إنَّ عليهم أن يعرفوه أيضًا، لكنَّهم بعيدون جدًّا.

ويُثار هنا موضوع لافت يخصُّ أعداء الربِّ يسوع، وغالبًا لا يُفهم. فعندما نقرأ في إنجيل يوحنَّا أنَّ "اليهود" كانوا يكرهون الربَّ يسوع، وأنَّه كان يجادلهم على الدوام، نخطىء عندما نظن أنَّ الكلمة "يهود" تنطبق على الأُمَّة كلِّها. لكن عندما يشير يوحنَّا إلى "اليهود" فهو يعني بذلك سكَّان اليهوديَّة في الجنوب مقارنة بسكَّان الجليل في الشمال، الذين كان موقفهم تجاه الربِّ يسوع مختلفًا وأكثر إيجابيَّة (بإستثناء أقليَّة منهم).

5. توقّعات

تختلف توقّعات يوحنَّا عن توقّعات الأناجيل الإزائيَّة. فهو كان مدركًا الحاجةَ إلى تبليغ المعلومات **إلى العالم اليوناني بالإضافة إلى العالم العبري**. وكان يكتب إنجيله في أفسس الواقعة في أسيًا (غرب تركيا اليوم) حيث التقى الفكران اليوناني والعبري. وإن كنَّا نود إدراك بعض الأساليب التي استخدمها يوحنَّا في ترتيب مادَّته، فلا بدَّ من إلقاء الضوء على الفرق بينهما.

بكل بساطة، استخدم العبرانيُّون **الخط الزمني الأُفقي** في أُسلوب تفكيرهم وتمسَّكوا بالأفكار المشتركة بين الماضي والحاضر والمستقبل. وقد عرفوا أنَّ الرب هو هو أمس واليوم وإلى الأبد. وتمحور كلّ تفكيرهم حول هذا الخط الزمني، حيث الزمن يُحرز هدفًا وتقدّمًا. أمَّا اليونانيُّون، بالمقابل، فقدِ افتكروا **في خطٍّ عموديٍّ في الفضاء**، واهتمُّوا بالحياة فوق وتحت، أي في السماء وعلى الأرض.

فمن منطلق التفكير العبراني، يتحرّك الوقت باتِّجاه واحد حيث يقرِّر الرب مصير الأُمور. وتتبّع الأناجيل الثلاثة الأُولى هذا الجدول الزمني، كما أنَّ يوحنَّا لا يتجاهله بالكامل إذ هو يهوديُّ الأصل أيضًا. فمثلاً، يذكر خمس مرَّات فكرة "الساعة". لكنَّه يستخدم بالمقابل أيضًا منطق التفكير اليوناني

الذي يستند إلى الخط العموديّ بين الأرض والسماء. ولذلك فهو ينظر بعين الاعتبار إلى الربِّ يسوع النازل من السماء مستشهدًا بكلمات الربِّ الواردة في 3:31 "وَلَيْسَ أَحَدٌ صَعِدَ إِلَى السَّمَاءِ إِلاَّ الَّذِي نَزَلَ مِنَ السَّمَاءِ، ابْنُ الإِنْسَانِ الَّذِي هُوَ فِي السَّمَاءِ." وأيضًا في 6:33 "لأَنَّ خُبْزَ اللهِ هُوَ النَّازِلُ مِنَ السَّمَاءِ الْوَاهِبُ حَيَاةً لِلْعَالَمِ."

رأينا سابقًا أنَّ يوحنَّا يذكر القليل عن ملكوت الله. وبينما تشدِّد الأناجيل الإزائيَّة على فكرة أنَّ الملكوت يبدأ من هذا العصر الشرِّير بانتظار إتمامه بالكامل، يركِّز يوحنَّا على نظرة الله **العموديَّة** إذ أحبَّ العالم وأرسل ابنه إلى الأرض. ويمكننا القول بكلِّ اختصار إنَّ إنجيل يوحنَّا هو إنجيلُ "فوق وتحت"، بينما الأناجيل الأُخرى هي أناجيلُ "هنا والآن."

فهم إنجيل يوحنَّا

بعد أن نظرنا إلى تميُّز إنجيل يوحنَّا عن الأناجيل الثلاثة الأُخرى، علينا أن نلقي نظرة أدقّ على يوحنَّا نفسه.

من هو يوحنَّا؟

صيَّاد سمك

كان يوحنَّا صيَّاد سمك قبل أن يدعوَه الربُّ يسوع ليتبعه، فكان يصطاد ويبيع السمك. ونعلم أنَّه كانت لديه علاقات في أُورشليم، ربَّما بسبب تجارة الأسماك بالتجزئة بعدما اصطِيدت في الجليل. إذًا، كان **من عالمَين**، عالم الشمال القروي، وعالم أُورشليم المدني في الجنوب. وهكذا، تميَّز بذلك عن باقي الرسل الذين أتى معظمهم من الشمال ما عدا يهوذا الاسخريوطي الذي كان من الجنوب.

نسيب الربِّ يسوع

كان **نسيبَ** الربِّ يسوع وأخا يعقوب، أحَدِ التلاميذ. وبالفعل، فإنَّ خمسة أو ربَّما سبعة من التلامذة الاثني عشر كانوا أقرباء ليسوع، رُغمَ أنَّ إخوته بَقُوا مشكِّكين حتَّى بعد القيامة، إلى أنْ آمن يعقوب ويهوذا وكتبا أيضًا سفرين من أسفار العهد الجديد. وتبدو القرابة واضحة بينهما، إذ طلب منه الربُّ يسوع وهو على الصليب أن يهتمّ بمريم أمّه.

صديق الربِّ يسوع المقرَّب

لم يكن يوحنَّا مقرَّبًا من الربِّ يسوع لكونه نسيبًا له فقط، بل كان من الدائرة المقرَّبة إلى الربِّ يسوع، كما كان يعقوب وبطرس. ويشير إلى نفسه بِصفَته "التلميذ الذي كان الربّ يسوع يحبّه"، محاولاً عدم لفت الانتباه إلى نفسه بعدم ذكر اسمه لكن مقدِّمًا لنا الحقيقة بأنَّه كان الأقرب إلى الربِّ

يسوع من بين الاثني عشر تلميذًا. ويوحنَّا هو الذي جلس بالقرب من الربِّ يسوع خلال العشاء الأخير حين إتكأوا للعشاء. فقد أراد الربُّ يسوع أن يكون صديقُه الأوثقُ بالقرب منه حين يتشاركون في تلك الحادثة الهامة جدًّا.

الرسول الأخير

كان يوحنَّا التلميذ المقرَّب إلى الربِّ يسوع، وكان أيضًا آخر الرسل الذين بَقُوا على قيد الحياة طويلاً. وقد كتب إنجيله وهو **رجل شيخ متقدِّم في الأيَّام**، فيما كان يتأمَّل في الربِّ يسوع بأُسلوب فريد في نوعه. ويذكر أخيرًا في إنجيله كيف علم بطرس من الربِّ يسوع أنَّه (أي بطرس) سيُصلب، وكيف سأل بطرس عن موت يوحنَّا. فقد أجابه الربُّ يسوع بأنَّ موت يوحنَّا ليس من شأنه، حتَّى لو أراد أن يُبقيَه حيًّا إلى يوم عودته. فانتشرت منذ ذلك اليوم الإشاعة أنَّ الربَّ يسوع سيعود قبل أن يموت يوحنَّا. ولكنْ لم يكن ذلك ما قاله الربُّ يسوع، كما يوضح يوحنَّا ذلك في نهاية إنجيله.

وينعكس قُرب يوحنَّا إلى الربِّ يسوع من خلال **شعوره بالحريَّة في التوسُّع في كلمات الربِّ يسوع الحقيقيَّة**. فمثلاً، يعيد صياغة بعض الأحاديث ليُظهِر المعنى بالكامل، لأنَّه يعتقد أنَّه يعرف فكر الربِّ يسوع بما فيه الكفاية ليشرح ما عناه بقوله. فنقرأ، على سبيل المثال، في يوحنَّا 3:61 "لأنَّه هكذا أحبَّ الله العالم حتَّى بذل لنا ابنه الوحيد..."، ولا يبدو واضحًا من هو المتكلِّم. هل المتكلِّم هو الربُّ يسوع في حديثه مع نيقوديموس، أم أنَّ يوحنَّا يتوسَّع في التفسير؟ ويبدو من الغريب أن يقول الربُّ يسوع ذلك، إذ يبدو كأنَّ شخصًا ثالثًا يتكلَّم عنه بأُسلوب غير مباشر. وهذا ما يميِّز إنجيل يوحنَّا، فالكاتب يتوسَّع في ما يقوله الربُّ يسوع لأنَّه يفهم بالتمام ما يعنيه في كلامه. وهو يصل إلى **استنتاجاته بِوَحيٍ من الروح القدس**. ولهذا السبب دعا يوسابيوس، أحد آباء الكنيسة الباكرة، هذا الإنجيل "الإنجيلَ الروحي"، وذلك لسبب واضح.

هدف يوحنَّا

ماذا كان هدف يوحنَّا بالتحديد من الكتابة؟ إذ ننظر إلى هذا السؤال ينفتح أمامنا المجال لفهم هذا السفر. لقد رأينا اهتمام يوحنَّا بالنظر إلى داخل الربِّ يسوع، لكن كل هذا كان جزءًا من اهتمامٍ أوسع يوضحه في آخر الإنجيل. إذ يخبرنا أنَّه اختار تلك المادة **حتَّى يؤمن قرَّاؤه بأنَّ الربَّ يسوع هو المسيح ابن الله الحي** حتَّى تكون لهم حياة بالإيمان باسمه. إنَّها جملة كافية، لكن من المهم أن ندرك المعنى **الكامل** لما يقوله يوحنَّا.

المعنى الدقيق

علينا أوَّلاً أن نفهم الكلمات الحرفيَّة المستخدمة في اللغة اليونانيَّة. وتحتوي اللغة اليونانيَّة على حالات أفعال من "الحاضر المستمرّ" تعني **الاستمرار في القيام بأمر ما**. ولفهم هذا النوع من الأفعال

علينا أن نضيف في اللغة العربيَّة عبارة "استمرَّ في" قبل الفعل. فمثلاً، حين قال الربُّ يسوع: "اطلبوا تجدوا، سألوا تعطوا، اقرعوا يُفتح لكم"، كان ما يعنيه حرفيًّا هو: **"استَمِرُّوا** في الطلب تُعطوا، **استَمِرُّوا** في السؤال تجدوا، **استَمِرُّوا** في القرع يُفتح لكم." فإن لم يحلّ الروح القدس على أحدهم عندما يطلب من الربِّ ذلك، فعليه أن يستمرّ في الطلب دون أن يهلع.

وتُستخدم صيغة الفعل المستمر أيضًا في يوحنَّا 31:20، ولذلك فإنَّ الترجمة الأدقّ لهذهِ الآية هي التالي: 'أمَّا هذه فقد كُتِبت لكي **تستمروا في الإيمان** بأنَّ الربّ يسوع هو ابن الله، ولكي تكون لكم **باستمرار** إذا **استمرَرتُم في الإيمان** حياة باسْمه."

وتكوِّن صيغة الفعل المستمر الآية الأكثر شهرة في هذا السفر.فالآية الواردة في 16:3 تُفهم أكثر إذ نقول: "لأنَّه هكذا أحبَّ الله العالم حتَّى بذل ابنه الوحيد لكي لا يهلك كل من **يستمرُّ في الإيمان به،** بل تكون له **الحياة الأبديَّة باستمرار."**

لغير المؤمنين أو للمؤمنين؟

لم يُكتب إنجيل يوحنَّا حتَّى يؤمن قرَّاؤه بأنَّ الربَّ يسوع هو ابن الله الحي، بل كُتِب حتَّى **يستمرّوا** في إيمانهم. ولا تلائم معظم محتويات هذا الإنجيل من يقرأه دون معرفة مسبقة للربّ يسوع. فالسفر مكتوب **للمؤمنين الناضجين** ليساعدهم على التمسّك بإيمانهم حتَّى لا يتخلَّوا عن مفهومهم بشأنِ مَن هو الربُّ يسوع، بل يثبتوا في إيمانهم وينالوا الحياة الأبديَّة.

هذا كان مبدأ يوحنَّا في انتقاء مادته. ولم يكن هدفه أن يحتوي الإنجيل على كل المعلومات، بل كان الهدف أن يقدِّم للقرَّاء ما احتاجوا لأنْ يعرفوه حتَّى تكون لهم حياة من خلال الإيمان. ببساطة، كان هدف يوحنَّا من كتابته للإنجيل هو الحياة، أمَّا الوسيلة لهذا الهدف فهي **الثقة المستمرَّة والطاعة.**

الحياة هي النهاية

يصف يوحنَّا الحياة التي يقدِّمها الربُّ يسوع **بصيغة الحاضر المستمرّ.** فبينما تتضمَّن الحياة الأبديَّة الكمِّيَّة أي أنَّها أبديَّة، تتضمَّن أيضًا النوعيَّة، إذ هي حياة أفضل. وهي ليست فقط تأمينًا ضدّ الموت، بل يمكننا التمتّع بها هنا والآن. ويهدف يوحنَّا من خلال عبارته في 31:20 إلى القول إنَّنا نمتلك هذه الحياة، لكن يمكن أن نخسرها إن كنَّا نتوّقف عن الإيمان. إذًا، الحياة والإيمان هما فكرتان أساسيتان تتمحوران في كتابة يوحنَّا. فهدف كتابته أن يعرف قرّاؤه الحياة ويستمرُّوا في عيشها، أمَّا الإيمان فهو الوسيلة للحصول على هذه الحياة. فإن إستمرّينا في الإيمان، يمكننا أن نستمرّ في الحياة.

الإيمان هو الوسيلة

انصبَّ اهتمام يوحنَّا على موضوع الإيمان، وبدا ذلك من خلال عدد المرَّات التي استخدم فيها كلمة الإيمان. فقدِ استخدمها ثماني وتسعين مرّة في إنجيله، أي أكثر ممَّا استخدمها كتَّاب الأناجيل

الثلاثة الأُولى مجتمعين. لكن علينا توخِّي الحذر، لأنَّه لا يعني الأمر نفسه في كلِّ مرَّة، إذ بالنسبة إليه هناك **ثلاث مراحل أو خطوات للإيمان:**

أ. القبول

القبول (أو تقديم أوراق الاعتماد) يعني أن **تؤمن بأنَّ أمرًا ما صحيح**. والكلمة المفتاح هي "بأنَّ"، إذ إنَّنا نؤمن **بأنَّ** الربَّ يسوع مات، **وبأنَّه** قام ثانية. إنَّه الإيمان بصِدقيَّة بعض الحقائق التاريخيَّة، وقبول صحَّة الكتاب المقدَّس ومصداقيَّته. ويتأسَّس هذا القبول على الكلمات والأعمال التي تشكِّل قاعدة لكلّ ما قاله المسيح.

وهذا القبول لا يخلِّص بحدِّ ذاته، لأنَّه ممكن لأيٍّ شخص كان أن يقول في هذه المرحلة إن أمرًا ما صحيح. والخطوة **الأُولى** أو البدائيَّة للإيمان هي قبول هذه الحقيقة (الشياطين تؤمن و"تقشعر"، لكن ذلك لا يجعلهم مؤمنين. يعقوب 2:19).

ب. الثقة

الثقة هي المرحلة الثانية من الإيمان. فبعد أن نقبل الحقيقة، نضع ثقتنا في الربِّ يسوع إذ **نثق به ونطيعه**. ويعني هذا أن نتمسَّك بهذه الحقيقة ونتصرَّف بموجبها. وقد قال الربُّ يسوع لبطرس قرابة نهاية الإنجيل "اتبعني" وهو أمر يتطلّب ثقة وطاعة. ربَّما ندَّعي أنَّنا نؤمن بشخصٍ ما، ولكنْ إن لم نثق به "فإيماننا" يكون سطحيًّا.

ج. الاستمراريَّة

تتمحور المرحلة الثالثة من الإيمان حول الناحية التي أشرنا إليها سابقًا حين عالجنا هدف يوحنَّا الرئيسي من كتابته السفر. فعلينا ان **نستمرَّ في الإيمان**. وتُستخدم في اللغتين اليونانيَّة والعبريَّة الكلمة نفسها للتعبير عن كلمتَي"الإيمان" و"الإخلاص"، فلا نعرف أيهما المقصود أحيانًا. فإن كنت تثق بأحدهم بالفعل فأنت تستمر في الوثوق به. وإن كنت ممتلئًا من الإيمان فأنت تبقى أمينًا أو مُخلِصًا. وستبقى تثق بذلك الشخص مهما حصل ومهما كلَّف الأمر. إذًا، الإيمان ليس **خطوة** منفردة (بنت لحظتها)، بل هو **حالة** (مستمرَّة).

أوضح الربُّ يسوع هذا الأمر لتلاميذه في تعليمه لهم في الأصحاح الخامس عشر من يوحنَّا. وهو استخدم صُورةَ الكرمة ليصف نفسه وليقول لهم إنَّهم الأغصان. وقد نبَّهَهم إلى أنَّه يجب أن يثبتوا فيه، لأنَّهم إن لم يثبتوا يصبحون غير مثمرين، ويُنزعون من الكرمة ويتم حرقهم.

ويُعلِّم يوحنَّا أنَّه لا يستطيع أحد أن يأتي إلى الربِّ يسوع إن لم يجتذبه الآب، ويُعلِّم أيضًا عن ضرورة ثبات المؤمن في المسيح إن كان يريد أن يتمتَّع بالحياة الأبديَّة. وهذه الحياة هي في الكرمة، وليست في الأغصان (1 يوحنَّا 5:11).

إذًا، كتلخيص لما أشرنا إليه عن هدف يوحنَّا في الكتابة، نقول إنَّ هدفه كان أن يستمرَّ قرَّاؤه في الإيمان بالربِّ يسوع كي يستمرّوا في التمتّع بالحياة الأبديَّة. ويتضمَّن هذا الإيمان المراحل الثلاث من قبول الحق والتصرّف بموجبه والتمسُّك به. والربُّ يسوع نفسه هو الحق.

حقيقة الربِّ يسوع

يساعدنا أمر آخر لافت على فهم أهداف بعض التفاصيل الواردة في الإنجيل. فخلال كتابة يوحنَّا لهذا الإنجيل حوالي سنة 90م دار **العديد من التساؤلات حول الربّ يسوع**، وبالأخص حول بداية حياته. وقد كُتِب في تلك الفترة العديد من الأناجيل "غير القانونيَّة" التي تصف حداثة يسوع. ويصف أحدها الربَّ يسوع صبيًّا صغيرًا يلعب في شوارع الناصرة، فرماه أحدهم أرضًا على الوحل، ولعنه يسوع فأُصيب بالبرص. كذلك، نقرأ عن الصبي يسوع وهو يشكِّل طُيورًا صغيرة من الطين، فيباركها ثمَّ يتفرَّج عليها وهي تطير.

لكن الواقع هو أنَّ الربَّ يسوع لم يقم بأيَّة معجزة حتَّى ناهز الثلاثين سنة من عمره، وهو ما كان لِيقومَ بأيَّة معجزة من دون قوَّة الروح القدس. إذ إنَّه قام بالمعجزات ليس بصفته ابنَ الله فحسب، بل بصفته ابن الإنسان المملوء من الروح. ولذلك انصبَّ اهتمام يوحنَّا على دحض تلك التعاليم الخاطئة والتساؤلات حول هوِّيَّة الربِّ يسوع، أي **مَن هو يسوع؟** وقد شعر يوحنَّا بأنَّه يجب أن يصحِّح فكرتين كان يتم التداول بهما في أفسس.

1. تبجيل يوحنَّا المعمدان

نقرأ في الأصحاح التاسع عشر من أعمال الرسل عن مجموعة من أتباع يوحنَّا المعمدان كانوا متواجدين في أفسس، ولم يؤمنوا بالربِّ يسوع إلى أن أتى بولس وصحَّح لهم معلوماتهم. ويبدو أنَّه في زمن يوحنَّا كانت مجموعات تابعة ليوحنَّا المعمدان ما تزال ناشطةً لدرجة أنَّهم شكَّلوا خطرًا بأن يصبحوا مذهبًا منشقًّا عن المسيحيَّة. وكانوا يشدِّدون على الأُمور الأخلاقيَّة والتوبة كما فعل المعمدان، **لكن دون أن يركِّزوا على أهميَّة الروح القدس الذي أتى به الربُّ يسوع.**

كتب الرسول يوحنَّا هذا الإنجيل ليصحِّح تلك النظرة التبجيليَّة الموجَّهة إلى يوحنَّا المعمدان. وكان يحاول في كلِّ مرَّة يذكره فيها أن يضعَهُ في مكانته الصحيحة. فقال مثلاً إنَّ يوحنَّا ليس نور العالم، بل هو يشير إلى نور العالم. وأشار إلى أنَّ يوحنَّا المعمدان لم يقم بأيَّة معجزة، ويذكر كلماته الخاصَّة حين قال إنَّه ينبغي أن ينقص هو وأن يُعظَّمَ المسيح، وإنَّ الربَّ يسوع هو العريس وهو ليس إلاَّ صديق العريس.

قال يوحنَّا المعمدان أمرين أساسيين عن الربِّ يسوع:

- سيكون **حمل الله** الذي يرفع خطيَّة العالم.
- **سيعمِّد بالروح القدس.**

يجب على أتباع الربِّ يسوع أن يشدِّدوا على هذين التعليمين إن أرادوا تكوين مفهوم متوازن بشأنِ مَن هو الربُّ يسوع. وقد أوضح يوحنَّا المعمدان الأمر إذ قال إنَّ الربَّ يسوع **فقط** يستطيع أن يغفر الخطايا ويعمِّد بالروح القدس. لكنْ على الرُّغم من تشديده على تلك الأُمور، لم يتذكَّر أتباعُه معظمها، ولذلك لم يضعوا الربَّ يسوع في مكانته الصحيحة والمميَّزة.

2. عدم إكرام الربِّ يسوع

وما زاد الطين بِلَّة أنَّ الأفسُسيِّين لم يكرموا الربَّ يسوع. ويعود ذلك إلى انعكاس الفلسفة اليونانيَّة وتأثيرها في تفكيرهم. وكما أشرنا سابقًا، فإنَّ فلاسفة اليونان يقسمون الحياة إلى دائرتين، وقد استُخدِمت تعابير مشابهة للتعبير عن ذلك، مثل: فوق وتحت، العالم المادّي والعالم الروحي، العالم الآنيّ والعالم الأبدي، المقدَّس والدُّنيوي. وقد أشادوا بأحدِ العُنصرَين على حساب العُنصر المقابِل له. فقد قال أفلاطون إنَّ العالم الروحي حقيقي بالتمام، بينما قال أرسطو إنَّ العالم المادي هو حقيقي أكثر.

وبسبب تلك الفلسفة واجه اليونانيُّون مشكلة في تعاليم الربِّ يسوع إذ هي ماديَّة وروحيَّة، أرضيَّة وسماويَّة، بشريَّة وإلٰهيَّة، في آنٍ معًا. فبالنسبة إليهم **لا يمكن أن يتلاقى المادِّي والروحي بهذه بساطة**، ولذلك أنتجوا بعض النظريَّات ليتخذوا قرارًا بشأن أيَّة جهة ينتمي الربُّ يسوع إليها.

إلٰهي أكثر مِمَّا هو بشَريّ؟ قال بعضُهم إنَّ الربَّ يسوع هو إله أكثر ممَّا هو إنسان، وإنَّه لم يكن قطُّ، بل **ظهر** بهيئة إنسان. وقد أُطلق على هذه الهرطقة الاسمُ "فرقة الدوسيتيَّة"، ويعود أصل تلك الكلمة إلى ما معناه "الشَّبَح"، أي أنَّ الربَّ يسوع يبدو كأنَّه إنسان. وبالنسبة لهذه النظريَّة فإنَّ الربَّ يسوع لم يختبر الحياة البشريَّة قطَّ، لأنَّ جانبه الإلٰهي ظلَّل جانبه الإنساني.

إنسان أكثر ممَّا هو إله؟ وقال آخرون إنَّه إنسان وليس إلهًا، وقد تجاوب مع الله بالكامل، ولذلك طوَّر إمكانيَّاته الإلٰهيَّة الموجودة في داخل كلٍّ واحد منَّا. وتُسمَّى هذه النظريَّة "البنوِّيَّة"، أي أنَّ الربَّ يسوع تمَّ **تبنِّيه** من قِبل الآب فأصبح ابن الله. وبالنسبة إلى مُعتنقي هذا الفكر، فإنَّ التبنِّي حصل عند معموديّته وامتلائه من الروح القدس. والمؤسِفُ أنَّ هذه الهرطقة ما تزال تُعلَّم إلى هذا اليوم.

بشريٌّ جزئيًّا، إلٰهيٌّ جزئيًّا؟ يقول آخرون بَعدُ إنَّه بشريٌّ جزئيًّا وإلٰهيٌّ جزئيًّا، دون الإشارة إلى أيُّ جزء يطغى على الآخر. وتستمرُّ هذه النظريَّة إلى هذا اليوم. فمثلاً، يشدِّد "شهود يهوه" على اعتبار الربّ يسوع نصف إله ونصف إنسان وهو عندَهُم **أوَّل مخلوق**. لكن بما أنَّ الآية الأُولى في إنجيل يوحنَّا تُظهر بوضوح أنَّ الربَّ يسوع هو الله وأنَّه كان مع الله منذ الأزل، فتفسير "شهود يهوه" يشير إلى أنَّه **إله** (وليس الإله) مضيفين بذلك كلمة لم ترد في النص اليوناني الأصلي أي، وكان الكلمة إلهًا، أو إلهيًّا.

إنسان كامل، إله كامل؟ يؤكِّد يوحنَّا في إنجيله أنَّ الربّ يسوع هو إنسان كامل وإله كامل في آنٍ معًا. وكان من الضروري أن يبرهن يوحنَّا ذلك لكي يصل إلى هدفه. فلا أحد يستطيع أن يخلِّص الجنس البشري من خطيته إلا إذا سمحت له طبيعته **البشريَّة** أن يموت بدلاً عنَّا، وسمحت له طبيعته **الإلٰهيَّة**

أن يقهر الموت ويعطي الحياة للذين يؤمنون به. وإذا أراد قرَّاء إنجيل يوحنَّا أن تكون لهم حياة باسم الربِّ يسوع، فعليهم أن يتعرَّفوا بيسوع **نفسه** كما عرفه الرسل.

إذًا، أراد يوحنَّا أن يعرف الناس حقيقة مَن هو يسوع، ولذلك ركَّز عمدًا على طبيعته البشريَّة وطبيعته الإلهيَّة.

1. إنسانيّته الحقيقية

تظهر طبيعة الربِّ يسوع البشريَّة في الإنجيل الرابع **أكثر** ممَّا تظهر في الأناجيل الثلاثة الأُخرى. فمثلاً، نقرأ في هذا الإنجيل أقصر آية وردت في الكتاب المقدَّس: "بكى يسوع". وتُظهِر هذه الآية طبيعة الربِّ يسوع البشريَّة بالكامل حيث وقف عند قبر أحد أصدقائه، ومع أنَّه علم أنَّه سيقيمه بعد لحظات، بكى بسبب الجو السائد حوله. ويذكر لنا يوحنَّا أيضًا أنَّ الربَّ يسوع عطش وجاع وتعب وتعجَّب وهي كلّها خصائص بشريَّة. وقد لخَّص بيلاطس دون أن يدري ما كان يوحنَّا يريد إظهاره حين قال: "هُوَذَا الإِنْسَانُ!" كذلك أظهر لنا يوحنَّا من خلال إنجيله كيف **يجب أن تكون الطبيعة البشريَّة بالفعل**.

وظهرت تلك الطبيعة البشريَّة أيضًا من خلال تشديد يوحنَّا على **حياة الصلاة** عند الربِّ يسوع، إذ يقدِّم لنا تفاصيل عنها أكثر من أيِّ إنجيل آخر. وقد صوَّر لنا الربَّ يسوع الإنسان الذي كان محتاجًا بالفعل للصلاة والاتِّكال على أبيه لكي يقوده في ما يقول أو يفعل. ونجد بعضًا من أجمل صلوات الربِّ يسوع في هذا الإنجيل.

ويركِّز هذا الإنجيل أيضًا على **موت الربّ يسوع** أكثر من الأناجيل الأُخرى. فيذكر مثلاً كيف أنَّ أحد الجنود ضرب جنب الربّ يسوع بالحربة فتدفَّق منه مزيج من الماء والدم. وأضاف يوحنَّا العبارة التالية: "وَهُوَ يَعْلَمُ أَنَّهُ يَقُولُ الْحَقَّ لِتُؤْمِنُوا أَنْتُمْ"، لأنَّه كان مهتمًّا بأن يعلم قرَّاؤه أنَّ الربَّ يسوع مات بالحق. وبالمناسبة، فإنَّ تدفقّ الماء والدم يشير إلى تمزُّق التأمور(الغشاء الذي يغلِّف القلب) أي "انكسار القلب."

ويؤدِّي يوحنَّا دور شاهد عِيان للقيامة، إذ وصف كيف رأى لفائفَ الأكفان ومنديلَ الرأس على حالها في القبر الفارغ. فيسوع مات فعلاً، إلا أنَّه أقيم من الموت حقًّا.

2 ألوهيته

التركيز الأكبر في إنجيل يوحنَّا هو على **أُلوهيَّة الربّ يسوع الكاملة**. ويُعيدنا هذا الأمر إلى الهدف الأساسي لكتابة الإنجيل، ويقدِّم لنا الفرصة لكي ندرس برِوِّيَّةٍ الأُسلوبَ الآسِرَ الذي استخدمه يوحنَّا لتحقيق ذلك الهدف. وقد رأينا سابقًا كيف أنَّ يوحنَّا يُشير إلى أنَّ الإيمان يبدأ بالقبول والثقة. وقد بنى حُجَّته بأنَّ الربّ يسوع كامل الأُلوهة حول الرقم "سبعة" الذي يشير إلى الكمال في التفكير العبراني. وقد ضمَّن إنجيله **ثلاث مجموعات من البراهين على أُلوهيَّة الربّ يسوع**: سبعة شهود، وسبع عبارات، وسبع كلمات.

أ. سبعة شهود

ترد الكلمة "الشاهد" والفعل الذي تُشتقُّ منه "يشهد" إحدى وأربعين مرَّة في الإنجيل الرابع. ويشدِّد يوحنَّا على أنَّ لدينا **شهادات شخصيَّة** لحقيقة الربِّ يسوع. ونقرأ في هذا الإنجيل عن سبعة أشخاص يَعزون الألوهة إلى الربِّ يسوع، وهم:

- يوحنَّا المعمدان
- نثنائيل
- بطرس
- مرثا (أوَّل امرأة تقوم بذلك)
- توما
- يوحنَّا، التلميذ المحبوب
- الربُّ يسوع نفسه

إنَّ وجود شاهدين أو ثلاثة شهود بالنسبة للناموس اليهودي كان كافيًا لإثبات الحقيقة. أمَّا يوحنَّا فيذكر هنا العدد الكامل للناس الذين شهِدوا بأنَّ الربَّ يسوع هو بالحقّ ابن الله الحي.

ب. سبع معجزات

لاحظنا سابقًا أنَّ يوحنَّا ذكر سبع معجزات فقط، وقد دعاها آيات (أو علامات) لأنَّها تدل أو تشير إلى مَن هو الربُّ يسوع. وهو يذكر السبع المعجزات التي أجراها الربُّ يسوع والتي كانت أكثر غرابة وفَوطبَعيَّةً. ولم يذكر معجزات إخراج الشياطين، لأنَّ كثيرين كانوا يفعلون ذلك في العالم القديم بما فيه فلسطين. لكنَّه ذكر **معجزات لم يكن باستطاعة أحد أن يقوم بها:**

- تحويل الماء إلى خمر، وهي معجزة مميَّزة.
- شفاء ابن خادم الملك عن بعد أميال دون أن يراه أو يضع يديه عليه.
- شفاء الكسيح عند بركة بيت حسدا، وقد كان هناك منذ ثماني وثلاثين سنة، وهو كان بكلّ وضوح يعاني مرَضًا عُضالاً.
- إشباع الخمسة الآلاف. وقد ذُكِرت تلك المعجزة الخلاَّقة التي أنتجت الكثير من القليل في الأناجيل الأربعة.
- المشي على الماء.
- شفاء الرجل المولود أعمى.

- إقامة لعازر من الموت، ولم تكن عمليَّة إنعاش لشخص فارق الحياة منذ لحظات كما حصل مع ابنة يايرس أو ابن أرملة نايين، بل أقامه الربُّ يسوع بعد أن بدأ جسده بالتحلّل.

كتب يوحنَّا قائلاً إنَّ تلك الآيات هي إشارة إلى أُلوهيَّة الربِّ يسوع. وكما قال نيقوديموس، فإنَّه لا أحد يستطيع أن يقوم بما قام به الربُّ يسوع إن لم يكن الله معه.

ت. سبع عبارات

يتميَّز يوحنَّا بتدوين سبع "عبارات" قالها الربُّ يسوع عن نفسه، وقد ذكرنا ذلك سابقًا. ولا يمكن للأُذن اليهوديَّة أن تخطئ بما يعنيه في كلّ قول، إذ إنَّ كلاً منها يبدأ بكلمة "أهيه" التي تعني "أنا هو" وتشير إلى الله. ويذكر يوحنَّا تلك الأقوال بدقّة **في إطار يثبت أنَّ ما يقوله الربُّ يسوع منطقيّ**.

- "أنا هو خبز الحياة"، قالها بعد إشباع الخمسة آلاف شخص بخمسة أرغفة وسمكتين.
- "أنا هو نور العالم"، قالها بعد أن أعطى البصر للمولود أعمى.
- "أنا هو القيامة والحياة"، قالها بعد أن أقام لعازر من الموت.

كذلك، قال أيضًا: "أنا هو الباب"، "أنا هو الراعي الصالح"، "أنا هو الطريق والحق والحياة"، "أنا الكرمة الحقيقيَّة". لقد عرف ذلك الرجل أنَّه الإله المتجسِّد، وقد وُضِعت تلك العبارات السبع عمدًا في الإنجيل لكي يؤكِّد لنا يوحنَّا أنَّه يمكننا أن نضع ثقتنا في الربِّ يسوع.

علاقة مفتوحة مع الآب

تظهر علاقة الربِّ يسوع بالآب في إنجيل يوحنَّا أكثر انفتاحًا منها في باقي الأناجيل. ويذكر يوحنَّا أنَّ الربَّ يسوع **أرسلَهُ** الآب، وهو **واحد** معه، وهو **يطيعه** بالقول والفعل.

ومن أهم الأسباب التي أدَّت إلى الجدال بين اليهود ويسوع هُوِيَّتهُ، وقد أدَّى ذلك إلى تَنامي العداوة في قلوبهم تجاهه، خاصَّة عندما أعلن أنَّه الله: "الحق أقول لكم، قبل أن يكون إبراهيم أنا كائن." ففي تلك اللحظة، رفعوا حجارة ليرجموه، إلاَّ أنَّه انسحب من وسطهم.

وفي الواقع أنَّ إنجيل يوحنَّا هو الإنجيل الوحيد الذي يشير إلى الربِّ يسوع مباشرة بأنَّه الله، مع أنَّ سائر الأناجيل ألمحت إلى ذلك. فقد بدأ يوحنَّا إنجيله بالعبارة: "وكان الكلمة الله"، واعترف توما في أواخر الإنجيل بِرُبوبيَّة يسوع وأُلوهيَّته إذ خاطبَهُ قائلاً: "ربِّي وإلهي."

الأفكار الرئيسيَّة

نأتي أخيرًا إلى دراسة الأفكار الرئيسيَّة التي شكَّلت جزءًا أساسيًّا لتحقيق هدف يوحنَّا أن يُبلِّغ رسالةَ الحِفاظ على الإيمان بالربّ يسوع.

1. المجد

تحتل كلمة "المجد" مكانة أساسيَّة في الإنجيل، عِلمًا بأنَّ الربّ حفظها لنفسه فقط في العهد القديم. لكنْ في الأصحاح الأوَّل يستخدم يوحنَّا الكلمة نفسها التي تعبر عن سُكنى الله بين شعبه وهي **الشكينة**، أي حين أظهر الله مجده في خيمة الاجتماع عند نهاية سفر الخروج. وقد رأى يوحنَّا مجد الله من خلال وجود الربِّ يسوع على هذه الأرض وموته وقيامته وصعوده إلى السماء. وقد تمجَّد الربُّ يسوع حتَّى على الصليب. إذًا، يقدِّم لنا يوحنَّا من البداية رجلاً تميَّز بالتمام عن معاصريه وفُصِل عن سائر رجالات الله.

2. الكلمة

يستهلّ يوحنَّا إنجيله بأُسلوب فريد في نوعه. فمرقس بدأ كتابته عن الربّ يسوع حين بلغ الثلاثين سنة من العمر، وظهر في المجتمع. ومتَّى هو على الأرجح كاتب الإنجيل الثاني، لكنَّه أراد أن يرجِعَ إلى الماضي، بحجَّة أنَّه من الضروري ذكر الحبل بالربّ يسوع وولادته، والتأكيد أنَّ سُلالته اليهوديَّة تعود إلى إبراهيم. وشعر لوقا أنَّه بما أنَّ الربّ يسوع هو ابن الله فيجب أن يُظهِره بصفته الإنسان الذي ينتمي إلى الجنس البشري، ولذلك ذكر نسب الربّ يسوع رجوعًا إلى آدم. لكن يوحنَّا، بالمقابل، قرَّر أن يبدأ من بداية الزمن مؤكِّدًا وجود الربِّ يسوع قبل الخليقة. فاستهلَّ إنجيلَه، على غِرار تكوين 1:1، كاتبًا: "فِي الْبَدْءِ كَانَ الْكَلِمَةُ، وَالْكَلِمَةُ كَانَ عِنْدَ اللهِ، وَكَانَ الْكَلِمَةُ اللهَ."

اسم يسوع

ويُطرح هنا سؤال لافت يمكن أن يساعدنا على فهم ما كتبه يوحنَّا. **ما الاسم الذي كان يُدعى به الربُّ يسوع قبل أن يولد؟** لقد اعتدنا الحديث عن "الربّ يسوع"، فنسينا أنَّ هذا الاسم أُطلق عليه عندما نزل على الأرض. إذًا، ماذا كان اسمه قبل ذلك؟ أيُّ اسْمٍ اختاره يوحنَّا للتكلُّم عن ذاك الذي كان منذ الأزل؟

اختار يوحنَّا اسمًا فريدًا :"الكلمة"، لأنَّه يشير بالتمام وبأُسلوب منطقيّ إلى مَن هو يسوع. ونحن غالبًا ما نفسِّر "الكلمة" على أنَّها فكرة معبَّر عنها بواسطة الفم وتدخل الأُذن. والكلمة عادة يُعبِّر عنها شخص واحد ويتأثَّر بها آخر. وفي هذا الإطار، الربُّ يسوع هو مُوجِدُ **التواصُل**، أي الكلمة، المرسَلُ من الله إلينا.

خلفيَّة "الكلمة"

تساعدنا بعض الدراسة التاريخيَّة على معرفة سبب اختيار يوحنَّا أن يدعو الربَّ يسوع "الكلمة". فقبل المسيح بستِّ مئة سنة، عاش رجل يُدعى هيراقليطُس، وهو يُعتبر مؤسِّس العلوم. فقد آمن بضرورة **التساؤل العلمي**، وفحص العالم الطبيعي، وطرح الأسئلة كيف هي الأُمور، ولماذا هي على هذه الحال؟ فهل كلّ ذلك مجرَّد صدفة؟ هل نحن موجودون في عالم فوضوي أم هل هناك نظام معيَّن؟

بدأ هيراقليطس بدراسة الأنماط أو "القوانين" آمِلاً أن يستنتج بعض المنطق من ناحية نشاط العالم الطبيعي. واستخدم لفظة "الكلمة" (logos) للإشارة إلى "السبب" أو **الهدف وراء ما حصل**. وعندما درس علم الحياة (*bios*)، فتَّش عن "الكلمة"، وعندما درس علم المناخ (*meteor*) فتَّش عن "الكلمة". وهكذا يُظهِر هذا المبدأ في الكلمات الإنكليزيَّة التي تشير إلى العلوم المختلفة مثل biology أي علم الأحياء، أو meteorology أي علم المناخ، أو geology أي علم طبقات الأرض، أو psychology أي علم النفس، أو sociology أي علم الاجتماع، وما إلى هنالك من علوم مختلفة.

إذًا، قال هيراقليطوس إنَّ "الكلمة" تشير إلى "السبب". وكل فرع من العلوم يفتِّش عن "الكلمة" أو سبب وجود الأُمور على هذه الحال. ولاحظ يوحنَّا أنَّ **الربَّ يسوع هو السبب الأساسي والنهائي لحصول الأُمور**، فاتَّخذ فكر هيراقليطس وأطلق على الربِّ يسوع اسم "الكلمة". فالكون خُلِق بأكمله من أجله، وهو كان "الكلمة" قبل أن يكون أحد موجودًا ليتكلَّم معه. ونحن موجودون لهذا السبب، وكلّ الأُمور تؤول إليه، فهو "السبب".

وقد مرَّت مرحلة أُخرى في تاريخ مدلول "الكلمة"، وذلك في منطقة البحر الأبيض المتوسِّط، من أفسس إلى الإسكندريَّة في مصر. وكانت قد تأسست في الإسكندريَّة مدرسة تبنَّت الفكرين اليوناني والعبراني معًا، ولسبب جزئي هو تشتّت بعض اليهود في المدينة. وقد تمَّت في هذه المدرسة ترجمة العهد القديم على يد سبعين مفكِّرًا، ولهذا تُسمَّى النسخة السبعينيَّة أو 'LXX'. ومن بين السبعين كان رجل يُدعى فيلون، وقد أراد إدخال الفكر العبراني إلى الفكر اليوناني فتمسَّك بلفظة *Logos* أي "الكلمة"، وقال إنَّه يجب عدم الاشارة إليها على أنَّها "شيء"، بل على أنَّها "شخص". لقد "**شخصن**" "الكلمة"، تمامًا كما يُشار إلى الحكمة في سفر الأمثال على كونها إمرأة.

الكلمة الحيُّ

يجمع يوحنَّا بين أُسلوب تفكيرَي هيراقليطس وفيلون. فهناك سبب لكل مبدإٍ أو "لماذا" عند جذر كل شيء، ولا ينبغي أن "تُشَخصن" الكلمة فقط، بل هي شخص يحمل الاسم "يسوع". إنه **الكلمة** مع التشديد على لام التعريف، وهو الكلمة الحيُّ ولا أحد غيره.

يذكر يوحنَّا في أولى صفحات إنجيله أربعة أُمور أساسيَّة عن الكلمة:

1. **أزليَّته**: كان الكلمة **موجودًا** منذ الأزل. ولا يمكن أن نرجع في مخيِّلتنا إلى ما وراء بداية الكون. وهو لم يُخلَق، بل يحتل المرتبة ذاتها مع الله خالق الكون.
2. **شخصيَّته**: "كان الكلمة **وجهًا لوجه** مع الله" وهذا وصف حرفيّ يُستخدم لوصف شخصين ينظران كلٌّ منهما في عينَي الآخر ويقعان كلٌّ منهما في حُبِّ الآخر. والمؤمنون هم الوحيدون على هذه الأرض الذين بإمكانهم أن يقولوا إنَّ الله محبَّة، لأنَّهم يؤمنون أنَّ الله ثلاثة أقانيم. ولا يستطيع اليهود أو المسلمون قول ذلك، لأنَّهم يؤمنون أنَّه شخص واحد، ولا يمكن لشخص

واحد أن يكون محبَّة. والله هو أكثر من شخص واحد، وإن كان هو ابنًا وأبًا يُظهِران المحبَّة أحدهما للآخر، يمكننا أن نقول إنَّه كان وما زال محبَّة.

3. **أُلوهيَّته**: كان الكلمة موجودًا منذ الأزل وفي علاقة شخصيَّة مع الآب، وكان "هو الله". وهو لم يُخلَق، كما أنَّه ليس أقل رتبة من الآب، بل هو مساوٍ بالتمام له. وقد عبَّر توما عن حقيقةِ مَن هو يسوع حين صرخ قائلاً:"ربِّي وإلهي!" ويشير العلماء اليوم إلى أنَّ الأرض مكوَّنة من "صفائح تكتونيَّة"، وكلمة تكتونيَّة مشتقَّة من الكلمة اليونانيَّة *tecton* ومعناها "نجّار!" إنَّ يسوع الناصري النجّار هو الذي صنع الكوكب الذي نعيش فيه. وهو مصدر النور والحياة، والكل موجود لأجل مسرَّته.

4. **إنسانيَّته:** نقرأ في الأصحاح الأوَّل من يوحنَّا التالي: "وَالْكَلِمَةُ صَارَ جَسَدًا وَحَلَّ بَيْنَنَا، وَرَأَيْنَا مَجْدَهُ، مَجْدًا كَمَا لِوَحِيدٍ مِنَ الآبِ، مَمْلُوءًا نِعْمَةً وَحَقًّا." إذًا، أصبح باستطاعتنا الآن أن نتعرَّف بالله الآب شخصيًّا، إذ إنَّ الربَّ يسوع. هو الله الذي اتَّخذ شكل إنسان. وبما أنَّ الكلمة المتجسِّد هو الله، يمكنُه أن يكون في كلّ مكان.

وقد أعلن يوحنَّا من بداية الأصحاح الأوَّل المذهل في إنجيله، أنَّه توجد أسباب شرعيَّة تدفعنا للإيمان.

- بما أنَّ الربَّ يسوع سرمديٌّ (أزليٌّ أبديٌّ) فهو يستطيع أن يهبنا الحياة الأبديَّة.
- بسببِ مَن هو، نستطيع أن نختبر علاقة شخصيَّة به.
- بسبب أُلوهته، هو وحده يستطيع أن يغفر لنا خطايانا.
- بسبب بشريَّته، يستطيع أن يفدينا.

3. الحياة

بينما يبدأ الإنجيل بـِ "الكلمة"، تحتلّ "الحياة" حيِّزًا واسعًا فيه، إذ ذُكِرت أربعًا وثلاثين مرَّة. وكما أشرنا سابقًا، فالإنجيل كُتِب لكي يحافظ المؤمنون على إيمانهم ويستمرُّوا في الحياة مع المسيح. وأشرنا إلى أنَّ هذه الحياة هي **أفضل** وفي **الحاضر** وستستمرّ إلى **الأبد**. ويُفصِّل لنا يوحنَّا ما الذي ستعنيه هذه الحياة للمؤمن.

الحياة / الموت

يشرح يوحنَّا قائلاً إنَّه بسبب هذه الحياة **لن يرى المؤمنون الموت**. فالحياة ستستمرّ بعد الموت الذي لا يقدر أن يمسَّها. ولذلك، فهو يقارن بين الذين سيموتون والذين لن يموتوا قائلاً: "لأَنَّ هذِهِ هِيَ مَشِيئَةُ الَّذِي أَرْسَلَنِي: أَنَّ كُلَّ مَنْ يَرَى الابْنَ وَيُؤْمِنُ بِهِ تَكُونُ لَهُ حَيَاةٌ أَبَدِيَّةٌ، وَأَنَا أُقِيمُهُ فِي الْيَوْمِ الأَخِيرِ".

النور/ الظلمة

يقارن يوحنّا أيضًا بين الظلمة والنور. وعندما يتكلّم الربُّ يسوع عن عدم السير في الظلمة، فهو يشير إلى **الظلمة الأخلاقيّة**. وهو يقول إنّه عندما نسلك معه لن يكون هناك ما نخفيه، إذ إننا نسلك في النور وكل الأُمور واضحة، وليست هناك أيَّة أسرار نخفيها. إذًا، الظلمة هي صورة للموت ولغياب الله. وقد قال الربُّ يسوع: "أَنَا هُوَ نُورُ الْعَالَمِ. مَنْ يَتْبَعْنِي فَلاَ يَمْشِي فِي الظُّلْمَةِ بَلْ يَكُونُ لَهُ نُورُ الْحَيَاةِ."

الحقيقة / الأكاذيب

أشرنا سابقًا إلى أنَّ يوحنّا يُلقي الضوء على المراحل الثلاث من قبول الحقّ، والقيام بما هو حقّ، والتمسّك بالحقّ، إن أردنا أن يكون الإيمان صادقًا. كذلك فهو يُفارِق بين الحقّ والكذب، وقد خصَّص جزءًا كاملاً من الأصحاح الثامن لهذا الموضوع، حيث جرى نقاش بين الربِّ يسوع وخصومه. والكلمة المستخدمة في اللُّغتين العبريَّة واليونانيَّة لِـ "الحقّ" و"الحقيقة" هي نفسها. فإن كنَّا نحيا في الحقّ، فنحن نحيا في الحقيقة. وقد قال الربُّ يسوع: "إِنَّكُمْ إِنْ ثَبَتُّمْ فِي كَلاَمِي فَبِالْحَقِيقَةِ تَكُونُونَ تَلاَمِيذِي، وَتَعْرِفُونَ الْحَقَّ، وَالْحَقُّ يُحَرِّرُكُمْ".

الحرِّيَّة / العبوديَّة

حاجَجَ الفرِّيسيُّون الربَّ يسوع، قائلين إنَّهم لم يُستعبدوا لأحد؛ وقد نَسُوا أنَّ المصريين استعبدوهم! أمَّا الربُّ يسوع فقال إنَّ كلّ من يخطئ يصبح عبدًا للخطيَّة، لأنَّك في كلّ مرَّة تخطىء فأنت تقوِّي سلاسل العادة التي ستصبح سيِّدةً عليك. وقد أتى الربُّ يسوع ليحرِّرهم. إذًا، الحياة الحقيقيَّة تعني **الحريَّة من العبوديَّة الروحيَّة**. "إن حرَّركم الابن فبالحقيقة تكونون أحرارًا."

المحبَّة / الغضب

فهم يوحنّا بكلِّ وضوح جانبَي الرب المتعارِضَين. فلا بُدَّ أن يكون الإنسان إمَّا ضِمنَ محبَّته وإمَّا تحت غضبه. ولا حلَّ وسَطًا لذلك. وقد أوضح لنا الربُّ يسوع النتيجةَ الأبديَّة لِكِلا الأمرين فقال: "من يؤمن بالابن له حياة أبديَّة، ومن لا يؤمن بالابن فلن يرى حياة، بل يمكث عليه غضب الله."

الحياة الحقيقيَّة

إذًا، الحياة الحقيقيَّة هي **علاقة شخصيَّة بالربِّ يسوع وبأبيه**. إنَّها الحياة في النور والحقّ. وقد قال الربُّ يسوع في صلاته إلى الآب: "وَهذِهِ هِيَ الْحَيَاةُ الأَبَدِيَّةُ: أَنْ يَعْرِفُوكَ أَنْتَ الإِلهَ الْحَقِيقِيَّ وَحْدَكَ وَيَسُوعَ الْمَسِيحَ الَّذِي أَرْسَلْتَهُ."

4. الروح القدس

يخبرنا إنجيل يوحنَّا عن الروح القدس أكثر من أيِّ إنجيل آخر، ولذلك جاء ترتيبه قبل سفر أعمال الرسل ملائمًا، على الرغم من ارتباط سفر الأعمال الشديد بإنجيل لوقا. وباستطاعتنا نحن أن نتمتَّع بمعونة الروح القدس في الحياة التي وصفها لنا يوحنَّا. ولذلك برز التعليم عن الروح القدس في كتابات يوحنَّا.

- يشهد يوحنَّا في الأصحاح الأوَّل أنَّ الربَّ يسوع قبِل الروح القدس وأنَّه **سيعمِّد** الآخرين بالروح القدس.
- يتكلَّم الربُّ يسوع في الأصحاح الثالث عن ضرورة **الولادة من الماء والروح** قبل أن يُتاحَ لنا دخول الملكوت.
- يتكلَّم الربُّ يسوع في الأصحاح الرابع عن كون الروح هو **الماء الحي**، ويقول إنَّه علينا أن نعبد الربّ **بالروح والحق**.

نقرأ في الأصحاح السابع أنَّ الربَّ يسوع ذهب إلى أُورشليم في عيد المظال، الذي يقع في شهر أيلول أو تشرين الأوَّل بعد موسم الجفاف. وفي آخر يوم من أيَّام العيد، كان اليهود يُقيمون احتفالاً، حيث كان الكهنة يملأُون إبريقًا كبيرًا بالماء من بحيرة سلوام، ثم يسكبون الماء على المذبح وهُم يرفعون الصلوات لكي يأتي المطر في بداية الخريف. ففي ذلك الوقت، وقف الربُّ يسوع ونادى بصوت عظيم: "إِنْ عَطِشَ أَحَدٌ فَلْيُقْبِلْ إِلَيَّ وَيَشْرَبْ. مَنْ آمَنَ بِي، كَمَا قَالَ الْكِتَابُ، **تَجْرِي مِنْ بَطْنِهِ أَنْهَارُ مَاءٍ حَيٍّ**." ويخبرنا النصّ أنَّه كان يتكلّم عن الروح القدس الذي سيحلّ على الذين آمنوا به قبلاً.

تمتلئ الأصحاحات من الرابع عشر إلى السادس عشر بكلامٍ عن "المعزِّي" الجديد أو روح الحق الذي سيأتي. ويُسمَّى الروح القدس في اللغة اليونانيَّة *Paracletus* (تعني كلمة para "جنبًا إلى جنب"، وتعني كلمة *Cletus* "المدعوّ"). إذًا، الروح القدس هو الذي يقف بجانبنا أو هو المدعوُّ ليكون بجانبنا. ويتم وصف الروح القدس بكونه تمامًا كالربّ يسوع. فهو سيُكمِّل عمل الربِّ يسوع بعد انطلاقه من الأرض، فيبكّت العالم على خطيَّة وبرّ ودينونة، ويقوّي المؤمنين، ويذكِّرهم بكلِّ ما قاله الربُّ يسوع.

نقرأ في الأصحاح العشرين كيف جهَّز الربُّ يسوع أتباعه لاستقبال **يوم الخمسين** بإعطائهم علامةً وأمرًا. وكانت العلامة أنَّه نفخ عليهم وأمرهم قائلاً: "اقبلوا الروح القدس". لم يحلّ عليهم الروح في تلك اللحظة، بل كان ذلك تجهيزًا أو تدريبًا ليوم الخمسين الذي كان سيأتي بعد بضعة أسابيع. وفي ذلك اليوم، بينما كانوا في الهيكل سمعوا صوت الريح الذي ذكَّرهم بما سبق أن فعلَه الربُّ يسوع. ثم أطاعوا أمره وإستقبلوا الروح القدس الذي وعد الربّ يسوع بقدومه.

إعادة صياغة مقدِّمة إنجيل يوحنَّا

تُعتبر الجُمَل الأُولى التي استخدمها يوحنَّا أساسيَّة لتحقيق هدفه من كتابة الإنجيل. لكنَّها جُمَل عميقة جدًّا لدرجة أنَّ المؤمنين يعتبرونها صعبة جدًّا، الأمر الذي يؤكِّد لنا أنَّه لا ينبغي أن نقدِّم هذا الإنجيل لغير المؤمنين. والهدف من إعادة صياغة المقدِّمة هو تسهيل قراءتها وفهمها، وسنستخدم عبارة "السبب" في إشارة إلى "السبب أو الكلمة".

عندَ بداية الزمن كان "السبب" موجودًا منذ الأزل. وقد وُجِد المِثال والهدف معًا في شخص واحد يستطيع أن ينظر في وجه الله لأنَّه هو أيضًا إله كامل. وكان ناشطًا عند بداية ما ندعوه "الزمن" جنبًا إلى جنب مع الخالق. وقد وُجد كل ما هو مخلوق بسبب تلك العلاقة بينهما. وفي الواقع أنَّه لم يُخلق شيء من دون مشاركته في ذلك. ويعود أصل الحياة إليه، كما أنَّ حياته تُلقي الضوء على معنى الحياة لكل كائن بشري. ويستمرّ نوره بالإشعاع رُغمَ ظلام التاريخ البشري، فلا يمكن لأيِّ مقدار من الظُّلمة أن تَطغى عليه.

وفي الوقت المُعيَّن، ظهر إنسان مرسل من الله نفسه. كان يُدعى يوحنَّا، وقد أتى ليعلن الظهور القريب لنور الحياة، وعندئذٍ سيستطيع كل من يؤمن به أن يتقرَّب من الربّ. ولم يكن باستطاعة يوحنَّا أن ينير على أي أحد، إنّما أرسله الله لِيُشير إلى الذي يستطيع فعل ذلك. كان النور الحقيقي يدخل إلى العالم في ذلك الوقت، وكان على استعداد ليشّع على الجميع. لقد أتى إلى هذا العالم الذي خلقه، إلاَّ أنَّ العالم لم يلاحظ من يكون! أتى إلى شعبه، لكن ذلك الشعب لم يستقبله. أمَّا الذين قبلوه مؤمنين باسمه فأُعطيَ لهم السلطان أن يكونوا عائلة الله الجديدة. وهم أصبحوا فعلاً أعضاءً في عائلة الله ليس بسبب الولادة الجسديَّة (أو التسرُّع أو الاختيار الواعي)، بل بسبب عمل الربّ المباشر.

إذًا، هذا الكائن الإلهيُّ، الذي كان "السبب" لوجود الكون، أصبح بَشَرًا وعاش بيننا. ورأينا مجده الباهر الذي لا يمكن أن يكون إلاَّ لابن الله المملوء نعمةً وحقًّا و(استقامة).

وكان يوحنَّا المعمدان شاهدًا موثوقًا به، وصرخ للجموع قائلاً: "هذا هو الرجل الذي أخبرتكم عنه، وهو سيتقدّمني مع أنَّه أتى بعدي، لأنَّه كان موجودًا قبل أن أُولد."

وقد استفدنا من كلّ ما قدَّم لنا بكثرة من بركات لا نستحقّها. فكل ما أعطانا موسى كان قوانين صارمة حاولنا أن نتبعها، لكن كل ما احتجنا إليه من صدق ومساعدة لنعيش في النور أتى من الربّ يسوع المسيح.

لم يتسنَّ لأحد مِن قبلُ أن يرى الله كما هو، أمَّا الآن فقد أتى ابنُه الوحيدُ، جليسُ حضرَتِه، كلّ ما نحتاج إليه لكي نعرفه.

الخاتمة

إنجيل يوحنَّا إنجيل فريد في نوعه، ويتميَّز عن الأناجيل الثلاثة الأُخرى. وهو يُظهِر الأفكار المميَّزة لدى شخصٍ كان مقرَّبًا من الربِّ يسوع حين كان على الأرض. وقدِ انصبَّ اهتمامه على ضرورة أن نعرف ماذا فعل الربُّ يسوع، ومَن هو أيضًا. ويعكس هذا الإنجيل قلق يوحنَّا من أن ينجرّ المؤمنون بأي تعليم مغالط إمَّا بالنسبة لِهُويَّة الربِّ يسوع وإمَّا لصحّة أقواله. وأراد أن يتأكَّد المؤمنون من أنَّ أعمال الربِّ يسوع المذهلة وأقواله تشير إلى كونه الإله الحقيقي، الكلمةَ الحيَّ، مجد الله البهيَّ الذي تجسَّد وعاش بين الناس. وما قدَّمه يوحنَّا لنا من مجموعة براهين ودلائل يُشكِّل شهادة موثّقة بأنَّه يحق للربِّ يسوع أن يطلب منَّا أن نثق به ونطيعه.

التلميذ الثالث عشر

الموضوع	الصفحة
بولس ورسائله	633
رسالتا تسالونيكي الأُولى والثانية	645
رسالتا كورنثوس الأُولى والثانية	659
الرسالة إلى أهل غلاطية	675
الرسالة إلى أهل رومية	699
الرسالة إلى أهل كولوسي	713
الرسالة إلى أهل أفسس	721
الرسالة إلى أهل فيليبي	731
الرسالة إلى أهل فليمون	743
الرسائل إلى تيموثاوس الأُولى والثانية وإلى تيطس	747

بولس ورسائله

نعرف عن بولس أكثر ممَّا نعرف عن أي رسول آخر، فثلث العهد الجديد كُتِب بقلَمِه أو عنه. ويضمّ ذلك الجزءَ الثانيَ من سفر أعمال الرسل والرسائل الثلاث عشرة التي كتبها إلى كنائس أو أفراد مختلفين.

لقد ترك بولس أثرًا على ألفي سنة من تاريخ الكنيسة أكثر من أي شخص آخر، ما عدا الربَّ يسوع. وبالفعل، فإنَّنا نقرأ عن قلَّة قليلة من الناس الذين تركوا أثرًا كبيرًا في القارة الأوروبيَّة. وإن كنَّا نريد أن نفهم رسائله، فمن الضروري أن نعرف خلفيَّته، وكيف وصل إلى ذلك المركز المهم.

بداية حياته

كان اسمه أصلاً شاول، تيَمُّنًا باسم أوّل ملك لإسرائيل. أما الاسم بولس اليونانيُّ الأصل فبدأ استخدامه بعد خلاصه، وسنستخدمه في دراستنا. وُلد في طرسوس التي كانت تقع في الجهة الشماليَّة الشرقيَّة من ساحل البحر الأبيض المتوسِّط، أي ما يُعرف اليوم بجنوبي شرقي تركيا. واحتلَّت جامعة طرسوس المرتبة الثالثة في عالم المتوسط بعد جامعتي أثينا والإسكندريَّة.

تأثَّر بولس خلال نشأته بثلاثة عوامل. أوّلاً، كان أهله يهودًا، ولذلك تعلَّم عن الرب من أسفار الكتاب المقدَّس منذ نعومة أظفاره. وكان ينتمي إلى سبط بنيامين الذي اشتهر بكون أصل شاول الملك منه، وبأنَّه كاد أن يُمحى عن وجه الأرض بسبب حادثة مخيفة مذكورة في سفر القضاة. ويبدو أن عائلة بولس انتقلت إلى الجليل في طفولته، وأُرسِل بولس ليتعلَّم عند معلِّم مشهور ومنفتح يُدعى غمالائيل.

يأتي ذكر غمالائيل في الأصحاح الخامس من سفر أعمال الرسل، حيث نصح رجال الدين، بكلِّ صرامة، بتجاهُل نموّ الحركة المسيحيَّة في أُورشليم؛ فإن كانت بشريَّة فلا بدَّ أن تنطفيء، وإن كانت من الرب فليس من الحكمة أن يحاربها السنهدريم. أمَّا بولس فلم يُشارك معلِّمه في موقفه غير المتحيِّز، معتقدًا أنَّ المسيحيين يشكِّلون تهديدًا كبيرًا للديانة اليهوديَّة. وقد أصرَّ على أن يُدافع عن الديانة اليهوديَّة، وإن أمكن يُزيل تلك الطائفة الجديدة.

نقرأ في الأصحاح السابع من سفر أعمال الرسل أنَّ استفانوس رُجِم حتَّى الموت بسبب "تجديفه" أمام السنهدريم. وكان بولس راضيًا بقتله، وقد وضع الشباب ثيابهم عنده فيما كانوا يرمون الحجارة. فكان استفانوس أوَّل رجل يموت بسبب إيمانه بالمسيح.

لا بدَّ أنَّ موت استفانوس ترك أثرًا كبيرًا في بولس، إذ نقرأ أنَّ وجهه كان يلمع بمجد، وقال إنَّه رأى الربَّ يسوع قائمًا عن يمين الله. لكن في ذلك الوقت، أصرَّ بولس بعد استشهاد استفانوس على أن يكون أول مرسل يحارب المسيحيَّة. وكان مُستعدًّا لأن يُغادِرَ بلده ليضطهد المسيحيين في أيّ مكان.

ثانيًا، أثرَّت في بولس معرفتُه باللُّغة اليونانيَّة. فقد كان يتكلّمها إذ عاش في طرسوس، إذ كانت اللغة المشتركة التي كانت تُستخدم في منطقة حوض الأبيض المتوسِّط في العالم القديم، تمامًا كما لغة السواحليَّة في ساحل شرقيّ إفريقيا. واستطاع بولس، بعد اهتدائه ودعوته للخدمة، أن يعظ في أي مكان وكان الجميع يفهمون ما يقول.

ثالثًا، أثَّر القانون الروماني في بولس. وكان والده قد حصل على الجنسيَّة الرومانيَّة، وبالتالي حصل عليها هو أيضًا. وقد أمَّنت له امتيازاتٍ استخدمها أحيانًا خلال عمله الإرسالي. فمثلاً، استطاع مرَّة أن ينجوَ من الجَلْدِ بسبب جنسيَّته الرومانيَّة. وعندما اتُّهِمَ بإنتهاك قوانين الهيكل، رفع دعواه إلى القيصر إذ كان ذلك حقًّا شرعيًّا لكل مواطن روماني.

لم يُصلب بولس كما حصل لبطرس، بل قُطِع رأسه، وقد كانت هذه هي الوسيلة السريعة المخصَّصة لإعدام المواطنين. ومع أنَّ جنسيَّته الرومانيَّة لم تُخلِ حياته من الألم قطُّ، فقد أدَّت دورًا مميَّزًا في بعض اللحظات المهمَّة في خدمته.

أثَّرَ مزيج اليهوديَّة واليونانيَّة والرومانيَّة في توفير خلفيَّة مثاليَّة لبولس للعمل كمُرسَل من الربِّ يسوع بين الأُمم. ويُؤكِّد كل ذلك حقيقةَ أنَّ الربّ غالبًا ما يُهيِّئُ الناس لخدمته حتَّى قبل أن يؤمنوا بالربِّ يسوع.

ولادة بولس الجديدة

من اللافت أنَّ بولس اهتدى بالقرب من بلدة صغيرة تُدعى القنيطرة وتقع في مرتفعات الجولان، على بعد أميال قليلة من دمشق. وكان فخورًا بجذوره اليهوديَّة وكِفاحِهِ للحفاظ على نقاء الديانة اليهوديَّة. لكن ما إن قطع حدود بلاده حتَّى التقى يسوع الناصريَّ الذي أخبره أنَّه سيرسله إلى الأُمم. وبالمناسبة، فإنَّ هذه الحادثة جرت على سفح الجبل الذي عليه تجلَّى الربُّ يسوع أمام بطرس ويعقوب ويوحنَّا. وكان الربّ يسوع قدِ ارتفع إلى السماء حينَذاك فأصبح أكثر بهاءً، وقدِ استرجع المجد الذي كان له قبلاً.

كان تجديد بولس دراماتيكيًّا. وقد أدرك عندئذٍ أنَّ الربّ يسوع هو المسيَّا المنتظر بالفعل، وأنَّ عليه أن يتوب ويؤمن به. أمَّا عمليَّة ولادته الجديدة فقد حصلت في غضونِ ثلاثة أيَّام، واكتملت حين ذهب واحِدٌ من المؤمنين، يُدعى حنانيًا، وصلّى معه. وكان حنانيًا عالما بصيت بولس على أنَّه مُضطهِد المؤمنين، إلاَّ أنَّه أطاع الربّ وذهب إليه. وامتلأ بولس بالروح بعد أن صلَّى معه حنانيًا، ثمَّ تعمَّد. وقد شرحت في كتابي "الولادة الجديدة الطبيعيَّة" إيماني بأنَّ العناصر الأربعة من التوبة والإيمان والمعموديَّة والامتلاء من الروح القدس أساسيَّة جدًّا للولادة الجديدة. وقد ظهرت كلُّها في "بداية" رحلة بولس في الإيمان المسيحي.

بعد ولادته الجديدة

من اللافت أنَّ بولس لم يبدأ خدمته كمرسل مباشرة. لكنَّه ابتدأ بالكرازة حيث كان موجودًا، وقد سبَّب ذلك تَنامي روح العداوة نحوَهُ بين اليهود. حتَّى إنَّه اضطرَّ مرَّة أن يُدلَّى في سلٍّ من نافذة سور المدينة لكي يهرب.

مرَّت على الأقل ثلاث عشرة سنة قبل أن يبدأ بولس بالعمل الذي دعاه إليه الربُّ في يوم ولادته الجديدة. فقد ذهب إلى شبه الجزيرة العربيَّة وأمضى ثلاث سنين بمفرده مع الربّ، يعيد التفكير في إيمانه اللاهوتيِّ في ضوء مقابلته مع الربِّ يسوع. وكان آخرَ رسولٍ أرسلَهُ الربُّ المُقام، كما أنَّه الرسول الثالث عشر والأخير. ويقول بعضٌ إنَّه يجب اعتباره التلميذ الثاني عشر الذي حلَّ محلَّ يهوذا الإسخريوطي. إنَّما كان بولس دائمًا يشير إلى التلاميذ الاثني عشر دون أن يَعُدَّ نفسه بينهم. لكنَّه كان دائمًا يؤكِّد كونَهُ الرسول المميَّز، وأنَّ دعوته المميَّزة أمدَّته بالسلطان لكتابة معظم العهد الجديد.

ولا يسعنا إلاَّ أن نتكهّن كيف توصَّل إلى لاهوتيَّاتِهِ العميقة، وهو في شبه الجزيرة العربيَّة مُدَّةَ ثلاث سنوات. فلا بدَّ أنَّ اكتشافه أنَّ الربّ يسوع هو المسيَّا الذي انتظره اليهود أثَّر بالكامل في فهمه للعهد القديم. وكان الربُّ يسوع قد سأله لماذا يضطهده، بينما كان يضطهد المسيحيين بالفعل وليس الربَّ يسوع مباشرة. فعلم أنَّه ما يُعمل بالمسيحيين يُعمل بالمسيح أيضًا. وكان هذا الأمر دون أيِّ شك أساسيًّا في أسلوب تفكيره من نحو الكنيسة التي هي جسد المسيح على الأرض.

وأدَّى وصول بولس إلى أُورشليم إلى نشوء حالة ذعر بين التلاميذ. فبالنسبة إليهم، كان هو المسؤول عن سجن أفراد من العائلات التي كان يزورها. إلاَّ أنَّ برنابا كان مستعدًّا لأنْ يخاطر في صداقته له والتوصية به، ولتقديمه إلى الكنيسة في أُورشليم. وكان يهود أُورشليم يعتبرون بولس خائنًا، فقد كان من أفضل معلِّميهم وها قدِ انضمَّ إلى مجموعة المسيحيين المكروهة من قِبَلهم. فأُرسل إلى طرسوس حيث مكث عشر سنين. وغالبًا ما نتغاضى عن هذه الفترة معتقدين أنَّه استهلَّ رحلاته التبشيريَّة مباشرة بعد ولادته الجديدة. ولكنَّ الواقع هو أنَّه مكث ثلاث سنوات في شبه الجزيرة العربيَّة يتفكَّرُ في ما حصل له، وعشر سنوات في مسقط رأسه طرسوس، حيث انتظر تأكيد دعوته. ولم يبدأ عمله الإرسالي إلاَّ بعد أن دعاه برنابا إلى المساعدة في كنيسة أنطاكية، فتنبَّه عندئذٍ لدعوته بأن يكون مرسلاً وباشَرَ خدمته. ويمكننا أن نقارن بذلك السنين التي قضاها الربُّ يسوع في النجارة.

بداية عمل بولس الإرسالي

تحتلّ مدينة أنطاكية في سوريا مكانة رفيعة في العهد الجديد. ولا بدَّ أنَّها كانت في فكر الربِّ يسوع عندما تكلَّم عن رحلة الابن الضال إلى "بلاد بعيدة". فبالنسبة إلى اليهود كانت "البلاد البعيدة"، وكانت بالنسبة إلى العالم القديم كباريس اليوم. لكن على الرُّغم من صيتها، تأسَّست فيها أوَّل كنيسة مسيحيَّة للأُمم. وكان شعبها أوَّل من أطلق لقب "المسيحيين" على أعضاء الكنيسة.

حدث تأكيد انضِمامِ بولس إلى العمل الإرسالي خلال اجتماع للصلاة عُقِد في أنطاكية (راجع أعمال الرسل 13). فقد أُعطِيَت نبوَّة أنَّ الوقت آنَ ليفترق بولس وبرنابا عن الكنيسة ويبدأ العمل الذي دعاهما الربُّ إليه. إذًا، كان بولس قد تلقَّى الدعوة عند ولادته الجديدة لخدمة الربِّ يسوع، وقد تأكَّدت هذه الدعوة من خلال نبوَّة في الكنيسة. ولا بدَّ من ملاحظة هذا النمط، فكثيرون يظنّون أنَّ لديهم دعوة من الربّ، لكنَّهم لا ينتظرون تأكيد الكنيسة لها.

وكان بولس وبرنابا قدِ انشغلا في عمل يمكن أن نعتبره لا يليق بكرامة المرسلين. فقد حدث جوعٌ قاسٍ في اليهوديَّة، فجمعت الكنيسة في أنطاكية بعض المال، وطلبت منهما أن يحملا مسؤوليَّة توصيله إلى الإخوة هناك. ولم تكن تلك هي المرَّة الأخيرة التي فيها ينشغل بولس في جمع المال.

تُظهِر الخريطة في الصفحة التالية كيف كانت أوروشليم أوَّلاً قاعدة للعمل الإرسالي وكيف تلتها أنطاكية. وأصبحت أنطاكية مركز الانطلاق للخدمة الإرساليَّة حتَّى وصل أثرها المضاعف إلى روما. وكان أمل بولس الأوَّل هو إيصال البشارة إلى كامل الجزء الشمالي الشرقي من عالم البحر الأبيض المتوسِّط وصولاً إلى عاصمة الإمبراطوريَّة الرومانيَّة. فانطلق بولس وبرنابا إلى قبرص أوَّلاً، ومن ثَمَّ رجعا إلى الداخل. وأسَّسا كنائس في أنطاكية بيسيديَّة ولسترة ودربة، ورجعا من جديد إلى القاعدة في أنطاكية ليقدِّما تقريرًا للكنيسة هناك. وتبدو أسماء المناطق الأبعد التي خدم فيها بولس مألوفة لدينا، إذ إنَّه كتب رسائل إلى تلك الكنائس الموجودة حول بحر إيجه. ثم انطلق في رحلته الثالثة والأخيرة، وإنكسرت به السفينة في مالطا، ووصل أخيرًا كسجين إلى روما.

استراتيجيَّة بولس للعمل الإرسالي

تمحورت استراتيجيَّة بولس حولَ إقامة مجتمع للملكوت في كل مدينة رئيسيَّة، ومن ثَمَّ ينتقل إلى مكان آخر بسرعة. فكان أحيانًا يمكث في المدينة ثلاثة أسابيع فقط، وكان أحيانًا يمكث في مدينة أُخرى مدَّةً أطول. فمكث مثلاً في كورنثوس ثمانية عشر شهرًا. وكان أحيانًا هو الذي يقرِّر وقت مغادرته للمدينة، وكان أحيانًا يُضطر إلى مُغادرتها، إلاَّ أنَّه كان في الحالتين يترك وراءه كنيسة قادرة على تبشير المحيط الذي تتواجد فيه. ولم يحاول تغطية كلّ بلدة ومدينة، بل ركَّز على المدينة الرئيسيَّة في كلِّ محافظة. وقد قام بدور الرسول على أكمل وجه، إذ كان كثير التجوال يفتِّش عن مناطق جديدة ويفتتح حقولاً إرساليَّة جديدة.

لكنْ كلَّفته تلك الاستراتيجيَّة كثيرًا، إذ واجه مخاطر شديدة جمَّة. وانكسرت به السفينة ثلاث مرَّات، وقارب الموت عدَّة مرَّات، وقد رُجِم مرَّة وتُرِك لكي يموت. وكان غالبًا يشعر بالجوع والتعب. ولكنَّه كان مثقّلاً جدًّا برعاية الكنائس كما نقرأ في رسائله.

إذًا، كانت استراتيجيته تتمحور حول التنقّل المستمر، لكن لم يعنِ ذلك أنَّه كان ينسى الكنائس التي زرعها وخدمها. وقد أكَّد من خلال المتابعة معها أن تنمو على صعيد العدد والنوعيَّة. وكان يتابع تلك الكنائس إمَّا من خلال زيارته لها من جديد، وإمَّا من خلال كتابة الرسائل إليها.

البحر الأسود
كبدوكية
سورية
طرسوس
أنطاكية
سلاميس
قبرص
بافوس
صور
قيصرية
أورشليم
غلاطية
بيثينية
فونية
لسترة
دربة
أنطاكية
بيسيدية
أطالية
مصر
الإسكندرية
آسيا
أفسس
ميليتس
ترواس
رودس
فيلبي
كريت
مقدونية
تسالونيكي
بيرية
أخائية
كورنثوس
اليونان
البحر المتوسط
البحر الأدرياتيكي
إيطاليا
روما
صقلية
مالطا
كورس
سردينيا

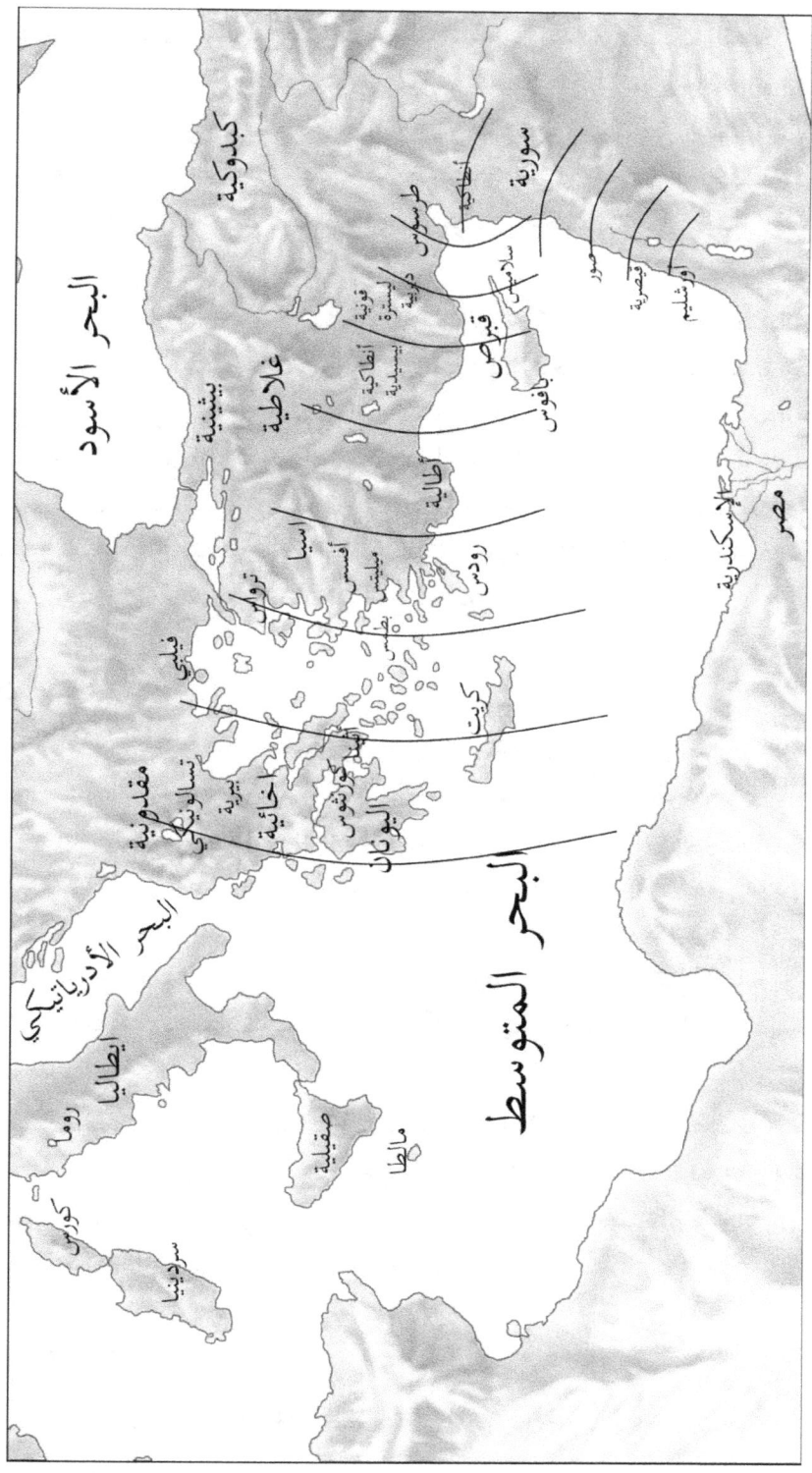

وكان عندما يزور إحدى الكنائس يُعيِّن شيوخًا ليحملوا مسؤوليَّة القيادة. لكنْ لم تكن زيارة واحدة تكفي أحيانًا، إذ لم يكن يُتاحُ له الوقت الكافي ليعالج شخصيًّا كل الأُمور، خاصَّة أنَّه أراد أن يوصل البشارة إلى الساحل الشمالي من منطقة البحر الأبيض المتوسِّط وصولاً إلى إسبانيا. لذلك استخدم الرسائل كوسيلة للمتابعة مع الكنائس بينما استمرّ في عمله الإرسالي. ولم تكن تلك الرسائل مقالات لاهوتيَّة كُتِبت في إحدى المكتبات بقَلَم باحثٍ أكاديميّ، بل عكسَتِ اهتمامه الشديد كرسول بثبات الذين ربحهم بالإيمان.

وأخيرًا، وصل إلى روما ليس تمامًا كما تمنَّى بل كسجين، لكن هَدَف إلى الكرازة بالإنجيل للجنود الرومان الذين وُكِّلوا بحراسته. وكان سجينًا ينتظر الخضوع للمحاكمة، فكتب له صديقُه الطبيب لوقا المرافعة التي نعرف أنَّها إنجيل لوقا وسفر أعمال الرسل، وقدَّمها للقاضي أو محامي الدفاع ثاوفيلُس. فبُرِّئَ بولس وأُطلِق سراحه، ومن المؤكِّد أنَّه أكمل عمله الإرسالي مسافرًا على الأرجح إلى إسبانيا. ثمَّ زار مرَّة أُخرى كريت ونيكابوليس، وزار أماكن أُخرى لم يكن قد زارها من قبل. وبعد ذلك وشى به رجل يُدعى إسكندر يعمل في الحدادة، فأُلقي القبض عليه مرَّة ثانية خلال حكم نيرون. وأُخِذ بسرعة حتَّى، إنَّه لم يستطع أن يأخذ معه دفتر ملاحظاته أو حتَّى معطفه.

أيّ نوع من الرجال كان بولس؟

ليس لدينا سوى وصف واحد مُحتمل عن مظهر بولس الخارجي الذي لم يكن جذّابًا. كان قصير القامة وأصلع (معنى الاسم بولس "صغير")، وكانت رجلاه مقوَّستين، وأنفه معقوفًا. وكان حاجباه يلتقيان في الوسط، وعيناه غريبتي الشكل، ويداه خشنتين. تخيَّل كنيسة ما تفكِّر بإمكانيَّة أن يكون بولس راعيًا لها. فماذا يمكن أن يفتكروا بعد سماعهم مواصفاته؟ أضف أنَّه لا يمكث في مكان واحد مدَّةً طويلة، وغالبًا ما كان يُغيظ الناس بكلامه، وقد وقع في مشاكل عديدة مع الشرطة، وقضى فترة في السجن، كما أنَّه واعظ متشدِّد من ناحية العقيدة. كذلك، ليس متزوجًا، ويعمل كصانع خيام في جزء من وقته، ويُربِكُ جماعة المؤمنين، ويتكلّم بألسنة. لكنَّ للربّ عادةً أن يختار الناس الذين نظنّهم غير مناسبين للمنصب!

ولكنْ كانت لبولس صفات حميدة عديدة كالتفاني والحماس والعزم والتركيز الثاقب. وقد آمن أنَّ كونه أعزب ساعده على التركيز بالكامل على دعوته. وواجه الخطر بشجاعة كبيرة، وتواجه مع خصومه بالدرجة المناسبة من الغضب. وفي الواقع، أنَّ بعض رسائله تتَّقِدُ بالغضب! وبإمكانه أن يكون فظًّا وقاسيًا، لكن يمكنه أيضًا أن يُظهِر اهتمامًا بالغًا وتعاطُفًا وعناية.

الأفكار الرئيسيَّة في كتابات بولس

لم يكن سرّ نجاح بولس بسبب صفاته البشريَّة على الرُّغم جودتها، لكنْ كمن السر في ثلاث أفكار رئيسيَّة طغت على رسائله.

في المسيح

ممَّا لا شكَّ فيه أنَّ ذلك الرجل عاش بكلِّيته للمسيح. وقد كتب في رسالته إلى أهل فيلبي: "لِيَ الْحَيَاةَ هِيَ الْمَسِيحُ". فقد ذاب في محبَّة الربِّ يسوع منذُ يومَ لاقاهُ في الطريق إلى دمشق. والموت بالنسبة إليه كان ربحًا: "لِيَ اشْتِهَاءٌ أَنْ أَنْطَلِقَ وَأَكُونَ مَعَ الْمَسِيحِ، ذَاكَ أَفْضَلُ جِدًّا."

وقد قال عن نفسه إنَّه "عبد للربّ يسوع المسيح". وكان العبد في العالم القديم يُعامَل باحتقار، وكان مِلكًا لسيِّده، ولم يملك مالاً شخصيًّا ولا وقت فراغ يستريح فيه. ووصف نفسه في رسالة كورنثوس الثانية وصفًا أعلى رتبةً قائلاً إنَّه سفير للمسيح. فكان فخورًا بأن يكون سفيرًا، لكنَّه افتخر أيضًا بكونه عبدًا.

تُناقِض عبارة "في المسيح" الطريقة التي يتكلَّم بها كثيرٌ من المؤمنين عن علاقتهم بالربِّ يسوع. فنادرًا ما كان بولس يستخدم العبارة المعاصرة التي يستخدمها المؤمنون: "المسيح فيَّ."فعندما نقول: "الربّ يسوع فيَّ"، نقع في خطر تصغير حجم الربّ يسوع ليصبح يسوعًا صغيرًا داخل قلوبنا، بينما يجب أن يكون الأصغرُ داخل الأكبر. وكان بولس يقول: "الروح القدس الذي في داخلي"، لكن عندما كان يتكلم عن المسيح، كان يقول: "أنا في المسيح". فنحن نتبارك بكل بركة روحيَّة في المسيح، وفيه لنا كلّ الأشياء. ولم يكن مهمًّا في أيِّ جزء من الإمبراطوريَّة الرومانيَّة كان بولس، لأنَّ عنوانه الحقيقي كان "في المسيح".

للإنجيل

عاش بولس للإنجيل، وكان مستعدًّا للقيام بأي أمر لأجل انتشار رسالته. حتَّى إنَّه استطاع أن يفرح بالإنجيل حين كان في السجن. ومع أنَّه كان يُقيَّد إلى جندي روماني ثمانيَ ساعات متتالية، فرح لأنَّه بذلك سنحت له الفرصة كي يخبر عن الإنجيل ثلاثة مستمعين خلال يوم واحد! وقد ذكر في رسالته إلى أهل فيلبي أنَّ بعضًا من هؤلاء الرجال آمنوا بالمسيح. وعندما سمع أنَّ بعض الأشخاص يكرزون بالمسيح بدافع الغيرة وروح المنافسة، قال إنَّه يفرح لأنَّ الإنجيل يُكرز به غير آبه بنيَّات الذين يكرزون. وقال إنَّه مستعد لأن يذهب إلى أيِّ مكان ليخبر أحدهم عمَّا فعل الله من خلال المسيح.

وتتميَّز رسالة إنجيل بولس بكلمتين. الكلمة الأُولى، إنجيل **إسكاتولوجي**، وقدِ اشتُقَّت هذه الكلمة من الأصل اليوناني eschaton، وهو يعني "الأُمور الأخيرة". وقد آمن بولس بأنَّ المستقبل قدِ اقتحم الحاضر. فنحن ننسى الإنجيل نفسه إن نَسِينا الجانب المستقبليَّ منه. فالإنجيل لا يحمل فقط الأخبار السارَّة عن الحياة الحاضرة، بل يحمل أخبارًا سارَّة أيضًا عن العالم الجديد الآتي، وعن الأجساد الجديدة التي سنُلبَسُها عندما نتلاقى مع المسيح.

الكلمة الثانية: إنجيل **أخلاقي**. فبولس لم يكن مُهتمًّا بـِ "خلاص النفوس" دون أن تتغيَّر حياة الأشخاص. فالإنجيل له جوانب أخلاقيَّة تنطبق على كل نواحي الحياة، وقد أراد بولس أن يشدِّد على هذا الأمر لِلَّذِين وُلدوا ولادة جديدة حديثًا.

بالنعمة

كان بولس يُعبِّر عن دهشته باستمرار من أنَّ الربَّ يسوع دعاه وهو في طريقه إلى زجِّ المؤمنين في السجون. ولم ينسَ يومًا أنَّه لا يستحق الخلاص على الإطلاق، ولو أعطاه الربّ ما كان يستحقه لكان ذلك الجحيم بالتأكيد. فكلمة "النعمة" تلخِّص شعور بولس، وهي تعني أن تُعطَى أمرًا لا تستحقّه. وكتب في رسالته إلى رومية: "وإذ كنَّا أمواتًا بالذنوب والخطايا، مات المسيح من أجلنا." وقد أنتجت تلك النعمة روحَ الامتنان في داخله، الأمرُ الذي دفع به لأن يتعب في الخدمة بكلّ فرح.

رسائل بولس

يُعتبر بولسُ الأهمَّ في كتابة الرسائل عبر التاريخ، مع أنَّ تداول الرسائل كان نادرًا بين اليهود. فلم يكن لديهم سبب يدفعهم إلى كتابة الرسائل، إذ عاشوا في بلد صغير حيث كان من السهل زيارة الأصدقاء والأقرباء.

وكان التداول بالرسائل مُكلِّفًا، فكان يُستخدم عند الضرورة فقط. واعتاد الضبَّاط أو الأغنياء في الإمبراطوريَّة الرومانيَّة التدوال بالرسائل لأنَّه كان بإمكانهم تحمّل نفقتها. ولذلك، بسبب غياب الخدمة البريديَّة للعموم، كان لا بدّ من حدوث سبب مهم جدًّا لكتابة الرسائل، كأزمة معيَّنة أو مشكلة أساسيَّة.

وكانت الرسائل في العالم القديم قصيرة جدًّا لا تتعدَّى العشرين كلمة، وكانت تُكتب عادة على صحيفة من ورق البَرديّ. وكانت الرسائل الطُّولى تتطلَّب إلصاق عدَّة صحائف من ورق البردي بعضها ببعض. ورسائل بولس هي من أطول الرسائل التي وصلتنا من العالم القديم. فمعدَّل الكلمات المذكورة فيها يقارب 1300 كلمة، ما عدا رسالة رومية التي تحتوي على 7114 كلمة، وهي على الأرجح أطول رسالة كُتِبت في تلك الحقبة التاريخيَّة!

إتَّبع بولس بنية معيَّنة في كلٍّ من رسائله. فكان يذكر اسمه في البداية حتَّى يتسنى لمستلم الرسالة أن يعرف مَنِ المُرسِل حين يبدأ بِنَشر الدَّرج. ثمّ كان يضيف العنوان، حتَّى يعرف ساعي البريد لمن يسلِّم الرِّسالة. ومن ثَمَّ كان بولس يلقي التحيَّة على قرّاء الرسالة. وكان هذا الأُسلوب يُتّبع لكتابة معظم الرسائل في ذلك الوقت، وقد كتب بولس تلك الرسائل لتشجيع الكنائس أو الأفراد. (تتبع الرسائل السبع المذكورة في سفر الرؤيا والتي وُجّهت إلى الكنائس السبع في آسيا، البِنيةَ ذاتها إذ مدحها الربُّ يسوع قبل أن ينتقدها).

وبعد المقدّمة، كان بولس يعالج الموضوع الذي أراد أن يكتب عنه، وكان هذا الجزء يؤلِّف القسم الأكبر من الرسالة. وكان يُنهي رسالته بتلخيص مقتضب يشمل النقاط الأساسيَّة التي عالجها. وأخيرًا، كان يُهدي بعض السلامات ويوقِّع اسمه.

وكان الناس في العالم القديم يُملون رسائلهم على ناسخ معيّن؛ وقد فعل بولس ذلك أيضًا. وكان سيلا، أحَدُ مرافقيه في رحلاته التبشيريَّة، أحَدَ هؤلاء النسَّاخ الذين ساعدوه في كتابة الرسائل.

إذًا، لم يكتب بولس رسائله وهو جالس إلى مكتبه، بل على الأرجح نصَّها وهوَ يمشي في الغرفة أو حين كان مقيَّدًا بجندي روماني.

تأتي الرسائل على شكل محادثة، فهي كالأناجيل جرى تناقُلها شفهيًّا قبل أن تُكتَب. وقد وقَّع بولس اسمه عند نهاية كلّ رسالة كما تتطلّب اللّياقة، وبسبب انتشار بعض الرسائل المزيّفة مُدَّعِيةً أنَّه قد كتبها. فنقرأ مثلاً في نهاية رسالة تسالونيكي الثانية تأكيد بولس لِكونهِ كاتبها. ومن الممكن أن كتابة الرسائل كانت أمرًا صعبًا عليه، ولذا يذكر مثلاً في نهاية رسالة غلاطية استخدامه أحرُفًا كبيرة للتوقيع بسبب ضعف نظره.

ثلاثة أنواع من الرسائل

كتب بولس ثلاثة أنواع من الرسائل. أوّلاً، كتب أربع رسائل **شخصيَّة** موجَّهة إلى أفراد معيّنين. فأرسل رسالة إلى فليمون، ورسالتين إلى تيموثاوس، ورسالة إلى تيطس.

ثانيًا، كتب ثمانيَ رسائل **ظرفيَّة** إلى كنائس مختلفة. وقد سُمِّيت ظرفيَّة لأنَّها كُتِبت بسبب ظرف معيَّن في الكنيسة المعنيَّة.

ثالثًا، كتب رسالة **عامَّة**، وهي رسالة أفسس. فلا تمتّ هذه الرسالة بصلة إلى أيِّ فرد أو أيَّة كنيسة، ولم تُكتَب بسبب حاجة معيَّنة أو أزمة حدثت. ويظنّ بعضهم خطأً أنَّ رسالة رومية هي رسالة عامَّة أيضًا، لكن يُظهِر الدرس الدقيق لها أنَّها كُتِبت بسبب حالة معيَّنة حصلت في رومية (روما) وجعلت بولس يكتب الرسالة.

يسهل تطبيق رسالة أفسس على حياتنا اليوم، بينما يقدِّم لنا النوعان الآخران تحديًّا لتطبيقهما. فهما يبدوان وكأننا نستمع إلى محادثة تلفونيَّة من جهة واحدة. فنحاول جمع قطع المحادثة بينما نسمع شخصًا واحدًا يتكلَّم. فمثلاً، من الممكن لأحدهم أن يجيب عن اتِّصال هاتفي ويقول التالي:

"مرحبًا... لقد أتى؟ تهانينا!... كم يزن؟...ما لونه؟... لا تدع زوجتك تمسُّه! ... ستجد أنَّه عطشان جدًّا... إنَّه يتحرّك بسرعة نِسبةً إلى يُسروع (caterpillar) ... انتبه، إنَّك تقف على طين الآن، أليس كذلك؟... من الممكن أن أحصل على واحدٍ أنا أيضًا... إلى اللقاء!"

قليلون هم الذين يخمِّنون أنَّ هذه المحادثة دارت عن جرَّار من ماركة Caterpillar!

وخلال قراءتنا لبعض الرسائل علينا القيام بعمل التحرِّي لإعادة بناء "المحادثة" من الجانبين. فمثلاً، كتب بولس رسالتين إلى أهل تسالونيكي. وكانت الرسالة الأُولى دافئة، بينما أتت الرسالة الثانية باردة جدًّا. فلا بدَّ أنَّه حدث أمر جعله يغيِّر نبرته في الكتابة. لذلك علينا أن نقرأ الرسالتين بكل دقَّة لنكتشف ماذا حصل.

بالإضافة إلى أنَّنا نملك جانبًا واحدًا في المراسلة، نواجه مشكلة الفجوة الحضاريَّة التي تفصلنا عن بولس بمقدار ألفي سنة. فعلينا مثلاً أن نجد المبدأ خلف أيَّة ممارسة، ثُمَّ نطبِّقه على حياتنا اليوم. مثلاً، هل تعني التعليمات عن غطاء الرأس كما جاءت في رسالة كورنثوس أنَّ على النساء اليوم أن يغطِّين رؤوسهن في الكنائس؟ أشكر إلهي أنَّ كنائس العهد الجديد لم تكن كاملة! ومن المشجِّع أن نعلم أنَّ تلك الكنائس عانت مشاكل أيضًا. كذلك، علينا أن نُلاحِظ أنَّه لولا حصول تلك المشاكل لكنا حصلنا على رسالة واحدة من بولس! فمثلاً، بسبب كون كنيسة أفسس جسديَّة، كتب بولس عن المحبة في الأصحاح الأوَّل من رسالته الأولى إليهم. وبسبب سُكر بعض الأشخاص خلال الاجتماعات، وضع بولس أُسُسًا لمائدة الربّ. وبما أنَّه عالج مواضيع متعدِّدة في رسائله، يُمكننا أن ندرك أكثر ما معنى أن نتبع الربَّ يسوع.

رسائل، وليست محاضرات!

من اللافت أنَّه لا تعتمد أيَّة ديانة أُسلوب الرسائل لتبليغ الوحي الإلٰهيّ. فاستخدام الرسائل كان نادرًا جدًّا، ثُمَّ إنَّه كان من غير المعتاد أن تُستخدم كوسيلة يتكلَّم الرب من خلالها. ومع أنَّ بولس كتب بسُلطة لِكَونه رسولاً، لم تكن لديه أدنى فكرة بأنَّ رسائله ستصبح جزءًا من الكتاب المقدَّس. لكن سرعان ما انتشرت في الكنائس المنتشرة في أنحاء الإمبراطوريَّة الرومانيَّة. فجُمعت ورُتِّبت بحسب حجمها بمِثل الأُسلوب المعتمد في ترتيب الأسفار النبوِّيَّة في العهد القديم. وتمَّ ترتيب الرسائل التسع الموجَّهة إلى الكنائس قبل الرسائل الأربع الموجَّهة إلى الأفراد. وقد عدَّ بطرس كتابات بولس من الأسفار المقدَّسة، حتَّى قبل أن يتم جمع العهد الجديد. وكان بولس يُعتبر رسولاً مميَّزًا، وسرعان ما تمَّ الاعتراف بكتاباته على أنَّها جزء من الوحي الإلٰهي.

تشير طبيعة الرسائل إلى أنَّها ليست بيانات إيمانيَّة أو سلوكيَّة منظَّمة، بل تتضمَّن ما يُوافِق الحالة الحاضرة. فمثلاً، لا نقرأ في رسالة كولوسي أيَّ ذكر لمُصطلح "التبرير"، مع أنَّه من أهمِّ الخصائص المتكرِّرة في رسائل بولس.

وتُمكننا الإشارة إلى سببين لاستخدام الربّ للرسائل. السبب الأوَّل أنَّها تجعل كلمته **شخصيَّة** أكثر. وقد وُجِّهت إلى أُناس عاديِّين مثلنا، وهي تحتوي على العناصر الشخصيَّة والعاطفيَّة التي يمكن أن نتوقعها في ذلك الأُسلوب من التواصل. ورُغمَ الفجوة الزمنيَّة التي تفصلنا عن كتابتها، فإنَّ الصفة الإنسانيَّة الطاغية عليها تربطنا بها. والسبب الثاني هو أنَّ تلك الرسائل تجعل كلمة الرب **عمليَّة**. فهي تعالج أُمورًا متعلِّقة بالحياة اليوميَّة والحاجات الحقيقيَّة، والزواج والعبوديَّة والأولاد، والعمل اليومي. لقد أراد الرب أن يعطينا كلمته بأُسلوب عمليّ وشخصيّ كي لا تُوجَّه إلى فئة معيَّنة من البشر، وكي لا نميل إلى التفكير الفلسفي في تحاليلنا.لقدِ اختار أن يعطينا كلمته بواسطة الرسائل، وليس المحاضرات.

الخاتمة

إنَّ هدف هذه النظرة العامَّة هو إلقاء الضوء على خلفيَّة بولس ورسائله، ولا بدَّ من أن تُقرأ تلك الرسائل على انفراد. ونصيحتي لك هي أن تقرأ كل رسالة بأكملها في المرَّة الواحدة. فعندما نقرأ رسالة من صديق، لا ننتقي أجزاء معيَّنة نقرأها لوحدها، بل نريد أن نقرأ كامل الرسلة ونفهمها. وينطبق هذا الأمر على قراءة رسائل بولس، إذ علينا أن نفهم المحتوى الإجمالي لكل رسالة على حدة لكي نستطيع أن نفهم التفاصيل. وسنُلقي في الفصول المقبلة نظرة عامة على كلٍّ من الرسائل، حتَّى يستطيع القارىء فهمها.

رسالتا تسالونيكي الأُولى والثانية

المقدمَّة

كتب بولس رسالتَي تسالونيكي في فترة زمنيَّة متقاربة لا تتجاوز بضعة أشهر بين الرسالتين، وهما أسهل من رسائله الأُخرى. وأُرسلت الرسالتان من قِبَل الفريق الذي زار تسالونيكي والمؤلَّف من بولس وسيلا وتيموثاوس، إلاَّ أنَّ بولس هو الكاتب بكلٍّ وضوح. ومع أنَّهما كُتِبتا إلى المجموعة نفسها بفارق زمني بسيط، فهُما تختلفان من ناحية النبرة والجوّ العام وحرارتهما. إنَّهما تُعالِجان أُمورًا متشابهة، لكن بطرق مختلفة. فالرسالة الأُولى دافئة وشخصيَّة، وتعكس اهتمام بولس بالكنيسة التي في تسالونيكي. أمَّا موقفه في الرسالة الثانية فبارد وقاس ويبدو أنَّه بعيد عنهم.

ويمكننا فهم موقف بولس في الرسالتين إذ ندرس خلفيَّة كلٍّ منهما، خاصة في وقت كتابته ومكان وجود تلك الكنيسة.

تُظهر الخريطة في الصفحة التالية موقع تسالونيكي في أعلى بحر إيجه. وكانت في ذلك الوقت مرفأً حيويًّا، بعكس ما نراه اليوم إذ طُمِر الميناء بالرمال فلم تعد المدينة قريبة جدًّا من البحر.

كانت تسالونيكي مدينة أساسيَّة في ذلك الموقع. وكانت تقع على الطريق الروماني الرئيسي الذي يجمع بين روما وآسيا الصُغرى، وقد شكَّل المرفأ محطَّة أخيرة لبعض الطرق التجاريَّة الممتدَّة على الجهة الشماليَّة الجنوبيَّة. وكانت المدينة تُصدِر قطعًا نقديَّة أكثر من أيَّة مدينة واقعة حول بحر إيجه، ولذلك كانت مركزًا ماليًّا مهمًّا. فكان موقعها مناسبًا جدًّا للتجارة، وقد رأى بولس أنَّها يُمكن أن تكون موقعًا استراتيجيًّا لانتشار الإنجيل.

كان عدد سكان المدينة كبيرًا، وقد تألَّفوا من جنسيَّات مختلفة، منها التُّجَّار اليهود. وقد سلَّط علم الآثار الكثير من الأضواء على مدينة تسالونيكي كما كانت في زمن بولس. وكشفت الحفريَّات عن مدرَّج روماني، وميدان كبير للألعاب الرياضيَّة، وسوق رومانيَّة، ومَجمع للسامريِّين. وبالفعل، أكَّدت الاكتشافات الحديثة وصف لوقا للقادة المحليِّين على أنَّهم استخدموا القيادة الجماعيَّة. وكان يُظن أنَّ لوقا أخطأ في وصفه لأنَّ لقب "حُكَّام المدينة" الذي يُفيد ذلك لم يُطلق على أيَّة مدينة أُخرى. لكن وجد علماء الآثار واحدًا وأربعين نقشًا تعود إلى تلك الحقبة تحتوي على هذا اللقب.

كشف كنوز الكتاب المقدَّس

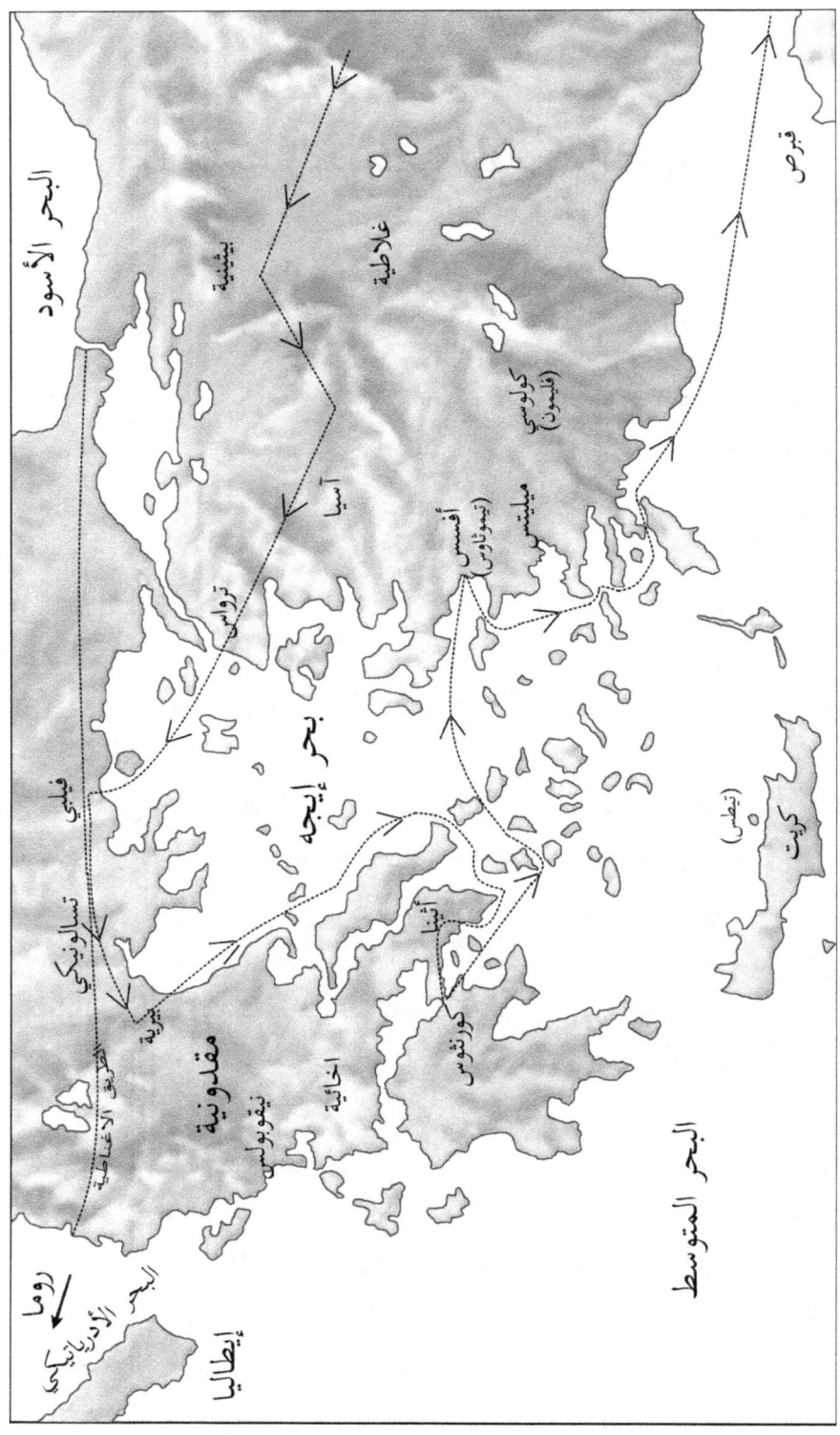

بولس في تسالونيكي وبيرِّيَّة

وصل بولس إلى تسالونيكي خلال رحلته التبشيريَّة الثانية حوالى العام 49م. وكان يحاول أن يبشِّر أوَّلاً في آسيا ومن ثَمَّ في بيثينيَّة، لكن الروح القدس منَعَه من ذلك. وبينما كانوا في ترواس (طروادة القديمة)، حلم بولس برجل يشير إليه بأن يذهب إلى مقدونيَّة لمساعدة شعبها. فعبروا هو ورفقاؤه بحر إيجه حتَّى وصلوا إلى مرفإٍ يُدعى نيابوليس. وقد كرز بولس في فيلبِّي، إلاَّ أنَّه طُرد منها، ووصل أخيرًا إلى تسالونيكي.

وكعادته، كرز بولس لليهود في مجمعهم. فمع أنَّه كان رسول الأُمم، كان قلبه مثقَّلاً من ناحية اليهود أيضًا. وقد آمن بأنَّهم عندما يولدون من جديد سيؤلِّفون كنيسة تمتد إلى الأُمم الموجودين في الجوار. ولكنَّه لم يجد الثمر في اليهود، بل في بعض الأشخاص الهامشيين الذين كانوا معروفين بأنَّهم "يخافون الرب". ولم يكونوا قد تهوَّدوا أو اختتنوا، لكنَّهم كانوا مهتمِّين بالديانة اليهوديَّة وقد شعروا أنَّ إله اليهود هو الإله الحقيقي.

لكنْ أنتجت زياراته للمجمع في تسالونيكي مناقشات حادَّة، وقام بعض اليهود بالمستحيل ليعرقلوا خدمته هناك. وكانوا قد امتلأُوا بالغضب حين قال إنَّه يمكن لتلك المجموعة التي يخاف أعضاؤها الربّ أن يؤمنوا دون أن يتهوَّدوا. وقام اليهود بشغب كبير في المدينة، ولم تُثبط عزيمة بولس، بل قرَّر الانصراف من هناك بعد أن قضى فيها ثلاثة أسابيع، وتوجَّه إلى بيريَّة. ومع أنَّه مكث في تسالونيكي فترة قصيرة، فقد ترك خلفه كنيسة قويَّة، وكان من بين أعضائها عدد من نساء المجتمع البورجوازي.

بولس في أثينا وكورنثوس

أُجبِر بولس أيضًا على الانصراف من بيريَّة، وسافر جنوبًا، تاركًا سيلا وتيموثاوس في بيريَّة لإكمال العمل. وأتت المعارضة في أثينا ضد رسالة بولس من جهات مختلفة. فقد علَّمت الفلسفة اليونانيَّة أنَّ روح الإنسان تُحرَّر من جسده بطريقة ممجَّدة عند الموت، ولذلك سخروا من تعليم بولس عن قيامة الأجساد. وقَبِل قليلون البشارة، إلاَّ أنَّ عددهم لم يكن كافيًا لتكوين كنيسة.

واتَّجه بولس من أثينا إلى كورنثوس، ويبدو واضحًا أنَّ معنويَّاته كانت قد انخفضت في تلك المرحلة. فقد طُرد من فيليبي ومن تسالونيكي ومن بيريَّة. أمَّا في أثينا فقد سخروا من تعليمه، وقليلون قبلوا الإيمان. وعند وصوله إلى كورنثوس كان يمرّ في حالة من الإحباط. وفي الواقع أنَّه فقد كتب في رسالته الأُولى إلى كنيسة كورنثوس: "وَأَنَا كُنْتُ عِنْدَكُمْ فِي ضَعْفٍ، وَخَوْفٍ، وَرِعْدَةٍ كَثِيرَةٍ." وكان كأنَّه قد فقد عزيمته، والسبب واضح لذلك. وغالبًا ما نفكِّر أنَّ بولس كان من أنجح المرسلين على الإطلاق، لكنَّ عددًا قليلا من الناس يستطيع أن يحتمل هذا المقدار من التجارب القاسية.

تخيَّل ردَّة فعل بولس عندما لحق به تيموثاوس وسيلا إلى كورنثوس وأخبراه أنَّ وضع الكنيسة في تسالونيكي جيِّد بالإجمال. فقد إرتفعت معنويَّاته، وبما أنَّه لم يستطع أن يترك عمله في كورنثوس، إرتأى أن يكتب رسالة إلى كنيسة تسالونيكي.

كذلك، فإنَّ سيلا وتيموثاوس جلبا معهما بعض المال من فيليبي. وكان بولس قد وصل إلى كورنثوس مُفلسًا بالكامل، فاضطُرَّ للعودة إلى مُمارسة مهنته في صناعة الخيام. وكان قد تعرَّف بِزَوجين هما أكيلا وبريسكلا، وكانا يشتغلان في تلك المهنة وقد هربا للتوّ من روما. إذًا، كانت معنويَّات بولس قد إرتفعت حين وجَّه رسالته الأُولى إلى أهل تسالونيكي.

تجاوبهم (1تسالونيكي 1)

انعكس مزاج بولس الإيجابي في افتتاحيَّة الأصحاح الأوَّل من رسالته الأُولى إلى أهل تسالونيكي، إذ قال إنَّه فرح جدًّا عندما علم أنَّ المؤمنين هناك متمسِّكون بإيمانهم. واستخدم كلمة "تسلَّم أو قبِل" عدَّة مرَّات. وكان مسرورًا جدًّا لأنَّهم لم **يسمعوا** فقط كلمة الربّ بل **قبلوها** أيضًا.

نظرة سريعة على محتويات الرسالة الأُولى التي تحتوي على أربعة أجزاء يُختصر كلّ منها في ثلاث كلمات:

الكلمة، العمل، العلامة

كتب بولس قائلاً إنَّه قدَّم لهم الإنجيل في ثلاث طرق هي: **الكلمة، العمل، العلامة.** ويعتقد بعضهم أنَّنا بتقديمنا كلمات الإنجيل للناس نقدِّم لهم الإنجيل. لكنْ مُجرَّد أن يسمعوا تلك الكلمات لا يعني أنَّهم أخذوا برهانًا على أنَّ تلك الكلمات صحيحة. إنَّهم بحاجة لأن **يروا** الإنجيل بالإضافة إلى **سماعه**. وكلمتان من بين تلك الكلمات الثلاث، **الكلمة، العمل، العلامة**، تخصَّان العين، وواحدة فقط تخصّ الأذن. وإن كان هذا التوازن في التواصل الفعَّال صالحًا في زمن بولس، فمن المؤكَّد أنَّه يصلح في عصر التلفزة.

لم يفترض بولس أنَّ الناس بانتظار سماع كلمة الإنجيل، لكنَّه إفترض أنَّهم بإنتظار أن يروه. والأعمال هي البرهان البشري على أنَّ تلك الكلمات صحيحة، والعلامات هي البرهان البشري أنَّها صحيحة. أمَّا نحن فغالبًا ما نركِّز على التبشير الذي يعتمد على الكلام. وبينما الكرازة بكلمة الربّ أساسيَّة جدًّا، يجب أن نسندها بأُسلوب حياتنا وعلامات وعجائب من عند الربّ.

وعندما أرسل الربُّ يسوع تلاميذ اثنين اثنين، قال لهم ما معناه: "الأمر بسيط جدًّا. فكلّ ما عليكم فعله هو أن تذهبوا إلى بلدة معيَّنة، وتقيموا الموتى، وتطردوا الأرواح الشرِّيرة، وتشفوا المرضى، ثُمَّ تخبروا الآخرين أنَّ ملكوت السموات قدِ اقترب. بكلمات أُخرى، **عيشوا** الإنجيل قبل أن **تعلنوه** للآخرين."

الإيمان، الرجاء، المحبَّة

استخدم بولس مرارًا هذه المجموعة الثانية من الكلمات. ونعرفها بالأكثر حين استخدمها في 1كورنثوس 13، لكنَّه استخدمها أيضًا في 1تسالونيكي. ومن الواضح أنَّ أهل تسالونيكي كانوا أقوياء

من ناحية الإيمان والمحبَّة أكثر من الرجاء. فقد أراهم الإيمان ما فعل الربّ في الماضي، وأظهرت لهم المحبَّة ما يعمل في الحاضر. لكن لم يفهموا بالتمام ماذا يمكن للربّ أن يفعل في المستقبل.

وتجدر الإشارة إلى أنَّ الإيمان والرجاء والمحبَّة ليست مجرَّد مواقف قلبيَّة، بل يجب أنَّ كلّ واحدة منها يكون لها جانب عمليّ. فالإيمان يعمل، والمحبَّة تتعب، والرجاء يتمسَّك.

الله، الربُّ يسوع، الروح القدس

كتب بولس قائلاً إنَّ اختبارهم لله كان مؤيِّدًا لعقيدة الثالوث. إذ لم يركِّزوا على أُقنوم واحد متجاهلِينَ الأُقنومَين الآخرين. فقد تابوا أمام الله، وآمنوا بالربِّ يسوع، وقبلوا الروح القدس.

اِرجِعْ، خدم، انتظر

تقدِّم لنا المجموعة الأخيرة من العبارات تعريفًا للمسيحيين الحقيقيين، وقدِ استخدم ثلاثة أفعال ليصف إيمانهم. لقد **رجعوا** عن عبادة الأوثان **ليخدموا** الإله الحيّ **وينتظروا** عودة الابن من السماء. فالحياة المسيحيَّة تتطلَّب التوبة عن الماضي، والخدمة المستمرَّة في الحاضر، وإنتظار مجيء المسيح ثانية في المستقبل.

استقامته (1 تسالونيكي 2-3)

تظهر المشكلة الأساسيَّة التي تُجِبُ معالجتها في الأصحاح الثاني من الرسالة الأُولى إلى أهل تسالونيكي. وقد واجه بولس مقاومة بشريَّة خاصَّة من اليهود أينما ذهب، ومقاومة شيطانيَّة حرَّكت المقاومة البشريَّة. ويعود سبب ذَينِكَ النوعين من المقاومة إلى الحسد، إذ إنَّ الحسد ملأ قلوب اليهود والشيطان بسبب فقدانهم لأتباعهم. والشيطان هو أبو الكذَّابين، وهو مستعد لأنْ يشوِّه سمعة الرسول ويدمِّر الرسالة لكي يُبطل عمل الرب. ونقرأ أنَّ ذلك بدأ يحدث في تسالونيكي، إذ يمكننا أن نشعر بطبيعة ذلك التشويه بواسطة الأُسلوب الذي استخدمه بولس في الأصحاحين الثاني والثالث للدفاع عن نفسه. فقد دافع عن استقامته مقابل الاتِّهامات التي نُسِبت إليه. ولم يدافع عن نفسه لمجرَّد الدفاع عن النفس، بل لأنَّه علم أنَّه لو تشوَّهت سمعته لَتبدَّدت ثقة أهل تسالونيكي بالإنجيل الذي قدَّمه لهم.

ما يلي الاتِّهامات التسعة التي وُجِّهت إلى بولس:

1. **بولس ليس بارعًا:** لقد ترك الوضع في تسالونيكي مضطربًا دون أن يستطيع أن يهدِّئه أو أن يرضي الجميع.
2. **بولس جبان:** غادَرَ تسالونيكي لأنَّه مجرم فارٌّ من العدالة. (في الواقع، نعلم أنَّه غادَرَ تسالونيكي كي لا يُضطرَّ المؤمنون إلى دفع كفالة لإطلاق سراحه).

3. **بولس مُتعصِّب:** بولس متمسِّك جدًّا بآرائه، وهو ليس متّزنًا عقليًّا.
4. **بولس يتحرَّش بالنساء:** كانت الجماعة مؤلَّفة من عدد كبير من النساء الثريَّات، وانتشرت إشاعة تقول إنَّ بولس يوليهنَّ اهتمامًا غير لائق.
5. **بولس مُحتال:** اتُّهم بأنَّه مخادع، وقدِ التصق بالمؤمنين في تسالونيكي لأن كانت لديه مآرب شخصيَّة.
6. **بولس مُتملِّق:** ادَّعَوا أنَّه محتال، وكل ما قاله ليس ذا فائدة تُذكر. كذلك، فهو لم يكن مهتمًّا عن إخلاصٍ بأمر كنيسة تسالونيكي.
7. **بولس انتهازيّ:** قالوا إنَّه يعظ لأجل المال الذي ستقدِّمه له الكنيسة.
8. **بولس كسول:** قالوا إنَّه لم يقم بأي عمل بجديَّة، وإنَّه يعيش حياة سهلة.
9. **بولس ديكتاتور:** قالوا إنَّه قاسٍ ويتسلَّط على الذين يربحهم للمسيح.

لم تكن أيٌّ من تلك الاتِّهامات صحيحة، لكن المؤسِف أنَّه غالبًا ما تنطبع أقوال مثل هذه في ذاكرات الناس مهما يكن نقضها مُقنعًا. وكانت تلك الاتِّهامات نتاج عمل إبليس، وفي الواقع أنَّها لا تنطبق على بولس. فقد أراد ذلك العدوّ أن يُلصِق نيَّاتِه الشرِّيرة ببولس.

فدافع بولس عن نفسه مُقدِّمًا إحدى عشرة حُجَّة، مناشدًا أهل تسالونيكي والرب ومؤكِّدًا أنَّ تلك الاتِّهامات باطلة.

1. **أشار إلى تأثير خدمته.** قال لهم: "إنكم كنيسة ثابتة ومُمتلئة إيمانًا ومحبَّة، وتكرزون للآخرين. فهل يكون ذلك نتاج عمل رجل أخرق؟
2. **شدَّد على شجاعته:** لقد زُجَّ في السجن في فيلبِّي، إلاَّ أنَّه ما إن وصل إلى تسالونيكي، البلدة المجاورة لفيلبِّي، حتَّى بدأ بالكرازة من جديد. فهل كان هذا تصرّف رجل جبان؟ فالجبان كان يمكن أن يهرب إلى بلد آخر.
3. **نفى أن يكون ماكرًا:** قال إنَّه يعني ما يقول، ويقول ما يعني. وهو لا يحاول أن يخدع أحدًا.
4. **شدَّد على تقواه:** فالرب راضٍ عنه، حتى ولو لم يرضَ عليه أحد.
5. **شدَّد على تواضعه:** لقد اختار ألَّا يطالب بحقوقه ولا يدافع عن كرامته.
6. **شدَّد على لطفه:** قال إنَّه تعامل مع أهل كورنثوس كما تعامل المُرضِعة الطفل. وما كان أحد سيهتمّ لأمرهم كما فعل هو.
7. **شدَّد على عدم أنانيَّته:** ذكَّرهم أنَّه أعطاهم من وقته وماله ومن ذاته.
8. **شدَّد على انشغاله:** ذكَّرهم بأنَّه أبعد ما يكون عن الكسل، فقد كان يشتغل يوميًّا من الفجر حتى الغسق.

9. **شدَّد على قداسته:** قال:"أَنْتُمْ شُهُودٌ، وَاللهُ، كَيْفَ بِطَهَارَةٍ وَبِبِرّ وَبِلاَ لَوْمٍ كُنَّا بَيْنَكُمْ أَنْتُمُ الْمُؤْمِنِينَ." وكان بذلك يردِّد ما قاله الربُّ يسوع في دفاعه عن نفسه وكأنّي به يقول: "من منكم يستطيع أن يبكّتني على خطيَّة؟"

10. **شدَّد على جدِّيته:** قال إنَّه لم يكن كأُمٍّ لهم فقط، بل كان كأب لهم أيضًا. لقد تصرَّف كأُمٍّ عندما احتاجوا إلى التعزية، وتصرَّف كأب عندما احتاجوا إلى التأديب.

11. **أخيرًا، شدَّد على صرامته:** قال إنَّه لم يساوم على مبادئه معهم، ولم يحاول أن يخدعهم.

إنَّ الحالة التي واجهت بولس بالنسبة إلى الكنيسة في تسالونيكي تقدِّم لنا فكرة تُوضِح كيف يستخدم الشيطان الانتقاد ليقلِّل من قيمة العمل المسيحي. وهو يحبّ أن يجعل المؤمنين يشكّون في قادتهم، ويحاول أن ينسب إليهم النِّيَّات السيِّئة.

لكن بولس لا يتعجَّب من وجود تلك المقاومة، فيقول لأهل تسالونيكي إنَّه يجب أن يتوقّعوها أيضًا. فالتألّم لأجل المسيح بالنسبة إلى المؤمن هو دليل على اختياره، وعلامة شرف له، وختم لإيمانه. أمَّا الذين لا يتألَّمون أبدًا لأجل الإنجيل، ولا يقسُو الأمر عليهم، ولا يعاديهم الآخرون، ولا يدفعون ثمنًا لاتِّباعهم الربّ يسوع، فعليهم فعلاً أن يقلقوا. وبالنسبة إلى بولس، التألّم أمر طبيعي. وكان مستعدًّا أن يقبل أن يُسجن ويُضرب ويُرجم. وكان يواجه كلّ من ينسب إليه أيَّة نيّات سيِّئة من ناحية الخدمة لكي يدمِّرها.

نصوجهم (1تسالونيكي 4-5)

يحاول بولس، في الأصحاحين الرابع والخامس من الرسالة الأُولى أن يساعد أهل تسالونيكي كي ينموا روحيًّا. وقد دار اهتمامه حول أمرين: **القداسة والرجاء.**

القداسة

القداسة جزء أساسي في الحياة المسيحيَّة، لأنَّ إرادة الرب هي أن يكون كلّ مؤمن قدِّيسًا. وتنبَّه بولس لناحيتين واجَهَ فيهما أهل تسالونيكي صعوبات هي:

النساء

الناحية الأُولى هي النساء.

كان أُسلوب الحياة الذي عاشه اليونانيون متساهلاً وماجنًا، تمامًا كالآلهة التي عبدوها. فكان تبديل الزوجات أمرًا شائعًا، وكذلك وجود العشيقات أيضًا. وقد قال رجل يُدعى ديموثينيس التالي عن أُسلوب حياة اليونانيين: "لدينا بنات الهوى للمتعة، ولدينا العشيقات لتلبية حاجات أجسادنا اليوميَّة، ولدينا الزوجات لإنجاب الأطفال وحماية بيوتنا بأمانة." وقال سينيكا: "تُزوَّج النساء لكي تُطلَّق، وتُطلَّق لكي تُزوَّج." وكانت العفَّة أمرًا غير مسموع به تقريبًا.

وإزاء هذه الخلفيَّة الاجتماعيَّة، طلب بولس من الرجال في تسالونيكي أن يتخلَّوا عن بنات الهوى والعشيقات، ويُقاوِموا حياة الفسق التي كانت سائدة في تلك الأيَّام. وطلب منهم أن يُكرموا الزواج بأن يحافظوا على طهارة مضاجعهم، وأن لا تُعامل الزوجات كأيَّة بنت هوى أو عشيقة.

العمل

الناحية الثانية التي واجه فيها أهل تسالونيكي صعوبات هي **العمل**.

نادرًا ما تُذكر كلمة "العمل"، أو تُصاغ عظات حولها. وربَّما يعود ذلك إلى أنَّ معظم الوعَّاظ لا يقومون بوظائف تمتد من الساعة التاسعة صباحًا إلى الساعة الخامسة عصرًا. ويُمكن أن يشتغلوا ستَّة عشر ساعة في اليوم في الكنيسة، لكنَّهم ليس لديهم "وظائف" بما تحمله الكلمة من معنى. ويذكر عدد قليل من دروس التلمذة أمر العمل. فهي تعلِّم كيف يجب أن نمارس مسيحيَّتنا في أوقات الفراغ، أي كيف يجب أن نصلِّي ونقرأ الكتاب المقدَّس ونشهد للربِّ ونخدم في الكنيسة. ويفهم الناس عادة من هذا التعليم أنَّ عليهم أن يخدموا الرب خارج أوقات وظائفهم، فيصابون بالملل من العمل وينتظرون بفارغ الصبر أن ينتهي الدوام لكي ينطلقوا للخدمة.

ينسى المؤمنون أنَّهم "يعملون" بدوام كامل في الخدمة للربّ. ويجب أن تظهر قداستنا في الطريقة التي نعمل بها. كما أنَّ حياتنا في العمل يجب أن تعبِّر عن محبَّتنا للرب وللناس من حولنا. ويجب أن يكون تمجيد الربّ هو دافعنا للعمل. فبالنسبة إلى الرب، حياتنا في العمل هي خسارة إن لم نمارسها كجزء من قداستنا.

كان بعضٌ من أهل تسالونيكي قد تركوا وظائفهم، وأخذوا يتسكّعون بانتظار عودة الربّ. ولم يكن أُسلوب الحياة هذا غريبًا عن الحضارة، فقد عاش اليونانيون لأجل المتعة فقط. وقد اعتقدوا أنَّ العمل، وخاصَّة العمل اليدويّ، هو أمر شرِّير ومهين، فكانوا يستخدمون العبيد للقيام به كلَّما سنحت لهم الفرصة. أمَّا أُسلوب التفكير العبراني الذي استند إلى العهد القديم فقد رأى أنَّ العمل هو جزء من العبادة. ولم يفرِّقوا بين عمل اليدين وأيِّ نوع آخر من العمل، إذ إنَّ كلَّ عمل مكرَّمٌ في نظر الربّ ويجب استخدامه لتمجيده.

فكان على بولس أن يقول لهؤلاء الناس إنَّ عليهم أن يَكسِبوا معيشتهم بأنفسهم ولا يعتمدوا ماديًّا على أيِّ أحد. فيجب على المؤمنين الأصحَّاء بدَنيًّا أن يعيشوا على صدقة الآخرين، بل عليهم أن يعملوا لكي يَسُدُّوا احتياجات عائلاتهم ويساعدوا الذين هم بحاجة حقًّا. ولم يتوجَّه بولس في حديثه إلى الذين **لا يستطيعون** أن يعملوا، بل إلى الذين **لا يريدون** أن يعملوا.

الرجاء

شعر بولس بضرورة تعليمهم أيضًا عن الرجاء. ففكرة الرجاء أساسيَّة جدًّا في العهد الجديد، وقد ذُكرت عودة المسيح أكثر من ثلاث مئة مرَّة. ولذلك اعتبر بولس الرجاء تعليمًا أساسيًّا لكلّ حديثي

الإيمان. ومع أنَّ أهل تسالونيكي تميَّزوا بإيمانهم ومحبَّتهم القوِّيين، فقد كانوا ضعفاء من ناحية الرجاء، ويعود سببب ذلك جزئيًّا إلى موقف اليونانيين من الموت.

فقد قال "إسخيلوس"، مثلاً: "لا قيامة بعد الموت." وكتب "ثيوكريتُس": "هناك أمل للأحياء، لكن لا أمل للأموات." وقال فيلسوف آخر: "عندما تنتهي حياتنا هذه القصيرة، ندخل في ليل أبديٍّ ننام فيه إلى الأبد." وكُتِب على بلاطة ضريح أحدهم:"لم أكن موجودًا، ووُجدتُ، ثم لم أعد موجودًا. وإنِّي لا أهتمُّ لذلك."

لذلك ظنَّ المؤمنون في تسالونيكي أنَّه عندما يموت أحد المؤمنين فسَيفوتهُ مجيءُ المسيح ثانيةً. ولا نعلم بالتأكيد هل كان سبب ذلك يعود لإيمانهم بأنَّ الأموات لن يُقاموا إلاَّ لاحقًا. فكان على بولس أن يؤكِّد لهم أنَّه يجب عليهم ألَّا يحزنوا كالباقين، لأنَّه عند عودة الربِّ يسوع سيُقام الأموات وسيُقابِلونه أوَّلاً، ثم يلحق بهم الأحياء.

يعني كلّ هذا أنَّ المؤمنين سوف يعودون إلى الأرض بعد موتهم. يقابلون الربّ يسوع في الهواء، ويعودون إلى الأرض بأجساد جديدة. ويبدو أنَّ السماء هي غرفة انتظار أو ترتيب موقَّت للَّذين ماتوا، وينتظرون عودة الربِّ يسوع إلى الأرض، حيث سيكونون معه إلى الأبد.

ويبدو من الواضح أنَّ أهل كنيسة تسالونيكي أساؤوا فهم التعليم الذي تسلَّموه عن عودة الربِّ يسوع. ويستشهد بولس بالعبارة التي قالها الربُّ يسوع إنَّه سيأتي "كلصٍّ في الليل"، ما يعني أنَّ الأمر كلّه سيكون مفاجأة كبيرة دون أيِّ إنذار. وكان بعضُهم يظنّون أنَّ الربّ يسوع سيعود في أيّة لحظة، لكنَّ بولس صحح اعتقادهم قائلاً إنَّه سيعود دون أيِّ إنذار بالنسبة للذين لا يترقّبون عودته. والعبارة "كلصٍّ في الليل" ليست موجَّهة إلى المؤمنين، بل إلى غير المُستعدِّين. بالمقابل، فإنَّ أهل تسالونيكي لا يحيَون في الظلام، بل هم أبناء النهار. وإنِ استمرُّوا في الترقُّب، فلن يُفاجأوا بعودته. وفي الواقع أنَّه يتَّضح من تعليم بولس وأجزاء أُخرى من العهد الجديد أنَّ المجيء الثاني ستسبقه علامات معيَّنة. ويكرِّر بولس هذه الفكرة في رسالته الثانية إلى أهل تسالونيكي.

نصائح أخيرة (1تسالونيكي 5: 12-28)

تكثر النصائح المقتضبة في نهاية الرسالة، وكأنَّ بولس يريد أن يعِظَهم اثنتَي عشرةَ عِظةً في آنٍ معًا. ويزدحم الأصحاح الخامس بعدد من الأُمور التي تبدو غير مُترابطة.

القادة والأعضاء

كانت مدينة تسالونيكي تحتَ حُكمِ حكومةٍ ديمقراطيَّة. وكانت النتيجة الإيجابيَّة لذلك أنَّ النساء تمتَّعن بمقدار وافر من الحريَّة، لم تتمتَّع بها النساء في المناطق اليونانيَّة الأُخرى. أمَّا الناحية السلبيَّة لذلك النظام فهي أنَّ أعضاء الكنيسة لم يُظهِروا الاحترام اللازم للقادة. ولذلك يطلب بولس من أهل

تسالونيكي أن يُبدوا الاحترام لقادتهم، لأنْ ليس بإمكان هؤلاء أن يمارسوا قيادتهم إن لم يُقابَلوا بالاحترام. فالكنيسة لا تسير بالديمقراطيّة، بل بالثِّيوقراطيّة، لأنَّها تحت حكم الروح القدس. ويظهر ذلك من خلال امتلاء القادة بالروح القدس وامتلاء الأفراد بالروح القدس أيضًا. فالقادة ليسوا دكتاتوريين، كما أنَّ الأعضاء ليسوا جزءًا من الديمقراطيّة الحاكمة.

يطلب بولس من الأعضاء أن **يتحلَّوا بخمس صفات**: الصبر، المسامحة، الفرح، الصلاة، الشكر. ويطلب منهم أن **يتجنَّبوا ثلاث صفات**: التكاسل، التردُّد، الضعف.

الثالوث

أنهى بولس رسالته ببعض التعليم عن كلِّ أُقنوم من الأقانيم الثلاثة:

الروح القدس: يطلب بولس أن لا يُطفئوا الروح القدس، وأن لا يحتقروا النبوّات، وأن يفحصوا كلّ شيء. وطلب منهم أن يتمسَّكوا بما هو حسن ويتجنَّبوا كلّ شرّ.

الله الآب: يصلِّي بولس كي يقدِّسهم الله وسط الحضارات المجاورة التي تعانده.

الربُّ يسوع: يصلِّي بولس أن يحفظَهُم الربُّ يسوع من دون لوم حتى يوم عودته. فالمجيء الثاني يجب أن يكون الدافع لكي نحيا حياة القداسة.

عنادهم (2 تسالونيكي 1)

إنَّ نبرة الرسالة الثانية التي كتبها بولس إلى أهل تسالونيكي بعد عدَّة أشهر بالكامل عن نبرة الرسالة الأُولى. فهو يبدو بعيدًا وباردًا وخائفًا ومُستاءً. وكأنَّه سمع أخبارًا محزنة عن الكنيسة، فشعر بالحاجة لأنْ يكتب إليهم مرَّة أُخرى ويعالج بعض الأُمور التي سبق أن عالجها في رسالته الأُولى.

يبدأ رسالته بتهنئتهم على أنَّ إيمانهم بقي قوِّيًا رغمَ الاضطهاد القاسي. فالكراهية التي كانت قد وُجِّهت إليه، كانت تُوجَّه إليهم الآن. فيقول لهم إنَّ تألُّمهم يجب أن يُعتبر جزءًا من عِيشتهم للإنجيل.

ويؤكِّد لهم أنَّه رُغمَ مُعاناتهمِ الظُّلمَ فربّ العدل سيقتصّ من الذين يزعجونهم. ويستخدم بولس ستّ كلمات يصف فيها ما الذي سيفعله الرب بالذين يضطهدون المؤمنين: الهلاك، العُزلة، الدينونة، المصائب، الانتقام، العذاب الأدبي.

إذًا، عندما نسمع عن مؤمنين يُضطهدون، لا بدَّ أن نقشعرَّ لمصير المـُضطهِدين. وعلينا أن نتذكّر أنَّه لا بدَّ لجميع الناس من أن يواجهوا مصيرًا واحدًا من مصيرين: فإمَّا أن يكونوا مع الربّ إلى الأبد، وإمَّا أن يكونوا في الجحيم إلى الأبد.

ثباتهم (2 تسالونيكي 2-3)

يهتم بولس بأمرَي القداسة والرجاء في الرسالة الثانية. وكان قد عالجهما في رسالته الأُولى، إلاَّ أنَّه يتطرَّق إلَيهما في هذه الرسالة بالترتيب المعاكس.

الرجاء

رُغمَ تعليم بولس بشأن عودة الربِّ يسوع، بقيت الكنيسة مرتبكة بشأن ذلك الأمر. لقد أصبح رجاؤهم أقوى، واعتقد بعضٌ منهم أنَّ عودة الربّ قد تمَّت بالفعل أو أصبحت وشيكة جدًّا، ولذلك لا جدوى من القيام بأي أمر ما عدا انتظاره. ونتيجة لذلك، ترك بعضٌ منهم أشغالهم.

يبدو كأنَّ سبب هذا التفكير المغلوط هو رسالة مزيَّفة تسلَّمتها الكنيسة تعلن أنَّ المجيء الثاني قد حدث بالفعل. وقد قرأنا في الرسالة الأُولى كيف أنَّ إبليس هاجم بولس رسول الربّ، وها هو يهاجم الرسالة نفسها الآن. وهو يعرف أنَّه من السهل زعزعة المؤمنين بالنسبة إلى موضوع المجيء الثاني، إمَّا من خلال الجهل وإمَّا من جهة التعصّب الديني.

يقدِّم بولس ردًّا غير اعتياديٍّ بالنسبة إلى تشويه رسالة الإنجيل. فيقول إنَّه لا يمكن أن يكون ملكوت السَّماوات قد إقترب لأنَّه لا بدَّ أن يحدث أمر كبير قبل مجيء الربِّ يسوع. إذ يكتب أنَّه يُستعلَن "إِنْسَانُ الْخَطِيَّةِ، ابْنُ الْهَلاَكِ، الْمُقَاوِمُ وَالْمُرْتَفِعُ عَلَى كُلِّ مَا يُدْعَى إِلهًا"، حتى إنَّه سيُظهر نفسه كإله. ويُدعى في مكان آخر "الوحش" أو "المسيح الكذَّاب". وبما أنَّ هذا الرجل لم يظهر بعد، ففكرة أنَّ مجيء المسيح قريب هي خطأ.

وتساعدنا وجهة نظر بولس في إدراك الفرق بين نظرة العهد الجديد إلى التاريخ ونظرة سائر الفلاسفة. فقدِ اعتقد الفلاسفة اليونان أنَّ التاريخ يتحرَّك على شكل دوائر. فتظهر إمبراطوريَّة وتختفي أُخرى دون الوصول إلى أيِّ مكان. وصورة أُخرى معاصرة لتلك الفلسفة هي أنَّ التاريخ يتقدَّم، أمَّا الدوائر فتستمر بالصعود والنزول. فيمرّ التاريخ بأوقات جيِّدة، ثمَّ بأوقات سيِّئة، ثمّ بحروب، يليها تضخّم مالي ومن ثَمَّ انكماش مالي. ونرى مجدَّدًا أنَّه لا يوجد أيُّ تقدّم إيجابي.

ازدهرت فكرة التطوّر التاريخي في بدايات القرن العشرين. وكان يُظنّ أنَّ الحياة تتقدَّم، وأنَّ المستقبل سيكون أفضل من الحاضر. ولكنْ يمكنني أن أقول في بداية القرن الحادي والعشرين إنَّ النظرة المعاكسة للتاريخ هي المزدهرة. فالكثيرون يشعرون بأنَّ الأُمور تسوء، والكلّ يركِّزون على البقاء على قيد الحياة وليس على التقدّم.

وتدَّعي النظريَّة التي يتشارك فيها اليهود والمسيحيون والشيوعيون عن التاريخ أنَّ الأُمور ستتدهور من سيِّئ إلى أسوأ حتى تصل إلى القاع، ومن ثَمَّ تتحسَّن فجأة وتبقى كذلك. ونجد هذه النظريَّة التي يتمسَّك بها الأنبياء اليهود في سفر دانيال خاصَّة.

ولكنْ، تختلف النظريات اليهوديَّة والمسيحيَّة والشيوعيَّة بالنسبة إلى التاريخ **مِن** ناحية **مَن سيُحدِث** هذا التحسُّن. فالشيوعيون يؤمنون بأنَّ الإنسان هو الذي سيقوم بذلك، إلاَّ أنَّ تحقيق هذا الأمر يُستبعد يومًا فيومًا. ويقول اليهود إنَّ الربّ سيقوم بذلك. أمَّا المؤمنون فيقولون إنَّ الربَّ يسوع سيُحدث هذا التغيير عند مجيئه الثاني. ولذلك، يمكننا أن نجد نظرية المؤمنين أو العهد الجديد من ناحية التاريخ مفصَّلة في سفر الرؤيا الذي يدعم ما قاله بولس في رسالتيه إلى أهل تسالونيكي.

يقول بولس إنَّه وإن كانت عودة الربّ لا تبدو قريبة، فإنَّ تأثير "إنسان الخطيَّة" موجود في العالم، غير أنَّه مقيَّد. ويومًا ما سيفكّ الربّ هذا القيد، لكن فترةً قصيرة، كما قال الربُّ يسوع (يمكننا أن نستنتج من سفر الرؤيا أنَّ المدَّة الزمنيَّة هي ثلاث سنين ونصف السنة)، ومن ثَمَّ يعود الربُّ يسوع. وكان على أهل تسالونيكي أن ينتظروا بصبر وينشغلوا بأعمالهم.

القداسة

يبدو تعليم بولس عن العمل صارمًا جدًّا، إذ قال: "إِنْ كَانَ أَحَدٌ لاَ يُرِيدُ أَنْ يَشْتَغِلَ فَلاَ يَأْكُلْ أَيْضًا." وبالنسبة إليه، يجب على المؤمنين ألَّا يُطعموا أيّ مؤمن تخلَّى عن عمله بسبب كسله. لا يعالج بولس هنا موضوع البطالة التي تَجب محاربتها لِكونها شرًّا اجتماعيًّا، ولا يتكلَّم هنا عن الذين **لا يستطيعون** العمل، بل عن الذي **لا يريدون** أن يعملوا.

يريد الربّ أن يجدنا نقوم بأعمالنا بأمانة عندما يعود وأن نعمل عمله. وتؤكِّد ذلك كلُّ الأمثال التي قدَّمها الربُّ يسوع عن المجيء الثاني. فقد حكى مثلاً عن السيِّد الذي تأنَّى في مجيئه. ويفحص التأخير مدى تكريس خدَّام الربّ يسوع. فالربّ لا يهمّه **أيّ نوع من** الأعمال تمارس، بل تهمُّه **جودة** العمل الذي تقوم به. فهو يفضِّل سائق تاكسي صاحب ضمير على مُرسَل فوضويّ، لأن ما يهمّه هو الشخصيَّة وليس الإنجازات. أمَّا نحن، فلدينا تسلسل هرمي نرتِّب بموجبه الأشغال فنضع المرسلين والمبشِّرين والقُسُس في القمَّة، ثمَّ يليهم الأطبَّاء والممرضات، ومن ثَمَّ معلِّمو المدارس، وهكذا دواليك. لكن هذا الترتيب لا يمت إلى الحقيقة بصِلة. فبالنسبة إلى الكتاب المقدَّس توضع الأعمال اليدويَّة في أعلى الهرم. وقد كان المسيح نجَّارًا، وبولس كان صانع خيام، ويوحنا وبطرس كانا صيَّادَي سمك. وكان عمل هؤلاء جزءًا من العمل الذي يقومون به للرب.

يخطىء الذين ظلُّوا في مناصب أعمالهم مدَّة أربعين سنة مثلاً، بأن يتمنّوا لو استطاعوا أن يتفرّغوا لخدمة الربّ بدل ذلك. لكن عندما يعود الربُّ يسوع فهو سيحكم العالم معنا وسيفتِّش عن أشخاص بمقدورهم أن يديروا قاعات المحاكم والبنوك وما عدا ذلك من أشغال. ويوبِّخ بولس المؤمنين في كورنثوس لأنَّهم يتحاكمون إلى غير المؤمنين قائلاً لهم إنَّهم سوف يحكمون العالم يومًا ما. فعلى المؤمنين أن يعيشوا ويعملوا الآن بطريقة تساعدهم على تجهيز أنفسهم للعمل عندما يعود الربُّ يسوع ثانية.

الصلاة

تحتلّ الصلاة مكانة مميَّزة في كِلتا الرسالتين إلى أهل تسالونيكي. فيخبرهم بولس أنَّه يصلِّي لأجلهم ويطلب منهم أن يصلّوا لأجله. ويقول لهم إنَّ صلاته تساعدهم تمامًا كوعظِه لهم إن لم نقُل أكثر. وقد سارع إلى شُكر الربّ من أجلهم، وطلب منه أن يكمِّلهم في النعمة والصلاح، ويحفظهم من إبليس ويقودهم بالمحبَّة والولاء.

كذلك يُظهر بولس تقديرًا لصلواتهم لأجله. فرُغمَ كونه المرسل الأعظم والرسول الثالث عشر، إلاَّ أنَّه عرف أنَّه كان بحاجة إلى صلواتهم. وطلب منهم أن يصلّوا لأجل انتشار الإنجيل بقوَّة، لأنَّه أدرك أنَّ كلّ لحظة ثمينة. وطلب منهم أيضًا أن يصلّوا لأجل حمايته، لأنَّه أدرك أنَّ كونه رسول الإنجيل يعني أنَّه يخوض معركة على أرض العدو.

الخاتمة

تذكِّرنا رسالتا بولس إلى أهل تسالونيكي بناحيتين مهمَّتين في الحياة المسيحيَّة:

1. **السلوك:** تبدأ رحلتنا مع المسيح لحظةَ إقبالِنا إليه. وعلينا التأكُّد من استمرارنا في السير معه بكلِّ قداسة. فالخلاص هو عمليَّة مستمرَّة، إذ نخلص من الجحيم لكي نربح السماء. ويجب أنَّ السعيِ نحو القداسة يحتلُّ حيِّزًا أساسيًّا في حياتنا.
2. **الانتظار:** يشير بولس عند نهاية كلّ أصحاح من الرسالتين إلى مجيء المسيح ثانيةً. وحريٌّ بنا أن نعيد إحياء هذه الفكرة الرئيسة في كرازتنا وعبادتنا. فكما أنَّ الربَّ يسوع سيعود إلى هذا العالم، كذلك نحن سنعود أيضًا. وهو يفتِّش عن أُناس يحكمون معه.

بالنسبة إلى بولس، العيش في ضوء المجيء الثاني هو جزءٌ أساسيٌّ من التلمذة في الحياة المسيحيَّة، وتشدِّد هاتان الرسالتان على مخاطر التفكير المغلوط فيه من ناحية هذا الأمر المهمّ.

رسالتا كورنثوس الأُولى والثانية

المقدمَّة

يُخيَّل إلى الكثير من المؤمنين أنَّ الحياة المسيحيَّة تصبح أسهل لو كان بإمكاننا استعادة ظروف الحقبة الزمنيَّة السابقة. فيفتكر بعضهم في النهضة التي حصلت في بلاد الولش في العام 1904، ويرجع آخرون في تفكيرهم إلى النهضة الميثوديَّة في القرن الثامن عشر. حتى إنَّ آخرين أيضًا يفضِّلون حقبة البيورتانيين. أمَّا أفضل الاختيارات فممكن أن يكون زمن العهد الجديد. ويُظن أنَّه إذا عدنا إلى تلك الأوقات، فسيصبح كل شيء جيِّدًا. لكنْ ينسى الناس أنَّ كنيسة العهد الجديد واجهت مشاكل أيضًا. إذ نشأت ضغوطٌ خارجيَّة من اليهود والأُمم الذين تعاملوا مع رسالة الإنجيل بعدائيَّة، كما حدث صراع داخل الكنيسة أيضًا.

نجد فور قراءتنا لرسالتَي بولس إلى أهل كورنثوس كنيسة تملؤها المشاكل التي شكَّلت تهديدًا لحياتها وللخدمة الموجودة فيها. ولم تعانِ أيَّة كنيسة من الكنائس التي أسَّسها بولس مشاكِل أكثر من كنيسة كورنثوس. لكن نشكر الربّ لأنَّ هاتين الرسالتين الرائعتين كانتا نتيجة تلك المشاكل. فهما تحتويان على وصف للمحبَّة لا مثيل له في 1كورنثوس 13، كما نقرأ فيهما أوَّلَ ذِكرٍ لظهورات الرب في العهد الجديد.

وكانت المشاكل في تلك الكنيسة جديّة جدًّا. فهي كانت منقسمة، حيث تتبعُ فئات مختلفة قادةً مختلفين. وكان الفساد الأخلاقي قد وصل إلى أسوإ الحالات. فمثلاً، كان أحدهم مساكنًا أُمَّه (أو من الممكن أن تكون زوجة أبيه). فحتى الوثنيّون كانوا يدينون تلك الممارسات. وكان آخرون يسكرون عند ممارسة فريضة عشاء الرب. أمَّا آخرون فكانوا يمارسون نظرية المساواة بين الجنسين بأُسلوب عدائي. أضف أنَّهم أساؤوا فهم العقائد المسيحيَّة. وكان من السهل شطب كنيسة كتلك، إلاَّ أنَّ بولس لم يفعل ذلك، بل كتب إليهم وقام بزيارتهم على أمل أن ينتبهوا إلى أخطائهم ويعودوا إلى الطريق المستقيم.

المدينة

يساعدنا فحص موقع الكنيسة على فهم سبب تلك الصعوبات التي واجهتها.

كانت كنيسة كورنثوس تقع على مضيق صغير حيث كانت اليونان تتصل بشبه الجزيرة في الجانب الجنوبي. وكان المضيق قد أصبح مقصودًا من قِبَل التجَّار الذين تجنَّبوا الطرق الجنوبيَّة الخطرة بين

الساحل الجنوبي لأخائيَّة وكريت. وكانت تُنزل على ذلك المضيق البضائع المحمَّلة في سفن كبيرة، ثم تُحمَّل في سفن أصغر لإكمال سفرها. وكانت السفن الصغيرة تُجرّ على أُسطوانات للإبحار بالبضائع إلى مقصدها الأخير.

وكانت مدينة كورنثوس تبعد مسافة ميلين من البحر، وكان لديها المرفأ الخاص بها والذي كان يُدعى "Lechaeum". وكان يحيط بالمدينة سور مزدوج يصل إلى المرفإ. وارتفع جبل Acrocorinthus بعُلُوِّ ألفي قدم خارج المدينة مباشرة، حيث كانت مدينة أثينا تظهر على بعد أربعين ميلاً. وكانت أثينا هي المدينة الجامعيَّة، حيث عاش الفلاسفة وأُقيمت مهرجانات الفن. وكانت كورنثوس مرفأً صاخبًا، فتَنامَت روح المنافسة بين المدينتين.

المدينة الأُولى

اكتشف علماء الآثار جزءًا كبيرًا من مدينة كورنثوس، خاصَّةً بعد الزلزال الذي ضربها في العام 1858 والذي سبَّب ظهور بعض من تلك الآثار. فوجدوا معبدًا يهوديًّا، وكرسيَّ القضاء حيث تمَّت محاكمة بولس. وتتوافق كلّ البراهين مع الحقائق المذكورة في إنجيل لوقا وسفر أعمال الرسل. وقد شُقَّت خلال العصور الحديثة قناة وسط المضيق دُعيت القناة الكورنثيّة، حتى تتمكَّن أيَّة سفينة ركَّاب أن تمرّ من هناك. وكان نيرون قد حاول أن يشق قناة في زمن بولس، لكنَّه فشل.

دمَّر الرومان المدينة الأُولى في العام 164 ق م، وأعاد يوليوس قيصر بناءها في العام 44 ق م، وغدت مأهولة كمستعمرة رومانيَّة. وأصبحت إبتداءً من العام 25 ق م عاصمة محافظة أخائية. وسكنتها شعوب متعدِّدة، بينها اليهود الذين بَنَوا مجمعهم، واليونان الذين أثَّروا بالهندسة والفلسفة. وكانت المدينة قد تأسَّست بناء على القانون الروماني، وكان أكثرية الشعب يمارسون الديانة الرومانية. ولم تكن هناك طبقة أرستُقرطيَّة بين الشعب، بل تميَّزت الطبقات الاجتماعيَّة بسبب الغنى نتيجة التجارة في السوق والمرفأ. وسرعان ما عاد الفساد الأخلاقي الذي تميَّزت به المدينة السابقة، بالإضافة إلى التعجرف الذي ينجم عن الغنى وعن الكبرياء الفكريَّة.

المدينة الثانية

كانت المدينة التي زارها بولس غنيَّة جدًّا، لكن وثنية بإمتياز. فالسكَّان كانوا يعبدون آلهة اليونان والرومان ومن بينهم پوسيدون إله البحر وأفروديت إلاهة الحبّ. وكان في هيكل أفروديت العظيم ألفا كاهنة كنَّ في الواقع زانيات، إذ إنَّ العبادة كانت تتضمن مُواقَعتهُنَّ. وأصبحت العبارة "يتكرنَثُ المرءُ" في اللغة اليونانية مرادفة للعبارة "يقيم علاقاتٍ مع شريكات مختلفات".

إذًا، تشرح هذه الخلفيَّة التاريخيَّة عن المدينة حاجة بولس في رسالته إلى أهل كورنثوس إلى التركيز على موضوع العلاقات بين الجنسين.

الكنيسة

الناحية الاجتماعيَّة

تألَّف سكَّان المدينة من العبيد المحرَّرين أو الذين اشترَوا حرِّيتهم بطريقة أو بأُخرى. ولذلك ذكر بولس في رسالته الأُولى أنَّ أغلبية أعضاء تلك الكنيسة لم يكونوا من سُلالاتٍ نبيلة. فكانوا أناسًا عاديِّين جدًّا، إلاَّ أنَّهم كانوا أثرياء نوعًا ما لأنَّهم عملوا باجتهاد لكي يتسلّقوا السُلَّمَ الاجتماعيَّة. ويشرح هذا الأمر ميولهم إلى تفضيل قائد على آخر؛ فالذين يشقَون في الحياة ليصبحوا أغنياء معتادون أن يكون لهم رأيٌ في الاختيار، وهم يريدون أن تقوم آراؤهم بالنسبة إلى الأُمور الإداريَّة في الكنيسة.

الناحية الأخلاقيَّة

يسرد بولس في 1كورنثوس 6: 9-10 أنواع الخطايا التي كانت جزءًا من حياة المؤمنين السابقة في كورنثوس. إذ وُجِدَ: "زُنَاةٌ ... عَبَدَةُ أَوْثَانٍ ... فَاسِقُونَ ... مَأْبُونُونَ ... مُضَاجِعُو ذُكُورٍ،...سَارِقُونَ ... طَمَّاعُونَ ... سِكِّيرُونَ ... شَتَّامُونَ... خَاطِفُونَ ...". فكان واضحًا أنَّ تلك التصرّفات كانت جزءًا بارزًا من حياة سكَّان كورنثوس. وكانت تلك الممارسات ما تزال جزءًا من حياة بعض الأعضاء في الكنيسة هناك.

الناحية الروحيَّة

كانت عبادة الأوثان جزءًا من حضارة أهل كورنثوس. لكنْ في الوقت نفسه أظهرت الكنيسة ثمر عمل الروح القدس فيها. وكان أعضاؤها قدِ اعتمدوا بالروح القدس وأظهروا مواهب الروح القدس في عبادتهم.

التأثيرات الحضاريَّة

إنَّ الصراعين الأكبرين اللذين يمكن أن يواجها أيَّة كنيسة هما الحفاظ على الكنيسة وسط العالم (أي الكرازة)، والإبقاء على العالم خارج الكنيسة (أي القداسة). ويمكن لأيَّة مشاكل راعوية أن توضع ضِمنَ واحدة من هاتين الخانتين، وقد انطبق هذا الأمر على كنيسة كورنثوس. وقد أثَّرت في المؤمنين بعضُ الأُمور التي تواجدت في خلفيَّة المدينة.

الأخلاق الوثنية

كانت كورنثوس مرفأً مناسبًا أتاح الإنفلات الجنسي. فكان كل شيء مقبولاً فيها؛ ومن الواضح أنَّ الكنيسة لم تكن محصَّنة ضدّ تأثيرات المرفإ في هذا الإطار.

القانون الروماني

مع أنَّ كورنثوس كانت تقع في اليونان، فإنَّ التأثير الروماني كان واضحًا فيها. وفي الواقع، أنَّ المدينة تمتَّعت بالقانون والنظام الرومانيَّين. ولم يكن هذا الأمر بحدِّ ذاته سيِّئًا، فبولس استخدم خلال

خدمته الامتيازات التي كان يتمتّع بها أي مواطن روماني. ولكنَّ الكنيسة تمادت بالأمر جدًّا. وكانوا يحتكمون إلى المحاكم بدل أن يحلُّوا المشاكل التي بينهم بمحبَّة. ولذلك شعر بولس بضرورة تناول هذا الأمر في رسالته.

الفلسفة اليونانيَّة

احتلَّت الفلسفة اليونانيَّة مكانة في خلفيَّة التفكير عند الشعب في كورنثوس، وهذا يفسِّر أمر العديد من مشاكلهم. تمامًا كما انَّ الحضارة الغربية متأثِّرة بأُسلوب التفكير اليوناني، وهذا يفسِّر حياة الكنيسة وممارساتها اليوم. ومن المفيد هنا مناقشة تلك التأثيرات ببعض التفصيل.

يعود أصل كلمة "الديمقراطيَّة" مثلاً إلى اللغة اليونانيَّة، وهي كانت فكرة سياسية يونانية. ويظنّ بعض المؤمنين أنَّه يجب ممارستها في الكنيسة مع أنَّه لا وجود لها في الكتاب المقدَّس. مثل آخر هو الرياضة التي احتلَّت مكانة مهمَّة عند اليونانيين، إلاَّ أنَّه ما خلا بعض الأمثلة التي استخدمها بولس في رسائله، لا ذكر لها في الكتاب المقدَّس. لكن، تحتلّ الرياضة مكان الدين بالنسبة إلى الكثيرين من رجال الغرب، وغالبًا ما تسيطر على حياة المؤمنين.

الجسد والروح

أمَّا أسوأ ناحية من التفكير اليوناني فهي اعتقادهم بانفصال العالم الماديِّ عن العالم الروحي. فبالنسبة إليهم، الجسد والروح منفصلان أحدُهما عن الآخر، ويغلب أحيانًا هذا الفكر عند بعض المؤمنين أيضًا. إذ تأتي إشارة 'SOS' التي هي اختصار لعبارة 'save our souls' أي "أنقِذوا أرواحنا" من طريقة التفكير العبريَّة. وهي تعني بالفعل 'save our bodies' "أنقِذوا أجسادنا". فالمقصود هو الجسد رُغمَ استخدام كلمة الروح.

وكان اليونان يؤمنون بأنَّ الجسد والروح ليسا متَّحدين. فعندما يتحلَّل الجسد عند الموت تنطلق الروح فتصبح حرَّة طليقة. وكانوا يؤمنون بأنَّ الروح الخالدة تسكن في الجسد الفاني، وأنَّ المهم هو ما يحصل للروح.

إذًا، كان أُسلوب التفكير العبري في هذا الإطار مناقضًا لأُسلوب التفكير اليوناني. فنجد من الناحية العبرية أنَّ الروح خالدة ونحن بحاجة إلى جسد غير فانٍ إذ يشكِّل عنصرًا مهمًّا. إذًا، على المؤمن أن يتبنّى الفكر العبراني كما هو مذكور في العهد القديم أنَّ الأجساد ستقوم، ويرفض الفكر اليوناني الذي يؤمن بخلود الروح فقط.

ويشرح الاختلاف في المعتقدات سبب صراع أهل كورنثوس لفهم ما هو التصرّف اللائق للمؤمن. فقد كان اليونان يتعاملون مع أجسادهم بطريقة من الطرق الثلاث التالية: فكانوا ينغمسون بالملذَّات لأنَّ الروح لا تتأثَّر بما يُعمل بالجسد، أو كانوا يتجاهلون الجسد بالكامل فيعيشون حياة التقشّف بعيدًا

عن الملذّات الجسدية، أو كانوا يؤلِّهون أجسادهم فينحتون تماثيل للجسد الكامل. ولهذا السبب كانوا يُمارسون الرياضة وهم عراة.

لذلك كان على بولس أن يذكِّر أهل كورنثوس أنَّ أجسادهم هي هيكل للروح القدس. وما نفعله بأجسادنا يؤثِّر **بالفعل** في أرواحنا. ويخبرهم قائلاً إنَّ السُّكر عند مُمارسة عشاء الربّ يؤثِّر في أرواحهم، وإن واقَعوا زانيةً فهم في الواقع يتشاركونَ فيها مع المسيح لأنَّ أجسادهم في الواقع تخصُّ المسيح.

ويؤثِّر الموقف المغلوط من الأجساد سلبًا فيسبِّب مشاكل اليوم، إذ إنَّ العديد من الإنجيليين يتبنَّون أُسلوب التفكير اليوناني. ويرفض الكثيرون استخدام أجسادهم خلال العبادة، لأنَّهم يعتبرون أنَّ العبادة أمر داخليّ. فمثلاً، يُعتبر رفع الأيادي خلال التسبيح غير لائق، مع أنَّ الكتاب المقدَّس أثنى على ممارسته. أمَّا العضو الوحيد المسموح بأن نستخدمه خلال التسبيح فهو الفم، مع أنَّ بولس طلب منَّا في رسالة رومية أن نقدِّم أجسادنا (كلّها) ذبيحة حيَّة.

المراسلة

كتب بولس في الواقع أربع رسائل إلى كنيسة كورنثوس، وإن كان لدينا اثنتان فقط منها. لكن رسالته الأُولى في الواقع هي رسالته الثانية، ورسالته الثانية هي رسالته الرابعة. ويرجَّح إمَّا أن تكون الرسالتان الثانيتان قد فُقِدتا، أو أنَّهما ضُمَّتا إلى الرسالة الثانية، كما يعتقد بعض المفسِّرين. وكانت الرسالة الأُولى سريعة جدًّا، وقد ندم بولس لاحقًا على كتابتها. أمَّا الرسالة الثانية فأتت ناريَّة كما اعترف هو شخصيًّا.

وتساعدنا متابعة الخطوط العريضة لسَفَرِ بولس، كما وردت في سفر الأعمال ورسالتي كورنثوس، على فهم كيفيَّة كتابة تلك الرسائل.

وصل بولس إلى كورنثوس وحيدًا في بداية الأمر، بعد أن كان قد واجه معارضة في تسالونيكي وبيريَّة وأثينا. ورجع إلى ممارسة مهنته السابقة في صناعة الخيام، فعمل مدَّةً مع زوجين يهوديَّين هما أكيلا وبريسكِلَّا. وكانا قد طُردا من روما مع يهود آخرين خلال حكم كُلوديوس. وكان يكرز في المجمع، وساعده لاحقًا تيموثاوس وسيلا اللذان جلبا معهما كمية من المال من فيلبِّي، ساعدته ليكرِّس وقتًا أطول للكرازة. لكنْ طُرِد في النهاية من المجمع، فنقل مكان خدمته إلى بيت يُوستُس. وأكَّد له الربّ في حُلم أنَّ كثيرين سوف يأتون إلى الإيمان في هذه المدينة، فتشجَّع لإكمال العمل. وكان من بين الذين آمنوا بواسطته كِريسبُس رئيس المجمع وعائلته. وحين غادَرَ بولس المدينة بعد ثمانية أشهر، كانت قد تأسَّست كنيسة هناك.

وذهب بولس من كورنثوس إلى أفسس، ومن ثَمَّ إلى أُورشليم، وأخيرًا إلى مسقط رأسه أنطاكية. وعند رجوعه إلى أفسس، استاءَ عندما سمع بسِفاح القُربى الحادث بين أعضاء العائلة الواحدة في كنيسة كورنثوس. فأرسل إليهم رسالته الأُولى على عجل طالبًا منهم أن يُصحِّحوا الأُمور. لكن على الأرجح قدَّم له استفاناس وفرتوناتوس وأخائيكوس القادمون من منزل خُلُوي تقريرًا شفويًا عن الرسالة. وقالوا له إنَّ ردة الفعل كانت سلبية تجاه الرسالة. ويعتقد بعضٌ أنَّ هذه الرسالة هي 2كورنثوس 6-7، لأنَّ هذين

الأصحاحين يُظهِران أُسلوبًا مشابهًا لأُسلوب بولس. وكان أفراد عائلة خُلُوي قد جلبوا رسالة تتضمَّن عددًا من الأسئلة حول المواهب الروحيَّة والزواج والطلاق، مع العلم أنَّها لم تحتوِ على الأُمور التي كانت مهمَّة في نظر بولس. فعند قراءتنا لرسالة كورنثوس الأُولى، علينا أن نقرِّر ما إذا كان الجزء الذي نحن بصدد قراءته إجابةً للتقرير الشفهي الذي قدَّمته عائلة خُلُوي، أو إجابة عن الأسئلة التي تضمَّنتها رسالة الكنيسة إلى بولس.

وأرسل بولس الرسالة إلى أهل كورنثوس مع تيموثاوس، آملاً أن ينطلق هو إلى مقدونية بعد أن يقضي فترة مع أهل أفسس لأنَّ خدمته معهم كانت مثمرة. ومن ثَمَّ كان سينطلق جنوبًا إلى كورنثوس ليقضي فصل الشتاء هناك. لكنَّه غيَّر خطَّته حين استلم تقريرًا من تيموثاوس يقول له فيه إنَّه رُغمَ رسالته كان سلوك أهل كورنثوس أسوأ. فتوجَّه بولس مباشرة إلى كورنثوس.

ولكنَّ زيارة بولس الثانية كانت كارثيَّة، وقرَّر العودة سريعًا. وقد وصف تلك الزيارة بالمواجهة المؤلمة. فالذين كانوا قد عيَّنوا أنفسهم قادة في الكنيسة، حتَّى إنَّهم أطلقوا على أنفسهم اللقب "رسل"، لم يريدوا بولس في كورنثوس، لا بل أهانوه.

فأرسل رسالة ثالثة قاسية تملأُها الدموع، وطلب من الكنيسة أن تعالج أمر مسبِّب البلبلة فيها. ويُظنُّ أن تلك الرسالة فُقِدَت، لكن يمكن أن تكون 2كورنثوس 10-13، لأنَّ نبرة هذا الجزء من الرسالة يناسب الأوضاع التي ذُكِرت.

وكان تيطس يجمع التبرعات من الكنائس المؤسَّسة في مقدونية وأخائية، فأرسل بولس الرسالة بِيَده، وكلَّفه حلّ النزاعات، ويبدو أنَّه تمكَّن من أن يدعم بولس شفويًا بطلبه منهم أن يكونوا حازمين.

وكان بولس في تلك الأثناء يواجه وقتًا صعبًا في أفسس، ربَّما بسبب الشَّغب المذكور في سفر الأعمال 19. فسافر إلى ترواس على أمل أن يسمع من تيطس الأخبار السارَّة عن كورنثوس، لكنْ خاب أمله عندما لم يجده هناك. ثمَّ وجده أخيرًا في مقدونية وفرح إذ علم أنَّ الأزمَّة قدِ انتهت، وأرسل معه رسالة رابعة، هي رسالة كورنثوس الثانية. وكانت زيارته الثالثة والأخيرة إلى كورنثوس مُفرِحة.

الفرق بين الرسالتين واضح، كما يمكننا أن نرى في اللائحة التالية:

رسالة كورنثوس الأُولى	رسالة كورنثوس الثانية
أُمور عمليَّة	تلميحات شخصيَّة
ما اعتقد هو	**ما اعتقدوا هم**
أعضاء الكنيسة	خدَّام الكنيسة

رسالة كورنثوس الأُولى - "الحشوة"

تتكوَّن هذه الرسالة على شكل سندويش يحتوي على الكثير من "الحشوة". وقطعتا "الخبز" هما المشاكل التي كانت تواجه الكنيسة بالنسبة إلى الصليب والقيامة. أمَّا "الحشوة" فهي المشاكل التي سبَّبها تصرُّفهم.

دعونا نُلقِ نظرة على "الحشوة". عالج بولس أوَّلاً التقرير الذي استلمه من عائلة خُلُوي والذي ذكر الأُمور الخاطئة التي كانت تحصل هناك؛ وعالج ثانيًا الأسئلة التي ذُكِرت في الرسالة المرسلة مع عائلة خُلُوي. فيتألَّف الجزء الكبير من رسالته الأُولى إلى أهل كورنثوس من مزيج من الاثنين. وهذه كانت المشاكل التي زعزعت الكنيسة هناك:

1. **الانقسام**: ظهرت بعض المجموعات المؤيِّدة لبعض القادة الأفراد. وكان بعض هؤلاء من أتباع بولس، وآخرون من أتباع بطرس، وآخرون من أتباع أبلّوس، تمامًا كما يفعل بعض المؤمنين اليوم إذ يُظهِرون ولاءهم لقادة الكنائس في الماضي أو الحاضر.
2. **الفساد الأخلاقي**: انتشر سِفاح القُربى والزِّنى في الكنيسة، ولم تُتخذ أيُّ إجراءات تأديبيَّة بحقِّ مرتكبيها.
3. **التقاضي**: كان المؤمنون يُقاضون بعضهم بعضًا في المحاكم، بدل أن يحلُّوا الأُمور في ما بينهم.
4. **عبادة الأوثان**: كان بعض المؤمنين في كورنثوس يخلطون عبادة الربّ ببعض الممارسات الوثنيَّة.
5. **الرجال والنساء**: أدَّت المعتقدات "الداعمة للمرأة" ببعض الناس إلى إبطال الفروقات الجنسيَّة.
6. **الطعام المقدَّم للأوثان**: كانوا يتساءلون هل من المناسب شراء اللحم المعروض في الأسواق بعدَ أن كان قد قُدِّم للأصنام.
7. **عشاء الربّ**: كان يُحتفل بعشاء الربّ في ذلك الزمن خلال وجبة طعام كاملة، وكان المؤمنون يشترِكون في الخبز والخمر كجزء منها. لكن كانت تُساء ممارسة فريضة عشاء الرب في كورنثوس، فكان بعضهم يتناول الطعام بشراهة، وكان آخرون يسكرون بالخمر. فأصبحت وليمة المحبَّة التي يجب أن يتذكَّروا الربَّ يسوع في أثنائها مهزلة كبيرة.
8. **المواهب الروحيَّة**: أصبحت الاجتماعات فوضويَّة بسبب سُوءِ ممارسة المواهب الروحيَّة. فقال لهم بولس إنَّه إذا دخل غير المؤمنين إلى الاجتماع وسمعوا الناس يتكلَّمون بلغة مجهولة، فسيستنتجون أن أعضاء الكنيسة مجانين.

لا بدَّ من التفرقة بين المشاكل التي ذُكرت في رسالة أهل كورنثوس إلى بولس، وبين تلك التي سمع عنها بولس عند دراسة المشاكل التي كانت موجودة في الكنيسة. ويتَّضح لنا الفرق حين يقول بولس: "وأمَّا مِن جهةِ...". لكن أحيانًا لا يبدو واضحًا ما إذا كان بولس يستشهد بما قالوه في رسالتهم له أو يتكلَّم من تلقاء نفسه. فمثلاً، نقرأ في 1كورنثوس 7:1 أنَّه يقول إنَّه حسن للرجل ألَّا يتزوَّج، فهل يقول

بولس ذلك من تلقاء نفسه أم يستشهد بما فهموه عن تلك المسألة؟ ثمَّ يقول في 1كورنثوس 14: 34 إنَّه على النساء أن يصمُتنَ، فهل هذه وجهة نظره أم وجهة نظرهم؟ لهذا السبب من الضروري دراسة سياق النص، وليس فقط الجزء البسيط الذي نريد فهمه.

كانت بعض الأسئلة واضحة. فقد سألوا عن تناول اللحوم التي ذُبِحت للأوثان، لأنَّ معظم اللحوم التي كانت تُباع في الأسواق كانت قد ذُبِحت في احتفالات دينيَّة وثنيَّة. وكان المسلخ مكانًا دينيًّا، فكانت اللحوم تُقدَّم للأوثان قبل أن تُعرَض للبيع في الأسواق. ولذلك، اضطرب ضمير المؤمنين من ناحية هذا الأمر. وسألوه أيضًا عن الزواج والطلاق والمواهب الروحيَّة. فشكر بولس الربّ لأنَّهم كانوا كنيسة نشيطة، لكنَّه قال لهم إنَّهم في الوقت نفسه كنيسة جسديَّة. وكانوا جميعهم يمتلكون المواهب الروحيَّة، إلاَّ أنَّهم لم يعرفوا كيف يستخدمونها حسَنًا.

لا يخلو تطبيق رسالتَي كورنثوس اليوم من المشاكل. فيحاول بعض المؤمنين تطبيقهما حرفيًّا وقانونيًّا، كما يطبِّقون أجزاءً أُخرى من الكتاب المقدَّس. فمن المدهش مثلاً عدد المؤمنين الذي يظنّون أنَّ الربَّ يسوع يريد منَّا فعلاً أن نقوم باحتفال غسل الأرجل لأنَّه هو غسل أرجل تلاميذه مرَّة. فهذا مثال واضح على تطبيق الكتاب المقدَّس بصورة حرفيَّة. إنَّما الربُّ يسوع غسل أرجل تلاميذه لأنَّها كانت متَّسخة. فالأمر بهذه البساطة! فالمشي على أرض ترابيَّة بأحذية مفتوحة لا بدَّ أن يجعل الأرجل متَّسخة وساخنة ورطبة، تنبعث منها رائحة كريهة.

غطاء الرأس في الكنيسة.

دعونا نأخذ مثلاً الأمرَ الوارد في 1كورنثوس 11: 2-15. فهل يجب على النساء أن يُغطِّينَ رؤوسهنّ في الكنيسة؟ يصرّ العديد من المؤمنين على ذلك استنادًا إلى التعليم الوارد في هذه الآيات. ولكنْ لا ذكر للمنديل في النص كلِّه. أمَّا بولس فيقول إنَّ على النساء أن يُغطِّين رؤوسهنّ. وقد ذُكِرت هذه العبارة مرَّة واحدة في النص إشارة إلى أنَّهن أُعطِين شعرًا طويلاً كغطاء. إذًا، لا ترد أيَّة جملة في كامل النص تقول إنَّ على النساء أن يضعن منديلاً أو قبعة، أو ما شابه ذلك، على رؤوسهنَّ!

فالنص في الواقع يدور حول أنَّه يجب أن يكون شعر الرجال أقصر من شعر النساء. بكلامٍ آخر أبسط، المبدأ هو أنَّه يجب على الشخص الجالس بجانبك أن يميِّز بسهولة ما إذا كان جالسًا بالقرب من امرأة أو رجل. والمبدأ الأعمق هو أنَّ الرجال والنساء مختلفون، وأنَّ الرسالة الحقيقيَّة ليست عن المناديل أو القبَّعات. إذًا، عندما ننظر إلى رجل، علينا أن نفكِّر في رأسه. وعندما ننظر إلى إمرأة، علينا أن نفكِّر في شعرها. وهذا الأمر يفسِّر الفرق بين الرجل والمرأة، ويذكِّرنا أنَّ الله هو رأس المسيح، والمسيح هو رأس الرجل، والرجل هو رأس المرأة. إذًا، خلاصة القول أنَّ على الرجال أن يُبقوا شعور رؤوسهم قصيرة كي تبقى رؤوسُهم مرئية، أمَّا النساء فعليهنّ إبقاءُ شعور رؤوسهنّ طويلة كي تغطِّي رؤوسهنّ.

والمبدأ وراء هذا النقاش هو أنَّنا ما نزال في المسيح منقسمين إلى رجال ونساء، ولم يتِمَّ تعطيلُ مِيزتَيِ الذُّكورة والأُنوثة لَدَينا. فنحن ما نزال كما خلقَنا الربّ، وعلينا أن نقوم بأدوارنا كرجال وكنساء (وليس كأشخاص من دون هوية) عندما نعبد الربّ، مستعدِّين أن نقبل كيف خُلقنا. ولذلك، فإنَّ التشبُّه بالجنس الآخر مُدان في الكتاب المقدَّس، لأنَّه عندما يريد رجلٌ أن يتمثَّل بامرأة، أو امرأةٌ أن تتمثَّل برجل، يُعَدُّ ذلك تمرُّدًا على خطة الرب له. وعندما نعبد الربّ خالقنا، فعلينا أن نتقدَّم أمامه كمخلوقاته، ونحافظ على هذا الفرق الواضح.

تقدِّم الحضارة الغربيَّة الفكر المناقض لذلك. فهي تشدِّد على إزالة العديد من الفوارق بين الرجال والنساء، ويتسلَّل هذا التعليم إلى الكنيسة. لكنْ يختلف الرجال والنساء بعضُهم عن بعض. فنحن نكمِّل أحدنا الآخر، ولنا القيمة والكرامة والمركز ذاتُها في نظر الرب، لكنْ لدينا في نظَرِه أدوارًا ومسؤولياتٍ ووظائفَ مختلفةً.

يوجد أُسلوبان لتطبيق هذا التعليم من 1كورنثوس 11: 2-15، وكلاهما خطأ:

1. **تطبيق النصّ على الجسد، وليس على الروح**: كأن تغطي المرأة رأسها في الكنيسة، لكنها تتصرَّف كرجل خارجها. وقد قابلت نساء يغطِّين رؤوسهنَّ بكلِّ أمانة في الكنيسة في إطاعة واضحة لهذا النص، إلاَّ أنَّهنَّ يسيطرن على رجالهنَّ. ويشير هذا الأمر إلى أنَّهنَّ لم يفهمن المعنى قطُّ! فهنَّ يطبِّقن النص على أجسادهنَّ وليس على أرواحهنَّ.
2. **تطبيق النصّ على الروح، وليس على الجسد**: يقول آخرون إنَّه ما دامت النساء يعترفن في دواخلهنَّ بقيادة الرجل، فلا يهمّ إذا انعكس ذلك في مظهرهنَّ الخارجي أم لا. لكنْ يفقد هذا التفسير المعنى الحقيقي، إذ إنَّ الجسد هو جزء منَّا ونحن نعبد الربّ بأجسادنا أيضًا. فمن اللائق أن تُظهِر النساء هويَّتهن بالطريقة التي يلبسن فيها وبأُسلوب ترتيب شعورهنَّ.

أهمية المحبَّة (1كورنثوس 13).

فشل أهل كورنثوس في فهمهم تعليم الكتاب المقدَّس عن المحبة، كما فشلوا في تفريقهم بين الجنسين. ولا تفي كلمة "المحبة" في اللغة العربيَّة المعنى حقَّه لأنَّها تغطِّي مفاهيم عديدة؛ ولذلك فنحن اليوم نواجه المشكلة نفسها في فهمها.

والأصحاح الشهير عن المحبَّة هو جزء من سِياقٍ أكبر يركِّز على المواهب الروحيَّة (الأصحاحات 12-14). فالأصحاح الثاني عشر يعالج المواهب الروحيَّة بحدِّ ذاتها. أمَّا الأصحاح الثالث عشر فيعالج المواهب الروحيَّة من دون محبة. ويعالج الأصحاح الرابع عشر الطريقة الأمثل والأصحّ وهي اتِّحاد المواهب الروحيَّة مع المحبَّة. إذًا، الأصحاح الثالث عشر ليس شعرًا عاطفيًّا يُقرأ في الأعراس، مع أنَّه يبدو كذلك!

تُرجِمت في العهد الجديد ثلاث كلمات يونانيَّة إلى كلمة واحدة هي "المحبَّة":

إيروس	**فيلادلفيا**	**أغاپي**
الشهوة	الإعجاب	المحبَّة
انجذاب جسدي	انجذاب عاطفي	اهتمام روحيّ
عاطفي	النفس	الروح
تفاعلي	عقلاني	اختياري
تابع	متبادل	من غير اعتبار للعوائق

إنَّ **إيروس** هي الكلمة المستخدمة لوصف الإنجذاب الجنسي. وتشبهها كلمة **إيبثوميا**، إلاَّ أنَّها لا تُستعمل كثيرًا، وهي تشير إلى أسوإ أنواع الشهوة. وليس بالضرورة أن تحمل كلمة **إيروس** معنًى سيِّئًا، أمَّا **إيبثوميا** فتحمل معنًى سيِّئًا إذ إنَّها تشير إلى الفسق والمجون بين الجنسين أو بين أفراد من جنس واحد. **وإيروس** تشير أساسًا إلى مشاعر جسديَّة، وحبٍّ عاطفيّ يعتمد على الآخر ويجذبه جنسيًّا. وحين يتوقَّف هذا الشعور تبدأ العلاقة بالتدهور.

وتتكوَّن كلمة **فيلادلفيا** من كلمتَي **فيلو ودلفيا**، أي المحبَّة الأخويَّة. وهي تعني أن أُعجَب بأحدهم. وتحمل هذه الكلمة معنًى وجدانيًّا وليس انجذابًا، وتشير بالأكثر إلى وحدانية الفكر. فالأصدقاء عادة يتَّصفون بالذوق والأفكار المتشابهة، وهم يتعاطفون ويشفقون بعضُهم على بعض، ولذلك ينمو بينهم رابط من التعاطف. وتُبنى هذه العلاقة عادة على المستوى الفكري، بعكس الرابط العاطفي، وهي مترابطة إذ يعتمد الفريقان أحدُهما على الآخر.

نادرًا ما يستخدم اليونان كلمة **أغاپي** لوصف المحبَّة. ربَّما يعود السبب إلى أنَّهم نادرًا ما يرونها تظهر أمامهم في موقف عملي. ويقدِّم هذا النوع من المحبَّة الانتباه الكامل للآخرين، دون أن يجذبهم الآخرون. وهي ليست متبادلة ولا مترابطة. إذًا، هي في الأساس عمل إراديّ. فعندما يُظهِر أحدهم هذا النوع من المحبة، يكون ذلك بسبب رؤيته الحاجة عند الآخر. وبما أنَّها عمل إرادي، فهي نوعُ المحبَّةِ الوحيد الذي يُمكن أن يُطلب من الآخر. فمن المستحيل أن تطلب من أحدهم أن يقع في الحبِّ أو أن يتعاطف مع آخر، لكن من الممكن أن تطلب من أحدهم أن يحب آخر بالمحبة **أغاپي**.

وأغاپي هي المحبَّة التي يتَّصف بها الربّ، فهو لا يحبّنا لأنَّنا جذَّابون أو لأنَّه تسهل محبّتنا، بل يقول الكتاب المقدَّس إنَّه يحبّنا لمجرَّد أنَّه يريد أن يحبَّنا. ونقرأ في العهد القديم أنَّه لم يحب الشعب لأنَّهم أُمَّة عظيمة، بل لأنَّه هو محبَّة، وقدِ اختار أن يهتمّ بمجموعة من العبيد الذين لم يهتمّ أحد لأمرهم. وهذا

النوع من المحبَّة يتّسم بالتضحيَّة ومستعد لدفع أيِّ ثمن للاهتمام بالآخر. إنَّها المحبَّة التي يُظهرها الربّ لنا ـ لأنَّه ونحن بعدُ خطاة أحبَّنا الله.

ويعود سبب انقسام بعض الكنائس لأسباب متنوِّعة إلى عدم وجود **أغاپي**. فهذا النوع من المحبَّة يجعل الناس يتَّحدون، حتَّى لو اختلفت وجهات نظرهم عن موضوع معيَّن. فباستطاعتهم أن يختاروا أن يحبّوا بعضهم بعضًا رُغمَ وجهات نظرهم المختلفة.

"خبز السندويش"

يتناول بولس أمرين أساسين من ناحية الإيمان في بداية خاتمة رسالته الأُولى إلى أهل كورنثوس.

الصلب

إنَّ كلمة الصليب بالنسبة إلى اليونان إهانة، ويعود سبب ذلك جزئيًّا إلى أنَّهم يرفضون فكرة أنَّ للجسد أيَّةَ قيمة. ولهذا فهم يهزأُون من الفكرة التي تقول إنَّ جسدًا معلَّقًا على صليب ممكن أن يقدِّم خلاصًا روحيًّا. ويعود سبب انقسامهم إلى مجموعات بالأكثر إلى أنَّهم لم يستطيعوا أن يدركوا أهميَّة الصليب. وذكَّرهم بولس أنَّه لم يُصلب أحد من قادتهم في الكنيسة لأجلهم، بلِ الربُّ يسوع وحده صُلِب. إذًا، لماذا يسيرون وراء قادة بشريين؟

القيامة

يعالج بولس في نهاية رسالته الأُولى شكوكهم حول موضوع القيامة. فبالنسبة إليهم كيونانيين، الإيمانُ بخلود الروح مهمٌّ جدًّا، ولا قيمة لإقامة الجسد من الموت. فكان على بولس أن يصحِّح أُسلوب تفكيرهم، وأن يساعدهم كي ينظروا إلى المستقبل ناظرينَ إلى الجسَد بعين الاعتبار. فكما أنَّه كان للربِّ يسوع جسد جديد بعد القيامة، وكان باستطاعته تناول السمك وإعداد وجبة طعام، كذلك فإنَّ المؤمنين سيحصلون على أجساد جديدة في المستقبل. وكانت الكلمات التي كتبها بولس في 1كورنثوس 15، قرابة العام 56 م، هي أُولى الشهادات المكتوبة عن قيامة جسد الربّ يسوع.

رسالة كورنثوس الثانية – رسالة شخصيَّة

إنّها الرسالة الأقلُّ تناسُقًا بين جميع رسائل بولس، لكنَّها الأكثر شخصيَّة. وتُصنَّف ضِمنَ السيرة الذاتيَّة تقريبًا، لأنَّ بولس يتكلَّم بشكل شبه حصريٍّ عن نفسه وعن خدمته. وبينما الرسالة الأُولى وُجِّهت إلى أعضاء الكنيسة، فإنَّ الرسالة الثانية وُجِّهت إلى القادة والخدَّام فيها. وإن دارت الرسالة الأُولى حول ما يظنّه بولس عن أهل كورنثوس، فإنَّ الرسالة الثانية دارت حول رأيهم فيه. وكانت العلاقة بينهما متوتِّرة جدًّا حينذاك.

يمكننا قَسْمُ موقفهم إلى مرحلتين:

المرحلة الأُولى

دارت المرحلة الأُولى حول القائدين الآخرين اللَّذَين كانا رجُلين صالحين ومحبوبَين. لكن الناس كانوا قدِ ابتدأوا بمقارنتهما أحدهما بالآخر، ولذلك حدثت الانقسامات، كما لاحظنا في دراستنا للرسالة الأُولى.

وكان لديهم في المرحلة الثانية قادة أردياء، كانوا قد أتَوا إلى كورنثوس وادَّعوا أنَّهم رسل مميَّزون. وإبتدأوا بانتقاد الذين سبقوهم في القيادة، محاولين أن يرفِّعوا ذواتهم ويُنقِّصوا من شأن بولس. وعلينا نحن أيضًا أن نَحذر من القادة الذين يتصرَّفون بهذه الطريقة. وكانت معظم الأُمور التي قالوها عن بولس غير صحيحة.

ويجيب بولس في الرسالة الثانية عن انتقادهم رسالته وخدمته. وقد كانت انتقاداتهم عديدة، وكأنَّهم يقضون على شخصيته جملة وتفصيلاً.

- اتَّهموه بالتحوِّل السريع، وأنَّه يغيِّر خططه باستمرار.
- قالوا إنَّه جبان، وإنَّه يفضِّل أن يكتب إليهم بدل أن يزورهم
- قالوا إنَّه يتصرَّف بخجل عندما يكون معهم.
- انتقدوه لأنَّه لا يحمل أيَّة رسائل توصية. فالرُّسل الكذَّابون أتَوا بمؤهِّلات يمكنهم وضعها في إطار على الحائط. ولهذا يقول بولس في 2كورنثوس إنَّه لا يحتاج إلى أيَّة رسائل توصية، إذ إنَّ أهل كورنثوس هم رسالة توصية به. ففَحصُ خدمة أحدهم لا يعتمد على مؤهِّلاته الأكاديميَّة أو تدريباته، بل يعتمد على نوع الناس الذي تُنتجه خدمته.
- اتَّهموه بأنَّه غامض، وقليل الوضوح.
- قالوا إنَّه بعيد ومنعزل وغير مُبالٍ وعديم المشاعر.
- اتَّهموه بأنَّه ليس متكلِّمًا لامعًا.
- انتقدوه لأنَّه لا يطلب مالاً مقابل خدماته. وكانت العادة في اليونان أن تُقدَّم التسلية في الحفلات من قِبَل فلاسفة يتنقَّلون من بلد إلى آخر. وكلَّما كان الرسم الذي يطلبه الفيلسوف عاليًا، ازدادت شهرته.
- يكفي عدد الاتِّهامات التي ذُكِرت. فكيف دافع بولس عن نفسه؟

الدفاع الذي قدَّمه بولس (2كورنثوس 1-9)

يتضمَّن الجزء الأوَّل من الرسالة ردّ بولس الصريح على الاتِّهامات التي وُجِّهت إليه. فهو لم يطلب

مالاً لأنّه أراد أن يتلقّى أهل كورنثوس رسالة الإنجيل مجّانًا. وقال إنَّ عمل كلّ إنسان سوف يُفحص، ولذلك على الذين يتبعونه أن ينتبهوا كيف يبنون. ورفض اتّهامهم له بالخجل مذكّرًا إيّاهم بزيارته الثانية لهم، حين لم يتصرَّف معهم بخجل قطُّ.

لقد دافع بولس عن نفسه بأُسلوبٍ انسيابيّ. وقد وردت أهم عباراته في رسالته الثانية هذه:

"مُكْتَئِبِينَ فِي كُلِّ شَيْءٍ، لكِنْ غَيْرَ مُتَضَايِقِينَ. مُتَحَيِّرِينَ، لكِنْ غَيْرَ يَائِسِينَ. مُضْطَهَدِينَ، لكِنْ غَيْرَ مَتْرُوكِينَ. مَطْرُوحِينَ، لكِنْ غَيْرَ هَالِكِينَ." 2كورنثوس 4: 8-9

"وَلَسْنَا نَجْعَلُ عَثْرَةً فِي شَيْءٍ لِئَلاَّ تُلاَمَ الْخِدْمَةُ.

بَلْ فِي كُلِّ شَيْءٍ نُظْهِرُ أَنْفُسَنَا كَخُدَّامِ اللهِ: فِي صَبْرٍ كَثِيرٍ، فِي شَدَائِدَ، فِي ضَرُورَاتٍ، فِي ضِيقَاتٍ،

فِي ضَرَبَاتٍ، فِي سُجُونٍ، فِي اضْطِرَابَاتٍ، فِي أَتْعَابٍ، فِي أَسْهَارٍ، فِي أَصْوَامٍ،

فِي طَهَارَةٍ، فِي عِلْمٍ، فِي أَنَاةٍ، فِي لُطْفٍ، فِي الرُّوحِ الْقُدُسِ، فِي مَحَبَّةٍ بِلاَ رِيَاءٍ،

فِي كَلاَمِ الْحَقِّ، فِي قُوَّةِ اللهِ بِسِلاَحِ الْبِرِّ لِلْيَمِينِ وَلِلْيَسَارِ.

بِمَجْدٍ وَهَوَانٍ، بِصِيتٍ رَدِيءٍ وَصِيتٍ حَسَنٍ. كَمُضِلِّينَ وَنَحْنُ صَادِقُونَ،

كَمَجْهُولِينَ وَنَحْنُ مَعْرُوفُونَ، كَمَائِتِينَ وَهَا نَحْنُ نَحْيَا، كَمُؤَدَّبِينَ وَنَحْنُ غَيْرُ مَقْتُولِينَ،

كَحَزَانَى وَنَحْنُ دَائِمًا فَرِحُونَ، كَفُقَرَاءَ وَنَحْنُ نُغْنِي كَثِيرِينَ، كَأَنْ لاَ شَيْءَ لَنَا وَنَحْنُ نَمْلِكُ كُلَّ شَيْءٍ." 2كورنثوس 6: 3-10

هجوم بولس (2كورنثوس 10-13)

تختلف الأصحاحات 10-13 جدًّا عن الجزء الأوَّل من الرسالة. فبدل أن يدافع بولس عن نفسه، ابتدأ بالهجوم على الآخرين. فلجأ إلى السخرية والتهكّم في تكلُّمه عن الأنبياء الكذبة الذين أتوا واحتلّوا مركز القيادة.

ولا بدَّ من قراءة هذا الجزء بصوت مرتفع لكي نعطي العبارات حقَّها. ومن أهمِّ الأقسام القِسمُ التالي:

"لَيْتَكُمْ تَحْتَمِلُونَ غَبَاوَتِي قَلِيلاً! بَلْ أَنْتُمْ مُحْتَمِلِيَّ.

فَإِنِّي أَغَارُ عَلَيْكُمْ غَيْرَةَ اللهِ، لأَنِّي خَطَبْتُكُمْ لِرَجُل وَاحِدٍ، لأُقَدِّمَ عَذْرَاءَ عَفِيفَةً لِلْمَسِيحِ.

وَلكِنَّنِي أَخَافُ أَنَّهُ كَمَا خَدَعَتِ الْحَيَّةُ حَوَّاءَ بِمَكْرِهَا، هكَذَا تُفْسَدُ أَذْهَانُكُمْ عَنِ الْبَسَاطَةِ الَّتِي فِي الْمَسِيحِ.

فَإِنَّهُ إِنْ كَانَ الآتِي يَكْرِزُ بِيَسُوعَ آخَرَ لَمْ نَكْرِزْ بِهِ، أَوْ كُنْتُمْ تَأْخُذُونَ رُوحًا آخَرَ لَمْ تَأْخُذُوهُ، أَوْ إِنْجِيلاً آخَرَ لَمْ تَقْبَلُوهُ، فَحَسَنًا كُنْتُمْ تَحْتَمِلُونَ.

لأَنِّي أَحْسِبُ أَنِّي لَمْ أَنْقُصْ شَيْئًا عَنْ فَائِقِي الرُّسُلِ.

وَإِنْ كُنْتُ عَامِّيًّا فِي الْكَلاَمِ، فَلَسْتُ فِي الْعِلْمِ، بَلْ نَحْنُ فِي كُلِّ شَيْءٍ ظَاهِرُونَ لَكُمْ بَيْنَ الْجَمِيعِ.

أَمْ أَخْطَأْتُ خَطِيَّةً إِذْ أَذْلَلْتُ نَفْسِي كَيْ تَرْتَفِعُوا أَنْتُمْ، لأَنِّي بَشَّرْتُكُمْ مَجَّانًا بِإِنْجِيلِ اللهِ؟

سَلَبْتُ كَنَائِسَ أُخْرَى آخِذًا أُجْرَةً لأَجْلِ خِدْمَتِكُمْ، وَإِذْ كُنْتُ حَاضِرًا عِنْدَكُمْ وَاحْتَجْتُ، لَمْ أُثَقِّلْ عَلَى أَحَدٍ.

لأَنَّ احْتِيَاجِي سَدَّهُ الإِخْوَةُ الَّذِينَ أَتَوْا مِنْ مَكِدُونِيَّةَ. وَفِي كُلِّ شَيْءٍ حَفِظْتُ نَفْسِي غَيْرَ ثَقِيل عَلَيْكُمْ، وَسَأَحْفَظُهَا.

حَقُّ الْمَسِيحِ فِيَّ. إِنَّ هذَا الافْتِخَارَ لاَ يُسَدُّ عَنِّي فِي أَقَالِيمِ أَخَائِيَةَ.

لِمَاذَا؟ أَلأَنِّي لاَ أُحِبُّكُمْ؟ اَللهُ يَعْلَمُ.

وَلكِنْ مَا أَفْعَلُهُ سَأَفْعَلُهُ لأَقْطَعَ فُرْصَةَ الَّذِينَ يُرِيدُونَ فُرْصَةً كَيْ يُوجَدُوا كَمَا نَحْنُ أَيْضًا فِي مَا يَفْتَخِرُونَ بِهِ.

لأَنَّ مِثْلَ هؤُلاَءِ هُمْ رُسُلٌ كَذَبَةٌ، فَعَلَةٌ مَاكِرُونَ، مُغَيِّرُونَ شَكْلَهُمْ إِلَى شِبْهِ رُسُلِ الْمَسِيحِ.

وَلاَ عَجَبَ. لأَنَّ الشَّيْطَانَ نَفْسَهُ يُغَيِّرُ شَكْلَهُ إِلَى شِبْهِ مَلاَكِ نُورٍ!

فَلَيْسَ عَظِيمًا إِنْ كَانَ خُدَّامُهُ أَيْضًا يُغَيِّرُونَ شَكْلَهُمْ كَخُدَّامٍ لِلْبِرِّ. الَّذِينَ نِهَايَتُهُمْ تَكُونُ حَسَبَ أَعْمَالِهِمْ.

أَقُولُ أَيْضًا: لاَ يَظُنَّ أَحَدٌ أَنِّي غَبِيٌّ. وَإِلاَّ فَاقْبَلُونِي وَلَوْ كَغَبِيٍّ، لأَفْتَخِرَ أَنَا أَيْضًا قَلِيلاً.

الَّذِي أَتَكَلَّمُ بِهِ لَسْتُ أَتَكَلَّمُ بِهِ بِحَسَبِ الرَّبِّ، بَلْ كَأَنَّهُ فِي غَبَاوَةٍ، فِي جَسَارَةِ الافْتِخَارِ هذِهِ.

بِمَا أَنَّ كَثِيرِينَ يَفْتَخِرُونَ حَسَبَ الْجَسَدِ، أَفْتَخِرُ أَنَا أَيْضًا.

فَإِنَّكُمْ بِسُرُورٍ تَحْتَمِلُونَ الأَغْبِيَاءَ، إِذْ أَنْتُمْ عُقَلاَءُ!

لأَنَّكُمْ تَحْتَمِلُونَ: إِنْ كَانَ أَحَدٌ يَسْتَعْبِدُكُمْ! إِنْ كَانَ أَحَدٌ يَأْكُلُكُمْ! إِنْ كَانَ أَحَدٌ يَأْخُذُكُمْ! إِنْ كَانَ أَحَدٌ يَرْتَفِعُ! إِنْ كَانَ أَحَدٌ يَضْرِبُكُمْ عَلَى وُجُوهِكُمْ!

عَلَى سَبِيلِ الْهَوَانِ أَقُولُ: كَيْفَ أَنَّنَا كُنَّا ضُعَفَاءَ! وَلكِنَّ الَّذِي يَجْتَرِئُ فِيهِ أَحَدٌ، أَقُولُ فِي غَبَاوَةٍ: أَنَا أَيْضًا أَجْتَرِئُ فِيهِ.

أَهُمْ عِبْرَانِيُّونَ؟ فَأَنَا أَيْضًا. أَهُمْ إِسْرَائِيلِيُّونَ؟ فَأَنَا أَيْضًا. أَهُمْ نَسْلُ إِبْرَاهِيمَ؟ فَأَنَا أَيْضًا.

أَهُمْ خُدَّامُ الْمَسِيحِ؟ أَقُولُ كَمُخْتَلِّ الْعَقْلِ، فَأَنَا أَفْضَلُ: فِي الأَتْعَابِ أَكْثَرُ، فِي الضَّرَبَاتِ أَوْفَرُ، فِي السُّجُونِ أَكْثَرُ، فِي الْمِيتَاتِ مِرَارًا كَثِيرَةً.

مِنَ الْيَهُودِ خَمْسَ مَرَّاتٍ قَبِلْتُ أَرْبَعِينَ جَلْدَةً إِلاَّ وَاحِدَةً.

ثَلاَثَ مَرَّاتٍ ضُرِبْتُ بِالْعِصِيِّ، مَرَّةً رُجِمْتُ، ثَلاَثَ مَرَّاتٍ انْكَسَرَتْ بِيَ السَّفِينَةُ، لَيْلاً وَنَهَارًا قَضَيْتُ فِي الْعُمْقِ.

بِأَسْفَارٍ مِرَارًا كَثِيرَةً، بِأَخْطَارِ سُيُولٍ، بِأَخْطَارِ لُصُوصٍ، بِأَخْطَارٍ مِنْ جِنْسِي، بِأَخْطَارٍ مِنَ الأُمَمِ، بِأَخْطَارٍ فِي الْمَدِينَةِ، بِأَخْطَارٍ فِي الْبَرِّيَّةِ، بِأَخْطَارٍ فِي الْبَحْرِ، بِأَخْطَارٍ مِنْ إِخْوَةٍ كَذَبَةٍ.

فِي تَعَبٍ وَكَدٍّ، فِي أَسْهَارٍ مِرَارًا كَثِيرَةً، فِي جُوعٍ وَعَطَشٍ، فِي أَصْوَامٍ مِرَارًا كَثِيرَةً، فِي بَرْدٍ وَعُرْيٍ.

عَدَا مَا هُوَ دُونَ ذلِكَ: التَّرَاكُمُ عَلَيَّ كُلَّ يَوْمٍ، الاهْتِمَامُ بِجَمِيعِ الْكَنَائِسِ.

مَنْ يَضْعُفُ وَأَنَا لاَ أَضْعُفُ؟ مَنْ يَعْثُرُ وَأَنَا لاَ أَلْتَهِبُ؟

إِنْ كَانَ يَجِبُ الافْتِخَارُ، فَسَأَفْتَخِرُ بِأُمُورِ ضَعْفِي.

اَللهُ أَبُو رَبِّنَا يَسُوعَ الْمَسِيحِ، الَّذِي هُوَ مُبَارَكٌ إِلَى الأَبَدِ، يَعْلَمُ أَنِّي لَسْتُ أَكْذِبُ."
2كورنثوس 11: 1-31

اعتبر بولس أنَّ هذا الدفاع كان ضروريًّا، ليس لأنَّه كان مهتمًّا بصيته هو، بل لأنَّه كان مهتمًّا بصيت الإنجيل. وكان غيورًا من نحو أهل كورنثوس، ولم يرد أن يبعدوا عن الحق. وقد خاف من أن ينخدعوا ويصدِّقوا ما يقوله لهم المعلِّمون الكذبة فينحرفوا عن الحقيقة التي في الربّ يسوع.

لا يوجد اليوم رسُل مثل بولس، ولذا يمكن أن نظنَّ أنَّ تلك النصوص لا تعنينا. لكن يوجد مَن يشبه بولس، إذ إنَّ الهجومات ما تزال تُشنّ على بعض خدَّام الربّ من قسُوس ومبشِّرين و"أنبياء". فلا بدَّ لهؤلاء أن يلاحظوا أهميَّة التمسُّك بالإنجيل، وأن يتأكَّدوا من أنَّ نيَّاتِهم صحيحة.

إغاثة في زمن المجاعة (2كورنثوس 8-9)

أخيرًا، لا بدَّ من الإشارة إلى أنَّ الأصحاحات الوُسطى من الرسالة الثانية إلى أهل كورنثوس تُعالِج أمرًا مختلفًا. فبولس اندفع من كلِّ قلبه لتقديم الإغاثة وقت المجاعة، وربَّما فكَّر أنَّه إن جعل أهل كورنثوس يفكِّرون بمساعدة الآخرين فسيضعون مشاكلهم في المنظور الصحيح. لذلك نقرأ في الأصحاحين 8-9 بعض التعليم الرائع عن العطاء المسيحي، وحثَّ أهل كورنثوس على العطاء بسخاء ليختبروا بركات الربّ. وأتى النص بشكل تُحفة أدبية مُظهرًا قلب بولس الراعويّ وإيمانه القوي بوجوب استخدام المال بالطريقة الصحيحة.

النتيجة

مع أنَّ كنيسة كورنثوس كانت الأصعب بالنسبة إلى بولس، فإنَّ هاتَين الرسالتين غنيَّتان بالتعليم للكنيسة اليوم. فهما تقدِّمان تعليمًا عمليًّا يُبيِّن كيف يجب أن نعيش وسط بيئة عدائيَّة، وكيف يجب على الكنيسة أن تؤدِّب أعضاءها وتُوازِن بين نشاطاتها. كذلك أيضًا تقدِّمان لنا صورة تُوضِح كيف تعامل بولس الرسول مع المقاومة التي واجهته. ولذا فهما تشكِّلان أُنموذجًا ممتازًا بإمكان خدَّام الربّ أن يتبعوه أينما كانوا يخدمون وأيًّا كان مقاوموهم.

الرسالة إلى أهل غلاطية

المقدمَّة

تميل رسالة بولس إلى أهل غلاطية إلى قَسم الناس في مُعسكريين، فالأوَّل يرفِّع مكانتها، والثاني لا يرفِّعها.

وقد تبنَّى بعض المؤمنين المرموقين في الماضي نظرة إيجابيَّة إلى هذه الرسالة. فبالنسبة إلى لوثر، هي أفضل سفر في الكتاب المقدَّس، وقال:"إنَّها رسالتي. لقد اقترنتُ بها." أمَّا جون بنيان، كاتب رواية "سياحة المسيحي"، فقال: "أفضِّل تفسير لوثر لرسالة غلاطية (ما عدا الكتاب المقدَّس) على أيِّ كتاب آخر رأيته لبلسمة الضمير المجروح." ومن الواضح أنَّه كان لهذه الرسالة تأثير كبير على "بنيان". ولها تأثير عميق في التاريخ المسيحي، كما أنَّ الكثير من المؤمنين يُحبِّذونها.

لكنْ بالمقابل، هناك من لا تروقُهُ هذه الرسالة على الإطلاق. وقد أُطلق عليها لقب "رسالة الصليب" و "الغابة الممتلئة بالأشواك". ويقول بعضهم إنَّ كل جملة فيها تحتوي على صاعقة. وإليك خمسة أسباب لعدم تحبيذ بعض الناس لها:

"إنَّها عاطفيَّة جدًّا"

إنَّها بالفعل رسالة مُفعمة بالعاطفة. وربَّما كُتبت بحماسة كبيرة على رُقوقٍ مصنوعة من الحرير الصخري. وتمتلئُ هذه الرسالة بالمشاعر، ولذلك لا يشعر بعضُهم بالراحة عند قراءتها. وقد حاول أُناسٌ، وعلى الأخصِّ في بريطانيا، أن يفصلوا العواطف عن الدين. لكن عندما يقرأون رسالة غلاطية يجدون أنَّ الكاتب يغلي من الغضب، فيُقلقهم هذا الأمر.

"إنَّها شخصيَّة جدًّا"

يقول بعضُهم إنَّ هذه الرسالة شخصيَّة جدًّا. وبالفعل، فإنَّ بولس ذكر عن نفسه في هذه الرسالة أكثر من أيَّة رسالة أُخرى. فيذكر شوكته في الجسد طالبًا من قرَّائه مراعاة وضعه. ويذكر مُشادَّة حصلت بينه وبين الرسول بطرس حين اضطرَّ لأنْ يواجهه أمام الجماعة ويشير إلى الأخطاء التي ارتكبها. ويَلفت هذا الأمرُ انتباهنا إلى أنَّه حتَّى الرسل كانوا يختلفون علنًا في زمن الكنيسة الباكرة.

أمَّا نحن فنجبر أنفسنا على عدم الإختلاف لكي نتحاشى أي نوع من المواجهة. لكن، عندما كانت الحقيقة على المحك، كان بولس وبطرس على استعداد لأنْ يتواجها كي يدافعا عنها.

"إنَّها عقلانيَّة جدًّا"

استخدم بولس في هذه الرسالة كلّ تدريبه وخلفيَّته كمُعلِّم لليهود ليدافع بكلِّ طريقة عقلانيَّة عن القضيَّة التي كان بصدد عرضها. ولا تُظهِر أيَّةٌ من الترجمات التي قرأتُها قوَّة ذلك الدفاع، ولذلك أعترف بأنِّي أضفت ترجمتي الخاصَّة لها (تظهر في نهاية الفصل). والنقاش الذي قام به بولس بارِع، وتتخلّله بعض النقاط الدقيقة التي تتطلَّب تفكيرًا عميقًا. لكنْ لا تدع هذا الأمر يردعك، فنحن يجب أن نحبّ الربّ من كلّ عقولنا. وغالبًا ما أتلقَّى التعليق التالي، وكأنَّه نوع من التوبيخ بعد أن أُقدّم عظة ما: "لقد قدَّمتَ لنا اليوم أمرًا نفكّر فيه." وعادةً، تعني اللهجة المستخدمة التالي: "أنا لم آتِ إلى الكنيسة لكي أُفكِّر، أتعلَم ذلك؟" لكني لا أُقدِّم أيَّ أعذار عن جَعْل العقول تتوسَّع، وهذا ما فعله بولس في هذه الرسالة. وعلينا أن ندرس رسالة غلاطية بتمعُّن شديد ونعاود دراستها عدَّة مرَّات لنعرف قصده.

"إنَّها روحية جدًّا"

تنزع هذه الرسالة القشرة الخارجيَّة الروحيَّة لدينا، وتصيب الكبرياء الشخصيَّة. فإن كانت الكبرياء من مزاياك، فلا تقرأ رسالة غلاطية، لأنَّها ستجرّدك من أيَّة كبرياء. فكلمات تلك الرسالة تخرق إلى الجذور، وإلى أعماق الفكر والقلب حتى المخاخ. إنَّها حادَّة وذات حدَّين وتخترق إلى أعماق النفس.

"إنَّها مثيرة للجدل"

إضافة إلى ما ذُكِر، كثيرون يرَون أنَّ هذه الرسالة مثيرة للجدل. لكن التفكير العصري يشجِّع على عدم المجادلة في أُمور الدين. ونحن لا نحب أن نختلف، بل نريد أن تكون علاقتنا مريحة. لكن رسالة غلاطية ليست من هذا النوع من الرسائل، إذ إنَّ بولس يجادل فيها المؤمنين، وليس غير المؤمنين، كما أنَّ مناقشاته في هذه الرسالة سبَّبت الكثير من الجدل.

ويمكن للنقاش أن يكون جيِّدًا. فلو لم يكن لوثر مستعدًّا لأن يدخل في نقاشات، لم يحصل الإصلاح. فالنِّقاشات كان لها فائدة كبيرة. ويعود السبب في عدم شعبيَّة الرِّسالة اليوم إلى خوفنا من أن تقودنا اختلافاتنا إلى الانقسام. أمَّا الفضيلتان المفضَّلتان اليوم فهما قوَّة الاحتمال واللباقة، مع أنَّ هذا ليس ما يعلِّمُه الكتاب المقدَّس. فالربُّ يسوع لم يحتمل الأُمور الخطأ، ولم يكن لَبِقًا حيثُ تنبغي الصَّرامة.

هل التهرّب من مواجهة اختلافاتنا أمر جيِّد أم سيِّئ؟ أعتقد أنَّ الأمر يعتمد على ما إذا كانت المسألة أساسيَّة أو ثانويَّة. والمشكلة هي أن نحتدّ بسبب أُمور ثانوية فلا نعودَ نُواجه الآخرين بسبب الأُمور

الأساسيَّة. فمثلاً، هل هناك فرق بين ما إذا كنَّا نستخدم خمرًا يحتوي على كحول أو خمرًا لا يحتوي على كحول خلال تناوُلنا عشاء الرب؟ إلاَّ أنَّ بعض الناس يختلفون على هذا الأمر.

خذ مثلاً آخر هو حفظ يوم الربِّ. فأنا لا أُومن بأنَّ على المؤمنين إعتباره أمرًا أساسيًّا. فبولس يقول إنَّ على الإنسان أن يكون مقتنعًا بما يفعل. وإن كان أحد يريد أن يعتبر يوم الأحد مميَّزًا، فليقم بهذا الامتياز. ولا نملك الأحقِّيَّة بأن نفرض حفظ يوم الأحد على المؤمنين، ناهيك بغير المؤمنين.

لكننا نتعامل مع قضايا أساسيَّة جدًّا في رسالة غلاطية، من دونها نفقد رسالة الإنجيل. فلا بدَّ من الصراع حولها، والمؤسِفُ أنَّ أغلبية المعارك التي يخوضها المؤمنون تحدث داخل الكنيسة وليس خارجها. إنَّه أمر مؤلم، ومن يحب عائلة متخاصمة؟ فعندما يهاجم الشيطان الكنيسة من الخارج، تصبح الكنيسة أقوى وأكبر. لكنْ تنجح هجوماته عندما يشنّها من داخل الكنيسة. وإحدى هذه الوسائل الناجعة هي أن يُحوِّل - أو يُفسد أو يُحرِّف - الإنجيل. وعندئذٍ يعرف أنَّه خرَّبَ الكنيسة من الداخل.

نقرأ في هذه الرسالة عن قائدين، هما بطرس وبولس، متورِّطَين في مواجهة علنيَّة بخصوص مسألة أساسيَّة. وإنِّي أُومن أنَّ الربَّ أعطى الرجال المؤمنين مسألة الدفاع عن حماية عقائد الكنيسة، ومن المأساويِّ أن لا يكون لدينا رجال أقوياء ثابتون في إيمانهم ومستعدّون أن يحاربوا لحماية الإنجيل. ونجد الكثير من النساء اللواتي لديهن الإرادة ويحاولن الحفاظ على الإنجيل، لكنِّي أعتقد أنَّه ليس هناك رجال كفاية جاهزون للصمود ومواجهة الأخطاء عندما يسمعون عنها أو يرونها.

تشاجر بولس وبطرس حول أمر معيَّن. وكان بطرس على خطإ، بينما كان بولس على حقّ. والكتاب صريح جدًّا حتى إنَّه أطلعَنا على هذه الحادثة. ويبدو واضحًا أنَّ الكتاب المقدَّس أراد لنا أن نعلم بأمر تلك المواجهة.

كيفية قراءة رسائل العهد الجديد

من الضروري أن تُقرأ أيَّة رسالة من رسائل العهد الجديد كاملةً مرَّة واحدة، خصوصًا إذا كانت تعالج قضيَّة وحدة مثل رسالتَي فليمون والعبرانيين. عندئذٍ فقط تستطيع أن تفهم قصد الكاتب. وتذكَّر أنَّك تسمع جهة واحدة من الحديث، كأنَّك في غرفة تستمع إلى مخابرة يُجريها صديقك مع آخر. فمن السهل بناء فكرة مغلوطة عن الشخص الذي كان على الطَّرَف الآخر من الخطِّ، لأنَّك لا تعلم ما الذي يقوله. وعند قراءتك لأيَّة رسالة، عليك أن تُعيد بناء الحالة التي كُتِبت فيها وعليك أيضًا أن تقرأ بين السطور. وعليك أن تسأل نفسك: "ما الأمر الذي حثَّ بولس لكتابة تلك الرسالة؟" وستجد أنَّ ذلك مفيد في دراسة الرسائل.

هذا هو الأُسلوب الذي سنعتمده خلال اطِّلاعنا على رسالة غلاطية. وسنسأل أسئلة أساسيَّة مثل:

لماذا كُتِبت؟

عن أيِّ أسئلة أجابت؟

أيَّ نوعٍ من المشاكل حلَّت؟

ربَّما ناقشت الرسالة موضوعًا أساسيًّا واحدًا كما حدث في رسالة فليمون، أو ربَّما ناقشت مواضيع عدَّة مثل الرسالة الأُولى إلى أهل كورنثوس. لكن علينا أن نطرح تلك الأسئلة لكي يتَّضح لنا معنى الرسالة.

بولس اليهوديّ المتحمِّس

ممَّا لا شكّ فيه أنَّ كاتب رسالة غلاطية هو بولس. وربَّما تكون هذه هي الرسالة الأُولى التي كتبها إلى كنيسة. لكن، ممَّا لا شكّ فيه أيضًا أنَّ بولس من أعظم رجالات التاريخ. لقد وُلِد في طرسوس، في ما يُعرف اليوم بجنوبي تركيا. واحتوت تلك المدينة على ثالث أهم جامعة في العالم الروماني من بعد أثينا والإسكندريَّة. كان يهوديًّا، لكنَّه كان مواطنًا رومانيًّا أيضًا وكان يتكلَّم اللغة اليونانيَّة. فكانت خلفيَّته مثاليَّة لما كان قد جهَّزَهُ الربّ له للمستقبل. فالرب يهيِّئنا للخدمة حتى قبل أن نولد، لكنَّه يجهّزنا أيضًا من خلال تجاربنا الطويلة قبل أن نتعرَّف به. فهو يضع فينا مميِّزات يستخدمها لاحقًا.

وكأيّ صبيٍّ يهودي صالح، تعلَّم بولس مهنة صنع الخيام. لكن بالنسبة إلى المجتمع اليوناني، كانت المهن التي تتطلَّب عملاً يدويًّا تُعتبر أدنى من تلك التي تتطلّب مجهودًا فكريًّا. ولقد ورثنا أُسلوب التفكير هذا، للأسف. أمَّا بالنسبة إلى الكتاب المقدَّس، فقد كانت تلك المِهَن، أمثال صناعة الخيام وصيد السمك، تُعتبر مِهَنًا محترمة. وقد كتب بولس في إحدى رسائله إلى أهل تسالونيكي أنَّ على المؤمنين أن يعملوا بأيديهم. وكان هو مثالاً لهم في ذلك. إذًا، يربط الكتاب المقدَّس الكرامة بالعمل اليدوي. وعلى كل حال، كان الربُّ يسوع نفسه يعمل في النجارة.

إذًا، كان بولس يعمل في صناعة الخيام، ربَّما للجيش الروماني، وقد تعلَّم لاحقًا في جامعة أُورشليم على يد المعلِّم غمالائيل. وأصبح يهوديًّا مستقيمًا ومتعصِّبًا، وقد وصف نفسه بأنَّه "عِبْرَانِيٌّ مِنَ الْعِبْرَانِيِّينَ" و "مِنْ جِهَةِ النَّامُوسِ فَرِّيسِيٌّ." وكان موقفه أنَّك إن كنت تريد أن تحفظ الناموس، فعليك أن تحفظه بالكامل، ولا يكفي حفظ الوصايا العشر فقط. لكنَّه اعترف بأنَّه تصارع مع الوصيَّة العاشرة "لا تحسد". (ومن اللافت أنَّ هذه الوصيَّة تعالج النِّيَّات الداخليَّة، بينما تعالج الوصايا الأُخرى النِّيَّات الخارجيَّة). غيرَ أنَّه، اعتقد أنَّه حفظ كامل الناموس، وكان بلا لوم. ولكن باستطاعة الكثير من اليهود الموافقة على ذلك.

تميّز بشعوره بالبرِّ الذاتي، وهاجم كل من هاجم اليهوديَّة، وخاصَّة المسيحيين الذين كانوا يدَّعون بأنَّ الربّ يسوع هو الله. وقدِ اعتبر بولس ذلك الادِّعاء قمَّة التجديف. وانطلق إلى القضاء على هذا الإيمان الجديد، وكان شاهِدَ عِيانٍ عند رجم استفانوس حتَّى الموت. ولكن منذ تلك اللحظة، بدأ ضميره يؤنّبه. وكان استفانوس قد قال عندما كان على وشك الموت:" هَا أَنَا أَنْظُرُ السَّمَاوَاتِ مَفْتُوحَةً، وَابْنَ الإِنْسَانِ قَائِمًا عَنْ يَمِينِ اللهِ... أَيُّهَا الرَّبُّ يَسُوعُ اقْبَلْ رُوحِي." وحرّكت تلك الكلمات بولس ليهاجم

ذلك الإيمان الجديد بضراوة أكبر، لأنَّه كان حينذاك يصارع ضميره أيضًا. وأخيرًا خسر المعركة عندما التقى بيسوع على طريق دمشق.

بولس المرسل المُتحمس

كان كاتب رسالة غلاطية قد أصبح واحدًا من أكثر أتباع المسيح حماسة، وداعية متأجِّجًا للإيمان الذي حاول أن يدمِّرَهُ من قبل. لقد عرف اليهودية والمسيحية عن ظهر قلب، إذ كان قد تحوَّل من الديانة الأُولى إلى الديانة الثانية. وخلال جولاته التبشيريَّة غرس كنائس في أنحاء العالم المعروف آنذاك، وكان الرائد في إفتتاح أماكن جديدة. وقد أطلق على ما كان يفعل "بناء المستعمرات لأجل المسيح."

القرَّاء

أُطلق الاسم "غلاطية" على منطقتين جغرافيتين، وقد صرف الباحثون الكثير من الحبر في مناقشة أيّة من الاثنتين كانت غلاطية التي كتب إليها بولس رسالة. وكان ما يُعرف بتركيا اليوم مجموعة من المدن تقع في الجهة الشماليَّة وتُدعى شمال غلاطية. كذلك كانت هناك مجموعة من المدن تُدعى جنوب غلاطية. ويخصّ الشعب البريطاني شماليّ غلاطية لأنَّها استُعمرت أوَّلاً من قِبل الفرنسيين (من بلاد الغال)، لذين كانوا ذوي قرابة مع الشعب السَّلتي الذي سكن الجزر البريطانيَّة.

وإنِّي أعتقد أنَّ رسالة بولس كُتِبت فعليًّا إلى المؤمنين الموجودين في جنوب غلاطية، وليس في شمال غلاطية. وكانت منطقة جنوب غلاطية مؤلَّفة من مجموعة مدن هي لسترة ودربة وأنطاكية وإيقونية، وكان بولس قد زارها. وتبدو كتابته إليهم هذا النوع من الرسائل أمرًا منطقيًّا، لأنَّه كان قد غرس تلك الكنائس بنفسه وائتمن عليها الشيوخَ الجدد ورأسَ الكنيسة في السماء.

التعليم لبديل

للأسف، يحصل في عدَّة كنائس اليوم ما حصل لهم، إذ أتى آخرون وتسلَّموا القيادة. وعلينا أن نحذر من رجال يأتون بنيَّة أن يستلموا القيادة لأنَّهم يكونون غالبًا خَطِرين، يبنون إمبراطوريَّاتهم باستيلائهم على كنائس غرسَها آخرون.

وغالبًا ما يقود مثلُ هؤلاء الكنائس في المسار الخطإ. وقد واجه بولس تلك المشكلة مع أهل غلاطية. وكان الذين فعلوا ذلك يهودًا مؤمنين لحقوا ببولس أينما ذهب. وقد شكَّل هؤلاء مشكلة كبيرة لبولس، وقالوا للأُمم: "لا تسمعوا لبولس، فقد أخبركم نصف الحقيقة. صحيح أنَّه أتى بكم إلى الإيمان، لكنَّه لم يفعل ذلك بالكامل لأنَّكم بحاجة إلى ناموس موسى إضافةً إلى المسيح."

وما يزال التركيز على الناموس قائمًا اليوم. فإنِّي أتعجَّب من الكنائس العديدة التي تعلِّق الوصايا العشر على الحائط. وقد كانت الوصايا العشر محفورة على الحائط فوق المنبر بلون بنِّيٍّ داكن بأحرف "قوطيَّة"

في الكنيسة الأُولى التي قمت برعايتها في العام 1954! فقرَّرت أنَّ أوَّل أمر سأقوم به هو دهن ذلك الحائط. وهكذا فعلت! فعَلَت الصرخة، وتذمَّر أحدهم قائلاً إنَّه لا يوجد ما يقرأه الآن في وقت العظة! وقالوا إنَّه يجب أن يوضع شيء في ذلك المكان الفارغ، فعلَّقت صليبًا.

وكان هؤلاء اليهود المؤمنون يتبعون بولس أينما كان يذهب ويكرز بالإنجيل قائلين: "إنَّه بالطبع لم يخبركم كلّ شيء، وها قد أتينا لنقدِّم لكم القصَّة الكاملة." وهذا تمامًا ما يفعله بعض القادة اليوم إذ يحاولون الإستيلاء على قيادة بعض المجموعات. فهم يدَّعون أنَّ تعليم القسِّيس ليس جيِّدًا، وأنَّهم يتمتَّعون بحكمة أكثر منه.

أخبار سيِّئة

كان بولس قد سمع بعض الأخبار السيِّئة عن كنائسه اليافعة التي تعب في غرسها. فكان عمله يُلغى، وقد حدث أمران:

إضافات إلى رسالة بولس

وكما يحصل في أيَّة مجموعة دينيَّة حديثة، فإنَّ القادة الجدد بدأوا بإضافة أُمور إلى الإنجيل، وكأنَّه "إنجيل مدعَّم." وكثير من الطوائف والمذاهب اليوم تضيف إلى الإنجيل. ويضيفون عادة كتابًا كاملاً، مثل كتاب "العِلْم والصحة" لماري بايكر أديز، أو "كتاب المورمون" لجوزف اسْمِث. وعلينا الحذَرُ من كلِّ مَن ينصحنا بكتاب آخر إضافة إلى الكتاب المقدَّس، فهم يعتمدون فكرة "الإنجيل المدعَّم". إنَّما لا يمكننا زيادة الحمولة على أيَّة سفينة، وإلاَّ فإنَّها تغرق. ويقول المثل "إنَّ الفساد يبدأ من على المنبر"، فعلينا أن نحترِسَ من أي تعليم مضلّ.

هجوم على الرسول

لم يكتفِ هؤلاء "المعلِّمون" بالإضافة إلى الإنجيل الذي قدَّمه بولس، بل هاجموا الرسول نفسه. وادَّعوا أنَّه لا يكرز بالإنجيل الكامل، وأنَّه ليس رسولاً حقيقيًّا، وأنَّ نسخة الإنجيل التي في يديه ليست الأصليَّة، وأنَّه لم تتمّ الموافقة عليه من قِبَل الكنيسة. وحاولوا تثبيت سلطتهم بتحقيرهم لسلطة بولس.

ماذا كانت المشكلة؟

يتخيَّل للقارىء عند القراءة الأوَّليَّة للرسالة أنَّ المشكلة كمنت في قضية الختان، إذ يبدو أنَّ بولس يركِّز عليها في الكتابة. والسؤال الذي يُطرح: هل ضخَّم الأُمور؟ لماذا اهتمَّ بهذا الأمر الثانوي؟ فإن أراد الناس أن يختتنوا فلندعْهم وشأنهم، فهذا أمر مقبول. وهل يمكن تبرئته بعد أن "عمل من الحبَّة قبة" بالنسبة إلى تقليد الختان عند اليهود؟

الختان هو عمليَّة ثانويَّة، وهو عبارة عن إزالة جزء من العضو التناسلي عند الرجل. ولا تُمارس عند النساء في اليهوديَّة، إلاَّ أنَّها تُمارس عند النساء في بعض القبائل الإفريقيَّة. وما تَزال تُمارس عند الرجال في الحضارات الساميَّة بهدف الحفاظ على تلك المنطقة نظيفة. لكنَّها كانت تحمل معنًى دينيًّا لليهود، فهي كانت العلامة لكلّ يهودي. وبالطبع، كان الذكور فقط يُختَنون، لأنَّه في الحضارة اليهوديَّة الرِّجالُ فقط يرثون، وتتقدَّم الوعود مع الخط الذكوري. وقد كان الختان علامة على أنَّ الرجل أهْلٌ لأن يرث البركة التي وُعِد بها إبراهيم. وكان الربّ قد قال لإبراهيم إنَّه يجب طرد أي رجل من وسط شعب الربّ إن لم يُختن، لأنَّه يكون بذلك قد نَقَضَ العهد. فجزء من العهد بين الربّ وإبراهيم كان أنَّ كلّ ذكر من نسله يجب أن يحمل تلك العلامة.

لذلك، فإنَّ الختان أمر مصيري بالنسبة إلى اليهودي. فهناك أُمور تُشكِّل أساس الحياة لليهود وهي: الفصح والنظام الغذائي "كوشر" وحفظ السبت والختان. فيمكن أن يمارسوا بعض الأُمور أو ألّا يمارسوها، وممكن أن يكونوا غير متحفِّظين من ناحية الدين، لكن لا بدَّ أن يمارسوا تلك الأُمور الأربعة.

ومن الضروري فهم نقاش بولس حول وعد الرب لإبراهيم. فهو يقول في غلاطية 3 إنَّ المقصود في الوعد الذي أُعطي لإبراهيم كان رجلاً واحدًا من نسله. فالكلمة التي استخدمها الربّ "نسل" أتت في المفرد. فعندما قال الربّ "لإبراهيم ولنسله"، لم يشمل كلّ الذكور من نسل إبراهيم، بل واحدًا منهم فقط. ويناقش بولس قائلاً إنَّه عندما يأتي ذلك الرجل من نسل إبراهيم، وهو الربُّ يسوع، سيُبطِل عمل الختان، لأنَّ الوعد يكون قد تمَّ، ولا فائدة من ختان أيِّ إنسان. إذًا، كان الختان إشارة إلى البنويَّة، وقد كانت لألربّ يسوع هذه العلامة. لقد خُتِن، وكان هو الوريث.

بالطبع، كان بولس قد خُتِن كأيِّ صبيٍّ يهودي. ويبدو غريبًا، في ضوء ما قاله، أن يجعل تيموثاوس الآتي من غلاطية يختتن. ويبدو الأمر مناقضًا لما علَّم، لكنَّه فعل ذلك لأنَّه أراد لَهُ أن يرافقه في رحلاته، وكان من عادة بولس أن يذهب إلى المجمع أوَّلاً ويكرز لليهود. ولم يكن بإمكان تيموثاوس الدخول إلى المجمع ما لم يكن مختتنًا. لذلك، فعل بولس هذا ليُسهِّل أمر سير الكرازة.

وهكذا فعل تمامًا س.ت استاد ومرسلون آخرون ذهبوا إلى الصين حيث إنَّهم أرخوا شعور رؤوسهم وربطوها على شكل جدائل كي يتماشَوا مع سكَّان البلد. لكنَّ بولس الذي جعل تيموثاوس يختتن للسبب نفسه كان يقول للغلاطيين: "كيف تجرؤون على التفكير في ذلك؟" فالختان كان أمرًا مُهمًّا، لكن بِدافع مختلف.

تذكِّرني نبرة بولس القاسية مع الغلاطيين أنَّ الكتاب المقدَّس ليس للأولاد، بل هو كتاب للبالغين. (والمشكلة هي أنَّ معظم الناس يتوقَّفون عن قراءته عندما يبغلون سن الرشد!). يقول لهم: "يَا لَيْتَ الَّذِينَ يُقْلِقُونَكُمْ يَقْطَعُونَ أَيْضًا!" (كي لا يتكاثروا!). يا له من كلام صعب بالفعل!

لماذا كان ضدَّ الختان بقوة؟

الحواب هو أنَّ اليهوديَّة تكمن خلف الختان. ويُمكن لليهوديَّة أن تصبح دين أعمال، حيث إنَّ

الإنسان يخلِّص نفسه من خلال حفظه للوصايا. وهذا أمر مستحيل، غير أنَّ الكثيرين يحاولون فعل ذلك. وهنا يمكن خطر تعليق الوصايا العشر على الحائط، إذ هي تقول للناس إنَّ عليكم أن تحفظوها كي تنالوا رضى الرب. والداخل إلى الكنيسة يرى أوَّلاً تلك الوصايا التي تحتوي على سلسلة من "الممنوعات"، وهي تعطي الانطباع بأنَّنا سلبيُّون، وأنَّ التقرّب من الرب يعني أن تخسر كلّ ما هو ممتع في الحياة.

اليهوديَّة

تتجذَّر المسيحيَّة في اليهوديَّة التي بدورها تتجذَّر في العهد القديم. لكن، كم من العهد القديم يجب أن يعبُرَ إلى العهد الجديد؟ وكم من القوانين الستِّ مئة والثلاثة عشر ينطبق علينا؟ إنَّه أحد الأسئلة الكبيرة التي عليك مواجهتها عند دراسة العهدين القديم والجديد.

دعني أُقدِّم لكم مثلاً. أنا لا أطلب من المؤمنين أن يقدِّموا العشور، لأنَّه أمر من العهد القديم ولا يُذكر في العهد الجديد بخصوص المؤمنين من أصل أُممي. وكان اليهود يمارسون الأمر الكتابي بالنسبة للتعشير، لكن لم يُطلب من أيّ مؤمن من أصل أُممي أن يقدِّم عشورًا. لكن، المطلوب منَّا هو أن **نعطي**.

سمعت مرَّة شابًّا يعظ عن موضوع التعشير. ومن الواضح، أنَّه فتَّش عبر الإنترنت عن كلمة "التعشير"، وجمع كلّ المصادر الكتابيَّة التي تشير إليها. قال إنَّ البركات تأتي من جراء التعشير، وقدَّم كل المراجع التي تشير إلى ذلك. فمثلاً، قال الرب في سفر ملاخي: "هَاتُوا جَمِيعَ الْعُشُورِ إِلَى الْخَزْنَةِ لِيَكُونَ فِي بَيْتِي طَعَامٌ، وَجَرِّبُونِي بِهذَا، قَالَ رَبُّ الْجُنُودِ، إِنْ كُنْتُ لاَ أَفْتَحُ لَكُمْ كُوَى السَّمَاوَاتِ، وَأُفِيضُ عَلَيْكُمْ بَرَكَةً حَتَّى لاَ تُوسَعَ." ثمَّ قال إنَّ اللعنات تأتي بسبب عدم تقديم العشور. وحكى قصَّة مذكورة في العهد القديم، قائلاً إنَّ أحفادنا وأولاد أحفادنا سيتألَّمون إن كنَّا لا نقدِّم العشور. نظرت إلى وجوه الحاضرين ورأيت في أعيُنهم الخوف من أن يسبِّبوا أيّ ألم لأحفادهم. وليس من العجب أنَّ التقدمة كانت كبيرة جدًّا يوم الأحد التالي! لكنِّي هلعتُ من هذا التعليم. ففي العهد الجديد يجري العطاء على أسس مختلفة جدًّا. والربُّ يحب القلب المعطي بسرور، أي أن لا نعطي بدافع الواجب. بالمقابل، علينا أن نعطي لأنَّنا **نريد** أن نفعل ذلك، وليس عنِ اضطرار خوفًا من أن نسبِّب الألم لأحفادنا. فهذا الدافع هو منطق العهد القديم.

مثل آخر هو حفظ يوم الربِّ. فعلينا أن نفكِّر مليًّا قبل أن نطلب من المؤمنين أن يطبِّقوا قوانين العهد القديم، لأنَّه إن كنَّا نريد أن نطبِّق قسمًا منها فعلينا أيضًا أن نطبِّق جميعها. وإن كنَّا نطبِّق أمر البركات، فعلينا أيضًا أن نطبِّق أمر اللعنات. فهل نحن مستعدُّون لفعل ذلك. فما يقوله بولس هو التالي: "إن كنت تختتن يكون هذا بداية الأمر، وعليك حينئذٍ أن تحفظ القوانين الستَّ مئة والاثني عشر الباقية."

لقدِ انزعجَ بولس لهذا السبب. ولم يكن الختان هو المشكلة بحد ذاته، بل الطريقة التي فتحَ بها الباب لليهوديَّة. لقد حاول اتِّباع الديانة اليهوديَّة، وعندما افتكر في الوصايا التي حفظها (وليس فقط تلك التي شعر بأنَّه يريد أن يحفظها) شكر الربّ لأنَّه تحرَّر منها كلِّها. وإن كنَّا نطلب من الناس أن يحفظوا ناموس موسى، فإنَّنا نجهّزهم للذهاب إلى الجحيم لأنْ ليس بإستطاعتهم فعل ذلك.

إنَّ من الضروري وضع الناس تحت النعمة وليس تحت الناموس. فنحن تحت ناموس المسيح وليس تحت ناموس موسى الذي بَطُل وانتهى العمل به. لكن أكبر مشكلة تواجهها الكنيسة اليوم هي أنَّنا نعطي الناس مزيجًا من ناموس المسيح وناموس موسى. ولماذا تحتوي الكنائس على رداء خاص بالكهنة والمذابح والبخور والكهنة؟ فلسنا بعد بحاجة إلى تلك الأُمور إذ إنَّها تخصّ ناموس موسى، ولكنَّها تسلَّلت إىى الكنيسة.

نقرأ في سفر أعمال الرسل كيف أنَّ العقدة تُحلّ بين المسيحيَّة واليهوديَّة. وكان استفانوس أوَّل شهيدٍ في المسيحيَّة قد رُجِم بسبب ذلك. واتَّخذ فيلبُّس خطوة إضافيَّة عندما عمَّد الخصيَّ الحبشيَّ، ومن ثَمَّ أرسل الربّ بطرس إلى كرنيليوس الأُممي حيث كان ساكنًا في قيصريَّة. وسرعان ما بدأ الشكّ يساور عقول المؤمنين اليهود عن هؤلاء الأُمم الذين يعتنقون ذلك الإيمان الجديد. ولم يَبدُ الأمر من شِيَم "اليهوديَّة"، ولذلك كان على بولس أن يصعد إلى أُورشليم ويوبِّخ قلوب الكنيسة التي كانت ترسل هؤلاء المرسلين الذين يقولون إنَّ الإيمان ليس كافيًا، بل يجب أن يترافق مع الختان. ولم تكن المشكلة في الختان نفسه، بل في السؤال ما إذا كان ينبغي للأُمم أن يصبحوا مسيحيين قبل أن يتهوَّدوا!

الخلاص

كان الخلاص هو الأمر الأساسي، ودار السؤال حول كيفيَّة الحصول عليه. ويقدِّم الناس أجوبة مختلفة عن هذا السؤال، وكلّهم يفترضون أنَّهم مؤمنون.

الأعمال فقط

تتمحور معظم الديانات في العالم حول الخلاص بالأعمال. فعليك أن تصلِّي وتصوم وتقدِّم الحسنات وما إلى هنالك من أعمال صالحة، لكي تُرضي الربّ. وتجذب تلك الديانات الناس لأنَّها تجعلهم يشعرون بالفخر لأنَّهم يحصلون على الخلاص بأنفسهم. لكن هذا هو البرّ الذاتي الذي يكرهه الربّ، وهو يفضِّل أن يعالج أمر الخطيَّة بدل أن يعالج أمر البرّ الذاتيّ. ولم يُطِقِ الربُّ يسوع احتمالَ الناس المتمسِّكين ببرِّهم الذاتيّ. فقد كان مُحِبًّا للخطاة، لكنَّه لم يحتمل الفرِّيسيين وأمثالهم مِمَّن تمسَّكوا ببرِّهم الذاتيّ.

الأعمال مع الإيمان

إنَّ الاعتقاد أنَّ الخلاص هو بالأعمال شائع جدًّا. وقد عملتُ فترةً كقسِّيس في القوَّات الجوِّيَّة للطوائف المختلفة. فعندما كانت تنضمّ مجموعة من الرجال إلى البحريَّة، كان القسِّيس الأنغليكاني يستلم 70% منهم، والكاهن الكاثوليكي يستلم كل من لديه لُكنة إيرلنديَّة، وكان يبقى معي البقيَّة الباقية من معمدانيين وميثوديين وجيش الخلاص وبوذيِّين ومسلمين وملحدين. وكانت رعاية الملحدين أمرًا مدهشًا للغاية.

وعندما كان الرجال يجتمعون معي كنت أسأل عن الانتماء الطائفيّ لكلّ واحد منهم. ثمَّ كنت أسأل مَن مِن الموجودين مسيحيٌّ حقيقيّ. فكان يسود صمت رهيب! وكان شابٌّ صغير يرفع يده مبتسمًا بعض الأحيان، أمَّا في أغلبيَّة الأوقات فكان الجميع ينظرون إلى الوراء لرؤية ما إذا كان أحدهم قد رفع يده.

فكنت أقول لهم: "هيَّا! لقد أخبرني كل واحد منكم لأيَّة طائفة ينتمي، وأسألكم الآن من منكم مؤمنٌ بالمسيح؟"

فيأتي الجواب: "ماذا تعني بمسيحيٍّ حقيقيٍّ، يا حضرة القسّيس؟"

أجيب: "ماذا برأيك؟"

وكانت الإجابة تأتي عادة كالتالي: "كلّ من يحفظ الوصايا العشر؟"

"حسنًا، لنفترض أنَّ الأمر كذلك، فكم مسيحيًّا حقيقيًّا لدينا هنا؟"

عندئذٍ، يلف الجوَّ مقدارٌ هائلٌ من التردّد، ويقول أحدهم: "لكن يا حضرة القسّ، لا أحد يستطيع حفظها كلَّها!"

"حسنًا، كم وصية عليك أن تحفظ لكي تصبح مسيحيًّا حقيقيًّا؟ ست وصايا من أصل الوصايا العشر؟ إن كان الأمر كذلك، فكم مسيحيًّا حقيقيًّا موجود في هذه الغرفة؟"

ثُمَّ يدور بحث حول من يكون المسيحي الحقيقي. فالواقع أنَّ فكرة الأعمال مع الإيمان تشير إلى أنَّ بإمكاننا أن نحفظ قدْر ما نستطيع من الوصايا، ومن ثَمّ نسأل الربَّ أن يسامحنا لعدم حفظنا الوصايا الباقية. وهذا هو مفهوم المسيحيَّة المنتشر في عالمنا، والذي بإمكاننا أن ندعوه "المسيحيَّة المعمول في سبيلها."

الإيمان مع الأعمال

يعتقد بعضُهم أنَّ على الإنسان أن يبدأ بالإيمان ومن ثَمَّ ينتقل إلى الأعمال. فبعد أن تؤمن بالربِّ يسوع، عليك أن تُراعيَ الناموس. هذا ما كان يقوله المؤمنون المتمسِّكون بناموس موسى في زمن بولس.

الإيمان وحده

قال بولس لأهل غلاطية: " أَبَعْدَمَا ابْتَدَأْتُمْ بِالرُّوحِ تُكَمَّلُونَ الآنَ بِالْجَسَدِ؟" الناموس هو ما للجسد، بقوَّتكم أنتم، وليس الروح العامل فيكم. كان بولس يحارب لأجل الإيمان فقط، أوَّلاً وأخيرًا، في البداية وفي النهاية. وقد قال: "لأَنِّي لَسْتُ أَسْتَحِي بِإِنْجِيلِ الْمَسِيحِ، لأَنَّهُ قُوَّةُ اللهِ لِلْخَلاَصِ لِكُلِّ مَنْ يُؤْمِنُ." فالإيمان هو البداية والنهاية.

بكلامٍ آخر، لا يمكننا المساومة على هذا الأمر، بل يجب أن نثابر في الإيمان. هذا هو لُبُّ الموضوع. فإنَّك لا تؤمن في البداية، ثم تبدأ بالعمل لأجل الإيمان. وهناك فرق كبير بين أن نقول للناس إنَّ عليهم أن يثابروا في إيمانهم، وبين أن نقول إنَّ عليهم أن يحفظوا الناموس. فكان بولس يصارع لأجل الحرِّيَّة

المسيحيَّة. ويعني تقديم حفظ الناموس في أيَّة مرحلة وضْعَ الناس تحت لعنة، لأنَّ علامة النجاح في حفظ الناموس التي يمكن أن يقبلها الربُّ يسوع هي 100%. فإمَّا أن تحفظ الناموس كلَّه وإمَّا أن تكسره.

وينطبق هذا الأمر على القوانين التي يضعها البشر. فإذا قدتُ سيارتي والضوء يشير إلى الأحمر وأوقفني الشرطي، وقلت له: "لكني توقفت عند كل إشارة حمراء في طريقي إلى هنا"، يُجيب: "لا آبه إذا كنتَ قد توقفت عند كل إشارة حمراء. لقد كسرت القانون!" وهذا ما يقوله الرب بالتمام. والناموس ليس عقدًا مؤلَّفًا من عدَّة حبَّاتِ لؤلؤ إفراديَّة ، بل هو عِقدٌ متكامل مؤلَّف من عدَّة حبَّات مرصوفة بعضُها بقُربِ بعض. وإن انكسرت حبَّة واحدة تفلت باقي الحبَّات. وأنت تكسر كامل الناموس عندما تكسر وصيَّة واحدة فقط.

تخيَّل ثلاثة رجال دُفِعوا إلى صخرة وسط البحر بسبب المدّ والجزر. وتخيَّل أنَّه تمتد قناة بطول ثلاثة أمتار بين الصخرة والشاطئ. فإن إستطاع الرجل الأوَّل القفز إلى ثلث مسافة القناة فهو سيغرق. وإن كان الرجل الثاني قفَّازًا أفضل وقطع ثلثي المسافة، فسيغرق أيضًا. أمَّا الرجل الثالث فقفز لكنَّه لم يُصِب الشاطئ لأنَّه فوَّت مسافة عشرين سنتيمترًا في قفزته، فغرق أيضًا.

وتقول كلمة الرب: "مَلْعُونٌ مَنْ لاَ يُقِيمُ كَلِمَاتِ هذَا النَّامُوسِ لِيَعْمَلَ بِهَا." هذه هي اللعنة التي نحيا تحتها إن كنَّا نحاول أن نحفظ الناموس لكي نحصل على السماء. لكنَّ الإنجيل قدَّم لنا طريقًا للتبرير مختلفًا بالكامل.

والسؤال البديهي الذي يُمكن طرحه هو: "لماذا أعطى الرب الوصايا العشر؟ ولماذا أعطى ناموس موسى؟" نجد الجواب في رسالة غلاطية.

أوَّلاً، أعطى الرب الناموس لكي **يكبح الخطيَّة**. وهو يُسهِّل الحياة. فعلى الأقل يُمكن أن يُحفظ بعض منه ويمكن محاولة حفظ الباقي.

ثانيًا، ، أعطى الرب الناموس لكي **يُظهِر الخطيَّة**. فالناموس يكشف مدى اعوجاجنا. بكلامٍ آخر، الناموس وحده يُظهِر أنَّك خاطىء. فإنَّك لا تكتشف كم أنَّك مخطىء حتَّى تدرس ناموس الربّ. فالناموس أُعطي لِيُهيِّئنا لمجيء المسيح إذ نكتشف أنَّنا لا نستطيع حفظه. لهذا السبب ممكن للكرازة بالوصايا العشر أن تُصيب الإنسان بالشعور بالتبكيت على خطاياه لأنَّه يدرك أنَّ من المستحيل أن يحفظها، خاصَّة بالأُسلوب الذي به فسَّرها الربُّ يسوع.

الفكرة الرئيسيَّة المفتاح

تظهر الحريَّة كالفكرة الرئيسيَّة المفتاح في رسالة غلاطية. فالتَّوق إلى الحريَّة حاجة عالميَّة. لكن السؤال هو: التوق إلى الحرِّيَّة من أيّ شيء؟ رسالة الكتاب المقدَّس هي أنَّ المسيح أتى لكي يحرِّرنا، ويجعل العبيد أبناءً وورَثة. فكما أنَّ اليهود أُعتقوا من مصر، أعتقنا المسيح من عبودية الخطيَّة. لكنْ يُمكن أن تُفقد الحرِّيَّة. وقد قال "إدموند بورك": "إنَّ الوعي الكامل هو ثمن الحرية." فالمشكلة ليست أن تنال الحريَّة، بل أن **تحافظ** عليها، إذ يمكن فقدانها.

تُظهِر الصورة المقابلة غلاطية بكاملها. وهي صورة بسيطة، لكن عليَّ شرحُها. إنَّها تُظهر ثلاثة أفكار رئيسيَّة في غلاطية: النَّاموسيَّة والحرِّيَّة و اللَّاناموسيَّة. ومن الواضح أنَّ القانونيَّة هي عدو للحرِّيَّة، لكنَّ الناس لا يلاحظون أنَّ الناموسيَّة هي أيضًا كذلك. يتكلَّم الأصحاحان الأوَّل والثاني عن الحرِّيَّة في المسيح، حيث نغدو نائلين رضى الربّ ومستمتعين بمحبَّته. فنحن نعيش في حرِّيَّة الروح على أساس الإيمان بابْن الله. إذًا، يُعطينا الآب والابن والروح القدس الحرِّيَّة للوقوف على أعالي الجبال.

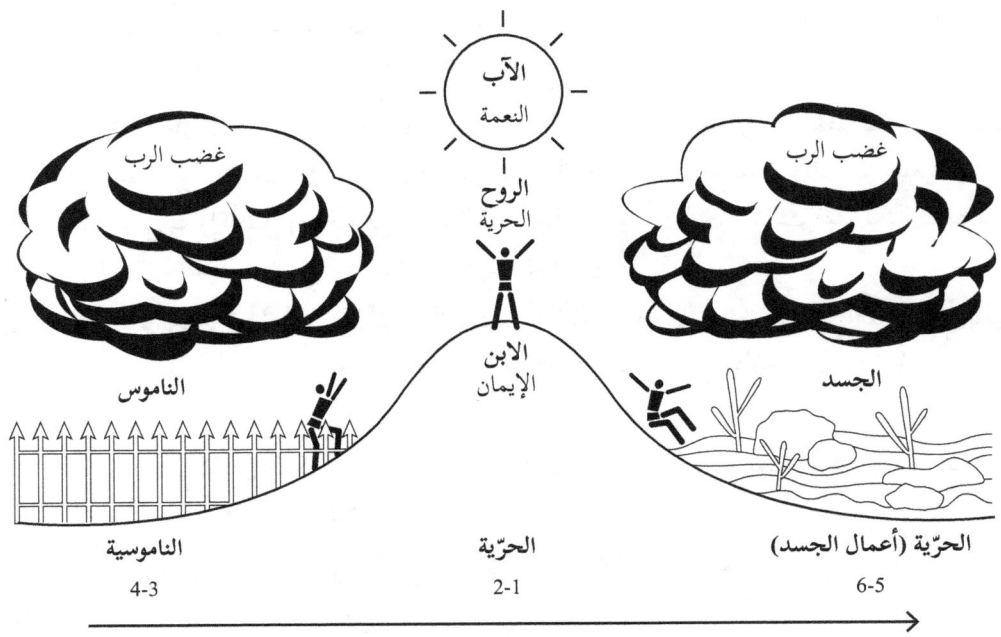

يُظهر الرسم أنَّه توجد طريقان لفقدان الحرِّيَّة. الطريق الأوَّل هو الرجوع للناموس الذي يظهر على شكل قفص. فنحن نعلَق في أشراكه، ونحاول أن نتسلَّق إلى خارجه، لكنَّنا نفشل. وعندما تعود إلى الناموس، فإنَّك تصبح تحت غضب الله من جديد. والطريق الثاني لفقدان الحرِّيَّة هو الرجوع إلى الجسد. وهذا أيضًا نوع من العبوديَّة، غير أنَّه العبوديَّة لرغباتك. وكذلك تصبح تحت غضب الله، وتفقد حرِّيتك.

والسلوك في حرِّيَّة الروح أمر دقيق جدًّا، إذ من السهل الانزلاقُ إلى أحد الطرفين. وأستطيع القول إنَّ أكبر خطر يواجه المؤمنين من ناحية حرِّيَّتهم هو الناموسيَّة. قد يفاجئك الأمر، لكن عندما تبدأ الكنائس بنصّ القوانين والقواعد، ينزلق الناس إلى الناموسيَّة، فتُقتل الحرِّيَّة. ويمكن تحديد أيَّة كنيسة ناموسيَّة بكلِّ سهولة إذ إن شفاه الجميع تكون مزمومة، وترتسم على وجوه الناس تعابير متشابهة. فالناموسيَّة تجعل من الإيمان المسيحيِّ مجموعة قوانين بدل أن يكون مبنيًّا على العلاقات السليمة. فيبدأ الناس بالظن أنَّهم مسيحيّون لِمُجرَّد حفظهم للقوانين، كأنْ لا تدخِّن، ولا تقامر، ولا تشرب الكحول، ولا تفعل هذا الأمر، ولا تفعل ذلك الأمر، بينما تضمحلّ العلاقة الشخصيَّة بالربِّ.

إنَّ الحرِّيَّة في المسيح ليست فعل ما **تريد**، وليست فعل ما **يطلبه** الآخرون منك، بل هي **السماح للروح القدس بأن يقودك**. وكما قال بولس لأهل غلاطية، فإنَّها ليست الحرِّيَّة لكي نخطىء، بل الحرِّيَّة لكي لا نخطىء. هذه هي الحرِّيَّة الحقيقيَّة. ولا يمتلكها أيُّ شخص غير مؤمن، وهي الحرِّيَّة التي يريدها الربّ لنا. لكن من السهل إيقاف الناس عن ارتكاب الخطايا بفرض الأنظمة عليهم. وهذا ما يفعله مسؤولو بعض الكنائس، إذ يحاولون حماية أعضائهم من ارتكاب الخطايا المختلفة دون أن يلاحظوا أنَّ الخطيَّة عدوّ للحرِّيَّة، تمامًا كالناموسيَّة.

هذا هو موضوع النقاش في رسالة غلاطية. فالأصحاحان الأوَّل والثاني يتكلَّمان عن هذه الحرِّيَّة، والأصحاحان الثالث والرابع يتكلَّمان عن الناموسيَّة، والأصحاحان الخامس والسادس يتكلَّمان عن الخطر المضاد أي اللَّاناموسيَّة. إذًا، يحارب بولس في الواقع على جبهتين، وهذا صلب المشكلة. فالحفاظ على الحرِّيَّة وتجنّب الناموسيَّة مسألة دقيقة جدًّا.

دعونا نُلقِ نظرة على الناموسيَّة و أعمال الجسد والحرِّيَّة بأكثر تفصيل.

الناموسيَّة

يشكِّل الختان، بالنسبة للغلاطيين، الحلقة الأُولى في هذه السلسلة، وهو يُعتبر بداية الناموسيَّة. والختان ليس جزءًا من الإنجيل، كما أنَّ عليهم حفظ باقي الناموس أيضًا.

يقول بعضُهم: "لكن، ألن يستغلَّ الناس الوضع عندما تقول لهم إنَّهم ليسوا تحت الناموس؟ ألن يصبحوا دون ناموس؟ ألن ينصرف الناس إلى الملذَّات إن لم تكن هناك قوانين يتَّبعونها؟"

عندما كنت قسِّيسًا للطائفة المثوديّة، كان هناك كتاب ثُخنُه نصف إنش نقرأه ويحمل العنوان: "دستور العقيدة والممارسة للكنيسة المثوديّة". أمَّا الآن فقد أصبح ثُخنُه ثلاثة إنشات وربع الإنش، إذ تُضاف إليه عدَّة صفحات كلّ سنة! ولو كانت القوانين والمبادىء تؤدِّي إلى النهضة، لكان أعضاء الطائفة المثوديِّة من أكثر الناس انتِعاشًا روحيًّا. لكن، لا يحدث الأمر بهذه الطريقة. وكم يسهل تشريع القوانين بالنسبة إلى هذا الأمر أو ذلك الأمر ظانِّين أنَّ ذلك يعطي حياة لمؤسَّساتنا. ولكنْ لا يحصل ذلك. فالحرِّيَّة تعطي الحياة، وقد حرَّرنا الربّ لنكون بالحقِّ أحرارًا. وعلينا التنبّه من الوقوع في الناموسيَّة، لأنَّ الوقوع فيها يجعلنا قُساةً ومرائين. ونحن لا نجرؤ أن نخبر الناس بأنَّنا كسرنا الناموس إن قمنا بذلك.

أعمال الجسد

يكمن خطر حقيقي في ما يسمِّيه بولس "أعمال الجسد". فلنحترِسْ منها، إذ إنَّها شكل آخر من العبوديَّة. ويسهل الانزلاق فيها كما يسهل الانزلاق في المستنقع، لكن يصعب الخروج منها، تمامًا كما يصعب الخروج من المستنقع. ويعدِّد بولس في هذه الرسالة أعمال الجسد. وبعض تلك الأعمال واضحة كالزنى وعبادة الأوثان، أمَّا الباقي فخفيٌّ كالشِجار والمنافسة والحسد والغيرة والتحيّز.

ويسأل بولس: "ماذا يحصل عندما ينزلق أحدهم في أعمال الجسد؟" فغالبًا ما نواجه "قشر الموز" في حياتنا المسيحيَّة. يجيب بولس إنَّه إن إنزلق أحدهم فعلينا أن ننتشله بسرعة ونعيده إلى الشركة الأخويَّة. لكنَّه يقول إنَّه إن بقي أحدهم في حياة الخطيَّة عمدًا فإنَّه لا يرث ملكوت الله. ربَّما يظن في نفسه أنَّه في مأمن ولديه البطاقة التي تخوّله الدخول إلى السماء، أمَّا بولس فيقول: "إنّك لست في أمان، ولن ترث ملكوت الله." ولا بدّ أنَّ هذا تنبيه جدِّي.

إذًا، من الممكن أن تنزلق نحو الناموسيَّة، ومن الممكن أن تنزلق إلى أعمال الجسد، لكن يجب أن تُنتشل بسرعة. لكن، إنِ اخترتَ عن عمد إمَّا أن تعيش في القفص أو في المستنقع، فلن ترث ملكوت الله.

الحرِّية

الحرِّيَّة هي حرِّيَّة القرار بأن لا أقع في الخطيَّة. أليست هذه حرِّيَّة جميلة؟ فأنت الآن حرّ في المسيح لكي لا تَخطأَ في ما بعد. ولست بحاجة لأن تُذعن للخطيَّة، كما نقرأ في رسالة بولس إلى تيطس عن النِّعمة: "مُعَلِّمَةً إِيَّانَا أَنْ **نُنْكِرَ** الْفُجُورَ وَالشَّهَوَاتِ الْعَالَمِيَّةَ." أليس هذا أمرًا رائعًا؟

دعونا نرَ ما يحدث من خلال إلقاء نظرة على الصورة من جديد. تخيَّل طريقًا يقع في أعلى الجبل، ويمتد إلى أبعد من الشخص الموجود عليه. وعلينا أن نسلك بالروح بمحاذاة الحافة، متجنِّبين الوقوع في أعمال الجسد والناموسيَّة. وبينما تسلك بالروح، تبدأ الأُمور الجيِّدة بالحدوث فيما ينمو ثمر الروح في حياتك. ويوجد ثمر روح واحد يأتي بتسع نكهات مختلفة، بينما توجد عدَّة أعمال للجسد. ويوجد في منطقة البحر المتوسّط نوع فاكهة يُسمَّى "الفاكهة الغامضة". وعندما تقضم القضمة الأُولى تشعر بطعم البرتقال، أمَّا عندما تقضم القضمة الثانية فإنَّك تشعر بطعم الحامض! إنَّها تحتوي عدَّة نكهات. وهكذا فإنَّنا نجد في المؤمن كلّ نكهات ثمر الروح. ويمكن أن نرى بعضًا من تلك النكهات في غير المؤمنين، أليس كذلك؟ إذ يتمتَّع بعضهم بالفرح، وآخرون بالسلام، لكن لا يمكن أن نجد النكهات التسع إلاَّ في مَن هم في المسيح، المملوئين من الروح القدس والسالكين في الروح. وتربطك تلك النكهات مع الربّ والآخرين ونفسك. فالثلاث الأُولى التي هي محبَّة، فرح، سلام تصل بك إلى انسجام تام مع الربّ. والنكهات الثلاث التالية التي هي طول أناة، لطف، صلاح تصل بك إلى انسجام تام مع الآخرين. أمَّا النكهات الثلاث الأخيرة التي هي إيمان، وداعة، وتعفّف فتصل بك إلى تكوين علاقة جيِّدة مع نفسك. يا له من ثمر رائع!

لكنَّ ثمر الروح محدود من دون مواهب الروح، تمامًا كما أنَّ مواهب الروح غير ملائمة من دون ثمر الروح. فعندما أزور مريضًا في مستشفى، يمكنني أن أُظهر له كل جوانب ثمر الروح. فإنِّي أظهر له المحبَّة بمجرَّد أن أعوده، والفرح بإبهاجه، والسلام بتهدئته، وطول الأناة بالاستماع إلى تفاصيل العمليَّة التي أُجريت له، واللطف بتقديم هديَّة من الحلوى له، والصلاح بالتطوّع للاهتمام بعائلته، والإيمان بالصلاة لأجله، والوداعة بالاستجابة لأوامر الممرِّضة عندما تطلب منِّي الرحيل، والتعفّف بعدم تناول

الحلوى التي جلبتها له!وهكذا أكون قد أظهرت خلال تلك الزيارة كل جوانب ثمر الروح، لكني لا أكون قد قدّمت له الشفاء لأنَّ الشفاء هو موهبة من مواهب الروح. ونحن بحاجة إلى المواهب والثمر معًا. ويجب ألّا نفصل بين هذا وتلك.

يقول بولس إنَّ الثمر ينمو عندما تسلك في الروح. ويستعمل الكلمة "تسلك" بِمَعنيين مختلفين مُستخدمًا كلمتين يونانيتين. وفي اللغة العربيَّة تُستخدم الكلمة نفسها "تسلك". ويقول في نهاية الأصحاحين الخامس والسادس: "اسلكوا في الروح". أمَّا في اللعة اليونانيَّة فالكلمة المستخدمة في الأصحاح الخامس تعني "التمشّي"، أي أن تتمشّى بمفردك. أمَّا في الأصحاح السادس، فتعني أن "تسير في مسيرة بمحاذاة آخرين." إذًا، هناك نوعان من السير بالروح. النوع الأوَّل هو السير بالروح بمفردنا، والنوع الثاني هو أن نسير بالروح مع إخوتنا وأخواتنا في المسيح. ونحن بحاجة إلى النوعين. والحرِّيَّة الحقيقيَّة هي الارتقاء إلى السير بالروح مع إخوتك وأخواتك.

إذًا، هذا هو مضمون رسالة بولس إلى أهل غلاطية. وهي من أكثر الرسائل الوثيقة الصلة بالحياة اليوميَّة، غير أنَّها ليست من أسهل الرسائل. وأوَدُّ مُوافقةَ رأي الذين يقولون إنَّها **الوثيقة العظمى للحرِّيَّة المسيحيَّة**. وأظن أنَّه عنوان رائع لها. والكثير من الناس يدافعون عن أنواع متعدِّدة من الحرِّيَّات، منها الجيِّد ومنها السيِّئ، لكن الحرِّيَّة التي ندافع عنها هي حرِّيَّة أن لا نخطىء، وحرِّيَّة أن نبتعد عن القفص الذي يُدعى الناموسيَّة وعن المستنقع الذي يُدعى أعمال الجسد، وحرِّيَّة أن نبقى على المرتفعات متمتِّعين بالبركة التي ننالها من رضى الربّ.

ما تزال الناموسيَّة مسيطرة على حياتنا

إنَّ روح الناموسيَّة منتشرة في كلِّ مكان. فالناس يحاولون أن يدخلوا السماء بمجهودهم الخاص. والمؤسف أنَّ بعضًا منهم يبدأون بالاتِّكال على الإيمان، ومن ثَمَّ يرجعون إلى الاتِّكال على الأعمال.

ذهب الدكتور.و.إ سانغستر لزيارة امرأة تُحتضَر في مستشفى. وسألها: "هل أنت مستعدَّة لملاقاة الربّ؟ ماذا ستقولين عندما تلتقينَهُ؟"

رفعت يدها المرهقة وقالت: "أنا أرملة، وقد ربَّيت خمسة أولاد، ولذا لم يكن لدي الوقت للذهاب إلى الكنيسة أو قراءة الكتاب المقدَّس، أو ممارسة أيّ طقوس دينيَّة. لكنِّي فعلت الأفضل لأولادي، وعندما ألتقي الربّ سوف أرفع هاتين اليدين وهو سيتفهَّم عندما ينظر إليهما."

ماذا كان يُمكن أن تجيب تلك المرأة لو كنتَ مكان هذا الطبيب؟

أمَّا هو فأجابها قائلاً:" لقد تأخرتِ يا عزيزتي، لقد تأخَّرتِ جدًّا."

سألَته: "ماذا تعني بذلك؟"

أجاب: "حسنًا، يوجد من سبقك وهو يرفع يديه أمام الله، والله لا ينظر إلاّ إلى يديه هو."

فسألت مجدَّدًا: "ماذا تعني بذلك؟"

أجاب: "لا تضعي ثقتك بيديك، ضعي ثقتك بيديه هو."

ما تزال النزعة الناموسيَّة تسيطر على حياتنا. وغالبًا ما يظن الناس أنَّه أن تكون مسيحيًّا يعني أن تكون لطيفًا مع جدَّتك مثلاً، ومع الآخرين. ويفتكر عندئذٍ الإنسان في نفسه: "إنِّي مسيحي كأيّ إنسان آخر يذهب إلى الكنيسة." لكن أُسلوب التفكير هذا يربط الناسَ بالناموسيَّة. وعلينا أن نقول لكل واحد من هؤلاء الناس إنَّك لا تصلح للدخول إلى السماء إلاَّ إذا كنت صالحًا 100%. حتَّى إنَّهم لو ذهبوا كما هم فإنَّهم سيُفسِدون السماء للآخرين!

ونجد الروح الناموسيَّة منتشرة في الكنائس أيضًا. فالكنائس معرَّضة لأن تُضيف قوانينها الخاصَّة وتفرضها على أعضائها. لكنْ يجب أن يكون الواقع أنَّ الانضِمام إلى الكنيسة تسبقه شروط أربعة: التوبة والإيمان والمعموديَّة والامتلاء من الروح القدس. ولا ينبغي أن يُنَصَّ على أيِّ شروط أُخرى. أمَّا داخل الكنيسة فهناك إمكانيَّة تسلّق السُّلَّم، كما نقرأ في رسالتَي بطرس.

وكما نقرأ في رسالتَي بطرس، فإنَّه توجد في الخارج أربع خطوات. لكن، المؤسف أنَّ الكنائس تميل إلى القول: "يجب أن تُثبَّت من قِبَل أُسقفٍ"، أو "عليك أن تكون هكذا أو كذلك"، أو "عليك أن تتكرَّس" ، أو "عليك أن تقبل مركز القيادة."، وما إلى هنالك. وجميع هذه الخطوات توجد داخل الكنيسة وليس خارجها.

الناموس ما يزال معنا

هناك من يعتقد أنَّ الزنى يؤدِّي بغير المؤمن إلى الهلاك، أمَّا الزنى فلا يؤدِّي بالمؤمن إلى الهلاك. وهناك من يؤمن أيضًا بأنَّ هناك أنواعًا معيَّنة من الخطايا المقبولة التي يرتكبها المؤمنون. فهم يخسرون بعض البركات والمكافآت بسببها، لكنَّهم لا يخسرون دخولهم إلى السماء. وتعالج رسالة غلاطية هذا الموضوع بحزم، فيقول بولس إنَّك لا يمكن أن ترث ملكوت الله إن كنت تعيش في الخطيَّة عمدًا.

الحرِّيَّة ما تزال معنا

يجب علينا أن نسلك مع الآخرين ونبقى على الطريق الضيِّق، حيث تهبّ رياح الروح القدس في وجوهنا وبركات نعمة الربّ علينا. ولدينا الحرِّيَّة كي لا نخطىء وكي نكون شجعانًا إن كنَّا نسير بالروح فقط.

إنَّ رسالة غلاطيَّة هي من أقوى الرسائل التي ستقرأها. فاقرأها وافهم معناها. وإليك إعادة صياغة لها وضعتُها:

مِن: بولس المـُرسل من قِبَل الربّ (ليس معيّنًا من أيَّة مجموعة من المسؤولين، أو وكيل بشري، بل المـُرسل شخصيًّا من قِبَل الربِّ يسوع المسيح والآب الذي أقامه من الأموات). لقد قرأ كلّ المؤمنين الموجودين هنا رسالتي ووافقوا عليها.

إلى: جماعة المؤمنين في غلاطية.

ليتكم جميعًا تتمتَّعون بالكرَم والقبول اللذَين لا نستحقّهما لدى الله الآب وابنه الربّ يسوع المسيح. فأعمالنا السيِّئة كلَّفت الربّ يسوع حياته، لكنّه قدّمها طوعًا ليخلِّصنا من الهلاك الذي كان ينتظرنا. وقد رتَّب الآب خطَّة الخلاص هذه، وعلينا أن نتذكّر دائمًا أنَّ الفضل يعود إليه.

حزنتُ جدًّا إذ سمعت أنّكم تركتم هذا الإله الذي اختاركم من خلال عمل المسيح المجّاني، ومِلتُم إلى إنجيلٍ آخر لا يحمل "الأخبار السارَّة" أبدًا. وها إنَّ تفكيركم يُشوَّش بفِعلِ أُناس يريدون أن يقلبوا الإنجيل رأسًا على عقب. لكنِ اسمعوا: ليكن ملعونًا كلُّ مَن يناقض الرسالة التي قدَّمتها لكم، حتّى لو كنّا نحن من يحاول فعل ذلك! لقد قلت لكم في السابق، وها إنّي أكرِّر الأمر: إن كان أحد يكرز لكم بغير الإنجيل الذي تسلَّمتموه قبلاً، فليكن ملعونًا!

هل أبدو كأنّي أُحاول أن أُرضيَ الربَّ أمِ الناس؟ هل أُتَّهم بأني أسعى وراء الشعبيَّة؟ فإن كنت ما أزال أُحاول أن أُرضيَ الناس، فآخر ما أُحاول فعلَه هو أن أكون واحدًا من خُدَّام المسيح.

يا إخوتي الأعزّاء، عليَّ أن أوضح لكم أنَّ الأخبار السارة التي أُقدّمها لكم ليست من صنع البشر. فلم أسمع أحدًا يقولها، ولم يقُلْها لي أحد، بلِ استلمتها مباشرة من الربّ يسوع، كما تُظهر تفاصيل حياتي.

ربَّما سمعتم بسِيرَتي السابقة في الديانة اليهوديَّة. فبدافعٍ من تعصُّبي الأعمى كنتُ أصطاد المؤمنين وأُفسِد حياتهم. وكنتُ نصيرًا غيورًا لليهوديَّة، وسبَقتُ جيليَ في دفاعي الحماسيِّ عن تقاليد الآباء.

ثمَّ تدخَّل الله، وهوَ الذي خصَّصَني من بطن أُمِّي واختارني من بين الناس لأُظهِر ابنه للآخرين وخاصَّة لمن كنتُ أدعوهم غرباء. وقرَّرتُ في الحال ألّا أستشير أحدًا، ولم أذهب إلى أُورشليم لأُراجِعَ الذين كانوا يعملون في حقل الربّ، بل ذهبت إلى الجزيرة العربيَّة منفردًا لأُفكِّر في الأمر، ومن هناك رجعت إلى دمشق.

ولم ألتقِ بطرس إلاَّ بعد ثلاث سنوات في أُورشليم، حيث مكثت أُسبوعين فقط ولم أرَ أيًّا من الرسل الآخرين. إلاَّ أنّي التقيتُ يعقوب أخا الربّ (والله شاهد على ما أكتبه). ومن ثَمَّ انطلقت إلى أماكن عدَّة في سوريا وكيليكية، ولم يكن الإخوة في اليهوديَّة قد تعرَّفوا بي. لكن كانوا قد سمعوا أنَّ عدوَّهم اللدود ينشر الآن الإيمان الذي كان قد حاول أن ينقضه. وقد شكروا الربّ لأجل ذلك التغيير.

ثُمَّ مرَّت أربع عشرة سنة قبل أن أزور أُورشليم مرَّة ثانية. وذهب معي هذه المرَّة برنابا وتيطس. وقد حثَّني الربّ حينئذٍ كي أذهب وأتناقش على انفراد مع قادة اليهود المؤمنين بالإنجيل الذي أنشره، حتى لا تذهب مساعِيَّ سدًى. وقد أخذت معي تيطس لأُقدِّمه كمثل حيٍّ لأنّه كان من أصل يوناني. ولم يُثِر أيٌّ منهم موضوع اختتانه. وفي الواقع، لم يذكر أحد الأمر ما عدا بعض المتطفِّلين الذين حضروا الاجتماع دون أن يُدعَوا إليه. فقد تسلَّلوا خلسة ليتجسسوا على ما كنَّا سنقوله عن الحرِّيَّة التي نتمتَّع بها في المسيح. وكانوا يفتِّشون عن طريقة يُعيدوننا بها إلى تحت سيطرتهم. لكنَّنا لم نستسلم لهم، وإلاَّ لكنتم خسرتم الحصول على الأخبار السارَّة.

أمَّا بالنسبة إلى القادة الذين اجتمعت معهم (لم أتأثَّر بمركزهم، إذ إنَّ المناصب لا تهم الرب؛ مع أنَّ الناس كانوا يقدِّمون لهم كلّ إكرام) فلم يزيدوا أيَّة معلومات على التعليم الذي كنت أُقدِّمه. بل على العكس، رأَوا أنني مؤهَّل لِحَمل الأخبار السارَّة إلى الأُمم كما كان بطرس مؤهلاً لحملها إلى أهل الختان. فالإله نفسه الذي كان يعمل بتأثير كبير من خلال خدمة بطرس بين اليهود، كان يعمل من خلال خدمتي بين الأُمم. وقد شكَّل يعقوب ويوحنا وصفا (كان بطرس يستخدم اسمه العبري) الأركانَ الثلاثة للخدمة. وعندما رأوا كيف أنَّ الربّ يبارك عملي صافحوني أنا وبرنابا كعلامة على الشراكة الكاملة في العمل، على أساس أن يركِّزوا هم على العمل بين اليهود ونركِّز نحن على العمل بين الأُمم. أمَّا الطلب الوحيد الذي طرحوه فهو أن لا ننسى إرسال مساعدات مادِّيَّة لليهود المؤمنين، وأبديتُ كلّ الاستعداد لِفَعل ذلك.

لكنْ حدثت مشكلة كبيرة حين زارنا بطرس في أنطاكية. واضطُررتُ إلى مُواجهته، إذ كان على خطإٍ. فعند وصوله، لم يُبدِ أيَّ مانع أن يتناول الطعام مع المؤمنين من أصل أُممي. ولكن عندما وصل بعض مُعاوني يعقوب خاف من ردَّة فعلهم، فأخذ يتناول الطعام بمفرده. وتظاهر الإخوة اليهود بأنَّهم موافقون معه، حتَّى إنَّ برنابا انجرف مع ريائهم. وأيقنتُ أنَّ هذا التصرّف لا يتوافق مع حقيقة الإنجيل، فقلت لبطرس أمام الجميع: "إنَّكَ مواطن يهودي، لكنَّك أزلت كلّ الحواجز وتماشيت مع المؤمنين من أصل أُممي. فلماذا تحاول الآن أن ترجع إلى العادات اليهوديَّة؟"

لقد وُلدنا ضمن شعب الربّ القديم المختار، وليس ضمن الأُمم الذين لا ناموس لديهم. لكنَّنا نعرف يقينًا أنَّه لا يُمكن للإنسان أن يتبرَّأ أمام الربّ من خلال طاعته للوصايا، بل من خلال الإيمان بأنَّ الربَّ يسوع المسيح هو الذي يغفر الخطايا.

إذًا، كان يجب علينا نحن اليهود أيضًا أن نعتمد على ما عمله الربّ يسوع المسيح لأجلنا لكي نتصالح مع الله، بدل أن نعتمد على محاولاتنا الشخصيَّة. ونقرأ في كتاباتنا المقدَّسة: "وَلاَ تَدْخُلْ فِي الْمُحَاكَمَةِ مَعَ عَبْدِكَ، فَإِنَّهُ لَنْ يَتَبَرَّرَ قُدَّامَكَ حَيٌّ" (مزمور 143: 2). لكن لنفترض أنَّ سعينا للمصالحة مع الله من خلال المسيح يجعلنا نعيش خارج الناموس اليهودي، فهل يكون المسيح رجل ثورة يشجِّع عمدًا على الفوضى؟ حاشا!

إنَّ إعادة النظام القانوني الذي هدمته يجعل مني ناقضًا للناموس. وقد اكتشفت منذ وقت طويل أنَّ محاولة حفظ ناموس الربّ تفشل لا محالة. وقد قتل ذلك الفشل غروري، إلاَّ أنَّه دفعني لكي أعيش الحياة التي يريدها الربّ لي. وعندما علمت أنَّ الربّ يسوع مات على الصليب لأجلي، مات الإنسان القديم فيَّ. فمع أنَّني ما زلت على قيد الحياة، فإنَّ إنساني القديم قد مات، والمسيح يحيا فيَّ. إذًا، الحياة الحقيقيَّة التي أحياها الآن في هذا الجسد الفاني تنبع من ثقة مستمرَّة بابن الله، يسوع الذي أحبَّني حتَّى بذل حياته لأجلي. إذًا، لن أُزايد على محبَّة المسيح. وإن كنت أستطيع الوصول إلى السماء بحفظ الناموس، فموت المسيح لا معنى له.

أيّها الغلاطيون الأغبياء! من الذي خدعكم حتى لم تعودوا تسلكون بالحقّ؟ لقد كانت عيونكم مثبَّتة على الربّ يسوع المسيح الذي صُلب لأجلنا. أجيبوني عن سؤال بسيط: عندما اختبرتم أوّلاً روح الربّ، هل كان ذلك بسبب إطاعتكم للناموس، أم لأنّكم آمنتم بما سمعتم؟

حسنًا هل جُنِنتم؟ هل تظنّون أنّه يمكنكم أن تصلوا إلى خطِّ النهاية بالاتكّال على القوّة الطبيعيّة لناموسكم؟ ألم تأخذوا درسًا من كلِّ ما أصابكم؟ لا أعتقد أنّكم ستضربون بكُلِّ ذلك عُرضَ الحائط. أخبروني، هلِ ابتدأ الربّ بالفيض عليكم من روحه، وهل ابتدأت المعجزات بالحصول في وسطكم عندما كنتم تسعون لطاعة وصاياه، أم عندما استمعتم بكلِّ ثقة إلى كلّ ما كان يقول؟

ويشبه اختباركم ما حصل مع إبراهيم إذ إنّه: "آمَنَ بِالرَّبِّ فَحَسِبَهُ لَهُ بِرًّا" (تكوين15 :6). تُلاحظون إذًا أنَّ نسل إبراهيم هم الذين يضعون ثقتهم بالربّ كما فعل هو. ويذكر الكتاب المقدَّس متوقِّعًا الأيَّام التي سيقبل الربّ فيها الشعوب الأُخرى على أساس هذا الإيمان، هذا الخبر السار الذي أُعلِن لإبراهيم نفسه: 'لِتَصِيرَ بَرَكَةُ إِبْرَاهِيمَ لِلأُمَمِ فِي الْمَسِيحِ يَسُوعَ، لِنَنَالَ بِالإِيمَانِ مَوْعِدَ الرُّوحِ."

لكنْ يمكث الذين يعتمدون على الناموس تحت غضب الله، ولا يتمتَّعون ببركاته، لأنَّ ناموس موسى يُعلن بكلِّ وضوح أنَّهُ "مَلْعُونٌ مَنْ لاَ يُقِيمُ كَلِمَاتِ هذَا النَّامُوسِ لِيَعْمَلَ بِهَا" (تثنية 27 :26).

إذًا، من الواضح جدًّا أنْ لا أحد يستطيع أن يصل إلى ذلك المستوى إن كان الربّ ينظر إلينا هكذا. ويشير العهد القديم إلى طريقة أُخرى تؤهِّلنا للمصالحة مع الله، وهي: "الْبَارُّ بِإِيمَانِهِ يَحْيَا" (حبقوق 2 :4). لكنَّ الناموس لا يذكر موضوع الإيمان، بل يشدِّد على الأعمال: "فَتَحْفَظُونَ فَرَائِضِي وَأَحْكَامِي، الَّتِي إِذَا فَعَلَهَا الإِنْسَانُ يَحْيَا بِهَا" (لاويين 18 :5).

لقد إفتدانا المسيح إذ دفع ثمن لعنة الناموس، فكان لا بُدَّ أن يُلعن هو بدلاً منّا. وقد أدّى حرفيًّا العقوبة القصوى التي ينُصُّ عليها الناموس: "لأَنَّ الْمُعَلَّقَ مَلْعُونٌ مِنَ اللهِ." وهكذا أزال الربّ يسوع المسيح هذه اللعنة، وأطلق مكانها بركة إبراهيم لغير اليهود. ويمكننا الآن أن نحصل على قوّة الروح الموعود بها بمجرَّد أن نؤمن.

أيُّها الإخوة، كل ما سبق أن ذكرته ليس غريبًا عن الواقع، ويمكنني أن أوضح ما حصل من خلال الشؤون الإنسانيَّة اليوميَّة. فحين تُختَم وصيَّة أحدهم، لا يمكن بعد ذلك إلغاؤها أو تعديلها. وكان الربّ قد أقام عهده مع إبراهيم وأكَّد له أنَّ وعود البرَكة سوف تتمُّ "في نسلك" (تكوين 22 :18). وأرجو الملاحظة أنَّ الكلمة "نسل" في اللُّغة الأصلية أتت في صيغة المفرد إشارةً إلى شخص واحد هو المسيح. لكن ما أود التشديد عليه هو أنَّه لا يُمكن لاتِّفاق أبرمه الربّ أن يُلغى بواسطة وثيقة قانونيَّة (الناموس) ظهرت بعد أربع مئة وثلاثين سنة، وإلاَّ فإنَّ الاتِّفاق كان من دون قيمة. فالاثنان يتعارضان. وإن كانت البركة تُورَّث الآن بحفظ الناموس، فإنَّها غير متوفِّرة في الشروط الأساسيَّة. لكنَّ الربّ تكرَّم بذلك الوعد على إبراهيم، وهو سوف يُبقي عليه.

إذًا، ماذا كان هدف الناموس؟ لقد كان تدبيرًا موقَّتًا يعالج فوضى البشريَّة! كان على الخطإ أن يَظهر على حقيقته ويوضع تحت السيطرة إلى أن يأتي "نسل" إبراهيم ليرث البركة التي وُعِد بها. وعلى عكس الوعد فإنَّ الناموس لم يُعطَ مباشرة للناس، بل نقله الرب بواسطة مرسلين سماويين أعطَوه لوسيط بشري. ومن المُعتاد أن يقوم الوسيط بدور المفاوض بين الفريقين. ومن ناحية، كان الناموس عقدًا متبادلاً أُبرِم بين الفريقين، وكان على الشعب أن يقبلوا بالشروط. لكننا نؤمن أنَّ الربّ يقف وحيدًا، إذ لا مساويَ له يُمكن أن يواجهه. وبإمكانه أن يفرض شروطه كما فعل في إعطائه الوعد مباشرة.

هل تعني هذه الاختلافات أنَّ الربّ قدَّم نمطَين دينيَّين متنافسين، وكأنَّ الناموس هو بديل للوعد؟ حاشا! فإن كان اشتراع قانون يجعل حياة الناس أفضل، يكون الحلّ إذًا في إشتراع القوانين. لكنَّ الكتاب المقدَّس يُقفل على هذا الاحتمال ببرهانه أنَّ الجميع يُخطئون، مُبقيًا لنا الطريق الوحيد للنجاة من خلال الإيمان بالربّ يسوع المسيح.

كنَّا محبوسين تحت رعاية الناموس بانتظار فرصة الإيمان التي تعلِّمنا كيف نؤمن. بكلامٍ آخر، كنَّا كأولاد، وكان الناموس هو الوصيَّ علينا لكي يبقينا مؤدّبين حتَّى يأتي المسيح ويُصلِحَنا من خلال الإيمان به. وقد جلب لنا الإيمان بالمسيح الحرِّيَّة الكاملة التي يتمتَّع بها أولاد الله الناضجون.

لقدِ اتّحدتم جميعًا في الحياة المسيحيَّة من خلال معموديَّة الماء، وأنتم محفوظون في المسيح. ولم تعودوا أفرادًا مستقلِّين، الواحد يهودي والآخر يوناني، والواحد حرّ والآخر عبد، والواحد ذكر والآخر أنثى. بل جميعكم تكوّنون شخصًا واحدًا في الربِّ يسوع. وأنتم مِلكٌ للمسيح لأنَّكم تشكِّلون جزءًا منه، ومن حقِّكم كنَسلٍ لإبراهيم أن تطالبوا بالبركة التي وُعدت لنسله.

تطلّعوا إلى الأمر بهذه الطريقة: من الممكن للابن أن يرث عمل أبيه، لكنَّه ما دام تحت السنِّ فهو لا يتقدَّم على أيِّ واحد من الموظّفين، مع أنَّه يملك جزءًا من الشركة. وإلى أن يُطلق والده حرِّيته أو يعلن بلوغه سنَّ الرُّشد، يبقى تحت رعاية أولياء أمره، ويُدير أُمورَهُ أُمناءُ حتى يبلغ السنّ التي يعيّنها والده. وهكذا حين كنَّا أطفالاً روحيًّا، تأثَّر سلوكنا بِخُرافات العالم. لكنَّ الربّ عيَّن وقتًا نبلغ فيه فأرسل ابنه إلى العالم منِ امرأة كما نولد نحن. وكانت امرأة يهوديَّة، فوُلد تحت الناموس، ممَّا أهَّله لشراء الحرِّيَّة لكلِّ الذين يعيشون تحت سيطرة الناموس وإعطائنا مقام الأبناء الناضجين.

وبما أنَّكم أصبحتم أبناء الله، فقد أرسل روحه إلى أعماقنا، لذلك نصرخ عفويًّا: "أيّها الآب!" (تمامًا كما نادى الربّ يسوع أباه السماوي). وهذا يُبرهن أنَّ كلّ واحد منكم هو ابنٌ لِلّه، وليس عبدًا في ما بعد. وإن كنتم أبناءً فأنتم أيضًا ورثة معه، وهو سيضمن لكم حصولكم على الملكيَّة.

كان وقتٌ فيه لم تكن لكم علاقة شخصيَّة بالرَّب، وقد تطلَّبت ديانتكم منكم أن تقوموا بأُمورٍ "للآلهة" التي لم تكن حقيقيَّة! لكنِ الآن، إذ تعرفون الرب الإله الحقيقيَّ (أو بالأحرى بعد أن أظهر ذاته لكم)، كيف يمكنكم أن ترجعوا إلى ممارسة تلك الخُرافات الباطلة؟ هل تريدون حقًّا أن تُستعبدوا لها من جديد؟ حتَّى إنَّكم ما زلتم تتبعون روزنامة من الأيَّام والشهور والفصول والسنين "المقدَّسة". بدأتُ أخاف أن يكون تعبي فيكم قد ذهب سُدًى.

يا إخوتي، أرجوكم أن تقفوا بجانبي، فقد أردت أن أتقرَّب منكم، ولم تؤذوني قط. وأنتم تعلمون أنَّه رُغمَ أسقامي الجسديَّة قدمت إليكم أوّلاً لأقدِّم لكم الأخبار السارَّة. وربَّما كان وضعي صعبًا بالنسبة إليكم، لكنَّكم لم تهزأوا بي، ولم تشمئزُّوا منِّي. لكنّكم في الواقع قدّمتم لي ترحيبًا يليق برسول سماوي أو حتَّى بالربِّ يسوع المسيح نفسه. لقد فرحتم وافتخرتم بوجودي بينكم. فأين ذهبت كلّ تلك المشاعر؟ أذكر أنَّكم كنتم على استعداد لأنْ تَهَبوني عيونكم. والآن تشكُّون فيَّ كعدوٍّ. هل يعود سبب ذلك إلى كوني كنت صادقًا معكم؟

إنِّي عالم أنَّ الآخرين يحاولون أن يجذبوكم نحوهم، إلاَّ أنَّ نيَّاتِهم غير صادقة. فهم يريدونكم لأنفسهم بالكامل حتى تبقوا منجذبين نحوهم كليًّا. لا تسيئوا فهمي، ليس جذب الانتباه خطأً بشرط أن يكون مصحوبًا بنيَّات صالحة. وإنِّي أهتمّ لأمركم حتَّى لو كنتُ غير موجود بينكم بجِسمي. يا أولادي، أشعر كأنِّي تمخَّضت بكم حتَّى أتى المسيح إلى حياتكم. يا ليتني كنت معكم في هذه اللحظة حتَّى تسمعوا التغيُّرَ في نبرة صوتي. وإنِّي بكلِّ صدق لا أعرف ما أفعل بكم.

يبدو أنَّكم تريدون أن تكونوا تحت ناموس موسى، لكن هل قرأتم حقًّا كلّ ما ينُصُّ عليه؟ خذوا مثلا هذه الحادثة:

كان إبراهيم أبًا لابنَين من امرأتين مختلفتين، واحدة حرَّة والأُخرى جارية. وكان ابن الجارية نتيجة مجرَّد علاقة جسديَّة طبيعيَّة، أمَّا ابن الحرَّة فأتى نتيجة وعد إلهيّ. وقَصدُ هذا التَّعارُض هو أن يُظهِر حقائق روحيَّة، إذ إنَّ الابنين يشيران إلى علاقتين مختلفتين مع الربّ.

يعود أصل الأُولى إلى جبل سيناء حيث وُلد الأولاد في العبوديَّة. وهذه الأُم الرمزيَّة متمثِّلة بهاجر الجارية التي كانت لها صلة بالجزيرة العربيَّة حيث يوجد جبل سيناء. وهي تشير إلى العاصمة اليهوديَّة أُورشليم، التي يرزح قُوَّادها وأفرادها تحت العبوديَّة. لكن توجد "أُورشليمٌ" ثانية سماويَّة، وقد تمثَّلت بالمرأة الحرَّة التي هي أُمُّ كلّ المؤمنين. وقد كتب عنها الكتاب المقدَّس قائلاً: "تَرَنَّمِي أَيَّتُهَا الْعَاقِرُ الَّتِي لَمْ تَلِدْ. أَشِيدِي بِالتَّرَنُّمِ أَيَّتُهَا الَّتِي لَمْ تَمْخَضْ، لأَنَّ بَنِي الْمُسْتَوْحِشَةِ أَكْثَرُ مِنْ بَنِي ذَاتِ الْبَعْلِ، قَالَ الرَّبُّ" (إشعياء 54: 1).

يا إخوتي، نحن نشبه إسحاق، لأنَّنا أتينا إلى الوجود بسبب وعد إلهيّ. وكما أنَّ الغُلامَ المولود نتيجة علاقة جسديَّة أزعج الطفل المولود بقوَّة الروح القدس، هكذا هي الحال اليوم. لكنِ اقرأوا ماذا يقول الكتاب المقدَّس: "اطْرُدْ هذِهِ الْجَارِيَةَ وَابْنَهَا، لأَنَّ ابْنَ هذِهِ الْجَارِيَةِ لاَ يَرِثُ مَعَ ابْنِي إِسْحَاقَ" (تكوين 21: 10). إذًا، أيّها الإخوة، أبقوا هذا الأمر في أذهانكم، نحن لسنا أبناء الجارية، بل أبناء الحرَّة.

والحرِّيَّة المسيحيَّة هي عندما حرَّرنا المسيح! إذًا، تمسَّكوا بهذه الحقيقة ولا ترتبكوا من جديد بأغلال الخطيَّة. اسمعوا، أنا بولس، المؤمن من أصل يهودي، أقول هذه العبارة الأساسيَّة: إن كنتم تختتنون فلن ينفعكم المسيح. دعوني أُكرِّر مقصدي. أؤكّد لكلّ من يختتن أنَّه مُلزَمٌ إطاعةَ كلّ جزء صغير من الناموس اليهوديّ. فالعمليَّة تتعدَّى اقتطاع جزء من الجسد إلى إقتطاعك عن المسيح! وكلّ من يحاول أن يتصالح مع الربّ بأن يحفظ وصاياه سيجد أنَّه خسر رحمته المجَّانيَّة.

إنّما نبني نحن المؤمنين رجاءنا على أساس مختلف، ونتوقّع بمعونة روح الربّ نتائج إيماننا بالمسيح الربّ يسوع. وعندما نكون في المسيح فإنَّ الختان وعدم الختان سِيَّان. وما يهمّ فقط هو نوع إيماننا الذي نعبِّر عنه من خلال محبَّتنا.

لقد كنتم تُسابِقون الريح بالنسبة إلى حياتكم الروحيَّة. فمن شكَّل عائقًا وأوقفكم عن ممارسة الحقّ؟ هذا الاقناع لا يأتي من الربّ الذي يحثكم دائمًا على التقدّم في حياة الإيمان. وكما يُقال، فإنَّ خميرة صغيرة تخمِّر العجين كلَّه. لكنَّ الربّ يؤكِّد لي أنَّكم لن تُغيِّروا توقّعاتكم. أمَّا بالنسبة إلى الشخص الذي يزعجكم، فسوف يتلقَّى عقابه مهما تكن رتبته.

أمَّا من ناحيتي أيّها الإخوة، فيبدو كأنَّه يجب علي أن أُعلِّم عن ضرورة الختان بعد كل الوقت الذي مضى. وإن كان هذا هو الواقع، فكيف يُمكن لأحدهم أن يُفسِّر المقاومة الشديدة التي يواجهني بها اليهود؟ إن كنت أدعم ناموسهم فلن ينزعجوا عندما أتكلّم عن الصليب. يا ليت الذين يضايقونكم يبتُرون أنفُسَهُم!

إذًا، يا إخوتي، يريد الربّ لكم أن تتحرَّروا. ولكنْ بالمقابل، لا تجعلوا هذه الحرِّيَّة فرصة للجسد، بلِ استخدموها لتُظهِروا محبَّتكم للآخرين، بأن تضعوا أنفسكم رهن خدمتهم. فالناموس ممكن أن يُلخَّص بعبارة واحدة: "تحبُّ قريبك كنفسك." (لاويين 19:18). لكن إن كنتم تغيظون وتزعجون بعضكم بعضًا، فحذارِ أن تُفنوا بعضكم بعضًا.

إنِّي أُشجِّعكم على السماح للروح القدس بتحديد الخطوات التي ستقومون بها. عندئذٍ لن تحاولوا إرضاء طبيعتكم القديمة التي تهتم بعكس ما يريده الربّ، والعكس صحيح. فالاثنان متناقضان، ولهذا لا يمكنكم في كثير من الأحيان القيام بما تريدون القيام به. لكن إن كان الروح القدس يقود حياتكم، يجب عليكم ألَّا تخافوا من الناموس.

عندما تعمل الطبيعة البشرية القديمة تكون النتائج بديهيَّة من الزنى والأفكار الشريرة وعدم اللِّياقة وعبادة الأوثان والإدمانات المختلفة. وتظهر تلك النتائج أيضًا في الحقد والمخاصمات والحسد والطباع السيِّئة والمنافسة، وظنّ السوء والغيرة والعربدة والانغماس في الشهوات. لقد سبق أن حذّرتكم بأنَّ الذين يستمرّون في فعل ذلك لن يكون لهم نصيب مع الربّ.

يظهر الثمر في الشخصيَّة عندما يعمل روح الربّ. وكلُّ جزء من هذا الثمر يحتوي على محبَّة فائقة، وفرح عميق، وصفاء هادىء، وصبر لامتناهٍ، ولطف عمليّ، وسخاء لامحدود، وثبات راسخ، وتواضع لطيف، وضبط للنفس ثابت. ولم يظهر على مرّ التاريخ أيُّ قانون يمنع ظهور فضائل كهذه الفضائل! ولدى المؤمنين بالمسيح الفرصة لينموا لأنَّهم صلبوا ذواتهم القديمة وشهواتهم وأهواءهم على الصليب.

إن كان روح الرب يقود حياتنا، فلندَعِ الروح نفسه يبقينا متَّحدين بعضُنا مع بعض. فنحن نضلُّ السبيل عندما نسمح لكبريائنا بالسيطرة علينا، ونعتبر الآخرين منافسين لنا ونحسد تقدّمهم.

أيُّها الإخوة، إن زلَّ أحد بينكم يجب على الروحيين فيكم أن يساعدوه على الوقوف من جديد. لكن عاملوه بلطف وتواضع، ناظرين إلى نفوسكم لئلا تُجرَّبوا أنتم أيضًا. وعندما تزداد الضُّغوط، ساعدوا بعضكم بعضًا في حمل الأثقال، فتكونوا بذلك تُتمِّمون وصايا المسيح. وإن كان أحد يظن أنَّه أهمُّ من أن يفعل ذلك، فهو غير مستحقّ لشيء، وهو يخدع نفسه.

ليزن كلّ واحد تقدماته ليرى إن كان يفعل كفاية. ومن ثَمَّ يمكنه أن يفتخر بعمله دون أن يقارنه بما يقوم به الآخرون، لأنَّ على كلِّ واحد تحمُّلَ مسؤولياتَّه. ويجب على كلّ من يتعلَّم كلمة الربّ أن يقدِّم لمعلِّمه أُجرة تعبه.

لا تضلّوا، إذ لا يمكن لأحد أن يتشامخ على الرب وينجو بفعلته. والقانون الطبيعي هو أنَّ الإنسان يحصد ما يزرع. فإن كان يزرع لِطَبيعته القديمة، فسوف يحصد شخصيَّة فاسدة. وإن كان يزرع لروح الربّ، فإنَّ ذلك الروح ينتج حياة أبدية.

إذًا، لا نفشل في عمل الخير، لأنّ الحصاد آتٍ. ودعونا نقدِّم للآخرين كلَّما سنحت لنا الفرصة، وبخاصَّة لإخوتنا في عائلة الله.

انظروا ما أكبر الأحرف التي كتبتها بيدي!

إنَّ الذين يضغطون عليكم بأمر الختان لا يهمُّهم سوى المظهر الخارجي، وهدفهم هو تجنّب خسارة الشعبيَّة بسبب صليب المسيح. ومع أنَّهم يهتمّون بأمر الختان، لا يبدو أنَّهم يهتمّون بباقي الناموس. وكل ما يريدونه هو التباهي بعدد الذين ربحوهم بالنسبة إلى تلك الممارسة.

أمَّا أنا، فلن أفتخر بشيء أو بأحد، إلاَّ بصليب الربّ يسوع المسيح ربّنا. وبسبب موته أنا ميت بالنسبة إلى المجتمع، والمجتمع ميت بالنسبة إليَّ. ووجودنا في المسيح لا يتأثَّر بكونِنا خُتِنَّا أم لم نُختن. المهم أن نولد من جديد في الداخل. وكل من يعيش ببساطة هذا المبدإ يحصل على السلام والمعونة المجَّانيَّة من الرب، ولا فرق إذا كان أُمميًّا أم يهوديًّا.

لا يتدخَّلْ أحد في عملي بعد الآن. إنِّي أحمل علاماتٍ في جسدي ربحتُها بسبب خدمة الربِّ يسوع. ولتغمُرْ كيانَكُم أيّها الأخوة نعمةُ ربِّنا يسوع المسيح الفائقة. آمين.

الرسالة إلى أهل رومية

المقدمَّة

إنَّ أفضل أُسلوب لدراسة الكتاب المقدَّس هو دراسة كلِّ سفر منفردًا. فالكتاب المقدَّس هو مكتبة مؤلَّفة من عدَّة كتب، ولذا علينا دراسة كلٍّ منها كوحدة منفردة. فلكلِّ سفر أو كتاب كاتبه، وقد كُتِب في زمنٍ معيَّن، واستُخدم نوع أدبيّ معيّن في كتابته، ووُجِّه إلى مجموعة معيَّنة من الناس. ويساعدنا هذا الأسلوب على عدم تجاهل الواقع أنَّ سفر رومية هو رسالة وُجِّهت إلى مجموعة من الناس، ولذا فلن نسهو عن طرح الأسئلة التي تجيب عن معناها وهدفها.

ومع أنَّ كتابة الرسائل كانت أمرًا مُكلِّفًا في فترة حكم الرومان، وكان يصعب إرسالها، فقد تمَّ اكتشاف ما يقارب أربعة عشر ألف رسالة تعود إلى تلك الفترة. وكانت الرسالة تحتوي عادة على ما يُراوِح بين عشرين كلمةً ومئتَي كلمة. وكان طول الرسالة يُحدَّد في ضوء مَن سينقلها، إذ إنَّ الوزن كان له حساب خاص. لذلك كانت كتابة الرسائل الطويلة أمرًا نادرًا. واحتوت أطول رسالة كتبها شيشرون على ألفين وخمس مئة كلمة، بينما رسالة سينيكا التي احتوت على أربعة آلاف كلمة سجَّلت رقمًا قياسيًّا. أمَّا رسائل بولس فقد تضمَّنت معدَّل ألف وثلاث مئة كلمة، لكنَّ أطول رسالة كتبها كانت الرسالة إلى أهل رومية، إذ تحتوي على أكثر من سبعة آلاف كلمة. وبالفعل أنَّها أطول رسالة وصلت إلينا من العالم القديم.

رسالة غير اعتياديَّة

الرسالة غير اعتياديَّة لأكثر من سبب. فالافتتاحيَّة والخاتمة طويلتان بشكل استثنائي. وبالفعل، فإنَّ الفصل الأخير يحتوي على لائحة طويلة من أسماء أشخاص يُرسِلون تحيَّاتهم. وتخصيص قسم كبير من الرسالة لتوجيه التحيَّات من صديق إلى آخر أمر غير معتاد. أضف أنَّها أتت على شكل محاضرة وليس على شكل رسالة يحكي فيها الكاتب عن حياته. وهي تحتوي في أماكن معيَّنة على نوع من الحوار، وكأنَّ الكاتب يجيب عن تساؤلات معيَّنة.

تشغل هذه الرسالة مكانة مميَّزة أيضًا بين رسائل بولس كلِّها لأنَّها موجَّهة إلى كنيسة لم يزرها من قبل. وكانت لبولس عادة رعاية كنائسه بكلِّ أمانة، وعدم التدخُّل في عمل أحد. ولذلك من الغريب أن

يكتب أطول رسالة إلى كنيسة لم يزُرها ولم يغرسها. لكنْ يبدو من النبرة التي يستخدمها في كتابته أنَّه وإن لم تكن لديه أيَّة علاقة شخصيَّة بأعضائها، كان يريد أن يُقابِلَهم ويتعرفَّوا به.

أضِف أنَّ هذه الرسالة تعتمد على المادة العقليَّة أكثر من الرسائل الأُخرى، من دون ذكر لأيَّة أزمة أو مشكلة تحتاج إلى تصحيح أو معالجة (لكنْ سنجد لاحقًا أنَّه وُجدت بعض المشاكل التي كانت بحاجة للمعالجة). وبينما تحتوي رسائله الباقية على روح من الصراع، لا نجد ذلك في هذه الرسالة.

لقد حاول مفسِّرو الكتاب المقدَّس شرح الهدف من كتابة الرسالة إلى أهل رومية بطريقة أو بأُخرى. ويمكننا وضع الأسباب تحت ثلاثة عناوين.

يقول بعضُهم إنَّ السبب يعود إلى بولس نفسه. ويقول آخرون إنَّ السبب يعود إلى الكاتب والقرَّاء معًا وإلى العلاقة التي تكوَّنت بينهم. ويقول غيرُهم إنَّ السبب يعود إلى القرَّاء.

الكاتب

يأتي الشرح الأوَّل كالتالي: إنَّها السنة 55 م، وكان بولس قد أمضى عشرين سنة في حياة الخدمة. وكانت خطّته أن يبني في كلِّ مدينة رئيسيَّة مستوطنة للملكوت تتمتَّع بالإستقلال الذاتي، والحكم الذاتي، والتوسّع الذاتي. وهذا ما حصل بالفعل في العديد من المدن الرئيسيَّة في شرق منطقة البحر الأبيض المتوسِّط.

وكان العمل الأخير الذي قام به في الشرق هو تجميع كميَّة كبيرة من المال وتقديمها للفقراء من سكَّان أورشليم. وكانت الكنيسة في أورشليم تعاني من جرَّاء جوع وفقر شديدين، لذلك علَّم بولس الكنائس التي أسَّسها إشراكَ الآخرين في ما يملكون وجمع مساعدات ماديَّة للأخوة المؤمنين الفقراء الموجودين في أورشليم. وكان عليه أن يمكث في اليونان ثلاثة أشهر ليستقر الطقس ويصير الإبحار ممكنًا، فيأخذ المال إلى أورشليم. ولذلك كان لديه الوقت الكافي خلال فصل الشتاء لكتابة هذه الرسالة الطويلة كوثيقة ثابتة للإنجيل الذي بشَّر به. ولدينا نسختان من هذه النظريَّة.

بيان

يقول بعضٌ إنَّ رسالة رومية هي بيان للإنجيل الذي بشَّر به بولس، وكأنَّه وصيَّته وتوصيته الأخيرتان. فلم يكن يعرف كم بقي له من الوقت لِيَقضيَهُ في السفر والبشارة، إذ كان قد أُنذِرَ بأنَّه سيواجه الاضطهاد والسجن. إذًا، هذه الرسالة هي تعميم عن تعاليم بولس. ويستشهد مساندو هذه النظريَّة بقول بولس: "لست أستحي بإنجيل المسيح" كبرهان داعم.

مرافعة

يتمسَّك بعضُهم بالنظريَّة القائلة إنَّ بولس يضع بأُسلوب مكتوب ما اعترض في سبيله من اعتراضات على رسالة الإنجيل، تمامًا كما فعل الكاتب جوش ماكدويل بنشره كُتُبًا تشرح كيفيَّة الردِّ على مَن

يعترض على رسالة الإنجيل اليوم. وكان بولس معتادًا أُسلوب المحاجَّة، وقدِ اعتمده عدَّة مرَّات، خصوصًا في موعظته التي قدَّمها في أفسس. وهو كان يعرف الأسئلة والاعتراضات الأساسيَّة، ولذلك ارتأى أن يُنتج كُتيِّبًا يجيب عن تلك الاعتراضات.

المشاكل

ينطوي هذان التوجُّهان مشكلتين أساسيتين:

أوَّلاً، إن كانت هذه الرسالة تلخيصًا لإنجيله، فلماذا أرسلها إلى كنيسة واحدة فقط؟ ولماذا لم يرسلها إلى الكنائس الأُخرى؟ ألم تكن أورشليم مثلاً، أو إحدى الكنائس التي أسَّسها هو، هدفًا أفضل لإيصال الرسالة إليه؟

ثانيًا، لا تحتوي هذه الرسالة على جميع عناصر إنجيل بولس. فمثلاً، لا نجد ذكرًا للملكوت، بينما نعلم أنَّ بولس علَّم عنه. كذلك، ينقصها العديد من المسائل: فمثلاً، لا نجد سوى ذكر ضئيل لقيامة الربِّ يسوع أو صعوده، كما أنَّه يذكر الأُمور الكنسيَّة بخجل، ولا يذكر موضوع عشاء الربّ، ولا أيّ تفسير عن السماء والجحيم. ويغيب موضوع التوبة تقريبًا، كما يغيب موضوع الولادة الجديدة بالكامل. كذلك، لا يشير إلى الله الآب في ما كتبه.

إذًا، تشير تلك الفجوات إلى أنَّ الرسالة ليست تلخيصًا لِما بشَّر به بولس، لأنَّ ما كتبه ليس الإنجيل كاملاً كما نقرأه في رسائله الأُخرى أو في سفر أعمال الرسل. وكلّ من يبني تعليمه عن الإنجيل على رسالة بولس إلى أهل رومية وحدَها سيأتي تعليمه ناقصًا في أكثر من ناحية. كذلك، فإنَّ بولس شدَّد على بعض النواحي أكثر من تشديده على نواحٍ أُخرى. أضف أنَّه يبدو أنَّ الاهتمام أُعطي لبعض تلك النواحي أكثر ممَّا تستحق. فلماذا، مثلاً، أمضى وقتًا طويلاً في معالجة موضوع التبرير وأعمال إبراهيم؟

ثالثًا، ما يزيد افتراضيَّة أنَّ بولس لم يكتب هُنا بيانًا واضحًا عن الإنجيل هو أنَّ الأصحاحات 9-11 لا تتجانس مع موضوع كتابته. فهنا يفتح قلبه للشعب اليهودي قائلاً إنَّه مستعد أن يذهب إلى الجحيم إن كان ذلك يصل بهم إلى السماء. فإن كانت هذه الرسالة تلخيصًا للإنجيل الذي بشَّر به، فمن الغريب إضافة مثل هذه الجملة. ويقول مفسِّرو الكتاب المقدَّس إنَّ الأصحاحات 9-11 هي عبارة عن جملة اعتراضيَّة كبيرة وُضعت بين مزدوجين، وليست فعليًّا جزءًا من النقاش العام.

لقد درستُ رسالة رومية في جامعة كامبريدج على يد أُستاذ رائع أدين له بالكثير. إنَّه جون أ.ت. روبنسون، أُسقُف منطقة وولويش (رُغمَ أنَّه ابتعد عن الخطّ الإنجيلي فترةً من الزمن). وعلى الرُّغم من معرفته الكاملة بهذه الرسالة، كان يعلِّم الأصحاحات 1-8 فقط من الرسالة، قائلاً إنَّ الأصحاحات 9-11 ليست مرتبطة تمامًا بهدف بولس من الكتابة.

ولكنْ لا يمكن لنظرية لا تعترف بوجوب وجود الأصحاحات 9-11 أن تكون صحيحة، لسبب بسيط، وهو أنَّه لم يقسم بولس رسالته في الأصل إلى أصحاحات كما لدينا الآن. وقدِ انسابت أفكاره

مباشرة من الأصحاح الثامن إلى الأصحاح التاسع، ومن ثَمَّ من الأصحاح الحادي عشر إلى الأصحاح الثاني عشر دون أيٍّ فاصل بين الأصحاحين. فتلك الأصحاحات ليست جملة اعتراضيَّة. إذ يقول في نهاية الأصحاح الثامن إنَّه لا شيء يمكن أن يفصلنا عن محبَّة المسيح، ثمَّ يذكر الأُمور التي لا يمكن أن تفصل المؤمن عن محبَّته. ويستمر الفكر نفسه في الأصحاح التاسع حيث يجيب عن احتماليَّة رفض هذا الفكر: إن كان هذا هو الحال، فماذا عن اليهود؟ ألم يفصلهم الربّ بالكامل؟ كذلك نجد فكرًا مترابطًا بين الأصحاح الحادي عشر والأصحاح الثاني عشر. إذ ينتهي الأصحاح الحادي عشر بوصف مجيد لرحمة الله، ومن ثم يقول مباشرة في الأصحاح الثاني عشر: "أطلب إليكم برأفة الله (أي برحمته)..."

الكاتب والقرّاء

تعالج النظريَّة الثانية العلاقة بين بولس ومؤمني روما، وتبحث عن سبب إرسال بولس للرسالة.

عاصمة الإمبراطوريَّة

كان من البديهي أن يختار بولس روما مكانًا يخدم فيه لِكَونها عاصمة الإمبراطوريَّة. وكانت تلك المدينة قادرة أن تقوم بدور رئيسيّ، لأنَّ كلّ الطرق كانت بالفعل تؤدِّي إليها.

لا بدَّ أنَّ هناك عنصرًا من الحقيقة في ما ذُكِر. ويعني أنَّه يكتب لهم مقدِّمَّة، بدل أن يطلب من أحدهم أن يكتب بالنيابة عنه ليظهر أنَّه ليس مبشِّرًا معاديًا، بل هو يبشِّر بالإنجيل الذي سبق إن سمعوا عنه.

بوابة إلى الغرب

بُنِيت النظريَّة الثانية استنادًا إلى النظريَّة الأولى، وأتت بشكل أقوى. وهي تقول إنَّ روما بالنسبة لبولس كانت مدخلاً إلى إسبانيا في الغرب. وبما أنَّه كان قد بشَّر الجزء الشرقي من المتوسِّط، أراد أن يتوجَّه نحو الغرب، ولذلك احتاج إلى قاعدة جديدة ينطلق منها نحو هدفه. وقد كانت أورشليم قاعدته الأولى، وأنطاكية قاعدته الثانية، لكن كانت أنطاكية بعيدة عن إسبانيا، ولذا كانت روما ستكون قاعدته الثالثة لنشاطاته الإرساليَّة.

لا بدَّ أنَّ كلتا النظريتين تحملان عناصر من الصحَّة، إنَّما ليست هذه هي الحقيقة كاملة:

1. فترض النظريتان أنَّ بولس يحاول أن يأخذ أمرًا ما من قرَّائه. إنَّما نبرة الرسالة مختلفة بالكامل؛ فقد كتب قائلاً إنَّه يريد أن يعطيهم وليس أن يأخذ منهم. وقد قال فعليًّا إنَّه يريد أن يخدمهم.
2. لا تشرح كلتا الرسالتين وجود الأصحاحات 9-11. فلماذا ارتأى أن يتكلَّم عن إسرائيل مطوَّلاً، إن كان يريد فقط أن يدعموه في خدمته في الغرب؟ وفي الواقع، أنَّ تلك الأصحاحات التي تشكِّل أُحجية لمعظم النظريَّات هي من أهم الأجزاء في الرسالة.

3. لم تشرح هاتان النظريتان الأصحاحات 12-16 التي تركِّز على النواحي الخاصَّة التي يجب أن يظهر فيها إيمان المؤمنين العمليّ. فلماذا لم يقدِّم بولس عظة عن الأخلاق والتصرّف المسيحي؟ لماذا يشرح بعض الأمور العمليّة فقط؟

القراء

دعونا نُلقِ الضوء على النظريَّات التي تعالج الرسالة من وجهة نظر روما. فنطرح السؤال: لماذا كانت تلك الكنيسة بحاجة إلى استلام هذه الرسالة؟

خارجيًّا ــ المدينة

سياسيًّا

يسارع بولس إلى تأكيد دور الدولة فيقول إنَّ الربّ قد أقامها على الكنيسة. ويطلب من قرَّائه في الأصحاح الثالث عشر احترام القادة السياسيين ودفع الضرائب. وبالفعل فإنَّ القائد يتحكَّم بالسيف لأنَّه خدم الربّ. وعليهم ككنيسة أن يتأكَّدوا من أنَّ الاضطهاد الذي يواجهونه ليس بسبب خطإٍ إقترفوه.

اجتماعيًّا

كانت روما مدينة عالميَّة، وتشرح هذه الرسالة أسلوب الحياة الذي كان سكَّانها يتَّبعونه. فالأصحاح الأوَّل يمتلىء بمعلومات كأيَّة صفحة صحيفة نُشرت هناك. وفي الواقع، كانت رومًا مرتعًا للشذوذ الجنسيّ. وقد مارس المثليَّة الجنسيَّة أربعة عشر إمبراطورًا رومانيًّا من أصل خمسة عشر إمبراطورًا. فهل يمكنك أن تتخيَّل وضع البلاط الملكي والإمبراطور نفسه شاذًّا؟ ويذكر بولس في رسالته خطايا تميَّزت بها تلك المدينة: انفلات للتصرّفات اللاإجتماعيَّة، تمرُّد الأولاد على الأهل، تجاهل الناس للقوانين، تفشِّي العنف والجريمة. إنَّها صورة مميَّزة للعاصمة القديمة للإمبراطوريَّة، وفي الواقع أنَّها تشبه صورة حضاراتنا اليوم. وقد واجهت الحكومة التهرّب الضريبيّ إذ كان كثيرون يقومون بأعمال لا يصرِّحون بها. فانصبَّ اهتمام بولس على عدم دخول الفساد المتفشِّي في المجتمع إلى الكنيسة. فقارب النجاة يقوم بعمله على أفضل وجه عندما يكون في البحر، وليس عندما تدخل مياه البحر إليه!

داخليًّا ــ الكنيسة

يقول بعضٌ إنَّ الرسالة هي العظة التي أراد بولس أن يلقيها في روما، لأنَّه لم يكن متأكِّدًا ممَّا إذا كان سيستطيع الذهاب إلى هناك. وكان الروح القدس قد كشف له أنَّه سيُلقى القبض عليه وسيُحاكم في أيَّة لحظة. فلم يعلم ما إذا كان بإمكانه أن يُحقِّق هدفه بأن يبشِّر في روما، لذلك أصرَّ على أن يبشِّر من خلال رسالة يكتبها قبل وصوله إلى هناك. وكان هدفه من وراء كتابته لهذه الرسالة أن يزيل أيَّ شكٍّ

لديهم في كون الإنجيل هو الحلّ للوضع الذي كانوا فيه. لذلك نرى خيطًا تعليميًّا يمرّ خلال الرسالة، حيث يُرشد بولس المؤمنين الذين كانوا يسكنون في تلك المدينة الممتلئة بالرذيلة والجريمة والعنف.

نعرف القليل عن الكنيسة التي في روما. فبولس وبطرس زاراها بعد أن كانت قد تأسّست. ونعرف أنّه في يوم الخمسين كان قوم موجودين في أُورشليم وقد أتوا من روما، ومن دون شكّ اهتدى بعضٌ منهم في ذلك اليوم. ولا بدَّ أنَّ بعضهم حملوا بشارة الإنجيل معهم إلى روما، فقد كانت في روما جاليةٌ يهوديَّة مؤلَّفة من أربعين ألف نسمة.

إذًا تألَّفت الكنيسة في روما من يهود آمنوا بيسوع وإمتلؤوا بالروح القدس. وممَّا لا شكَّ فيه هو أنَّها نمت من خلال التبشير بين التجّار اليهود الآتين إلى المدينة.

وكان الإمبراطور الروماني كُلوديوس معاديًا لليهود وطرد الأربعين ألف يهودي الموجودين في المدينة. ونقرأ في أعمال الرسل 18 أن زوجين هما بريسكلا وأكيلا تقابلا مع بولس بعد طردهما من روما. وهكذا، لا بدَّ أنَّ الكنيسة في روما أصبحت مكوَّنة من الأُمم.

تُوفِّي كُلوديوس في العام 54م، فعاد اليهود إلى روما بعد أن دعاهم الإمبراطور الجديد نيرون إلى العودة، إذ أدرك أهميَّة وجودهم لإنعاش التجارة. وبالطبع، وصلوا إلى الكنيسة حيث وجدوا أنَّ الكنيسة يُديرُها مؤمنون من أصل أُممي. ولم يتمّ الترحيب باليهود كلِّيًّا، ولذا تنامت روح التشنّج هناك.

تساعدنا هذه الخلفيَّة على فكِّ مغاليق رسالة رومية. وإذ نقرأها، نجد أنَّ كلّ جزء فيها تقريبًا يعالج تلك المشكلة. وكان بولس مهيَّأً لحلّها إذ كان يهوديًّا مدعوًّا للخدمة بين الأُمم.

الأصحاحات 1-8

الخطيَّة

يبدأ رسالته بالنظر إلى حياة الخطيَّة المنتشرة في مدينة روما، ويذكِّر الفريقين أنَّ الجميع خُطاة. فاليهود ليسوا أفضل من الأُمم. وبما أنَّ موت المسيح يُفيد اليهود والأُمم على حدٍّ سواء، يقول إنَّ علينا أن نذهب إلى روح الحياة.

التبرير

يشرح مبدأ كيفيَّة حصول الخطاة المذنبين على التَّبرئة قدّام الربّ. ثمَّ ينتقل إلى فكرة أنَّ باستطاعة اليهود، كغير اليهود، أن يتصالحوا مع الربّ وأنَّهم يستطيعون أن ينالوا "التبرير" بالإيمان. فالدم نفسه يخلِّصهم جميعًا، ولا حاجة للمناقشة مَن مِنَ الفريقين هو الأهمّ.

الحريَّة والناموس

يعالج بولس في الأصحاحين السادس والسابع مشكلتين أساسيَّتين يُعانيهما الأُمم واليهود في تعاملهم مع الإنجيل. إذ كان الأُمم ميَّالين إلى الحرِّيَّة أو الفوضى، بينما كان اليهود ميَّالين إلى الناموس

أو حفظ القانون. وتحدث الفوضى عندما يظنّ المؤمنون أنَّ حرّيَّتهم في المسيح تسمح لهم بأن يتجاهلوا القوانين الإلهيَّة. أمَّا التمسّك بالناموس فَيُعطي المؤمنين شعورًا بأنَّهم مقبولون أمام الله. ولذلك يعالج بولس في الأصحاح السادس موضوع الحرّيَّة، مذكّرًا إيَّاهم بأنَّهم عندما تعمَّدوا لم تَعُد للخطيَّة سيطرة عليهم. ويعالج في الأصحاح السابع موضوع الناموسيَّة أو حفظ الناموس، مشيرًا إلى الصعوبات التي واجهها هو في هذه الناحية وخصوصًا الوصيَّة "لا تشتهِ ما لغيرك".

ثمَّ يكتب بولس في الأصحاح الثامن عن حرّيَّة الروح، ويشرح كيف أنَّ الروح يجمع مؤمني اليهود والأُمم معًا.

الأصحاحات 9-11

يجري الحديث في الأصحاحات 9-11، وهي تشكّل جزءًا أساسيًا من الرسالة، عن موقع اليهود. وقد ظنّ الأُمم أنَّهم إسرائيل الجديدة وقد حلُّوا محلَّ الشعب اليهودي الذي رفضه الربّ. ولهذا تعالج تلك الأصحاحات التوتّر الذي نشأ بين الفريقين.

يؤمن عدد كبير من الكنائس في بريطانيا بما يُسمَّى "اللاهوت البديل". وفي الواقع أنَّ الاسم "إسرائيل" لم يُطلق على الكنيسة في العهد الجديد، وكان على بولس أن يُذكّر قرَّاءه أنَّ الربّ لم يتخلَّ نهائيًّا عن اليهود بسبب رفضهم له. وهو يطلب من الأُمم ألَّا يفتخروا لأنَّ اليهود حُرِموا وهم "طُعِّموا" لأنَّه يمكن أن يُحرموا هم أيضًا إذا لم يستمروا في التَّمتُّع بلطف الرب. ثمَّ يضيف قائلا إنَّه يومًا ما سيخلص إسرائيل. وفي الواقع أنَّه خلال الألفي سنة المنصرمة عددٌ قليلٌ من اليهود آمنوا بالمسيح.

أتت الثغرة بين الأُمم واليهود بسبب وجود حاجز كبير في الهيكل يقسم بين باحة الأُمم والباحات الأُخرى. وكانت تُعلَّق على الحاجز العبارة "ممنوعٌ دخولُ الأُمم"، وقد اعتُقل بولس مرَّة لأنَّه اتُّهِمَ خطأً بإدخال أُمميٍّ إلى خلف الحاجز. فعلى الرُّغم من كون الأُمم واليهود مؤمنين بالمسيح الآن، كان التوتّر ما يزال موجودًا بينهما.

إذًا، يحاول بولس معالجة المشاكل بقوله إنَّهم جميعًا، يهودًا وأُمميِّين، خطاة وقد تبرَّروا بالإيمان. وهو يصف الأُمم بأنَّهم أبناءٌ لإبراهيم بالإيمان مستخدمًا عبارة كانت تُستخدم فقط للشعب اليهودي.

الأصحاحات 12-16

تستمر مناقشة فكرة التوتّر القائم بين اليهود والأُمم في الأصحاحات 12-16. ومع أنَّه يعالج هنا أُمورًا عمليَّة تمتُّ بالصلة إلى السلوك، فهو يركّز على التوتّر القائم بين اليهود والأُمم المؤمنين. وكان من الواضح أنَّ الطعام هو من المشاكل التي نشأت بين الفريقين. فلم يكن لدى الأُمم أيَّة مشكلة في الأكل من الذبائح التي كانت قد قُدِّمت للأوثان. ثم يعالج موضوع تحديد يوم مميّز للربّ، لأنْ لم تكن لدى الأُمم عادة حفظ السبت. وقد شرح بولس أنَّ حفظ يوم الأحد أمر متعلّق بكل واحد على صعيد شخصي.

إنَّ يوم الربِّ ليس السبت. ويجب علينا أن نعبد الربّ في يوم الأحد لأنّه اليوم الثامن من الخليقة، ولا يحلّ محلَّ السبت اليهودي. إنَّه اليوم الأوَّل من الأُسبوع التالي للخليقة، وهو اليوم الأوَّل لأُسبوع العمل عند الربّ. وإن كنَّا نتذكّر يوم راحته فعلينا أن نقوم بالعبادة يوم السبت، لكنَّنا نحتفل بعودته للعمل وهذا ما فعله في أحد القيامة حين بدأ بإعادة خلق الكون بأسره. وبينما في الخليقة الأولى خلق الله السماوات والأرض أوّلاً ومن ثَمَّ خلق الإنسان، فإنَّه الآن يخلق شعبًا جديدًا، ومن ثَمَّ سيخلق سماء وأرضًا جديدتين.

ويوم الأحد هو أكثر الأيَّام عمَلاً بالنسبة إلى الربّ. ويأتي عدد كبيرٌ جدًّا من الناس إلى المسيح في هذا اليوم أكثر من أيِّ يوم آخر. وقدِ انسكب الروح القدس يوم الأحد، ولذلك فإنَّ هذا اليوم هو يوم احتفال للمؤمنين. وهو لم يكن يوم راحة بالنسبة إلى الكنيسة الباكرة؛ فعلى مدى ثلاث مئة سنة لم يكن باستطاعة المؤمنين العبادةُ يوم الأحد في الساعة الحادية عشرة صباحًا أو السادسة والنصف مساء، بل كان عليهم أن يجتمعوا ككنيسة للعبادة في الصباح الباكر أو في وقت متأخِّر من المساء لأنَّ يوم العطلة عند اليهود كان يوم السبت. وكان للمؤمنين الأُمم يوم عطلة واحد كل عشرة أيَّام، بينما لم يتمتَّع العبيد بأيِّ يوم عطلة. وبما أنَّ معظم المؤمنين في الكنيسة الأولى كانوا عبيدًا، لم يكن بإمكانهم "حفظ" يوم الأحد على مدى ثلاث مئة سنة.

لكنِ احتدم الصراع في كنيسة مؤلَّفة من أُمم ويهود حول موضوع يوم الربّ. فكان اليهود يحفظون يوم السبت بحسب عادة اليهود، أمَّا الأُمم فلم يحفظوا أيَّ يوم. وشرح بولس قائلاً إنَّ الأمر يتعلَّق بالاستحسان الشخصيّ.

علينا أن نتمتَّع بهذه الليونة عندما نتواجه مع مشاكل مماثلة. فربَّما يقودنا الربّ إلى اعتماد خطَّة عمل معيَّنة، لكن هذا لا يعني أنَّ علينا أن نجبر الجميع على التمثّل بنا.

ومن الواضح أنَّ رسالة رومية ليست بحثًا عقائديًّا، إنَّما يستخدم بولس العقائد لأهداف عمليَّة. وبعد أن نظرنا في سبب كتابة هذه الرسالة، سنُلقي نظرة على بعض أفكارها الرئيسيَّة. وليس هدفي أن أضع تفسيرًا للرسالة، بل أن أُلقي ضوءًا على النقاط الأساسيَّة التي يجب على القارىء أن يتنبَّه إليها.

الكلمات المفتاحيَّة في رسالة رومية

تُظهِر دراسة الكلمات المفتاحيَّة الواردة في الرسالة الأفكارَ الرئيسيَّة الواردة فيها.

الله

تُستخدم كلمة "الله" أو "الربّ" أكثر من أيَّة كلمةٍ مفتاحٍ أُخرى، إذ تتكرَّر مئة وثلاثًا وخمسين مرَّة. ويشدِّد بولس على أنَّ المؤمنين الموجودين في روما هم شعب الربّ، ولا يهم إن كانوا أُممًا أو يهودًا. فالربّ هو رئيس هذه الكنيسة. ويرد لقب "المسيح" خمسًا وستين مرّة، أمَّا لقب "الربّ" فيرد ثلاثًا وأربعين مرَّة.

الناموس

ترد كلمة "الناموس" اثنين وسبعين مرَّة. وقد أشرنا سابقًا إلى أنَّ بولس أراد أن يركِّز على ميول اليهود الناموسيَّة.

الخطيَّة

يتكرَّر استخدام كلمة "الخطيَّة" في هذه الرسالة إذ وردت ثمانيَ وأربعين مرَّة. ويعالج بولس موضوع الخطيَّة المنتشرة في مدينة روما، وبالأخصّ بين المؤمنين. فهو يقول إنَّه لا يهمّ أين توجد الخطيَّة، فالربّ يكرهها أينما وُجدت في المؤمنين أو في غير المؤمنين. فالمؤمنون يتبرَّرون بالإيمان، لكنَّهم سيُحاسَبون على أساس أعمالهم، لأنَّ الأعمال هي ثمر الإيمان. إذًا، للخطيَّة تأثير كبير في حياة المؤمن.

الإيمان

تُذكر كلمة "الإيمان" أربعين مرَّة. فالإيمان هو الذي يوحِّد بين اليهود والأُمم. فهم قبلاً كانوا متَّحدين بالخطيَّة، أمَّا الآن فهم متّحدون بالإيمان، لأنَّهم جميعًا أبناء إبراهيم بالإيمان.

البرّ

يركِّز بولس في حديثه على موضوع التبرير بواسطة الإيمان ويشير إلى برّ الله. وقدِ استوعب مارتن لوثر الذي قام بحركة الإصلاح الإنجيلي أهميَّة التبرير بالإيمان بسبب قراءته لهذه الرسالة. وقد روَّعته عبارة "بر الله" إلى أن فهم لاحقًا أنَّ الله يريد أن يهبنا هذا التبرير بواسطة الإيمان. وعلينا ألَّا ننسى أنَّ الصليب كان بديلاً مضاعفًا، فالربّ يسوع لم يُزِل خطايانا فقط، بل يهبنا تبريره أيضًا. فالأمر يتعدَّى كونه هروبًا من الجحيم.

ويُمكن أن يكون أمر تبرير الرب لنا أمرًا يصعب فهمه. فعندما يسمع الناس كلمة "التوبة"، يفكِّرون بكلّ الأُمور السيِّئة التي يجب أن يتوبوا عنها، لكن أصعب ما في الأمر هو التوبة عن الأعمال الجيِّدة التي يقومون بها. وقد شبَّه بولس برَّه بِفُضالة الإنسان. وقد كان النبي إشعياء مباشرًا أكثر في كلامه إذ قال إنَّ برّ إسرائيل كخرق بالية لا تريد أن تعرضها على المَلإ. وما يشير إليه بولس في كلامه هنا هو أنَّ **برَّنا** يمكن أن يكون العائق الأكبر لعلاقتنا بالربّ. وعندما نعظ بهذا الحقّ فإنَّ الأشخاص "الصالحين" هم الذين يتصارعون مع هذا الأمر. أمَّا الذين يعلمون أنَّهم أشرار فيتجاوبون أسرع مع هذا الكلام.

من النادر سماع واعظ يحث مستمعيه على التوبة عن أعمالهم الصالحة، رُغمَ أنَّ الأعمال الصالحة كثيرًا ما تُعيق الناس عن الدخول إلى السماء. كذلك أيضًا من النادر أن تسمع أحدهم يطلب الرحمة في اجتماع للصلاة، وهذا أمر مؤسف لأنَّ الربّ ممتلىء رحمة ويريد أن يهبها لكلّ من يطلبها.

إذًا، مبدأ التبرير مهم جدًّا في نظر بولس، وهو يتعدَّى كون مستمعيه بأمان بعد الموت. فكلمة "الخلاص" تعني الإنقاذ وليس مجرَّد الأمان. والكثير من الناس يريدون أن يكونوا بأمان كأن يحصلوا على

تذكرة دخول إلى السماء، لكنَّ العمليَّة تتطلَّب وقتًا. فكلمة "الخلاص" ترد في العهد الجديد في ثلاث صيغ مختلفة للفعل. لقد خَلَصنا، ونخلُص، وسنخلُص. ويستخدم بولس تعابير لاهوتيَّة لوصف هذه العمليَّة المكوَّنة من ثلاث صيغ: التبرير والتقديس (أو التَّطهير) والتمجيد. فدعونا نُلقِ نظرة على معانيها.

التبرير

حاولَ بعضُهم في إحدى ترجمات الكتاب المقدَّس في اللغة الإنكليزيَّة New Guinea Bible أن يستخدم عبارة مشوِّقة للكلمة "تبرير" فاستخدموا العبارة "وَضعي مُمتاز" للدلالة على التبرير. فالتبرير يعني أن يرد اسمُك في كتاب الحياة. وهي بركة مميَّزة، إلاَّ أنَّها بداية عمليَّة الخلاص. ففي التبرير يُحرِّرنا الربّ من عقاب الخطيَّة التي هي نتيجة لانقطاع علاقتنا بالله. وتجادل معظم الديانات الأُخرى بأنَّه علينا أن نُسوِّي أوضاعنا قبل أن نتصالح مع الله، ولكنْ في الإيمان المسيحي يقول الربُّ إنَّ وضعنا "أصبح مُمتازًا".

ويعتقد معظم الناس أنَّ هذا كلّ ما في الأمر. فهم يظنّون أنَّهم وصلوا إلى مقصدهم بعد أن تبرَّروا، بينما يكونون بالفعل قد وصلوا إلى نقطة الانطلاق.

التطهير

التطهير (أو التقديس) هو الجزء الثاني من الخلاص. فبعد أن نتحرَّر من عقاب الخطيَّة، وبعد أن تصطلح علاقتنا بالربّ نصبح أحرارًا من الخطيَّة. تنكسر قبضة الخطيَّة، وتتم عمليَّة التطهير بالإيمان تمامًا كعمليَّة التبرير. فنحن نتبرَّر بالإيمان ونُطهَّر بالإيمان. ويجب ألَّا نعمل على إنتاج التطهير بأنفسنا، لكن كل ما علينا فعله هو الاستمرار في الوثوق بالربّ في كلّ لحظة من حياتنا.

التمجيد

يصف "التمجيد" نهاية العمليَّة، حيث يتم تحريرنا بالكامل من وجود الخطيَّة. وسيأتي الوقت الذي فيه سنعيش في عالم لا يمكن إلاَّ أن نتمتَّع بكلِّ ما فيه، وهو عالم لا تشوبه أيَّة تجربة. وعندئذٍ نستطيع أن نقول بكامل الثقة: "الخلاص تَمَّ مرَّة واحدة."

المنسوب والمنقول

تتناسب هذه الاحتمالات مع التفرقة بين البرّ المنسوب والبر المنقول. فنحن نتبرَّر بناء على إيماننا بالمسيح، فيُعطِّي برُّه عدم برّنا. وتُستخدم هذه الصورة: أن "نلبس المسيح" كثوب جديد عندما نعتمد. فنحن نلبسه حتَّى يراه الآب عندما ينظر إلينا، إذ نحن نختبىء في المسيح. والرب يريد أن ينقل برّه إلينا ولا يقدّمه لنا كدَين. هذه هي عمليَّة التبرير.

إذًا، نحن نخلص في اللحظة التي نؤمن فيها، لكن الرب يريد لنا أن نتبرَّر (ونتقدَّس أيضًا). وفي النهاية، ستكتمل هذه العمليَّة عندما نقِف أمامه في المجد ونراه كما هو وجهًا لوجه (أي نتمجَّد).

من اللافت أنَّه رُغمَ أنَّ بولس يبدأ رسالته بالتركيز على ما أراد قوله، فحين نصل إلى نهاية الرسالة نجِدُه يركِّز على أُسلوبه في البشارة بقوله:"لقد سمعتم رسالتي، ورأيتم كيف عشت وشهدتم الآيات والعجائب التي أجراها الروح القدس، وهكذا قدَّمت لكم الإنجيل كاملاً." والدرس واضح لنا: علينا أن نُظهِر الإنجيل في تصرّفاتنا تمامًا كما نُعلِنُه من خلال كلامنا.

الخطوط لعريضة للرسالة

عندما يأتي الأمر إلى تحليل الرسالة، فنصيحتي هي قراءتها وإعادة قراءتها. ويمكن تقسيمها بعدَّة طرق، إنَّما أبسطُها قسمَتُها إلى "الإيمان" و"الرجاء" و"المحبَّة". فالأصحاحات 1-4 تدور حول الإيمان. ومن ثَمَّ يبدأ بولس في الأصحاح الخامس بالكلام عن الرجاء. فبينما ينظر الإيمان إلى الماضي وماذا فعل الله بواسطة المسيح، ينظر الرَّجاء إلى المستقبل وما سيفعله الربّ آنذاك ليس فقط مع الأُمم، بل مع اليهود أيضًا.

وتظهر الكلمة الثالثة "المحبَّة" في الأصحاحات 12-16. وقدِ انصبّ اهتمام بولس هنا على الحاضر، وكيف يُظهِر المؤمنون إيمانهم في المجتمع وفي الكنيسة أيضًا.

ويمكننا تحليل الرسالة بعمق أكثر بعد أن أظهرنا خطوطها الرئيسيَّة:

المقدمَّة ـــ رسالة بولس ـــ الخلاص هو واحد للأُمم ولليهود

1. **بر الله**

أ. دينونة الخاطيء تحت غضب الله

ب. تبرير القدِّيس من خلال الإيمان

2. **المصالحة من خلال المسيح**

أ. الموت هو عقاب الخطيَّة ـ فهو مات من أجل الخطاة

ب. سيطرة قوَّة الخطيَّة ـ نموت عن الخطيَّة؟

3. **التجديد بالروح القدس**

أ. عبوديَّة الناموس في الجسد ـ إنهزام ويأس

ب. حرِّيَّة الحياة في الروح ـ انتصار وثقة

مُـلك الإله نفسِه

1. في الماضي، تمَّ اختيار إسرائيل
2. في الحاضر، إسرائيل شعب مُعانِد
3. في المستقبل، إسرائيل سيخلص

الحياة في العالَم نفسِه

1. إظهار أخلاقهم من خلال الخدمة والألم
2. تصرّفهم في الأماكن العامة، مثل الدولة والمجتمع
3. أُخوَّتهم العمليَّة في سِيرتهم وكلامهم

الحياة في العالم نفسِه
المقدِّمَّة

أُسلوب بولس ـ الكلمة، العلامة، الأعمال

تحيَّات شخصيَّة

إسرائيل

لم يكن قصدي تقديم شرح للرِّسالة، إلاَّ أنَّ الأصحاحين 9-11 يسبِّبان إرباكًا كبيرًا للقرَّاء، لذلك اقتضى الأمرُ التوسُّعَ في تعاليم بولس عن إسرائيل.

اختيار إسرائيل في السابق (رومية 9)

يعبِّر بولس عن حزنه العميق على شعبه، حتَّى إنَّه كتب قائلاً إنَّه يقبل أن يكون مصيره الجحيم إن كان هذا يعني أنَّ شعبه يذهب إلى السماء. ويشرح قائلاً إنَّه رُغم أنَّ الأمور كانت كلُّها لمصلحتهم، فقد رفضوا الذي أرسله الله. وهو لم يكن يتوقّع أنَّ يؤمنوا جميعهم بالربِّ يسوع لأنْ ليس جميعهم مختارين. ويستخدم بولس أمثلة من العهد القديم.

1. **إسماعيل وإسحاق:** اختير إسحاق بدل إسماعيل البكر. وكان إبراهيم قد حاول أن يدبِّر مستقبله من خلال دخوله على هاجر. لكنْ بقي وعد الله بوريث غير مُحقَّق.
2. **يعقوب وعيسو:** مرَّة جديدة، يرث الصغير البركة بدل الكبير، مع أنَّه كان الأكثر احتيالاً بين الاثنين.
3. **موسى وفرعون:** يشرح بولس دور الله في تقسية قلب فرعون، مشيرًا إلى أنَّه اختار أن يفعل ذلك كردَّة فعل على تمرُّد فرعون عليه.

4. **الأُمم واليهود:** وكما أنّ الربّ اختار الواحد وليس الآخر في القصص التي نقرأها في العهد القديم، كذلك اختار الأُمم، وقد "رفض" اليهود إلى حين. هذا ما قرّره، وهو غير خائب الظن بما يجري.

ويتّضح تعليم بولس عن الاختيار في كلامه، كما يمكن تلخيصه بالتالي:

1. اللّٰه غير مُلزَم أن يكون رحيمًا تجاه أيّ أحد.
2. اللّٰه يختار لهدف معيَّن، وهو أن يُظهر أناتَهُ ورحمته، أو غضبه ودينونته.
3. إنّ الذين ستُمارَسُ العدالة عليهم يستحقون ذلك (مثلاً، لقد أُعطي فرعون أكثر من فرصة ليغيِّر رأيه). والذين تمّ اختيارهم لاستقبال النعمة لا يستحقّونها.

عناد إسرائيل في الحاضر (رومية 10)

1. الأعمال (الناموس) ـ الثقة من خلال الناموس. نحاول أن نحصل على تبريرنا بواسطة هذا الأُسلوب. ونحن نعلم أنّ هذا الأمر كان سيؤول إلى الفشل، إنّما هذه هي النظريّة العامّة التي يتبنّاها اليهود.

2. الكلمة (الإنجيل) ـ الثقة بالربّ. ومن خلال تلك الثقة نحصل على بـرّ الربّ. فما علينا سوى أن نقبل عدم قدرتنا على حفظ الناموس، وننظر إلى ذاك الذي راعى الناموس بكلِّيَّته.

خلاص إسرائيل في المستقبل (رومية 11)

يحاول بولس الإجابة عن السؤال ما إذا كان الربّ قد رفض شعبه بإشارته إلى أنّه دائمًا حافظ على بقيّة. فمع أنّ قلوب بعض اليهود قد تقسَّت، فإنّ هذا الأمر لا يعني أنْ لا أمل للشعب برمَّته. لذا، يجب ألّا يستكبر الأُمم بسبب ضَمِّهم إلى شعب الربّ، لأنّه كما أنّ اليهود "فُصِلوا"، كذلك يُمكن أن يُفصَلوا هم أيضًا، وكما "طُعِّموا" في شعب الربّ، كذلك يُمكن لليهود أن "يُطعّموا" من جديد. ويومًا سيتم ذلك. هذه هي "الأُحجية" التي يقول عنها الإنجيل إنّها سِرٌّ سوف يُكشف.

الخاتمة

بينما اعتقد كثيرون أنّ رسالة رومية مجلَّد كبير يبعد كلّ البعد عن حركة بولس الإرساليّة، فإنّ دراستنا لها تشير إلى عملنيّتها. ويقدِّم بولس من خلال معالجته الأسئلة المزعجة التي تخصّ وحدة الكنيسة بصيرةً تُبيِّن كيف يجب أن تتشكَّلَ مُتحرِّرةً من أُصولها اليهوديّة، فيما تقدِّم الرسالة توضيحًا لمسائل أساسيَّة تخص حياة الإيمان وتهمُّ أبناء اللّٰه في جميع العصور. إنّها قطعة فنيَّة من التفكير الواقعي والواضح، ويعتقد بعضهم أنّها الفُضلى بين كتابات بولس. وتحتلّ هذه الرسالة مكانة رفيعة عند الكثير من المؤمنين، حتّى إنّ بعضهم حَفِظوها عن ظهر القلب. وهي بذلك تكون رسالة أساسيَّة من رسائل العهد الجديد، وإنّي أحث الجميع على قراءتها وإعادة قراءتها حتّى فهم محتواها

الرسالة إلى أهل كولوسي

المقدمَّة

كان من عادة الرسول بولس كتابة رسالة إلى أيَّة كنيسة لم يكن باستطاعته زيارتُها. وكان أحيانًا يسمع عن مشكلة في تلك الكنيسة، فيكتب إليها رسالة بسبب عدم تمكنُّه من ترك الخدمة في المكان الذي كان فيه. وقد أصبحت كتابة الرسائل وسيلة التواصل الوحيدة لديه في أواخِر خدمته، إذ أمضى وقتًا طويلاً في السجن (سنتين في قيصريَّة منتظرًا محاكمته، وسنتين في روما). وقد وُضِع في روما تحت حراسة مشدَّدة في بيت مكبَّلاً بجندي روماني باستمرار. ولم يكن مسموحًا له باستقبال أيِّ زائر. لكن كُتِبت هذه الرسالة نتيجة زيارة رجل يدعى أبفراس.

كتب بولس ثلاثة أنواع من الرسائل: إلى أفرادٍ، حملت الرسائل أسماءهم؛ ولوجود مناسبة معيَّنة اقتضَت معالجةَ مشكلة ما في كنيسة معيَّنة؛ ورسائل عامة لم تعالج مواضيع خاصَّة، بل كان الهدف منها أن يقرأها أكبر عدد من الناس. وعندما كتب بولس رسالة كولوسي التي تعالج مشكلة خاصَّة، كتب أيضًا رسالة شخصيَّة إلى فليمون، ومن ثَمَّ كتب رسالة عامة إلى كنيسة أفسس كان الهدف استخدامها لأكثر من كنيسة واحدة. وقد أُرسلت تلك الرسائل إلى تلك المنطقة في الوقت نفسه بيَدِ ساعٍ يُدعى تيخيكس.

وكما رأينا في السابق، فإنَّ رسائل بولس تتبع النمط الذي كان متداولاً في العالم اليوناني القديم. فالرسالة تبدأ باسْم المـُرسِل، يليه اسمُ المـُرسَل إليه، ثمَّ التحيَّات وإطراءٌ في موضوع معيَّن، ثم صُلبُ الموضوع، وأخيرًا ملخّص عن موضوع الرسالة وتحيَّات ختاميَّة يليها التوقيع. ورُغمَ إضافة خُلاصة عن الموضوع، لا يظهر سبب "المناسبة" بوضوح دائمًا. ويبدو الأمر كالاستماع إلى محادثة تلفونيَّة من جانب واحد. فعلينا القراءة بين السطور لفهم سبب كتابة الرسالة.

كولوسي

تُقدِّم لنا الخلفيَّة الجغرافيَّة للمدينة الدليل الأوَّل لفهمِ الرِّسالة. إذ تقع كولوسي في وادٍ في الجزء الغربي من تركيا بين هيرابوليس ولاودكية. وكانت المدينة في زمن بولس قد تراجعت في الأهميَّة مقارنة بجارتَيها، لكن كان للوادي أهميَّة كبيرة. وكانت تتدفق من الجبال المجاورة ينابيع مياه ساخنة، تتحوّل مياهه إلى اللون الأبيض بسبب المعادن الموجودة فيها. وتُسمى اليوم "مياه مُنتجع قصر القُطن" حيث

يؤمُّ السُّيَّاح ذلك المنتجع للاستحمام بالمياه الدافئة المالحة، والاستلقاء تحت أشعَّة الشمس على مرتفعات الجبال البيض، مع أنَّ المدينة نفسها لم تعد موجودة.

وكانت كولوسي تقع على الجهة الغربيَّة لنهر "ليكوس" المتفرِّع من نهر "مياندر" المتعرِّج بسبب طبيعة المنطقة. وكانت موقعًا استراتيجيًا تجاريًا للالتقاء من أفسس والفرات، ولذلك كان سكَّانها مزيجًا من تلك المدن. وقد قصدها عدد كبير من الأُوروبيين للسكن فيها. وكان سكَّان كولوسي الأصليُّون يُدعَون الفريجيِّين، وقد اجتمع معهم اليونانيُّون الذي قدموا إلى هناك في زمن الإسكندر الكبير. وقد وصل اليهود إلى المنطقة لأسباب تجاريَّة، وكان تأثير الرومان قد قوِيَ بسبب نموِّ إمبراطوريتهم. وفي القرن السابع بعد الميلاد شملَها الفتح الاسلامي، إلاَّ أنَّها حافظت على قِوامها الأساسي.

وتواجدت عدَّة ديانات نتيجةً لمزيج الشعوب في المنطقة. ويمكن أن نطلق عليها لقَبَ مدينة التعدُّديَّة دون أن يطغى دين واحد عليها. وتشرح هذه التعدّديّة الدينيَّة وجهة نظر بولس في الكتابة كما سنرى. ويمكننا تحديد ستّ نواحٍ من المعتقدات الدينيَّة:

الروحانيَّة والخرافات

كان سكَّان فريجية الأصليون يؤمنون بقوَّةٍ بما يُسمَّى العناصر (الأرواح) البدائية والتي كانت تمارس قوَّتها في العالم الطبيعي ومن خلاله. فمثلاً، كانت روح معيَّنة تسيطر على نهر معيَّن أو شجرة أو جبل. وقد أدَّى كل ذلك إلى الخوف والإيمان بالخرافات، وكان العابدون يجتهدون لإرضاء الأرواح للتأكَّد من أنَّ الحياة تجري على ما يُرام. وتشبه تلك المعتقدات ما يؤمن به اليوم سكَّان الأدغال.

"عِلم" التنجيم

إنَّه الاعتقاد أنَّ للنجوم والكواكب تأثيرًا كبيرًا في حياة البشر. وربَّما وصل هذا "العلم" إلى كولوسي من المسافرين الآتين من الشرق والذين لَقُوا تجاوبًا من السكَّان المحليين لإضافة نوع جديد من الإيمان إلى مجموعتهم. ويمكننا أيضًا أن نقارن هذا الفكر بتفكيرنا المعاصر. ففي بريطانيا مثلاً، ستة رجال من أصل عشرة رجال، وسبع نساء من أصل عشر نساء، يقرأون أبراجهم يوميًّا. ويتخذ بعضُهم قرارت في أعمالهم بحسب ما تشير به عليهم قراءتهم للأبراج.

آلهة اليونان والرومان

كانت كولوسي معقلاً لآلهة اليونان والرومان، وبالطبع نتجت من ذلك ممارساتٌ وثنيَّة متعدِّدة. وكان بينهم مَن يعتقد أنَّ الآلهة ترضى عند الامتناع عن إشباع الرغبات الجسديَّة، مثل تناول الطعام وممارسة الجنس. أمَّا آخرون فكانوا يعتقدون أنَّ الآلهة تبتهج بالتفرّج على الممارسات الجنسيَّة المنحلَّة التي اتَّسمَت بها الحياة في تلك المدينة.

الديانات الباطنيَّة

كان الشرق مصدر تلك الديانات، وغالبًا ما تُسمَّى الديانات "المعرفيَّة" فكلمة gnostic في اللغة الإنكليزيَّة وهي تعني "معرفيَّة"، مشتقَّة من الكلمة اليونانيَّة gnosis، وتعني "العِرفان"، وهي عكس كلمة 'agnostic'، التي تعني "عدم المعرفة". فالإنسان اللّاأدريُّ" 'agnostic' لا يعلم، بينما الإنسان "العارف" 'gnostic' يظنّ أنَّه وصل إلى حيِّز المعرفة، خاصَّة أنَّه يكون قد تعلَّم بعض أسرار الخبرات الروحانيَّة. وكان الأمر يتطلَّب أحيانًا ممارسات وطقوسًا معيَّنة للانضمام إلى تلك المجموعة، كما كان يُظنّ أنَّ بإمكان المرء أن يتقدَّم من خلال ممارسة طقوس أُخرى خاصَّة فيصل إلى الكمال الروحيّ. وقد أثَّرت "الأدريَّة". 'gnosticism' في الكنيسة في القرون الأُولى، وإن كان لها أسماءٌ مختلفة، وما تزال تؤثِّر في الكنيسة إلى يومنا هذا.

اليهوديَّة

اختلفت ممارسة الديانة اليهوديَّة في مدينة كولوسي عنها في أُورشليم. فقد تأثَّرت بالأفكار الفلسفيَّة، واتَّسمت باللاأخلاقيَّة والغموض، ويعود ذلك جزئيًّا إلى تأثير حركة "الأدريَّة". فاليهوديَّة في كولوسي امتلأت بالتساؤلات، ولذلك جذبت اهتمام الناس. وأعطت مكانة رفيعة للملائكة كمساعدين في عمليَّة الخلق وفي إعطاء الناموس. وقد ساد الاعتقاد أنَّ الملائكة قاموا بدور كبير في عمليَّة التواصل بين الله والناس. لكن بالمقابل، أُعطيَ للروزنامة اليهوديَّة وقوانين الطعام احترام وافر.

المسيحيَّة

لم يأتِ الإيمان المسيحي إلى كولوسي على يد الرسول بولس. ولا نملك أيَّ برهان يدلّ على أنَّه مرَّ في تلك المدينة. وكان أبفراس الذي زار بولس في السجن هو الذي قام بتأسيس الكنيسة هناك. ونقرأ في سفر أعمال الرسل أنَّ بولس مكث سنتين في أفسس يعلِّم ويبشِّر في قاعة المحاضرات بمدرسة تيرانُّس ويذكر لوقا أنَّ الكلمة كانت قد انتشرت في آسيا. وكان أبفراس قد آمن بسبب تعليم بولس، وقد حمل بشارة الإنجيل إلى مسقط رأسه كولوسي. وكتب بولس هذه الرسالة استنادًا إلى التقرير الذي سمعه من أبفراس، ولذلك ذكر عدَّة تحيَّات منها إلى أرسترخس ومرقس وديماس. ووجَّه أيضًا تحيَّة إلى أبفراس نفسه العامل باجتهاد والذي كان مستمرًّا في الصلاة لأجلهم. وبما أنَّ بولس لم يكن على معرفة شخصيَّة بأعضاء تلك الكنيسة، لم تكن لديه سلطة عليهم، لذلك أتت نبرته في الكتابة لطيفة وهادئة.

التعليم الخاطىء

لطالما تساءل دارسو الكتاب المقدَّس عمَّا كان يحصل في كولوسي. فمن الواضح أنَّ التعليم الخاطىء كان يؤثِّر في الكنيسة، لكن لم يستطع المفسِّرون تحديد المشكلة، إذ بعد دراسة ما كتبه بولس لا تُمكن الإشارة إلى أيِّ نوع ديانة أو ممارسة غريبة.

من الواضح أنَّه لم يكن يواجه التعليم اليهودي الذي رآه في الكنائس الأُخرى. ولم يكن يواجه الديانات الباطنيَّة أو "علم" التنجيم. إلاَّ أنَّ ردَّة فعله كانت تجاه مزيج من الديانات والفلسفات. إذًا، يمكننا الاستنتاج أنَّ بولس كان يواجه الإيديولوجيات التي انتشرت في تلك الحضارة، حيث كانت كولوسي. وتشبه تلك الإيديولوجيات ما يُسمى اليوم حركة "العصر الجديد" 'New Age' لأنَّها مكوَّنة من مزيجٍ من أفكار وفلسفات دون الاستناد إلى عقيدة معيَّنة. ويُسمَّى المزيج بين المسيحيَّة وأفكار أُخرى "التوفيق بين المعتقدات"، وقد علم بولس أنَّ ذلك يدمِّر الإيمان في الكنيسة، إذ عندما تختلط المسيحيَّة مع ديانات أُخرى لا تعود رسالة المسيح في مقام السيادة.

إذًا، يكتب بولس ضدّ الفلسفات الفارغة والماكرة التي تدَّعي أنَّها تعطي الاكتفاء والحرِّيَّة، وأنَّها تقوى على الأرواح الشرِّيرة، وقد مجَّدت موضوع الصيام. وتحمل هذه الرسالة في هذا الإطار درسًا قيِّمًا للكنيسة التي تقف عند بداية الألفيَّة الجديدة. وهي تذكِّرنا بخطر الممارسات الدينيَّة التي تُدخِل الوثنية إلى الكنيسة أو التي تظهر مستندةً إلى تعليم الكتاب المقدَّس. فالمسيحيَّة مثلاً، في نظر كثيرين في بريطانيا، هي مجرَّد ممارسة بعض الشعائر الدينيَّة والذهاب إلى الكنيسة، لكن مع الانتباه قليلاً جدًّا إلى الربِّ يسوع، صاحب الكتاب المقدَّس. أضف أنَّ الممارسات الدينيَّة ذات الأُصول الوثنيَّة تتسلل إلى الكنيسة. فبعض المؤمنين، مثلاً، يحبِّذون ممارسة اليوغا وتمارين التأمُّل.

تأثير التوفيق بين المعتقدات

بما أنَّ موضوع التوفيق بين المعتقدات يحتلّ حيِّزًا كبيرًا من الرسالة، فعلينا أن نتأملَّ في التأثيرين المهمَّين اللذين تُرِكا في كنيسة كولوسي.

حضور الربّ

خسر المؤمنون شعورهم بحضور الربّ. فالمسيحيون يؤمنون بأنَّ الربّ مُتعالٍ وحاضرٌ في آن معًا، أي أنَّه بعيد جدًّا عنَّا لكنَّه قريب منَّا أيضًا. لكن ظاهر هذه الحقيقة متناقض، وإن كنت تتجاهل وجهًا منها فأنت تخسر الإيمان المسيحي بالربّ. فالرب هو أكبر من الكون وأقرب من النَفَس في آن معًا. أمَّا أهل كولوسي فقد رأوا أنَّ الربّ بعيدًا جدًّا، ولا يمكن الوصول إليه، ولذلك سدُّوا هذه الثغرة بالمعتقدات عن الملائكة والأرواح، وقد آمنوا بأنَّه لا بدّ من وجود وسيط للتواصل مع الربّ. إذًا، لقد بالغوا في إيمانهم بأنَّ الربَّ مُتعالٍ، وكانوا نتيجة لذلك في خطر خسارة التمتّع بوجوده معهم.

سموّ المسيح

نجم اعتقادهم بأهميَّة وجود وسيط عن نظرتهم إلى الإله المُتعالي؛ وبالمقارنة لم يعطوا الربَّ يسوع مكانته الصحيحة. مع أنَّ بولس استطاع أن يهنّىء الكنيسة على علامات إيمانها، لم يستَسِغ عقيدتهم

التي أخبره عنها أبفراس. فكانوا قد خسروا إيمانهم بسمُوّ المسيح، إذ وضعوه مع باقي الآلهة. ولم يؤمنوا به بـعتباره ربَّ الخليقة ورأس الكنيسة، تمامًا كشهود يهوه الذين يؤمنون بأنَّ يسوع مخلوق وليس الربَّ نفسه.

سلوك منظَّم

يذكر بولس سلوكين أساسيين غير مسيحيَّين أصبحا جزءًا من حياتهم.

التزام روزنامة

كان أهل كولوسي قد بدأوا التزام احتفالات سنوية وشهربة وأُسبوعيَّة، رُغمَ أنَّه لا تعليم في العهد الجديد عن التزام المؤمن روزنامة احتفالات. وفي الواقع أنَّ الأعياد التي تلتزمُها الكنيسة اليوم هي خليط من المسيحيَّة والوثنيَّة.

ويقدِّم التزام الأعياد مثلاً واضحًا على التوفيق بين المعتقدات، مثل الاحتفال بعيد الميلاد. ويرفض العديد من المؤمنين فكرة عدم الاحتفال بعيد الميلاد، لكنْ لا ذكر في العهد الجديد كلِّه لِضَرورة إقامة احتفالات مميَّزة في عيد الميلاد. أضف أنَّ توقيت العيد مبنيٌّ على احتفال وثنيّ في أوائل الشتاء "بولادة" الشمس في 25 ديسمبر (كانون الأوَّل). وقد أخذ هذا الاحتفال طابعًا "مسيحيًّا" عندما تمَّ إرسال أُغسطينس في العام 597 م من قِبَل البابا غريغوريوس ليبشِّر في بريطانيا، حيث وجد أنَّ السكان المحلِّيين لن يغيِّروا أعيادهم. وتضمَّن الاحتفال بهذه الأعياد ممارساتٍ وثنيَّةً وأناشيد وعربدة. وكانت كلّ قرية تنتخب "ربَّ الحكَّام الأشرار" طوال اثني عشر يومًا، وكان بإمكانه الحصول على أيَّة فتاة يانعة على مدى "الاثني عشر يومًا من عيد الميلاد." وكانت نصيحة البابا إضفاء طابع مسيحيّ على العيد. فكانت النتيجة أنِ انتهى الأمر بالمسيح في مذود صغير، وتُرِك هناك.

كذلك لا نعلم عن أيِّ توجيهات بوجوب الاحتفال بعيد الفصح. فالمسيح مُقام "في كلّ يوم"، وعلينا أن نحتفل بحياته كل يوم. حتَّى إنَّ حفظ يوم الأحد لم يأتِ كأمر في العهد الجديد. فلنا الحرِّيَّة لتمييز يوم الأحد أو لاعتبار كلِّ يوم كيوم الربّ. فنحن لسنا تحت أي ناموس بالنسبة إلى يوم الأحد أو عيد الميلاد أو عيد الفصح، وإن كان الكثير من المؤمنين يعتقدون عكس ذلك.

الامتناع

كان الامتناع عن ممارسة أُمور جسديَّة مُبهجة وشرعيَّة عادةً رومانيَّة، وقدِ انتشرت في كولوسي. فمنهم مَن منعوا الزواج قائلين إنَّ العزوبيَّة أفضل. وآخرون دوَّنوا لوائح بالأشياء التي يُمنع أن يمسُّوها أو يتذوَّقوها. فكان على بولس أن يقول لهم إنَّ الربَّ أعطانا كلّ الأشياء لنتمتّع بها بحرِّيَّة. وللمؤمن الحرِّيَّة في أن يصوم أو يحتفل بناء لرغبته وضميره.

ويتضح من تعليم بولس في هذه الرسالة، وغيرها مثل غلاطية ورومية بالتحديد، أنَّ المسيحيَّة لا تدور حول التوقُّف عن تناول الحلوى في زمن الصوم، بل حول التخلِّي عن المواقف والممارسات الرديئة، مثل الكبرياء والحسد والشهوة. وهي تعني تكريس الحياة للمسيح بالكامل، كلَّ يوم من أيام حياتك. وفي هذا الإطار، فإنَّ كلّ يوم هو مميّز.

ظهرت فكرة الامتناع عن المباهج الجسديَّة في حياة مارتن لوثر. فقدِ التحق بالرهبنة محاولاً أن يخلِّص نفسه بحسب مفهومه. وكان يُصلِّي إلى ثلاثة قدّيسيين كلّ يوم، ويجلد نفسه حتَّى يُغمى عليه في زنزانته. وذهب في رحلة حج إلى روما، حيث تسلّق "الدرج المقدَّس" ركوعًا. لكنَّه لم يجِدِ السلام. وسأله مرَّة الأب المسؤول: "إن كان بوسعك أن تزيل المُمارسات القديمة ورحلات الحج والطقوس الدينيَّة والصلوات التي تُتلى إلى القديسين، فماذا تضع مكانها؟" أجاب مارتن لوثر: "المسيح، فالإنسان بحاجة ليسوع المسيح فقط!" وهكذا وُلِدت حركة الإصلاح الإنجيليّ التي أبطلَت الممارسات الدينيَّة غير الضروريّة وأعادت إلى المسيح مكانتَهُ.

الاكتفاء الإلهيُّ الكامل في المسيح السرمديِّ (الأزلي والأبدي)

يتواجه بولس مع المعلِّمين الكذبة بالأُسلوب الذي يلفت انتباههم. فقد كانوا مركّزين على الحصول على "الاكتفاء" من خلال ممارساتهم. ولذلك استخدم بولس الكلمة نفسها ليصف المسيح. وكتب قائلاً إنَّه في المسيح "يحلّ كل ملء اللاهوت جسديًّا." وعبَّر تشارلز وسلي عن الفكرة بكلمات ترنيمةٍ قال فيها: "إلهُنا آلى على نفسهِ أن يصيرَ إنسانًا مُدَّةً قصيرة". ويشرح بولس أنَّه عندما نحصل على المسيح فنحن نحصل على ملء الأُلوهة.

وهو بالتحديد:

خالق الكون

بالنسبة إلى بولس، فإنَّ عناصر الطبيعة التي كان يخشاها سكَّان تلك المنطقة هي تحت سلطان الربِّ يسوع. وقد تحقق ذلك على الصليب حين وفى المسيح ديننا وكبَّل آسِرينا. فالصليب كان أكثر من مثال على التضحية، إذ هو أيضًا وسيلة الانتصار الحقيقي الذي يستمر إلى الأبد.

قاهر القوّات

إنَّه قاهر كلّ القوّات، فالسلاطين والرياسات وقوّات هذا الكون هي جميعًا تحت سلطان الربِّ يسوع. وفي الواقع أنَّ كل كنوز الحكمة والمعرفة مخزونة فيه. وهو الكل في الكل.

رأس الكنيسة

وبما أنَّه قهر كل القوّات، فهو رأس الكنيسة أيضًا. فلِلْكنيسة رأس واحد، وليس عدة رؤوس. وليس لها رأس بشري، بل رأس إلهيٌّ واحد. ورأس الكنيسة هو الربُّ يسوع، ولا تُعطى هذه الرياسة لأحد. وإن كانت أيَّة كنيسة محليَّة غير مرتبطة بالرأس، فإنَّها تُصاب بالشلل التشنّجي لأنّ قنوات التواصل بين الرأس الذي في السماء والجسد الذي على الأرض منقطعة.

ليركِّز جميع البشر على المسيح الممجَّد

يجب علينا أن نركِّز أنظارنا على المسيح الممجَّد. ويصف بولس كيف أنَّ هويَّة المؤمنين تُحدَّد بالمسيح، وكيف أنَّهم يمرّون في مرحلة تغيير داخلي. ولا فائدة لتلك الممارسات الخارجيَّة التي تتجاهل ما يحصل في الداخل من تغيير.

عواطف طاهرة

إذًا، يجب أن تُطبَّق حياة الإيمان بالمسيح في عدَّة نواحٍ عملية. ويُعلِّم بولس أنَّ العاطفة الطبيعيَّة نحو الشر يجب أن "تُطفأ"، وأنَّ المسيح يجب أن "يُضرَم" في حياتنا إراديًّا. ولا ينبغي أن تكون هناك أيَّة فرصة للشهوة والطمع والغضب والخبث في الحياة المسيحيَّة. ويشير بولس إلى ضرورة "قتل" هذه التصرّفات.

حُسنُ التصرُّف في الكنيسة

يؤدِّي تركيز المؤمن على المسيح إلى تغييرٍ في العلاقات. فيجب علينا أن نشابه الربّ في تصرّفاتنا بعضنا مع بعض بتواضع وتعاطف ولطف ومسامحة ومحبَّة. ويجب على المؤمن أن يعيش ونظَرُه مُركَّز نحوَ العُلى، ولنا في الربّ خيرُ مِثالٍ على ذلك.

انسجام في البيت

يشير بولس إلى أنَّ الحياة في المسيح تؤثِّر في الحياة المنزليَّة، ولذلك يقدِّم الخطوط العريضة للعلاقات داخل الأسرة بين الزوج والزوجة، وبين الأهل والأولاد، وبين السادة والعبيد (فذلك كان جزءًا من البيت أيضًا). ويجب أن تكون العلاقات مبنيَّة على التبادل، وعلى كل فريق أن يقوم بدوره. وهو يستخدم كلمة "الخضوع" ليصف كيف يجب أن تكون ردَّة فعل الناس: فعلى الزوجات أن يخضعن لأزواجهن، وعلى الأولاد أن يخضعوا للوالِدَين، وعلى العبيد أن يخضعوا لسادتهم. لكن تقع المسؤوليَّة في الوقت نفسه على الأزواج والوالدين والسادة بأن يقدّموا المحبَّة المضحيَّة للذين يخضعون لهم.

الخاتمة

يمكن أن نستنتج فكرتين أساسيتين من رسالة كولوسي:

الفكرة السلبية

يعلن بولس في هذه الرسالة أنَّه من الممكن لأحدهم أن يبدأ رحلة الخلاص دون أن يصل إلى النهاية. وهذا الاستنتاج ليس حكرًا على هذه الرسالة فقط، بل ذُكِر أيضًا في أكثر من مكان في العهد الجديد، وتحديدًا في إنجيل متى ورسالة العبرانيين. فبولس يقول في حديثه عن الرجاء في السماء إنَّ الأمر يصحّ "إن كنتم تثبتون في إيمانكم." وهو يُنذِرهم بأنَّه إنِ اتّجهوا إلى عواطف لا تمت إلى المسيح بصِلة فهم سيخسرون الحق بالهروب من غضب الربّ في ذلك اليوم. وهو يُعلِّم بجدّيَّة تامة لأنَّه كان يخاف أن ينجرّوا بالأفكار العديدة التي كانت تؤثّر في المؤمنين. وقد استخدم مرَّة كلمة "يسبيكم" ليصف ما يمكن أن يحدث وكأنَّهم بذلك يسمحون لأنفسهم بأن يخسروا حرِّيَّتهم في المسيح. وإن كانوا يرجعون إلى الممارسات الدينيَّة التقليديَّة، فهم يخسرون كل شيء.

الفكرة الإيجابيَّة

الناحية الإيجابيَّة للرسالة هي أنَّ علينا أن نستمر في وثوقنا بالمسيح بعد أن نأتي إليه بالإيمان. والرسالة ممتلئة بالتشجيع كي نثبت في المسيح. وكما وعد الربُّ يسوع أنَّه إن ثبتنا في الكرمة نأتي بثمر كثير، هكذا يشجّع بولس أهل كولوسي على أن يُبقوا أنظارهم على المسيح إن كانوا يريدون أن تكون حياتهم بحسب مشيئة الربّ. فيقول لهم في الأصحاح الثاني إنَّه كما قبلوا المسيح فعليهم أيضًا أن يستمروا في العيش له.

الرسالة إلى أهل أفسس

المقدمَّة

كُتبت رسالة أفسس على أقرب تقدير في الوقت نفسه لكتابة رسالة كولوسي، وذلك لعدد من الأسباب:

أوّلاً، تتشابه الأفكار الرئيسيَّة بين الرسالتين، حتَّى إنَّ بعضًا يظنُّون أنَّ أفسس صيغت على نمط كولوسي نفسه. وكانت رسالة كولوسي قد كُتِبت لِدَحض حركة التوفيق بين المعتقدات، وقدَّمت عرضًا واضحًا للإيمان المسيحي، وللسلوك الذي ينتج منه. وتتناول رسالة أفسس هذه الفكرة أيضًا. وقد صوِّرت الكنيسة في كلتا الرسالتين باعتبارها جسَد المسيح، وتمَّ التعامل مع الأُمور المنزليَّة وأُمور علاقة العبيد بلسادة بالعبارات نفسها (وقد عالج هذا الأمر أيضًا في رسالة فليمون التي كُتِبت على الأرجح في تلك الفترة الزمنيَّة).

ثانيًا، أراد بولس أن تُقرأ رسالة كولوسي ليس فقط في الكنيسة هناك، بل في كنيستَي لاودكيَّة وهيرابوليس الواقعتين في وادي "ليكوس" إشارةً إلى أنَّ المشاكل التي عالجها في رسالته إلى أهل كولوسي موجودة أيضًا هناك. وبما أنَّ مدينة أفسس كانت تبعد عنهما مئة وعشرين ميلاً فقط (193كلمً)، فمن غير المستغرب أن تكون المشاكل نفسها قد أثَّرت في الكنيسة هناك، خاصَّةً أنَّ رسالة أفسس كانت قد كُتبت كرسالة عامة ولم تُخصَّص فقط لأهل أفسس. وقد أُغفِلَت عبارة "التي في أفسس" من بعض المخطوطات الأُولى.

إضافةً إلى ما سبق شرحه، فإنَّ غياب التحيَّات الشخصيَّة في رسالة أفسس يدعو إلى التعجّب، خصوصًا من إن كانت الرسالة موجَّهة إلى كنيسة أفسس. وكان بولس قد قضى سنتين هناك ولا بدَّ له من أن يذكر بعض الأسماء كما يفعل في رسائله الأُخرى.

وبعد أن أشرنا إلى التشابه بين رسالتي أفسس وكولوسي، لا بدَّ لنا من التنبّه إلى أنَّ رسالة أفسس تتميَّز عن باقي رسائل بولس لأنَّها لا تتمحور كثيرًا حول اهتمامات القرَّاء. ففي رسالة عامة كهذه لا يعالج بولس أي تعليم خاطىء كما فعل في رسائله الأُخرى، ولا يعالج أيَّة مشاكل أو أسئلة.

المدينة

كانت مدينة أفسس تقع على تقاطع طرق أساسيَّة تصل الشرق بالغرب والشمال بالجنوب. وكانت بوَّابة آسيا الصغرى، فكان المسافرون من بلاد الفرس ومصر واليونان وروما يلتقون فيها. كما أنَّها كانت

تحتوي على مرفإٍ كبير في زمن بولس، لكنِ الآن لم يعد ذا أهميَّة كبيرة. كما أنّ مدينة أفسس الحديثة تقع في الداخل في مكان يُسمَّى "آياسوهوك"، بينما المدينة القديمة هي عبارة عن خراب ليس إلاَّ.

وكانت أفسس جزءًا من اثنتي عشرة مدينة شكَّلت الاتِّحاد الأيوني، وكانت مركزًا للتجارة والأموال، وقد احتوت على مسرح يضم أربعة وعشرين متفرجًا، ومعبدًا وثنيًّا كبيرًا كان طوله أربع مئة وعشرين قدمًا وعرضه مئة وثمانين قدمًا. وكانِ الهيكل مكرَّسًا لنيزك أسود كان قد وقع على المدينة في السابق. وكان ذلك النيزك كبيرًا ولامعًا ومغطًّى بتعرّجات، شكلٌ منها يشبه ثدى إمرأة. فكان ذلك إشارة من الإلاهة ديانا (التي هي أرطاميس عند اليونان)، وهكذا بدأت في مدينة أفسس عبادة ثدي الأُنثى. وقد وُضع ذلك النيزك فوق المذبح في الهيكل وصُنِعت على شكله مجسَّمات صغيرة فضيَّة كانت تُعرض للبيع. فكان السُّيَّاح يشترون منها ليضعوها في بيوتهم.

الكنيسة

نعرف عن كنيسة أفسس أكثر مَّما نعرف عن أيَّة كنيسة أُخرى من كنائس العهد الجديد. فنقرأ عنها في الأصحاحات 18-20 من سفر أعمال الرسل، حين زارها بولس. وقد جرت عدَّة مراسلات بخصوص تلك الكنيسة، إذ بالإضافة إلى هذه الرسالة نجد أنَّ رسالتي تيموثاوس وُجِّهتا إليه في زمن وجوده في أفسس، وقد دار حديثه فيها حول الكنيسة هناك. وقد وُجِّهت رسالة إلى كنيسة أفسس في رؤيا يوحنا اللاهوتي، كذلك كُتِبت رسائل يوحنا الثلاث وإنجيل يوحنا في مدينة أفسس لأنَّ يوحنا الرسول كان قد استقرّ هناك مع مريم أُمِّ يسوع.

وتشير بعض المراجع خارجَ الكتاب المقدَّس إلى أنَّ تلك الكنيسة نمت. وقد كانت تلك المدينة مهمَّة جدًّا في تاريخ الكنيسة الباكرة. وقد أُقيم فيها مجمع أفسس في العام 431 م. ويمكن للزائر اليوم أن يتفرَّج على بقايا كنيسة القديس يوحنا وعلى قبره. فمن المؤكَّد أنَّ الرسول الشيخ مات هناك.

ومكث بولس في مدينة أفسس فَترتين امتدَّتا خلال سنتين، وقد نمت الكنيسة حينذاك. وكان الإيمان بالمسيح مقبولاً والتجاوب معه فوريًّا حتَّى ضعفت التجارة بمجسَّمات الإلاهة ديانا. وقد تركها العديد من تابعيها والتجأُوا إلى الإله الحي، حتَّى إنَّ بولس واجه مقاومة من قِبل الصاغة. وفي نهاية المطاف، اختفت تجارة المجسَّمات الفضيَّة بالكامل.

بنية الرسالة

يبدو من الواضح أنَّ بولس شعر بضرورة إرسال رسالة تلخّص الإيمان والسلوك المسيحي إلى كنيسة أفسس ليمنع الهرطقات المنتشرة في آسيا من إفساد الكنيسة. وهي أقرب من أن تكون بيانًا عن الإنجيل الذي بشَّر به، خاصَّة أنَّ رسالة رومية ليست البيان للإنجيل كما يعتقد الكثيرون. وهذه الرسالة هي أكثر رسائل بولس منهجيَّة. كما يرى بعضُهم أنَّها الرسالة الأكثر صقلاً فيُطلقون عليها التَّسمية "ملكة الرسائل".

ومبنى الرسالة واضح جدًّا. فيتمحور الجزء الأوَّل حول علاقتنا بالله من خلال الربِّ يسوع المسيح، ويتمحور الجزء الثاني حول علاقتنا بالمؤمنين. ويستخدم بولس كلمة "المسيح" عندما يتكلَّم عن علاقتنا بالآب، لكنَّه يستخدم كلمة "الربّ" عندما يتكلَّم عن علاقتنا بعضنا ببعض. فالمسيح هو الذي يهبنا العلاقة مع الآب، وهو الرب الذي يسيطر على علاقتنا مع الآخرين.

إذًا، يُبيِّن لنا بولس في الجزء الأوَّل من رسالته كيف نحصل على الخلاص، ويُظهر لنا في الجزء الثاني كيف يجب أن نسلك بعد أن نؤمن بالمسيح. ومن الجدير بالملاحظة أنَّنا لا نخلص **بالأعمال** الصالحة، بل نخلص لكي **نعمل** الأعمال الصالحة.

الجزء الأوَّل:

قَصدُه وقوَّته، علاقة بالآب (في المسيح)، خلاص تمّ.

العقيدة

خلصنا بالفداء والغفران والتبرير

خلاصنا

سيادة إلٰهيَّة داخل الكنيسة

الجزء الثاني:

سلوكُنا وحربُنا

علاقتنا بالآخرين (في الرب)، خلاصنا تمّ

الواجب

خَلَصنا لهدف تطبيقي

تقديس، تكريس، تجاوبنا

المسؤوليَّة البشريَّة خارج الكنيسة

لا يكفي المجيء إلى المسيح، بل علينا أن نتجذَّر فيه ونُبنى فيه ونُؤسِّس حياتنا فيه. وعلينا أن نثبت في المسيح طوال الطريق. ويشبه تعليم بولس تعليم الربِّ يسوع، حيث قال: "أَنَا الْكَرْمَةُ الْحَقِيقِيَّةُ وَأَبِي الْكَرَّامُ. كُلُّ غُصْنٍ فِيَّ لاَ يَأْتِي بِثَمَرٍ يَنْزِعُهُ، وَكُلُّ مَا يَأْتِي بِثَمَرٍ يُنَقِّيهِ لِيَأْتِيَ بِثَمَرٍ أَكْثَرَ" (يوحنا 15).

إذًا، مع أنَّ بولس لم يكن يعرف أعضاء كنيسة أَفَسُس معرفة شخصيَّة، فإنَّ اهتمامه إنصبَّ على عدم خسارتهم لما تعرَّفوا به في المسيح.

يعتقد الناس أنَّنا نخلص بصلاحنا. أمَّا الإنجيل فيقول بوضوح إنَّنا نخلص لكي نصبح صالحين. والفكرتان مختلفتان كلِّيًّا!

والكلمتان المفتاحان في الجزء الأوَّل هما: **القَصْد والقوَّة**. فنحن نرى ما ينوي الربّ فعله، ونلاحظ القوَّة التي لديه لتحقيق ذلك الهدف. والكلمتان المفتاحان في الجزء الثاني هما: **سلوكُنا وحربنا**. فعلينا أن نسلك في النور، ونسلك في المحبَّة ونسلك كأولاد الرب، وعلينا أن نحارب الحرب الروحيَّة.

إذًا، يركِّز الجزء الأوَّل على ما يحصل داخل الكنيسة؛ أمَّا الجزء الثاني فيركِّز على ما يحصل خارجها. ويعالج الجزء الأوَّل الأبعاد العموديَّة للإنجيل، بينما يعالج الجزء الثاني الأبعاد الأُفقيَّة للإنجيل. ومن الضروري أن نُبقيَ العنصرين معًا. فإن كنَّا نؤمن بأنَّنا خلَصنا ولدينا تذكرة الدخول إلى السماء بغضِّ النظر عن مسلكنا، فنحن لم نفهم الإنجيل.

ونرى في بنية الرسالة أمرًا أساسيًّا عن الخلاص، لأنَّ الترتيب الذي تأتي الأُمور فيه مهمٌّ جدًّا. فهناك من يعتقد أنَّ المسيحيَّة هي أن نكون "صالحين". لكن القول إنَّ المسيحيَّة هي أن "نخلُص" يشوِّه الحقيقة أيضًا. علينا أن نملك الاثنين معًا، لكن بالترتيب الصحيح. وتضع معظم الديانات التقديس قبل التبرير، إذ تطلب من الناس أن يصلوا إلى الصلاح (كما يُشار عليهم) كشرط لأن يقبلهم الربّ. لكنَّ المسيحيَّة فريدة في نوعها.

تضع معظم ديانات العالم التقديس قبل التبرير، إذ تطلب من الناس أن يحصلوا على الصلاح (بأيَّة وسيلة) قبل أن يقبلهم الربّ. أمَّا المسيحيَّة فهي فريدة لأنَّها تقول إنَّنا مقبولون لدى الربّ كما نحن، لكي يجعل منَّا الربّ ما يريد لنا أن نكون. ويجب أن يأتي التبرير قبل التقديس إذ لا نستطيع أن نعيش الحياة المسيحيَّة قبل أن تصبح علاقتنا بالربِّ سليمة. ويُبنى السلوك المسيحي على الإيمان المسيحي؛ كما ينبثق حس الواجب المسيحي من العقيدة المسيحيَّة.

تُظهِر دراسة الأصحاحات 1-3 أنَّ بولس يشرح عقيدة الخلاص في سياق خدمة عبادة. والترتيب هو التالي: تسبيح، صلاة، عظة، صلاة، تسبيح. والفكرة الرئيسيَّة العامة للخدمة هي قوَّةُ الله وقصدُه.

التسبيح: الهدف منه باختصار أنَّ كلّ الأُمور تنتهي بالمسيح

الصلاة: معرفة القصد والقوَّة

التبشير: قوَّة ومعرفة

1. **المسيح**: أقيم من الموت لكي يملك
2. **الأُمم**: أُقيموا لكي ينضمّوا
3. **بولس**: أُقيم لكي يُظهر

الصلاة: معرفة القوَّة والقصد

التسبيح: قوّة، للقيام بما هو فوق المتوقَّع

يشدِّد بولس كثيرًا على أهميَّة الوحدة بين مؤمني الأُمم واليهود. ويؤكِّد أنَّ الربَّ قد أزال الحاجز بينهما، مشيرًا إلى الحاجز الذي كان موجودًا في الهيكل لمنع دخول الأُمم إلى الباحة الداخليَّة لئلَّا

يموتوا. وقد أدرك بولس أنَّ هذا الانقسام أثَّر في الكنيسة أوَّلَ عهدها. وكتب رسالته وهو في السجن لأنَّه اتُّهم خطأً أنَّه أدخل رجلاً أمميًّا من أفسس يُدعى تروفيمُس إلى الباحة المخصَّصة لليهود في الهيكل.

لكن تأكيد بولس على أنَّ الكنيسة هي "البناء الجديد" الذي وُضع مكان الهيكل لا يعني أنَّ بإمكاننا الافتراض أنَّ الربّ تخلَّى نهائيًّا عن إسرائيل القديمة. وما يُسمَّى "اللاهوت البديل" هو حيث تُعتبر الكنيسة بديلاً للشعب القديم هو تفسير غير صحيح، إذ يشرح بولس في الأصحاحات 9-11 من رسالة رومية أنَّه ما زال لدى الربّ أهداف لشعبه.

السلوك بالروح

تتناول الأصحاحات 4-6 كيف يجب أن تكون ردَّة فعلنا إزاءَ ما فعل الرب. والكلمة المُستخدمة هنا هي "السلوك"، وهي تشير إلى نمط تصرُّفٍ معيَّن. فيمكن أن نقفز في الروح أو نثب بالروح، لكنَّ الربّ يريد أن شعبه "يسير" بالروح. فالسَّير ليس أمرًا استعراضيًّا، إلاَّ أنَّ اتّخاذ خطوة وراء خطوة يصل بنا إلى الهدف الصحيح.

ويعدِّد بولس ثماني نواحٍ يجب أن نسلك فيها:

التواضع

نحن نمشي في تواضع لأنَّه سرّ الوحدة. ولا يمكننا أن نصل إلى الوحدة المسيحيَّة إن كنَّا لا نتحلَّى بالتواضع، لأنَّه حيث الكبرياء تنكسر الوحدة. لذلك يجب ألَّا ننزعج عندما يتكلَّم الناس عنَّا إذ علينا أن نتذكَّر دائمًا أنَّ الأمر سيكون أسوأ لو أنَّهم يعرفون الحقيقة كاملة عنَّا!

ومن الأشعار المفضَّلة لديّ الاقتباسُ التالي الذي يُضيء على هذا الموضوع بوضوح:

> صرختُ مرَّة بشغف مقدَّس وحزن عميق:
> "يا رب، قلبي أسود وإني لخاطئ كبير"،
> فأجاب ملاكي الحارس هامسًا في أذني،
> "التواضع يا بُنَيَّ هو ما يجب أن تبتغيه".

التواضع المزيَّف ليس تواضعًا، بل التواضع الحقيقي يعني أنَّنا نحن ما عليه بسبب نعمة الربّ. ولن نصل إلى أي مكان لولا نعمته.

الوحدة

يُشجّعنا بولس على أن نسلك في وحدة، ويذكّرنا بأنَّه يوجد جسد **واحد** وروح **واحد** وإيمان **واحد** ومعموديَّة **واحدة**. ويوجد ربٌّ **واحد** وإله **واحد** وأب **واحد** لجميعنا. ولذلك علينا أن نحيا

بوحدة ولا تهمُّ اختلافاتنا لأنَّنا جميعنا خَلَصنا بدم الربّ يسوع. والمحافظة على **وحدة** الروح تعني أن نبقى نُشَطاءَ. فالذهاب إلى كنيسة واحدة لا يعني بالضرورة أنَّ الأُمور على ما يرام، بل علينا أن نجتهد في سبيل الأمر.

النُّضج

يشجِّع بولس الكنيسة على السير بنضوج، فيقول إنَّنا ننتقل من الوحدة لننمو إلى ملء قامة يسوع المسيح. ويكمل الشرح قائلاً إنَّه لهذا السبب أعطى الرب الكنيسةَ بعضَ الرُّسل، وبعض الأنبياء، وبعض المُبشِّرين، وبعض الرُّعاة والمعلِّمين، لكي ننمو جميعًا وننضج.

تبدأ الشركة الأخويَّة بوحدة الروح وتنتهي بوحدة **الإيمان**. ويجب المحافظة على وحدة الروح لكي نصل إلى وحدة **الإيمان**. ولقد قام بعض الإنجيليين بوضع قوانين عقائديَّة، ولذلك فهم ينتقدون من لهم شركة مثلاً مع طائفة الكاثوليك الكريزماتيك. لكن أساس الوحدة هو الروح الواحد. وعندما نتقابل مع شخص اعتمد بالروح نفسه الذي اعتمدنا نحن به فلنا شركة معه. ربَّما لن نكون قد وصلنا بالكامل إلى وحدة الإيمان، لكن يمكن أن نصل إلى ذلك إذ ننضج. فالهدف هو أن يكون لدينا إيمان واحد، لكن بداية الأمر كلّه هو وحدة الروح. إذًا، عندما نلتقي شخصًا يسكن فيه روح الربّ، فهو جزء من جسد المسيح. وحتّى نحن يمكن أن نكون قد أخطأنا في بعض النواحي!

الاستقامة

يظهر موضوع الإستقامة في مقدِّمة الأصحاح الخامس. ويحثّنا بولس على التأكّد من أنْ تتماشى حياتنا مع تصرّفاتنا، وتُلائمَ أقوالُنا كوننا أولاد الله. ويطلب منَّا عدم التفوّه بنكات بذيئة، إذ كان عمليًّا في كلامه.

الإحسان

علينا أن نقدِّم الإحسان أحدُنا للآخر، وعلينا أن نُسامح أحدنا الآخر كما سامحنا المسيح. ويجب على المؤمنين أن يحتملوا بعضهم بعضًا، فيما يستمرون في عدم احتمال الأخطاء والخطايا. ويصعب الوصول إلى هذا التوازن، إنَّما هو علامة فارقة مهمَّة نصل إليها.

الطهارة

علينا أن نمتلىء من الروح القدس. ويشير الفعل إلى الاستمرار بالإمتلاء. وعلينا أن نسلك بدوافع وقلوب طاهرة إن كنَّا نريد أن نُرضي الربّ الذي دعانا.

الطاعة

تحمل معظم كلمات بولس معنًى سلبيًّا في لغتنا المعاصرة. لكنَّ في الطاعة أو الخضوع أحدُنا للآخر في المسيح دلالةً جميلةً على النُّضج.

ويذكر بولس ثلاث نواح:

على الزوجات أن يخضعن لأزواجهنَّ،
على الأولاد أن يخضعوا للأهل،
على العبيد أن يخضعوا لسادتهم أو رؤسائهم.

وفي كلّ حالة، على الخاضع أن "يضع نفسه تحت" الآخر احترامًا للمسيح. ويجب على أن يكون خضوعهم مثلاً بشريًّا على خضوعهم للمسيح.

المسؤوليَّة

إنَّ الذين يخضع الآخرون لهم لديهم مسؤوليَّة بأن يكونوا مستأهلين لهذا الدور الذي تملأُه التحديَّات. فعلى الرجال أن يحبّوا نساءهم كما أحبَّ المسيح الكنيسة، لا أقلّ. وقد قالت لي زوجتي أكثر من مرَّة إنَّه سيكون من دواعي سرورها أن تخضع لي عندما أخضع أنا للمسيح. لذلك على الأزواج والآباء والسَّادة مسؤوليَّة تجاه مَن يضعون حياتهم بين أيديهم. والتعليم عن الخضوع لا يعذر أيّ تصرّف تسلُّطيٍّ أو متعجرف.

الحرب الروحيَّة

إنَّ موضوع الحرب الروحيَّة هو من أكثر أجزاء هذه الرسالة شعبيَّة. فنقرأ أنَّه علينا أن نلبس سلاح الله الكامل، لأنَّ حربنا ليست مع بشر. فمن الأسهل محاربة البشر، ويبدو أنَّ بعض المؤمنين يفضِّلون ذلك. لكنَّ بولس يشرح لنا أنَّ حربنا ليست مع دم ولحم، بل مع أجناد الشرّ الروحيَّة. وفي الواقع، نحن نصارع في المكان الذي وُضِعنا فيه في المسيح، إذ نقرأ في الأصحاح الأوَّل أنَّنا مُجلَسون معًا في المسيح في الدائرة السماويَّة.

ومن الواضح أنَّ الأمر الوحيد الذي يجب فَعلُه هو عدم التراجع، لأنْ بحسب وصف بولس لا يحتوي السلاح الروحي على حماية للظهر. ربَّما لا نستطيع مرَّة التقدّم إلى الأمام، لكن عليك أن تقف ولا تتراجع إلى الوراء.

والإشارة إلى ترس الإيمان الذي يُخمِد السهام المشتعلة هو استِعارةٌ من تُرس الجندي الروماني الذي كان مغطًّى بغشاء رقيق. وكانت كل السهام المشتعلة تنطفىء عندما تمس ذلك الترس. إذًا، يمكن أن يُخمِد إيمانُنا كلّ السهام الناريَّة التي يرميها الشرِّير.

الاختيار

لا تكتمل دراسة رسالة أفسس دون التطرّق إلى موضوع الاختيار. وتحتلّ هذه الفكرة الأصحاح الأوَّل. وغالبًا ما يُساء فهم موضوع الاختيار. إذ يتكلَّم بعضهُم عن هذا الموضوع وكأنَّنا أناس آليُّون أو دُمًى متحرِّكة فلا نستطيع مقاومة ما يختاره الربّ لنا.

ويعود أصل هذا المفهوم إلى تفسير النص الوارد في الأصحاح الثامن عشر من إرميا، حيث يتم تشبيه الناس بالطين في يد الفخَّاري. فيقول بعضٌ إنَّ الربّ هو الفخَّاري وهو يفعل بالطين ما يشاء، ولا خيار للطين في الأمر. لكن يمكن أن يكون إرميا قد قدَّم النظرة المخالفة، إذ نقرأ في المثل أنَّ هدف الفخَّاري هو تحويل ذلك الطين إلى مزهريَّة جميلة، لكن لم يُطاوعه الطين. لذلك جمعه من جديد في كومة، ووضعه على الدولاب من جديد وصنع إبريقًا غليظًا وبسيط المظهر. فالرب في الواقع يُعلّم إرميا أنَّه علينا أن نتعاون مع الفخَّاري ونسمح له بأن يصنع منَّا شيئًا جميلاً. ومن الناحية التطبيقيَّة، أراد الرب في زمن إرميا النبيِّ أن يجعل من إسرائيل وعاء جميلاً ممتلئًا من رحمته، لكنه صنع بدل ذلك وعاء قبيحًا ملآنًا من دينونته.

يساعدنا هذا المثل على الإجابة عن الفكرة القائلة إنَّه لا يمكننا أن نقاوم الربّ. وهي تُظهِر أنَّه عندما نتجاوب مع الربّ يكون مصيرنا ما أعدّه لنا قبلَ تأسيس العالم. ولكنْ ليس هناك ما يدل على أنَّه لا يمكننا أن نقاوم المصير الذي أعدّه لنا.

دعوني أشارككم بمثل شخصيّ. لطالما عرف والدي أنّي أحب أن أكون مزارعًا. وكنت أقضي كلّ عُطَلي خلال السنة الدراسيَّة في المزرعة. وعندما تركت المدرسة في عمر السادسة عشرة بدأت العمل في المزرعة، فكنت أقوم بحلب تسعين بقرة كل يوم في الساعة الرابعة فجرًا. لقد عشقت عملي. ولم أعلم أنَّ والدي كان قد خطَّط لكي أستلم إدارة مزرعة في اسْكُتلندا عندما أبلغ العشرين من عمري. وكانت المزرعة تخصّ العائلة، ولذا كان باستطاعته ترتيب الأمر. لكنْ عندما أخبرني والدي أنَّه أصبح بإستطاعتي إستلامها، قلت له إنَّ الربَّ يقودني باتّجاه آخر. ولو كنت قبلت بعرض أبي لكان بإمكاني القول إنَّ أبي "إختار" مصيري بأن أعمل في المزرعة حتَّى قبل أن أعرف ذلك.

إنَّ "الاختيار" يعني حرفيًّا تحديد المصير مسبَّقًا. لكن لا تصح فكرة أنَّ الربّ يتعامل معنا كالدمى المتحرِّكة ويخطِّط لنا مستقبلنا. تمامًا كما أنَّ والدي لم يجبرني على القيام بما خطَّطت له. والربّ يختار لنا المجد. يمكننا أن نقاوم أو أن نرفض هذا الاختيار، ويمكننا أن نقبله. وإن كنَّا نقبله يمكننا أن نقول بعد ذلك إنَّه اختار لنا ذلك قبل تأسيس العالم.

وجهتا النظر المتعلقتان بموضوع الاختيار المـُسبَّق

إنَّ وجهة النظر الشائعة هي أنَّ الاختيار المـُسبَّق يعني أنَّ الربّ يختار الأفراد الذين يريد أن يخلّصهم،

بينما يترك الآخرين. فالأمر يعني من هذا المنطلق أنَّ الربّ يقرِّر قبل أن نولد ما إذا كنَّا سنخلص أم لا. ونعمة الرب لا تُقاوم، فحين يقرِّر الربّ أنَّنا سنخلص لا يُمكن لأيِّ أمر أن يوقف ذلك.

إذًا، بالنسبة إلى موضوع الانتهاء في السماء أو في الجحيم فإنَّ الأمر يتعلَّق برمَّته بالربّ، لأنَّه من المستحيل أن نتجاوب معه بالتوبة أو بالإيمان من دون عمل نعمته في حياتنا. وعندما يتم اختيارنا فنحن نضمن مكانا في السماء.

ترتبط فكرة الاختيار المسبَّق باللاهوتيِّ الفرنسيِّ جون كالڤن. ومع أنَّ كالڤن علَّم عن النعمة التي تختار، فإنَّه علَّم أيضًا أنَّه يمكن للمؤمنين أن يخسروا خلاصهم.

ولكنْ أتى من قاوم هذه الفكرة. أوَّلاً، عندما نقرأ النصوص التي تشير إلى موضوع الاختيار المسبَّق في الكتب المقدّس، نجد أنَّ المؤمنين مختارون للخلاص كما للخدمة. ثانيًا، ليس التشديد على اختيار أفراد، بل على اختيار شعب. ثالثًا، لا يذكر الكتاب المقدَّس أنَّ نعمة الرب لا تُقاوَم، بل يُمكن أن تُقاوَم. ونقرأ في أعمال الرسل أنَّ استفانوس انتقد السنهدريم لأنَّهم يقاومون الروح القدس باستمرار. والنعمة مشروطة بالإيمان. ونستمرّ في حياة النعمة عندما نستمر في الإيمان.

أضف أنَّ مصيرنا لا يعتمد على اختيار الربّ، بل على اختيار ما إذا كنَّا نحن نريد النعمة أو نرفضها. ومن الواضح أنَّنا نولد من جديد بعد أن نتوب ونؤمن، وليس قبل ذلك. فالربّ يهبنا حياة جديدة في المسيح بعد أن نتوب ونؤمن.

أخيرًا، المطلوب منَّا هو المثابرة، فالأمر ليس مفروغًا منه. والكتاب المقدَّس يتكلَّم عن الثبات والمكوث في الكرمة، والانتصار والبقاء مع المسيح، والاستمرار في الإيمان. وتعكس هذه الكلمات إيمانًا مستمرًّا من جهتنا. فخلاصنا لا يعتمد على أعمالنا، بل على الإيمان المستمرّ. ومن المهم التشديد على هذا الأمر. وهذه الفلسفة، المعاكسة لفلسفة كالڤِن التي تدعم فكرة الاختيار، تُدعى الفلسفة "الأرمينيانيَّة" نسبة إلى اللاهوتي الهولنديّ أرمينيوس.

أما أنا فأُومن بالاختيار. فالرب اختارني مسبَّقًا لأكون ما أنا عليه الآن. وأُومن أنَّه قرَّر أنَّه يريد لي أن أكون في السماء قبل أن أوجد. وأحبَّني قبل أن أحبّه، وقد اختارني ولست أنا اخترتُه. وأقول بعد كلّ ما ذُكِر إني أُومن أنَّه بسبب عدم مقاومتي لنعمته وقبولي لها وثباتي في إيماني سينتهي بي الأمر في المدينة السماويَّة.

يُظهر هذا الجدوَلُ البيانيُّ وجهتَيِ النظر المختلفين بالنسبة للاختيار المسبَّق:

كالفين	أرمينيوس
للخلاص	للخدمة
فردي	جماعي
الأشخاص	شعب
لا يُقاوم	مشروط
النعمة	الإيمان
المصير محدَّد بحسب إختيار الربّ	المصير محدَّد بحسب إختيارنا
ضالّ – إذًا فهو غير مختار	ضالّ – إذًا فاختياره خاطئ
الولادة الجديدة قبل التوبة والإيمان	الولادة الجديدة بعد التوبة والإيمان
المثابرة مضمونة	المثابرة ضرورية

هل نخلُص مرة وإلى الأبد؟

تؤكِّد نظريَّة الاختيار المـُسبَّق أنَّه عندما نخلص مرَّةً فنحن نخلص إلى الأبد. لكن المشكلة هي أنَّ الكلمة "نخلص" غامضة في هذا الإطار. وماذا تعني عبارة "نخلص مرَّة"؟ لقد سبق أن خَلَصت، لكنَّ هناك أُمورًا كثيرة عليَّ أن أخلُصَ منها. فالخلاص هو عمليَّة وليس معجزة فوريَّة، ولهذا فإني أنتظر كسائر المؤمنين مجيء الربِّ يسوع ثانيةً حيث سيجلب معه الخلاص للذين ينتظرونه. وعند تلك اللحظة سأكون بالفعل "خَلَصت مرّة"، لأني سأخلُص بكلّيّتي بما في ذلك جسدي أيضًا.

وإنِّي أعتقد بشدَّة أنَّه لا ينبغي للمناقشة في موضوع الاختيار أن تُفسِدَ العلاقة بين المؤمنين. فنحن واحد في المسيح ولو اختلفت نظرتنا من نحو هذا الموضوع.

الخاتمة

لا بدَّ أنَّ رسالة أفسس هي من أوضح العروض للعقيدة والواجب والإيمان والسلوك واللاهوت والأخلاق المسيحيَّة بين كل رسائل بولس. ولا عجب أن تكون هيَ المفضَّلة لدى العديد من المؤمنين والعديد من المذاهب. ولا بدَّ أن التشديد فيها على الوحدة هو عامل أساسي لشعبيتها في هذا الزمن الذي تهيمن عليه العالمية. كذلك من المهم ملاحظة الاهتمام بأُمور الاستقامة والصدق.

الرسالة إلى أهل فيلبّي

المقدمّة

كتب بولس رسالته إلى أهل فيلبّي خلال سَجْنه أوَّل مرَّة في روما، حيث وُضِع تحت حراسة مشدَّدة. وكانت فيلبّي أوَّل مدينة في أوروبا زارها، وموقع أوَّل كنيسة أسَّسها. وكانت تحتلّ مكانة مميَّزة عند بولس كما سنرى لاحقًا.

كانت فيلبّي في زمن بولس مدينة كبيرة ومزدهرة بفضل مَوقعها على طريق تجاري رئيسي كان يُسمَّى "الطريقَ الإغناطيّ". وكانت المدينة تقع في فجوة كبيرة في الجبل تمتد من البحر الأسود إلى البحر الأدرياتيكي. وزاد وجود الذهب والفضة في الجبل حجمَ ثروتها. وفي العام 1990، وجد أحد علماء الآثار قبرًا في فيلبّي مليئًا بالكنوز الذهبيَّة، وهو ثاني أفخم قبر بعد قبر توت عنخ آمون. ويعود هذا القبر إلى فيلبُّس ملك مقدونيَّة الواقعة في شمال اليونان، وقد سُميَّت المدينة على اسمه. وكان ابنه الإسكندر الكبير الذي فاقه شهرة والذي بنى إمبراطوريَّة واسعة قبل موته في عمر الحادية والثلاثين.

وشهدت المنطقة عددًا من المعارك الرئيسيَّة. ففي العام 168 ق م، غزا الرومان المنطقة واحتلُّوها. وفي العام 24 ق م غلب أنطونيوسُ بروتوسَ وكاسيوس في معركة دارت في فيلبّي. وفي العام 31 ق م، تمّ الانتصار على أنطونيوسُ وكليوباترا وقُتِلا هناك. وبما أنّ تلك المدينة شهدت الكثير من المعارك، فقد جعل منها الرومان مستوطنة. وأطلق عليها الأمبراطور أوغسطس اسمًا طنَّانًا هو: "مستوطنة جوليا أوغسطا فيليبنسز"، لكن كان الناس يطلقون عليها الاسم فيلبّي للاختصار. وكانت مدينة رومانية مصغَّرة وقد أُعطِيَت الحُقوقَ نفسَها كأنَّها كانت موجودة على الأراضي الرومانيَّة، ولذلك شعر العديد من الرومان بإمكانيَّة الاستقرار هناك.

مستوطنة سماوية

أدَّى موقع فيلبّي دورًا رئيسيًّا في كونه استراتيجيًّا لانتشار الإنجيل. فقد كانت بوَّابة القارَّة الأوروبيَّة. وواضِحٌ ممَّا كتبه لوقا في سفر أعمال الرسل عن انتشار الكنيسة أنَّ الربَّ قصد أن تكون "مستوطنة سماويَّة". فنقرأ في الأصحاح السادس عشر من سفر أعمال الرسل كيف أنَّ الروح القدس منع بولس من الذهاب إلى بيثينيَّة آسيا الصُّغرى. فسافر مع رفاقه غربًا غير متأكِّدين من وجهتهم النهائيَّة إلى أن رأى بولس رجلاً مقدونيًّا في رؤيا يشير إليه أن يعبر إليهم. فانطلقوا باتِّجاه مرفإ نيابوليس ومن ثَمَّ انطلقوا

إلى فيلبِّي. وعظات بولس المذكورة في سفر أعمال الرسل هي أوَّل تسجيل رسمي لوصول الإنجيل إلى أُوروبا. وربَّما أتى الإنجيل إلى أُوروبا على أيدي السُّكَّان الذين زاروا أُورشليم وتغيَّرت حياتهم عندما حلّ الروح القدس في يوم الخمسين. لكنَّنا لا نملك برهانًا على ذلك.

الكنيسة في فيلبِّي

تأسَّست الكنيسة بمجموعة صغيرة من الناس في العام 52 م. وكانت خطَّة بولس في التبشير في أيَّة ناحية هي أن يبدأ بالمجمع اليهودي في المدينة التي كان يزورها. ولكنْ لم يكن هناك أيَ جامع في فيلبِّي، لأنَّه لم يكن موجودًا هناك عشرة رجال يهود لتأسيس مجمع. لذلك اجتمع بولس مع نساء يهوديَّات كنّ يجتمعن للصلاة. وكانت بين أُولئك السيِّدات امرأة اسمُها ليديَّة، تدير عملاً وسيكون لها دورٌ رئيسيٌّ في الكنيسة في فيلبِّي. وكانت قد أتت قي الأصل من آسيا الصُّغرى، وقدِ امتهنت بيع الأرجوان. ونقرأ في سفر أعمال الرسل أنَّه كان لديها بيت وخدم وأنَّ كل أهل بيتها اعتمدوا. ويخيب ظنّ من يدافع عن معموديّة الأطفال عندما يكتشفون أنَّ كلمة "بيتها" لا تعني "عائلتها"، بل تتضمَّن العبيد والأقارب. والاحتمال الأكبر أنَّ الأولاد لم يكونوا جزءًا من هذه المعادلة.

لكنْ لم يُسرَّ الجميع بمجيء بولس، وسرعان ما واجه تعليمُه مقاومة. وأتى ذلك بأُسلوب غير معتاد بواسطة فتاة كانت تتبعه ورفقاءه قائلة : "هؤُلاَءِ النَّاسُ هُمْ عَبِيدُ اللهِ الْعَلِيِّ، الَّذِينَ يُنَادُونَ لَكُمْ بِطَرِيقِ الْخَلاَصِ" (أعمال الرسل 16). وما ظهر كأنَّه ترويج إيجابي كان العكس تمامًا، لأنَّ الفتاة كانت عرَّافة تعمل لدى بعضِ رجال الأعمال الذين يجنون ثروة بسبب قدراتها. فطرد بولس الأرواح الشرِّيرة منها، فتوقَّفت عن إزعاج اجتماعاتهم. ولكنْ غضب مُستخدِموها وأثاروا ضجَّة كبيرة ضدَّ بولس. فزُجّ في السجن بتهمة تأييد قوانين مضادَّة للقانون الروماني. وكان هذا الأمر جديدًا إذ إنَّ اليهود عادة هم من كانوا يوجِّهون التُّهَم إلى بولس.

نقرأ في سفر أعمال الرسل كيف حوَّل بولس ورفيقهُ الزنزانة إلى مكان عبادة. لقد كانا في السجن في ظلمة دامسة عند منتصف الليل، لكنَّهما كانا يسبِّحان الربَّ! وكأنَّ الربّ أرسل زلزالاً كردٍّ على تسبيحهما، فسقطت أبواب الزنزانة وانفتحت أبواب السجن كلِّها. وقد علم السجَّان أنَّ مصيره سيكون الموت صلبًا في حال هروب السجناء، فصرخ قائلاً: "ماذا أفعل لكي أخلص؟" فأتاه جواب بولس المباشر: "آمن بالرب يسوع المسيح فتخلص!" ولا بدَّ أنَّ بولس وعظ السجَّان وعائلته ساعاتٍ طويلةً تلك الليلة، واعتمدوا عند حلول الصباح. إذًا، تأسَّست الكنيسة في فيلبِّي بوجود ليديَّة والسجَّان وأفراد عائلته، وربَّما بعض النساء اليهوديات اللواتي كن يذهبن إلى اجتما ع الصلاة مع ليديَّة.

لكنَّ بولس كان ما يزال في السجن، وقد عرف حقوقه كمواطن روماني في فيلبِّي المستعمرة الرومانيَّة. وقال للسلطات إنَّهم قد عاملوه بغير عدل. وعندئذٍ تنبَّهت السلطات إلى أنَّه ممكن أن يواجهوا عقوبة السجن إن ظهر أنَّ عقوبة بولس غير عادلة، ولذلك ترجَّوه أن يُغادر المدينة. فقال: "لن أذهب إلاَّ

إذا كنتم تأتون وتخرجونني بأنفسكم وتصطحبونَني!" فأتى قادة المدينة واصطحبوه إلى خارج السِّجن. ولذلك مكث في المدينة فترةً قصيرة ربَّما امتدَّت أيَّامًا أو أسابيع قليلة. لكنَّه ترك وراءه أوَّل "مستوطنة سماويَّة" في أُوروبا.

كُتِبت الرسالة بعد عدَّة سنوات. واستمرَّ بولس في خدمته عدَّةَ سنوات قبل أن يُعتقل في أُورشليم. وكانت التُّهمة غير عادلة إذِ اتُّهِمَ زورًا بأنَّه اصطحب رجلاً أُمميًّا إلى نطاقٍ مُحرَّم. فرفع دعواه إلى قيصر، ثُمَّ أُرسل إلى روما مقيَّدًا، وانتظر محاكمته لمدَّة سنتين. وكان أن كتب الطبيبُ لوقا إنجيله وسفر أعمال الرسل، المجلَّدين اللذين استخدمهما بولس في الدفاع عن نفسه خلال المحاكمة، ما أدَّى إلى الإفراج عنه.

الأسباب التي دفعت بولس إلى الكتابة

كتب بولس الرسالة إلى أهل فيلبِّي بسبب دعمَين تلقَّاهما من مؤمني المدينة.

الدعم المادِّيّ

كان الدعم الأوَّل مادِّيًّا. فالمؤمنون في كنيسة فيلبِّي أظهروا امتنانهم لتقديم بولس رسالة الخلاص لهم فقرَّروا أن يدعموه ماديًّا، مع أنَّه لم يطلب ذلك منهم. وكانت هذه الكنيسة هي الوحيدة التي أظهرت اهتمامًا باستمرار خدمة بولس.

الدعم البشريّ

وتمَّ الترحيب بالهديَّة الثانية أكثر. فقد أتى رجل حاملاً المال إضافة إلى مهارته المنزليَّة ليخدم بولس وهو مقيَّد في البيت. ومن الواضح أنَّ الكنيسة كانت قد فكَّرت بكيفيَّة مساعدة بولس وقرَّرت أنَّ أفضل ما يمكن أن يقدِّموه هو الدعم البشري. وكان اسم الرجل الذي أرسلوه أبفرودِتُس، وكان يُدعى "رسولاً" أيضًا. فالكلمة تعني "مَن أُرسِلَ" فالرسول هو مَن أُرسِلَ من النُّقطة "أ" إلى النُّقطة "ب" ليقوم بمهمَّة معيَّنة.

خمسة أنواع من "الرسل"

يدور الكثير من التساؤلات حول الكلمة "رسول". وفي الواقع أنَّ هناك خمسة أنواع من: الرسل" في العهد الجديد.

1. يُدعى الربُّ يسوع رسولاً لأنَّه أُرسِل إلى الأرض من قِبَل الربّ في السماء لكي يخلِّصنا. إذًا، هو الرسول الرئيسي.
2. النوع الثاني من الرسل هو "الاثنا عشر" الذين شَهِدوا قيامة يسوع من الموت وقد أرسلهم إلى العالم. وكان أحد مؤهلاتهم أنَّهم عرفوا الربَّ يسوع قبل قيامته وبعدَها.

3. بولس هو رسول مميَّز. وهو لم يكن واحدًا من الاثني عشر، لأنَّه لم يتعرَّف بيسوع قبل صلبه. إلاَّ أنَّ الربَّ يسوع المـُقام من الأموات والذي ُصَعِد إلى السماء دعاه على طريق دمشق. إذًا، كان رسولاً من نوع ثالث.
4. النوع الرابع من الرسل هو الدور الذي قام به بولس حيث كان المـُرسلَ الرائدَ وأسَّس كنائس في أراضٍ قاحلة. والكلمة "مُرسل" في اللغة اللاتينيَّة هي *mitto* التي تُشتقّ منها كلمتا "missionary" أي مرسل و"missile" أي صاروخ. والمرسل هو صاروخ عابر للقارَّات محشوّ من ديناميت الإنجيل! وما يزال هذا النوع من الرسل موجودًا في حاضرنا.
5. أبفرودِتُس يمثِّل النوع الخامس من الرسل وهو الذي يُرسل من أيِّ مكان إلى أيِّ مكان آخر ليقوم بمهمَّة معيَّنة. وهذا النوع هو عبارة عن مجموعة واسعة لا تسعى وراء منصب معيَّن.

مرض أبفرودِتُس

فرح بولس بزيارة أبفرودِتُس له، لكن لم يستمر هذا الفرح إذ إنَّه مرض. ومن اللافت أنَّ صلاة بولس لم تَشفِه. إلاَّ أنَّه لا ينبغي أن نتفاجأ بهذا الأمر. فالشفاءات في العهد الجديد غالبًا ما تكون مرتبطة بالتبشير وليس بشفاء المؤمنين. كذلك فإنَّ العديد من مساعدي بولس كانوا يعانون مشاكل صحيَّة لم يُبرأُوا منها. فبولس طلب من تيموثاوس مثلاً أن يشرب قليلاً من الخمر من أجل أوجا ع معدته، كذلك نقرأ أنَّ تروفيمُس كان مريضا. فخدمة الشفاء في العهد الجديد لا تهدف إلى جعل المؤمنين أصحَّاء، بل إلى إعلان الإنجيل خلال البشارة.

لكنْ وصلت الأخبار إلى فيلبِّي بأنَّ الرجل الذي أرسلوه مريض جدًّا وهو يشارف الموت. فقرَّر بولس أنَّه من الأفضل إرساله إلى فيلبِّي محمَّلاً رسالة إلى الكنيسة هناك يشكرهم فيها من أجل المساعدة الماليَّة.

الرسالة

تختلف هذه الرسالة عن رسائل بولس الأُخرى. فهي لا تركِّز على مشاكل أو أزمات معيَّنة، بل على علاقته بتلك الكنيسة. وهي تُظهِر لنا شعور بولس من ناحية احدى الكنائس التي أسَّسها، فنتعرَّف به كشخص وكصديق بدَلَ واعظٍ أو مُرسل. وتُلقي هذه الرسالة الضوء على العلاقة التي تكوَّنت بينه وبين الذين ربحهم للمسيح.

ومن الأُمور المميَّزة في هذه الرسالة أنَّه يبدو كأنَّه لا يعرف كيف يُنهيها، فيقول أكثر من مرَّة: "أخيرًا." ولا يدعو هذا الأمر إلى التعجّب، إذ تبدو هذه الرسالة كأيَّة رسالة عاديَّة. فهو يستمر بتذكُّر أُمور كما نفعل خلال كتابتنا رسالةً إلى صديق لنا، كأن نقول:"وبالمناسبة، أود أن أقول لك....، أو أمر آخر أوَّد مشاركتك فيه....". إذًا، تنطبع هذه الرسالة بالعفويَّة، وتُظهِر السرعة التي بها كانت أفكاره تتدفَّق.

"كُوينونيا" *(Koinonia)*

سنبحث في فكرتين رئيسيَّتين طوَّرهما بولس قبل التوسُّع في موضوع ترتيبه للتعليم الذي قدَّمه.

تظهر الكلمة Koinonia عدَّة مرَّات في الرسالة، وقد تُرجِمت في معظم ترجمات الكتاب المقدَّس إلى كلمة "الشركة". وفي الواقع أنَّها تحمل معنًى أعمق من ذلك. وغالبًا ما نتكلَّم عن "شيءٍ من الشركة حول فنجان شاي في القاعة الخارجيَّة بعد خدمة العبادة، وكأنَّ فنجان الشاي يُوجِدُ الشركة! إنَّه يُوجِدُ نوعًا من الصداقة، لكنَّ الشركة تتخطَّى فنجان شاي.

كانت الكلمة Koinonia تُستخدم للشراكة في العمل. لكن يظهر عمق هذه الكلمة من حيث استخدامها في زمن كتابة العهد الجديد. والتوائم المتَّصلة كانت تُدعى Koinonia أي لديها شراكة في الدم، وإن مات أحدها يموت الآخر أيضًا. فيجب أن تكون شركتنا من هذا النوع ـ فما يحصل لأحدنا يحصل للآخر أيضًا. هذه هي الـ Koinonia.

وكانت الكنيسة في فيلبِّي خالية من أيِّ نوع من المشاكل الأساسيَّة التي عالجها بولس في الكنائس الأُخرى، لكن كانت لديه بعض الاهتمامات في بعض النواحي. فالشَّرِكة (أي الـ Koinonia) في تلك الكنيسة كانت تتأثر بسبب تصرُّف امرأتين تُدعيان أفودِيَّة وسنتيخي، وتُمكن تسميتهما "البغيضة" و"الشديدة الحسَّاسيَّة"!

لقد عملت تانِكَ السيِّدتان مع بولس، لكن كانت خلافاتهما تسبِّبان المشاكل. وكان تصرّفهما يدل على مشكلة في وحدتهما كان بولس قد أشار إليها في مكان آخر في الرسالة. ولم يصل الأمر إلى الانشقاق الذي أزعج كنيسة كورنثوس حيث كان بعضهُم يتبعون قادة أو خدَّامًا مختلفين. بل كان نوعًا من الانشقاق الذي يجعل الناس متكبِّرين ويهتمُّون بأنفسهم أكثر من اهتمامهم بالآخرين. فكان على بولس أن يقول: "تتَّحدان عندما تهتمَّان إحداكُما بأُمور الأُخرى أكثر من اهتمامِ كلٍّ منكما بنفسها."

الفرح

الكلمة الثانية التي تميِّز هذه الرسالة هي كلمة **الفرح**. فرُغمَ الحالة التي كان بولس فيها، كان فَرِحًا. وكان يواجه مستقبلاً حيث سيكون لوحده، ومحاكمةً ربِّما تؤدِّي به إلى الموت، وأضدادًا له يبشِّرون فيما يقبع هو في السجن، لكن كلماته المفضَّلة في هذه الرسالة هي "الفرح" و "الابتهاج" و"تقديم الشكر". وقال بنغل: "إنَّ الفكرة الرئيسيَّة في هذه الرسالة هي :'أنا أفرح، إذًا يجب أن تفرح أنت أيضًا.'" وأطلق ثان هوغل العنوان التالي على هذه الرسالة: "التألّق وسط العاصفة وضغوط الحياة."

ويعدِّد بولس في هذه الرسالة مصادر الفرح: الصلاة، البشارة بالمسيح، الإيمان، الألم، سماع أخبار من نحبّ، الضيافة، العطاء والأخذ. لكن كان هناك سببان رئيسيان لفرحه:

سبب وجوده

امتلأ المنطق الذي تكلَّم به بالفرح لأنَّ هدف حياته كان أن ينشر الإنجيل. وقد تبرهن ذلك في حادثتين. فقد سمع حرَّاس القصر جميعهم الرسالة ربَّما لأنَّه جذب عددًا كبيرًا من المستمعين. وبينما كان في السجن، كان آخرون يبشِّرون بسبب روح المنافسة التي كانت لديهم، إلاَّ أنَّ بولس فرح لأنَّ اسمَ المسيح كان يُعرَّف ويُعلَن.

ظهرت هذه المقدرة على التمتّع بالفرح في الحرب العالميَّة الثانية. فقد اعتقل هتلر القسّ پول شنايدر الذي كان راعيًا لكنيسة في برلين بسبب تعليمه ضد الفاشيَّة. ولم يرَ بعد ذلك زوجته وابنه الذي كان قد بلغ العامين من العمر. ورُغمَ الضرب الذي تعرّض له، والعذاب الذي انتهى بالموت أخيرًا، فإنَّ رسائله التي كتبها إلى زوجته من سجن التعذيب في مدينة داتشاو كانت مليئة بالفرح. إذ كان يكرِّر في كتاباته: "إني سعيد جدًّا"و "إنِّي أشعر بالامتنان للربّ." لقد كان يحيا للمسيح، ولذلك لم يكن لديه ما يخسره.

عندما تحيا للمسيح يصبح الموت ربحًا! وكان بولس مشتاقًا أن ينطلق، إلاَّ إنَّه كان مستعدًّا لأن يبقى. فكتب إلى أهل فيلبِّي قائلاً: "إنَّكم قلقون من جهتي، بل في الواقع أنَّ الأمر هو العكس تمامًا، فأنا قلق من جهتكم. ولست قلقًا من جهة نفسي." ويضيف قائلاً: "إنِّي مستعدٌّ لأن أنطلق، لكني مستعد أن أبقى لأجل الخدمة."

عندما أُصيب ديڤيد واتسون بمرض السرطان كتبتُ إليه رسالة استشهد بها في كتابه **"لا تخف من أي شر"**. وكنت قد ذكرت له في الرسالة أنَّ هناك فرقًا بين: "الاستعداد لنكون مع المسيح والاشتهاء للبقاء هنا" وبين "الاشتهاء أن نكون مع المسيح والاستعداد أن نبقى." وقد لمست هذه الكلمات قلبه واستمرَّ في الصلاة حتَّى أصبح "مشتهيًا أن ينطلق لكنْ مستعدًّا لأنْ يبقى." وهذا هو الموقع الذي يجب أن يكون المؤمن فيه، وقد كان بولس مثالاً لنا في ذلك إذِ استطاع أن يقول إنَّه كان مستعدًّا لأنْ يبقى إن كانت هناك حاجة إليه، لكنَّه كان مشتهيًا أن ينطلق."

وتُظهِر كتابات بولس عن المسيح مدى تركيزه على أهميَّة انتشار الإنجيل. فقد تكلَّم عنه ثماني وثلاثين مرَّة في هذه الرسالة. فغالبًا ما نتكلَّم عن أهميَّة أن يكون المسيح فينا، لكن بولس يذكر في هذه الرسالة أهميَّة أن نكون نحن في المسيح. فالمسيح هو الأكبر، وقد أُعطيَ بولس مقامًا "فيه".

الدَّعم المادِّي الذي تلقَّاه

كانت المساعدات المادِّيَّة التي تلقَّاها بولس من كنيسة فيلبِّي هي المساعدات الوحيدة التي تلقَّاها. ولا يُذكر أنَّه حتَّى كنيسة أنطاكية التي أرسلت إليه من يساعده أرسلت أيَّ دعم. ولذلك يشكر بولس كنيسة فيلبِّي في أواخر رسالته على المال، لكنَّه يقوم بذلك بأُسلوب جميل جدًّا. فيقول: "لم أكن بحاجة إلى تلك المساعدة، لكنَّكم أردتم إرسالها إليَّ، وإني فرح جدًّا باستلامها ـ ليس من أجلي أنا، بل من أجل أن تشعروا كم أنتم أغنياء." إنَّه يُهنِّئُهم على العطاء، بدل أن يبتهج باستلامِ العطيَّة.

عندما أُدرِّس مادَّة علم الوعظ أمتحن طُلَّابي باستشهادي ببعض النصوص خارج سياقها، مثلاً: "أستطيع كل شيء في المسيح الذي يقوِّيني"، فأسألهم: "ماذا تعني هذه الآية؟ ماذا برأيكم تستطيعون أن تفعلوا في المسيح الذي يقوِّيكم؟" فأتلقَّى أنواعًا عديدة من الإجابات، لكن لا يذكر أحد موضوع المال. ولكن تشير هذه العبارة بحسب سياق النص إلى الأُمور الماليَّة. فهو يقول: "أستطيع أن أتدبَّر أمري مهما كان مدخولي صغيرًا أو كبيرًا. وإن كنت أتلقَّى مالاً كثيرًا فيمكنني أن أتدبَّر أمره في المسيح الذي يُقوِّيني."

نقرأ عن نقيضين في الكتاب المقدَّس بالنسبة إلى موضوع المال: فهناك "اشتهاء ما لغيرك" تقابله "القناعة". فقد كتب بولس في مكان آخر أنَّ "التقوى مع القناعة... تجارةٌ عظيمة" و"تعلَّمت أن أكون مكتفيًا". ومن اللافت أن يقول بولس هذا الأمر، إذ إنَّه بالعودة إلى شهادته التي قدَّمها في رسالة رومية قال إنَّه لم يستطع حفظ الوصيَّة العاشرة: "لا تشتهِ". وقد كان بولس فرِّيسيًّا نموذجيًّا، وكانت نقطة ضعف الفرِّيسيين محبَّتهم للمال. فكانوا متديِّنين وأغنياء في آنٍ معًا. وقد قال لهم الربُّ يسوع: "لا يمكنكم أن تحصلوا على الاثنين معًا. ولا يمكنكم أن تعيشوا ساعينَ وراء والمال وتحبوا الربّ. ولا يمكنكم أن تعبدوا الربّ وجمْع الثروة معًا." فهزئ منه الفريسيُّون قائلين: "إنَّك تقول ذلك لأنَّك فقير!" لكنَّ الربَّ يسوع علم ما كان يقصد بقوله. إذًا، من المستغرب أن يقول بولس، ذلك الفرِّسيُّ السابق الذي كان يشتهي ما لغيره وأحبَّ المال وتجميع الثروة: "لقد تعلَّمت أن أكون مكتفيًا."

نصّ متناقض

يجب على دارس هذه الرسالة أن يأخذ بعين الاعتبار النص الأكثر شهرة فيها، والموجود في الأصحاح الثاني من الآية الخامسة إلى الآية الحادية عشرة.

على الرُّغم من كون هذا نصًّا جميلاً، فقد أثار الكثير من التساؤلات. والسؤال الأكبر الذي يمكن طرحه هو: لماذا يقع هذا النص في هذه الرسالة بالتحديد، ولماذا هي مختلفة عن باقي الرسائل الأُخرى.

تتضمَّن هذه الرسالة فكرة رئيسيَّة ذات وجهين واضحين: أخلى /رفَّع أو تحت/ فوق. ونرى هنا توازنًا جميلاً حيث ينزل الربّ يسوع مباشرة إلى الصليب، ومن ثم يُرفَّع إلى أعلى القمَّة. فقد أخلى نفسه ومن ثَمَّ رفَّعه الربّ.

أثَرٌ دينيٌّ؟

يعتقد بعضهُم أنَّ بولس كان يستشهد بكلمات ترنيمة كانت ترنّمها الكنيسة الأولى وقد تناسبت مع الفكرة التي يشرحها. ولكن ليس لدينا دليل على ذلك، إذ يمكن أنَّ بولس كان ينظم ترنيمة هنا. فعادةً، عندما كان أمر ما يمسّ قلبه بشدَّة كان يستخدم الأُسلوب الشعري في الكتابة. ففي الكتاب المقدَّس، يُستخدم النثر لنقل أفكار الربّ؛ أمَّا الشعر فيُستخدم لنقل مشاعره.

أمرٌ لاهوتيٌّ

مع أنَّه يمكن أن يكون بولس قد استشهد بكلمات ترنيمة، أو نظَمَ ترنيمة، فإنَّ التناقض الكبير يظهر في هذا النص عندما يعتبره بعضهُم نصًّا لاهوتيًّا يناقش طبيعة شخص المسيح.

يستشهد بعضٌ بهذا النص لدعم فِكرة "الإخلاء" التي تشير إلى المسيح. فالكلمة اليونانيَّة kenosis تعني "أن يُخلي". ويدور النقاش حول المقدار الذي به أخلى المسيح نفسه من "الله" حين تجسَّد. عَمَّ تخلَّى؟

وينتج عن أُسلوب التفكير هذا اعتقاد خطير جدًّا يشير إلى أنَّ الربّ يسوع لم يكن إلَهًا بالمعنى الكامل حين كان على الأرض، لكنَّه أخلى نفسه من بعضِ أُلوهيَّته كي يستطيع أن يصبح إنسانًا.

من الواضح أنَّه ترك دائرةَ المجد السَّماويِّ لينزل بيننا. وننشد في عيد الميلاد عادة:

إنَّه أخلى نفسَه، وُلِد كي لا نموت نحن

كذلك ترك قدرته على التواجد في كلِّ مكان. فكان بمقدور الربّ يسوع أن يكون في مكان واحد في الوقت نفسه، ولا بدَّ أنَّ ذلك حدَّ من قدراته. ومن الواضح أيضًا أنَّه لم يعلم كلّ شيء كإنسان، فقد اعترف بأنَّ هناك أُمورًا لا يعرفها. فلم يعلم موعد رجوعه إذ إنَّ الآب وحده يعرف ذلك. وكان يُفاجأ أحيانًا، ما يعني أنَّه لم يكن على عِلمٍ بما سيحدث.

وترك وراءه قدرته الكلِّيَّة إذ كان باستطاعته أن يقوم بمعجزات إذ حلَّ عليه الروح القدس. فهو لم يقُم بالمعجزات بصفته ابنَ الله، بلِ ابنَ الإنسان الذي حلَّ عليه الروح القدس.

إذًا، ممَّا لا شكَّ فيه أنَّه أخلى نفسه من بضعة امتيازات وقدرات، لكن يكمن السرّ في أنَّه لم يكفّ عن كونه الربَّ. فقد بقي الإله الكامل والإنسان الكامل في آنٍ معًا.

من الضروري الملاحظة أنَّ الأُمور التي تخلَّى عنها الربُّ يسوع لا تتعلَّق بطبيعته، بل بامتيازاته، "فملء اللاهوت كان ما يزال حالًّا فيه"، مع أنَّه وضع امتيازاته جانبًا. فعندما أتخلَّى عن المنزل الذي أسكن فيه وعن السيَّارة التي أقودها وعن امتيازات أُخرى أمتلكها، لا أتوقف عن أن أكون مَن أكون. فيمكن أن أتخلَّى عنِ امتيازاتي، لكنِّي أبقى دايڤيد پاوسون بالكامل. وهكذا فإنَّ يسوع لم يتشبَّث بكونه مُعادِلاً لله، لكنَّه لم يُخلِ نفسه من أن يكون أُقنومَ الابْن.

أخلاقيّ

في الواقع إنَّ هذا النصّ ليس أثرًا دينيًّا أو لاهوتيًّا، لكن يبدو من سياق الرسالة أنَّه نص يعالج أُمورًا **أخلاقيَّة**، ويذكر مواقف الربِّ يسوع والخيارات التي قام بها. وعادةً تُمكن معرفة شخصيَّة الإنسان من الخيارات التي يتَّخذها، ونقرأ هنا عن خِيارات استثنائيَّة قام بها الربُّ يسوع.

الخِيارات التي قام بها الربُّ يسوع

تجسُّده

إنَّ الخيار الأوَّل الذي اتَّخذه الربُّ يسوع هو أن يتجسَّد. وأستخدِمُ مع الأولاد في العادة تشبيهًا لشرح هذه الفكرة، فأقول: "انظُروا إلى هذه الأسماك الاستوائيَّة الموجودة في هذا الحوض. لنفترض أنّها تبدأ بالعراك معًا وقُتِل بعضُها وأنت تعلم أنَّك تستطيع إنقاذها إن كنت تصبح سمكة وتدخل الحوض وتعيش فيه، مع العلم أنَّك تدرك الأسماك ستقتلُك. هل تقوم بذلك؟"

يتردَّد التلاميذ في الاجابة، فأُتابع قائلاً:"لا تقلقوا، إذ سنرفع جسدك من الحوض وننفخ فيك الحياة فتعود للحياة، لكن بشرط واحد. فنحن لن نستطيع أن نعيدك إلى حيث كنت قبلاً، بل ستبقى سمكة مدى الحياة!"

كان لابن في السماء مساويًا للآب في كلِّ مجده. لكنَّه اختار أن يصبح إنسانًا مع علمه أنَّه سيُقتَل عندما يأتي إلى الأرض. وقد علم أنَّه حتَّى بعد أن يقيمه الآب من الأموات سيبقى محتفظًا بطبيعته الإنسانيَّة إلى الأبد. إذًا هو ما يزال "واحدًا منَّا"، وسيبقى أحَدَ الأقانيم الثلاثة وإنسانًا مثلنا.

مركزه الاجتماعي

يتعلَّق خِياره الثاني بولادته. فلو سنحت الفرصة لك كي تختار طبقتك الاجتماعيَّة، فأيَّة طبقة تختار؟ تخيَّل أنَّه يمكنك أن تختار والديك، والبيت الذي ستولد فيه، والطبقة الاجتماعيَّة، فماذا كنت ستختار؟ لقد اختار الربُّ يسوع أن يكون في أسفل الطبقات الاجتماعيَّة، ويولد لأبَوَين فقيرين. وقد اختار، إضافة إلى كلِّ ما سبق ذكره، أن يقوم بدور الخادم.

موته المبكِّر

أمَّ الاختيار الأعظم الذي قام به فهو أن يكون في عمر الثالثة والثلاثين ويموت ميتة شنيعة ووضيعة ومؤلمة. فمِيتة الصلب هي أسوأُ أُسلوب موت ابتكره البشر. ويكتب بولس عن فكر المسيح قائلاً إنَّه يجب أن نتشبَّه به. ولا يمت هذا "الفكر" بصلة إلى "النباهة"، بل إلى الشخصيَّة. ويقول بولس إنَّ تلك الخِيارات أعطت الربّ يسوع القوَّة والسلطة، لأنَّ الربّ يفتّش عن أُناس يمكن أن يأتمنهم. وهو يستطيع أن يضع ثقته بالذين لا يتّكلون على قوَّتهم الشخصيَّة أو منصبهم أو ثروتهم. ولذا نقرأ: "لِذلِكَ رَفَّعَهُ اللهُ أَيْضًا، وَأَعْطَاهُ اسْمًا فَوْقَ كُلِّ اسْمٍ" (9:2). وكان في وسعه أن يأتمن الربَّ يسوع على إدارة الكون لأنَّه علم أنْ ليس لديه أيَّة دوافع شخصيَّة.

ومن الضروري فهم ماذا كان يعني بولس حين قال: "ليكن فيكم هذا الفكر"، فهو لم يقل: "تمثَّلوا بالمسيح"، بل: "فَلْيَكُنْ فِيكُمْ هذَا الْفِكْرُ الَّذِي فِي الْمَسِيحِ يَسُوعَ أَيْضًا". إذًا، لم يقل: "هذا كان فكر

المسيح، إذًا كونوا كالمسيح"، بل قال: "إن كنتم في المسيح فقد أخذتم فكره. إذًا، أظهروه من خلال علاقاتكم بعضكم ببعض." وهذا أعمق كثيرًا من أن يُقال: "تمثّلوا بمواقف المسيح."

يقدِّم سياق النص كما في العادة المعنى كاملاً. فبولس يحثُّ قرّاءه على ألّا يهتمُّوا بمصالحهم الشخصيَّة، بل أن يتّخذوا الموقف نفسه الذي اتَّخذه المسيح. وعليهم أن يتَّخذوا القرار بأن ينزلوا إلى الأسفل بدل أن يرتفعوا إلى الأعلى. وحينئذٍ فقط يستطيع الربّ أن يأتمنهم على السلطة.

إذًا، النصُّ ليس نصًّا لاهوتيًّا أو أثرًا دينيًّا أو ترنيمة، بل يتمحور حول الأخلاق والوحدة. فبولس يقول: "إن كان لدينا فكر المسيح، فسنحصل على الوحدة في شركتنا." ويشرح قائلاً إنَّه يجب أن تكون لديهم الوحدة لكي يستطيعوا أن يُظهروا الإنجيل للذين هم خارج الكنيسة. فيقول: "أَسْمَعُ أُمُورَكُمْ أَنَّكُمْ تَثْبُتُونَ فِي رُوحٍ وَاحِدٍ، مُجَاهِدِينَ مَعًا بِنَفْسٍ وَاحِدَةٍ لإِيمَانِ الإِنْجِيلِ." فالتفكُّك في الكنيسة هو أسرع الطرق لإيقاف تأثير تلك الكنيسة في المجتمع، لكنَّ الوحدة داخل الكنيسة هي أقوى تعبير عن الإله الواحد وعن المسيح الواحد.

إظهار إيمانهم

يخبر بولس أهل فيلبِّي كيف يُمكِنهم إظهار إيمانهم بالممارسة.

الفداء ــ اختبار يمكن تطبيقه

أ. الربّ يعمل فيكم

ب. أنتم تُظهِرون عمله

يشرح بولس قائلاً إنَّهم كما اختبروا الفداء بالمسيح عليهم أن يُظهروا بما يؤمنون به. فالخلاص ليس أمرًا نختبره بأُسلوب سلبي، بل يجب أن تظهر الحقيقة في كلّ ما نفعله.

التبرير ــ هدف يجب أن نسعى إليه

أ. ليس لنا

ب. بل له

إنَّنا نعيش خلاصنا بسعينا في حياة البرّ. لكنْ يوجد نوعان من البر: برّنا وبرّ المسيح. فمع أنَّ بولس كان يهوديًّا مُتشدِّدًا وقد حفظ الناموس بصرامة، فقد عرف أنَّ أعماله الصالحة لن تخلّصه. وفي الواقع أنَّ الكثير من الناس يجدون صعوبة في التوبة عن الأعمال الصالحة كما في التوبة عن الأعمال الشرِّيرة. ويسهُل في هذا الإطار تقديم البشارة إلى الأشرار الواضحين أكثرَ من تبشير المتديِّنين والمحترمين الذين يعتقدون أنَّهم ليسوا أشرارًا لدرجة أنَّهم يحتاجون إلى "الخلاص".

وكتب بولس قائلاً إنَّه يشبِّه برَّه بولد أفرغ أمعاءه وحمل "نونيَّة الأطفال" قائلاً: "انظر إلى ما فعلتُ يا ربّ." ربَّما يبدو التشبيه فجًّا، إلاَّ أنَّ الكلمة المُستخدمة في اللغة اليونانيَّة هي "الفُضالة البشريَّة". إذًا، يقول بولس: "أريد برَّ المسيح، لا برِّي."

القيامة ــ حدث يجب أن نبتغيه

أ. القيامة من الأموات

ب. جسد جديد

كتب بولس قائلاً: "لأَعْرِفَهُ، وَقُوَّةَ قِيَامَتِهِ، وَشَرِكَةَ آلاَمِهِ، مُتَشَبِّهًا بِمَوْتِهِ". وقد أتت هذه العبارة في اللغة اليونانيَّة كالتالي: "لكي أحصل على القيامة من الموت." وتبدو الجملة غير منطقيَّة، إلاَّ أنَّ سفر رؤيا يوحنا اللاهوتي يشرح أنَّه ستكون هناك قيامتان في نهاية التاريخ: القيامة الأُولى هي قيامة الأبرار، والقيامة الثانية هي قيامة الآخرين للدينونة. ويفصل فارق زمنيّ بين القيامتين.

القيامة الأولى هي القيامة من بين الأموات، والقيامة الثانية هي قيامة الآخرين. فيقول بولس إنَّه يريد أن يكون في القيامة الأُولى حيث سيُقام عند عودة الربِّ يسوع حين يُقام الأموات الراقدون في المسيح.

المسؤوليَّة ــ مجهود نقوم به

أ. نسيان الماضي

ب. التقدّم إلى المستقبل

إنَّ الحياة المسيحيَّة تتطلَّب مجهودًا. وهذا الأمر بمثابة الأمر الجديد بالنسبة إلى بعضهم. فحياة الإيمان لا تتضمَّن مجرَّد ترديد ترانيم في محطَّة الانتظار إلى أن يأتي الباص ويُقِلّك إلى السماء، بل هي سعي في طريق القداسة. ويُطلب من الكنيسة نسيان ما هو وراء والتطلّع إلى ما هو قدَّام، ناظرين إلى لهدف الذي تمَّت دعوتهم لأجله. ويقول بولس إنَّه لا يشعر أنَّه وصل، بل هو يسعى ليصل إلى ما خطَّط الربّ له.

التكاثُر ــ مثل يُحتذى

أ. سيِّئ ــ فكر أرضيّ

ب. جيِّد ــ فكر سماوي

لديَّ رفٌّ من الكتب عن القداسة في مكتبتي، لكنِّي تعلَّمت أكثر عن القداسة من أناس أعرفهم يمشون مع المسيح. فبعض الناس يُظهرون المسيح في حياتهم بمجرَّد تواجدهم بيننا فيحثُّوننا لكي نصبح أفضل. وهكذا، فإنَّ اهتمام بولس انصبَّ على أن يتبع أهل فيلبِّي هذا النوع

من الناس. وقال إنَّه يوجد نوعان من الناس في الكنيسة: النوع الأوَّل هو الذين "إلٰهُهم بطنهم" وهم يحفرون قبورهم بواسطة التهام الطعام الكثير، والنوع الثاني هو الذين وجَّهوا أنظارهم إلى فوق. فنتنبَّه أن نتبع المثال الصحيح.

إذًا، هذا هو الهدف الذي كان بولس ما يزال يعمل لأجله. وهو لم يقل إنَّه خائف ألَّا يذهب إلى السماء، لكنَّه أراد أن يكون الأوَّل بين الذين سيُقامون في قيامة الأبرار.

سلام الله

يقدِّم بولس في نهاية رسالته وعدًا للكنيسة عن القلق. فيقول إنَّ سلام الله سيحفظ قلوبهم وأفكارهم (7:4)، لكن بشرط أن يفتكروا بما هو صادق وجيد وطاهر وحقيقي. إذًا، على الوعد والشرط أن يقفا جنبًا إلى جنب.

الخاتمة

لقد رأينا أنَّ الفكرة الرئيسيَّة التي دارت حولها هذه الرسالة هي ماذا يحب على المؤمن أن يفعل ردًّا على عمَل المسيح في حياته، وليس ماذا يفعل الربّ في حياة المؤمن. والعديد من هذه الوعود شرطيَّة، فمن الواضح أنَّ علينا أن نقوم بدورنا.

كما أنَّ غيابَ أيّ نوعٍ من الصراع، والدِّفءَ الموجود في العلاقات، يجعلان هذه الرسالة ألطف رسائل بولس. وباستثناء بعض النصوص هيَ من أسهل رسائله. وهي تُظهِر من بين رسائله الباقية مدى الشراكة التي قامت بينه وبين تلك الكنيسة، والتي أظهرت للعالم شهادة واضحة، كما أنَّها دعمته في أصعب الأوقات التي مرَّ بها.

ونجد في هذه الرسالة في الوقت نفسه رسولاً مكتفيًا رُغمَ ظروفه. وقد كان مكتفيًا بكلّ شيء ما عدا نفسه! إذ علم أنَّه يستطيع أن يحصل على القوَّة من الربّ، ولذلك شجَّع قرّاءه على فَعْل ذلك أيضًا. وقد شدَّد على أهميَّة أن يفرحوا معًا.

رسالة بولس إلى فليمون

المقدِّمة

لقد تمَّ ترتيب رسائل بولس على غِرار الترتيب الذي استُخدم لأسفار الأنبياء في العهد القديم؛ فوضعَت الأسفار الطويلة في المقدَّمة. أمَّا رسائل بولس فتمَّ ترتيبها في مجموعتين، فاحتوت المجموعة الأُولى على رسائله الموجَّهة إلى الكنائس، واحتوت المجموعة الثانية رسائله على الأفراد. وأُدرِجَت الرسائل في كلتا المجموعتين بحسب طولها وليس بحسب ترتيبها الزمني. وتأتي رسالة فليمون في المرتبة النهائيَّة بسبب قصرها، وهي الرسالة الوحيدة التي تدور حول شخص واحد هو عبد هارب. ومن الواضح أنَّها أكثر رسالة في العهد الجديد يدور الحديث فيها حول أُمور شخصيَّة.

ولا بدَّ من طرح سؤالين عند قراءتنا للرسالة: "لماذا كُتِبت؟" و "لماذا ضمَّها الربّ إلى الكتاب المقدَّس مع كونها رسالة شخصيَّة تدور حول فرد واحد؟" الإجابة عن السؤال الأوَّل واضحة نسبيًّا، إذ إنَّ القصَّة خلف الرسالة بسيطة جدًّا. إنَّها دراما شخصيَّة تدور أحداثها حول عبد يُدعى أُنسِيمُس كان كسولاً ومتمرِّدًا وسريع الامتعاض، وكان يشعر بالمرارة. هرب إلى روما مفتكرًا أنَّ تلك المدينة الكبيرة ستكون مخبأً جيِّدًا له. ولا نعرف كيف التقى بولس، خاصَّة أنَّ بولس كان مسجونًا في المنزل تحت حراسة مشدَّدة مقيَّدًا بجنديٍّ روماني.

وكان الصلب هو القصاص الذي يُنزَل بشكل طبيعي بأيِّ عبد هارب، ولكن إذا ترأَّف السيِّد به كانت تُدمغ جبهته بحرفَي 'FF' اللذَين يشيران إلى كلمة 'fugitilis' وهي تعني "الهارب" في اللُّغة اليونانيَّة. وكان يحمل هذه الدمغة مدى الحياة، لكنَّه على الأقل كان يبقى حيًّا.

يطلب بولس من أُنسِيمُس أن يعود إلى سيِّده فليمون، وكان بولس يعرفه من كنيسة كولوسي. وهو كتب الرسالة لكي يسهِّل عمليَّة العودة، خاصَّة أنَّ قصاص الهروب كان قاسيًا جدًّا. واستخدم بولس نبرةً ومحتوًى ملائمَين للوضع. لكن علم أيضًا أهميَّة أن لا يهرب أُنسِيمُس من ماضيه، فجزء كبير من التوبة يتضمَّن التعامل مع الماضي بأُسلوب صحيح.

قال بولس لأُنسِيمُس: "لا بدَّ أن تلاحظ أنَّه عليَّ أن أُعيدك إلى سيِّدك." لكن، يبدو أنَّ يد الربّ كانت في ذلك الوضع، لأنَّ سيِّده كان مؤمنًا في كولوسي وكان بولس يعرفه. ولهذا قال بولس: "سأُرسِلك إليه وسأُرسِل معك رسالة تشرح الأمر كلَّه."

والنبرة التي استخدمها بولس لافتة، خاصَّة حين تصرَّف في الكلام باستخدام اسم أُنسِيمُس. فالاسم يعني "نافعًا"، وعلى الأرجح أنَّ سيّده أطلق عليه هذا الاسم. فكتب بولس إلى فليمون قائلاً: "ربَّما كان غير نافع في الماضي، لكنِّي أُرسله لك شخصًا "نافعًا". أضف إلى كلّ هذا أنَّه أرسله كأخ في المسيح، وقال إنَّه مستعد أن يردّ أيّ مال كان قد سرقه.

من السهل أن ننسى أنَّ الرسائل كانت عزيزة في العهد الروماني، خاصَّة تلك التي كانت تُرسل عبر مسافات طويلة مثل غرب تركيا وروما. ومن المرجَّح أن يكون بولس قد أرسل الرسائل إلى كنيستي كولوسي وأفسس وإلى فليمون بيد الساعي نفسه، تيخيكس.

ويمكن أن ندرس القصَّة من عدَّة نواحٍ:

الناحية الشخصيَّة

تظهر ثلاث شخصيَّات رئيسة في هذه الرسالة:

1. **بولس**: رغمَ أنَّه كان مايزال مسجونًا، فقد كان يخصِّص الوقت لأفراد مثل أُنسِيمُس. ويبدو واضحًا من لهجته أنَّه كان مُعجبًا بذلك العبد. وقد أظهر ذلك من خلال وضعه المحزن لِكَونه شيخًا مسجونًا. إلاَّ أنَّ ذلك الأُسلوب يُظهِر نفحة إنسانيَّة.
2. **فليمون**: كانت الكنيسة تجتمع في بيته، وكان متزوّجًا وله ولد. وشرح بولس أنَّه سيكون صعبًا عليه أن يدَعَ أُنسِيمُس يذهب لأنَّه أصبح عزيزًا على قلبه. وسيكون الأمر صعبًا على أنسِيمُس أن يعود لأنَّه كان قد هرب. وسيكون صعبًا على فليمون أن يقبله ويسامحه. إلاَّ أنَّ بولس قال: "دعونا نَقُم بالأمر الصعب!"
3. **أُنسِيمُس**: العبد النافع الذي سيُعاد إلى بيت سيِّده، ويبدأ العمل من جديد.

وتُظهر الرسالة أنَّ بولس كان يعرف بعض الأشخاص الذين كانوا يحضرون الاجتماعات في منزل فليمون. فيذكر مثلاً أبفيَّة وأرخبُّس بالإضافة إلى فليمون. كما أنَّ أبفراس ومرقس وأرسترخس وديماس ولوقا جميعهم أرسلوا تحيَّاتهم إلى الكنيسة.

وإن كنَّا نسأل: "هل حقَّقت هذه الرسالة هدفها؟" تكون الإجابة: "بالتأكيد، نعم". فما كنَّا حصلنا عليها لو لم تكن قد حقَّقت هدفها، إذ كان فليمون مزَّقها حتمًا وما كانت ستكون جزءًا من العهد الجديد.

الجانب الاجتماعي

يمكننا أيضًا أن ندرس الرسالة من جانبها الاجتماعي، خاصَّة أنَّها تعالج موضوع العبوديَّة. ويستنكر بعضُهم عدم محاولة بولس إلغاء العبوديَّة. فيقولون إنَّه، مع كونه يكتب عنها في رسائله، لم يقترح ضرورة

إيقاف ممارستها. فكيف يُمكن أن تتوافق معاملة الناس كسلع بشريَّة مع تعليم الكتاب المقدَّس عن القيمة التي يهبها الربّ لكلٍّ منَّا؟

لكن هذا الموقف ليس صحيحًا، إذ إنَّ بولس يدين المتاجرة بالعبيد (إضافة إلى القتل والزنى والكذب) في 1تيموثاوس1:10. كما أنَّ تردُّدَه في النداء بوقف العبوديَّة يُمكن أن يفسَّر بكون ثُلُثَي سكان روما كانوا من العبيد، فإن بدأ بتلك الثورة كان سيسبِّب بلبلة كبيرة في المجتمع. وكان بولس يفضِّل أن يُعرف بصفةِ الكارز بالإنجيل وليس ببطل القضايا الاجتماعيَّة.

وبدل التسبّب بأيَّة ثورة، كسر العبوديَّة بإحداث التغيير في العلاقات والمواقف بين الناس. فمثلاً، حثَّ فليمون أن يُعامل أُنسِيمُس كأخ، وليس كجزء من ممتلكاته. وهو وصف أُنسِيمُس بقوله عنه: "ابني... الذي ولدته في قيودي." كذلك، فإنَّ بولس كتب إلى كنيستَي كولوسي وأفسس قائلاً إنَّ على العبيد والسادة أن يكوِّنوا مواقف جديدة في علاقتهم بعضهم ببعض. وقد علم أنَّ تلك المواقف تُزعزِع أساسات العبوديَّة في المستقبل.

الناحية الروحيَّة

لكنْ يجب أن ننظر إلى الرسالة من الناحية الروحيَّة أيضًا. وإنِّي أُومن بأنَّها موجودة في الكتاب المقدَّس لأنَّها تقدِّم صورة كاملة عن خلاصنا. فنحن نمثِّل العبد الذي هرب من الله، ونحن لا ننفعه بأيِّ أمر، ولكنَّ الربَّ يسوع أتى ودفع ديوننا وقدَّمنا من جديد للآب كأشخاصٍ ذوي منفعة له. إذًا، نرى في هذه الرسالة صورة عن التبرير، فأُنسِيمُس رجع كابْن. ونرى صورة عن التقديس إذ أصبح نافعًا لسيِّده.

الناحية الأخلاقيَّة

عمل بولس بكلِّ بساطة مع أُنسِيمُس ما قام به المسيح من أجلنا. وكأنِّي به يقول له: "لقد دفع الربُّ يسوع الثمن بدلاً عنك وخلَّصك وأهَّلك وأرسلك من جديد إلى الآب. فاذهب الآن وقم بالمِثل مع الآخرين." بكلامٍ آخر، إنَّ علاقتنا بالآخرين تتأثر بما قام به المسيح من أجلنا. ويجب علينا أن نؤهِّل الآخرين ونرسلهم من جديد إلى الآب. ويجب علينا أن نكون مستعدِّين لأنْ ندفع الثمن بدلاً منهم كما دفع المسيح الثمن بدلاً منَّا.

الخاتمة

إذًا، يجب أن تتأثَّر تصرّفاتنا بالأُسلوب الذي تعامل معنا الربّ به. وعلينا أن نقبل الآخرين كما قبلنا الربّ، ونسامح الآخرين كما غُفِرت لنا خطايانا، بل نُظهر الرحمة كما رُحِمنا، ونحبّ كما أُحِبنا. وإن لم نفعل هكذا فهذا يُظهِر أنَّنا لم ندرك فعليًّا نعمة الربّ علينا (راجِع مَثَل العبد الذي لم يغفر للآخرين).

يُبيِّن بولس هنا أنَّ خلاصه بالمسيح أصبح أُسلوب حياة له. وهو يفعل مع الآخرين تمامًا ما فعل الرب معه، وهذا مثل جميل يُرينا "كيف نعيش خلاصنا."

الرسائل إلى تيموثاوس الاولى والثانية وإلى تيطس

المقدِّمَة

تنسجم معًا رسالتا بولس إلى تيموثاوس ورسالته إلى تيطس لعدَّة أسباب. فمن الناحية الأُولى، تختلف هذه الرسائل عن الرسائل الأُخرى التي كتبها بولس. ومن الناحية الثانية فإنَّ هذه الرسائل الثلاث تتشابه. ولذلك، فإنَّ مفسِّري الكتاب المقدَّس غالبًا ما يدرسونها معًا دفعةً واحدة. وكما سنرى، فإنَّ ذلك يُحدِث فرقًا كبيرًا، مع أنَّ ظنون المفسِّرين لا تَصِحُّ دائمًا.

الرسائل الثلاث لا تُشبه الرسائل الأُخرى

تتميَّز هذه الرسائل بكونها مُرسلةً إلى أفراد، فيما جميع رسائل بولُس الأُخرى باستثناء رسالة فليمون موجَّهة إلى كنائس. كما أنَّها ممتلئة بالتعاليم العمليَّة، مع عدم خلوّها من الأفكار اللاهوتيَّة. وتركِّز معظم رسائل بولس في أجزائها الأُولى على الأُمور العقائديَّة، ومن ثَمَّ تتناول الأُمور العمليَّة في الأجزاء الأخيرة. ولكنْ تمتدُّ التعليمات العمليَّة خلال كلّ تلك الرسائل الثلاث. ويقدِّم بولس تعليقات مختصرة عن عدد من القضايا، دون الخوض في التفاصيل كما يفعل في رسائله الأُخرى.

الرسائل الثلاث متشابهة

لطالما لاحظ دارسو الكتاب المقدَّس أنَّ هذه الرسائل الثلاث تؤلِّف مجموعة متكاملة. فقد كتبها المؤلِّف نفسُه في الوقت نفسِه وللأسباب نفسها، مع أنَّ الوجهة إختلفت.

الكاتب

أدَّت تلك الخصائص التي ذُكرت سابقًا إلى نُشوء شكوك حول ما إذا كان بولس هو الكاتب، وذلك للأسباب التالية:

الأُسلوب ــ اختلافات داخليَّة

يختلف المضمون والأُسلوب والمفردات المستخدمة في هذه الرسائل عن التي استخدمت في

رسائل بولس الأُخرى. ولقد أظهرت الأبحاث حول المفردات المـُستخدمة في هذه الرسائل تجانُسًا ضعيفًا مع المفردات المـُستخدمة في رسائل بولس الأُخرى التي كان قد كتبها في وقت سابق.

المضمون ــ اختلافات خارجيَّة

ويعتقد بعض مفسِّري الكتاب المقدَّس أنَّ بولس يصف في هذه الرسائل نوعًا آخر من المسيحيَّة بالمقارنة مع كتاباته الأُخرى. فكتب في هذه الرسائل عن "الإيمان"، بينما كتب في رسائله الأُخرى عن "إيمان". ويبدو أنَّه يصف خدمة منظَّمة أكثر من السابق. وكان صراعه مع الهرطقة "الأدريَّة" قد تطوَّر، ويبدو أنَّه فضَّل الوثنيَّة على المثل الأعلى في المسيحيَّة في إظهار إيمانه حين قال مثلاً بالاعتدال في كل شيء.

مسار الرحلة

ويعتقد بعض مفسِّري الكتاب المقدس الآخرين أنَّه لا يمكن أن يكون بولس قد كتب تلك الرسائل لأنَّها لا تتوافق مع مسار نهاية حياته كما وُصفت في سفر أعمال الرسل.

شرح الاختلافات

في الواقع، يُمكن تقديم شرح للاختلافات بين هذه الرسائل وبعض رسائل بولس الأُخرى:

أوَّلاً، كُتِبت هذه الرسائل في مرحلة لاحقة. ويمكن لأيِّ كاتب أن يغيِّر أُسلوبه في الكتابة مع مرور الزمن، الأمر الذي يُفسِّر الاختلافات التي تمَّت الإشارة إليها. لذلك لا يجدر بنا الاعتقاد بوجود كاتب آخر.

ثانيًا، كان بولس قد تقدَّم في السنّ، كذلك الكنائس أيضًا. وكان الكثير من المؤمنين الموجودين من تلك الكنائس من "الجيل الثاني"، ولا بدَّ أنَّ تكون هيكليَّة الكنيسة قد تغيَّرت. وقد أظهرت كتابات بولس تلك التغييرات.

ثالثاً، لا عجب ألَّا تتوافق تفاصيل رحلات بولس مع السرد الذي ذكره لوقا في سفر أعمال الرسل، لأنَّ هذا السفر لا يتضمَّن التفاصيل حول أيَّام بولس الأخيرة. وينتهي هذا السفر بكون بولس تحت الحراسة المشدَّدة في منزله في روما، لكن حدث الكثير بعد إطلاق سراحه كما نقرأ في رسائله. فقد تمَّت تبرئتهُ وأُطلِق سراحه وكان باستطاعته أن يُكمِّل خدمته، فزار جزيرة كريت، وربَّما زار أيضًا إسبانيا قبل أن يُعتقل من جديد، بعد أن وشى به إسكندر النحَّاس في صنعته. وكتب بولس رسالته الثانية إلى تيموثاوس خلال سجنه ثانيَ مرَّة.

لذلك، أنا متأكِّد من أنَّ بولس هو كاتب هذه الرسائل الثلاث. وقد كتبها خلال الأشهر العشرة الأخيرة من حياته. ووجَّه تلك الرسائل إلى صديقَيه وزميلَيه الشابَّين تيموثاوس وتيطس، ليستطيعا مساعدة الكنائس الضعيفة التي كانا قد أُرسلا إليها.

هل هي "رسائل راعويَّة"؟

تُعرف هذه الرسائل عادة بـِ "الرسائل الراعويَّة"، وقد أطلق عليها هذا اللقب د. ن. بِردُوت في العام 1703 م. ورغمَ انتشار هذا اللقب، إلاَّ أنَّه وصف مُضلِّل. أوَّلاً: إنَّ تلك الرسائل ليست "راعويَّة" أكثر من رسائل بولس الأُخرى من أيَّة ناحية. فكلّ رسالة كتبها كانت راعويَّة، لأنَّها عالجت أُمورًا راعويَّة، ومن ضمنها رسالة رومية التي يُقال خطأً إنَّها تبيِّن الخطوط العريضة لفِكر بولس اللاهوتيّ.

ثانيًا: لم تُوجَّه تلك الرسائل إلى رُعاة. فتيموثاوس وتيطس لم يكونا "راعيين" بما للكلمة من معنى، ولم يكن هدف تلك الرسائل القيادات في الكنائس المستقرَّة الثابتة التي نراها اليوم. ويجب علينا توخِّي الحذر من الظنِّ بأنَّ التطوّرات التي حدثت لاحقًا كانت موجودة في زمن كتابة العهد الجديد.

ويكمن الخطر في تسمية تلك الرسائل "راعويَّة" بميل الرعاة إلى استخدامها ككُتيِّب إرشاد حول "تنظيم الكنيسة المحليَّة". فرغمَ إحتوائها على تعليمات، تركِّز على احتياجات الشيوخ والأساقفة، وليس الرعاة، وتتوقَّع تعيين عدد من الرجال كشيوخ في الكنيسة. وتلك الرسائل ليست تفويضًا لقيادة فرديَّة، كما سنرى لاحقًا.

أضف أنَّ تلك الرسائل لا تشكِّل كتيِّب تعليمات جيِّدًا للرعاة، إذ لا تحتوي على نصائح في نواحٍ ممكن أن يتوقّع الإنسان وجودها. فلا ذكر لكيفيَّة اختيار الشيوخ ومهمَّاتهم وعددهم في الكنيسة ومدَّة انتِدابهم. والرسائل تذكر موضوع الوعظ والقليل عن موضوع الصلاة، لكن لا تذكر موضوع قيادة التسبيح. ومع أنَّه يمكن أن نلتقط بعض التفاصيل عن الخدمة الراعويَّة، ليس هدف تلك الرسائل تقديم النصائح للرعاة. ويمكننا أن نفترض أنَّ تيموثاوس وتيطس كانا يعلمان ما كانا بحاجة إلى معرفته.

هل هي "رسائل تبشيريَّة"؟

توحي تسمية تلك الرسائل "راعويَّة" بأنَّها موجَّهة إلى حياة الكنيسة الداخليَّة، لكنَّ اهتمام بولس لا ينصبّ على الكنيسة المحلِّيَّة. فبالنسبة إليه، القيادةُ مهمَّة لأنَّها تؤثِّر في الأعضاء، والأعضاء مُهمّون لأنَّ نوعيَّة المؤمنين تُحدِّد مدى تأثير شهادتهم للعالم الخارجي. وفي الواقع، أنَّ هدف هذه الرسائل هو تصحيح وضع الكنيسة، حتَّى تصل البشارة إلى العالم. ولذلك يقول بعضٌ إنَّ تسميتها "الرسائل التبشيريَّة" يتوافق أكثر مع هدفها التبشيري الذي نراه خلال قراءتها. ويكتب بولس عن أهميَّة الأعمال الصالحة التي "تزيّن الإنجيل"، إذ تجعله يبدو أكثر جاذبيَّةً لغير المؤمنين.

إنَّ الصيت الذي ننقُلُه إلى غير المؤمنين مهمٌّ جدًّا، وهو المقياس الذي يدلّ على أهليَّة الإنسان ليكون شيخًا في الكنيسة. وقد طلب بولس من تيموثاوس أنِ "اعمَلْ عمل المبشِّر." وفي الوقت نفسه يطلب بولس من شركائه في الخدمة أن يعالجوا كلّ ما يجعل الإنجيل منفِّرًا. فالمعلِّمون الكذبة كانوا يعيثون فسادًا في الكنيسة ويضَعون عوائق لتقدّم الإنجيل. وكانت العلاقات بين أعضاء الكنائس لا تُظهر الإنجيل بشكلٍ جيّد، بل على العكس أَثبطت عزائم مَن هم مِن خارج على أن يريدوا سماع ما تؤمن

به الكنيسة. وقد آمن بولس بضرورة إصلاح وضع الكنيسة لينتشر الإنجيل في المحيط من حولها. وهو يقول لتيموثاوس إنَّ الربّ "يريد أنَّ جميع الناس يخلصون"، ولذلك من الضروري التأكُّد من أن يكون تأثير شعبه إيجابيًّا للشهادة له.

رسائل رسوليَّة

إنَّ وصف هذه الرسائل بالرسائل "التبشيريَّة" لا يؤدِّي الغرض بالتدقيق. وأفضل وصف لها هو "الرسائل الرسوليَّة" لأنَّ تيموثاوس وتيطس كانا ما يمكن تسميته "الرسولين المُنتَدَبين". ونجد بعد قراءتنا بين سطور الرسائل أنَّ دورهما في الكنائس التي أُرسلا إليها، لم يكن دور راعيَيْن أو مبشِّرَين، بل أنَّ بولس قد أرسلهما كرسولين مُنتدبَين بسلطة منه.

كان بولس يقوم بواحد من أربعة أُمور حين كان يرى مع فريقه مجموعةَ مؤمنين تتأسَّس. فكان يزور الكنيسة بنفسه ليرى سير الأُمور فيها، أو يرسل إليها رسائل، أو يرسل أحدًا من فريقه إلى الكنيسة المعنيَّة لفترة من الزمن، أو يُبقي أحد أعضاءِ فريقه هناك ليساعد الكنيسة على الثبات. وهنا كان يأتي دور "الرسول المنتدَب".

يستدعي لقب "الرسول" بعض الشرح، لأنَّه غالبًا ما يُساء فهمه. فالكلمة تعني حرفيًّا "مَن يُرسل"، وهي تشير إلى بِضع مجموعات ذُكرت في العهد الجديد.

فاللَّقب "رسول" هو أحد الألقاب التي استخدمت لأفراد في العهد الجديد انشغلوا بالخدمة المسيحيَّة. وقد استخدمت أيضًا الكلمة اليونانيَّة episcopos، وقد اشتُقَّت منها كلمة episcopal التي تعني "الأُسقفيّ". والأُسقف هو من يهتمّ بأُمور الكنيسة. كذلك تُستخدم أيضًا كلمة "الشيخ" elder في الإنكليزيَّة والمشتقَّة من الكلمة اليونانيَّة presbuteros التي تُشتقّ منها كلمة Presbyterian في الإنكليزيَّة، وتعني المشيخيَّة. وفي الواقع أنَّ كلمتيَ presbuteros و episcopos كانتا تُستخدمان بالتَّبادُل، إذ تعنيان بكلّ بساطة المؤمنين الأكبر سنًّا، أو الأكثر نضجًا، الذين يهتمون بشؤون الكنيسة. فالكلمة الأُولى تُشير إلى شخصيَّاتهم، والكلمة الثانية تُشير إلى عملهم.

أخيرًا، نأتي إلى كلمة diaconos التي تعني "الشمَّاس"، وهي تشير إلى من يهتم بالشقّ العمليّ في الكنيسة. ونجد في العهد الجديد أنَّ الرسول أسَّس الكنيسة، وتأكَّد من ثبات جذورها، ثمَّ سلَّمها إلى شيوخ أو خدَّام أو مشرفين.

وما تجدر الإشارة إليه هو أنَّ تلك الخدمات أتت جميعها في صيغة الجمع. فلا يوجد في العهد الجديد ما يُسمَّى خدمة الرجل الواحد، بل كانت هناك مجموعة من الرسل، ومجموعة من الشيوخ، ومجموعة من الخدَّام. وكان يوجد في تلك الأيَّام عدد من الرُّعاة في الكنيسة الواحدة، وليس عدَدٌ من الكنائس يقوم بخدمتها أُسقفٌ واحد بعكس ما كانت عليه الحال في كنيسة العهد الجديد.

وكان يهوذا الإسخريوطي الوحيد في العهد الجديد رسولاً ومشرفًا ومساعدًا في آنٍ معًا. فنجد عند قراءتنا بتمعّن للأصحاح الأوَّل من سفر أعمال الرسل أنَّ بطرس قال إنَّ عليهم أن يختاروا من يحلّ مكان

يهوذا وأنَّ عليهم أن يختاروا رسولاً وأُسقفًا ومُدبِّرًا ليَحلَّ محلَّه." ولا أعتقد أنَّ تلك كانت سابقة ناجحة لدمج الخدمات الثلاث معًا!

وعادةً ما تكون تلك الخدمات منفصلة ومختلفة. فعلى الرسول أن يؤسِّس الكنيسة، ثم تصل إلى مرحلة يمكن للشيوخ والأساقفة الموجودين فيها أن يقودوها. وعلى الرسول أن يتركها حينئذٍ، إذ يكون عمله قد إنتهى. فمثلاً نقرأ في رسالة بولس إلى تيطس أنَّ بولس ترك تيطس في جزيرة كريت لإكمال العمل بتعيين شيوخ في كلّ مدينة، وكان سيلتقي بولُسَ بعد ذلك في روما. وللأسف، فإنَّه ابتداءً من القرن الأوَّل الميلادي اختلَّ دورا الأساقفة والشيوخ، وانتهى بنا الأمر إلى أن يُعيَّن أُسقفٌ واحد لعدَّة كنائس أو شخصٌ واحدٌ في كنيسةٍ ما يُسمِّي نفسه أُسقفًا. ولكنْ يختلف هذا الوضع تمامًا عمَّا يُخبرنا به العهد لجديد.

الفريق الرسولي

لقد عمل تيموثاوس وتيطس معًا في هذا الفريق الرسولي. وكان بولس قد أسَّس الكنائس، أمَّا عملهما فكان أن يحلاَّ المشاكل التي نتجت لاحقًا. وذهب تيموثاوس إلى أفسس، بينما بقي تيطس في جزيرة كريت، وكان عمل كلٍّ منهما أن يقوم بدور نائب الرسول، أو كاشف المشاكل . وقد شجَّعهما بولس على القيام بمهمَّاتهما بسرعة قبل أن يلحقا به إلى روما.

ولم تكن تلك هي المرَّة الأُولى التي فيها يقومان بهذا الدور. فقد أُرسلا قبلاً إلى كورنثوس عدَّة مرَّات وآلت زياراتهما إلى نتائج متنوِّعة. فتيموثاوس صارع، بينما نجح تيطس في مهمَّاته. ويعود سبب اختلاف النتائج في عملهما جزئيًّا إلى اختلاف نظرتَيهما إلى الخلافات. فتيموثاوس كان شابًّا خجولاً يحتاج إلى الكثير من التشجيع، بينما كان تيطس بالمقابل أصلَبَ في مواقفه. وباختصار، كان تيطس بحاجة إلى تلقِّي لتعليمات لما يقوم به، أمَّا تيموثاوس فكان بحاجة للكثير من التشجيع لتعزيز الموهبة التي لديه. وكان على بولس أن يذكِّره أنَّ الربّ أعطاه روح القوَّة والمحبَّة والنصح.

وتظهر الدراسة حول أُسلوب تواصل بولس في كلٍّ من الرسالتين، أنَّه كان بالأخصّ مُعجبًا بتيموثاوس. وهو يوجِّه كلامه إليه بصفته "الابْن الحبيب". ويبدو أنَّ تيموثاوس كان الأقرب إلى بولس وكأنَّه من صلب عائلته، فكانت تربطه به علاقة مميَّزة. ورُغمَ اختلاف خلفيَّتَيهما وطباعهما، كان بولس على الأرجح يعتبره نائبه المستقبلي.

ولا يبدو واضحًا مدى السلطة التي تمتَّع بها الرجلان للقيام بعملهما. وغالبًا ما يقول بولس لتيموثاوس أن "يطلب" من الكنيسة، وذلك بحسب العقيدة الرسوليَّة التي علَّمها بولس، وليس بحسب أفكاره الشخصيَّة.

ومن الواضح أنَّ السلطة لم تكن هرَميَّة أو مُتَتالية. وكان عمل المندوب الرسولي يكتمل عندما يُسلِّم الإدارة إلى شيوخ الكنيسة أو أساقفتها الذين كان باستطاعتهم أن يستمروا في قيادة الكنيسة بحسب تعليمات المسيح. ولم "يصنعا" رُسُلاً آخرين.

يريد بولس من خلال تلك الرسائل الثلاث أن يتأكّد صديقاه من أن يكون للكنيستين قيادة جيِّدة وأعضاء صالحون. وكالعادة، لم يسعَ بولس وراء الكميَّة، بل وراء النوعيَّة. فقد أراد أن يكون القادة والأعضاء من نوعيَّة جيِّدة، إذ علم أنَّ هذا الأمر يؤدِّي إلى وجود عدد كبير من المؤمنين.

ومن اللافت ملاحظته أنَّه لا يُشير إلى حجم الكنيسة أو إلى قيادتها، بل يبدو مهتمًّا بنوعيَّة القيادة والأعضاء. وكان قد ترك تيطس في جزيرة كريت لِيُحسِّن نوعيَّة الأعضاء. أمَّا في أفسس فقد دعَتِ الحاجة إلى تحسين نوعيَّة القيادة. وتخبرنا الرسالة إلى تيطس عن نوعيَّة الأعضاء الذين يجب على مندوب الرسول أن يتركهم وراءه. أمَّا الرسالة إلى تيموثاوس فتتناول نوع القيادة المطلوب وجودها.

ويُمكِننا النظر إلى الرسائل من ثلاث وجهات: من وجهة نظر الكاتب، ومن وجهة نظر القارئَين تيطس وتيموثاوس، ومن وجهة نظر حالة الكنائس في جزيرة كريت ومدينة أفسس، وقدِ احتاجت إلى توجيه هذين الرسولين المُنتدبين.

إني أعجب من كلّ من يتساءل ما إذا كان بولس هو الكاتب الحقيقي، إذ يُمكننا بناء حياته كاملة من خلال تلك الرسائل. فتلك الرسائل تحتوي على معلومات شخصيَّة عن بولس أكثر من أيَّة رسالة أُخرى. ولذا يصعب القول إنَّ هذه المعلومات لم تصلنا مباشرة منه.

نمط حياة بولس

تغيّرات في الماضي

يكتب بولس عن التغيّرات في حياته، مُتأمِّلاً كيف كان مجدِّفًا وعنيفًا، وكيف اضطهد كنيسة الله، وكيف كان عدوًّا للمسيح. وقد قال عن نفسه إنَّه أسوأُ الخطاة وعبَّر عن امتنانه للربّ الذي أدركه وعيَّنه رسولاً للأُمم. فعندما يغفر الربّ ينسى ما ارتكبناه من خطايا، أمَّا نحن فلا ننسى؛ وهذا ما عبَّر عنه بولس.

الظروف الحاضرة

يخبر بولس زميليه الشابَّين في الخدمة عن الصعوبات التي تواجهه وعمَّا يحدث معه. فنقرأ في رسالة تيموثاوس الأُولى أنَّه زار أفسس وكريت ونيكابوليس وكورنثوس ومالطا وترواس وإسبانيا أوَّلَ مرَّة. ويصف في رسالة تيموثاوس الثانية حالته في السجن في روما، فهو لم يتمتَّع بالحريَّة التي تمتَّع بها حين كان قيد الاعتقال في المنزل. أمَّا الآن فقد كان في زنزانة بعد أن وشى به إسكندر النحَّاس، فجمع حوائجَهُ بسرعة، ونسي معطفه وكتبه في المكان الذي كان فيه. ويطلب من تيموثاوس في هذه الرسالة أن يذهب إليه سريعًا ويُحضِرَ له تلك الأغراض قبل أن يحلّ الشتاء. فقد علم أنَّه من الممكن أن يمكث هنالك مدَّةً من الزمن، خاصّة أنَّه لم يكن بالإمكان التكهّن إن كان نيرون سيُصدِرُ أحكامًا عادلة ومنصفة.

نظرة إلى المستقبل

كتب بولس رسالته إلى صديقه الشاب تيموثاوس بعد أنِ انتقل إلى سجنه الجديد. ويمكن أن نطلق على رسالته "وصيَّته وعهده الأخيرين". وكان قد تجاوز الستِّين من عمره. وقد علم أنَّ حياته قد أوشكت على النهاية. وكان لوقا قد كتب سفر أعمال الرسل خلال مدَّة سَجن بولس الأُولى، بهدف أساسيٍّ هو الدفاع عنه والبرهان للسلطات الرومانيَّة أنَّه لا يستحق الموت. لكن بولس علم خلال سجنه ثانيَ مرَّة أنَّه لن ينفعه دفاع من هذا النوع، وقد خشِيَ الأسوأ. وتعكس الرسالة حزنه لأنَّ ديماس تركه وآخرين كانوا جُبَناء فلم يدعموه. لقد آن الأوان لكي يسلِّم الشُّعلة لتيموثاوس الذي كان ما يزال شابًّا وبإمكانه إكمال العمل. فيكتب عن عمل أنجزه، وسباقٍ أكمَلَه، ومعركة ربحها.

هدف حياة بولس

يمكننا أن نقرأ في تلك الرسائل هدف حياة بولس، بالإضافة إلى نمط حياته. ويبدو واضحًا من كتاباته أنَّه عاش لأجل الإنجيل (أو الإيمان أو الحقّ)، وحثَّ زميلَيه الشابَّين أن يقتديا به. فهذا كان المحرِّك لكلّ ما قام به. وأراد كنتيجة لذلك أن يُبيِّن عمل الربّ وردَّة فعل الإنسان لكي يحصل زميلاه والكنائس في النهاية على التعليم القويم. والكلمة اليونانيَّة التي استخدمها بولس لوصف هذا التعليم تعني "الصحيح" وهي تمامًا عَكسُ الكلمات السامَّة التي كان يقدِّمها المعلِّمون الكذبة والرجال الأشرار المُندَسُّون وسط الكنيسة.

الهدف - (إلٰهيّ)

الله الآب

يركِّز بولس في أجزاء معيَّنة من كلّ رسالة على عمل الله. وهو يكتب أيضًا عن شخصيته ومحبّته ونعمته ويدعوه "المخلِّص". وكان الله معروفًا أكثر بصفته الدَّيَّان، بينما أُطلق لقب "المخلِّص" على الربِّ يسوع. لكن إطلاق لقب "المخلِّص" على الله يتناسب مع ما نعرفه عن مبادرة الله الآب بإرسال ابنه وتسليمه الدَّينونةَ في اليوم الأخير.

وتصف ألقاب أُخرى في هذه الرسائل جلال الله؛ فهو ملك كلّ الدُّهور (أي أنَّه أبديّ) وخالد وغير مرئيّ ولم يرَه أحد، ولا يستطيع أحد أن يراه، وهو يسكن في نور ساطع لا يستطيع أحد الاقتراب منه. إنَّه الإله الوحيد والحكيم والحيّ، وهو ملك الملوك وربُّ الأرباب.

الربُّ يسوع

يظهر الربُّ يسوع بصفته الدَّيَّان والمخلِّص. ويتم وصف ما قام به على الصليب بطرق مختلفة. فنقرأ أنَّه يسوع المسيح أتى إلى هذا العالم ليخلِّص الخطاة، وأنَّه أبطلَ وأنار الحياة والخلود، وأنَّ موته كان فداءً

للجميع. كذلك نقرأ مُلخَّصًا لحياة الربِّ يسوع: "اللهُ ظَهَرَ فِي الْجَسَدِ، تَبَرَّرَ فِي الرُّوحِ، تَرَاءَى لِمَلاَئِكَةٍ، كُرِزَ بِهِ بَيْنَ الأُمَمِ، أُومِنَ بِهِ فِي الْعَالَمِ، رُفِعَ فِي الْمَجْدِ" (1تيموثاوس 3:16).

الروح القدس

يذكر بولس ناحيتين من عمل الروح القدس. أولاً، يكتب عن اختبار الروح القدس، مذكِّرًا تيموثاوس حين وضع بولس وآخرون أياديَهُم عليه فانسكب الروح عليه. ويذكِّره أنَّ الروح القدس هو روح المحبة والقوَّة والنصح.

ثانيًا، يكتب عن ميزة المواهب الروحيَّة، ويشجِّع تيموثاوس على استخدام ما أُعطيَ من مواهب حين وُضعت الأيادي عليه. ولا نعلم ما هي الموهبة أو المواهب التي أُعطِيَت له في تلك المناسبة، أو ما إذا كان "وضع الأيدي عليه" المذكور في رسالتي تيموثاوس يشير إلى خلاصه أو تعيينه للخدمة، لكنَّ بولس يشجِّعه في كِلتا الحالتين على استخدام ما تسلَّم.

شخصيّ ـــ (من الناحية البشريَّة)

ننتقل الآن إلى كيف يجب أن تكون ردَّة فعل الإنسان تجاه مبادرة الربّ.

يُوضِح بولس خلال جميع كتاباته أنَّه توجد ثلاثة أبعاد لخلاص المؤمن، وهذه الرسائل ليست استثنائيَّة. فالخلاص لا يحدث في لحظة أو بأُسلوب أُوتوماتيٍّ، لكنِ استخدمت ثلاث صيغ لوصف عمليَّة الخلاص.

الماضي (التبرير) ـ إختبار

يُعلِّم بولس أنَّ الخلاص حصل هو الماضي، إذ يمكننا أن ننظر إلى الماضي فنرى نقطة تحوُّل في اللحظة التي فيها وضعنا ثقتنا بالربّ. وأحرف الجرِّ المستخدمة أساسيَّة جدًّا: فالخلاص بالنعمة، وليس بالأعمال الصالحة أو "أعمال الناموس". والمؤمنون يخلصون من الأعمال الشرِّيرة، وليس بالأساس من الجحيم، كما يحاجج بعض. وأخيرًا، يأتي الخلاص من الروح القدس.

ويكتب بولس في رسالة تيطس عن "غُسْلِ الْمِيلاَدِ الثَّانِي وتجديد الروح القدس"، ما قد يعني معموديَّة الماء ومعموديَّة الروح القدس. وكلتاهما ضروريَّتان كشعيرة للدخول إلى الملكوت.

الحاضر (التقديس) ـ أخلاقيًّا

ينشغل بولس بموضوع الناحية الحاضرة من الخلاص، مع أنَّ هذه الناحية ليست أساسيَّة في نقاشه. وهو يوضح ضرورة اتِّباع العقيدة الصحيحة، فهو لا يملك الوقت للمناقشات الأكاديميَّة والرياضة الفكريَّة والحجج المتضاربة التي لا تغيِّر الحياة.

فالإنجيل يُفضي إلى الأعمال الصالحة. وهو يفصلنا عن الشرّ ويعطينا النعمة لكي نعيش حياة التقوى. فنحن مُفرزون لفعل الخير، ونحن آنية نُظِّفت لاستخدامٍ نبيل.

والأعمال الصالحة تمهّد سبيل الإنجيل. إذ تذكّرنا هذه الرسائل أنَّ الحياة الصالحة التي يحياها المؤمنون تجذب الآخرين إلى الربّ.

المستقبل (التمجيد) ــ الحياة الأُخرى

لكنْ ليست هذه نهاية خلاصنا، إذ لم نخلص بعد بالكامل. فنحن بكلّ بساطة على طريق الخلاص، ونسافر على مسار يُدعى "الطريق". وفي الواقع أنَّني أقلق حين يقول لي أحدهم: "لقد خلَصَ سبعة أشخاص مساءَ الأحد." وإجابتي المعهودة هي التالية: "تعني أنَّ سبعة أشخاص بدأوا برحلة الخلاص يوم الأحد". فهم لم يخلصوا بعد بالكامل.

وقد ركّز بولس على الخلاص المستقبليّ أكثر من باقي الأنواع الثلاثة. فنحن نرث الحياة الأبديَّة، لكن علينا أن نحافظ على إيماننا. ويكتب بولس عن أولئك الذين ضلُّوا عن الإيمان، وينبِّه تيموثاوس إلى أهميَّة مراقبة حياته واتِّباع العقيدة القويمة، وبذلك يخلِّص نفسه ومستمعيه.

يذكر بولس في هاتين الرسالتين "خمسة أقوال تشير إلى أمانة الربّ"، ويُظهِر أحد تلك الأقوال، الوارد في 2تيموثاوس2: 11-12، النقطة التي تدور حولها. فدعونا نُلقِ عليه نظرة مفصَّلة:

الناحية الإيجابيَّة

"إِنْ كُنَّا قَدْ مُتْنَا مَعَهُ فَسَنَحْيَا أَيْضًا مَعَهُ" (إشارة إلى الخلاص / المعموديَّة وليس الشهادة).
"إِنْ كُنَّا نَصْبِرُ فَسَنَمْلِكُ أَيْضًا مَعَهُ."

الناحية السلبيَّة

"إِنْ كُنَّا نُنْكِرُهُ فَهُوَ أَيْضًا سَيُنْكِرُنَا".

لكنْ يغيِّر السطر الأخير نمط الكلام فنقرأ: "إِنْ كُنَّا غَيْرَ أُمَنَاءَ فَهُوَ يَبْقَى أَمِينًا، لَنْ يَقْدِرَ أَنْ يُنْكِرَ نَفْسَهُ." ويقول بعضُهم إنَّ هذه الآية تعني أنَّه لا يمكن أن يخسر المؤمن خلاصه. لكن كل ما يعد به الربّ في هذه الآية أنَّه يبقى أميناً. ويقارن بولس بين عدم ثباتنا وثبات الربّ. صحيح أنَّه لا يُمكن للمؤمن أن يهلك، لكن غير الأمين يكفُّ عن أن يكون مؤمنًا، لأنَّه يكون بالفعل من دون إيمان. ويكتب بولس في هاتين الرسالتين عن أُناس "ضلّوا" عن الإيمان، ما يعني أنَّه بينما كانوا في الماضي يؤمنون كفُّوا عن ذلك.

يتمحور جزء من مفهوم بولس عن الخلاص المستقبليِّ حول فكرة أنَّنا سوف نربح أكاليل. فعلينا أن نثابر كي نحصل على كلّ ما يجهّزه الربّ لنا. وغالبًا ما يتم الاستشهاد بتعليم اللاهوتي الفرنسي اللامع

جون كالفن على أنَّه قال إنَّه حين يقبل الإنسان المسيح فخلاصه المستقبلي مضمون. لكنَّه في الواقع كتب التالي: "إنَّ فداءنا لا يكتمل إن لم يقُدنا هو نحو هدفنا الأخير من الخلاص. وفي اللحظة التي نبتعد عنه ولو قليلاً، يبدأ خلاصنا الثابت فيه بالتلاشي تدريجيًّا. والذين لا يستريحون فيه طوعيًّا يحرمون أنفسهم من كلّ تلك النعمة".

وإنِّي نادرًا ما استخدم كلمة "خلاص" اليوم، بل أفضِّل بدلاً منها كلمة "إعادة تدوير". وعندما يسألني أحدهم ما نوع العمل الذي أقوم به، أجيب إني أعمل في "إعادة التدوير". وتخبرني عادة نظرات مستمعيَّ بأنِّي أقوم بعمل مميّز جدًّا. لكن تتغيَّر معالم وجوههم ويملأُها الهلع عندما أقول لهم إنِّي لا أعمل في إعادة تدوير الأوراق والمعادن، بل إنَّ الناس هم المواد الأوَّليَّة التي أعمل بها. لكنِّي أُومن بأنَّ هذه الصورة كتابيَّة، فالناس يحتاجون بالفعل لأنْ يُعاد تدويرهم. فهم بحاجة لأن يرجعوا إلى حالتهم الأصليَّة والهدف الذي لأجله خُلِقوا. وفي الواقع أنَّ كلمة "جهنَّم" في العهد الجديد تمَّ إستعارتها من اسم مكبِّ النُّفايات في أُورشليم.

ترد في تيطس 3:5 آية مميّزة بالنسبة إلى مفهومنا للخلاص، وهي تذكِّرنا أنَّ الربّ خلَّصنا بمعموديَّة الروح القدس ومعموديَّة الماء. وتشابه الكلمات الواردة هنا تلك التي ذُكِرت في يوحنا 3:5 حيث نقرأ أنَّنا نولد من الماء والروح. وفي الواقع أنِّي أذكر في كتابي The Normal Christian Birth "الولادة المسيحيَّة الطبيعيَّة" أنَّ بولس اعتبر الماء والروح ضروريَّين للخلاص.

نحن عادةً نعتبر أنَّ الخلاص هو تذكرة للدخول إلى السماء، ولذلك نظن خطأً أنَّ هاتين المعموديتين غير ضروريتين للخلاص. لكنْ في الوقت الذي نبدأ فيه باعتبار الخلاص عمليَّة إعادة تدوير، عندئذٍ يصبح هذان الأمران أساسيَّين. ويقول بولس إنَّ الربّ خلَّصنا بغُسل الميلاد الثاني وتجديد الروح القدس، وقد فاض علينا الروح القدس. إذًا، تبدأ عمليَّة إعادة التدوير عندما نعتمد، وتستمر إذ نتجدَّد بالروح القدس الحالِّ فينا.

تيموثاوس وتيطس

إنَّ الفرق بين تيطس وتيموثاوس واضح جدًّا. فتيطس كان غير مختون وقد أتى من خلفيَّة وثنيَّة. ووُلِد تيموثاوس في لسترة التي كانت أوَّل مدينة بشَّرَ فيها بولس في مقاطعة غلاطية. وقد أوصت الكنيسة التي في لسترة بتيموثاوس بأن يكون مساعدًا لبولس، وهكذا بدأت علاقتهما بالنموّ.

كانت والدة تيموثاوس وجدّته يهوديَّتَين، وقد علَّمتاه التوراة منذ صغره. لكنَّه لم يختتن لأنَّ والده لم يكن يهوديًّا. إنَّما ختنه بولس لاحقًا ليس بسبب اعتقاده أنَّ الختان سيُساعِده من أيَّة ناحية، بل لأنَّه اعتقد أنَّ الأمر يساعده في زياراته للمجامع. وكان بولس يهتمُّ بعد تعرّض أيّ فرد من أعضاء فريقه لأيَّة مضايقة.

ويذكر العهد الجديد ثلاث مهمَّات أُوكلت إلى تيموثاوس قبل أن يزور أفسس. فقد أُرسل إلى تسالونيكي وكورنثوس وفيلبّي كممثِّل لبولس. كذلك ساعد بولس في كتابة ست رسائل: رسالتي

تسالونيكي، ورسالتي كورنثوس، ورسالة فيلبِّي ورسالة فليمون. لكنْ لم تكن صحَّة تيموثاوس جيِّدة في الإجمال. فقد كان يعاني مشاكل في الهضم، ولذلك قدَّم له بولس النصيحة بأن يشرب بعض الخمر لأوجاعه. وفي الواقع، شعر بولس بضرورة تشجيع تيموثاوس على أن يكون كجندي أو رياضي يمارس تدريب النفس الذي تتطلَّبه الخدمة المسيحيَّة. ولا نعلم إن كان تيموثاوس استطاع أن يصل إلى روما قبل إعدام بولس، لكن نقرأ في الرِّسالة الثانية إلى تيموثاوس أنَّ بولس كان متحمِّسًا ليراه.

تحتوي رسالة تيطس، بعكس رسالتَي تيموثاوس، على القليل من الأُمور الشخصيَّة. فتيطس عامل نشيط وقد حقَّق نتائج ممتازة في كورنثوس، ويبدو أنَّ بولس كان يثق به بالكامل. لكنَّنا نلتقط معلومات قليلة عنه من هذه الرسالة. ولا يقدِّم بولس له النصائح نفسها التي قدَّمها لتيموثاوس.

وتشير معظم رسائل بولس في مقدّماتها إلى مشكلة أو أزمة بحاجة إلى حلّ. ورسالة تيطس ليست استثناء لذلك. ومع أنَّه كانت هناك كنائس في كلّ مدينة من جزيرة كريت، لم يكن هناك شيوخ يقودونهم، لذلك ألحّت الضرورة على تعيين قادة يستطيعون مساعدتهم على النموّ. وكانت مهمَّة تيطس أن يهتم بأمر تعيين الشيوخ.

أمَّا رسالتا تيموثاوس فقد كُتِبتا لأنَّه كان في كنيسة أفسس شيوخ لا يصلحون للمهمَّة. ولذلك أُعطي تيموثاوس مسؤوليَّة إزاحة الشيوخ غير الصالحين من مناصبهم وتعيين آخرين صالحين بدلاً منهم. لكن في الواقع تبدو هذه المسؤوليَّة ملائمة لتيطس أكثر من تيموثاوس!

ولقدِ اهتمَّ بولس بنوعيَّة الأعضاء الموجودين في جزيرة كريت. ويبدو من كلامه أنَّ خلفيَّتهم الوثنيَّة كانت ما تزال تؤثِّر فيهم وفي الكنيسة أيضًا. وكان سكَّان جزيرة كريت يصطبغون بسلوك سيِّئ، وقد ظهر هذا التأثير في كنائس الجزيرة. أمَّا في أفسس فكانت القيادة بحاجة إلى تنظيم. وقد انتشر التعليم الخاطئ في كلتا المنطقتين. ففي كريت انتشر على هامش الحياة الكنسيَّة، أمَّا في أفسس فكان التعليم الضَّلاليُّ يصدُر من القادة غير الصالحين. فكان من الضروري اتِّخاذ الإجراءات اللازمة لأجل الحفاظ على سلامة الكنيسة.

ويمكننا تقسيم المهمَّة التي أعطاها بولس لتيموثاوس وتيطس تحت ثلاثة عناوين:

إنهاء المرحلة الانتقاليَّة

تَّسمت المرحلة الأُولى من المهمَّة بإنهاء المرحلة الانتقاليَّة، من كنائس معتمدة على الرسل إلى كنائس يُديرُها قادة محلِّيُّون. فهم كانوا بحاجة لأنْ يستقلّوا بكلِّ ما للكلمة من معنى حتَّى يتضاءل اتِّصالهم بالمؤسِّسين.

قادة من نوعيَّة جيِّدة

الشيوخ

يُشدِّد بولس لرفيقَيه على نوعيَّة الشيوخ التي يجب أن يختاراها، فيركِّز على الشخصيَّة، وبالأخصّ

على الأُسلوب الذي يدير الشيخ به عائلته، خاصَّةً أنَّه غالبًا ما يكون بيته مكانًا تجتمع فيه الكنيسة. ثم يذكر أهميَّة استحقاق الفاعل أي الراعي والمعلِّم أجرته.

من اللافت ذكر بولس لأهميَّة محافظة الشيخ على صيت جيِّد خاصَّة مع من هم من خارج الكنيسة. ومن المفيد أن تستشير الكنيسة من هم من خارج للتوصية بمن سيتم انتخابهم كشيوخ. فالتقرير الجيِّد يشكِّل علامات جيِّدة.

يُعلِّم بولس أنَّ يتم اختيار الشيوخ من الرجال. وعندما يسألني أحدهم إن كان بإمكان سيِّدة أن تكون شيخة في الكنيسة، أجيب بنعم بشرط أن تكون "بعل إمرأة واحدة"! فهذه إحدى الصفات التي يجب أن يتحلَّى بها الشيخ. وقد أقنعني وزن النصوص الأُخرى أنَّ منصب الشيوخ يجب أن يُعطى للرجال فقط، كما أنَّ التأديب في البيت هو من مسؤوليَّة الأب في النهاية.

غالبًا ما يتذمَّر قادة الكنائس قائلين إنَّ مشاكلهم يمكن أن تُحلّ فقط لو أنَّ أعضاء كنائسهم يتبعونهم. لكنِّي أعتقد أنَّ المشكلة تكمن في اتِّباع معظم الأعضاء لهم! فالناس يتبعون قادتهم لاشعوريًّا. ربَّما لا يتبعون ما يقوله القائد، إنَّما يتبعون أفعاله. وإحدى المهمَّات المخيفة والمـُهمَّة لقائد الكنيسة هي أن ترى ضعفاتك ونقاط قوَّتك تظهر في الكنيسة. وبالطبع، هذا الأمر يشكِّل خطرًا حين تكون القيادة محدَّدة برجل واحد، إذ تصبح مزايا شخصيَّته هي مزايا شخصيَّة كنيسته. ولكنْ عندما تكون القيادة جماعيَّة تتوازن الضَّعفات ونقاط القوَّة بشكل أفضل. ولهذا السبب فإنَّ مواصفات قادة الكنيسة (الشيوخ والشمامسة) تركِّز جزئيًّا على الشخصيَّة وليس الموهبة. فما يصنع القائد هو ليس ما يمكن أن يفعله، لكن كيف يتصرَّف في بيته وفي العلن. أمَّا المهارة الوحيدة المطلوبة في الشيوخ فهي قدرتهم على التعليم بشكل إمَّا إفراديٍّ وإمَّا جماعيٍّ.

الشمامسة

تتشابه صفات الشمامسة كثيرًا وصفات الشيوخ، مع فارق التنويه بأنَّه يمكن للنساء أن يقمن بدور شمَّاسات. ويكتب بولس عن نساء شمَّاسات، إلاَّ أنَّه يوجد خلاف حول ما إذا كان يعني بذلك زوجات الشمامسة أو شمَّاسات نساء بالفعل. ولكنْ كل من يخدم الكنيسة في الأُمور العمليَّة عليه أن يُظهِر التقوى بغضّ النظر عن قدراته. فالجزء الأهم في الخدمة في الكنيسة هو العلاقات وليس القدرات.

ومن الواضح أنَّه لا توجد تراتبيَّة. فالشِّماسة ليست الخطوة الأُولى من طلوع سلّم المشيخة، مع أنَّه غالبًا ما يُنظر إلى الأمر من هذه الناحية. فاهتمام الشمامسة يتمحور حول الأُمور الآنيَّة، أمَّا اهتمام الشيوخ فيتمحور حول الأُمور الروحيَّة.

أعضاء من نوعيَّة جيِّدة

تسلِّط الرسالتان الضوء على أهميَّة وجود أعضاء من نوعيَّة جيِّدة على صعيد عدد كبير من المسائل. ويكتب بولس عن ضرورة وجود التواضع في الكنيسة، وعن ضرورة التصرُّف اللائق في

المجتمع، وذلك من خلال صلاة الأعضاء لأجل القادة السياسيين. كذلك، يشير إلى أهميَّة مدّ يد المساعدة للمعوزين.

ويعلِّم عن أهميَّة مساعدة النساء المتقدِّمات في السن للنساء الشابَّات، وعن ضرورة تقديم الاحترام للشيوخ، وعن مساعدة الأرامل اللواتي هنَّ بحاجة بالفعل.

وتركِّز رسالة تيطس بالتحديد على نوعيَّة أعضاء الكنيسة. فيكتب بولس أنَّه يجب أن يُظهَرَ الإيمان في الكنيسة وفي البيت وفي العمل على حدٍّ سواء. وفي الواقع أنَّ الرسالة هي برنامج تدريبي رائع لعضويَّة الكنيسة يُبيِّن كيف يجب على عضو الكنيسة أن يتمنطق بحقِّ الإنجيل. وقد انصبَّ اهتمام بولس في هذه الرسالة على أهميَّة ظهور الكنيسة للعالم بأفضل مظهر. ومن اللافت أنَّ لائحة الفضائل التي يستخدمها بولس في هذه الرسالة ليست مسيحيَّة، بل يونانيَّة. فقد اتَّبع اليونانيون لائحة احتوت على الفضائل البشريَّة، واستخدم بولس تلك اللائحة الوثنيَّة، وتحدَّى المؤمنين لِيَعيشوا بحسب معاييرها.

لكنْ لا يعني هذا الأمر أنَّ على الكنيسة أن تستند إلى معايير العالم الأخلاقيَّة، بل يعني أنَّه علينا أن نحُوزَ ما يعتبره العالم المستوى الأدنى المقبول من الأخلاق الجيِّدة. ويعني هذا أنْ يكون لدى غير المؤمنين حسُّ التمييز، وهم غالبًا ما يضعون المؤمنين تحت المجهر!

دور النساء

ربَّما التعليم الأكثر إثارة للجدل في هذه الرسائل هو التعليم عن دور النساء. فبولس يقدِّم تعليمات صارمة تحدّ من دور المرأة في الخدمة (يُمكن الإطلاع على كتاب "القيادة هي رجل" باللُّغة الإنكليزيَّة للكاتب نفسه لإلقاء الضوء على هذا الموضوع). ولا تلاقي هذه الرسائل القبول لدى اللاهوتيين المُنادين بحقوق المرأة، وذلك للأسباب التالية:

1. **كاتب مزيّف**: يقول بعضهم إنَّ كاتب هذه الرسائل ليس بولس، بل تمَّ انتِحالُ اسمه في القرن الميلادي الثاني. لذلك يجب ألَّا تُعتبَرَ جزءًا من العهد الجديد.
2. **تعليم يهودي**: يقول آخرون إنَّه إنْ كان بولس كاتب تلك الرسائل فتعليمه عن دور المرأة متأثّر جدًّا بالتعليم اليهودي الذي كان قد تلقَّاه قبل أن تعرَّف بالربِّ يسوع. وكان كرجل متقدِّم في السن يستذكر ما تعلَّمه في طفولته اليهوديَّة.
3. **الحضارة**: يقول بعضٌ إنَّ الأمر متأثِّر بالحضارة. فلو كان الربُّ يسوع على الأرض اليوم لكان اختار ستّة رجال وستّ نساء ليكونوا تلاميذه. وربَّما يُمكن تلخيص الأمر بأنَّ بولس كان متأثرًا بحضارة تلك الأيَّام. وقد كان الربُّ يسوع حكيمًا في انتقائه اثني عشر تلميذًا، لأنَّ وجود تلميذات في ذلك الزمن كان يُعتبر أمرًا مهينًا (وهذا أمر ينقض القول إنَّ يسوع لم يكن يقوم بأي أمر "دبلوماسي"!) وكانت إحدى المجاملات التي قدَّمها له الفرِّيسيُّون هو أنَّه لا يهتمُّ لما يقوله الناس. لكنْ لو شعر بأنَّه كان من الصحيح أن يقوم بأمر ما، لكان فعله.

4. **هرطقة:** يدَّعي آخرون أنَّ النساء مُنِعن من التعليم لأنَّ عددًا منهن كنَّ قائدات في طوائف دينيَّة غريبة متعدِّدة. وكان على الكنيسة أن تُبعِد نفسها عن تلك الممارسات، ولذلك مُنعت النساء من التعليم. ولكنْ ليس لدينا أي دليل يدعم هذه النظريَّة.
5. **تربويًّا:** تشير النظريَّة الثانية إلى أنَّ عدم تلقِّي النساء العلم في زمن بولس جعل من عدم الحكمة أن يكنّ في موقع قيادي أو تعليمي. لكنْ لو كان الأمر صحيحًا لم يكن على بولس أن يعيِّن رجالاً غير متعلِّمين في مواقع قياديَّة في الكنيسة. فنقرأ في سفر أعمال الرسل أنَّ السنهدريم وصف التلامذة الاثني عشر بالرجال العاميِّين. وهم كانوا فعلاً كذلك وغير متعلِّمين.

ولكنَّ من الواضح أنَّ بولس يُعلِّم أن الفروقات بين الجنسين ما تزال تُطبَّق في الكنيسة. فنحن لا نفقد جِنسانيَّتَنا حين نؤمن بالمسيح، والربّ يريد منَّا أن نكون رجالاً بالحقّ ونساء بالحقّ. ويناقض تعليمُ بولس بالتمام التعليمَ المعاصر حول "تشخيص الإنسان" حيث تتضاءل أيَّة فروقات.

لقد خلق الله الإنسان ذكرًا وأنثى، ونحن بحاجة بعضنا لبعض. وقد عيَّن لكلٍّ من الجنسين أدوارًا ومسؤوليات مختلفة. وعندما يتصرَّف الرجال كالنساء، أو تتصرَّف النساء كالرجال، يشوِّهون بذلك خليقة الربّ الجميلة والبديعة. إذًا، أُعطِيَت للرجل مسؤوليَّة القيادة. ورُغمَ أنَّ هذا التعليم لا يلاقي رواجًا، فهو موجود في الكتاب المقدَّس، ولا يمكننا التلاعب به.

مواجهة مسبِّبي المشاكل

المهمَّة الثانية هي مواجهة مسبِّبي المشاكل. فعندما ترك بولس شيوخ كنيسة أفسس، قال لهم إنَّه بعد إنصرافه سيندسّ ذئابٌ في ثياب حملان بين القطيع. وكانت هذه النبوَّة قد تحقَّقت في زمن تيموثاوس، ولهذا أرسل بولس تيموثاوس ليتخلَّص من هؤلاء الذئاب.

يظهر موضوع التعليم المضلِّل كثيرًا في هذه الرسائل. فهو يظهر في خلفيَّة رسالة تيطس، ويظهر بوضوح في رسالتي تيموثاوس. ولقد كتب بولس رسالتيه إلى تيموثاوس بسبب ذلك الأمر بالتحديد. فإن كنت تتجاهل أمرًا ما فإنَّه يسوء، لكن إن كنت مستعدًّا لأنْ تواجهه حالما يظهر، يكون الشفاء أسرع.

الخطأ في التعليم المضلِّل

من الصعب اكتشاف طبيعة ذلك التعليم بالتحديد، ويقول بعضهم إنَّه مشابه لتعليم فلسفة العِرفان التي إنتشرت في القرن الثاني الميلادي.

1. **عناصر يونانيَّة:** لقد اعتقدوا أنَّ الجسد شرير، ولذلك علَّموا أنَّ الجنس خطيَّة، وأنَّه على الإنسان أن يطيع بعض الأوامر بخصوص الأطعمة التي يتناولها لكي ينال رضى الربّ. كذلك أدخلوا فكرة فهم العالم من الناحية "الثُّنائيَّة" وضخَّموا فكرة نهاية العالم قائلين مثلاً إنَّ القيامة قد صارت.

2. **عناصر يهوديَّة**: يدلّ إيمانُهم باتِّباع القوانين التي تخص تناول الأطعمة وشغَفُهم بالأنساب على خلفيَّة يهوديَّة. وتشير تعليقات بولس إلى أنَّه كان لديهم تفسيراتهم الخاصَّة للعهد القديم.

ربَّما كان بولس يحارب على جبهتين، إذ كان يحارب "اليهوديَّة اليونانيَّة" التي جمعت الجدَليَّات اليونانيَّة واليهوديَّة وشكَّلت هجومًا قويًّا على الإنجيل.

المثال الذي قدَّموه

لفتنا سابقًا إلى أنَّ الشيخ الصالح يستحق كرامة مضاعفة، وقد أُسيئَت ترجمة هذا النص في الكثير من ترجمات الكتاب المقدَّس، إلاَّ أنَّ المعنى واضح. فالشيخ الذي يتعب في الوعظ والتعليم يستحق أن يتلقى الإكرام المضاعف. ويشير هذا الأمر إلى الخدمة التي هي مقابل أجر وتخصّ بذلك الذين يبشِّرون بالإنجيل لغير المؤمنين ويعلِّمونه للمؤمنين. بالمقابل، لا ينبغي أن يتلقَّى الشيوخ غير الصالحين أيّ أجر، خاصَّة إذا كانوا محبِّين للمال.

ويمكننا تمييز عيوب الشخصيَّة في الشيوخ بدراسة ما حذَّر بولس منه. إذ كتب قائلاً إنَّ لديهم صورة التقوى ولكنَّهم يُنكِرون قوَّتها. فهم بَدَوا من الخارج صالحين، إلاَّ أنَّ نواياهم من الداخل كانت أنانيَّة. ومع أنَّهم ظهروا أنَّهم يتّبعون القانون، فقد كانوا ناموسيِّين ومُفتخرين بما حقَّقوه وطمَّاعين، وقد ظنوا بطريقة أو بأُخرى أنَّ المال هو مكافأة يتلقَّونها بسبب تقواهم.

التأثير الذي تركوه

كان تأثير هؤلاء القادة في الكنيسة كارثيًّا، فقد سرى تعليمهم المضلِّل في جسد الكنيسة كالغرغرينا. وهم كانوا محبِّذين لخليط غريب من الناموسيَّة والحرِّيَّة. إلاَّ أنَّ كُلاًّ منهما منفردةً خَطِرة، وهما تشكِّلان خطرًا أشدَّ في حال اجتماعهما. والقيادة يجب أن تنبعث من قلب طاهر وضمير صالح وإيمان نقيٍّ، لكنْ لم يتحلَّ هؤلاء القادة بأيَّةٍ من تلك الصفات الثلاث. ولم يكونوا يقترفون الأخطاء فقط، بل كانوا يقدِّمون مثالاً سيِّئًا.

نقل الحقّ

المهمَّة الثالثة الأساسيَّة لوضع أساس للكنيسة هي نقل الحقّ. وفي النهاية فإنَّ أهم ناحية من حياة الكنيسة هو التعليم الكتابي الصحيح والثابت. والكنائس التي لا تتلقَّى التعليم الكتابي المنهجيّ والثابت تصبح سريعة التأثّر بأيِّ خطإ، لكن التمعُّن المستمر بكلمة الله التي تنقل لنا حقّ الإنجيل يساعد على نموّ حياة الذين يتعلَّمون.

وكان على تيموثاوس أن يواجه المشاكسين ويُظهِر لهم أفعالهم ويضعهم جانبًا ويستبدلَ بهم شيوخًا صالحين. فالكنيسة يمكن أن تحتمل أيّ أمر من الخارج، لكن يصبح الأمر خطيرًا عندما تُهاجم من

الداخل. ولا بدَّ للتَّعليم من أن يشمل التعليم الشفويّ والتحذير والنُّصح، ويجب أن يُقدَّم بسلطان وليس لمجرَّد المعرفة وتقديم المعلومات. وكان على تيموثاوس وتيطس أن يقدِّما الحقّ ويكونا مثالاً فيه.

الرسالة التي يجب إعلانها

كان يجب أن تعتمد رسالتهما على ما أسماه بولس "الإيمان"و"الحقّ". وكان باستطاعتهما استخدام ثلاثة مصادر:

1. الكتب المقدَّسة: كان من الواجب قراءةُ العهد القديم علنًا، كما كان يجب أن يُعلَّم ويُبشَّر منه.
2. تعليم الرسل: نقرأ في الأصحاح الثاني من سفر أعمال الرسل أنَّ المؤمنين كانوا يواظبون على تعليم الرسل. وقدِ اعتُبرت تعاليم بولس عن مجيء المسيح أساسيَّة لمؤمني كنائس العهد الجديد.
3. الأقوال الموثوقة: كان هناك عدد من الأقوال أو العقائد التي عُرِفت بأنَّها تُظهِر حقيقة الأسفار المقدَّسة، وقد ذُكر خمس منها في الرسائل.

وكان على تيموثاوس وتيطس أن يُظهِرا استقامة في تعاملهما مع الحق، وأن يفعلا ذلك في "وقت مناسب وغير مناسب"، لكي يُبلِّغا الحقّ بأمانة. ويصف بولس العقيدة التي يجب تعليمها بالسليمة أو الصحيحة. وبالمقابل، فإنَّ أيَّ انحراف عن تعليم الرسل هو كالوبإ أو الغرغرينا التي تسري في الجسد.

ويجب ألَّا يُحصَرَ هذا التعليمُ أن يبقى في الكنيسة، بل يجب أن يُخرج إلى الخارج. وقد شجَّع بولس تيموثاوس كي "يعمل عمل المبشِّر."

المثال الذي يجب إظهاره

يظهر الجانب البصري في هذه الرسائل، ويذكِّر بولس تيموثاوس بأنَّه كان مثالاً له في كثير من الأحيان، ويكتب عن "تعليمي وأُسلوب حياتي وهدفي وإيماني وصبري ومحبتي وتحمّلي" (للاضطهاد والتألّم) والجهوزيَّة لمواجهة الموت. وهو يشدِّد هنا على أنَّ ما تكون عليه يفوق أهميَّة ما تقوله، وعلينا أن نمارس ما نعظ به.

كذلك، يحثّ تيموثاوس على أن يكون مثالاً جيِّدًا للذين يقودهم. فحياته يجب أن تكون بلا لوم أمام الكنيسة وأمام الذين من خارج. ربَّما يبدو هذا الأمر صعب المنال ومُرهِقًا، إلاَّ أنَّ التركيز في الأمر ليس على "الكمال"، بل على "إحراز التقدّم". ويشجِّعه بولس على الهروب من الشهوات الشبابيَّة وعلى اتِّباع التقوى. وهكذا تجذب حياته الآخرين الذين هم من خارج.

كيف يمكننا تطبيق هاتين الرسالتين اليوم؟

1. **الطهارة داخليَّة وليست خارجيَّة:** أيّ تفسير قانوني للإيمان هو بطبيعته خارجي.

2. **ما يزال التمييز في العمر والجنس والطبقة الاجتماعيَّة يطبَّق في مجتمعات المؤمنين:** إنَّ الآية المُستخدمة من غلاطية 3:28 كبرهان لمحو تلك الفروقات تنطبق على علاقتنا العموديَّة بالربّ. فهذه الفروقات لا تؤثِّر في أهليَّتنا للخلاص.

3. **إنَّ صلاح الكنيسة يجب أن يكون سَوِيًّا ومُتقدِّمًا على نظرة العالم لما هو صالح.** وهذا أمر مهم جدًّا، لأنَّه لا يُمكن أن نخدع العالم. فالناس يعرفون كيف يكون الإنسان الصالح، وهم يتوقَّعون أن يرَوا أناسًا صالحين في الكنيسة. فالمسؤوليَّة تقع علينا بأن نحيا حياة صالحة.

4. **إنَّ الشخصيَّة مهمَّة أكثر من المقدرة.** فدور القيادة في الكنيسة هي تقديم مثال جيِّد، بالإضافة إلى إظهار مهارات في القيادة. فالناس يريدون أن يروا تصرّفاتنا، بالإضافة إلى سماع كلامنا.

5. **إنَّ الرعاة مسؤولون عن وضع القطيع ككل، وليس الخراف.** فالكتاب المقدَّس لا يلوم الأعضاء على وضع القطيع، بل يلوم الراعي. وإني أُشير هنا إلى رعاة يوجِّهون إصبع الاتِّهام إلى أعضاء كنائسهم بشأن وضع تلك الكنائس. لكنَّ الربّ يُحمِّل الرعاة المسؤوليَّة عن وضع كنائسهم.

6. **إنَّ العقيدة الصحيحة والسليمة تُهيَمن على تصرّفاتنا ومعتقداتنا.** فالعقيدة الصحيحة في الكتاب المقدَّس تعني إيمانًا مُترجمًا إلى سلوك.

7. **الكنيسة هي عائلة، لكنَّ أباها ليس موجودًا على الأرض.** فأبو الكنيسة – إن جاز التعبير - ليس أبًا أرضيًّا، بل أب سماوي. وكلّ مؤمني الكنيسة هم إخوة، أكانوا قادة أم أعضاء. وهذا الأمر مهم جدًّا، ويجب علينا ألَّا ندعو أحدًا "أبًا".

8. **يجب على الكنيسة أن تميِّز بين حاجات أعضائها.** فلا ينبغي أن نحمل مسؤوليَّة الآخرين. فإن كان أقرباء إحدى الأرامل قادرين على الاهتمام بها، فلا ينبغي للكنيسة تحمُّل تلك المسؤوليَّة. وفكرةُ تحمّل مسؤوليَّة الآخرين بشكل عشوائي مضلِّلة جدًّا. أمَّا المطلوب من الكنيسة فهو الاهتمام بالأرامل اللواتي لا معين لهنَّ. وعلى الكنيسة أن تكون حسَّاسة من ناحية اهتمامها بالأرامل.

9. **إنَّ شخصيَّة الكنيسة هي انعكاس لشخصيَّة أعضائها. فالأعضاء يتبعون قادة الكنيسة، شاؤوا أم أبوا.**

10. **إن كانت رسائل تيموثاوس وتيطس تعلِّمنا أي أمر فهو أنَّ المعارك الكبرى التي تواجهنا هي من داخل الكنيسة.** وعلينا أن نُكافِح أي تحريف للإنجيل. ويواجه الإنجيل في الحاضر خطر أن يصبح:

- **مُسيَّسًا**: ملكوت السموات كبرنامج اجتماعي لهذا العالم فقط.
- **مُؤنَّثًا**: الله كأُمٍّ حنون، بدل الأبِ المؤدِّب.
- **نسبيًّا**: دون أي تمييز مطلق بين الحق والباطل، وبين الصائب والزائف.
- **مُنسجمًا**: مع أنواع الإيمان المتعدِّدة في العالم التي تنادي باسم الدين.
- فالأمر يتطلَّب مَهمَّة ثُنائيَّة الجوانب: شرح الحقّ، وفضْح الباطل.

من قلب المعاناة إلى المجد

الموضوع	الصفحة
الرسالة إلى العبرانيين	767
رسالة يعقوب	787
رسالتا بطرس الأُولى والثانية	801
رسالة يهوذا	821
رسائل يوحنَّا الأُولى والثانية والثالثة	833
رسالة يوحنَّا الأُولى	835
رسالتا يوحنَّا الثانية والثالثة	849
سفر رؤيا يوحنَّا اللاهوتي	857
المُلك الألفيُّ	919

الرسالة إلى العبرانيين

المقدِّمَّة

أهيَ رسالة صعبة أم رسالة مُبهِجة؟

تختلف الآراء بين القرَّاء المعاصرين حول الرسالة إلى العبرانيين. فيجدها بعضُهم من أصعب رسائل العهد الجديد. ويعود سبب ذلك إلى كونها في نظر القارىء الأُممي رسالة ذات طابع يهودي، إذ تصف الذبائح والمذابح وأُمورًا كهنوتيَّة بأُسلوب مفصَّل. ويتطلَّب فهم هذه الرسالة معرفة للعهد القديم، وبخاصَّة سفر اللاويين. وللأسف، فإنَّ الكثير من الأُمم لا يملكون المعرفة بشأن هذا السفر. أضِف أنَّ بعض الحجج المذكورة في هذه الرسالة لا تلفت انتباه الفكر المعاصر. فمن يهتم بأُمور الملائكة والسُّلالات؟ فنادرًا ما يناقش المؤمنون مواضيع كهذه.

كذلك، فإنَّ اللُّغة اليونانيَّة المستخدمة في هذه الرسالة معقَّدة جدًّا، مع أنَّها تُعتبر من أفضل اللغات المـُستخدمة في العهد الجديد. ولم يُكتب العهد الجديد باللُّغة اليونانيَّة "الكلاسيكيَّة النحويَّة" التي كانت تُستخدم في الجامعات، بل باللُّغة العاميَّة المحكيَّة.

لكن اللُّغة المـُستخدمة في سفر العبرانيين هي أقرب إلى اللُّغة الكلاسيكيَّة أكثر من أي جزء آخر من العهد الجديد. وكذلك، فحتَّى في الترجمة العربيَّة أو الإنكليزيَّة، اللُّغةُ المـُستخدمة في هذه الرسالة مصقولة وراقية وتشكِّل عقبة لفهمها لدى بعضهم.

لكنَّ هناك مَن تَروقُهم هذه الرسالة، فيقولون إنَّها من أكثر أسفار الكتاب المقدَّس متعة. فهم يحبونها و يستمتعون بقراءتها، وذلك لسبب من الأسباب الثلاثة التالية:

1. أصحاح الإيمان الرائع

يقوم هذا الأصحاح بجولةٍ وسط أضرِحة، فيطَّلِع القارئ على حياة أبطال الإيمان العظماء في الماضي. ويقدِّم انفِراجًا للَّذين يجدون المناقشة في الأصحاحات السابقة صعبة بعض الشيء.

2. الضوء الذي أُلقي على العهد القديم

تُعالج هذه الرسالة أمر ارتباط العهد الجديد بالعهد القديم. وهي تشرح كيف علينا أن نتعامل مع ناموس موسى، وتُظهر علاقة إيماننا المسيحي بمراسِمِ الهيكل، وكيف أنَّ شعب الربّ قد دخل في عهد جديد وعلاقة جديدة مع الربّ. وهكذا فهي تقدِّم نماذج تفسيريَّة لمفهومنا كمؤمني العهد الجديد.

3. ما تُخبِر هذه الرسالة عن المسيح

إنَّ الذين يحبّون الربَّ يسوع يحبّون أيضًا رسالة العبرانيين. والكلمة المفضَّلة لدى الكاتب هي "أفضل" (أو "أعظم") فيتم وصف الربِّ يسوع بكونه "أفضل" بدل "الأفضل" (رُغمَ أنَّه فعليًّا الأفضل)، لأنَّه تتم مقارنته مع بدائل "أخفّ" اعتبرها القُرَّاء الأصليون جذَّابة. فيسوع هو أفضل من الملائكة، وأفضل من الأنبياء، وأفضل من جميع الوسطاء.

والرأيان اللذان يتفاوتان في كونها رسالة صعبة أو رسالة ممتعة متطرِّفان لدرجة أنَّهما يفوِّتان الهدف الأساسي من الرسالة. فالسؤال المفتاح الذي يجب أن يُطرح هو: "لماذا كُتِبت؟" ومع أنَّ الإجابة عن هذا السؤال ليست سهلة المنال، تنكشف الرسالة أمام ناظريك حين تجدها.

مَن هو الكاتب؟

قبل اكتشاف سبب كتابة الرسالة، علينا أن نعرف من كتبها. وقد أسماها أحد دارسي العهد الجديد "أُحجية العهد الجديد"، لأنَّها في العهد الجديد الرسالة الوحيدة التي لا يظهر اسم كاتبها. وقد برَزَ العديد من التخمينات، حتَّى إنَّ بعض ترجمات الكتاب المقدَّس القديمة تُعَنوِنُها "رسالة بولس إلى العبرانيين"؛ إلاَّ أنَّ ذلك مجرَّد تخمين. ولا أعتقد أنَّ بولس هو الكاتب. فليس هذا أُسلوبه ، وليست هذه هي اللُّغة التي يستخدمها عادة. واقترح آخرون أن يكون برنابا هو الكاتب، وذلك لسبب بسيط، وهو القَدْرُ الفائقُ الذي تتضمنه من التَّشجيع. وآخرون يقولون إنَّه استفانوس؛ أمَّا آخرون بعدُ فيقولون إنَّه سيلا أو أبلُّوس. ويقترح بعضهم إنَّه ممكن أن تكون الكاتبة هي بريسكلا، وعدم وجود اسم للكاتب هو لإخفاء حقيقة أنَّ امرأة كتبت الرسالة، لكنِّي أعتقد أنَّ هذا الأمر مستبعد جدًّا. وفي النهاية أضمّ صوتي إلى صوت الأبِ الكنسيِّ الكبير أُوريجانُّس الإسكندري إذ قال: "الربّ وحده يعلم!"

إلى مَن أُرسِلت هذه الرسالة؟

لا نعلم بصورة مؤكَّدة إلى مَن أُرسِلت الرسالة. فكل ما نعرفه هو أنَّها موجَّهة "إلى العبرانيين"، وهو أمر غير محدَّد! وقد قدَّم بعضُهم عدَّة اقتراحات؛ فمنهم من يقول إنَّها أُرسلت إلى الإسكندريَّة، ويقول آخرون إنَّها أُرسلت إلى أنطاكية، أو أُورشليم، أو أفسس. ويقول الكاتب إنَّ "كلّ الذين من إيطاليا يُرسلون تحيَّاتهم." لذلك أفترض أنَّه من المنطقي القول إنَّها أُرسلت **إلى** إيطاليا، ما يعني أنَّ المـُرسل إليه كان الكنيسة التي في روما.

ومن الواضح أنَّ الرسالة إلى العبرانيين كُتِبت بعد فترة لا بأس بها من كتابة الرسالة إلى أهل رومية، وذلك لأنَّ الرسالة إلى العبرانيين تشير إلى أُمور لم تكن قد حدثت عندما كتب بولس رسالته إلى أهل رومية.

إذًا، أُقدِّمُ افتراضيَّة أنَّ الرسالة إلى العبرانيين كُتِبت إلى المؤمنين اليهود الذين كانوا موجودين في كنيسة روما. ويتَّضح ذلك من عنوان الرسالة. لكن السؤال الذي يطرح نفسه هو: "لماذا كانت الحاجة إلى رسالة تُوجَّه إلى نصف أعضاء الكنيسة؟"

متى أُرسِلت هذه الرسالة؟

من الواضح أنَّ القادة الأوَّلين في كنيسة روما كانوا قد ماتوا، لأنَّ الكاتب يقول قبيل نهاية الرسالة : "اذكروا مرشديكم". وكان الهيكل مايزال مفتوحًا، وكانت التقدمات ما تزال تُقدَّم، لأنَّ الكاتب يذكرها بصيغة المضارع. إذًا، لا بدَّ أنَّه كان قد كتب الرسالة قبل العام 70 م، السنة التي هُدِم فيها الهيكل وتوقَّف تقديم الذبائح. فالرِّسالة إلى العبرانيين كُتِبت بعدما كتب بولس رسالته إلى أهل رومية في العام 55 م، وقبل العام 70 م.

نيرون

يتّضح سبب كتابة الرسالة عندما نعرف ماذا حصل في تلك الفترة. وكانت الحالة قد تغيَّرت كثيرًا منذ زمن كتابة بولس الرسالة إلى أهل روما، وذلك بسبب اعتلاء نيرون عرش الإمبراطوريَّة. وقد ذكرنا في دراستنا لرسالة رومية أنَّه خلال فترة حكم كُلوديوس تمّ طرد ما يقارب 40،000 ألف يهوديّ من روما في بداية العام 50 م، وقبل كتابة بولس رسالته. (وكان أكيلا وبريسكلا قد هربا إلى كورنثوس في تلك الفترة،كما نقرأ في سفر أعمال الرسل). وكنتيجة لذلك، أصبحت الكنيسة مؤلَّفة من مؤمنين من أصل أُمَمي فقط، وعندما رجع اليهود بعد موت كُلوديوس في العام 54، نشأت بعض الصراعات بين المؤمنين اليهود والمؤمنين ذوي الخلفيَّة الأُمميَّة مِمَّن كانوا يديرون شؤون الكنيسة. وقد رأينا خلال دراستنا لرسالة رومية أنَّ بولس كتب ليساعد اليهود على الانسجام مع إخوتهم الأُمم.

ولكنْ تخلَّل فترةَ حكم نيرون الكثيرُ من الاضطهاد على الكنيسة. وكان نيرون، كما فعل هتلر، قد قام ببعض الأُمور الجيِّدة في البداية. فعند قراءتنا لقصَّة حياة هتلر، نرى أنَّه أنقذ ألمانيا من البطالة والتضخُّم المالي، وأنشأ الطُّرق السريعة، وأمر بصُنع سيارة "الفولكسڤاكن الصغيرة" لتكون سيَّارة الشعب. كذلك عندما نقرأ تاريخ نيرون نجد أنَّه في بداية حكمه قام بالكثير من الأعمال الجيِّدة لروما. وكان يستمع إلى نصائح الآخرين، وقد حكم بأسلوب حكيم. لكنْ أتى وقت توقَّف فيه عن الاستماع للآخرين وأصبح ديكتاتورًا. وكما أراد هتلر أن يُعيد بناء برلين، أراد نيرون أن يعيد بناء روما. وتكوَّنت لديه أفكار عظيمة بهدم كلّ الأبنية وإعادة بنائها على شكل ضخم جدًّا. وباختصار، أُصيب بجنون العظمة، وكان المؤمنون أكثر المتضرِّرين من تصرّفاته، وقد قُتِل العديد منهم على يده.

لا نجد في رسالة رومية أيَّ أثر للاضطهاد. وكان على الكنيسة أن تحارب الفساد الأخلاقي في روما، ولم يكن الاضطهاد قد تفشَّى بشكل مباشر. لكنَّنا نقرأ في جزء معيَّن من الرسالة إلى العبرانيين عن نوع الاضطهاد الذي كانوا يُعانونَه. ولم يكن أيٌّ منهم قدِ استُشهد بعد، ما يعني أنَّ الزمن كان في منتصف حكم نيرون. وكانت بيوتهم قد تمّ تخريبها، وممتلكاتهم قد سُرِقت. وكان بعضٌ منهم قد زُجُّوا في السجن إذ نجد قرابة نهاية الرسالة التوصية أنِ " أُذْكُرُوا الْمُقَيَّدِينَ." وقد قُيِّد تيموثاوس ثُمَّ تَمَّ إطلاق سراحه. إذًا، كان قد أصبح من الصعب أن يكون المرء مؤمنًا بالمسيح. ورغمَ أنَّه لم يكن الأمر يكلِّفهم حياتهم، فقد كان يكلِّفهم تقريبًا كلّ شيء.

اليهود المؤمنون

بالطبع، شمل الاضطهاد كل المؤمنين على حدٍّ سواء، ولم يختلف الوضع إذا كانوا يهودًا أو أُمميين. لكنْ لماذا وُجِّهت هذه الرسالة إلى المؤمنين اليهود فقط؟ إنَّ الجواب بسيط جدًّا ويشرح الرسالة بأكملها. لقد كان لليهود سبيلٌ للهروب من الاضطهاد لم يتسنَّ للمؤمنين الأُمم. فكان بإمكان اليهود تجنُّب المتاعب بالذَّهاب من جديد إلى الهيكل. وكانت المسيحيَّة في ذلك الوقت غير قانونيَّة؛ أمَّا اليهوديَّة فكانت قانونيَّة وكانت المجامع "مسجَّلة" بشكل رسمي. وكانت الكنائس تعمل في الخفاء، كما كان حال الكنائس في زمن حكم الشيوعيين في روسيا والصين وفي مَناطِقُ أُخرى من العالم اليوم.

إذًا، كان باستطاعة المؤمنين اليهود أن يرجعوا إلى الهيكل فيحموا عائلاتهم من الاضطهاد. وكان بإمكانهم الادِّعاء بأنَّهم رجَعُوا إلى الإله الذي كانوا يعبدونه. لكنّ الأمر تطلَّب ثمنًا؛ فلكي يستطيعوا الدخول من جديد إلى الهيكل كان عليهم أن ينكروا إيمانهم بالمسيح. وقد شكَّل هذا الأمر معضلة كبيرة. كانوا قد سمعوا عن الربِّ يسوع وآمنوا بأنَّه المسيَّا المنتظر. لكنهم وجدوا بعد التحاقهم بالكنيسة أنَّ أولادهم يُضطهدون في مدارسهم، وأنَّ زجاج نوافذهم يُكسَر، وأنَّ أملاكهم تُصادر. وعلموا أنَّهم لو رجَعُوا بعائلاتهم إلى الهيكل لباتُوا في أمان. لكن كان عليهم أن ينكروا أمام جميع من في الهيكل أنَّ يسوع هو المسيَّا.

إذًا، كُتِبت الرسالة في المبدإ إلى اليهود المؤمنين بسبب الإضطهاد الواقع عليهم. ويستخدم الكاتب استعارة تمتُّ بالصِّلة إلى الشُّؤون البحريَّة ليحثهم على الثبات كأنْ لا ترخوا أشرعتكم، أو لا تبحروا بعيدًا، أو لا تُلقُوا المراسي، ما يدل على أنَّه كانت للكاتب خلفيَّة في الحياة البحريَّة.

كلمة وعظ وعرض للمشكلة

يقول الكاتب أخيرًا إنَّه كتب "كلمة وعظ بكلمات قليلة". إنَّ الرسالة بالفعل كلمة وعظ، لكنَّها ليست قصيرة أبدًا! وكلمة الوعظ تكون عادة عمليَّة جدًّا. وهو لم يكن يحاول أن يعلِّمهم العقيدة، لكنَّه كان يحاول أن يمنعَ ذلك الرجوع إلى الهيكل. وتمحور كل ما قاله من بداية هذه الرسالة إلى نهايتها حول هذه المشكلة. فيرمي الكرة في ملعبهم، ثم يطلب منهم، ثم يحذِّرهم، ويتكلم بلطف لكنْ بحزم. ويستخدم كل حجّة يملكها، لأنَّه خاف أن يخسروا خلاصهم إن رجعوا إلى اليهوديَّة نهائيًّا.

وحين نلقي الضوء على هذا الإلحاح من قِبَله، لا نعود نعتبر هذه الرسالة عرضًا عقائديًّا. وقد سمعت الكثير من الوعَّاظ يفسّرون هذه الرسالة على أنَّها دراسة عن المسيح، فيفوِّتون بذلك العُنصرَ العمليّ. وبالنسبة إلى قاموس أُوكسفورد للُّغة الإنكليزيَّة فإنَّ الكلمة exhort، أي يُقدِّم الوعظ أو الحثّ، تعني "أن ينصح بشكل عاجل للقيام بأمر معيَّن". والرسالة بأكملها تحثّ الناس على القيام بأمر معيَّن. والطلب إيجابي وسلبي في آنٍ معًا: "أرجو ألَّا تذهبوا، بل ثابروا."

حدث أن مات أحدهم في أحد أخاديد منطقة يوركشاير البريطانيَّة. وهذا ما قاله الطبيب الشرعي في التحقيق: "لو استمرّ في الحراك، لكان ما يزال على قيد الحياة اليوم." لكنه جلس ومكث في مكان واحد فأُصيب بانخفاض في درجة حرارة جسمه. وهذا هو محور رسالة سفر العبرانيين: "ثابروا على الحركة!".

لم يستخدم الكاتب لغة التوبيخ، بل إنَّه يعتبر نفسه واحدًا مع القرَّاء فيقول: "لنثابر". وفي الواقع أنَّه يعتبر نفسه مُعِينًا (وهو اللقب الذي أُعطي للروح القدس في إنجيل يوحنا والذي يعني "النَّصير أو الذي يقف بجانبك"). ويمكن أن نتصوّره كمتسلِّق ينزل من أعلى الجبل ليساعد الذين هم في أسفل الحبل لكي يصلوا إلى القمَّة.

إنَّ نمط الرسالة لا يشبه النمط المُستخدم في العهد الجديد، إذ إنَّ الكاتب يُبادل بين عرض المشكلة والوعظ. (تحتوي معظم رسائل العهد الجديد على العقيدة أوّلاً ومن ثَمَّ يأتي التطبيق). فهو يناقش ويطلب باستمرار، وتختلف نسبة المناقشة عن نسبة الطلب فيما نتقدَّم في الرسالة. فنقرأ في الأصحاحين الأوَّل والثاني مناقشة طويلة، ومن ثَمَّ يأتي الطلب بشكل مقتضب. ولكنْ بينما نقرأ السفر تُطالِعنا تدريجيًّا مناقشات أقصر وطلبات أطول إلى أن نصل إلى الأصحاح الحادي عشر، حيث نجد عرضًا قصيرًا للمشكلة يتبعُه طلب طويل في الأصحاحين الثاني عشر والثالث عشر.

إذًا، يقدِّم الكاتب مناقشاتٍ أكثرَ وطلبات أقلّ في البداية، ومن ثَمَّ مناقشاتٍ أقلَّ وطلبات أكثر في النهاية. وهذا أحد الأسباب التي تجعل الجزء الأوَّل أصعب من الجزء التالي.

وتتكرَّر لام الأمر في عبارات الطلب مثلاً: "**لِنُحَاضِرْ** بِالصَّبْرِ فِي الْجِهَادِ الْمَوْضُوعِ أَمَامَنَا..." "**لنتقدَّم** بثقة..." "**لنخرُجْ** إليه خارج المحلَّة..." وقد وردت لامُ الأمر (أو ما يُماثِلُها) ما يقارب الثلاث عشرة مرَّة في هذه الرسالة، وأكثر من مرَّة في الجزء الأخير منها. وقد أتى هذا الأُسلوب شخصيًّا وهو يحرِّك مشاعر أقسى القلوب.

أُخِذت كلُّ الحُجَج من العهد القديم وكان هذا كل ما كانوا يملكونه في ذلك الوقت، فضلاً عن الرسالة إلى أهلِ رومية. لذلك كان من السهل على المؤمنين اليهود أن يقبلوها. ويتعامل الكاتب مع العهد القديم بأُسلوبين: الأوَّلُ سلبيٌّ إذ يقارن بين الحياة الأقلِّ شأنًا تحت الناموس وبين ما يتمتَّع به المؤمن في ظِلِّ العهد الجديد؛ والثاني إيجابيٌّ، مشيرًا إلى الاستمراريَّة بين العهدين والأمثلة الكثيرة التي يمكن أن نُحاكيَها. وقد قال القديس أُغسطينوس:

"إنَّ الجديدَ لَفِي القديم مُضمَّنٌ أمَّا القديمُ فبالجديد يُبيَّنُ"

اللُّغة والبناء

يجد الكثيرون صعوبة في فهم لغة هذه الرسالة وبنيَتِها، ويساعدنا الرسم المقابل على ذلك إذ يقدِّم الخطوط العريضة للأصحاحين الأوَّل والثاني مُظهرًا الانقسام بين الأرض والسماء. فالله في السماء قال كلمته تدريجيًّا من خلال الملائكة والأنبياء، بحيث يُمكننا مثلاً نسج قصَّة حياة الربِّ يسوع كاملةً من

العهد القديم. وهي تشبه علبة أُحجية تُركَّب. فالأنبياء أعطَوا الكلمة للناس، إلاَّ أنَّ تلك الكلمة قدَّمت الموت لهم، إذ إنَّ كلمة الناموس قدَّمت موتًا.

ثم نقرأ كيف أنَّه: "كَلَّمَنَا فِي هذِهِ الأَيَّامِ الأَخِيرَةِ فِي ابْنِهِ." وقد كلَّمنا الابن من خلال الرسل. فنحن نسمع كلمات الأنبياء في العهد القديم، وكلمات الرسل في العهد الجديد.

إنَّ الربَّ يسوع تجسَّد، ومات ثمَّ قام وصعد إلى السماء مهيِّئًا الطريق أمامنا. فهو الرائد (أو الرئيس) وقد أُعطي هذا اللقب في هذه الرسالة، ويعني أنَّه تقدَّم لكي نلحق به، وفعل كلّ ذلك لكي نلحق به إلى السماء. ونقرأ أنَّه رُفِّع فوق الملائكة. ولم يرتفع أيُّ إنسان فوق الملائكة إلاَّ عندما ارتفع الربُّ يسوع. وهكذا أنعَمَ علينا بالروح القدس من عليائه كما وعد، مفسحًا في المجال لحدوث المعجزات. إذًا، من الممكن للناس أن يتبعوا ذلك الرائد فينتهي بهم الأمر لأنْ يُصبحوا أعلى مرتبةً من الملائكة، إذ يكونون بين الكثيرين الذين سيتقدَّم بهم الربُّ يسوع إلى المجد. فالمؤمنون سيكونون أعلى مرتبة من الملائكة التي ستخدِمُهم.

وشَكلُ الأصحاحات 4-10 معقّد بعض الشيء، لكن علينا أن نتذكَّر أنَّ أُسلوب التفكير العبراني هو أفقي بين الماضي والحاضر والمستقبل، بينما أُسلوب التفكير اليوناني يتركَّز بطريقة فضائيَّة عموديَّة بين الأرض والسماء. وإذ تجمع رسالة العبرانيين هذين الأُسلوبين، يبدو من الصعب فهم الخطوط العريضة المذكورة في الرسم المقابل.

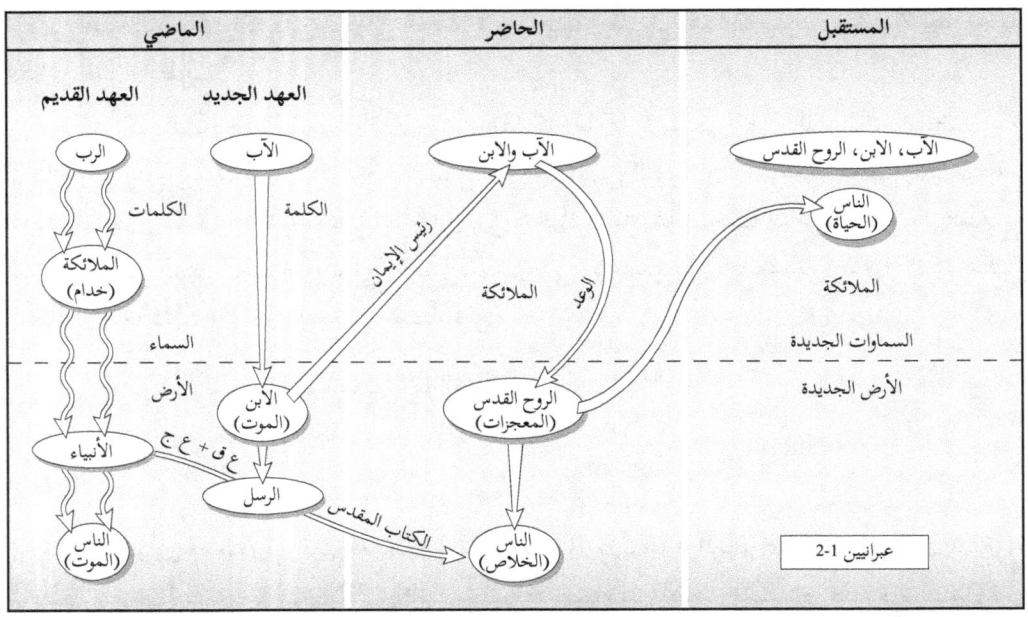

إذًا، نجد الخط العمودي بين الأرض والسماء، أو بين العالم المرئي والعالم غير المرئي. ونجد الخط الأفقي بين العهد القديم والعهد الجديد. ويلتقي الجميع عند الصليب. والإيمان يُخرجنا من الأرضيِّ والماضي إلى السماويِّ والجديد. لكنْ تذكِّرنا الدائرة في الزاوية السفلى من جهة اليمين، أنَّه يمكن أن نسقط في الاتجاه المعاكس. إذ يمكن أن يرجِعَ المرءُ من العهد الجديد إلى العهد القديم، ومن السماويِّ إلى الأرضيِّ.

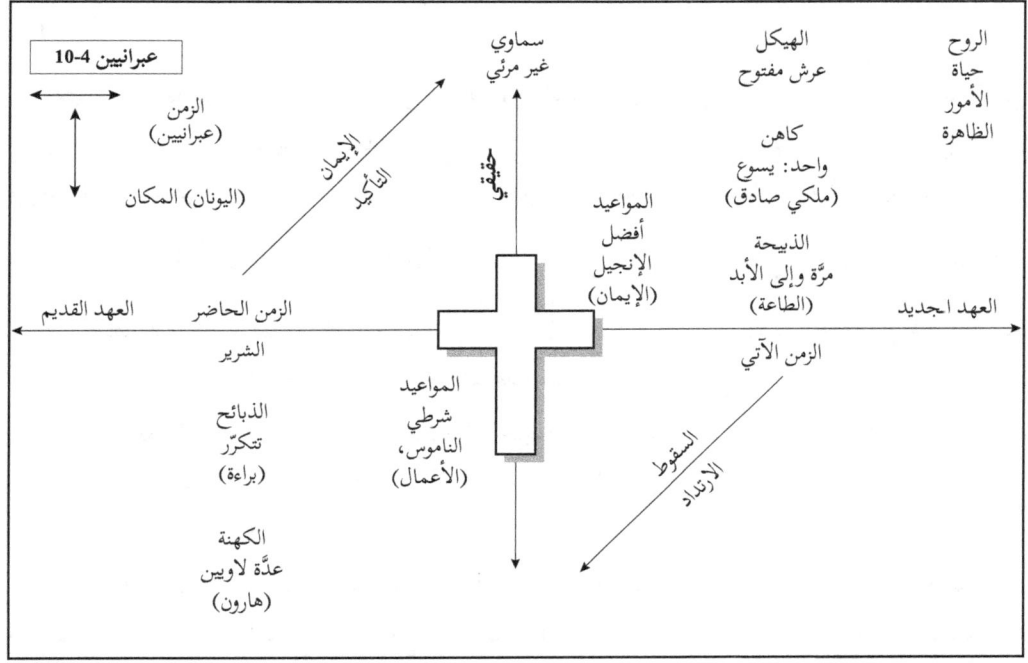

كان من الضروريِّ تكرارُ تقديم الذبائح في القديم، أمَّا الذبيحة النِّهائيَّة فقد قُدِّمت مرَّة وإلى الأبد. فَيقِفُ كهنة العهد القديم إلى جهة؛ أمَّا الربُّ يسوع، الكاهن الذي على رتبة ملكي صادق، فهو في الجهة المقابلة. وقد أُغلِق الهيكل القديم، أمَّا الهيكل الجديد فعرشه مفتوح، وبإمكاننا أن نتقدَّم إلى الأقداس السماويَّة.

دعونا الآن نُلقِ نظرة على السفر بأُسلوب مفصَّل، إذ نحاول فهم كلّ الأفكار الرئيسة الواردة فيه.

تناقض سلبي (الأصحاحات 1-10)
لا ترجعوا إلى الماضي

يرسم الكاتب في الأصحاحات 1-10 تَعارُضًا واضحًا بين العهد القديم والعهد الجديد، كما بين اليهوديَّة والمسيحيَّة. ويقدِّم مناقشته بشكل بسيط. إنَّكم الآن تركبون سيَّارة رولز رويس، فهل تريدون

العودة إلى قيادة سيَّارة قديمة على وشك التفكُّك؟ هل تريدون العودة إلى تسخين الماء في وعاء معدني كلَّما أردتمُ الاستحمام؟ من يختار أن يقوم بأُمور كهذه عندما يكون باستطاعته أن يحصل على الأفضل؟ فهو يقول إنَّ العودة إلى اليهوديَّة هي الانزلاق إلى مستوى منخفض. ولهذا فإنَّه يُحاجِج في الأصحاحات 1-6 قائلاً إنَّه أن يكون لنا ابن الله لَهُوَ **أفضل** بمرَّات كثيرة مِن أن يكون لنا خدَّامُ الله.

الابن، لا الخُدَّام (الأصحاحات 1-6)

1. الأنبياء (1:1-3)

يعتبر بعض مفسِّري الكتاب المقدَّس أنَّ الجملة الأُولى هي أفضل ما كُتِب في اللُّغة اليونانيَّة من ناحية تركيب الجمل والقافية والجمال. وهي تُقارن بامتياز مع عبارات شهيرة ذُكِرت في تكوين 1:1 ويوحنا 1:1. وتُظهر هذه الآية استمراريَّة العهد القديم (الله تكلَّم)، كما أنَّها تقابله (في ابنه).

يبدأ الكاتب أوَّلاً بالنظر إلى "كلمات الأنبياء القديمة" من موسى إلى ملاخي. وكانت تلك الكلمات:

أ. **مُتَفرِّقة**. كانت كقطع الأُحجية، فعاموس مهتمٌّ بالعدل، وهوشع مهتمٌّ بالرحمة، وإشعياء مهتمٌّ بالقداسة. إلاَّ أسفارَهُم جميعها احتوت على نبوَّات عن المسيح.

ب. **مُتنوِّعة**: أتت الصورة التي على غِطاء "الأُحجية" التي تُركَّب مختلفة أو مشكَّلة أيضًا. فنرى النثر والشعر والنبوات والتاريخ والأمثال والقانون والغَزَل والرُّؤى. وجرى التواصل من خلال رجال ونساء عاديِّين أتَوا من خلفيَّات مختلفة.

ويقارن الكاتب تلك الوسائل القديمة مع "الكلمات الجديدة". فيقول إنَّه في "الأيَّام الأخيرة" (أي في المرحلة الأخيرة من التاريخ منذ مجيء المسيح) أعطى الله وسيلة تواصل أخيرة. وقد أُعطِيَت هذه "الكلمة" لنا نحن المؤمنين. ولم تكن هذه المرَّة مشرذمة، بل "في الابن". ومن ثَمَّ يقدِّم تصويرًا ثُلاثيَّ الجوانب للربِّ يسوع.

أ. الخليقة

i. **يحصل على كل شيء في النهاية**. لقد جعل اللهُ الربَّ يسوع الوارث لكلّ الأشياء. إذًا، يومًا ما سيملك الابن كلّ الأشياء. ونقرأ في المزمور 2:8 أنَّ الأُمم هي ميراثه. فالذي ألقَوا على ثيابه قُرعة في نهاية زيارته الأُولى، سيرجع ويملك على كلّ الممالك والشعوب.

ii. **لقد بدأ بالأمر منذ البداية**. لقد بدأ هذا الابن بخلق كل الأشياء. فهو لم يكن مجرَّد نجَّار متواضع، بل كان منذ بدء الخليقة، وهو كان الخالق الذي أبدعَ كل الأشياء.

iii. **إنَّه يسيطر على كلّ الأشياء**. عندما كان على الأرض، أظهر قدرته بأن "هدَّأ العاصفة." وبعد قيامته، هو يُمسِك بزمام هذا الكون.

ب. الخالق

i. **نرى انعكاسًا لإشراقه.** فكما أنَّ أشعَّة الشمس تُمثِّلُها، هكذا الابنُ هو بهاءُ مجد الله. فالمجد هو جزء من وجوده السَّرمديّ.

ii. **إنَّه صورةُ جوهر الله.** كما يُصنع الختم كانْعِكاسٍ لشيء محدَّد، هكذا المسيح هو صورة الله. وعندما نرى المسيح فنحن نرى الله أيضًا.

ج. الفادي

i. **مخلِّص على الصليب.** رُغمَ كلّ ما قلناه، فإنَّ هذا الابن المُمجَّد مات على الصليب. ويكون بذلك قد صنع بنفسه تطهيرًا للخطايا. ولم يفعل ذلك بالكلام، بل بالفعل، سامحًا بأن يُجعَل ذبيحةً. لقد قام هو بنفسه بهذا العمل، ولم يكن قصدُ الآب أن يشاركه فيه.

ii. **ربٌّ لابس تاجًا.** لكنَّه لم يبقَ ميتًا، بل قام من بين الأموات ومُجِّد. إنَّه الربّ الذي ارتفع فوق الجميع، وهو رئيس السلام والنبيُّ والكاهن والملك الجالس عن يمين الآب. وهذا المقامُ الممجَّد الذي تَبوَّأَهُ الربُّ يسوع جعَلَ الكاتب ينتقل إلى الجزء الثاني حيث ينظر إلى الابن مُقارنةً بالملائكة.

2. الملائكة (1:4-2:8)

يصوِّر لنا الكتاب المقدَّس الملائكة بوصفها الكائنات السماويَّة والروحيَّة والفوطبيعيَّة، وهي تقع في المنزلة فوق البشر وتحت الله. والملائكة هم أعظم المخلوقات. ومع أنَّ الديانة اليهوديَّة ميَّزتهم، يقول الكاتب إنَّهم مجرَّد كائنات خادمة. وهو يسأل قُرَّاءه: "هل تريدون أن ترجعوا إلى المرحلة التي فيها كان الاتصال الوحيد بالسماء هو من خلال ملائكة؟ لديكم الابْن الذي يساعدكم على الاقتراب إلى الآب."

لقد خصَّ اليهود الملائكة بمنزلة مُتقدِّمة كوسطاء أو رسل. أمَّا المؤمنون فلا يعيرون الملائكة الكثير من الانتباه. لذلك شعر الكاتب بضرورة مقارنة المسيح بالملائكة حتَّى يستطيع القرّاء رؤية كُلٍّ منهم في موقعه الصحيح.

أ. في الحاضر ــ هو لم يجلس مع الملائكة (1:4-14)

المسيح في منزلة أرفع من الملائكة. ويبرهن الكاتب هذا الأمر من خلال سلسلة من الأسئلة والاقتباسات من العهد القديم.

ب. في الماضي ــ لم يتكلَّم لغة الأنبياء (2:1-4)

كانت كلمات الملائكة في القديم مـُلزِمة لأنَّها أتت بسلطة إلهيَّة. أمَّا التواصل الحديث فمـُلزِم أكثر لأنَّه أكثر جدِّيَّة.

i. تواصل مباشر. يأتي هذا الأمر على صعيد أُفقي. فالكلمة أُعطيت للرسل الذين هم شهود للمسيح. لقد سمعوا ورأَوا الرسالة التي يعلنونها.

ii. تأكيد إلهي. في الوقت نفسه لم يكن ذلك الإعلان "بشريًّا"، إنَّما أكَّدته آيات وعجائب. إذًا، هناك ضرورة لقبول تلك الكلمة والتجاوب معها. وهي تقدِّم لنا المرسى كي لا نبتعد بعيدًا.

ج. في المستقبل ـ لم يتألَّم من أجل الملائكة (2:5-18)

i. العالم خاضع للإنسان (2:5-9). وُضِع الإنسان على الأرض ليحكمها. ونقرأ في سفر التكوين 1:28 أنَّه أُعطي سلطانًا على كلّ مخلوقات الأرض والهواء والبحار. ويؤكِّد هذا الأمر ما جاء في المزمور 8:4-6. لكنَّنا لا نرى الإنسان يحكم بالإجمال على الكلّ، إلَّا حين أتى الربُّ يسوع وحقَّق قصد الله للجنس البشريّ.

ii. الإنسان خاضع للموت (2:10-18). يتمّ تذكيرنا أنَّ الإنسان خاضع للموت، وأنَّ الشيطان يستخدم الخوف من الموت ليُبقِيَنا مُستعبدين. والربُّ يسوع يعرف ما معنى أن يكون إنسانًا لأنَّه عاش على الأرض كإنسان بلحم ودم، وهو الآن ما يزال إنسانًا إنَّما في حالة ممَّجدة. لذلك، فهو يستطيع أن يَرثيَ للرِجال والنساء الذين يواجهون صعوبات كالتي واجهها هو.

3. الرسل (3:1-4:13)

الرسول هو من "أرسله" الربُّ للقيام بمهمَّة ما، مثل موسى ويشوع. لكن الربَّ يسوع كان رسولاً "أفضل" منهما إذ أُرسِل لتنفيذ مهمَّة أعظم.

أ. موسى ـ إخراج الشعب من مصر (3:1-18)

يعتبر اليهود موسى كأحد أهمّ قادتهم، ولكن الربَّ يسوع هو أعظم منه. وقد التقى الربُّ يسوع موسى وإيليا على جبل التجلّي، إلا أنَّه كان من الواضح أنَّه الأعظم بينهما.

i. باني البيتِ الأمينُ. إنَّ كلمة "بيت" في اللُّغة العبريَّة تعني البناء والعائلة في آنٍ معًا، فعندما نقول "بيت وندسور" نشير إلى العائلة البريطانيَّة المالكة والبناء في آن معًا. ويتم وصف الربِّ يسوع بأنَّه "باني البيتِ الأمينُ". نحن الحجارة التي هي جزء من هذا البناء. لكنَّ الكاتب يسأل ما إذا كنَّا أمناء في إيماننا مثل الربِّ يسوع وموسى.

ii. قلوب غير أمينة. المؤسِفُ أنَّ الشعب الإسرائيلي فشلوا في أن يكونوا أُمناء للربّ. وقد دخل شخصان فقط إلى الأرض المقدَّسة من أصل مليونين ونصف مليون نسمة. فالقادة كانوا صالحين، أمَّا الأَتْباع فلم يكونوا كذلك.

وكانت المشكلة عدم الإيمان الذي أدَّى إلى العصيان، وأخيرًا إلى الارتداد والهلاك. لقد فشلوا في أن "يدخلوا الراحة". ويقدِّم تاريخ هذا الشعب تحذيرًا لمؤمني العهد الجديد. فالشعب تمرَّد في مسَّة

(خروج17 :1-7)، وفشلوا في الامتحان في مريبة (عدد 20 :1-13). وكانت المشكلة في كِلتا الحالتين عدم تَوافُر المياه.

ويحذِّر الكاتب قرَّاءه، إذ من الممكن أن يحصل الأمر نفسه لهم. فمن الممكن أن يتقسَّوا بسبب الخطيَّة، فيكون مصيرهم نظيرَ المصير الذي لَقِيَهُ شعبُ العهد القديم، لأنَّ الله يغضب من عدم الطاعة (راجع رومية 11 :22).

ب. يشوع ـ الدخول إلى كنعان (4 :1-13)

كان "دخول الراحة" سيؤمِّن لهم أرضًا ليس فيها أمراض ولا عبوديَّة ولا غزو ولا فقر. وسيحظَون بيوم للراحة والاحتفال كلّ أُسبوع، هو يوم السبت. وكان بإمكانهم أن يعرفوا الراحة بدل الصراع الروحي (تثنية 12 :9؛ يشوع 1 :13). إلا أنَّهم لم يدخلوا تلك الراحة أبدًا.

i. عمل الله (4 :1-10). توقَّف الله عن العمل في اليوم السابع من الخليقة. ويختلف وصف هذا اليوم عن الأيَّام الستَّة الباقية، إذ لا ذِكر للصباح والمساء، ممَّا جعل بعضًا يظنُّون تاركًا البعض ليظنوا أنَّه يوجد تفسير وراء ذلك أكثر من كونه يوم راحة. ويوم السبت هو اليوم الذي توقّف الله فيه عن العمل ويُظهِر لنا مستريحًا ومُنسَجِمًا مع ذاته.

ii. كلمة الله (4 :11-13). يمكن أن نصف الإيمان التجاوُبُ الصحيح مع كلمة الله. فالكلمة حيَّة مثل هذا الإله الذي يتفوَّه بها. وهي فعَّالة، أي أنَّ بركاتها ولعناتها تؤثِّر في الشعوب. وهي حادَّة كسيف رومانيٍّ ذي حدَّين. وهي ثاقبة إذ بإمكانها اختراق ا لمخاخ والمفاصل. وهي مميِّزة، إذ تُظهر حقيقة الأُمور.

ويشبه الربُّ يسوعُ موسى في كونه يُخرج شعبه خارجًا، وهو مِثلُ يشوع لأنَّه يدخلهم إلى أرض الآباء. وهذا تذكير لنا بأنَّه من الضروريِّ أن نتذكَّر أنَّنا خَلَصنا، ونتذكَّر أيضًا أين كنَّا.

ظلّ الأُمور (الأصحاحات 7-10)

بعد أن ذكر الكاتب أنَّ الابن أفضل من الملائكة، يغيِّر اتِّجاهه فيبحث في الأصحاحات 7-10 أهميَّة حقيقة الأُمور مُقارنةً بظِلالها.

وربَّما أفضل توضيح لهذا الأمر هو قصَّة Daddy -Long -Legs "أبي، ذو الرِّجلَين الطويلتَين" للكاتب جون وبستر، وقد حُوِّلت إلى فيلم. وهي قصَّة فتاة تعيش في دارِ أيتام، وقد علمت أنَّ هناك رجلاً ثريًّا يقدِّم المال للدَّار. وفي يوم من الأيام رأت ظلّه على الحائط، وقد بدا طويلاً وبدت رجلاه طويلتين جدًّا بسبب انعكاس الضوء، فأطلقت على الظلّ الاسم "أبي، ذو الرِّجلين الطويلتَين". وبقِيَت تحلم بهذا الظلّ لسِنين طويلة. وفي يوم من الأيَّام قابلَتهُ ووقعت في حبِّه، ووقع هو في حبِّها أيضًا وتطوَّرت علاقتهما.

إنَّ الفكرة هي أنَّها عندما رأته توقّفت عن التفكير في ظلِّه لأنَّ الحقيقة أفضل من الظلّ. فماذا يمكن أن نفكِّر عنها إذا رجعت إلى الحائط محاوِلةً أن تقبِّل الظل بعد أن عرفت الرجُل الحقيقي؟

نجد في العهد القديم "ظِلالاً" عديدة للربِّ يسوع، ويطلق عليها بعض الناس التَّسمية "رموزًا" لكني أفضِّل أن أسمِّيَها ظِلالاً. وكأنَّما الربُّ يسوع يُلقي ظلَّه على العهد القديم، لكنَّ الظلّ لا يعطي صورة واضحة عن الشخصيَّة الحقيقيَّة.

فعندما نقرأ العهد القديم، نشعر بوجود ظلال الربِّ يسوع. وأُقدِّم ثلاثة أمثلة تفسِّر هذا الأمر:

1. الكهنوت (ملكي صادق)

نرى في سفر التثنية عدَّة ظلال ليسوع. فالذبائح هي ظل للذبيحة التي قدَّمها بنفسه على الصليب. وحيوانات الذبائح هي ظل ليسوع الذي يصفه العهد الجديد بأنَّه حمل الفصح. وكهنوت هارون ونسله هو ظل لعمل المسيح الكهنوتي التشفّعي.

ويظهر ظلّ الربِّ يسوع في سفر التكوين من خلال ملكي صادق، المَلِك الكاهن الغامض الذي حكم أُورشليم قبل عدَّة قرون من امتلاك الشعب القديم لها، وقد قدَّم الخبز والخمر لإبراهيم.

2. العهد (جديد)

لكن يوجد أيضًا ظلٌّ علاقة العهد بين الربِّ وشعبه من خلال المسيح. ويسأل الكاتب لماذا يفكِّرون في العودة إلى العهد القديم بعد أن وصلوا إلى العهد الجديد. والعهد الجديد مبنيٌّ على المسامحة أو ما أدعوه "التناسي". وإنِّي أعتقد أنَّ أعظم معجزة هي أنَّه عندما يغفر الربّ فهو ينسى أيضًا.

حدث مرَّة عندما كنت أقوم بمهامٍّ راعٍ في مركز ميلميد، في مدينة غيلفورد البريطانيَّة، أنَّ الجميع انصرفوا إلى منازلهم بعد خدمة يوم الأحد ما عدا سيِّدة متقدِّمة في السن وصغيرة الحجم بقيت في مكانها تبكي بحرارة. توجَّهتُ نحوها وجلست بقربها وسألتها عن المشكلة. وشرحت لي قائلة إنَّها قامت بأمر شنيع منذ سنين، وإذا علم أقرباؤها وأصدقاؤها بالأمر فسيتوقّفون عن التكلّم معها. قالت إنَّه مرَّت ثلاثون سنة وهي تطلب من الربّ أن يسامحها، وهو لم يفعل ذلك حتَّى تلك الساعة. فقلت لها إنَّه سامحها أوَّل مرَّة طلبت منه الغفران، وقد نسي الأمر. ولذا فإنَّه طوال ثلاثين سنة لم يقبل ما تقوله! أجابت أنَّها لا تصدِّق هذا. فأريتها بعض المقاطع الكتابيَّة التي تتحدَّث عن العهد الجديد بيننا وبين الربّ، وكيف أنَّه لا يعود يذكر خطايانا. لقد استغرق الأمر عشرين دقيقة لإقناعها بأنَّ الربّ نسي الأمر. فقامت، ولم أصدِّق ما رأته عيناي، إذ شرَعَت بالرقص في صحن الكنيسة! كانت تُناهز السبعين من عمرها، إلاَّ أنَّها كانت ترقص من الفرح داخل جدران الكنيسة. لقد نسي الربّ الأمر! أمَّا مشكلتنا نحن فهي أنَّنا لا نستطيع أن ننسى، ولذلك نُصارِع لكي نسامح أنفسنا.

3. الذبيحة (الصليب)

نرى ظلّ الصليب عندما قدَّم إبراهيم ابنه إسحاق ذبيحة. ويظن بعضُهم أنَّ هذه الحادثة جرت عندما كان إسحاق صغيرًا، لكن الواقع هو أنَّه كان في بداية الثلاثينيَّات من عمره. ويُظهِر أيُّ رسم يهودي

عن هذه الحادثة رجلاً بالغًا بإمكانه التغلّب على والده بكلِّ سهولة، إلاَّ أنَّه خضع له. وغالبًا ما يفوتنا احتساب عمره لسبب جزئيّ، هو تقسيم السفر إلى أصحاحات. إذ تفوتنا الحادثة التالية في الأصحاح التالي حيث نقرأ عن موت سارة وكم كان عمر إسحاق حينئذٍ. إذًا، كان إسحاق افي الثالثة والثلاثين من عمره تقريبًا، والجبل هو جبل المُرِيَّا الذي هو نفسه حيث صُلِب الربُّ يسوع. وفي حادثة تقديم إبراهيم لإسحاق، أوقفه ملاكٌ إبراهيم فقدَّم كبشًا كان قد علق رأسه بين الشوك. وبعد قرون تُوِّج رأس حمل الله بالشوك وقُدِّم ذبيحة عن خطايانا.

إذًا، يشدِّد الكاتب على أنَّ العودة إلى اليهوديَّة تعني الإنحدار إلى أسفل، حيث وجوبُ تكرار تقديم الذبائح، وحيث العهدُ الأضعف. فبِالرُّجوع إلى اليهوديَّة، يرفضُ الراجعون ذبيحة الربِّ يسوع التي قُدِّمت مرَّة وإلى الأبد.

الاستمراريَّة الإيجابيَّة (الأصحاحات 11-13)

التقدم إلى المستقبل

نأتي الآن إلى الجانب الإيجابي من الرسالة، حيث يُظهِر الكاتب الفروقات بين العهدين القديم والجديد. فهناك أُمور جيِّدة قد أُهملت في العهد القديم، وهي أُمور ما تزال قائمة إلى الآن.

الإيمان بالربّ

أحد الأفكار الرئيسة المشتركة هو الإيمان. وعندما نفكِّر في المصادر التي كانت مُتاحةً لأبطال الإيمان في العهد القديم، فلا بدَّ أن نؤدِّي لهم التحيَّة. فلم يكن لديهم الإعلان الذي لنا في المسيح. ولم يكن الروح القدس قد حلَّ عليهم. لكن هؤلاء الرجال حافظوا على إيمانهم، مع أنَّهم لم يَرَوا ما آمنوا به. إذًا، هناكَ أُمور بقِيَت معنا من العهد القديم، وأُمور علينا تركُها لأنَّها ظِلال ولدَينا الحقيقةُ بين أيدينا الآن. وتوجد أُمور يُمكن أن نُحاكِيَها خاصّة في هذه الناحية من الإيمان. ويُدرِجُ الكاتب كل مجموعة من العهد القديم على حدة:

- هابيل وأخنوخ ونوح
- إبراهيم وإسحاق ويعقوب (لقد ربط الرب اسمه بأسماء هؤلاء الرجال الثلاثة. وسيُعرف دائمًا بإله إبراهيم وإسحاق ويعقوب).
- يوسف وموسى
- يشوع وراحاب (راحاب هي المرأة الأُولى التي ذُكِرت في اللائحة، وكانت زانية وأُمميَّة، إلاَّ أنَّها عرَّضت مستقبلها للخطر بسبب شعب الربّ إذ خبَّأت الجاسوسين في أريحا. ويُستخدم اسمُها كمثال للإيمان ليس في رسالة العبرانيين فقط، بل في رسالة يعقوب أيضًا. ويظهر اسمُها في سُلالة الرب يسوع لأنَّها أصبحت جدَّة داود الكُبرى.

- جدعون وباراق وشمشون ويفتاح.
- داود.
- صموئيل والأنبياء.

ولا بدَّ من الإشارة إلى أمرين بخصوص هذه اللائحة من أسماء المؤمنين:

1. ظهر إيمانهم من خلال أعمالهم. فبالإيمان بنى نوح الفُلك، وبالإيمان سكن إبراهيم في خيام بقيَّةَ أيَّام حياته، وبالإيمان تخلَّى موسى عن رفاهية مصر، وهكذا دواليك. وقد لخَّص يعقوب الأمر في رسالته قائلاً: "أرني إيمانك بأعمالك." فالإيمان الحقيقي يظهر من خلال الأعمال.
2. الأمر الثاني الذي تجدر ملاحظته هو أنَّ كلّ هؤلاء الرجال كانوا ما يزالون يعيشون في الإيمان عندما ماتوا، وهم لم يَرَوا ما آمنوا به. ولم يكن الإيمان بالنسبة إليهم قرارًا اتَّخذوه مرَّة واحدة خلال حملة تبشيريَّة، بل كان ثقةً استمرَّت حتَّى يوم مماتهم، مع أنَّهم لم يَرَوا إتمام الوعود.

ونجد في نهاية الأصحاح الحادي عشر تذكيرًا مهمًّا: أنَّ أبطال الإيمان هؤلاء هم بانتظار أن نلحق بهم، حيث سننضمُّ إليهم لرؤية ما آمنوا به! فمثلاً، كان إبراهيم قد ترك منزلاً مريحًا من طبقتين يحتوي على أساليب التدفئة والمياه الجارية لِيُطيع صوت الربّ. وقد قام علماء الآثار بنبش البيوت التي كانت مشيَّدة في منطقة أُور الكلدانيين، حيث كان إبراهيم ساكنًا، ووجدوا أنَّ تلك البيوت كانت معاصرة ومريحة أكثر ممَّا يمكن أن نتصوَّر. وكان إبراهيم في الخامسة والسبعين من عمره عندما طلب منه الربّ أن يترك بيته ويعيش في خيمة بقيَّة حياته. تخيَّل ماذا يمكن أن يكون شعورك إن كنت تملك منزلاً مريحًا ودافئًا وجميلاً بالقرب من الشاطىء، ويُطلَب منك أن تترك أقرِباءك وأصدقاءك وتعيش في خيمة في الجبال طوال أيَّام حياتك! لكنَّ إبراهيم فعل ذلك بالإيمان. ويومًا ما سوف ننضمّ إليه للتمتُّع بكلّ ما أعدَّه الربّ لشعبه.

التركيز على الربِّ يسوع

لكنْ يجب أن نصبَّ اهتمامنا على إبراهيم، أو على أيّ بطل من أبطال الإيمان، بل يجب أن نثبِّت أنظارنا على الربِّ يسوع! ويركِّز الكاتب في الأصحاحات الأخيرة على ثلاث نواح يجب أن نركِّز فيها على الربِّ يسوع:

1. إنَّه رئيسُ إيماننا ومكمِّلُه. دعونا نَنسَ المتفرِّجين؛ فهناك مَن يقف عند خط النهاية وهو قد أطلق النار مُعلنًا بداية السباق. وهو الذي بدأ معنا، وسيكمِّل معنا حتَّى النهاية. فالرسالة هي: "ثبِّت عينيك على الربِّ يسوع، وإبدأ بالركض!"
2. إنَّه وسيط العهد الجديد. رغمَ أهميَّة العهد القديم، فهو لا يُقارَن بالعهد الجديد الذي قدَّمه الآب لنا من خلال الربِّ يسوع.

3. إنَّه تألَّمَ خارج المحلَّة. كان على الربِّ يسوع أن يستعدَّ ليموت مِيتةَ المجرمين حتَّى يؤمِّن لنا خلاصنا. لذلك كان لا بدَّ أن ينبِذَهُ شعبُه.

"نصوص تشكِّل صعوبات"

بعد أن ألقينا نظرة سريعة على الرسالة، دعونا نُشِرْ إلى ما يمكن أن يُطلق عليه **"نصوص رسالة العبرانيين التي تشكِّل صعوبات"** لأنَّها لا تتماشى مع ما يؤمن به القرَّاء. فمثلاً، كثيرًا ما أُسأل: "ما رأيك بما كتب بولس عن النساء؟" وإنِّي أعتقد أنَّ هذا النص لا يشكِّل صعوبة، بل هو يشكِّل صعوبة لِلَّذين لا يوافقون مع ما ذُكِر فيه!

ما يمكن تسميته "المشكلة" في سفر العبرانيين هو الافتراض أنَّه يمكن للمؤمنين أن يخسروا إيمانهم بيسوع فلا يخلصوا في اليوم الأخير. وأشهر هذه النصوص هو النص الوارد في الأصحاح السادس من الرسالة. لكنَّ الرسالة تحتوي على تحذيرات كثيرة للَّذين يبتعدون عن الإيمان (راجع 2:1-2؛ 3:5-6؛ 12-14؛ 6:4-8؛ 11-12؛ 10:23-30؛ 10:35-39؛ 12:14-17). وتُظهِر هذه الآيات خطًّا يمرّ خلال الرسالة، ويبدأ من الأصحاح الثاني بالكلمات التالية: "فَكَيْفَ نَنْجُو نَحْنُ إِنْ أَهْمَلْنَا خَلاَصًا هذَا مِقْدَارُهُ؟" وكلَّما كنت أسمع أحدهم يستشهد بهذه الآية كان يستخدمها لغير المؤمنين الذين يُهملون الإنجيل. لكن ضمير الجمع هنا يشير إلى المؤمنين. فالكاتب يقول إنَّ الخطر يكمن في أن نُهمل خلاصنا. ومعظم الكنائس كان يؤمّها أشخاصٌ انحرفوا عن الإيمان.

وتستمرُّ هذه الفكرة في نصّين وردا في الأصحاح 3، ونصّ ورد في الأصحاح 6، ونص آخر ورد في الأصحاح 10، حيث يقول: "فَإِنَّهُ إِنْ أَخْطَأْنَا بِاخْتِيَارِنَا بَعْدَمَا أَخَذْنَا مَعْرِفَةَ الْحَقِّ، لاَ تَبْقَى بَعْدُ ذَبِيحَةٌ عَنِ الْخَطَايَا." وقد قاد هذا النص بعض مفسِّري الكتاب المقدَّس إلى الظن بأنَّ المقصودينَ هنا ليسوا مؤمنين. فلا بدَّ أنَّه كان يكتب عن غير المؤمنين الذين اهتمّوا فترةً معيَّنة بالمسيحيَّة، لكنَّهم لم يُكمِّلوا بالإيمان. لكن ماذا عن المقولة التي تقول: "نحن نخلص مرَّة واحدة وإلى الأبد؟" إنَّ الوصف المذكور في الأصحاح السادس ينطبق على مؤمنين كانوا قد وُلِدوا من جديد لكنَّهم الآن في خطر! والكاتب يوجِّه حديثه إلى الذين "استُنيروا" والذين "ذَاقُوا الْمَوْهِبَةَ السَّمَاوِيَّةَ" و "صَارُوا شُرَكَاءَ الرُّوحِ الْقُدُسِ" و "ذَاقُوا كَلِمَةَ اللهِ الصَّالِحَةَ وَقُوَّاتِ الدَّهْرِ الآتِي". ولا يُمكنني أن أضع أيَّ غير مؤمن ضمن إطار الوصف هذا. فلا يمكننا في أيَّة رسالة أُخرى إلاَّ أن نقول إنَّ هذا الوصف يشمل المؤمنين. فنقرأ مثلاً النص الوارد في رسالة بطرس الأولى حيث يستخدم لغة مشابهة في وصفه للمؤمنين فيقول: "وَكَأَطْفَال مَوْلُودِينَ الآنَ، اشْتَهُوا اللَّبَنَ الْعَقْلِيَّ الْعَدِيمَ الْغِشِّ لِكَيْ تَنْمُوا بِهِ. إِنْ كُنْتُمْ قَدْ ذُقْتُمْ أَنَّ الرَّبَّ صَالِحٌ." إنَّ هذا الحديث موجَّه بكلِّ وضوح إلى المؤمنين، إلاَّ أنَّ بطرس يستخدم لغة مشابهة لتلك المستخدمة في عبرانيين 6. ورسالة بطرس الأولى موجَّهة بأكملها إلى المؤمنين. ويُشير وصفُهم "كأطفال مولودين" أنَّهم كانوا قد وُلدوا من جديد.

وينقسم التحذير المـُوجَّه إلى مرحلتين، فالمرحلة الأُوَّل هي إهمال الإيمان والابتعاد، والمرحلة الثانية هي إنكار الإيمان. إذًا، يوجد فرق بين المرحلة الأُولى (التي تُعرف بالإنزلاق)، والمرحلة الثانية (التي تُعرف بالارتداد).

الانزلاق حالة يمكن تصحيحها، ولكنْ بالنسبة إلى الأصحاح السادس من هذه الرسالة، يُمكن أن نصل إلى نقطة اللاعودة، حيث لن يُمكننا استعادة إيماننا. إذًا، لا يناقش هذا الأصحاح ما إذا كانت هناك إمكانيَّة لخسارة الخلاص، بل ما إذا كانت هناك إمكانيَّة استعادته في حال خسارته. والجواب هو أنَّه لا توجد إمكانيَّة لاستعادته. وعلينا أن نُحذِّر مَن ينزلقون ويبتعدون من الخطر الذي يداهمهم، لأنَّه تأتي ساعة حين لا يمكنهم الرجوع. أتمنى لو أنَّ رسالة العبرانيين لم تذكر هذا الأمر! لكن يهزّني الأصحاح السادس من هذه الرسالة وأجزاء أُخرى منها، إذ تقدِّم التنبيه بشكل عاجل وملحٍّ من البداية إلى النهاية. ويحدق هذا الخطر بأولئك الذين "يرفعون مراسيَهُم" و"يخفضون أشرعتهم" و"يبتعدون".

ويعتبر بعضٌ أنَّ هذه تحذيرات افتراضيَّة، أي أنَّه لا يمكن أن يحصل هذا الخطر الداهم. لكن لا يمكن دعم هذه الفَرْضيَّة. وأعتقد أنَّه من الرياء تهديد الناس بأمر لن يحدث أبدًا. والكتاب المقدَّس هو كلمة الحق وليس كتاب مُناوَرات. وسفر العبرانيين وحده دون باقي النصوص في العهد الجديد يقنعني أنَّه من الممكن الوصول إلى نقطة اللاعودة بعد الابتعاد عن الربِّ يسوع.

وكانت نقطة الارتداد النهائيَّة بالنسبة إلى هؤلاء اليهود المؤمنين هي أن يقِفوا في الهيكل ويُنكِروا أنَّ يسوع هو المسيَّا، فيصلبوهُ من جديد. ويُنذِر الكاتب بكلِّ جدِّيَّة بأنَّ صلب يسوع من جديد لا يجدي نفعًا. لكنْ لا يعني كل هذا أنَّ على المؤمنين أن يتساءلوا كلَّ يوم عندما يستيقظون ما إذا كانوا ما يزالون مخلَّصين أم لا، إذ هناك تأكيد في العهد الجديد يأتي من خلال سلوك المؤمن مع الربّ. ولا يرتكز تأكيد العهد الجديد على قرار اتُّخِذ في وقت محدَّدٍ من الزمن، بل على علاقة الإنسان الثابتة بالربّ. ويذكِّرنا بولس في رسالته إلى أهل رومية أنَّ الروح يشهد لأرواحنا أنَّنا أولاد الله (رومية 16:8 و 1يوحنا 13:4).

بكلام آخر، يُمكنك أن تحصل على تأكيد في الحاضر أنَّك في طريقك إلى السماء، لكنِّي لا أعتقد أنَّه هناك أي تأكيد أنَّك ستصل إلى هناك. لكنْ إن بقِيتَ سائرًا على هذا الطريق، وحافظت على إيمانك بيسوع، فإنَّك بكلِّ تأكيد تصل إلى السماء. والتعليم الوارد في سفر العبرانيين لا يُنتِج مؤمنين مُوَسوَسين بشأنِ ما إذا كانوا مخلَّصين أم لا، بل يُنتِج مؤمنين جدِّيين لا يلعبون ألاعيب مع الربّ، ولا ينزلقون ولا يهملون إيمانهم ويبتعدون بعيدًا.

ونقرأ في العهد الجديد تحذيرات جديَّة من انزلاق المؤمنين. فنقرأ مثلا قول الربِّ يسوع في يوحنا 15: "أَنَا الْكَرْمَةُ الْحَقِيقِيَّةُ وَأَبِي الْكَرَّامُ. كُلُّ غُصْنٍ فِيَّ ... يَأتِي بِثَمَرٍ يُنَقِّيهِ لِيَأْتِيَ بِثَمَرٍ أَكْثَرَ." لكننا نقرأ أيضًا: " كُلُّ غُصْنٍ فِيَّ لاَ يَأْتِي بِثَمَرٍ يَنْزِعُهُ... يُطْرَحُ خَارِجًا كَالْغُصْنِ، فَيَجِفُّ وَيَجْمَعُونَهُ وَيَطْرَحُونَهُ فِي النَّارِ، فَيَحْتَرِق." ولا يمكن أن يكون هناك تفسير آخر لهذا النص، بل إنَّ المنطق يجعله واضحًا.

ومن اللافت أنَّ فشل ما يقارب مليونَي يهودي كانوا قد خرجوا من مصر في دخول أرض الموعد استُخدِم من قِبل ثلاثة كتّاب مختلفين في العهد الجديد كإنذار للمؤمنين بأنَّهم ربَّما بدأوا رحلتهم ولكنْ عليهم التأكّد من الوصول. وربَّما نكون قد تركنا مصر، لكن علينا أن نصل إلى كنعان. وقد استخدم هذا المثل بولس في رسالته الأُولى إلى أهل كورنثوس، وكاتب الرسالة إلى العبرانيين في الأصحاح الرابع، ويهوذا في رسالته، كتحذير للمؤمنين. فليس الذي يبدأ هو مَن ينجح، بل الذي يصل إلى النهاية.

أذكر أنِّي شاهدت مقابلة مع بِلي غراهام على التلفاز. فسأله المضيف سؤالاً لم يُطرَح عليه من قبل: "ما هي الفكرة الأُولى التي ستخطر على بالك عندما تطأ قدماك السماء؟" أجاب بِلي بسرعة: "الفرج. الشعور بالفرج لأنِّي وصلت." لا بدَّ أنَّه رجل متواضع، لكنَّه ليس متأكِّدًا، فكل ما يعرفه هو أنَّه في طريقه إلى هناك. وإنِّي شخصيًّا متأكِّد أنِّي في طريقي إلى السماء، والروح القدس يؤكِّد لي ذلك. لكنِّي لا أستطيع أن أقول المزيد، بل أنوي أن أستمرّ في المسير إلى أن أصل.

ويُصوِّر جون بنيان في كتابه "سياحة المسيحي" الحياة المسيحيَّة كرحلة من مدينة الخطيَّة إلى المدينة السماويَّة. أخيرًا، يواجه السائح الذي هو الشخصيَّة الأساسيَّة ورفيقه نهر الأردن الذي يمثِّل نهر الموت العميق والمظلم والأسود. فلم يرُقهُما النهر. ويقول له رفيقه إنَّه غير مستعد لأنْ يقطع النهر، ويلتفت إلى اليسار حيث كان هناك طريق ضيِّق فرعي على أمل أن يجد مخرجًا آخر. ويكتب بنيان: "رأيت في حلمي أنَّه توجد طريق إلى الجحيم حتَّى من بوابَّة السماء." لقد كان رفيقه على الطريق الصحيح، لكنَّه غادرَهُ قبل أن يصل إلى المدينة السماويَّة بقليل.

وتظهر هذه الفكرة بوضوح في سفر الرؤيا. فالسفر كلّه هو رسالة لأشخاص واقعين تحت ضغط كبير. والوعد هو أنَّ الربّ لن يمحو أسماء الذين يغلبون من سفر الحياة. ماذا يعني كل ذلك؟ إن كنت تريد أن يبقى اسمك في سفر الحياة فعليك أن تغلب وتبقى على الطريق الصحيح ولا تلتفت إلى الوراء، وتثبِّت عينيك على الربِّ يسوع. ونجد إنذارًا في آخر صفحة من الكتاب المقدَّس، بأنَّ من يتلاعب بسفر الرؤيا، زائدًا عليه أو مُنقِصًا منه أُمورًا، فإنَّ الربّ سيحذف نصيبه من سفر الحياة.

إذًا، ترى هذا الخيط من التحذير خلال أسفار الكتاب المقدَّس المباركة، الأمر الذي يُخبرنا عن سيطرة الربّ على الأُمور. وإن كان الآب والابن والروح القدس بجانبك، فالأُمور لمصلحتك. كلّ ما عليك هو المحافظة على إيمانك لِتَصل إلى النهاية.

بعض الخلاصات

1. من الممكن أن "نخسر خلاصنا"

إنَّ السفر هو إنذارٌ لنا بأنَّ علينا أن نثبُت في الإيمان ونكف عن الظنِّ بأنَّ قرارًا واحدًا لقبول المسيح يعني بالضرورة أنَّه يقودنا إلى الخلاص في اليوم الأخير. (راجع كتابي ?Once Saved, Always Saved).

2. من المستحيل العودة بعد الارتداد النهائيّ

هذه هي رسالة الأصحاح السادس من سفر العبرانيين. ونجد هذا التعليم في أماكن أُخرى وخاصة في 1يوحنا 5:16. إنَّها رسالة جدِّيَّة جدًّا، ولا أظن أنَّه يُمكننا أن نُفسِّر هذه النصوص بأيَّة طريقة أُخرى.

3. إنَّ الاختيار المُسبَّق يتطلَّب منَّا تجاوُبًا مستمرًّا

الأمر ليس أتوماتيًّا. فالله اختارنا مسبَّقًا، وهو اختارنا قبل أن نختاره نحن، لكنَّ الأمر يتطلَّب تجاوُبًا من قِبلنا. ويشبه الأمر رجلاً ألقى بحبل نجاة لآخر يغرق، وقال له: "تمسَّك بالحبل، وابقَ متشبِّثًا به حتَّى تصل إلى الشاطئ." فهل يقول الرجل الذي كان على وشك الغرق عندما يصل إلى الشاطئ إنَّه أنقذ نفسه بمجرَّد التعلّق بالحبل؟ أبدًا! بل سيقول إنَّ أحدهم خلَّصه. ففكرة أنَّك تستطيع أن تُخلِّص نفسك بمجرَّد التمسّك ليست صحيحة، بل عليك أن تقوم بدورك. ولهذا السبب يحثّ بطرس قرَّاءه على جعل دعوتهم واختيارهم ثابتين (2بط1:10-11). فالرب قد اختارنا وانتقانا، وعلينا أن نثابر وننضج كي نتلقَّى ترحيبًا غنيًّا في السماء.

أنا أؤمن بالاختيار المسبَّق، وقد اختارني الله مسبقًا لأكون ابنه. نعم، الربّ اختارني وانتقاني وقد فتَّش عنِّي قبل أن أُفتِّش عنه. لكنِّي بحاجة لأنْ أتجاوب مع هذه الدعوة والاختيار بأن أتمسَّك بالحبل حتَّى أصل إلى الشاطئ.

إذًا، أُريد أن أعتنق الفكر الكالڤِنيّ والفكر الأرمِيْنيانيّ معًا، والمعروف أنَّ هذين الفكرين معاكسان. فبينما يشدِّد الفكر الكالڤِنيّ على اختيار الرب بالإضافة إلى أُمور أُخرى، يشدِّد الفكر الأرمِيْنيانيُّ على ضرورة المثابرة. ولا أعتقد أنَّه يمكننا أن نغيِّر تفسير سفر العبرانيين بالنسبة إلى هذا الأمر ونقول إنَّه يمتلئ بالمشاكل، بل هو مليء بعبارات واضحة علينا الاستماع إليها.

4. القداسة مُهمَّة بمقدار أهميَّة الغفران

لقد رأينا أنَّه ليس فقط الذين يقبلون غفران الرب هم الذين يصلون إلى السماء، بل الذين يثابرون. وهذا يعني أنَّ القداسة والغفران مهمَّان على حدٍّ سواء. فليس جيِّدًا الادّعاء أنَّه غُفِرت خطايانا إن كنَّا غير مستعدِّين للاعتراف بربوبيَّة المسيح والسير في هذه الحياة بتقوى. وتختصر ذلك الآيةُ الواردةُ في عبرانيين 12:14 "اِتْبَعُوا السَّلاَمَ مَعَ الْجَمِيعِ، وَالْقَدَاسَةَ الَّتِي بِدُونِهَا لَنْ يَرَى أَحَدٌ الرَّبَّ." وأجد أنَّ الكثير من المؤمنين اليوم يريدون الحصول على الغفران دون اتِّباع القداسة. لكن إرادة الرب واضحة في العهد الجديد الذي أقرأُه، وهي اتِّباع القداسة في هذه الحياة حتَّى لو كان ذلك لا يُشعرني بالسعادة. أمَّا جيلنا الذي يسعى وراء إشباع رغباته فيريد السعادة، دون التألُّم قيد أُنملة.

ونقرأ في عبرانيين 12:7 أنَّ الله على استعداد ليؤدِّبنا إن كان هذا يصل بنا إلى القداسة. إنَّه يسعى جادًّا ليقدِّسنا، وبإمكانه أن يجعل الوضع صعبًا على أولاده. ويضيف كاتب الرسالة أنَّه إن لم يؤدِّبك

الرب أبدًا، فأنت لقيط ولست ابنًا شرعيًّا. ورسالة الإنجيل الكاملة هي أنَّ الغفران والقداسة هما النعمة المقدَّمة لنا مجَّانًا على أساس الإيمان. ونحن بحاجة إلى الاثنين معًا.

5. الربُّ إله قدّوس

بُعيد نشر كتابي "الطريق إلى الجحيم" حيث عرضت تعليم الكتاب المقدَّس عن الجحيم، تلقيت عدَّة دعوات لإجراء مقابلات في هيئة الإذاعة البريطانيَّة. وكان كلّ مضيف استضافني يطرح علي السؤال التالي: "كيف لإله محبّ أن يُرسل الناس إلى الجحيم؟" وما لفت انتباهي أنَّ أحدًا لم يسأل: "كيف لإله قدّوس أن يرسل الناس إلى الجحيم؟" لكنَّ الرب قدوس، ومحبَّته محبَّة مقدَّسة، ما يعني أنَّه لن يقبل بأقلَّ من القداسة للَّذين يُحبّهم. وتتكرَّر هذه الفكرة في هذه الرسالة؛ وأرجو ملاحظة النصوص التالية:

- وَبِدُونِ سَفْكِ دَمٍ لاَ تَحْصُلُ مَغْفِرَةٌ (9:22)
- وَلكِنْ بِدُونِ إِيمَانٍ لاَ يُمْكِنُ إِرْضَاؤُهُ (11:6)
- مُخِيفٌ هُوَ الْوُقُوعُ فِي يَدَيِ اللهِ الْحَيِّ (10:31)
- لِذلِكَ وَنَحْنُ قَابِلُونَ مَلَكُوتًا لاَ يَتَزَعْزَعُ، لِيَكُنْ عِنْدَنَا شُكْرٌ بِهِ نَخْدِمُ اللهَ خِدْمَةً مَرْضِيَّةً، بِخُشُوعٍ وَتَقْوَى: لأَنَّ "إِلهَنَا نَارٌ آكِلَةٌ" (12:29)

ما هي القيمة التي تُقدِّمها رسالة العبرانيين للمؤمنين؟

1. تساعدنا في دراستنا للكتاب المقدَّس. وتساعدنا على فهم العلاقة بين العهدين القديم والجديد. ويساعدنا موضوع الظِّلِّ على فهم العهد القديم، فيمكننا أن نُلاحِظ الأُمورَ التي تشير إلى وجود الربِّ يسوع فيه.
2. تركِّز هذه الرسالة على المسيح، وتساعدنا على إبقاء أعيُننا مركَّزة عليه. فالكاتب يجعل الربَّ يسوع موضوع حديثه باستمرار. وهو بالأخصّ السِّفرُ الوحيدُ في العهد الجديد الذي المُركِّزُ على كهنوت المسيح. فعمله الحالي في السماء هو التشفّع لنا. وقد أطلق بعضُهم على هذا السفر لقب "الإنجيل الخامس" بسبب تركيزه على عمل المسيح الحالي.
3. تساعد هذه الرسالة على بنيان إيماننا. وتشجِّعنا على التعرُّف بِجَمهرَة من الأشخاص الذين سبقونا والذين ينتظروننا (راجع عبرانيين 11).
4. تُحذّرنا هذه الرسالة من خطر الانزلاق، وتقدِّم لنا تحذيرات جدِّيَّة بالنسبة إلى مرحلتَي الانزلاق، حيث نتوقّف عن الاجتماع مع المؤمنين ونهمل إيماننا، ومن ثَمَّ نرتدُّ عن سابق تصوّر وتصميم فننكر إيماننا بالمسيح كلِّيًّا.

5. تشدِّد على أهميَّة العضويَّة الكنسيَّة. وتركِّز على أنَّ الأمان يكمن في الشركة الأخويَّة عندما نكون تحت الضغط. فالشيطان يصطاد المؤمنين الذين يمكثون منعزلين. لذلك، عندما يشتدّ الضغط عليك، ابقَ مع عائلتك الكنسيَّة. وتحثّ هذه الرسالة قرّاءها على تذكُّر قادتهم الراحلين (13:7) والتعاون مع قادتهم الحاليِّين. وهي تُذكرهم أيضًا بضرورة الاستمرار في إبداء المحبَّة وزيارة المسجونين وتشجيع بعضهم بعضًا على فعل الخير.

6. تُفيد هذه الرسالة جدًّا في أوقات الاضطهاد. وتذكّرنا أيضًا بالطريقة التي تمّ التعامل بها مع المؤمنين الأوَّلين في زمن نيرون. وبالنظر إلى تلك التهديدات والصعوبات، من الضروري التركيز على المسيح. وهذه النصوص ذات قيمة كبيرة للمؤمنين الذين يواجهون الاضطهاد اليوم.

رسالة يعقوب

المقدِّمة

غالبًا ما تواجهنا عقبتان خلال دراستنا للكتاب المقدَّس. العقبة الأُولى هي الصعوبة الفكريَّة حين لا نفهم ما نقرأ، والعقبة الثانية هي الصعوبة الأخلاقيَّة حين نفهم ما نقرأ! ويواجه الناس صعوبات أخلاقيَّة أكثر ممَّا يواجهون صعوبات فكريَّة. ورسالة يهوذا هي من أكثر الأسفار التي تسبِّب عقبة أخلاقيَّة للقرَّاء. إنَّها رسالة مخيفة إذ بعد أن تقرأها مرَّة واحدة لا يمكن أن تدَّعي عدم المعرفة. فهي من أسهلِ أسفار الكتاب المقدَّس من ناحية الاستيعاب، وأصعبِها من ناحية التطبيق.

رسالة عمليَّة جدًّا!

يجد معظم الناس هذه الرسالة عمليَّة جدًّا. فهي تقدِّم الحياة المسيحيَّة بأُسلوب عمليّ وواضح. وهي واقعيَّة، وتركِّز على القليل من المعتقدات وعلى الكثير من الواجبات.

لديّ الكثير من الكتب التفسيريَّة في مكتبتي عن رسالة يعقوب، وجميعها تحمل عناوين تشير إلى عمل معيَّن، مثل: "الحق يعمل"، "الإيمان العامل"، "سلوك الإيمان"، "الإيمان يظهر في السلوك"، "اجعل إيمانك يظهر من خلال أعمالك". وجميعها تشدِّد على الكلمة المفتاح الواردة في رسالة يعقوب وهي "اعملْ". وتحتلّ هذه الكلمة مكانة مهمَّة جدًّا في الكتاب المقدَّس. وللأسف، نحن نَغفل عن الكلمات الصغيرة مفضِّلين التركيز على الكلمات اللاهوتيَّة مثل "التبرير" و"التقديس"، لكن الكلمة "اعملْ" شائعة أيضًا في الكتاب المقدَّس ولها الأهميَّة ذاتها.

نقرأ في إنجيل متى مثلاً قصيرًا قدَّمه الربُّ يسوع عن الأب الذي طلب من ابنَيه العمل في كرمه، فرفض الابن الأول العمل، لكنَّه ذهب في النهاية. وقَبِل الابن الثاني أن يعمل، إلاَّ أنَّه لم يذهب إلى العمل. ثمَّ سأل الربُّ يسوع أيُّ الاثنين **عمل** مشيئة الأب؟ ولم يقل: أيُّ الاثنين **قال** الكلام الصحيح؟ فالقيام بالعمل كان مهمًّا.

وينطبق هذا الأمر على رسالة يعقوب إذ يحثّنا الكاتب على أن نكون "عاملين بالكلمة لا سامعين فقط."

رسالة غير منطقيَّة جدًّا!

مع أنَّ الرسالة تبدو سهلة، فهي تبدو غير منطقيَّة أيضًا. فهي مليئة بإرشادات عمليَّة لا يمكن وضعها

بالترتيب الصحيح. ولقد حاولتُ أن أرسم رسمًا بيانيًّا لها، لكنِّي لم أستطع. وحاولت أيضًا أن أُظهِر الخطوط العريضة لها، لكن لم أستطع أيضًا، بسبب انتقال الكاتب من موضوع إلى آخر. فهو يبدأ بمناقشة موضوع ما، ثم ينتقل إلى موضوع آخر، ثم يرجع إليه من جديد. وجميعها لآلىء من الحكمة لم توضع في خطٍّ متوازٍ. لكن هذا الأمر يخدم ، بطريقة أو بأُخرى، هدف هذا السفر، لأنّه يحثّنا على العمل بدل التحليل.

وتُذكّرنا العناصر العمليَّة وغير المنطقيَّة مجتمعةً بسفر الأمثال في العهد القديم. فهو أيضًا غير منظّم ويركِّز على الأُمور الحياتيَّة اليوميَّة. وقد كُتِب بأُسلوب أدب الحكمة اليهودي. فالمعلِّمون اليهود كانوا يستخدمون أساليب مختلفة في التعليم، وكان أحدها يُدعى خَراز أي بكلٍّ بساطة أُسلوب "التفكير بصوت عالٍ". فكان المعلِّم الشيخ يُبلِّغ لآلئ الحكمة المتوفّرة لديه.

ولا بدَّ أنَّ يعقوب تعلَّم على يد أحد هؤلاء المعلِّمين عندما كان شابًّا صغيرًا، لأنَّه برع في أُسلوب الخَراز، وقد استخدمه في الكتابة إلى قُرَّائه.

من هو يعقوب؟

يحمل خمسة أشخاص في الكتاب المقدَّس الاسم "يعقوب". وربَّما الأشهر بينهم هو يعقوب ابن زبدي أخو يوحنا الذي كان أوَّل شهيد بين الرسل، وقد قُطِع رأسه في العام 440 م على يد هيرودس. ويعقوب بن حلفى، هو أحد الاثني عشر. ويعقوب أبو يهوذا (ليس الإسخريوطي). ويعقوب الصغير (المذكور في مرقس 15: 40). وأخيرًا، يعقوب أخو الربِّ يسوع غير الشقيق، كاتب هذه الرسالة.

كان يعقوب أحد إخوة الربِّ يسوع الأربعة غير الأشقّاء الذين شكّلوا مع عدد من أخواتهم (لا نعرف عددهنَّ) دائرة عائلة يسوع. وقليلون يلاحظون أنَّه على الأقل خمسة أو سبعة من تلاميذ المسيح كانوا من أنسبائه، ما يفسِّر وجود عدد منهم في عرس في قانا الجليل (راجع يوحنا 2). فالتلاميذ ما كانوا ليحضروا العرس لو لم يكونوا قد دُعُوا إليه.

لقدِ انتقى الربُّ يسوع بعض تلاميذه من دائرة عائلته الواسعة، لكن لم يقبله أفراد عائلته المقرَّبة. ولن يكون من السهل قبول تصريح أحدهم فجأة بأنَّه المسيح بعدما عاش معك لثلاثين سنة. وفي بداية خدمته، بدا كأنَّه تخلَّى عن مريم (يظن بعضهم أنَّ يوسف كان قد مات). وتوقف عن مناداتها "أُمِّي"، بل ناداها "يا امرأة". وأوَّل جملة مدوَّنة وجَّهها لمريم كانت في قانا الجليل: "ما لي ولك يا امرأة؟"

أضف أنَّه كان من الواضح وجود بعض التوتّر بين الربّ يسوع وسائر أفراد أسرته. وفي إحدى المرَّات أتت عائلته لتأخذه وتحجزه في البيت، لأنَّهم ظنّوا أنَّه مختلّ (مرقس 3: 21). وعندما وجدوا جمعًا كبيرًا يحيط به: "جَاءَتْ حِينَئِذٍ إِخْوَتُهُ وَأُمُّهُ وَوَقَفُوا خَارِجًا وَأَرْسَلُوا إِلَيْهِ يَدْعُونَهُ. وَكَانَ الْجَمْعُ جَالِسًا حَوْلَهُ، فَقَالُوا لَهُ: «هُوَذَا أُمُّكَ وَإِخْوَتُكَ خَارِجًا يَطْلُبُونَكَ». فَأَجَابَهُمْ قِائِلاً: «مَنْ أُمِّي وَإِخْوَتِي؟» ثُمَّ نَظَرَ حَوْلَهُ إِلَى الْجَالِسِينَ وَقَالَ: «هَا أُمِّي وَإِخْوَتِي، لأَنَّ مَنْ يَصْنَعُ مَشِيئَةَ اللهِ هُوَ أَخِي وَأُخْتِي وَأُمِّي»." لقد ظنَّت عائلته أنَّه مختلّ، وممَّا لا شكَّ فيه أنَّ مريم تألَّمت بسبب هذا التلميح الذي وُجِّه إليها.

ولا بدَّ أنَّ الربّ يسوع فصل نفسه عن أُمِّه إلى أن وصل إلى الصليب حيث قال ليوحنا: "هذه أمّك"، وكان يعني بذلك أن يقوم بدور الابن لها بدلاً عنه. وكانت هذه آخر مرَّة نقرأ فيها عن مريم في الأناجيل، فضلاً عن اجتماع الصلاة التي كانت موجود فيه في يوم الخمسين. ولا نقرأ عنها من جديد، إذ كانت قد قامت بدورها، وقد انتهى الآن. لقد كانت امرأة مميَّزة. ويُسعدني أن أُطوِّبها، وهي القائلة إنَّ الأجيال ستُطوِّبها. وإنِّي غير مستعد أن أدعوها "العذراء" لأنَّها أنجبت أولادًا آخرين من يوسف بعد ولادتها ليسوع (مرقس 6:3).

ولم تكن العلاقة جيِّدة بين الربّ يسوع وإخوته. ونقرأ في يوحنا 7:3-5 أنَّ إخوته ذكَّروه أنَّ عيد المظالِّ قدِ اقترب، وتحدَّوهُ قائلين إنَّ عليه أن يذهب لأنَّ اليهود كانوا يتوقّعون أن يُظهِر المسيح ذاته في العيد. لقد كان وقتًا مثاليًّا ليُعلن عن نفسه!

ولكن، رُغم ذَينِكَ الشكّ والازدراء أوَّلَ الأمر، كتب اثنان من إخوته، وهما يعقوب ويهوذا، رسالتين في العهد الجديد. ويُقال إنَّه عندما مات الربُّ يسوع على الصليب، انزعج أخوه يعقوب جدًّا وشعر بالذنب بسبب الأُمور التي كان قد قالها له، وبسبب تحدِّيه له، حتَّى إنَّه لن يتناول الطعام من جديد. وكان سيصوم إلى يوم مماته لولا أنَّ الربَّ يسوع ظهر لأتباعه وبالأخصّ ليعقوب بعد ثلاثة أيَّام. ومنذ تلك اللحظة، أطلق يعقوب على نفسه لقب عبد يسوع المسيح.

ومع أنَّ هذين الأخوين كتبا سفرين من أسفار العهد الجديد، فإنَّهما لم يستغلاّ علاقتهما بالربّ يسوع. ولم يقل مرَّة أيٌّ منهما: "استمعوا لي، فأنا أخو يسوع"، بل على العكس قال يهوذا إنَّه "أخو يعقوب." وقدِ اقتنع أخَوا يسوع بعد قيامته من الأموات أنَّه وإن كان قد عاش معهما في بيت صغير في الناصرة، فهوَ ابنُ الله. وقد ذُكِرَ اسم يعقوب مع مجموعة الصلاة الصغيرة التي كانت منتظرةً حلول الروح القدس في يوم الخمسين. إذًا، أنسباء الربّ يسوع تبعوه، كما أنَّ إخوته آمنوا به. ويخبرنا هذا الأمر عن مزايا شخصيَّة الربِّ يسوع.

ويأتي ذكر آخر ليعقوب في أعمال الرسل 15، حيث كان يتقدَّم الشيوخَ في كنيسة أُورشليم. ولم يكن واحدًا من الاثني عشر، لكن من الواضح أنَّه كان يُعتبر بالاجماع قائد الكنيسة الأُم في أُورشليم. وكان دوره في الأصحاح الخامس عشر من سفر أعمال الرسل أساسيًّا، إذ إنَّه واجه أكبر مسألة حسَّاسة وصعبة واجهت الكنيسة أوَّلَ عهدها. وقد تعلَّق الأمر بموضوع الختان، وما إذا كان يجب أن تبقى المسيحيَّة جزءًا من اليهوديَّة أو تصبح إيمانًا شاملاً مستقلاً. وقد أدارَ يعقوب الاجتماع الذي كان من الممكن أن يقسم الكنيسة لو لم يتوصَّل الحاضرون إلى اتِّفاق. وقد تداركَ يعقوب الوضع بالرجوع إلى الروح القدس وما تقوله كلمة الرب. وخبَّرَ بطرسُ عن عمل الروح القدس في بيت كرنيليوس، ثمَّ أضاف يعقوب قائلاً: "هذا يتوافق تمامًا مع تعليم كلمة الرب"، واستشهد من العهد القديم. ومن الجدير بالملاحظة أنَّه بدل أن يفرضَ أوامره على الرعيَّة ما دام المؤمنون ليسوا بعدُ تحتَ الناموس، شجَّعهم على اختيار ردٍّ مليء بالمحبَّة بالنسبة إلى ذلك الموضوع.

جلُّ ما أُريد أن أراه هو أنَّ الناس يفهمون ما يقوله الروح القدس ويعرفون كتابهم المقدَّس. فنحن نواجه خطر التَّبايُن. وقد كنت جزءًا من النهضة الكاريزماتيَّة في بلادي، لكنِّي أخشى أنَّها بدأت بالانحراف عن الأُسُس الكتابيَّة.

ويزداد قلقي من ناحيةِ مَن يعرفون الكتاب المقدَّس جملةً وتفصيلاً، لكنَّهم لا يعرفون أُسلوب عمل الروح القدس. وقد ناقشتُ هذا الأمر في كتابٍ لي باللُّغة الإنكليزيَّة عُنوانُه: "الكلمة والروح يعملان معًا."

إذًا، بالاستناد إلى أساس فهم عمل الروح القدس، يقدِّم يعقوب حكمًا قبِلَه الجميع. وما كان يمكن أن يؤدِّي إلى كارثة تحوَّل إلى لحظة وحَّدت الجميع تحت قيادته. بعد ذلك، أُرسِلت رسالة إلى المؤمنين الأمم في كلّ مكان، شرحت أنَّهم لا يخضعون بعد لناموس موسى، لكن يجب عليهم أن يُراعُوا تردُّدَ المؤمنين اليهود عندما يتناولون الطعام معًا.

تُقدِّم هذه الرسالة الخلفيَّة نفسها التي يقدِّمها بولس في رسالة رومية حول الخلاف بين المؤمنين بالنسبة إلى أُمور لم تُناقش بوضوح في أسفار الكتاب المقدَّس. ويقول بولس إنَّ الذين يتمتعون بالحرِّيَّة بالنسبة إلى الأُمور القابلة للنقاش عليهم أن يكونوا مستعدِّين للتخلِّي عن حرِّيَّتهم من أجل أخٍ ضعيف. وبالطبع، كلَّما ننضج في حياة الإيمان نتحرَّر من التردُّد. وعلى المؤمن الناضج أن يتخلَّى عن حرِّيَّته أمام من يكونُ مُتردِّدًا.

ويمكن للتردُّد أن يكون مُحرجًا. وغالبًا ما نشعر بالذنب إزاء القيام بأمر ما لأنَّنا تعلَّمنا في طفولتنا أنَّه خطأ. لقد تعلَّمت في صغري أنَّه يجب علينا ألَّا نركب الدرَّاجة الهوائيَّة أو نستخدم الكاميرا يوم الأحد. ومرَّت سنونَ عديدة قبل أن أكتشف أنَّ الكتاب المقدَّس لا يذكر أمر استخدام الدرَّاجات الهوائيَّة والكاميرات! وعندما كنت أعمل في إحدى المزارع كان عليَّ ركوب الدراجة مسافة ثمانية كيلومترات لكي أذهب إلى الكنيسة، ولكم كان موقفًا غريبًا أن أشعر بالذنب بسببِ ركوبي الدراجة للذهاب إلى عبادة الربّ! لكن حين ننمو في المسيح، نشعر بحرِّيَّة أكبر لنتمتَّع بالأُمور التي أعطانا إيَّاها الربّ مجَّانًا.

ربَّما يشعر البعض بالإحراج بسبب ممارسات هي جيِّدة بحدِّ ذاتها، لكنَّها تشكِّل حجر عثرة بسبب ارتباطها بماضي الإنسان قبل أن يتعرَّف بالمسيح. والمثل الأفضل على ذلك هو شرب النبيذ مع مدمن كحول سابق. فإن كنت تعلم أنَّ الأمر سيشكِّل مشكلة بالنسبة للآخر، فمن المحبَّب أن تتخلَّى عن حرِّيَّتك من أجل ضمير أخيك أو أُختك بالمسيح. فعلينا أن نتعلَّم التأقلم وأن نكون حسَّاسين بالنسبة إلى ضمائر الآخرين. ولا ينبغي أن نتباهى بالحرِّيَّة التي نتمتَّع بها.

عندما أرسل يعقوب رسالته من أُورشليم إلى المؤمنين الأمم، نصَّ أيضًا رسالة إلى المؤمنين اليهود، وهي الرسالة التي بين أيدينا. وهو أرشد فيها اليهود إلى كيفيَّة التصرُّف في عالم الأمم. وتتناغم نصائحه تمامًا بما جاء في الأصحاح الخامس عشر من سفر أعمال الرسل الذي يحتوي على نصائح للأمم عن كيفيَّة التصرُّف في العالم اليهودي. فهذه الرسالة هي انعكاس لتلك الرسالة في سفر الأعمال، ولكنَّها كُتِبَت بشكل أطول.

تُظهر بعض المستندات التاريخيَّة أنَّ يعقوب بقي في أُورشليم، وقد لُقِّب بـِ "يعقوب البارّ" وهي صفة رائعة تُطلق على شيخ. وحمل أيضًا لقبًا آخر هو "أوبليوس" الذي يعني "الحصن" أي إنسانًا يُمكن الاعتماد عليه. وكانت نهاية حياته مأساويَّة، لكنْ مجيدة. فبعد موت الحاكم الروماني فيتوس، وقبل إعتلاء ألبينوس السلطة حلّ فراغ لمدَّة شهرين في العام 62م، لم يكن فيه حاكم في روما. فاغتنم القادة اليهود الفرصة للهجوم على المؤمنين، لأنَّه لم تكن الدولة الرومانية موجودة لردعهم ومنعهم من قتل أحد. فألقَوا القبض على يعقوب وصعِدوا به إلى جبل الهيكل وقالوا له:"جدِّف على اسم المسيح وإلاَّ سنرميك من هنا." وكان هذا هو الجبل نفسه حيث جرَّب الشيطان الربَّ يسوع في متَّى، الأصحاح الرابع. فأجابهم يعقوب بكلِّ بساطة:"أرى ابن الإنسان آتيًا على سحاب المجد." فألقَوه إلى أسفل. لكنَّه لم يمت من جرَّاء السقطة فبدأوا برجمه، فقال:"يا أبتاه اغفر لهم لأنَّهم لا يعلمون ماذا يفعلون." فصرخ الجمع المحتشد لرؤية ما يحصل قائلين:"إنَّ يعقوب البارَّ يصلِّي لأجلنا!" يا لها من نهاية! وفي النهاية، أخذ أحدهم هراوة خشبية رحمةً به وضربه بها على رأسه فمات. وبالطبع، إنَّه واحد من بين كثيرين ماتوا من أجل الربِّ يسوع في السنوات الأُولى للكنيسة. وفوجئ الإخوة عندما أتَوا ليدفنوه، إذ رأوا للمرَّة الأُولى ركبتيه اللتين كانتا على شكل ركبتي جمل. لقد كان ذلك الرجل يقضي أوقاتًا طويلة على ركبتيه وهو يصلِّي!

واحتلّ يعقوب مكانة مميَّزة في الكنيسة، وقد قال عنه يوسابيوس أحد آباء الكنيسة الأوائِل:"أظهرت حياتهُ مِقدارًا هائلاً من الحِكمة والتقوى، ممَّا أدَّى إلى الاعتقاد الشامل بأنه "أبَرُّ الرجال". وهكذا، حصل يعقوب على لقب "يعقوب البارّ". وكتب هيغيسيبز، أحد كتَّاب ذلك العصر، قائلاً:"كان يعقوب نذيرًا للربّ، وقد اعتاد الدخول إلى المجمع بمفرده ليصلِّي، وغالبًا ما كان يُرى راكعًا على ركبتيه يرجو من الربِّ الصَّفحَ لشعبه. فأصبحت ركبتاه قاسيتين كركبتي الجمل بسبب ركوعه باستمرار خلال سجوده للربِّ وطلب الصَّفحَ لشعبه. وقد أُطلِق عليه لقب "البارّ" بسبب تقواه واستقامته المُمتازَين."

الكاتب

كان يعقوب معروفًا لدرجة أنَّه لم تكن هناك أيَّة حاجة للتعريف بنفسه في بداية رسالته، بلِ اكتفى بذكر اسمه. ومن اللافت أنَّه يستشهد في رسالته بثلاثة وعشرين اقتباسًا من الموعظة على الجبل. وبحسب معرفتنا، فإنَّه لم يكن موجودًا لسماع العظة، لكن لا بدَّ أنَّه سمعها لاحقًا من الربِّ يسوع مباشرة أو من الاثني عشر وهم يذكرون مجموعة أحاديث الربِّ يسوع.

ولكن على الرُّغم من البراهين التاريخيَّة التي تُظهر أنَّ يعقوب هو كاتب هذه الرسالة، فإنَّ بعض الشكوك دارت حول هذا الأمر لأنَّ أُسلوب الكتابة لا يبدو من الجليل. وكان اليهود الآخرون يحتقرون الجليليِّين بسبب لهجتهم المـُميَّزة، وكانوا يعتبرونهم أُمِّيين. وقد عبَّر رئيس الكهنة في سفر أعمال الرسل عن شجاعة الرسل بقوله: "كيف يمكن لهؤلاء الرجال الأُميِّين أن يتحدَّثونا بهذه الطريقة؟" والأُسلوب اليوناني الذي استُخدِم في كتابة هذه الرسالة مصقولٌ إلى درجة كبيرة تفوق المتَوقَّع.

الأُسلوب

يستخدم يعقوب واحدًا من أهمِّ أساليب الخطابة، فهو:

1. يطرح الأسئلة البلاغيَّة، أي أسئلة لا تتطلَّب أجوبة، بل تجعل السامع يفكِّر. راجع 2:4-5؛ 14-16؛ 3:11-12؛ 4:4، 12.
2. يستخدم عبارات مُتعارضة ليجذب الانتباه، مثلاً: "إحسبوه كلّ فرح يا إخوتي حينما تقعون في تجارب متنوِّعة" (2:1). فلا ينسجم "الفرح" و"التجارب" معًا، ولذلك تلفت هذه العبارة الانتباه. راجع أيضًا الأُسلوب الساخر الذي يستخدمه في 2:14-19؛ 5:5.
3. يختلق حوارًا مع شخص غير منظور. ويلفت هذا الأُسلوب انتباه القارىء. فالناس ينجذبون دائمًا للاستماع إلى الأحاديث. راجع 2:18، 5:13.
4. يطرح الأسئلة للانتقال إلى مواضيع جديدة. راجع 2:14؛ 4:10.
5. يستخدم صيغة الأمر، وقد استخدم ستِّين فعل أمر في مئة وثماني آيات!
6. يُشخِّص الأشياء، فيتكلَّم عن الخطيَّة على أنَّها حيوان، ويستخدم صورًا وأمثلة من الحياة اليوميَّة. ويتكلَّم عن دفَّات السفن، ونيران الغابات، ولُجُم الأحصنة في حياة المزارِع ، وكلُّها أُمور تلفت الانتباه.
7. يأخذ أمثلةً من شخصيات مشهورة مثل إيليَّا وإبراهيم وراحاب.
8. يستخدم أُسلوبًا مباشرًا في التكلُّم مع قرَّائه باستخدامه صيغة "المخاطب"، وهو أُسلوب يجذب الانتباه.
9. لم يتوانَ عنِ استخدام لغة قاسية. راجع 2:20؛ 4:40.
10. يستخدم الطِّباق (أضدادًا متعارضة) بأُسلوب واضح. راجع 2:13، 26.
11. يقتبس في أكثر من مرَّة. راجع 1:11، ؛ 4:6؛ 5:11، 20.

إذًا، كيف تميَّزت هذه الرسالة بأُسلوب الكتابة هذا؟ أعتقد أنَّنا نجد الإجابة في الأصحاح الثاني من رسالة بطرس الأُولى. فالعديد من كتَّاب العهد الجديد لم يكتبوا رسائلهم بأنفسهم، بل أملَوها على نُسَّاخ، أي كتَبَةٍ يمكن أن نعتبر الواحدَ منهم كالسِّكرتير أو الطابع بأُسلوب الاختزال. وقد استخدم كلّ من بولس وبطرس سيلا في هذا الإطار. ويبدو أنَّ يعقوب أملى ما أراد كتابته شفهيًّا على كاتب متمرِّس شكَّل الكلام كرسالة يُمكن تداولها. ولا بدّ أنَّ هذا التفسير يحلّ هذه "المشكلة" التي يواجهها دارسو الكتاب المقدَّس. ولذلك تضمّ هذه الرسالة البلاغة اليونانيَّة والحكمة العبرية مجتمعتين.

القُرَّاء

إنَّ الرسالة ليست موجَّهة إلى كنيسة أو مجموعة كنائس أو أشخاصٍ معيَّنين كما هي الحال بالنسبة

إلى رسائل العهد الجديد، بل هي موجَّهة إلى الأسباط الاثني عشر المشتَّتين بين الشعوب. ومن الواضح أنَّها موجَّهة إلى اليهود في الشتات، أي إلى الكنائس التي تأسَّست بين اليهود المشتَّتين في منطقة حوض البحر الأبيض المتوسِّط. وتذكر الرسالة الربّ يسوع المسيح في العدد الأوَّل كما تذكر الكلمة "إخوتي" اثنتي عشرة مرَّة.

وكان اليهود قد تشتَّتوا مرَّتين. كانت المرَّة الأُولى سببيًا إجباريًّا إلى بابل في العام 586 م، والمرَّة الثانية مباشرةً قبل ولادة الربِّ يسوع، إذ فضَّل بعضُهم الاستقرار في بلاد حوض البحر الأبيض المتوسِّط. وكان عدد اليهود خارج فلسطين أكبر من عددهم داخلها، خاصَّة أنَّ روما وحدها ضمَّت ما يقارب الأربعين ألف يهودي. وكان كثيرون يزورون البلاد ثلاث مرَّات في السنة بمناسبة الأعياد اليهوديَّة، لكنَّهم سرعان ما انسجموا مع الحضارات المجاورة، وأصبحت الكلمة "يهودي" مرادفةً للكلمة "مُراءٍ".

إذًا، أتى المسيح في الوقت المناسب لانتشار الإنجيل. فاليهود كانوا منتشرين حول حوض البحر الأبيض المتوسِّط، وكانت الطرقات الرومانيَّة قد شُيِّدت، وباتت اللغة اليونانيَّة متداولة في كلِّ مكان. فكان الظرف مؤاتيًا بالكامل، إذ كان الربُّ قد أعدَّ الوضع لانتشار الأخبار عن الربّ يسوع بسرعة. وعندما كان بولس يصل إلى مكان جديد للخدمة، كان يتوجَّه مباشرة إلى المجمع عالمـًا أنَّه سيلتقي مؤمنين هناك.

وكان من الواضح أنَّ تلاميذ المسيح من اليهودُ الذين كانوا منتشرين حول البحر الأبيض المتوسط واجهوا ظروفًا مختلفة عن تلك التي واجهها المؤمنون اليهودُ الأصلِ في الوطن. وكانت الكنيسة في أورشليم مكوَّنة تقريبًا بالكامل من اليهود. وكانوا معزولين ومفصولين، ولذلك أصبحوا صارمين جدًّا. وكانت الناموسيَّة والكبرياء من أكبر المشاكل التي واجهوها. لكنْ واجه المؤمنون اليهود في بلاد الانتشار مشكلة الاضمحلال. فالعديد منهم كانوا يشعرون بالإحراج في التعريف بهم كمسيحيين، وكانت النتيجة أنَّهم تساهلوا جدًّا في طريقة تصرّفاتهم. وكان الطمع من أهم مشكلاتهم، إذ كان معظمهم قد تركوا أرضَ الآباء لأسباب تجارية سعيًا وراء المال. وقد أصبحوا يشبهون الأُمميِّين كثيرًا.

المضمون

الـغنى

ذكرنا في المقدِّمة عددًا من الأفكار الرئيسيَّة التي تناولها يعقوب، وموضوع التجارة واحد منها. فالتجارة تهمُّ اليهودي جدًّا، إذ إنَّ الشعب اليهودي كان قد تشتت من مكان إلى آخر، ولذلك كان عليهم الاعتماد على مهنة تنتقل معهم أينما ذهبوا. ولهذا السبب اتَّخذ الكثير منهم مهنة الخياطة، إذ كانوا بحاجة فقط إلى الإبرة والخيط لممارسة مهنتهم، وبَقُوا في الوقت نفسه في الحقل التجاري. وامتهن آخرون مهنة الصياغة لأنَّه يمكن للصائغ أن يوضِّب بضاعته في حقيبة صغيرة. كذلك امتهن بعضهم مهنة المُراباة. وخلال العصور الوسطى، لم يكن يُسمح للمسيحيين في أوروبا بامتهان مهنة المراباة، فاحتلَّ اليهود مهنة المصرِفيِّين وأصبح مصرف "روتشيلد" من أشهر المصارف.

لكنَّ التركيز على التجارة له سيِّئاته، وقد قال الربُّ يسوع: "لا يمكنكم أن تعبدوا ربَّين: الله والمال"، فلا يمكنك أن تكرِّس نفسك للرب ولتجميع المال في آنٍ معًا. وقد ضحك الفرّيسيون عندما قال الربُّ يسوع هذا لأنَّهم كانوا أغنياء ومتديِّنين في الوقت نفسه. لكنَّ الربَّ يسوع قال: "هذا أمر مستحيل." أمَّا هم فقالوا: "إنَّه لا يعرف كيف يجمع ثروة، ولذلك فهو يعادي الأغنياء." ولكنْ كثيرًا ما نبَّه الربُّ يسوع إلى صعوبة دخول الأغنياء إلى ملكوت الله، غير أنَّ معظم مؤمني البلاد الغربية هم في الواقع أغنياء بحسب معايير العهد الجديد. فالمال بحدِّ ذاته أمر حِياديٌّ ويمكن أن يؤدِّي إلى أُمور جيِّدة، وقد كتب بولس قائلاً إنَّ "**محبَّة** المال أصل **لكل الشرور**."

ويتضح لنا من هذه الرسالة أنَّ الغنى قد أفسد العديد من القُرَّاء. فكانوا يستغلّون الموظَّفين الذين يعملون لديهم، ويستأثرون بأُجورهم لتمويل أعمالهم. وكانوا منغمسين في إشباع رغباتهم ويصرفون أموالهم على الرفاهيَّات. وكانوا يُلاطِفون الأغنياء الذين يأتون إلى الكنيسة ويُجلِسونهم في المقاعد الأماميَّة، ويطلبون من الفقراء أن يجلسوا في الخلف. وكان بعضٌ منهم يُحقِّرون ويشتمون الفقراء. فالوضع لا يتغيَّر عبر العصور، إذ عندما يجني الإنسان ثروة يعتبر نفسه ناجحًا، ويعتبر الآخرين فاشلين. وغالبًا ما ترافق روح العجرفة الثراء.

وتسيطر هذه الروح على بعض الكنائس اليوم حيث تحكم الأقلِّيَّة من الأغنياء سير الأُمور. ويتردَّد الموظَّفون باتِّخاذ المواقف خشية إغضاب المموِّلين الأساسيين الذين يستحوذون على السلطة.

وقد قدَّم الغنى لهؤلاء الناس حسًّا خاطئًا بالأمان. إنَّما التقوى هي العيش بحسب إرادة الرب، أمَّا المال فيُلحِق الخراب بحياة التقوى، لأنَّه عندما يملك الإنسان الكثير من المال، يبدأ بالتخطيط من دون الاتكال على الربّ. وقد كتب يعقوب قائلاً إنَّ عليهم أن يضيفوا دائمًا عبارة "إن شاء الربّ" بعد أيِّ مخطَّط يَعتمِدونه، كمَنِ اعتاد اضافة حرفَي 'D.V.' (اللذين يشيران إلى عبارة Deo volente اللاتينية، وتعني إن شاء الرب) في أسفل رسائله إشارة إلى أنَّ للرب دورًا في كلّ مخطط يقوم به. إذًا، كان يعقوب يعظ للأغنياء الذين حذفوا حرفَي 'D.V.' من حياتهم.

يبدو أنَّ جنيَ الثروة يؤدِّي إلى إهمال الربّ وإهمال الفقراء. ويقدِّم يعقوب لائحة بالخطايا الأُخرى التي يرتكبها الأغنياء عادةً، وهي الحسد (لأنَّه كلَّما ازدادت ممتلكاتك أردت المزيد وحسدت الذين يملكون المزيد)، والطموح الأناني، والكبرياء، والتفاخر والتبجُّح، والوقاحة، وعدم الصبر، والغضب، واشتهاء ما للغير، والمشاجرات، والصراعات، ورفع الدعاوى. ورفع الدعاوى هو إحدى أهم مشغوليّات الأغنياء.

دُعيت مرَّة لأتكلَّم إلى أعضاء البورصة في لندن. وطلبوا منِّي أن أُقدِّم لهم موضوع عظتي قبل أن أذهب، فأجبت قائلاً: "إنَّ الموضوع هو: لن يمكنك أن تأخذ مالك معك، وإن أخذتَه فسوف يحترق." وبالطبع رفضوا أن ينشروا هذا الموضوع فاستبدلتُ به "كيف تستثمر إلى ما بعد القبر؟" فلقي الموضوع الثاني قبولاً أكثر!

اللسان

يركِّز يعقوب أيضًا في كلامه على اللسان، المسبِّب الرئيسي للعديد من المشاكل للمؤمن. وربَّما يمكننا الظن بأنَّه تذكَّر كلماتِهِ عندما غايَظَ الربَّ يسوع بكلماته في إنجيل يوحنا 7.

واليهود يحبّون الكلام، لكن الكلام الكثير يؤدِّي إلى خطر كبير. وقد أصبحت النميمة نقطة ضعف عند الكثير من اليهود الذين كانوا في بلاد المنفى، إذ عادة ما يجتمع البعيدون عن الوطن داخل مجتمعاتهم ويوحِّدهم القيل والقال. لقد فهم يعقوب هذا الأمر، ولذلك كان لديه الكثير ليقوله بشأنه. فيقول مثلاً في هذه الرسالة: "مِنَ الْفَمِ الْوَاحِدِ تَخْرُجُ بَرَكَةٌ وَلَعْنَةٌ!... أَلَعَلَّ يَنْبُوعًا يُنْبِعُ مِنْ نَفْسِ عَيْنٍ وَاحِدَةٍ الْعَذْبَ وَالْمُرَّ؟" ويقول إنَّ اللسان هو من أعصى أعضاء الجسد على التَّرويض. وإن أمكنك فعل ذلك، فأنت تصبح إنسانًا كاملاً. إذًا، اللسان هو علامة واضحة لقداستك. فلاحِظ ما تقوله لأنَّ: "من فضلة القلب يتكلَّم اللسان." والطهارة تعني أن تقول ما هو صحيح في كلّ وقت، وأن تصمت عندما يجب أن تصمت، وأن تتكلَّم عندما يجب أن تتكلَّم. وقد قال الربُّ يسوع إنَّنا سنُدان في يوم الدينونة على "كلّ كلمة بطَّالة" تفوَّهنا بها. فتلك الكلمات التي نتفوَّه بها عندما نكون متعبين أو منشغلين تُظهر قلوبنا على حقيقتها. أمَّا الكلمات المنمَّقة التي نتفوَّه بها بعد التفكير فلا تُظهِر قلوبنا على حقيقتها.

وتُستخدم في هذه الرسالة صور أُخرى لوصف اللسان: فهو يُضرَم من جَهنَّم، وهو يشبه دفَّة السفينة التي تديرها بالكامل. وتكون النتيجة كنار تُضرم وسط غابة بأكملها بسبب عود كبريت واحد. وتُذكر في هذه الرسالة الصغيرة خطايا اللسان من تذمُّر ولعن وكذب وحَلْف.

ورُغم أهميَّة الأفكار الرئيسيَّة التي تتمحور حول الثراء والكلمات، فإنَّ الكلمتين المِفتاحَين في الرسالة هما "العالم" و"الحكمة".

العالم

يشرح يعقوب قائلاً إنَّ "محبَّة العالم هي عداوة لله"، فلا يمكنك أن تكون على علاقة جيِّدة بالعالم وبالربّ في آن معًا. فإن كان الربُّ يسوع لم يُطِقْ فعل ذلك، فلا يمكننا نحن أيضًا أن نفعله. وفي الواقع، أنَّ الرسول بولس علَّم أنَّه كلَّما ازدادت التقوى، نقصت محبَّة العالم لنا. وقد كتب إلى تيموثاوس قائلاً: "وَجَمِيعُ الَّذِينَ يُرِيدُونَ أَنْ يَعِيشُوا بِالتَّقْوَى فِي الْمَسِيحِ يَسُوعَ يُضْطَهَدُونَ." ربَّما يُظهِر لك غير المؤمنين الاحترام، لكنَّهم يحاولون أن يجعلوك تتخلَّى عن إيمانك.

وكتب يعقوب أنَّ "الديانة النقيَّة عند الله الآب" معناها: "افْتِقَادُ الْيَتَامَى وَالأَرَامِلِ فِي ضِيقَتِهِمْ، وَحِفْظُ الإِنْسَانِ نَفْسَهُ بِلاَ دَنَسٍ مِنَ الْعَالَمِ."

يُقال غالبًا إنَّ على المؤمنين أن "يكونوا في العالم وليس من العالم." الأمر صحيح، لكنَّه لا يعني أنَّنا يجب أن نبتعد عن غير المؤمنين. عندما كان صديقي المقرَّب بيتر تاجر سيَّارات في أستراليا، كان يطرد

أي موظف لديه يقبل المسيح (طبعًا، بعد أن يجد له وظيفة أُخرى). وقد علّل ذلك قائلاً إنّه لا يستطيع أن يكون شهادة في عمله إن كان محاطًا بمؤمنين!

ويعلّم يعقوب الفرق بين أن نُمتحن وأن نُجرَّب. فالرب لا يجرِّبنا أبدًا، لكنّه يمتحننا. والفرق هو هذا: أنت تمتحن الناس بهدف أن ينجحوا في الامتحان، لكنَّك تجرِّبهم على أمَلِ أن يفشلوا. والرب سيمتحنك، لذلك علينا أن نحسبه كلّ فرح حين تصعب الأُمور، لأنَّنا نعلم أنَّ الرب يعمل على ترفيعنا إلى صفٍّ أعلى. لكنَّ الشيطان يجرِّبنا لأنَّه يريد لنا أن نفشل. لكنَّه يستطيع فعل ذلك فقط إذا وجد فينا ما يمكن أن يستخدمه كطُعم. والربُّ قد وعد أنَّه لا يدعنا نُجرَّب أكثر ممَّا نحتمل، ما يعني طبعًا أنَّ الشيطان هو تحت سيطرة الرب بالكامل. وهو لا يستطيع أن يلمسنا إن لم يطلب الإذن من الرب أوّلاً. (راجع الأصحاحات الأُولى من سفر أيوب وهي أفضل مثَل على هذا الأمر).

إذًا، يجب ألّا تقول بعد الآن كمؤمن: "لم أستطِع أن أتمالك نفسي." وفي هذا العالم سوف نواجه الامتحانات والتجارب على حدٍّ سواء. إنَّما تأتي الأُولى من الربّ على أمل أن ننجح في ذلك الامتحان، وتأتي الثانية من الشيطان على أمل أن نفشل. ويجب أن نتحلّى بالحكمة للتفرقة بين الاثنتين. سأل أحدهم عندما اشتدَّ المرض على زوجة هدسون تايلور في نهاية حياتها وفقدت بصرها: "لماذا يفعل الرب بكِ هذا بعدما خدمتِهِ بأمانة كبيرة؟" أجابت قائلة: "حسنًا، إنّه يضع اللّمسات الأخيرة على شخصيَّتي."

إذًا، لن تصبح حياتنا أسهل إذ نتقدم بالعمر. وأجد أنَّ الإرشاد يصبح أصعب. ففي سني الإيمان الأُولى يُسندنا ويمدّنا بالإرشاد فلا نتردَّد باتِّخاذ قراراتنا. لكنَّه يعود ويُدخلنا في ظرف معيَّن حيث علينا أن نجد الحلول للخروج منه. وهو لا يُقدِّم لنا طعام الأطفال، بل يحمِّلنا مسؤوليَّة أكبر ويضع ثقته فينا لكي نقوم بالخيارات الصحيحة، بدل أن يقدِّم لنا حلولاً واضحة.

الحكمة

ذكرنا سابقًا التشابُهَ بين سفر الأمثال ورسالة يعقوب. ولذا ليس من الغريب أن يكون موضوع الحكمة أحد الأفكار الرئيسيَّة لهذه الرسالة. ويشير يعقوب إلى نوعين من الحكمة. فكما يوجد نوعان من الاختبارات: الامتحانات والتجارب، يوجد أيضًا نوعان من الحكمة: الحكمة النازلة من فوق والحكمة الطالعة من تحت.

تأتي الحكمة التي من تحت نتيجة التجارب البشريَّة بعد تجربة أُمور كثيرة، وندعو ذلك مدرسة التجارب. لكن توجد طريق أُخرى أقصر نحصل من خلالها على الحكمة، حيثُ كل ما يجب أن نفعله هو أن نطلبها! وقد كتب يعقوب قائلاً إنَّه إن كان أحد تنقصه الحكمة، فلا ينبغي أن يظنَّ أنَّه سيبقى على تلك الحال، بل يشرح قائلاً إن الحكمة تأتي نتيجة الطلب من الربّ دون أيّ تردّد أو شكّ.

والحكمة مُتوافِرة أكثر ممَّا نظنّ. ويقول يعقوب إنَّها حكمة جميلة لأنَّها طاهرة ومسالمة وهي تقدِّم حلولاً للمشاكل. وكل الحكمة السماويَّة مُتوافِرة لك في أيَّة لحظة تطلبها. وعندما تمرّ في ظرف صعب، ما عليك سوى أن تقول: "يا رب، أنا أحتاج إلى الحكمة." وسَتُفاجأ بالإجابة.

الإشكالات

علينا أن نلقي نظرة الآن على ما يُسمَّى "الإشكالات" التي تُثيرُها هذه الرسالة.

نبرتها الإجماليَّة

لا تبدو رسالة مسيحيَّة كما يجب، فلا نقرأ الكثير فيها عن المسيح أو عن الإنجيل. ويبدو أنَّ التركيز هو على نشاط الإنسان وليس على الربّ، وعلى الأعمال، لا على العقيدة، وعلى الناموس، لا على الإنجيل؛ وعلى الأعمال، لا على الإيمان. ولا تذكر هذه الرسالة الأحداث المهمَّة كموت الربِّ يسوع وقيامته وصعوده، أو حلول الروح القدس. فتبدو هذه الرسالة كأنَّها تتمحور حول موضوع الأعمال الصالحة.

إذًا، تساءل بعضٌ حول ما إذا كانت هذه الرسالة تصف المسيحيَّة كما هي في باقي الكتاب المقدَّس. وقد تجاهلها عدد من المفكِّرين المرموقين. وقال المُصلح البروتستانتي مارتن لوثر إنَّها تُشعره بالاشمئزاز، لأنَّها لا تحتوي على أيِّ عناصر تبشيريَّة، وقد فشلت في إظهار المسيح. (وفي الواقع أنَّ المسيح يُذكر مرَّتين فقط في كامل الرسالة). وقد أطلق لوثر عليها لقب "رسالة القَشِّ بامتياز"، ما يعني أنَّها لا تحتوي على الحنطة بل على القش فقط، وهو لقب مهين بكلّ ما للكلمة من معنى. وقال:"لا أعتقد إنَّها رسوليَّة، وكان من الأفضل ألَّا تندرج في العهد الجديد." وعندما ترجم الكتاب المقدَّس، وضعها مع رسالتي العبرانيين ويهوذا وسفر رؤيا يوحنا اللاهوتي في ملحق مستقل في النهاية. ولم يتحلَّ بالشجاعة ليقتطعها بالكامل، لكنَّه نقلها خارج النص الرئيسي.

في الواقع أنَّ هناك القليل في هذه الرسالة ممَّا لا يمكن لأيِّ يهودي متديِّن أن يقبله. فهي تتكلَّم عن الناموس والمجمع والإخوة والشيوخ وتشير إلى الله على أنَّه "الدَّيَّان" وإذا حذفنا المرتين اللتين ذُكِر فيهما اسم المسيح، وحذفنا أيضًا الكلمات التالية: "الولادة" و"الاسم" و"مجيء" و"المؤمنين"، فسيُوافق أيّ يهودي متديّن على المضمون.

تعاليمها بالتحديد

بالإضافة إلى تلك المشاكل، تسبَّب أمر آخر بالذُّعر في أوساط قرَّاء الكتاب المقدَّس. فنقرأ في 2:24 التالي: " تَرَوْنَ إِذًا أَنَّهُ بِالأَعْمَالِ يَتَبَرَّرُ الإِنْسَانُ، لاَ بِالإِيمَانِ وَحْدَهُ." يبدو كأنَّ هذه الآية تخفِّف من تعليم العهد الجديد وتعليم الرسول بولس بالأخص في ما يختصّ بالتبرير أمام الله. وقال لوثر إنَّها تخفِّف من أساس حق الإنجيل الذي هو "التبرير بالخلاص فقط."

إنَّ النبرةَ العامة للرسالة والشكَّ في أمر التعليم الذي قدّمته بالنسبة إلى الإيمان جعلاها تخوض معركة حامية للاندماج في العهد الجديد والبقاء هناك. وهي كانت آخر رسالة تُضمُّ إلى العهد الجديد (في العام 350 م).

إذًا، كيف تُمكننا معالجة هذا التناقض الواضح؟ يمكننا الرجوع إلى بعض النقاط:

1. مات يعقوب في العام 62 م، ولذلك لم يكن قد قرأ رسائل بولس عن هذا الموضوع. لكنّه كان قد تعرَّف به وحاول إقناعه بالتزام الناموس ليُظهِر أنَّه كان ما يزال يهوديًّا (راجع أعمال الرسل 21:18-25). لذلك، فالتناقض إن وُجد ليس متعمَّدًا.
2. كتب بولس إلى الأُمم، بينما كتب يعقوب إلى المؤمنين من اليهود. لذلك اختلفت أهدافهما في الكتابة. فكان بولس يحاول حماية الأمم من الناموسيَّة اليهوديَّة، بينما كان يعقوب يحاول أن يحفظ اليهود من حرِّيَّة الأُمم. فلا يُستغرَبُ وجود تباين في النقاط التي شدَّد كلّ منهما عليها.
3. عند وصولنا إلى النص الذي يُثيرُ لدينا "إشكالاً"، نجد أن الكلمة "أعمال" تحمل عدَّة معانٍ. فبولس كتب عن أعمال الناموس؛ أمَّا يعقوب فكتب عن أعمال الإيمان. وعندما كتب يعقوب أنَّ "الإيمان دون أعمال ميت"، فهو لم يكن يشير إلى أعمال الناموس. وقدِ استخدم مثلاً قائلاً إنَّ المحبَّة من دون **أعمال** لا قيمة لها. وإن كان أخ يقول لأخيه: "يا إلهي، أليس لديك أيُّ طعام أو ثياب؟ ليباركْكَ الرب يا أخي!" فيسأل يعقوب: "ما نفع كلّ هذا؟" فهذه هي المحبَّة من دون أعمال، أي المحبَّة التي لا تظهر من خلال الأعمال.

إذًا، عندما تكلَّم يعقوب عن الإيمان، فهو أشار إلى الإيمان الذي من دون أعمال. وإن كنت لا تُظهِر إيمانك بتصرفاتك، فليس لديك إيمان. وإعلان إيمانك لا يخلِّصك، بل يجب عليك أن تمارسه. فالشياطين تؤمن أيضًا وتقشعرُّ!

لكنَّه يقدِّم لاحقًا أمثلة عمليَّة عن الإيمان، مشيرًا إلى إبراهيم الرجل الصالح وراحاب المرأة الطَّالحة. وقد تصرَّف الاثنان بالإيمان، فالأوَّل كان مستعدًّا أن يُنهي حياة، والثانية كانت مستعدَّة أن تخلِّص حياة. فبالإيمان جهَّز إبراهيم ليقدِّم ابنه ذبيحة مع أنَّه كان أمله الوحيد بإقامة نسل. وبالإيمان استقبلت راحاب الجاسوسين وطلبت منهما أن ينقذاها في يوم الهجوم.

يقول يعقوب إنَّ الإيمان ليس أمرًا تعلنه بفمك، بل عليك أن تُظهِر إيمانك بالربِّ يسوع من خلال أعمالك. وسوف تقع على وجهك إن لم يُمسِك بك. هذا هو الإيمان. إذًا، أصاب يعقوب حين قال إنَّ الإيمان من دون أعمال لا يخلصك، لأنَّ إيمانًا كهذا هو ميِّت. والإيمان ليس تلاوةَ العقيدة، بل هو السلوك بالإيمان وإظهار ثقتنا بالرب.

إذًا، يقدِّم لنا الرب من خلال كتابات يعقوب وبولس هذا الموضوع المهمّ من زاويتين، فنحصل على التوازن وعلى كامل الحقيقة. فالناموسيَّة تقول إنَّنا نخلص بالأعمال، والحريَّة تقول إنَّنا نخلص من دون الأعمال، لكنَّ المسيحيَّة تقول إنَّنا نخلص بأعمال المحبَّة الناتجة من الإيمان. وبولس الذي هو محامي التبرير بالإيمان كتب في الأصحاح الثاني من رسالة أفسس: "لأَنَّنَا نَحْنُ عَمَلُهُ، مَخْلُوقِينَ فِي الْمَسِيحِ يَسُوعَ لأَعْمَال صَالِحَةٍ، قَدْ سَبَقَ اللهُ فَأَعَدَّهَا لِكَيْ نَسْلُكَ فِيهَا." إذًا، نحن لا نخلص بالأعمال الصالحة، بل نخلص لنقوم بالأعمال الصالحة، وسوف نُحاسب استنادًا إلى أعمالنا. ويقول محامي الأعمال يعقوب في 2:5 إنَّه يجب على المؤمنين أن يكونوا "أغنياء في الإيمان".

الناموس يقول: "علينا سنّ القوانين والتدابير للتأكّد من أن الإنسان لا يتحرّر من الخطيَّة." والحرِّيَّة تقول: "لنا الحرِّيَّة بأن نخطىء." أمَّا المسيحيَّة فتقول: "لنا الحرِّيَّة بأن لا نخطىء." ربَّما تبدو تلك الجمل كليشيهات جيِّدة، لكنَّها صحيحة جدًّا. ففي الحياة المسيحيَّة من المهم جدًّا معرفة الفرق بين تلك الجمل الثلاث، لأنَّ هذا هو صميم الإنجيل، ونحن بحاجة إلى بولس كما إلى يعقوب لنفهم الأمر برمَّته. وبالنسبة إلى الموضوع العام "الأعمال مقابل الأعمال"، أعتقد أنَّ رسالة يعقوب بحاجة إلى باقي العهد الجديد، كما أنَّ باقي العهد الجديد بحاجة إلى رسالة يعقوب.

وفي تقييم مارتن لوثر لرسالة يعقوب، أخفق في تقديم الصورة كاملة، فقال إنَّ الرسالة تناقض تعليم بولس والأسفار الأخرى. لكن لوثر لم يكن معصومًا من الخطإ تمامًا، كبابا روما الذي حاربه بشدّة. وقد ركَّز بشدة على موضوع التبرير بالإيمان فغابت عنه أهميَّة ما ركَّز عليه يعقوب. فالإيمان يجب أن يظهر من خلال الأعمال. وعمل الرب في داخل الإنسان يجب أن يظهر في العالم الخارجي الغريب.

الخاتمة

هل تنطبق هذه الرسالة علينا، مع العلم أنَّنا لسنا يهودًا مُشتَّتين؟ إنَّها تنطبق علينا بالكامل لأنَّنا مؤمنون مُشتَّتون. وبعض المؤمنين منشغلون جدًّا في كنائسهم، حتَّى إنَّهم أصبحوا مثل اليهود في أورشليم. وهم يعانون الكبرياء، ويعود سبب ذلك جزئيًّا إلى انعزالهم عن العالم.

ويشبه معظم المؤمنين اليهود المشتَّتين، إذ يعملون في العالم يوميًّا وتواجههم تجربة الذوبان فيه وتبنِّي معاييره الأخلاقيَّة. لكنَّنا جزء من أبناء الله المشتَّتين، مواطنون في السماء وغرباء عن هذه الأرض، ننتظر انتقالنا إلى منزلنا الأبدي. نحن في العالم، لكنَّنا لسنا من العالم.

ويمكن أن نختصر موقفنا بما جاء في الرسالة التي وُجِّهت إلى ديوجينيتوس قرابة نهاية القرن الأوَّل الميلادي. وقد أتت الرسالة كإجابة عن السؤال: "ما الأمر الذي يميِّز المؤمنين بالمسيح؟" لا يتميَّز المؤمنون بالمسيح عن سائر الناس بسبب بلادهم أو لغتهم. فهم يعيشون في البلد الذي ولدوا فيه ويتبعون تقاليد سكّانها وعاداتهم من ناحية المأكل والملبس وسائر العادات اليوميَّة. وهم يُظهِرون أُسلوب حياة رائعًا ومميَّزًا. ومع أنَّهم يعيشون في بلادهم، فهُم ببساطة نزلاء. ويتشاركون كمواطنين مع الآخرين، إلاَّ أنَّهم يشعرون بأنَّهم غرباء. وبالنسبة إليهم، كلّ أرض غريبة هي مثل مسقط رؤوسهم، وأي مسقط رأس هو كأرض غريبة. يُمضون أيَّامهم على هذه الأرض، إلاَّ أنَّهم مواطنون سماويون. يطيعون القوانينَ المنصوصَ عليها، إلاَّ أنَّهم يتعالَون عنها في الوقت نفسه بأُسلوب حياتهم. يُلعنون فيُباركون...

على المؤمنين اليوم أن ينتهجوا أُسلوب الحياة هذا، ويتأكدوا من بقاء العالم غريبًا عنهم. فدوافع العالم وأساليبه وأخلاقه تشكِّل جميعها تحدِّيًا لهم. ويبقى الضغط على المؤمنين هو نفسه الذي كان عليهم في القرن الأوَّل. وفي هذا الإطار، تتماشى رسالة يعقوب مع عصرنا وتشكِّل قيمة كبيرة لأي مؤمن يسعى لاتِّباع المسيح. إنَّها تركِّز على كيفيَّة التصرّف في العالم وفي الكنيسة. وقد ظهر اهتمام يعقوب بما نقوم به، وليس بما نقوله. فلا جدوى للمعرفة الكتابيَّة ما لم نطبِّقها في حياتنا.

رسالتا بطرس الأُولى والثانية

مقدِّمة الرسالة الأُولى

نشب حريق كبير في مدينة لندن في 2 أيلول (سبتمبر) من العام 1666. وقد بدأت النيران بالاشتعال في فرن واتَّسعت لتترك أضرارًا كبيرة. وخسر مئتا ألف شخص منازلهم إذ كانت معظم البيوت مؤطَّرة بالخشب ولم تحتمل النيران. ويقدَّر أن يكون ذلك الحريق قد تسبَّب بخسائر مادِّيَّة هائلة. وقد دُمِّرت تسعون كنيسة، غير أنَّ كريستوفر رن أعاد بناء العديد منها لاحقًا ومن بينها كاتدرائيَّة القدِّيس بولس. وحين تحلّ كارثة ما، من ميزات الطبيعة البشريَّة التفتيش عن كبش محرقة. وغالبًا ما تشير أصابع الاتِّهام إلى الأبرياء، وفي حال حريق لندن، فإنَّ الاتِّهام وُجِّه إلى الفرنسيين الكاثوليك.

وفي 19 تموز (يوليو) من العام 64 م نشب حريق في مدينة روما استمرّ ثلاثة أيَّام، وقد دمَّر قسمًا كبيرًا من المدينة. وحاوط الحريق وسطها، ما سبَّب بتدمير المعابد والبيوت. وبدأ السكَّان بالتفتيش عن كبش محرقة، فوجدوه في الأمبراطور نيرون. فقد علموا أنَّه كان يطمح إلى هدم المباني القديمة وبناء أجمل وأعظم منها، فظنّوا أنَّه هو من سبَّب الحريق. أمَّا نيرون، فوجَّه أصابع الاتِّهام إلى المسيحيين، وابتدأ باضطهاد الكنيسة بضرواة شديدة.

وواجه المؤمنون أوقاتًا عصيبة. إذ عُذِّبوا وأُلبسوا جلود وحوش بريَّة وأُرغموا على الزحف على أطرافهم الأربعة حول المدرَّجات، فيما الأُسود والحيوانات الأُخرى المفترسة تلاحقهم. وكانت الكلاب تلاحقهم أيضًا، وقد تم صلب بعضٌ منهم.

أذكر أنِّي وقفت وظهري إلى الكولوسيوم في روما، ونظرت إلى هضبة خضراء صغيرة كانت في ما مضى حديقة قصر نيرون. وافتكرت في اليوم الذي كان يقيم فيه حفل شواء في تلك الحديقة، وقد أمر بدهن بعض المؤمنين بالقار والقطران وربْطهم على أعمدة في أرجاء الحديقة ومن ثَمّ اشعالِهم. لقد حُرقوا أحياء لكي ينيروا حفلة الشواء التي كان يقيمها.

انتشرت هذه الأخبار البربريَّة في أوساط شعب الرب من كنيسة إلى كنيسة عبر الإمبراطوريَّة الرومانيَّة بأسرها. ووصلت في الوقت نفسه رسالة من بطرس الرسول، وقد كتبها إلى المؤمنين الذين تربطه بهم صلة والذين كانوا موجودين في ما يُسمَّى اليوم بشمالي شرقي تركيا، لينبِّههم ويحضِّرهم للاضطهاد.

ومات بطرس في تلك المرحلة مصلوبًا بأمرٍ من نيرون. وكان الربُّ يسوع قد تنبَّأ بأنَّه سيموت تلك الميتة، لكنَّه طلب عند صلبه أن يُعلَّق رأسًا على عَقِب، لأنَّه لم يشعر أنَّه مستحق أن يُصلب بالطريقة نفسها التي صُلِب بها الربُّ يسوع.

يُرجَّح أنَّ يكون بطرس قد خدم في تلك المنطقة، رغمَ أنَّه لا ذكر لذلك في الكتاب المقدَّس. وكان بولس يكرز في جنوب تركيا، بينما كان بطرس قد ذهب إلى شمال تركيا، ومن هُناك أرسل الرسالة.

الكاتب

نعرف الكثير عن بطرس، ورسالته الأُولى مفضَّلة لدى المؤمنين. وهي رسالة دافئة وإنسانيَّة وتخترق القلب. وهو يخبر قُرَّاءه في الأصحاح الأوَّل أنَّهم وإن كانوا لم يروا الربَّ يسوع فهم يحبونه ويشعرون بفرح كبير بسبب ذلك. وتظهر محبَّته لمخلِّصه خلال الرسالة.

كان يُدعى في الأصل سمعان. وكان ذلك اسمًا شائعًا مع أنَّ أحَدَ معانيه (القصبة) لا يدعو إلى التباهي. لكن عندما التقاه الربُّ يسوع ، أعطاه اسمًا جديدًا هو بطرس أي الصخرة، ولم يكن ذلك الاسم معروفًا جدًّا لكنَّه يشير إلى التغيير في شخصيته ذاك الذي كان الربُّ يسوع يتوقَّعه. فهو بدأ كرجل سهل التَّرجُّح، لكن عندما أتى الربّ يسوع حوَّله إلى رجل صلب كالصخر.

وكان بطرس صيَّاد سمك من بيت صيدا في الجليل، وهو أخو أندَراوس. وكان هذان الأخوان أوَّل من دعاهم الربُّ يسوع لاتِّباعه. ويظهر اسم بطرس في أوَّل اللائحة عند تعداد أسماء التلاميذ، إذ كان الناطق غير الرسمي باسمهم.

وتظهر شخصيَّة بطرس بكلِّ وضوحٍ في الأناجيل، فهو يتمتَّع بنقاط قوَّة مميَّزة: فكان يجذب الآخرين إليه، وكان متحمِّسًا،ومتسرِّعًا، ونشيطًا. لكن نقاط القوَّة تلك وازنتها بعض نقاط ضعف، إذ كان أحيانًا متقلِّبًا ومتزعزعًا وضعيفًا وجبانًا ومتهوِّرًا وغير ثابت. وقد اشتهر بكونه متسرِّعًا. ولكنَّ تسرّعه جعله يقول أُمورًا رائعة عن الربِّ يسوع. ويشبِّه الكثير من المؤمنين أنفسهم به لأنَّ تصرّفاته تشبه تصرّفاتهم.

وربَّما كانت أكثر لحظات حياته تأثُّرًا هي بعدما أنكر الربّ يسوع ثلاث مرَّات قبل أن يُصلب الربّ يسوع، وعندما قابله على ضفاف بحيرة الجليل بعد قيامته. وكان الربُّ يسوع قد جهَّز الفطور للتلاميذ ففوجئ بطرس بمنظر الجمر. واللافت أنَّ الجمر يُذكر مرَّتين في كامل العهد الجديد. وقد ذُكِر المرَّة الأُولى حين كان بطرس يستدفيء في الباحة الخارجيَّة عند رئيس الكهنة ونكر ثلاث مرَّات أنَّه يعرف الربَّ يسوع. وها هو الآن يتطلَّع إلى جمر من جديد، ولا بدَّ أنَّ ذكرى جُبنِه كانت ما تزال قوِّيَّة.

لم يقل الربُّ يسوع له: "لطالما تمنيّت أن تكون أوَّل راع، لكنِّي أخشى أنَّ جلَّ ما تستطيع القيام به الآن هو توزيع كتب الترانيم!" ولم يقل له: "سأضعك في فترة تجريبيَّة لمدَّة سنة لأرى إن كنت ستُسوِّي وضعك. وسنعيد دراسة وضعك بعد هذه السنة ونعيد دراسة النظر في منصبك." لكنَّه قال له: "يا بطرس، أستطيع أن أتعامل معك بشرط أن أتأكَّد من أمر واحد: أتحبُّني؟"

هذا هو الأمر الأهم بالنسبة لأي مؤمن. أتحبّه؟ وقد سأل الربُّ يسوع بطرس هذا السؤال ثلاث مرَّات، ما أعاد بطرس إلى المسار الصحيح. وبعد فترة قصيرة، كان بطرس يعظ في يوم الخمسين، حين تعمَّد ثلاثة آلاف شخص. وليس من الغريب أن تذكر هذه الرسالة أهميَّة محبَّة الربِّ يسوع.

ويُذكر اسم بطرس في أماكن أُخرى من العهد الجديد، وقد ساعد يوحنا مرقس في جمع إنجيل مرقس. فمرقس لم يكن واحدًا من الاثني عشر، وقد استقى كلّ معلوماته من بطرس. ولهذا السبب، فإنَّ إنجيل مرقس هو الإنجيل الوحيد الذي يذكر ضعفات بطرس ويضيء على شخصيَّته المتسرِّعة. ويظهر الربُّ يسوع في إنجيل مرقس كالرَّجُل العمليّ، بعكس بطرس.

ويحتلّ ما قام به بطرس النصف الأوَّل من سفر أعمال الرسل. وبما أنَّ لوقا كتب السفر كعَرضٍ قضائي يكتبه مُحامٍ لمحاكمة بولس، يختفي بطرس حين يظهر بولس على الساحة. ويذكره بولس بطريقة غير إيجابيَّة وبشكل مختصر في رسالة غلاطية، حيث يشير إلى المُشادَّة الحامية التي أُثيرت بسبب تراجُعِ بطرس عن تناول الطعام مع الإخوة غير اليهود. لقد أخطأ بطرس في تصرّفه هذا، وبولس أشار إلى ذلك بكل وضوح.

ونعلم أنَّ بطرس كان متزوِّجًا لأنَّ الربَّ يسوع أبرأ حماته، وقد ذكر بولس في إحدى رسائله أنَّ بطرس كان يصطحب زوجته في جَولاتِهِ التبشيريَّة. إذًا، نعرف عن بطرس أكثر ممَّا نعرف عن أيِّ رسول آخر، باستثناء بولس.

وقد كُتِبت الرسالة حين كان بطرس في روما. ومن الواضح أنَّ كلاًّ من بولس وبطرس مكثا فترة من الزمن هناك. (مكث بولس هناك تحت الحراسة في البيت بانتظار محاكمته، ومن ثَمَّ أُعدم بأمر من نيرون). ولكن لا نجد أي دليل يُثبِت أنَّ بطرس كان البطريرك الأوَّل في روما، إنَّما هذا تخمين من قِبل الذين يؤمنون بالخلافة الرسوليَّة.

القُرَّاء

لا نعلم على وجه التحديد كيف وُلِدت الكنيسة في آسيا الصغرى (شمالي غرب تركيا). لكنَّنا نقرأ في الأصحاح الثاني من سفر أعمال الرسل أنَّه في يوم الخمسين حضر إلى أُورشليم أُناس من مقاطعات كبدوكيَّة وبيثينيَّة وبنطس، وهي كانت تؤلِّف ما يُسمَّى بآسيا الصغرى. ومن الممكن أن يكون بعض الأفراد قد تعرَّفوا بالمسيح بسبب عظة بطرس الأُولى وتعمَّدوا ومن ثَمَّ رجعوا إلى ديارهم وطلبوا من بطرس أن يزورهم.

ويُطلِق بطرس على قرَّائه لقبًا يهوديًّا: "المُشتَّتين"، مع أنَّه كان بينهم عدد من المؤمنين من أصل أممي. فكما أنَّ اليهود كانوا مُشتتين حول العالم، المؤمنون هم في شتات أيضًا. ويشدِّد الاسم على فكرة كونهم غير مندمجين، يدعوهم "نزلاء وغرباء". ويدلّ عدم وجود تفاصيل محدَّدة إلى أنَّ الرسالة موجَّهة إلى كلّ المؤمنين في المنطقة.

وما تزال فكرة عدم الاندماج تنطبق في هذه الأيَّام، إذ إنَّ إحدى المشاكل التي تواجه المؤمن الجديد هي ألَّا يعود مندمجًا في المجتمع من حوله. وإنِّي لا أحتمل سماع الشهادات من القائلين: "عندما أتيت إلى المسيح ذهبَت كلّ مشاكلي." إنِّي لا أُصدِّقها، بالإضافة إلى كونها مضلِّلة. أمَّا شهادتي

فمختلفة: "أتيتُ إلى المسيح في عمر السابعة عشرة، ومن ثَمَّ بدأت مشاكلي! ثُمَّ بعد عدَّة سنوات، إمتلأت بالروح القدس، وبعد ذلك ازدادت مشاكلي سوءًا!"

ويُطرح عليّ السؤال أحيانًا عن برهان الإمتلاء بالروح القدس، فتكون إجابتي دائمًا: "تكمن الإجابة في كلمة واحدة وهي المشاكل!" وسبب مواجهتك للمشاكل هو أنَّ إحدى النتائج المباشرة للامتلاء بالروح القدس هي الجرأة في التعبير، وهذا ما نراه في سفر الأعمال وهو شائع هناك أكثر من موضوع التكلُّم بالألسنة. والكلمة اليونانيَّة التي تشير إلى ذلك هي parrhesia وتعني إمتلاك الجرأة للتكلّم بِمُجاهرة. وهي ليست الوسيلة لربح الأصدقاء والتأثير في الناس!

إنَّ المؤمنين لا ينسجمون مع هذا العالم. وهم في الواقع جزء من صنف جديد غير الجنس البشري بل "جنس جديد من نساء ورجال ليسوا من نسل آدم، بل من نسل المسيح." والاختلاف بين المؤمن وغير المؤمن يبدو صعبًا، خاصَّة إذا آمن الزوج أو الزوجة قبل الشريك الآخر. ولهذا السبب يعلِّم الكتاب المقدَّس أنَّه يجب على المؤمن ألَّا يتزوج شريكَ حياةٍ غيرَ مؤمن، لأنَّهما لن يستطيعا المشاركة في جزء أساسي من حياتهما.

إذًا، على المؤمنين أن يتوقَّعوا الصعوبات. وكان الربُّ يسوع صريحًا إذ أخبر أتباعه بذلك. وقد قال بولس الرسول للمؤمنين الذين شدَّدهم إنَّه: "بضيقات كثيرة ينبغي أن ندخل ملكوت الله" (أع 14: 22). ويجب على المبشِّرين أن يكونوا صادقين فيقولوا للناس إنَّ الصعوبات ستواجههم عندما يقبلون الربَّ يسوع مخلِّصًا لهم، ولكن بإمكانهم أن يبتهجوا لأنَّه غلبها جميعها.

الأفكار الرئيسيَّة

بينما نفتِّش عن الأفكار الرئيسيَّة يفاجئُنا في مطلع الرسالة الأُولى أنَّ بطرس لا يُخبر المؤمنين كيف يهربون من التجارب، بل كيف يحتملونها. فالتركيز هو على تصريف أُمور حياتهم بتقوى في هذا العالم الشرِّير، وليس على تجنّب الصعوبات. ومن هُنا يحتلُّ الرجاءُ صُلب الرسالة، وهو الكلمة الأكثر استخدامًا فيها.

لكن يناقش بطرس فكرتين رئيسيتين أُخريَين. فقد أراد أن يذكِّر قرَّاءه بالخلاص الذي هو أساس موقفهم من الألم، ومن ثَمَّ أراد أن يشرح لهم كيفيَّة التعامل مع الألم. فالذاكرة جزء ضروري من الحياة المسيحيَّة، وبطرس يحث قرَّاءه على تذكّر حقائق الإيمان الأساسيَّة. إذًا، نعمة الله هي عنصر أساسي في بداية ونهاية الرسالة على حدٍّ سواء.

1. الخلاص بالمسيح

يقول بطرس إنَّه يوجد جانبان للخلاص، وهما الجانب الفردي والجانب الجماعي. والاثنان جزء من عمليَّة الخلاص، مع أنَّنا نتكلَّم عن الجانب الأوَّل أكثر. نحن نخلص كأفراد، لكنَّنا نخلص فننضمّ إلى

عائلة تعضدنا وتُساندِنا، خصوصًا حين تشتد الصعوبات. ولن نستطيع أن نتأقلم بمفردنا، بل علينا أن نكون جزءًا من هذه الجماعة التي تبقى متماسكة.

أ. الصعيد الفردي ـ كلمة الربّ

التركيز الأوَّل هو على علاقتنا العموديَّة بالربّ. ويأتي الجانب الشخصي من خلال كلمته لأنَّنا نخلص بواسطتها. ويعدِّد بطرس ثلاثة أُمور تتبع وهي الإيمان والرجاء والمحبَّة التي تشكِّل المثلَّث المشهور في نهاية الأصحاح الثالث عشر من رسالة كورنثوس الأُولى، لكنَّه يظهر أيضًا في أسفار الكتاب المقدَّس. فالإيمان يربطنا بما فعل الربّ في الماضي. والرجاء يربطنا بما سيفعله في المستقبل. والمحبَّة تربطنا بما يقوم به في الحاضر. فدعونا نُلقِ نظرة على كلّ واحدة منها على إنفراد:

i. رجاء حيّ: الرجاء أساسي جدًّا كالمرساة (عبرانيين 6:10)، لأنَّه يثبِّت المؤمن عند هبوب عواصف الاضطهاد. والرجاء هو الأكثر إهمالاً من بين الثلاثة في هذه الأيَّام. لكن الرجاء المستقبليّ يحتلّ مركزًا رئيسيًّا في العهد الجديد، ويجب أن يحتل مكانة أولويَّة اليوم.

من الواضح أنَّ بطرس أولاه أهميَّة كبرى في كلامه إلى قرَّائه، لأنَّه عندما نعرف أنَّ الربَّ يسوع آتٍ ثانية تسهل علينا مواجهة الصعوبات. ويمكننا أن نطلق على رسالته الأُولى لقب "رسالة الرجاء". وقد كتب قائلاً: "وَلَدَنَا ثَانِيَةً لِرَجَاءٍ حَيٍّ، بِقِيَامَةِ يَسُوعَ الْمَسِيحِ مِنَ الأَمْوَاتِ." ولا يمكن للموت أن يمسَّنا، حتَّى لو تمَّ قتلنا! فلدينا رجاء حي في المستقبل ورجاء بالحصول على جسد جديد ووطن جديد نعيش فيه. وهذا الرجاء ليس مجرَّد أُمنية، بل نحن نعلم أنَّنا سنحصل على الميراث.

والفرق بين المؤمن الذي لديه رجاء بالمستقبل والذي لا يملك هذا الرجاء هو التالي: المؤمن الذي ليس لديه رجاء مستعد أن ينطلق من هذا العالم ويكون مع المسيح، لكنَّه يريد أن يبقى هنا. لكنَّ المؤمن الذي لديه الرجاء الحقيقي يريد أن يذهب، لكنَّه مستعد أن يبقى هنا. وقد كتب بولس قائلاً إنَّ له اشتهاء أن ينطلق، لكن إن كانت إرادة الربّ له أن يبقى فهو مستعد لذلك. ويجب أن يكون موقفنا مشابهًا لموقفه.

ii. إيمان مُمتحَن: علم بطرس أنَّ قرَّاءه سوف يمرّون في إمتحان صعب قريبًا جدًّا، فقال إنَّ إيماننا يُزكَّى كما يُمتحن الذهب بالنار فتنقِّيه وتصفِّيه. وكان الذهب في الماضي يُصفَّى بواسطة اليد فكانوا يستخدمون وِعاءً كبيرًا، وكان العامل يستمرّ بالتحريك فوق النار إلى أن يصبح بإمكانه رؤية صورة وجهه بوضوح فيتوقف عن التحريك. هذا كان ما يفكِّر فيه بطرس حين وصف كيف أنَّ الربّ يمتحن إيماننا لكي نشابه المسيح.

iii. محبَّة وإبتهاج: يتضمَّن الخلاص تكريسًا جديدًا للرب وللآخرين. ويذكر بطرس الفرح الذي يملأ قلب المؤمن بسبب معرفته أنَّ المسيح قام من الأموات وهو حي. وقد اختبر هو هذا الشعور في يوم القيامة.

ويوضح بطرس أنَّ الخلاص قد تمَّ في الماضي بالمسيح (1:10؛ 4:10؛ 5:5)، وسيتمُّ في المستقبل (1:13؛ 3:7؛ 5:10). فما نزال ننتظر خلاصنا الأخير الذي سيقدِّمه لنا الربّ.

ب. الصعيد الجماعي ـ شعب الربّ

أراد بطرس أن يفهم قرّاؤه أهميَّة دور الجماعة في حياة المخلَّص، بالإضافة إلى الصعيد الفردي. فنحن نجد الخلاص على الصعيد الفردي من خلال كلمة الربّ التي تعرِّفنا أيضًا بشعب الربّ. وقد شدَّد بطرس على هذا الموضوع في رسالته.

ويستخدم بطرس ألقابًا يهوديَّة لوصف شعب الربّ:

i. **هيكل الروح**: يقول إنَّهم هيكل حيّ، حيث المسيح هو حجر الزاوية وهم الحجارة الحيَّة. إنَّهم مكان سُكنى الربّ في الأرض أي هيكله المقدَّس. وعندما يلمسهم الناس فإنَّهم يلمسون هيكل الربّ القدوس. وعندما تُذكر العبارة "أنتم هيكل الروح القدس" في الكتاب المقدَّس فإنَّها تأتي بصيغة الجمع كما أتت هنا في رسالة بطرس الأولى. ويحثّ قرّاءه على عدم الشعور بالدُّونيَّة بسبب التجارب التي تواجههم، بل عليهم أن يتذكَّروا مَن هم مِلك مَن هم.

ii. **كهنوت ملوكي**. يصف بطرس المؤمنين بالكهنوت الملوكي. أذكر أنِّي قدَّمت محاضرة في مدينة زوريخ السويسريَّة عن موضوع كهنوت المؤمنين. فتقدَّم منِّي رجل بعد الاجتماع قائلاً:"ما قدَّمته كان رائعًا!"، لم يكن قد سمع بهذا الأمر من قبل. لكن عندما سألته ما إذا كان كاهنًا، نفى الأمر في الحال قائلاً:"لا، أنا رجل علماني!" ولم يدرك أنَّ الجواب يجب أن يكون بالإيجاب، إلاَّ بعد أن سألته تكررًا ما إذا كان كاهنًا بالنسبة إلى تعليم العهد الجديد! ويشجِّع بطرس قرّاءه أن يغرسوا فكرة الكهنوت في رؤوسهم عند مواجهتهم الاضطهاد. وربَّما سيكونون الكهنة الوحيدين الذين سيتقابل أعداؤهم معهم.

iii. **أُمَّة مقدَّسة**. يحثّ بطرس المؤمنين أن يكونوا "قدِّيسين"، وكأنَّه انتزع هذا الأمر مباشرة من سفر اللاويين. فكما كان يجب على الشعب في العهد القديم أن يكونوا مثالاً صالحًا أمام الآخرين يُبيِّن كيف يجب أن نعيش للربّ، يجب أن يقوم المؤمنون بذلك في مواجهة الصعاب. وفَهمُ مقامهم الصحيح في الربّ يساعد في أن تكون ردَّة فعلهم تجاه الصعوبات بحسب مشيئة الربّ.

إذًا، بالنسبة إلى بُطرس، موضوع الخلاص أساسي. وقد أراد أن يتأكَّد قرّاؤه من حصولهم على الجانب الشخصي منه (الإيمان والرجاء والمحبَّة)، بالإضافة إلى الجانب الجماعي (أي أنَّهم ينتمون إلى شعب الربّ).

2. التألّم

التألّم بالنسبة إلى بُطرس، هو نتيجة للخلاص لا مفرَّ منها. وفي الواقع أنَّ جزءًا كبيرًا من العهد

الجديد كُتِب إلى المؤمنين المتألّمين أو الذين كانوا على وشك أن يواجهوا الألم أو الاضطهاد. فرسالتا بطرس ورسالة العبرانيين وسفر رؤيا يوحنا اللاهوتي كُتِبت بهذا الشأن. وقدِ انصبّ اهتمام الرسول بولس والربُّ يسوع على إنذار المؤمنين بأنَّهم سيواجهون الاضطهاد. وما نراه منِ اضطهاد قليل في المجتمعات الغربية هو خارج على المألوف. وقد كتب بطرس ثلاثة أُمور بالنسبة إلى الاضطهاد:

أ. التأكّد من عدم إستحقاقه

إن كنت تُزجّ في السجن بسبب جريمة ارتكبتها، فإنك لن تكون تتألَّم من أجل المسيح. وغالبًا ما نُغيظ الناس بسبب مواقفنا، ومن ثَمَّ ندَّعي أنَّ موقفهم السلبي هو بسبب انزعاجهم من رسالة الإنجيل، بينما الواقع هو العكس. فعلينا التأكّد من أنَّ انزعاجهم هو من رسالة الإنجيل ليس إلاَّ. إذًا، كان اهتمام بطرس أن يكون قُرَّاؤه غير مستأهلين للقصاص الذي يتلقّونه.

ب. عدم الثأر

يقول بطرس إنَّه يجب على قرَّائه ألَّا يردّوا بالمثل عندما يُضطهدون. فردَّة الفعل الطبيعية هي الأخذ بالثأر. وقد قال لي أحدهم مرَّة إنَّ لا مشكلة لديه في إدارة الخدّ الآخر بشرط أن يركل بركبته المعتدي عليه بقوَّة! ولا بدَّ أنَّك تبتسم الآن لأنَّك تعرف شعوره.

إنَّ ردَّة فعلنا الغرائزيَّة عندما يؤذينا أحدهم هي أن نأخذ بثأرنا. لكنَّ بطرس يقول إنَّه يجب على المؤمنين ألَّا يفعلوا ذلك أبدًا. فعندما تألَّم الربُّ يسوع وبصقوا عليه، لم يردّ بالمثل. وعندما كان يُذبح خروف في العهد القديم لم يكن يُعذَّب قبل ذبحه، بل كانت تُحَزُّ رقبته بأقلّ ألم ممكن. لكن عندما ذُبِح حمل الله، سخروا به قبل ذلك وجلدوه ووضعوا إكليلاً من الشوك على رأسه وألبسوه رداءً وبصقوا عليه. إلاَّ أنَّ ردَّة فعله كانت أنَّه طلب من الآب أن يغفر لأعدائه لأنَّهم ما كانوا يعلمون ماذا يفعلون.

ويقول بطرس إنّه يجب أن نتمثَّل بالمسيح ولا نفكِّر بأخذ ثأرنا، بل علينا أن نقاوم الشرّ بالخير، كما قال الربُّ يسوع إنَّه علينا أن نبارك الذين يلعنوننا بدل أن نثأر منهم.

ج. عدم السماح للاضطهاد بالتأثير عليك

حاول المـُضطهِدون أن يُضعفوا عزيمة المؤمنين، وكانت نصيحة بطرس ألَّا يسمحوا لهم بذلك. وهو يذكِّر قرَّاءه أنَّه ولِو أوقعوا الأذى بأجسادهم لا يستطيعون أن يُلحِقوا الأذى بأرواحهم. "اتركوهم يفعلوا ما يشاؤون بأجسادكم، لكن حافظوا على أرواحكم. وإن كنتم في الظاهر تخسرون، فإنَّكم ستنالون النصرة في النهاية."

والألم سيستمرّ مدَّةً قصيرة، إذ إنَّ هذه الحياة لا يُمكن أن تُقارن بالأبديَّة. أضف إلى ذلك أنَّ كل تألُّم هو نتيجة لعمل إبليس، فلا تعتبروا التألّم عملا بشريًّا محضًا.

3. الخضوع

كما ذكرنا سابقًا، فإنَّ بطرس يحثّ قرَّاءه على تعلُّم الخضوع للألم بدل تجنّبه. وهو يطبِّق هذه النصيحة غير الاعتيادية في عدد من النواحي. وهذا الخضوع ليس خضوعًا أعمى، كما سنرى، بل هو تعلُّم إمتلاك روح خاضعة.

إنَّ الأمر الذي أدهش العالم هو رؤية المضطهَدين ينقادون إلى مخيَّمات التعذيب، ويمشون إلى غُرَف الحرق بكلِّ هدوء، وكان الأمر مدهشًا إذ كانوا يعلمون ما سيحلّ بهم. وقد كتب بطرس قائلاً إنَّ على المؤمنين أن يتحلَّوا بهذه الميزة نفسها. لكنَّ هذا السلوك هو بعكس كلّ ردَّة فعل طبيعية من نحو الإجحاف. فعادةً، عندما نجد ما هو غير عادل نعبِّر عن ذلك. وإحدى أُولى العبارات التي يتعلَّمها الأولاد هي: "هذا ظُلم!" ويمكنك أن تسمعها أيضًا في في صُفوف الاعتصام وبين العمَّال المحتجِّين.

لكنَّ بطرس يقول إنَّ المؤمنين لا يملكون أيَّة حقوق. وعليهم أن يستعدّوا ليتألَّموا بينما يتعلَّمون الخضوع والقبول. وقد كان بطرس أكبر مثال لنا حين سيق للصلب. فهو لم يصارع، بل أصرّ على أن يُصلب رأسًا على عقب.

ويقدِّم لنا أربع نواحٍ في الحياة حيث يجب أن نُبديَ الخضوع:

أ. المواطنون

أوَّلاً، على القرَّاء أن يتعلَّموا الخضوع للسلطات المدنيَّة (وقد وسَّع بولس هذه الفكرة الرئيسيَّة في كتاباته). ويجب أن يكونوا مواطنين شرفاء، ويُكرموا الملك، ويصلّوا لأجل الولاة. ويجب أن يُعرَف المؤمنون بكونهم يدفعون ضرائبهم بكلّ فرح. ولا ينبغي أن يتذمّروا ممَّا تقوم به الدولة، بل يجب أن يكونوا مواطنين صالحين. لكنَّ هذا لا يعني أن يقوموا بكلّ ما يُطلب منهم، فهناك حدود لطاعة السلطات المدنيَّة. فعندما طلبت السلطات من التلاميذ أن يتوقّفوا عن البشارة في الشوارع عن الربّ يسوع، قال لهم بطرس:"يجب أن يُطاع الله أكثر من الناس." إذًا، توضع الحدود عندما تطلب منَّا السلطة القيام بأمر يخالف وصايا الربّ. لكن في غير ذلك، يجب على المؤمنين أن يكونوا مواطنين أولياء، ولا ينبغي أن يُقيَّدوا بسبب تمرّدهم أو عدوانيتهم تجاه السلطات.

ب. العبيد

من غير المـُستغرب أن يكون العبيد المؤمنون قد لاقَوا الاضطهاد من قِبَل أسيادهم غير المؤمنين. فالعبد كان يُعتبر مِلكًا لسيِّده بالكامل، ولم يكن يملك المال أو الوقت أو الحقوق. وكان العديد من السادة يعاملون عبيدهم بقساوة شديدة. وعندما كان العبيد يؤمنون بالمسيح كان السادة يعاملونهم أسوأ، لأنَّهم كانوا يفتكرون أنَّ العبيد يحاولون أن يُرفِّعوا أنفسهم وأنَّ عليهم كسادة أن يحدِّدوا لهم موقعهم.

لكنّ بطرس يطلب من العبيد أن يخضعوا لسادتهم رغمَ المعاملة القاسية، لكي يتعلَّموا التسليم والابتعاد عن العدائيَّة وروح الكراهيَّة تجاههم.

ت. الزوجات المؤمنات

غالبًا ما كانت الزوجات المؤمنات لرجال غير مؤمنين يلاقين التألُّم. والأمر مشكلة كبيرة تسبِّب آلامًا قلبيَّة. فيطلب بطرس من الزوجات الخضوع لأزواجهنَّ، وخاصَّة غير المؤمنين. ويقدِّم نصيحة تبيِّن كيف تستطيع الزوجات ربح أزواجهنَّ للمسيح، وهو عكس ما يحصل عادة. فعندما تؤمن زوجة ما قبل زوجها، تظنّ أن عليها أن تعظه بالإضافة إلى الصلاة من أجله (خاصَّة مع زوجات أُخريات لرجال غير مؤمنين). لكنَّ بطرس لا ينصح بذلك، بل يقول إنَّ الوعظ يأتي بنتائج سلبيَّة. وهو يطلب منهن أن يربحن أزواجهن من دون كلمة. ولا ينصح الزوجة بأن تذهب إلى البيت بعد الاجتماع وتخبر زوجها كم كانت العظة مناسبة له! وللأسف فإنَّ الكثير من الأزواج يقولون عندما تؤمن زوجاتهم بالمسيح: "لقد هربت زوجتي مع الربّ يسوع! وهي ليست مِلكًا لي بعد الآن."

من الضروري جدًّا أن تتعلَّم الزوجات كيف يمشينَ مع أزواجهن بسُرعةٍ واحدة. لكن الكثير منهنَّ يذهبن إلى كلّ الاجتماعات وينطلقن بالخدمة، بينما يكون أزواجهن ما يزالون في خطّ البداية ويشعرون أنَّهم خسروا رئاسة المنزل.

ولاحقًا، تندم الكثيرات من الزوجات على إلقاء العظات على أزواجهنَّ. لكن في المقابل يطلب منهنَّ بطرس أن يكنَّ جذَّابات من الخارج، بالإضافة إلى أن يجعلن الحياة معهن أسهل. فهذه وصفة بسيطة للزوجات المؤمنات. ويشرح بطرس في الأصحاح الثالث كيف تكون الزوجات جميلات، وليس بالضرورة فاتنات أو ساحرات. فالجمال يجب أن يكون من الداخل أوَّلاً، أمَّا الجمال الخارجي فيتبع لاحقًا.

ث. الشبيبة

يطلب بطرس من الشبيبة الخضوع، مع أنَّه يفصل هذا الموضوع عن موضوع التألُّم. فيقول إنَّ على الشبيبة الخضوع لمن هم أكبر سنًّا وتقديم الاحترام لهم، وتعلّم القيادة منهم. وكان أحد القصاصات التي أعلن عنها النبي إشعياء، عندما ابتعد الشعب عن الربّ، أنَّ النساء سيَحكُمنهم وأنّ الشبيبة ستستبدُّ بهم، وهذا الأمر ليس بغريب عن كنائسنا اليوم.

ولم يكن بطرس يعني في كلّ ما قاله إنَّ عليهم أن يخضعوا دون تفكير أو تمييز. لكنَّه أراد من الزوجات اليافعات أو الموظفين أن يبتعدوا عن العدائيَّة وفرض أنفسهم بالقوَّة وبالإصرار على حقوقهم.

وإن كان التألّم عمل الشيطان، فلا بدَّ أن يكون الخضوع عمل الربّ، لكي يتمكَّن الإنسان أن يحتمل الألم الذي يُسبِّبه له المسؤولون عنه بصمت وخضوع. وبهذه الطريقة يتمثَّل المؤمنون بسيِّدهم الذي لم يقاومِ عندما اقتيد إلى الصلب، بل قال: "يا أبتاه، اغفر لهم لأنَّهم لا يعلمون ماذا يعملون."

نص يشكّل عائقًا

مع أنَّ رسالة بطرس الأُولى واضحة ومبُاشرة، يَرِدُ في الأصحاح الثالث نصٌّ يحتمل ما لا يقلّ عن ثلاث مئة وأربعة عشر تفسيرًا! فنقرأ أنَّ الربّ يسوع مات في الجسد لكنَّه محيًى بالروح، وقد بشَّر الأرواح التي عصت قديمًا في زمن نوح. ويكتب بطرس بعد بضعِ آيات: "فَإِنَّهُ لأَجْلِ هذَا بُشِّرَ الْمَوْتى أَيْضًا، لِكَيْ يُدَانُوا حَسَبَ النَّاسِ بِالْجَسَدِ، وَلكِنْ لِيَحْيَوْا حَسَبَ اللهِ بِالرُّوحِ." فركَّز الوعَّاظ المتحرِّرون تعليمهم لهذا النصّ على الفرصة الثانية للخلاص بعد الموت، رغمَ أنَّ الكتاب المقدَّس يناقض هذا التعليم. فالموت يختم مصيرنا، وتوجد هوَّة عظيمة قد أُثبتت بعد الموت. لكن يبدو في هذه الآية أنَّ الربَّ يسوع بشَّر للأموات.

كيف يجب أن نفهم هذه الآية؟ أجد أنَّ مشكلة التفسيرات الكثيرة تكمن في جعل الناس يلفّون حول المعنى البسيط والواضح لها، لأنَّه نص صعب لا ينسجم مع تعليم الكتاب المقدَّس العام أنَّ الموت هو نهاية الفرصة لخلاصنا.

أبدأ عادةً بأخذ النصّ الكتابيّ بأبسط معانيه، ولا أُحلِّلُه إلاَّ إذا كان صعبًا جدًّا. فمن الواضح أنَّ الربّ يسوع كان يعمل بين الفترة الممتدَّة من موته إلى قيامته، وكان واعيًا ويتواصل مع الآخرين الذين هم بدورهم كانوا واعين تمامًا ويتفاعلون معه. لكنَّنا لا نسمع هذا التعليم في الكنيسة لأنَّ اجتماع يوم الجمعة العظيم ينتهي مساء لنعود ونجتمع يوم الأحد صباحًا، ولا يُذكر ماذا كان الربّ يسوع يعمل يوم السبت! ومن ثَمَّ تطرح بعض الأسئلة نفسها حول أحداث ذلك الأسبوع. فالإنجيل يُخبِر أنَّ الربّ يسوع بقي في القبر ثلاثة أيَّام وثلاث ليال، لكن الفترة الممتدة بين يوم الجمعة ويوم الأحد تشمل يومًا واحدًا وليلتين! وفي الواقع أنِّي أميل إلى الظنِّ بأنَّ الربّ يسوع مات بعد عصر يوم الأربعاء فكلّ البراهين تشير إلى ذلك. ونحن نظنّ أنَّه مات يوم الجمعة لأنَّ النص يُخبِر أنَّه مات في اليوم ما قبل السبت.

لكن في تلك السنة المعيَّنة، لم يكن يوم السبت هو "السبت كما في المعنى اليهودي". ويخبرنا إنجيل يوحنا أنَّ السبت اليهودي كان سبتًا مميَّزًا. وكان الفصح يبدأ في السبت اليهودي الذي وافق يوم الخميس سنة 29م، السنة التي مات فيها الربّ يسوع. وقد أكل الربّ يسوع عشاء الفصح الأخير مع تلاميذه يوم الأربعاء. وتقدِّم كلّ هذه المعلومات براهين كافية. فإذا كان قد مات عند الساعة الثالثة من بعد ظهر الأربعاء، وأقيم بين الساعة السادسة مساء ومنتصف ليل السبت، تكون البراهين المقدَّمة في الإنجيل دقيقة إلى أبعد حدود.

وبالعودة إلى النصِّ، نقول إنَّنا عادة نميل إلى الظنِّ إلى أنَّ الربّ يسوع لم يقُم بأيِّ أمر بين موته وقيامته، بل كان فاقدًا للوعي في القبر. لكنَّنا نقرأ أنَّ جسده فقط كان ميتًا، وروحه كانت حيَّة إلى أبعد حدود. فذهب إلى عالم الأموات وبشَّر هناك. ويمكنني تخيّل بطرس يلاقي الربّ يسوع في فجر يوم الأحد ويسأله:

"أين كنت أيُّها الربُّ يسوع؟"

فيجيب الربُّ يسوع: "لم أكن على الأرض، بل ذهبت إلى عالم الأموات."

"وماذا كنت تفعل هناك لثلاثة أيَّام وثلاث ليال؟"

فيُخبر الربّ يسوع بطرس أنّه كان يبشِّر الذين غرقوا في زمن نوح. وهذا يعني أنَّ هؤلاء كانوا واعين أيضًا، وأنّنا سنبقى واعين بعد الموت. وسنعرف من نكون، وستعمل ذاكراتنا على أكمل وجه. فأجسادنا فقط هي التي تموت، وأرواحنا لا تموت. والموت يفصل الجسد عن الروح، إلى أن يجتمعا من جديد عند القيامة.

لكنَّ الربَّ يسوع مرَّ في تلك المراحل الثلاث في أقلَّ من أُسبوع. فكان متجسّدًا إلى أن مات على الصليب، وأسلم روحه للآب ووُضع جسده في القبر. وكان حيًّا بالروح فذهب وبشَّر الذين عَصَوا في زمن نوح. ومن ثَمَّ اجتمع جسده وروحه في صباح أحد القيامة. لكنّه كان واعيًا وقادرًا على التواصل مع الآخرين في كلّ المراحل.

إنَّ النصّ يعني بكل بساطة أنَّ الربّ يسوع بشَّر بالإنجيل لذلك الجيل **فقط**، ما يعني أنَّهم حصلوا على فرصة ثانية للخلاص. فهل يعني هذا أنَّه توجد فرصة ثانية للخلاص. إنِّي أعتقد أنَّ الفرصة الثانية أُعطيت لهم فقط. ولا يوجد في كامل الكتاب المقدَّس أنَّه يمكن لأحد أن يحصل على فرصة ثانية. لكن حصل ذلك الجيل عليها ربَّما لأنَّه كان باستطاعتهم اتِّهام الربّ بكونه غير عادل وغير منصف. وكان بإمكانهم القول: "لقد محيتنا عن وجه الأرض، ومن ثمَّ وعدت بألاَّ تفعل ذلك من جديد." وأظنّ أنَّ الله أراد أن يوضح أنَّ عدله وبرَّه كاملان فقال: "يا ابني، اذهب وبشِّرهم بالإنجيل، فلا أريد أن يتَّهمني أحد في يوم الدينونة بأنِّي غير عادل." فالربّ عادل وهو يقوم بالمستحيل لكي يبقى عادلاً. وربَّما لهذا السبب قام بهذا الفعل غير الاعتيادي.

إذًا، علينا أن نقبل الكتاب المقدَّس ببساطته ووضوحه بدل أن نُحَوِّرَهُ ليُلائم نظامنا. إنَّما لا دليل أو إشارة هنا لوجود فرصة ثانية لأيِّ أحد. ولا وجود لتعليم شُموليَّة الخلاص في كامل الكتاب المقدَّس.

الخاتمة

مع أنّه لا اضطهاد للمؤمنين في المملكة المتحدة، أتوقّع بعض الضغوط مثل قانون التمييز على أساس الجنس، حيث ستواجه الكنائس الضغط لتشريع دور المِثليَّة الجنسيَّة في الكنيسة. وبإمكاني رؤية المستقبل حيث سيُعتبر أي إنتقاد لديانة غير ديانتك إهانة، أو حتّى القول إنَّ ديانتك هي الأفضل. ويومًا ما ستلائم رسالة بطرس الأُولى وضعنا بالتمام.

إنَّ أوَّل كلمة سمعها بطرس من الربِّ يسوع كانت "اتبعني". واتِّباع الربّ يسوع يشع في هذه الرسالة. وعلينا أن نحتمل الألم كما احتمله الربُّ يسوع. والمسيح كان حجر الزاوية، ويتم وصف المؤمنين بالحجارة الحيَّة. المسيح هو راعي الخراف العظيم، والقادة المؤمنون هم مساعدو الراعي. وكما كرهه العالم وتعذَّب، سيكره العالم المؤمنين وسوف يتعذَّبون. فعليهم أن يعيشوا كما عاش هو.

رسالة بطرس الثانية

كُتِبت هذه الرسالة في العام 67 م، أي بعد ثلاث سنوات من كتابة الرسالة الأُولى، ومباشرة قبل موت بطرس مصلوبًا في روما. وكان الربُّ يسوع قد تنبَّأ في إنجيل يوحنا بأنَّ بطرس سوف يموت ميتة قاسية، ولذلك عاش مُدَّة أربعين سنة وهو عالم أنَّه سيُقتل، لكنَّه لم يعرف الوقت. وكتب في رسالته قائلاً إنَّه يعتقد أنَّ وقت رحيله قد حضر.

يختلف أُسلوب هذه الرسالة عن أُسلوب الرسالة الأولى، حتَّى إنَّ بعض المسِّرين يقولون إنَّه لا يُمكن أن يكون بطرس هو الكاتب. فاللغة اليونانيَّة المستخدمة في هذه الرسالة منمَّقة وكأنَّ الكاتب يترجم من لغة إلى أُخرى مستخدمًا معجمًا من دون أن يعرف الكثير من قواعد اللغة. كذلك لا نجد أيَّة تحيَّات في بدايتها أو نهايتها.

وبالفعل لم يكن من السهل أن تلاقي رسالة بطرس الثانية قبولاً سريعًا في قائمة أسفار العهد الجديد في زمن الكنيسة الأُولى. ويعود سبب ذلك إلى وجود عدَّة وثائق مزوَّرة قيل إنَّها كُتِبت بأيدي الرُّسل، إلاَّ أنَّها لم تكن صحيحة، أضف إلى كون أُسلوبها مغايرًا لأُسلوب الرسالة الأُولى.

لكن، يمكن أن نجد التشابه بين الرسالتين، فكلمات بطرس المفضَّلة ظهرت في الرسالة الأُولى كما في الرسالة الثانية. فهو يتكلَّم في الرسالتين عن الإيمان "الثمين" وعن المسيح "الثمين" ("الكريم"). فبالنسبة له كلّ الأُمور "ثمينة"، وهو يستخدم هذه الكلمة خمس مرَّات في رسالته الأُولى ومرَّتين في رسالته الثانية. كذلك، فهو يشير إلى رسالته الأُولى (راجع 2بطرس 3:1). ويذكر أنَّه شاهِدُ عِيان في حادثة التجلِّي. وكان يعرف بولس الرسول على صعيد شخصيّ، وتكلَّم عنه كالرفيق المساوي له. وقد وردت كلمات في رسالة بطرس الثانية لم ترد إلَّا في رسالتي بطرس وفي عظاته المذكورة في سفر أعمال الرسل. إذًا، يمكننا الاعتقاد بكلِّ ثقة أنَّ كاتب رسالة بطرس الثانية هو بطرس.

لكنْ كيف يمكننا تفسير الاختلاف في الأُسلوب بين الرسالتين؟ أظنُّ أنَّ بولس كتب رسالته الثانية من دون استخدام سيلا ككاتب كما كان قد فعل في الرسالة الأُولى. فقد شعر بضرورة الحاجة إلى كتابة الرسالة، ولم يكن ضليعًا من اللُّغة اليونانيَّة، فأتت قواعد اللغة ضعيفة رُغمَ وضوح المعنى. وهذا يفسِّر سبب الاختلاف في الأُسلوب. وبطريقة أو بأُخرى، فإنَّ رسالة بطرس الثانية كانت بمثابة وصيَّته الأخيرة، تمامًا كما أنَّ رسالة تيموثاوس الثانية هي وصيَّة بولس الأخيرة.

المضمون

تُعالج هذه الرسالة موضوعًا مختلفًا عن الرسالة الأُولى. القرَّاء هم نفسهم، ولكن كانت قد مضت بِضعُ سنوات على كتابة الرسالة الأُولى، وشعر بضرورة معالجة بعض الأخطار في داخل الكنيسة. ويوجد نوعان من الضغوط التي تواجه الكنيسة: الضغوط الخارجيَّة والضغوط الداخليَّة. والضغوط الداخليَّة هي الأخطر. والشيطان لم يدمِّر مرَّة أيَّة كنيسة من الخارج، بل كلَّما ضربها من الخارج نمَت

وقوِيَت. ولهذا السبب نمت الكنيسة بسرعة خلال القرون الثلاثة الأُولى، حين كان المؤمنون يُضطهدون ويُرمَون للأسود. ويمكنك زيارة الصين اليوم حيث كان المؤمنون تحت الاضطهاد فتجد قُرًى جميعُ سكَّانها من المؤمنين

إذًا، عالج بطرس في رسالته الأُولى موضوع العدائيَّة، وعالج في الرسالة الثانية موضوع الهرطقة.

الفروقات بين رسالة بطرس الأُولى ورسالة بطرس الثانية

بطرس الأُولى (سنة 64 م)	**بطرس الثانية (سنة 67 م)**
"الألم" ثماني عشرة مرَّة	"المعرفة" ثلاث عشرة مرَّة
الخطر	
بسيطة، خارجيّ، الاضطهاد	فصيحة، داخليّ، هرطقة
الضغف	
المساومة	الفساد
الحالة	
الولادة	النموّ
النبرة	
التعزية، التودّد	الحذر، التنبّه
الرجاء بعودة المسيح	
ليخلِّص المؤمنين	ليدين غير المؤمنين

الخطوط العريضة لرسالة بطرس الثانية

الأصحاح الأوَّل: الوصول إلى النُّضج

الأصحاح الثاني: المحافظة على الأخلاقيَّات

الأصحاح الثالث: المحافظة على المعنويَّات

تتَّبع رسالة بطرس الثانية أُسلوب رسالته الأُولى، وبالنسبة إليَّ فإنَّ هذا دليل آخر على أنَّ الكاتب هو نفسه. ويخصِّص جزءًا عن الخلاص، ومن ثَمَّ جزءًا آخر عن الخطر. وأخيرًا، يشير إلى الآثار الجانبيَّة للخطر ويهيِّئُ المؤمنين للتعامل مع الاضطهاد الذي علم أنَّه قادم.

الأصحاح الأوَّل: الوصول إلى النُّضج

تُعالج الرسالة الأُولى موضوع الولادة الجديدة والحاجة إلى "لبن الكلمة". لكن يتوجَّه إليهم في الرسالة الثانية كبالغين، ويحثّهم على النموّ والنُّضج. فالمؤمنون غير الناضجين يشتهون الحداثة، أمَّا المؤمنون الناضجون فيشتهون المعرفة. وقد أراد بطرس أن يكون قرَّاؤه في الخانة الثانية، إذ إنَّ المعرفة تؤدِّي إلى النُّضج.

ويستخدم بطرس كلمة "المعرفة" ثلاث عشرة مرَّة، لكن ليس بالمعنى الأكاديمي للكلمة. وقدِ انصبَّ اهتمامه على أن تكون لهم معرفة اختباريّة للرب على أساس الكتاب المقدَّس. وشدَّد على أهميَّة تذكّر كل ما يعرفونه عن الربّ وعن الإيمان، فاستخدم كلمات مثل "ناسين"، "أُذكِّر"، "أُنهض بالتذكرة"، "متذكِّرين". ويظهر ذلك عند الاشتراك في الخبز والخمر عند ممارسة عشاء الربّ. وهو طقس يهدف إلى أن نتذكَّر المسيح.

ويُظهِر الرسم البياني في الصفحة المقابلة وصف بطرس للحياة الناضجة في الإيمان التي على كلّ مؤمن أن يسعى وراءها. ولاحظ خطوات الإيمان عند الباب الخارجي وهي لم تُذكر في رسالة بطرس الثانية، بل في عظته في أعمال الرسل 38:2. الخطوة الأُولى هي "التوبة"، والخطوة الثانية هي "المعموديَّة"، والخطوة الثالثة هي "قبول الروح القدس". وهذه جميعها خطوات نتَّخذها للدخول إلى "البيت"، ولا توجد أيَّة خطوات أُخرى. ويقدِّم كتابي "الولادة المسيحيَّة الطبيعيَّة" (في اللغة الإنكليزيَّة) شرحًا أوفى لماذا يجب أن تكون تلك الخطوات جزءًا من دخول كلِّ مؤمن إلى الملكوت. وللأسف فإنَّ الكثير من معلِّمي الكتاب المقدَّس يضيفون زيادات غير ضروريَّة للدخول إلى عائلة الإيمان.

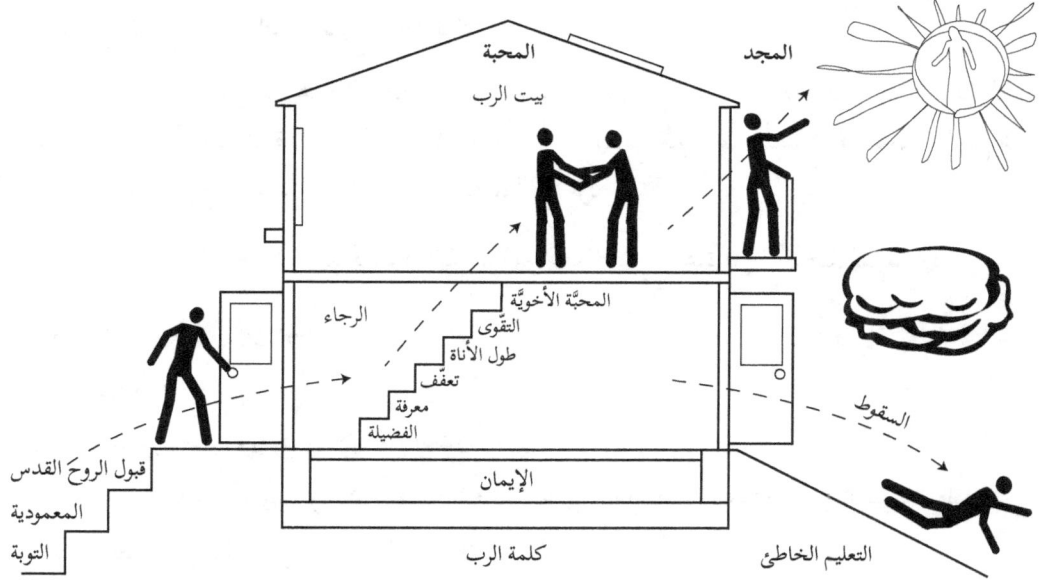

ثُمَّ تُواجهنا سُلَّم بعد اتِّخاذنا هذه الخطوات الثلاث. ويقول بطرس إنَّ علينا أن نضيف عددًا من الفضائل إلى إيماننا كالطهارة والمعرفة وضبط النفس والصبر والتقوى والمحبَّة الأخويَّة واللطف. ونحن نُعزِّزُ رجاءنا بينما نتسلَّق سُلَّم هذه الفضائل التي تساعدنا على تثبيت دعوتنا واختيارنا. وفي الواقع أنَّ هذا التأكيد لا يُمكن أن نحصل عليه من خلال أيَّة طريقة أُخرى. وبينما نتقدَّم في سيرنا، يزداد تأكُّدُنا من عمل الربّ فينا.

إذًا، تتأسَّس الكنيسة على الإيمان، وتنمو في الرجاء، وتمتلىء بالمحبَّة. ويعود ظهورُ المثلَّث الذي عرضه في رسالته الأُولى والذي يظهر في أجزاء أُخرى من الكتاب المقدَّس.

توجد شرفة في الأعلى حيث يُمكننا أن ننطلق من هناك إلى المجد، وندخل مرفوعي الرأس إلى السماء. لذلك يحثّ بطرس قرَّاءه على التقدّم، ولا يريد لهم أن يجلسوا على الأريكة أو الأرض، بل أن يتسلَّقوا السُّلَّم ويدخلوا إلى العليَّة بأسرع ما يكون.

إذًا، عِلاجُ الهرطقة هو النُّضج. والذين يتقدَّمون ببطء معرَّضون للتأثّر بالتعليم الخاطىء فيبقَون في الأسفل. وإنِ استمعوا إلى التعليم الخاطىء يجدون أنفسهم يخرجون من الباب الخلفيّ وينزلقون إلى الأسفل.

ويشدِّد بطرس على أنَّه لا يقدِّم تعليمه الشخصي، بل تَسلَّم والرسل الآخرون والأنبياء هذا التعليم من الربّ. وفي الأغلب لم يدرك الأنبياء مفاعيل ما كانوا يقولونه، إلاَّ أنَّهم خدموا الأجيال الآتية وليس مستمعيهم.

الأصحاح الثاني: المحافظة على الأخلاقيّات

إنَّ الأصحاح الثاني من هذه الرسالة هو صورة طبق الأصل عن رسالة يهوذا. ولم يحصل هذا الأمر مرَّة واحدة في الكتاب المقدَّس، فمثلاً يتشابه الأصحاح الثاني من سفر إشعياء والأصحاح الرابع من سفر ميخا. وقد طُرِحَ العديد من الأسئلة بالنسبة لهذا الأمر.

يُمكن اختيار أحد الاحتمالات التالية عند مواجهة هذه الظاهرة في الكتاب المقدَّس:

1. إستعار بطرس من يهوذا.
2. يهوذا إستعار من بطرس.
3. إستعار بطرس ويهوذا الفكرة من مكان آخر.
4. إجتمع بطرس ويهوذا وناقشا المشكلة واتَّفقا على الحل الذي أرسلاه في رسالتين مختلفتين.
5. أعطى الروح القدس الرجلين الكلام نفسه.

جميع هذه الاحتمالات ممكنة، مع أنِّي أميل إلى حذف الاحتمال الخامس، لأنَّ الروح القدس لا يستخدم الناس كآلات تنتج كلمات. ولا ينبغي لعقيدة إيحاء الروح القدس بالكتاب المقدَّس أن تُلمِّح إلى أنَّ الكتَّاب كانوا مجرَّد آلات كاتبة. والكتاب المقدَّس لا يُخبر أنَّه كُتِب بهذا الأُسلوب. وفي الواقع أنَّه من غير المحتمل أن يكون الروح القدس قد أعطى الكلمات نفسها لشخصين مختلفين. لكنِّي أحبِّذ الفكرة القائلة إنَّه كان هناك تعاون بين الكتَّاب. وكان بطرس واحدًا من الدائرة الداخليَّة للتلاميذ، ويهوذا أحد إخوة الربّ، فلا بدَّ أنَّهما كان يعرفان أحدهما الآخر.

وعلى كلِّ حال، فإنَّ تداخل بعض المعلومات صغير جدًّا. ورسالة يهوذا قصيرة جدًّا إذ تساوي طول الأصحاح الثاني من رسالة بطرس الثانية. والمادَّة المتداخلة بينهما تخصّ أنواع الفساد الأربعة التي كانت موجودة في الكنيسة.

1. عقيدة فاسدة

كان هناك أنبياء كذبة في الكنيسة كما كان هناك أنبياء كذبة في إسرائيل. ولا نُخبَر عن الرسالة التي قدَّموها، لكن يتّضح من كلام بطرس أنَّ معتقدين تمَّ تغييرهما. لقد أصبحت نظرتهم توفيقيَّة من ناحية شخص المسيح، وعاطفيَّة من ناحية نعمة الله.

أ. نظرة توفيقيَّة من نحو شخصيَّة المسيح

كان قومٌ في الكنيسة يقولون إنَّ يسوع ليس الربّ الوحيد، بل هو واحد من بين كثيرين. وهو أحد الطرق التي تؤدِّي إلى الله، إذ توجد طرق كثيرة. وقد شكَّلت عبارة "أحد الطرق" إساءة كبيرة إذ كانوا

يفسدون صورة شخص المسيح "ويصنعون يسوعًا نتاج مخيَّلتهم" بدل الربِّ يسوع المذكور في الأناجيل. ولم يكن هذا التعليم غريبًا في الكنيسة الأُولى، فمثلاً تأثَّرت الكنيسة في كولوسي بقوَّة بهذا النوع من التعليم العِرفانيِّ (الغنُوصيِّ).

ب. نظرة عاطفيَّة من نحو نعمة الله

كان بعض المؤمنبن يعتقدون أنَّه لا يهم كيف يعيشون إذ قد حصلوا على تذكرة الدخول إلى السماء. وكانوا يقولون إنَّ الربّ يحبّ أن يغفر الخطايا وهو سيستمرّ بتقديم الغفران مهما يكُن تصرّفك. لكنَّ هذا الموقف ينبثق من العواطف وكثيرون ينادون به اليوم. وهو يعني أنَّه لا مشكلة في أن يستمرّ المؤمنون في ارتكاب الخطايا واستغلال نعمة الربّ. لكن تقود هذه النظرية إلى تشويه نعمة الربّ وإلى الفساد، إذ تقدِّم فكرة أنَّ الربّ لا يبالي بحياة المؤمنين.

2. سلوك فاسد

إنَّ ما تؤمن به يؤثِّر في سلوكك. وإن كان بعضٌ يغيِّرون أو يعدِّلون في الإيمان المسيحي، فإنَّهم يُدخلون الأخطاء إلى الكنيسة. وقد وصف بطرس خطايا الكلام التي اتَّسمت بها حياتهم، فقال إنَّهم متكبِّرون ومتعجرفون ونمَّامون ومجدِّفون ويتكلَّمون كلامًا فارغًا بتبجّح.

ولم يكن كلامهم فاسدًا فقط، بل كذلك كان تصرّفهم. ولم يخضعوا لربوبيَّة المسيح، وتجاهلوا الوصايا أيضًا.

كان هدف كلٍّ من بطرس ويهوذا في الكتابة مساعدة الكنائس التي سقطت في السهوات. فللأسف، يدخل بعضُهم إلى الإيمان بالطريقة الصحيحة، لكنَّهم يخرجون من الباب الخلفيِّ. وهناك من يبدأون بصعود السلّم ويتقوّون بالرجاء، ويتسعون لفيض من المحبَّة وينطلقون إلى المجد. والفريق الأوَّل يقع تحت غضب الله ودينونته؛ أمَّا الفريق الثاني فيتمتَّع بنعمته وقبوله.

3. شخصيَّة فاسدة

تظهر الشخصيَّة الفاسدة من جرّاء السلوك الفاسد. ونقرأ عن تأثير التعليم الخاطئ على شخصيَّة الإنسان، إذ إنَّه يحوِّل الناس إلى بهائم يسلكون منقادين بغرائزهم بدلاً من الروح القدس. فيصبحون طمَّاعين وشهوانيين ولا يُعتمد عليهم، وينقادون بأمزجتهم بدلاً من مبادئهم. إنَّهم "غيوم يسوقُها النَّوء" أو "آبارٌ بلا ماء"، وهذه إشارة واضحة إلى شخصية ضعيفة وغير نافعة.

4. حديث فاسد

وممَّا لا شكّ فيه أنَّ السلوك والشخصيَّات الفاسدة تظهر في الأحاديث التي تدور في الكنيسة. وعادة ما يثور على القيادة في الكنيسة المتذمِّرون والمشتكون، وقد حلَّت في الكنيسة روح التململ

التي تؤدِّي إلى التفكّك. وتجتاح نيران عدم الامتنان الذين لم يتأثَّروا في السابق بأُسلوب يُنكر قوّة الإنجيل ووحدته.

وكتب كلّ من بطرس ويهوذا عن سيل الفساد هذا بهدف محاربته، لأنَّهما عرفا أنَّه يؤدِّي إلى دمار الكنيسة. فالاضطهاد لا يُنهي الكنيسة، لكنَّ الفساد يدمِّرها من الداخل، ويؤدِّي إلى انهيارها عند مجيء الاضطهاد.

إذًا، كان بطرس مهتمًّا بأمر المؤمنين داخل الكنيسة، وقد أصدر تحذيرات صارمة بشأن الارتداد. وهو يقول إنَّه أفضَلُ ألاَّ يعرف الناس طريق البرّ من أن يعرفوه ومن ثَمَّ ينزلقون بعيدًا عنه. وقد استخدم لغة قاسية لوصف من ينزلق فهو ككلب يعود إلى قيئه. هم أتوا من الخطيَّة ويعودون إليها. أو هم كخنزير يتمرَّغ في الوحل بعد أن يُغسل.

والربّ يهتمّ بأمر الخطيَّة في حياة المؤمنين تمامًا كما يهتمّ بأمر الخطيَّة في حياة الذين هم من خارج. وفي الواقع أنَّ الإنسان الذي ينجرف بعيدًا سيلاقي عقابًا أقسى بكثير من الذي لم يتب البتَّة. وهذا تحذير صارخ وجِدِّي للَّذين يظنُّون أنَّهم "بأمان" لأنَّهم يدَّعون أنَّهم آمنوا بالمسيح، لكنَّهم يعيشون كذبة كبيرة من ناحية حياة الإيمان.

الأصحاح الثالث: المحافظة على المعنويَّات

يتطلَّع الأصحاح الأخير من رسالة بطرس الثانية إلى الرجاء في المستقبل. وقد أتى هذا التعليم بناء على اهتمام الكنائس. فكان بعضُهم يدَّعون أنَّ الكلام عن المجيء الثاني كلام فارغ، فالمسيح لم يرجع. أين هو؟

فيَردُّ بطرس في رسالته على المنتقدين، ويذكّرهم أنَّ توقيت الربّ يختلف عن توقيتنا. فبالنسبة إليه يوم واحد هو كألف سنة. ويذكّرنا كلّ يوم يتأنَّى فيه المسيح عن العودة بأناةِ الرب. فالتأنِّي يهدف إلى "خلاصهم". ويقول إنَّه يومًا ما سوف يحترق الكون بأسره. ولن يحدث طوفان ماء، بل طوفان نار فيموت الجميع. ولا أعتقد أنَّه سيحدث ذلك من خلال حرب نوويَّة، بل أعتقد أنَّ الربَّ سوف يطلق الطاقة من كلِّ ذرَّة. فبعد أن كان قد حزم الطاقة في الذرَّة، كل ما سيكون بحاجة إليه هو حلُّها فيحترق الكون بأسره.

لكنَّ بطرس يختم النصّ بتذكير قرَّائه أنَّ سماء جديدة وأرضًا جديدة ستخرجان من وسط النار، تمامًا كطائر الفينيق الذي يخرج من وسط اللهيب. وكم أُحِبّ أن أعظ عن الأرض الجديدة. ولا تَدَعوا شهود يهوه يتمتَّعون بهذه الفكرة، فهي حقيقة مسيحيَّة موجودة في الكتاب المقدَّس! لكن ما أخشاه هو أنَّ المؤمنين يريدون سماع أنَّهم ذاهبون إلى السماء، وهي على كلّ حال غرفة انتظار نبقى فيها إلى أن نُدعى إلى ما أعدَّه لنا الربّ. ويناقش يوحنا موضوع الأرض الجديدة في سفر الرُّؤيا، وستكون هذه

الأرض مركز المستقبل. والمؤمنون هم الوحيدون الذين يعرفون هذا الأمر. فالجميع في هلع من ناحية ثقب الأُوزون والمحيطات الملوَّثة والغابات اليابسة. وهم قلقون لأنَّهم يظنّون أنَّ هذه الأرض هي الأرض الوحيدة التي سوف نعيش فيها. لكنَّنا نعرف أكثر من ذلك، فنحن نتطلَّع إلى سماء جديدة وأرض جديدة. ونحن نعلم أنَّه سيوجد مكان مختلف عن الأرض التي نعرفها الآن لأنَّها ستكون أرضًا جديدة وسماء جديدة يسكن فيهما البرّ. ولن يكون هناك أيُّ إثم أو جرائم أو خطيَّة أو أُمور قذرة.

ويكتب بطرس قائلاً إنَّنا إذ أبقينا رجاءنا مُثبتًا على هذه الحقيقة، نعيش كما سنعيش في ذلك العالم الجديد. ولن نستمع إلى التعليم الخاطئ، ولن ننجرف أو نصطبغ به، بل نحافظ أنفسنا من دنس الكنيسة أي الإرتداد، ناهيك بدنس العالم.

إذًا، الرجاء الإلهي هو الدفاع الحقيقي تجاه الفساد الأخلاقي الذي يمكن أن يتسرَّب إلى الكنيسة من خلال التعليم المغلوط. ثبِّت نظرك على ذلك العالم الجديد المملوء برًّا، وإلاَّ فلن تكون جزءًا منه. وبينما نعيش بالإيمان والرجاء والمحبَّة، نستعدُّ للمجد. وعندما تسمع صوت البوق ستنطلق في رحلتك الأُولى إلى الأرض المقدَّسة.

نُقِشت على شاهدة قبر جدِّي في مدينة "نيوكاسل" ثلاث كلمات من ترنيمة قديمة للطائفة المثوديَّة. فتحت اسمه الثلاثي "دايڤيد لادجير پاوسون" ترد العبارة التالية "يا له من لقاء!" وإن كنت لا تحبّ أُسلوب العبادة الحماسيَّ فلا تتواجدْ في ذلك اليوم، لأنَّ رئيس الملائكة سيهتف بصوت عظيم وستُنفخ الأبواق. وستكون قوَّة الصوت كافية لإقامة الموتى، وهذا ما سيحصل. والذين رقدوا في الربّ سيحصلون على المقاعد الأماميَّة، فلا تخشَ إن كنت تموت أوَّلاً.

ويختم بطرس رسالته بخيار قاسٍ، إذ يُمكننا أن نتجاهل تعليمه فنكون من بين الذين يتراجعون إلى الوراء، أو نكون بين الذين يستمرّون نائمين في نعمة المسيح. وقال إنَّ الربّ نجَّى لوطًا من سدوم وعمورة، وهو بالتالي يستطيع أن يحافظ علينا سالمين.

رسالة يهوذا

المقدِّمَّة

رسالة مهملة

تُسمَّى رسالة يهوذا "السِّفر الذي يلقى إهمالاً أكثر من باقي أسفار العهد الجديد." ويعود ذلك لعدَّة أسباب:

1. أنَّها قصيرة

إنَّها من أصغر أسفار العهد الجديد، بالإضافة إلى رسالة فيلمون ورسالتي يوحنا الثانية والثالثة.

2. أنَّها غريبة

تُحيِّرُ القرَّاءَ الإشارةُ إلى الملاك ميخائيل إذ تجادل مع إبليس حول جسد موسى. ماذا يعني ذلك؟ والإشارةُ إلى "مُشاجرة قورح" والملائكة المقيَّدين تحت الظلام تبدو غريبة أيضًا. فماذا كانت هذه المشاجرة، ولماذا تمَّ تقييد الملائكة تحت الظلام؟

3. أنَّها عُرضة للشبهات

يلاحظ بعضُهم أنَّ يهوذا يستشهد بالأبوكريفا. والأبوكريفا هو الاسم الذي أُطلِق على الأسفار اليهوديَّة التي كُتِبت خلال الأربع مئة سنة الواقعة بين نهاية سفر ملاخي وبداية إنجيل متى. وتحتوي الترجمة الكاثوليكيَّة للكتاب المقدَّس على هذه الأسفار، بخلاف مُعظم التَّرجمات الأخرى. ولا تدَّعي هذه الكتابات أنَّها كلمة الله لأنَّها لا تتضمَّن الجملة التالية: "هكذا قال /يقول الربّ" التي ترد ثلاثة آلاف وثماني مئة وثماني مرَّات في العهد القديم. ولهذا السبب تمَّ إغفالها في معظم ترجمات الكتاب المقدَّس. إذ لم يتكلَّم الربّ مدَّةَ أربع مئة سنة بين العهدين القديم والجديد. ولم يوجد أيّ أنبياء يتكلَّمون باسمه. وهذه الكتابات ليست نبوِّية، لكن لا يعني هذا أنَّها لا تحمل أيَّة قيمة أو أنَّها لا تحتوي على عبارات صحيحة. ولذلك فإنَّ استشهاد يهوذا بها لا يضعه في موضع الشك لمجرّد أنَّها غير مدرجة بين الأسفار المقدَّسة. وقد اشتهرت هذه الكتابات وبرهنت على قيمتها في دعم الفكرة التي أراد إبلاغَها.

4. أنَّها قاسية

تبدو رسالة يهوذا سلبية وقاسية في تنبيهها للقرَّاء وحثِّها لهم على العمل.

5. أنَّها حادَّة

إنَّ يهوذا مثل الجرَّاح الماسك مبضعًا يستأصل به السرطان من جسد المسيح. لذلك أتت اللغة قوِّيَّة في جزء من الرسالة، إذ كان الكاتب يدين التعليم الشرِّير.

الضغوط

كانت نبرة يهوذا الحادَّة ضروريَّة، خاصَّة أنَّه كان يعالج موضوع المعلِّمين الكذبة، الذين يشكِّلون ضغطًا على شعب الربّ ومن ثَمَّ فوضى بينهم. وتواجه الكنائس المخاطر من وجهتين:

من الناحية الخارجيَّة

إنَّ خطر الاضطهاد ممكن دائمًا، مع أنَّه يمكن أن يكون بدرجات متفاوتة. وتمرّ الكنيسة اليوم في أنواع مختلفة من الاضطهاد في مئتَي دولة تقريبًا. ولكن، رُغمَ الضغوط الخارجيَّة تستمر الكنيسة بالنموّ.

من الناحية الداخلية

تشكِّل الضغوطات الداخليَّة سببًا كبيرًا لِلقَلق. وتشرح رسالة بولس إلى أهل غلاطية كيف أنَّ الناموسيَّة والحرِّيَّة داخل الكنيسة تتركان أثرًا كبيرًا في بداية حياة الكنيسة. وقد دان الربُّ يسوع الناموسيَّة التي اتَّبعها الفرِّيسيّون والحرِّيَّة التي سمح بها الصدُّوقيون لأنفسهم على حدٍّ سواء. ولكنْ هذان الخطران واضحان في الكنائس خاصَّة في الكنائس التي تضم الجيل الثاني من المؤمنين. فهؤلاء المؤمنون يمكن أن يصبحوا ضيِّقي التفكير، ويفرضون معايير سلوكيَّة تتخطَّى مطالب الكتاب المقدَّس. أو أنَّهم يمكن أن يصبحوا متراخين جدًّا بحيث يفشلون في مواجهة أيّ سلوك مناقض للتعليم الرسولي.

ويمكن تلخيص وجهات النظر المختلفة كالتالي: الناموسيَّة تقول إنَّ الإنسان **ليس حرًّا بأن يرتكب الخطيَّة**، ومن واجبنا أن نتأكَّد من أنَّك لا تفعل ذلك. والحرِّية تقول إنَّ الإنسان **حرّ أن يرتكب الخطيَّة**، وهو أمر مجاز الآن بعد أن آمنت بالمسيح، فأنت تملك تذكرة الدخول إلى السماء وليس عليك أن تقلق. لكن الحرِّيَّة الحقيقيَّة في المسيحيَّة تقول: "أنت حرّ بأن تختار ألاَّ ترتكب الخطيَّة. وللخطيَّة تأثير في الحياة المسيحيَّة، لكن المسيح حرَّرك من قبضتها." إذًا، اهتمامات يهوذا لم تكن مختلفة عن اهتمامات الربِّ يسوع وبولس الرسول. ورسالته عميقة، وهي تحوي درسًا أساسيًّا لكنيسة اليوم.

لكن بعد أن شرحنا الصعوبات الموجودة فيها، لا شكَّ أنَّها رسالة صعبة. وقد لخَّصتها بلغتي الخاصَّة لأوضح محتواها أكثر.

إعادةُ صياغةٍ وشرح للرسالة

هذه الرسالة هي من يهوذا العبد الذي اشتراه الربُّ يسوع الملك، وشقيقِ يعقوب كما تعلمون.

إنَّ هذه الرسالة موجَّهة إلى الذين دُعوا من العالم، وهم أعضاء محبوبون في عائلة الله أبيهم، ومحفوظون لمجيء الربّ يسوع الملك. ليكثر لكم السلام والرحمة والمحبَّة.

أيّها الأحبّاء، لقد أردت أن أكتب إليكم عن الخلاص الرائع الذي نتشارك به، لكنّي وجدت من الضّروريّ أن أكتب رسالة مختلفة. فلا بدَّ لي أن أحثّكم على الكفاح بقوّة لأجل المحافظة على الإيمان الحقيقي الذي تسلَّمتُموه مرّة واحدة من القدّيسين الذين سبقونا. لقد سمعت أنَّ بعضًا ممَّن لا أودّ ذكر أسمائهم تسلّلوا بينكم وهم أشرار قد دِينوا من زمن بعيد. وهم يحرِّفون نعمة الربّ المجّانيَّة ويستخدمونها كعذر لفساد أخلاقهم، وينكرون أنَّ الربّ يسوع الملك هو سيّدنا وربّنا الوحيد.

وأريد أن أذكِّركم الآن ببعض الحقائق الأساسيَّة التي تعرفونها جيِّدًا، وأهمّها أنَّه لا يمكن التلاعب مع الرب. ولا بدَّ أنَّكم تذكرون أنَّه أخرج شعبًا كاملاً سالمين من مصر، لكن في المرَّة الثانية التي تدخَّل فيها أفناهم جميعهم لأنَّهم لم يثقوا به. حتّى ملائكته لم يُعفَوا من القصاص. فعندما ترك بعضٌ منهم مناصبهم وتخلّوا عن منزلتهم حجزهم وقيّدهم في ظلامٍ سحيق، بانتظار دينونتهم في يوم الدِّين. كذلك سكّانُ سدوم وعمورة والمدن المجاورة بُطِروا وانساقوا إلى الفسق، وعملوا الفحشاء بعكس الترتيب الطبيعي تمامًا كما فعلت الملائكة.

ورُغمَ تلك الأمثلة التي مرّت عبر التاريخ، فإنَّ هؤلاء المنحرفين أخلاقيًّا تسلّلوا إلى الكنيسة وهم يلوِّثون أجسادهم بالتصرّف نفسه. فهم يحتقرون السُّلطة الإلهيَّة ويشوِّهون سمعة ملائكة المجد. ولكن حتَّى ميخائيل رئيس الملائكة الذي يعني اسمه "مِثلَ الله" لم يجرؤ أن يتّهم إبليس مباشرة بالتجديف عندما كانا يتجادلان حول مَن منهما يأخذ جسد موسى. واكتفى بأن يترك الاتِّهامات للربّ وقال له ببساطة: "لِيُجازِكَ الرب!"

لكن هؤلاء الرجال الذين بينكم لا يتهاونون بأن يهينوا كل أمر لا يفهمونه، وفي النهاية يظهر أنَّ الأُمور التي يفهمونها ليست صُنعَ أيديهم، وأنَّ معرفتهم للحياة تنشأ من غرائزهم الحيوانيَّة كالوحوش الضارية غير المكبوحة. الويل لهم! لقد سلكوا طريق قايين، وإرتكبوا الخطأ نفسه الذي ارتكبه بلعام، وللهدف نفسه، أي المال. وستكون نهايتهم كنهاية قورح التي نتجت عن تمرّده.

ولا يخجل هؤلاء من تناول طعام شركة المحبَّة الأخويَّة معكم فيما هم يفتِّشون عن مراعٍ لأنفسهم. إنَّهم يُفسِدون كلّ شيء تمامًا كالصخور الخفيَّة تحت الماء. وهم كالغيوم التي تسوقها الريح بقوّة فلا تعطي مطرًا، وكالأشجار التي تُقتلع في فصل الخريف، فلا تأتي بثمر ولا تزهر أوراقها بل تكون ميتة. وهم كأمواج البحر العاتية التي يحرِّكون رغوتها المتَّسخة فيظهر عارهم. وهم كالنيازك التي تخرج عن مسارها ثمَّ تختفي في هُوَّة مظلمة إلى الأبد.

وقد رأى أخنوخ السابع من آدم كلّ هذا آتيًا. وهو أشار إلى أولئك عندما أعلن بروح النبوَّة: "أنظروا، لقد أتى الربّ مع عشرات الألوف من ملائكته ليدين الشعوب، ويبكِّت الأشرار على كل شرّ قاموا به خلال حياتهم وعلى كل كلمة بطّالة عن الربّ خرجت من أفواههم. هؤلاء هم متذمِّرون غير شاكرين، يشتكون باستمرار ويفتِّشون عن الأخطاء. يتفاخرون بألسنتهم، ولا يمدحون الغير.

فالآن أيّها الأحبّاء، كان يجب أن تتذكّروا ما قال رسل ربّنا يسوع المسيح إنّه سيحدث. لقد تنبّأوا أنّه في الأيّام الأخيرة سيأتي قوم يحتقرون التقوى، تُساق حياتهم بشهواتهم الشرّيرة. فهؤلاء يُحدِثون الانقسامات بينكم لأنّهم مسيَّرون بغرائزهم الطبيعيّة ويفتقرون إلى هِداية الروح القدس.

أمّا بالنسبة إليكم أيّها الأحبّاء، فتيقّنوا من بنيان أنفسكم على أساس إيمانكم المقدّس القويّ مصلّين بالروح. حافظوا على محبّتكم لله منتظرين بصبر يوم مجيء ربنا يسوع المسيح، حينَ سنبقى معه إلى الأبد. أمّا بالنسبة إلى الآخرين فإليكم نصيحتي: كونوا لطفاء مع المتقلقلين، واخطفوا من النار الذين انحرفوا قبل أن يحترقوا بالكامل. وأحسِنوا إلى الذين تلوّثوا رغمَ أنّهم لا يستحقّون ذلك، لكنْ متنبّهين كي لا تتلطّخوا أنتم أيضًا. ودعونا نمجّد الواحدَ الوحيد القادر أن يحفظكم من أن تعثروا، ويجعلكم تقفون في مجده من دون عيب بل بابتهاج الربَّ إلهنا ومخلّصنا أيضًا بواسطة ربّنا يسوع المسيح. له كلّ المجد والعظمة والكرامة والسلطة من الأزل وفي الحاضر وإلى الأبد. ليكن كذلك (أي آمين).

من يكون يهوذا؟

كان يهوذا أحد إخوة الربّ يسوع، وقد حلَّ في المرتبة ما قبل الأخيرة من ناحية التعداد. وقد وجدنا خلال دراستنا لرسالة يعقوب الذي كان أحد إخوة الربّ أيضًا أنَّ إخوته لم يؤمنوا به خلال حياته. وقد اتّضح ذلك من خلال شكوكهم المذكورة في إنجيل يوحنا 7:5 حول قوله إنّه المسيّا.

وكان وقت عيد المظال في أُورشليم، وكان إخوة الربّ يسوع قد هزئُوا من قوله إنّه ابن الله. وكان الجميع يعلم أنَّ المسيّا سيأتي في أيّام العيد، فقالوا له إنّه من الأفضل أن يذهب ويُبرِز مَن يكون. أمّا الربّ يسوع فقال لهم إنَّ الوقت لم يأتِ بعد، لكنّه وافاهم إلى العيد سرًّا.

ولكنْ تغيّرت الحال بعد القيامة وأصبح إخوته مُرسَلين ينادون باسمه. وكتب يعقوب ويهوذا رسالتين، وقد قصدا كلاهما عدم التركيز على القرابة الجسديّة مع الربّ يسوع، بل على العلاقة الروحيّة به. وقد وصف كلٌّ منهما نفسه بأنّه عبدٌ للربِّ يسوع.

المضمون

الفساد الأخلاقيّ

يبدو واضحًا أنَّ يهوذا أراد أن يكتب رسالة من نوع آخر، إذ كتب في البداية: " كُنْتُ أَصْنَعُ كُلَّ الْجَهْدِ لأَكْتُبَ إِلَيْكُمْ عَنِ الْخَلاَصِ الْمُشْتَرَكِ." لكنّه غيّر رأيه عندما سمع ما كان يحصل في الكنائس التي أراد توجيه الرسالة إليها. فأضاف قائلاً:"اضْطُرِرْتُ أَنْ أَكْتُبَ إِلَيْكُمْ وَاعِظًا أَنْ تَجْتَهِدُوا لأَجْلِ الإِيمَانِ الْمُسَلَّمِ مَرَّةً لِلْقِدِّيسِينَ." وكلمة "تجتهدوا" تحمل معنى الكِفاح والألم. وبالفعل، كان ذلك أقسى أنواع الكفاح الذي سيواجهونه. وكان صعبًا لأنّهم كانوا سيتواجهون مع إخوتهم وأخواتهم بسبب المعلّمين الكذبة بينهم، أُولئك الذين كانوا يُضِلُّون الكنيسة. وقد علم يهوذا أنَّ أولئك سيُفسِدون الجماعة إن لم يوقَفوا عند حدِّهم.

ويعالج القسم الأوَّل من الرسالة نوعًا خطيرًا من الفساد كان قد تسلَّل إلى الكنائس التي كان يكتب لها. أمَّا القسم الثاني فيحتوي على تعليمات حول كيفيَّة التعامل مع الوضع بأُسلوب سلس. وسنلقي نظرة في البداية على المراحل الأربع التي يؤثِّر بها الفساد في الكنيسة.

1. العقيدة

يُظهِر يهوذا كيف أنَّ قومًا تسلَّلوا إلى الكنيسة، وهو يشير إلى تصرّفاتهم المخادعة ونِيَّاتهم الخبيثة. لقد بثّوا السمَّ في الجماعة بسبب تعليمهم وتصرّفاتهم، وعليهم أن يدفعوا ثمن ذلك. وكان التعليم الخاطىء مثل السرطان الذي انتشر في أنحاء الجسد والذي يؤدِّي إلى الموت إن لم يتمّ علاجه. ومن الواضح أنَّ هذا التعليم يشبه التعليم الذي حذَّر منه بطرس في رسالته الثانية. ولهذا السبب تشترك الرسالتان في جزء متشابه. وأعتقد أنَّ يهوذا استخدم رسالة بطرس الثانية كجزء من أبحاثه، وقد أراد الإستشهاد بجزء منها تمامًا كما هو.

لقد أخطأ المعلِّمون الكذبة في ناحيتين، إذ كوَّنوا نظرة عاطفيَّة من نحو الله ونظرة توفيقيَّة من ناحية الربِّ يسوع.

أ. **نظرة عاطفيَّة من نحو الله**

قدَّمت لهم نظرتهم العاطفيَّة من نحو الله ذريعةً للفساد الأخلاقي. إذ اعتبروا الله "صبيًّا كبيرًا لطيفًا" يربِّت الأكتاف قائلاً: "أُسامِح وأنسى، فكلّ ما أريده هو أن تكونوا سُعَداء." وغالبًا، هذا ما يُبَشَّر به على شاشات التلفزة، فهو إله أنيس ولطيف ولا يمكنه أن يؤذي ذبابة. لكنَّ الله لا يتغاضى عن الخطيَّة، بل يعالجها. وعلينا أن نسترجع نظرتنا الكتابيَّة عنه ونتخلَّى عن النظرة العاطفيَّة.

ب. **نظرة توفيقيَّة من ناحية الربِّ يسوع**

تبنَّوا أيضًا نظرة توفيقيَّة من ناحية الربِّ يسوع، أي لم يعودوا يؤمنون بأنَّ يسوع هو الربّ والسيِّد الوحيد، وسَعَوا إلى وضعه في المرتبة نفسها مع الآخرين تمامًا كما يحصل اليوم. فعندما تضع الربَّ يسوع في المرتبة نفسها مع محمَّد وبوذا والآخرين مثلاً، لن يعودَ هو الطريق الوحيد إلى الآب. ولن يبقى "الطريق والحق والحياة"، بل يصبح "طريقًا وحقًّا وحياة."

2. السلوك

عندما تفسُد العقيدة الكنسيَّة، سرعان ما يفسد السلوك أيضًا. وفي النهاية فإنَّ الإيمان يحدِّد التصرّف، ولذا قدَّم يعقوب التحذير بأُسلوب صارم جدًّا، وذكَّر المؤمنين بما حصل للمجموعات الثلاث عبر التاريخ.

أ. **الشعب الإسرائيلي في البرِّيَّة**

يذكر يهوذا قصَّة شعب إسرائيل المذكورة في سفر الخروج 32، حيث صنعوا العِجلَ الذهبيَّ في البرِّيَّة، وانزلقوا بسرعة إلى الفساد الأخلاقي والوثنيَّة. وتغيَّرت نظرتهم من نحو الربّ عن تلك التي

قدَّمها لهم موسى في الوصايا العشر والتعاليم التي قدَّمها لهم. وكنتيجة لذلك نمت لديهم نظرة خاطئة بعضهم تجاه بعض فأساؤوا التعامل، بدل أن يحبّوا بعضهم بعضًا كما تعلَّموا. لذلك، لم يدخل أيّ منهم أرض كنعان. مع أنَّ الربّ أخرجهم من مصر، لم يدخلوا أرض الآباء. بدأوا الرحلة، لكنْ لم يُنهِها أحدٌ منهم.

لقد استشهد بهذه الحادثة ثلاثة كتَّاب مختلفين من العهد الجديد، ليُنبِّهوا المؤمنين إلى أهميَّة إنهاء السباق وليس البدء به فقط. فسوف يَرِثُ الذين ينهون السباق كلّ ما أعدّ الربّ لهم. لقد استخدم بولس هذا التعبير، كما استخدمه كاتب رسالة العبرانيين، واستخدمه يهوذا في رسالته أيضًا.

إذًا، التحذير واضح جدًّا: كما أنَّ شعب إسرائيل أُخرجوا من أرض مصر، لكنَّهم لم يصلوا إلى أرض الموعد، هكذا يمكن أن يحصل لأي مؤمن مُدَّعٍ اليوم. فالأمر يتعدَّى الأُمور التي تركتَها إلى الأُمور التي تنتظرك في المستقبل. فأنت لم تحصل بعد على الخلاص الكامل ، بل عليك أن تثبُتَ إن كنت لا تريد أن تهلك في البرِّيَّة.

ب. **الملائكة في جبل حرمون**

يلقي يهوذا الضوء على ما حصل مع الملائكة في جبل حرمون. ونجد تفاصيل هذه الحادثة في سفر أخنوخ في كتب الأبوكريفيا (وقد أشرنا سابقًا إلى أنَّ الأبوكريفا ليست جزءًا من الكتاب المقدَّس). فقد أغوى مئتان من الملائكة نساءً على جبل حرمون وحملت النسوة من جرَّاء تلك المعاشرة. وكانت النتيجة مخلوقات غريبة سُمِّيَت "الطُّغاة" نتيجة التزاوج بين البشر والملائكة، لكن من الخير أنَّهم ماتوا جميعهم. لا نعرف تمامًا كيف كانت هيئتهم، لكنَّهم عُرفوا بالجبابرة، كما تُشير بعض الترجمات. لقد يسَّرَ الربُّ الأُمور بأُسلوبه الخاص، وتزاوُج الملائكة مع البشر أمر سيِّئٌ ومُسيءٌ تمامًا كتزاوج البشر مع الحيوانات.

وقد كانت نتيجة هذا السلوك العنف الذي يملأ هذه الأرض، وانتشار الإنحراف الجنسي والسحر والتنجيم. ونقرأ في سفر التكوين أنَّ الله حزن بسبب خلق الإنسان. وفي رأيي أنَّ هذه من أكثر الآيات التي تدعو إلى الحزن في الكتاب المقدَّس.

إذًا، يقول يهوذا إنَّ الشعب الإسرائيلي والملائكة لم ينجُوا من العقاب، فكيف يمكن للمؤمنين المُدَّعين أن ينجُوا؟

ج. **سدوم وعمورة**

المثل الثالث هو مدينتا سدوم وعمورة. وانضمت إليهما مدينتا أدمة وصبوييم لِتَتشكَّل أربع مدن جنوبيّ بحر الميت. وقد دُمِّرت جميعها بالتتابع بسبب زلزال. ويأتي البحر الميت على شكل رقم ثمانية في اللغة الإنكليزيَّة. وكانت تقع تلك المدن في أقصى الجنوب الذي ما يزال جافًّا. ويمكن لسدوم وعمورة أن تظهرا في أيَّامنا. وستكون حادثة رمزيَّة ذاتَ شأنٍ أعلى!

يذكر المؤرِّخ اليهودي يوسيفوس أنَّ النار التي أحرقت مدينتي سدوم وعمورة قبل ألفي سنة من مجيء الربّ يسوع، كانت ما تزال مُضرمة في زمن الربّ يسوع. فعندما تكلَّم عنها الربُّ يسوع، كان باستطاعة سامعيه أن يمشوا مدَّة ثلاثين دقيقة فيَرَوا دخانها المتصاعد.

وكان الربّ قد أنزل العقاب بِتَينِكَ المدينتين لأنَّهما عصَتا نِظامَه. وكانت العلاقات الجنسية المثلية أمرًا مألوفًا، تمامًا كما أنَّ انتقاد زواج المثليين اليوم يُعتبر غير لائق سياسيًّا ويُعتبر أيضًا تمييزًا جنسيًّا. وقد أنذر يهوذا المؤمنين المُدَّعين في رسالته بأنَّ الربّ سوف يدينهم إذا إتبعوا نمط تصرّف هاتين المدينتين. ولا يُمكن التلاعب معه، فهو يكره عبادة الأوثان (الأمر الذي يُسيءُ إليه)، ويكره الفساد الأخلاقي (الأمر الذي يُسيءُ إليه الآخرين). ربَّما لا يعالج الأمر مباشرة، إلاَّ أنَّه سيُعاقِب في النهاية على كلّ الفساد الأخلاقي الذي تفشَّى بين خلائقه.

3. الشخصيَّة

يفسد سلوكك عندما تفسد عقيدتك. وعندما يفسد سلوكك، تفسد شخصيتك. فالشخصيَّة هي نتيجة السلوك، إذ لتصرّف ينشيء عادة، والعادة تنشيء المصير. والمرحلة الثالثة في الفساد الأخلاقي في الكنيسة هي عندما تصبح الشخصيَّة عالميَّة. ويركِّز يهوذا تاليًا على شخصيَّات المعلِّمين الكذبة ومشابهتهم على الشخصيَّات الثلاث في العهد القديم.

أ. قايين

يبدأ بقايين الذي قتل أخاه بسبب الحسد (تكوين 4). ويقول لقرَّائه إنَّ المعلِّمين الكذبة يتحرَّكون بدافع الحسد تمامًا كما حدث لقايين، وهم يؤثِّرون في سامعيهم تأثيرًا سيِّئًا.

ب. بلعام

يُكمل حديثه عن بلعام النبي الذي عُرِض عليه المال لكي يتنبَّأ ضدّ إسرائيل (سفر العدد 22). وقد سيطرت محبَّة المال على بلعام لدرجة أنَّ الربّ تكلَّم معه من خلال حماره! لقدِ استولى الجشع على بلعام، كما استولى الغضب على قايين.

ج. قورح

كان قورح رجلاً طموحًا لدرجة أنَّه حسد موسى وأراد أن يستلم زمام الأُمور (سفر العدد 16). وهو يُكمل الثُّلاثيَّ المـُحبَط. ويوجد في أيَّامنا المعاصرة مَن يشبه قورح. فالكنائس الجديدة ممكن أن تكون عظيمة، لكن من الواضح أن بعضها تُؤسَّس للأسباب الخاطئة. فمثلاً، يؤسس أحدهم كنيسة لكي يسيِّر أُمورها كما يريد فيكون بذلك صورة معاصرة لقورح الذي لم يقبل بالقيادة المعيَّنة من الربّ، بل أراد مشيئته هو. وفي النهاية ابتُلِع قورح كدينونة له مع مئتين وخمسين آخرين ، وقد هلَكوا جميعًا بسبب تمرّدهم على السلطة التي أعطاها الربّ لموسى.

استسلم هؤلاء الرجال الثلاثة لِلذَّات، وسبَّب كلّ منهم الموت لآخرين. وهم يُمثِّلون الشخصيَّات التي تظهر في الكنيسة إن لم تسارع وتعالج أمر التعليم الخاطىء. وإلَّا فسوف يسود الغضب والجشع والطموح السلبي على الجماعة.

4. الحديث

لم تكن تلك هي المشكلة الوحيدة التي واجهوها. فعندما تفسد الشخصيَّة، تفسد الأحاديث، لأنَّ كلامنا هو نتيجة لشخصيَّتنا. ويصف يهوذا نوع الأحاديث التي يتّسم بها الأشخاص الذين تسلَّلوا خلسة إلى الكنيسة، وأهمُّها التذمّر والتأفّف، الأنين واللمز والغمز، احتقار الأدنى شأنًا، الازدراء والسخرية بكُلِّ ما ليس واضحًا، وفوق الكلّ رفض سلطة أيِّ شخصٍ أعلى شأنًا. فتحذَّروا من ينضمُّ إلى الكنيسة لأنَّه ليس راضيًا على كنيسته الأولى، فبعد ستَّة أشهر لن يكون راضيًا على كنيستكم! فالمتأفِّفون والمتذمِّرون الذين يتنقَّلون من كنيسة إلى أُخرى يفتِّشون عادةً عن الكنيسة الكاملة. وقد صحّ القول المأثور:"إن كنت تفتِّش عن كنيسة كاملة، فلا تنضمَّ إليها لأنَّك ستلوِّثها!"

نصّ محيِّر

ربَّما من أكثر الآيات التي تدعو إلى الحيرة في هذه الرسالة هي تلك التي تشير إلى ملاك يجادل الشيطان حول جسد موسى. وفي هذه الحادثة تلميحٌ إلى عبارة غريبة وردت في سفر التثنية، حيث نقرأ أنَّ موسى مات على جبل نبو ولكنْ "لا أحد يعلم أين قبره إلى هذا اليوم". فإذا لم يكن أحد معه ولا أحد يعلم أين قبره، فمن دفنه؟ الجواب هو أنَّ الربّ أرسل ميخائيل الملاك ليدفنه. فالملائكة مخلوقات عملانيَّة جدًّا، ويمكن أن تكون طبَّاخات ماهرات (كالوجبة الجيِّدة التي أعدَّتها لإيليا)، ويمكن أن تركب المركبات (كما اكتشف أليشع). ولقد سمعت مؤخَّرًا عن ملائكة تركب درَّاجة هوائيَّة لتحمي مرسلاً كان يركب درَّاجته! فالملائكة لا تأتي لابسة ثيابًا برَّاقة ولها أجنحة وتحمل قيثارات وتسدل شعرها الأشقر الطويل. ونقرأ في رسالة العبرانيين 13 " أَضَافَ أُنَاسٌ مَلاَئِكَةً وَهُمْ لاَ يَدْرُونَ"، ولا يمكن حدوث ذلك إلاَّ إذا كانت هيئتهم تُشبِه البشَر.

إذًا، أُرسِل هذا الملاك ومعه رفش ليدفن جسد موسى، لكن عندما وصل إلى المكان كان إبليس واقفًا هناك وقال له إنَّ الجسد ملك له. ومن المفيد أن تعرف أنَّ ميخائيل لم يوبِّخ الشيطان عندما واجهه. فيمكننا أن نتذاكى عليه، لكنَّنا نكون بذلك نتصرّف بغباء، فهو أذكى منَّا بكثير. ويساورني القلق عندما أسمع الشبيبة يقولون:"ننتهرك باسم يسوع"، لكن ميخائيل قال:"لينتهرك الربّ!"، فذهب الشيطان ودفن ميخائيل موسى.

التعامل مع الفساد

ألقينا نظرة على الأُمور الأربعة التي أقلقت يهوذا: العقيدة والسلوك والشخصيَّة والحديث، وعلينا أن نسأل كيف يمكننا أن نواجه صعوبات مماثلة اليوم.

1. يجب أن نتوقَّع المشاكل

لا ينبغي أوَّلاً أن نتفاجأ عندما تسير الأُمور بمسار الخطإ في الكنيسة. ويقلق بعض المؤمنين أكثر ممَّا يجب، مع أنَّ أنبياء العهد القديم ورسل العهد الجديد أخبرونا أنَّ الأُمور ستسوء. والربُّ يسوع أيضًا نبَّهنا من الذِّئاب التي تأتي في ثياب حملان. فلماذا نتفاجأ عندما تتحقَّق توقّعاتهم؟ فنحن لم نخلص بعد بالكامل، ولا بدَّ للمشاكل من أن تحدث في الكنيسة. إنَّما المهمُّ كيف نواجه تلك المشاكل. فعلينا ألَّا نتفاجأ، بل نتصدَّى لها ونتعامل معها.

2. يجب أن نقوم ما يحدث

من اللافت أنَّ يهوذا لا يشير بأصابع الاتِّهام إلى إبليس وسط كلّ هذه الفوضى، بل يلقي اللوم على أُولئك الرجال لذين سبَّبوا تلك المشاكل. وهو يوضح أنَّ عمل بعضٍ في الكنيسة هو تبيان الخطإ. فالإنسان يجب أن يتعامل مع الأمر، وهذا ليس واجب الربّ. ويشير يهوذا في كلامه إلى خدمة أخنوخ، أوَّل نبي في الكتاب المقدَّس، وهو أوَّل رجل تلقَّى رسالة من الربّ للآخرين. وكان مضمونُ الرسالة هو الإنذارَ بأنَّ الربَّ آتٍ بدينونة على كامل ذلك الجيل. وكان له من العمر خمسة وستون عامًا عندما رُزِق بابن فسأل الربّ عن الاسم الذي يجب أن يُطلقه عليه، فأجاب الربّ: "متوشالح، أي سيحدث الأمر عندما يموت." ومن الواضح أنَّه عاش أطول فترة من أيِّ إنسان آخر، لأنَّ الربّ ترَّأف وانتظر ما يقارب الألف سنة قبل أن يُرسل دينونته. ولكنْ كان في هذا الوقت نوح حفيد متوشالح قد بنى الفلك. لقد انتظر الربّ تسع مئة وتسعًا وستِّين سنة قبل أن يدين ذلك الجيل. أمَّا مارتن لوثر فقال: "لو كنت أنا مكان الربّ لكنت قطَّعت هذا العالم إرْبًا إرْبًا."

أراد يهوذا أن يوضح أنَّ تصرّف هؤلاء المعلِّمين الكذبة يدلّ على أنَّهم "فجَّار". وقدِ استخدم هذه الكلمة خمس مرَّات. والفجور أصبح موضوع احتقارهم. وقد نبَّهنا رسل العهد الجديد إلى أنَّه في الأيَّام الأخيرة سيأتي قومٌ مستهزئُون وستصبح التقوى مدعاة للاستهزاء. وسيصبح المؤمنون في وقت من الأوقات مدعاة سخرية، لأنَّهم اختاروا التقوى رُغمَ أنَّها لا تتماشى مع العصر. فالفجور يجعل الناس يشعرون أنَّهم "ينتمون" إلى الجماعة، أمَّا غير ذلك فيُعتبر شاذًا.

3. يمكننا أن نخفِّف من وطأة الضَّرَر

يقدِّم يهوذا نصائح عمليَّة تُبيِّن كيف يجب على المؤمنين أن يوفِّروا الحماية لأنفسهم وللآخرين.

أ. حماية أنفسهم

الطريقة الأنسب لحماية أنفسهم هي أن يتأكدّوا من أنَّ علاقتهم بالربِّ جيِّدة وأن يبنوا أنفسهم بالإيمان والرجاء والمحبَّة.

وكلَّما ازدادت قوَّتنا، ثَبَتْنا أكثر في وقفتنا. فالطريقة الأجدى لمحاربة المرض هي المحافظة على الصحَّة. ويحثّ يهوذا قرَّاءه على تمكين مُثلَّث الإيمان والمحبَّة والرجاء المعروف. وأُسلوب الحياة

السليم يتضمَّن الصلاة في الروح القدس وحفظ وصايا الرب والتطلّع إلى المستقبل، متنبِّهين إلى أنَّ الربّ يريد لنا أن نكون قدِّيسين وليس بالضرورة سُعَداء. وعلى كلِّ حال، يجب ألَّا يهمَّنا كم تكون الحياة صعبة مقارنة مع عِظَمِ "السعادة" التي سنتمتَّع بها في الأبديَّة. ومن الضروري أن نعرف أنَّنا مسؤولون عن الحفاظ على نفوسنا ونموّها. فالرب لن يغعل ذلك نيابة عنَّا.

ب. حماية الآخرين

كانت هناك ثلاث مجموعات من الناس بحاجة إلى مساعدة:

i. كان أفراد المجموعة الأُولى تُساوِرهم الشكوك. ويحثّ يهوذا المؤمنين على مساعدة المتردِّدين في سيرهم الروحي. إذ كانوا يتساءلون ما إذا كان عليهم أن يتبعوا هؤلاء المعلِّمين أم لا. فكان يجب التكلّم معهم أو حتَّى الجدال معهم، لكنْ بأُسلوب متعاطف وغير قاسٍ. فالقساوة ممكن أن تبعدهم وتجعلهم يرتكبون الأخطاء.

ii. كان أفراد المجموعة الثانية في خطر مُهلِك. وآخرون كانوا سيكونون في خطر مُهلِك أيضًا بسبب اعتناقهم للأفكار الجديدة. ويقول يهوذا إنَّ على المؤمنين أن يختطِفوا هؤلاء من النار؛ فكأنَّهم موجودون داخل بيت يحترق وينبغي إخراجهم بأيَّة طريقة ممكنة! وغالبًا ما تُستخدم عبارة "الاختطاف من النار" في التبشير لتعني خطف الناس من نار جهنَّم، مع أنَّ تلك الآية لا تتعلَّق بهذا الأمر. ففي الواقع أنَّ الأمر يتعلّق بخطف الناس من نار جهنَّم ليس لأنَّهم غير مؤمنين، بل لأنَّهم مؤمنون ضالّون. فحتَّى الذين ينشرون تعاليم خاطئة يجب أن يحصلوا على فرصة للتوبة.

iii. كان أفراد المجموعة الثالثة دنسين أخلاقيًّا. ويُفيد الأصلُ اليونانيُّ أنَّ علينا أن نحذرَ التلوُّث بهم، بل أيضًا من ثيابهم الداخليَّة! تبدو هذه عبارة غريبة، لكن من الواضح أنَّ بعض الأمراض تنتقل بالممارسات الجنسيَّة المتعدِّدة أو المنحرفة، وعلينا الخشية من ذلك.

4. <u>يمكننا تجنّب ما يحصل</u>

تركِّز رسالة يهوذا على ضرورة عدم المفاجأة بالهجومات التي تحصل ضدّ الإيمان، بل علينا أن نتصدَّى لها متذكِّرين أنَّ الربّ قادر ألَّا يدعنا نفشل. لكن من المهمّ أن نقيم توازنًا عند قراءتنا للآيات التي تتحدّث عن حفظ الرب لقوّتنا. فهناك سلسلة من الآيات التي تؤكِّد ذلك، لكنَّها تتزامن مع الآيات التي تشدِّد على حاجتنا إلى البقاء قربه. والآية قبل الأخيرة من رسالة يهوذا لا تقول إنَّ الربّ سيحفظنا بالتأكيد من التعثّر، لكنَّها تقول: "**وَالْقَادِرُ** أَنْ يَحْفَظَكُمْ غَيْرَ عَاثِرِينَ." فالأمر لا يتعلَّق بنا كليًّا، كما أنَّه لا يتعلّق به كلِّيًا، بل علينا أن نلتصق به لأنَّه قادر أن يحفظنا. وعلينا أن نحافظ على ثقتنا به وهو لن يدعنا نسقط." ويمكننا أن نقول إنَّ باستطاعته أن يحفظنا حتَّى يوقِفَنا أمام الله بشرط أن نبقى أمناء له. وله السلطان لأنَّه هو الإله والمخلِّص الوحيد.

إذًا، يُنهي يهوذا رسالته بالتسبيح. فعلى الرُّغم من التعليم الشرِّير والخطر المـُحدِق، باستطاعة الله دون شكّ أن يحفظنا ويوقِفنا أمامه بلا لوم مبتهجين، في اليوم الأخير. وإن كان الله معنا (ومعنى الاسم "عمانوئيل" هو "الله معنا)، يمكننا أن نحارب ونفوز. فدعونا نفعل ذلك!

الخاتمة

نستمدّ درسًا واحدًا واضحًا من دراستنا لرسائل العهد الجديد، وهو أنَّ الخطر الأكبر المـُحدِق بالكنيسة هو من داخلها. وعلينا أن نتنبَّه إليه في كلّ وقت، وندافع بمحبَّة وأمانة عن حقّ الإنجيل المُسلَّم مرَّة للقدِّيسين". وحاليًّا، تدور معركة كبيرة بهذاالشأن في العالم الغربي. وعلينا أن نُظهر الحقّ. وإن كنتَ، قارئي العزيز، تشعر بأنَّ ما أكتبه لا يتوافق مع ما يقوله كتابك المقدَّس، فانسَ الأمر. ولكنْ إن كان يتوافق، فتمسَّك به وحارب من أجله مدافعًا عن الإيمان الذي سُلِّمَ مرَّة للقدِّيسين! ومع أنَّ ذلك لا يبدو أمرًا ممتعًا، فهو ضروري لبقاء الكنيسة قويَّة.

إذًا، رُغمَ رسالة يهوذا هي من أكثر الأسفار تعرُّضًا للاهمال في العهد الجديد، فإنَّ رسالتها تناسب كنيسة الحاضر. ويجب على الكنيسة الإذعانُ لها لتجنّب الوقوع في المشاكل المشابهة.

رسائل يوحنَّا الأُولى والثانية والثالثة

المقدِّمة

يحتوي العهد الجديد على نوعين من الرسائل. فبعضٌ منها عامّ أو على شكل نشرة أُرسِلت إلى عدَّة أفراد من دون تحديد المـُرسل إليهم، وبعضٌ منها شخصيّ يعكس احتياجات القرَّاء الخاصَّة.

أمَّا رسائل يوحنَّا فهي مزيج من النوعين. وتحتوي الرسالة الأُولى التي هي رسالة عامَّة على خمسة أصحاحات، وهي الطُّولى بين الرسائل الثلاث. ويوجِّه يوحنَّا حديثه حول اهتمامات تخصّ المؤمنين. وتتوجَّه الرسالتان الثانية والثالثة بأُسلوب شخصيٍّ، وهما من أقصر أسفار العهد الجديد. ويوجِّه يوحنَّا حديثه في كلتا الرسالتين إلى فردَين معيَّنَين مستخدمًا صفيحة واحدة من أوراق البـَردي.

وهذه الرسائل دافئة وشخصيَّة، وتعكس شخصيَّة هذا القدِّيس الذي كان قد قارب الثمانين من العمر. ويُطلِق عليها بعضُهم لقب "الرسائل الأبويَّة"، لكن ربَّما ينطبق عليها أكثر لقب "رسائل الجدّ".

كُتِبت هذه الرسائل في زمن كانت الكنيسة فيه تحت تأثير معلِّمي الكتاب المقدَّس المتجوِّلين، إن كان من الناحية السلبيَّة أو الإيجابيَّة. وانصبَّ اهتمام يوحنَّا على الضرر الذي كان بعضٌ من هؤلاء المعلِّمين يسبِّبونه، لكنَّه كان قد تقدَّم في العمر ولم يعد باستطاعته السفر، بعكس المعلِّمين الكذبة الذين كانوا ممتلئين حماسةً لترويج هرطقاتِهم. لذلك كانت كتابة الرسائل أفضل وسيلة لمعالجة تلك المشكلة.

كان يوحنَّا واحدًا من التلاميذ الاثني عشر الذين دعاهم الربُّ يسوع خلال خدمته على الأرض، وهو الوحيد الذي عاش إلى عمر متقدِّم. وتشير بعض السجِلَّات غير الكتابيَّة إلى أنَّه اهتمَّ بمريم أم يسوع في أفسس إلى يوم مماتها. وقد مات هو أيضًا هناك. وتنبعث من هذه الرسالة سُلطة "الشيخ"، وليس سلطة أي شيخ عاديّ، إذ كان مقرَّبًا جدًّا من الربّ يسوع (راجع 1:2؛ 1:2؛ 4:6، 14).

ويطرح بعض دارسي الكتاب المقدَّس الفكرة أنَّ يوحنَّا ليس هو كاتب تلك الرسائل. فمن الغريب مثلاً أنَّه لم يستشهد من العهد القديم، ما عدا إشارة واحدة إلى قتل قايين أخاهُ هابيل، رغمَ أنَّ سفر رؤيا اللاهوتي الذي كتبه يوحنَّا أيضًا يحتوي ما يزيد على ثلاث مئة إشارة أو استشهاد من العهد القديم. لكن يظهر بعد مقارنة الرسائل الثلاث أنَّها تحتوي على الأُسلوب نفسه وأنَّ المفردات المـُستخدَمة فيها متشابهة.

لكن عندما نقارن رسائل يوحنَّا بإنجيل يوحنَّا، نجد أنَّها تحتوي على نفس الأُسلوب والمفردات. فالمفردات المـُستخدمة في الإنجيل والتي يتميَّز يوحنَّا باستخدامها، مثل "الحياة الأبديَّة" و"وصيَّة جديدة" و"اثبتوا في المسيح"، موجودة أيضًا في رسائله. كذلك نجد أيضًا عبارات متشابهة في الإنجيل والرسائل مثل "السلوك في الظلمة" أو "لكي يكون فرحكم كاملاً".

أضف أنَّ كلاًّ من إنجيل يوحنَّا ورسائله تصف الحياة المسيحيَّة بأضداد مطلقة. فنظرة يوحنَّا من نحو العالم مُتعارِضة مع نظرة النسبية الحديثة التي تؤمن أنَّه ليس من اللائق التمييز المطلق بين أمرين، إذ لا يوجد ما هو خطأ بالمطلق أو ما هو صحيح بالمطلق، بل إنَّ المسألة متعلِّقة بالرأي الشخصي. لكن يقف يوحنَّا وسائر كتَّاب الكتاب المقدَّس ضد هذه النظريَّة. وهو يشير إلى عدد من الأضداد مثل الحياة والموت، النور والظلمة، المحبَّة والبغض، الخير والخطيَّة، أولاد الله وأولاد إبليس، المسيح والمسيح الكذَّاب، ويشير أيضًا إلى أكبر ضِدَّين، ألا وهُما السماء وجهنَّم. ولا تُبقي هذه المُتضادَّات مجالاً لوجود أيِّ احتمال "ثالث". فإمَّا أن تكون في الجهة الواحدة أو الأُخرى، ولا خيارات أُخرى.

ورُغمَ عدم إدراج أيِّ اسم في المخطوطة، تشير البراهين الداخليَّة في الرسالة بقوَّة إلى أنَّ يوحنَّا هو الكاتب. وقد أكَّد اثنان من آباء الكنيسة الباكرة أنَّ يوحنَّا هو كاتب هذه الرسائل.

ليس لدينا تاريخ محدَّد لكتابة تلك الرسائل، لكن يبدو أنَّها كُتِبت بعد إنجيل يوحنَّا وقبل نفي يوحنَّا إلى جزيرة بطمس، حيث كتب سفر رؤيا يوحنَّا اللاهوتي. ولا ذكر لهجومات "دوميتيان" الضارية على الكنيسة التي حدثت في العام 95 م. لذلك من المـُرجَّح أن يكون كتبها حوالى العام 90 م.

رسالة يوحنَّا الأُولى

القرّاء

ذكرنا سابقًا أنَّ الرسالة الأُولى هي رسالة عامَّة لم تُوجَّه إلى قرّاء معيَّنين. لكن كان يوحنَّا يفكِّر في نوع معيَّن من القرّاء عند كتابته الرسالة. فنقرأ في 2:12-14 أنَّه يوجِّه الرسالة إلى ثلاث فئات من الناس: "الأولاد"، و"الأحداث (الشُّبّان)"، و"الآباء".

ولم يكن يوحنَّا يفكِّر في العمر الزَّمَنيِّ بل في العمر الروحيِّ. "الأولاد" هم الحديثو الإيمان الذين بحاجة إلى الحليب بدل اللحم لكي ينموا. ويكتب يوحنَّا أنَّ الأولاد اختبروا أمرين: فهم اختبروا الغفران ويعرفون الآب، لكن ينقصهم الكثير من المعلومات.

"والشبّان" أو"الأحداث"، هم الذين نمَوا ونضجوا. ويكتب يوحنَّا ثلاثة أُمور عنهم: لقد أصبحوا أكثر قوَّة من الأطفال الضعفاء، وحفظوا الإنجيل، واختبروا النصرة على إبليس.

"والشيوخ"، أو"الآباء"، هم المؤمنون المتقدِّمون في الإيمان. واختبراتهم عميقة، إذ اختبروا العلاقة العميقة بالربّ. ويمكن للقارىء المُعاصر ملاحظة أنَّ يوحنَّا يكتب رسالته بصيغة المُذكَّر. وهذا الأمر ليس غير عادي إذ إنَّ العهد الجديد بأكمله موجَّه إلى "الإخوة" وليس إلى "الإخوة والأخوات." ولا بدَّ من شرح هذا الأمر خاصَّة لأنَّنا نعيش في عصر يساند عدم "التفرقة الجنسيَّة" أو "الشموليَّة"، كما أنَّ هذا العصر يتساءل إلى أي جنس ينتمي الله.

إنَّ السبب الرئيسي للتركيز على صيغة المُذكَّر في الكتاب المقدَّس يعود إلى أنَّ قوَّة الكنيسة وشخصيتها تبرز من خلال رجالها. فالرجال يحملون مسؤوليَّة القيادة في الكنيسة وفي البيت أيضًا، وشخصيَّاتهم تُحدِّد قوَّة الكنيسة. وهذا هو أحد الأسباب الذي جعلني أصرف وقتًا طويلاً في التحضير للكلام في مؤتمر 'رجالات الربّ." وكانت معظم الرسائل التي تلقيَّتها بعد ذلك المؤتمر من نساء أعربن عن فرحهن بالتغيير الحاصل في أزواجهنَّ! وللأسف، كنت سأصبح رجلاً ثريًّا لو تلقّيت عشرة دولارات مقابل كل عائلة في الكنيسة حيثُ تسبق الزوجة زوجها في الأُمور الروحيَّة. أمَّا الوضع السليم فهو أن يسبق الرجل زوجته في الأُمور الروحيَّة، لأنَّه لا يستطيع أن يكون الرأسَ ما لم يكن في المقدَّمة. لكن هذ لا يعني مطلقًا أنَّ النساء أقل شأنًا أو مرتبة، بل يعني أنَّ دور الرجل ودور المرأة يكمِّلان أحدهما الآخر.

الأسباب التي دفعت يوحنا إلى الكتابة

من الواضح أنَّ دوافع يوحنَّا في الكتابة هي راعويَّة. وهو يدعو قرَّاءه "أولاده." وهو يكنّ مشاعر عميقة تجاههم، لكن لم يكن باستطاعته زيارتهم جميعًا. وتظهر بعض الإشارات في النصّ إلى أنَّ باله كان مشغولاً ببعض الأُمور. ويمكننا فحص نيَّات يوحنَّا في الكتابة من خلال لائحتين:

اللائحة الأُولى

لقد أراد أن يكون قرَّاؤه:

مكتفين (1:4). أراد أن يكون "فرحهم كاملاً"، مشيرًا إلى عدم امتنانهم.

بلا خطيَّة (2:26). أراد لهم أن يعيشوا حياة بلا لوم.

آمنين (2:26). أرادهم أن يكونوا محفوظين من مكايد إبليس وخاصَّة من التعليم الخاطىء الذي هو الوسيلة التي يستخدمها إبليس في الكنيسة، والتي كانت تؤثِّر على المؤمنين الذين كتب إليهم.

واثقين (5:13). أراد أن يكون قرَّاؤه فوق كلّ أمر واثقين بمن آمنوا به. فالمؤمنون بحاجة إلى اليقين. وتحتوي هذه الرسائل القصيرة على عقيدة الإيقان المهمَّة جدًّا. فنحن لا نريد أن نستيقظ في صباح كلّ يوم ونحن نشعر بعدم الثقة، بل نريد أن نثق بمن نكون في المسيح. وعلينا أن "نعرف" (وهذه كلمة مفتاح) أنَّنا في يدي الربّ.

اللائحة الثانية

يمكننا بالمقابل أن نفحص نيَّاتِه في الكتابة من خلال أنَّه يكتب:

للتشجيع على الشركة بينهم (1:3)

للوصول إلى ملء الفرَح (1:4)

للحفاظ على القداسة (2:1)

لمنع الهرطقة (2:26)

لتعزيز الثِّقة (5:13)

ومن الواضح أنَّ يوحنَّا كان يكتب بعد ستين سنة من سماعه الربَّ يسوع يقول له: "اتبعني". وكان قد أصبح رجلاً متقدِّمًا في السن، ويمكنني أن أتخيّله كرجل شيخ صاحب لحية طويلة وهو يقول: "إنِّي جدّكم في الإيمان. وأريد لكم أن تكونوا مكتفين ومُتيقِّنين بِمَن تكونون، وأُريد لكم أن تكونوا قدِّيسين، وأن تعيشوا بانسجام وأن تكونوا ممتلئين بالأمل." إذًا، يظهر في هذه الرسالة قلب راعٍ حنون جدًّا.

الخطوط العريضة لرسالة يوحنَّا الأُولى

مع أنَّه يمكننا أن نميِّز الدوافع التي جعلت يوحنَّا يكتب رسائله، فليس من السهل إيجاد نمط معيَّن اتَّبعه في الكتابة. ويبدو من المستحيل تحليل الرسائل لأنه يبدو كأنَّه يدور في حلقات بدل أن يرتقي عموديًّا في كلامه. أمَّا من جهتي، فأنا رجل يحب أن يتبع خطًّا عموديًّا في الحديث، وأحب أن أرى التقدّم في المناقشة كما أحبّ أن أحلِّل الحديث. وقد استخدم بولس الرسول هذا الأُسلوب بسبب الفكر القانونيّ الذي كان يملكه. ولذلك أشعر ببعض الضياع عندما أقرأ كتابات رجل يفكِّر في حلقات ويدور حول الأفكار نفسها. ويعود سبب استخدام يوحنَّا لهذا الأُسلوب إلى عناصر ثلاثة، وهي مهنته وعمره وجنسيته.

1. مهنته

كان يوحنَّا صيَّاد سمك، وليس محاميًا كبولس، ولذلك فهو يميل إلى الانتقال من موضوع إلى آخر وكأنَّه يحادث الآخرين. ولم يكن إنسانًا متعلِّمًا فلم يعرف كيف يفكِّر بأُسلوب تراتبي.

2. عمره

يميل الرجال المتقدِّمون في السنِّ إلى كثرة الكلام، وهم يكرِّرون الحديث حول موضوع واحد. إنَّها ميزة خاصَّة بالتقدّم في العمر. وعلى المستمعين أن يركِّزوا على الحكمة التي يمكن أن يستنتجوها من الحديث.

3. جنسيته

أعتقد أنَّ السبب الأكبر يكمن في أنَّ يوحنَّا يتَّبع أُسلوب اليهود في الكتابة، إذ يميلون إلى تكرار الكلام. فمثلاً، كلٌّ من سفر الأمثال في العهد القديم ورسالة يعقوب في العهد الجديد يكرِّران الكلام عن عدد من المواضيع. وكل من يريد أن يدرس هذين السفرين بأُسلوب منهجيٍّ بحاجة إلى التفتيش فيهما، فهما لا يعتمدان على بِنية واضحة.

العالم أم لكلمة؟

إنَّ إحدى الطرق لدراسة رسالة يوحنَّا الأُولى هي من خلال التركيز على الفكرة الرئيسيَّة التي يعالجها يوحنَّا خلال الرسالة باستخدام الرسم البياني المقابل.

يُظهر هذا الرسم البياني عالمـًا مؤلَّفًا من نصفين لِلكُرة الأرضيَّة. ويحكم الرب النصف الأوَّل ولذلك فهو يتَّسم بالحياة والمحبَّة والنور. ويحكم العالم النصف الثاني ولذلك يتَّسم بالفوضى والكذب والشهوة. ويحثّ يوحنَّا قرَّاءه على العيش بحسب كلمة الربّ.

يريد يوحنَّا منهم أن يركِّزوا على كلمة الربّ وألَّا يميلوا إلى الاستماع للعالم. وعلى كلّ مؤمن أن يقوم بالاختيار. فإن كنت تحبّ العالم، فسوف تجد نفسك تعيش حسب أُسلوب العالم. وإن كنت تحبّ كلمة الله، فسوف تعيش بأُسلوب مغاير بالكامل.

وتساعدنا هذه الهيكليَّة البسيطة على إيجاد نوع من النمط اتَّبعه الكاتب في هذه الرسالة. فهي تبدأ بمنحًى إيجابي، ثم تنتقل إلى المنحى السلبي، ومن ثَمَّ تعود وتنتقل إلى المنحى الإيجابي. وتشكِّل بذلك "سندويشًا" ممتعًا يحتوي على شريحتين: الإيجابيَّة مقابل السلبيَّة. ونحن بحاجة إلى الاثنتين معًا، إذ علينا أن نعرف بماذا نؤمن وماذا يجب أن نرفض الإيمان به، وكيف نتصرَّف وكيف لا نتصرَّف.

إذًا، يمكننا تلخيص مبنى "السندويش" الذي قدَّمه يوحنَّا في رسالته الأُولى على الشكل التالي:

الحياة ـ 1:1-4	إيجابيّ
النور ـ 1:5-2:11	إيجابيّ
الشهوة، الأكاذيب، اللاناموس	سلبي
المحبَّة ـ 3:11-4:21	إيجابيّ
الحياة الإيجابيَّة 5:1-21	إيجابي

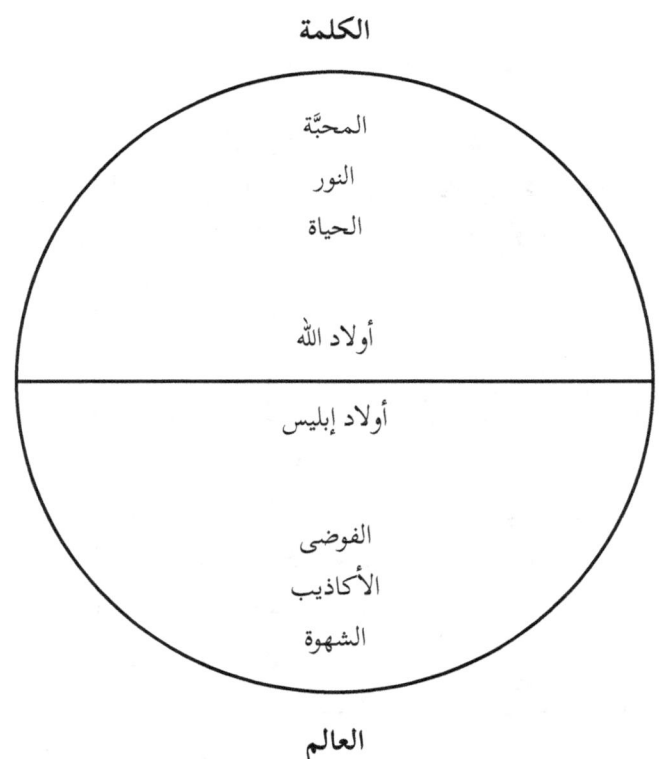

ونلقي الآن نظرة على الأفكار الرئيسيَّة التي قدَّمها يوحنَّا في رسالته الأُولى:

المحبة

إنَّ يوحنَّا في الكتاب المقدَّس هو الكاتب الوحيد الذي أعلن أنَّ "الله محبَّة". وقد تبدو هذه العبارة "عاديَّة" للمؤمن المتمرِّس، لكنَّها في الواقع عبارة ثوريَّة. فلم يكن أيّ دين آخر في العالم قد قدَّم هذه الحقيقة، وليس باستطاعة أيّ دين آخر أن يفعل ذلك. فباستطاعة اليهوديَّة القول إنَّ "الله يحبّنا"، لكنّه أمر مختلف. فأن نقول إنَّ "الله محبَّة" يعني أن نقول إنَّه أكثر من شخص واحد **فلا يمكن لأحد أن يكون** "المحبَّة" بمُفرَده. وبما أنَّنا نعرف أنَّ الربّ هو ثلاثة أقانيم (أو أشخاص) الآب والابن والروح القدس، يمكننا أن نقول إنَّ "الله محبَّة". وقبل أن يكون العالم، كان الآب والابن والروح القدس موجودين وقد أحبّوا بعضهم بعضًا.

ويتساءل بعض الناس أحيانًا: "لماذا خلقنا الله؟" ممكن أن تكون الإجابة الأبسط هي أنَّه كان لِلّه ابن وحيد وقد أحبَّه كثيرًا لدرجة أنَّه أراد أن يكون لديه عائلة كبيرة. وأراد أن يُشرِكَ في محبَّته دائرة واسعة، ولذلك أراد أن يكون لديه أبناء كُثُر.

الهرطقة

يتواجه يوحنَّا مع بعض المشاكل المعيَّنة بسبب اهتمامه العام بحالة قُرَّائه الروحيَّة، فيكتب لِيَدحضَ التعاليم المـُضلَّة التي كانوا يتأثّرون بها. وكان يشير في أكثر من مرَّة في الرسالة إلى "هم" (مقابل "نحن" أو "أنتم")، أي إلى مجموعة من المعلِّمين كانوا معروفين في الكنيسة.

وكان هؤلاء المعلِّمون الكذبة قد علَّموا الفلسفة اليونانية التي احتوت على بعض العناصر المناقضة لتعليم الكتاب المقدَّس. وكانوا يعلِّمون على وجه التحديد ضرورةَ الفصل بين العالم المادِّي والعالم الروحي.

حتَّى في يومنا الحاضر، نحن نتشرَّب هذا الفكر الذي يعتمد على النظرة الفاصلة في الحياة. فمثلاً، لا نجد في الكتاب المقدَّس تمييزًا بين "الحياة الروحيَّة" و "الحياة العَلْمانيَّة". وعندما يقول لي بعض المؤمنين: "إنِّي أعمل في وظيفة عَلْمانيَّة"، تكون إجابتي عادة أنَّه لا يوجد ما يُسمَّى هكذا إلاَّ إذا كان عملاً غير أخلاقي أو غير شرعي. ولا يوجد ما يُسمَّى عَلْمانيًّا إلاَّ الخطيَّة. وفي الواقع أنِّي شرحت هذا الأمر مرَّة في شمال إنكلترا وأتى إلى المسيح بسبب ذلك أحد مُغَنِّي البوب المشهورين. وكان يعتقد أنَّه يعمل في وظيفة علمانيَّة كان جزء منها تلحين أغاني الإعلانات التلفزيونيَّة. لكنَّ كلماتي ساعدته على فهم أنَّ باستطاعته القيام بعمله لمجد الربّ.

وكان الذين ينشرون تلك الفلسفات اليونانيَّة يؤمنون أنَّ العالم المادِّي شرِّير، أمَّا العالم الروحي فخيِّر. فكانوا يعتقدون أنَّ الجسد شرِّير أمَّا الروح فخيِّرة. وقدَّموا للناس الانطباع بأنَّ كلّ ما هو مادِّي فهو نجس

ووسخ. وقد أثَّرت تلك الفلسفات في سلوك الكنيسة وطريقة تفكيرها. فدعونا نُلقِ نظرة على إيمان الكنيسة أوَّلاً:

1. الإيمان

كان اهتمام يوحنَّا الأكبر تطبيق المعلِّمين الكذبة هذا التعليم على الربِّ يسوع. فهم لم يستطيعوا قبول فكرة تجسّد الربّ. فكانوا يقولون إنَّ الربّ أبديٌّ أمَّا الإنسان ففانٍ، وإنَّ الربّ كائن روحي أمَّا الإنسان فكائن مادِّي، فكيف يمكن للرب أن يصبح إنسانًا على هذه الأرض؟

وقد جرى التعبير عن هذا المعتقد بأشكال مختلفة، كان أحدها أنَّ الربّ يسوع لم يأتِ في الجسد، بل ظهر كأنَّه فعل ذلك. وهذه هرطقة تُدعى "الدوسيتيَّة"، وهي تعني بكلِّ بساطة "لبس القناع، أو التظاهر". ويشير تعليم "العصر الجديد" New Age إلى فصل الإنسان يسوع عن يسوع الإله. ويكتب يوحنَّا في رسالته قائلاً إنَّ كنتم تسمعون أحدًا يقول إنَّ الربّ يسوع لم يأتِ في الجسد، فاعلموا أنَّ موقفه موحًى به من إبليس. وقدِ اجتهد يوحنَّا بقوله إنَّه رأى الربَّ يسوع ولمسه. لقد كان إنسانًا مثلنا من لحم ودم، وهو ما يزال كذلك.

وتدَّعي هرطقة أُخرى إنَّ يسوع كان إنسانًا إلى أن تعمَّد في عمر الثلاثين، حين حلَّ "المسيح" عليه. وعند موته، فارقه "المسيح"؛ فالذي مات ودُفِن هو "يسوع". وبالنسبة إلى هذه النظريَّة فإنَّ "يسوع" و"المسيح" كِيانانِ مُختَلِفان.

كذلك، فإنَّ معلِّمي حركة العصر الجديد New Age يعلِّمون عن المسيح ولا يحبِّذون استخدام اسم يسوع. ويقولون إنَّ المسيح ممكن أن يحلَّ على الجميع. وهم يستخدمون كلامًا حاذقًا يخدع الكثيرين الذين يصدِّقون أنَّ الكلام صحيح بسبب استخدامهم للتعابير الكتابيَّة. وإحدى العبارات المفضَّلة لديَّ والتي يستخدمها معلِّمو الـ New Age هي أنَّ الله خارج إطار الزمن أي أنَّه لا يتبع أيَّ نظام زمني. ويعتقد بعض المؤمنين أنَّ هذا الأمر صحيح، إلاَّ أنَّ الكتاب المقدَّس في الواقع لا يذكر ذلك، لكنَّه يذكر أنَّ الله أزلي أبدي، وهو أمر مختلف جدًّا. فالوقت أمر حقيقي بالنسبة إليه. والربّ هو الله الذي كان والذي يكون والذي سوف يأتي. إنَّه ليس داخِلَ إطار الزمن، بل هو سيِّدُ الزمن.

وفصل اليونانيون الربّ عن الزمن، وما يزال هذا المعتقد سائدًا في أيَّامنا. وربَّما يدهشك عدد المؤمنين الذين يظنّون أنَّنا سنخرج خارج إطار الزمن عندما نذهب إلى السماء. لكنَّ الواقع ليس كذلك، بل نحن ندخل إلى الحياة الأبديَّة، أي أنَّ الزمن سيمتدّ إلى ما لا نهاية. فالزمن حقيقي لدى الربِّ، وفكرة الزمن حقيقيَّة في الكتاب المقدَّس. ولذلك فإنَّ التاريخ هو "قصة الربّ." (History = HisStory).

لكنِ اعتقدَ هؤلاء المعلِّمون أنَّهم "يمتلكون المعرفة". وقد شعروا بالتفوّق على الكنيسة من خلال فلسفة العِرفان Gnosticism التي ما تزال تنهش داخل الكنيسة بأشكال شتَّى في يومنا الحاضر.

إذًا، كان على يوحنَّا أن يحارب الهرطقة على أكثرَ من مُستوى. ولذلك يبدأ بالتشديد على أنَّ

المسيح أتى في الجسد. وقدِ استخدم في كلامه الحواسَّ الثلاث الأقوى: البصر والسَّمْع واللمس، فيقول: "رأيناه...سمعناه...لمسناه"، ليؤكِّد ما كان يقوله.

وبالنسبة إليه، فإنَّ التجسّد أمر أساسي، وكل ما نؤمن به يستند إلى من هو الربُّ يسوع بالنسبة إلينا. وعلينا أن نعرف أنَّه إله بالكامل وإنسان بالكامل، وبه اتَّحد العالمان الحسِّيُّ والروحِّيُّ. وفيه التقى العالم الآخر وهذا العالم الحاضر، وقد دحضَ الربُّ يسوع بتجسُّده وعيشه بيننا النظرية اليونانية التي تقول إنَّه يوجد فاصل بين الزمن والأبدية، وبين الروحِّيِّ والحسِّيّ. وكما قال رئيس الأساقفة "تامبل" فإنَّ: "المسيحيَّة هي من أكثر ديانات العالم ماديَّةً."

2. <u>السلوك</u>

أثَّر فصل اليونانيين بين العالمين المادِّي والروحِّيِّ في إيمانهم بهُوِيَّة الربّ يسوع، وكذلك في سلوكهم أيضًا. وكانوا يؤمنون بأنَّ الخلاص (كما فهموه هم) لا يخصُّ كيف يتعامل الإنسان مع جسده، وقد أصبح هذا الفكر مألوفًا داخل الكنيسة أيضًا. فكان بعضُهم يعيشون حياة الفساد بينما يدَّعون أنَّهم أُناس روحانيّون، ظنًّا منهم أنْ لا علاقة لأجسادهم بأرواحهم.

لكنَّ هذا الأمر يُشبه القول إنَّ الخطيَّة لا تؤثِّر في حياة المؤمن، وكأنَّك تقول: "لقدِ استلمت تذكرة السفر التي تأخذنِي إلى السماء، ولا يهمّني أمر ارتكاب الخطيَّة." وفي الواقع، أنَّ بعضًا يتمادَون بقولهم: "لا وجود للخطيَّة في الحياة المسيحيَّة"، وهم يشيرون بذلك إلى نوع من الكمال. فبالنسبة إليهم، هُم بلا خطيَّة في نظر الربّ.

إنَّ أحد أكبر الأخطاء التي يرتكبها الناس عندما يأتون إلى المسيح هي الظنّ بأنَّ خطاياهم المستقبليَّة قد غُفِرت. لكنْ عندما نأتي إلى المسيح فإنَّه يغفر لنا خطايانا الماضية، وعلينا أن نستمر بقبول الغفران للخطايا اللاحقة. وكان على يوحنَّا أن يكتب قائلاً: "إِنِ اعْتَرَفْنَا بِخَطَايَانَا (أي إن استمرَّينا بالاعتراف بخطايانا) فَهُوَ أَمِينٌ وَعَادِلٌ، حَتَّى يَغْفِرَ لَنَا خَطَايَانَا وَيُطَهِّرَنَا مِنْ كُلِّ إِثْمٍ... ودم يسوع المسيح ابنه يطهّرنا من كلّ خطيَّة." فعندما آتي إلى المسيح، لا أحصل على الموافقة المسبَّقة لأرتكب الخطايا. إنِّي أحصل على غفران الخطايا الماضية، لكن يجب عليَّ أن أُبقي شركتي مع الربّ موصولةً، وأعترف له بالخطايا الحاضرة لكي يغفرها.

إنَّ ما شدَّد عليه يوحنَّا ضروي للكنيسة اليوم. فالتفكير اليوناني يؤدِّي إلى الفوضى في الكنيسة، كما يؤدِّي إلى الفساد الأخلاقي والاستنساب الروحيّ، اللذَين يجعلان المؤمنين يظنّون أنَّهم أرفع من القوانين الطبيعية لما هو صحيح أو غير صحيح. والربّ عادل بالكامل وهو لا يتغاضى عن الخطايا التي يرتكبها المؤمنون وغير المؤمنين. لكنَّه على استعداد ليغفر إن وُجِدت التوبة الحقيقيَّة.

لقد أثار هذا التعليم ضجَّة في زمن يوحنَّا. وأصبح الناس مرتبكين ومتحيِّرين وغير متأكِّدين مِمَّا يجب أن يؤمنوا به، وما هو موقف الربّ من نحوهم. وبدا الأمر كأنَّ المعلِّمين لا يهتمون بأمر "المؤمنين العاديين" إذِ اعتبروهم غير مثقَّفين.

اليقين

كان اهتمام قلب يوحنَّا الراعي أن يتأكَّد المؤمنون من كونهم مؤمنين، فيطلب منهم أن يفحصوا أنفسهم بالنسبة إلى أربع نواحٍ تمثِّل امتحانات قاسية. وهو يناقش كلّ واحدة منها بدقّة وتفصيل.

1. امتحان العقيدة

الامتحان الأوَّل هو امتحان العقيدة. ويجب على كلِّ مؤمن الخضوع له، إذ إنَّه يتعلَّق بنظرته نحو المسيح. وإن كان أحد متقلقلاً في مفهومه وغير متأكِّد إن كان يسوع المتجسِّد هو نفسه المسيح الإله، يرسب في هذا الامتحان. وقدِ استخدم يوحنَّا في رسائله الثلاث صيغة الفعل "نعلم" أو"نعرف" خمسًا وعشرين مرَّة، بسبب إيمانه بضرورة المعرفة للمؤمن خاصَّة في ضوء "المعرفة العليا" التي ادَّعى معلِّمو الفكر العِرفانيِّ امتلاكها. والعديد من الناس الذين يذهبون إلى الكنائس يؤمنون بأنَّ الربّ يسوع كان إنسانًا عظيمًا تجاوب مع الله أفضل من أيِّ إنسان آخر، لكنَّهم لا يؤمنون بأنَّه الإله الكامل والإنسان الكامل في آنٍ معًا، كما يعلِّم الكتاب المقدَّس.

2. الامتحان الروحيّ

يقول يوحنَّا إنَّا نعلم أنَّنا أولاد الله لأنَّه أعطانا روحه. فهناك من يشهد بين روح الربّ وأرواحنا أنَّنا أولاد الله. إذًا، لا يمكننا النجاح في هذا الامتحان الثاني من دون الروح القدس، لأنَّه يخبرنا ما إذا كنَّا أولاد الله. ويحاول بعضهم إيجاد اليقين في الكتاب المقدَّس، ويحاولون استنتاج أنَّهم مؤمنون لأنَّ الكتاب المقدَّس يقول ذلك وهم يؤمنون بما يقوله فينتهي الأمر. لكنَّ الكتاب المقدَّس لا يشجّعنا على القيام بذلك. فالتأكيد يأتي من الروح القدس وليس من العهد الجديد في الكتاب المقدَّس. ولا يمكنك أن تبرهن أنَّك مؤمن بأن تستشهد بآياتٍ من الكتاب المقدَّس، بل الروح القدس يؤكِّد لك إنَّك مؤمن. ولذلك تأتي أهميَّة هذا الامتحان، لأنَّك إن لم يكن لديك الروح القدس فأنت ما تزال ملكًا لإبليس.

3. امتحان الأخلاق

الامتحان الثالث هو الامتحان الأخلاقي. فإن كنت تعيش بأمانة أمام الربّ، يخبرك ضميرك أنَّك مِلكٌ له. فالضمير أُعطي كجزء من التأكيد الذي نحصل عليه. فبالنسبة إلى ما يقوله الكتاب المقدَّس، إن كنت تعيش حياة البرّ وتحفظ وصايا الربّ فلديك تأكيد أنَّك ابن لله. لكن إن كنَّا نتمرَّد على وصاياه ونقاوم أُسلوب الحياة الذي يريد منَّا أن نحياه، فلن ننجح في الامتحان الثالث.

4. الامتحان الإجتماعي

الامتحان الأخير هو الامتحان الاجتماعي. نقرأ أنَّه لا يمكننا أن نقول إنَّنا نحبّ الربّ إن كنَّا لا نحب المؤمنين لأنَّ الربّ ساكن فيهم. فإن كنت تحبّ الربّ فإنَّك ستحبّ الربّ الساكن في إخوتك. وإن كنت تكره إخوتك، فأنت بالتأكيد لا تحبّ الآب لأنَّه يحبّهم.

يحدِّد يوحنَّا قوله بأنَّ محبَّتنا وصلواتنا تبرهن على محبَّة الآب التي في داخلنا. فبإمكانك أن تقدِّم المحبَّة لأشخاص لا يمكنك أن تحبَّهم في العادة، لأنَّهم أولاد الله ولأنَّ محبَّة الله في داخلك.

وعندما يحصل المؤمن على التأكيد بالنسبة لشركته مع الربّ، يتمتَّع بالثقة لبدء كلّ يوم في حياته عالمًا أنَّه ابن لِله. وتظهر هذه الثقة من خلال شركته مع الآب ومن خلال قوله له مثلاً: "أيّها الآب، إنِّي أسألك باسم يسوعَ من أجل هذا الأمر"، وهو عالم أنَّ الله قادر ويريد أن يستجيب.

ويعطي هذا التأكيد ثقة في التعامل مع الرجال والنساء الآخرين. فعندما تكون متأكِّدًا أنَّك فرد في العائلة الملكيَّة السماويَّة فأنت تصبح أيضًا فردًا في العائلة الملكيَّة على الأرض، ويساعدك هذا الأمر على التَّكلّم بشجاعة مع الآخرين.

الخطيَّة

بالمقابل، يجب تحديدُ مَن هم غير المؤمنين. وكان في زمن يوحنَّا قد بدأ "المسيحيون بالاسم" ينضمُّون إلى الكنيسة رُغمَ طراوةِ عُودها، فكانوا يتظاهرون بأنَّهم جزء من عائلة الله دون أن يكونوا مؤمنين حقيقيِّين بالمسيح. وكان الاختبار الفعَّال لذلك هو وجود الخطيَّة أو غيابها، وقد تكلَّم يوحنَّا عن ذلك بإسهاب في رسالته وفي الواقع أنَّه كتب أُمورًا غريبة جدًّا عن هذا الأمر، وقد بدت كأنَّها تناقض بعضها بعضًا في بعض الأحيان. فنراه يفترض في بعض العبارات أنَّ المؤمن سيخطئ، بينما يقول في بعض العبارات الأُخرى إنَّه لا يمكن للمؤمن أن يخطئ. ولقد حيَّر هذا الأمر الكثيرين.

لكنْ يجب علينا أن نفهم بوضوح ماذا يعني يوحنَّا بكلمة "الخطيَّة". فهو يصف الخطيَّة كما لو كانت "فوضى"، ما يعني أنَّه يمكن للإنسان أن يظن أنَّه غير مُطالَب بتقديم تقرير لأحد، بل هو مسؤول عن نفسه. ويذكِّر يوحنَّا قرّاءه أنَّ المسيح أتى ليغفر خطايانا وينقض أعمال إبليس. والخطيَّة أمر طبيعي بالنسبة إلى أولاد إبليس، وهي أمر غير طبيعي بالنسبة إلى أولاد الله.

1. <u>الاحتمالات</u>

لقد كان يوحنَّا مهتمًّا جدًّا بوجود الخطيَّة في حياة المؤمن، وهنا ظهرت التناقضات. ويمكننا أن نجد عددًا من العبارات التي تقدِّم احتمالات مختلفة. فبالنسبة إلى المؤمن، الخطيَّة هي:

أمر غير قابل للجدل، فنحن نرتكب الخطيَّة.

أمر لا مهرب منه، فنحن سنرتكب الخطيَّة.

أمر لا يُوافِق، فنحن لا ينبغي أن نرتكب الخطيَّة.

أمر لا يُحتمَل، فنحن ممنوع علينا أن نرتكب الخطيَّة.

أمر غير قابل للإلغاء، فنحن لسنا بحاجة لأنْ نرتكب الخطيَّة.

أمر غير ملائم، لا نرتكب الخطيَّة.

أمر لا يُصدَّق، لا يمكننا أن نرتكب الخطيَّة.

ويتمحور موضوع الجدل حول العبارات الواردة في رسائل يوحنَّا والتي يظهر أنَّها تناقض بعضها بعضًا. قارن مثلاً العبارة الواردة في 1يوحنَّا 1:8 مع عبارات أُخرى وردت في الرسالة:

"إِنْ قُلْنَا: إِنَّهُ لَيْسَ لَنَا خَطِيَّةٌ نُضِلُّ أَنْفُسَنَا وَلَيْسَ الْحَقُّ فِينَا" (1:8).

"كُلُّ مَنْ هُوَ مَوْلُودٌ مِنَ اللهِ لاَ يَفْعَلُ خَطِيَّةً، لأَنَّ زَرْعَهُ يَثْبُتُ فِيهِ، وَلاَ يَسْتَطِيعُ أَنْ يُخْطِئَ لأَنَّهُ مَوْلُودٌ مِنَ اللهِ" (3:9).

"لاَ خَوْفَ فِي الْمَحَبَّةِ، بَلِ الْمَحَبَّةُ الْكَامِلَةُ تَطْرَحُ الْخَوْفَ إِلَى خَارِجٍ لأَنَّ الْخَوْفَ لَهُ عَذَابٌ. وَأَمَّا مَنْ خَافَ فَلَمْ يَتَكَمَّلْ فِي الْمَحَبَّةِ" (5:18).

تشير الآية الأُولى إلى أنَّه لا مفرَّ من ارتكاب الخطيَّة، وتشير الآيتان الأخيرتان إلى أنَّ المولودين من الله لا يُمكن أن يخطئوا. لكن يمكن لقليلين فقط أنَّ يقولوا إنَّ هذا الأمر ينطبق عليهم. إذًا، كيف يمكن تفسير هذه الآيات؟

2. <u>النظر بدقَّة إلى الآية الأساسيَّة</u>

دعوني أُلقِ نظرة على الصعوبات التي تواجهنا في 1يوحنَّا 3:9:

أ. الصعوبات الأساسيَّة

تقول الآية إنَّ المولود من الله (أي من الماء والروح القدس، يوحنَّا3:5):

1. لا يخطىء
2. لا يستطيع أن يخطىء

وتوجد بعض التفسيرات التي تقول:

i. الأمر صحيح حرفيًّا، والآية تعني كلّ كلمة مذكورة فيها. لكن يمكن لهذا أن يناقض الآيتين في 1:8 و5:16، وهُما تُشيران إلى أنَّ ارتكاب الخطيَّة أمر ممكن.

ii. الخطيَّة المـُشار إليها هي الخطيَّة البسيطة والواضحة كالرذائل والجرائم والخطايا المـُرتكبة ضد المحبَّة. ويتبنَّى بعض اللاهوتيين الكبار مثل أُغسطينوس ولوثر ووسلي هذا الموقف.

iii. عندما يُخطىء المؤمنون، لا يدعو الربّ هذا الأمر خطيَّة. لذلك يوجد مستويان من الأخلاقيَّات.

iv. تشير الكلمة إلى طبيعتنا الجديدة. "فالإنسان القديم" ما زال يُخطىء، لكن "الإنسان الجديد" لا يخطىء. والمؤمن ليس شخصًا منقسمًا، بل هو وحدة متكاملة!

v. تصف الآية الوضع المثالي من دون الاعتقاد أنَّ الأمر ممكن حدوثه. إذًا، يعكس هذا الأمر هدفًا نرجوه ويحثّنا على التخيّل أنَّه يُمكن تحقيقه.

vi. إنَّها الآية الوحيدة التي تشير إلى الخطيَّة المعتادة والثابتة. وتشير صيغة الفعل إلى شخص يستمر في ارتكاب الخطيَّة.

ب. الصعوبات الثانويَّة

i. أوَّلاً، السبب الذي يمنع المؤمن من ارتكاب الخطيَّة هو أنَّه "مولود من الله". فالولادة الجديدة تقود إلى حياة البِرّ. لكن من يستطيع أن يقول إنَّه وصل إلى حياة البِرّ على هذه الأرض؟

ii. ثانيًا، نقرأ أنَّ الزَّرع الإلٰهيَّ ثابتٌ في المؤمن. وكلمة "الزَّرع" تشير حرفيًّا إلى "بذرة الرَّجُل"، وهي استعارة مناسبة جدًّا! لكنْ كيف يُمكن أن تُفسَّر الكلمة؟ إذ يُمكن استخدامها حرفيًّا للإشارة إلى بذور التَّناسُل البشريَّة أو الحيوانيَّة أو النباتيَّة. لكن ليس واضحًا إلى ماذا تشير الكلمة "زَرعَهُ". هل تشير إلى الله أو إلى المؤمن؟

iii. ثالثًا، هل هذه عبارة أمرٍ قاطعة أم عبارة شرطيَّة؟ يحتمل استخدام العبارة "اثبتوا في المسيح" عدَّة تفسيرات. فهل تأتي هذه العبارة بصيغة الأمر القاطع، أي عبارة قاطعة كما هو حال الآية في العدد 9 التي تنطبق على كلّ من "وُلِد من الله"؟ أم هل هي عبارة شرطيَّة كما هي حال الآية 6 التي تُطبَّق على كلٍّ من "يثبت فيه"؟ فالعبارة القاطعة تكون عبارة صحيحة أو تُطبَّق في كلّ الأوقات. أمَّا العبارة الشرطيَّة فهي تصح بوجود شرط يتبعها.

إذًا، كيف يجب أن نفهم هذه الآية؟

علينا أوَّلاً أن نسأل لماذا كتب يوحنَّا هذه العبارة. فهو لا يناقش عبارة "نخلص مرَّة وإلى الأبد"، بل هو يعالج موضوع الذين يدَّعون أنَّهم تلاميذ لكنَّهم يستمرّون بارتكاب الخطيَّة، ويقبلون الوضع كأنَّه أمر مقبول!

لذلك يقول يوحنَّا إنَّه لا يُمكن أن نخطئ إن كنَّا مولودين من الله. والمعنى واضح أنَّ الولادة الجديدة تؤدِّي إلى حياة البِرّ، ولا مكان للخطيَّة في حياة المؤمن.

ثانيًا، يجب علينا أن نلاحظ صيغة الفعل الذي استخدم في هذه العبارة "من يثبت فيه لا يخطئ". فالصيغة المُستخدمة في الأصل اليوناني هي صيغة مميَّزة تُدعى صيغة الفعل المضارع المستمرّ. إذًا، لا يُشير الفعل إلى أمر نقوم به مرَّة واحدة، بل إلى أمر نستمرّ بالقيام به.

فمثلاً، في الواقع لم يَقُل الربُّ يسوع :"إسألوا تعطوا. إطلبوا تجدوا. اقرعوا يُفتَح لكم"، بل قال: "استمرّوا في السؤال فتُعطَوا. استمروا في الطلب فتجدوا. استمروا في قرع الباب فيُفتح لكم." ودعني أُلقِ نظرة على الآية الشهيرة في يوحنَّا 16:3 والتي غالبًا ما يُساء فهمها، "هكذا أحبَّ الله العالم حتّى

بذل ابنه الوحيد لكي لا يهلك كلّ من يؤمن به بل تكون له الحياة الأبديَّة". تأتي هذه الآية في الأصل اليوناني بصيغة المضارع المستمرّ أيضًا. فليس الذين يؤمنون مرَّة يحصلون على الحياة الأبديَّة، بل الذين يستمرّون بالإيمان يحصلون على الحياة الأبديَّة.

وبالعودة إلى الآية التي تقول: "من يثبت فيه لا يخطىء"، فإنَّ كلمة "يثبت" تُفيد معنى الاستمرار في الثبات وهي الكلمة نفسها المـُستخدمة في يوحنَّا 15حيث يقول الربّ يسوع: "أنا الكرمة الحقيقية... اثبتوا فيَّ"، أي "استمروا في الثبات فيَّ." إذًا، تصحّ هذه الآية عندما ننظر إليها وهي متَّصِلة بسياق النصّ الذي يقدِّم المعنى التالي: عندما نستمرّ بالثبات في المسيح لا نعود تخطىء ولا يمكننا أن نخطىء من جديد.

إنَّ الذين لا يستمرون في الثبات بالمسيح لا يُظهِرون أيّ تقدُّم روحيّ، ولن يتقدِّموا في الحصول على هذا الوعد. وتدعم هذه الآية التي تمَّ الاستشهاد بها سابقًا هذه الفكرة"كُلُّ مَنْ هُوَ مَوْلُودٌ مِنَ اللهِ لاَ يَفْعَلُ خَطِيَّةً، لأَنَّ زَرْعَهُ يَثْبُتُ فِيهِ، وَلاَ يَسْتَطِيعُ أَنْ يُخْطِئَ لأَنَّهُ مَوْلُودٌ مِنَ اللهِ." (9:3).

إذًا، المولود من الله "لا يفعل خطيَّة"، ولا يمكنه أن يفعل خطيَّة، لأنَّه عندما يمكث في المسيح يتقدَّم إلى الأمام ويغلب. فالعلاقة بالمسيح هي التي تُحدِّد حقيقة هذا الوعد. وتفترض هذه الرسالة أنَّه من الممكن للمؤمنين أن يسقطوا في الخطيَّة، فليس أحد كاملاً على هذه الأرض، لكنَّهم لن يستمروا في فعل الخطيَّة.

ولا بدَّ من الاستشهاد بما كُتِب في رسالة العبرانيين لكي نوسِّع آفاق فهمنا للموضوع، حيث نقرأ أنَّه لو غُفِرت خطايانا لكنَّنا نعود ونخطىء فلن يكون هناك مكان للغفران من جديد. والنصّ لا يقول إنَّ المؤمنين لا يعودون يفعلون الخطيَّة، بل هم يعالجون أمرها في حياتهم. وإن كانوا يعيشون في المسيح فستكون لديهم الرغبة في معالجتها. كذلك فإنَّ أحد البراهين التي تظهر أنَّك مؤمن هو أنَّك تشعر بالامتعاض عندما تفعل الخطيَّة. فأنت لا تحبّ الخطيَّة وتريد أن تتخلَّص منها. والذين يستمرّون في الثبات في المسيح لا يمكنهم الإستمرار في فعل الخطيَّة، إذ إنَّ الخطيَّة لا تتوافق مع الحياة الداخليَّة الجديدة.

بعد الانتهاء من معالجة هذه المشكلة، يقدِّم الأصحاح الخامس موضوعًا جدِّيًّا جدًّا. فنقرأ أنَّه إن رأينا أحد الإخوة يفعل الخطيَّة، ينبغي لنا القيام بكلٍّ ما في وسعنا لمساعدته على الرُّجوع عن طرقه الشرِّيرة. وإن كنَّا نفعل ذلك فنحن "نخلِّص" ذلك الأخ. لكنْ يضيف يوحنَّا قائلاً إنَّه "توجد خطيَّة للموت." فلا جدوى من الصلاة لأجل أخ ارتكب خطيَّة للموت!

ونقرأ في الكتاب المقدَّس أنَّه يمكن للذين يزلّون أن يصلوا إلى نقطة اللاعودة. توجد خطيَّة للموت، وعلينا أن نأخذ هذه التحذيرات على محمل الجّد. وتظهر هذه التحذيرات بوضوح في الرسالة إلى العبرانيين، حيث نقرأ أنَّه يأتي وقت تصبح فيه التوبة مستحيلة. ويقول يوحنَّا إنَّه يمكن لأخ أن يفعل هذا النوع من الخطيَّة فتصبح الصلاة لأجله غير فعَّالة. وهذا يعني بالطبع أنَّه لم يكُن يمكث أو يثبت في المسيح، وهو قد فقد الصِّلَة مع الكرمة الحقيقية.

إذًا، إن كنَّا نجمع معًا كلّ ما قاله يوحنَّا عن الخطيَّة والمؤمنين، نحصل على توازن جميل. ولن نصبح مُوَسوَسِين كما لن نصبح متساهلين، بل ينمو في داخلنا خوف الربّ الذي يحفظنا في المسيح. لكنَّنا نحصل على الفوضى ونُربِك أنفسنا إن كنَّا ننتَزِعُ آية واحدة من سياق النص ونتمسَّك بها دون سِواها.

طبيعةُ الله

يريد يوحنَّا من خلال ما شرح عن الخطيَّة أن يُفهِم قرَّاءه مَن هو الله. وهكذا يذكِّرنا أنَّ الله "نور"، وهو طاهر وقدّوس ومنفصل أخلاقيًّا عن العالم. كذلك، فإنَّ الله "حياة". والخطيَّة تقود إلى الموت، أمَّا الحياة فتأتي من الله. والحياة هي هديَّة يقدِّمها لنا. كذلك فإنَّ يوحنَّا يقول لنا من خلال وصفه للربّ إنَّ هذا الإله يريد أن تكون له شركة معنا. وتعني الكلمة "شركة" حرفيًّا "المشاركة أو الشراكة". ويشرح لنا يوحنَّا الشروط لكي تكون لنا شركة مع هذا الإله:

1. اسلكوا في النور

يجب علينا أن نتمسَّك بالنور ونطرد الظلمة. ولا يمكن أن تكون لنا شركة مع الله أو مع أولاده إن كنَّا نحيا حياة مزدوِجة، بل يجب أن نحيا بشفَّافيَّة.

2. اسلكوا في المحبَّة

إنَّ فعل الأمر هو أن نحبَّ الرب وإخوتنا الجدد. وفي الواقع، إن كنَّا لا نحبّهم فإنَّنا بكل بساطة لا يمكن أن نكون نحبّ الربّ. ويُشار إلى الأمر بأن نحبَّ بعضنا بعضًا باعتباره "وصيَّة قديمة"، مع أنَّ الربَّ يسوع كان قد أشار إليها باعتبارها "وصيَّة جديدة". لكن لا عجب في ذلك إذ بكلِّ بساطة كان قد مرَّ ستّون عامًا على تقديم الربّ يسوع لتلك الوصيَّة.

3. اسلكوا في الحياة

لقد قدَّم الربُّ لنا كلّ ما هو ضروري لنحيا الحياة الجديدة، ولهذا يُشجِّع يوحنَّا المؤمنين على التمتّع بها. ومن الواضح أنَّ يوحنَّا كان متحمِّسًا لكي يختبر قرَّاؤه فرح الشركة مع الربِّ، كما أنَّه لا ينبغي لأيِّ أمر أن يعرقل اختبار ذلك الفرح.

رسالتا يوحنَّا الثانية والثالثة

المقدِّمَّة

بهدف دراستنا لهاتين الرسالتين، سوف نلقي نظرة على الفروقات بين الرجال والنساء. في البداية، ربَّما يبدو ذلك الأُسلوب غير عادي، لكنَّه يمدّنا بأساس يساعدنا على فهم الخطوط العريضة والهدف لكلٍّ من الرسالتين. فعندما خلقنا الله على صورته ومثاله، ذكرًا وأنثى خلقنا لنكمِّل أحدنا الآخر. ومن المدهش كيف أنَّ نقاط قوَّة الرجل تكمِّل نقاط ضعف المرأة، وكيف أنَّ نقاط قوَّة المرأة تكمِّل نقاط ضعف الرجل. فنحن بحاجة أحدنا للآخر.

ويُظهر الرسم البياني في الصفحة المقابلة الفروقات بين الرجل والمرأة، أي بين الرجل العادي الذي يتمثَّل بالدائرة الأُولى وبين المرأة العاديَّة التي تتمثَّل بالدائرة الثانية. وطبعًا، هناك من الجنسين مَن يتمتَّع بخصائص أكثر أو أقلّ من المذكورة هنا. ونجد رجالاً يتحلَّون بصفات أُنثويَّة، كذلك نجد نساء يتحلَّين بخصائص ذكوريَّة.

ونميل كبشر للظنّ أنَّه توجد سلّم واحدة فقط يحتل الرجال جانبًا منها وتحتل النساء الجانب الآخر، مع وجود خليط في الوسط، وكأنَّنا جميعنا جنس واحد. لكنَّنا في الواقع جنسان منفصلان، ذكر وأُنثى، إلاَّ أنَّ خصائصنا تتداخل بعضُها مع بعضٍ في بعض الأحيان.

ويساعدنا هذا الأمر على فهم الفرق بين رسالتي يوحنَّا الثانية والثالثة. فرسالة يوحنَّا الثانية هي الرسالة الوحيدة في العهد الجديد الموجَّهة إلى سيِّدة. ورسالة يوحنَّا الثالثة مشابهة لها تمامًا، غير أنَّها موجَّهة إلى رجُل. فالرسالتان تقولان أُمورًا مُتَعاكِسة، لكنَّهما تعالجان الموضوع نفسه.

من ناحية المظهر الخارجي، واضحٌ أنَّ أجساد الرجال تُظهر "زوايا واضحة"، بينما أجساد النساء تحتوي على تضاريس أو انحناءات. وتميل عقول الرجال إلى التحليل، بينما تميل عقول النساء إلى الاستناد على الحدْس. فالأمر يزعجني مثلاً عندما تقوم زوجتي باستنتاج معيَّن شبيه بالذي أقوم به أنا، مع فارق أنَّها تسبقني إلى ذلك بستَّة أسابيع! فالحدس يقوم بدور كبير عند النساء، بينما يفضِّل الرجال أن يُمضوا بعض لوقت في التَّفكير مليًّا بالأمر.

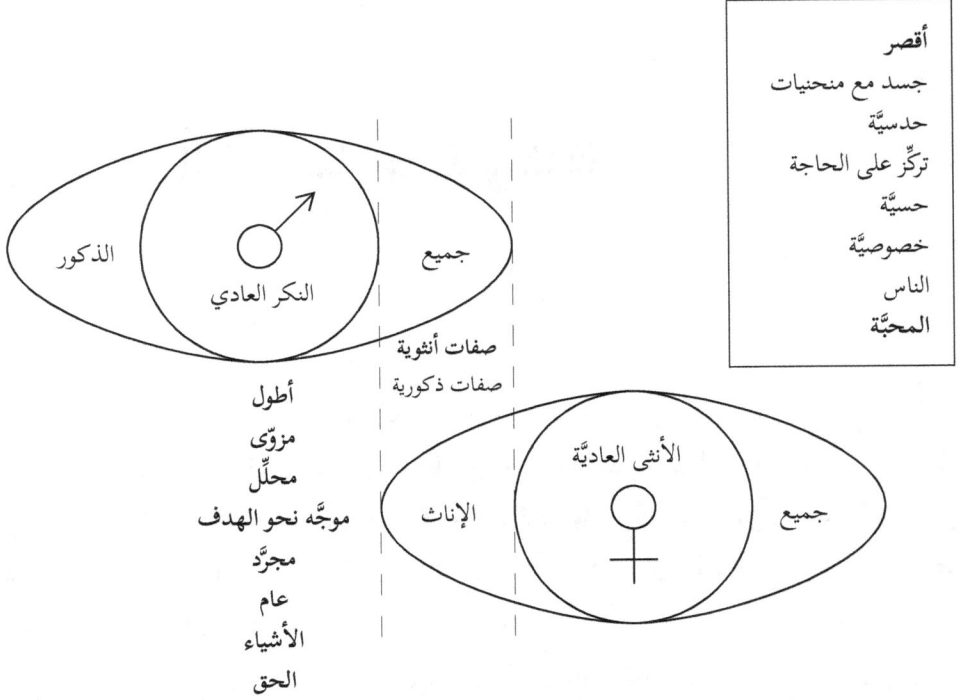

باستطاعة الرجال أن يفكِّروا بمنطق مجرَّد (الفكر التجريدي)، بينما تفضِّل النساء التفكير بمنطق حسيّ. ويفكِّر الرجال في الأمور على صعيد عام، أمَّا النساء فيُعنَين بالتفاصيل. وبينما يركِّز الرجال على الأهداف ويعيشون لأجل المستقبل، تركِّز النساء على الحاجة الحاضرة. ويشعر الرجل بالاكتفاء إذا كان لديه هدف يصبو للوصول إليه؛ أمَّا المرأة فتشعر بالاكتفاء إذا كانت لديها حاجة تعمل على تلبيَتِها. ولهذا السبب، فإنَّ الرجال يُظهِرون اهتمامًا أكبر بالأشياء، أمَّا النساء فيُظهِرنَ اهتمامًا أكبر بالأشخاص حَوالَيهِنَّ.

ويظهر كلّ ذلك من خلال الأحاديث التي يتناقلها كلّ من الرجال والنساء. فعادةً، عندما يجتمع الرجال يدور الحديث حول الدرَّاجات الناريَّة والسيَّارات. أمَّا عندما تجتمع النساء فيدور الحديث حول الناس والعلاقات.

ويُمكن للرجل أن يفصل أفكاره عن مشاعره؛ أمَّا المرأة فتفكِّر بكامل كيانها. وهذا يفسِّر إمكانية أن يُغرم الرجل بأكثر من امرأة في الوقت نفسه؛ أمَّا المرأة فعادة ما تُغرم برجل واحد في الوقت نفسه. وعلى النساء أن يُدرِكنَ أنَّ الرجال يواجهون تجارب مختلفة في هذا الإطار. وإذا اكتشفت الزوجة أنَّ زوجها على علاقة بإحدى النِّساء اللواتي يشتغلن معه في المكتب، تظنّ (الزوجة) أنّه لم يعد يحبّها. ولا يمكنها أن تفهم ادِّعاءه بأنّه ما يزال يحبّها بسبب هذا الاختلاف. ولكنْ يبقى هذا الأمر خطيَّةً على كلِّ الأحوال.

إنَّ هذه القدرة على التحليل، والحفاظِ على برودة الأعصاب، تساعد الرجال على تحمّل مسؤولية التأديب. فباستطاعتهم أن يفصلوا مشاعرهم عن أفكارهم ويحكموا بطريقة موضوعيَّة بشأن موضوعٍ ما يستدعي المواجهة والقصاص. وإنِّي أُومن بالتأديب في الجماعة. وعندما يسألني الناس ما إذا كنتٍ مستعدًّا أن أكبس الزر لذلك، تكون إجابتي بأني على أغلب الظن سأكون مستعدًّا، لكنِّي لن أطلب ذلك من زوجتي أبدًا.

وبسبب هذه الاختلافات يهتم الرجال بالحقّ، بينما تهتم النساء بالحبّ. ويكمن الخطر في أن يركِّز الرجال على الحقّ ويتناسوا المحبَّة، بينما يكمن الخطر عند النساء أن يركِّزن على المحبَّة ويتناسين الحقّ. وتتناسب رسالتا يوحنَّا الثانية والثالثة مع هذا الإطار بالكامل. إنَّهما متشابهتان، لكن تعود الاختلافات فيهما إلى خصائص الجنسين المختلفة.

الخطوط العريضة لرسالتي يوحنَّا الثانية والثالثة

رسالة يوحنَّا الثانية ♂ الضيافة	رسالة يوحنَّا الثالثة ♀ الحق والمحبَّة
موجَّهة إلى سيِّدة	**موجَّهة إلى رجل**
الكثير من المحبَّة	الكثير من الحق
الموقف القلبي:	الموقف القلبي:
رقيقات المشاعر	عنيد جدًّا
الباب مفتوح على مصراعيه	الباب موصد بقوَّة
قبول الأشخاص الخطإ	رفض للأشخاص الملائمين
إهمال للحقّ	إهمال للمحبَّة
معتقد خاطىء	تصرّف خاطىء
نحن بحاجة إلى الاثنين معًا:	
المحبَّة الأنثويَّة	الحق الذكوري
المحبَّة والحقّ عند النساء	الحق والمحبَّة عند الرجال

إنَّ الرسالتين قصيرتان جدًّا. ومن الممكن إدراج كلٍّ منهما على صفحة واحدة من أوراق البرَدي. وتعالج الاثنتان موضوع الضيافة، ولا بدَّ أن تكونا قد كُتِبتا معًا.

وقد كان موضوع الضيافة مهمًّا جدًّا في زمن الكنيسة أوَّلَ عهدِها لأنَّ المؤمنين لم يكن مرحَّبًا بهم في أيِّ مكان آخر. ولم تكن هناك مَبانٍ للكنائس، فكانوا يجتمعون في البيوت. أضف أنَّ الفنادق كانت تُستخدم كبيوت دعارة، ولذلك لم تكن مناسبة لاستخدام الوعّاظ المتجوِّلين. فكان معظمهم يعتمدون على المؤمنين الآخرين للمساعدة الماديَّة.

إنَّ الكنيسة بحاجة إلى الخدَّام المتجوِّلين بالإضافة إلى الخدَّام المحلِّيين. ومؤمنو بعضِ الكنائس يُغلقون على ذواتهم مهتمِّين بخدماتهم الخاصَّة ولا يستمعون كفاية إلى الخدمات الأُخرى. أمَّا بعض الكنائس الأُخرى فتتكلّ على الخدَّام المتجوِّلين طوال الوقت، وليس لديها خدَّام مفروزون لخدمتها. لكنَّنا نقرأ في العهد الجديد عن خدَّام محليِّين من رُعاةٍ ومعلِّمين، وخدَّام متجوِّلين من رسل وأنبياء ومبشِّرين. أمَّا "الديداخي"، وهو أوَّل وثيقة تتطرَّق إلى المُمارَسات المسيحيَّة، فيحذِّر من أنَّه إذا مكث خادمٌ في كنيسة ما أكثر من ثلاثة أيَّام فهو "نبيٌّ كذَّاب". فالخُدَّام يُحدِثون جوًّا من الضغط إذا بَقُوا على الدوام. وإن كان لدى الكنيسة خادم مقيم، فهذا يسبِّب مشكلة لأنَّ ما يُقدِّمه أسبوعًا بعد أسبوعٍ ثقيل جدًّا.

ويُتوَّقع من الأنبياء والمبشِّرين أن يسافروا، أمَّا الرعاة والمعلِّمون فيجب أن يستقرّوا في أماكنهم. وعلى الخدَّام أن يختاروا بين أن يكونوا رعاة في الكنيسة أو أن يكونوا خدَّامًا متجوِّلين. ومن غير العدل للكنيسة أن يقوموا بالدورين في آنٍ معًا. لقد رأيت العديد من الكنائس تتحطَّم لأنَّهم لم يعرفوا ما إذا كان الراعي حاضرًا أم غائبًا.

لقد كتب يوحنَّا هاتين الرسالتين بسبب معرفته عن موقف قرَّائه الخاطئ من ناحية الضيافة. وقد عبَّر ذلك الموقف عن نقاط الضعف المتعارف عليها بين الجنسين. فالمرأة فتحت الباب على مصراعيه، والرجل أغلقه بقوَّة. ويقدِّم هذان الموقفان ردَّات فعل نموذجيَّة يمكننا أن نتعلَّم منها.

وقد كمن الخطر في أنَّ السيِّدة قدَّمت الكثير من المحبَّة وقدرًا غير كافٍ من الحقّ. فهي كانت تستقبل مَن يجب عدَمُ استقبالهم. وكانت مِضيافًا، إلاَّ أنَّها كانت رقيقة القلب وتساعد كلّ من أراد المكوث. وكانت بذلك تُوفِّر عن غير قصد تعليمًا خاطئًا في الكنيسة. وكان على يوحنَّا أن يوبِّخها بلطف قائلاً إنَّها تُهمل الحق على حساب المحبَّة.

لقد رُوِّج لعدد من الهرطقات في الكنيسة على أيدي نساء. فقلب المرأة غالبًا ما يتجاوب مع المعلِّم، بينما هي بحاجة لقضاء بعض الوقت في تقييم المعلومات التي تتلقَّاها. وتُظهر لنا رسالة بولس الثانية إلى تيموثاوس أنَّ المعلِّمين الكذبة نجحوا في خداع الأرامل والنساء الضعيفات على وجه الخصوص. وكان على بولس أن يشدِّد على تيموثاوس أن يحمي هؤلاء من أن يُضلَّلنَ. ولهذا السبب يقول بولس لتيموثاوس إنَّه يجب على النساء ألَّا يعلِّمن في الكنيسة. وقد أشار إلى أنَّ حوَّاء أُغويت أوَّلاً، مع أنَّه يجب أن نضيف أنَّ حوَّاء خُدِعت أمام ناظري آدم الذي لم ينبس ببنت شفة.

رسالتا يوحنَّا الثانية والثالثة

ونجد الخطر المعاكس في رسالة يوحنَّا الثالثة. فيوحنَّا كان يكتب عن شخص كان غيورًا جدًّا على خدمته فلم يرحِّب بأيِّ خادم آخر. وكان يمنع دخول الخُدَّام الكفوئين الذين بإمكانهم مساعدة الكنيسة على النموّ. وكانت مشكلته أنَّه ركَّز على الحقّ وتناسى المحبَّة. وكان يعتقد أنَّه امتلك التعليم والعقيدة الصحيحين بامتياز دون غيره. ولذلك أقفل الباب أمام دخول آخرين وكان موقفه قاسيًا ومتصلِّبًا.

وتشدِّد هاتان الرسالتان على أهميَّة العمل الجَماعي كفريق واحد بين النساء والرجال. فقد خلقنا الله بعضَنا لأجل بعضٍ. ويمكن أن نجد هذه الشراكة خارج إطار الزواج أيضًا. ويقدِّم لنا الربُّ يسوع أفضل مثال على رجل أعزب كوَّن صداقات مثاليَّة مع النساء. لقد أظهر لهنَّ التقدير، وخدمهنَّ، وسمح لهنَّ بأن يخدمنه. لكنَّه أظهر بوضوح الفروقات بين مسؤوليات الرجل والمرأة وواجباتِهما على حدٍّ سواء. وأوضح أنَّهم جميعًا، نساءً ورجالاً، مخلوقون على صورة الله ومثاله وهم متساوون في الكرامة والفساد الروحي والمصير الأبدي. ونحن بحاجة إلى المحبَّة والحقّ اللذين يجب أن تُظهرهما المرأة، كما أنَّنا بحاجة إلى الحقّ والمحبَّة اللذين يجب على الرجل أن يُظهرهما.

تحليل رسالتي يوحنَّا الثانية والثالثة

رسالة يوحنَّا الثانية		رسالة يوحنَّا الثالثة	
المحبَّة في الحق	1-3	المحبَّة في الحق	1
اتِّباع الحقّ	4	اتِّباع الحقّ	2-4
اتِّباع المحبَّة	5-6	اتِّباع المحبَّة	5-8
يرفض بعضٌ الحقّ	7-9	يرفض بعضٌ المحبَّة	9-10
لا تدعوهم	10-11	لا تشاكلوهم	11-12
فرحنا	12-13	سلامكم	13-15

كُتِبت هاتان الرسالتان في الفترة الزمنيَّة نفسها، وهما تتبعان النمط نفسه. والرسالة "الثانية" موجَّهة إلى كيريَّة التي تعني "سيِّدة"، لكنَّنا لا نعلم إن كان ذلك يشير إلى سيِّدة بارزة. ويمكن أن يكون "الأولاد" المذكورون هم الأولاد الروحِّيين الذين يجتمعون في منزلها. ويُظهر التحليل أنَّ الخطوط العريضة نفسها مُستخدمة في الرسالتين، لكنَّ التشديد يختلف بين الرجل والمرأة.

أمَّا الرسالة "الثالثة" فموجَّهة إلى غايُس، لكنَّها تتضمَّن تحذيرًا من رجُل يُدعى ديوتريفِس. ولم يأتِ وصفه إيجابيًّا، فهو كان مُذنبًا بكونه فظًّا، فهو كان كثير الكلام ومتعجرفًا وعنيدًا ومُتعطِّشًا إلى السُّلطة. وكان غيورًا على جماعته الصغيرة ولم يسمح لأيِّ معلِّمين آخرين بالقدوم وتشتيت الناس من تحت قيادته. حتَّى إنَّه لم يسمح للرسول يوحنَّا بزيارة الكنيسة، كما أنَّه مزَّق الرسالة التي كان قد أرسلها إليه.

كان ذلك الرجل يعزل كل من لا يقف بجانبه وكان يحقد على كلِّ من لا يوافق معه، بمَن في ذلك الرسل. وليس لدينا أيّ سجل يُخبِر أنَّه كان غير مستقيم في إيمانه، لكنَّه كان يقمع أيَّة موهبة تعليم تظهر في الكنيسة.

لذلك كان على يوحنَّا أن يشجِّع غايُس على استقبال ديمتريوس الذي كان معلِّمًا محترمًا، وكان يجب عدم إبعاده. وليس واضحًا ما إذا كان ديمتريوس خادمًا مقيمًا أو متنقِّلاً. ولعلَّه هو الذي نقل الرسائل إلى الكنيسة. ولا بدَّ أنَّه كان معروفًا لديهم.

الرسول الشيخ

نعرف من خلال سجِّلات الكنيسة قصَّتين عن يوحنَّا بعدما تقدَّم في العمر، وهما تكشفان حفاظه على التوازن بين الحقّ والمحبّة. وقد دافع عن الحق بشدَّة، رافضًا أن يقدِّم أيَّ تنازلات خاصَّة في ما يخصّ شخص المسيح. لكنَّه كان شيخًا محبًّا بإمتياز.

يذكر أحد كتَّاب الكنيسة الباكرة قصَّة جرت مع يوحنَّا قرابة العام 90 م. وكان يوحنَّا في ذلك الوقت قد تقدَّم في الأيَّام، فكان يُحمل إلى الكنيسة أسبوعيًّا على كرسي مُزوَّد بعمودَين. وغالبًا، كان أعضاء الكنيسة يطلبون منه إلقاء كلمة. فكان يجلس على كرسيه في المقدَّمَّة، ويقول لهم: "يا أولادي الأحباء، أحبوا بعضكم بعضًا!"

وكانوا يحملونه في الأُسبوع التالي إلى الكنيسة ويطلبون منه التكلّم، فكان يقول: "نعم، لديّ ما أقوله لكم اليوم." فكانوا يحملون الكرسي إلى المقدِّمَّة وكان يقول لهم: "يا أولادي الأحباء، أحبوا بعضكم بعضًا!"

وتكرَّر الأمر في الأسابيع التالية، فظنّوا أنَّه بدأ بفقدان ذاكرته. ألم يلاحظ أنَّه يستمر في إعادة الكلمات نفسها كلَّ يوم أحد؟ وأخيرًا، تقدّموا في يوم من الأيَّام إلى الرجل العجوز وسألوه: "يا سيِّد، لماذا تعاود القول لنا أسبوع بعد أسبوعًا 'يا أولادي الأحباء، أحبوا بعضكم بعضًا!'؟ أجاب قائلاً: "إنَّها وصيَّة الربّ، ويكفي إن كنَّا نطبقها."

وتُظهر قصَّة أُخرى اهتمام يوحنًّا الشديد بالحقّ أيضًا. فقد كان يقوم بزيارات متكرِّرة للحمَّامات الرومانيَّة بهدف الاستحمام. ونزل مرَّة في الماء ورأى في الجانب الآخر من البركة رجلاً يُدعى سرينوس. وكان سرينوس هذا يقود المعلِّمين الكذبة في تعاليمهم في الكنائس. فقال يوحنًّا: "دعونا نفِرَّ! دعونا نفِرَّ! لربَّما يقع الحمَّام ويتداعى بسبب وجود سرينوس عدو الحقّ!"

وكان على مرافقيه في ذلك اليوم أن يرفعوه من البركة ليعود إلى البيت دون أن يستحم. لقد كان يوحنًّا من أكثر الناس إظهارًا للمحبَّة، لكن كان الحق مهمًّا جدًّا بالنسبة له أيضًا.

كان يوحنًّا صاحب طبع حادٍّ عندما التقاه الربُّ يسوع. وقد أطلق الربُّ عليه وعلى أخيه يعقوب لقب "بوانرجس" أي "ابنَي الرعد". فلم يكن هذا اللقب نوعًا من الإطراء! ولم تكن ردَّة فعله من نحو السامريين غريبة. فعندما بصق السامريون عليهم بينما كانوا يسيرون وسط السامرة، قال: "يا رب لنطلب أن تنزل نار من السماء وتحرقهم!"

وفي وقت لاحق، أقنعته والدته أن يطلب مع يعقوب أخيه من الربِّ يسوع مقامًا أعلى من باقي الرسل، عندما يأتي في ملكوته. ويظنّ بعضهم أنَّ طبعه أصبح ألطف بسبب تقدّمه في الأيَّام. لكن لا ينطبق هذا الأمر على الجميع! فهذا الرجل كان التلميذ الذي أحبّه يسوع وقد تغيَّرت شخصيته تدريجيًّا لتصبح مشابهة لشخصيَّة سيِّده.

لكنْ لا تُظهِر هذه الرسائل أيَّةً من خصائص شخصيَّته السلبيَّة التي طغت عليه في الماضي. لقد أصبح ذلك الرجل ممتلئًا بالمحبَّة والحقّ، وكان يتوق أن يصبح الآخرون كذلك. لقد غيَّره الربُّ يسوع، وقد ظهر في هذه الرسائل اهتمامه، بأن يعرف قرَّاؤه المخلِّص وأن يقدِّموا له الكرامة كما كان يفعل هو.

سفر رؤيا يوحنَّا اللاهوتي

آراء مختلفة

تختلف الآراءِ بشدَّة حول سفر رؤيا يوحنَّا اللاهوتي. وعندما نلقي النظر عليها جميعها، لا بدَّ من التساؤل هل كانت تلك النظريات تناقش السفر نفسه.

الرأي البشري

تتفاوت الآراء البشريَّة بقوَّة حول هذا السفر. ويُمكن تفهّم ردَّة فعل غير المؤمنين، خاصَّة أنَّ السفر ليس موجَّهًا إليهم. ولا ينبغي تقديم نصيحة لأي مؤمن جديد بقراءته في بداية إيمانه. ويصِفُه بعضُهم قائلين إنَّه:"في أحسن الأحوال يؤدِّي إلى سوء الهضم، وفي أسوإها هو الجنون بحدِّ ذاته."

ولكنْ تتفاوت الآراء حتَّى بين المؤمنين، فمنهم من يخاف منه فلا يفكِّر في قراءته، ومنهمُ المتشدِّد الذي لا يكفُّ عن قراءته! وقد قدَّم دارسو الكتاب المقدَّس بعض التعليقات السلبيَّة عنه، ومنها:"السفر يحتوي على أحاجٍ أكثر ممَّا يحتوي على كلمات"، "السفر مجموعة من الرموز الغريبة"، "السفر يبرهن أنَّ الإنسان مجنونٌ أو الإنسان يصبح مجنونًا بعد قراءته."

وما يُدهش فعلاً هو موقف معظم المـُصلحين الإنجيليِّين السلبيُّ جدًّا، (وقد أُطلِق عليهم لقب "الماجستيريال" أو قضاة ذوي صلاحيات بسبب إستعانتهم بالسلطة المدنيَّة لتحقيق أهدافهم):

- لوثر:"السفر ليس رسوليًّا ولا نبويًّا... ليفكِّر كلّ من يقرأه كما تقوده روحه... توجد كتب أنبل منه تجب قراءتها... لا يمكن لأيِّ إنسان روحي أن يُذعِنَ لِما كُتِبَ في هذا السفر."
- كالڤن: لم يُدرجه في تفسير العهد الجديد الذي كتبه!
- زوينغلي: قال إنَّه يُمكن أن تُرفض شهادة هذا السفر لأنَّه "ليس سفرًا من أسفار الكتاب المقدَّس."

وقد أثَّرت هذه النظرة الانتِقاصيَّة في الكثير من الطوائف التي نتجت عن الإصلاح الإنجيلي. وكما يعلم بعضٌ، فإنَّ الكنيسة الأُولى إحتارت في أمر ضمِّه ضِمنَ أسفار الكتاب المقدَّس. لكن، مع بداية القرن الخامس كان قد ضُمَّ مع باقي الأسفار بكلِّ ثقة على المستوى العالمي.

أمَّا بعض مفسِّري الكتاب المقدَّس الآخرين فكانوا إيجابيين في تقييمهم للسفر:"إنَّه التُّحفة الفنيَّة الوحيدة في كلّ العهد الجديد"، "هذا السفر هو أجمل من أن يتمّ وصفه". حتى وليم باركلي الذي جمع

هذه التعليقات المختلفة مع أنَّه كان ميّالاً إلى تَبنّي النظرة "المتحرِّرة" من نحو الكتاب المقدَّس، قال لقرَّائه إنَّ "السفر يستحق أن نتصارع معه إلى أن تتدفَّق بركاته علينا ويتكشَّف غناه."

الرأي الشيطاني

إنَّ الرأي الشيطاني سلبي بإستمرار. فالشيطان يكره الصفحات الأُولى من الكتاب المقدَّس (التي تُظهر كيف تسلَّطَ على كوكبنا)، وهو يكره أيضًا الصفحات الأخيرة منه (التي تُظهر كيف سيخسر هذا التسلّط). وهو يشعر بالاكتفاء إذا توصَّل إلى إقناع الناس بأنَّ سفر التكوين يتألَّف من خُرافات لا يُمكن تصديقها، وأنَّ سفر الرؤيا يتألَّف من أُمور غامضة لا يُمكن تصديقها. ولدى كاتب هذا الكتاب برهان واضح عن كراهيَة الشيطان للأصحاح العشرين من سفر الرؤيا، فالعديد من الأشرطة المسجَّلة عنه تعطَّلت بين فترة نسخها وشحنها. وفي بعض الحالات، مُسِح الجزء المتعلِّق بمصير الشيطان قبل نهاية الشريط. أمَّا في بعض الأشرطة الأُخرى فيُسمع صوت صراخ بلغة غريبة، ويصبح الكلام المسجَّل على الشريط غير واضح! فالسفر يُظهر خداع إبليس، ويوضح أنَّه رئيس هذا العالم والمتسلِّط عليه بسماحٍ من الربّ. وقد أُعطيَ هذا الأمرَ بصفة موَقَّتة فقط.

الرأي الإلٰهي

إنَّ الرأي الإلٰهي إيجابي باستمرار. فبين أسفار الكتاب المقدَّس هذا هو السفر الوحيد الذي يشير إلى عواقب تصرّفاتنا إن كانت من الناحية السلبيَّة أو الإيجابيَّة. فمن الناحية الأُولى، تحلّ بركة خاصّة على الذين يقرأونه بصوت عال لأنفسهم وللآخرين (3:1)، وعلى الذين "يحفظون" كلامه من خلال التأمّل والممارسة (7:22). ومن الناحية الأُخرى، تحلّ لعنة مميّزة على الذين يتلاعبون بالنصّ. فمن يَزِد على هذا السفر تُطبَّقْ عليه اللعنات المذكورة فيه. والذي يحذف منه سيخسر الحياة الأبديَّة في أُورشليم الجديدة.

وتشير هاتان البركة واللعنة إلى مدى نظرة الربّ الجادَّة تجاه الحقائق والوقائع التي تظهر هنا. ولا أظن أنَّه يمكن أن تكون هناك طريقة أُخرى يُوضَح بها هذا الأمر بدقَّة أكثر.

بعد إظهار بعض الآراء حول هذا السفر، نُلقي الضوء الآن على السفر بحدّ ذاته.

نشير أوَّلاً إلى موقعه في الكتاب المقدَّس. فكما أنَّه لا يُمكن لسفر التكوين إلاَّ أن يكون في بداية الكتاب المقدَّس، كذلك لا يُمكن لسفر الرؤيا إلاَّ أن يكون في نهايته. فهو بطريقة أو بأُخرى يقدِّم خاتمة "القصّة".

وإذا كان الكتاب المقدَّس يُعتَبر تاريخ العالم، فإنَّ هناك ضرورة لوجود سفر الرؤيا بِهدَف تقديم نهاية له. والتاريخ في الكتاب المقدَّس بالطبع مختلف عن أيَّة كتابات أُخرى. فهو يبدأ باكرًا جدًا قبل أن يكون هناك من يسجِّل الأحداث، وينتهي متأخِّرًا إذ يتنبَّأ بأحداث لا تُمكن ملاحظتها بعد أو تدوينها.

ويؤدِّي ذلك إلى طرح السؤال ما إذا كنَّا نواجه هنا كتاباتٍ من نِتاج المخيِّلة البشريَّة، أم نواجه كتابات من نتاجِ الوحي الإلهي. لكنَّما تعتمد الإجابة على الإيمان. فالأمر يستند إلى قرار بسيط: إمَّا أن نصدِّق وإمَّا لا نصدِّق ما نقرأه. ومع أنَّ الإيمان يتخطَّى المنطق، فهو لا يتناقض معه. والسرد الذي يقدِّمه الكتاب المقدَّس عن أصل الكون ومصيره يفسِّر بالتمام حاله الحاضرة. ومعرفتنا لكيفيَّة نهايته مهمَّة جدًّا لاختيارنا أُسلوب الحياة الذي نتبنَّاه في الحاضر.

ينصبُّ اهتمام الكتاب المقدَّس على الجنس البشري، وبالأخص على شعبِ اختيارِ الله، بدل انصبابه على البيئة التي هو متواجد فيها. فإنَّه قد قطع "عهدًا" معهم مشابهًا لعهد الزواج. فمن ناحية، الكتابُ المقدَّس هو قصَّة عاطفيَّة حيث يفتِّش الآب السماوي عن عروس من الأرض لابنه. وكأيَّة قصّة رومانسيَّة فإنَّهما "يتزوجَّان ويعيشان بسعادة تامّة". لكن هذه النهاية السعيدة لا تتمّ إلاَّ في سفر الرؤيا، الذي لولاهُ ما كان يمكننا أن نعرف ما إذا كانت هذه الخِطبة (2كورنثوس11:2) ستؤدِّي إلى الزواج أم أنَّها ستُلغى!

وفي الواقع أنَّ من الصعب تخيُّل وجود الكتاب المقدَّس دون احتوائه على سفر رؤيا يوحنَّا اللاهوتي، مع أنَّنا لا نستخدمه كثيرًا. تخيَّل أن ينتهي العهد الجديد برسالة يهوذا القصيرة، المـُوجَّهة إلى الجيل الثاني في الكنيسة، وقد كان فاسدًا من ناحية العقيدة والسلوك والشخصيَّة والكلام. فهل سينتهي الكتاب هكذا؟ كانت ستكون نهاية مأساويَّة لو أنَّه انتهى كذلك!

لذلك، يفرح العديد من المؤمنين لوجود سفر الرؤيا في نهاية العهد الجديد، ولو كانوا غير ملِّمين به كثيرًا. وغالبًا ما يستطيعون التعامل مع الأصحاحات الأُولى منه والأصحاحات الأخيرة، لكنَّهم يشعرون ببعض الضياع عند قراءة الأصحاحات الوسطى (6-18). ويعود سبب ذلك إلى مُحتوى تلك الأصحاحات الذي لا يُمكن أن يُشبَّه بأيِّ شيء نعهده. وهذا الجزء صعب لأنَّه مختلف، لكن ما الذي يجعله مختلفًا؟

إنَّ أُسلوب -أو طبيعة- كتابة "علم نهاية الأيَّام" في هذا السفر مختلف من ناحية المضمون عن الأُسلوب المتَّبع في أسفار العهد الجديد الأُخرى. وكذلك هو مختلف من ناحية أصله. فجميع الأسفار الأُخرى كُتِبت عن سابق تصوّر وتصميم. وقد قرَّر كلّ كاتب الكتابة بنفسه أو بواسطة الإستعانة "بكاتب" أو "سكرتير" (راجع رسالة رومية 22:16). وقد كان كلّ كاتب يفكِّر مليًّا في ما يريد كتابته قبل تدوينه على الورق. ولذلك عكست كتاباتُهُ طبعَهُ وشخصيّته ونظرته وخبراته بكلِّ وضوح، مع أنَّه كتب "بوحي" من الروح القدس الذي حرَّك أحاسيسه ومشاعره.

وقد لاحظ دارسو الكتاب المقدَّس الفروقات المتعدِّدة بين سفر الرؤيا وكتابات الرسول يوحنَّا الأُخرى (كتب إنجيلاً واحدًا وثلاث رسائل). فالأُسلوب واللغة والمفردات ليست مألوفة في باقي كتاباته، حتَّى إنَّ هناك مَن ظنَّ أنَّ الكاتب هو "يوحنَّا آخر". ووجدوا في الواقع نوعًا من الإشارة غير الواضحة بالكامل إلى شيخ غير معروف كان يعيش في أفسس، وقد توافقت مواصفاته مع مواصفات كاتب السفر. لكنَّ

الكاتب الذي كتب بالفعل سفر الرؤيا عرَّف نفسه بقوله **"أَنَا يوحنَّا** أَخُوكُمْ وَشَرِيكُكُمْ فِي الضِّيقَةِ وَفِي مَلَكُوتِ يَسُوعَ الْمَسِيحِ وَصَبْرِهِ" (1:9)، ممَّا يشير إلى كونه معروفًا في وسطهم.

يوجد أيضًا تفسير أبسط لهذا التناقض، بالإضافة إلى الفرق الواضح من ناحية الموضوع. فإنَّ يوحنَّا لم ينوِ أبدًا أن يكتب سفر الرؤيا، ولم يفكِّر فيه، بل أتاه الأمر على شكل "رؤيا" مَرويَّة ومصوَّرة. وقد طُلِب منه أن "يكتب" عن كلِّ تلك الصور التي "رآها" والأصوات التي "سمعها" (1:11، 19؛ 2:1، 8، 12؛ 3:1، 7، 14؛ 13:14؛ 9:19؛ 5:21). ويدل تكرار ورود الأمر له بالكتابة على أنَّه أُخِذ بما كان يراه ويسمعه وبما كان يحدث من حوله، حتى إنَّه كان بين الحين والآخر ينسى أن يكتب.

ويفسَّر هذا الأمر سبب استخدام "اللغة اليونانية الركيكة" مقارنةً بأُسلوبه الفصيح المعتاد. لقد كتب بسرعة وقد أربكته الأحداث التي كانت تجري من حوله، كأنْ يُطلب منك أن تشاهد فيلمًا وتكتب ما يحدث فيه وأنت تشاهده. ولا بدَّ أنَّ طلَّاب الجامعات يفهمون الأمر، إذ نقارن كيف تكون ملاحظاتهم إذ يكتبونها فيما الأستاذ يشرح المادة. لماذا إذًا لم يُعِد يوحنَّا نسخ ما كتبه ولم يصقل اللغة؟ لا أظنُّ أنَّه كان سيفعل ذلك، خاصّة أنَّ الكلمات الأخيرة التي كتبها تضمّنت وعدًا باللعنة على كلِّ من يحاول التلاعب بما كتب!

كلّ هذا يعني أنَّ يوحنَّا ليس كاتب سفر الرؤيا، بل كان مجرَّد "ناسخ" كتب ما أُملِي عليه. إذًا، من كان كاتب هذا السفر؟ وقد كانت الرسائل تأتيه غالبًا بواسطة ملائكة. لكن كان هذا ما يقوله الروح القدس للكنائس، وكانت هذه أيضًا **رؤيا (إعلان) يسوع المسيح**. إذًا، كانت سلسلة التواصل معقَّدة وقد تكوَّنت من الله الآب والربِّ يسوع والروح القدس والملائكة ويوحنَّا. أضف أنَّ يوحنَّا المسكين ارتبك بشأن مَن يعود المجد إليه في ما اختبره هو (10:19؛ 22:8-9). لكنْ قُدِّم السُّجودُ لاثنين فقط من عناصر هذه السلسلة.

إنَّ هذا السفر يستحق أكثر من أيِّ سفر آخر في العهد الجديد إطلاق اسم "الرؤيا" عليه. والكلمة الأُولى المذكورة في السفر، والتي تُرجمت إلى "إعلان" أو "رؤيا"، مشتقَّة من الكلمة اليونانية apokalypsis التي خرجت منها الكلمة ‘Apocalypse’ والصفة ‘apocalyptic’ اللتان تُستخدمان في الوقت الحاضر لوصف أيِّ نوعٍ مُشابه من الأدب في الأُسلوب والمضمون. ويحمل جذر الكلمة معنى "الكشف عن أمر معيَّن"، أو فتح الستارة لإظهار ما سبقت تخبئتُه (تمامًا كإزاحة الستارة عن صورة أو نُصب تذكاري).

يكشف هذا السفر في إطار الكتاب المقدَّس ما هو غير مكشوف للإنسان، لكنَّه معلوم لدى الرب. فهناك بعض الأُمور التي لا يمكن للإنسان معرفتُها إلاَّ إذا اختار الربّ أن يُعلمه بها. وبصورة خاصَّة، لا يستطيع الإنسان أن يعرف ماذا يحصل في السماء الآن، ولا يستطيع أن يعرف ماذا سيحصل في المستقبل. ولذلك، فإنَّ كتاباته وتفسيراته للأحداث محصورة تمامًا في الزمان والمكان. ويمكن أن تكون في أفضل الأحوال سردًا جزئيًّا للأحداث التاريخيَّة.

وعندما يكتب الربّ التاريخ، فإنَّه يقدِّم صورة متكاملة، ليس لأنَّه يأمر بحدوث الأُمور فقط، بل لأنَّه يراقب ماجرَيات الأحداث. فالتاريخ هو قصَّته History is His Story. وهو "مُخْبِرٌ مُنْذُ الْبَدْءِ بِالأَخِيرِ، وَمُنْذُ الْقَدِيمِ بِمَا لَمْ يُفْعَلْ، قَائِلاً: رَأْيِي يَقُومُ وَأَفْعَلُ كُلَّ مَسَرَّتِي." (إشعياء 46:10). فالماضي والحاضر والمستقبل جميعُها مُترابطة معه.

وكذلك، فإنَّ السماء والأرض مترابطتان معه. فهناك تفاعل بين ما يجري فوقُ وبين ما يجري تحتُ. وإحدى خصائص سفر الرؤيا التي تُربِكُنا هي الانتقال المـُفاجىء بين مشهد الأرض ومشهد السماء. ويعود سبب ذلك إلى الترابط بين ما يحدث فوقُ وما يحدث تحتُ (فمثلاً، الحرب في السماء تؤدِّي إلى نشوب الحرب على الأرض، 7:12؛ 7:13).

"وعلم نهاية الزمن" هو التاريخ المكتوب من وجهة نظر الرب. وهو يقدِّم الصورة كاملة، ويوسِّع مفهومنا بشأن الأحداث التي تجري حول العالم من خلال النظر إليها في ضوء ما هو أعلى وأبعد من إدراكنا المحدود. لكن يقودنا هذا إلى الحصول على بصيرة وبُعد نظر وتوسيع مدارك استيعابنا لما يحدث من حولنا، أكثر ممَّا يُمكن للمؤرِّخ العادي أن يدرك. فالأهداف والأنماط تظهر دون أن يدرك سبب وجودها، إذ إنَّ التاريخ ليس مجرَّد تراكمات لأحداث، بل إنَّ الصُّدَف هي طريق لتحقيق التدبير الإلهي. والتاريخ يتحرَّك باتِّجاه هدف معيَّن.

والزمن مهم جدًّا، كما أنَّ الزمن والأبديَّة مترابطان. فالله ليس خارج إطار الزمن كما كان يؤمن الفلاسفة اليونانيون. إنَّه داخل إطار الزمن، أو بالأحرى إنَّ الزمن موجود داخل إطارِ الله. ذلك أنَّه كان وما يزال وسوف يكون. فحتَّى الله لا يمكن أن يغيِّر الماضي بعد أن يحصل! فموت المسيح وقيامته لا يمكن أن يُغيَّرا أو أن يُحذفا!

إنَّ الربّ يقيم مخطَّطاته ومقاصده خلال مرور الزمن (تُمكن مراجعة كتاب Christ and Time في اللغة الإنكليزيَّة للكاتب أوسكار كولمان، مطبعة SCM, 1950). إنَّه ربّ التاريخ. لكن هذا هو النمط الذي يستخدمه والذي يمكن تمييزه فقط، عندما يكشف قِطَع الأحجية المفقودة. وفي العهد الجديد تُسمى الأُمور المخفيَّة عن العين البشريَّة والتي يكشفها الربّ "أسرارًا".

ويصبح اتِّجاه الأحداث في الماضي والحاضر واضحًا في ضوء المستقبل. أمَّا شكل التاريخ فلا تُمكن رؤيته في المدى القصير، بل في المدى الطويل. والوقت نسبي بالنسبة إلى الربِّ كما هو حقيقي أيضًا. **"لأن ألف سنة في عينيك مثل يوم أمس بعد ما عبر، وكهزيع من الليل" (المزمور 90:4، وقد استشهد بطرس بهذه الآية في 2بطرس3:8). ويبدو صبر الرب وتأنِّيه أحيانًا بالنسبة إلينا كما لو كان الربُّ "يتباطأ" (2بطرس 3:9).**

يحتوي الكتاب المقدَّس على "فلسفة تاريخيَّة" مختلفة عن تلك التي يمكن أن يتبنَّاها فِكر الإنسان. ويتضح التناقض عندما نقارنها بأربعة أفكار شائعة:

1. دائريّ: "التاريخ يعيد نفسه"، وهو يدور في دوائر وحلقات غير متناهية. وأحيانًا يصبح العالم أفضل، ثم يصبح أسوأ، ثم أفضل، ثم أسوأ... وهكذا دواليك. وهذا هو الفكر اليوناني.

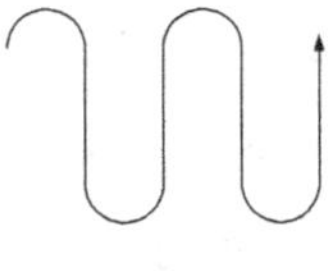

2. إيقاعي: إنّه فكر يشبه الفكر الدائري لكن مع بعض التغييرات. فالعالم يترجَّح بين الأفضل والأسوإ، لكنَّه لا يعيد نفسه بالأُسلوب نفسه. إنَّه يتقدَّم باستمرار، لكن لا أحد يعلم ما إذا كان سينتهي وهو في حالة "الأفضل" أو حالة "الأسوإ"!

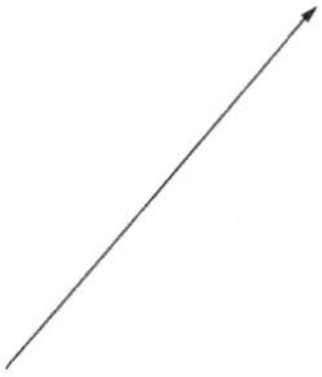

3. تفاؤليّ: إنَّ العالم يتقدَّم نحو الأفضل باستمرار، تمامًا كما قال أحد رؤساء وزراء بريطانيا في بداية القرن العشرين: "إلى أعلى وأعلى وأعلى، وإلى الأمام والأمام والأمام." وكانت كلمة "التقدُّم" متداولة حينذاك على ألسنة الجميع. وكان التاريخ مصعدًا منطلقًا إلى الطوابق العُليا باستمرار.

4. تشاؤميّ: كانت العبارة المتداولة على ألسُن الجميع في نهاية القرن العشرين "البقاء على قيد الحياة". ويعتقد الخبراء أصحاب النظرة المتشائمة أنَّنا في مصعد ينطلق نحو الطوابق السُّفلى باستمرار. ربَّما يمكن تخفيف سرعة هبوطه، إلاَّ أنَّه لا يُمكن إيقافه. وستستمر حالة العالم بالتدهور إلى أنَّ تصبح الحياة مستحيلة (يظن بعضٌ أنَّ ذلك سيحدث قرابة العام 2040)!

أمَّا نظرة الكتاب المقدَّس فمختلفة تمامًا عن كل تلك الأفكار، وهي تجمع بين التفاؤل والتشاؤم بأُسلوب واقعيّ يعتمد على حقائق تُثبِته.

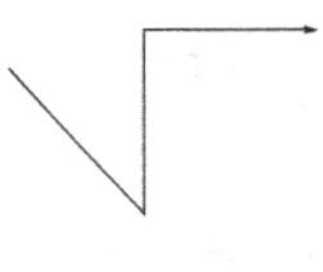

5. "أُخرَويٌّ" (أو"أُخرؤيويٌّ" Apocalyptic) أي عِلم نهاية الزمن: سيتحوَّل وضع العالم إلى الأسوإ، وفجأة سيصبح أفضل منه في أي فترة مرَّ بها، وسيبقى على هذه الحال.

ويتشارك اليهود والمسيحيون والشيوعيون في أُسلوب التفكير الأخير هذا. وقد أخذوه من المصدر نفسه (الأنبياء العبرانيين، إذ كانت والدة كارل ماركس يهوديَّة وكان أبوه لوثريًّا). أمَّا الفارق الأساسي بين الفرق الثلاث فهو اختيارهم للسبب الذي سيؤدِّي إلى التغيير الواضح في الاتِّجاه. فالشيوعون يعتقدون أنَّ ذلك سيحصل بسبب ثورة الناس. واليهود يعتقدون أنَّ السبب يعود إلى التدخّل الإلٰهي. والمسيحيون يؤمنون أنَّ ذلك سيحصل عند عودة الربِّ يسوع، الله المتجسِّد، إلى الأرض.

ولا بدَّ أن يلاحظ الذين قرأوا سفر الرؤيا بأكمله أنَّه مبنيّ بالفعل على هذا الأساس. فبعد معالجة الأُمور الحاضرة في الأصحاحات الأُولى، ينتقل الكاتب إلى معالجة الأُمور المستقبليَّة التي ستحدث عبر التاريخ. ويسوء مجرى الأحداث تدريجيًّا (الأصحاحات 6-18)، ثمَّ تتحسَّن فجأة (الأصحاحات 20-22)، ويترافق التغيير مع مجيء المسيح ثانيةً (الأصحاح 19).

وتوجد ميزتان عن "علم نهاية الزمن"، يجب الإشارة إليهما قبل التقدّم في دراستنا لهذا السفر:

الميزة الأُولى هي أنَّ النمط **أخلاقي** بإمتياز. فبما أنَّ التاريخ مرتّب من قِبل الربّ، وبما أنَّه صالح بالمطلق وكلِّي القدرة، نتوقَّع أن نرى عدالته تُطبَّق من حيث تشجيع الصلاح ومعاقبة الشرّ.

لكن لا يبدو الأمر كذلك على الصعيدين الفردي والعالمي على حدٍّ سواء. فالحياة غير عادلة بامتياز. ويبدو أنَّ التاريخ لا يكترث للفساد الأخلاقي. فنرى الأبرار يتألَّمون، بينما الأشرار يُثمرون. والصرخة التي تُطلق باستمرار هي التالية: "لماذا يسمح الربّ بحدوث كلّ هذا؟" ويقدِّم الكتاب المقدَّس لنا جوابًا صادقًا بذكره التساؤلات التي طرحها أيوب، وداود (المزمور 73: 1-4)، بلِ الربُّ يسوع أيضًا (مرقس 15: 34، وما ورد أيضًا في المزمور22: 1)، والمؤمنون الذين استُشهدوا من أجل اسم الربّ (رؤيا يوحنَّا 6: 10).

وكلّ هذه الشكوك هي نتيجة النظرة القصيرة الأمد نحو الحاضر أساسًا ونحو الماضي جزئيًّا. إمَّا إذا اتَّخذنا نظرة طويلة الأمد فهي تساعدنا على النَّظر إلى المستقبل بعين الاعتبار، وهو يقدِّم النتيجة الأخيرة لكلِّ ما يحدث. وهكذا يتغيَّر أُسلوب تفكيرنا ومفهومنا بالكامل (أيوب 42؛ المزمور 73: 15-28؛ عبرانيين 12: 2؛ رؤيا يوحنَّا 20: 4، كما يلخِّص بولس الأمر كلّه في رسالة رومية8: 18).

وتشجِّع كل أجزاء الكتاب المقدَّس التي تعالج الأُمور المستقبليَّة على تبنِّي نظرة طويلة الأمد، تكشف أنَّ التاريخ بالفعل يؤيِّد الأخلاق (سفر دانيال 7-12، ويتشارك سفر الرؤيا مع هذا السفر في هذا الأمر بامتياز ويقدِّم مثلاً جيِّدًا على ذلك). فنحن نعيش في كون أخلاقي، والربُّ صالح وهو ما يزال على العرش. وهو سيُنهي أمر الكون كلّه نهاية صالحة، فهو سيُنزل العقاب بالأشرار وسيكافىء الأبرار. وهو سيضع العالم في المكانة الصحيحة من جديد، وسيُعطيه للمستعدِّين أن يُصلِحوا العالم بأنفسهم. وستكون نهاية القصَّة "سعيدة".

تُركِّز كلّ الكتابات التي تهتم بالأُمور الأخيرة، ومنها رسالة سفر رؤيا يوحنَّا، على أفكار رئيسيَّة مثل المكافآت والقصاص والتجديد. وفوق الكل هي تصوِّر الربّ جالسًا على عرشه يحكم ويسيطر على أُمور العالم. ولاحظ كلمة "تصوِّر" التي تُوجِّه الفِكرَ إلى الميزة الثانية، إذ تشير الميزة الثانية إلى أنَّ ما تقدَّم هو "**رمزيٌّ بامتياز**". ولا بدَّ أن يكون الأمر كذلك إذ إنَّ ما كُتِب غير مألوف. وكما يعرف كلّ معلِّم فإنَّ ما هو غير مألوف ممكن أن يُفسَّر باستخدام ما هو معروف أي من خلال استخدام أُسلوب التشبيه (كالقول مثلاً، إنَّ أمرًا يُشبه آخر). وقد استخدم الربُّ يسوع في معظم أمثاله عن ملكوت السماوات أمثلة أرضيَّة لمساعدة مستمعيه على فهم ما يقول ("يشبه ملكوت السماوات...).

وتتضمَّن مساعدة الناس لإستيعاب أمر ما استخدام المخيِّلة بالإضافة إلى المعلومات. فإن أمكنهم "تصوُّر" الأمر في عقولهم، فسيصبح من الأسهل فهمه. وتكون ردَّة الفعل عادة: "الآن يمكنني أن أرى."

يمتلىء سفر الرؤيا باللغة التصويريَّة. ومن خلال استخدام "الرموز" باستمرار يمكننا تصوُّر ما يصعب استيعابه بغير هذا الأُسلوب. ومن المؤكّد أنَّ استخدام هذا الأُسلوب هدف إلى مساعدتنا على فهم ما نقرأه، وليس العكس. وقد تذرَّع بعضُهم بطبيعة السفر "الرمزيَّة بامتياز" كي يتجاهلوا أو يصرفوا النظر عن

التعاليم التي يقدِّمها، وكأنَّ الرموز غامضة جدًّا لدرجة أنَّها لا تقدِّم رسالة واضحة. لكنَّ الأمر، بكلِّ بساطة، ليس كذلك؛ إذ إنَّها تُفرَز إلى أربع مجموعات:

- قِسمٌ منها **واضح** إلى ماذا يرمز. فمثلاً، يرمز "التنين" أو "الحيَّة" إلى الشيطان، وترمز "البحيرة المتّقدة بالنار" إلى الجحيم، ويرمز "العرش الأبيض العظيم" إلى كرسي دينونة الرب.
- ويتمّ **شرح** قِسم منها خلال النص. فمثلاً، "الكواكب" هي الملائكة، و"المنائر" هي الكنائس، و"الأختام" و"الأبواق" و"الجامات" هي الكوارث. ويمثّل "البخور" الصلوات المتصاعدة. و"القرون العشرة" هي الملائكة.
- **ويتوازى** قِسمٌ آخر مع مواضِع أُخرى في العهد القديم. فمثلاً، نقرأ في العهد القديم عن شجرة الحياة، وقوس القزح، وكوكب الصباح، والعصا الحديديَّة، والرجال الممتطين أحصنة، والمخلوقات المفترسة التي يُشار إليها بالـ "الوحوش". ويُمكن القول بكلِّ أمانة إنَّ بعض تلك الشعارات قدِ استرجعت معناها الأصلي.
- أمَّا القِسم الباقي منها **فغامض**، لكنَّ هذا الأمر ينطبق على عدد قليل جدًّا. ومثلاً على ذلك "الحصاة البيضاء"، التي قدَّم عنها مفسِّرو الكتاب المقدَّس تفسيرات عديدة مختلفة منها: إعلان البراءة؟ إشارة إلى القبول؟ وسام تقدير؟ لكننا على الأرجح لن نعرف معناها إلى أن نستلم واحدة منها!

كذلك، استُخدمت الأرقام كرموز. فنجد مثلاً الكثير من الرقم "سبعة" في هذا السفر. فهناك سبعة نجوم وسبع منائر وسبعة أختام وسبعة أبواق وسبعة جامات. ويشير العدد "سبعة" في الكتاب المقدَّس إلى الرقم الكامل. أما الرقم "الاثنا عشر" فيشير إلى شعب الربّ في العهد القديم (الأسباط)، وشعب الربّ في العهد الجديد (التلاميذ). ويجمعهم معًا العدد "أربعة وعشرون". أمَّا الرقم "ألْف" فهو الرقم الأكبر. ويشكِّل الرقم "اثنا عشر ألفًا" من كل سبط من أسباط إسرائيل الاثني عشر "مئة وأربعة وأربعين ألفًا."

وما يلفتنا هو استخدام الرقم "666". إنَّه مؤلّف من ثلاث ستَّات، وهو رقم يدلّ عادة إلى فشل الإنسان في الوصول إلى الرقم سبعة الذي يشير إلى "الكمال المُطلَق". ويُستخدم هذا الرقم هنا للإشارة إلى آخر ديكتاتور يحكم هذا العالم، قبل أن يأتي الربُّ يسوع ليحكم الأرض ألف سنة أي في المُلك الألفيّ. أوليسَ من اللافت أنَّ الرقم "666" هو نتيجة جمع كلّ الأرقام الرومانيَّة الأساسيَّة (I = 1+ V=5+ X=10+ L=50+ C=100+ D=500، ما عدا الرقم M= 1000)؟ لكن لا جدوى من محاولة تسمية هذه الشخصيَّة إلى أن تظهر بكلّ وضوح.

توجد أُمور كثيرة في سفر الرؤيا واضحة، ويمكننا أن نتوقّف عن التفكير في بعض الأُمور الغامضة في الحاضر، متيقّنين بأنَّها ستصبح واضحة في المستقبل حين نصبح بحاجة لمعرفة كلّ التفاصيل. وما علينا في الوقت الحاضر سوى أن نشكر الربّ لأنّه أخبرنا بما هو كافٍ لنا.

وبالطبع، فإنَّ الربّ يتكلَّم من خلال البشر مستخدمًا "أنبياءه". وقد لاحظ يوحنَّا أنَّ الرسالة التي قدَّمها لم تكن رسالته الشخصيَّة. وقد أطلق على ما كتبه اسم "النبوَّاة" (1:3؛ 22:7، 10، 18، 19). إذًا، هو نبيٌّ بالإضافة إلى كونه رسولاً. وهذا هو السفر "النبوي" الوحيد في كامل العهد الجديد.

والنبوَّة هي في الوقت نفسه "تداوُل أمرٍ ما" (أي أمرٍ يخصّ الوقت الحاضر)، و"تنبُّؤ" (بأمرٍ يخصّ المستقبل). ويحتوي سفر الرؤيا على الاثنين معًا، لكن يتضمَّن الجزء الأكبر كشفًا عن أُمور ستحدث في المستقبل.

متى ستتحقَّق هذه النبوَّات أو التنبُّؤات؟ هل حصلت؟ هل تحدث الآن؟ أم ستحدث في المستقبل؟ نلقي الآن نظرة على الأجوبة المتعدِّدة التي تجيب عن تلك الأسئلة.

تفسيرات مختلفة

يحتوي ما يقارب ثلث الآيات في سفر الرؤيا على تنبُّؤات. ويُذكر بين تلك التنبُّؤات ما يُقارب الخمس والستِّين حادثة. كما أنَّ نصف تلك الأحداث يُذكر بلغة واضحة؛ أمَّا النصف الآخر فيُذكر من خلال استخدام صور رمزيَّة.

ويرد معظم تلك الأحداث بعد الأصحاح الرابع، الذي يبدأ بمنظور مختلف، أي من الأرض نحو السماء، ومن الحاضر نحو المستقبل ("اصْعَدْ إِلَى هُنَا فَأُرِيَكَ مَا لاَ بُدَّ أَنْ يَصِيرَ بَعْدَ هذَا" 4:1).

من الواضح أنَّ هذه الأحداث تشير إلى أُمور كانت ستحدث في المستقبل بحسب مفهوم الكاتب وقرَّاء القرن المسيحي الأوَّل. لكنْ إلى أي مدًى في المستقبل امتدَّ ذلك التنبّؤ؟ وهل تلك النبوَّات تُعتبر في الماضي أو الحاضر أو المستقبل بالنسبة إلينا، نحن الذين نعيش في القرن التاسع عشر؟ وهل ننظر إليها كأنَّها حصلت في الماضي، أو أنَّها تحصل الآن في الحاضر، أم أنَّها ستحصل في المستقبل؟

وهنا تظهر الفروقات ، فخلال العصور ظهرت "أربع مدارس تفسيريَّة" تتبنَّى كلٌّ منها رأيًا أساسيًّا بالنسبة إلى هذا الموضوع. وقد كُتِبت معظم التفاسير من وجهة نظر واحدة. ولذلك من الضروري إلقاء الضوء على كلّ منها قبل افتراض أيٌّ منها هو الأصحّ. ومن السهل جدًّا، كما أنَّه من الخطر، تبنِّي الرأي الأوَّل الذي نسمعه أو نقرأ عنه.

والمدارس الأربع لها قواعد وأُسس خاصَّة بها. وقد أُطلِق اسم على كلّ واحدة منها: مدرسة الماضي، ومدرسة التاريخ (وقد انقسمت إلى جزأين)، ومدرسة المستقبل، ومدرسة المثاليَّات. ولا تدع تلك التسميات تأخذك إلى التردُّد، إذ من الضروري أن نكوّن إمكانيَّة التفرقة بين وجهات النظر المختلفة تلك.

1. مدرسة الماضي

تعتبر هذه المدرسة أنَّ التنبُّؤات قد تمَّت خلال انحدار الإمبراطوريَّة الرومانيَّة وسقوطها، حيث تعرَّضت الكنيسة للكثير من الاضطهادات. وقد كُتِب هذا السفر للمؤمنين في القرن الأوَّل الميلادي

بهدف تهيئتهم لما كان سيحصل في القرنين الثاني والثالث. وتُمثِّل "المدينة العظيمة" بابل الجالسة على "الجبال السبعة" (17:9) روما (يبدو أنَّ بطرس أيضًا قد قام بهذه المقارنة في رسالته، 1بطرس5:13).

ومع أنَّ الجزء الأكبر من سفر الرؤيا بالنسبة إلينا هو في "الماضي"، لا يعني ذلك أنَّ ما ذُكِر لا قيمة له. ويمكننا أن نستشفَّ دروسًا من كلّ السرد التاريخي المذكور في كلمة الله. وبالفعل، فإنَّ السرد التاريخي يغطّي جزءًا كبيرًا من الكتاب المقدَّس. ويمكننا أن نستخرج تعليمًا وإلهامًا ممَّا حدث في الماضي.

وتكمن قوَّة هذه المدرسة التفسيريَّة في تشديدها على أنَّه يجب أن تبدأ دراسة الكتاب المقدَّس من خلال سياق النص الأساسي بالنسبة إلى الكاتب والقارئ على حدٍّ سواء. أي أنَّه يجب علينا طرح الأسئلة التالية: ماذا كان يعني ما كُتب بالنسبة إلى القُرَّاء الأوَّلين؟ ماذا كان قصد الكاتب في ما كتب؟ فأُسلوب فهم القرَّاء لما كُتِب في إطار الوضع العائشين فيه أساسي جدًّا للتفسيير والتطبيق.

ولكنْ تشوب هذه المدرسة الفكريَّة بعضُ نقاط الضعف. فمثلاً، لقد تحقَّق القليل جدًّا من التنبُّؤات خلال فترة حكم الإمبراطوريَّة الرومانيَّة. ونستطيع الإشارة إلى بعض الاتِّجاهات العامَّة دون أي تحديد معيّن (وقد حاول بعضهم استقطار الرقم "666" من أحرف اسم "يوليوس قيصر"، رُغمَ أنَّ سفر الرؤيا كُتِب بعد ثلاثين عامًا من موته!). وكلّ ذلك يعني أنَّه بعد سقوط روما، خسر السفر قيمته المباشرة، كما يعني أنَّه لا يتوجَّه بكلامه إلى الكنيسة في المستقبل. وبما أنَّ كلّ مفسِّري الكتاب المقدس يُجمِعون على أنَّ أصحاحات السفر الأخيرة تغطِّي نهاية العالم (الأمر الذي ما يزال في المستقبل بالنسبة إلينا)، تبقى ثغرة كبيرة بين بداية تاريخ الكنيسة ونهايته، وليس هناك أي توجيه للقرون المتوسِّطة. ويَعتري هذا النقص ما تقوله مدرسة التاريخ.

2. مدرسة التاريخ

تعتقد هذه المدرسة أنَّ التنبُّؤات تشمل "عصر الكنيسة" بالكامل بين مجيء المسيح الأوَّل ومجيئه الثاني. وهو تاريخ مشفَّر بواسطة رموز لما بعد الميلاد، وهو يغطّي المراحل والأزمات الأساسيَّة للحقبة كاملة. إذًا، تحقيق النبوَّات هو في الماضي والحاضر والمستقبل بالنسبة إلينا. فنحن في وسطها، ويمكننا أن نعرف البرنامج المستقبلي من خلال ما حدث في السابق.

كتب أحد العلماء فهرسًا يقارن بين كل أجزاء سفر الرؤيا والمجلَّدات العديدة لتاريخ كامبريدج القديم والمعاصر. ويُجمِع الكثيرون على أنَّنا نعيش ما بين الفصلين السادس عشر والسابع عشر!

ولكنْ جعلت هذه النظريَّة أو المدرسة الفكريَّة، على أقلِّ حال، هذا السفر ذا صلة بجميع عصور المؤمنين. وقد ولَّدت لديهم الرغبة في قراءته، لكنَّ هذا الأمر لا يقلِّل من وجود نقاط الضعف فيها.

وأحد ضعفاتها هو أنَّ العديد من التفاصيل أُدرِج عن عمد ليناسب الأحداث الرئيسيَّة، وقد بدا هذا الأمر اصطناعيًّا بعض الشيء. لكن المشكلة الرئيسيَّة تكمن في أنَّه لا يتفق اثنان فقط من أصحاب هذه

النظريَّة على توافُق التاريخ والكتاب المقدَّس! ولو استخدموا الوسائل نفسها لتشابهت نتائجهم إلى حدٍّ كبير. كذلك، ينتهي بهم الأمر إلى تفاصيل غير متمَّمة.

لقد ناقشنا إلى الآن نوعًا واحدًا من "مدرسة التاريخ"، وسنطلق عليه الاسم "الفكر العمودي"، لأنَّه يشير إلى أنَّ الجزء الأساسي من سفر الرؤيا يسير بشكل عمودي إلى أحداث تتالى من مجيء المسيح الأوَّل حتَّى مجيئه الثاني. يوجد نوع آخر يمكن أن نسمّيه " الفكر الدَوريّ" أو "الذي على شكل حلقات" ويبدو أنَّه يغطّي تاريخ الكنيسة كاملاً أكثر من مرَّة، إذ يعود إلى البداية دائمًا ويذكر الأحداث من منظار آخر. ويذكر وليم هندريكسون في كتابه في اللغة الإنكليزيَّة "أعظم من منتصرين" أنَّه اكتشف سبعًا من تلك الحلقات، تغطّي كلّ واحدة منها تاريخ الكنيسة كاملاً (في الأصحاحات: 1-3؛ 4-7؛ 8-11؛ 12-14؛ 15-16؛ 17-19؛ 20-22)! وقد ساعده هذا الأمر على ذكر "المُلك الألفي" (الأصحاح 20) قبل المجيء الثاني (الأصحاح 19). ولذلك فقد تبنَّى نظريَّة "ما بعد الألفيَّة". لكن يبدو أنَّ ما يُسمَّى "التوازي التدريجي" قد أُضيف إلزاميًّا إلى النص، بدل أن يكون قد وُجِد بطريقة طبيعيَّة فيه. كما أنَّ الفصل الجذري بين الأصحاحين التاسع عشر والعشرين غير مبرَّر.

والمدرسة التاريخية هي من أقلّ المدارس التفسيريَّة التي تمدّنا بالاكتفاء والإقناع في وجهيها "العمودي" أو "الدَوري".

3. مدرسة المستقبل

تؤمن هذه المدرسة الفكريَّة بأنَّ العدد الأكبر من التوقَّعات ينطبق على الأيَّام الأخيرة القليلة قبل المجيء الثاني. وبالنسبة إلينا ما يزال الأمر في المستقبل، ومن هُنا أتت تسمية هذه المدرسة. وهي تعالج موضوع سيطرة الشرير على العالم، تلك التي ستصل إلى القمَّة في "الضيقة العظيمة" التي ستواجه أولاد الله (رؤيا يوحنَّا 7:14؛ وراجع أيضًا ما ذكره الربُّ يسوع في متَّى 24:12-22).

ويمكن أن "تُضغَط" في فترة زمنيَّة قصيرة تمتد ثلاث سنين ونصفًا (أو تحديدًا "زمانًا وزمانين ونصف زمن" أو "اثنين وأربعين شهرًا" أو "ألفًا ومئتين وستين يومًا"، 11:2-3؛ 12:6، 14؛ نقلاً عن دانيال 12:7).

وبما أنَّ الأحداث ما تزال في المستقبل، فإنَّ التنبُّؤات تميل لأنْ تكون حرفيَّة كوصف دقيق لما سيحدث. ولا حاجة بعد الآن لتفصيلها لكي تلائم التاريخ الماضي. وبالطبع، يبدو أنَّ سلسلة الكوارث تلك ستؤدّي مباشرة إلى نهاية العالم.

إذًا، ما هي رسالة الكنيسة عبر العصور؟ إنَّ معظم السفر ذو صلة بآخِرِ جيل من المؤمنين. وما يدعو إلى الدهشة أنَّ العديد من معتنقي "مدرسة المستقبل"يؤمنون أيضًا بأنَّ الكنيسة "ستُخطف" إلى السماء قبل بداية الضيقة، ولذا فإنّه حتى المؤمنون الآخِرون ليسوا بحاجة لمعرفة هذه الأُمور أيضًا!

نقطة ضعف أُخرى هي أنَّ معتنقي "مدرسة المستقبل" يميلون إلى التَّعامل مع سفر الرؤيا كأنَّه "تقويم" يؤدّي إلى الاهتمام بالرسوم البيانيَّة وجداول المستقبل. لكنَّ الواقع هو أنَّ تلك "الأحداث" لا تتطابق دائمًا مع ما يشير إلى أنَّ سفر الرؤيا لم يُكتب أصلاً لأهداف تنبُّئيَّة.

4. مدرسة المثاليّات

تزيل هذه النظريَّة كلّ الاعتبارات الزمنيَّة ولا تشجّع على مقارنتها بأحداث معيَّنة. ويصوِّر سفر الرؤيا الصراع "الخالد" بين الخير والشر، كما أنَّه يُمكن تطبيق "الحقائق" المذكورة فيه على أيَّة فترة زمنيَّة. فالمعركة بين الرب وإبليس مستمرَّة، لكن يُمكن للكنيسة "الغالبة" اختبار الانتصار الإلهيِّ في أيِّ وقت. ويُمكن لهذه "الرسالة الأساسيَّة" أن تُطبَّق على المستوى العالمي في أيّ زمان ومكان.

إنَّ أهم نقطة إيجابيَّة لهذه النظريَّة هي أنَّ رسالة السفر تكون وثيقة الصلة بكلّ من يقرأها. فالقرَّاء محصورون بهذا الصراع الذي يتم وصفه لكن يحصلون على التأكيد أنَّ:"الذي فيكم أقوى من الذي في العالم"(1يوحنَّا4:4)، وأنَّه من الممكن أن نكون "أعظم من منتصرين" (رومية 8:37).

لكن ربَّما يقودنا كلّ هذا الأمر لاعتبار سفر الرؤيا "خُرافة"، أيّ أنَّه صحيح من الناحية الروحيَّة، لكنَّه ليس صحيحًا من الناحية التاريخيَّة. وهذه الأحداث هي أحداث خُرافيَّة، لكنَّها تحتوي على حقائق، تمامًا مثل **خُرافات إيسوب** أو رواية سِياحة **المسيحي**. ويجب نبش الحقائق من السرد قبل أن تُطبَّق في الحياة اليوميَّة. أمَّا ثمن "إزالة صبغة الخُرافة عنها" فهو التخلّص من جزء كبير من المادة واعتبارها مادة شعريَّة تزيّن المبنى وليس المضمون.

أمَّا أساس أُسلوب التفكير هذا فهو الفلسفة اليونانيَّة التي فصلت كلَّ ما هو روحيٌّ عمَّا هو مادِّيٌّ، وكلَّ ما هو مقدَّس عمَّا هو غير مقدَّس، وفصلت الأبديَّة عن الزمن الحاضر. وبالنسبة إليها، الربُّ غير محدود بالزمان. ولذلك فإنَّ الحق هو غير محدود بالزمان، رُغمَ أنَّه في الزمان أيضًا. ودحضَت هذه النظريَّة القائلة إنَّ التاريخ يسير بشكل "دائري" فكرةَ "انتهاء الزمن" أي أنَّه سيأتي وقت فيه ينتهي الزمن أو يصل إلى خاتمة.

وتؤثّر هذه النظرة في دراسة الأُمور الأُخرويَّة (دراسة الأُمور المتعلّقة بنهاية العالم) مثل المجيء الثاني ويوم الدينونة اللذَين تمَّ نقلُهما من المستقبل إلى الحاضر ومن اللاحق إلى الآن. وتصبح الأُمور المتعلّقة بنهاية العالم أُمورًا "وجوديَّة" (أي أنَّها تتعلّق بلحظة الوجود الآنيَّة، أو كما يُقال إنَّها "تتحقّق" كأن تُحقِّق أمنياتك بامتلاكك للمال اللازم لذلك).

وبالطبع تجب إضافة بعض التعديلات الجذريَّة إلى"التنبُّؤات" لجعلها تُطابق الوقت الحاضر، وخاصَّة بأن نُضفيَ عليها الطابع "الروحي" (وهذا أُسلوب تفكير "أفلاطوني"). مثلاً، "أُورشليم الجديدة" المذكورة في الأصحاح الحادي والعشرين تصبح وصفًا لشعبٍ بدَلَ مكان، وتصبح صورة "مثالية" (والتشديد على الكلمة "مثالية") للكنيسة، مع تجاهُل التفاصيل الهندسيَّة المذكورة!

سنلخّص ما ذُكر على الشكل التالي. توجد أربع إجابات مختلفة عن السؤال التالي: أيَّةَ فترة زمنيَّة يغطِّي سفر الرؤيا؟

- تجيب مدرسة "الماضي": القرونَ الأُولى الميلاديَّة.
- تجيب مدرسة "التاريخ": كلَّ القرون الميلاديَّة من المجيء الأوَّل حتَّى المجيء الثاني.

- تجيب مدرسة "المستقبل": السنوات الأخيرة من القرن الميلادي الأخير.
- تجيب مدرسة "المثاليات": يمكن أن يكون أيَّ قرن، لا قرنًا واحدًا بالتحديد.

إذًا، مَن على حق؟ تتميَّز كل فلسفة بإيجابيَّات وسلبيَّات. وهل علينا أن نختار من بينها؟ وهل يمكن أن تكون جميعها على حقّ؟ أم هل تكون جميعها على خطإ؟

قد تساعد الملاحظات التالية القارئ على الوصول إلى استنتاج وافٍ:

أوَّلاً، يبدو من الواضح أنَّه لا يوجد مفتاح واحد يفكّ مغاليق الكتاب المقدَّس. وكلّ "مدرسة" تحتوي على بعض الحقائق، إلاَّ أنَّه لم تكشف أيَّة واحدة منهنَّ جميع الحقائق. وعندما نستخدم واحدة منها فقط في سعينا إلى فهم النصّ، لا بدَّ أن نُنقِصَ من قيمته.

ثانيًا، لا يوجد سبب يمنعنا من اللجوء إلى أكثر من مدرسة في تفسيرنا النص. فيمكن للنصوص أن تحمل معانيَ وتطبيقاتٍ مختلفة. لكنَّنا بحاجة إلى السيطرة على عدم استخدام تلك "المدارس" بصورة اعتباطيَّة لدعم رأيٍ كنَّا قدِ اتّخذناه سابقًا قبل دراسة النصّ. ويمكن أن نحافظ على تلك الضوابط من خلال التزام النصّ وطرح السؤال التالي باستمرار: هل هذا هو المعنى الذي قصده الكاتب الإلٰهيُّ والقارئُ البشري؟

ثالثًا، إنَّ جزءًا من كلّ مدرسة يساعدنا على فهم النص. وتتوافق بعض عناصر المدارس الأربع بعضُها مع بعض بحيثُ يمكن استخدامها معًا، لكن علينا أن نُوضِح أنَّ بعض العناصر تتضارب ولا يُمكن استخدامها معًا.

رابعًا، يتغيَّر التشديد أحيانًا بين أجزاء السفر المختلفة. وعلينا استخدام وسيلةَ -أو وسائل- التفسير المناسبة لكلّ نصٍّ معيَّن. وسوف يتمّ إيضاح ذلك في ما تبقَّى من هذا الفصل بطريقة عمليَّة من خلال دراسة الأجزاء الثلاثة الرئيسيَّة للسفر:

البداية (الأصحاحات 1-3)

إنَّ هذا الجزء ليس مثيرًا للجدل، ولذلك يتم شرحه بثقة أكبر وبتفاوت أكثر من باقي الأجزاء (راجع مثلاً في اللغة الإنكليزيَّة كتاب What Christ thinks of the Church by John Stott, Lutterworth Press, 1958). ويستريح الكثير من المفسّرين إلى استخدام أُسلوب التفسير الكلاسيكي (رغم أنَّهم لا يستريحون إلى تطبيقه!). وتكمن مشكلة هذا النص في أنَّنا نفهمه **جدًّا**، ويبدو أنَّه واضح جدًّا. وتواجهنا القليل من العقبات من حيث التفاصيل (الملائكة)، والرموز (الحصاة البيضاء والمن المُخفى). لكنَّ الرسائل الموجَّهة إلى الكنائس السبع المنتشرة في أسيَّا ليست بعيدة عن أيَّة رسالة من رسائل العهد الجديد. إذًا، أيَّة "مدرسة" هي الأنسب؟

من المؤكَّد أنَّ "مدرسة الماضي" تساعد في تركيز انتباهنا على القرن الأوَّل. فأيُّ تفسير جدّي يجب أن **يبدأ** بماذا كان يعني للقراء في ذلك الوقت. لكن، هل يجب أن نتوقَّف هناك؟

ويؤمن معتنقو "مدرسة التاريخ" أنَّ الكنائس السبع تمثّل الكنيسة الجامعة عبر الزمن، أي سبع مراحل متتالية في تاريخ الكنيسة. فكنيسة أفسس تغطي مرحلة الكنيسة أوَّل عهدها، وكنيسة سميرنا تغطّي فترة الاضطهاد الروماني، وكنيسة برغامس تغطّي زمن قسطنطين، وكنيسة ثياتيرا تغطّي العصور الوسطى، وكنيسة ساردس تغطّي زمن الإصلاح، وكنيسة فيلادلفيا تغطّي الحركة الإرساليَّة العالميَّة، وكنيسة لاودكيَّة تغطّي القرن العشرين. لكنَّ هذا التوازي مفروض قَسْرًا على الواقع (فربَّما تُشبِه كنائس الغرب كنيسة "لاودكيَّة"، أمَّا كنائس العالم الثالث فأبعد ما تكون عن ذلك!). إذًا، لا يناسب هذا المـُخطَّط الواقع.

وتتميَّز مدرسة "المستقبل" بالغرابة أكثر إذ إنّها تؤمن أنَّه سيُعاد تأسيس الكنائس السبع في المدن نفسها الواقعة في آسيا الصُّغرى، وذلك مباشرةً قبل مجيء يسوع ثانية ، وقد انطلقوا من الاعتقاد الخاطئ أنَّ عبارة "سآتي" (2:5، 16؛ 3:4) تشير إلى المجيء الثاني. لكن في الواقع أنَّ هذه الكنائس اضمحلَّت منذ فترة زمنيَّة طويلة، وقد أُزيلت "منائرُهُنَّ".

ويتشارك معتنقو مدرسة "المثالية" في الفكر مع معتنقي مدرسة "الماضي"، لكنَّهم يضيفون الاعتقاد القائل إنَّ الكنائس السبع التاريخيَّة تمثّل الكنيسة ككلّ عبر **المسافات**. فكنيسة أفسس تمثّل الجماعات المستقيمة لكن دون رباط المحبَّة، وتمثّل كنيسة سميرنا الألم، وتمثّل كنيسة برغامس الاحتمال، وتمثّل كنيسة ثياتيرا الفساد، وتمثّل كنيسة ساردس الأموات روحيًّا، وتمثّل كنيسة فيلادلفيا الضعفاء لكن المبشّرين، وتمثّل كنيسة لاودكيَّة الفاترين.

ويبقى أمرُ ما إذا كانت تلك الخصائص الكنسيَّة تمثّل الكنيسة عمومًا قيدَ البحث. لكنْ يقدّم هذا المثل تحديًّا وراحة في آنٍ معًا، إذ إنَّه يمكن أن يُطبَّق في كلّ زمان ومكان.

إذًا، يُمكن أن يُقال إنَّ مدرسة الماضي تشكّل مع نفحة من مدرسة المثالية المزيج الصائب للجزء الأوَّل.

الوسط (الأصحاحات 4-18)

تظهر الاختلافات بوضوح هنا. فالرؤيا تبدأ بظهور عرش الرب، ولم يشكّل هذا الأمر مشكلة، بل ألهم الكثيرين عبر العصور أن يُقدِّموا التسبيح. لكنّ الجدل يبدأ عندما يرسل يسوع الأسد/الحمل الكوارث إلى العالم ويبدأ الاضطهاد على الكنيسة. متّى يحصل ذلك؟ لا بدَّ أنَّه حصل ما بين القرن الثاني الميلادي (الذي كان ما يزال في "المستقبل" بالنسبة للكنائس السبع، 1:4) والمجيء الثاني (الأصحاح التاسع عشر).

وتحدَّد مدرسة "الماضي" هذا الجزء بزمن "انهيار الإمبراطوريَّة الرومانيَّة سقوطها". لكن يبقى الواقع أنَّ معظم الأحداث التي تمّ التنبّؤ بها، وخاصة الكوارث "الطبيعيَّة"، لم تتحقق خلال تلك الفترة. وعلينا أن نعتبر أنَّ النصّ "لمَّحَ بأُسلوب شعريّ"، بدل أن يشير بغموض إلى ما يمكن أن يحدث.

وتواجه مدرسة "التاريخ" المشكلة نفسها عند محاولة دمج تاريخ الكنيسة بأكمله في هذه الأصحاحات، إمَّا بأُسلوب السرد المتواصل وإمَّا بعدَّة خُلاصات تُعاد أكثر من مرَّة. لكن لا يمكن للتفاصيل أن تُسرَدَ هنا.

ولدى مدرسة "المستقبل" كلّ الحريَّة للاعتقاد بتحقيق النبوّات الحرفيّ، إذ إنَّه لم يتحقق أيّ منها بعد. ويساعدنا أمران على التأكّد من أنَّ ذلك أقرب إلى ما هو صحيح. الأمر الأوَّل هو أنَّ "الضيقة" هي أسوأ من أي أمر رآه العالم إلى الآن (كما تنبَّأ الربُّ يسوع في متَّى 24:21). والأمر الثاني هو أنَّ تلك الضيقة تؤدِّي مباشرة إلى أحداث نهاية العالم. لكن هل هذا كل ما في الأمر؟ وهل كان هذا الجزء من النص لا يمت بصِلة إلى الموضوع؟

وترتكب مدرسة "المثاليَّة" خطأً في محاولتها "إزالة النزعة الخُرافيَّة" عن هذا الجزء، وفصلها عن الزمن كليًّا. لكن من الصحيح أن ننظر إلى رسالة يمكن أن تُطبَّق على أيَّة مرحلة من مراحل الكنيسة. ويبقى السر في كلمة الله التي تعلّم بوضوح أنَّ الأحداث المستقبليَّة تُلقي بظلالها على المستقبل. ونجد "ظِلالاً" عديدة للربِّ يسوع في العهد القديم (كما تشرح الرسالة إلى العبرانيين). وسيتقدّم المسيحَ الكذّابَ عددٌ من "المُسحاء الكذبة" (1يوحنَّا 2:18)، ويتقدَّم النبيَّ الكذّابَ عددٌ من الأنبياء الكذبة (متَّى 24:11). كذلك، فإنَّ الاضطهاد على المستوى العالمي بدأ بالحدوث في عدد من أقطار العالم. أمَّا "الضيقة العظيمة" فتختلف قليلاً عن "الضيقات" التي تحدث عبر العصور (يوحنَّا 16:33؛ أعمال الرسل 14:22). إذًا، تساعدنا هذه الأصحاحات على فهم النزعات المعاصرة بالإضافة إلى ذروة كلّ واحدة منها.

إذًا، النتيجة هي أنَّه تكشف مدرسة "المستقبل" بالإضافة إلى جزء من مدرسة "المثاليَّة" هذا الجزء بأفضل طريقة.

النهاية (الأصحاحات 19-22)

يبدو أنَّ سفر الرؤيا يصبح أكثر وضوحًا في الأصحاحات الأخيرة منه، لكن تبقى بعض النواحي التي تدعو إلى الجدل. ويعتقد الكثيرون أنَّ هذه الأصحاحات تشير إلى المستقبل البعيد، أي "الأُمور الأخيرة " التي ستبدأ بالحدوث مع عودة المسيح (الأصحاح التاسع عشر).

عند الوصول إلى هذه الأصحاحات تتوقف مدرسة "الماضي" عن التحليل. وتحاول قلَّة قليلة إدراج هذه الأصحاحات في تاريخ الكنيسة الأُولى.

وتنقسم مدرسة "التاريخ" بوضوح إلى قسمين. فيرى القسم "العمودي" من دون أي تساؤل أنَّ هذا الجزء هو "نهاية الأزمنة" الذي يأتي بعد "عصر الكنيسة". لكن القسم "الدائريّ" يجد تكرارات هنا. ويرى بعضُهم أنَّ الحكم الألفي المذكور في الأصحاح العشرين هو وصف للكنيسة قبل المجيء الثاني المذكور في الأصحاح التاسع عشر! ويرى آخرون أنَّ "أُورشليم الجديدة" المذكورة في الأصحاح

الحادي والعشرين هي وصف للحكم الألفي الذي يأتي قبل الدينونة الأخيرة المذكورة في الأصحاح العشرين! ولا يُبرّر النصّ اختلاف ذكر الأحداث، بل يعود كلّ ذلك إلى أسباب لاهوتيّة وعقائديّة.

ويتّفق معتنقو مدرسة"المستقبل" مع معتنقي مدرسة "التاريخ" في أنَّ المجيء الثاني ويوم الدينونة والسماء والأرض الجديدتين لم تأتِ كلّها بعد. لكنْ يؤيّد قليلون مدرسة "المثاليّة" في تفسيرها لهذا الجزء. فهؤلاء يتغاضَون عن فكرة الأرض الجديدة، ويتكلّمون فقط عن "السماء" التي هي مكان لا يحدّه الزمن ينتقل إليه المؤمنون بعد الموت. وتمثّل "أُورشليم الجديدة" هذا الإطار الأبدي (صهيون السماويّة المذكورة في رسالة العبرانيين 12:22) الذي لا يمكن أن "ينزل من السماء" (رُغمَ ما ذُكِر في سفر الرؤيا 21:2، 10!).

إذًا، يُمكن إعطاء الأحقِّيَّة لمدرسة "المستقبل" في تفسير هذا الجزء من النصّ.

وسوف نُقدِّم في فصلٍ لاحق "مقدِّمة" إلى سفر الرؤيا، باستخدام ما نعتبره أدوات لائقة لذلك (وهي لا تتضمَّن أي عنصر تاريخي). لكنْ قبل القيام بذلك، علينا معالجة مسألة مهمَّة. إنَّ "المدارس الفكريَّة" الأربع تتشارك في اعتقادٍ واحدٍ وهو أنَّ السؤال الأهم الذي يجب طرحه هو "متَّى"؟ أي متَّى ستتحقق تلك النبوَّات؟

وعلينا البدء من النقطة التي تؤكّد أنَّ هدف سفر الرؤيا أساسًا هو التنبّؤ عن المستقبل، وإشباع فضولنا أو التخفيف من قلقنا بواسطة إظهار ما سيحصل في المستقبل القريب، كما في المستقبل البعيد.

لكن هذا الأمر يدعو إلى التساؤل. فالعهد الجديد لا يغوص في تكهُّنات باطلة، بل على العكس يحذّر منها. وكل "كشف" لما ينتظرنا في المستقبل يحمل هدفًا عمليًّا وأخلاقيًّا. وعادة يُكشَف عن المستقبل فقط كي يتأثَّر الحاضر به.

فالسؤال الأساسي الذي يجب طرحه هو "لماذا" وليس "متَّى"؟ **لماذا** كُتِب سفر الرؤيا؟ لماذا أوحي به إلى يوحنَّا؟ ولماذا طُلِب منه أن ينقله إلينا؟ ولماذا علينا أن نقرأه "ونحفظ" كلماته؟

لقد كُتِب ليُعلِمنا بما سيحدث، وليوجهّنا إلى ما سيحدث. ولكنْ كيف يمكننا أن نتوصَّل إلى هذه الإجابة؟

الهدف

لماذا كُتِب سفر الرؤيا؟ يمكن أن نستنتج الإجابة من خلال طرحنا سؤالاً آخر؟ إلى مَن كُتِب هذا السفر؟

لم يكن الهدف من كتابته أن يصبح كتابًا جامعيًّا يتداوله طُلَّابُ اللاهوت وأساتذتُه. فغالبًا هم مَن جعلوه يبدو معقَّدًا، ما يجعل الشعب البسيط يشعر بالخجل عند قراءته. ولا بدَّ لأحدهم أن يعترف بذلك.

لكنّي أُوكّد بشدَّة أنَّ دراسة هذا السفر لا تشكّل صعوبة أو خطأ لولا ما طلع به بعضُ اللاهوتيِّين عبر العصور من الأفكار غير الواقعيّة والساخرة والمتحيِّزة التي جعلته يبدو صعبًا وبعيد المنال، ما جعل معظم

القرَّاء يبتعدون عنه بهلع. فبالابتعاد عن تلك المفاهيم المُسبَّقة، يظهر هذا السفر من أبسط أسفار الكتاب المقدَّس وأكثرها شفَّافيَّةً بين ما يمكن لأي نبي أن يكتبه (اقتباس من كتاب "روس" 1884 **دليل النبوَّة**، World Bible Publishers1991).

لكنْ منذ ذلك الحين، لم تتغيَّر الحال كما كشف أحد التعليقات المعاصرة:

من المؤسف أنَّه بسبب حضارتنا التي تركِّز على المهارة يُرسَل أيُّ أمر يبدو صعبًا إلى الجامعة ليتم حلّ لغزه (يوجين بيترسون في كتابه عن سفر الرؤيا Reversed Thunder, Harper-Collins, 1988, p. 200).

أدَّى كلّ ذلك إلى اعتناق الفكرة البورجوازيَّة بامتياز، والقائلة بأنَّه لا يُمكن "للشعب العادي" أن يفهم هذا السفر (وليس معروفًا إن كانت كلمة "العادي" تشير إلى الناحية الكنسية أو الثقافيَّة).

القرَّاء العاديّون

ممَّا لا شكّ فيه أنَّ سفر الرؤيا كُتِب لعامَّة الشعب. وقد توجَّه الحديث فيه إلى أعضاء سبع كنائس في زمن فيه "لَيْسَ كَثِيرُونَ حُكَمَاءَ حَسَبَ الْجَسَدِ، لَيْسَ كَثِيرُونَ أَقْوِيَاءَ، لَيْسَ كَثِيرُونَ شُرَفَاءَ" (1كورنثوس1: 26). وقد قيل عن الربِّ يسوع " كَانَ الْجَمْعُ الْكَثِيرُ يَسْمَعُهُ بِسُرُورٍ" (مرقس 12: 37). وقد كان ذلك ثناء بالنسبة إليهم، كما بالنسبة إليه أيضًا. وقد لاحظ الجميع أنَّه كان "يتكلَّم بسلطان"، وأنَّه كان يعلم ماذا يتكلَّم عنه. ومن السهل جدًّا خداع المثقَّفين!

إنَّ سفر الرؤيا يكشف كنوزه لمن يقرأُه بإيمان بسيط وعقل منفتح وقلب حنون. وقد تمَّ تداول قصَّة في أميركا تضيء بقوَّة على هذه النقطة، رغمَ كونها تبدو كقصَّة قسّيسٍ نبيٍّ (كما قال مرَّة صبي لوالده: "بابا، هل ما شاركت به للتوّ قصَّة حقيقية أم أنَّك كنت تعظ؟)! كان طلاَّب إحدى كلّيَّات اللاهوت قد ضاقوا ذرعًا وامتلأت عقولهم بالارتباك حول موضوع "نبوَّات نهاية العالم"، فقرَّروا أن يمضوا بعض الوقت في لعبة كرة السلَّة. وبينما كانوا يلعبون، لاحظوا أنَّ البوَّاب يقرأ الكتاب المقدَّس بينما كان ينتظر أن يغلق الأبواب. فسألوه أي نصٍّ يدرس، وتفاجأوا إذ أتى جوابه أنَّه كان يدرس سفر الرؤيا.

"إنَّك لا تفهم ما تقرأ، أليس صحيحًا؟"

"طبعًا أفهم."

"إذًا، عمَّ يتكلَّم هذا السفر؟"

عندئذٍ، أضاءت عيناه وانفرج وجهه عن ابتسامة عريضة وقال: "الأمر بسيط جدًّا! الربُّ يسوع يغلب!!"

بالطبع هناك الكثير الذي يُمكن قوله عن هذا السفر، إلاَّ أنَّ هذا التلخيص للرسالة التي يقدّمها ليس سيِّئًا. وكثيرون درسوا مضمونه، إلاَّ أنَّهم فوَّتوا الرسالة. فالمطلب الأساسي لفهمه هو المنطق السليم. وليس أحد يأخذ كلّ ما كُتِب فيه بشكلٍ حرفيٍّ، كما أنَّه لا أحد يأخذ كلّ ما كُتِب فيه على أنَّه رمزيّ. ولكنْ أين الخط الفاصل بين ما هو حرفي وما هو رمزيّ؟ هذا يؤثِّر بالكامل في تفسيره. وهنا يأتي دور

المنطق السليم. فالرجال الأربعة الراكبون على أحصنة هم رموز، أمَّا الحروب وسفك الدماء والمجاعات والأوبئة فهي بكلّ وضوح أُمور حرفيَّة. وترمز "البحيرة المتَّقدة بالنار" إلى جهنّم، بينما "العذاب" الأبدي هو حرفي (سفر الرؤيا 20:10).

ويُمكن اللجوء إلى قوانين الخطابات العاديَّة، فمثلاً علينا أن نأخذ الكلمات ببساطتها إلاَّ إذا كانت تعني أمرًا آخر. وعادةً يُفترض أن يعني الخطباء (وبينهم الربُّ يسوع) ما يقولونه، ويعني الكتَّاب (وبينهم يوحنَّا) ما يكتبونه. ويجب أن نقبل ما ينقلونه لنا على بساطته. ومثل آخر على هذه القوانين هو أنَّه إذا أتت الكلمة نفسها في النصّ ذاته يُفترض أن تحمل المعنى نفسه، لكن أعود وأقول: إلاَّ إذا كان الأمر بكل وضوح عكس ذلك. فتغيير معنى كلمة ما فجأة ودون سابق إنذار يسبّب ارتباكًا للقارئ تمامًا كتغيير لفظ الكلمة أو طريقة كتابتها. ويُطبَّق هذا القانون على "القيامتَين" المذكورتين في الأصحاح العشرين من هذا السفر.

يجب أيضًا أن نذكر أنَّ سفر الرؤيا كُتِب إلى أُناس عاشوا في مكان وزمان مختلفين عن الأمكنة والزمان التي نعيش فيها. وليس من الغريب أن تكون بعض هذه الأمور بديهيَّة بالنسبة إليهم، أمَّا بالنسبة إلينا فتبدو غريبة، فنحن نعيش بعد ألفي سنة وفي أماكن أبعد.

وكان القرَّاء الذين وُجِّهت إليهم هذه الرسالة مؤلَّفين من أُمم أتَوا من أعراق مختلفة، وكانوا يعيشون في روما ويتكلّمون اللغة اليونانيَّة ويقرأون التوراة اليهوديَّة، وقد جمعهم الإيمان المسيحي. ولذا، علينا أن نعرف خلفياتهم الحضاريَّة واللغويَّة والمعرفيَّة لنكتشف ماذا **فهموا** عندما كانوا يقرأُون بصوت مرتفع سفر الرؤيا، في جلسة واحدة على وجه الاحتمال. وربَّما يختلف الأمر عندما نقرأ جزءًا صغيرًا منه يوميًّا بصمت.

لكنَّ هذا السفر موجَّه إلينا أيضًا بكلّ وضوح، وإلاَّ لما أُدرِج بين أسفار العهد الجديد. فلا بدَّ أنَّ الربّ أعطاه ليوحنَّا عن قصد. ولذلك علينا ألَّا نعتبر أنَّ المسافة والزمان يُشكّلان حاجزًا لكي نفهمه.

بالإضافة إلى الفجوة الحضاريَّة، يقوم عامل آخر بدور أساسي، وهو عامل الظروف. فمن الضروري طرح السؤال عن الحالة التي أوجبت كتابة هذا السفر. وتكون الاجابة هي المفتاح السرّي لفكِّ مغاليقه. فكلّ سفر في العهد الجديد كُتِب لسبب معيَّن أو حاجة معيَّنة. وسفر الرؤيا ليس شاذًّا عن هذه القاعدة.

أمثلة عمليَّة

ذكرنا سابقًا أنَّ الهدف الرئيسي من كتابة هذا السفر ليس كشف برنامج أحداث ستصير في المستقبل، بل تهيئة الناس لما سيحصل. فمن دون هذا السفر لن يكون الناس مُهيَّئين لما سوف يحدث. ويظهر الجواب في أُولى صفحاته (1:9-10).

وقد كان يوحنَّا كاتب هذا السفر يُضطهد بسبب إيمانه. وكان في السجن ليس بسبب جريمة ارتكبها، بل كان سجينًا "سياسيًّا" على جزيرة بطمس في بحر إيجه (وهي تُدعى الآن جزيرة ألكاتراز أو

جزيرة روبن). وكان قد اعتُقل ونُفي لأسباب دينيَّة. وكانت السلطات تعتبر التزامه الكامل من جهة "كلمة الله وشهادة يسوع" خيانةً وتهديدًا للسلام الروماني المؤسَّس على تعدُّد الآلهة وتقديس الإمبراطوريَّة. وكان من المتوقَّع أن يؤمن المواطنون بعدَّة آلهة، ومن بينهم الإمبراطور.

وتفاقمت الأُمور بُعيد انتهاء القرن الأوَّل الميلادي وأدَّى ذلك إلى ولادة أزمة في ضمائر المؤمنين. فقد كان يوليوس قيصر أوَّل من يعلن نفسه إلهًا. وشجَّع خليفته أغسطس على بناء هياكل على شرفه، وقد شُيِّد عدد منها في أسيا (ما هو معروف الآن بغرب تركيا).

واضطهد نيرون المؤمنين فترةً من الزمن وفي أماكن محدَّدة (فكان يطليهم بالقار ويحرقهم وهم أحياء مستعينًا بالنيران المشتعلة لإضاءة حفلاته الليلية في الحديقة، أو كان يخيطهم في جلود حيوانات مفترسة وكانت الكلاب تركض وراءهم). ومع تربّع دوميتيان على العرش في أواخر القرن الأوَّل الميلادي ازداد الاضطهاد على المؤمنين واستمرَّ بشكل متقطّع حوالى مئتَي سنة. وقد أمر دوميتيان الجميع بأن يسجدوا له وإلاَّ تُنزَل بهم عقوبة الإعدام. وكانوا يُصعدون البخور على المذبح أمامه مرَّة في السنة وهم يهتفون: "القيصر هو الرب". وكان يُسمَّى ذلك اليوم "يوم الربّ".

وكانت قد بدأت كتابة سفر الرؤيا في ذلك اليوم الذي يعتبره القرّاء المعاصرون خطأً أنَّه كان يوم الأحد. ربَّما كان كذلك، إلاَّ أنَّ يوم الأحد كان يُدعى في زمن الكنيسة الأُولى "اليوم الأوَّل من الأسبوع". ويشير عنصران في النص إلى أنَّ ذلك اليوم كان يوم الربّ "الروماني". العنصر الأوَّل هو استخدام "الـ" التعريف في عبارة "يوم الرب". والعنصر الثاني هو استخدام كلمة الربّ كصفة وليس كاسْم (أي اليومُ الرَّبّانيُّ)، نسبةً إلى اللقب الذي أُطلِق على دوميتيان الذي أغدق على نفسه لقب "الرب وإلهنا" أيضًا.

وكانت الأيَّام الصعبة بانتظار الذين رفضوا إلاَّ أن يعلنوا أنَّ "يسوع هو الربّ". وكانت حياتهم ستوضع على المحكّ. وكانت كلمة "شاهد" ستحمل معنى جديدًا يشير إلى الموت. فالشاهد سيصبح شهيدًا. فكانت الكنيسة تواجه أشدّ الامتحانات قساوة. فكم من المؤمنين الذي كانوا سيبقون على قيد الحياة كانوا سيثبتون في إيمانهم تحت ذلك الضغط؟

وكان يوحنَّا من بين الاثني عشر تلميذًا التلميذ الوحيد الذي كان ما يزال على قيد الحياة. إذ كان جميع التلاميذ قدِ استُشهدوا من أجل المسيح. ويُخبِر التقليد المسيحي أنَّ أندراوس مات معلَّقًا على صليب على شكل X في باترس في أخائيَّة، وسُلِخ جلد برثلماوس (نثنائيل) في أرمينيا وهو حيّ، وقَطَعَ هيرودوس أغريباس رأس يعقوب أخي يوحنَّا في أُورشليم، ورُمِي يعقوب ابن كُلوبا ومريم من على حافة الهيكل ورُجِم، وقُتِل يهوذا (تدّاوس) بواسطة رمي السهام في أرمينيا، وقُطِع رأس متَّى في بارثيا، وصُلِب بطرس في روما رأسًا على عقب، وعُلِّق فيلبُّس على عمود في هيروبوليس في فريجيَّة، وصُلِب سمعان الغيور في بلاد فارس، ومات توما رميًا بسهم في الهند، ورُجِم متيَّاس ثم قُطِع رأسه. وكذلك مات بولس بقطع رأسه بالسيف في مدينة روما. ولذلك كان كاتب سفر الرؤيا متنبّهًا جدًّا إلى ثمن الولاء للربّ يسوع. ولم يكن يعرف أنَّه سيكون التلميذ الوحيد الذي سيموت ميتة طبيعيَّة.

وسفر الرؤيا هو "دليل لكيفيَّة الاستشهاد"، فهو يدعو المؤمنين ليكونوا أُمَناء "إلى الموت" (10:2). ويحتلّ الشهداء جزءًا كبيرًا من صفحاته. ويتمّ تشجيع المؤمنين أن "يتمسَّكوا" بالإيمان. وإحدى التعليمات التي تردَّدت خلال السفر هي "احتملوا"، وهي تشير إلى موقف سلبي. وتأتي الصرخة الكبرى في وسط الضيقة العظيمة: "هُنَا صَبْرُ الْقِدِّيسِينَ. هُنَا الَّذِينَ يَحْفَظُونَ وَصَايَا اللهِ وَإِيمَانَ يَسُوعَ" (12:14). وتُعتبر هذه الآية المفتاح لهذا السفر.

لكنْ نقرأ عن دعوة عمليَّة إلى التألم من أجل الربّ يسوع: "أن نغلب". وقد استُخدم هذا الفعل أكثر من الفعل "احتمل"، ويُمكن أن يُقال إنَّه الكلمة المفتاح للسفر.

وتُختتم كلّ رسالة من الرسائل الموجَّهة إلى الكنائس السبع بأن يكون كل عضو فيها "غالبًا"، أي أن يغلب كلّ التجارب والضغوط، إن كانت من داخل الكنيسة أو من خارجها. وعدم الأمانة تُجاهَ الربّ يسوع هي أن تترك الإيمان المسيحي الحقيقي وأن لا تتصرّف بحسب تعليم ذلك الإيمان.

ليست الرسالة أنَّ المسيح يغلب فحسب، بل أنَّ على المؤمنين أن يغلبوا أيضًا. وعليهم أن يتبعوا الربّ الذي قال: "لا تخافوا. أنا قد غلبت العالم" (يوحنَّا16:33)، والذي يقول في سفر الرؤيا: "عليكم أنتم أيضًا أن تغلبوا العالم." ولهذا السبب حمل هذا السفر معنًى إضافيًّا للمؤمنين عندما كانوا يُضطهدون. وربَّما لا يحمل معنى كبيرًا بالنسبة إلى المؤمنين في بلاد الغرب لأنَّهم لا يواجهون الاضطهاد. فهذا السفر يجب أن يُقرأ من خلال الدموع.

ويقدّم هذا السفر للمُضطهدين نوعين من التشجيع كي "يغلبوا". التشجيع الأوَّل إيجابي: **المكافأة**. فالعديد من المكافآت تُقدَّم للذين يصبرون إلى النهاية، ومنها الحقُّ بتناول ثمر شجرة الحياة الموجودة في جنَّة الربّ، ولن يؤذيهم الموت الثاني، وتناول المن المُخفى والحصول على حصاةٍ بيضاء مطبوعٍ عليها اسمٌ جديد، والحصول على السلطة لحكم الشعوب، والجلوس مع المسيح في عرشه، ولبس ثياب بيض والوقوف في هيكل الربّ حيث يحملون اسمه ولا يتركونه أبدًا. وفوق كلّ ذلك، فإنَّ المؤمن الغالب موعود بعد التألُّم بأن يحصل على مكان في السماء والأرض الجديدتين حيث سيتمتَّع بوجود الربّ إلى أبد الآبدين. فالنتيجة مجيدة بامتياز.

التشجيع الثاني سلبيّ: **العقاب**. ما هو مصير المؤمنين الذين لم يكونوا أوفياء بسبب الاضطهاد؟ بكلمة واحدة، لن يحصلوا على أيَّةٍ من البركات التي ذُكِرت. والأسوأ من كلّ ذلك أنَّهم سوف يتشاركون في مصيرهم مع غير المؤمنين في "البحيرة المتقدة بالنار والكبريت." وتؤكّد آيتان هذا المصير المشؤوم، ونقرأ إحداها في أوَّل النص، بينما نقرأ الثانية في آخره.

"مَنْ يَغْلِبُ ...لَنْ أَمْحُوَ اسْمَهُ مِنْ سِفْرِ الْحَيَاةِ" (5:3). إنَّ المعنى واضح وهو أنَّ الذي لا يغلب يكون في خطر أن يُمحى اسمه من سفر الحياة (وتعني الكلمة حرفيًا أن "يُحفّ بسكِّين". ونجد ذِكرَ "سِفرِ الحياة" في أربعة مواضِع في الكتاب المقدَّس (سفر الخروج 32:32؛ المزمور 69:28؛ فيلبِّي 4:3؛ سفر الرؤيا 5:3). وتذكر ثلاثة من هذه النصوص أسماء أولاد لِلّٰه حُذِفت أسماؤهم من سفر الحياة لأنَّهم أخطأوا تجاه الربّ. فالذي "لا يغلب" لا يُمكن أن يرث الوعد، وإلاَّ فالوعد يفقد قيمته.

"مَنْ يَغْلِبْ يَرِثْ كُلَّ شَيْءٍ (الأرض والسماء الجديدتين وأُورشليم الجديدة)، وَأَكُونُ لَهُ إِلهًا وَهُوَ يَكُونُ لِيَ ابْنًا. وَأَمَّا الْخَائِفُونَ وَغَيْرُ الْمُؤْمِنِينَ وَالرَّجِسُونَ وَالْقَاتِلُونَ وَالزُّنَاةُ وَالسَّحَرَةُ وَعَبَدَةُ الأَوْثَانِ وَجَمِيعُ الْكَذَبَةِ، فَنَصِيبُهُمْ فِي الْبُحَيْرَةِ الْمُتَّقِدَةِ بِنَارٍ وَكِبْرِيتٍ، الَّذِي هُوَ الْمَوْتُ الثَّانِي" (21:7-8). وعلينا أن نتذكَّر أنَّ سفر الرؤيا بأكمله كُتِب للمؤمنين وليس لغير المؤمنين، وهو موجّه إلى "القدّيسين" و"عبيده". والآية 8 تُشير إلى الجبناء والمؤمنين الذين لم يحافظوا على إيمانهم. وتؤكّد كلمة "أمَّا" هذا الأمر، إذ تضع خطًّا يفصل بين الذين يستحقُّون العقاب والمؤمنين الذين "غلبوا".

بكلامٍ آخر، يضع سفر الرؤيا أمامَ المؤمنين مصيرين. فإمَّا أن يُقاموا من الأموات مع المسيح ويملكوا معه في العالم الجديد، وإمَّا أن يخسروا ميراث الملكوت وينتهي بهم الأمر في الجحيم. ويتمّ تأكيد هذا الكلام في مكان آخر في العهد الجديد. فإنجيل متّى هو "كُتيّب تعليمات للتلمذة المسيحيَّة" وهو يحتوي على خمسة "أحاديث" موجَّهة إلى "أبناء الملكوت". ونجد في هذا الإنجيل كل التعليم الذي قدَّمه الربُّ يسوع عن جهنّم، وقد وجَّه تحذيراته جميعها ما عدا اثنين منها إلى تلاميذه. والموعظة على الجبل (المذكورة في الأصحاحات 5-7 من سفر متّى) التي تُطوِّب الذين يُضطهدون من أجل الربِّ يسوع، تذكر أيضًا جهنّم وتُختتم بالتذكير بِمَصيرين. وتتضمَّن الدعوة الإرساليَّة المذكورة في الأصحاح العاشر التوجيهات: "لاَ تَخَافُوا مِنَ الَّذِينَ يَقْتُلُونَ الْجَسَدَ وَلكِنَّ النَّفْسَ لاَ يَقْدِرُونَ أَنْ يَقْتُلُوهَا، بَلْ خَافُوا بِالْحَرِيِّ مِنَ الَّذِي يَقْدِرُ أَنْ يُهْلِكَ النَّفْسَ وَالْجَسَدَ كِلَيْهِمَا فِي جَهَنَّمَ" (ع 28) و"مَنْ يُنْكِرُنِي قُدَّامَ النَّاسِ أُنْكِرُهُ أَنَا أَيْضًا قُدَّامَ أَبِي الَّذِي فِي السَّمَاوَاتِ" (ع 33). أمَّا حديث الربِّ يسوع المذكور في الأصحاحين 24-25 فيدين الخدَّام المتقاعسين والكسالى، ويكون مصيرهم: "مَعَ الْمُرَائِينَ. هُنَاكَ يَكُونُ الْبُكَاءُ وَصَرِيرُ الأَسْنَانِ" (24:51). ويُطرحون "إِلَى الظُّلْمَةِ الْخَارِجِيَّةِ، هُنَاكَ يَكُونُ الْبُكَاءُ وَصَرِيرُ الأَسْنَانِ" (25:30).

ويتخذ بولس في كتاباته إلى تيموثاوس الموقف نفسه بتذكيره "بالقول المأثور": "إِنْ كُنَّا قَدْ مُتْنَا مَعَهُ فَسَنَحْيَا أَيْضًا مَعَهُ. إِنْ كُنَّا نَصْبِرُ فَسَنَمْلِكُ أَيْضًا مَعَهُ. إِنْ كُنَّا نُنْكِرُهُ فَهُوَ أَيْضًا سَيُنْكِرُنَا" (2تيموثاوس 2:11-12)

ويتجاهل العديد من المؤمنين هذه الحقائق. والحق يُقال إنّ هناك الكثير ليُحكى عن هذا الموضوع (وقد ناقش الكاتب هذا السؤال الأساسي بإسهاب في كتابه في اللغة الإنكليزيَّة Once Saved, Always Saved?). ويبدو الأمر واضحًا في سفر الرؤيا، إذ من الممكن أن يُحرَمَ المؤمنُ "نَصِيبَهُ مِنْ سِفْرِ الْحَيَاةِ، وَمِنَ الْمَدِينَةِ الْمُقَدَّسَةِ" بمجرَّد أن يحذف من أقوال هذه النبوَّة إذ يغيِّر في معناها.

يمكننا أن نختصر الهدف من وراء كتابة سفر الرؤيا بالقول إنَّه كُتِب من لأجله تشجيع المؤمنين الذين يواجهون الضغط لكي "يحتملوا" و"يغلبوا"، ويتجنبّوا نتيجةً لذلك "الموت الثاني" إذ يحافظون على أسمائهم في "سفر الحياة". وبإمكاننا أن نجد ونحن ندرس شكل السفر وبنيَته أنَّ كلّ فصل وآية منه يتوافقان مع هدفه العام.

بنية سفر الرؤيا

إن كنّا على حقّ في تحديدنا هدف سفر الرؤيا على أنّه تحضير للمؤمنين لمواجهة الاضطهاد والاستشهاد أيضًا، فمن الممكن ربط هذه الفكرة بكلّ جزء منه. كذلك، فإنّه ينبغي لمبنى السفر الإجمالي أن يُظهِر تطوّر هذه الفكرة خلاله.

وسنبني عددًا من الخطوط العريضة من خلال تحليل المحتويات من وجهات نظر وأهداف مختلفة مبتدئين بالأبسط بينها. ويرد الفاصل الأكثر وضوحًا في 1:4، حيث يتغيَّر التركيز جذريًّا من الأرض إلى السماء، ومن الحالة الحاضرة إلى المُنتَظرات المستقبليّة:

1-3 الحاضر

4-22 المستقبل

وينقسم الجزء الثاني الأكبر بين الأخبار السيّئة والأخبار السارَّة. ويأتي التحوُّل بين النوع الأوَّل والنوع الثاني في الأصحاح التاسع عشر، فتكون النتيجة:

1-3 الحاضر

4-22 المستقبل

4-18 **أخبار سيِّئة**

20-22 **أخبار سارَّة**

ويمكننا أن ندرس كيف يتعلَّق كلّ جزء بالهدف الرئيسي للسفر. أي كيف يُهيِّئُ كلّ جزء المؤمنين لمجيء "الضيقة العظيمة". ويمكننا توسيع الخطوط العريضة كالتالي:

1-3 الحاضر

4-22 المستقبل

فتكون النتيجة كالتالي:

4-18 **أخبار سيِّئة:** سيصبح الوضع أسوأ قبل أن يتحسَّن.

20-22 **أخبار سارَّة:** سيتحسَّن الوضع قبل أن يصبح أسوأ.

ويبقى أن يُضاف عنصر آخر، وهو الأصحاح التاسع عشر. فما الذي يحصل في هذا الأصحاح والذي يؤدّي إلى تغيير الوضع بالكامل؟ إنَّه مجيء الربّ يسوع ثانية إلى الأرض! وهذا الأمر هو أساس هذا السفر بالنسبة إلى مقدّمته ونهايته (1:7و22:20). ويمكننا الآن إدراج "الأصحاح التاسع عشر، عودة المسيح" بين الأخبار السيّئة والأخبار السارة. (ونشجّع القارىء على كتابة الخطوط العريضة للسفر بدل أن نعيد كتابتها هنا).

وعندما نحافظ على هذه الخطوط العريضة في أذهاننا خلال قراءتنا للسفر يتوضَّح أكثرَ مزيدٌ من الأُمور، وفوق الكلّ تظهر وحدته. كما أنَّ هدفه يتحقَّق من خلال ثلاث مراحل:

أوَّلاً، يطلب الربُّ يسوع من الكنائس أن يعالجوا مشاكلهم الداخليَّة إن كانوا يريدون أن يواجهوا المشاكل الخارجيَّة. أمَّا المساومة على الإيمان وفي التصرّفات، وقبول عبادة الأوثان والفساد الأخلاقي، فإنَّها تُضعِف الكنيسة من داخلها.

ثانيًا، لقد تميَّزَ الربُّ يسوع بصدقه، وها هو يخبرهم بأسوإ ما يُمكن أن يحلّ بهم. ولن يكون عليهم اختبار ما هو أسوأ أبدًا! أمَّا المرحلة السُّوأى التي سوف يمرّون فيها فلن تتخطَّى أكثر من عدَّة سنوات.

ثالثًا، يكشف الربُّ يسوع الأُمور المـُذهلة التي ستتبع لاحقًا. ومن المأساويّ أن نتخلَّى عن أُمور أبديَّة رائعة لمجرَّد أن نتجنَّب صعوبات وقتيَّة.

ويُشجّع الربُّ يسوع أتباعه من خلال هذه الطرق الثلاث كي "يصبروا" و"يغلبوا" إلى أن يرجع. وتلخّص آية واحدة الأمر كلّه: "وَإِنَّمَا الَّذِي عِنْدَكُمْ تَمَسَّكُوا بِهِ إِلَى أَنْ أَجِيءَ" (2:25). وعندئذٍ، يصبح لازمًا أن يقول: "أُدْخُلْ إِلَى فَرَحِ سَيِّدِكَ" (متّى25:21).

توجد أساليب أُخرى أيضًا لتحليل هذا السفر. فنستطيعُ كتابة فِهرِس بحسب "المواضيع" يساعدنا على "فهم السفر بطريقة أفضل". ويمكن لهذا الفهرس أن يتجاهل أمر الانتقال من الأرض إلى السماء، ومن السماء إلى الأرض. ويمكننا أن نعتبر ثلاث فترات زمنيَّة:

أ. ما يحصل حاليًا في الحاضر (1-5).

ب. ما سيحصل في المستقبل القريب (6-19).

ج. ما سيحصل في المستقبل البعيد (20-22).

وسوف نلقي الضوء على الخصائص الأساسيَّة لكلّ حقبة زمنيَّة، ومن ثَمَّ ندرجها في لائحة كي يسهل حفظها. وإليكم أُنموذجًا لفِهرِس الأحداث:

أ. في الحاضر

1-3 ربّ واحد مرتفع

سبع منائر متشابهة

4-5 خالق ومخلوقات

الأسد والحمل

ب. في المستقبل القريب

6-16 الأختام، الأبواق، الجامات

الشيطان، المسيح الكذّاب، الأنبياء الكذبة

19-7 بابل، العاصمة الأخيرة

هرمجدّون، المعركة الأخيرة

ج. في المستقبل البعيد

20 المُلك الألفيّ، يوم الدينونة

22-21 السماء والأرض الجديدتان، أُورشليم الجديدة

تُمكن الملاحظة أنَّ الأصحاحين الرابع والخامس هما في الجزء الأوَّل. ويعود سبب ذلك إلى أنَّ "الحركة" التي تؤدِّي إلى "الضيقة العظيمة" تبدأ في الأصحاح السادس. وتُمكن الملاحظة أيضًا أنَّ الأصحاح التاسع عشر هو في الجزء الثاني لأنَّ "الضيقة العظيمة" تنتهي هنا حيث يغلب المسيح "الثالوث الأنجس".

غالبًا ما يكون هذا النوع من الخطوط العريضة سهلاً للحفظ، ويشكّل "مرجعًا جاهزًا" حين نود التفتيش عن موضوعٍ معيَّن. ومن المهمّ القيام بهذا التمرين قبل دراسة أجزاء السفر. وهناك مثل شائع يقول إنَّه "من غير الممكن رؤية الغابة بسبب وجود الأشجار"! فسفر الرؤيا هو واحدٌ من أسهل الأسفار ويشدّنا بالتفاصيل الموجودة فيه، حتى إنَّنا نفقد المنظر العام الشامل.

حان الوقت الآن كي نستبدل بالتلسكوب المجهرَ أو بالأحرى عدسةً مكبِّرة!

مضمون سفر الرؤيا

من الصعب إدراج شرح مفصَّل لسفر بهذا الحجم. أمَّا الهدف فهو أن نعطي مقدّمَة لكلّ جزءٍ منه ممَّا يساعد مَن يدرس الكتاب المقدَّس على "أن يقرأ ويضعَ علامات وأن يدرس ويهضم المحتويات"، كما يرد في إحدى ترجمات الكتاب المقدَّس.

سنلقي الضوء على الخصائص الأساسيَّة، وسنعالج بعض المعضلات، وسنساعد القارىء على وجه الإجمال للحفاظ على موقعه خلال مواجهته لبعض الصعوبات. ولا بدَّ أن تبقى بعض الأسئلة من دون إجابات، لكن يمكن إيجادها في بعض الكتب التفسيريَّة.

وأقترح أن تتمّ قراءة كل جزء من السفر قبل النص ذي الصلة وبعدَه.

الأصحاحات 1-3: الكنيسة على الأرض

إنَّ هذه الأصحاحات واضحة وسهلة القراءة ويمكن فهم معناها. وتشبه السباحة بالقرب من الشاطىء، لكن بعد قليل تجد نفسك تغوص في أعماق لا يمكنك اجتيازها، وتبدأ بالهلع!

ورُغمَ أنَّ سفر الرؤيا يُعتبر سفر "نبوَّات"، فهو في الواقع يأتي على شكل رسالة (قارن 1 :4-6 مع مقدّمات الرسائل الأُخرى). إلاَّ أنَّها موجَّهة إلى سبع كنائس، بدل أن تكون موجَّهة إلى كنيسة واحدة. وبينما تُدرَجُ رسالةٌ خاصَّة إلى كلّ كنيسة، من الواضح أنَّ الهدف هو أن تسمع باقي الكنائس الرسالة أيضًا.

بعد التحيَّة المسيحيَّة المعتادة (النعمة والسلام)، يتمّ إعلانُ الفكرة الرئيسيَّة: "أنَّه سيأتي ثانية". إنَّها مناسبة ستُسبِّب الحزن للعالم، لكنَّها ستُبهِج الكنيسة، وهي مناسبة ستحصل بالتأكيد (آمين).

مُرسِل الرسالة هو الربُّ نفسه، سيِّدُ الأزمنة، الذي كان ويكون والذي سيأتي، الألف والياء (ألفا وأومغا هُما الحرف الأوَّل والحرف الأخير من الأبجديَّة اليونانيَّة، وهما يرمزان إلى البداية والنهاية لكل شيء). وسيُعطي الربُّ يسوع نفسَهُ هذين اللقبين (1:17؛ 22:13) كدليل على أنَّه يؤكِّد أُلوهيَّته.

"السكرتير أو الناسخ" الذي كتب هذه الرسالة هو الرسول يوحنَّا، الذي كان قد نُفِي كسجين سياسي لأسباب دينيَّة إلى جزيرة بطمس في بحر إيجه وتبلغ مساحتها ثمانية أميال في الطول وأربعة أميال في العرض (نحو 11كلم x 6كلم).

وقد أُعطِيَ مضمونَ الرسالة بأُسلوب شفهي وبأُسلوب صُوَريّ أيضًا. لاحظ أنَّه "سمع" أُمورًا قبل أن "يرى" أُمورًا أُخرى. ثُمَّ تَلَتِ الصوتَ الذي أمره بأن يكتب رؤيا رائعةٌ للربِّ يسوع كما لم يرَه يوحنَّا من قبل: كان شعره أبيض كالثلج، وعيناه مُتَّقِدتين، وصوته يرعد، ولسانه حادًّا، ورجلاه تلمعان. وهو لم يظهر في مثل هذه الصورة حتى على جبل التجلّي. ولا عجب أن يكون يوحنَّا قد أُغمي عليه إلى أن سمع العبارةَ المألوفة:"لا تخف".

إنَّ كل شخصيَّة بارزة عاشت عبر التاريخ ماتت، إلاَّ الربَّ يسوع فهو مات لكنَّه حي الآن "إلى أَبَدِ الآبِدِينَ" (1:18، ما يعني حرفيًّا 'من دور لدور').

وطُلِب من يوحنَّا أن يكتب ما رآهُ وما يجري الآن (الأصحاحات 1-3)، ثمَّ عمَّا سوف يحصل في المستقبل" (الأصحاحات 4-22). ويتناول ما يجري الآن حالةَ الكنائس السبع في أسيَّا، ولكلّ منها "ملاك حارس" ويشرف الربُّ يسوع عليها (كما أنَّه يرى مستقبلها وداخلها!). وهي تتمثَّل في الأصل بسبعة كواكب (الملائكة)، وسبع منائر (الكنائس). ومن الملاحظ أنَّ الربَّ يسوع "يتمشَّى" في وسطها، ربَّما كما كان يوحنَّا يفعل عندما كان حرًّا. ونقرأ في الأناجيل أنَّ الربَّ يسوع قدَّم معظم تعليمه وأجرى معظم المعجزات فيما "جال" أوِ"اجتاز"، وقد حصل ذلك قبل موته وبعد قيامته.

إنَّ أفضل طريقة لدراسة السبع الرسائل الموجَّهة إلى الكنائس السبع هي أن تُدرَس معًا وتُقارن بعضها ببعض. ويسهل الأمر جدًّا عند مقارنتها، حيث تظهر الفروقات والمشابهات بينها.

وفي الحال، يصبح من الواضح أنَّ شكل الرسائل متشابه ويتكوَّن من سبعة عناصر (مُجدَّدًا نجد الرقم "7"):

1. موجَّهة إلى:

"ملاك كنيسة...".

2. المتكلّم:

"هذا يقوله...".

3. قبول:

"أنا عارف أعمالك...".

4. إتّهام:

"عندي عليك...".

5. إنذار:

"وإلاَّ فإنِّي...".

6. تأكيد

"من يغلب فسأعطيه...".

7. دعوة

"من له أذن فليسمع...".

الفارق الوحيد لهذا الترتيب هو في الرسائل الأربع الأخيرة، حيث العنصران الأخيران معكوسان (السبب وراء ذلك غير واضح). وسنقارن بين الرسائل الآن.

التوجيه

إنَّ جميعها موجَّهة إلى "ملاك"، إلاَّ أنَّه ملاك كنيسة معيَّنة. وكانت تلك المدن تقع على طريق دائري، ابتداءً من مرفإ أفسس الأساسي (لدينا معلومات عن هذه الكنيسة أكثر من أيَّة كنيسة أُخرى معاصرة لها)، وصعودًا نحو الساحل الشمالي، ثمَّ إلى الداخل شرقًا، وأخيرًا جنوبًا نحو وادي نهر مياندر الخصيب.

والنقطة الوحيدة التي يدور حولها النقاش هي ما إذا كانت كلمة angelos (تعني حرفيًّا "الرسول/ الملاك") تعود إلى كائن سماوي أم بشري. وبما أنَّه يُشار إليه دائمًا في هذا السفر بكلمة "الملاك"، فلا بدَّ أن يكون الأمر كذلك. فالملائكة مَعنيُّون بأُمور الكنائس (حتى إنَّهم مَعنيُّون بتصفيفة شعور العابدات! 1كورنثوس 11:10). وبما أنَّ يوحنَّا كان منفيًّا، فكان لا بدَّ من "ملائكة" سماويَّة تنقل الرسالة. وقد استُبدلت بكلمة "ملاك" الكلمة "مبشّر" (أو حتى قِسِّيس!) بسبب الشكوك المُعاصرة التي تدور حول الكلمة.

الخصائص

من الملاحظ أنَّ الربَّ يسوع لا يُشير إلى نفسه بالاسم، بلِ استخدم ألقابًا كان الكثير منها جديدًا. وفي الواقع أنَّ له ما يفوق المئة والخمسين لقبًا، وهو الرقم الأكبر لأيِّ حامل للألقاب (من المفيد أن

نعدّدها كتمرين تأمّلي). ونجد في كل رسالة لقبًا للربِّ يسوع تمّ اختياره بتأنٍّ ليُظهِر جانبًا من شخصيّته تناسته الكنيسة أو عليها أخذُه بعين الاعتبار. ويمكن أن نجد بعضًا منها في رؤية يوحنَّا له. وجميع تلك الجوانب مهمَّة. فمثلاً، يشير اللقب "له مفتاح داود" إلى أنَّه حقَّق آمال إسرائيل من ناحية مجيء المسيَّا. ويشير اللَّقب "بداءة خليقة الله" (مُبدئُها ورئيسُها) إلى سلطانه الكامل (متَّى 28:18).

القبول

يتحوَّل أُسلوب الكلام هنا من صيغة الغائب "هو" إلى صيغة الحاضر "أنا". فهل هذا هو الشخص نفسه؟ فالضمير "هو" يشير إلى المسيح، لكن من المـُرجَّح أن يشير الضمير "أنا" إلى الروح، أي روح المسيح طبعًا. (تساند العبارة التالية هذا التفسير: "كَمَا أَخَذْتُ أَنَا أَيْضًا مِنْ عِنْدِ أَبِي" 2:27).

وتشير العبارة "أنا عارف..." إلى أنَّه كان مدركًا تمامًا لحالتيهم الداخلية والخارجيَّة معًا. فمعرفته كاملة ولذلك فإنَّ إدراكه كامل. كذلك فإنَّ حكمه دقيق، ورأيه صائب وصدقه صِرفٌ.

فوق كلّ شيء هو عارف "أعمالهم" أي تصرفّاتهم وأفعالهم. ونجد التشديد على الأعمال في كلّ سفر الرؤيا، ويعود سبب ذلك إلى أنَّ الفكرة الرئيسيَّة التي يدور حولها هي الدينونة. فالربُّ يسوع سيأتي ثانيةً ليدين الأحياء والأموات. ونحن نتبرَّر بالإيمان، لكنَّنا نُحاسَب بحسب الأعمال (2كورنثوس 5:10). والربُّ يسوع يؤيِّدُ القيام بالأعمال الصالحة، كما أنَّه يشجّع على مُتابعة مُمارستها.

وعندما تُقارن الرسائل بعضها ببعض، نلاحظ مباشرة أنَّ الربَّ يسوع لا يجد أيَّ أمر حسن يقوله عن اثنتين منها وهما كنيستا ساردس ولاودكيَّة. لكن كانت هاتان الكنيستان بالمنظار البشري "ناجحتين". فربَّما يختلف رأي الربِّ يسوع عن رأينا. إذ إنَّ عددَ الأعضاء الكبير والتقدمات الكبيرة والبرامج المتنوّعة لا تشير بالضرورة إلى النجاح الروحي.

ويُهنّيء الربُّ يسوع خمس كنائس: يهنّيء كنيسة أفسس على المجهود والصبر والمثابرة وروح التمييز (رفض الأنبياء الكذبة). ويهنّيء كنيسة سميرنا على الشجاعة في وجه الاضطهاد والحرمان (رغمَ وجودها بالقرب من "مجمع الشيطان"، ربَّما كنوع من الوثنية اليهوديَّة). ويهنّيء كنيسة برغامس على عدم إنكار الإيمان تحت الضغط، حتى عندما استُشهد أحد أعضائها (بسبب معبد ضخم بُنِي في أحد متاحف المدينة تحت ظلّ "كرسيِّ الشيطان"). ويهنّيء كنيسة ثياتيرا على محبَّتها وإيمانها وصبرها ونموّها. ويهنّيء فيلادلفيا على أمانتها التي كلَّفتها الكثير (أيضًا بسبب "معبد شيطاني" آخر).

ونلاحظ أنَّه بينما يمضي الربُّ يسوع قُدُمًا يكرِّر الكلام عن إبليس الذي هو وراء كلّ العداوة الموجَّهة نحو الكنائس. وهو أيضًا المسؤول عن كلّ الأزمات المحدقة التي سوف يواجهونها: "سَاعَةِ التَّجْرِبَةِ الْعَتِيدَةِ أَنْ تَأْتِيَ عَلَى الْعَالَمِ كُلِّهِ لِتُجَرِّبَ السَّاكِنِينَ عَلَى الأَرْضِ" (3:10).

أخيرًا، ما يميِّز الربَّ يسوع هو أنَّه يقدّم التهنئة قبل أن يقدّم الانتقاد، وقد حذا الرُّسُلُ حذوه. فبولس شكر الله على أنَّ أهل كورنثوس يمتلكون "المواهب الروحيَّة" (1كورنثوس 1:4-7) قبل أن يذكر كيف

أساؤوا استخدامها. وبالطبع، لم تسمح له حالة بعض الكنائس، ككنيسة غلاطية، أن يستخدم هذا الأُسلوب. لكن يجب على المؤمنين أن يحذوا هذا الحذو.

الاتّهام

لا تُرفع أصابع الاتّهام نحو كنيستي سميرنا وفيلادلفيا. ولا بدّ أنّهم شعروا بالارتياح عندما قرأوا الرسالة بصوت مرتفع! كانت تانِكَ الكنيستان أضعف من الكنائس الأُخرى وكانتا تتألّمان، لكنّهما بقِيَتا أمينتين. وقد سُرَّ الرب بهذا الأمر جدًّا (متّى 25: 21، 23).

ما كانت مشكلة الكنائس الأُخرى؟ فأفسس كانت قد "تركت محبّتها الأُولى" (هل من نحو الربّ أو من نحو الخطاة أو بعضهم من نحو بعضٍ؟ ربّما من النواحي الثلاث لأنّها مترابطة بعضها ببعض)، وبرغامس كانت منغمسة في الوثنيّة واللاأخلاقيّة (يوازيها في الوقت المعاصر "التوفيق بين المعتقدات والتراخي في السلوك)، ووُجِّهت التُّهمة نفسها إلى كنيسة ثياتيرا (بسبب قبولها أقوال "إيزابل" النبيّة الكذّابة)، وساردس كانت كنيسة مغامرة فحملت لقب الكنيسة "الحيَّة"، لكنّهم لم يثابروا في عملهم، ولاودكية كانت مريضة، لكنها غير مدركة لذلك.

ربّما الرسالة الأخيرة هي من أشهر الرسائل وأكثرها تأثيرًا. لقد إفتخروا بكونهم يتمتّعون بشركة حارة وبأنّهم يرحّبون بالضيوف. لكن الكنائس "الفاترة" تجعل الربَّ يسوع يشعر بالغَثَيان. فهو بإمكانه التعامل بسهولة أكثر مع الكنائس الباردة أو الكنائس الحارة! وهذه إشارة إلى الينابيع الحارة والمالحة التي كانت على تلة تقع خارج المدينة (وما يزال "القصر الأبيض" في مدينة پاموكايل منتجعًا مشهورًا لمن يريد الاعتناء بصحته)، ولكن جدول المياه كان يصل "فاترًا" إلى لاودكيّة فكانت تُستخدم مياهه كدواء مُقيِّيء.

وكان الربُّ يسوع قد توقَّف عن حضور تلك الاجتماعات! فلا يمكنه التواجد داخلاً، بل كان سيقف في الخارج. وربّما الآية المذكورة في 3: 20 هي من أكثر الآيات التي يُساء تفسيرها. فهذه الآية ليست دعوة لغير المؤمنين. وإذا استُخدمت كذلك فهي تعطي الانطباع الخاطىء (في الواقع، الخاطىء هو في الخارج وهو بحاجة ليقرع الباب الذي هو يسوع ليدخل ملكوت الله، لوقا11: 5-10 و يوحنّا 3: 5و10: 7). و"الباب" المذكور في 3: 20 هو باب كنيسة لاودكية. والآية هي رسالة نبويّة إلى كنيسة خسرت المسيح لكنَّها ما تزال متأمِّلة. والأمر يتطلَّب أن يطلب عضو واحد الجلوس معه إلى المائدة فيرجع المسيح إلى الداخل! وقد عالج الكاتب هذه الآية بإسهاب بالإضافة إلى كيفيَّة صَيرورتك مسيحيًّا في كتابه في اللغة الإنكليزيّة "The Normal Christian Birth".

وقبل الانتهاء من بحث هذا الجزء لا بدَّ من الإشارة إلى أن تلك الاتّهامات تنبع من محبَّة المسيح لتلك الكنائس. وقد قال:

"إِنِّي كُلُّ مَنْ أُحِبُّهُ أُوَبِّخُهُ وَأُؤَدِّبُهُ" (3: 19). وفي الواقع أنَّ غياب التأديب يمكن أن يكون علامة على عدم الإنتماء إلى العائلة (عبرانيين 12: 7-8)! ولم يكن هدفه أن يحطّمهم، بل أن يرفعهم. وقد أراد أن

يهيِّئهم للضغط القادم عليهم والذي "سيمتحنهم" (10:3). وإن كانوا سيُساوِمون الآن، فلا بدَّ من أن يستسلموا لاحقًا. وقد يكلّفهم هذا الأمر ميراثهم.

النصيحة

تُقدَّم كلمة إرشاد ونصح لكلّ الكنائس السبع. حتى إنَّه حثّ الكنيستين اللتين سَرَّتاه على أن تحافظا على ما تقومان به: "وَإِنَّمَا الَّذِي عِنْدَكُمْ تَمَسَّكُوا بِهِ إِلَى أَنْ أَجِيءَ"(25:2).

وقد تمَّ تشجيع الكنائس الخمس الأُخرى كي "يذكروا" و"يتوبوا". وطُلِب منهم أن يتذكّروا كيف كانوا من قبل وكيف يجب أن يكونوا. والتوبة الحقيقيَّة تتطلَّب أكثر من الشعور بالندم أو الأسف، إذ تتطلَّب اعترافًا وتصحيحًا للوضع.

ويُنذِر الذين يتجاهلون طلبه بأنَّه "سيأتي سريعًا" ويعالج أمرهم. وسيأتي وقت فيه يكون الأوان قد فات لتصحيح الأُمور. ويُشار بذلك أحيانًا إلى المجيء الثاني حين سيُعطى "إكليل الحياة" للذين كانوا أمناء إلى الموت (10:2 وراجع أيضًا 2تيموثاوس 4:6-8)، أمَّا الذين هُم غير مستعدِّين، فسيسمعون الكلمات المـُخيفة: "لا أعرفكم" (متّى 25:12).

تشير العبارة "آتي سريعًا" في العادة إلى "زيارة" سابقة إلى كنيسة واحدة لينزع عنها "منارتها" (5:2). فجزء من خدمة الربِّ يسوع يتضمن إغلاق الكنائس! فالكنيسة المساومة التي لا تريد أن تصحح وضعها هي غير مفيدة لملكوت الله. ومن الأفضل إزالة كنيسة كتلك تشوّه الإنجيل.

وبإمكاننا تلخيص هذا الجزء من الرسائل كالتالي: "صحّح الوضع، حافظ على الوضع السليم، وإلاَّ فسَيتمُّ إغلاقك".

التأكيد

من اللافت أنَّ الدعوة "إلى الغلبة" لم تُوجَّه إلى الكنيسة ككلّ، بل إلى كلّ عضو فيها. فالدينونة إن كانت للمكافأة أو للقصاص تأتي إفراديَّة دائمًا ولا تأتي جماعيَّة أبدًا (لاحظ العبارة "كلُّ واحد" في 2كورنثوس 10:5). ولا يوجد أي تلميح إلى ترك كنيسة فاسدة والالتحاق بكنيسة أُخرى جيّدة! كذلك، لا يُسامَح الإنسان على مساومته لأنَّ كنيسته تنزلق. ويجب علينا عدَمُ اتِّباع الميول الخاطئة. بكلام آخر، على المؤمن أن يتعلَّم كيف يقاوم الضغوط الموجودة في الكنيسة أولاً قبل أن يواجه ضغوط العالم. وإن كنا لا نستطيع أن "نغلب" الضغوط الأُولى، فمن الصعب أن "نغلب" الضغوط الأُخرى.

ولم يتردَّد الربُّ يسوع في تقديم المكافآت كدوافع (12:5). لقد تحمَّل هو الصليب مستهينًا بالخزي بسبب "السُّرور الموضوع أمامه" (عبرانيين 2:12). وهو يشجّع في كل رسالة من الرسائل السبع "الغالبين" على التفكير في المكافآت التي تنتظر الذين "يسعون نحو الهدف" (راجع فيلبِّي 14:3).

وكما أنَّ لقبه في كل رسالة يؤخذ من الأصحاح الأوَّل فإنَّ المكافآت التي يقدّمها مأخوذة من الأصحاحات الأخيرة. وستأتي تلك المكافآت في المستقبل البعيد وليس في الحاضر القريب.

ويمكن فقطِ الذين لديهم الإيمان كي يحافظوا على وعوده أن يتحفّزوا بسبب تلك التعويضات التي ستأتي في المستقبل.

وعلينا أن نلاحظ مرَّة أُخرى أنَّ أفراح الأرض والسماء الجديدتين ليست لكل المؤمنين، بل للذين غلبوا ضغوط التجارب والاضطهاد (توضح الآيتان الموجودتان في 21:7-8 هذا الأمر أكثر). إنَّ الذين يبقون أمناء وطائعين "للنهاية" (2:26) يخلصون (راجع متَّى 10:22، 24:13؛ ومرقس 13:13؛ ولوقا 21:19).

الطلب

إنَّ الدعوة الأخيرة: "من له أُذُن فليسمع" هي عبارة معتادة كان الربُّ يسوع يستخدمها لإنهاء كلامه (راجع مثلاً متَّى 13:9). ويتّضح معناها أكثر في ضوء النصوص التي يتم الاستشهاد بها من العهد القديم في العهد الجديد: "اسْمَعُوا سَمْعًا وَلاَ تَفْهَمُوا، وَأَبْصِرُوا إِبْصَارًا وَلاَ تَعْرِفُوا. غَلِّظْ قَلْبَ هذَا الشَّعْبِ وَثَقِّلْ أُذُنَيْهِ وَاطْمُسْ عَيْنَيْهِ، لِئَلاَّ يُبْصِرَ بِعَيْنَيْهِ وَيَسْمَعَ بِأُذُنَيْهِ وَيَفْهَمَ بِقَلْبِهِ، وَيَرْجعَ فَيُشْفَى" (إشعياء 6:9-10، وقد تمّ الاستشهاد بهذه الآيات في متَّى 13:13-15، ومرقس 4:12، ولوقا 8:10، وأعمال الرسل 28:26-27).

لقد علم الربُّ يسوع أنَّ هذه ستكون ردَّة فعل اليهود الإجماليَّة. وها هو يحث المؤمنين على ألَّا تكون لديهم ردَّة الفعل تلك. وهو يلقي الضوء على الفرق بين سماع الرسالة والاستماع إلى الرسالة. فالموضوع يتضمَّن كميَّة الاهتمام المنصبّ عليها. وستكون كلماته المذكورة في سفر الرؤيا بركة فقط في حال قُرِئت "وحُفِظت" أي ليس سماعها بواسطة الأذن فقط بل بواسطة "حفظها في القلب" (1:3). فمثلاً، عندما يتجاهل الولد أمر والده بأن: "ضع هذه جانبًا"، يسأل: "هل سمعت ما قلته لك؟" وهو مدرك أنَّه سمع لكنّه لم يستمع إلى طلبه.

إنَّ الجملة الختاميَّة لكل رسالة من الكنائس السبع تدل بكلّ بساطة على أنَّ الربَّ يسوع ينتظر ردًّا إيجابيًّا يُظهِر طاعة. وله كلّ الحق في ذلك لأنَّه الربّ.

الأصحاحان 4-5: الربّ في السموات

إنَّ هذا الجزء مباشر، ولذا يحتاج إلى مقدّمة قصيرة فقط. وربّما الأصحاح الرابع بالأخصّ مألوف من ناحية مضمون العبادة، إذ غالبًا ما يُقرأ للتحفيز على العبادة وقد وفَّرَ المحتوى للكثير من الترانيم. وهو يقدّم لمحة عن تلك العبادة السماويَّة التي بالنسبة إليها كل التسبيح الأرضي مجرّد صدى.

وكان يوحنَّا قد تلقّى دعوة بأن: **"اصعد إلى هنا" (1:4)** وأنظر كيف هي السماوات. وكان هذا امتيازًا لم يختبره إلَّا قلّة قليلة خلال حياتهم على هذه الأرض (لقد اختبر بولس ذلك أيضًا، راجع 2كورنثوس 12:1-6). إنَّه المكان حيث يملك الرب ويحكم. والكلمة الرئيسيَّة المُستخدمة هنا هي "رأيتُ"، وقدِ استُخدمت ستَّ عشرة مرَّة. ولاحظ التشديد على كلمة "الجالس" (4:2، 9، 10: 5:1). فهذه هي غرفة عمليات "ملكوت السماوات".

إنَّ المشهد يحبس الأنفاس بجماله، ولا يُمكن وصفه. قوس قزح أخضر! تيجان ذهبيَّة، رعود وبروق، أضواء مشتعلة. ويمكنك تخيُّل عيني يوحنَّا تقفزان من منظر مدهش إلى منظر مدهش آخر بينما كان يتفرّس باندهاش ورهبة. وقد حاول أن يصف ما رأى من الربّ بمقارنته بأكثر حجرين لَمَعانًا كان قد رآهما، اليشب والعقيق.

والأهم في كل ذلك أنَّ المشهد يلفّه السلام وقد وصفه بأنَّه "بحرُ زُجاجٍ" يمتد نحو الأفق. والفرق واضح بين ذلك البحر والإضطرابات على الأرض (انطلاقًا من الأصحاحِ السادس). والربّ يملك بسيادة فوق كل المعارك بين الخير والشر. وهو ليس بحاجة لأن يصارع، حتى إبليس يطلب منه الإذن قبل أن يمسّ إنسانًا (أيوب 1). وهو لا يفاجئه أي أمر. ويعلم كيف يتعامل بما يأتي، إذ يمكن أن يكون ذلك الأمر بسماح منه.

إنَّه الله وليس مجرَّدَ إنسان. ولذلك فهو مستحق كل عبادة. ويتلقّى الخالق التسبيح المستمر من مخلوقاته. و"الكائنات" الأربع هي فقط "مثل" الأسد والعِجل والإنسان والنسر، وهي تمثّل جميعها كل المخلوقات من زوايا الأرض الأربع (مع أنَّه يوجد عشرون تفسيرًا لذلك!). وتسبيحها ثُلاثيُّ الجوانب: تُردِّد الكلمة "قدُّوس" ثلاث مرات، وتُردِّد كلمة "الربّ" في الجوانب الثلاثة من الزمن: الماضي والحاضر والمستقبل.

ويشكّل الأربعة والعشرون شيخًا "مجلس" السماء (إرميا 23:18). وبالتأكيد فهم يمثّلون الشعبين الذي أقام الرب معهما الميثاق، إسرائيل والكنيسة (لاحظ الأسماء الأربعة والعشرين الموجودة على بوابات وأساسات أُورشليم الجديدة (21:12-14). ولديهم "تيجان" و"عروش"، ولديهم تفويض بالسلطة.

لا نقرأ عن أيِّ أفعال في الأصحاح الرابع، ما عدا التسبيح المستمرّ. إنَّه مشهد متواصل لا يتقيَّد بحدود الزمن. أمَّا الحركة فتبدأ في الأصحاح الخامس حيث يبدأ التفتيش "في السماء والأرض" عن شخص "مستحق أن يفك السفر وختومه."

وتظهر أهمية اللفائف في ضوء الأحداث التي تجري، إذ يجب أن يُكتَب عليها البرنامج الذي سيؤدّي إلى نهاية عصر التاريخ الأرضي الذي نعيش فيه. ويبدأ العد العكسي عند فَضِّ الختم.

وسيبقى العالم على حاله إلى أن يحصل ذلك. وسيُغلَق "الدَّهر الحاضَر الشرِّير" قبل أن يُفتتح "الدَّهر الآتي". ويجب أن تنتهي بالكامل "ممالك هذا العالم" لكي يؤسَّس بالكامل "ملكوت الله" على هذه الأرض. ولهذا السبب "بكى يوحنَّا كثيرًا من حرقة قلبه إذ لم يوجد من هو "مستحق" أن يبدأ هذه الحركة.

لكنْ لماذا شكَّل هذا الأمر مشكلة؟ لقد أعلن الربّ عدَّة دينونات على هذه الأرض عبر العصور، فلماذا لا يقوم بإعلان الدينونة الأخيرة؟ فإمَّا أنَّه يختار ألَّا يفعل ذلك، وإمَّا أنَّه يشعر بأنَّه غير مستحقّ لفعل ذلك! والفكرة الأخيرة ليست غريبة، كما أنَّها ليست نوعًا من التجديف كما يعتقد بعضُهم في ضوء ما قيل عن الوحيد الذي وُجِد "مستحقًّا".

من يكون هذا؟ إنَّه "أسد" و"حمل" في آنٍ معًا! وفي الواقع أنَّ الفرق بين الاثنين ليس كبيرًا كما يظنّ بعض. فالحمل ذكَر وناضج بالكامل كما كان كل حمل يتمُّ اختياره لتقديم ذبيحة ("حولي"، خروج 12:5). وفي هذه الحال فإنَّ لدى "الكبش"، كما يجب أن نسمِّيه، سبعة قرون (زيادة قرن واحد على نعاج يعقوب) إشارة إلى القوَّة الكاملة، وسبع أعيُن إشارة إلى البصيرة الكاملة. إلاَّ أنَّه "ذُبِح" ليُقدَّم ذبيحة.

إنَّ الأسد هو ملك الغابة، أمَّا هنا فهو ملك يهوذا، وهو متأصِّل من سلالة داود. إذًا، نجد مزيجًا فريدًا في نوعه من سيادة الأسد وتضحية الحمل، وهُما يشيران إلى الملك الآتي والعبد المتألِّم الذي تكلَّم عنه الأنبياء العبرانيُّون (مثلاً، إشعياء 9-11و 42-53). وليس المهم مَن يكون، بل المهمُّ ماذا فعل، وهو أمر يؤهّله لإنهاء العالم. ويمكن لكلمة "إنهاء" أن تحمل معنيين. فالمعنى الأوَّل يحمل معنى الإخفاء من الوجود، والمعنى الثاني يحمل معنى انتهاء المهمَّة. أمَّا هو فسيقوم بما يحملُه المعنى الثاني.

وكان قد هيَّأ شعبًا يحكم العالم. لقدِ اشتراهم بدمه من كلّ أمَّة وشعب ولسان. ودرّبهم ليكونوا ملوكًا وكهنة لله أبيه، ولذلك فهم جاهزون **ليملكوا على الأرض**. (وتتمّ مناقشة هذا الأمر بإسهاب في رؤيا 20:4-6).

إنَّ الشخص الوحيد الذي بإستطاعته أن يبدأ سلسلة الكوارث التي ستُنهي كلّ ممالك العالم هو الشخص الذي قام بكلِّ ما سبق ذِكرُه. ولأجل تدمير نظام فاسد، يجب تجهيز نظام آخر بدلاً منه، وإلاَّ تدبّ الفوضى.

إنَّه مستحق أن يكون على رأس ذلك النظام الذي أعدّه، وذلك لأنَّه مستعد لأن يبذل كل ما عنده لينُجحه. وقد رفَّعه الله الآب لأنَّه "إِذْ وُجِدَ فِي الْهَيْئَةِ كَإِنْسَانٍ، وَضَعَ نَفْسَهُ وَأَطَاعَ حَتَّى الْمَوْتَ مَوْتَ الصَّلِيبِ. لِذلِكَ رَفَّعَهُ اللهُ أَيْضًا، وَأَعْطَاهُ اسْمًا فَوْقَ كُلِّ اسْمٍ" (فيليبي 2:8-9).

ولا عجب أن تُظهِر الملائكة تجاوُبَها بتقديم القوَّة والغنى والحكمة والإكرام والمجد والتعظيم من خلال تسبيح موسيقي. ثم تنضم كل المخلوقات إلى هذه الجوقة الملائكيَّة مع إضافة مميَّزة، إذ إنَّهم يقدّمون القوَّة والغنى والحكمة والإكرام والمجد والتعظيم للجالس على العرش وللقائم في الوسط أي للآب وللابن معًا. لقد عملا معًا، وتشاركا في الأمر معًا. وقد تألَّم كلاهما، كلّ بطريقته، لتميم الأمر.

لا شيء آخر يُظهر أُلوهية ربنا يسوع المسيح كما يُظهر تقديم التسبيح والعبادة للآب ولابنه كِلَيهما.

الأصحاحات 6-16: إبليس على الأرض

هذا الجزء هو الجزء الأساسي في السفر، كما أنَّه الأصعب من ناحية الفهم والتطبيق. ويحمل هذا الجزء أخبارًا سيِّئة. فالأُمور ستسوء جدًّا قبل أن تتحسَّن. لكن على الأقل ما يعزِّينا هو أنَّها لن تسوء أكثر ممَّا تصف هذه الأصحاحات. لكنَّها، كما نقرأ عنها، سيِّئة جدًّا أصلاً!

وتواجه مفسِّري الكتاب المقدَّس ثلاث مشاكل أساسيَّة.

أوّلاً، ما هو **ترتيب** الأُمور؟ من الصعب إدراجها في جدول زمني، كما يكتشف مباشرة الذين يحاولون ذلك.

ثانيًا، ماذا تعني كلّ تلك **الرموز**؟ منها ما هو واضح، ومنها ما يسهل شرحه. أمَّا قسم منها فيشكِّل معضلة (مثل المرأة الحامل المذكورة في الأصحاح الثاني عشر).

ثالثًا، متَّى يتم **تحقيق** كلّ تلك النبوَّات؟ في الماضي أم في الحاضر أم في المستقبل؟ هل حدث ذلك في الماضي، أم يحدث في الحاضر، أم سيحدث في المستقبل؟

وسنركِّز على تتابع الأحداث التي تبدو غير واضحة عند القراءة الأُولى، كما سنلقي نظرة على الرموز. وتزداد المهمَّة صعوبة إذ تدخل ثلاثة عناصر ليست بحسب ترتيب معيَّن ويبدو أنَّها انتشرت في الأصحاحات دونَ اتِّساق.

أوّلا، الاستطراد. وقد أتى على شكل "جملة مُعترِضة" أو جملة بين مزدوجين، ويبدو أنَّ تلك الجمل تعالج أُمورًا بعيدة عن سير الأحداث.

ثانيًا، التلخيص. يبدو كأنَّ السرد يعود إلى الوراء بين فترة وأُخرى ليُعيد ذكر بعض الأحداث التي تمّ ذكرها من قبل.

ثالثًا، الاستِباق. تُذكر بعض الأحداث دون تفسير لها إلى أن يظهر تفسيرها لاحقًا في السرد (مثلاً، تُذكر حادثة "هرمجدون" في 16:16، لكنَّها لا تحصل قبل الأصحاح التاسع عشر).

وقد أدَّى كلّ ذلك إلى سُوء الفهم والتساؤلات وبالأخصّ في ما تقوله مدرسة "المستقبل" (الجزء "الدائريُّ" كما تمَّت مناقشتُه سابقًا). وسوف نتَّبع أُسلوبًا أبسط إذ سنبدأ مما هو واضح ومن ثَمَّ ننتقل إلى الغامض.

وإن كنَّا نقرأ هذه الأصحاحات في جلسة واحدة نجد أنَّ الخصائص البارزة هي المراحل الثلاث من الأختام والأبواق والجامات. كذلك يسهل فكّ رموز التعابير الرمزيَّة.

الأختام:

1. الحصان الأبيض ـ جيش عدائي.
2. الحصان الأحمر ـ سفك الدماء.
3. الحصان الأسود ـ مجاعة.
4. الحصان الأخضر ـ أوبئة وأمراض

* * *

5. اضطهاد وصلاة
6. خوف وهلع
7. سكوت في السماء، الاستماع إلى صلوات تُستجاب بكارثة أخيرة: زلزال عظيم.

* * *

الأبواق:

1. أرض محترقة.
2. بحر ملوَّث.
3. مياه ملوَّثة.
4. نور الشمس خافت.

* * *

5. حشرات وأوبئة (خمسة أشهر).
6. هجوم نحو الشرق (200 مليون).

* * *

7. الملكوت يأتي، يملك الربّ ومسيحه على الأرض بعد حدوث زلزال عظيم.

* * *

الجامات:

1. دمامل على الجلد.
2. دماء في البحر.
3. دماء في الينابيع.
4. احتراق في الشمس.

* * *

5. ظلمة
6. هرمجدّون
7. بَرَد كبير وزلزال عظيم يؤدِّيان إلى دمار عالمي

* * *

وتتضح عدَّة أُمور بعد ترتيبها بهذا الشكل:

الأحداث ليست غريبة، وهي تحمل مع بعض الغموض ذكرَياتٍ من الضربات التي حلَّت بمصر عندما واجه موسى فرعون، بما في ذلك انتشار الضفادع والجراد (سفر الخروج 7-11). إنَّما هذه الضربات تحدث حاليًا على المستوى القوميّ والعالمي.

ونرى مثلاً حادثة الأحصنة الأربعة تتكرَّر في أكثر من مكان في العالم، وكلّ منها نتيجة للحادثة التي تسبقها. أمَّا الجديد فهو أنَّها تحصل على مستوى عالميّ النِّطاق، وكأنَّ المشاكل قد انتشرت في كل بقعة من بقاع الأرض.

وتنقسم كلّ سلسلة إلى ثلاثة أجزاء. وتنتمي الأربعة الأُولى منها معًا، وأهم مثل عليها هو "فرسانُ آخِرِ الأيَّام الأربعةُ" كما عُرِفوا منذ أن رسمهم الفنان ألبْريخت دوورير. ولا تترابط السلسلتان التاليتان جدًّا، بينما تبقى السلسة الأخيرة منفردة. وقد أُطلِق على السلاسل الأخيرة لقب "الويل"، وهي كلمة تشير إلى اللعنات.

وإذ ننظر إلى تلك السَّلاسل الثلاث نجد **اشتدادًا** في حِدَّة الأُمور. فبينما ربع البشريَّة يختفي بسبب "الأختام"، لا يتسنَّى للباقين أن يظلُّوا على قيد الحياة بعد "الأبواق". كذلك تتسارع أسباب الكوارث. وبينما "الأختام" هي من أصل بشري، يظهر أنَّ "الأبواق" هي نتيجة طبيعية للبيئة، أمَّا "الجامات" فتأتي بها الملائكة.

ثمَّ نجد أيضًا **تسارعًا** للأحداث. وتبدو "الأختام" موزَّعة عبر الزمن، لكن تظهر السلسلة الأخيرة وكأنَّها تُقاس بعدد الأشهر أو الأيَّام.

ويشير كل ذلك إلى تقدُّم في السلاسل الثلاث، ما يصل بنا إلى طرح السؤال عن كُنه العلاقة بينها. والجواب الأوضح لذلك هو أنَّها **متتالية**، أو كالتالي: الأختام:1،2،3،4،5،6،7، ثم الأبواق: 1،2،3،4،5،6،7، ثم الجامات: 1،2،3،4،5،6،7، بكلامٍ آخر تتبع السلاسل بكلّ بساطة إحداهنَّ الأُخرى. وتكون النتيجة الإجماليَّة إحدى وعشرين حادثة.

لكن الأمر ليس بهذه السهولة! فتُظهِر دراسةٌ دقيقة أنَّ الرقم 7 في كل مرحلة يشير إلى الحادثة نفسها (يُعاد ذكر حدوث زلزال عظيم على المستوى العالمي، 8:5؛ 11:19؛ 16:18). وقد أدَّت هذه الدراسة إلى نشوء نظريَّة بديلة تؤيِّدها مدرسة "المستقبل" (الجزء "الدائريُّ" منها) إذ تؤمن بأنَّ الأحداث **تتوالى** بعضها مع بعض كالتالي:

الأختام: 1،2،3، 4،5،

الأبواق: 1،2،3، 4،5،

الجامات: 1،2،3، 4،5،

بكلامٍ آخر، إنَّها جميعها تغطِّي الحقبة الزمنيَّة نفسها (وهي تُقدَّر الفترة الزمنيَّة الكاملة الممتدَّة بين المجيء الأوَّل والمجيء الثاني) من زاوية مختلفة. ونجد نمطًا أكثر إقناعًا لكنَّه أكثر تعقيدًا وهو يجمع بين الفكرتين، إذ يعتبر الستَّ الأُولى متتابعة، بينما يعتبر السابعة تلقائيَّة.

الأختام: 7، 4، 3، 2، 1

الأبواق: 7، 4، 3، 2، 1

الجامات: 5، 4، 3، 2، 1

بكلامٍ آخر، تتبع كلّ سلسلة السلسلة التي قبلها، لكنَّها تنتهي جميعها بذروة كارثيَّة. وتؤيّد هذه النظرية "مدرسة المستقبل" التي تؤمن أنَّ سلسلة الأحداث تلك سوف تحدث في المستقبل.

تركِّز كلّ تلك النظريات على ما سيحصل للعالم في المستقبل. وعلينا أيضًا أن نلحظ ردَّة الفعل البشريَّة على ذلك. فبينما نلاحظ أنَّ تلك الكوارث الفظيعة هي برهان لغضب الله (وغضب الحمل أيضًا)، فإنَّ ردَّة الفعل البشريَّة هي الهلع (6:15-17)، ولَعنُ الرب (16:21) بدل التوبة (9:20-21)، رُغمَ أنّ المجال للغفران كان ما يزال مُنفَسِحًا (14:6). إنَّه تعليق محزن على قساوة القلب البشري، لكنَّه ينطبق على الواقع. فعند حدوث الكوارث إمَّا نهرب إلى الربّ وإمَّا نهرب منه (غالبًا ما تكون الكلمات الأخيرة للطيارين التي تتحطَّم طائراتهم هي كلمة لعنة للرب، وهي غالبًا ما تُحذف من "الصندوق الأسود" قبل أن يُستمع إلى ما سُجِّل في داخله، عند التحقيق).

حان الوقت الآن لالقاء نظرة على الأصحاحات المُدرجة بين سلسلة الأحداث الثلاث من أختام وأبواق وجامات. ونجد ثلاث مداخلات في الأصحاح 7 والأصحاحين 10-11 والأصحاحات 12-14. وقد وُضِع الجزآن الأوَّلان بين الختمين السادس والسابع والأبواق. أمَّا الجزء الثالث فقد وُضِع قبل الجام الأوَّل، وكأنَّه لا يوجد سلّم زمني بين الجام السادس والجامع السابع. ويمكن وضع ما ذُكِر هنا في الجدول التالي:

الأختام 1 2 3 4 5 6 (الأصحاح 7) 7

الأبواق 1 2 3 4 5 6 (الأصحاحات 10-11) 7

الجامات (الأصحاحات 12-14) 7 6 5 4 3 2 1

لدينا هنا الخطوط العريضة الكاملة للأصحاحات 6-16.

وبينما تهتم السلاسل الثلاث المؤلَّفة من الأختام والأبواق والجامات في الأساس بما سيحصل **للعالم**، تهتم المداخلات الثلاث بما سيحصل **للكنيسة**. ونقرأ هنا عمَّا سيحصل لأولاد الله خلال هذه الفوضى العارمة. كيف سيتأثَّر أولاد الله بكل ذلك؟ وبما أنَّ هدف سفر الرؤيا هو تهيئة القدّيسين لما سيأتي، تظهر أهميَّة هذه المداخلات.

الأصحاح السابع: المجموعتان

نلقي نظرة سريعة بين الختمين السادس والسابع على نوعين مختلفين من البشر موجودين في مكانين مختلفين. فنجد في الجهة الأولى، عددًا محدودًا من اليهود محفوظين على الأرض (الأعداد 1-8). والرب لم يرفض إسرائيل إلى غير رجعة (رومية11 :1، 11). وقد أعطى وعدًا غير مشروط بأنَّهم سيحيون ما دام الكون موجودًا (إرميا 31 :35-37). وهو يُبقي على كلمته؛ إذًا المستقبل أمامهم.

تبدو الأرقام اتِّفاقيَّةً، أو حتى اصطناعيَّة. فربَّما هي أرقام "كاملة" أو ربَّما هي أرقام رمزيَّة. لكن الواضح هو أنَّ جزءًا صغيرًا من هذا الشعب سيبقى وهو يُعَّد بالملايين اليوم. وسينقسم العدد بالتساوي بين الأسباط الاثني عشر دون محاباة. وكل هذا يعني أنَّ الأسباط العشرة التي سُبيت إلى بلاد أشور لم "يتركها" الربّ، وهو سوف يحافظ على كلّ سبط يعرفه هو. لكن يوجد سبط وحيد ضال وهو سبط دان الذي تمرَّد على الربّ، وقد استبدلهم الربّ تمامًا كما استبدل يهوذا الإسخريوطي الذي كان واحدًا من الاثني عشر. وهذان تحذيران لنا بأنَّه لا يمكننا أن نأخذ مكانتنا في المسيح كأمر مسلَّم به.

ونجد في الجهة الثانية عددًا لا يُحصى من المؤمنين المحفوظين في السماء (الأعداد 9-17). ويقف هذا الجمع العالمي في مكان الشرف أمام الملك وهم يشتركون مع الشيوخ والكائنات الحيَّة في تقديم التسبيح. لكنّهم يضيفون سببًا آخر لتسبيحهم، وهو "خلاصهم".

ولا يُميّز يوحنَّا أهميَّتهم، وهو يعترف بجهله لِتَمتُّعهم بامتياز تقديم التسبيح، إلاَّ أنَّ واحدًا من الشيوخ يشرح له قائلاً: "هؤُلاَءِ هُمُ الَّذِينَ أَتَوْا مِنَ الضِّيقَةِ الْعَظِيمَةِ" (ع 14). (وتشير صيغة الفعل في اللغة الأصلية إلى عملية مستمرة في الهروب من الضيقة من قبل أفراد ومجموعات). فكيف كانوا ينجون؟ كانوا ينجون ليس "باختطاف" مفاجئ وسرّي، لكنَّهم كانوا ينجون بالموت، وبالأكثر من خلال الاستشهاد الذي يحتل مكانة كبيرة في تلك الأصحاحات (وكنَّا قد سمعنا صرخات "أرواحهم" للثأر؛ 6 :9-11).

لكن سفك دم الحمل هو الذي خلَّصهم، وليس سفك دمائهم. كذلك فإنَّ ألمه، وليس ألمهم، كان الذبيحة التي كفَّرت عن خطاياهم وطهّرتهم ليصبح بإمكانهم الوقوفُ في حضرة الربّ ويقدِّموا له عبادتهم وخدمتهم.

لكنّ الله يأخذ بعين الاعتبار ألمهم من أجل ابنه، وهو سيتأكّد من أنَّهم لن يختبروا ذلك "من جديد". فالشمس المحرقة لن تحرقهم (7 :16، 16 :8). وسيهتم "الراعي الصالح" بهم (المزمور 23، يوحنَّا 10). وسيشربون من نبع الماء "الحيّ" وليس من المياه "الساكنة" (يوحنَّا 4 :14؛ 7 :38؛ رؤيا يوحنَّا 21 :6؛ 22 :1، 17). وسيمسح الله "كل دمعة من عيونهم" كما يفعل الأب مع أولاده (21 :4). ولاحظ أنَّ الوجود في السماء يَتناظَرُ مع الحياة على الأرض الجديدة.

الأصحاحان العاشر والحادي عشر: الشاهدان

يُركِّز الانتباه بين البُوقين السادس والسابع على القنوات البشريَّة التي يستخدمها الربّ لإعلان رؤياه. والكلمة المفتاح لكِلا الأصحاحين هي "النبوَّة" (10:11؛ 11:3، 6). وكما كان يوحنَّا في بطمس هو النبيَّ خلال عهد الكنيسة الباكرة، سيكون هناك "شاهدان" في النهاية في مدينة أُورشليم.

يؤذِنُ ظهور الملاكين "الجبَّارين" بقدوم كارثة مُحدقة. والحقائق القاسية التي تفوَّه بها الملاك الأوَّل كانت موجَّهة إلى يوحنَّا، فقط وقد وَجَبَ عليه ألَّا ينقلها إلى أيِّ شخص آخر (راجع 2كورنثوس 12:4). ويعلن الملاك الثاني أنَّه لن يتأخَّر قدوم الأحداث الأُخرى وأنَّ البوق السابع سوف يشكِّل القِمَّة (وهذا يؤكِّد استنتاجنا أنَّ الختم والبوق والجام السابعةَ تشير إلى "النهاية" نفسها).

ويُقدَّم الجزء الأخير- والأسوأ - من "الأخبار السيِّئة"، في "دَرْج" أو لفيفة صغيرة (وقد فُتِحت نسخة أكبر وأوسع ومفصَّلة أكثر). وطُلِب من يوحنَّا أن "يأكلها" (أو أن يهضمها). وسيكون طعمها "حلوًا ومُرًّا"، إذ يكون في البداية حلوًا ومن ثَمَّ يصبح مُرًّا عندما يبدأ بتذوّقه أكثر (كردّة الفعل التي يتبنّاها كثيرون عند قراءتهم سِفرَ الرؤيا خاصَّة عندما يبدأون بفهم رسالته).

يُطلَب من يوحنَّا أن "يتنبَّأ مجدَّدًا"عن مستقبل العالم. ثم يؤخذ في "جولة" حول مدينة أُورشليم وهيكلها. ويقيس باحاتها، ما عدا باحة الأُمم الخارجيَّة إذ إنَّهم سيأتون "ليسحقوا" المدينة بدل أن يصلّوا فيها. لكنَّهم سيُلاقون شخصين غير عاديين يُخبرانهم عن الله الذي يحتقرونه.

ستكون النتيجة أنَّ السامعين والمـُبشِّرَين يموتون! وسيمتلك الشاهدان قوَّة عجائبيَّة مثل جعل المطر ينحبس (كما فعل إيليا، 1ملوك17:1؛ يعقوب 5:17)، وسكْب النار على أعدائهم (مثل موسى، لاويين 10:1-3). لكنَّهما يُقتلان عندما تنتهي خدمتهما. وسيبقى جسداهما في الشارع لأكثر من ثلاثة أيَّام، بينما تتباهى الجموع الآتية من أقاصي الأرض وتزيل الجسدين فيما ضمائرهم "تعذِّبهم" بسبب كلام الرجلين. وسيتحوَّل الشعور بالراحة إلى الهلع عندما يُعادُ الرجلان إلى الحياة.وسيرتفعان إلى السماء عندما يسمعان صوتًا صارخًا يقول لهما:"اصعدا إلى فوق". وفي اللحظة التي ينطلقان فيها، يحدث زلزال قوي جدًّا يدمِّر عُشر مساحة المدينة ويسبِّب موت سبعة آلاف نسمة من سكّانها.

والتشابه بين مصير الشاهدين و"النبي" يسوع واضح جدًّا. فلا يمكننا ألَّا نذكر صلبه في تلك المدينة نفسها وقيامته وصعوده إلى السماء. وبالطبع هناك بعض الاختلافات، فمثلاً: تزامن الزلزال مع موته (متّى 51:21)، ولم يرَ الجموع قيامته من الموت أو صعوده إلى السماء. لكن سيكون الأمر تذكيرًا واضحًا، ولا سيّما للسكَّان اليهود في ذلك الوقت. وستكون النتيجة شعورًا بالخوف من الله والتمجيد له. لا نعلم من يكون هذان الشاهدان. وكلّ محاولة لإعلان مَن يكونان ما هي سوى تَخمين. ولا يوجد أي تلميح إلى كونِهما شخصيَّتين من الماضي "تجسدتا"، فهما ليسا موسى وإيليا، مع أنَّهما يشبهانهما جدًّا. وهما ليسا نسختين عن الربِّ يسوع، رُغمَ أنَّهما يشبهانه جدًّا. علينا أن"ننتظر لنرى" من يكونان، لكن يبدو أنَّه لا يهمُّ مَن يكونان. فالمهمُّ هو ما يقومان به وما سيُفعل بهما.

وقبل الانتهاء من هذا الجزء، لا بدّ من الإشارة إلى "استِباقَين". أوّلاً، هناك ذكر لفترة زمنيَّة تمتد ألفًا ومئتين وستين يومًا، أي اثنين وأربعين شهرًا، أي ثلاث سنين ونصفًا. وسنقرأ هذا الرقم من جديد في الأصحاحات المقبلة، حيثُ يبدو أنَّه يشير إلى "الضيقة العظيمة". وهناك مَن يربط هذا الرقم بـِ "نصف الأُسبوع" الذي تنبَّأ عنه دانيال (دانيال 9:27). إنَّها فترة قصيرة وتُذكِّر بنبوَّة الربِّ يسوع بأنَّ تلك الأيَّام ستُقصَّر (متَّى 24:22). ثانيًا، يأتي هنا الذكر الأوَّل "للوحش" الذي يحتل حيِّزًا كبيرًا بين المزدوجين في السرد التالي.

الأصحاحات 12-14: الوحشان

كان يجب أن يأتي هذا الجزء بين الجام السادس والجام السابع بهدف اتِّباع النمط الأدبي، لكن تتبع هذه الأصحاحات أحدها الآخر بتراصٍّ لدرجة أنَّه لا وقت ولا مكان بينها لإدخال أيَّة أحداث. إذًا، أُدخِلت هذه الأصحاحات قبل سكب الجامات السَّبعة كتعبير عن غضب الرب على العالم المتمرِّد.

ينتهي أمر الأختام الستَّة والأبواق الستَّة. وستبدأ آخر مرحلة من الكوارث التي ستكون الأسوأ بالنسبة إلى العالم والأصعب بالنسبة إلى الكنيسة. وستُحكم قوَّات الشرّ قبضتها على المجتمع أكثر من ذي قبل، مع أنَّ قبضتها ستُكسر سريعًا.

ويقدِّم هذا الجزء ثلاث شخصيَّات يتَّحدون معًا ليشكِّلوا هيئةً تحكم العالم. أصل الأول ملائكي: "التِّنين العظيم"، "الحيَّة القديمة"، المعروف بأنَّه "إبليس" أو "الشيطان" (12:9). إنَّ الاثنين الآخرين بشريَّان: "وحشان" أو ما يُعرف بأنَّه "ضِدُّ المسيح" (1يوحنَّا2:18؛ أو "انسان الخطية" بحسب 2تسالونيكي 2:3) ثُمَّ "النبيُّ الكذَّاب" (16:13؛ 19:20؛ 20:10). ويشكِّل هؤلاء معًا "ثالوثًا أنجس" كتقليد مروِّع للثالوث الأقدس: الآب والابن والروح القدس.

ويظهر إبليس في "الضيقات" للمرَّة الأُولى. ولم يكن قد ذُكِر قبلاً في السفر منذ ذُكِرَ في الرسائل إلى الكنائس السبع (2:9، 13، 24؛ 3:9). وكانت الأختام والأبواق قد ألقت بثقلها على الأرض، بينما إبليس في السماء. وبما أنَّه ملاك فلديه حريَّة الوصول إلى أجواء "السماويَّات" (أفسس 6:12؛ وراجع أيوب 1:6-7). وهنا تبدأ المعركة الحقيقية بين الخير والشر، كما يكتشف كل من يدخل تلك الأجواء من خلال الصلاة.

وهذه المعركة التي تدور بين الخير والشر في السماء لن تستمر إلى الأبد إذ إنَّ القوَّتَين غير متعادلتين من ناحية العدد. ويشكِّل جانب الشيطان ثلث جند السماء (12:4)، أمَّا الثلثان فيقودهما رئيس الملائكة ميخائيل الذي يصل بقوَّاته إلى النصر (تزيِّن صورة تمثل هذه المعركة الجدار الشرقي من كاتدرائيَّة كوفنتري).

"يُطرَح" الشيطان إلى الأرض. ثم يُقهر من جديد ويُطرحَ في "الهاوية" (20:3). وفي السنين المتبقيَّة له يصب غضبه وإحباطه على كوكبنا. وبما أنَّه لا يستطيع إعلان الحرب على الرب مباشرة في السماء،

فإنَّه يُعلن الحرب على شعب الرب في الأرض. ويشنُّ هجومه من الخلف على أمل أن يستعيد مملكته على الأرض، من خلال حاكِمَين يتلاعب بهما كالدمى، الأوَّل سياسي والثاني ديني.

وتبقى الرسالة في الأصحاح الثاني عشر واضحة حتَّى الآن، رُغمَ أنَّها تتعدَّى حدود المخيِّلة. لكنَّنا تغاضينا (عمدًا) عن شخصيَّة أساسيَّة أُخرى في هذه الدراما، وهي المرأة الحامل المتسربلة بأشعَّة الشمس والواقفة على القمر واللابسة على رأسها تاجًا مؤلَّفًا من اثنَي عشَرَ كوكبًا.

من تكون؟ أهي فرد أم "تشخيصٌ" يُمثِّل مكانًا أو شعبًا (كما تفعل "النساء" الأُخَر في السفر مثل "الزانية" في الأصحاحين 17-18 والتي ترمز إلى بابل)؟

لقد أثارت هذه الشخصيَّة الكثير من المناقشات ووجهات النظر المختلفة بين مفسِّري الكتاب المقدَّس. فبالنسبة إلى بعضٍ منهم، التفسير هو أنَّ الشيطان أراد أن يلتهم الطفل فور ولادته (ع 4)، وأنَّ عبارة أنَّها ستلد ولدًا وسيحكم العالم بعَصا من حديد (آ 5) تشير إلى ولادة يسوع ومحاولة هيرودس الفاشلة لقتله. إذًا، المرأة هي والدته مريم (وهو التفسير الكاثوليكي الكلاسيكي)، أو هي ترمز إلى إسرائيل التي أتى المسيح منها (وهو التفسير البروتستانتي المألوف لإبعاد مريم عن الصورة).

لكن الأمر ليس بهذه السهولة. فلمَ الضرورة للعودة المفاجئة وغير المـُتوقَّعة في نصٍّ يتكلّم عن نهاية الأزمنة إلى بداية الحقبة المسيحية؟ ولماذا تدخل مريم إلى الصورة (فهي اختفت بعد أعمال الرسل 1 إذ إنَّ مهمَّتها قدِ انتهت). وبالطبع، يرى "المؤرخون الدائريُّون" ذلك على أنَّه برهان "لتكرار" آخر لدائرة التاريخ الكنسي، وقد ابتدأ هذه المرَّة بمشهد الميلاد إذ كان الشيطان قد غُلِب ورُمِي من السماء.

لكن تواجهنا مشاكل أُخرى أيضًا. فمن الواضح أنَّ الطفل "اختُطِفَ إلى الله وعرشه" مباشرة بعد ولادته. ويمكن أن يكون ذلك "تصويرًا" للتجسّد والصعود إلى السماء، لكن دون ذكر لخدمة المسيح أو موته أو قيامته. وإن كانت المرأة أُمَّهُ، فمن هم "باقي نَسلِها"، هؤلاء الذين يوجِّه الوحش انتباهه إليهم (17:12)؟ نحن نعلم أنَّه كان لها أولاد آخرون، أربعة صبيان وبضع بنات (مرقس 3:6)، لكن لا يبدو أنَّ أيًّا منهم مرشح لذلك. كذلك ليس ضروريًّا أنَّ العبارة "يرعى جميع الأُمم بِعَصًا من حديد" تشير إلى الربِّ يسوع، مع أنَّها تُطبَّق عليه (15:19، كتتميم للمزمور 9:2)، كما أنَّ هذا الوعد مُعطًى أيضًا لأتباعه الغالبين (27:2). ثم نقرأ عن حفظ المرأة في "البريَّة" فترةً امتدَّت ألفًا ومئتين وستِّين يومًا (6:12) وهي فترة صعبة جدًّا ستمرّ على المؤمنين في نهاية الدهر.

أمَّا التفسير الأفضل الذي يناسب كلّ ما تقدَّم فهو أنَّ المرأة تمثِّل جماعة المؤمنين في نهاية الأيَّام حينَ ستُحفظ آمنة خارج إطار المدينة خلال الضيقة. ويمثِّل الطفل الذي تلده الشهداء الأُمناء في ذلك الوقت، وهم سيكونون في السماء بمأمنٍ من قبضة إبليس. وسوف يرجعون إلى الأرض يومًا ويحكمونها مع المسيح (تشدِّد الآية الواردة في 4:20 على هذا الأمر). أمَّا "باقي نسلها" فهم الذين يبقَون أحياء بعد الإبادة الجماعيَّة، لكنَّهم يطيعون وصايا الربّ ويتمسَّكون بشهادة الربّ يسوع (17:12؛ راجع أيضًا 9:1، 12:14). ربَّما يحمل هذا التفسير بعض التساؤل، لكنَّه الأفضل.

ونجد مجدَّدًا مقارنة ضمنيَّة بين ما اختبره المسيح في بداية العصر المسيحي وبين ما يختبره أتباعُه في نهايته (كما سنرى لاحقًا). وبالتحديد كما "غلب" هو (يوحنَّا 16 :33) فهم أيضًا "سيغلبون" **"ولم يحبوا حياتهم حتَّى الموت"** (12 :11). وغلبَتُهم يُتمِّمُها **"خلاصُ إلهنا وقدرتهُ وملكه وسلطان مسيحه" (12 :10، راجع أيضًا 11 :15، وأعمال الرسل 28 :31).**

يظهر "الوحشان" في الأصحاح الثالث عشر. الوحش الأوَّل والأهمّ هو شخصيَّة سياسيَّة أو ديكتاتور عالمي يتَّبع نظامًا شاملاً لكلِّ الأجناس العرقيَّة. إنَّه "ضِدُّ المسيح" (1يوحنَّا 2: 18، ولاحظ أنَّ المسيح الكذَّاب لا يشير إلى "بديل"، بل إلى "عداوة"، إنَّه عدوّ وليس منافسًا)، وهو "إنسان الخطيَّة" (2تسالونيكي 2 :3-4) لا يعترف بأيِّ قانون سوى القانون الذي يسنُّه هو، ولذلك فهو يدَّعي الأُلوهيَّة ويطلب من الجموع أن تعبده. والوحش هو إنسان يقبل عرض إبليس الذي رفضه الربُّ يسوع (متى 4 :8-9، وما كان ممكنًا أن يقبل الربُّ يسوع ذلك، فهو المسيحُ حقًّا، وحاشا أن يكون هو "ضدَّ المسيح"!).

والوحشُ في هذا الإطار أيضًا "ضدَّ المسيحيّين"، ويتمتَّع بالقدرة أن يشنّ الحرب عليهم **ويغلب** (13 :7، لكنَّه يغلبهم مُوَقّتًا، إلاَّ أنَّهم سيغلبونه إلى الأبد، 12 :11).

إنَّه يتمتَّع بصفات من وحوشٍ أُخرى: نَمِر ودُبٍّ وأسد. ويبدو أنَّه يقوم من مجمع سياسي حاكم، ويلفت انتباه العالم بعد أن يُشفى بطريقة مدهشة من جرح مميت، ربَّما بسبب محاولة اغتيال. ويستمر تجديفة مدَّة اثنين وأربعين شهرًا.

ثُمَّ يدعمُ سُلطتَه وحشٌ آخر، هو زميل ديني يتمتَّع بقوَّة فوطبيعيَّة ويركِّز عبادة العالم على شخصه. وسوف يحتال على الأُمم بواسطة العجائب التي يُجريها، إذ يطلب أن تنزل نارٌ من السماء، ويطلب صُنعَ صورةٍ للديكتاتور سوف تتكلَّم. وسيبدو مظهره شبيهًا بحَمَلٍ أو خروف فَتِيّ له قرنان. ويُبدي مظهره لطفًا بدل صفات المسيح الحقيقي، لكن كلامه يناقض مظهره.

لن يضرب ضربته بواسطة المعجزات، بل بواسطة سيطرته على الأسواق العالميَّة. فإنَّ الذين يحملون سِمةً معيَّنة في أجسامهم (إمَّا على أيديهم وإمَّا على جِباهِهِم) وحدَهُم يستطيعون المتاجرة، وسيُعطى ذلك الوَسمُ فقط للذين يقدِّمون الولاء لتلك الإمبراطوريَّة الوثنيَّة. ولذلك سيُمنع المؤمنون من مزاولة أيّ نوع من التجارة، بل أيضًا من شراء الحاجيَّات اليوميَّة الضروريَّة.

الاسم المشفَّر للوحش هو "666". وقد شرحنا معنى هذا الرقم سابقًا. ولا جدوى من حلِّ شيفرة هذا الرقم. لكن، يبقى أمر واحد واضحًا وهو أنَّه لن يقترب من الكمال (الرقم 7) في أيِّ مجال.

يبدو أنَّ الأصحاح الرابع عشر يعوِّض عن كلِّ تلك المشاهد المُخيفة، إذ يلفت انتباهنا إلى أشخاص واقفين مقابل مجموعة من الناس سمحوا لأنفسهم أن ينجرُّوا بالوضع القائم. وبدل أن يحملوا على جباههم اسم الوحش، حملوا اسم حَمَل الآب (راجع أيضًا الآية الواردة في 22 :4). وهم معروفون باستقامتهم في الكلام وطهارة العلاقات الزوجيَّة أيضًا، بدل الأكاذيب والتعجرف.

ولا يوجد تأكيد ما إذا كانوا موجودين في السماء أو على الأرض، لكن من المرجَّح أن يكونوا موجودين في السماء بسبب ما نقرأ عن التسبيح الذي تقدِّمه الكائنات الحيَّة والشيوخ (يبدو أنَّ الآية المذكورة في 14:3 تعيد ما ورد في 4:4-11)، والتسابيح التي كانوا يقدِّمونها لا يستطيع إلاَّ المفديُّون أن "يتعلَّموها" ويرنِّموها. ويدعو الرقم مئة وأربعة وأربعون ألفًا إلى الحيرة، ولا مُوجِبَ للتَّحيُّر بينه وبين الرقم نفسه المذكور في الأصحاح السابع. ففي الأصحاح السابع يشير إلى اليهود الموجودين على الأرض، أمَّا هنا فهو يشير إلى المؤمنين في السماء. وفي الأصحاح السابع يتكوَّن هذا الرقم من مجموع الأسباط الاثني عشر، أمَّا هنا فلا. ولا تُمكن مساواته بمَن وُصِفوا بأنَّهم "جمع كثير لم يستطع أحد أن يعدَّه" كما جاء في الأصحاح نفسه. ويُمكننا القول مُجدَّدًا إنَّه يُمكن أن يكون هذا الرقم رقمًا "تقريبيًّا". لكن السرّ يكمن في أنَّهم:"لَمْ يَتَنَجَّسُوا مَعَ النِّسَاءِ لأَنَّهُمْ أَطْهَارٌ. هؤُلاَءِ هُمُ الَّذِينَ يَتْبَعُونَ الْخَرُوفَ حَيْثُمَا ذَهَبَ. هؤُلاَءِ اشْتُرُوا مِنْ بَيْنِ النَّاسِ بَاكُورَةً للهِ وَلِلْخَرُوفِ. " (ع 4). وهم جزء صغير من محصول كبير. إذًا، ما يُمكن قوله هو أنَّ العدد الإجمالي لليهود المحفوظين على الأرض هو جزء صغير من عدد المؤمنين الذين يُسبِّحون في السماء.

ويذكر ما تبقَّى من الأصحاح مجموعة من الملائكة تقدِّم رسائل متنوِّعة من الربّ إلى الناس:

يدعو الملاك الأوَّل إلى خوف الربّ وعبادته، مع تذكير بأنَّ الإنجيل ما يزال مُتاحًا ليُخلِّص من "الغضب الآتي" (لوقا 3:7).

ويعلن الملاك الثاني سقوط بابل. ويدعونا هذا الأمر إلى "الترقّب"، إذ إنَّها المرَّة الأُولى التي يُذكر فيها هذا المكان. لكن ستُوضَّح الأمور في الجزء التالي (الأصحاحات 16-17).

ويحذِّر الملاك الثالث المؤمنين من النتائج الوخيمة للاستسلام لضغوط النظام السياسي الشامل. ويستخدم كلمة جهنم أي "العذاب الأبدي" (وهي الكلمة نفسها المُستخدمة لوصف ما سيتلقاه إبليس والمسيح الكذَّاب والنبي الكذَّاب في "بحيرة النار"؛ 20:10). بكلام آخر، سيتشاركون في مصير الذين استسلموا لهم. وتدعو حقيقة أن "القدِّيسين" ممكن أن يجدوا أنفسهم في ذلك المصير المـُخيف إلى الدعوة المـُباشرة بعد ذلك التحذير "للتحمّل بصبر" (14:12، وتكرَّرت في 13:10). وتشير قرينة النصّين إلى أنَّ بعضًا سيدفعون حياتهم ثمن ولائهم، وقد كُتِبت تطويبة خاصَّة لهم تقول:"طُوبَى لِلأَمْوَاتِ الَّذِينَ يَمُوتُونَ فِي الرَّبِّ مُنْذُ الآنَ». «نَعَمْ» يَقُولُ الرُّوحُ: «لِكَيْ يَسْتَرِيحُوا مِنْ أَتْعَابِهِمْ، وَأَعْمَالُهُمْ تَتْبَعُهُمْ " (14:13). وتنطوي التطويبة على قسمين إذ يُمكنهم الآن أن يستريحوا من أتعابهم، ويتوقّعوا الجائزة لأنَّ سجَّلهم واضح بالولاء. حتَّى الذين يموتون في ذلك الحين من جرَّاء أسباب طبيعيَّة سوف يتمتَّعون بهذه البركة. لكن لا ينبغي أن تُستخدم هذه الآية في الجنازات لأنَّها محدَّدة بذلك الزمان، أي زمان حكم "الوحش".

وينادي الملاك الرابع على سحابةٍ بيضاء، يشبه ابن الإنسان (إشارة واضحة إلى دانيال 7:13) قائلاً له إنَّ الوقت قد حان للحصاد. ولا يتَّضح ما إذا كان ذلك يعني جمع القش للحرق أو القمح للتخزين (متى 13:40-43).

أمَّا الملاك الخامس فيظهر بكلٍّ بساطة حاملاً منجلاً بيده.

ثُمَّ يوجِّه الملاك السادس المنجل إلى "العنب" ليُداس في "معصرة غضب الله العظيمة"، وذلك "خارج المدينة". ويدل هذا الأمر على قتل جَماعي وذلك بسبب بركة الدماء الموجودة (بعمق متر وعلى امتداد مئة وثمانين ميلاً، أي 290 كلمً تقريبًا (هذا نوع من المبالغة، أليس كذلك؟) وربَّما يكون ذلك بانتظار معركة هرمجدّون حيث ستأكل الجوارح تلك الأجساد (19:17-21). وتُمكننا ملاحظة تكرار تواجد الدم والخمر وغضب الله معًا. ويُلقي هذا الأمر الضوء على الصليب، وخاصَّة على صلاة المُعاناة التي صلَّاها الربُّ يسوع في بستان "جثسيماني"، والكلمة تعني "المعصرة". واستخدام كلمة "الكأس" هي استعارة تُشير إلى غضب الله (إشعياء 51:21-22، مرقس 14:36، رؤيا 16:19).

ويتبع هؤلاء الملائكةَ الستَّةَ سبعةُ ملائكة تُظهر غضب الله بالفعل وليس بالكلام. فتحمل تلك الملائكة سبعة جامات، وليس كؤوسًا، مملوءةً غضبًا يرمونها إلى الأرض. ويرافق كلّ هذا ترنيمة انتصار يُطلقها الشهداء في السماء، وهي صدًى لابتهاج موسى بعد أن غرق الجيش المصري في البحر الأحمر (15:2-4). وتدل الفكرة الرئيسيَّة هنا إلى عدل الله وبرِّه اللذين يظهران بأعمال عظيمة ورائعة تُبيِّن قداسته إذ يعاقب الأشرار. فربَّما يأخذ "ملك الدُّهور" وقته لدينونة المـُذنبين، لكنَّ الدينونة آتية لا محالة.

ولا بدَّ من الإشارة إلى ملاحظتين قبل الانتقال من هذا الجزء الأساسي في سفر الرؤيا.

تخصّ الملاحظة الأُولى **ترتيب** الأحداث. لقد تمَّت المحاولة لدمج الأختام والأبواق والجامات مع المداخلات في نوع معيَّن من الترتيب. وعلى القارئ أن يقرِّر ما إذا تمَّ ذلك بنجاح، ولو أنَّه اتَّبع الأحداث بأُسلوب مختلف. ومن الواضح أنَّه من الصعب جدًّا، إن لم نقل من المستحيل، دمج كلّ الأحداث التي تمَّ التنبّؤ بها في نمط متناسق. لكنَّ الربَّ يسوع معلِّم متمرِّس، ولذلك لا يُمكن أن يفشل في إظهار رسالته الرئيسيَّة في سرد معقّد كهذا. فماذا يخبرنا هذا الأمر؟ بكلٍّ بساطة، **الترتيب ليس الأمر المهم في هذا الجزء.** فالمهم في هذا الجزء هو في ما سيحدث وليس في الترتيب الذي سيحصل به. والهدف ليس أن يجعل منّا منجِّمين نستطيع أن نتنبَّأ عن المستقبل، بل أن نكون خدَّامًا أُمناء للربِّ مستعدِّين أن نواجه أسوأ ما يُمكن أن يحدث لنا. لكن هل هذا سيحدث لنا؟

وتخصّ الملاحظة الثانية أمر **تحقيق** تلك النبوَّات. فإن كانت "الضيقة العظيمة" تغطِّي بضع السنوات الأخيرة، فهذا يعني أنَّنا لن نواجهها ونحن على قيد الحياة. فهل يجدر أن يكون التحضير لها مضيعة للوقت إلاَّ بالنسبة إلى آخِر جيل من المؤمنين؟

يأتي أحد الأجوِبة من منحى الأُمور وتطوّر الأحداث في العالم، ما يدل على اقتراب حدوثها في المستقبل القريب. لكن الرد الأساسي على هذا النوع من التفكير هو التذكير بأنَّ الأحداث المستقبليَّة ترسل ظلالها قبل أن تحدث. **"أيها الأولاد هي الساعة الأخيرة. وكما سمعتم أن ضد المسيح يأتي، قد صار الآن أضداد للمسيح كثيرون. من هنا نعلم أنها الساعة الأخيرة"** (1يوحنَّا2:18). إنَّ النبي الكذَّاب آتٍ، لكن لقد أتى حتَّى الساعة عدَّة أنبياء كذبة (متى 24:11؛ أعمال الرسل 13:6؛ رؤيا يوحنَّا 2:20).

بكلام آخر، إنَّ ما ستختبره الكنيسة على الصعيد العالمي ("تكونون مُبغَضِينَ من جميع الأُمم" متى 24:9) يحصل فعليًّا في بعض الأماكن في العالم. ويُمكن لأي مؤمن أن يختبر جزءًا كبيرًا من الضيقة قبل حدوث "الضيقة العظيمة". وعلينا جميعًا أن نكون مستعدِّين لأنواع الضيقات الشديدة التي ستحدث في المستقبل والتي يُمكن أن تحدث الآن.

إذًا، هذا الجزء من السفر (الأصحاحات 6-16) يهمُّ مباشرة كلَّ المؤمنين، مهما تكن حالتهم الحاضرة. والكنيسة اليوم تختبر الضغط في معظم البلدان؛ أمَّا عدد الكنائس التي لا تُواجه صعوبات ففي تناقُص مستمرٍّ.

ولكنْ تكمن خلف كلّ تلك الأُمور عودة الربّ يسوع المسيح، الأمرُ الذي يجب على كلّ مؤمن أن يكون مستعدًّا له. والهدف الرئيسي لتهيئتنا كي نبقى أُمناء ولو تحت الضغط، هو أن نستطيع أن نقابله دون أن نشعر بالخزي. وربَّما يفسِّر كلّ هذا التذكير المـُرفق بين جامَي الغضب السادس والسابع (ما يشير إلى أنَّ بعض المؤمنين سيكونون ما يزالون على الأرض في ذلك الوقت): **"ها أنا آتي كلص! طوبى لمن يسهر ويحفظ ثيابه لئلا يمشي عريانا فيَروا عُريته "** (16:15، لاحظ التشديد نفسه على اللباس المذكور في متى 22:11؛ لوقا 12:35؛ رؤيا 19:7-8).

الأصحاحان 17-18: الانسان على الأرض

يعالج هذا الجزء أيضًا "الضيقة العظيمة"، لكن باقتضاب. وهو يتكلَّم عن النهاية حين يحدث زلزال كبير في الختم والبوق والجام السابعة (راجع 16:17-19).

ويتسارع التاريخ العالمي إلى النهاية. كما أنَّ المرحلة النهائية الأخيرة على الأبواب. وعلى الرُّغم من كلّ التحذيرات الإلٰهية، إن كانت بالكلام أو بالأفعال، فإنَّ البشر يرفضون أن يتوبوا ويلعنون الربّ من أجل الضيقات التي يمرّون بها (16:9، 11، 21).

وتسيطر على الجزء الباقي من سفر الرؤيا شخصيَّتان نسائيَّتان. الشخصيَّة الأُولى هي الزانية النجسة، والشخصيَّة الثانية هي العروس الطاهرة. وليست أيَّة من هاتين الشخصيَّتين إنسانًا، بل هما تشخيصان، إذ يرمزان إلى مدينتين.

ويمكننا هنا استخدام العنوان: "قصَّة مدينتين". والمدينتان هما بابل وأُورشليم، مدينة الإنسان ومدينة الله. ونعالج في هذا الجزء المدينة الأُولى التي تمَّ ذكرها من قبل أيضًا (14:8؛ 16:19).

يُشار على وجه العموم في الكتاب المقدَّس إلى المدن بطريقة سلبيَّة. وأوَّل ذكر لها (وهذا أمر مميز) يربطها بنسل لامك صانع الأسلحة القتَّالة للشعوب. والمدن تحتوي على أُناس أي على أشرار، أي أنَّها تحتوي على الشرّ. وإذ تتقلَّص روح الجماعة وتزداد روح العداوة، يزداد الفساد والجريمة. وتزداد الشهوة (الزنى) والغضب (العنف) في المدن أكثر من المجتمعات الريفيَّة.

يتم تمييز خطيَّتين هنا، وهما الطمع والكبرياء. وترتبط الاثنتان بمحبَّة المال. وبما أنَّه من المستحيل عبادة الله والمال (لوقا 16:13)، فمن السهل نسيان صانع السماوات والأرض في مدينة مزدهرة كتلك.

فالعصاميّون (أي مَن يكوِّنون أنفُسَهم بأنفُسهم) يعبدون (ذواتِهم)! وتظهر الكبرياء في العُمران إذ إنَّه غالبًا ما تُظهر الأبنية طموح الإنسان وإنجازاته. فهذا ما أشار إليه برج بابل الواقع عندَ نهر الفرات على الطريق الذي يصل آسيا بأوروبا وأفريقيا. لقد بناه نمرود الصيَّاد الماهر والمحارب الشجاع، معتقدًا أنَّ القوَّة هيَ الحقُّ، وأنَّ الأفضلية في الحياة هي للأقوى.

كان الهدف أن يكون البرج أطول ما بناه الإنسان في العالم لإثارة إعجاب الناس والله. وكان الهدف المُعلن هو "نصنعُ لأنفُسنا اسمًا" (تكوين 11:4) وهو أوَّل إشارة لتأليه الذات. فدانَهم الله بأن أعطى كلّ واحد منهم موهبة التكلُّم بألسنة! وكان أن تبلبلت اللغة بينهم، ومنها تشتق كلمة بلبلة، أو ما معناه صخب دون معنى (لاحظ أنَّ هذه البلبلة لم تحدث في يوم الخمسين، بل أنَّ هذه الموهبة نفسها أدَّت إلى الوحدة، أعمال الرسل 2:44).

وأصبحت المدينة فيما بعد إمبراطوريَّة عظيمة وقويَّة، خاصَّة تحت حكم نبوخذنصَّر الذي كان طاغية قاسيًا وكان يقضي على الأطفال والحيوانات عند فتحه لأيَّةَ مدينة جديدة (حبقوق 2:17، 3:17).

وكان داود ملك إسرائيل يبني في الوقت نفسه أُورشليم عاصمة له. وعلى عكس بابل، لم تكن في مكان استراتيجي للتجارة، إذ إنَّها لم تكن تقع على شاطىء البحر، أو على ضفَّة نهر كبير، أو بالقرب من طريق رئيسي. لكنَّها كانت "مدينة الرب" حيث وضع اسمه ومسكنه وسط شعبه، أوَّلاً في الخيمة التي بناها موسى، ولاحقًا في الهيكل الذي بناه سليمان.

ثُمَّ أصبحت بابلُ المنافِسَ الأكبر لأُورشليم. ودمَّر نبوخذنصَّر المدينة المقدَّسة، بالإضافة إلى هيكلها، وأخذ كلّ الكنوز الموجودة فيه وسبى الشعب سبعين سنة. وقد سمح الرب بذلك لأنَّ سكَّان تلك المدينة جعلوها "نجسة" كالمدن الأُخرى.

لكنْ كان هذا تأنيبًا موقَّتًا، وليس عقابًا دائمًا. فقد وعد الرب من خلال الأنبياء بإعادة بناء أُورشليم ودمار بابل (نقرأ ذلك مثلاً في إشعياء 13:19-20؛ إرميا 15:6-9 و 45-48). وبالفعل، لقد أصبحت تلك المدينة كومة خراب، وهي غير مسكونة إلاّ بالحيوانات البريَّة، تمامًا كما قالت النبوَّة.

وليس صدفةً أن يشترك سفرا دانيال والرؤيا في العديد من التشابُهات. فالاثنان يحتويان على رؤًى عن الأيَّام الأخيرة تتوافق معًا. لكن أُعطي دانيال تلك النبوَّات في زمن نبوخذنصَّر (كان شابًا حين سُبي في أوَّل دفعة ولحقت بعد ذلك دفعتان). لقد "رأى" مستقبل إمبراطوريات العالم حتَّى مجيء المسيح، وأبعد من ذلك إلى نهاية الأزمنة، ومُلك المسيح الكذَّاب، والمـُلك الألفي، وقيامة الأموات ويوم الدينونة.

يتكلَّم السِّفران عن مدينة تُدعى "بابل"، لكن هل هي المدينة نفسها؟

إن كان الأمر كذلك فلا بُدَّ من إعادة بنائها. ويعتقد الذين يؤمنون بأنَّها المدينة نفسها أنّ أجزاء منها قد بناها صدَّام حسين رئيس جمهورية العراق. لكن يبدو أنَّه لم يهدف إلى إعادة بنائها لتصبح مدينة مفعمة بالحياة، بل كان هدفه عرضًا لهيبته (فأضواء الليزر تعكس صورة جانبية له بالإضافة إلى صورة جانبية لنبوخذنصَّر باتِّجاه الغيوم!). ولو أُعيد بناء بابل القديمة لكان من غير المتوقَّع أن تصبح مركزًا رئيسيًّا من جديد.

تشير مدرسة أو نظريَّة "الماضي" للتفسير إلى أنَّ "بابل" تمثِّل روما العظيمة. ويحمل هذا التحليل منطقًا، ربَّما لأنَّ القرَّاء الأساسيين لسفر الرؤيا كانوا سيُفسِّرون الأمر بهذه الطريقة. وربَّما تكون إحدى رسالتَي بطرس التي هدفت إلى تهيئة المؤمنين للألم أن تكون قد سهَّلت هذا التفسير (1بطرس5 :13). وربَّما تَحسِمُ الأمرَ الإشارة إلى "سبعة جبال" (17 :9-10، رُغمَ أنَّ "الجبال تشير إلى الملوك).

كذلك، فإنَّ إنحطاط روما يتوافق مع الوصف المذكور في سفر الرؤيا. فقد اشتهرت بجذبها للأموال والبضائع من خلال الخدمات التي كانت تقدِّمها، فضلاً عن سيطرتها على الملوك الخانعين. لكن، لا يُعقل أن يحمل هذا التفسير المعنى الكامل. فروما كانت بالتأكيد تتَّسم بصفات بابل، ولكنَّها كانت مجرَّد ظلٍّ مسبَّق لبابل الحقيقيَّة التي سوف تسيطِر على نهاية الزمن والتي يتحدَّث عنها سفر الرؤيا.

وقد حلَّ بعضهم المشكلة بأنِ افترضوا إعادة قيام الإمبراطوريَّة الرومانية. وقد ازدادوا ثقة بتحليلهم عندما وقَّعت عشرة دُوَل (17 :12) "ميثاق روما" كأساس لاتِّحادٍ قويٍّ جديد شكَّل الاتِّحاد الأوروبي. لكنْ خفَّت حماستهم عندما انضمَّت بُلدان أُخرى إلى هذا الاتِّحاد؛ لقد زاد عدد "القرون"! لكنَّ العَلَم يحمل اثنتي عشرة نجمة، كما ذكَرَ الأصحاح الثاني عشر من سفر الرؤيا اثني عشَرَ كوكبًا.

ولا تتخلَّى مدرسة "المستقبل" عن اعتبار روما هي المرشَّحة في هذا الوصف. فالإنجيليُّون يعتبرون سفر الرؤيا نظرة عامة إلى كامل التاريخ الكنسي، فيركِّزون على البابوِّيَّة والفاتيكان اللذين يتبوّأان سُلطة سياسية بالإضافة إلى السُّلطة الدينيَّة، ولذلك تشير المرأة المتسربلة "بأُرجوان وقرمز" في بابل إليهما (وقد أثار هذا التفسير الفوضى في المشاكل التي عمَّت شمال إيرلندا). وقد سارع الكاثوليك واتَّهموا البروتستنتيِّين بالمثل!

لكنْ في الواقع لا توجد أيَّة إشارة في سفر الرؤيا إلى أنَّ "بابل" تحمل أيَّة صفة دينيَّة. لكن نجد التشديد على أنَّ سكَّانها اهتمّوا بالأعمال التجاريَّة والمتعة.

أمَّا مدرسة "المستقبل"فتبدو الأقرب إلى الواقع من ناحية تفسيرها بأنَّ بابل هي مدينة عظيمة جديدة تسيطر على المدن الأُخرى في "نهاية الأزمنة". وبما أنَّها عُرِّفت بأنَّها "سِرٌّ" (أي سرٌّ يُكشف الآن)، فإنَّها تظهر أنَّها مدينة جديدة نتيجة صنع الإنسان وليس إعادة بناء مدينة قديمة (بابل القديمة أو روما).

ومن الواضح أنَّ هذه المدينة ستكون مركزًا تجاريًّا، ومكانًا لجني الأموال وصرفها (لاحظ كيف أنَّ التجَّار يتأثَّرون بسقوطها؛ 18 :11-16). وسيبقى دور للأُمور الحضاريَّة (لاحظ الموسيقى في 18 :22).

لكنْ ستكون هذه المدينة فاسدة ومُفسِدة، وستتَّصف بالمادِّيَّة والفساد الأخلاقي، وبالمتعة وعدم الطهارة، وبالغنى دون الحكمة، وبالشهوة من دون محبَّة. ويلائم جدًّا تشبيهها بالزانية التي تعطي ما يُطلب منها مقابل المال.

لقد تمعنَّا في دراسة أمر "المرأة"، لكنَّها تركب على "وحش" لديه سبعة رؤوس وعشرة قرون ترمز إلى تجمّع شخصيَّات سياسيَّة. لا نعرف من تكون تلك الشخصيَّات، ولا نقرأ أيَّة تفاصيل عن أيَّة واحدة منها. إنَّهم رجال أقوياء، لكنهم لا يحكمون أيَّة ولاية. ويستمدّون سلطتهم من "الوحش" الذي من

المرجَّح أن يكون ضدَّ المسيح الذي يقدِّمون له الولاء الكامل. وفوق كلّ هذا، سيُقاومون المؤمنين، و"هؤُلاَءِ سَيُحَارِبُونَ الْخَرُوفَ... وَالَّذِينَ مَعَهُ"(14:17) ربَّما بسبب عذاب ضمائرهم.

ولكنَّ مصير بابل هو الهلاك. فستسقط المدينة، وهم سيسقطون. وستكون أيَّامهم معدودة. وطريقة حصول كل ذلك غريبة جدًّا بالنسبة إلى العالم المعاصر.

تمتطي المرأةُ الوحش، وتجلس ملكة على مُتون ملوك (وهو انعكاس للتقارُب الجندري في الخليقة). بكلامٍ آخر، إنَّ الأُمور الاقتصاديَّة ستحكم السياسة، وإنَّ قوَّة المال ستتخطَّى أيَّة سلطة أُخرى. ولا يصعبُ علينا تخيُّل هذا المشهد خاصَّة أنَّه مع حلول العام 2000م أصبح ثقل تجارة العالم في قبضة ثلاث مئة شركة ضخمة.

أمَّا السياسيون الطامحون المتعطِّشون إلى السُّلطة فيكرهون هذا النفوذ المالي. وهم مستعدون لإيجاد أزمة اقتصاديَّة إن كانت تساعدهم في الاستيلاء على السلطة. ويمكن اتِّخاذ هتلر مثلاً في معاملته لليهود الذين كانوا يسيطرون على عدَّة مصارف في ألمانيا.

وسيحسد "الملوك" "المرأة" التي تجلس عليهم ويقرِّرون تدميرها. وستأكل النيران المدينة، ما يؤدِّي إلى أكبر كارثة اقتصاديَّة يشهدها العالم. "وسيبكي وينوح" الكثيرون على بقايا المدينة. وسيكون الرب هو مسبِّب تلك الكارثة، لكن دون أيِّ تدخُّل مباشر. وهو سيكون قد"وَضَعَ فِي قُلُوبِهِمْ أَنْ يَصْنَعُوا رَأْيَهُ" (17:17). وسيكون هو من يُشجِّعهم ليوقِّعوا حلفًا مع الوحش ضد المدينة. وسيتمتَّع ضدُّ المسيح بالسيطرة السياسيَّة. أمَّا النبي الكذَّاب فسيتمتَّع بالسيطرة الاقتصاديَّة، وسيقدِّم لهما الملوك السيطرة الاقتصاديَّة مُقابل القوَّة التي يتَّخذونها لأنفسهم. لكن سيكون تمتّعهما بتلك الامتيازات قصير الأمد جدًّا ("ساعة واحدة"؛ 17: 12).

إذًا، من المؤكَّد أنَّ سقوط بابل كما هو مصوّر في سفر الرؤيا قد حصل. ويمكن للمؤمنين أن يكونوا على يقين من جهة ذلك. لكن تمَّ إخبارهم بذلك لأسباب عمليَّة. وما هي العلاقة بين شعب الربّ و"بابل" الأخيرة؟ نجد ثلاثة أدِلَّة على ذلك:

أوَّلاً، سيسقط العديد من الشهداء في المدينة. إذ إنَّ الزانية "سَكْرَى مِنْ دَمِ الْقِدِّيسِينَ وَمِنْ دَمِ شُهَدَاءِ يَسُوعَ". وتشير هذه العبارة إلى وجود المؤمنين وهي ترد في أكثر من مكان خلال السفر (9:1؛ 17:12؛ 14: 12؛ 17 :6؛ 19 :10؛ 20 :4). ولا يوجد مكان للقدِّيسين في مدينة مكرَّسة للفساد الأخلاقي. فالمجتمع لا يريد من يوقظ ضمائرهم.

ثانيًا، ثمَّ يُطلبِ من المؤمنين أنِ "**اخرجوا منها يا شعبي لئلا تشتركوا في خطاياها، ولئلا تأخذوا من ضرباتها لأن خطاياها لحقت السماء، وتذكَّر الله آثامها" (18:4-5). وتشبه هذه الدعوة الصرخة التي أطلقها إرميا إلى اليهود في بابل القديمة (إرميا 51:6). لاحظ أنَّه عليهم أن "يخرجوا"، والربّ لن يُخرِجهم إلى خارج. ومن الواضح أنْ ليس كلّ المؤمنين سيُستشهدون، بل سوف ينجو بعضٌ منهم، وإن كانوا سيُضطرون إلى التخلِّي عن أموالهم ومقتنياتهم.**

ثالثًا، يأتي الأمر بالاحتفال عند سقوط بابل: **"افرحي لها أيتها السماء والرسل القديسون والأنبياء، لأن الرب قد دانها دينونتكم"(18: 20). وتصف الآيات 1-5 في الأصحاح التاسع عشر هذا الاحتفال. ويعلم قليلون أنَّ قرار "هللويا" المشهور في مقطوعة "المسيَّا" لهاندل هو إحتفال بِسُقوط الاقتصاد العالمي، وأسواق البورصة، وإفلاس المصارف، وارتباك الأسواق التجاريَّة! ففي ذلك اليوم، أولاد الله فقط سوف ينشدون "الهللويا(ومعناها "سبِّحوا الرب")!**

تختفي الزانية وتظهر العروس. وسيبدأ "عشاء عرس الخروف". فالربُّ يسوع آتٍ لكي يعقد قِرانه (متى25: 1-13). وقد "هيَّأت العروس نفسها" إذ لبست كتَّانًا أبيض نقيًّا (لاحظ من جديد الإشارة إلى "الملابس")، وهذا يُشير إلى "أعمال برّ القدِّيسين" (19: 8). وقد جُهِّزت لائحة المدعوِّين و"طوبى لِمنِ اسمُه مذكور فيها.

لقد عرَّجنا على الأصحاح التاسع عشر الذي يؤدِّي إلى الجزء الثاني في سعينا إلى الانتهاء من هذا الأصحاح. لكن، لم يكن تقسيم الأصحاحات جزءًا من النص الأصلي، ويأتي غالبًا في الأماكن الخطإ، ممَّا يُقطِّع إرْبًا إرْبًا ما أراده الربّ أن يكون قطعة واحدة. وهذا ما حصل في الأصحاح ما قبل الأخير من هذا السفر.

الأصحاحان 19-20: المسيح على الأرض

تأتي سلسلة الأحداث هذه إلى اختتام التاريخ كما نعرفه. وأخيرًا، ينتهي عالمنا! ففي هذه الأصحاحات تُعالَج أُمور المستقبل النهائي. لكن، للأسف، يثير هذا النص - أكثر من أي جزء آخر من السفر - الكثير من الجدل، خاصَّة حول موضوع "المـُلك الألفيّ" وتكرار عبارة "ألف سنة". وهذا أمر جِدِّيٌّ جدًّا، ولذا ستتم معالجته كموضوعٍ مستقلٍّ. وسيرافق هذه المعالجة تفسير مفصَّل للنص، لذلك لا ضرورة إلاّ لذكر خُلاصةٍ مَّا هنا.

من المهم ملاحظة الانتقال من الرؤى الكلاميَّة إلى الرؤى الصُّوريَّة. فيوحنَّا كان يقول في الجزء السابق:"سمعت" (18: 4، 19: 1، 6). ثم يبدأ بتكرار عبارة:"رأيت"، إلاَّ أنَّها تعود فتتغيَّر إلى عبارة "سمعت" (في 21: 3).

وعندما يتمّ تحليل الجزء البصري تتبيَّن لنا بكلِّ وضوح سبع رؤى. ولولا تدخُّل تقسيم الأصحاحات (الأصحاح العشرون والأصحاح الحادي والعشرون)، لكان معظم القرَّاء استطاعوا ملاحظة هذه الرؤيا السُّباعيَّة الجوانب. إنَّما يستطيع قليلون ملاحظتها بسبب الوضع الراهن. لكنْ هنا يظهر آخر رقم "7" في سفر الرؤيا. وكما هي الحال مع سلسلة "السبعات" الأُخرى، تتَّحِد الأربعة الأُولى معًا، وتتقارب الخامسة والسادسة إلى حدٍّ ما، أمَّا الأخيرة فتبقى منفردة (وسوف نؤجِّل دراستها إلى أن نلقي نظرة على الأصحاحين الحادي والعشرين والثاني والعشرين). ويمكن وضعها في لائحة كالتالي:

1. الفرس الأبيض (19: 11-16)

ملك الملوك، رب الأرباب، "كلمة الله" (لُوغُس)
أحصنة بيضاء، ثياب ملطَّخة بالدم

2. العشاء (19:17-18)

دعوة ملائكيَّة للطيور لكي نتقضّ على الأجساد

3. هرمجدّون (19:19-21)

ملوك وجيوش تُهزَم (على يد الكلمة = لوغُس)
وحشان يُرميان في بحيرة النار

4. إبليس (20:1-3)

يُكبَّل ويُنفى إلى "الهاوية" فترةً زمنيَّة محدَّدة

5. المُلك الألفيّ (20:4-10)

القدِّيسون والشهداء يملكون (القيامة الأُولى)
إبليس يُطلَق ويُرمى في بحيرة النار

6. الدينونة (20:11-15)

القيامة الجَماعية "للباقين"
فتح الأسفار و"سفر الحياة"

7. إعادة الخلق من جديد (21:1-2)

السماء والأرض الجديدتان

أُورشليم الجديدة

من الواضح أنَّ كلّ تلك الأُمور تشير إلى سلسلة من الأحداث تبدأ بالمجيء الثاني وتنتهي بالخليقة الجديدة. وتؤكِّد الاستشهادات الداخليَّة ذلك (مثلاً: الآية المذكورة في 20:10 تشير إلى الآية المذكورة سابقًا في 19:20). وللأسف، حاول مُفَسِّرون تعطيل تتابُع الأحداث من أجل التفسيرات اللاهوتيَّة (بادِّعائهم مثلاً أنَّ الأصحاح العشرين يسبق الأصحاح التاسع عشر). لكنَّ الترتيب في تلك الأصحاحات أوضح ومنطقيٌّ أكثر من ترتيب الأصحاحات في وسط السفر. فمثلاً، يتم طرد أعداء شعب الربّ من المشهد بصورة معاكسة لكيفيَّة تقدُّمهم. ويظهر إبليس في الأصحاح الثاني عشر،

و"الوحشان" في الأصحاح الثالث عشر، وبابل في الأصحاح السابع عشر. لكن تختفي بابل في الأصحاح الثامن عشر، و"الوحشان" في الأصحاح التاسع عشر وإبليس في الأصحاح العشرين.

إنَّ المدينة تسقط قبل رجوع المسيح، لكن الأرض بحاجة إليه لكي يعالج "الثالوث الأنجس" وضدَّ المسيح والنبيَّ الكذَّاب.

يتَّفق مفسِّرو الكتاب المقدَّس على أنَّ الرؤيا الافتتاحيَّة هي صورة عن المجيء الثاني (تشير قلَّة قليلة، لأسباب لاهوتيَّة غير واضحة، إلى أنَّها صورة عن المجيء الأوَّل). لكن ستُسبِّب عودة الربِّ يسوع إلى الأرض ذعرًا للقوَّات الحاكمة. وسيخطِّطون لقتله مرَّةً ثانية بسبب ذهولهم بعودته. لكن هذه المرَّة لن تكون فرقة صغيرة من الحرَّاس كافية، إذ إنَّ الملايين من أتباعه سوف يكونون قد لاقوه في أورشليم (1تسالونيكي4 :14-17). وستُحشَد قوَّة عسكريَّة على بعد بضعة أميال شماليَّ وادٍ عند سفح "جبل مجدّو" (وهذا معنى هرمجدّون في العبريَّة)؛ فهناك مفترق طرق إلى كلّ العالم حيث تطلّ عليه مدينة الناصرة. لقد قامت عدَّة معارك هناك، ومات العديد من الملوك (من بينهم شاول ويوشيَّا).

إنَّ الربَّ يسوع بحاجة إلى "كلمة" ليقيم الموتى أو يقتل الأحياء. إنَّها جملة وليست صراعًا. وتهتم الجوارح بالجثث، فهناك الكثير منها بحاجة لأنْ تُدفن.

ويحدث عدد من التطوَّرات عند هذه النقطة. "فالوحشان" لا يُقتلان، بل "يُطرَحان حيَّين" في جهنَّم، فيكونان بذلك أوَّل بشريَّين يذهبان إلى هناك. ولا يُرسَل الشيطان إلى هناك، بل يُحتجز إلى أن يُطلق في وقت لاحقٍ!

والأهم من ذلك كلّه أنَّ الربَّ يسوع لا يُنهي هذا العالم، بل يحكمه ويملأ الفراغ السياسي الذي تركه "الثالوث الأنجس" بأتباعه الأوفياء، وخاصَّة الشهداء منهم. وبالطبع سوف يقيمهم من الأموات لكي يستلموا مهمَّاتهم. وستستمر تلك "المملكة" مدَّة ألف سنة، لكنَّها تنتهي عندما تخدع مجموعة من الشياطين الأُمم وتدفعُهم إلى موجة من التمرّد لا تنتهي إلاَّ بنار تسقط من السماء. وترفض كنائسُ كثيرة اليوم فكرة "المرحلة الوقتيَّة" بين مجيء الربِّ يسوع ويوم الدينونة، إلاَّ أنَّ هذه الفكرة كانت مقبولة عند الكنيسة أوَّلَ عهدها.

لكنْ نرى اتِّفاقًا كبيرًا حول ما يلي: يعلِّم العهد الجديد عن يوم دينونة أخير، ويُعلَن عنه بواسطة علامتين مميَّزتين. فالأرض والسماء تختفيان. ونقرأ في 2 بطرس 3:10 أنَّ الاثنتين سوف "تحترقان". وسيقوم الأموات من الموت، وبينهم الذين غرقوا في البحر. وهذه هي القيامة الثانية أو القيامة "الشاملة" (20:5)، وتؤكِّد أنَّ الأبرار والأشرار جميعًا سوف يُلبسون أجسادًا قبل دخولهم إلى مصيرهم الأبدي (دانيال 12 :2؛ يوحنَّا 5 :29، أعمال الرسل 24 :15). "فالنفس والجسد" سوف يُرميان معًا في بحيرة النار (متى 10 :28؛ رؤيا 19 :20). وسيكون "العذاب" جسديًّا وفكريًّا (لوقا 16 :23-24). إذًا، في هذه المرحلة يبرز نَوعَا "الموت"، النوع الأوَّل الذي يفصل الجسد عن الروح، و"الهاوية" مكان الأرواح التي من دون أجساد فانية (20 :14). أمَّا "الموت الثاني" الذي لا يفصل الجسد عن الروح ولا يفني أيًّا منهما فإنَّه يسيطر منذ هذه اللحظة.

إنَّ كلّ ما تُمكن رؤيته الآن هو الديَّان الجالس على العرش، والذين تتمّ محاكمتهم واقفين أمامه وكومة من الأسفار. والعرش عظيم وأبيض، وهو يشير إلى القوَّة المـُطلقة والطهارة. ويُرجَّح أنَّه ليس العرش نفسه الذي رآه يوحنَّا في السماء (4:2-4). فذلك العرش لم يُوصف بأنَّه "عظيم" و"أبيض". أضف أنَّه من المـُستبعد أن يُسمَح للأشرار بالاقتراب من السماء. وفي الواقع أنَّنا لا نرى أيَّة إشارة في الأصحاح العشرين إلى أنَّ المشهد قد انتقل إلى السماء من جديد، بل من المـُرجَّح أن يكون مكانه حيث كانت الأرض من قبل، بعد أن تلاشت تاركةً وراءها سكَّانها في الماضي وفي الحاضر فقط. إضافة إلى كل ما سبق ذِكرُه لا يُعرَّف الجالس على العرش بأنَّه الربّ الإله (كما ورد في 4:8-11). وفي الواقع أنَّه ليس الله. ونعلم من الأسفار الأُخرى أنَّه وَكَلَ أمر دينونة الجنس البشري إلى ابنه، الربّ يسوع: "لأَنَّهُ أَقَامَ يَوْمًا هُوَ فِيهِ مُزْمِعٌ أَنْ يَدِينَ الْمَسْكُونَةَ بِالْعَدْلِ، بِرَجُل قَدْ عَيَّنَهُ، مُقَدِّمًا لِلْجَمِيعِ إِيمَانًا إِذْ أَقَامَهُ مِنَ الأَمْوَاتِ" (أعمال الرسل 17: 31، وقارن متَّى 25: 31-32، 2كورنثوس 5: 10). فالجنس البشري سوف يدينُه رجُلٌ، أو إنسان.

ولن تُقام أيَّة محاكمات أوَّليَّة. فكل البراهين قد جُمِعت وفُحِصت من قِبَل القاضي. وجميعها موجودة في "الأسفار" وهي مجلَّدات تستحق لقب "إنَّها حياتك!" ولن تجري عمليَّة اختيار من بينها وكأنَّها تُعدُّ لبرنامج تلفزيوني، إنَّما ستظهر المجموعة الكاملة من أعمال (وكلمات: متى 5: 22، 12: 36) تخصُّ الحياةَ بأكملها منذ الولادة حتَّى الموت. ومع أنَّنا نُبرَّر بالإيمان، فإنَّنا سوف نُدان على الأعمال التي قمنا بها.

وإن كانت ستُعتمد كلّ هذه البراهين، فسيُحكم على جميعنا "بالموت الثاني". فأيّ أمل يبقى لأيٍّ منَّا. الحمد للربّ أنَّه سيُفتح سفر آخر في ذلك اليوم الصعب. إنَّه السفر الذي يحتوي على تفاصيل حياة القاضي على الأرض، المؤهَّل ليدين الآخرين. إنَّه "سِفْرِ حَيَاةِ الْخَرُوفِ" (21: 27). وهو يحتوي أسماء آخرين أيضًا. فأسماء الذين "في المسيح" مدوَّنة هناك، هم الذين عاشوا معه وماتوا معه، وهم الذين انضمُّوا إلى "الكرمة الحقيقيَّة" (يوحنَّا 15: 1-8). وقد حملوا الثمر الذي يشهد لاتّحادهم المستمرّ معه (فيليبي 4: 3، مقابل متى 7: 16-20). فالثمر هو دليل على أمانتهم.

لقد كُتِبت أسماؤهم في هذا السفر عندما أتوا إلى المسيح إذ تابوا وآمنوا (وتشير عبارة "منذ تأسيس العالم" في 17: 8 إلى هؤلاء الذين أسماؤهم **ليست** مكتوبة في السفر وتعني بكلّ بساطة "خلال التاريخ البشري بأكمله"؛ كذلك أيضًا في 13: 8 مع أنَّ تلك العبارة ممكن أن تكون مرتبطة بذبح الحمل). وأسماؤهم لم "تُمحَ" من سفر الحياة لأنَّهم "غلبوا" (3: 5).

فقطِ الذين أسماؤهم مكتوبة في سفر الحياة ينجون من "الموت الثاني" في "بحيرة النار". بكلامٍ آخر، لا أمل من دون المسيح إذ إنَّ "الجميع أخطأوا وأعوزهم مجد الله" (رومية 3: 23). إذًا، الإنجيلُ حصريّ: "وَلَيْسَ بِأَحَدٍ غَيْرِهِ الْخَلاَصُ. لأَنْ لَيْسَ اسْمٌ آخَرُ تَحْتَ السَّمَاءِ، قَدْ أُعْطِيَ بَيْنَ النَّاسِ، بِهِ يَنْبَغِي أَنْ نَخْلُصَ " (أعمال الرسل 4: 12). لكنْ يجب أن يكون أيضًا شاملاً: "اذهبوا إلى العالم أجمع واكرزوا بالإنجيل للخليقة كلِّها" (مرقس 16: 15، راجع أيضًا متى 28: 19، لوقا 24: 47).

وسينقسم الجنس البشري إلى قسمين دائمين (متى13: 41-43، 47-50؛ 25: 32-33). ومصير القسم الأوَّل "أُعِدَّ" مسبَّقًا (متى 25: 41) وهو بحيرة النار التي وُجِدت منذ ما لا يقلّ عن الألف سنة (رؤيا 20: 19). أمَّا للقسم الثاني فقد "أُعِدَّ" موطن جديد (يوحنَّا 14: 2). ولن توجد أرض حيث يكون مكان ذلك الموطن الجديد، كما لن يكون هناك سماء فقط. ولذلك، فهناك حاجة إلى وجود كون جديد.

الأصحاحان 21-22: السماء على الأرض

ننتقل إلى هذا الجزء الأخير بشعور من الفرج. فالجوّ العام قد تغيَّر بالكامل. لقدِ انقشعت الغيوم السود وأشرقت الشمس من جديد، إلاَّ أنَّ الشمس التي نعرفها قدِ اختفت واستُبدلَ نورُ مجد الله العظيم (21: 23).

وهذا هو آخر جزء من الفداء حيث يُقدَّم الخلاص للكون بأسره. إنَّه عملُ المسيحِ "الكونيُّ" (متى 28: 19؛ أعمال الرسل 3: 21؛ رومية 8: 18-25؛ كولوسي 1: 20؛ عبرانيين 2: 8)، وتجديد السماء والأرض، وكلمة "السماء" تعني "الجَلَد" أو ما نقصدهُ بـِ "الفضاء"، وهي الكلمة نفسها المُستخدمة في 20: 11و 21: 1). وسيكون المؤمنون قد أخذوا أجسادًا جديدة عندما يرجع الربُّ يسوع إلى الأرض القديمة. وهُم سيُعطَون بيئة جديدة تلائم أجسادهم الجديدة.

وتغطِّي الآيتان الأوليان الرؤيا الأخيرة في تراتُب الرؤى السبع التي "رآها" يوحنَّا (19: 11-12: 2)، وتشكِّل هذه قمَّة الأحداث النهائيَّة في التاريخ. ونجد هنا أكثر من كون جديد. فنرى في داخل الخليقة "العامَّة" خليقة "خاصَّة". فكما "غَرَسَ الرَّبُّ الإِلهُ جَنَّةً" (تكوين 2: 8)، يخطِّط هنا وينفِّذ "مدينة جنَّة" حتَّى إبراهيم عرف عنها وتطلَّع بشوق إلى رُؤيتها (عبرانيين 11: 10).

وتُعطى هذه المدينة الاسم نفسه لاسم مدينة داود، تمامًا كما أنَّ "السماء والأرض الجديدتين" مشابهتان للسماء والأرض القديمتين، ولذا حملتا الاسم نفسه. فأُورشليم تحتلّ مكانة في العهد الجديد كما في العهد القديم أيضًا. وقد وصفها الربُّ يسوع بأنَّها "مَدِينَةُ الْمَلِكِ الْعَظِيمِ" (متَّى 5: 35؛ وراجع أيضًا المزمور 48: 2). وهو مات "خارج أسوار المدينة" ثمَّ قام وصعد إلى السماء. وهو سيعود إلى هذه المدينة عينها ليجلس على عرش داود. وسوفَ تُدعى خلال الملك الألفيِّ بـِ "مُعَسْكَرِ الْقِدِّيسِينَ وَالْمَدِينَةِ الْمَحْبُوبَةِ." (20: 9).

وبالطبع، فإنَّ المدينة الأرضيَّة هي نسخة موقَّتة عن "أُورشليم السماويَّة مدينة الإله الحيِّ" التي سيسكن فيها كل المؤمنين بالربِّ يسوع والقديسين العبرانيِّين والملائكة (عبرانيين 12: 22-23). لكن هذا لا يعني أنَّ الأصليَّة ليست حقيقيَّة كالنسخة عنها، أو أنَّ الواحدة مادِّيَّة والأُخرى "روحيَّة". فالفرق الوحيد بينهما هو الموقع، لكن هذا أيضًا سوف يتغيَّر.

وستنزل المدينة السماويَّة "من السماء"، حيث ستستقرّ على الأرض الجديدة. وستكون مدينة حقيقيَّة ذات بناء ماديّ، إلاَّ أنَّ المواد المُستخدمة فيها ستكون مختلفة! وللأسف، منذُ أن فصل أغسطينوس بأُسلوب أفلاطوني العالم المادي عن العالم الروحي، واجهت الكنيسة صعوبة في قبول

فكرة الأرض الجديدة، ناهيك بقبول فكرة وجود مدينة جديدة. ولقد عطَّلت شوَّشت "الروحي" و"غير الملموس" آمال المؤمنين من جهة المستقبل. فلن يكون هذا الكون الجديد الذي يحتوي على مدينة جديدة أقلّ "مادِّيَّة" من الكون القديم.

وتشكِّل الآيات الواردة في 21:3-8 تعليقًا تفسيريًّا على الرؤيا الأخيرة. فالانتباه يتحوَّل فجأة من الخليقة الجديدة إلى الخالق. ولاحظ الانتقال مِمَّا "رآه" يوحنَّا إلى ما "سمعه". لكن إلى من يعود ذلك "الصوت العظيم" الذي سمعه؟ يشير النص إلى الربّ في صيغة الغائب، ومن ثَمَّ في صيغة الحاضر. إنَّه المسيح مُتكلِّمًا بالتأكيد (راجع 1:15). وعبارة "الجالس على العرش" هي نفسها المُستخدمة في الأصحاح السابق (قارن 20:11 مع 21:5). ونجد في السياقين أنَّ الدينونة معبَّر عنها وأنَّ "بحيرة النار" مذكورة (قارن 20:15 مع 21:8). وفوق كلّ هذا فإنَّ الدعوة المُشابهة صادرة عن "الصوت" نفسه الذي أطلقه الربّ يسوع في المقدِّمَة (قارن 21:6 مع 22:13). لكن، نجد لاحقًا أنَّ "عرش الله والخروف" أصبحا عرشًا واحدًا (22:1).

ثمَّ تتبع كلّ ذلك ثلاث عبارت مُروِّعة:

تمثِّل العبارة الأُولى أكثر رؤيا عن المستقبل جدارةً بالملاحظة في كامل السفر. فالربّ نفسه يغيِّر مكان سُكناه من السماء إلى الأرض! فهو سيأتي ويسكن مع الجنس البشري في مكان إقامتهم ولن يكون بعد ذلك "أبانا الذي في السماوات" (متى 6:9)، بل "أبونا الذي في الأرض". فسوف تَتكوَّن أعمق علاقة بين الجنس البشري والأقانيم الإلهيَّة. وبما أنَّ الموت والحزن والألم تُناقِض طبيعة الربّ، فلن يكون لها مكان في تلك العلاقة. ولن يكون هناك أيُّ انفصال بعد، كما لن يَكون هناك أيُّ دموع. والمرَّة الوحية التي ذُكِر فيها وجود الربِّ الإله على الأرض كانت في تكوين 3:8 حيث كان ينزل ويتمشَّى في جنَّة عدن. ومن جديد، نرى هنا اكتمال الكتاب المقدَّس.

وتعلن العبارة الثانية "ها أنا أصنع كلّ شيء جديدًا" (رؤيا 21:5). وهنا يعلن نجّار الناصرة أنَّه خالق الكون الجديد، كما خلق الكون القديم (يوحنَّا1:3، عبرانيين 1:2). ولا ينحصر عمله بإعادة تجديد الناس، رُغمَ أنَّ هذه هي "الخليقة الجديدة" أيضًا (2كورنثوس 5:17)، بل يجدِّد كلَّ الأشياء أيضًا.

ويدور نقاش حول الكلمة "جديدًا". فكم سيكون جديدًا هذا الجديد؟ وهل يَكون هذا الكون "الجديد" نتيجة "إصلاح" الكون القديم، أم سيكون جديدًا بالكامل؟ وتُستخدم في اللغة اليونانيَّة لفظتان لكلمة "جديد" وهما (Kainos and neos)، لكنَّهما مترادفتان نوعًا ما، كما أنَّ استخدام الكلمة الثانية هنا لا تحل المُشكلة.

ويذكر بطرس في رسالته أنَّ الكون القديم "سيحترق بنار" (2بطرس 3:10)، كذلك نقرأ في سفر الرؤيا أنَّ الأرض القديمة قد "مضت" (رؤيا 21:1)، ما يعني أنَّ "الجديد" لا يعني "تغييرًا"، بل يعني "استئصالاً" بالكامل. لكنَّ العمليَّة قد بدأت أصلاً بقيامة الربّ يسوع من الموت، إذ تلاشى جسده "القديم" داخل الكفن، وقام لابسًا جسدًا "ممجَّدًا" (فيليبي 3:21)، (تُمكن مراجعة كتابي في اللغة

الإنكليزيَّة Explaining the Resurrection. أمَّا "الصلة" الحقيقيَّة بين الجسدين فهي مخبَّأة في القبر، وما حصل هناك سيحصل مرَّة أُخرى على مستوى الكون.

وتُظهر الرؤيا الثالثة لقرَّاء سفر الرؤيا التداعيات العمليَّة لهذه الخليقة الجديدة (لاحظ أنَّه كان يتم تذكير يوحنَّا بأنَّ عليه كتابةَ ما كان يسمعه لأنَّ:"هذِهِ الأَقْوَالَ صَادِقَةٌ وَأَمِينَةٌ" (5:21). ومن الناحية الإيجابيَّة نقرأ الوعد بأنَّه سيُروي عطش الذين يطلبون "ماء الحياة" (6:21، 22:1، 17). ويقود كلّ ذلك إلى حياة "فيَّاضة" من أجل الحصول على مكان في هذه الأرض الجديدة والتمتّع بعلاقة عائليَّة مع الربّ.

أمَّا من الناحية السلبيَّة، فهناك تحذير للذين لا يغلبون بل هم جبناء وغير أمناء وفاسدون أخلاقيًّا وماكرون، فلن يكونوا جزءًا من كلّ ذلك بل يكون مصيرهم في "البحيرة المتقِّدة بالنار والكبريت. هذا هو الموت الثاني" (8:21). ولا بُدَّ من الملاحظة أنَّ هذا التحذير موجَّه إلى المؤمنين الضالّين وليس لغير المؤمنين كما هي سائر الرسالة موجَّهة. وقد وجَّه الربُّ يسوع معظم تحذيراته من الجحيم إلى تلاميذه وليس إلى الخطاة (راجع كتابي في اللغة الإنكليزيَّة The Road to Hell).

عند تلك اللحظة، يأخذ ملاكٌ يوحنَّا في رحلةٍ إلى أُورشليم الجديدة ليرى كيفيَّة سير الحياة فيها (ولن نأخذ بعين الاعتبار أنَّ ما يجري هو "إعادة" لأُورشليم "القديمة" خلال الحكم الألفي. فهذه نظريَّة غريبة. وتشرح الآية العاشرة ما جاء في الآية الثانية). والوصف يحبس الأنفاس، وقد استخدم الوحي المفردات بإسهاب ممَّا يطرح السؤال التالي: كم من الوصف هو حرفي وكم منه رمزيّ؟

من الناحية الأُولى، يبدو من الخطإ اعتباره وصفًا حرفيًّا بالكامل. ومن الواضح أنَّ يوحنَّا يصف ما لا يُمكن وصفه (وقد واجه بولس الصعوبة نفسها حين رأى السماء، 2كورنثوس 12:4). ولاحِظ أنَّه نادرًا ما استطاع استخدام التشابيه (كاستخدام أدوات التشبيه في 11:21، 18، 21؛ 22:1)، إلاَّ أنَّ كلّ التشابيه تقريبيَّة، وفي أفضل الأحوال غير وافية. ولكنْ ممَّا لا شكَّ فيه أنَّ الحقائق المصوَّرة هنا يجب أن تكون أروع من الوصف، وليس أقلّ من ذلك.

من الناحية الأُخرى، يبدو أنَّه من الخطأ أيضًا اعتبار الوصف رمزيًّا أيضًا. فإذا اتَّخذنا هذا الاتِّجاه، تصبح الصورة "روحانيَّة" غير واقعيَّة بإمتياز، ممَّا لا يفي وصف "الأرض الجديدة" حقَّه كمكان واضح.

دعونا نُلقِ الضوء على المشكلة بطرحنا للسؤال التالي: هل تمثِّل أُورشليم الجديدة مكانًا معيَّنًا أم مجموعة من الناس؟ يمكننا إلقاء الضوء على الأمر بطرح السؤال التالي: هل تمثِّل أُورشليم الجديدة مكانًا أو شعبًا؟ ونطرح هذا السؤال لأنَّها تُسمَّى "العروس" وهو لقب أشار إلى شعب وإلى الكنيسة (19:7-8). يبدو الأمر في البداية مجرَّد تشبيه (كما ورد في 2:21؛ "كعروس"). ويمكن لأيِّ مَن حضر أو شاهد زفافًا شرقيًّا أن يفهم هذا التشبيه بوجود الثياب المشرقة الألوان والمرصَّعة بالمجوهرات. لكن يحدِّد لاحقًا اسم المدينة بِكَونها "العروس امرأة الخروف"(9:21). ويَعِد الملاك بأن **يُري** يوحنَّا "العروس"، **فيريه** المدينة (10:21)، ثُمَّ تنتقل الرؤيا لتظهر حياة سكَّانها (21:24-22:5).

إنَّ الإجابة عن هذه المعُضلة واضحة بالنسبة إلى اليهودي أكثر منها إلى المؤمن. "فإسرائيل" عروس يهوه كانت شعبًا ومكانًا في آنٍ معًا. وكان الاثنان مندمِجَين معًا، ولذلك جاءت كلّ تلك

النبوّات عن إعادة الشعب إلى أرض الآباء بالكامل. وبالمقارنة، المؤمنون لا وطن لهم، بل هم سُيَّاح ونُزَلاء وغرباء يجتازون خلال "الشتات" الجديد، وهم شعب الربّ المنفيّ والمُشتَّت (يعقوب 1:1؛ 1بطرس 1:1). فالسماء هي "موطننا"، لكنْ أخيرًا ستنزل السماء إلى الأرض. وسيكون للمؤمنين من اليهود والأُمم مكان يسكنون فيه. ولهذا السبب تحمل المدن أسماء الأسباط الاثني عشر والرسل الاثني عشر (21:12-14).

إنَّ هذا الاتّحاد بين الأُمم واليهود، وبين السماء والأرض، هو أساس هدف الله الأبدي أن "يَجْمَعَ كُلَّ شَيْءٍ فِي الْمَسِيحِ، مَا فِي السَّمَاوَاتِ وَمَا عَلَى الأَرْضِ" (أفسس1:10؛ كولوسي 1:20). إذًا، "العروس" التي تصبح جسدًا واحدًا مع عريسها هي في الوقت نفسه شعب ومكان. ويا له من مكان!

من الواضح أنَّ القياسات مهمَّة جدًّا، فهي مضاعفات للرقم 12. **والحجم** هائل إذ يفوق الألفي كيلومترٍ من كلّ جانب، فالمدينة تغطِّي معظم مساحة أُوروبا أو إنَّها تغطي مساحة القمر لو كان فارغًا من الداخل. بكلام آخر، إنَّها كبيرة جدًّا بحيث تَسَعُ كلّ أولاد الله. **والشكل** مميّز أيضًا، إذ هو مُكعَّب أكثر ممَّا هو هرَميٌّ، إشارةً إلى أنَّها مدينة "مقدَّسة" مثل شكل "قدس الأقداس" المكعَّب في خيمة الاجتماع والهيكل. وتحدِّد الأسوار أطرافَ المدينة ولا تحمي داخلها لأنَّ الأبواب مفتوحة دائمًا. وليس من خطر مُحدِق، ويمكن لسكَّانها أن يتحرَّكوا بحريَّة ويرجعوا متى يشاؤون.

المواد المُستخدمة لبنائها معروفة لدينا، لكنَّنا نعرف أنَّها أحجار كريمة وثمينة. وهذا يعطينا لمحة عن السماء. أمَّا اللائحة هنا فهي من أفضل البراهين على الوحي الإلهي لهذا السفر. وبما أنَّه نستطيع إنتاج ضوء "أنقى" (بواسطة الاستقطاب والليزر)، فقد تم إكتشاف خصائص جديدة عن الأحجار الكريمة لم تكن معروفة في السابق. فعندما تتعرَّض الأقسام الرقيقة إلى ضوء مستقطب جزئيًّا (كأن تُركَّب عدستان من نظارات شمسية إحداهُما فوق الأُخرى في زاوية تسعين درجة)، تنقسم عندئذٍ إلى نوعين. فالأحجار "المتماثلة" تفقد لونها لأنَّها تعتمد على الأشعة لتتألّق (مثلاً: الماس والياقوت والغرانيت). أمَّا الأحجار "المتباينة" فتنتج ألوان قوس القزح في أنماط باهرة، مهما يكن لونها الأصلي. **وكلّ** الحجارة في أُورشليم الجديدة هي من النوعيَّة الثانية! ولم يكن باستطاعة أحد معرفة ذلك عند كتابة السفر إلَّا الربّ فقط!

وإحدى الخصائص المميَّزة لهذا الوصف هي أنَّنا نجد في هذه الاثنتَين والثلاثين آية ما يفوق الخمسين استشهادًا من العهد القديم (وخصوصًا من التكوين والمزامير وإشعياء وحزقيال وزكريا). وفي الواقع أنَّ كلّ واحدة من تلك الخصائص هي تتميم لآمال مؤمني اليهود وقد عُبِّر عنها بواسطة النبوَّة. ويشير هذا الأمر أيضًا إلى أنَّ نبوّات العهد القديم والعهد الجديد مجتمعةً تنبع من المصدر نفسه (1بطرس1:11؛ 2بطرس1:21). وسفر رؤيا يوحنَّا هو ذروة الكتاب المقدَّس وختامه.

وتطالعنا بعض المفاجآت عندما تنتقل جمهرة الملائكة الحياة التي يتمتَّع بها سكَّان تلك المدينة. وربَّما الأمر الأكثر تعارُضًا مع أُورشليم "القديمة" هو عدم وجود هيكل أساسي للعبادة في مكان معين (أو ربَّما وقت معيَّن أيضًا؟). فالمدينة بأكملها **هي** هيكلُ الله، حيث نرى المفديِّين "يخدمونه ليلاً

ونهارًا" (رؤيا 7:15) ما يعني أنَّ العمل والعبادة اندمجا معًا كما في أيَّام آدم (تكوين 2:15، لم يُطلب من آدم أن يُخصِّص يومًا من الأيَّام السبعة للعبادة).

وستكون تلك المدينة غنيَّة بتعدُّدِ الحضارات (رؤيا21:24، 26). ولن يفسدها أيّ تصرّف لاأخلاقيّ (21:27). ولهذا السبب فإنَّ المؤمنين الذين يساومون بتصرّفاتهم هم في خطر حذف أسمائهم من "سِفْرِ الْحَيَاةِ" (3:5، 21:7-8).

وسيؤكِّد النهر وشجرة الحياة استمراريَّة الصحَّة الجيِّدة. وسيكون نمط الغذاء نباتيًّا ولا يستند إلى اللحوم، كما كان منذ البدء (تكوين 1:29)، مع أنَّه لم يكن مفروضًا نظامُ الغذاء النباتي قبل ذلك (تكوين 9:3؛ رومية 14:2؛ 1تيموثاوس4:3).

وأهمُّ ما في الأمر هو أنَّ القدِّيسين سيعيشون في حضرة الربّ. وهم سيرون وجهه بالفعل، وهو امتياز كان أُعطي لعدد قليل من الناس (تكوين 32:30؛ خروج 33:11) ومن ثَمَّ سيُعطى للجميع (1كورنثوس 13:12). ستنعكس صورته في وجوههم، واسمه على جِباهِهم، كما حمل آخرون رقم "الوحش" (رؤيا 13:16). وسيملكون إلى "أبد الآبدين" على الخليقة الجديدة على الأرجح، وليس بعضُهم على بعض، تمامًا كما كان مقصودًا أصلاً (تكوين 1:28). وسوف "يخدمون" الخالق بهذه الطريقة.

ويجب التشديد من جديد على أنَّ الناس لم يذهبوا إلى السماء ليبقَوا مع الربّ هناك إلى الأبد، بل هو سيأتي إلى الأرض ليكون معهم إلى الأبد. وستصبح أُورشليم الجديدة "مكان السُّكنى" الأبديَّ للربّ وللإنسان.

وكان يجب تذكير يوحنًّا كالعادة بكتابة كلّ ذلك. ويُمكننا أن نتفهَّم سبب ذهوله!

وتتشابه "خاتمة" سفر الرؤيا (رؤيا22:7-21) مع "مقدِّمَّته" (1:1-8). ويُقدَّم اللقب ذاته للآب وللابن في كلتيهما (1:8، 22:13). وتأتي النصيحة الأخيرة بكلِّ وضوح من الثالوث: فالآب والحمَل والروح القدس هُناكَ جميعًا.

ويوجد تشديد قوي على أنَّ الوقت قصير. فالربُّ يسوع سيعود "سريعًا" (22:7، 12، 20). ولا ينبغي أنَّ فكرة أنّه قد مرَّت سنون وقرون عديدة تدعونا إلى التَّقاعُس، ونحن أقرب الآن إلى وقت حدوث كل تلك الأُمور (22:6).

إنَّ الفرصة ما تزال مفتوحة، ويُمكن للعطشان أن يشرب من ماء الحياة مجَّانًا (22:17). لكن يجب اتِّخاذ القرار الآن. والوقت آتٍ حيث يتم تحديد مصيرنا الأخلاقي إلى الأبد (22:11). لقد قسَّى فرعون قلبه من نحو الرب سبع مرَّات، ومن ثَمَّ قسَّاه الربّ له ثلاث مرَّات (خروج 7-11؛ رومية 9:17-18). وسيأتي اليوم الذي فيه يحصل هذا الأمر لكل الذين عَصَوا أوامر الربّ وتمرَّدوا عليه.

وفي النهاية، نجد نوعين من الناس: النوع الأوَّل هو الذين "يغسلون ثيابهم" (رؤيا 22:14، راجع أيضًا7:14) ولذلك يدخلون إلى المدينة. والنوع الثاني هو الذين يُبقَون خارجًا (22:15)، مثل البراري الموجودة في الشرق الأوسط اليوم.

وهذه هي المرَّة الثالثة التي نقرأ فيها لائحة خطايا مُهلِكة وقد ذُكِرت في الأواخر (21:8، 27، 15:22)، وكأنَّه يجب على القرَّاء ألَّا ينسَوا أنَّ أمجاد المـُستقبل لن تأتي إليهم بطريقة أُتوماتية لمجرَّد أنَّهم ادَّعَوا الإيمانَ بالربِّ يسوع وينتمون إلى كنيسة، بل لأنَّهم تقيّدوا بشعار:"أَسْعَى نَحْوَ الْغَرَضِ لأَجْلِ جَعَالَةِ دَعْوَةِ اللهِ الْعُلْيَا فِي الْمَسِيحِ يَسُوعَ." (فيلبِّي 14:3)، والذين اتَّبعوا:"الْقَدَاسَةَ الَّتِي بِدُونِهَا لَنْ يَرَى أَحَدٌ الرَّبَّ".(عبرانيين 14:12).

ويُمكن لِمُدَّعي الإيمان أن يتلاعبوا بمصيرهم الأبدي إذا عبثوا بمحتويات سفر الرؤيا، إن كان بالحذف منه أو بالزِّيادة عليه. فهذا السفر هو "نبوَّة" حيث يتكلَّم الربّ من خلال خادمه، والعبث به هو انتهاك للحُرُمات يؤدِّي إلى عواقب وخيمة. ومن المـُستبعد أن يهتم غير المؤمنين بالقيام بذلك. ولكن من المـُرجَّح أن يفعل ذلك من يَعتبر أنَّه مسؤول عن تفسير السفر وشرحِهِ للآخرين. وليرحَمِ الربّ كاتب هذا الكتاب إن كان أخطأ بهذه الناحية.

لكنَّ العبارة الأخيرة إيجابيَّة، وليست سلبيَّة، وتُختصر بكلمة واحدة هي:"تعال!" من الناحية الأُولى، هذه الدعوة المـُردَّدة على لسان الكنيسة هي موجَّهة للعالم، "لكلِّ من" يتجاوب مع رسالة الإنجيل (رؤيا 17:22؛ راجع أيضًا يوحنَّا 16:3). ومن الناحية الأُخرى، هي موجَّهة إلى الرب:"آمين تعال أيُّها الربُّ يسوع" (20:22).

وهذه الصرخة الثُّنائية الجوانب تخصّ العروس الحقيقية التي يحرِّكها الروح (17:22)، والتي تختبر نعمة الربّ يسوع (21:22). ويصرخ جميع القدِّيسين: "تعال" إلى العالم الضال وإلى الربِّ الآتي ثانية.

محورية وجود المسيح

إنَّ هذا السفر الأخير من الكتاب المقدَّس هو "إعلانُ يسوعَ المسيح" (1:1). وممكن أن نفهم هذه العبارة بأنَّه إمَّا رؤيا **من** الربّ يسوع المسيح وإمَّا رؤيا **عن** الربّ يسوع المسيح. وربَّما المعنى المزدوج مقصود، لكن لا يهم، إذ الربَّ يسوع المحور في كلتا الحالتين.

وإن كانت الفكرة الرئيسيَّة هي نهاية العالم، فهو "النهاية" كما كان أيضًا "البداية" (13:22). وخطَّة الربّ هي "لِتَدْبِيرِ مِلْءِ الأَزْمِنَةِ، لِيَجْمَعَ كُلَّ شَيْءٍ فِي الْمَسِيحِ، مَا فِي السَّمَاوَاتِ وَمَا عَلَى الأَرْضِ، فِي ذَاكَ " (أفسس 10:1).

وتركِّز المـُقدِّمَّة والخاتمة على عودته إلى كوكب الأرض (7:1، 20:22). والمجيء الثاني هو المفصل الذي ينقل التاريخ المـُستقبلي من حالته السُّوأى إلى الحالة الفُضلى (19:11-16).

هذا هو "الربّ يسوع نفسه" (أعمال الرسل 11:1) الذي سوف يعود. إنَّه حمل الربّ الذي أتى أوَّلاً لكي "يرفع خطايا العالم" (يوحنَّا1:29). وخلال سفر الرؤيا يبدو الحمل "كأنَّه مذبوح" (6:5). فمن المحتمل أن تبقى علامات الندوب ظاهرة على رأسه وجنبه وظهره ويديه وقدمَيه (يوحنَّا20:25-27). ونقرأ الكثير من الأُمور التي تذكِّرنا أنَّه سفك دمه لفداء الجنس البشري (9:5، 7:14، 12 :11).

إلاَّ أنَّ الربَّ يسوع المذكور في سفر الرؤيا مختلف جدًّا عن الرجل الجليلي. فظهوره الأوَّل ليوحنَّا كان رائعًا لدرجة أنَّ ذلك التلميذ الذي كان مقرَّبًا من الربّ يسوع (يوحنَّا 21:20) أُغمي عليه (1:17). وقد ذكرنا سابقًا شعره الأبيض كالثلج، وعينيه اللاهبتين، ولسانه الحاد، ورجليه اللامعتين.

ورُغمَ أنَّنا نلمح بعض جوانب الربّ يسوع الغاضب في الأناجيل (مرقس 3:5، 10:14، 11:15)، فإنَّ غضبه "المتَّقِد" في سفر الرؤيا ينشر الرعب في قلوب الناس الذين يتمنَّون أن تسقط الجبال عليهم ولا ينظروا إلى عينيه (6:16-17). فالربُّ يسوع لا يَظهَرُ بَعدُ على أنَّه "وديع ومتواضع القلب". ومع أنَّ هذا الوصف ينطبق عليه في كثير من الأوقات، فهو لا ينطبق عليه الآن.

يعتقد الكثيرون أنَّ الربّ يسوع بشَّر بالسلام ومارسَهُ، رُغم أنَّه أكَّد العكس: "لاَ تَظُنُّوا أَنِّي جِئْتُ لأُلْقِيَ سَلاَمًا عَلَى الأَرْضِ. مَا جِئْتُ لأُلْقِيَ سَلاَمًا بَلْ سَيْفًا " (متى10 :34؛ لوقا12 :51). ويمكننا إضفاء "طابع روحيّ" على كلامه، ولكنْ لا يصبح شرحهم أكثر سهولة في سفر الرؤيا حيث التفسير الطبيعي للنزاع الأخير هو ماديٌّ.

سينزل الربُّ يسوع من السماء على فرَسِ حرب، لا على حمار مُسالِم (زكريا 9:9؛ رؤيا 19:11؛ راجع أيضًا 6:2). ويكون ثوبه مغموسًا "بالدم" (19:13)، ولكن هذا ليس دمه. ومع أنَّ "السيف" الوحيد الذي يحمله هو لسانه، فإنَّه يستخدمه لقتل أُلوف الملوك والزعماء والجبابرة (المجنَّدين والمتطوِّعين)، كما سبَّب ذلك اللسانُ الموتَ لشجرة التين (مرقس 11:20-21).

ويتم تصوير الربّ يسوع هنا كقاتل جماعي، وتُنظِّف الجوارح لاحقًا الفوضى التي سبَّبها! وربَّما يصدم هذا التصوير البياني العابدين الكلاسيِّين الذين اعتادوا النظر إليه من خلال الزجاج الملوّن النقي. وربَّما تكون الصدمة أكبر للذين يهتمّون بصنع المغارة في عيد الميلاد لتقديمه كطفل ضعيف. لكنَّه لن يكون ذلك الطفل في ما بعد.

هل تغيَّر الربّ يسوع؟ نحن نعلم أنَّ التقدُّم في العمر يطرِّي شخصياتِ أُناسٍ، أمَّا آخرون فيتقسَّون بسبب التقدّم في العمر، لا بل يزدادون شرًّا. فهل هذا ما حصل له خلال القرون المنصرمة؟ لا سمح الرب بذلك!

لم تتغيَّر شخصيَّته، بل تغيَّرت دعوته. فزيارته الأُولى كانت بهدف أن: "يَطْلُبَ وَيُخَلِّصَ مَا قَدْ هَلَكَ" (لوقا 19:10). وهو لم يأتِ: "لِيَدِينَ الْعَالَمَ، بَلْ لِيَخْلُصَ بِهِ الْعَالَمُ". (يوحنَّا3 :17). لقد أتى ليعطي الجنس البشري الفرصة لكي يخلصوا من خطاياهم قبل أن تُبدَّد كلّ الخطايا. أمَّا زيارته الثانية فهي بهدف آخر، وهو أن يهدم بدل أن يخلِّص، ويدين الخطيَّة بدل أن يغفرها: "ليدين الأحياء والأموات" كما يقول قانون الإيمان الرسوليُّ أو النيقاويُّ.

لقد اعتدنا القول إنَّ "الربّ يسوع يحبّ الخاطىء، لكنَّه يكره الخطيَّة". إنَّما ظهر الأمر الأوَّل في مجيئه الأوَّل، وسيظهر الأمر الثاني عند مجيئه ثانية. وسوف يواجه العواقبَ كلُّ الذين يتمسَّكون بخطاياهم. ففي ذلك اليوم سوف: "يُرْسِلُ ابْنُ الإِنْسَانِ مَلاَئِكَتَهُ فَيَجْمَعُونَ مِنْ مَلَكُوتِهِ جَمِيعَ الْمَعَاثِرِ وَفَاعِلِي الإِثْمِ" (متى 13:41). وستُقام عملية "الغربلة" هذه بكلِّ دقَّة وعدالة أيضًا. وإذا كان يجب أن

تكون عادلة فيجب أن تُطبَّق على المؤمنين وغير المؤمنين أيضًا (كما يعلِّم بولس في رومية 2:1-11 ويختم بقوله إنَّه "ليس عند الربّ محاباة").

مرَّة أُخرى، علينا أن نتذكَّر أنَّ سفر الرؤيا كُتِب إلى المؤمنين "المولودين ثانية" بالتحديد. ووصفه لعدم موافقته الصارمة على ارتكاب الخطيَّة هو لإدخال روح الخوف في "القدِّيسين" كدافع "لإطاعة وصايا الربّ والثبات في الربّ يسوع" (14: 12).

من السهل على الذين إختبروا نعمة ربِّنا يسوع المسيح أن ينسَوا أنَّه سيكون القاضي الذي سيَدينهم (2كورنثوس 5: 10). وسيَغفل الذين عرفوه كصديق وأخ (يوحنَّا 15: 15؛ عبرانيين2: 11) عن خصائصه الأكثر أهميَّة. ولكنْ في النهاية "لِلْجَالِسِ عَلَى الْعَرْشِ وَلِلْخَرُوفِ الْبَرَكَةُ وَالْكَرَامَةُ وَالْمَجْدُ وَالسُّلْطَانُ إِلَى أَبَدِ الآبِدِينَ" (5: 13).

يحمل الربّ يسوع أكثر من مئتين وخمسين لقبًا في الكتاب المقدَّس، والعديد منها مذكور في هذا السفر إضافةً إلى فرادة بعضٍ منها وتميُّزه بها. إنَّه البداية والنهاية، الألف والياء، الألفا والأوميغا. إنَّه المالك على خليقة الله، فهكذا هي **علاقته مع كوننا**. لقد أدَّى دورًا في عملية الخلق، وهو مسؤول عن استمراريَّة الخليقة، وهو سيأتي بها إلى النهاية (يوحنَّا 1: 3؛ كولوسي 1: 15-17؛ عبرانيين 1: 1-2).

إنَّه أسَدُ سبطِ يهوذا، أصلُ داوُد وسليلُه. فهذه هي علاقته **بشعب إسرائيل المـُختار قديمًا**. وهو كان وما يزال وسيبقى إلى الأبد المسيح.

إنَّه قدّوس وحق، وآمين وصادق، وأمين وشاهد حق. إنَّه الحي الوحيد الذي كان ميتًا وهو حي إلى الأبد وهو يحمل مفاتيح الموت والهاوية. **وهذه هي علاقته بالكنيسة**. وعلى الكنيسة أن تتذكَّر أهميَّة الحقّ عنده أي أنَّه يعطي أهميَّة كبيرة للحقيقة والاستقامة بعكس الرياء.

إنَّه ملك الملوك وربّ الأرباب، وهو كوكبُ الصبح الساطِعُ بينما تختفي كلّ النجوم الأُخرى (ومن بينها نجوم الفن والموسيقى). **وهذه هي علاقته بالعالم**. ويومًا ما سيعترف الكون كلُّه بسلطته.

لقد أُعطيت معظم هذه الألقاب الصيغة المألوفة نفسِها "أنا هو" الموجودة في إنجيل يوحنَّا. وتلك ليست مجرَّد ادِّعاءات شخصيَّة، بل إنَّ هذه العبارة تبدو تمامًا كالاسم الذي به أعلن الربُّ ذاتَه، وقد أدَّى استخدامها إلى محاولة قتل الربِّ يسوع، وفي النهاية إلى صلبه (يوحنَّا 8: 58-59؛ مرقس 14: 62-63). وقد أكَّد استخدامها في سفر الرؤيا شركة الآب والابن في الألوهة والمساواة. فمثلاً، كِلا الأُقنومَين هو "البداية والنهاية" (1: 8؛ 22: 13).

إنَّ العالم مُقبِلٌ على نهاية، لكن هذه النهاية شخصيَّة وليست غير شخصيَّة. وفي الواقع، أنَّ هذه النهاية هي شخص. فالربُّ يسوع هو النهاية.

وإن كنا ندرس سفر الرؤيا بهدف اكتشاف إلى **أين** العالم ذاهب، يفوتُنا القصد. أمَّا الرسالة الرئيسيَّة فهي إلى **مَنِ** العالم ذاهبٌ أو مَن ذا الآتي إلى العالم.

إنَّ المؤمنين هم الوحيدون الذين يتوقون إلى حلول "النهاية"، ويأمل كلّ جيل أن تتم في أيامهم. فبالنسبة إليهم، "النهاية" ليست حدثًا، بل هي شخص.

وتحتوي الآية ما قبل الأخيرة (22:20) تلخيصًا شخصيًّا لكلِّ السفر: "يَقُولُ الشَّاهِدُ بِهذَا: ''نَعَمْ! أَنَا آتِي سَرِيعًا''". وليست هناك سوى إجابة واحدة من الذين يفهمون ما يُقال: "آمِينَ. تَعَالَ أَيُّهَا الرَّبُّ يَسُوعُ."

المكافآت الناتجة عن دراسة السفر

لقد أشرنا سابقًا إلى أنَّ سفر الرؤيا في الكتاب المقدَّس هو السفر الوحيد الذي يحمل بركة لمن يقرأه ولعنة لمن يزيد عليه أو ينقِّص منه (1:3؛ 22:18-19). وسنشير باختصار إلى عشر فوائد مِن فهم الرسالة التي يحملها، وهي تساعدنا جميعها على عيش الحياة المسيحيَّة الحقيقيَّة.

1. اكتمال الكتاب المقدَّس

سوف يبدأ الطالب بالاستِفادة من معرفة الرب إذ إنَّه: "مُخْبِرٌ مُنْذُ الْبَدْءِ بِالأَخِيرِ" (إشعياء46:10). فالقصَّة انتهت، وكُشِفت النهاية السعيدة. وتُتوَّج القصَّة الرومانسيَّة بزِفاف، حيثُ تبدأ العلاقة الحقيقيَّة. فمن دون ذلك لا يكتمل الكتاب المقدَّس، بل كنَّا سنطلق عليه لقب "النُّسخة المبتورة"! والتشابه الواضح بين أُولى صفحات الكتاب المقدَّس وآخِر صفحاته (شجرة الحياة مثلاً) يُضفي منطقًا على ما هو مذكور بين تلك الصفحات.

2. سلاح ضد أي نوع من الهرطقة

غالبًا ما يتخصَّص أعضاء الطوائف والديانات الذين يدورون على البيوت بدراسة سفر الرؤيا. ويتأثَّر بهم مُرتادو الكنائس الذين لم يفهموا هذا السفر بعد، وذلك بسبب عدم تلقِّيهم التعليم عنه (أو بسبب عدم وجود معلِّمين كُفاة)، مأخوذين بمعرفة هؤلاء الظاهرة. ولا يستطيعون مُضاهاة التفسيرات التي يقدِّمونها لهم، والتي يُمكن أن تكون غريبة. فالسلاح الأقوى للمقاومة هو المعرفة الأكثر عن الموضوع.

3. تفسير للتاريخ

إنَّ النظر إلى أحداث العالم الجارية بأُسلوب سطحي يترك الإنسان في حالة ضياع بسبب الاتجّاهات غير الواضحة التي تتجه إليه. وبما أنَّ الأحداث المُستقبليَّة تُلقي بظلِّها قبل أن تحدث، فإنَّ من يدرس سفر الرؤيا يجد توافقًا صادمًا مع ما يحصل من أحداث في العالم، إذ إنَّها تتسارع لتنتهي إلى حكومة عالميَّة واقتصاد عالمي شامل. ويُمكن لأيِّ واعظ يشرح هذا السفر بأُسلوب منهجي أن يتلقَّى أجزاءً من صُحُف توافق تعليمه.

4. أساس للأمل

تسير كلّ الأُمور تمامًا كما خطَّط الربّ لها. فهو ما يزال على العرش، وهو يدير الأُمور لتصل إلى النهاية، أي إلى الربِّ يسوع. ويؤكِّد لنا سفر الرؤيا أنَّ الخير سيغلب الشر، والمسيح سيسحق إبليس،

ويومًا ما سيملك القدِّيسون على العالم. وسيصبح الكوكب الذي نسكن فيه خاليًا من أيِّ تلوّث جسدي وأخلاقي. فالكون نفسه سوف تتم إعادة تدويره. أمَّا رجاؤنا فهو أنَّه سيكون لنا: **"مرساة للنفس مؤتمنة وثابتة" تواجه عواصف الحياة (عبرانيين 6:19). ويبدو أنَّ عبادةَ الأوثان والرُّوحَ العالميَّة والحركاتِ الإنسانيَّةَ هي الغالبة الآن، لكنَّ أيَّامها معدودة جدًّا.**

5. تحفيز للبشارة

لا نجد تفسيرًا أوضح عن المصيرين المُحتملين الموضوعين أمام الجنس البشري، وهما السماء والأرض الجديدتان أو البحيرة المُتَّقدة بالنار؛ أي الفرح الأبدي أو العذاب الأبدي. ولن تدومَ فرصة الاختيار إلى ما لا نهاية. فإنَّ يوم الدينونة لا بُدَّ أن يأتي حين سيُحاسب كلّ إنسان. إلَّا أنَّ يوم الخلاص ما يزال قائمًا الآن: "مَنْ يَعْطَشْ فَلْيَأْتِ. وَمَنْ يُرِدْ فَلْيَأْخُذْ مَاءَ حَيَاةٍ مَجَّانًا" (رؤيا 22:17). والدعوة "تعال" هي من قِبَل "الروح (القدُس) والعروس (أي الكنيسة)".

6. تحفيز للعبادة

يمتلئ سفر الرؤيا بالتسبيح الذي تقدِّمه وتُرنِّمه أصوات متعدِّدة. ونقرأ عن إحدى عشرة ترنيمة أساسيَّة ألهمت كتابة العديد من الترانيم عبر العصور، ومنها مقطوعةُ "المسيَّا" للموسيقيِّ هاندل. ويُقدَّم التسبيح لله الآب وللحمل، وليس للروح القدس، وبالطبع ليس للملائكة: "لذلك نعظِّم اسمك القدّوس مع الملائكة ورئيس الملائكة..."

7. عكس حياة العالم

من السهل أن "نركِّز أنظارنا على الأرض"، ويذكرنا الشاعر وليم وردسورث قائلاً إنَّ:

العالم يكتنفنا من بعيد وقريب،
نجمع المال ونصرفه، ونُبدِّد طاقاتنا،
غير مدركين لجمال الطبيعة من حولنا.

يعلِّمنا سفر الرؤيا أن نفكِّر في منزلنا الأبدي بدل "المنزل المثالي" الموقَّت، وأن نفكِّر أكثر في أجسادنا الجديدة المُقامة من الموت بدل التفكير في أجسادنا الفانية هذه.

8. حثٌّ على عيشة التقوى

يريد الربّ لنا أن نعيش حياة القداسة هنا وحياة السعادة في الأبديَّة، وليس العكس كما يتمنى قوم. والقداسة ضروريَّة إن كنَّا نريد أن نواجه الصعوبات الحاضرة، ونتغلَّب على التجارب الداخليَّة والاضطهاد الخارجي. ويهزُّنا سفر الرؤيا لكي نُقلِعَ عنِ التراخي والشعور بالرضى على أنفسنا وعدم المبالاة، بتذكيرنا أنَّ الله "قدوس، قدوس، قدوس" (4:8)، وأنَّ "القدِّيسين" فقط سوف يُشارِكون في

القيامة الأُولى عندما يأتي الربُّ يسوع ثانية (6:20). ويؤكِّد كل السفر، وخاصَّةً الرسائل السبع المذكورة في بدايته، هذا على المبدأ: أن ننشُدَ "الْقَدَاسَةَ الَّتِي بِدُونِهَا لَنْ يَرَى أَحَدٌ الرَّبَّ" (عبرانيين 12: 14).

9. تهيئة للاضطهاد

بالطبع، هذا هو الهدف الرئيسي من كتابة سفر الرؤيا. ورسالته واضحة وصارخة للمؤمنين الذين يُضطهدون بسبب إيمانهم، إذ تُشَجِّعهم على "الثبات" و"الغلبة"، حتَّى يحافظوا على أسمائهم مكتوبة في سفر الحياة وعلى ميراثهم في الخليقة الجديدة. وقد تنبَّأ الربُّ يسوع عن كره العالم لأتباعه قبل أن تكون النهاية (متى 9:24). إذًا، علينا جميعًا أن نكون مستعدِّين.

أيّها القارىء، إن كانت نظائرُ هذه الأُمور لا تحصل الآن في بلدك، فإنَّها ستحصل بالتأكيد. لكن الربّ يسوع سيظهر "وسيُعرَّى أمامه" الجُبَناء (15:16)، وسوف يهلكون في جهنّم (8:21).

10. فهمٌ أوفى للمسيح

من خلال سفر الرؤيا، تكتمل صورة ربّنا ومخلصنا. فمن دونه تبقى الصورة غير متوازنة، لا بل مشوّهة. فإن كانت الأناجيل تقدِّمه بدور النبي، والرسائل تقدِّمه بدور الكاهن، فإنَّ سفر الرؤيا يوضح دوره كملك، ملك الملوك وربّ الأرباب. ونجد هنا المسيح كما لم يرَه العالم من قبل، ولكنَّه سيراه يومًا ما. إنَّه المسيح الذي يراه المؤمنون الآن بالإيمان، ويومًا ما سيرونه بالعيان.

لا يمكن للإنسان أن يبقى كما هو بعد دراسة سفر الرؤيا. لكن من الممكن أن تُنسى رسالته. ولهذا السبب فإنَّ تطويبَه ليس فقط للذين يقرأونه ولو بصوت مرتفع لآخرين، بل للذين "يحفظون" ما كُتِب فيه. ويعني هذا أنَّ علينا أن نحفظه"في قلوبنا" (1:3)، كما في أفكارنا، وكذلك علينا أن نُطبِّق المكتوب فيه: "وَلكِنْ كُونُوا عَامِلِينَ بِالْكَلِمَةِ، لاَ سَامِعِينَ فَقَطْ خَادِعِينَ نُفُوسَكُم." (يعقوب 1: 22).

المـُلك الألفيّ

المقدِّمة

لقد أدَّى الأصحاح العشرون إلى كثير من الانشقاقات بين المؤمنين، للأسف. وقد تعدَّدت الشروحات عنه حتَّى توصَّل المعنيُّون إلى اتِّفاق غير مكتوب على عدم التناقش فيه للحفاظ على الوحدة.

ومن الممكن أن يكون القُرَّاء قد سمعوا بالنظريات الثلاث المختلفة:

الألفيَّة

ما قبل الألفيَّة

ما بعد الألفيَّة

لكن توجد أشكال مختلفة أيضًا لهذه النظريات.

ويحاول بعضُهم التعامل مع الموضوع على أنَّه موضوع تأمُّلي وأكاديمي بامتياز ولا يمتّ إلينا بصِلة (وقد أطلق عليه صديق لي اسم "المسألة المُنافية للعقل"!) وأطلقوا نظرية جديدة هي: "عموم الألفيَّة" (ما يشير إلى أنَّ كلّ الأُمور ستنتهي بخير في النهاية، مهما افتكرنا الآن).

ولكنَّ الرجاء محوريٌّ جدًّا في حياة المؤمن ، شأنُه شأنُ الإيمان والمحبَّة. وما نؤمن بأنَّه سيحصل في المستقبل يؤثِّر بالكامل في تصرّفاتنا في الحاضر. فاعتقاداتنا بالنسبة إلى "المـُلك الألفيِّ" تؤثّر في تبشيرنا وتفاعلنا الاجتماعي.

إنَّ المهمَّ هو الآمال التي نضعها في **هذا** العالم. هل سيتحسَّن أو سيَسوء وضعه؟ هل مجيء الربِّ يسوع ثانية إلى هذا الكوكب له تأثير أم لا تأثير له؟ أيأتي ليدين الأُمم أم ليملك عليهم؟ ولماذا سيأتي معه كل المؤمنين الذين فارقوا هذه الحياة (1تسالونيكي 4:14)؟

لا يكشف الربّ لنا عن المستقبل لكي يُشبع فُضولَنا أو يعطيَنا معلومات إضافيَّة، بل لكي يُهيِّئنا لِلدَّور الذي سنقوم به. وإن كنَّا مقتنعين بأنَّنا سنشترك في المُلك معه على هذا العالم، فالأفضل أن نتصرَّف الآن بمسؤولية أكبر.

وعلينا أن ندرس النص كما جاء في المضمون ثمَّ نطرح السؤال: متى ولماذا وُلِدت تلك التفسيرات المتشعِّبة؟ وأخيرًا نقوم ببعض التقييم على أمَلِ أن نصل إلى نتيجة.

العرض الكتابي

يتمحور النقاش حول الآيات العشر الأُولى من الأصحاح العشرين. ومن المهمّ قراءة ما هو مكتوب بدقَّة تامَّة قبل محاولة القيام باستنتاجات عن النصّ.

اللافت للنظر هو تكرار العبارة "ألف سنة" ستّ مرَّات، وقدِ اقترنت بأداة التعريف مرَّتين "الألف السنة". والتشديد واضح في هذا الإطار. ولا نعرف ما إذا كان الرقم حرفيًّا أو رمزيًّا، لكنَّه يعني بالتأكيد فترة زمنيَّة طويلة كما يتفق معظم شارحو الكتاب المقدَّس. إنَّها حقبة زمنيَّة أو عصر.

ومن المدهش أنَّ معلومات قليلة جدًّا ترد عن هذه الحقبة الزمنيَّة. وفي الواقع، تُذكر ثلاثة أُمور فقط: حادثة واحدة في البداية، وحادثة أخيرة في النهاية، وحادثة مستمرَّة بين الحادثتين. وتتعلَّق الحادثتان الأُولى والأخيرة بإبليس، بينما تتعلَّق الحادِثة بينهما بالقدِّيسين.

يبدأ المـُلك الألفيُّ بإقصاء الشيطان من المشهد الأرضي بالكامل. إذ ينزل ملاك حاملاً سلسلة ضخمة فيمسكه ويقيِّده ويرميه ويُقفِل عليه باب الهاوية ويختمه. وتدل الأفعال الخمسة بقوَّة على ضعف الشيطان، كما تؤكِّد العبارة البسيطة أنَّ أعماله الاحتياليَّة قدِ انتهت ـ وإن كان ذلك على مدى المـُلك الألفيِّ فقط. إنَّه لم يُرمَ إلى بحيرة النار بعد، لكنَّه مسجون في "الهاوية" التي يُظنّ أنَّها تحت الأرض، بعيدة جدًّا عن مرأى سكَّان الأرض ومسمعهم.

إنَّ طرْحَ إبليس وسَجْنَ تابعَيه ضِدَّ المسيح والنبيِّ الكذَّاب ("الوحشان" المذكوران في الأصحاح الثالث عشر) في "بحيرة النار" (20:19)، سيترك العالم من دون حكومة، الأمرُ الذي يؤدِّي إلى فراغ سياسي.

وفي الجزء الثاني من الرؤيا الألفيَّة يرى يوحنَّا "عروشًا" (وقد أتت هنا في 4:4 بصيغة الجمع) يجلس عليها مَن أُعطُوا السلطة لكي "يحكموا" (أي تسوية النزاعات، وحفظ القانون والنظام، وفرض العدل). ولاحِظ ضِمنَ هذه المجموعة وجودَ الذين استُشهدوا بسبب رفضهم السجود لضدِّ المسيح ورفضهم أن يتمّ ختمهم برقمه (666). يا له من تحوّل رائع في وضعهم!

ومن الواضح أنَّ هذه المجموعة الصغيرة، والمجموعة الكبيرة التي أتَوا منها، قد قاموا جميعًا من الموت. لقد "رجَعوا إلى الحياة" ليملكوا مع المسيح خلال المـُلك الألفيِّ. وقد تمَّ وصف هذه العملية بِـ "القيامة" وهي كلمة استُخدمت في الكتاب المقدَّس إشارةً إلى قيامة الجسد. ونحن نعلم أنَّ أبناء الله سوف يُقامون من الموت عند عودةِ المسيح (1كورنثوس15:23). وهم "مطوّبون ومقدّسون" ليُقاموا عندئذٍ ويصبحوا كهنة وملوك في المـُلك الألفي، ولن يواجهوا من جديد خطر مواجهة "الموت الثاني" ("البحيرة المتَّقدة بالنار" أي جهنَّم).

ونجد في هذا النصّ مفارقة واضحة بين "القيامة الأُولى" التي ستحصل للقدِّيسين، والقيامة التي ستحصل "لباقي" الجنس البشري. ويفصل "المـُلك الألفيُّ" بينن هاتين الحادثتين، ولكلٍّ منهما هدف مختلف. فهدف الأُولى هي المـُلك مع المسيح، وهدف الثانية هي الخضوع للدينونة (20:12).

ثُمَّ يأتي بنا الجزء الثالث من هذه الرؤيا إلى نهاية المُلك الألفيّ: يتمّ عزل إبليس (1-3)، ويملك القدّيسون (4-6)، ثمَّ يُطلق سراح إبليس (7-10). إنَّه تطوُّر مدهش، ومن السهل وصفه بالرؤيا الإلهيَّة بَدَلَ أن يكون نتيجة المخيِّلة الإنسانيَّة! فمن كان سيظن أنَّه سيُسمح لإبليس بالتواجد مرَّة ثانية على الأرض في محاولة ثانية (وأخيرة) للتسلُّط عليها كمملكته! لكنَّه سيخدع كثيرين قائلاً إنَّه يستطيع أن يهبهم الحريَّة، ولذا فهو يجنِّد جيشًا كبيرًا للهجوم على مُعَسكَر القدِّيسين، والمدينة المحبوبة (وهذه بالطبع إشارة إلى أُورشليم). وتُدعى هذه القوَّات "جوج وماجوج" (ونعلم من سفر حزقيال أنَّ ذلك إشارة إلى الهجوم على عرش داود الذي تمَّ ترميمه، ولذلك تجِبُ التفرقة بين هذا الهجوم وهرمجدّون (19:19-21). ولن تقوم أيَّة معركة. وستُدمَّر تلك القوَّات بنار تنزل من السماء، وسينضمّ الشيطان إلى ضِدِّ المسيح والنبيِّ الكذَّاب في جهنَّم ليتعذَّبوا إلى أبد الآبدين (فعبارة "من دور إلى دور" الواردة في اللغة العبريَّة تعني "إلى أبد الآبدين").

لا نقرأ عن أيِّ سبب يبرِّر إعطاء الشيطان فرصةً أُخرى بعد مُلكِ الرب وما أدَّى إليه من امتيازات. لكن تجدر الإشارة إلى أنَّ الحقَّ يُقال إنَّ تمرّد الخطيَّة ينتج من داخل القلب وليس من البيئة. كذلك يفسِّر هذا الأمر انقسام الجنس البشري إلى فريقين: يضمُّ الفريق الأوَّل الذين يريدون أن يعيشوا تحت الحكم الإلهيِّ، ويضمُّ الفريق الثاني الذين لا يريدون ذلك. ويؤدِّي "المُلك الألفيُّ" مباشرة إلى يوم الدينونة الأخير حيث سيتم الفصل بين الفريقين إلى الأبد.

يبقى أن نُجيب عن سؤالين مهمَّين. وتساعدنا الإجابة عنهما على فهم وجود الجدل القائم حول "المُلك الألفيّ". والسؤالان هما:

أين يحصل كلّ ذلك؟ **ومتى** يحصل كلّ ذلك؟

يتبدَّل مكان رؤيا الربّ يسوع المسيح المُدوَّنة في هذا السفر، والتي تتألف من جزء مسموع "سمعت" وجزء مرئيٍّ "رأيت" بين السماء والأرض، حيث تحصل الأحداث في المكانين. لكن تتم الإشارة بكلِّ وضوح إلى تغيير المشهد (4:1، 12، 13:12).

ومن الواضح أنَّ أحداث النصّ من 19:11-11:20 بأكمله تدور على الأرض. يخرج ملك الملوك من السماء المفتوحة "ليضرب الأُمم" على الأرض. وتقوم معركة على الأرض ضدَّ قوَّات ضِدِّ المسيح والنبي الكذَّاب. وينزل ملاك "من السماء" ليطرح إبليس من الأرض. "ويملك الشهداء مع المسيح" على الأرض. وأخيرًا يجمع إبليس قوَّات "جوج وماجوج" من "زوايا الأرض الأربع". وأخيرًا، تهرب الأرض "من وجه الجالس على العرش" العظيم الأبيض.

ومن الخطإ تجنُّب الاستنتاج أنَّ "المُلك الألفيَّ" سيحصل على الأرض. ويتم ذكر كلمة "السماء" فقط حين ينزل أحدهم من هناك. إذًا، حصلنا على إجابة السؤال "أين؟"

وكان يمكن أن تكون الإجابة عن السؤال "متى؟" واضحة أيضًا لو لم تُقسَّم كلمة الله إلى أصحاحات في العصور الوسطى. ربَّما التقسيمُ إلى أصحاحات وآيات يسهِّل القراءة، إلاَّ أنَّ التقسيم أتى أحيانًا في الأماكن الخطإ ممَّا أدَّى إلى تقطيع ما أراده الرب قطعة واحدة. وينطبق هذا الأمر في هذا النص.

فالأُسقف الذي زاد رقم الأصحاح العشرين على النص لم يَخفْ من اللعنة التي ستنزل "إِنْ كَانَ أَحَدٌ يَزِيدُ عَلَى هذَا، يَزِيدُ اللهُ عَلَيْهِ الضَّرَبَاتِ الْمَكْتُوبَةَ فِي هذَا الْكِتَابِ." ولم يعِ مدى الضرر الذي سيُلحِقه بالنص، وإن كان هذا التقسيم قد عكَسَ نظرته كما سنرى.

عند قراءة الأصحاحات 19 و20 و21 كرؤيا واحدة متماسكة، كما كان قصد الربّ، يتضح تتابع الرؤى السبع (من "رأيت" في 11:19 حتّى 1:21). إنّها تكشف الأحداث الأخيرة في تاريخ العالم بحسب الترتيب الذي ستحصل فيه (مثلاً، تشير الآية الواردة في 10:20 إلى الآية الواردة في 20:19 على أنّها حصلت سابقًا). ويؤدّي التقسيم بين الأصحاحات الثلاثة إلى أنّه نادرًا ما تتم قراءتها أو دراستها معًا. فتسلسُل التتابُع يختفي، ويمكن أن يتم ترتيب الأحداث بأُسلوب مغاير، كما حصل بالفعل.

ويُمكن لكلِّ من يقرأ سفر الرؤيا دون مُراعاة التقسيم بين الأصحاحات أن يعتقد أنّ "المـُلك الألفيّ" يحصل **بعد** رجوع المسيح ومعركة هرمجدون، وأنّه قبل **يوم** الدينونة ووجود السماء والأرض الجديدتين. فهذا بكلِّ بساطة يُمكن أن يكون المعنى الأبسط والأوضح للنصّ.

إذًا، يبدو أنّ النصّ يُظهر فترة طويلة يحكم فيها المؤمنون على الأرض بعد عودة المسيح وبعد أن يقيم أتباعه الموتى، لكن قبل أن يدين العالم نهائيًّا. ولماذا لا يؤمن كل المؤمنين بهذا، ولا يتطلّعون بشوق إلى التغيير الذي سيتمتّعون به؟

التفسير التاريخيّ

لطالما اتّفقت الكنيسة على هذا التفسير خلال القُرون الخمسة الأُولى. وقد ذكر ما يفوق الاثني عشر من "الآباء الكنسيّين أو ما يُسمّى باللاهوتيين ما قاله پاپياس أُسقف هيرابوليس عن مـُلك المسيح "العِيانيّ أو الفِعليّ على الأرض". ولا يوجد أيُّ تلميح آخر إلى الموضوع، كما أنّه لا يوجد أي جدل حوله. وقد آمنوا بأنّ عليهم أن يصدّقوا بكلِّ بساطة ما يقوله الكتاب المقدّس عن هذا الموضوع كما عن المواضيع الأُخرى.

ويُطلق على هذا الموقف الذي يبدو أنّه تعمّم في زمن الكنيسة الباكرة "ما قبل الألفيّة" إشارة إلى أنّ الربّ يسوع سيرجع **قبل** "المـُلك الألفي" كما يتم وصفه في الأصحاح العشرين.

لكنْ تغيّر هذا الموقف على يد أُغسطينوس أُسقُف شمال أفريقيا الذي ترك أثرًا كبيرًا بتعليمه في الفِكر اللاهوت "الغربي" بشِقّيهِ الكاثوليكي والبروتستنتي أكثر من أي شخص آخر. وكان أُغسطينوس في بدايته يعتنق معتقد "ما قبل الألفيّة" إلاّ أنّه تأثّر لاحقًا بتربيته اليونانية (الأفلاطونيّة المُحدَثة).

وتكمن المشكلة في أنّ الفكر اليوناني، بعكس الفكر العبراني، يفصل العالم الروحي عن العالم المادي، ويصف الأوّل بكونه طاهرًا أمّا الآخر فشرير. وقد بدأ الشك أيضًا في موضوع الجنس حتّى ضمن إطار الزواج وبدأ التشجيع على عزوبية أفراد الكهنوت.

وأصبح كنتيجة لذلك تقبُّل أمر عودة الربّ يسوع ليملك على العالم المادي صعبًا جدًّا، وتنامت ردّة فعل على التبشير بالمباهج الماديّة التي يتميّز بها المـُلك الألفي. يكفي القول إنّه حتّى الأرض

"الجديدة" اختفت وإنَّ المؤمنين يتطلَّعون بشوق "للذهاب إلى السماء". ويُختصر هدف مجيء الربّ المسيح ثانيةً بأنَّه سوف يدين "الأحياء والأموات" ويدمِّر الأرض (في الوقع، أنَّ الأصحاح العشرين يرتِّب هذين الأمرين بعكس هذا الترتيب). وفي العام 431 م تأثَّر مجمع أفسس بهذه النظريَّة الجديدة حتَّى إنَّه اعتبر نظرية "ما قبل الألفيَّة" هرطقة، ما جعلها تصبح موضع شك منذ ذلك الحين!

إذًا، ماذا يجب أن يكون موقفنا بالنسبة إلى الأصحاح العشرين من سفر الرؤيا؟ إنَّه مايزال جزءًا من كلمة الله، ولا يمكننا أن نتجاهله. الحل البسيط هو أن ننقل "المـُلك الألفي" مِمَّا بعد رجوع المسيح إلى ما قبل رجوعه، لنقول إنَّ أحداث الأصحاح العشرين تأتي قبل أحداث الأصحاح التاسع عشر، حتَّى لو أنَّ الأمر ليس كذلك في الكتاب المقدَّس! ويحتوي الأصحاح العشرون إعادة مختصرة للأحداث التي تؤدِّي إلى المجيء الثاني. وهو ينتمي إلى تاريخ الكنيسة في الحاضر وليس إلى المستقبل.

بإختصار، أدَّى كل هذا إلى تغيير في الفكر الكنسي من "ما قبل الألفيَّة" إلى "ما بعد الألفيَّة"، لأنَّه يقول إنَّ الربَّ يسوع سيرجع **بعد** "المـُلك الألفي" المذكور في الأصحاح العشرين من السفر.

ولكنْ تضمَّن كل هذا التفسير بعض الغموض، ما أدَّى إلى انقسامات أُخرى في الرأي. فأُغسطينوس لم يذكر بوضوح ما إذا كان "المـُلك الألفي" **روحيًّا** (ويمكن أن يُطبَّق الأمر على تاريخ الكنيسة ككل من مجيء المسيح الأوَّل إلى مجيئه الثاني)، أم سياسيًّا أيضًا (حيث ستصبح الكنيسة قويَّة كفاية لكي تحكم الأُمم باسم المسيح). ولا يوضح كتابه "مدينة الله" الذي كُتِب في زمن تدهور الإمبراطوريَّة الرومانيَّة ما إذا كان يتوقَّع أن تحلّ "مملكةُ الله" محلَّ روما (في الواقع حصل هذا الأمر)، أو أنَّها ستعيش وتنمو رغم الكارثة التي ألمـَّت بها.

وقد عبَّد كل ذلك الطريق لولادة مدرستين فكريَّتين تدَّعي كل منهما بعودة جذورها إلى أغسطين.

فمن الناحية الأُولى، تعتقد المدرسة الأُولى أنَّ الكنيسة ستُضفي "الطابع المسيحي" على العالم. ولن يصير ذلك بجعل الجميع مسيحيين، بل من خلال تسلُّم زمام السلطة السياسيَّة لتطبيق شرائع الرب. وهكذا يحصلون على مدَّة طويلة (ألف سنة حرفيًّا) من السلام والازدهار العالمي. ويكونون بذلك قد أبعدوا المجيء الثاني إلى المستقبل البعيد، لأنَّ ذلك "المـُلك الألفي" لم يبدأ بعد، وفي الواقع أنَّه يبدو بعيد المنال.

وقد ظهرت هذه الفكرة في ترانيم المرسلين في عهد الملكة فيكتوريا الذي تزامن مثلاً مع توسُّع الإمبراطوريَّة البريطانيَّة "المسيحيَّة"، وظهرت في فترة أقرب تحت شعارات مثل الترميم وإعادة البناء والنهضة. وقد تبنَّت هذه النظريَّة المتفائلة استخدام صفة "ما بعد الألفيَّة".

من الناحية الثانية، كان الذين يؤمنون بأنَّ "مُلك" الربِّ يسوع وقدِّيسيه هو روحيٌّ محض، وقد بدأ مع المجيء الأوَّل وسيكمل مع المجيء الثاني، أن يجدوا لقبًا جديدًا يصفهم فاختاروا "الألفيَّة". لكن هذا اللقب غير دقيق ومُضلِّل. فهم ما يزالون يُدرَجون تحت لقب "ما بعد الألفيَّة" لأنَّهم يعتقدون أنَّ "المـُلك الألفي" هو فترة تغطِّي ما **قبل** مجيء المسيح، لكن باختلاف واحد، وهو أنَّنا **الآن** في الألفيَّة، وقد بدأ ذلك منذ ألفَي سنة!

إنَّ هذا الفكر هو الأكثر انتشارًا في أُوروبا ابتداءً من المـُصلحين البروتستانت رجوعًا إلى أُغسطينوس، لكن لا ينطبق ذلك في الولايات المتحدة الأميركيَّة كما سنرى بعد قليل. ويجدر بنا التمعّن في كيفيَّة تعامُل الذين يتبنّون الأصحاح العشرين.

كان لا بدَّ من إحداث تغييرات جذريَّة. "فالملاك" الذي يتعامل مع إبليس أصبح الربَّ يسوع، "والربط" يتم إمَّا من خلال تجربته وإمَّا من خلال صلبه. وإبليس يُربط ولا يُنفى. إنَّه يُربط بسلسلة طويلة فتُحدَّد تحرّكاته (ويُضرب عُرضُ الحائط بكلمات: يُطرح ويقفل، ويُطرد). وعادة "تحديد" تحرّكاته يكون بأنَّه يُمنع من وقْف نشر الإنجيل وبناء الكنيسة. إنَّه يُترك على الأرض ولا يُرمى في "الهاوية". ويمثّل الذين استشهدوا على يدِ ضدِّ المسيح كل القدِّيسين عبر العصور وهم يملكون مع الربِّ يسوع في السماء. و"عودتهم إلى الحياة" في "القيامة الأُولى" هي إمَّا اهتِداؤهم (أي قيامتهم من موت الخطيَّة)، وإمَّا ذهابهم إلى السماء بعد موتهم. لكن كلتا الحالتين لا علاقة لهما بأجسادهم. أمَّا "بقيَّة الأموات" الذين يقومون من الموت (الكلمة نفسها في المضمون نفسه) فبالطبع تشير إلى الأجساد المـُقامة! وتعني عبارة "ألف سنة" في المرَّات الستّ المذكورة فيه ما لا يقل عن ألفي سنة على الأقل.

وهكذا، فإنَّه يبقى للقارىء أن يحكم ما إذا كان هذا التفسير صحيحًا (أي قراءة ما هو واضح) أو إذا كان التفسير سيِّئًا (أي قراءة ما أُريد أن أفهمه). أمَّا أنا فأجد هذا التفسير غير مُقنعٍ بتاتًا.

لكن حدث تطوّر أساسي في النقاش حول "المـُلك الألفيّ" يجب ذكره هنا وهو أنَّه ازداد رواجًا في الولايات المتحدة الأميركيَّة، مع أنَّه نشأ في بريطانيا على يد جون نلسون داربي مؤسِّس جماعة "الإخوة". وقد ساعد على نشر تعليمه تلميذُه سايروس إنغرسُن اسْكوفيلد، المحامي الأميركي الذي أنتج نسخة "سكوفيلد" للكتاب المقدَّس، كذلك أسَّس مدرسة لاهوت في مدينة دَلَس في ولاية تكساس بمساعدة تلميذ سابق له يُدعى هال ليندساي.

الجانب الإيجابي من الأمر هو أنَّه منذ بداية القرن التاسع عشر، رجع الكثيرون إلى اعتناق مبدإ "ما قبل الألفيَّة" الذي تبنَّته الكنيسة أوَّل عهدها. ولم يكن هذا الفكر قد إختفى بالمطلق (كان إسحاق نيوتن مساندًا له)، وقد أعاد اكتشافه آخرون من بينهم الأساقفة الأنغليكان أمثال وستكوت ورايل ووهورت. لكن أتى التأثير الأكبر من خلال جماعة "الإخوة".

والجانب السلبي هو أنَّ داربي جمَعَ بين معتقده القديم وبعض التعاليم الجديدة وأنتج تعليمًا لاهوتيًّا مستقلاً يُسمَّى "التدبيرية" نسبة إلى فترات الحكم السبع التي قسَّم التاريخ بها. وبالنسبة إليه، فإنَّ الربّ أظهر نعمته خلال كل واحدة منها بطريقة مختلفة. وقد علَّم أنَّ الكنيسة في حالة خراب لا يمكن إصلاحُه، وأنَّ اليهود هم شعب الله "الأرضيّ"، أمَّا المؤمنون فهم شعبه "السماويّ"، وسيبقَون منفصلين إلى الأبد. وعلَّم فوق كلّ هذا أنَّ المسيح سيرجع ثانيةً **مرَّتين**. ففي المرَّة الأُولى يأتي لِيختَطِفَ كنيسته سرًّا قبل الضيقة العظيمة، وفي المرَّة الثانية يأتي علانيةً ليحكم العالم. وقد قدَّم أيضًا جدولاً زمنيًّا مفصَّلاً يصف فيه الدينونات الأربع المختلفة.

وللأسف، تمَّ جمع كل تلك المعلومات معًا حتَّى بات يُظنّ أنَّ نظرية "ما قبل الألفيَّة" لا بدَّ أن تكون "تدبيريَّة". وعندما ترفض الأخيرة فإنَّك ترفض الأُولى أيضًا. ولكنَّك تكون بذلك قد دحضتَ النظريَّتين معًا!

إذًا، من الضروري جدًّا التمييز بين "حقبة الكنيسة ما قبل الحكم الألفي" (الكلاسيكيَّة) و"حقبة ما قبل الحكم الألفي" عند الكثير من الكنائس الإنجيليَّة والخمسينيَّة. وقد بدأ العديد من دارسي الكتاب المقدَّس يلاحظون هذا الفرق (أمثال جورج ألدن لاد وميريل تاني).

الخاتمة من منظار شخصيّ

أود أن أختم هذه الفقرة بعرض الأسباب التي تجعلني من مؤيِّدي "حقبة الكنيسة ما قبل الحكم الألفي" (الكلاسيكيَّة) بالنسبة إلى تفسير الأصحاح العشرين من هذا السفر:

1. إنَّه التفسير الذي يأتي بأُسلوب طبيعي جدًّا دون فرض أيِّ أمرٍ على النص.
2. يقدِّم الشرح الكافي لضرورة مجيء الربّ يسوع ثانية وأخذنا معه.
3. يقدِّم تشديدًا كبيرًا على رجاء رجوعه.
4. يفسِّر لماذا يريد الله تزكية ابنه في نظر العالم بأجمعه.
5. يُضفي طابعًا "أرضيًّا" على مستقبلنا، كما يفعل العهد الجديد بجعل السماء مكان انتظار حتَّى عودتنا.
6. إنَّه واقعي وهو يتجنَّب التفاؤل المستقبلي والتشاؤم بالنسبة إلى هذا العالم.
7. يرتبط به أقل عدد من المشاكل مقارنةً بالنظريات الأُخرى، مع أنَّه يُبقي العديد من الأسئلة دون إجابات.
8. هذا ما كانت تؤمن به الكنيسة الأُولى بالإجماع، وقد كانوا الأقرب إلى الرُّسل.

لهذه الأسباب مجتمعة أستطيع أن أُصلي بشوق وأعني ما أصليه:"ليأتِ ملكوتك على الأرض... كما في السماء". وقد عالجت هذا الموضوع بتفصيل أعمق في الجزء الرابع :"معضلة الحكم الألفي" من كتابي في اللغة الإنكليزيَّة "عندما يعود الربّ يسوع".

دايڤيد پاوسون

يتميَّز دايڤيد پاوسون بكونه ممَّن يحافظون على تُراث الكُتَّاب البريطانيين العظماء. ومن أهمِّ كتاباته "فكّ مغاليق الكتاب المقدَّس" الذي إنتشر في أرجاء العالم بنسخته المطبوعة والمسموعة والمصوَّرة.

ويُعرف پاوسون بإيمانه الكامل بصدقيَّة الكتاب المقدَّس باعتباره كلمة الله، وهو يشرح معناها ومضمونها بلغة عمليَّة ومفهومة.

وغالبًا ما تؤدِّي كتبه إلى الجدل، خاصَّة لأنَّه يخوض مواضيع الكتاب المقدَّس التي تتضارب مع التقليد الكنسي.

يجول دايڤيد پاوسون واعظًا في أنحاء العالم، كما أنَّه يظهر على شاشة "قناة الربّ" حيث يشاهده الملايين في معظم أنحاء العالم.

وُلِد دايڤيد پاوسون في العام 1930، وكان قد قرَّر أن يمتهن مهنة الزراعة بعد أن نال شهادة بكالوريوس في الزراعة في جامعة دورهام. لكنَّه فوجئ حين تدخَّل الربّ وقاده إلى التفرُّغ للخدمة. وبعد أن تابع دراسته عِلمَ اللاهوت في جامعة كامبريدج على أيدي أساتذة متحرِّرين ونافذين، فقد ثقته بالكتاب المقدَّس، وكان على وشك أن يفقد ثقته بالربّ.

لكنَّه استعاد ثقته بصدقيَّة الكتاب المقدَّس وعصمته فيما كان يعمل قِسِّيسًا ملحقًا بالقوَّات الجوِّيَّة الملكيَّة. فخلال تلك الفترة قرَّر أن يعظ من الكتاب المقدَّس بأُسلوب منهجي من بدايته إلى نهايته. وقد أذهلته النتائج ،كما أذهلت الرجال الذي كان يعلِّمهم، وقد أكَّدت له وحي كلمة الله. ومنذ ذلك الحين اعتمد في تعليمه منهج دراسة الكتاب المقدَّس بحدِّ ذاته، أو دراسة موضوع معيَّن من خلال ما تعلِّم نصوص الكتاب المقدَّس عنه بكلّ تفصيل.

وبينما كان يقوم بمهامِّ الراعي في مركز ميلميد، ذاع صيته بين الكنائس الإنجيليَّة والكاريزماتيَّة بكونهِ مفسِّرًا للكتاب المقدَّس. وأصبح مركز ميلميد بسبب خدمة پاوسون، من أكبر الكنائس المعمدانية في بريطانية.

ويُدعى پاوسون لكي يعلِّم في أنحاء المملكة المتحدة، وكذلك في عدَّة أماكن من العالم مثل أُوروبا وأُستراليا ونيوزيلندا وجنوب أفريقيا وهولندا وجنوب شرقي آسيا والولايات المتحدة الأميركيَّة.

يُقيم دايڤيد پاوسون مع زوجته إينيد بالقرب من بازينغتوك، هامبشير، في جنوب المملكة المتحدة.